国际先进的BK800多层成形织网机

国际先进的14.5米定型机

国际先进的全自动插接机

安徽华辰造纸网股份有限公司

安徽华辰造纸网股份有限公司是全国造纸工业用聚酯网行业规模较大的专业生产厂家，主要从事造纸网的研发、生产、销售，是国内造纸网行业的领先企业。公司拥有国际先进的BK800多层成形网织机、BK700干网织机、SC—05TAD宽接口全自动插接机及14.5米宽幅定型机，可生产宽幅10米以上，长度达130米的大型高速纸机用网。公司产品供应国内文化用纸机车速最高达1200米/分，供应国外卫生纸机车速最高达1600米/分。目前，产品已在300余家造纸企业得到了广泛应用，部分产品出口国外。

公司为国家高新技术企业，拥有安徽省认定的企业技术中心。公司为我国造纸网国家标准的主要起草单位之一，主持及参与多项造纸网国家标准的制订工作。拥有4项发明专利和多项实用新型专利，通过了国际标准GB/T 19001—2008/ISO 9001:2008质量管理体系和ISO 14001:2004环境管理体系等体系认证。获得脱水器材专业委员会的“突出贡献奖”“行业领军人物”及中国纺织工业联合会的“产品开发贡献奖”等荣誉。

公司为安徽省A级纳税信用单位、安徽省诚信企业、安全生产标准化三级企业、芜湖市劳动保障诚信A级企业，中国造纸协会第五届理事会理事单位。

优质的产品

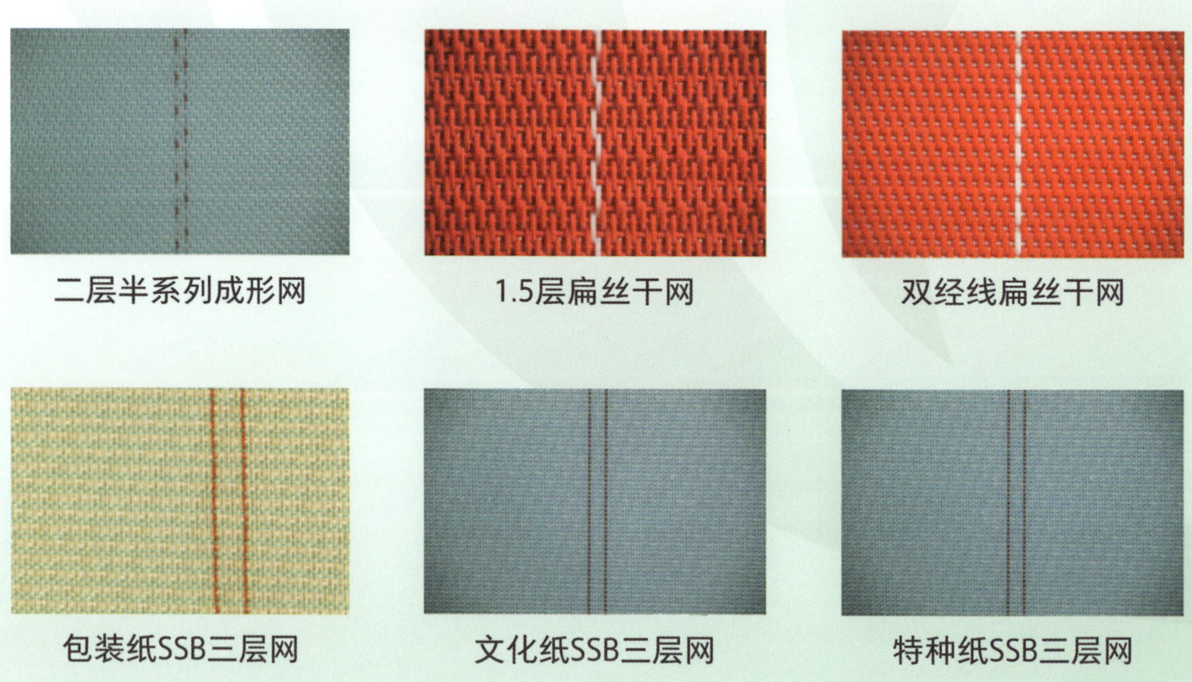

二层半系列成形网　　1.5层扁丝干网　　双经线扁丝干网

包装纸SSB三层网　　文化纸SSB三层网　　特种纸SSB三层网

公司市场部电话：0553-5848297　技术部电话：0553-5848292

公司地址：安徽芜湖经济技术开发区港湾路33号　邮编：241006

公司网址：www.ahhczzw.com　公司传真：0553-5848290/5848747

中国造纸年鉴

ALMANAC OF CHINA PAPER INDUSTRY

2022

中国造纸学会　编

Edited by China Technical Association of Paper Industry

中国轻工业出版社

图书在版编目（CIP）数据

中国造纸年鉴. 2022/中国造纸学会编. —北京：中国轻工业出版社，2022.11

ISBN 978-7-5184-4101-3

Ⅰ. ①中… Ⅱ. ①中… Ⅲ. ①造纸工业—中国—2022—年鉴 Ⅳ. ①F426.83-54

中国版本图书馆CIP数据核字（2022）第152772号

责任编辑：杜宇芳　王晓慧　　责任终审：滕炎福
策划编辑：林　媛　杜宇芳　　责任校对：吴大朋　　责任监印：张　可

出版发行：中国轻工业出版社（北京东长安街6号，邮编：100740）
印　　刷：三河市万龙印装有限公司
经　　销：各地新华书店
版　　次：2022年11月第1版第1次印刷
开　　本：787×1092　1/16　　印张：55.25
字　　数：1850千字　　插页：33
书　　号：ISBN 978-7-5184-4101-3　　定价：450.00元
邮购电话：010-65241695
发行电话：010-85119835　传真：85113293
网　　址：http://www.chlip.com.cn
邮　　箱：club@chlip.com.cn
如发现图书残缺请与我社邮购联系调换
220629K4X101HBW

本卷《年鉴》正文用纸选用
芬欧汇川（中国）有限公司
“UPM 丽印®” 70 克/米^2 双胶纸印刷

《中国造纸年鉴2022》编辑部

对本书有关的各项业务与意见均请与编辑部直接联系

地址：北京市朝阳区望京启阳路4号中轻大厦B座10层

邮编：100102

电话：010－64778767，64778768

传真：010－64778769

网址：www. ctapi. org. cn

邮箱：123123@ ctapi. org. cn

Any Business refers to this book, please contact editorial board

Address：10th floor，Block B，Sino-light Plaza，No. 4 Qiyang Rd.，Wangjing，Chaoyang District，Beijing 100102，China

Tel：010－64778767，64778768

Fax：010－64778769

Http：//www. ctapi. org. cn

E-mail：123123@ ctapi. org. cn

编 辑 说 明

《中国造纸年鉴》是由中国造纸学会编纂的专业性年鉴，是目前我国唯一逐年辑录的有关中国造纸工业的资料性工具书。自1986 年创刊以来，伴随着中国造纸工业的发展，《中国造纸年鉴》已陆续出版发行 25 卷，本卷《中国造纸年鉴 2022》为第 26 卷。

《中国造纸年鉴 2022》的 13 个栏目分别是：1. 综述；2. 发展现状；3. 产品与市场；4. 纤维原料；5. 节能减排 环境保护；6. 装备与器材 造纸化学品；7. 科技 教育 出版；8. 大事记；9. 地方造纸工业；10. 重点企业介绍；11. 社团工作；12. 附录；13. 企业名录。

本卷年鉴在编写过程中，得到各有关部门、企事业单位和有关人士的大力支持、指导和积极配合，在此谨表谢意，并诚请广大读者对本卷年鉴编辑、出版中的不足之处给予批评指正。

《中国造纸年鉴》编辑部

2022 年 9 月

彩色广告目录

前插彩页

正文彩页

后插彩页

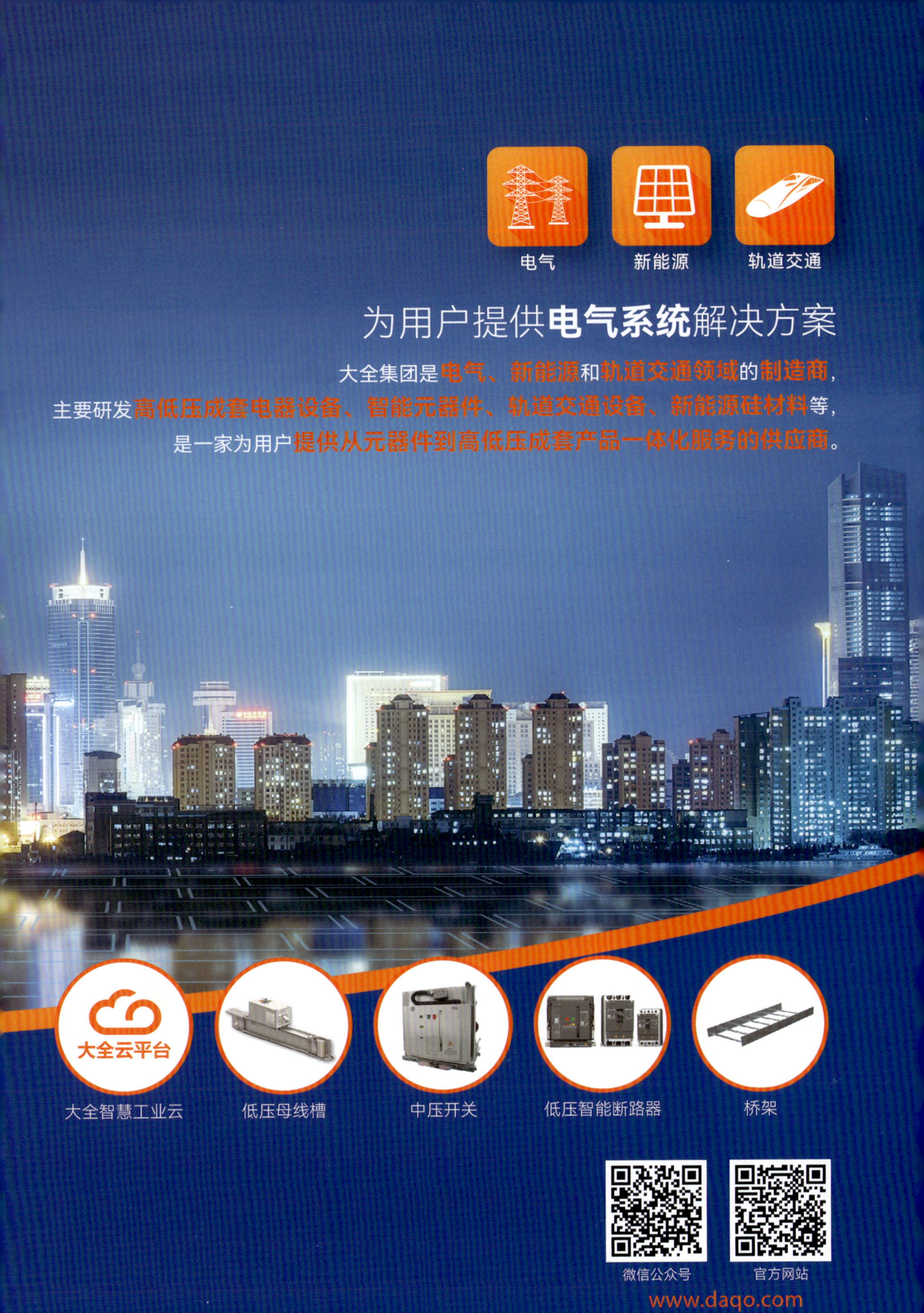
电气
新能源
轨道交通
为用户提供电气系统解决方案
大全集团是电气、新能源和轨道交通领域的制造商，
主要研发高低压成套电器设备、智能元器件、轨道交通设备、新能源硅材料等，
是一家为用户提供从元器件到高低压成套产品一体化服务的供应商。
大全云平台
大全智慧工业云
低压母线槽
中压开关
低压智能断路器
桥架
微信公众号
官方网站
www.daqo.com

“智”在必得，“诚”启未来

龙鼎电气是1985年组建的电力设备成套企业，2003年成立秦皇岛龙鼎电气有限公司，具有行业三十余年的电气成套经验，是国内电气成套行业的龙头企业，独立承揽了首都机场T3航站楼地服指挥中心核心配电项目、2008年奥运会秦皇岛奥体中心项目、首钢搬迁配电项目、城市轨道交通项目等国内重点项目，是山东太阳纸业、亚太森博纸业、金东纸业、波亚洲浆纸业、金海浆纸业、山东博汇纸业、一汽大众、哈飞、哈动力、蒙牛、伊利、中信戴卡、国家电网、益海嘉里、中石化、华电、大唐等国内知名企业的长期合作伙伴，产品出口至东南亚、北非、北美等多个国家及地区。

公司致力于输配电高低压开关成套设备、智能配电自动化和电网电能质量检测及谐波治理产品的专业化解决方案，并且与国外多家大型电气制造企业西门子电气、施耐德电气、ABB、GE等公司有着广泛的战略合作。其中西门子（中国）有限公司和施耐德电气公司授权我公司成为“SIVACON 8PT”“Blokset ”系列低压开关柜及“NXAirs LP”系列高压开关柜设计、制造、销售商。公司自建“工业企业研发机构”已获得省级认定，获得“科技小巨人”称号，获评河北省“专精特新”示范企业，是一家集研发、设计、制造生产智能MCC及智能高低压配电设备于一身的高新技术企业，并成为“中国电器工业协会”、“全国高压开关会”会员单位。

公司具有完善的钣金开发设计能力及覆盖全行业的电气成套经验，拥有多项国家专利及软件著作权，搭建了3D钣金设计平台，实现机柜的三维结构设计，结构力学分析、搭建了以Superworks（电气设计），Superharness（自动布线），SuperPanel（智能母排）为基础的电气三维设计平台，公司具有开卷平板、数控冲床、数控剪板、激光切割、数控弯板，静电喷涂等全套钣金生产线，可以独立实现机柜的快速制造。

公司在产品上的核心竞争力是具有工业智能MCC配电系统的设计制造技术，在造纸、冶金、石化、轨道交通领域产生了广泛应用业绩，目前公司产品正在向储能、新能源、智能物联网设备升级转型。

公司始终将技术创新作为企业可持续发展的不竭动力，一如继往地坚持“科技为基、品质为本，做到以品牌引领市场，以服务取信客户，以成就回报社会”的企业发展战略，并致力于成为国内一流的电力控制设备与系统供应商，不断为客户创造价值，提供一流的服务及解决方案和质量可靠的优质产品。

金光相伴“纸”为明天

关于APP（中国）

APP（中国）全称为金光纸业（中国）投资有限公司及其在中国大陆投资的公司。自 1992 年进入中国以来，始终秉持可持续发展战略，以可持续造纸的“林浆纸一体化”理念，努力践行绿色循环。目前，APP（中国）旗下拥有林务事业部、纸浆事业部、大纸事业部、生活用纸事业部等。

2020 年，金光纸业（中国）投资有限公司顺利收购山东博汇集团有限公司 100% 股权。此次收购将优化企业规模和资源配置，有助于保证国内制浆造纸行业市场的有序竞争，推动 APP（中国）和中国造纸行业的高质量发展。

浙江鹏翔暖通设备有限公司 | 浙江鹏阳风机有限公司

ZHEJIANG PENGXIANG HVAC EQUIPMENT CO., LTD | ZHEJIANG PENGYANG FAN CO., LT

浙江鹏翔暖通设备有限公司位于浙省绍兴市上虞区丰惠城西工业功能区，创于2007年，是以研发、生产、销售各通风设备为核心业务的高科技企业，也一家具有自营进出口业务的公司，产品往日本、美国、巴西、智利、芬兰、印尼西亚、泰国、越南、马来西亚等国家地区。

我们生产设施齐全，工艺流程先进检测手段完善。有大吨位液压机，激光料切割机、机器人自动焊接及及多种不吨位的动平衡机，综合性能检测室等。

我们是造纸行业领先的风机设备供商，致力于为用户提高通风效率，通风统稳定性和可靠性；为用户的生产效益供解决方案与服务，持续为用户创造值。长期为造纸、冶金、化工、汽车、保、暖通等行业和国家重点工程提供优的产品和服务。

我们以市场为导向，以高科技为托，引进沈阳鼓风机技术研究所的先进机技术，不断进行技术升级及新产品发，持续加大基础设计研发投入,厚积发，推动通风机技术的持续进步。以服用户为导向，以“诚信、合作、共赢”理念，致力于与您成为终身的合作伙伴。

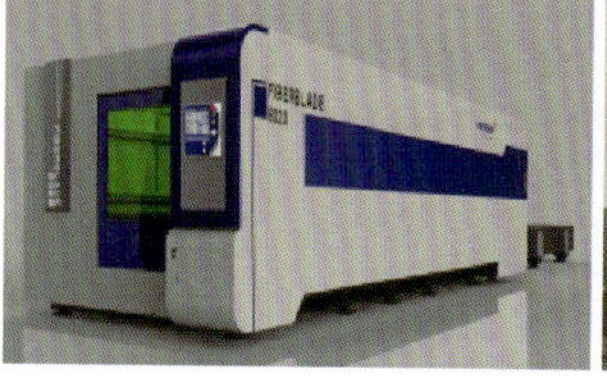
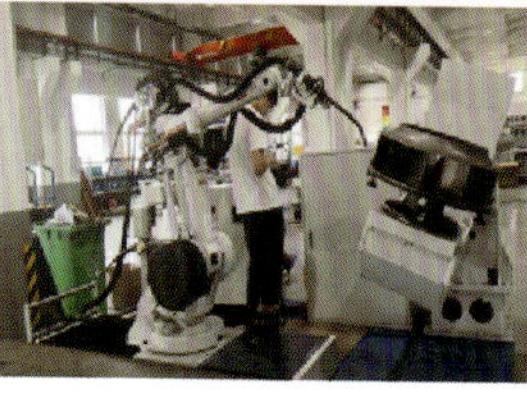

VOITH

TM SYSTEMS
PAPER MILL AIR SYSTEMS

Valmet

合作伙伴

WEST TECH

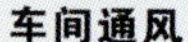

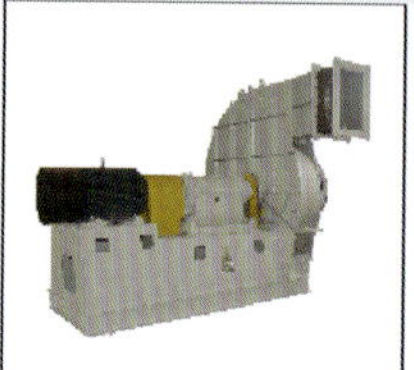

岳阳林纸

YUEYANG FOREST & PAPER

岳阳林纸股份有限公司（SH600963），是中国诚通控股集团有限公司旗下中国纸业投资有限公司的控股公司。中国诚通是国务院国资委管理的大型企业集团，也是一家以“林浆纸生产、开发及利用”为主业的中央企业。

岳阳林纸造纸产能近100万吨/年，为国内大型文化用纸、包装用纸、工业用纸、办公用纸生产企业。主导产品有全木浆纯质纸、天岳书纸、天岳彩画纸、全木浆胶版纸、胶版印刷纸、胶印书刊纸、轻型胶版纸、精制轻量涂布纸、簿本纸、复印纸、食品包装纸、精品牛皮纸、伸性纸袋纸、高强纸袋纸等。

岳阳林纸建设的雄安新区“千年秀林”

依托中国诚通国有资本运营平台，岳阳林纸将生态基因植入立企之本，植入成长血液，植入未来战略，以对文明的敬仰、对自然的敬畏，塑造“大生态”发展格局，生态园林、生态农林、生态浆纸、生态化工四大产业蓬勃发展。新时代的岳阳林纸，积极践行“碳达峰、碳中和”国家战略，坚定不移走可持续发展之路，以生态为笔，以改革为墨，正奋力书写百年岳纸的千载文章。

岳阳林纸微信公众号

百年岳纸
千载文章

公司地址：湖南省岳阳市城陵矶　Address：Chenglingji Yueyang Hunan　客服电话：0730 8590315　Customer：0730 8590315
销售电话：0730 8591889　Sales Tele：0730 8591889　公司网址：www.yypaper.com　Company Website：www.yypaper.com

红色基因 绿色纸品

“红色基因、绿色纸品”，是岳阳林纸在行业与众不同的品牌特征。中国环境标志（Ⅱ型）产品验证、质量管理体系认证、森林管理体系认证、绿色原辅材料供应商等一项项硬核实力，让岳阳林纸品牌形象加速提升，品牌影响不断扩大。

天岳

全木浆纯质纸
天岳书纸
天岳彩画纸
伸性纸袋纸
高强纸袋纸
食品包装纸

山岳

全木浆胶版纸
山岳书纸
山岳彩画纸
精品牛皮纸

湖岳

全木浆胶版纸
湖岳书纸

胶印书刊纸
胶版印刷纸
亮白高松胶版纸
办公用纸

离型原纸
办公用纸

复印原纸
轻型胶版纸
簿本纸

涂布纯质纸
精制轻量涂布纸
食品包装纸

岳阳林纸绿色纸品家族

岳阳林纸生态名片

1842 CARL BELLMER
1872 MARIE BELLMER KARL BELLMER
1912 OTTILIE STEHLE geb. BELLMER RICHARD STEHLE
1937 LENE SPATZE geb. STEHLE DR. HANS SPATZE
1957 URSEL KOLLMAR geb. SPATZE ULRICH KOLLMAR
1990 ERICH, MARTIN AND PHILIPP K

BELLMER

自1842年开始传承

我们为造纸和纸浆领域以及固液分离领域设计制造安装高质量的设备以及成套系统。从1842年至今累计了180年的技术诀窍和不断的研发创新让我们的客户受益不断。

车间

一切都从1842年Carl Bellmer先生在德国尼芬收购了一个造纸厂开始。到今天，奔马已经成为了全球古老的造纸设备生产厂家之一，而且是一个已经传承六代的家族企业。目前奔马家族在全球有600多名员工，规模还在稳定地增长。

生态经济&环境技术

奔马是生态经济发展较好的企业。我们非常理解减小造纸生产工艺对环境的影响的重要性。纸本身是可全部回收使用的产品，因此，我们始终贯彻生态经济的理念。在造纸设备领域，我们的专家为生产含纤维产品的各式设备提供技术支持。公司可以提供全套或单个造纸、板纸或其他特殊纤维产品的生产设备。

造纸技术领域专家

生产线进行升级改造。归功于我们优秀的专家和大量的创新技术。Bellmer 造纸技术代表着准时开机和高效、优化的性能。凭着美好的情怀、专业的技术以及对项目成功和使客户满意的执着，我们将共同应对并战胜任何挑战。

奔马（中国子公司）－拜玛机械制造（上海）有限公司

电话：021-57850940、021-57850941

邮箱：sales@bellmer.com.cn

网址：www.bellmer.com

地址：上海市松江区昆港公路1088号3-a座（光塑科技园内）

》膜转移施胶机 TURBO FILM SIZER

操作简便的膜转移施胶机保证了最佳质量的纸张施胶或者预涂布工艺。

》靴式压榨装置 TURBO PRESS

无论是用于复合压榨部还是串联式压榨部，靴式压榨装置均能使纸机生产出最高干度和松厚度的纸张产品。

》压光机 TURBO CALENDER

硬压光机或软压光机保证纸页能达到最好的平滑度，厚度均匀性和松厚度。

》卷纸机及其输送系统 TURBO REELER & TRANSPORTER

中心传动卷纸机全自动母卷输送及铁芯回送可完美满足用户需求。

》涂布机 TURBO COATER & CURTAIN

刮刀式和帘式涂布机可为任何纸张产品进行均匀优质的涂布加工处理。

》复卷机及其拼接系统 TURBO WINDER & SPLICER

模块化全自动复卷机及其自动拼接系统可满足所有的用户需求。

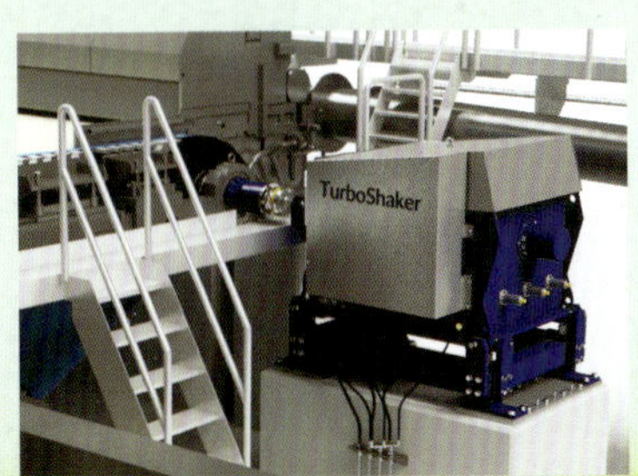

》胸棍摇振器 TURBO SHAKER

高速胸棍摇振器以其精确的参数设置对浆料中的纤维进行重排，形成优异的纸张匀度。

》流浆箱 TURBO JETTER

高品质流浆箱系统可以优化当今最高车速的造纸机生产的任何纸张产品。

》顶网成形器 TURBO FORMER

复合式顶网成形器改善纸张匀度并提高网部脱水能力。

自主研发的纯国产化设备LMT系列木片挤撕机

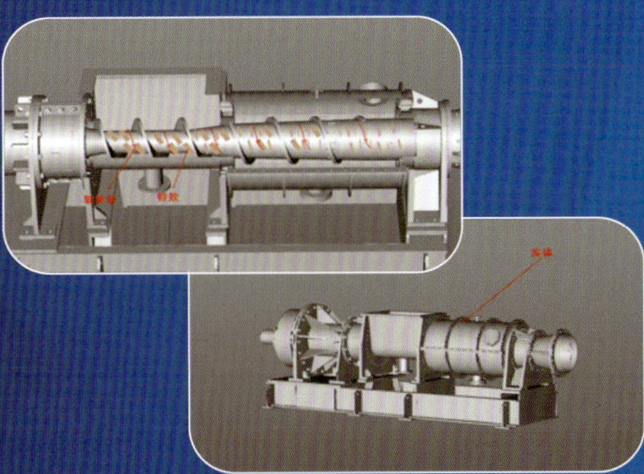

LMT300-1000系列木片挤撕机整体及螺旋运动进行搅拌木片工作原理

公司生产各类制浆螺旋轴产品

弧形筛、斜筛使用现场

胶液筛、涂料筛、淀粉筛等化工设备

胶液回收方形震动筛生产及现场

KĀDANT

Foundations

凯登制浆系统智能化方案

Foundations™基石纤维处理全方位解决方案

Kadant offers a full range of Foundations fiber processing equipment and services

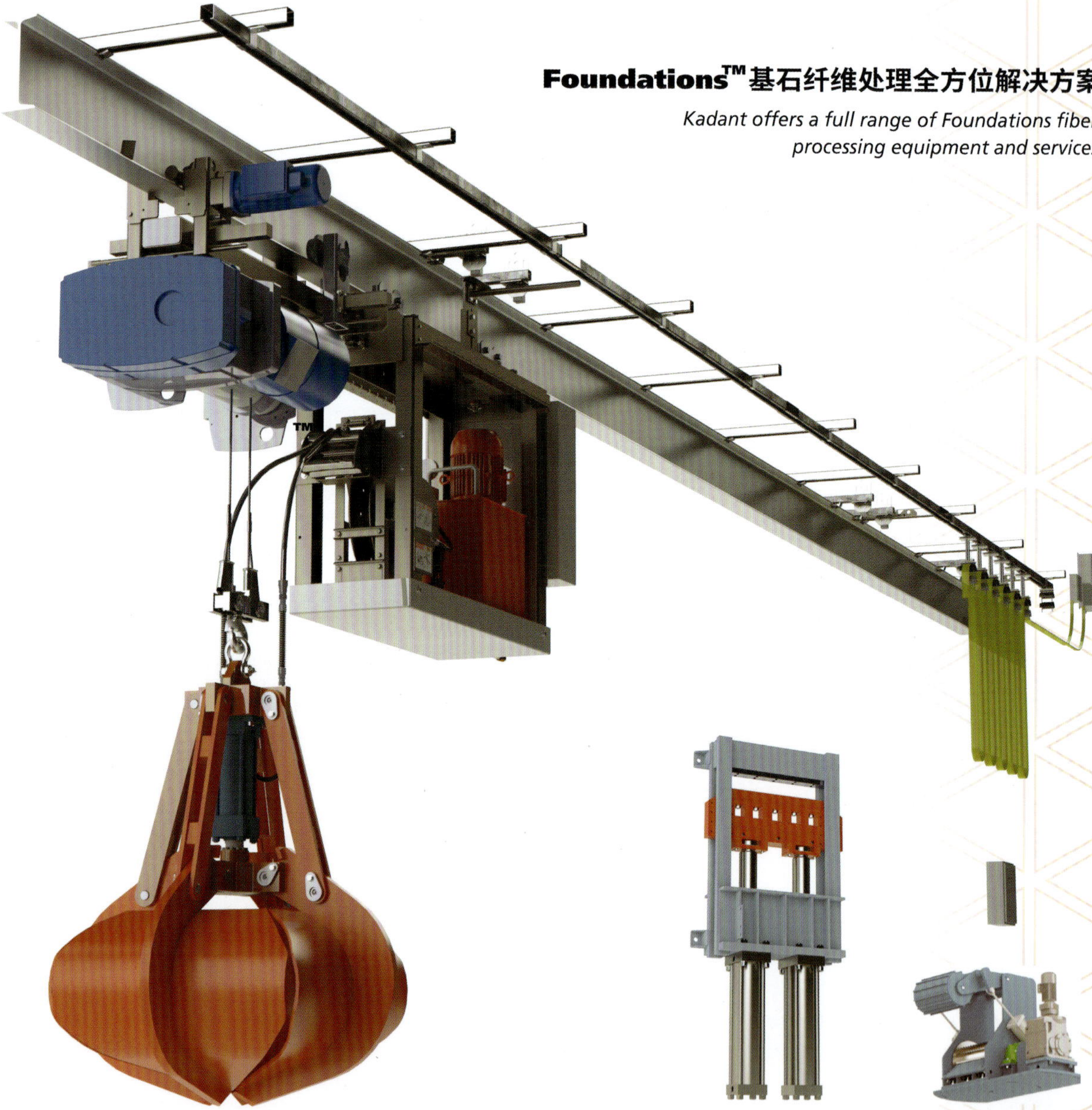

Fiber Processing | Doctoring Cleaning and Filtration | Drying

fiberprocessing.kadant.com

凯登中国
微信公众号

目　　录

1　综　　述

2　发展现状

3　产品与市场

4　纤维原料

5　节能减排　环境保护

6　装备与器材　造纸化学品

7　科技　教育　出版

8 大事记

9 地方造纸工业

10 重点企业介绍

11 社团工作

12 附 录

13　企业名录

CONTENTS

1. GENERAL TOPICS

2. CURRENT STATUS OF DEVELOPMENT

3. PRODUCTS AND MARKET

4. FIBROUS MATERIALS

5. ENERGY SAVING, EMISSION REDUCING AND ENVIRONMENTAL PROTECTION

6. EQUIPMENT&DEVICES CHEMICALS USED IN PAPER INDUSTRY

7. SCIENCE AND TECHNOLOGY, EDUCATION AND PUBLICATION

8. EVENTS

9. LOCAL PAPER INDUSTRY

10. KEY ENTERPRISES INTRODUCTION

11. ASSOCIATION AFFAIRS

12. APPENDIXES

13. ENTERPRISES LIST

中国造纸学会活动纪实

5月21日中国造纸学会纸基绿色包装材料及制品专业委员会成立大会在北京市召开

11月9—11日庆祝中国共产党成立100周年“不忘初心牢记使命”主题摄影展

11月19—21日第三届纳米纤维素材料国际会议以“线上+线下”形式在广东省广州市召开

11月25—26日学会专家团开展科技助力柏乡县造纸和包装产业转型升级服务

11月8日中国造纸学会第八届常务理事会第八次会议、第一届监事会第六次会议在上海市召开

11月10日2021国际造纸技术报告会在上海市召开

LEISHAN®

磊展机械

整套制浆设备优质供应商

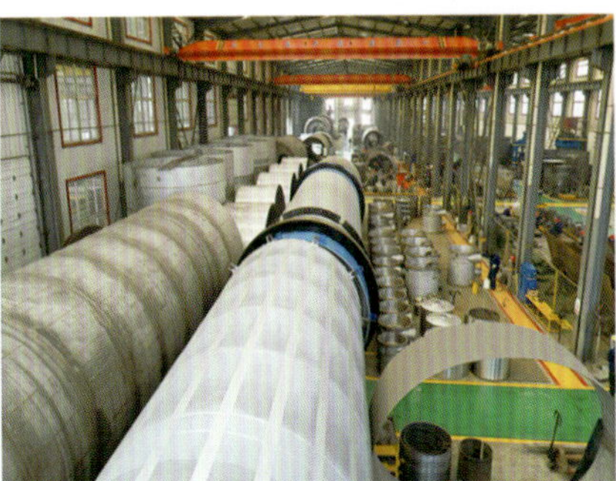

联系我们

常务副总经理：孟建喜 13598015189
华南区负责人：刘亚兵 13592588751
华北区负责人：周超杰 13889107951
海外负责人：刘建坡 13598887598
华东区负责人：朱东辉 13733813882
西北区负责人：高晓亮 13598449222
西南区负责人：寇书军 13803851750
售后服务：侯富六 13592466951

打造可持续发展
受人尊重的全球卓越企业

山东太阳纸业股份有限公司创立于1982年，是先进的林浆纸一体化上市公司，世界造纸30强、中国企业500强，2006年在深交所成功上市。集团年浆纸产能1000万吨，员工1.5万余人， 营业总收入600亿元。作为国家高新技术企业、国家“绿色工厂”，该公司拥有核心知识产权492项，荣获国家科学技术进步一等奖、中国工业大奖表彰奖、国家科学技术进步二等奖等多项国家级科技创新奖项。

公司拥有全球先进的制浆造纸生产线，逐渐形成了以高档涂布包装纸板、高级美术铜版纸、高级文化办公用纸、特种纤维溶解浆、生活用纸、高档工业包装用纸六大系列为主导的产品结构。拥有金太阳、华夏太阳、天阳、威尔、幸福阳光等主要品牌。拥有国家技术中心、院士工作站、博士后科研工作站、泰山学者岗等多个创新研发平台。研发出溶解浆连续蒸煮技术；成功从水解液中提取出木糖、木糖醇；成功研发出不添加任何功能性化学药品的“无添加”系列生活用纸。幸福阳光生活用纸被“复兴号”高铁和山东航空确定为专用纸巾；“金太阳”品牌绿色环保文化用纸被多类读本采用。

未来，太阳纸业将立足新发展阶段，贯彻新发展理念，抢抓国家“一带一路”重大机遇，形成山东北方基地、广西北海南方基地、老挝原料基地齐头并进的高质量发展新格局，向着可持续发展、受人尊重的全球卓越企业阔步迈进。

董事长李洪信四度获得
RISI亚洲年度最佳CEO殊荣

公司荣获中国工业大奖表彰奖

国家科学技术进步奖
证 书

为表彰国家科学技术进步奖获得者，特颁发此证书。

项目名称：制浆造纸清洁生产与水污染全过程控制关键技术及产业化

奖励等级：一等

获 奖 者：山东太阳纸业股份有限公司

2019 年 12 月 18 日

证书号：2019-J-211-1-01-D02

公司荣获国家科学技术进步一等奖

广西基地

老挝基地

复卷机、切纸机纸边收集、打包、除尘系统

纸边处理系统由碎纸风机通过安装在复卷机，切纸机，纵切刀下的两个吸口将纸边吸入风机，在风机内切断后输送至板式分离器。纸边下落至水力碎浆机或打包机，含尘空气可用布袋除尘或水除尘处理。

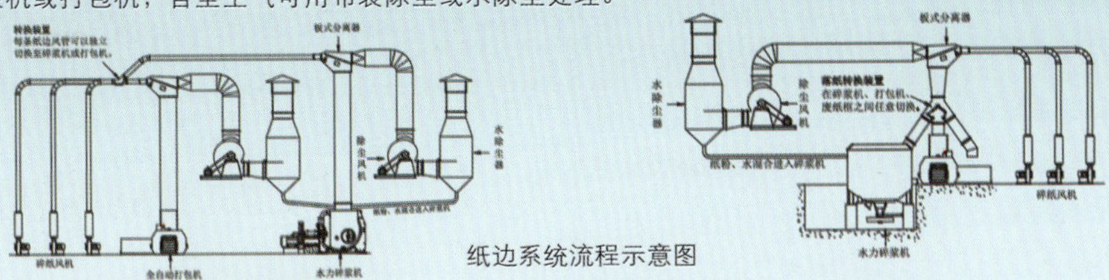

纸边系统流程示意图

大型造纸厂整理车间有多台平板切纸机、复卷机。纸边从板式分离器下来可有三个通路：

垂直向下进打包机，向左进碎浆机，向右进废纸收集框。针对有些纸厂切纸机和复卷机会加工不同品种的纸，纸边不能混合的情况。我司设计了在每根纸边管道加转换器，可根据实际使用工况将纸边切换至碎浆机或打包机。

整套系统实现自动化运行。在板式分离器上安装压力检测装置，由PLC实时运算指令变频器改变除尘风机频率，使系统压力平衡，避免打包机或碎浆机内正压或负压太大，出现粉尘向外喷或纸边悬浮在分离器内造成系统堵塞。

纸机、复卷机除尘系统

纸机、压光机刮刀除尘系统—由除尘风机通过安装在刮刀上部的铝制吸口将含粉尘空气送入除尘系统。

复卷机纸面除尘系统—由吸纸毛风机通过安装在复卷机纸的正反两面的吹、吸组合式吸口将含纸毛空气送入除尘系统。

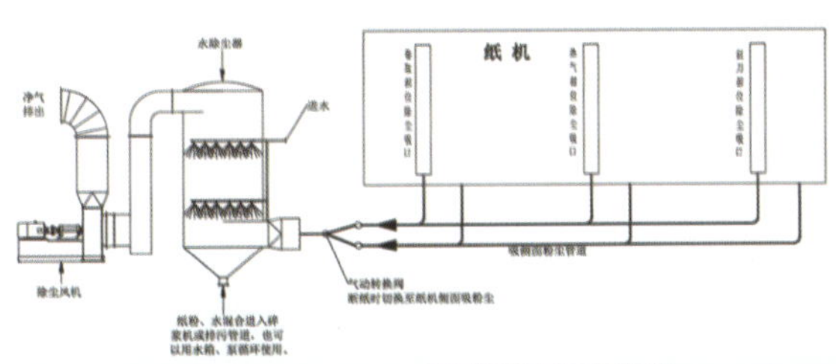

卫生纸纸机除尘系统示意图

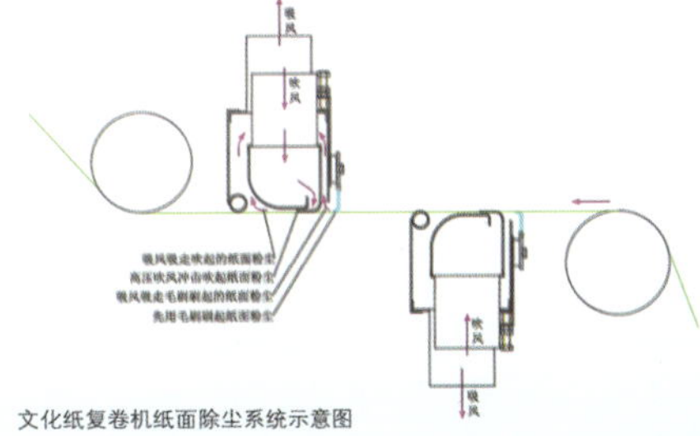

文化纸复卷机纸面除尘系统示意图

除尘系统可分为水除尘和布袋除尘。

水除尘系统：吸尘风机将粉尘送入水除尘器，粉尘和水充分混合后经除尘器排水管排出，也可使用循环水，净气排出。

布袋除尘系统：吸尘风机将含纸毛、粉尘的空气经管道吸进布袋除尘器，粉尘黏附在布袋上经脉冲清灰装置将粉尘清理至收集箱，由操作工定期清除，净气排出室外。

卫生纸除尘系统

卫生纸在造纸、复卷、分切、卫卷过程中产生大量粉尘，严重地影响了产品品质，危害了职工的身心健康，污染了环境。我司经多次实践开发了卫生纸除尘系统，极大地改善了生产环境，达到国家环保标准。

销售业绩：

金东纸业（江苏）股份有限公司	宁波亚洲浆纸业有限公司
广西金桂浆纸业有限公司	亚太森博（广东）纸业有限公司
山东太阳纸业股份有限公司	牡丹江恒丰纸业股份有限公司
安徽山鹰纸业股份有限公司	岳阳纸业股份有限公司
平湖荣成环保科技有限公司	东莞玖龙纸业有限公司
山东亚太森博浆纸有限公司	齐峰新材料股份有限公司
广东、江苏理文造纸有限公司	玖龙纸业（天津）有限公司
浙江夏王纸业有限公司	浙江仙鹤特种纸有限公司
玖龙纸业（河北）有限公司	金红叶纸业（湖北）有限公司

西安隆华环保技术有限公司
Xi'an Longhua Environmental Protection Technology Co., Ltd.

陕西科技大学造纸环保研究所
Institute of Papermaking Environmental Protection of SUST

公司简介 Company Profile

陕西科技大学造纸环保研究所成立于2001年，由张安龙教授担任所长。研究所下设技术开发部、分析实验室中心、综合办、咸阳得林环保设备有限公司及西安隆华环保技术有限公司。2013年研究所获批为陕西省技术转移示范机构，2015年获批为陕西省研究生联合培养示范工作站，2019年隆华公司与陕西科技大学环境科学工程学院联合获批成立中国轻工业水污染控制工程技术研究中心，2020年隆华公司通过了ISO 9001:2015质量管理体系认证和高新技术企业认证。

隆华公司以环保实用技术为基础，提供专业环保服务，致力于为广大用户量身定制废水处理、清洁生产、资源综合利用等解决方案。主要业务包括工程设计、技术咨询、BOT及EPC项目、专业设备生产制造与安装、工程调试及化学品供应等。目前已在造纸、市政、化工、食品、饮料及发酵等多个行业完成180余项环保处理工程项目，项目覆盖全国26个省、市、自治区，并扩展到马来西亚、伊朗、文莱等海外市场。

隆华公司坚持以客户为中心，以一流的技术、产品和服务，努力为客户创造更高的价值。

核心技术 Core Technologies 我司专有专利技术产品

1.废水厌氧生物处理技术——HSASB高速厌氧污泥床反应器

- 立式罐体，反应器尺寸规格齐全
- 可靠的自调节内循环系统
- 两层三相分离器
- 出水水质稳定
- 抗冲击负荷强
- 沼气产量充分、稳定
- 耐低温、防钙化
- 快速的生物启动

2.废水好氧生物处理技术——供气式低压射流曝气生物处理系统

- 有机物去除效率高
- 可预防污泥膨胀
- 氧转移效率高，动力消耗低
- 无阻塞、无密封，安装维护方便
- 节能高效，长期运行零故障
- 投资省，运行费用低
- 可设计各种尺寸
- 满足不同客户需求

3.废水深度处理技术——多相射流循环Fenton高级氧化系统

- 立式罐体，反应器尺寸规格齐全
- 降解较彻底，出水效果好
- 同相及异相催化反应
- 反应传质速度快
- 污泥形成结晶，铁污泥减量
- 操作简单、运行费用低
- 对环境友好，无二次污染

公司简介
Company profile

新乡新亚纸业集团股份有限公司是以制浆造纸为主，集热电联产、医药化工、物流商贸、机械制造、林基地开发、环保综合治理于一体的股份制企业集团。公司占地175公顷，下设18个生产单位与子公司，拥有各种型号的造纸生产线24条，现有员工3800多名，年制浆能力70万吨，年造纸生产能力98万吨。产品通过了ISO 9001质量体系认证和ISO 14001环境体系认证。是中国质量管理达标企业，中国企业改革示范单位、中国制浆造纸研究院有限公司试验基地；河南省制浆造纸龙头企业，河南省百户重点企业，河南省转型升级试点企业、河南省综合效益先进企业、河南省优秀民营企业，河南省农业，林业产业化重点龙头企业；新乡市利税大户，新乡市重点保护企业，新乡县域经济支柱企业。

公司主营产品为包装用纸、文化用纸、生活用纸三大系列。主要品种有涂布白卡纸、食品液包纸、瓦楞原纸、箱板纸、胶版印刷纸、静电复印纸、电脑打印纸、双面书写纸、中高档生活纸。拥有“新亚”“新辉煌”“新锦绣”等系列品牌。

公司拥有两个省级技术中心—河南省企业技术中心和河南省造纸污染治理工程技术研究中心，拥有由30多名知名专家、工程师和技术骨干组成的研发队伍。近年来，公司在制浆造纸工艺、资源循环利用、环保综合治理等领域取得科技成果20余项，其中麦草半化学浆黑液碱回收技术荣获全国节能减排技术二等奖。

公司累计投资近8亿元建立了完善的污染物治理和资源循环利用工程，分别获得了河南省污染防治优秀企业、新乡市环保十大诚信企业、全国首届践行生态文明优秀示范企业和河南省科技环保优秀企业等荣誉称号。

高档文化用纸生产线

涂布白卡纸生产线

生产下线的成品纸

食品级液体包装纸生产线

江苏金呢工程织物股份有限公司

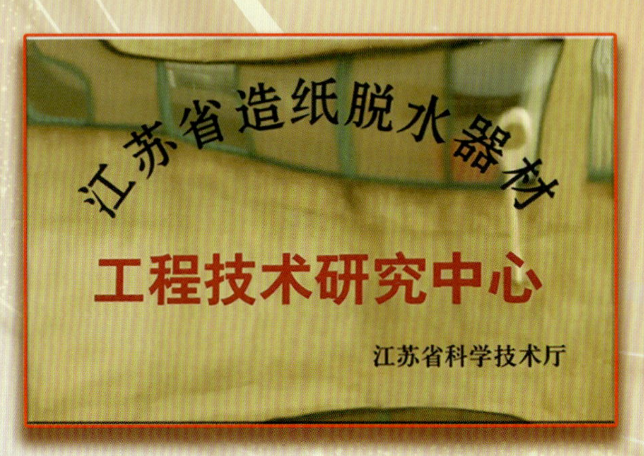

江苏金呢工程织物股份有限公司（股票代码832334）是一家专业生产造纸脱水器材的大型企业，公司拥有总资产5亿元，拥有国家博士后科研工作站和江苏省院士工作站，是国家高新技术企业。

公司可生产造纸用SSB三层成形网，年生产能力为30万平方米；高抗水解扁丝干网和纸机传送带，年生产能力为20万平方米；耐线压浆板过滤网，年生产能力为5万平方米；造纸毛毯，年生产能力为500吨。

公司的成形网、干网、过滤网产品生产线全部引进自德国，拥有15.5米宽幅高速织机4台，13.5米宽幅高速织机5台，15.0米宽幅双层热风定型机3台，全自动无端/有端接口机10台，最大无端网长可达132米，可以满足目前国内几乎所有纸机的尺寸需要；产品原料主要进口于德国Perlon，产品质量稳定可靠。

目前，公司生产的成形网、干网已在1800米/分车速的纸机上稳定运行，造纸毛毯已在1000米/分车速的纸机上稳定运行。

金呢股份凭借先进的设备、成熟的应用、先进的管理及全面的服务，不断研发优质的产品，在同行业内备受青睐。公司秉承“以市场为导向，以客户为中心”的经营理念，不断开发出适合用户需求的产品，降低客户生产成本；想客户所想，急客户所急，为客户提供一系列的产品服务和技术支持！

力式稀释水流浆箱 Integra®-Jet

DAZHI PAPER MACHINERY

www.dazhipaper.com

大指装备
DAZHI PAPER MACHINERY

专注整个造纸链中的关键技术和系统集成，坚持以创新引领发展，产品价值定位有别于传统的造纸装备企业，除了提供自主关键装备之外，更重要的是提供技术服务，包括工程设计、系统集成和装备升级改造服务。

河南大指造纸装备集成工程有限公司

靴式压榨 Integra®-Shoe

带真空成形箱的顶网 Integra®-Top Former

转移施胶机 Integra®-Sizer

无后坐力摇振装置 Integra®-Shake

可控中高压光机 Integra®-Calender

勇创新 集大成

地址：河南省武陟县迎宾大道388号
邮箱：dazhi@dazhipaper.com
电话：13243038828（国内）
15538973150（国外）
www.dazhipaper.com

双底辊复卷机 Integra®-Winder

晨鸣集团是中国造纸龙头企业，中国企业500强，成立于1958年，是以制浆、造纸为主的现代化大型综合企业集团，在全国拥有多个生产基地，总资产800多亿元，年浆纸产能1100多万吨，企业经济效益主要指标连续20多年在全国同行业保持较好地位。

晨鸣集团是国内A、B、H三支股票上市公司，是中国上市公司百强企业、中国十佳明星企业，荣获全国五一劳动奖状、全国精神文明建设先进单位、轻工业全国十佳企业、中国企业管理杰出贡献奖等省级以上荣誉称号200余项。

晨鸣集团历经60多年创新发展，创造了自己的品牌，培养了自己的核心竞争力，逐步形成了以下几个方面的优势：

浆纸一体化优势。晨鸣拥有湛江、黄冈、寿光3条制浆生产线，木浆产能超过470万吨，是全国实现制浆和造纸完全平衡的大型浆纸一体化企业。

产业布局优势。晨鸣在山东、广东、湖北、江西、吉林等地建有6个生产基地，全部产品实现近距离销售，配送服务快捷。

规模优势。晨鸣集团主要产品——文化纸、铜版纸、白卡纸等市场占有率均位居全国前列。

品牌优势。晨鸣集团靠严格的管理、一流的装备、一流的技术，不断提升晨鸣品牌的自身价值，品牌效益越来越明显。

目前，公司产品涵盖高档胶版纸、白卡纸、铜版纸、轻涂纸、生活纸、静电复印纸、热敏纸等系列。企业拥有国家企业技术中心、博士后科研工作站、国家认可CNAS浆纸检测中心等科研机构，获得国家专利授权370余项，其中发明专利31项，获得国家新产品7项，省级以上科技进步奖16项，承担国家科技项目5项、省技术创新项目67项。在全国同行业率先通过ISO 9001质量体系认证、ISO 14001环保体系认证和FSC—COC国际森林体系认证（License Code: FSC-C020261）。

跨入新时代，晨鸣集团将大力弘扬“学习、超越、领先”的企业精神，全面提升企业管理水平和运行质量，继续聚焦主业，做强实业，目前正在中部地区集中建设湖北黄冈生产基地，届时形成北有寿光、中有黄冈、南有湛江的三大生产基地格局，努力建成具有全球竞争力的世界一流企业集团。

滕州市润升辊业有限公司

Paper machine guard

润升辊业始于1996年，拥有辊子覆层研发、生产、制造的技术与经验。旗下拥有滕州市润升辊业有限公司、江西润升福克斯造纸装备有限公司、润升辊业江苏有限公司。公司可为您提供直径2000mm、长度14000mm、重量60t的辊子包覆聚氨酯、橡胶、复合材料、辊面喷涂等，同时可提供辊子维修及现场服务。润升辊业团队致力于为每一台纸机提供高效、优质、快捷的服务，时刻为造纸保驾护航。

合聚氨酯覆层

用：
孔压榨辊
空压榨辊
空托辊

复合材料覆层

应用：
软压光辊
中心辊
高速导辊

高性能橡胶覆层

应用：
压榨辊
施胶辊
涂布辊

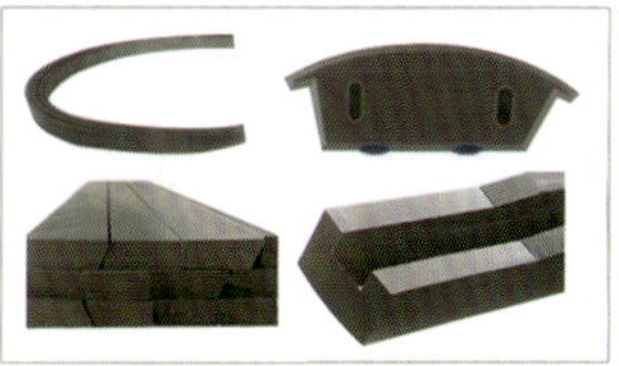

石墨密封条

应用：
真空压榨辊
真空托辊
真空吸移辊

音速现场喷涂

用：
卷机底辊
光机辊
缸

辊子研磨

应用：
造纸功能辊
风电转子
重型精密机械

高端维修

应用：
靴压辊
可控中高辊
真空辊

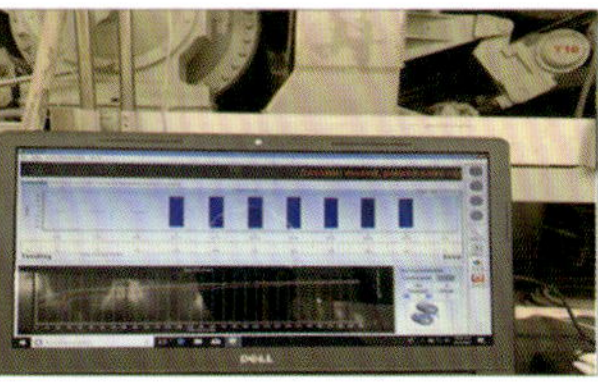

现场品质服务

应用：
电子压区测试
热成像检测
辊轴动态测试

>>山东金蔡伦集团简介>>

山东金蔡伦集团坐落于打虎英雄武松的故乡—阳谷县，现有员工1600人，占地140万平方米，总资产20亿元。拥有山东金蔡伦纸业有限公司、阳谷森泉热电有限公司、阳谷毕升印务有限公司、阳谷金晶玉玻璃有限公司、阳谷新源热电有限公司、阳谷森泉湿地有限公司、阳谷新源新型建筑材料有限公司等15家子公司，是一家科技含量高、产业链条完备、资源优势互补，集高端制造、精深加工、资源综合利用于一体的综合性现代化企业集团。旗下山东金蔡伦纸业有限公司是国内最早的轻型印刷纸研发生产企业，是轻型印刷纸国家标准（GB/T 26705—2011）起草单位，“金蔡伦”商标被评为“山东省著名商标”。

集团始终秉承“以质量求生存永不满足，以客户为至尊诚信经营”的经营理念，发扬“品立天下，诚信致远，自强不息，追求卓越”的企业精神，坚持以市场为导向，以诚信为根本，以质量品牌为核心，团结协作、脚踏实地、锐意进取，实施科技兴业、绿色发展。发挥集团化优势，优化资源配置，调整产品结构，拉长产业链条，发展循环经济，成为绿色发展的践行者和引领者，实现了高质量可持续发展。

近年来，金蔡伦集团深入贯彻落实新发展理念，积极融入新发展格局，走创新驱动、生态优先、低碳循环发展之路，以链式思维谋篇布局，谋划实施积水质净化、环保节能建材等绿色产业，着力打造绿色再生可持续发展的生态产业链，培育发展新动能；实现了经济效益、社会效益和生态效益的同步提升。

2021年，集团依托自身优势，抢抓发展机遇，加快推进优势传统产业转型升级。聚焦数字化和制造业的深度融合，投资6亿元上马实施特种文化纸项目，该项目入选山东省新旧动能转换重大优选库项目，被确定为山东省重点项目。携手清华大学环境学院、国家生物基材料与绿色造纸重点实验室（造纸行业两个国家级重点实验室之一）等科研院所，深入推进产学研深度合作，与科研院所、高校协同创新提升自主创新能力，对全部生产线进行全方位、全系统的“脱胎换骨”式的改造提中控共同升，引进supOS系统数据联动分析，实现能耗、设备、质量、成本智能化、体系化管控，全方位打造数字化智能工厂。联合浙江开发信息管理系统，引入工业互联网平台，全程在线控制产品工艺参数，生产效率可提升30%，吨纸综合能耗下降20%，节能降耗效果显著，产品绿色性能明显提升。通过生产自动化、产业绿色化、管理智能化驱动产品迭代升级，实现特种文化纸向高端化、个性化、绿色化延伸，纯质纸、清雅纸、微涂纸等一系列优质特种文化用纸相继面世，满足出版业绿色印刷的个性化需求。

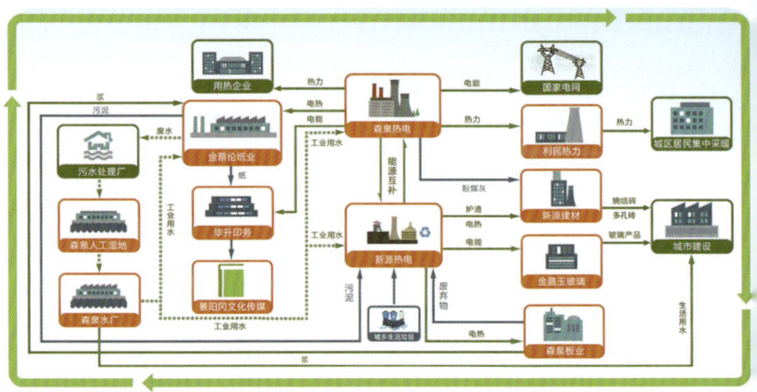

集团始终坚持科技创新，注重内涵式发展，着力提升管理水平，核心竞争力显著提升，先后荣获“国家级绿色工厂”“全国五一劳动奖状”“山东省资源循环利用基地”“国家级高新技术企业”“省级专精特新企业”等称号。

全国五一劳动奖状
中华全国总工会
2022年4月

山东金蔡伦纸业有限公司
国家绿色工厂
（第五批）
中华人民共和国工业和信息化部
二〇二〇年九月

授予
模范职工之家
中华全国总工会
二〇一五年十一月

第八届"母亲河奖"
证书

山东金蔡伦集团

浙江双元科技股份有限公司是一家专业从事于制浆造纸自动化产品研发和推广的国家高新技术企业，浙江省专精特新“小巨人”入选单位，公司产品通过了ISO 9000认证，SGCS认证，CE认证等。在国内设有济南、东莞、淄博办事处，在越南设立有东南亚办事处。双元用全新服务理念，探索网络和数字领域的所有潜能，服务于全球用户，为制浆造纸企业提供不间断、持续增值的创新产品。

QCS在线检测系统（定量/水分/灰分/厚度）

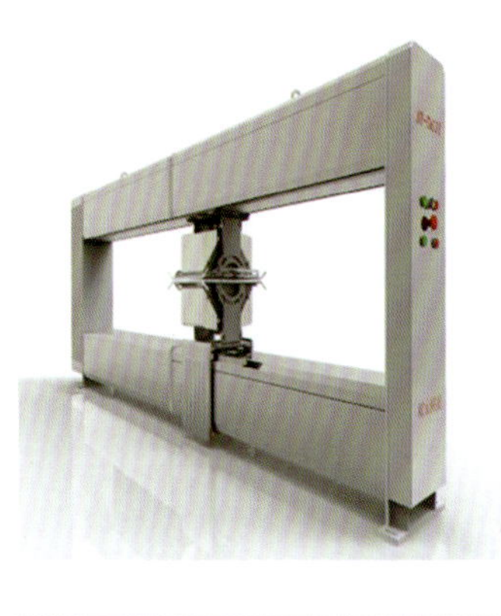

横幅定量控制系统（稀释水/唇板）

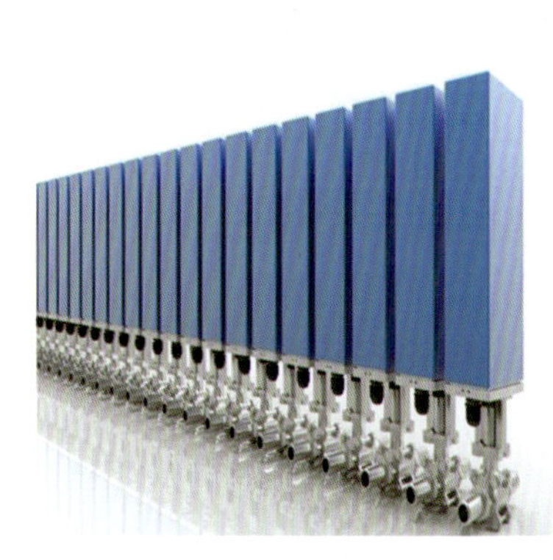

表面缺陷在线检测系统（W

蒸汽冷凝水回收控制系统（GCS）

制浆造纸过程控制系统（DCS）

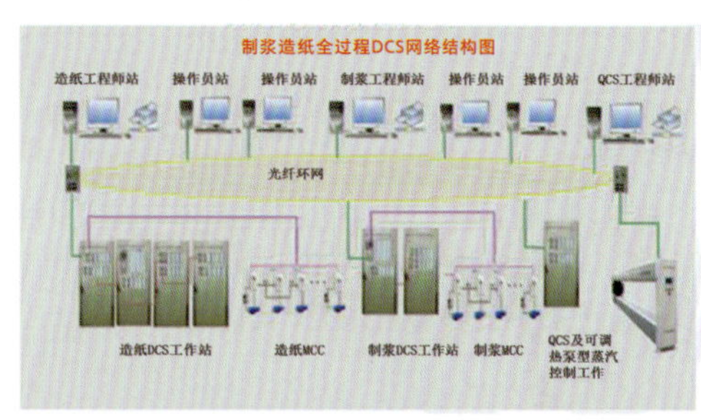

浙江双元科技股份有限公司

ZHEJIANG SHUANGYUAN TECHNOLOGY CO.,LTD

地址：浙江省杭州市莫干山路1418-41号2号楼
电话：+86 0571 88867823 88867734
传真：+86 0571 88910049
邮箱：info_zjusy@163.com
网址：www.zjusy.com

东莞办事处
东莞市南城区活力康城6座10A，电话：+86 0769 23189580
济南办事处
济南市天桥区堤口路齐鲁花园9-3-101，电话：+86 0531 80682118
东南亚办事处
河内市黄梅郡黄文售坊祠江炉2-06区30，电话：+84 961597565

用户的需求　我们的追求

福建省三明市三洋造纸机械设备有限公司

洗浆机

洗浆机

洗浆机

福建省三明市三洋造纸机械设备有限公司是一家提供制浆造纸可持续性技术服务和产品的供应商。公司成立于1995年，占地面积近9万平方米，注册资本5000万元，主营业务为制浆造纸专业设备。

公司技术研发实力雄厚，通过了ISO 9001:2015质量管理体系和ISO 45001:2018职业健康安全管理体系认证，被评为省级高新技术企业。此外，公司与各设计院紧密协作，共同开展制浆装备和工艺的研发工作。

公司产品覆盖备料以及制浆全线，主要有剥皮机、自动堆取料堆、地坑螺旋、摇筛、高压喂料器、纤维回收机、紧凑型双辊压榨置换洗浆机、浆泵以及其他各类非标设备，其中紧凑型双辊压榨洗浆机获得整机发明专利，在国产洗浆机产品上市场占有率达90%以上，主要用户有重庆理文、贵州赤天化、海南金海、山东太阳、四川凤生、四川环龙等。

公司承接的四川环龙新材料有限公司生物质精练车间整条洗涤项目，在全体员工与业主的共同努力下，于2022年6月份全线成功开机。该生产线整线使用我司最新一代的五辊洗涤置换洗浆机，经5台串联逆流洗涤，最终达到客户高品质成浆需求。设备正常开机不久即达到产能，这一情况在国内较为少见。对于国产装备从设计、控制到装备集成和整线开机，具有较为重要的意义。另外，我司提供的广西理文和江西理文的化学漂白浆线也将于2023年投产。

主要产品系列

剥皮机

摇　筛

木片输送系统

木片堆取料系统

洗浆机

高压喂料器

中浓泵

混合器

抽吸压辊

地址：中国福建省三明市三元区小蕉工业园　联系电话：0598-5179958
邮箱：sy-q@fujiansanyang.com

十年来的中国造纸工业

（2011–2021年）

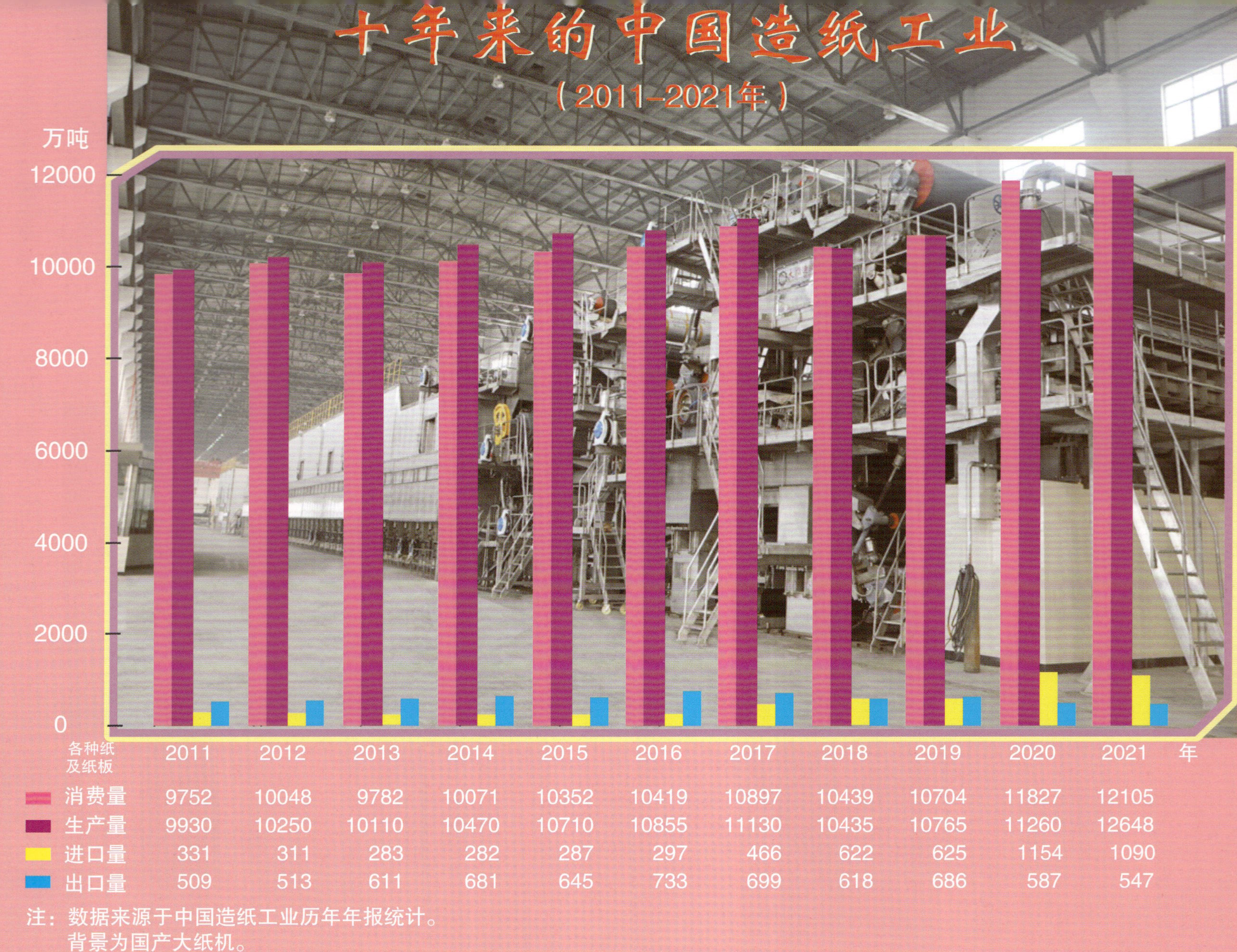

各种纸及纸板	2011	2012	2013	2014	2015	2016	2017	2018	2019	2020	2021年
消费量	9752	10048	9782	10071	10352	10419	10897	10439	10704	11827	12105
生产量	9930	10250	10110	10470	10710	10855	11130	10435	10765	11260	12648
进口量	331	311	283	282	287	297	466	622	625	1154	1090
出口量	509	513	611	681	645	733	699	618	686	587	547

注：数据来源于中国造纸工业历年年报统计。
背景为国产大纸机。

综　　述

GENERAL TOPICS

1

《造纸行业"十四五"及中长期高质量发展纲要》

The 14th Five-year Plan and Medium-long Term High Quality Development Outline of Paper Industry

一、前言

当今世界正经历百年未有之大变局，国际经贸规则和全球治理体系加快重构，国际政治格局不稳定性上升。坚持全方位推动行业高质量发展，变被动为主动，把困难和挑战变成机遇，才能进一步增强我国造纸产业的综合竞争力，自主可控、安全高效地在应对百年变局中牢牢把握主动权。

新时代我国经济发展的特征就是由数量型发展转向满足人民日益增长美好生活需要的高质量发展。坚持以供给侧结构性改革为主线，避免盲目扩张，丰富发展内涵，自觉从生产型向生产、技术、服务型转变，提高发展质量和经济效益。加快调整步伐，着力解决行业发展不平衡、不充分的问题，重点解决资源、环境、结构三大瓶颈问题，维护和提升产业链安全，转换增长动力，以创新引领高质量发展，实现更高水平、更优结构、更高效率、更加公平、更可持续的发展。

造纸产业是与国民经济和社会发展关系密切并具有可持续发展特点的重要基础原材料产业，同时具有原料可再生、产品可循环利用、可自产生物质能源、主要生产用化学品可循环利用的特点，具有得天独厚的天然绿色属性。造纸行业包括纸浆制造业、造纸业（含机制纸及纸板、手工纸、加工纸）、纸制品制造业三大部分。纸张消费量受到全社会各个领域的直接或间接影响，与国家经济安全息息相关，纸及纸板的消费水平是衡量一个国家经济和文明程度的重要标志。

根据国家"双循环"战略和到 2035 年人均国内生产总值达到中等发达国家水平的目标，以及发达国家的发展经验，我国未来纸张市场需求增量仍然较大。因此，本纲要将"十四五"及以后的发展总体目标升级为锚定 2035 年远景目标和 2060 年碳中和目标，定位自身竞争优势，科学制定行业的路线、方针、政策和战略，做好中长期规划，打造低碳环保可持续发展的绿色纸业。

二、指导思想

以习近平总书记一系列重要讲话为指导，坚定信心，振奋精神，切实改变发展思路，转变发展方式，把握主动权，提高发展质量和经济效益，增强创新驱动动力，促进绿色低碳循环发展。加快结构调整，逐步形成布局合理、原料适合国情、产品满足国内需求、产业集中度高的新格局，全面提升产业素质，维护市场公平，促进产业升级，助力人民美好生活的实现，推动我国造纸工业迈上新台阶，努力全面实现造纸强国战略目标。

加快结构调整：坚持供给侧结构性改革方向，提高供给质量，着力解决原料瓶颈问题，补足短板；加快产业结构调整和原料基地建设，推动区域布局及产品结构更趋合理；促进产业链上下游协同发展，为造纸产业高质量发展和构建新的产业发展格局奠定坚实基础。

提高发展质量：经过 40 多年的快速发展，产品已基本满足国内需求，而随着我国经济发展水平的提升，社会对产品品质和服务质量要求日益提高，仍需要转变发展观念，从数量主导型向质量效益型转变，增强行业的竞争优势。

推进产业升级：产业大规模扩张的阶段基本结束，必须从规模扩张转向结构升级。需着力优化原料、产品、企业结构，提升产业链价值，由单纯生产制造向生产、技术、服务复合的高附加值区段转移，推进产业结构升级。

坚持创新驱动：从“要素驱动”转向“创新驱动”。依靠生产要素大规模、高强度投入已难以为继。未来发展的主要驱动力已转向科技创新、技术服务和人才竞争，提高创新能力，以技术优势推动产业发展。

促进绿色发展：进入高质量发展阶段，人民群众对美好生活和优美生态环境的需要更加强烈，对提供更多优质生态产品提出更高要求，行业必须将绿色低碳发展作为高质量发展的内在要求。

维护公平竞争：加强行业自律、强化社会责任，构建科学、完整、有效的标准体系，完善公平竞争的市场环境，推动行业治理体系和治理能力现代化。

三、亟须解决的问题

高质量发展需要高质量的人才队伍，行业人才短缺问题将制约行业的高质量发展。因此，要加快培养和建设高素质、跨领域、多层次的各类专业技术和经营管理人才队伍及职业化的产业工人队伍。推行现代企业发展理念和现代企业制度，提高企业生产、经营、决策管理水平，充分链接上下游行业的研发设计服务，谋求企业可持续发展，以适应高质量发展需要。

以资源、能源、环境等要素为支撑的潜在经济增长空间大幅下降。单纯依靠规模扩张带来的增长已不可持续，行业面临着部分产品产能结构性和阶段性过剩，产品同质化现象严重，差别化、功能化能力欠缺，原料对外依存度不断提高，技术创新能力不强，中小企业数量偏多及资源利用效率不高、环境治理能力尚需提高等问题。

随着禁止废纸进口政策实施和碳达峰碳中和目标的确立，行业面临着原料结构调整、能源结构变革、技术开发和探索未来技术突破等多重挑战，以及原料短缺可能造成的产业链供应链自主可控能力下降等问题。

面对原料、环保、能源、投融资等政策不断加严的环境，行业的天然绿色属性未得到充分体现，需在发展中充分发挥好行业的绿色优势，争取得到全社会广泛认同。同时加快提高行业生物质能源应用比例，尽早在用能方式变革和理论及技术上实现突破，支撑进一步节能减碳和碳中和，否则，行业降低碳排放可能不得不依靠以政策性措施约束行业产能发展来实现。

四、发展目标

（一）调整原料结构

原料供求矛盾突出，木片、纸浆、纸张的对外依存度还将逐年增高，在充分利用国外纸浆、林木资源，实现林纸产业链优势互补的同时，需着重原料结构的调整。林纸一体化工程建设将成为一项持续不断的持久性工作，是行业未来的发展方向，是促进造纸行业可持续发展的重要措施。继续完善“以林促纸，以纸养林，林纸结合共同发展”政策，推进林纸一体化建设，增加国内造纸原料林面积，提高国内木材纤维原料供给能力。

补齐产业链供应链短板，继续充分利用有限的资源，加大对林业“三剩物”、制糖工业废甘蔗渣、农业秸秆、湿地芦苇和回收废纸等废弃物利用。降低造纸纤维原料对外依存度过高的风险，保障产业安全。

1. 适度布局东南沿海化学和半化学浆林纸一体化企业，补充废纸循环利用中的资源损耗；

2. 加快自有林地建设，提高资源自给率，积累碳汇和生物质资源；

3. 多渠道回收境内废纸和在境外回收利用纸张包装物制浆，维持国内原料供应；

4. 发展竹浆和鼓励林间道路基础建设，科学利用蔗渣、秸秆及其他非木材原料；

5. 开展国际合作开发建设境外工业林基地。

（二）优化企业结构

在全国范围内谋求更合理的产业布局，注重上下游产业的沟通、交流和协作延伸。优化区域产业链布局，鼓励企业兼并重组，防止低水平重复建设，提高企业经营管理的水平，推行现代企业制度，做大做强形成多个大型企业集团。

1. 大中小专业化分工：引导大宗产品生产专业化、规模化，引导中小造纸企业向专、精、特、新方向发展，实施横向联合，提高专业化水平和抗风险能力。

2. 提高产能集中度：引导大型制浆造纸企业通过兼并重组与合资合作等形式发展，形成具有国际竞争力的综合性制浆造纸企业集团。培育纸制品龙头企业，提高纸制品企业集中度，提升企业规模效益。

3. 主动淘汰落后产能：关停不能达标排放、能耗水平相对落后、产品竞争力弱的生产设施，确保已关闭的落后产能或生产设施不再复产。持续技术改造，持续对产能进行优化提升，保持产能技术水平和竞争力处于国际先进水平。

(三)坚持节能减排

1. 节能目标

“十四五”期间，造纸行业要加大投资节能改造，充分发挥热电联产作用，充分利用生产环节产生的余压、余热等能源，加大有机废液、有机废物、生物质气体的回收利用，固体废物近零排放，最大限度实现资源化。

力争“十四五”期间行业单位产品实际工艺综合能耗(外购和自产能源合计)纸浆由 350 千克标准煤/吨降为 320 千克标准煤/吨，纸及纸板由 480 千克标准煤/吨降为 450 千克标准煤/吨，达到国际较先进水平。

鉴于我国人均纸张消费量在国民经济达到中等发达国家之前仍将继续提高，以及碳达峰和禁止废纸进口政策实施的影响，造纸行业 2030 年以前行业总能耗仍会继续上升。在 2030 年后，尽力争取行业用能技术突破，为替代能源大幅度取代化石能源做好理论和技术储备，避免因消减化石能源导致热电联产无法发挥效益带来的全行业综合能耗大幅度跃升，力争通过加大植树造林、提高生物质能源比例、节能技术改造、提高热电联产效率、淘汰相对落后产能和适度控制新增产能及加大成品纸进口等措施，确保达峰后碳排放逐步降低。

2. 污染物减排

巩固减排成果，保持污染物低排放水平，加大固体废物的综合利用和固、液、气废物中生物质的能源化利用。加强无组织逸散污染物的收集和处理，提高环保设施的自动化和运行管理水平。持证排污，依法依规申请排污许可证，做好自行监测。依法诚信排放，按时提交执行报告并及时公开信息。维持单位产品排污量处于国际先进水平。

(四)提升品质品种

坚持以满足人民日益增长的美好生活需要为目标，适应下游产业和社会个性化、差异化、品质化产品需求。

通过工艺技术装备的革新和技术改造，提高制浆造纸及纸制品生产装备水平、加工设计水平、工艺艺术水平，以精益生产助推产业升级，提升行业地位和行业形象。

主动引领多元化消费市场需求，形成高、精、特、差异化、个性化的产品结构。按照用户的实际技术需求增加纸张和纸制品的品种，提升产品品质、培育更多纸品品牌，提升品牌影响力和竞争力，产品服务向定向定制和一对一服务转变。细分品种，增加国内工农业技术用纸、科技国防用纸及用浆供给和品种。

(五)明确阶段目标

按照《中华人民共和国国民经济和社会发展第十四个五年规划和 2035 年远景目标》，到 2035 年“人均国内生产总值达到中等发达国家水平”和到 2035 年实现经济总量或人均收入翻一番的目标，通过对造纸产业属性、地位、作用等与经济发展关系及全球中等以上发达国家纸张消费能力分析，我国纸张消费趋势依据经济增长积极、正常和消极三种情景来模拟，预计到 2035 年国内纸及纸板需求量或将分别达到 1.9 亿吨、1.7 亿吨和 1.4 亿吨。如果兼顾 2030 年国家碳达峰目标，纸及纸板产能增长可能被迫受到抑制，因此 2035 年纸及纸板国内生产量应控制在 1.7 亿吨以内，年均增长约 2.5%。

2025 年发展目标：

1. 全国纸及纸板总生产量达到 1.4 亿吨(年人均消费量达到 100 千克)；

2. 原生纸浆生产量 3000 万吨；

3. 纸制品生产量 9000 万吨；

4. 单位产品浆耗、能耗、水耗、污染物排放量保持国际先进水平；

5. 产品结构继续调整，产品品质持续提高、品种不断丰富。

2035 年发展目标：

1. 全国纸及纸板总生产量达到 1.7 亿吨(年人均消费量达到 120 千克以上)；

2. 原生纸浆比例 30% 以上；

3. 纸制品生产量 1.2 亿吨；

4. 力争生物质能源利用占能源消耗 35% 以上；

5. 热电联产比例达到 90% 以上；

6. 单位产品浆耗、水耗、能耗、污染物排放量达到国际领先水平。

五、夯实行业基础

(一)注重人才战略

人才是行业高质量发展的根本，充分发挥人才第一资源的作用，贯彻尊重劳动、尊重知识、尊重人才、尊重知识产权、尊重创造的方针。

切实加强科技创新，管理创新，以创新培育造纸行业竞争新优势。重视发展中的人才瓶颈，培养技能型职业化的产业工人队伍。努力吸收高素质、多学科、国际性的短缺人才，引进跨行业跨领域国际化高端科技人才、管理人才、市场营销人才等。

在实际工作中培养人才，引进、用好人才，全方位培养、造就一支素质优良、门类齐全、结构基本合理的人才队伍，培育青年科技人才后备军，满足现代制浆造纸企业对高层次人才的需求。

（二）坚持科技进步

科技进步是高质量发展的基础。提高技术创新能力，加大理论和工艺技术研发投入，形成以企业为主体、产学研用相结合的科技创新体，促进各类创新要素向企业集聚。

加强造纸装备制造企业自主创新能力建设。加大新一代制浆造纸及纸制品技术装备的研发力度，提升技术装备自主化水平，力争重点骨干造纸装备制造企业的技术水平和装备制造能力接近国际先进水平。

利用纸浆和纸张的特性开展多方位产品的研究，开发具有自主知识产权的技术和产品。着力开展碳中和相关理论和技术研究，寻求关键技术的突破，促进造纸产业持续稳定发展。

（三）践行社会责任

全方位提高社会责任意识，主动担当社会责任。保护职工权益，弘扬传统造纸文化，积极参与社会公益事业造福社会，推动教育和社会事业发展，改善行业社会形象。

造纸行业的节能和环境保护意识由被迫转变为自觉，由被动转变为主动，由要我做转变为我要做。向公众宣传纸张的天然绿色属性，自觉维护造纸行业绿色、低碳的良好社会形象，创造出新的发展空间。继续遵循“绿水青山就是金山银山”的理念，使造纸全周期全面融入更加科学、合理的社会循环经济体系。

（四）维护公平竞争

加强行业自律，是行业高质量发展的重要条件。共同维护和执行行业自律公约，维护行业诚信，维护行业市场公平，不断完善行业公平竞争的市场环境。防止业内出现不正当竞争行为和损害行业发展、行业利益的行为。

完善行业产能和市场通报及预警机制，充分利用好期货市场平台，及时整理和发布行业产销形势、产能建设、行业发展动态和产品量价指数等信息。结合行业已建立的部分品种预警机制，及时通报行业发展情况，对过剩或市场萎缩的品种及时提供转产或结构调整提示，避免行业盲目无序发展和恶性竞争。

六、实现高质量发展

人民日益增长的美好生活需要和发展不平衡、不充分之间的矛盾日益突显，给造纸行业可持续发展指明了方向，并提供了未来发展的广阔空间。造纸行业实现高质量发展，从造纸大国走向造纸强国将从以下几个方面体现：

（一）生产型到服务型跨越

以强化服务为重点，提升企业对用户的咨询和服务能力。融合上下游产业和技术，扩展产业链，建设专业化用户服务队伍，为用户定向生产和服务，从单纯生产商提升到生产、技术和服务供应商。主动依照客户需要设计研发产品，开展纸浆和纸张多方位应用的研究和开发。针对用户和用途细分开发产品，满足高品质、多方面、多样化、个性化、多层次的需要。

以创新发展为重点，强化企业在技术创新中的主导地位，在市场、产品品质与品种、技术装备、经营理念、服务水平上全方位创新。发挥产业规模优势、配套优势和部分领域先发优势，推动传统产业高端化、智能化、绿色化，发展服务型制造。

推进互联网应用，在纸制品行业大力推进互联网 + 设计、生产、销售和物流。创新纸包装、本册、复制印刷产品、生活用纸等终端产品的生产设计和营销模式，为社会提供更多、更灵活的产品选择和更方便快捷的服务。

（二）满足社会和民生需求

当我国人均国内生产总值达到中等发达国家水平时，人均纸张消费量也将同步达到中等发达国家水平。为进一步满足社会和民生需求，通过供给侧结构性改革，不断开发更丰富的品种和更专业化细分的产品，拓展应用领域，提高产品技术含量，减少过剩功能，培育新型消费，传承民族文化。

通过跨学科技术在产品中应用，满足下游产业的技术需求。提升和优化印刷书写纸、生活用纸、包装用纸及纸板、特种纸及纸板、纸制品等产品的品质，以适应多元化、个性化消费市场需求。

（三）全方位的可持续发展

锚定 2035 年远景目标，为实现《中华人民共和国国民经济和社会发展第十四个五年规划和 2035 年远景目标纲要》提出的目标，以及其中“加快化工、造纸等重点行业企业改造升级，完善绿色制造体系”的具体要求，全面提高资源利用效率，在

2030 年碳排放达峰后碳排放量稳中有降，打造健康低碳的产业价值链。

科学利用好国内、国外两个渠道资源。通过利用国外的优质纤维资源改善国内回收废纸制浆的质量，推进国内林纸一体化工程建设和科学利用好非木材原料，逐步增加国内纤维原料供应量，保障社会供给和行业可持续发展。

转变发展方式，按照减量化、再利用、资源化的原则，提高水资源、能源、土地及植物原料等利用效率，减少能源消耗和污染物排放。提高技术装备水平；积极宣传造纸产业可循环、可再生、可持续发展的良好形象；创建绿色工厂，引导绿色消费；依靠创新驱动升级、提质、增效，培育新的增长点和新的竞争优势。

实现绿色纸业，以资源节约环境友好型行业为建设目标，坚持开发低碳绿色产品。面对和充分利用新时代的挑战和机遇，把纸业发展成一个资源可循环、低能耗、低排放、与自然界碳循环衔接的完整循环经济发展体系。

（中国造纸协会）

《2021 年中国造纸产业竞争力报告》(节选)

The Competitiveness Report of China's Paper Industry in 2021(Excerpt)

"十四五"乃至未来的 15 年是我国建设现代化强国的关键时期。国家"十四五规划"和"2035 远景目标纲要"把创新放在了具体任务的第一位，可以看出创新对于国家、行业、企业，乃至个人的重要性。规划不仅再度明确要求坚持创新在我国现代化建设全局中的核心地位，而且针对创新实施的目标制定具体措施，要求强化国家战略科技力量，提升企业技术创新能力，完善科技创新体制机制。

当今科技创新面临的问题是多元化的需求，"十四五规划"提出科技创新"四个面向"，从科技、经济、国家和人民不同层面提出了具体要求，其中单列一章明确提出"提升企业技术创新能力"，要求完善技术创新市场导向机制，强化企业创新主体地位，促进各类创新要素向企业集聚，形成以企业为主体、市场为导向、产学研用深度融合的技术创新体系。

我国造纸产业经过多年发展，正在进入产业生命周期的"成熟期"。造纸行业以往依靠要素驱动、规模扩展和成本竞争的增长模式面临挑战，迫切需要通过科技创新推动企业可持续发展。但我国造纸行业的竞争力和创新能力如何，目前处于什么水平，存在哪些短板，何处着手进行调整，对于这些行业发展问题，需要通过科学的评价进行判断和分析。

观察造纸行业的竞争和创新现状，发现同样存在一些困惑：企业认为重视创新发展，大力建设新项目和改造提升设备水平，为什么整体竞争和创新能力上不去？企业投入资金用于技术研发，为什么创新效益不佳？不少企业重视创新合作，与科研院所进行科技研发，与上下游进行产业链合作，为什么企业创新成果产出和转化率不高？

知识发现是从各种信息中根据不同的需求获得知识的过程，目的是通过数据处理技术，利用模型和分析工具，在原始数据中提炼出有效的、新颖的、潜在有用的知识，直接提供最终的研究结论。因此，我们希望通过数据挖掘和知识发现，认识造纸行业竞争力和创新的现有水平，判断目前存在的短板，找出影响造纸行业发展的关键因素。

自 2016 年推出首部《中国造纸产业竞争力报告》以来，我们始终持续坚持创新原则，每年都在做出改变和调整。2021 年竞争力报告从为企业决策服务的宗旨出发，再度做出重大调整，全面更新章节内容。2021 年的竞争力报告共分为七章，其中第一章综述部分和第四章原料部分延续了往年构成，其他五章全部做了更新，分别为再生纤维原料分析、制浆造纸装备分析、竞争指数、创新指数，以及利用计量方法分析生物质精炼。

一、造纸产业竞争力综合分析

2021 年是中国共产党成立 100 周年，我国举行一系列盛大的纪念和庆祝活动。回望中国 100 年的发展，在中国共产党的英明领导下，中国取得了令世界刮目相看的伟大成就，我国造纸产业也实现了历史性的跨越。

造纸产业整体向好，生产量回升。2021 年新冠肺炎疫情对造纸产业的影响有所缓和，2021 年我国纸及纸板生产量达到 12105 万吨，同比增长 7.50%，消费量 12648 万吨，同比增长 6.94%，在逆势中实现较快增长。

我国造纸产业全球地位稳固。我国造纸生产量已经连续 13 年位居全球第一，2021 年占全球造纸生产量的比例超过 27%。我国造纸产业在全球的地位持续得到巩固，并随着我国造纸生产量的稳步增长，将继续得到提升。

造纸行业营业收入恢复增长。2021 年我国造纸生产量开始恢复增长，造纸行业营业收入也相应增长，2021 年造纸行业营业收入 8551 亿元，比 2020 年增加了 1364.77 亿元，同比增长 18.99%，恢复形势较好。价格上涨带动利润持续回升。2021 年造纸行业的利润总额继续保持增长，2021 年增长至 541 亿元，同比增长 18.12%。这对造纸企业来说是最大的利好，造纸行业利润上涨的主要因素是纸张价格上涨。需要清醒认识的是，价格持续高位不能长期维持，而造纸行业面对的上游原料价格高企，生产和能源成本居高不下，都对企业的经营业绩带来压力，如果未来价格出现回落，而成本不能很好消化，利润将再度陷入低谷。

二、全球造纸产业竞争力指数

产业竞争力是指在国际间自由贸易条件下，某国产业以其相对于其他国家而言所具有的一定的竞争力优势，在国际竞争中具有可持续发展能力。产业国际竞争力作为国际竞争力中的核心竞争力，关系到国家经济的发展和产业未来走势。目前，我国造纸产业国际竞争力与发达国家相比，在部分领域还存在较大差距。因此对全球造纸产业进行竞争力评价，可以比较细致地发现我国造纸产业的优势和短板，并据此有针对性地进行优化和调整。

产业国际竞争力的内涵十分广阔，产业比较优势转化为竞争优势的过程中，需要融合一系列相关因素，基础设施、资源环境、科技创新、以及相应的产业支撑、国内需求、国际贸易等相关条件。报告在借鉴国际和国内相关国际竞争力评价指标的基础上，首次根据造纸行业特点，探索并设计评价指标体系，对全球造纸产业进行国际竞争力评价，并面向全球发布 2021 年度全球造纸产业竞争力指数。

造纸产业竞争力评价指标体系由基础竞争力、经济竞争力、市场竞争力、消费竞争力、科技竞争力、贸易竞争力、需求竞争力、潜能竞争力 8 个一级指标构成，具体包括 28 个二级具体指标。根据一级指标的重要性设定相应权重，再对一级指标下的具体指标相应设定权重。

根据全球造纸产业竞争力评价指标体系，利用各项权威数据计算获得 2021 年度全球造纸产业竞争力指数，根据各国得分，大致分为五个梯队：(1)中国和美国处于第一梯队，中国得分排名第一位，美国紧随其后，两国得分遥遥领先。(2)第二梯队包括 10 个国家，德国、日本、印度、加拿大、巴西、法国、英国、荷兰、意大利、比利时，得分处于 20～29 分。(3)第三梯队包括 21 个国家，波兰、韩国、西班牙、芬兰、奥地利等，得分处于 15～20 分。(4)第四梯队包括 55 个国家，得分处于 10～15 分。(5)第五梯队包括 9 个国家，得分低于 10 分。中国和美国造纸产业竞争力水平接近，细分对比一级指标得分，中国在需求竞争力、基础竞争力、科技竞争力等方面优于美国，而美国在经济竞争力、市场竞争力和消费竞争力等方面高于中国，两国在潜能竞争力和贸易竞争力方面不相上下。综合来看，中美两国造纸产业各有优势，中国有待继续利用我国发展机遇，持续提升竞争力水平。

对比中美之外的 TOP5 国家，可以看出，德国在经济竞争力、贸易竞争力和消费竞争力方面表现突出。印度在需求竞争力和基础竞争力方面相对较好。日本和加拿大各项指标相对比较均衡。巴西虽然弱于其他几国，不过在潜能竞争力方面表现较好，贸易竞争力较好。

本次全球造纸产业竞争力评价在研究和编制过程中，尽可能本着客观、公正、科学、准确的目标开展，但在实际操作过程中，存在部分指标难以获取、部分数据缺失等问题，评价指标体系还有待后续继续调整和完善。对于未来，报告计划针对国内各省区市、国内主要造纸企业进行竞争力评价，以期为造纸行业和企业提供更全面的发展参考和战略建议。

三、全球造纸产业创新指数

创新是人类社会进步的重要动力。习近平总书记指出：“创新是引领发展的第一动力。抓创新就是抓发展，谋创新就是谋未来。”“一个地方、一个企业，要突破发展瓶颈、解决深层次矛盾和问题，根本出路在于创新，关键要靠科技力量。”因此，国家、地区、企业的发展，需要在创新上下功夫，在创新上做文章。

我国造纸产业仍然不能称为造纸强国的根本原因，就在于在科技创新方面仍然有较大的差距，特别是在核心技术方面存在巨大短板，主要表现为造纸产业创新投入产出较低，造纸企业的科研水平相对较弱，造纸装备和工艺技术依然不强。习近平总书记强调：“我们现在制造业规模是世界上最大的，但要继续攀登，必须靠创新驱动来实现转型升级，通过技术创新、产业创新，在产业链上不断由中低端迈向中高端。”制造业是孕育科技创新的根据地，是重构国际产业分工的主战场。造纸业作为传统制造业，要实现向新型制造业的转变，必须以创新引领，加强科技创新，加快改造提升，实现新时代造纸产业的高质量发展。

报告已连续几年开展造纸产业创新研究，取得一定的成果。本次从创新理论出发，通过对国内外创新研究的总结，结合产业创新、创新生态等发展，以造纸产业为评价对象，构建造纸产业创新能力评价指标体系，选取主要国家，搜集相关数据，运用统计学、计量经济学相关方法进行测算，分析全球造纸产业创新能力特征及主要影响因素。

产业创新能力是具体产业的企业在创新发展的过程中，通过调整资源配置、发挥优势资源，获得创新收益的实力和可能性，进而提高整个产业创新能力的能力。产业创新能力是创新过程中所有创新能力的综合评价。创新能力评价指标体系是描述一个组织的创新能力发展状况，监测创新的核心要素水平，评价创新能力程度的系统工程，是一项由多个指标组成的相互联系、相互依存的统计指标集。

从创新生态系统的角度来讲，创新能力是各个创新要素间相互作用的结果，是创新系统结构优化与功能发挥程度的反映。从产业创新的运作机制，报告构建了国家造纸产业创新能力评价体系，包括创新环境、创新生态、创新基础、创新资源、创新投入、创新产出、创新绩效、创新潜能等 8 项一级指标和 38 项二级具体指标。

根据全球造纸产业创新能力评价指标体系和数据，获得 2021 年度全球造纸产业创新能力指数：(1)第一梯队包括中国和美国，美国得分排名第一位，中国以微弱差距紧随其后，两国得分均远高于其他国家。(2)第二梯队包括 2 个国家，德国、日本，得分处于 21 ~ 24 分。(3)第三梯队包括 10 个国家，瑞典、加拿大、芬兰、韩国、法国、荷兰、瑞士、英国、奥地利、丹麦，得分处于 15 ~ 20 分。(4)第四梯队包括 14 个国家，比利时、巴西、挪威、澳大利亚、西班牙、意大利、新西兰、捷克、斯洛文尼亚、印度、俄罗斯、以色列、波兰、葡萄牙，得分处于 10 ~ 14 分。(5)第五梯队包括 29 个国家，得分处于 5 ~ 10 分。(6)第六梯队包括 40 个国家，得分低于 5 分。根据 2021 年度全球造纸产业创新能力综合得分，美国造纸产业创新能力居于世界首位，中国的水平略低于美国，略有差距。对比各项一级指标得分，中国在创新环境和创新产出 2 个一级指标优于美国，但在创新生态、创新基础、创新资源、创新投入、创新潜能 5 个一级指标中低于美国，两国在创新绩效方面基本持平。综合分析，美国造纸产业创新能力具有较好的基础，中国需要不断加强各方面创新建设，继续提高创新水平，加快追赶步伐。对比 TOP10 国家造纸产业创新能力一级指标，美国在创新资源、创新投入和创新潜能方面保持较大领先，中国在创新产出方面表现较好，但在创新生态方面明显弱于其他各国。从一级指标表现看，TOP10 国家在创新生态、创新资源和创新绩效方面表现良好，在创新投入和创新绩效方面有一定的差异，芬兰、瑞典、加拿大、韩国、荷兰、法国等国的创新投入较低，日本、荷兰、韩国、法国等国的创新绩效较低。从国家发达程度看，只有中国是发展中国家，其他 9 国均是发达国家。

综合结果显示，目前全球造纸创新能力不断提升，传统造纸强国和造纸大国具有一定的创新优势，随着新兴市场和资源丰富的国家的快速发展，部分国家正在迎头赶上。本次全球造纸产业创新能力评价在研究和编制过程中，在前期研究成果的基础上又有所调整，报告后续调整和完善。

四、造纸原料竞争力分析

我国造纸原材料受政策因素影响，供给出现缺口，短期内这个缺口将难以填补。造纸产业在面对原料短缺的同时，还要承受成本暴涨的压力，被动迎接涨价带来的冲击。自 2020 年以来，国内外大宗商品价格持续上涨，不断刷新市场的认知，引发业内的担忧。造纸原料价格暴涨带来的是产业失衡，上游的纸浆产业利润增速远远超过下游的利润增速，挤压下游利润空间。由于产业链共生关系被破坏，可能会进一步导致终端消费未来进入明显的减速阶段。

随着国家环保去产能、供给侧改革等政策的深入推进，以及禁废令等政策的实施，我国纸浆生产结构已经发生改变，木浆生产量所占比例快速提高，废纸浆和非木材浆所占比例明显降低。2021 年全国纸浆总生产量 8177 万吨，同比增长 10.83%。在 2020 年的基础上，纸浆结构继续改变，且变化更加明显。其中：木浆 1809 万吨，比 2020 年净增 319 万吨，同比增长 21.41%，是十几年来增幅最大的一年，生产量及增幅均创历史新高。这一增势十分符合行业高质量发展的要求，是近些年来大力调整原料结构及产品结构的重要成果。针对纸浆原料情况来看，我国纸浆消耗结构变化明显，木浆消耗所占比例增速加快，商品再生纤维浆消耗量大幅攀升。非木材浆生产量连续 3 年大幅减少，稻麦草浆生产量同比腰斩。我国阔叶木片和针叶木片进口量均有大幅提高，木浆进口量持续增加，所占比例继续提高，原料对外依存问题依然难解。但未来几年有大量造纸新产能投放市场，原料短缺日趋严重。

对于废纸原料供应情况，由于废纸进口已经受限，导致原料结构调整持续深化。国内废纸回收利用量有所增加，2021 年国内废纸制浆所占比例提升至 57%。以废纸为主要原料的纸种产销量增长明显，纤维原料趋于多样化，再生浆进口大幅增加。为解决原料供应问题，我国造纸企业在海内外拟建或投产大量基于废纸原料的新产能，海外布局原料基地初见成效。在应对原材料波动风险上，业内企业采取各种相应措施，结合行业及自身实际综合施策，努力克服原料短缺和价格暴涨的影响。有的企业整合供应商资源，发挥规模优势，保障原料供应，降低价格波动影响。有的企业开始自建原生浆生产线，通过自备浆来平衡商品浆价格的成本压力。此外，国内企业也在加大废纸浆进口的力度，弥补“禁废”之后的缺口。面对原料上涨，希望企业把压力化作动力，加快创新转型步伐，通过增加高附加值产品来化解成本压力，为走出困境找到出路。

五、再生纤维资源竞争力分析

利用废纸进行制浆造纸是造纸行业未来的发展趋势，废纸作为造纸生产所需的再生纤维资源，其重要地位不言而喻。加强废纸循环利用不仅有经济因素，更多是出于绿色、环保、低碳。但是，当前我国废纸回收利用的重要瓶颈，是国内废纸原料无论在质量上还是规模上都难以满足造纸企业的日益增长的要求。

最重要的是，随着国家宏观政策的重大调整，废纸来源发生根本性改变，2021 年起全部禁止进口废纸，未来一段时期，废纸资源只能从国内回收利用。虽然我国废纸循环再利用程度也在提升，但提升空间已经十分有限，即使国家大力推进垃圾分类的情况下，国内废纸回收量增长依然不大，当前已经出现造纸原料全面紧张的局面。

我国造纸纤维原料结构呈现明显变化。根据我国主要浆种生产量统计数据，废纸浆是目前我国造纸纤维生产量最大的类别，2021 年废纸浆生产量为 5814 万吨，占全国纸浆生产量的 71.10%，木浆生产量 1809 万吨，占 22.12%，非木材浆生产量为 554 万吨，占 6.78%。我国造纸纤维原料消费量呈现“三升两降一新增”的走势。“三升”是指国产废纸制浆、进口木浆、国产木浆的消费量持续增长。“两降”是指进口废纸制浆、非木材浆持续下降，特别是进口废纸制浆呈现断崖式下降。需要重点关注的是“一新增”，是指进口废纸浆自从 2017 年我国“禁废”开始，从零起步，4 年间大幅增长，2021 年进口达到 327 万吨。

全球废纸回收及进出口均出现下降。2020 年全球废纸回收量为 23981 万吨，比 2019 年减少 355 万吨。分析认为，全球废纸回收量减少，主要受三个方面的因素影响，一是全球经济低迷，减少了造纸消费需求。二是造纸生产量增长放缓，制约了对废纸原料的利用。三是部分国家和地区开始禁止废纸进口，废纸回收意愿有所降低。四是全球新冠肺炎疫情依然严峻，影响经济和消费，进而影响对废纸回收。2020 全球废纸进口量合计为 4584 万吨，比 2019 年减少 465 万吨。废纸进口集中在亚洲和欧洲地区，2020 年亚洲进口废纸 2545 万吨，欧洲进口 1666 万吨，进口量均出现下降。

六、制浆造纸设备竞争力分析

工业是立国之本、强国之基，装备是国之重器，业之脊梁。装备制造业关联度高，技术集约程度高，也是产业可持续发展的保障。我国造纸产业早已登顶，但依然为向造纸强国迈进而不懈奋斗，其背后需要制浆造纸装备业的共同努力。虽然近年来我国制浆造纸装备业取得了长足进步，但与国际领先企业相比还存在巨大差距。概括来说主要表现在以下方面：质量水平总体不高、综合配套能力薄弱、创新意识和创新能力不强、研发资金投入不足、高端人才队伍短缺等。其实这些问题已经存在多年，但长期没有取得突破和解决。装备制造业是需求弹性大，技术集约程度高，是各国工业发展“永恒主题”。面对差距，需要各界继续努力。

我国制浆造纸装备企业持续减少。持续减少的原因比较复杂，近几年我国造纸行业增速明显放缓，装备行业竞争明显激烈，而且国内装备企业同质化比较明显，部分竞争力不足的企业出现因经营不善或资金短缺而导致的亏损或破产。从亏损企业数量也可以看出，虽然装备企业数量减少，但亏损企业数量每年都在 20 ~ 30 家，2020 年亏损企业数量为 22 家，虽然比前两年有所减少，但企业的生存压力仍然较大。

装备企业经营业绩大幅下滑。根据国家统计局数据，制浆和造纸专用设备制造的主营业务收入近几年波动剧烈，2013—2015 年基本在 370 亿元左右，2016—2017 年基本稳定在 400 亿元左右，其中 2016 年主营业务收入历史最高，并首次突破 400 亿元，达到 411.47 亿元。但是从 2018 年起我国制浆造纸装备企业的主营业务收入出现大幅下降，2020 年制浆和造纸专用设备制造主营业务收入为 21.11 亿元，远远低于 2017 年之前的 400 亿元的水平。

造纸装备出口价值有所提升。我国制浆造纸装备出口前几年保持增长，2021 年虽然受到新冠肺炎疫情的影响，制约了全球造纸新建项目的建设，但出口额依然达到 58.04 亿元。我国制浆造纸装备出口台数整体在增长，2021 年出口 48505 台。根据对出口数量的分析，增加的主要是大量小型设备。造纸装备进口金额有所减少。我国造纸行业引进国外设备的力度有所变化，近几年的进口金额有所下降，随着我国制浆造纸装备业的发展，对国外设备的依赖正在减少。2021 年我国共进口制浆造纸装备的金额为 24.94 亿元，其中纸或纸板的制造设备下降最为明显，2021 年进口 1.17 亿元，而 2018 年则是 9.02 亿元。分析认为，我国进口制浆造纸设备金额大幅减少主要是以下方面的原因：一是国际知名制浆造纸装备企业在中国本土化生产日益深入，大部分装备可以在国内的工厂生产；二是国内制浆造纸装备企业的技术进步，越来越受到企业的认可。

七、生物质精炼文献计量分析

“生物质精炼”可以实现对生物质资源的最大化利用，通过将生物质精炼与制浆造纸工艺相结合，可以解决传统生产过程中存在的瓶颈问题，实现制浆造纸产业高质量发展的同时，还可以生产多种生物质基产品，部分代替石化燃料等。制浆造纸行业作为生物质经济发展方向重要组成，对推动生物质精炼的发展有重要作用。

发挥科技创新力量，加快产业提档升级，努力在市场竞争中占据高地，是我国造纸产业赢得先机的重要机遇期。作为一个大有可为的创新产业新领域，谁掌握核心技术，谁就能把控新兴领域的命脉。生物质精炼领域不仅日益受到关注，也成为各国竞相发展的创新领域。因此，2021 年报告重点分析生物质精炼，希望对生物质精炼的计量分析，展示研究热点和发展方向，可为学者提供研究思路，助力我国制浆造纸产业创新发展。

对 1981—2021 年全球生物质精炼行业科技论文产出数量进行年度统计，发现在此期间显示出四个周期。第一阶段 1981—1990 年，论文数量较少，1990 年之前，每年的论文数不超过 30 篇，称为潜伏期；第二阶段 1991—2007 年为徘徊期，该时期论文数虽然较上一个时期有所增长，论文产出量由 1991 年的 66 篇增到了 2007 年 107 篇，基本上是在 100 篇左右徘徊波动。第三阶段 2008—2016 年为全球生物质精炼行业科技论文数据的跃升期，9 年时间每年持续增长，由 2008 年的 160 篇增长到 2016 年的 571 篇。第四阶段 2017—2021 年进入平台期，全球生物质精炼行业科技论文的产出数量较为稳定，虽然有小范围波动，但均在每年 500 篇以上。全球主要国家 WOS 科技论文数量发展态势显示，中国在 2010 年之前有关生物质精炼行业科技论文的论文数量较少，2011 年之后迅速攀升，在 2017 年达到 226 篇。相对于其他国家的平稳发展，中国在 2011 年之后的崛起甚至影响了整个生物质精炼领域的 WOS 科技论文的发展态势，使得生物质精炼领域的总体发展态势在 2011 年进入新的增长周期。

美国的 WOS 科技论文数量较其他国家高，2008—2012 年美国的论文数量处于第一位，但在 2013 年之后每年的论文数在 50 ~ 83 篇之间波动，并被中国超过，退居第二。日本和芬兰在 2010 年之前排名第二和第三，之后的发展相对稳定。马来西亚、波兰、伊朗、印度、韩国、巴西、土耳其等新兴国家的生物质精炼产业科技创新在发展，这些国家的 WOS 论文产出数量在 2021 年进入 TOP20。

从研究机构的论文统计数据来看，在 1981—2021 年长周期累计的全球生物质精炼 WOS 论文数量前 20 名科研机构中，中国占有 7 个席位，其中中国的华南理工大学位列第一，南京林业大学位列第二，中国科学院和北京林业大学分别位列第四和第五。其余 3 家分别是天津科技大学(第十七)、齐鲁工业大学(第十八)以及中国林业科学院(第十九)。TOP20 机构中，除了中国的 7 家机构外，还有来自美国和芬兰的各 3 家，来自瑞典、加拿大和日本的各 2 家，另外还有 1 家来自马来西亚。其中，芬兰的阿尔托大学和埃博学术大学排名第三和第七，日本的京都大学和东京大学排名第六和第八。美国林务局排名第九。瑞典皇家理工学院排名第十。

专利方面，生物质精炼领域全球专利申请可以分为三个阶段，第一阶段为 1981—2009 年，可以称为缓慢发展期，该期专利申请数量呈现波动式的缓慢增长，每年的年度申请均在200件以下。第二阶段为2010—2015年，快速发展期。2010—2015年，生物质精炼产业专利申请数量出现一次跃迁，迅速突破200件/年并且与2015年达到近400件/年。第三阶段为2016年至今，超速发展期。中国申请人在最近几年加快在生物质精炼行业专利布局，开始成为专利申请量增长的主要推动力，全球生物质精炼产业的专利申请数量在此时期呈现出高速发展态势。从专利技术构成看，申请专利数量最多的是小类是D21H(浆料或纸浆组合物)，专利数量达到4501件，可见制浆技术的改进是生物质精炼产业的重点。其次是D21C(生物质精炼机；用以生产纸张的方法)，专利数量为2495件，生物质精炼技术和设备的革新也是生物质精炼产业发展的重要驱动力。排名第三的技术类别是D21B(纤维素生产)，795件。

从专利区域分布看，专利公开国中专利数量最多的是中国、美国、日本和加拿大。而专利申请国专利数量最多的国家则是中国、美国、日本和德国。由此可以看出，中国已成为生物质精炼技术市场最大的国家，作为专利公开国专利数达到4663件，本国的专利申请量达到了3866件，位列第一，表现出强大的技术创新竞争力。但本国专利申请量与专利公开国专利数相差不大，这表明中国的生物质精炼技术市场仍是以本国申请人为主。与中国不同，美国、德国和日本等其他生物质精炼强国则在多个国家进行了专利保护。美国除了本土的专利保护之外，在加拿大、欧洲专利局(EPO)、日本、世界知识产权组织和中国的专利布局最多。

制浆造纸工业向生物质精炼工业的转型是必然的发展趋势。创新的生物质精炼技术可以解决纤维素、半纤维素、木素的高效分离难题，实现三大组分高质化利用。近年来，生物质经济在欧美已经有了长足的发展，目前利用生物质精炼技术可以生产上百种产品。虽然生物质精炼技术尚不成熟，不过已经陆续有产品推向市场。

八、总结与展望

我国造纸工业具有良好的长期发展潜力，但还没有成为造纸强国，而且制浆造纸工业的整体技术水平与世界先进国家相比还存在较大的差距，造纸工业科技创新体系尚未健全，主要体现在企业创新投入不够，产学研合作层次不高，核心装备和技术未能进一步突破。创新是引领造纸工业可持续发展和企业高质量发展的第一动力，建立政府重视引导、企业主体积极参与、产学研深度融合的创新体系，突破绿色生产、节能减排和智能化技术，是造纸工业进入高水平发展的重要方向。

作为推动经济高质量发展的主体，造纸企业要加快从要素驱动、投资驱动向创新驱动转型。发挥企业家在企业创新中的重要作用，加大研发投入，培养高水平人才队伍，提升企业创新能力，加强企业竞争力。

虽然国内企业增建自备浆，加大进口纸浆，但由于原料短缺问题难以在短期内解决，原料紧缺还将在较长时间内继续存在。随着国内废纸回收利用周期大幅缩短，废纸质量持续下降，如何提升和保障废纸纤维资源质量，正在成为企业亟须解决的问题。在此情况下，如何有效提升资源综合利用能力，加强纤维综合利用效能，利用技术提升纸浆得率将成为未来发展趋势。

实现我国制浆造纸装备制造业的转型升级，需要"国家大环境、行业大格局、企业大魄力"的各方合力，从全球视野和战略思维出发，立足国际产业格局变革，紧抓国家战略，谋划产业定位，感知市场需求，顺应产业规律，加强分工协作，发挥多方优势，发动全面创新，发展多元驱动，提高全要素生产率、提升全产业链水平，奋起直追，努力超越，夯实我国制浆造纸产业高质量发展的基础。

新技术、新领域是产业发展的核心要义，生物质精炼可以实现对生物质资源的最大化利用，制浆造纸工业向生物质精炼工业的转型是必然的发展趋势。发挥科技创新力量，加快产业提档升级，努力在市场竞争中占据高地，是我国造纸产业赢得先机的重要机遇期。作为一个大有可为的创新产业新领域，谁掌握核心技术，谁就能把控新兴领域的命脉。生物质精炼领域不仅日益受到关注，也成为各国竞相发展的创新领域，生物质精炼研究与应用必然是我国制浆造纸产业创新发展的重要领域。

我国造纸产业伟大变化和成绩来之不易，同时也要看到当前全球经济和社会的复杂变化，科技创新加快产业变革，技术推动市场需求持续调整，造纸产业正在新的发展时期，也面临着原料短缺和依赖依然严重、装备技术还存在较大差距、国际市场价格波动冲击市场秩序等各种各样的问题，在新的百年开始之际，我们从党的光辉历史中汲取砥砺奋进的精神力量，再接再厉、接续奋斗，在实现第二个百年奋斗目标的新征程上创造新的辉煌。

（曹春昱　周在峰）

发展现状

CURRENT STATUS OF DEVELOPMENT

2

中国造纸工业 2021 年度报告

Annual Report of China's Paper Industry in 2021

据统计，制浆造纸及纸制品全行业 2021 年完成纸浆、纸及纸板和纸制品合计 28021 万吨，同比增长 9.89%，其中，纸及纸板生产量 12105 万吨，同比增长 7.50%；纸浆生产量 8177 万吨，同比增长 10.83%；纸制品生产量 7739 万吨，同比增长 12.81%；全行业营业收入完成 1.50 万亿元，同比增长 14.74%；实现利润总额 885 亿元，同比增长 6.92%。

一、纸及纸板生产和消费情况

(一) 纸及纸板生产量和消费量

据中国造纸协会调查资料，2021 年全国纸及纸板生产企业约 2500 家，全国纸及纸板生产量 12105 万吨，同比增长 7.50%。消费量 12648 万吨，同比增长 6.94%，人均年消费量为 89.51 千克(14.13 亿人)。

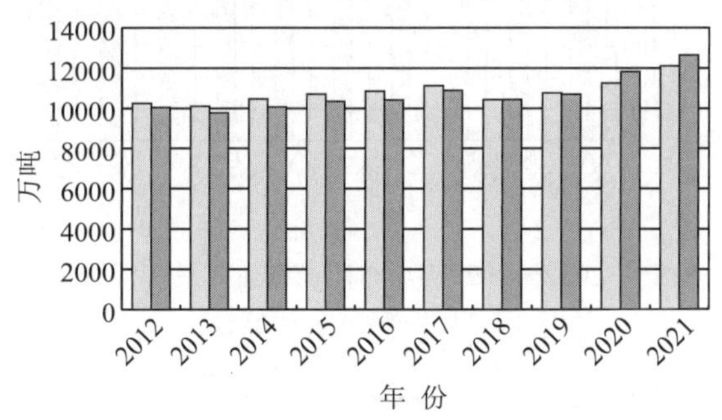

图1　2012—2021年纸及纸板生产和消费情况

□生产量　■消费量

2012—2021 年，纸及纸板生产量年均增长率 1.87%，消费量年均增长率 2.59%(见图 1 ~ 图 3、表 1)。

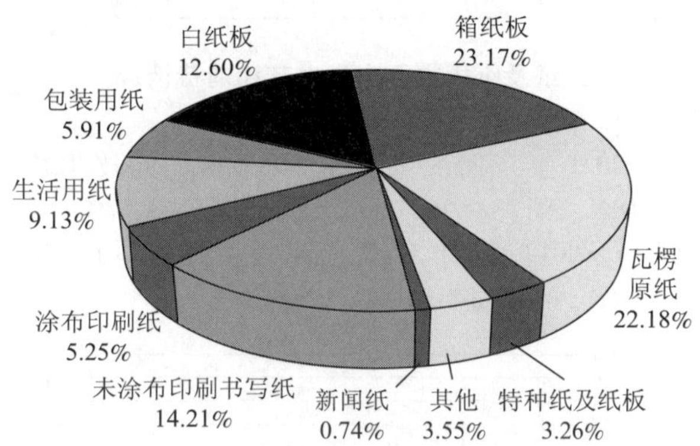

图2　2021年纸及纸板各品种生产量占全国总生产量的比例

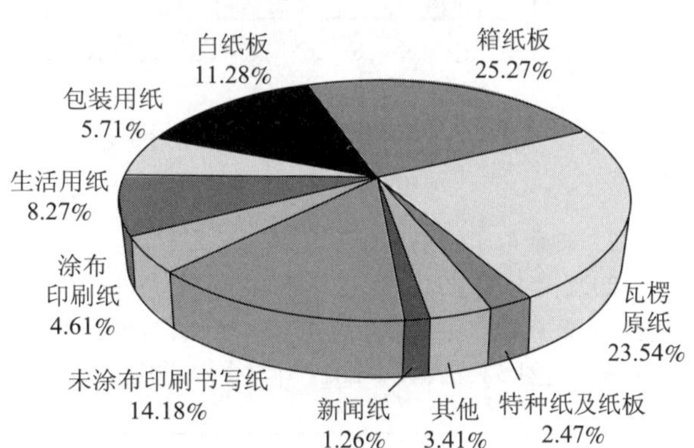

图3　2021年纸及纸板各品种消费量占全国总消费量的比例

表 1　2021 年纸及纸板生产和消费情况　单位：万吨

品种	生产量		同比/%	消费量		同比/%
	2020 年	2021 年		2020 年	2021 年	
总量	11260	12105	7.50	11827	12648	6.94
1. 新闻纸	110	90	-18.18	175	160	-8.57
2. 未涂布印刷书写纸	1730	1720	-0.58	1783	1793	0.56

续表

品种	生产量		同比/%	消费量		同比/%
	2020 年	2021 年		2020 年	2021 年	
3. 涂布印刷纸	640	635	-0.78	571	583	2.10
其中：铜版纸	600	605	0.83	556	579	4.14
4. 生活用纸	1080	1105	2.31	996	1046	5.02
5. 包装用纸	705	715	1.42	718	722	0.56
6. 白纸板	1490	1525	2.35	1373	1427	3.93
其中：涂布白纸板	1410	1445	2.48	1292	1346	4.18
7. 箱纸板	2440	2805	14.96	2837	3196	12.65
8. 瓦楞原纸	2390	2685	12.34	2776	2977	7.24
9. 特种纸及纸板	405	395	-2.47	330	312	-5.45
10. 其他纸及纸板	270	430	59.26	268	432	61.19

(二)纸及纸板主要产品生产和消费情况

1. 新闻纸

2021 年新闻纸生产量 90 万吨，同比下降 18.18%；消费量 160 万吨，同比下降 8.57%(见图4)。2012—2021 年新闻纸生产量年均递减 14.79%，消费量年均递减 9.50%。

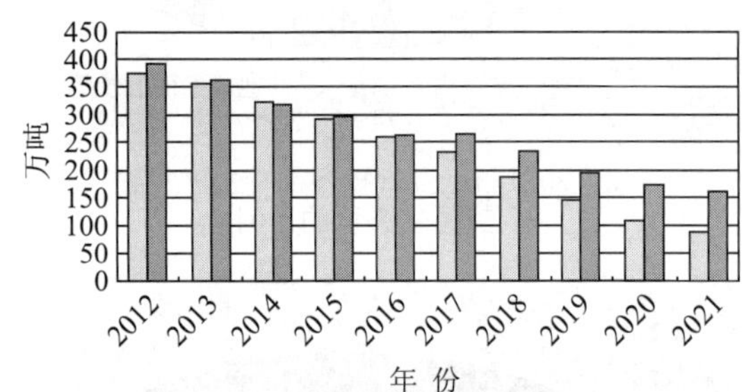

图4　2012—2021年新闻纸生产量和消费量

□生产量　■消费量

2. 未涂布印刷书写纸

2021 年未涂布印刷书写纸生产量 1720 万吨，同比下降 0.58%；消费量 1793 万吨，同比增长 0.56%(见图5)。2012—2021 年未涂布印刷书写纸生产量年均递减 0.19%，消费量年均增长 0.70%。

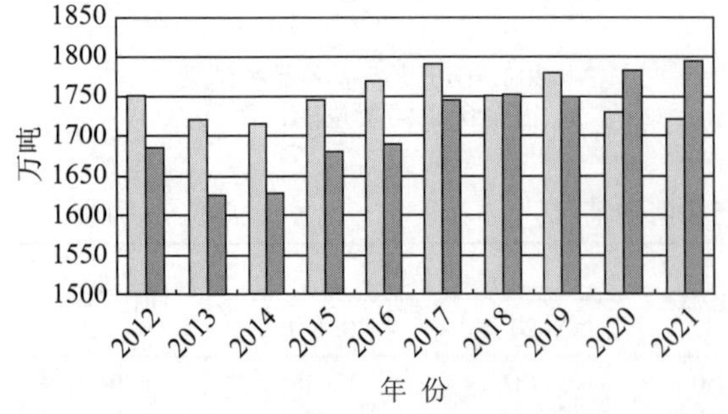

图5　2012—2021年未涂布印刷书写纸生产量和消费量

□生产量　■消费量

3. 涂布印刷纸

2021 年涂布印刷纸生产量 635 万吨，同比下降 0.78%；消费量 583 万吨，同比增长 2.10%(见图6)。其中，铜版纸生产量 605 万吨，同比增长 0.83%；消费量 579 万吨，同比增长 4.14%(见图7)。2012—2021 年涂布印刷纸生产量年均递减 2.26%，消费量年均递减 1.00%。2012—2021 年铜版纸生产量年均递减 1.53%，消费量年均递减 0.04%。

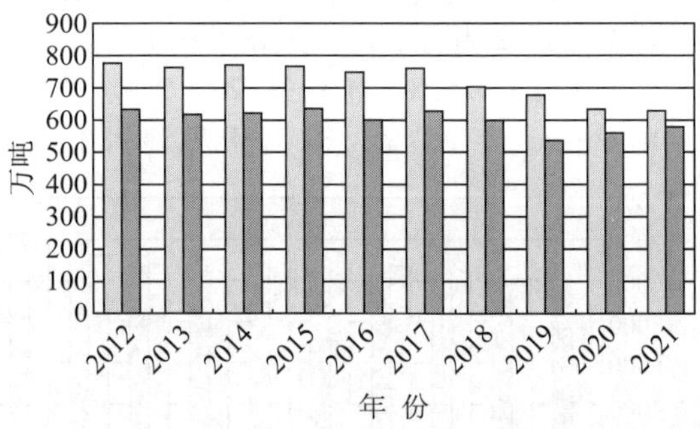

图6　2012—2021年涂布印刷纸生产量和消费量

□生产量　■消费量

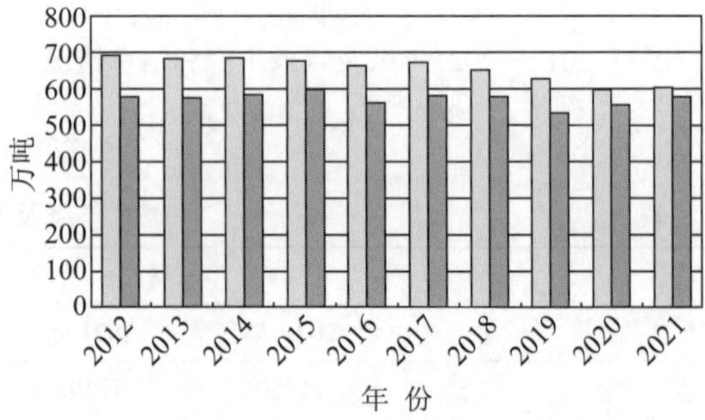

图7　2012—2021年铜版纸生产量和消费量

□生产量　■消费量

4. 生活用纸

2021 年生活用纸生产量 1105 万吨，同比增长 2.31%；消费量 1046 万吨，同比增长 5.02%（见图 8）。2012—2021 年生活用纸生产量年均递增 3.95%，消费量年均递增 4.06%。

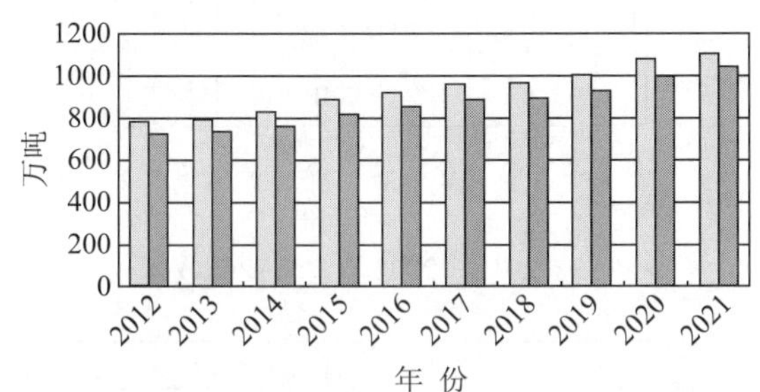

图8　2012—2021年生活用纸生产量和消费量

□生产量　■消费量

5. 包装用纸

2021 年包装用纸生产量 715 万吨，同比增长 1.42%；消费量 722 万吨，同比增长 0.56%（见图 9）。2012—2021 年包装用纸生产量年均递增 1.24%，消费量年均递增 1.09%。

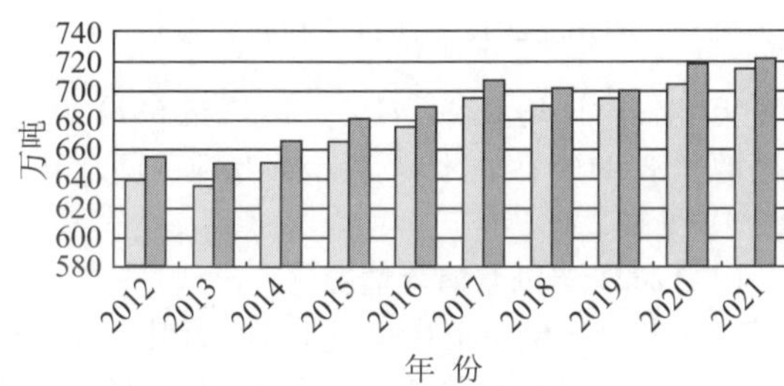

图9　2012—2021年包装用纸生产量和消费量

□生产量　■消费量

6. 白纸板

2021 年白纸板生产量 1525 万吨，同比增长 2.35%；消费量 1427 万吨，同比增长 3.93%（见图 10）。其中，涂布白纸板生产量 1445 万吨，同比增长 2.48%；消费量 1346 万吨，同比增长 4.18%（见图 11）。2012—2021 年白纸板生产量年均递增 1.04%，消费量年均递增 0.38%。2012—2021 年涂布白纸板生产量年均递增 0.84%，消费量年均递增 0.14%。

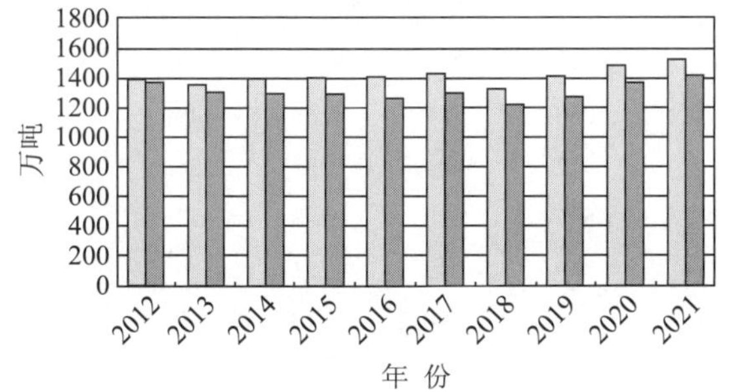

图10　2012—2021年白纸板生产量和消费量

□生产量　■消费量

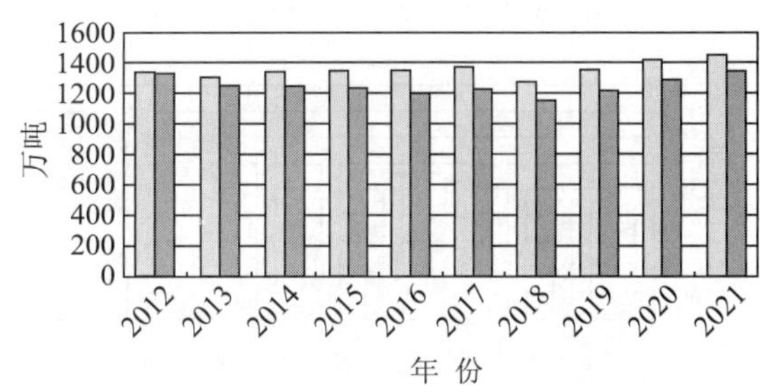

图11　2012—2021年涂布白纸板生产量和消费量

□生产量　■消费量

7. 箱纸板

2021 年箱纸板生产量 2805 万吨，同比增长 14.96%；消费量 3196 万吨，同比增长 12.65%（见图 12）。2012—2021 年箱纸板生产量年均递增 3.38%，消费量年均递增 4.47%。

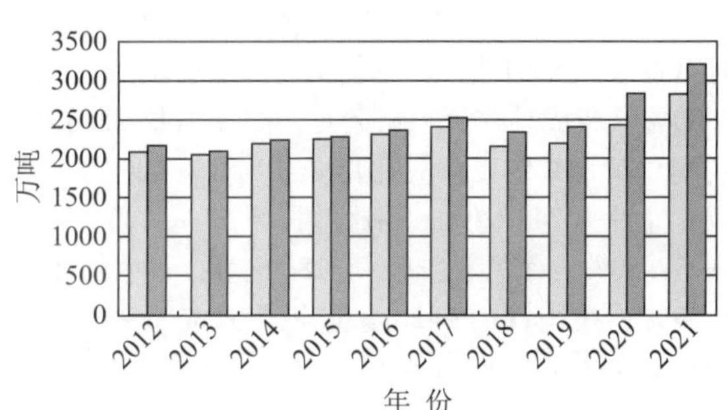

图12　2012—2021年箱纸板生产量和消费量

□生产量　■消费量

8. 瓦楞原纸

2021 年瓦楞原纸生产量 2685 万吨，同比增长 12.34%；消费量 2977 万吨，同比增长 7.24%（见图 13）。2012—2021 年瓦楞原纸生产量年均递增 3.21%，消费量年均递增 4.36%。

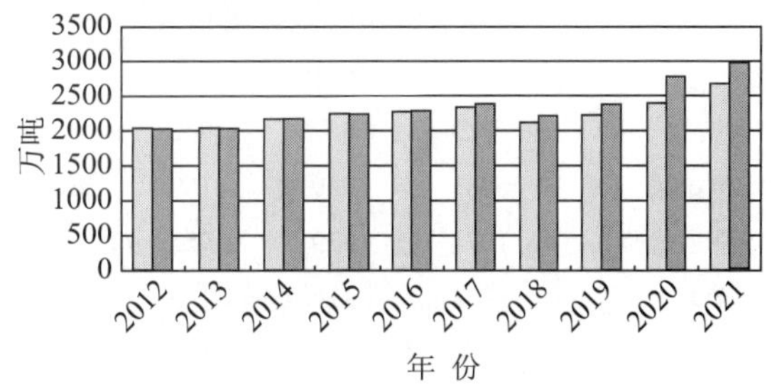

图13　2012—2021年瓦楞原纸生产量和消费量

□生产量　■消费量

9. 特种纸及纸板

2021 年特种纸及纸板生产量 395 万吨，同比下降 2.47%；消费量 312 万吨，同比下降 5.45%（见图 14）。2012—2021 年特种纸及纸板生产量年均递增 6.72%，消费量年均递增 6.11%。

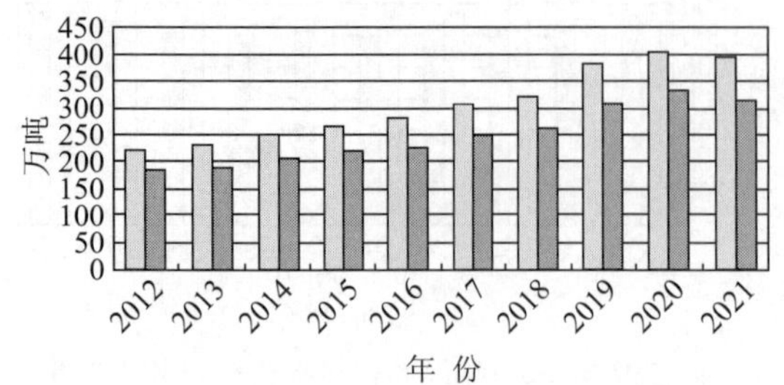

图14　特种纸及纸板2012—2021年生产量和消费量

□生产量　■消费量

二、纸及纸板生产企业经济指标完成情况

据统计 2426 家造纸生产企业，2021 年 1—12 月营业收入 8551 亿元（见图 15）；工业增加值增速 8.00%；产成品存货 418 亿元，同比增长 33.33%；利润总额 541 亿元，同比增长 17.01%（见图 16）；资产总计 10748 亿元，同比增长 5.37%；资产负债率 58.88%；负债总额 6328 亿元，同比增长 5.59%；在统计的 2426 家造纸生产企业中，亏损企业有 452 家，占 18.63%。

三、纸浆生产和消耗情况

（一）2021 年纸浆生产情况

据中国造纸协会调查资料，2021 年全国纸浆总生产量 8177 万吨，同比增长 10.83%。其中，木浆

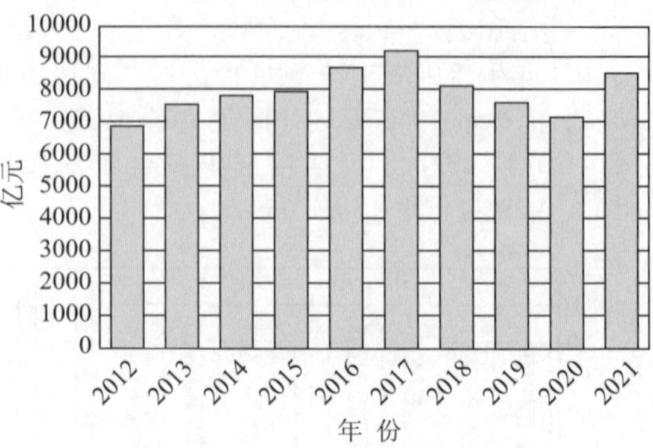

图15　2012—2021年主营业务收入

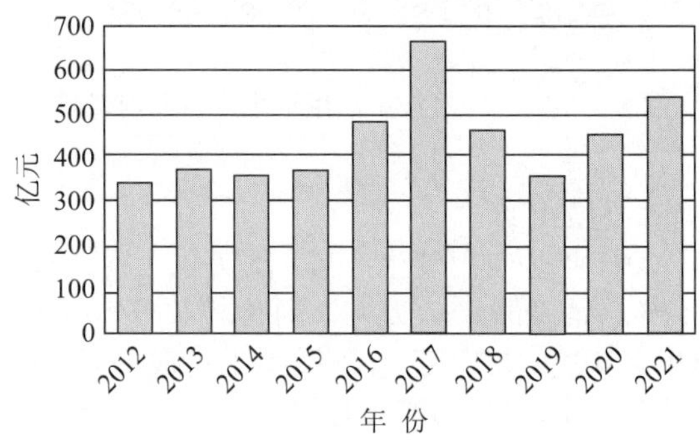

图16　2012—2021年利润总额

1809 万吨，同比增长 21.41%；废纸浆 5814 万吨，同比增长 8.41%；非木材浆 554 万吨，同比增长 5.52%（见表 2）。

（二）2021 年纸浆消耗情况

2021 年全国纸浆消耗总量 11010 万吨，同比增长 7.94%。木浆消耗量 4151 万吨，占纸浆消耗总量的 38%，其中进口木浆占 22%，国产木浆占 16%。废纸浆消耗量 6311 万吨，占纸浆消耗总量 57%，其中进口废纸浆占 3%、用国内废纸制浆占 54%；非木材浆消耗量 548 万吨，占纸浆消耗总量 5%（见表 3、图 17 和图 18）。

表 2　　2012—2021 年纸浆生产情况　　单位：万吨

品种	2012 年	2013 年	2014 年	2015 年	2016 年	2017 年	2018 年	2019 年	2020 年	2021 年
纸浆合计	7867	7651	7906	7984	7925	7949	7201	7207	7378	8177
1. 木浆	810	882	962	966	1005	1050	1147	1268	1490	1809
2. 废纸浆	5983	5940	6189	6338	6329	6302	5444	5351	5363	5814
3. 非木材浆	1074	829	755	680	591	597	610	588	525	554
苇浆	143	126	113	100	68	69	49	51	54	41
蔗渣浆	90	97	111	96	90	86	90	70	97	72
竹浆	175	137	154	143	157	165	191	209	219	242
稻麦草浆	592	401	336	303	244	256	250	222	117	159
其他浆	74	68	41	38	32	31	30	36	38	40

表 3　　2021 年纸浆消耗情况

品种	2020 年		2021 年		同比/%
	消耗量/万吨	占比/%	消耗量/万吨	占比/%	
总量	10200	100	11010	100	7.94
木浆	4046	40	4151	38	2.60
1. 进口木浆	2556 *1	25	2357 *2	22	-7.79
2. 国产木浆	1490	15	1794	16	20.40
废纸浆	5632	55	6311	57	12.06
1. 进口废纸浆	249	2	327	3	31.33
2. 国产废纸浆	5383	53	5984	54	11.16
其中：进口废纸制浆	620	6	48	—	-92.26
国内废纸制浆	4763	47	5936	54	24.63
非木材浆	522	5	548	5	4.98

注：1. 2020 年进口纸浆 3063 万吨，扣除非造纸用浆和非木材浆，实际进口木浆消耗量 2556 万吨。
2. 2021 年进口纸浆 2969 万吨，扣除非造纸用浆和非木材浆，实际进口木浆消耗量 2357 万吨。

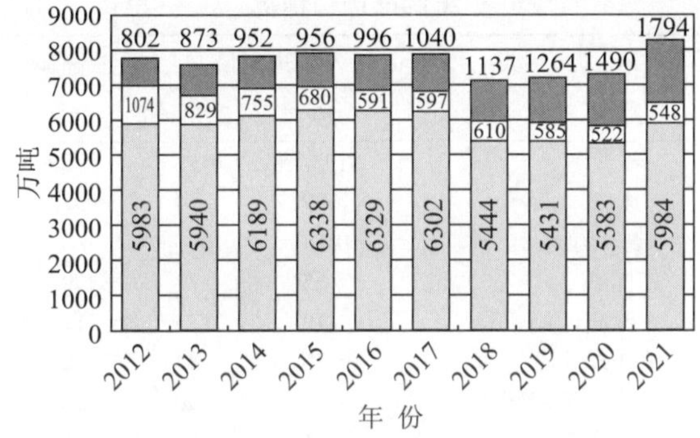

图17　2012—2021年国产纸浆消耗情况

▫废纸浆　▫非木材浆　▪木浆

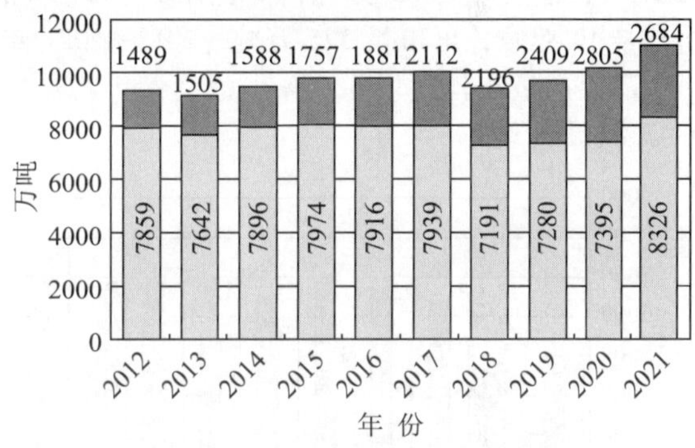

图18　2012—2021年纸浆总消耗情况

▫国产纸浆消耗量　▪进口纸浆消耗量

（三）2021 年废纸利用情况

2021 年利用国内回收废纸总量 6491 万吨，同比增长 18.17%，废纸回收率 51.3%，废纸利用率 54.1%，2012—2021 年国内废纸回收量年均递增 4.22%（见表 4、图 19）。

表 4　　2012—2021 年国内废纸利用情况

年份	国内废纸回收量/万吨	废纸净进口量/万吨	废纸浆消费量/万吨	废纸回收率/%	废纸利用率/%
2012	4473	3007	5983	44.5	73.0
2013	4377	2924	5940	44.7	72.2
2014	4841	2752	6189	48.1	72.5
2015	4832	2928	6338	46.7	72.5
2016	4963	2850	6329	47.6	72.0
2017	5285	2572	6303	48.5	70.6
2018	4964	1703	5474	47.6	63.9
2019	5244	1036	5443	49.0	58.3
2020	5493	689	5632	46.4	54.9
2021	6491	54	6311	51.3	54.1

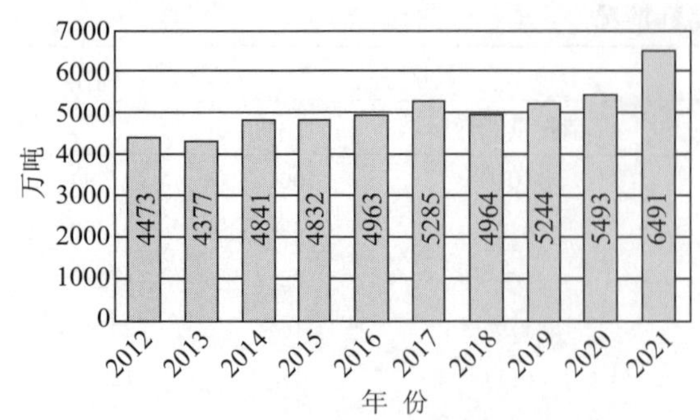

图19 2012—2021年全国废纸回收总量

四、纸制品生产和消费情况

据国家统计局数据，2021 年全国规模以上纸制品生产企业 4278 家，生产量 7739 万吨，同比增长 12.81%；消费量 7383 万吨，同比增长 12.68%；进口量 19 万吨，出口量 375 万吨。2012—2021 年纸制品生产量年均递增 5.44%，消费量年均递增 5.47%（见图 20）。

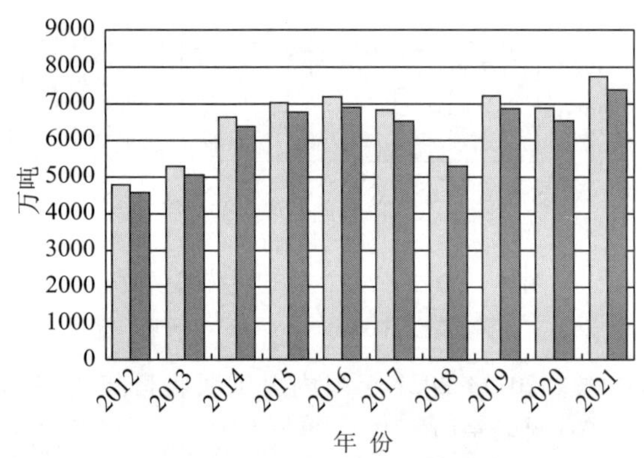

图20 2012—2021年纸制品生产和消费情况
▫生产量 ▪消费量

五、纸及纸板、纸浆、废纸及纸制品进出口情况

（一）纸及纸板、纸浆、废纸及纸制品进口情况

2021 年纸及纸板进口 1090 万吨，同比下降 5.55%；纸浆进口 3052 万吨，同比下降 2.65%；废纸进口 54 万吨，同比下降 92.16%；纸制品进口 19 万吨，同比增长 18.75%。

2021 年进口纸及纸板、纸浆、废纸、纸制品合计 4215 万吨，同比下降 15.60%，用汇 290.17 亿美元，同比增长 19.93%。进口纸及纸板平均价格为 695.54 美元/吨，同比增长 26.94%；进口纸浆平均价格为 675.49 美元/吨，同比增长 31.78%；进口废纸平均价格为 246.26 美元/吨，同比增长 40.51%（见表 5）。

（二）纸及纸板、纸浆、废纸及纸制品出口情况

2021 年纸及纸板出口 547 万吨，同比下降 6.81%；纸浆出口 15.42 万吨，同比增长 46.16%；废纸出口 0.12 万吨，与 2020 年持平；纸制品出口 375 万吨，同比增长 15.74%。

2021 年出口纸及纸板、纸浆、废纸、纸制品合计 937.54 万吨，同比增长 1.72%，创汇 243.59 亿美元，同比增长 14.97%。出口纸及纸板平均价格为 1647.32 美元/吨，同比增长 3.95%；出口纸浆平均价格为 1224.51 美元/吨，同比增长 12.82%（见表 6）。

表 5 2021 年我国纸浆、废纸、纸及纸板、纸制品进口情况 单位：万吨

品种	进口量		同比 /%
	2020 年	2021 年	
一、纸浆	3135 *1	3052 *3	-2.65
二、废纸	689	54	-92.16
三、纸及纸板	1154	1090	-5.55
1. 新闻纸	65	71	9.23
2. 未涂布印刷书写纸	119	133	11.76
3. 涂布印刷纸	36	44	22.22
其中：铜版纸	25	30	20.00
4. 包装用纸	31	24	-22.58
5. 箱纸板	404	399	-1.24
6. 白纸板	53	58	9.43
其中：涂布白纸板	52	57	9.62
7. 生活用纸	3	5	66.67
8. 瓦楞原纸	389	294	-24.42
9. 特种纸及纸板	22	23	4.55
10. 其他纸及纸板	32 *2	39 *4	21.88
四、纸制品	16	19	18.75
总 计	4994	4215	-15.60

注：数据来源于海关总署。

1. 2020 年进口纸浆 3063 万吨，另有 72 万吨“进口废纸浆”计入“其他纸及纸板”相关税号，实际进口纸浆 3135 万吨。

2. 2020 年进口“其他纸及纸板”104 万吨，其中有 72 万吨为“进口废纸浆”，实际进口“其他纸及纸板”32 万吨。

3. 2021 年进口纸浆 2969 万吨，另有 83 万吨“进口废纸浆”计入“其他纸及纸板”相关税号，实际进口纸浆 3052 万吨。

4. 2021 年进口“其他纸及纸板”122 万吨，其中有 83 万吨为“进口废纸浆”，实际进口“其他纸及纸板”39 万吨。

表 6　2021 年我国纸浆、废纸、纸及纸板、纸制品出口情况　单位：万吨

品种	出口量		同比
	2020 年	2021 年	/%
一、纸浆	10.55	15.42	46.16
二、废纸	0.12	0.12	0.00
三、纸及纸板	587	547	-6.81
1. 新闻纸	0	1	—
2. 未涂布印刷书写纸	66	60	-9.09
3. 涂布印刷纸	105	96	-8.57
其中：铜版纸	69	56	-18.84
4. 包装用纸	18	17	-5.56
5. 箱纸板	7	8	14.29
6. 白纸板	170	156	-8.24
其中：涂布白纸板	170	156	-8.24
7. 生活用纸	87	64	-26.44
8. 瓦楞原纸	3	2	-33.33
9. 特种纸及纸板	97	106	9.28
10. 其他纸及纸板	34	37	8.82
四、纸制品	324	375	15.74
总　计	921.67	937.54	1.72

注：数据来源于海关总署。

（三）纸及纸板各品种进出口量比例

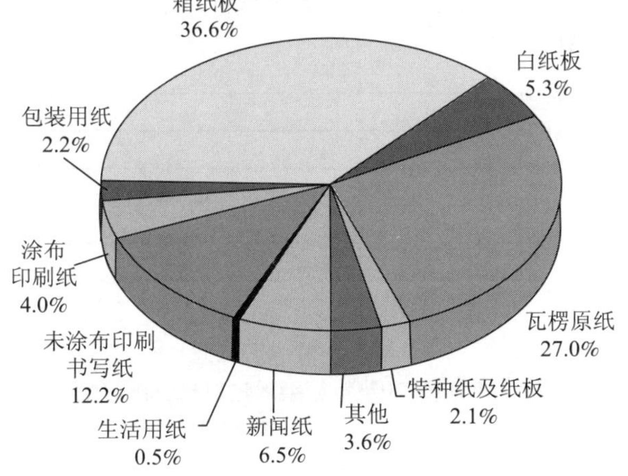

图21　2021年纸及纸板各品种进口量占总进口量的比例

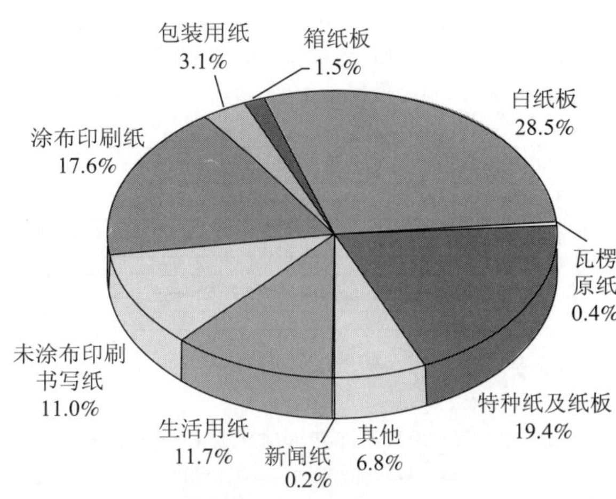

图22　2021年纸及纸板各品种出口量占总出口量的比例

（四）纸及纸板主要产品 2012—2021 年进出口情况

1. 新闻纸

2021 年新闻纸进口量大于出口量，净进口量 70 万吨。2012—2021 年新闻纸进口量及出口量见图 23。

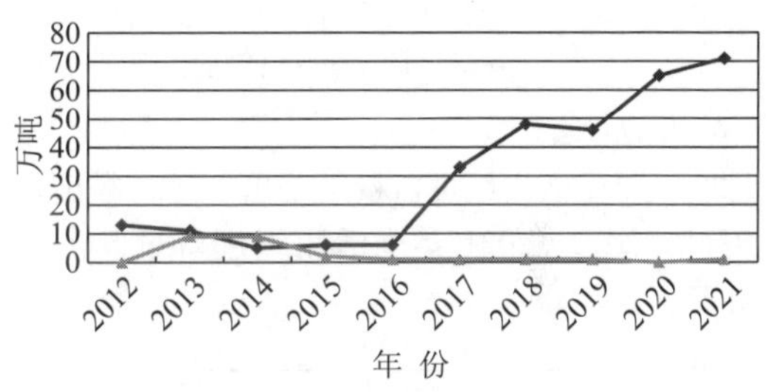

图23　2012—2021年新闻纸进口量及出口量

2. 未涂布印刷书写纸

2021 年未涂布印刷书写纸进口量大于出口量，净进口量 73 万吨。2012—2021 年未涂布印刷书写纸进口量及出口量见图 24。

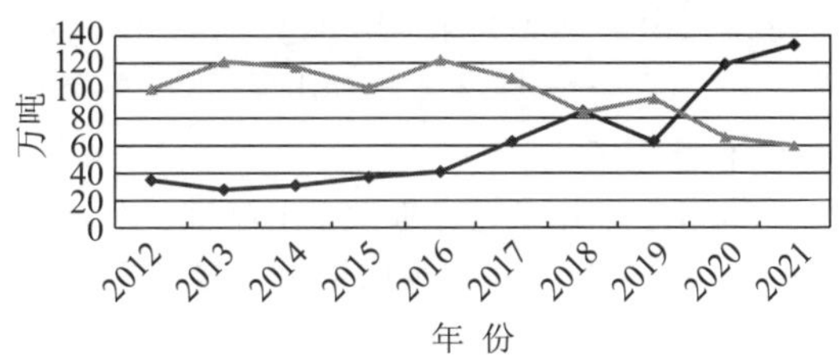

图24　2012—2021年未涂布印刷书写纸进口量及出口量

3. 涂布印刷纸

2021 年涂布印刷纸进口量小于出口量，净出口量 52 万吨。其中，铜版纸进口量小于出口量，净

出口量 26 万吨。2012—2021 年涂布印刷纸进口量及出口量见图 25。2012—2021 年铜版纸进口量及出口量见图 26。

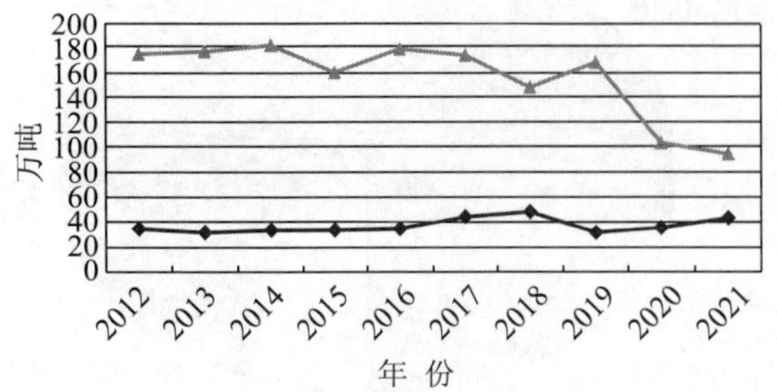

图25 2012—2021年涂布印刷纸进口量及出口量

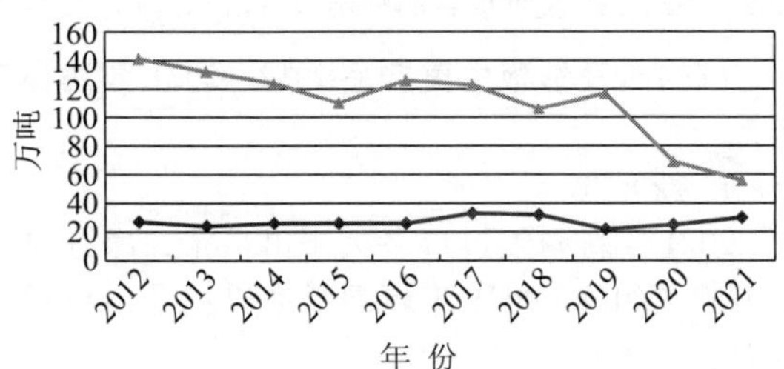

图26 2012—2021年铜版纸进口量及出口量

4. 生活用纸

2021 年生活用纸进口量小于出口量，净出口量 59 万吨。2012—2021 年生活用纸进口量及出口量见图 27。

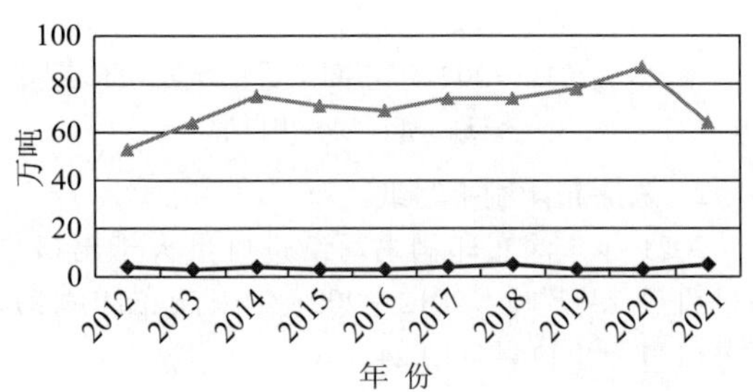

图27 2012—2021年生活用纸进口量及出口量

5. 包装用纸

2021 年包装用纸进口量大于出口量，净进口量 7 万吨。2012—2021 年包装用纸进口量及出口量见图 28。

6. 白纸板

2021 年白纸板出口量大于进口量，净出口量 98 万吨。其中，涂布白纸板出口量大于进口量，净出口量 99 万吨。2012—2021 年白纸板进口量和出口量见图 29。2012—2021 年涂布白纸板进口量和出口量见图 30。

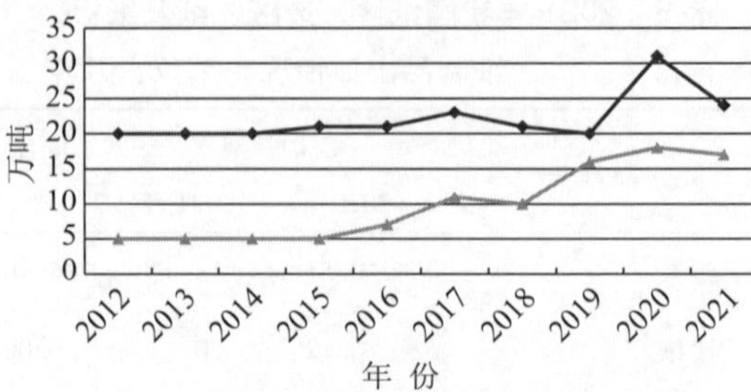

图28 2012—2021年包装用纸进口量及出口量

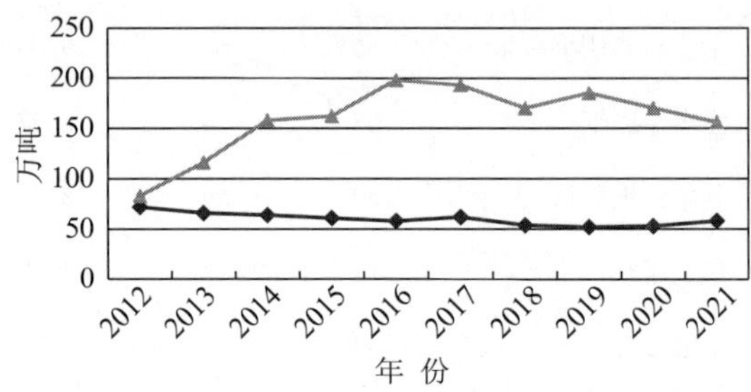

图29 2012—2021年白纸板进口量及出口量

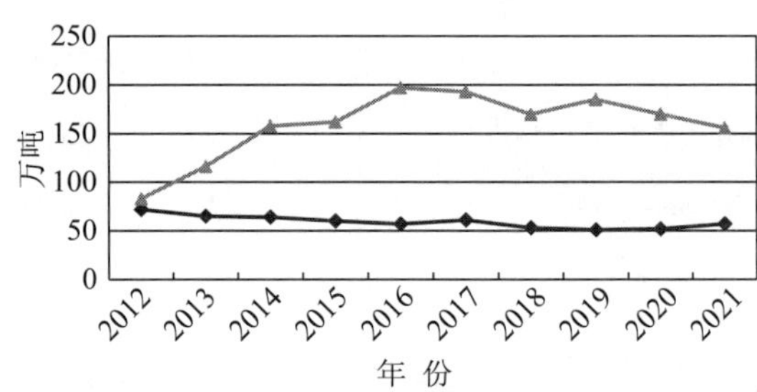

图30 2012—2021年涂布白纸板进口量及出口量

7. 箱纸板

2021 年箱纸板进口量大于出口量，净进口量 391 万吨。2012—2021 年箱纸板进口量及出口量见图 31。

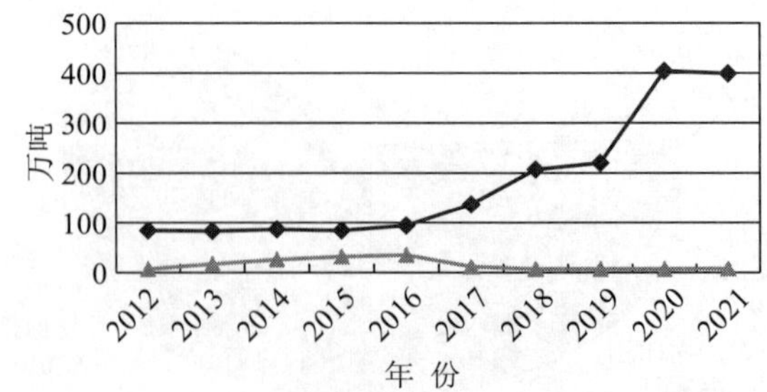

图31 2012—2021年箱纸板进口量及出口量

8. 瓦楞原纸

2021 年瓦楞原纸进口量大于出口量，净进口量

292 万吨。2012—2021 年瓦楞原纸进口量及出口量见图 32。

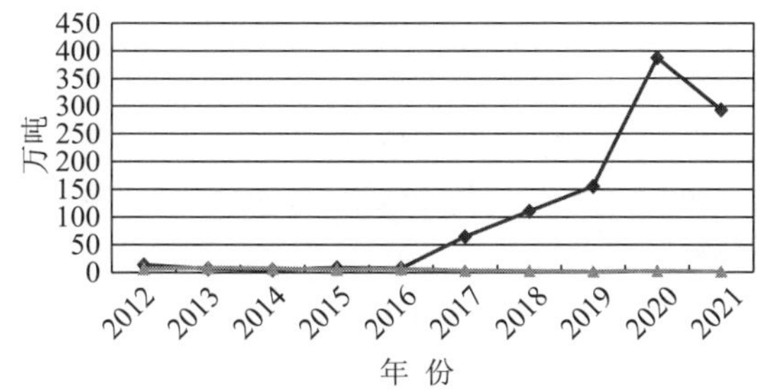

图32　2012—2021年瓦楞原纸进口量及出口量

9. 特种纸及纸板

2021 年特种纸及纸板进口量小于出口量，净出口量 83 万吨。2012—2021 年特种纸及纸板进口量及出口量见图 33。

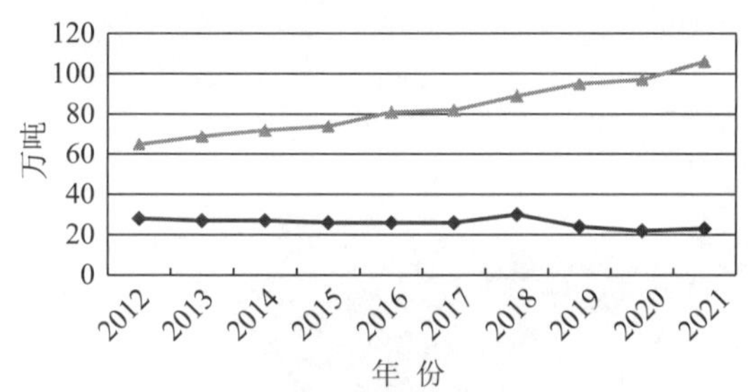

图33　2012—2021年特种纸及纸板进口量及出口量

(五)纸制品进出口情况

(1)2021 年纸制品进口量 19 万吨，比 2020 年增加 3 万吨，同比增长 18.75%。2012—2021 年纸制品进口情况见图 34。

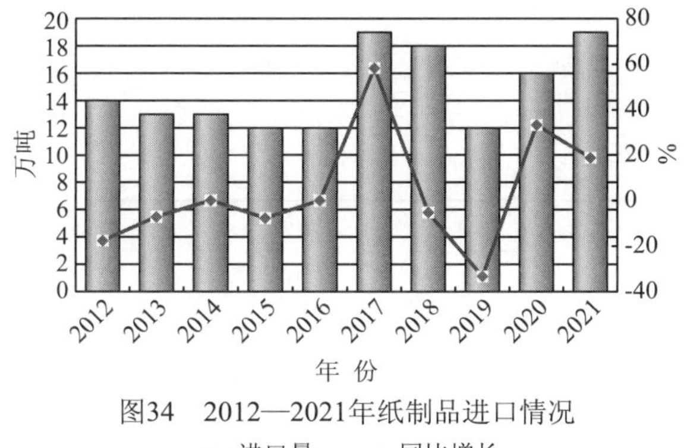

图34　2012—2021年纸制品进口情况

(2)2021 年纸制品出口量 375 万吨，比 2020 年增加 51 万吨，同比增长 15.74%。2012—2021 年纸制品出口情况见图 35。

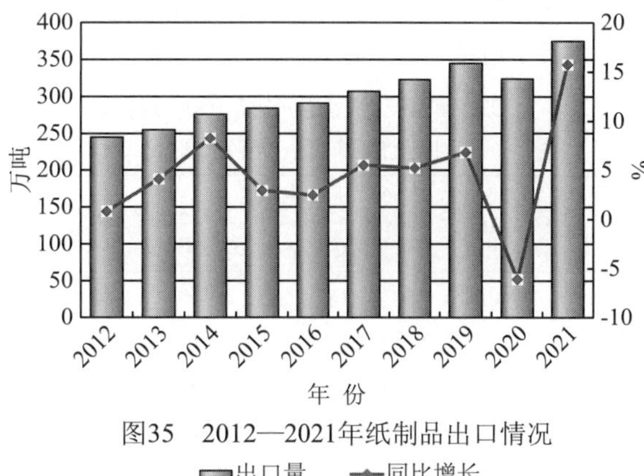

图35　2012—2021年纸制品出口情况

六、纸及纸板生产布局与集中度

根据中国造纸协会调查资料，2021 年我国东部地区 11 个省(区、市)纸及纸板生产量占全国纸及纸板生产量的比例为 69.6%；中部地区 8 个省(区)占 18.5%；西部地区 12 个省(区、市)占 11.9%(见表 7)。

表 7　2021 年纸及纸板生产量区域布局变化

	2020 年		2021 年	
	生产量/万吨	占比/%	生产量/万吨	占比/%
纸及纸板生产量	11260	100	12105	100
其中：东部地区	8243	73.2	8424	69.6
中部地区	1889	16.8	2238	18.5
西部地区	1128	10.0	1443	11.9

注：据中国造纸协会调查资料。

2021 年山东省、广东省、江苏省、浙江省、福建省、河南省、湖北省、重庆市、河北省、四川省、广西壮族自治区、安徽省、天津市、江西省、湖南省、辽宁省和海南省 17 个省(区、市)纸及纸板生产量超过 100 万吨，生产量合计 11606 万吨，占全国纸及纸板总生产量的 95.88%(见表 8、图 36)。

七、结　语

2021 年在国内经济形势整体稳中向好及外贸增加的带动下，造纸行业克服了原料、能源、运输等成本上涨，新冠肺炎疫情多点散发对市场带来诸多不确定因素等影响，通过优化产业结构，提升产品质量，适应市场需求变化，加快绿色发展步伐，保障了市场供给，实现了产销两旺，经济效益显著增长，保持了造纸行业平稳发展。

表 8 2021 年纸及纸板生产量 100 万吨以上的省(区、市) 单位：万吨

省(区、市)	生产量		同比/%
	2020 年	2021 年	
山东省	1920	2035	5.99
广东省	2012	1970	-2.09
江苏省	1402	1415	0.93
浙江省	1149	1050	-8.62
福建省	777	845	8.75
河南省	532	672	26.32
湖北省	427	570	33.49
重庆市	352	423	20.17
河北省	317	408	28.71
四川省	313	389	24.28
广西壮族自治区	255	337	32.16
安徽省	321	335	4.36
天津市	265	280	5.66
江西省	250	269	7.60
湖南省	212	230	8.49
辽宁省	184	200	8.70
海南省	171	178	4.09
合计	10859	11606	6.88

注：据中国造纸协会调查资料。

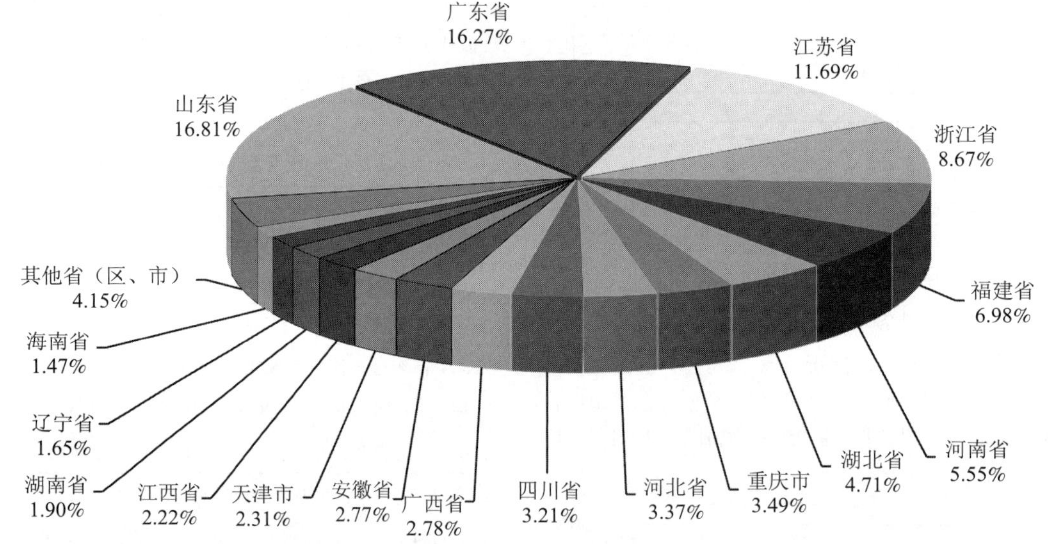

图36 2021年主要省（区、市）纸及纸板总生产量比例

注：据中国造纸协会调查资料。

附表 2021 年重点造纸企业生产量前 30 名企业

序号	单位名称	生产量/万吨		同比/%
		2020 年	2021 年	
1	玖龙纸业(控股)有限公司	1615.00	1734.00	7.37
2	山东太阳控股集团有限公司	547.77	711.66	29.92
3	理文造纸有限公司	630.21	643.72	2.14
4	山鹰国际控股股份公司	510.17	602.13	18.03
5	山东晨鸣纸业集团股份有限公司	577.00	550.00	-4.68
6	山东博汇集团有限公司	306.91	313.52	2.15
7	江苏荣成环保科技股份有限公司	253.59	312.00	23.03

续表

序号	单位名称	生产量/万吨		同比/%
		2020 年	2021 年	
8	华泰集团有限公司	314.10	301.70	-3.95
9	中国纸业投资有限公司	270.00	274.00	1.48
10	联盛纸业(龙海)有限公司	230.00	274.00	19.13
11	宁波亚洲浆纸业有限公司	262.60	194.90	-25.78
12	金东纸业(江苏)股份有限公司	190.00	184.00	-3.16
13	金红叶纸业集团有限公司	177.00	178.00	0.56
14	武汉金凤凰纸业有限公司	132.45	173.00	30.62
15	山东世纪阳光纸业集团有限公司	155.92	171.07	9.72
16	东莞建晖纸业有限公司	148.00	161.00	8.78
17	亚太森博中国控股有限公司	163.40	158.00	-3.30
18	海南金海浆纸业有限公司	148.48	154.43	4.01
19	浙江景兴纸业股份有限公司	134.86	153.78	14.03
20	维达国际控股有限公司	125.00	139.00	11.20
21	广西金桂浆纸业有限公司	134.03	133.89	-0.10
22	新乡新亚纸业集团股份有限公司	101.25	123.39	21.87
23	东莞金田纸业有限公司	95.41	122.72	28.62
24	东莞金洲纸业有限公司	107.35	117.17	9.15
25	芬欧汇川(中国)有限公司	92.00	108.00	17.39
26	泰盛科技(集团)股份有限公司	61.58	101.80	65.31
27	大河纸业有限公司	62.73	95.26	51.86
28	恒安国际集团有限公司	109.40	93.70	-14.35
29	河南省龙源纸业股份有限公司	82.98	68.60	22.61
30	东莞顺裕纸业有限公司	68.60	62.73	-0.44

注：按已收集到的数据排列。

2021 年箱纸板主要生产企业

序号	单位名称
1	玖龙纸业(控股)有限公司
2	山鹰国际控股股份公司
3	理文造纸有限公司
4	山东太阳控股集团有限公司
5	江苏荣成环保科技股份有限公司
6	山东世纪阳光纸业集团有限公司
7	浙江景兴纸业股份有限公司
8	联盛纸业(龙海)有限公司
9	东莞建晖纸业有限公司
10	东莞金洲纸业有限公司
11	永丰余造纸(扬州)有限公司
12	山东博汇集团有限公司
13	河南省龙源纸业有限公司
14	浙江荣晟环保纸业股份有限公司
15	邹平汇泽实业有限公司

注：按已收集到的数据排列(2021 年箱纸板生产量 30 万吨以上)。

2021 年瓦楞原纸主要生产企业

序号	单位名称
1	玖龙纸业（控股）有限公司
2	武汉金凤凰纸业有限公司
3	山鹰国际控股股份公司
4	河南省龙源纸业股份有限公司
5	江苏荣成环保科技股份有限公司
6	东莞金洲纸业有限公司
7	华泰集团有限公司
8	联盛纸业（龙海）有限公司
9	山东世纪阳光纸业集团有限公司
10	浙江景兴纸业股份有限公司
11	江苏长丰纸业有限公司
12	理文造纸有限公司
13	山东仁丰特种材料股份有限公司

注：按已收集到的数据排列（2021 年瓦楞原纸生产量 30 万吨以上）。

2021 年竹浆主要生产企业

序号	单位名称
1	泰盛科技（集团）股份有限公司
2	四川永丰纸业股份有限公司
3	泰盛（贵州）竹资源发展有限公司
4	四川天竹竹资源开发有限公司
5	重庆理文造纸有限公司
6	宜宾纸业股份有限公司
7	环龙工业集团有限公司
8	四川凤生纸业科技股份有限公司

注：按已收集到的数据排列（2021 年竹浆生产量 10 万吨以上）。

2021 年蔗渣浆主要生产企业

序号	单位名称
1	广西东糖投资有限公司
2	广西洋浦南华糖业集团股份有限公司
3	广西湘桂华糖制糖集团来宾纸业有限责任公司

注：按已收集到的数据排列（2021 年蔗渣浆生产量 10 万吨以上）。

2021 年我国造纸上市公司概况

Papermaking Companies Listed in Shenzhen and Shanghai Stock Market in 2021

一、造纸工业整体运行环境概述

2021 年，国内新冠肺炎疫情多点散发，较大程度影响各区域的终端市场的消费氛围，导致居民消费欲望下降，影响部分非生活必需品的消费需求。同时，世界各国也饱受新冠肺炎疫情困扰，海运费用、大宗原材料、能源产品等价格长期位于高位区间内震荡，造成制造业生产经营成本相对较高。

当前我国经济发展面临着需求收缩、供给冲击、预期转弱三重压力。作为与国民经济和社会发展关系密切的重要基础原材料产业，造纸行业随着国家加大疫情防控措施及“六保六稳”政策落实，通过加大力度调整原料、产品等结构，生产量得到快速恢复，盈利能力稳定，使造纸行业保持了较好增长态势。

2021 年 12 月，中国造纸协会发布了《造纸行业“十四五”及中长期高质量发展纲要》，将“十四五”及以后的发展总体目标升级为锚定 2035 年远景目标和 2060 年碳中和目标，根据国家“双循环”战略和到 2035 年人均国内生产总值达到中等发达国家水平的目标，以及发达国家的发展经验，我国未来纸张市场需求增量仍然较大。

二、上市公司总体概述

参照沪深两市最新行业板块划分，截至 2021 年底，在沪深两市正常运作的含有造纸和纸制品产业的上市公司为 32 家。2021 年度新冠肺炎疫情防控、环保限塑、互联物流催生了医用防控纸基材料、一次性食品包装用纸和物流标签用纸等系列产品的需求大幅上升，同时各公司通过持续优化品类结构、产品创新与升级、强化品牌建设、渠道下沉精耕细作等有力措施，推动公司销售稳定增长。

整个板块盈利指标获得较大提高，全产业链(产业或服务一体化)安全意识和绿色环保发展理念获得持续增强，造纸工业生态绿色发展特征在社会公众责任方面得到了较充分的彰显。

1. 龙头企业凸显优势，整体经营状况持续稳定发展

各公司面对复杂环境，克服诸多困难，除个别企业出现经营不善外，总体业绩持续稳定提升。32 家上市公司总股本数 3274679 万股(其中无限售流通股 2850394 万股)；总资产 3552 亿元，比 2020 年净增约 179 亿元，同比增长 5.29%；净资产达 1624 亿元，比 2020 年净增 73 亿元，同比增长 4.7%；主营业务收入 2375 亿元，比 2020 年净增 466 亿元，同比增长 24.24%；实现净利润 157.91 亿元，比 2020 年净增 26.02 亿元，同比增长 19.72%。平均资产负债率 54.28%，比 2020 年提高 0.26 个百分点，有效控制在 60% 以下合理水平。2021 年平均销售净利润 6.65%，与 2020 年相比下降 0.26%；2021 平均总资产收益率 4.45%，同比增长 0.54%。净利润超过 3 亿元的企业主要集中在传统头部企业和新兴特种纸企业，特别是传统头部企业继续表现出较好的盈利能力，包括山鹰国际控股股份公司、浙江景兴纸业股份有限公司、山东博汇纸业股份有限公司、山东太阳纸业股份有限公司、山东华泰纸业股份有限公司、山东晨鸣纸业集团股份有限公司、岳阳林纸股份有限公司、广东冠豪高新技术股份有限公司、杭州华旺新材料科技股份有限公司、五洲特种纸业集团股份有限公司、仙鹤股份有限公司、深圳市裕同包装科技股份有限公司、中顺洁柔纸业股份有限公司等 13 家公司，与 2020 年相比公司数量增加 3 家，13 家合计净利润 137.59 亿元，盈利比例占总盈利的 87%，起到中流砥柱的作用。

山东太阳纸业股份有限公司连续第三年高居盈利首位，占总净利润约 22%。

2. 包装类产品核心作用支撑明显，是行业最重要的盈利来源

随着近年来电商业务飞速增长，我国快递业务蓬勃发展；随着“禁塑令”的逐步升级，以纸代塑呼声越来越高，可降解制品代替塑料制品已成为行业发展的必然趋势。纸质包装材料因具有原料可再生、可降解、可循环使用、使用方便、价格低廉等诸多优点，将成为减塑、代塑行动的重要参与者，对纸质包装产业将是一个难得的发展机遇，未来几年包装纸板类龙头企业将逐渐取得更大的竞争优势。

2021 年度以高强瓦楞原纸、牛卡纸、白卡纸为主的企业获利规模最大，围绕现代运输包装用的高档瓦楞纸箱、纸板及缓冲包装材料为主的绿色环保产品，不仅具备保护商品、便于仓储、装卸运输的功能，还起到美化商品、宣传商品的作用，同时能够减少损耗及包装空间。因其优越的使用性能和良好的加工性能，逐渐取代了传统的木箱等运输包装容器，成为现代包装运输的主要载体，发展空间较大。特别是瓦楞纸箱随着现代商业及物流产业的快速发展，无论运输包装还是销售包装，已成为现代商业和贸易中使用最为广泛的包装容器之一。

以围绕食品与医疗包装材料系列、商务交流及出版印刷材料系列、烟草行业配套系列、家居装饰材料系列、电气及工业用纸系列等纸基功能材料为主的特种纸产品盈利能力显著提升。生活用纸属于快消品，直接面对消费者，品牌效益逐步凸显，也作为主要防疫物资之一，盈利能力保持较高水平。得益于国家对精神文明、文化教育和舆论宣传的高度重视，以双胶纸、复印纸、铜版纸为主的文化用纸类产品市场需求良好，盈利能力保持较好的稳定态势。

3. 全产业链安全意识日益增强，致力于共同构建产业互联网和谐生态圈

各公司以市场为驱动、以顾客需求为导向，积极在行业内采用“产业链一体化”发展方式和“整体包装解决方案”的服务模式。造纸行业正积极向全产业链模式转型，“林浆纸一体化”模式已经逐步成为造纸行业产业升级、节约能耗、整合产业的主要手段，也对造纸行业应对涨价、寻找发展平衡点提供了新出路。纸制品企业作为包装一体化服务供应商，兼具生产商、设计服务提供商、采购服务商与物流服务商的特点，从降低成本、提高效率、增加价值三方面，为客户提供包装产品与服务。如近年来，山鹰国际控股股份公司积极从全球视野进行产业链布局，现已拥有回收纤维原料采购、包装用纸生产、纸板与纸箱生产制造的完整产业链，企业规模迅速壮大，获得业界的高度关注。造纸行业作为典型的中游制造业，呈现“长链条、重资产、需求多样”的行业特征，谁抢占原材料制高点，谁就掌握市场主动权。已具备林浆纸一体化生产模式的山东晨鸣纸业集团股份有限公司、山东太阳纸业股份有限公司、山东博汇纸业股份有限公司等大型企业有望持续具备更低的成本优势和更强的综合竞争力。

许多公司致力于为产业链“搭建一个生态圈”，将以更加开放的理念，共同构建产业互联网和谐生态圈，与合作伙伴共创共享共赢。

4. 强化合法合规运行，切实履行一个公众公司的社会责任

2021 年造纸板块 32 家公司积极提升企业内部治理和合规管理，年度报告审计结果均是无保留意见的审计报告。2021 年度拟有 23 家企业进行利润分配预案，同时多家公司对股票进行回购，提振投资者的信心，切实履行了上市公司对股东和投资者的投资回报承诺。

各公司坚持倡导“循环经济、绿色制造”的发展理念，均严格遵守国家及地方政府环保法律、法规和相关规定，在年报里详细披露企业环保治理达标排放情况和具体治理措施，践行生态绿色发展的可持续目标计划和行动。

2021 年是巩固拓展脱贫攻坚成果、实现同乡村振兴有效衔接的起步之年。许多公司特别是头部企业和国资背景的公司以实际行动响应巩固拓展脱贫攻坚成果的总体要求，积极参与乡村振兴战略。如山东晨鸣纸业集团股份有限公司积极参与“广东扶贫济困日活动”，累计捐款 1100 万元，为精准扶贫攻坚工作做出了积极贡献。

2021 年度疫情防控形势依然严峻，国内疫情多点散发，许多公司迅速行动，积极承担社会责任，无偿捐款、捐献防疫物资和参与防控活动，为打赢这场疫情防控的“人民战争”积极贡献力量。

各公司积极响应新安全法，严守安全、消防、环保红线，建立完善的安全责任组织体系，落实主体责任，一岗双责，属地责任、管理责任、监管责任三位一体，双管齐下，压实责任，始终目标一致，保证安全第一，全行业未出现重大安全事故。

山鹰国际控股股份公司宣布正式加入“科学碳

目标”倡议，是全国率先制定碳达峰、碳中和等相关行动方案的企业之一。

山东太阳纸业股份有限公司董事长李洪信在公司年报的致辞中对社会责任作了明晰的诠释：“2021 年，我们聚力践行 ESG 发展要求和理念，持续夯实安全、环保、质量三大‘生命工程’，坚定践行绿色发展理念和‘双碳’国家战略，坚持共享共赢的理念，以稳定高质量的产品和长期优质的服务回报客户，以稳定增长的业绩回报股东，以良好的福利待遇和晋升空间回报员工，切实履行了对客户、股东、员工等利益相关方的社会责任。”

5. 创新驱动渐强，有力推动高质量发展

面对复杂多变的外部环境，各公司强烈意识到谁掌握技术创新，谁掌握智能制造，谁就能把握未来竞争的主动权。持续提升创新驱动和技术进步扩散能力，已成为造纸工业高发展的重要抓手。生态化理念和精益管理方兴未艾，智慧工厂与数字化生产时代已经到来。

随着区块链、人工智能、物联网、大数据、5G 等新兴技术的发展，今后在生产方式上一定会迎来一场大变革，主要的就是在人工智能方面。各公司研发工作的重心放在产品结构调整和原材料结构调整等方面，研发投入集中在全要素成本节约上，围绕成本领先战略展开。推进一批智能化、自动化项目，加快智慧工厂建设步伐。加强信息化管理建设，广泛应用 OA 办公系统、物资需求计划请购系统等智能化管理系统，为企业职能管理、投资决策提供精准、快速服务，在提高风险管控方面取得显著成绩。

仙鹤股份有限公司作为国内重要的电子元件材料生产配套企业，加大科研投入，严格质量认证体系，随着信息化飞速发展，5G 的应用越来越广，电解电容器纸更是大量地被应用在工业通讯电源、手机数码、专业变频器、数控伺服系统等 5G 配套设施中。

山鹰国际控股股份公司成功实施生产运营平台，对企业生产过程中的各环节数据进行采集、建模、分析、展现，给运营管理者提供决策信息，沉淀最佳实践，实现生产数字化运营质的突破。

深圳裕同包装科技股份有限公司的研发中心已主导完成工业和信息化部、科技创新委员会、国家发展改革委等部委下发的国家级、省级和市级科技攻关项目 14 项，形成包含环保包装、3D 印刷、功能包装材料、智能制造和包装物联网等在内的自主知识产权、核心技术研发能力以及实验环境。

太阳纸业股份有限公司在创新引领下，先后取得了溶解浆连续蒸煮技术，水解液中提取出木糖、木糖醇，“无添加”系列生活用纸 3 项颠覆性创新成果。先后获得“国家科技进步一等奖”和“中国工业大奖表彰奖”2 项国家级大奖，真正诠释了太阳纸业股份有限公司在研发创新领域的硬实力。

6. 坚持品牌建设和数字精准营销为抓手，推进数字化产业链初具规模

各公司积极借助各自品牌在各行业的影响力，通过建立进一步扩大和强化公司的品牌优势，开拓更多优质客户，为公司销售量的持续增长提供了坚强保障。同时积极聚焦与高端品牌客户的深入合作，创造长期价值，打造核心竞争力，集中力量做大份额和规模。

在未来 5G 技术逐步实现商用的背景下，以及国家大力推动人工智能、大数据、区块链等新兴科技产业融合发展，互联网数字营销模式和商业业态将不断创新，为数字精准营销的发展提供了肥沃的土壤。各公司积极将互联网产业相关产品作为公司未来重要的发展方向。

如中顺洁柔纸业股份有限公司以敏锐的战略眼光和科学的市场布局，不断地建立与完善营销网络。从 2015 年前单一的经销商渠道拓展为目前 GT（传统经销商渠道）、KA（大型连锁卖场渠道）、AFH（商用消费品渠道）、EC（电商渠道）、RC（新零售渠道）五大渠道齐头并进的发展模式，保证了公司的盈利水平。

越来越多的公司深入利用社交营销、微信公众号、微博宣传、网络直播等方式不断加强线上电商渠道的建设，同时为了迎合消费者快速增长的消费需求，各大企业不断进行产品革新，升级产品规格和包装设计，优化产品结构，并及时捕捉消费者消费理念的变化，开发新品，整个行业呈现多样化运营模式，产品结构进一步优化。

未来几年，各公司仍需坚持以客户为导向，以技术创新为驱动，提高一体化方案服务能力，解决客户需求痛点，打造低成本、高效率、高质量的制造能力。

7. 资金固化严重，流动性不确定性风险大

2021 年国家严加环保政策加快了落后产能淘汰进程，促使许多小企业停产，产能集中度不断提高，行业景气度向好。在较好改善造纸行业整体效益的同时，也极大刺激企业技改或扩产的欲望，特别是包装类产品，受电商快递业持续高涨和纸质包装发展空间良好的因素推动，许多公司投资欲望增

大，供需失衡风险剧增，价格竞争带来的市场剧烈波动周期性上演，应引起足够警惕。运营风险主要体现在资金流动性不确定性增强，资金固化日趋严重，32 家公司总计应收账款、应收票据、应收款项融资、存货和在建工程等项下资金占用项高达 921 亿元，再创历史新高，为此各企业要时刻警惕资金风险，尽快健全风险预警和对策机制，动态排查资金流动潜在风险，积极采取有效措施，及时化解这一风险。2021 年度应收款项融资规模激增，有 30 家企业透过应收账款增加营运周转金共计约 84 亿元，提高了资金的周转速度，强化财务调度能力。

三、2022 年发展前景初探

近年来，各公司坚持新发展理念、适应新发展阶段、融入新发展格局，秉承高质量发展的工作方针，大力提升公司技术创新能力，深入推进创新驱动发展，突出“智能化、科技化、资本化、集团化”的发展思路，运用“资本模式、平台模式”双轮驱动，践行绿色智能制造、互联网数字营销、供应链三者相互协同，科技创新区块链技术等产业布局，提高价值创造能力，不断提升公司核心竞争力。

国家“十四五规划”和“2035 年远景目标纲要”提出要对造纸行业企业改造升级，完善绿色制造体系。造纸行业需要坚定不移贯彻中央提出的“创新、协调、绿色、开放、共享”的发展理念。在社会需求升级、环保政策加码、技术持续进步、资源供给变化共同驱动下，低端产能加速去化，行业集中度不断提升，行业格局持续优化。供给侧改革和原料结构调整进一步提高行业景气度，且为禁废令下龙头企业海外布局铸就新优势。

新版限塑令的出台，表明了我国全方位发展建设生态文明和国民经济的决心与力度，塑料包装和塑料制品将逐渐退出市场，纸质包装产品、生物降解塑料将成为解决塑料污染的两大利器，我国造纸工业迎来了新的机遇和挑战。

造纸行业作为重要的原材料产业，纸浆原料对外依存度高，一直是制约我国造纸工业发展的最大瓶颈。2021 年开始的废纸零进口又增加了纤维原料供应的难度，为了弥补禁废后的纤维短缺，行业正在采取进口商品再生纤维浆、增加木浆和木片进口及在国内新上木纤维项目的方式进行调整。“禁废令”叠加“限塑令”对上游纸浆供给提出了大幅度的增量需求，对外采用多元化市场工具打好“组合拳”抢占原料国际话语权，对内加快产业链建设和完善提升原料自给率保障供给安全将是行业未来一段时期的重要课题。

“十九大”报告提出要加快生态文明体制改革，建设美丽中国，再次确立了“绿水青山就是金山银山”的理论，将建设生态文明列为中华民族永续发展的千年大计，国家生态建设规划的实施将引导造纸工业走上绿色环保发展的快速道。2020 年 9 月 22 日，习近平主席在第七十五届联合国大会一般性辩论上向世界庄严承诺，中国将提高国家自主贡献力度，采取更加有力的政策和措施，二氧化碳排放力争于 2030 年前达到峰值，努力争取 2060 年前实现碳中和，为造纸工业指明了远景发展目标。基于造纸行业具备显著的可循环发展特征，造纸工业继续大力实施创新发展驱动战略，加快新旧动能转换，以绿色生态引领转型升级，充分发挥全产业链优势，搭建产业生态圈，借助产业联盟共享平台，坚持走高质量、可持续的绿色低碳发展之路，为客户提供更绿色、更优质的产品和服务。

欧美地区的供应链将持续存在短缺困难，美国经济将退出宽松货币政策以抑制通胀。在国内，严格的防疫政策和房地产行业投资减弱，对经济活力将产生一定抑制效果。但总体趋势预计，在“能耗双控”和“碳达峰、碳中和”背景下，节能减排政策力度将不断加大，中小落后产能的清退将进一步加快，行业格局不断优化，这都为规模造纸企业坚持创新驱动、绿色可持续发展带来契机，我国造纸行业的整体景气度在 2022 年有望逐步上行。

表 1 2021 年造纸板块财务指标一览表

序号	代码	上市公司	总股本/万股		每股收益元/股		加权平均净资产收益率/%		总资产/万元		净资产/万元		主营业务收入/万元		净利润/万元	
			总股本	其中无限售	2020 年	2021 年	2020 年	2021 年	2020 年	2021 年	2020 年	2021 年	2020 年	2021 年	2020 年	2021 年
	一、包装用纸及纸板		1298575	1160115					12301159	13805159	5389591	5998938	7415934	9848204	531454	750453
1	600103	青山纸业	230582	138039	0. 033	0. 085	2. 110	5. 270	549287	539079	390961	394720	249538	286729	8836	20655
2	600567	山鹰纸业	461617	461617	0. 300	0. 340	9. 130	9. 270	4543655	5199449	1722891	1829897	2496915	3303281	138928	155356
3	002067	景兴纸业	119393	105630	0. 280	0. 380	6. 880	8. 620	729173	794028	491599	561537	487455	622461	33164	46804
4	600966	博汇纸业	133684	133684	0. 624	1. 286	14. 680	25. 590	1945268	1991356	608660	726655	1398210	1627613	83407	170568
5	002078	太阳纸业	268700	261271	0. 750	1. 120	12. 790	16. 980	3586634	4273747	1623859	1881393	2158865	3199664	196785	296668
6	600793	宜宾纸业	17690	17690	-0. 563	0. 160	-15. 32	4. 610	325075	293374	60000	62833	186654	211692	17446	2832
7	603165	荣晟环保	26320	26320	0. 930	1. 100	15. 130	16. 290	212867	258199	166491	187034	169545	241460	23192	28442
8	605500	森林包装	20000	5000	1. 470	1. 410	20. 250	12. 970	247946	271344	207607	236601	218857	295597	22035	28241
9	603863	松炀资源	20589	10864	0. 370	0. 040	6. 600	0. 750	161254	184583	117523	118268	49895	59707	7661	887
	二、文化用纸系列		665148	653091					12546367	11858926	4539820	4292075	5132226	5562890	301653	314827
10	600308	华泰纸业	116756	116756	0. 600	0. 690	8. 220	8. 960	1490426	1618408	885204	943151	1230788	1353882	64685	77278
11	000488	晨鸣纸业	298421	289947	0. 360	0. 560	5. 840	9. 600	9157546	8284145	2580026	2254683	3073652	3301981	190621	208968
12	000815	美利云	69526	69526	0. 070	-0. 020	2. 300	-0. 810	315404	311107	216590	214796	116200	123222	4916	-1631
13	600963	岳阳纸业	180445	176862	0. 230	0. 170	4. 950	3. 450	1582991	1645266	858000	879445	711586	783805	41431	30212
	三、特种浆纸		590414	496102					394522	4440876	2672136	2929379	2472909	270809	230528	270809
14	600235	民丰特纸	35120	35120	0. 140	0. 170	3. 680	4. 260	218162	221658	134433	139736	135331	152594	4810	5831
15	600356	恒丰纸业	29873	29873	0. 440	0. 340	5. 830	4. 460	303449	294196	231718	237382	182865	202157	13882	10771
16	600433	冠豪高新	183886	146437	0. 180	0. 080	6. 620	2. 800	947769	927956	658756	690886	649758	139782	45654	39682
17	002012	凯恩股份	46763	46654	0. 200	0. 200	6. 990	6. 680	223791	241494	156788	179866	155023	182971	16836	14972
18	2521	齐峰新材	49469	40283	0. 320	0. 330	4. 620	4. 700	473483	506884	347196	358872	281091	370196	16204	16623
19	002565	顺灏股份	105999	105509	0. 007	-0. 027	0. 040	-1. 460	302117	287206	213864	210785	159867	155023	1475	-2580

续表

序号	代码	上市公司	总股本/万股		每股收益元/股		加权平均净资产收益率/%		总资产/万元		净资产/万元		主营业务收入/万元		净利润/万元	
			总股本	其中无限售	2020 年	2021 年	2020 年	2021 年	2020 年	2021 年	2020 年	2021 年	2020 年	2021 年	2020 年	2021 年
20	605377	华旺科技	28706	13393	1.700	1.570	21.560	18.900	340833	402059	222728	255584	161198	294019	25910	44601
21	605007	五洲特纸	40001	8236	0.930	0.980	28.070	21.520	339558	454557	168755	211572	263466	368951	33856	39016
22	603733	仙鹤股份	70597	70597	0.130	1.440	16.620	17.720	796360	1104866	537898	644696	484310	601697	71901	101893
	四、纸制品		589283	412583					4194386	4663788	2405019	2529359	3289267	4360299	164758	184944
23	002235	安妮股份	57957	54402	-1.072	0.039	-39.93	1.840	161577	150697	124064	123306	33477	39375	-62345	2255
24	002228	合兴包装	123863	123457	0.240	0.180	8.980	6.390	813049	957215	379019	372487	1200657	1754878	32736	23154
25	002303	美盈森	153132	95212	0.127	0.065	3.960	2.070	724269	732698	489988	487404	336526	360517	18931	9217
26	603022	新通联	20000	20000	0.180	0.100	5.480	3.030	90610	130225	67288	68788	68146	72852	3597	2059
27	603687	大胜达	41441	14537	0.680	0.240	17.120	5.280	288109	290198	181332	191899	135098	166440	27224	9453
28	002799	环球印务	25200	25200	0.560	0.420	15.360	14.890	149950	163762	74671	84453	187534	293630	12778	12615
29	300883	龙利得	34600	23667	0.230	0.150	6.130	3.690	177505	201411	136791	141986	71444	75579	6530	5141
30	002831	裕同科技	93051	51989	1.286	1.087	16.350	11.420	1658711	1870926	874630	956681	1178894	1485013	114745	106794
31	301062	上海艾录	40039	4119	0.320	0.400	15.660	16.730	130606	166656	77236	102355	77491	112015	10562	14256
	五、生活用纸		131259	128503					747844	752328	504215	490680	782353	914987	90589	58105
32	002511	中顺洁柔	131259	128503	0.700	0.450	19.860	11.820	747844	752328	504215	490680	782353	914987	60383	58105
	总计		3274679	2850394					33735278	35521077	15510781	16240431	19092689	23753770	1318982	1579138

表 2　　2021 年造纸板块个股一览表

序号	代码	上市公司	2022 年利润分配预案	2021 年利润分配	主要投资情况	主要信息披露	备注
	一、包装用纸及纸板						
1	600103	青山纸业	不分配不转增	不分配不转增	与关联方共同增资股东子公司，增资11500 万元，用于建设闽盐食品调味品生产线扩建项目。	已实施 6 号汽轮机抽改背及配套锅炉超低排放改造项目整体完工。	标准无保留审计意见

续表

序号	代码	上市公司	2022 年利润分配预案	2021 年利润分配	主要投资情况	主要信息披露	备注
2	600567	山鹰纸业	每 10 股派发现金 1.1 元(含税)	每 10 股派发现金 0.4 元(含税)	广东山鹰 100 万吨造纸项目、浙江山鹰 77 万吨造纸项目和吉林山鹰一期 30 万吨瓦楞原纸及 10 万吨秸秆浆项目在建。公司成功发行了 2021 年度第一期绿色中期票据，用于吉林中鹰热电项目。	公司在上海松江成立的大客户体验中心已具备为全球客户提供从设计、演示、打样、测试到批量应用的一条龙整体解决方案的能力。2021 年度实施以集中竞价交易方式回购股份，目前已回购 6040 万股。担保总额约 128 亿元，占净资产 77.55%。	标准无保留审计意见
3	002067	景兴纸业	不分配不转增	不分配不转增	马来西亚年产 80 万吨废纸浆板项目在建；二期 12 万吨生活用纸生产线正式投产。		标准无保留审计意见
4	600966	博汇纸业	每 10 股派现 2.6586 元(含税)	每 10 股派现 1.25 元(含税)	山东 45 万吨高档信息纸项目在建。	担保总额约 32 亿元，占净资产约44%。	标准无保留审计意见
5	002078	太阳纸业	每 10 股派发现金 2.0 元(含税)	每 10 股派发现金 1.0 元(含税)	北海“林浆纸一体化”已经实施完成并顺利投产，至此公司已形成三大生产基地。	拟实施年产 15 万吨生活用纸项目；启动兴隆分公司搬迁暨 5 万吨特种纸搬迁升级改造项目。拟实施广西基地南宁“林浆纸一体化”项目。	
6	600793	宜宾纸业	不分配不转增	不分配不转增			标准无保留审计意见
7	603165	荣晟环保	每 10 股派发现金 3.5 元(含税)	每 10 股派发现金 7 元(含税)	年产 3 亿$米^2$ 新型智能包装材料建设项目投产。		标准无保留审计意见
8	605500	森林包装	每 10 股派发现金 4.3 元(含税)转增 4.8 股	每 10 股派发现金 3.5 元(含税)	“年产 9000 万$米^2$ 纸箱包装材料扩建项目”进度达预计使用状态，现实产能达产。		标准无保留审计意见
9	603863	松炀资源	每 10 股派发现金 1 元(含税)	每 10 股派发现金 1 元(含税)	年产 18 万吨环保再生纸项目和研发中心建设项目投产。		标准无保留审计意见
	二、文化用纸系列						
10	600308	华泰纸业	每 10 股派发现金 2.08 元(含税)	每 10 股派发现金 1.79 元(含税)	年产 25 万吨离子膜烧碱搬迁改造项目等一批化工项目投产。	公司与齐鲁工业大学等联合完成的“高性能木材化学浆绿色制备与高值利用关键技术及产业化”项目荣获国家科学技术进步二等奖。	标准无保留审计意见

续表

序号	代码	上市公司	2022 年利润分配预案	2021 年利润分配	主要投资情况	主要信息披露	备注
11	000488	晨鸣纸业	不分配不转增	普通股每 10 股派发现金 1.85 元、优先股每 10 股派发现金 4.84 元		积极参与“广东扶贫济困日活动”，累计捐款 1100 万元，为精准扶贫攻坚工作做出积极贡献；担保总额约 109 亿元，占净资产约 57%。公司优先股股份总数由 4500 万股变更为 0 股。	标准无保留审计意见
12	000815	美利云	不分配不转增	不分配不转增		誉成云创数据中心项目在建。	标准无保留审计意见
13	600963	岳阳纸业	每 10 股派发现金 1.16 元(含税)	每 10 股派发现金 0.71 元(含税)	将全资子公司湖南诚通天岳环保科技有限公司 51% 股权转让至中国诚通生态有限公司。	诚通凯胜全年共中标项目 30 个，中标合同额共计 15.9 亿元，其中可执行合同额为 15.8 亿元。	标准无保留审计意见
	三、特种浆纸						
14	600235	民丰特纸	每 10 股派发现金 0.2 元(含税)	每 10 股派发现金 0.15 元(含税)			标准无保留审计意见
15	600356	恒丰纸业	每 10 股派发现金 1.02 元(含税)	每 10 股派发现金 1.33 元(含税)			标准无保留审计意见
16	600433	冠豪高新	每 10 股派发现金 0.7 元(含税)	每 10 股派发现金 0.45 元(含税)	完成换股吸并粤华包重组，新增高端涂布白卡纸、造纸化工和彩色印刷业务，积极筹划湛江东海岛造纸产业基地建设。		标准无保留审计意见
17	002012	凯恩股份	每 10 股派发现金 0.2 元(含税)	每 10 股派发现金 0.091 元(含税)			标准无保留审计意见
18	002521	齐峰新材	每 10 股派发现金 1 元(含税)	每 10 股派发现金 1 元(含税)			标准无保留审计意见
19	002565	顺灏股份	不分配不转增	不分配不转增	“云南绿新生物药业有限公司工业大麻加工建设项目”，目前已经完成验收并获得加工许可证，现在小批量生产。		标准无保留审计意见
20	605377	华旺科技	每 10 股派发现金 5.2 元(含税)	每 10 股派发现金 6 元(含税)转增 4 股	公司全资子公司马鞍山华旺公司“年产 18 万吨特种纸生产线扩建项目(一期)”在建。	公司以自有资金对子公司马鞍山华旺公司增资 27700 万元，新设浙旺新材料(海南)有限公司投资建设纸浆模塑环保餐具智能研发生产基地项目。	标准无保留审计意见

续表

序号	代码	上市公司	2022 年利润分配预案	2021 年利润分配	主要投资情况	主要信息披露	备注
21	605007	五洲特纸	每 10 股派发现金 3.0 元(含税)	每 10 股派发现金 3.0 元(含税)	加速子公司江西五星 110 万吨机制纸项目建设进度，其中 15 万吨格拉辛纸生产线和 5 万吨转移印花纸产线已建成投产。		标准无保留审计意见
22	603733	仙鹤股份	每 10 股派发现金 3.5 元(含税)	每 10 股派发现金 3.1 元(含税)	公司常山工业园区哲丰 PM9、河南基地 PM7 和 PM8 项目陆续投产。分别在广西和湖北投资的年产 250 万吨“高新能纸基新材料循环经济”项目均已全面启动，这两大项目的实施对该公司未来意义重大。	各生产园区均布局了光伏发电，节约用电 1160 万千瓦时，折等价值能耗 3600 吨标煤。发行了 2050 万张可转换公司债券，募集资金净额为 203815.42 万元。	标准无保留审计意见
	四、纸制品						
23	002235	安妮股份	不分配不转增	不分配不转增			标准无保留审计意见
24	002228	合兴包装	每 10 股派发现金 1.0 元(含税)	每 10 股派发现金 1.0 元(含税)	环保包装工业 4.0 智能工厂、青岛合兴包装有限公司纸箱、卫辉年产 4000 万米^2 环保预印包装箱、重庆智能环保包装生产基等项目在建。		标准无保留审计意见
25	002303	美盈森	每 10 股派发现金 0.2 元(含税)	每 10 股派发现金 1.2 元(含税)	包装印刷工业 4.0 智慧工厂(长沙、成都、六安)及产业园等项目在建。	安徽、湖南子公司出售土地，出售金额 1 亿多元。	标准无保留审计意见
26	603022	新通联	不分配不转增	不分配不转增	公司全资子公司通联道威终止收购华坤衍庆 70% 的股权活动。		标准无保留审计意见
27	603687	大胜达	每 10 股派发现金 0.24 元(含税)	每 10 股派发现金 0.68 元(含税)	公司与吉特利环保科技(厦门)有限公司共同设立海南大胜达环保科技有限公司，并通过新设子公司在海口国家高新区投资建设“纸浆模塑环保餐具智能研发生产基地项目”。		标准无保留审计意见
28	002799	环球印务	不分配不转增	每 10 股派发现金 0.8 元(含税)转增 4 股	天津环球年产 18 亿只药品包装折叠纸盒、研发中心建设等项目陆续建成运行。		标准无保留审计意见

续表

序号	代码	上市公司	2022 年利润分配预案	2021 年利润分配	主要投资情况	主要信息披露	备注
29	300883	龙利得	每 10 股派发现金 0.1 元(含税)	每 10 股派发现金 0.1 元(含税)	2021 年度同意在收购上海博成机械有限公司完成后，将“配套绿色彩印内包智能制造生产项目”“研发中心建设项目”的实施主体由龙利得智能科技股份有限公司变更为上海博成机械有限公司，实施地点由安徽省明光市工业园区变更为上海市奉贤区。		标准无保留审计意见
30	002831	裕同科技	每 10 股派发现金 2.2 元(含税)	每 10 股派发现金 2.8 元(含税)	许昌裕同高端包装彩盒智能制造项目在建。		标准无保留审计意见
31	301062	上海艾录	每 10 股派发现金 0.6 元(含税)		工业用环保纸、复合环保包装新材料生产线技改项目在建。公司全资子公司上海艾创包装科技有限公司注册成立，规划投资上海基地。	公司获准向社会公众公开发行人民币普通股(A 股)4850 万股，募集资金净额为人民币 10712.57 万元。	标准无保留审计意见
五、生活用纸							
32	002511	中顺洁柔	每 10 股派发现金 1 元(含税)	每 10 股派发现金 1 元(含税)	设立全资子公司中顺洁柔(江苏)纸业有限公司作为华东 40 万吨高档生活用纸项目的实施主体，一期为年产 10 万吨。		标准无保留审计意见

(陈奇志)

统计数据

Statistical Data

历年我国纸浆、纸及纸板生产量(1949—2021)

Productions of Pulp, Paper and Paperboard in China(1949—2021)

历年我国纸浆、纸及纸板生产量　　单位：万吨

年份	机制纸浆		纸及纸板			
			机制纸及纸板		手工纸生产量	生产量合计
	生产能力	生产量	生产能力	生产量		
1949		3.5		10.8	12.0	22.8
1952		24.3		37.2	23.1	60.3
1957		80.1		91.3	31.4	122.7
1978	452.8	345.5	499.4	438.7	27.5	466.2
1979	489.5	392.9	541.6	492.8	25.7	518.5
1980	533.1	426.3	593.8	543.6	28.0	562.6
1981	563.9	406.3	563.9	540.2	29.1	569.3
1982	579.3	421.1	685.7	589.0	24.8	613.8
1983	619.7	458.9	728.9	661.3	22.6	683.9
1984	664.8	514.6	780.5	755.9	20.6	776.5
1985	720.4	615.3	886.8	911.2	19.6	930.8
1986	875.15	679.15	805.87	998.57	17.8	1016.4
1987	969.51	694.5	1225.76	1141.05	23.4	1164.5
1988	1097.85	872.59	1396.34	1270	20.0	1290
1989	1198.08	868.56	1493.99	1333	20.0	1353
1990	1240.17	834.96	1595.62	1371.87	20.0	1391.87
1991	1345.02	1075	1688.34	1478.69	20.0	1498.69
1992	1448.59	1199	1847.51	1725.07	20.0	1745.07

续表

年 份	机制纸浆		纸及纸板			
	生产能力	生产量	机制纸及纸板		手工纸生产量	生产量合计
			生产能力	生产量		
1993	1362. 24	1529	2001. 05	1867. 87		1867. 87
1994	1534. 94	1705	2269. 90	2138. 27		2138. 27
1995	1425. 11	1862	4420. 35	2812. 30		2812. 30
1996	1896. 94	1900	3335. 06	2643. 94	24. 76	2668. 70
1997	1874. 60	1738	3509. 87	2733. 19	23. 98	2757. 17
1998		2384		2800. 00	24. 00	2824. 00
1999		2443		2900		2900
2000		2501		3050		3050
2001		2490		3200		3200
2002		2944		3780		3780
2003		3309		4300		4300
2004		3723		4950		4950
2005		4446		5600		5600
2006		5204		6500		6500
2007		5935		7350		7350
2008		6415		7980		7980
2009		6732		8640		8640
2010		7318		9270		9270
2011		7723		9930		9930
2012		7867		10250		10250
2013		7651		10110		10110
2014		7906		10470		10470
2015		7984		10710		10710
2016		7925		10855		10855
2017		7949		11130		11130
2018		7201		10435		10435
2019		7207		10765		10765
2020		7378		11260		11260
2021		8177		12105		12105

注：1. 各年纸浆生产量及生产能力统计数据，估计统计不全，仅供参考。

2. 1985—1986 年纸及纸板实际生产量大于生产能力是由于前者是全国生产量而后者仅指轻工系统内企业统计数据。

3. 1995 年数据系依据 1995 年全国工业普查统计资料，包括了乡镇、村及私人等造纸企业。比一般年度数据偏高。

4. 1998 年生产量按 1997 年统计口径估计机制纸板为 2800 万吨、手工纸为 24 万吨。

5. 1999 年以后纸及纸板生产量为全部国有和年产品销售收入 500 万元及以上非国有工业企业生产的产品生产量，手工纸未统计。

6. 2009 年机制纸浆生产量为中国造纸协会 2010 年修正数据。

（邱江惠）

历年我国纸及纸板、纸浆及废纸进出口概况(1996—2021)

Imports and Exports of Paper and Paperboard, Pulp and Waste Paper in China(1996—2021)

表 1　　历年我国纸及纸板进出口量(1996—2021)　　单位：万吨

年　份	纸及纸板		纸制品	
	进口量	出口量	进口量	出口量
1996	499.49	23.31	66.15	58.20
1997	552.43	28.27	67.14	70.50
1998	577.20	30.35	50.74	64.58
1999	652.30	13.44	39.01	62.63
2000	597.14	71.83	34.04	74.47
2001	562.24	79.95	24.50	73.32
2002	636.94	85.47	23.89	88.28
2003	634.71	129.09	22.61	106.65
2004	614	124.78	16	95.97
2005	524	193.90	15	123.76
2006	441	341	17	143
2007	401	461	19	156
2008	358	403	18	211
2009	334	405	16	195
2010	336	433	18	228
2011	331	509	17	243
2012	311	513	14	245
2013	283	611	13	255
2014	282	681	13	276
2015	287	645	12	284
2016	297	733	12	291
2017	466	699	19	307
2018	622	618	18	323
2019	625	686	12	345
2020	1154	587	16	324
2021	1090	547	19	375

表2 历年我国纸浆及废纸进口量(1996—2021)

年份	纸浆		废纸	
	进口量/万吨	金额/亿美元	进口量/万吨	金额/亿美元
1996	146.80	7.75	137.18	1.93
1997	154.16	7.47	161.82	1.76
1998	219.93	9.23	191.47	1.71
1999	309.7		251.6	2.45
2000	334.51	21.21	371.36	5.57
2001	490.38	20.76	641.91	6.59
2002	526.49	21.68	678.26	7.32
2003	603.40	26.60	938.18	12.3
2004	732	35.67	1230	17.26
2005	759	37.25	1703	
2006	796	43.92	1962	
2007	845		2256	
2008	952		2421	
2009	1367		2750	
2010	1137		2435	
2011	1445		2728	
2012	1647		3007	
2013	1685		2924	
2014	1797		2752	
2015	1984		2928	
2016	2106		2850	
2017	2372		2572	
2018	2479		1703	
2019	2720		1036	
2020	3135		689	
2021	3052	206.15	54	1.33

表3 历年纸浆及废纸出口量(1996—2021)

年份	纸浆		废纸	
	出口量/万吨	金额/亿美元	出口量/万吨	金额/亿美元
1996	1.68		0.53	
1997	2.20		0.35	
1998	1.98	0.09	0.08	0.01
1999				
2000	2.55	0.10	0.46	0.004
2001	1.26	0.083	0.09	0.0008
2002	1.92	0.16	0.07	0.0007

续表

年　份	纸　浆		废　纸	
	出口量/万吨	金额/亿美元	出口量/万吨	金额/亿美元
2003	2. 51	0. 21	0. 11	0. 0018
2004	1. 75		0. 07	
2005	4. 70		0. 01	
2006	7. 47		0. 01	
2007	11. 16		0. 05	
2008	7. 23		0. 002	
2009	8. 70		0. 03	
2010	8. 10		0. 08	
2011	9. 91		0. 36	
2012	7. 99		0. 24	
2013	8. 31		0. 10	
2014	9. 75		0. 07	
2015	10. 20		0. 07	
2016	9. 57		0. 23	
2017	9. 87		0. 15	
2018	9. 99		0. 06	
2019	11. 60		0. 08	
2020	10. 55		0. 12	
2021	15. 42	1. 89	0. 12	

资料来源：历年《中国造纸协会年度报告》，历年《中国造纸年鉴》。

（邱江惠）

历年我国与世界纸浆、纸及纸板的生产量与消费量(1996—2021)

Productions and Consumptions of Pulp, Paper and Paperboard in China and the World(1996—2021)

历年我国与世界纸浆、纸及纸板的生产量与消费量 单位：万吨

年 份	全世界					我国				
	纸浆生产量	纸浆消费量	纸及纸板生产量	纸及纸板消费量	纸及纸板人均年消费量/千克	纸浆生产量	纸浆消费量	纸及纸板生产量	纸及纸板消费量	纸及纸板人均年消费量/千克
1996	17404	17294	28197	27940	48. 5	1900	2045	2600	3028	24. 7
1997	17820	17900	29904	29690	50. 8	1738	1890	2744	3270	26. 5
1998	17553	17511	30101	29852	50. 4	2384	2604	2800	3347	26. 8
1999	17913	18007	31571	31439	52. 8	2443	2752	2900	3525	27. 8
2000	18868	18901	32329	32338	53. 8	2501	2834	3050	3575	28. 0
2001	17937	18257	31815	31802	51. 8	2490	2980	3200	3683	29
2002	18200	18265	33070	33076	53. 7	2944	3470	3780	4332	33
2003	18516. 5	18442. 3	33881. 5	33912. 5	51. 7	3309	3910	4300	4806	37
2004	18849. 6	18775. 4	35959. 9	35752. 7	55. 6	3723	4455	4950	5439	42. 0
2005	18320	18843. 9	36702. 5	36639. 8	56. 3	4446	5200	5600	5930	45. 0
2006	18660	19230	38200	38176	70. 8	5204	5992	6500	6600	50. 0
2007	18835	19619	39430	39418	59. 2	5935	6769	7350	7290	55
2008	19240	19302	39090	39133	57. 8	6415	7360	7980	7935	60
2009	17796	17900	37069	37074	57. 5	6732	7980	8640	8569	64
2010	18560	18500	39390	39500	57. 0	7318	8461	9270	9173	68
2011	18380	18380	39898	39900	56. 8	7723	9044	9930	9752	73
2012	18120	18170	39999	40150	57. 2	7867	9348	10250	10048	74
2013	17936	18064	40260	40364	56. 9	7651	9147	10110	9782	72
2014	17850	17962	40645	40752	56. 8	7906	9484	10470	10071	74
2015	17877	17937	40760	41070	56. 6	7984	9731	10710	10352	75
2016	18055	18061	41088	41358	56. 5	7925	9797	10855	10419	75
2017	18441	18399	41969	42329	57. 2	7949	10051	11130	10897	78
2018	18720	18660	41972	42188	56. 2	7201	9387	10435	10439	75
2019	18303	18349	41246	41507	54. 6	7207	9609	10765	10704	75
2020	17867	17867	39854	40181	52. 3	7378	10200	11260	11827	84
2021						8177	11010	12105	12648	89. 51

注：2009 年我国纸浆总生产量为中国造纸协会 2010 年修正数据。

（邱江惠）

历年我国纸及纸板生产量、进出口量、消费量及消费结构(2001—2021)

Productions, Imports and Exports, Consumptions and Consumption Structures of Paper and Paperboard in China(2001—2021)

历年纸及纸板生产量、进出口量、消费量及消费结构（2001—2021）

单位：万吨、%

年份	项目	总量	新闻纸	未涂布印刷书写纸	其中：书刊印刷纸	书写纸	涂布纸	其中：铜版纸	生活用纸	包装用纸	白纸板	其中：涂布白纸板	箱纸板	瓦楞原纸	其中：高强瓦楞原纸	特种纸及纸板	其他纸及纸板
2001 年	生产量	3200	173	670	300	140	130	110	270	400	300	250	460	600	180	65	132
	进口量	562. 24	15. 37	25. 78			99. 44	97. 03	2. 95	27. 80	97. 78	82. 55	126. 48	117. 87		38. 28	9. 13
	出口量	79. 95	1. 85	30. 50			17. 59	12. 48	12. 19	2. 61	2. 50	2. 42	1. 25	3. 14		7. 43	0. 39
	消费量	3683	186	665	296	140	212	195	261	466	396	338	545	715	295	85	152
	消费比例	100. 00	5. 05	18. 06	8. 04	3. 80	5. 76	5. 29	7. 09	12. 65	10. 75	9. 18	14. 8	19. 41	8. 01	2. 31	4. 13
2002 年	生产量	3780	185	920	420	180	180	160	310	400	460	430	600	600	190	70	55
	进口量	636. 94	19. 92	36. 50			121. 77	61. 48	3. 32	31. 37	81. 48	79. 58	125. 44	133. 48		48. 07	34. 51
	出口量	85. 47	0. 60	19. 51			25. 18	18. 67	15. 88	2. 63	5. 51	5. 51	0. 67	3. 26		9. 60	1. 94
	消费量	4332	204	937	436	180	276	203	297	429	536	504	725	730	320	108	90
	消费比例	100. 00	4. 71	21. 63	10. 06	4. 16	6. 37	4. 69	6. 86	9. 90	12. 37	11. 63	16. 74	16. 85	7. 39	2. 49	2. 08
2003 年	生产量	4300	207	960	520	520	240	210	347	480	550	510	680	670	230	80	86
	进口量	635	35	40			101	52	4	28	104	103	117. 2	135		44	26
	出口量	129. 09	1. 19	25. 93			43. 31	35. 30	22. 98	3. 80	9. 95	9. 94	1. 71	3. 02		14. 92	1. 31
	消费量	4806	241	973	534	250	298	227	328	504	645	603	796	802	362	109	110
	消费比例	100. 00	5. 01	20. 25	11. 11	5. 20	6. 20	4. 72	6. 82	10. 49	13. 42	12. 55	16. 56	16. 69	7. 53	2. 27	2. 29

续表

		总量	新闻纸	未涂布印刷书写纸	其中：书刊印刷纸	书写纸	涂布纸	其中：铜版纸	生活用纸	包装用纸	白纸板	其中：涂布白纸板	箱纸板	瓦楞原纸	其中：高强瓦楞原纸	特种纸及纸板	其他纸及纸板
2004 年	生产量	4950	300	1020	550	280	300	250	384	470	670	630	830	810	27	85	81
	进口量	614	12	47			102	63	5	8	108	107	150	114		41	27
	出口量	124.78	1.74	21.73			44.24	38.40	27.58	3.93	6.44	6.43	1.53	2.76		12.41	2.42
	消费量	5439	310	1045	575	280	358	274	361	474	772	931	978	921	381	114	106
	消费比例	100.00	5.70	19.21	10.57	5.15	6.58	5.04	6.64	8.71	14.19	13.44	17.98	16.93	7.00	2.10	1.95
2005 年	生产量	5600	319	1070	570	300	365	300	436	510	790	755	980	950	410	90	90
	进口量	524	14	43			73	52	5	9	91	90	138	88		40	23
	出口量	193.90	1.98	34.38			78.66	62.85	31.41	2.89	18.27	18.27	2.71	3.31		16.02	4.27
	消费量	5930	331	1079	579	300	359	289	409	516	863	827	1115	1035	495	114	109
	消费比例	100.00	5.58	18.20	9.76	5.06	6.05	4.89	6.90	8.70	14.55	13.95	18.80	17.45	8.35	1.92	1.84
2006 年	生产量	6500	375	1220			460	380	470	520	940	900	1150	1130		110	125
	进口量	441	1	45			61	45	5	10	73	72	114	71		44	17
	出口量	341	32	54			121	93	38	2	41	41	14	8		23	8
	消费量	6600	344	1211			400	332	436	528	972	931	1250	1193		131	135
	消费比例	100.00	5.21	18.35			6.06	5.03	6.61	8.00	14.73	14.11	18.94	18.08		1.98	2.05
2007 年	生产量	7350	450	1340			510	420	520	530	1050	1000	1360	1340		120	130
	进口量	401	2	45			56	40	4	10	70	70	103	53		43	15
	出口量	461	59	53			140	93	48	3	58	58	25	39		27	9
	消费量	7290	393	1332			426	367	476	537	1062	1012	1438	1352		136	136
	消费比例	100.0	5.4	18.3			5.8	5.0	6.5	7.4	14.5	13.9	19.7	18.6		1.9	1.9
2008 年	生产量	7980	460	1400			550	460	550	560	1120	1070	1530	1520		140	150
	进口量	358	2	39			54	38	5	12	64	64	88	45		38	11
	出口量	403	36	54			137	97	52	3	53	53	13	13		34	8
	消费量	7935	426	1385			467	401	503	569	1131	1081	1605	1552		144	153
	消费比例	100.0	5.4	17.5			5.9	5.0	6.3	7.2	14.3		20.2	19.6		1.8	1.9
2009 年	生产量	8640	480	1510			590	500	580	575	1150	1100	1730	1715		150	160
	进口量	334	2	38			36	31	5	15	71	71	86	46		27	8
	出口量	405	21	51			163	132	56	3	61	61	7	3		33	7
	消费量	8569	461	1497			463	399	529	587	1160	1110	1809	1758		144	161
	消费比例	100.0	5.4	17.5			5.4	4.6	6.2	6.9	13.5	13.0	21.1	20.5		1.7	1.9

续表

		总量	新闻纸	未涂布印刷书写纸	其中：书刊印刷纸	书写纸	涂布纸	其中：铜版纸	生活用纸	包装用纸	白纸板	其中：涂布白纸板	箱纸板	瓦楞原纸	其中：高强瓦楞原纸	特种纸及纸板	其他纸及纸板
2010 年	生产量	9270	430	1620			640	555	620	600	1250	1200	1880	1870		180	180
	进口量	336	4	41			45	38	8	17	77	77	80	24		31	9
	出口量	433	11	71			136	113	61	5	73	73	14	5		47	10
	消费量	9173	423	1590			549	480	567	612	1254	1204	1946	1889		164	179
	消费比例	100.0	4.6	17.3			6.0	5.2	6.2	6.7	13.7	13.1	21.2	20.6		1.8	1.9
2011 年	生产量	9930	390	1730			725	640	730	620	1340	1290	1990	1980		210	215
	进口量	331	1	40			37	30	9	18	79	79	93	17		30	7
	出口量	509	2	83			163	138	65	6	97	97	10	6		61	16
	消费量	9752	389	1687			599	532	674	632	1322	1272	2073	1991		179	206
	消费比例	100.0	3.99	17.3			6.1	5.5	6.9	6.5	13.56	13.0	21.3	20.4		1.8	2.1
2012 年	生产量	10250	380	1750			780	695	780	640	1390	1340	2080	2020		220	210
	进口量	311	13	35			35	27	4	20	72	72	84	14		28	6
	出口量	513	0	101			177	141	53	5	83	83	7	7		65	15
	消费量	10048	393	1684			638	581	731	655	1379	1329	2157	2027		183	201
	消费比例	100.00	3.91	16.76			6.35	5.78	7.28	6.52	13.72	13.23	21.47	20.17		1.82	2.00
2013 年	生产量	10110	360	1720			770	685	795	635	1360	1310	2040	2015		230	185
	进口量	283	11	28			32	24	3	20	66	65	83	7		27	6
	出口量	611	9	121			179	132	64	5	116	116	17	9		69	22
	消费量	9782	362	1627			623	577	734	650	1310	1259	2106	2013		188	169
	消费比例	100.00	3.70	16.63			6.37	5.90	7.50	6.64	13.39	12.87	21.53	20.58		1.92	1.73
2014 年	生产量	10470	325	1715			775	685	830	650	1395	1345	2180	2155		250	195
	进口量	282	5	31			34	26	4	20	64	64	86	5		27	6
	出口量	681	9	117			184	124	75	5	158	158	26	8		72	27
	消费量	10071	321	1629			625	587	759	665	1301	1251	2240	2152		205	174
	消费比例	100.00	3.19	16.18			6.21	5.83	7.54	6.60	12.92	12.42	22.24	21.37		2.04	1.73
2015 年	生产量	10710	295	1745			770	680	885	665	1400	1340	2245	2225		265	215
	进口量	287	6	37			34	26	3	21	61	60	84	9		26	6
	出口量	645	2	102			162	110	71	5	162	162	32	6		74	29
	消费量	10352	299	1680			642	596	817	681	1299	1238	2297	2228		217	192
	消费比例	100.00	2.89	16.23			6.20	5.76	7.89	6.58	12.55	11.96	22.19	21.52		2.10	1.85

续表

年份	项目	总量	新闻纸	未涂布印刷书写纸	其中：书刊印刷纸	书写纸	涂布纸	其中：铜版纸	生活用纸	包装用纸	白纸板	其中：涂布白纸板	箱纸板	瓦楞原纸	其中：高强瓦楞原纸	特种纸及纸板	其他纸及纸板
2016 年	生产量	10855	260	1770			755	665	920	675	1405	1345	2305	2270		265	215
	进口量	297	6	41			35	26	3	21	58	57	94	8		26	5
	出口量	733	1	122			181	126	69	7	198	197	35	7		81	32
	消费量	10419	265	1689			609	565	854	689	1265	1205	2364	2271		225	188
	消费比例	100. 00	2. 54	16. 21			5. 85	5. 42	8. 20	6. 61	12. 14	11. 57	22. 69	21. 80		2. 16	1. 8
2017 年	生产量	11130	235	1790			765	675	960	695	1430	1370	2385	2335		305	230
	进口量	466	33	63			45	33	4	23	62	61	137	65		26	8
	出口量	699	1	109			176	123	74	11	193	193	12	4		82	37
	消费量	10897	267	1744			634	585	890	707	1299	1238	2510	2396		249	201
	消费比例	100. 00	2. 45	16. 00			5. 82	5. 37	8. 17	6. 49	11. 92	11. 36	23. 03	21. 99		2. 29	1. 84
2018 年	生产量	10435	190	1750			705	655	970	690	1335	1275	2145	2105		320	225
	进口量	622	48	85			49	32	5	21	54	53	207	111		30	12
	出口量	618	1	84			150	106	74	10	170	170	7	3		89	30
	消费量	10439	237	1751			604	581	901	701	1219	1158	2345	2213		261	207
	消费比例	100. 00	2. 27	16. 77			5. 79	5. 57	8. 63	6. 72	11. 68	11. 09	22. 46	21. 20		2. 5	1. 98
2019 年	生产量	10765	150	1780			680	630	1005	695	1410	1350	2190	2220		380	255
	进口量	625	46	63			32	22	3	20	52	51	220	156		24	9
	出口量	686	1	94			170	117	78	16	185	185	7	2		95	38
	消费量	10704	195	1749			542	535	930	699	1277	1216	2403	2374		309	226
	消费比例	100. 00	1. 82	16. 34			5. 06	5. 00	8. 69	6. 53	11. 93	11. 36	22. 45	22. 18		2. 89	2. 11
2020 年	生产量	11260	110	1730			640	600	1080	705	1490	1410	2440	2390		405	270
	进口量	1154	65	119			36	25	3	31	53	52	404	389		22	32
	出口量	587	0	66			105	69	87	18	170	170	7	3		97	34
	消费量	11827	175	1783			571	556	996	718	1373	1292	2837	2776		330	268
	消费比例	100. 00	1. 48	15. 07			4. 83	4. 70	8. 42	6. 07	11. 61	10. 92	23. 99	23. 47		2. 79	2. 27
2021 年	生产量	12105	90	1720			635	605	1105	715	1525	1445	2805	2685		395	430
	进口量	1090	71	133			44	30	5	24	58	57	399	294		23	39
	出口量	547	1	60			96	56	64	17	156	156	8	2		106	37
	消费量	12648	160	1793			583	579	1046	722	1427	1346	3196	2977		312	432
	消费比例	100. 00	1. 27	14. 18			4. 61	4. 58	8. 27	5. 71	11. 28	10. 64	25. 27	23. 54		2. 47	3. 42

（邱江惠）

2021 年国内市场纸张价格

Prices of Partial Paper and Paperboard Grades in Domestic Market in 2021

2021 年国内市场纸张价格（仅供参考，以供应商实际报价为准）

产品名称	品牌/厂家	定量/（克/米²）	价格/（元/吨）											
			1 月	2 月	3 月	4 月	5 月	6 月	7 月	8 月	9 月	10 月	11 月	12 月
铜版纸	华夏	70（A3）	8900	9200	10200	10700	9400	7400	7300	7100	7000	7000	7300	7300
		80（A3/A2）	8500/8300	8800/8600	9800/ 9600	10300/10100	9000/8800	7000/6800	6900/6700	6700/6500	6600/6400	6500/6300	6800/6600	6800/6600
		90（A3/A2）	8300/8100	8600/8400	9600/9400	10100/9900	9000/8600	6800/6600	6700/6500	6500/6200	6400/6100	6300/6000	6600/6300	6600/6300
		100～105（A3）	8100	8400	9400	9900	8600	6600	6500	6300	6200	6100	6400	6400
		100～157（A2）	7100	7400	8400	8900	8400	6400	6300	6100	6000	5900	6200	6200
		170～250	7000	7300	8300	8800	8200	6200	6200	6000	5900	5800	6200	6200
	天阳	128～230	6700	7000	8000	8500	8000	6100	6100	5900	5700	5600	5900	6000
	九州太阳	110	6500	6800	7800	8300	7800	5900	5900	5700	5600	5500	5800	5900
	金东	100～105（双铜）	7010	7610	8610	8460	7460	6460	6060	6010	5710	5910	6110	6310
	东帆	120～200（双铜）	6810	7410	8410	8260	7260	6260	5860	5810	5510	5710	5910	6110

续表

产品名称	品牌/厂家	定量/（克/米²）	价格/（元/吨）											
			1月	2月	3月	4月	5月	6月	7月	8月	9月	10月	11月	12月
铜版纸	金东长鹤	100～105（双铜）	6810	7410	8410	8260	7260	6260	5860	5810	5510	5710	5910	6110
		120～200（双铜）	6610	7210	8210	8060	7060	6060	5660	5610	5310	5510	5710	5910
	紫兴	128～200（双铜）	6600	7100	8100	7800	6800	5800	5500	5550	5350	5550	5650	5850
		230～300（双铜）	6400	6900	7900	7600	6600	5600	5300	5350	5150	5350	5450	5650
	华泰牡丹	97～105（双铜）	6300	6800	7800	7500	6500	5500	5200	5150	5110	5310	5610	5710
		115～200（双铜）	6000	6500	7500	7200	6200	5200	4900	4950	4810	5010	5310	5510
	金海鲸王	150（双铜）	6460	6960	7960	7760	6760	5960	5560	5510	5310	5510	5610	5810
		200～250（双铜）	6260	6760	7760	7560	6560	5760	5360	5310	5110	5310	5410	5610
	晨鸣雪兔	120～200（双铜）	6000	6500	7500	7200	6200	5200	4900	4950	4750	4950	5150	5350
	晨鸣雪鹰	120～200（双铜）	6350	6850	7850	7550	6550	5550	5350	5400	5260	5460	5660	5860
	太空梭	128～200（哑光）	6660	7160	8160	7960	6960	6260	5860	5810	5510	5710	5910	6010
	金海鲸王	150～200（哑光）	6450	6960	7960	7760	6760	5960	5560	5510	5210	5410	5610	5810
	紫兴	128～200（哑光）	6500	7000	8000	7700	6700	5700	5500	5550	5350	5550	5710	5910
		230～300（哑光）	6300	6800	7800	7500	6500	5500	5300	5350	5150	5350	5510	5710

续表

产品名称	品牌/厂家	定量/（克/米^2）	价格/（元/吨）											
			1 月	2 月	3 月	4 月	5 月	6 月	7 月	8 月	9 月	10 月	11 月	12 月
铜版纸	UV2 宁波	230～320（双铜,高松）	7020	7020	7020	7020	7020	7020	7020	7020	7020	7020	7020	7020
	宁波 酉长	250～400	8010	8810	9810	10310	9410	7610	7110	6710	6410	6510	6710	6710
	宁波 酉长	230～320（高松）	8160	8960	9960	10460	9660	7860	7360	6960	6660	6760	6960	6960
	金太阳	190～400	8110～8310	10610～10810	11110～11310	11110～11310	10610～11810	8310～8910	8310～8910	8310～8910	8310～8910	8310～8910	8310～8910	8310～8910
	万国 骄阳	170～350	7210～7810	9610～10210	10110～10710	10110～10710	9610～10210	7610～8210	6210～6610	6210～6610	6010～6410	6010～6410	6010～6410	6010～6410
食品卡纸	金太阳	250～350（白芯）	9110	9110	9610	9610	9110	9110	9110	9110	9110	9110	9110	9110
		250～350（黄芯）	8910	8910	9410	9410	8910	8910	8910	8910	8910	8910	8910	8910
胶版纸	华夏	60	6500	6800	7800	8500	8400	6600	6500	6300	6200	6000	6200	6600
		70～120	6300	6600	7600	8300	8200	6400	6300	6100	6000	5800	6000	6400
	金太阳	60	6700	7000	8000	8700	8700	7200	7100	6900	6800	6600	6800	7000
		70～120	6500	6800	7800	8500	8500	7000	6900	6700	6600	6400	6600	6800
	天阳本白	60	6200	6500	7500	8000	7600	6400	6200	6000	5900	5700	5900	6200
	天阳高白	70～120	6100	6400	7400	7900	8000	6300	6200	6000	5900	5700	5900	6200
涂布白卡纸	华夏 太阳	190～400	8010～8410	10510～10810	11010～11310	11010～11310	10510～10810	8610～8910	8610～8910	8610～8910	8610～8910	7410～7810	7410～7810	7410～7810
	万国 骄阳	170～400	7810～8410	10210～10410	10710～10910	10710～10910	10210～10410	7610～8010	6310～6710	6310～6710	6110～6510	6210～6810	6210～6810	6210～6810
	红梅	190～230	7700～8000	9700～10000	10200～10500	10200～10500	9200～9500	8500～8700	8000～8200	7800～8000	7600～7800	7600～7800	7600～7800	7600～7800

续表

产品名称	品牌/厂家	定量/（克/米²）	价格/（元/吨）											
			1月	2月	3月	4月	5月	6月	7月	8月	9月	10月	11月	12月
涂布白卡纸	宁波金丽	250～400	8310	9010	10110	10610	9310	7110	6510	6210	6010	6210	6410	6510
	金桂金蝶兰	250～350	8310	9010	10110	10610	9310	7110	6510	6210	6010	6210	6410	6510
	金桂富桂	235～365	8460	9160	10260	10760	9460	7260	6660	6360	6160	6360	6560	6660
	博汇	235～365（高松）	7910	8710	10110	10610	8610	7610	5610	5760	5560	5660	5960	6260
	晨鸣丽致	235～365	7860	8660	10060	10510	8510	7510	5510	5610	5410	5610	5910	6210
涂布白纸板	海龙	250	5610	5910	6210	5810	5210	5010	5060	5160	5360	5560	5760	4960
		300	5460	5760	6060	5660	5060	4860	4910	5010	5210	5410	5610	4810
		350～400	5360	5660	5960	5560	4960	4760	4810	4910	5110	5310	5460	4660
	地龙	250	5410	5710	6010	5610	5010	4810	4860	4960	5160	5360	5560	4760
		300	5310	5610	5910	5510	4910	4710	4760	4860	5060	5260	5460	4660
		350～400	5210	5510	5810	5410	4810	4610	4660	4760	4960	5160	5360	4560
复印纸	Double A（泰国）	80（B）	15500	16000	17000	17200	17300	17500	17700	17700	18000	18100	18300	18500
	绿叶/蔡伦纸业	80（C）	14500	15000	16000	16200	16300	16500	16600	16700	17000	17300	17500	17700
	太阳/广东太阳纸业	80（C）	14400	14900	15900	16100	16200	16300	16400	16500	16800	17100	17300	17500
	百旺/亚太森博（广东）	80（B）	14500	15000	16000	16200	16300	16500	16600	16700	17000	17300	17500	17700

续表

产品名称	品牌/厂家	定量/（克/米²）	价格/（元/吨）											
			1 月	2 月	3 月	4 月	5 月	6 月	7 月	8 月	9 月	10 月	11 月	12 月
复印纸	云雀/互益纸业	70/80（C）	14300	14800	15800	16000	16100	16200	16300	16400	16700	16900	17000	17200
	羚羊/互益纸业	70/80（C）	13500	14000	15000	15200	15300	15400	15500	15600	15900	16100	16300	16500
	银羊/互益纸业	70/80（C）	13300	13800	14800	15000	15100	15200	15300	15400	15700	15900	16000	16200
	小钢炮/APP	80（C）	14500	15000	16000	16200	16300	16500	16600	16700	17000	17300	17500	17700
	金丝雀/APP	80（C）	15500	16000	17000	17200	17300	17500	17500	17600	18000	18100	18300	18500

注：A3 表示单面涂布量在 15 克/米^2 以内，A2 表示单面涂布量在 20 克/米^2 以内；B 表示 5 包/箱，500 张/包；C 表示 10 包/箱，500 张/包。

（邹　怡）

2021 年中国造纸协会纸浆指数分析

China Paper Association Pulp Index(CPAPI) in 2021

2021 年，国内纸浆现货市场交易总体呈现小幅波动态势。1 月，纸浆市场价格维持上涨，纸浆市场出货量较前期下降，市场总体处于成交量减价增的局面。2 月，纸浆市场价格维持上涨，纸浆市场出货量较前期大幅下降，市场总体处于成交量减价增的局面。3 月，纸浆市场价格维持上涨，纸浆市场出货量较前期大幅增加，市场总体处于成交量价齐增的局面。4 月，纸浆市场价格出现回落，纸浆市场出货量较前期大幅下降，市场总体处于成交量价回落的局面。5—8 月，纸浆市场价格继续回落，纸浆市场出货量较前期大幅下降，市场总体继续处于成交量价回落的局面。9 月，纸浆市场价格保持回落，纸浆市场出货量继续下降，市场总体继续 8 月的成交量价回落的局面。10 月，纸浆市场价格保持回落，纸浆市场出货量继续下降，市场总体呈成交量回升价格回落的局面。11 月，纸浆市场价格保持回落，纸浆价格降幅收窄，纸浆市场出货量继续回升，市场总体呈成交量回升价格微降的局面。12 月，纸浆市场价格回升，纸浆市场出货量再现反弹后的回落，市场总体呈成交量减少价格回升的局面。2018—2021 年中国造纸协会纸浆价格、物量总指数及分类别纸浆价格和物量指数(包括定基指数和环比指数)如图 1 ~ 图 6 所示。

分类来看，漂白硫酸盐针叶木浆方面，1 月，漂白硫酸盐针叶木浆价格环比指数持续增长至 114. 41，物量环比指数持续增长至 108. 10；现货市场交易量价齐增，平均价格继续回升至 5800 元/吨以上。2 月，漂白硫酸盐针叶木浆价格环比指数回落至 112. 58，比 1 月降低 1. 83；物量环比指数回落至 91. 26，比 1 月降低 16. 84；现货市场交易量减价增，平均价格继续回升至 6500 元/吨以上。3 月，漂白硫酸盐针叶木浆价格指数环比继续回落至 103. 05，比 2 月降低 9. 53；物量指数环比急剧增加至 156. 88，指数比 2 月增加 65. 62；现货市场交易量价齐增，平均价格继续回升至 6700 元/吨以上。4 月，漂白硫酸盐针叶木浆价格指数环比继续回落至 100. 95，指数比 3 月降低 2. 1；物量指数环比急剧下降至 64. 23，指数比 3 月下降 92. 65，创 2018 年 1 月以来漂白硫酸盐针叶木浆物量环比指数最低值；现货市场交易量减价增，平均价格增至 6800 元/吨

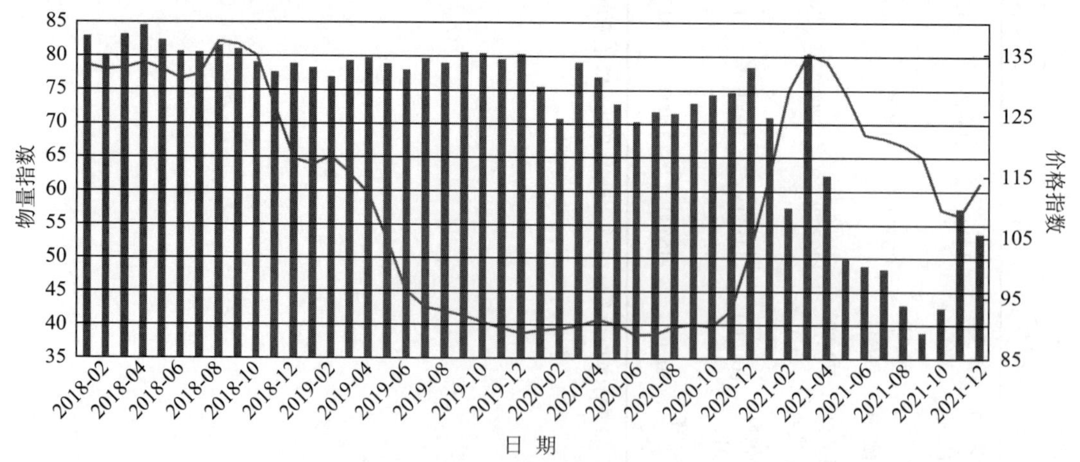

图1 中国造纸协会纸浆指数（定基总指数）

▬ 物量 — 价格

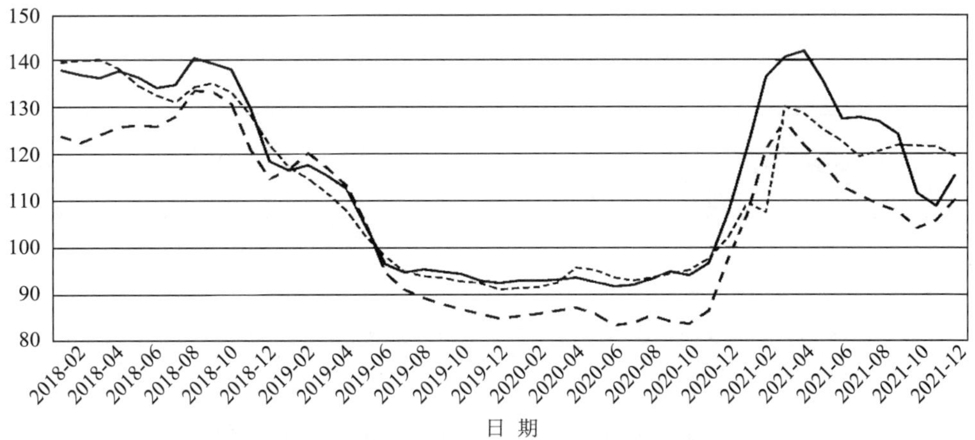

图2　中国造纸协会纸浆指数（分类价格定基指数）

— 漂白硫酸盐针叶木浆　- - 漂白硫酸盐阔叶木浆　--- 本色浆

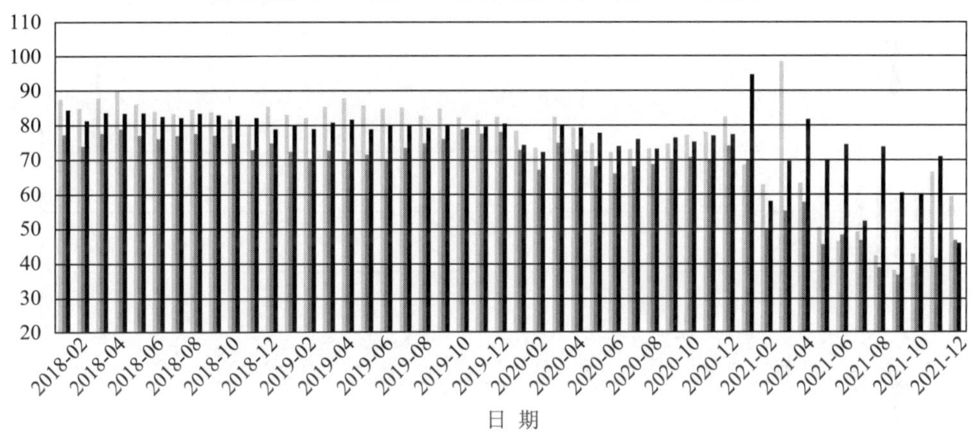

图3　中国造纸协会纸浆指数（分类物量定基指数）

漂白硫酸盐针叶木浆　漂白硫酸盐阔叶木浆　本色浆

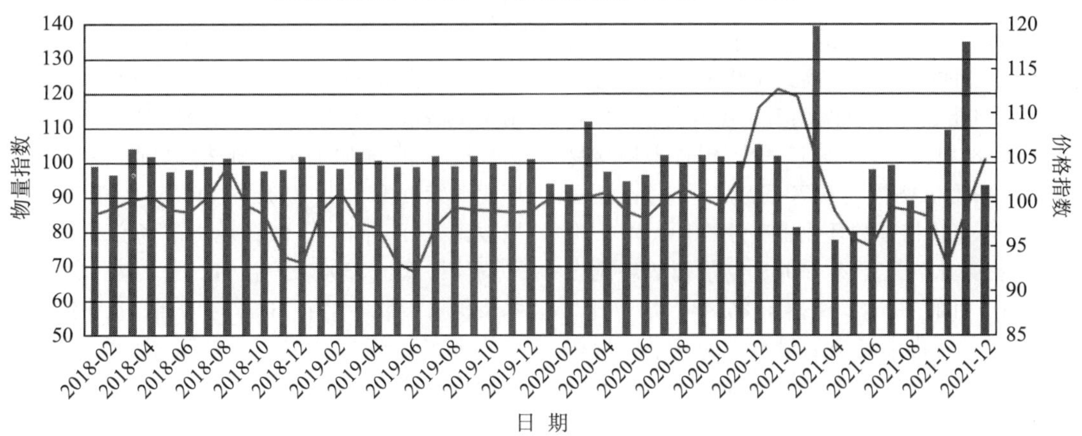

图4　中国造纸协会纸浆指数（环比总指数）

物量　— 价格

以上。5 月，漂白硫酸盐针叶木浆价格指数环比继续回落至 95. 43，指数比 4 月降低 5. 52；物量指数环比则回升至 79. 58，指数比 4 月升高 15. 35；现货市场交易量价齐减，平均价格回落至 6500 元/吨以上。6 月，漂白硫酸盐针叶木浆价格指数环比继续回落至 94. 05，比 5 月降低 1. 38；物量指数环比继续回升，由 5 月的 79. 58 回升至 91. 94，比 5 月升高 12. 36；现货市场交易量价齐减，平均价格回落至

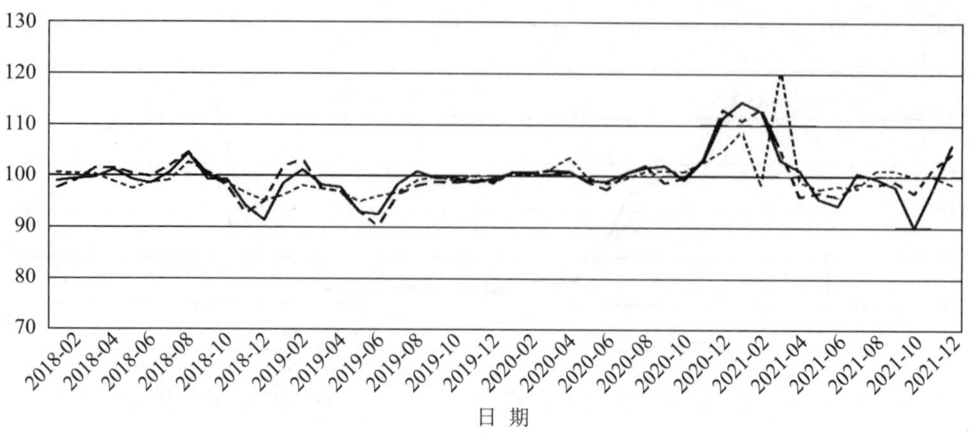

图5 中国造纸协会纸浆指数（分类价格环比指数）

— 漂白硫酸盐针叶木浆 - - 漂白硫酸盐阔叶木浆 --- 本色浆

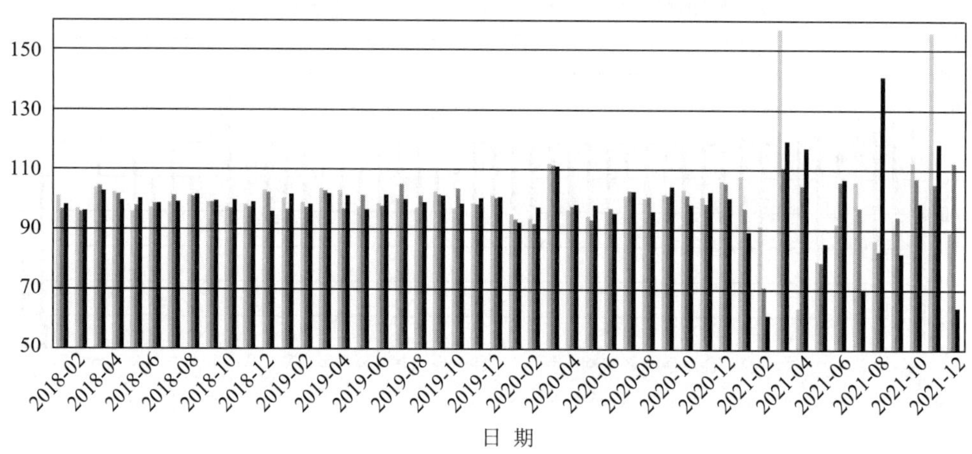

图6 中国造纸协会纸浆指数（分类物量环比指数）

■ 漂白硫酸盐针叶木浆 ■ 漂白硫酸盐阔叶木浆 ■ 本色浆

6150 元/吨以下。7 月，漂白硫酸盐针叶木浆价格指数环比由 6 月的 94.05 升高到 100.38，比 6 月升高 6.33；物量指数环比继续回升，由 6 月的 91.94 回升至 105.88，比 6 月升高 13.94；现货市场交易量价齐升，平均价格接近 6170 元/吨。8 月，漂白硫酸盐针叶木浆价格指数环比由 7 月的 100.38 下降到 99.34，指数比 7 月下降 1.04；物量指数环比出现回落，由 7 月的 105.88 回落至 86.43，指数比 7 月下降 19.45；现货市场交易量价齐减，平均价格接近 6130 元/吨。9 月，漂白硫酸盐针叶木浆价格指数环比由 8 月的 99.34 下降到 97.81，指数比 8 月下降 1.53；物量指数环比出现回升，由 8 月的 86.43 回升至 89.77，指数比 8 月升高 3.34；现货市场交易量价齐减，其中，平均价格接近 6000 元/吨。10 月，漂白硫酸盐针叶木浆价格指数环比由 9 月的 97.81 下降到 89.81，指数比 9 月下降 8.0；物量指数环比继续回升，由 9 月的 89.77 回升至 112.55，指数比 9 月升高 22.78；现货市场交易量增价减，平均价格接近 5400 元/吨。11 月，漂白硫酸盐针叶木浆价格指数环比由 10 月的 89.81 上升到 97.42，指数比 10 月增加 7.61，价格降幅收窄；物量指数环比继续回升，由 10 月的 112.55 回升至 155.56，指数比 10 月升高 43.01；现货市场交易量增价减，平均价格低于 5300 元/吨。12 月，漂白硫酸盐针叶木浆价格指数环比由 11 月的 97.42 上升到 106.05，指数比 11 月增加 8.63，自 7 月以来首次超过 100；物量指数环比出现回落，由 11 月的 155.56 回落至 89.24，指数比 11 月减少 66.32；现货市场交易量减价增，平均价格超过 5500 元/吨。

漂白硫酸盐阔叶木浆方面，1 月，漂白硫酸盐阔叶木浆价格环比指数出现回落至 110.65，物量环比指数下滑至 97.28；现货市场交易量减价增平均价格继续回升至 4500 元/吨以上。2 月，漂白硫酸盐阔叶木浆价格环比指数恢复反弹升至 113.01，指数比1月增加2.36；物量环比指数下滑至70.91，指数比1月降低26.37；现货市场交易量减价增，平均价格继续回升至5100元/吨以上。3月，漂白硫酸盐阔叶木浆价格指数环比回落至105.11，指数比2月降低7.9；物量指数环比增加至110.65，指数比2月增加39.74；现货市场交易量减价增，平均价格继续回升至5400元/吨以上。4月，漂白硫酸盐阔叶木浆价格指数环比回落至95.88，指数比3月降低9.23；物量指数环比回落至104.61，指数比3月下降6.04；现货市场交易量略有增长，价格降低，平均价格回落至5200元/吨以下。5月，漂白硫酸盐阔叶木浆价格指数环比回升至96.57，指数比4月升高0.69；物量指数环比继续回落至79.13，指数比4月下降25.48；现货市场交易量价齐减，平均价格回落至5000元/吨以上。6月，漂白硫酸盐阔叶木浆价格指数环比下降至95.93，比5月下降0.64；物量指数环比则上升至105.71，比5月升高26.58；现货市场交易量增价减，平均价格回落至4820元/吨以下。7月，漂白硫酸盐阔叶木浆价格指数环比回升至98.35，指数比6月升高2.42；物量指数环比则下降至97.26，指数比6月降低8.45；现货市场交易量增价减，平均价格回落至4740元/吨以下。8月，漂白硫酸盐阔叶木浆价格指数环比回落至98.24，指数比7月下降0.11；物量指数环比则下降至82.96，指数比7月降低14.30；现货市场交易量增价减，其中，平均价格回落至4660元/吨以下。9月，漂白硫酸盐阔叶木浆价格指数环比回升至98.75，指数比8月升高0.51；物量指数环比升高至94.35，指数比8月升高13.39；现货市场交易量增价减，平均价格回落至4600元/吨以下。10月，漂白硫酸盐阔叶木浆价格指数环比下降至96.60，指数比9月下降2.15；物量指数环比连续3个月升高，升至107.34，指数比9月升高12.96；现货市场交易量增价减，平均价格回落至4500元/吨以下。11月，漂白硫酸盐阔叶木浆价格指数环比升高至101.50，指数比10月增加4.9；物量指数环比连续3个月升高后回落至105.56，指数比10月下降1.78；现货市场交易量价齐增，平均价格回升至4500元/吨以上。12月，漂白硫酸盐阔叶木浆价格指数环比继续升高至104.23，指数比11月增加2.73；物量指数环比回升至112.22，指数比11月增加6.66；现货市场交易量价齐增，平均价格升至近4700元/吨。

本色浆方面，1月，本色浆价格环比指数持续增长至108.72，物量环比指数下滑至89.15；现货市场交易量减价增，平均价格继续回升至5000元/吨以上。2月，本色浆价格环比指数回落至98.28，指数比1月降低10.44；物量环比指数继续下滑至70.91，指数比1月降低18.24；现货市场交易量减价增，平均价格继续回升至5500元/吨以上。3月，本色浆价格指数环比增加至121.04，指数比2月增加22.76，创2018年1月以来本色浆价格指数环比最高值；物量指数环比急剧增加至119.67，指数比2月增加58.16，亦呈现2018年1月以来本色浆物量指数环比最高值；现货市场交易量价齐增，平均价格继续回升至5900元/吨以上。4月，本色浆价格指数环比回落至98.87，指数比3月下降22.17；物量指数环比回落至117.21，指数比3月下降2.46；现货市场交易量增价略减，平均价格继续保持在5900元/吨以上。5月，本色浆价格指数环比回落至97.34，指数比4月下降1.53；物量指数环比继续回落至85.58，指数比4月下降31.63；现货市场交易量价齐减，平均价格回落至5800元/吨以下。6月，本色浆价格指数环比略升至97.87，比5月升高0.53；物量指数环比则上升至106.80，比5月升高21.22；现货市场交易量增价减，平均价格回落至5640元/吨以下。7月，本色浆价格指数环比略降至97.41，指数比6月降低0.46；物量指数环比则大幅降至69.99，指数比6月下降36.81；现货市场交易量增价减，平均价格回落至5500元/吨以下。8月，本色浆价格指数环比回升至100.97，指数比7月升高3.56；物量指数环比大幅回升至141.23，指数比7月升高71.24；现货市场交易量价齐升，平均价格回升至5500元/吨以上。9月，本色浆价格指数环比回升至101.04，指数比8月升高0.07；物量指数环比大幅回落至82.05，指数比8月下降59.18；现货市场交易量减价增，其中，平均价格增至5600元/吨以上。10月，本色浆价格指数环比下降至99.88，指数比9月下降1.16；物量指数环比升高至98.97，指数比9月升高16.92；现货市场交易量价略减，平均价格降至5600元/吨以下。11月，本色浆价格指数环比下降至99.85，指数比10月下降0.03；物量指数环比升高至118.53，指数比10月升高19.56；现货市场交易量增价略减，平均价格维持在5600元/吨以下。12月，本色浆价格指数环比下降至98.37，指数比11月下降1.48；物量指数环比回落至64.40，指数比11月减少54.13；现货市场交易量价齐减，平均价格回落到5500元/吨以下；短期内，纸浆现货市场交易总体仍处于小幅波动态势。　（曹凯月）

产品与市场

PRODUCTS AND MARKET

3

2021 年我国造纸工业生产运行情况

Analysis of Production and Sale Situation of China's Paper Industry in 2021

一、2021 年我国造纸工业生产完成情况

据中国造纸协会调查资料，2021 年全国纸浆总生产量 8177 万吨，同比增长 10.83%。其中：木浆 1809 万吨，同比增长 21.41%；废纸浆 5814 万吨，同比增长 8.41%；非木材浆 554 万吨，同比增长 5.52%。全国纸及纸板生产量 12105 万吨，较 2020 年增长 7.50%。消费量 12648 万吨，较 2020 年增长 6.94%，人均年消费量为 89.51 千克。

二、主要经济指标完成情况

据国家统计局数据统计，2021 年 1—12 月规模以上制浆造纸及纸制品业企业主要经济指标完成情况如下。

(1)主营业务收入

全行业累计完成 15006.17 亿元，同比增长 14.74%。其中：纸浆制造业累计完成 163.39 亿元，同比增长 21.07%；造纸业累计完成 8551.22 亿元，同比增长 17.23%；纸制品制造业累计完成 6291.56 亿元，同比增长 11.37%。

(2)利润总额

全行业累计 884.77 亿元，同比增长 6.92%。其中：纸浆制造业累计 8.26 亿元，同比增长 632.57%；造纸业累计 540.54 亿元，同比增长 17.01%；纸制品制造业累计 335.97 亿元，同比下降 8.48%。

(3)亏损企业亏损额

全行业累计 75.98 亿元，同比下降 5.70%。其中：纸浆制造业累计 3.31 亿元，同比下降 51.37%；造纸业累计 44.23 亿元，同比下降 14.75%；纸制品制造业累计 28.44 亿元，同比增长 29.96%。

根据统计快报数据分析，2021 年全行业生产情况呈现产销两旺，经济效益显著增长，整体运营情况稳定。

三、纸及纸板和商品纸浆进出口情况

1. 纸及纸板进出口情况

2021 年纸及纸板进口 1173 万吨，同比下降 4.32%；进口纸及纸板平均价格为 695.54 美元/吨，较 2020 年平均价格增长 26.94%。2021 年纸及纸板出口 547 万吨，同比下降 6.81%；出口纸及纸板平均价格为 1647.32 美元/吨，较 2020 年平均价格增长 3.95%。

2. 商品纸浆进口情况

2021 年国内进口各类商品纸浆 2969.09 万吨，较 2020 年同期减少 93.51 万吨，同比下降 3.05%。出口纸浆 15.42 万吨，同比增长 46.16%。

2021 年进口的商品木浆种类：漂白针叶木浆进口 842.44 吨，同比下降 4.94%；漂白阔叶木浆进口 1259.93 万吨，同比下降 8.33%；未漂白木浆进口 109.44 万吨，同比增长 0.29%；半化学浆、机械浆合计进口 163.52 万吨，同比下降 11.69%；溶解级木浆进口 345.33 万吨，同比增长 6.07%；废纸浆进口 244.31 万吨，同比增长 38.31%。

3. 废纸进口情况

2021 年累计进口各类废纸 53.75 万吨，较 2020 年同期减少 635.50 万吨，同比下降 92.20%。

2021 年进口废纸的品种：进口废旧瓦楞纸箱为 40.16 万吨，同比下降 92.34%；进口废旧新闻纸和废旧杂志纸 5.94 万吨，同比下降 95.64%；进口办公废纸 7.65 万吨，同比下降 73.34%。

四、纸及纸板主要品种生产消费情况

1. 新闻纸

2021 年新闻纸生产量为 90 万吨，同比下降 18.18%，进口 71 万吨，出口 1 万吨，消费量 160 万吨，同比下降 8.57%。

2. 印刷书写用纸

2021 年未涂布书写印刷用纸生产量为 1720 万吨，同比下降 0.58%，进口 133 万吨，出口 60 万吨，消费量 1793 万吨，同比增长 0.56%。

3. 铜版纸

2021 年铜版纸国内生产量为 605 万吨，同比增长 0.83%，进口 30 万吨，出口 56 万吨，消费量为 579 万吨，同比增长 4.14%。

4. 生活用纸

2021 年国内生活用纸生产量为 1105 万吨，同比增长 2.31%；进口 5 万吨，出口 64 万吨，消费量为 1046 万吨，同比增长 5.02%。

5. 白纸板

2021 年国内白纸板生产量 1525 万吨，同比增长 2.35%；进口量 58 万吨，出口量 156 万吨，消费量 1427 万吨，同比增长 3.93%。

6. 箱纸板和瓦楞原纸

2021 年国内箱纸板生产量 2805 万吨，增长 14.96%；进口量 399 万吨，出口量 8 万吨，消费量 3196 万吨，增长 12.65%。瓦楞原纸生产量 2685 万吨，增长 12.34%；进口量 294 万吨，出口量 2 万吨，消费量 2977 万吨，增长 7.24%。

五、2021 年国内造纸行业生产和市场总体走势

2021 年在国内经济形势整体稳中向好及外贸增加的带动下，造纸生产和消费基本保持了平稳发展，尤其是包装用纸增长显著，全行业克服了原料、能源、运输等成本上涨，新冠肺炎疫情多点散发对市场带来诸多不确定因素等影响，实现了产销平衡和经济效益增长。

根据纸业生产和市场走势分析，2021 年国内造纸工业生产和市场呈现以下态势：

（1）造纸行业生产运行整体情况保持基本平稳态势，全年纸及纸板生产总量随着经济发展需要仍有增加，产销基本保持平衡，整体运行好于 2020 年。

（2）造纸行业全年主营业务收入和利润等主要经济指标保持较好增长，但受市场需求变化和原材料成本上涨等因素影响，企业和产品间表现产生分化。

（3）为满足市场对纸及纸板总量的需求和解决国内造纸原料不足问题，成品纸及纸板和商品纸浆进口总量仍然保持在高位，形成纸及纸板表观消费量大于生产量态势。

展望 2022 年造纸工业形势，虽然造纸行业也面临市场需求紧缩、预期转弱、新的不利因素又在增加等困境，但从我国宏观经济坚持稳中求进的情形下，经济仍然会保持在合理区间运行。在此大的背景下，作为配套众多产业的造纸工业，生产和消费仍将会受到拉动，预计造纸行业整体运行仍然会保持较好发展态势。

（赵 伟）

2021 年我国纸浆市场分析

Analysis of China's Pulp Market Situation in 2021

2021 年是"十四五"开局之年，这一年，我国造纸行业与其他行业一样，面临着更加复杂严峻的发展形势，如国内外新冠肺炎疫情反复，双碳、双控、限塑等一系列政策出台，资源能源短缺，原材料及运输成本上涨，市场供应及价格大幅波动等。但造纸行业同仁勇于面对挑战，凝心聚力，加快产业转型升级，在变革中育新机、在逆势中稳步发展，实现了生产消费双双大幅提高的历史最好成绩。

2021 年禁废令全面落地实施，进口废纸清零，如何保证 2000 多万吨的进口废纸减量后造纸纤维原料的再平衡，成为 2021 年行业上下认真思考、努力应对的重要课题。对此，相关领域的同仁们加大力度、积极拓宽国废收购渠道；多措并举，深耕原料结构多元化，开发化学机械浆、本色浆、秸秆浆等多原料、多工艺的纸浆品种；加大实施林浆纸一体化战略，增大自给木浆比例，多条纸浆生产线投产，有效缓解了禁废令带来的纤维原料不足的困境。

2021 年，不确定性事件对纸张出口造成影响致使纸价冲高回落；纸浆期货快速大幅拉高后又明显下挫；新增产能投产不及预期；浆纸市场整体供过于求，短期内很难有效改善等多重因素叠加作用下，纸浆市场价格走势呈"N"字形，价格上下波动幅度巨大，快涨急跌，仅用几个月时间就快速走完了以往需要 2 ~ 3 年才能完成的一个价格波动周期。2021 年进口漂白针叶木浆与漂白阔叶木浆均价分别为 6305 元/吨、4955 元/吨，最高价与最低价之间分别相差 40% 和 30% 。

一、2021 年我国纸浆生产与消耗概况

(一) 纸浆生产概况

据中国造纸协会数据，2021 年全国纸浆总生产量 8177 万吨，同比增长 10. 83% 。其中，木浆 1809 万吨，同比增长 21. 41% ；废纸浆 5814 万吨，同比增长 8. 41% ；非木材浆 554 万吨，同比增长 5. 52%（见表 1）。

2021 年，我国木浆生产量同比净增 319 万吨，生产量及增幅均创历史新高，这一增势非常符合行业高质量发展的要求，是近些年来大力调整原料结构、推进供给侧结构性改革的重要成果。2021 年共有 6 条新的纸浆生产线建成投产，新增产能 212 万吨/年，除山东太阳纸业股份有限公司的漂白阔叶木浆生产线外，其他多数为化学机械浆新线。这些新产能多数为下半年或第四季度投产，当年释放的生产量并不多。因此，新增的木浆生产量，更多的来自于前几年以化学机械浆为主的新增产能的达产，以及部分原有产能满负荷生产或产能超额释放。

表 1　2012—2021 年我国纸浆生产情况　单位：万吨

年份	2012 年	2013 年	2014 年	2015 年	2016 年	2017 年	2018 年	2019 年	2020 年	2021 年	同比/%
纸浆合计	7867	7651	7906	7984	7925	7949	7201	7207	7378	8177	10. 83
其中：1. 木浆	810	882	962	966	1005	1050	1147	1268	1490	1809	21. 41
2. 废纸浆	5983	5940	6189	6338	6329	6302	5444	5351	5363	5814	8. 41
3. 非木材浆	1074	829	755	680	591	597	610	588	525	554	5. 52

注：数据来源于中国造纸协会。

2021 年我国废纸浆总生产量同比净增 451 万吨，增幅显著。2021 年，废纸的主要使用大户箱纸板及瓦楞原纸生产量同比分别增加 14.9% 和 12.3%，直接导致废纸浆生产量的大幅增加。各大纸企从 2018 年禁废令发布起就积极拓宽国废供应渠道，加之国家垃圾分类政策推动了废纸回收工作的提升，使得进口废纸清零的第一年，国废供应相对平稳，支撑了废纸浆生产量的增加。

2021 年非木材浆生产量受原料供应、成本、需求等因素影响，各个小的浆种生产量增速出现分化，但总体生产量较 2020 年有所增长，总生产量 554 万吨，同比增长 5.52%（见表 2），连续多年生产量持续下滑的局面有所缓解。其中，苇浆、蔗渣浆生产量大幅下滑，主要是原料供应、自身生产优势不明显以及低价进口木浆冲击等因素所致。此外，很多企业以非木纤维原料制备化学机械浆，以弥补外废零进口后纤维原料不足，从而导致竹浆、稻麦草浆生产量有所增加。

（二）纸浆消耗情况

2021 年全国纸浆总消耗量 11010 万吨，同比增长 7.94%。其中，木浆消耗量 4151 万吨，占纸浆总消耗量的 38%，其中进口木浆占 22%、国产木浆占 16%；废纸浆 6311 万吨，占纸浆总消耗量的 57%，其中进口废纸浆占 3%、用国内废纸制浆占 54%；非木材浆 548 万吨，占纸浆总消耗量的 5%。2020—2021 年我国纸浆消耗情况见表 3。

表 2　　2012—2021 年我国非木材浆生产情况　　单位：万吨

年份	2012 年	2013 年	2014 年	2015 年	2016 年	2017 年	2018 年	2019 年	2020 年	2021 年	同比/%
非木材浆	1074	829	755	680	591	597	610	588	525	554	5.52
苇浆	143	126	113	100	68	69	49	51	54	41	-24.07
蔗渣浆	90	97	111	96	90	86	90	70	97	72	-25.77
竹浆	175	137	154	143	157	165	191	209	219	242	10.50
稻麦草浆	592	401	336	303	244	246	250	222	117	159	35.90
其他浆	74	68	41	38	32	31	30	36	38	40	5.26

注：数据来源于中国造纸协会。

表 3　　2020—2021 年我国纸浆消耗情况

品种	2020 年		2021 年		同比/%
	消耗量/万吨	占比/%	消耗量/万吨	占比/%	
总量	10200	100	11010	100	7.94
木浆	4046	40	4151	38	2.60
1. 进口木浆	2556①	25	2357②	22	-7.79
2. 国产木浆	1490	15	1794	16	20.40
废纸浆	5632	55	6311	57	12.06
1. 进口废纸浆	249	2	327	3	31.33
2. 国产废纸浆	5383	53	5984	54	11.16
其中：进口废纸制浆	620	6	48	—	-92.26
国内废纸制浆	4763	47	5936	54	24.63
非木材浆	522	5	548	5	4.98

注：①2020 年进口纸浆 3063 万吨，扣除非造纸用浆和非木材浆，实际进口木浆消耗量 2556 万吨。
②2021 年进口纸浆 2969 万吨，扣除非造纸用浆和非木材浆，实际进口木浆消耗量 2357 万吨。

2021 年木浆消耗在纸浆总消耗量中的比例为 38%，比 2020 年 40% 的比例下降了 2 个百分点。事实上，2021 年我国木浆总生产量大幅增加，但多种原因造成进口木浆数量减少，导致木浆总消耗量同比仅略有增加，但同时，废纸浆消耗量增幅巨大（包括 327 万吨的进口废纸浆），增长 12.06%，导致木浆在总消耗量中的比例下降。

根据国家禁废令实施计划，2021 年进口废纸清零，业界普遍预测届时会遭遇废纸“纸荒”以及价格暴涨。然而，由于多数纸企从 2018 年起就开始通过拓展国废供应渠道和国家垃圾分类政策推动废纸回收率提高，国外建厂生产再生纸浆，增加化学机械浆、非木材浆等多种纤维原料补充等诸多方式，使得废纸回收以及以废纸为主要原料的纸企，其原料供应及生产并未出现阶段性的大起大落行情。

受进口政策影响，近年多家以进口废纸为主要原料的包装用纸企业在境外设厂，将外废加工成废纸浆（再生纸浆）后再进口到国内。2018 年起这些产能已陆续投放，2021 年进口废纸浆 327 万吨，同比增长 31.33%，在纸浆总消耗量中的比例也由 2020 年的 2% 增长至 3%。2021 年起全面停止外废进口，预计未来几年内废纸浆进口量及消耗量将逐年稳步增长。

二、2021 年我国商品木浆进口情况概况

2021 年，我国共进口纸浆 2958.1 万吨（漂白针叶木浆、漂白阔叶木浆、本色浆、机械浆、溶解浆），同比下降 2.3%，2010—2021 年我国进口纸浆数量见图 1，其中木浆分品种进口量见表 4。

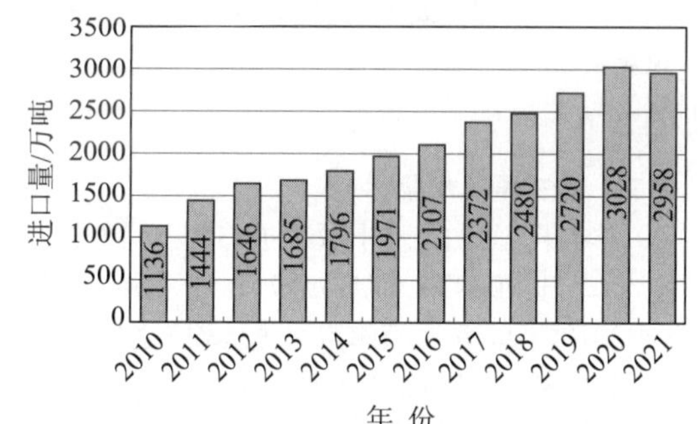

图1　2010—2021年我国进口纸浆数量

从图 1 可以看出，2010—2021 年我国进口商品木浆每年都保持 200 万吨以上的增量，这种大幅增长的态势，全球独此一家，绝无仅有。然而，这种大幅快速增长的模式在 2021 年戛然而止。2021 年我国纸浆进口量 2958.1 万吨，同比下降 2.3%，净减少 69.6 万吨，虽然总量减少得并不多，但却是十几年来首次出现负增长。

木浆进口数量不增反降的主要原因在于，2021 年纸浆市场需求变化不大，但国产纸浆供应量大幅增加。2021 年我国纸及纸板生产量 12105 万吨，同比增长 7.5%，这一增量中，主要贡献来自于包装用纸及纸板。而进口木浆的主要使用大户——生活用纸和白卡纸生产量增加有限，文化用纸生产量则是负增长。综合来看，2021 年对进口木浆的整体需求没有太大变化。与此同时，纸浆供应量中的国产木浆生产量却大幅增加，2021 年我国木浆总生产量 1809 万吨，同比增长 21.41%，净增 319 万吨。国内纸浆生产量大幅提高，部分缓解了我国纸浆市场的供需矛盾，抑制了进口纸浆数量的快速增长。

在分品种进口量中（见表 4），2021 年漂白针叶木浆进口量 842.3 万吨，同比下降 4.94%。我国 2021 年新增木浆产能中基本没有针叶木浆新产能，但针叶木浆进口量依然有所减少。主要原因有两点，一是价格因素，2021 年进口漂白针叶木浆均价 6305 元/吨，同比增长 36.1%，与进口漂白阔叶木浆的价差达 1300 元/吨，很多纸厂为降低成本调整原料配比，降低漂白针叶木浆配抄比例，增加价格相对便宜的阔叶木浆用量，导致进口漂白针叶木浆需求下降；二是供应原因，全球最大的漂白针叶木浆生产国加拿大，2021 年遭受洪水、暴雪等自然灾害，使纸浆生产量下降、物流受阻，加之个别生产厂设备故障等原因也导致停产或减产，这些因素都造成纸浆出口受到严重影响，供应减少。

2021 年漂白阔叶木浆进口量 1260 万吨，同比下降 8.32%，结束了漂白阔叶木浆进口数量连续多年大幅上涨的势头，主要原因是 2021 年我国新增

表 4　　2020—2021 年进口木浆分品种数量

木浆种类	税号	2020 进口量/万吨	2021 进口量/万吨	同比/%	2021 年进口量占全年进口量比例/%
漂白硫酸盐针叶木浆（BSKP）	47032100	886.1	842.3	-4.94	31
漂白硫酸盐阔叶木浆（BHKP）	47032900	1374.7	1260.0	-8.32	46.4
未漂硫酸盐针叶木浆（USKP）	47031100	102	106	3.92	3.9
化学机械浆	47050000	184.4	162	-12.14	6
溶解浆	47020000	304	345	13.49	12.7
全年进口总量		2851.2	2715.3	-4.77	100

注：数据来源于海关总署。

的木浆产能中，漂白阔叶木浆占很大比例，替代了部分进口量。

2021 年化学机械浆进口量 162 万吨，同比下降 12.1%，可谓是大幅减少。我国化学机械浆进口量本就不是很大，加之 2021 年我国新增木浆产能中大部分为化学机械浆，替代了一部分进口。

2021 年本色浆进口量 106 万吨，同比增长 3.9%，是进口木浆中唯一增长的浆种。2021 年进口废纸清零，很多纸企在包装用纸及纸板生产中，只好配用一定数量的本色浆，提高原料中长纤维比例，弥补国废品质的不足。此外，近年新投产项目中，食品包装用纸等纸种较多，本色浆需求增加。

三、2021 年我国进口木浆进口来源分布

(一)漂白针叶木浆

2021 年我国共进口漂白针叶木浆 842.3 万吨，与 2020 年的 886.1 万吨相比下降 4.94%(见图 2)。由图 2 可知，2010 年起，我国进口漂白针叶木浆数量一直稳步增长，到 2019 年达到顶峰，随后开始缓慢下降，原因是多方面造成的，其中价格是最主要的影响因素。

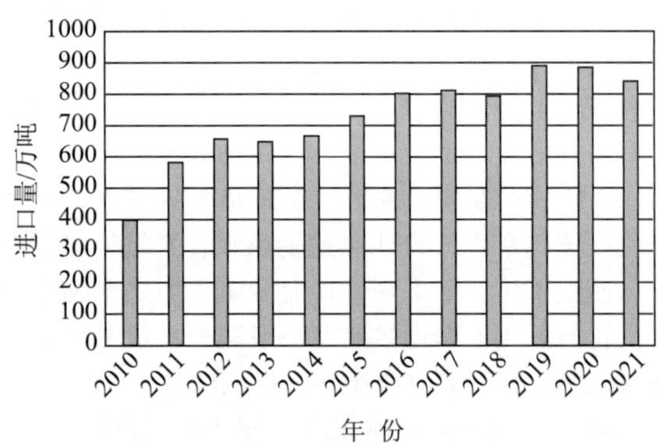

图2　2010—2021年漂白针叶木浆进口数量

注：数据来源于海关总署。

由图 3、图 4 可以看到，加拿大一直是我国漂白针叶木浆最大的进口来源国，2021 年来自加拿大的漂白针叶木浆进口量为 230 万吨，尽管比往年的 250 多万吨有一定减少，但占漂白针叶木浆总进口量的比例依然高达 27%，紧随其后的是芬兰、美国、智利、俄罗斯。2021 年，来自芬兰的进口量超过美国，成为我国漂白针叶木浆第二大进口来源国。与 2019 年(2020 年海关部分数据未公布，分国别进口量数据为 1—10 月数据)相比，2021 年来自俄罗斯和芬兰的进口漂白针叶木浆数量持平或略有增长，来自智利的进口量略降，来自美国的进口量有较大增长。

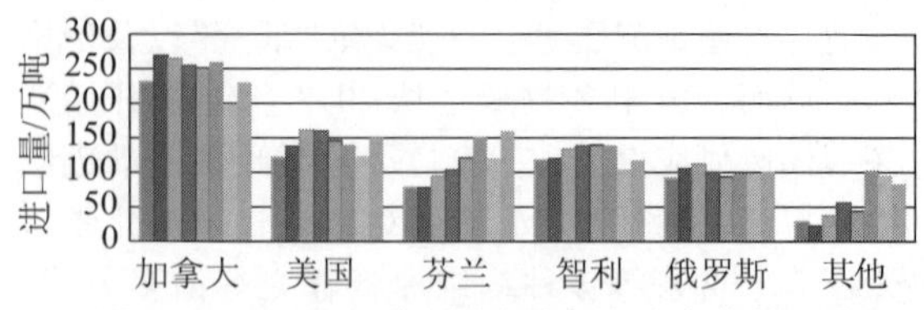

图3　2014—2021年我国漂白针叶木浆前五大进口来源国的进口数量

■2014 ■2015 ■2016 ■2017 ■2018 ■2019 ■2020 ■2021

注：2020年海关部分数据未公布，进口漂白针叶木浆各来源国数据为3—12月份数据。数据来源于海关总署。

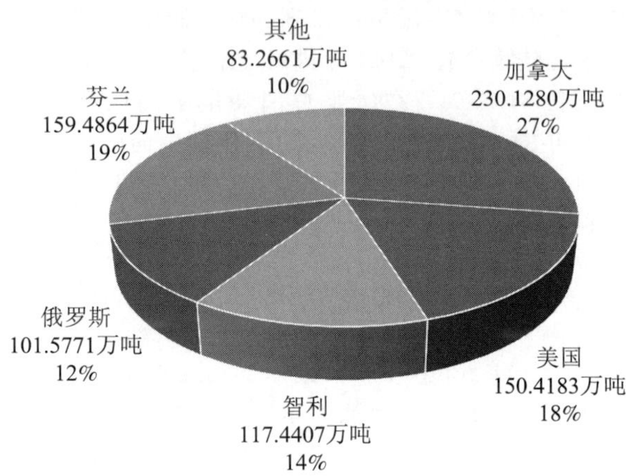

图4　2021年漂白针叶木浆前五大进口来源国的进口量及所占比例

注：数据来源于海关总署。

(二)漂白阔叶木浆

2021 年我国漂白阔叶木浆进口量为 1260 万吨(见图 5)，比 2020 年的 1374.7 万吨下降 8.32%，这是自 2010 年以来连续多年大幅增长之后的首次下滑。漂白阔叶木浆进口量占全年木浆总进口量的 46.4%，真正占据了“半壁江山”。漂白阔叶木浆价格相对较低，在我国生产量较大的文化用纸、生活用纸、白卡纸等纸种中用量较大。需求大、价格低，导致进口数量一直居高不下。

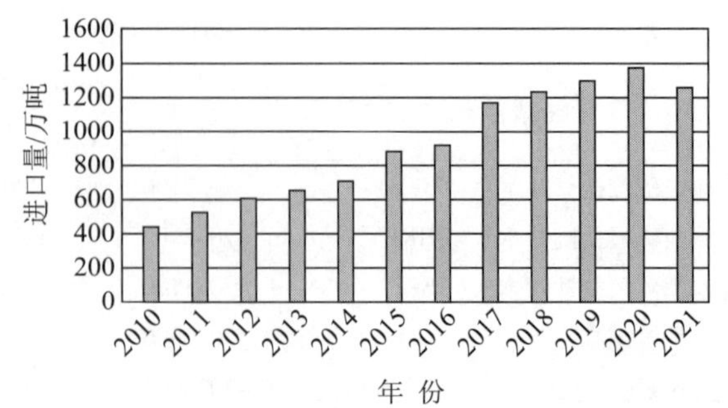

图5　2010—2021年漂白阔叶木浆进口量

注：数据来源于海关总署。

2021年，进口漂白阔叶木浆前四大进口来源国为巴西、印度尼西亚、乌拉圭、智利（见图6、图7）。由图6可知，2021年我国漂白阔叶木浆最大的进口来源国依然是巴西，进口量662.2万吨，同比减少5.83%。巴西阔叶木资源丰富，是全球最大的阔叶木浆生产国。其对我国的漂白阔叶木浆出口量占我国阔叶木浆总进口量的52.6%，供应数量举足轻重。

与2020年相比，2021年漂白阔叶木浆进口量净减少114万吨，减少量主要来自巴西和智利。来自乌拉圭的进口量略有增加，来自印度尼西亚的进口漂白阔叶木浆基本持平。

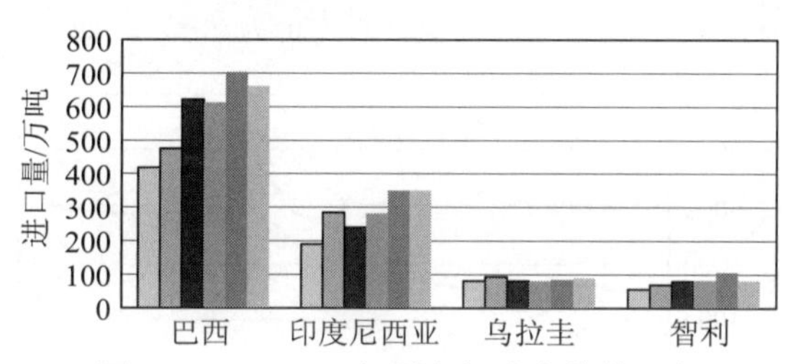

图6　2016—2021年漂白阔叶木浆前四大进口来源国的进口数量

▫2016 ▫2017 ▪2018 ▫2019 ▫2020 ▫2021

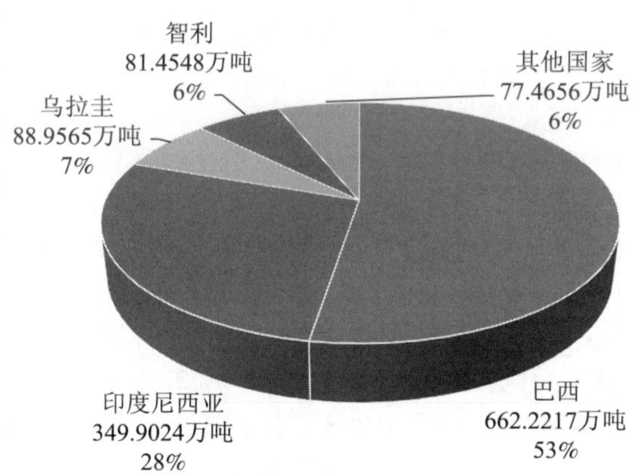

图7　2021年漂白阔叶木浆前四大进口来源国的进口量及所占比例

四、2021年我国进口木浆市场价格行情回顾

（一）2021年我国进口木浆市场价格行情总体特点

（1）行情急速变化，浆价快涨急跌

2021年进口木浆现货市场价格走势呈“N”字形，价格上下波动幅度巨大，快涨急跌，仅用几个月时间就快速走完了以往需要2～3年才能完成的一个价格波动周期（见图8）。造成这一较为少见的市场形式的原因有以下几点。

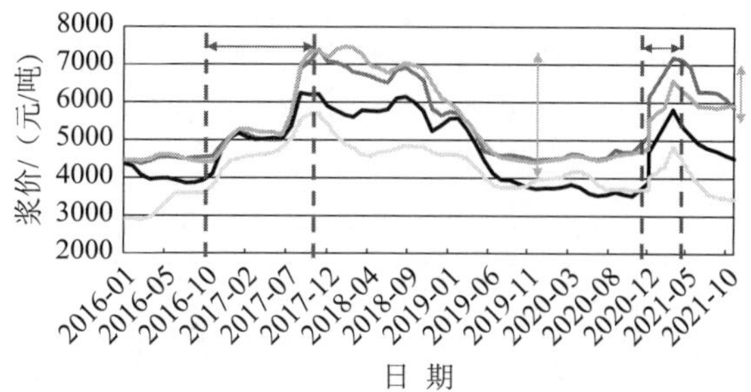

图8　2016—2021年我国进口木浆现货价格走势

— 漂白针叶木浆　— 漂白阔叶木浆　— 本色浆　— 化学机械浆

注：数据来源于卓创资讯。

一是国内造纸企业补库需求推动。2020年全年纸浆市场价格低位运行，至2020年底和2021年初时，由于市场普遍存在浆价上涨预期，故多数造纸企业有低位补库需求，现货市场价格随之上涨，并推动外盘价格上涨。在全球浆纸市场共振回暖协同作用下，主要纸浆供应商快速拉涨浆价。

二是宏观形势影响驱动。2020年11月至2021年4月，双碳目标的发布及限塑令实施后市场对包括白卡纸在内的部分纸种后市预期良好，对进口纸浆的需求预期增加。输入性通胀引发大宗商品价格上扬进而带动纸浆期货大幅拉涨，带动国内纸浆现货市场价格快速大幅上涨。

三是白卡纸爆发性行情的刺激作用。2020年8月至2021年4月，伴随着白卡纸行业集中度的提升及限塑令后的需求预期，白卡纸价格飞速大幅上涨，最高涨幅超86%，售价一度突破万元。但受供求关系影响，随后又急跌3815元/吨，跌幅超过40%。白卡纸的这一波急涨急跌行情，对纸浆价格有一定的刺激作用。

四是回归真正的供需关系后，低迷的市场需求不足以支撑高位浆价。2021年下半年后，各种利好出尽、预期部分落空，同时纸浆期货市场也在相关部门的干预下快速下调，浆价随之快速回落。

五是供应商突发事件影响，浆价再次止跌回升。2021年，加拿大洪水、暴雪等自然灾害导致纸浆减产、物流受阻，加之有供应商因设备故障、火灾等原因而停产减产，供应端突发事件的发酵被纸浆期货市场放大后，期货市场又止跌回升，并带动现货市场，浆价再次进入上行通道。

（2）价格高位震荡，期现联动性进一步增强

2021年纸浆价格急涨急跌，但整体处于高位，

进口漂白针叶木浆均价 6305 元/吨(见图 11)，同比增长 36.14%；漂白阔叶木浆均价 4955 元/吨，同比增长 34.62%。在市场心态方面，纸浆期货对现货市场价格的影响越来越明显，业者基差报价居多，期货价格走势严重影响纸浆市场调价节奏(见图 9)。

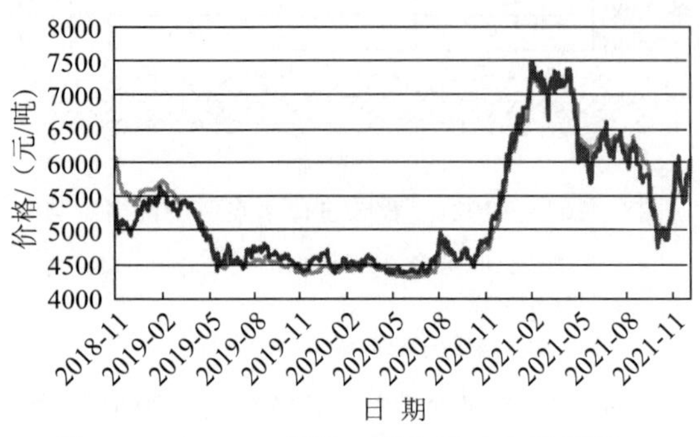

图9　2018—2021年进口漂白针叶木浆期货、现货价格走势

注：数据来源于卓创资讯。

(3)全球、我国进口浆库存维持高位，供应充足平稳

2021 年国外浆厂库存压力下降有限，2021 年 9 月全球纸浆库存天数平均为 44 天，仍超出正常库存天数。

我国进口木浆主要集散地在青岛港、常熟港、保定地区、高栏港及天津港，这 5 个地区仓库相对集中。受国外纸浆厂家持续稳定增加对我国发货量以及港口吞吐量的影响，2020 年年底之后，我国主要地区及港口纸浆库存居高不下，一直在 170 万～180 万吨高位整理(见图 10)，尽管数量较 2018 年和 2019 年的历史高位有所回落，但我国整个市场供应量非常充足、平稳。

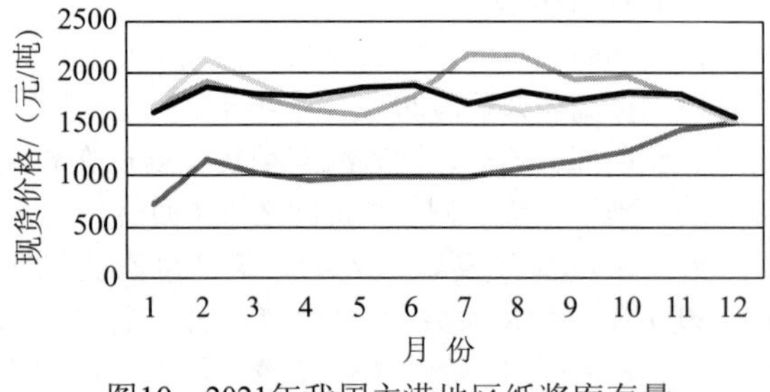

图10　2021年我国主港地区纸浆库存量

注：数据来源于Wind。

(二)2021 年我国木浆市场价格行情回顾与分析

(1)2021 年初，木浆现货市场价格延续 2020 年年末的上涨趋势，持续上行，见图 11。受国外木浆生产商持续减量供应、下游需求复苏、人民币升值等因素影响，木浆现货市场价格持续走强。而纸浆期货也涨势如潮，价格一度创下上市以来的新高，带动着木浆现货价格跟随上行。随着国内限塑令和禁废令双重政策实施，部分以进口纸浆为主要原料的纸种受政策利好需求旺盛，导致纸浆市场需求恢复较快。加之国外新冠肺炎疫情影响常态化后社会逐步放开，需求开始逐步提升，叠加海运费上涨 3 倍之多，纸浆外盘报价不断攀升。上涨势头一直持续到了 3 月初，3 月 4 日漂白针叶木浆和漂白阔叶木浆迎来全年价格最高点，漂白针叶木浆均价为 7387.5 元/吨，漂白阔叶木浆均价为 6087.5 元/吨。

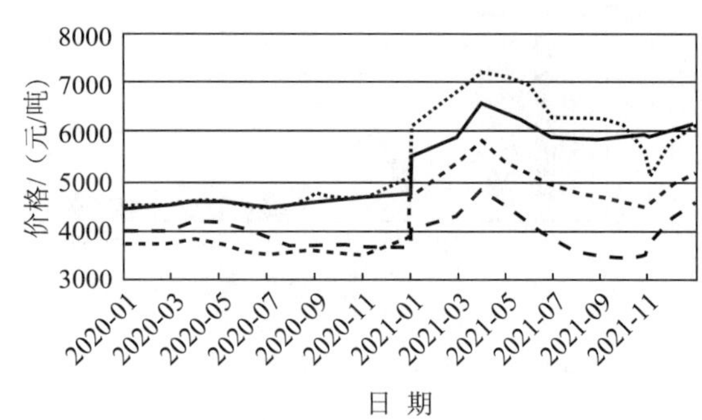

图11　2020—2021年我国4种进口木浆现货价格走势

注：数据来源于卓创资讯。

(2)2021 年 4 月，木浆现货价格出现小波回调，主要由于海外浆厂报价普涨带动和下游原纸企业高频率发布涨价函并有效落实，进一步刺激提振市场信心。随后现货价格走势紧跟期货盘面起起伏伏；5 月下旬木浆价格开始下行，5 月 27 日纸浆期货 06、07、08 三个合约集体跌停，日跌幅达 6%。此轮下跌走势是市场需求表现低迷所致，在纸厂停机频发的情况下，市场采购意愿降低。而我国常会关注到大宗商品价格和原材料价格的快速上涨，直接重拳出击打击囤积等行为保供稳价，政策面对纸浆的打压相对明显。浆价跌势一直持续到 6 月中旬，随后纸浆期货价格连续几日呈现回升走势。而芬宝公司位于瑞典的纸浆厂因火灾停机造成减产，对国内纸浆供应带来一定影响，使得 6 月末现货市场报价有所上调。

(3)2021 年 3 季度木浆现货价格处于涨跌互现的状态，随着美联储承诺保持有力的货币政策支持，我国央行超预期全面降准，在多重利好政策刺激下，市场呈现明显回暖，对浆价构成支撑。随后台风、暴雨等天气造成国内多地区交通运输不便，几大纸浆港口受到影响，预警压缩开工，供应受限，下游采购意愿不强。但随后下游原纸市场涨价函频发，纸包行业进入“金九银十”旺季，需求向暖，对浆价形成一定支撑。

(4) 2021 年 9 月下旬木浆现货价格开始走跌，跌势一直持续到 11 月中旬，11 月 19 日迎来针叶木浆价格的全年最低点，均价 4990 元/吨。此次木浆价格长时间走低的原因，一是浆价成本面支撑减弱，对浆价造成了打压；二是市场供需关系持续偏弱，下游市场受“能耗双控”政策的影响，停产停工企业不断增加，需求进一步受限；三是木浆外盘报价下跌，进口成本进入下行通道，浆价无法提振；四是国内港口累库明显，终端需求依旧疲软，导致 4 季度旺季预期明显不足。11 月下旬木浆价格在降至低点之后出现回升，由于双控政策影响放缓，下游纸厂开工率小幅提升，纸浆需求有所增加，使得纸浆现货报价回升。随后木浆现货价格涨势凶猛，受纸浆期货主力合约数日价格连阳状态的带动下，木浆现货价格也随市上涨。而加拿大纸浆厂减产、集装箱紧张港口拥堵、新冠肺炎疫情影响、俄罗斯针叶木浆进口存在障碍等种种因素影响，木浆现货价格持续上涨。虽然 12 月中旬木浆价格出现转折，针叶木浆现货价格冲高回落，而阔叶木浆现货价格则依然坚挺稳步上涨，整体波动相对较大。

年末木浆价格再回上行走势，纸浆期货主力合约价格突破 6000 元大关。主要原因是加拿大北木浆厂锅炉损坏宣布延长停产 85 ~ 100 天，同时巴西 Suzano 等浆厂也相继安排检修，供应我国市场纸浆数量突然开始减少，引起市场恐慌，从而带动纸浆价格急剧上升。

五、2022 年纸浆市场展望

(1) 供给端　据卓创资讯提供的数据，2022 年全球计划新增纸浆产能 817 万吨，加上 2021 年新增产能的释放和达产，尤其是智利 Arauco MAPA 公司、乌拉圭 UPM 项目的陆续投产，叠加我国新增纸浆产能的持续释放，若不考虑供应面突发事件、海运不确定性等因素影响的前提下，预计我国纸浆供应量将持续增长 10% 以上。

2022 年国外新增产能主要集中在漂白阔叶木浆，漂白针叶木浆新增产能较少。2022 年我国原生造纸浆新增产能主要集中在化学机械浆、半化学浆，预计占 2022 年我国总体新增纸浆产能的 80% 以上。漂白针叶木浆和漂白阔叶木浆新增产能较少，国内供应增量主要还是来自国外进口。

进口方面，从全球出运量来看，后续到港压力不大，而随着内盘价格上涨，内外价差回升，进口意愿或有增加，但受制于整体新增投产少，预计 2022 年漂白针叶木浆进口量或继续维持平稳水平。而 2022 年漂白阔叶木浆国外有大量新增投产，预计进口量会有增加。漂白阔叶木浆进口压力仍将大于漂白针叶木浆。

(2) 需求端　据卓创资讯提供的数据，2022—2024 年我国造纸行业进入新一轮产能扩张周期，浆纸一体化特征明显，行业集中度持续提升，叠加不确定事件带来的不确定性，预计 2022 年纸浆消耗量将增加 7.86%。

2022 年纸厂有利润修复欲望，开工率有望回升，而后续成品纸新增投产多，如果能顺利投产，也会对纸浆需求形成支撑。

2021 年成品纸进口量大增但出口萎缩，随着国外新冠肺炎疫情缓解，出口量或再度回升，因此，2022 年成品纸需求或有复苏。综合来看，2022 年供应压力主要在于漂白阔叶木浆，漂白阔叶木浆进口压力仍将大于漂白针叶木浆。上述利好因素叠加后，2022 年纸浆价格有回升预期，价格区间 5000 ~ 6500 元/吨。

（王　岩　王　锐）

2021 年我国废纸回收利用及废纸、再生纤维浆进出口概况

Recycling and Utilization of Waste Paper, Imports and Exports of Waste Paper and Recycled Pulp in China in 2021

一、我国废纸回收和利用情况

1. 废纸回收率与废纸利用率

2021 年我国废纸回收量为 6491 万吨，较 2020 年增长了 18.17%。2021 年我国废纸回收率为 51.3%，较 2020 年度增加了 4.9 个百分点，达到历史最高水平。在废纸利用方面，2021 年我国废纸消耗量为 6545 万吨，较 2020 年的 6182 万吨增长了 5.87%。2021 年我国废纸利用率为 54.1%，较 2020 年下降 0.8 个百分点。我国的废纸利用率曾一度较高，达到世界较高水平，最高时在 2009 年达到 74.4%，但近几年由于废纸进口受限而逐年呈下降趋势（见表 1）。

表 1 近年来我国废纸回收与利用情况

年份	纸及纸板消费量/万吨	废纸回收量/万吨	废纸回收率/%	纸及纸板生产量/万吨	废纸消耗量/万吨	废纸利用率/%
2012	10048	4473	44.5	10250	7479	73.0
2013	9782	4377	44.7	10110	7301	72.2
2014	10071	4841	48.1	10470	7593	72.5
2015	10352	4832	46.7	10710	7760	72.5
2016	10419	4963	47.6	10855	7813	72.0
2017	10897	5285	48.5	11130	7857	70.6
2018	10439	4964	47.6	10435	6667	63.9
2019	10704	5244	49.0	10765	6280	58.3
2020	11827	5493	46.5	11260	6182	54.9
2021	12648	6491	51.3	12105	6545	54.1

注：废纸回收率 = 废纸回收量/国内纸及纸板消费总量；废纸利用率 = 废纸消耗量/国内纸及纸板总生产量。

随着我国回收体系的不断完善，我国每年的废纸回收量已达到目前可回收量的 90% 以上。基于以下几个方面，短期内国内废纸表观资源量仍有望增加：一方面，禁止废纸进口政策的实施加剧了纤维原料的短缺，必然加快国内废纸回收利用的循环速度和瓦楞包装材料类纸产品的进口；另一方面，随着以国内大循环为主的内循环经济模式全面启动以及限塑禁塑政策带来的部分纸产品需求的增长，必然加大国内纸及纸板的消费及国内循环速度。

2. 再生纤维浆使用率

近年来废纸一直是支撑我国造纸工业发展的重要纤维原料，随着我国造纸原料结构的不断调整，虽然再生纤维浆使用率在 2014 年以后逐年下降，但与 2020 年相比，2021 年增加了 2.1 个百分点，为 57.3%，见表 2。

表 2　近年来我国再生纤维浆使用率变化情况

年份	纸浆总消耗量/万吨	再生纤维浆消耗量/万吨	再生纤维浆使用率/%
2012	9348	5983	64.0
2013	9147	5940	64.9
2014	9484	6189	65.3
2015	9731	6338	65.1
2016	9797	6329	64.6
2017	10051	6302	62.7
2018	9387	5474	58.3
2019	9689	5523	57.0
2020	10200	5632	55.2
2021	11010	6311	57.3

注：再生纤维浆使用率 = 再生纤维浆消耗量/国内纸浆总消耗量。

3. 再生纤维浆原料结构

2021 年我国再生纤维浆消耗量为 6311 万吨，其中外废再生纤维浆消耗量 375 万吨，占再生纤维浆总消耗量的 5.9%，占纸浆总消耗量的 3.4%，较 2020 年再次分别下降了 9.5 个百分点和 5.1 个百分点。由表 3 可以看出，我国国废再生纤维浆消耗量在再生纤维浆消耗总量中占主要地位，且比例逐年上升，2021 年达到 94.1%，较 2020 年再次增加了 9.5 个百分点。

4. 以废纸为主要原料纸种的生产量与消费量

2021 年我国纸及纸板生产量 12105 万吨，较 2020 年增长 7.50%。消费量 12648 万吨，较 2020 年增长 6.94%。其中，我国以废纸为主要原料的纸及纸板产品主要有箱纸板、瓦楞原纸、包装用纸、新闻纸及部分的白纸板(主要是灰底白纸板)、未涂布印刷书写纸、厕用卫生纸。由于废纸进口受限，废纸原料供应趋紧，部分产品原料结构中的废纸比例在不断减少或被其他产品所代替。如以白纸板中的灰底白纸板为例，其主要原料是混合废纸，伴随着我国废纸全面禁止进口及一些中小型灰底白纸板等涂布白纸板生产企业关停，使我国灰底白纸板生产量大幅下滑，很大部分被白卡纸产品所替代。此外，目前我国国内有些已建及在建的瓦楞原纸、箱纸板等包装用纸项目，配套了半化学浆、本色浆等原生浆生产线。

表 3　近年来我国再生纤维浆原料结构变化情况

年份	纸浆总消耗量/万吨	再生纤维浆消耗量/万吨	外废再生纤维浆①消耗量/万吨	占再生纤维浆比例/%	占总浆量比例/%	其中：进口	国废再生纤维浆②消耗量/万吨	占再生纤维浆比例/%	占总浆量比例/%
2012	9348	5983	2405	40.2	25.7	0	3578	59.8	38.3
2013	9147	5940	2379	40.1	26.0	0	3561	59.9	38.9
2014	9484	6189	2243	36.2	23.7	0	3946	63.8	41.6
2015	9731	6338	2392	37.7	24.6	0	3946	62.3	40.6
2016	9797	6329	2308	36.5	23.6	0	4021	63.5	41.0
2017	10051	6303	2064	32.7	20.5	1	4239	67.3	42.2
2018	9387	5474	1487	27.2	15.8	30	3987	72.8	42.5
2019	9689	5523	1022	18.5	10.5	92	4501	81.5	46.5
2020	10200	5632	869	15.4	8.5	249	4763	84.6	46.7
2021	11010	6311	375	5.9	3.4	327	5936	94.1	53.9

注：数据来源于中国造纸协会。
①外废再生纤维浆包括进口废纸制得的纸浆及直接进口再生纤维浆；
②国废再生纤维浆为国产废纸制得的纸浆。

由于近几年白纸板原料结构变化较大，废纸原料比例不断减小，在表 4 中仅对以废纸为主要原料的新闻纸、包装用纸、箱纸板和瓦楞原纸 4 个品种生产量及消费量进行统计。2021 年这 4 种产品的生产量合计为 6295 万吨，较 2020 年增长 11.51%，占当年纸及纸板年总生产量的 52.00%。2021 年这 4 种产品的消费量合计为 7055 万吨，较 2020 年消费量增长 8.44%，占当年纸及纸板总消费量的 55.78%。

从表 4 可以看出，2021 年我国以废纸为主要原料的 4 个品种的合计生产量和合计消费量同比都有所增长，占纸及纸板总生产量和总消费量的比例与 2020 年相比均有所提高，分别增加 1.9 和 0.8 个百分点。

二、2021 年我国废纸进出口情况

根据海关总署统计，2021 年，我国进口废纸总量仅为 54 万吨；用汇金额 1.32 亿美元；进口废纸的平均价格为 246.3 美元/吨，同比增长 40.5%。我国出口废纸总量 1135 吨，同比下降 7.95%；创汇金额 50.8 万美元，同比下降 1.0%；出口废纸的平均价格为 447.8 美元/吨，同比增长 7.7%。近年来我国废纸进出口情况见表 5。

表 4　近年来我国以废纸为主要原料纸种生产量与消费量

纸种	生产量/万吨					消费量/万吨				
	2018 年	2019 年	2020 年	2021 年	同比/%	2018 年	2019 年	2020 年	2021 年	同比/%
新闻纸	190	150	110	90	-18.18	237	195	175	160	-8.57
包装用纸	690	695	705	715	1.42	701	699	718	722	0.56
箱纸板	2145	2190	2440	2805	14.96	2345	2403	2837	3196	12.65
瓦楞原纸	2105	2220	2390	2685	12.34	2213	2374	2776	2977	7.24
合计	5130	5255	5645	6295	11.51	5496	5671	6506	7055	8.44
当年总量	10435	10765	11260	12105	7.50	10439	10704	11827	12648	6.94
比例/%	49.16	48.82	50.13	52.00		52.65	52.98	55.01	55.78	

表 5　近年来我国废纸进出口情况

年份	进口			出口		
	进口量/万吨	金额/亿美元	均价/(美元/吨)	出口量/吨	金额/万美元	均价/(美元/吨)
2012	3007	62.6	208.6	2432	81.2	334.2
2013	2924	59.3	202.8	1049	47.5	452.8
2014	2752	53.5	194.4	742	29.8	401.6
2015	2928	52.8	180.3	701	31.1	443.7
2016	2850	49.8	175.1	2328	53.8	230.9
2017	2572	58.7	228.4	1515	41.9	276.3
2018	1703	42.9	253.0	590	22.3	378.6
2019	1036	19.4	187.5	774	27.1	350.6
2020	689	12.1	175.3	1233	51.3	415.6
2021	54	1.32	246.3	1135	50.8	447.8

三、2021 年我国再生纤维浆进出口情况

近年来，由于我国限制废纸进口政策，以往以进口废纸形式存在的废纸原料，一部分已改变供货模式，以再生纤维浆板或者成品纸及纸板的形式进口至我国。

1. 再生纤维浆进出口数量、金额及单价

根据海关总署统计，2021 年，我国直接从海外进口再生纤维浆（HS 编码：47062000，下同）的总量为 244.31 万吨，同比增长 45.3%；进口用汇总额 10.35 亿美元，同比增长 104.5%；进口单价 423.77 美元/吨，同比增长 40.9%（见表 6）。2018—2021 年我国再生纤维浆月度进口量及进口单价变化情况如图 1、图 2 所示。2021 年的月度进口数量普遍高于 2020 年同期，其中 8 月的进口量最高，达到 26.6 万吨；进口单价在 2020 年基础上，一路走高，最高达到 479.75 美元/吨。

2. 进口再生纤维浆来源情况

2019—2021 年我国再生纤维浆进口的主要来源国家及地区的进口量情况见图 3。2021 年我国进口再生纤维浆的主要来源国家及地区较 2020 年发生

较大变化，集中度显著提升，居前 5 位的主要来源国家及地区由 2020 年的马来西亚、老挝、中国台湾、美国、泰国变为泰国、马来西亚、印度尼西亚、美国、中国台湾。2021 年中国大陆从泰国、马来西亚、印度尼西亚、美国、中国台湾这 5 个国家及地区的再生纤维浆进口量分别为 105. 69 万吨、50. 97 万吨、25. 77 万吨、23. 95 万吨、21. 45 万吨，占我国总再生纤维浆进口量的比例分别为 43. 26%、20. 86%、10. 55%、9. 80%、8. 78%，合计进口量占我国再生纤维浆总进口量的 93. 26%。

表 6　2018—2021 年我国再生纤维浆进口情况

废纸类别	进口总量		进口用汇金额		进口单价	
	数量/万吨	同比/%	金额/亿美元	同比/%	单价/(美元/吨)	同比/%
2018 年	29. 43	2371	1. 22	1934	413. 98	-17. 7
2019 年	90. 87	208. 8	2. 95	142. 1	324. 61	-21. 6
2020 年	168. 12	85. 0	5. 06	71. 5	300. 82	-7. 3
2021 年	244. 31	45. 3	10. 35	104. 5	423. 77	40. 9

注：数据来源于海关总署。

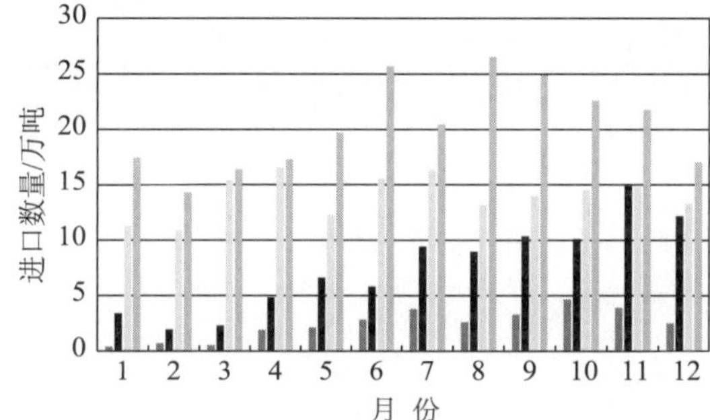

图1　2018—2021年我国再生纤维浆月度进口量

■2018年 ■2019年 ■2020年 ■2021年

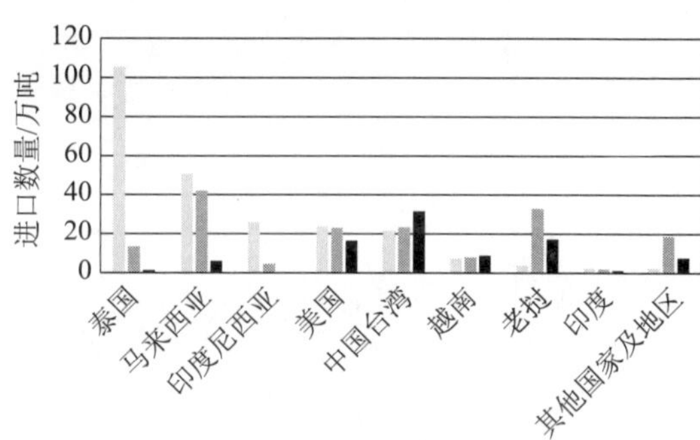

图3　2019—2021年我国再生纤维浆进口的主要来源国家及地区的进口量情况

■2019年 ■2020年 ■2021年

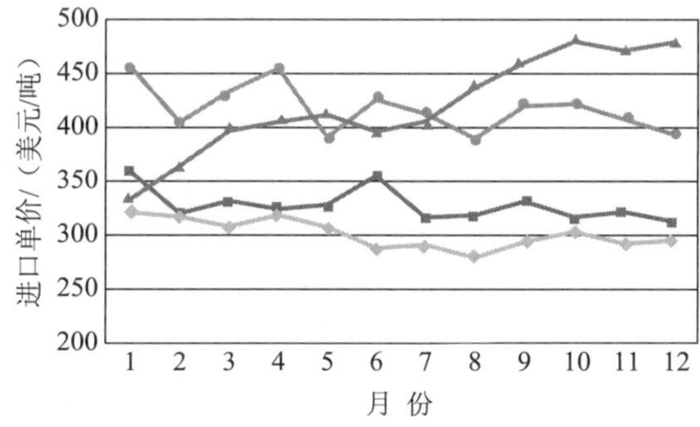

图2　2018—2021年我国再生纤维浆月度进口单价

—◆—2018年 —■—2019年 —◆—2020年 —▲—2021年

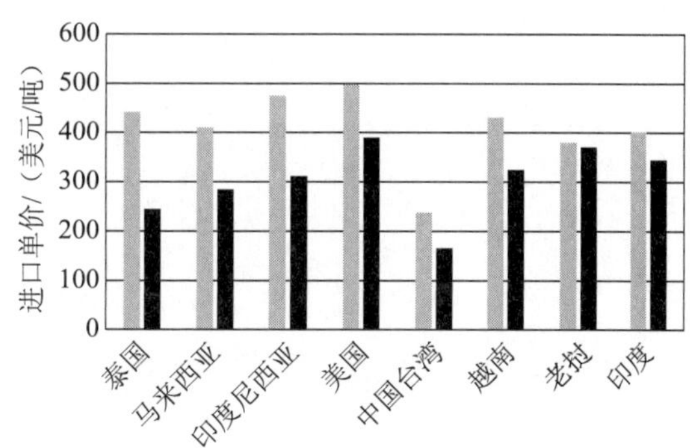

图4　2020—2021年我国八大主要再生纤维浆进口来源地的进口行情

■2020年 ■2021年

2020—2021 年我国八大主要再生纤维浆进口来源地的进口行情见图 4。由图 4 可见，不同来源地的再生纤维浆进口价格差异较大，其中以美国地区的价格最高，为 497. 85 美元/吨；而中国台湾地区的价格最低，为 238. 34 美元/吨，仅为美国进口价格的 47. 87%。

目前，我国主要以散浆、块状浆、浆板和卷筒等形式进口再生纤维浆，其中很大一部分的再生纤维浆是以卷筒等形式进口，未被列入 HS 编码：47062000 下。进口再生纤维浆是缓解我国纤维短缺的有效途径之一，未来随着全球再生纤维浆产能的继续投放以及相关标准的不断完善，我国的再生纤维浆进口量仍将继续显著增加。

2021 年，我国再生纤维浆出口量为 621 吨，创汇金额 58.83 万美元。出口单价为 947.05 美元/吨，约为进口单价 423.77 美元/吨的 2 倍。

四、结　语

2017 年《关于禁止洋垃圾入境推进固体废物进口管理制度改革实施方案》出台，2021 年全面禁止废纸进口政策正式落地施行，对原本就纤维资源短缺的我国造纸行业产生了较大影响。

面对废纸政策的巨大变化，企业一方面多措并举积极拓宽纤维原料结构，从海内外寻找新的纤维来源，如开发半化学浆、本色浆、秸秆浆及进口再生纤维浆等；另一方面通过严控废纸回收质量、改进和提升废纸制浆设备及工艺等，弥补国内废纸纤维性能的不足。但在双碳、双控大背景下，造纸企业在解决纤维原料问题时，应该以可持续发展的思维解决好进口废纸纤维的替代问题，应该在如何实现高效利用国内外纤维资源上下功夫，才能化挑战为机遇，构建新发展格局与核心竞争力。

（郭彩云）

2020 年我国出版印刷用纸市场综述

Review of Publication Paper Market in China in 2020

一、行业概况

出版印刷即出版物印刷，主要包括书、报刊印刷和专项印刷，是新闻出版业的重要组成部分。按照国民经济行业分类，出版物印刷属于“印刷和记录媒介复制业”大类。根据国家统计局发布的《文化及相关产业分类(2018)》，“印刷复制服务”类归属于“文化辅助生产和中介服务”大类，包括“书、报刊印刷”“本册印制”“包装装潢及其他印刷”等 6 小类。出版物印刷在新闻出版及文化领域中占有重要地位。

2020 年，全国印刷复制(包括出版物印刷、包装装潢印刷、其他印刷品印刷等)实现营业收入 11991.02 亿元，比 2019 年下降 13.13%；利润总额 555.02 亿元，同比下降 28.30%。其中，出版物印刷营业收入 1557.43 亿元，比 2019 年下降 9.20%；利润总额 80.51 亿元，同比下降 21.86%。从营收情况看，出版物印刷在印刷复制中所占比例为 12.99%，尽管产业规模有所下滑，但发展基本面仍保持稳定。从单位数量与从业人员情况来看，2020 年全国出版物印刷企业共有 9271 家，比 2019 年增长 2.85%；职工年末平均人数 37.28 万人，比 2019 年下降 8.77%。

从出版物印刷企业生产量与用纸量来看，图书、报纸、期刊及其他印刷品黑白印刷生产量 20959.62 万令，彩色印刷生产量 110036.59 万对开色令。与 2019 年相比，黑白印刷生产量下降 15.85%，彩色印刷生产量降低 7.98%。装订生产量 29639.70 万令，比 2019 年下降 14.68%；印刷用纸量(包含平版纸和卷筒纸) 43237.61 万令，比 2019 年下降 16.55%。

就印刷行业而言，2020 年全年纸及纸板的消费大户依然是包装装潢印刷，出版物印刷用纸(包含新闻纸、未涂布纸印刷书写纸、铜版纸等)约占纸及纸板消费总量的 20%。2020 年我国新闻出版产业结构、出版物印刷生产量与用纸量情况见表 1 和表 2。

表 1　2020 年我国新闻出版产业结构

产业类别	营业收入		
	金额/亿元	增长速度/%	比例/%
图书出版	963.58	-2.63	5.74
期刊出版	194.20	-2.78	1.16
报纸出版	539.45	-6.36	3.22
音像制品出版	30.03	2.02	0.18
电子出版物出版	17.86	8.22	0.11
印刷复制	11991.02	-13.13	71.47
出版物发行	2952.97	-7.62	17.60
出版物进出口	87.15	1.89	0.52

表 2　2020 年我国出版物印刷生产量与用纸量情况

出版物印刷生产量				印刷用纸量	
彩色印刷/万对开色令	同比/%	黑白印刷/万令	同比/%	印刷用纸量/万令	同比/%
110036.59	-7.98	20959.62	-15.85	43237.61	-16.55

二、新闻出版业基本情况

据国家新闻出版署统计，2020 年全国共出版图书、期刊、报纸、音像制品和电子出版物 417.51 亿册(份、盒、张)，比 2019 年下降 7.36%。其中，出版图书 103.74 亿册(张)，同比下降 2.10%，所占比例为 24.85%；期刊 20.35 亿册，同比下降 7.04%，所占比例为 4.87%；报纸 289.14 亿份，同比下降 8.96%，所占比例为 69.25%；音像制品 1.75 亿盒(张)，同比下降 24.41%，所占比例为

0.42%；电子出版物 2.53 亿张，同比下降 13.64%，所占比例为 0.61%。全国出版图书、期刊、报纸总印张为 1690.00 亿印张，与 2019 年相比，下降 8.94%。

书、报刊印数在出版物总印数中比例情况见图 1，书、报刊印张在出版物总印张中比例情况见图 2。图书、期刊、报纸占出版物总印数近 99%，是出版物阵营的绝对主力军，其中报纸拿走了总印数近 70% 的份额。在出版物总印张的比例分布中，图书占据了半壁江山，报纸跟随其后。图书、期刊、报纸三者的具体出版数据如下。

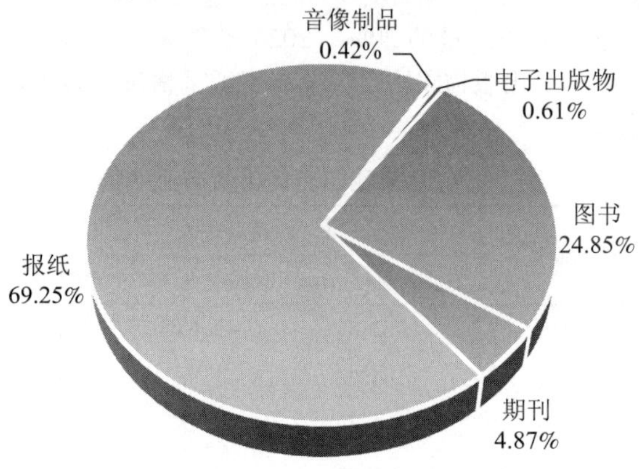

图1 书、报刊印数在出版物总印数中比例

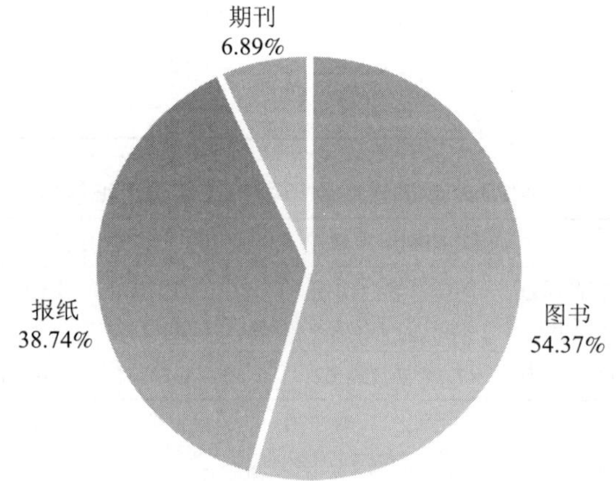

图2 书、报刊印张在出版物总印张中比例

1. 图书出版情况

2020 年，全国出版新版图书 213636 种，总印数 23.22 亿册（张），总印张 244.33 亿印张，定价总金额 830.46 亿元，与 2019 年相比，品种下降 4.95%，总印数下降 7.04%，总印张下降 5.63%，定价总金额下降 1.28%。重印图书 275415 种，总印数 60.19 亿册（张），总印张 525.28 亿印张，定价总金额 1194.57 亿元，与 2019 年相比，品种下降 2.06%，总印数下降 2.87%，总印张下降 3.00%，定价总金额增长 0.23%。租型图书总印数 20.33 亿册（张），总印张 149.29 亿印张，定价总金额 160.30 亿元，与 2019 年相比，总印数增长 6.78%，总印张增长 8.49%，定价总金额增长 9.81%。图书出版 2020 年实现营业收入 963.6 亿元，下降 2.6%；利润总额 163.8 亿元，增长 4.3%。

从图书的四大类别书籍、课本、图片、附录的出版情况来看，书籍和课本依然是图书出版的重头戏。相对于书籍类别在品种、总印数、总印张上均出现下滑的表现而言，课本类别因在总印数上略有增长，为图书出版的整体走势增添了一抹亮色。

（1）书籍新版 194594 种，重印 209311 种，合计 403905 种，总印数 65.20 亿册（张），总印张 619.95 亿印张，定价总金额 1755.18 亿元。与 2019 年相比，新版品种下降 4.92%，重印品种下降 2.05%，品种合计下降 3.46%，总印数下降 4.07%，总印张下降 2.90%，定价总金额增长 0.22%。其中，社科人文类书籍出版 61.8 亿册（张），同比下降 4.3%，占书籍总印数的比例为 94.8%。

（2）课本新版 18875 种，重印 65934 种，合计 84809 种，总印数 37.91 亿册（张），总印张 293.22 亿印张，定价总金额 419.43 亿元。与 2019 年相比，新版品种下降 5.10%，重印品种下降 2.00%，品种合计下降 2.71%，总印数增长 1.03%，总印张下降 0.28%，定价总金额增长 0.50%。其中，中小学课本出版 33.9 亿册（张），占课本总印数的比例为 89.2%，占图书总印数的比例为 32.8%。

（3）图片新版 167 种，重印 170 种，合计 337 种，总印数 0.04 亿册（张），总印张 0.05 亿印张，定价总金额 0.32 亿元。与 2019 年相比，新版品种下降 18.54%，重印品种下降 29.46%，品种合计下降 24.44%，总印数下降 6.58%，总印张下降 49.91%，定价总金额下降 65.10%。

（4）附录总印数 0.59 亿册（张），总印张 5.68 亿印张，定价总金额 10.41 亿元。

2. 期刊出版情况

2020 年，全国共出版期刊 10192 种，平均期印数 11133 万册，每种平均期印数 1.12 万册，总印数 20.35 亿册，总印张 116.40 亿印张，定价总金额 211.92 亿元。与 2019 年相比，种数增长 0.21%，平均期印数下降 6.89%，每种平均期印数下降 7.09%，总印数下降 7.04%，总印张下降 4.02%，定价总金额下降 3.60%。期刊出版全年实现营业收入 194.2 亿元，同比下降 2.8%；利润总额 30.4 亿元，同比增长 1.4%。

从“哲学、社会科学”“文化、教育”“文学、艺术”“自然科学、技术”“综合”五大类期刊的出版情况来看，总印数和总印张均出现了 1～2 位数的下降，其中，“文学、艺术”类期刊出版的总印数和总印张下降幅度均超过了 20%。

（1）哲学、社会科学类期刊 2688 种，平均期印数 6423 万册，总印数 106315 万册，总印张 5535650 千印张；占期刊总品种 26.37%，总印数 52.24%，总印张 47.56%。与 2019 年相比，种数增长 0.19%，平均期印数下降 3.05%，总印数下降 4.63%，总印张下降 3.75%。

（2）文化、教育类期刊 1401 种，平均期印数 1867 万册，总印数 48551 万册，总印张 2241331 千印张；占期刊总品种 13.75%，总印数 23.86%，总印张 19.26%。与 2019 年相比，种数增长 0.21%，平均期印数下降 13.41%，总印数下降 6.03%，总印张下降 9.15%。

（3）文学、艺术类期刊 661 种，平均期印数 514 万册，总印数 10952 万册，总印张 593447 千印张；占期刊总品种 6.49%，总印数 5.38%，总印张 5.10%。与 2019 年相比，种数下降 1.05%，平均期印数下降 16.57%，总印数下降 20.16%，总印张下降 20.21%。

（4）自然科学、技术类期刊 5088 种，平均期印数 1732 万册，总印数 25354 万册，总印张 2567822 千印张；占期刊总品种 49.92%，总印数 12.46%，总印张 22.06%。与 2019 年相比，种数增长 0.51%，平均期印数下降 8.45%，总印数下降 8.66%，总印张增长 6.91%。

（5）综合类期刊 354 种，平均期印数 597 万册，总印数 12352 万册，总印张 701284 千印张；占期刊总品种 3.47%，总印数 6.07%，总印张 6.03%。与 2019 年相比，种数下降 1.67%，平均期印数下降 10.65%，总印数下降 13.72%，总印张下降 8.06%。

3. 报纸出版情况

2020 年，全国共出版报纸 1810 种，平均期印数 15692.99 万份，每种平均期印数 8.67 万份，总印数 289.14 亿份，总印张 654.69 亿印张，定价总金额 366.43 亿元。与 2019 年相比，种数下降 2.22%，平均期印数下降 9.31%，总印数下降 8.96%，总印张下降 17.81%，定价总金额下降 6.62%。报纸出版全年实现营业收入 539.5 亿元，下降 6.4%；利润总额 50.4 亿元，增长 32.1%。

从地域层级来看，报纸可以分为全国性和省级、地市级、县级 3 类；从内容来看，则分为综合、专业、生活服务、读者对象、文摘 5 类。结合种数、平均期印数、总印数、总印张等具体数据，各类型报纸出版整体下滑态势明显。部分类型如生活服务类、文摘类等更是大幅走低，以生活服务类为例，其总印数、总印张的下降幅度均超过了 30%。

（1）以各级报纸分类来分析

全国性和省级报纸 932 种，平均期印数 12324.96 万份，总印数 198.63 亿份，总印张 434.94 亿印张，占报纸总品种 51.49%，总印数 68.70%，总印张 66.43%。与 2019 年相比，种数下降 2.92%，平均期印数下降 9.37%，总印数下降 9.11%，总印张下降 18.57%。

其中，全国性报纸 209 种，平均期印数 2793.33 万份，总印数 74.78 亿份，总印张 187.62 亿印张，占报纸总品种 11.55%，总印数 25.86%，总印张 28.66%。与 2019 年相比，种数下降 1.88%，平均期印数下降 3.39%，总印数下降 3.58%，总印张下降 7.99%。

省级报纸 723 种，平均期印数 9585.63 万份，总印数 123.84 亿份，总印张 247.32 亿印张，占报纸总品种 39.94%，总印数 42.83%，总印张 37.78%。与 2019 年相比，种数下降 3.21%，平均期印数降下降 10.94%，总印数下降 12.15%，总印张下降 25.11%。

地、市级报纸 859 种，平均期印数 3333.12 万份，总印数 89.51 亿份，总印张 217.96 亿印张，占报纸总品种 47.46%，总印数 30.96%，总印张 33.29%。与 2019 年相比，种数下降 1.49%，平均期印数下降 9.19%，总印数下降 8.71%，总印张下降 16.33%。

县级报纸 19 种，平均期印数 34.91 万份，总印数 1.00 亿份，总印张 1.79 亿印张，占报纸总品种 1.05%，总印数 0.35%，总印张 0.27%。与 2019 年相比，种数持平，平均期印数增长 1.89%，总印数增长 0.44%，总印张下降 4.56%。

（2）按报纸内容来分析

报纸根据内容划分为综合、专业、生活服务、读者对象和文摘五大类。

综合类报纸 844 种，平均期印数 5444.44 万份，总印数 177.63 亿份，总印张 485.45 亿印张，占报纸总品种 46.63%，总印数 61.43%，总印张

74.15%。与2019年相比，种数下降1.52%，平均期印数下降8.26%，总印数下降8.89%，总印张下降18.63%。

专业类报纸651种，平均期印数8503.54万份，总印数91.23亿份，总印张136.72亿印张，占报纸总品种35.97%，总印数31.55%，总印张20.88%。与2019年相比，种数下降2.40%，平均期印数下降8.57%，总印数下降7.54%，总印张下降13.25%。

生活服务类报纸194种，平均期印数505.21万份，总印数4.07亿份，总印张11.11亿印张，占报纸总品种10.72%，总印数1.41%，总印张1.70%。与2019年相比，种数下降4.43%，平均期印数下降24.27%，总印数下降31.15%，总印张下降37.27%。

读者对象类报纸99种，平均期印数1066.16万份，总印数13.88亿份，总印张18.57亿印张，占报纸总品种5.47%，总印数4.80%，总印张2.84%。与2019年相比，种数下降2.94%，平均期印数下降10.37%，总印数下降8.72%，总印张下降11.36%。

文摘类报纸22种，平均期印数173.64万份，总印数2.33亿份，总印张2.84亿印张，占报纸总品种1.22%，总印数0.80%，总印张0.43%。与2019年相比，种数持平，平均期印数下降18.00%，总印数下降18.17%，总印张下降22.77%。

受数字时代新媒体崛起、新冠肺炎疫情等因素影响，以报纸为代表的传统媒体受到较大冲击，近年来大量都市报相继休刊或停刊。而报纸出版整体下滑的表现亦直观反映在新闻纸的消费量上。根据中国造纸协会数据，2020年全国新闻纸消费量175万吨，比2019年下降10%，呈现持续走低的态势。2020年我国书、报刊出版情况见表3。

纵观2020年的书刊报出版，除少数品类有所增长外，整体下滑态势显著。预计未来，受数字化转型及融合发展进程加快的影响，这一态势还将持续。以纸为媒体的传播模式逐步衰退的表现必将深刻影响着出版物印刷上下游产业链。

表3 2020年我国书、报刊出版情况

产品种类			总印数		总印张	
			亿册/张、份	同比/%	亿印张	同比/%
图书	新版	213636	23.22	-7.04	244.33	-5.63
	重版	275415	60.19	-2.87	525.28	-3.00
	租型		20.33	6.78	149.29	8.49
	合计		103.74	-2.10	918.90	-2.04
期刊		10192	20.35	-7.04	116.40	-4.02
报纸		1810	289.14	-8.96	654.69	-17.81
总计			413.23	-7.23	1690.00	-8.94

（李 君）

2021 年我国生活用纸行业概况和展望

Overview and Outlook of Household Paper Industry in China in 2021

2021 年我国生活用纸市场继续保持增长，行业新投产产能达到历史最大量，为 278.6 万吨，总产能比 2020 年增长 16.4%，达到 1878 万吨，总规模比 2020 年增长 15.0%，达到 1404.6 亿元；其他运行指标包括生产量、消费量、人均消费量等均较 2020 年有所增长；行业继续延续近年来的发展趋势，即落后产能继续淘汰，统计到的 2021 年淘汰落后卫生纸机 168 台，主要为幅宽 1575 ~ 3500 毫米、车速 150 ~ 220 米/分的普通圆网小纸机，及少量幅宽为 2850 ~ 3500 毫米、车速 500 ~ 550 米/分的真空圆网纸机。新投产项目主要集中在已有企业的新增纸机，新进入行业生产原纸的企业极少。

2021 年，全行业平均设备开工率下降到 65%，为历史最低水平。原因包括：一是 2021 年商品浆价格大幅波动，总体处于高位，而终端产品价格却上涨乏力，严重挤压纸企利润，甚至一度出现浆纸价格倒挂的情况，加之年内受全国多地集中开展工业限电的影响，部分企业不得不暂时停产；二是近年来累计的过剩产能越来越多，现阶段行业产能过剩问题愈加凸显，市场竞争进一步加剧；三是 2021 年新投产的产能中约有半数以上是于下半年或年底投产的，也影响了开工率。

一、市场规模

根据中国造纸协会生活用纸专业委员会（以下简称“生活用纸委员会”）的统计，2021 年我国生活用纸总产能达到 1878 万吨，总生产量约 1220.7 万吨，行业平均设备开工率为 65%，工厂总销售额约 1135.3 亿元，全行业产品的平均出厂价 9300 元/吨（含出口）。消费量约 1161.8 万吨，人均年消费量约 8.2 千克，已远超 FASTMARKETS RISI 估计的 2021 年世界人均 5.7 千克的消费量水平。国内市场规模约 1404.6 亿元，保持全球最大的生活用纸生产国和消费国的地位。2020—2021 年我国生活用纸行业的各项指标数据的变化情况见表 1。

表 1　2020—2021 年我国生活用纸行业的总规模

	2021 年	2020 年	同比/%
产能/万吨	1878	1614	16.4
生产量/万吨	1220.7	1129.8	8.0
开工率/%	65	70	-7.1
进口量/万吨	5.02	2.77	81.0
出口量/万吨	63.94	86.57	-26.1
净出口量/万吨	58.92	83.80	-29.7
消费量/万吨	1161.8	1049.4	10.7
年人均消费量/千克	8.2	7.5	9.3
出厂均价/(元/吨)	9300	8950	3.9
工厂销售额/亿元	1135.3	1014.2	11.9
国内市场规模/亿元	1404.6	1221.0	15.0

注：2021 年、2020 年市场零售均价按出厂均价加价率 30% 计。从 2021 年度起，销售量按约等于生产量计算，不再列入此表。

二、主要生产商和品牌

我国目前生活用纸行业的原纸生产企业由多个生产商组成，近几年来，原纸的生产企业数量相对稳定，维持在 240 家左右。据生活用纸委员会统计，2021 年有原纸生产的企业是 241 家（注：有多家生产基地的集团公司算作 1 家，因此全国的生产工厂约 285 家），集团及生产工厂主要分布区域见表 2 和表 3。产品加工企业数量多，而且中小企业多、变化快，因此本报告中不做统计。

2021 年，全国年产 5 万吨以上（含 5 万吨）的企业数量为 95 家，比 2020 年增加 19 家，这 95 家企业合计产能占行业总产能的 87.0%，原纸的生产集中度比2020年提高。全国性的四大品牌仍然是心相印、维达、清风、洁柔。

表2 2021年全国原纸生产企业数量地区分布情况(按集团所在省份)

地区	企业数/家	地区	企业数/家
河北	72	江西	6
广西	39	贵州	4
四川	20	云南	4
广东	18	陕西	3
福建	13	新疆	3
山东	12	山西	2
江苏	9	上海	2
浙江	8	湖北	2
河南	7	重庆	2
安徽	7	黑龙江	1
辽宁	6	甘肃	1
总计			241

表3 2021年全国原纸生产企业数量地区分布情况(按工厂所在省份)

地区	工厂数/家	地区	工厂数/家
河北	74	重庆	5
广西	41	贵州	5
四川	26	云南	4
广东	22	新疆	4
山东	14	陕西	3
福建	13	山西	2
江苏	10	黑龙江	2
浙江	10	湖南	2
河南	10	北京	1
辽宁	9	上海	1
安徽	9	海南	1
江西	8	甘肃	1
湖北	8		
总计			285

2021年，有58家企业是规模在2万吨以下的小型企业，比2020年减少11家，这些企业的规模效应和竞争力不强，将继续减少，详见表4。

2021年现代化产能在50万吨以上的省级地区主要包括河北、广东、山东、湖北、四川、广西等，详见表5。

表4 2020—2021年全国原纸生产企业产能、数量分布情况

产能范围/(万吨/年)		>100	50(不含)~100(含)	10(不含)~50(含)	5(含)~10(含)	2(含)~5(不含)	<2
企业数量/家	2021年	4	2	24	65	88	58
	2020年	3	3	20	50	95	69

表5 2021年现代化产能分布地区排序(50万吨以上)

序号	省市区	总产能/万吨	纸机数量/台
1	河北	400.25	219
2	广东	145.8	59
3	山东	134.8	50
4	湖北	115.0	45
5	四川	105.8	67
6	广西	102.6	56
7	重庆	93.9	21
8	江苏	93.0	29
9	海南	84.0	28
10	江西	76.6	26
11	浙江	71.9	36
12	河南	59.5	30
13	福建	58.3	19
14	安徽	55.5	16
	合计	1596.95	701

2021年综合排名前17位的生产商见表6，合计产能占总产能的53.5%(2020年为54.5%)，同比下降1.0个百分点；销售额合计约占总销售额的56.8%(2020年为58.9%)，同比下降2.1个百分点。

据FASTMARKETS RISI数据显示，2021年金红叶纸业集团有限公司、福建恒安集团有限公司、维达纸业(中国)有限公司3家企业产能在全球生活用纸行业分别排在第四、第六、第九，在亚洲分别排在第一、第三、第四。2021年这3家企业开启新一轮投资，生活用纸原纸的生产能力都超过139万吨，均有新增产能投产，合计约为490.7万吨，约占行业总产能的26.1%(2020年为27.2%)，销售额合计约290.8亿元，比2020年增长约0.34%，约占行业总销售额的25.6%(2020年为28.6%)。

(1)福建恒安集团有限公司是居我国第一位的

表 6　　2021 年综合排名前 17 位的生活用纸生产商

序号	公司名称	品牌	生产能力/(万吨/年)
1	福建恒安集团有限公司	心相印、柔影	149.7
2	维达纸业(中国)有限公司	维达、花之韵	139
3	金红叶纸业集团有限公司	唯洁雅、清风、真真	202
4	中顺洁柔纸业股份有限公司	洁柔、太阳	86
5	重庆理文卫生用纸制造有限公司	亨奇、理文、理文原色	101.9(含竹浆纸)
6	山东洁昕纸业股份有限公司	顺清柔	43.6
7	上海东冠纸业有限公司	洁云、丝柔	14
8	丽邦集团有限公司	丽邦	28
9	保定雨森卫生用品有限公司	雨森、百丽	26
10	上海唯尔福集团股份有限公司	纸音	10
11	泰盛科技(集团)股份有限公司	维尔美、纤纯、竹态	97(含竹浆纸)
12	四川环龙新材料有限公司	斑布	13(竹浆纸)
13	福建植护网络科技有限公司	植护	21.4
14	永丰余投资有限公司	五月花	10
15	漯河银鸽实业集团有限公司	银鸽、舒蕾	16
16	河北金博士集团有限公司	金博仕	18.6
17	山东太阳生活用纸有限公司	幸福阳光	29
	合计		1005.2

生活用纸生产商，也是目前我国生活用纸行业生产量最大的生产商。根据福建恒安集团有限公司年报，2021 年，尽管木浆成本上升，众多生活用纸企业为抢占市场份额而加大促销甚至减价，2021 年第四季度销售旺季的价格竞争更为激烈，然而，生活用纸行业亦逐步走向汰弱留强的行业整合期，中小型生活用纸企业无法将上涨的成本转嫁给消费者，在高成本的压力下难以长期维持减价促销。在这充满挑战的市场环境下，恒安集团凭借其规模优势、强大品牌竞争力及多元化产品组合，把握市场发展机遇，成功于 2021 年下半年抢占市场份额，在高端产品“云感柔肤”系列及湿巾的强劲销售带动下，整体生活用纸(含湿巾)销售下半年实现逆势增长，有效收窄全年生活用纸(含湿巾)业务销售收入跌幅，2021 年，集团生活用纸(含湿巾)业务销售收入下跌约 5.2% 至 98.4 亿元(2020 年为 103.83 亿元)，占集团整体收入约 47.3%(2020 年为 46.4%)。若扣除年内原纸业务销售额大幅下跌的因素，生活用纸品牌心相印 2021 年销售额与 2020 年基本持平，销售量同比增长接近中个位数。

(2)维达纸业(中国)有限公司是我国最早的生活用纸专业生产商之一，多年来保持平稳发展的领先地位，目前是居我国第二位的生活用纸生产商。根据公司年报，2021 年生活用纸业务(含湿巾)实现营业收入 155.01 亿港元，同比增长 13.9%，按固定汇率换算的同比增长 7.2%，占集团总销售额的 83%(2020 年为 82%)；维达集团在我国内地市场地位继续领先，高端产品组合表现亮眼且占比持续稳步上扬。由于原材料成本大幅上涨及业内促销压力加大，生活用纸业务(含湿巾)的毛利率及分部业绩溢利率分别下降 2.9 个百分点及 4.1 个百分点至 35.4% 及 12.4%(2020 年分别为 38.3% 和 16.5%)。

(3)金红叶纸业集团有限公司是金光纸业(中国)投资有限公司在我国大陆的生活用纸集团，是位居我国第三位的生活用纸生产商。2021 年产能 202 万吨/年，目前为我国生活用纸行业产能最大的生产商。

(4)中顺洁柔纸业股份有限公司目前是居我国第四位的生活用纸生产商，根据公司业绩快报，2021 年，中顺洁柔纸业股份有限公司营业总收入(主要为生活用纸业务销售额)达 91.94 亿元，同比增长 17.52%；净利润为 5.82 亿元，同比下降 35.80%，主要原因为：一是产能有效释放、渠道建设进一步完善、销售额增加；二是国际原材料价格上涨，包材价格上涨，公司生产成本上升，市场费用投入增加，公司持续增加市场投入，加大促销力度，开拓销售网络，销售费用增加，导致盈利下降。

(5)理文造纸有限公司在我国大陆有重庆、江西九江、广东东莞3个生活用纸原纸生产基地。2021年，理文造纸有限公司在江西投产2台佛山市南海区宝拓造纸设备有限公司卫生纸机和1台江苏信诺轨道科技股份有限公司卫生纸机，合计增加5.4万吨/年产能，使总产能达到101.9万吨/年。公司继续以“产业链条集群发展”的模式，为生活用纸加工企业供应原纸，公司仍以销售原纸为主，自主品牌产品占较小份额。

(6)上海东冠纸业有限公司是长三角地区重要的生活用纸生产企业，也是上海市目前唯一一家有原纸生产的生活用纸企业，近年来平稳发展，2021年产能14万吨，包括5台日本川之江造机株式会社BF纸机、2台维美德公司新月型卫生纸机及1台国产斜网擦手纸机。2021年3月8日，上海东冠纸业有限公司投资的36万吨高档生活用纸项目签约暨推进长三角一体化项目签约开工仪式在安徽省马鞍山市当涂经济开发区举行。2021年3月25日，上海证监局官网公示了海通证券股份有限公司关于上海东冠健康用品股份有限公司首次公开发行股票并上市辅导备案情况报告。

(7)保定市港兴纸业有限公司是保定满城地区代表性企业，是保定地区最早淘汰落后产能、更新换代设备的企业。2021年，公司继续在湖北孝感基地投产一期项目的另外2台2.5万吨/年佛山市南海区宝拓造纸设备有限公司新月型卫生纸机，并通过将保定基地原有真空圆网纸机改造为新月型，提速增产，使总产能达到28万吨/年。

(8)保定雨森卫生用品有限公司2020年在辽宁台安新建生产基地，项目规划年产能36万吨。分三期建设，一期已于2020年10月投产2台维美德公司的3万吨/年新月型卫生纸机，使公司总年产能达到26万吨。2021年，辽宁雨森卫生用品有限公司二期生活用纸项目再次签约4台维美德(PMP)公司的新月型卫生纸机，计划2022年投产，将使公司总年产能达到36万吨。

三、进出口情况

2021年我国生活用纸出口业务出现明显的下滑，出口量为63.94万吨，同比下降26.14%，出口金额为14.67亿美元(按1: 6.4512汇率，约合94.65亿元)，同比下降34.95%。生活用纸出口总量是2014年以来的最低水平。其中原纸的出口量下降幅度最大，达到51.25%。造成出口下降可能的原因是全球经济形势疲软，国际海运运费的提高给产品出口带来一定的阻碍。

美国是我国生活用纸产品出口的主要国家之一，近几年，我国出口到美国的生活用纸量明显下滑，2021年出口到美国的生活用纸总量约为8.06万吨，较2020年出口量13.24万吨，下降39.12%，高于我国生活用纸出口总量的下降比率。受中美贸易战、海运费用上涨等因素的持续影响，2021年我国生活用纸出口目的地国家和地区中，美国排名第四位，2020年和2019年均排名第三。2021年，出口到主要出口目的地国家日本、澳大利亚的出口量也在减少。

2021年我国生活用纸出口业务中，原纸和加工成品的出口量和出口价格均有明显的下降，仅餐巾纸的出口量有小幅的上涨。原纸在生活用纸出口产品中比例17.74%，比2020年的26.88%下降了9.14个百分点。卫生纸出口比例37.54%，比2020年的38.52%下降了0.98个百分点，而手帕纸、面巾纸出口比例35.86%，比2020年的28.52%增长了7.34个百分点。可以看出，手帕纸、面巾纸和餐巾纸这类成品在出口产品中的比例进一步提高，出口产品的结构正在逐渐向高端产品发展。从价格角度来看，对比2020年各类生活用纸产品出口平均价格，2021年的出口价格总体有所降低。

2021年，我国生活用纸进口量增长81.0%，但总进口量仍然较少，仅有5万吨左右，对国内市场影响较小。进口量的上涨主要来源于原纸和卫生纸的进口量大幅增长。2020—2021年我国各类生活用纸进出口情况见表7。

表7 2020—2021年我国各类生活用纸进出口情况

商品编号	商品名称	数量/吨			金额/美元		
		2021年	2020年	同比/%	2021年	2020年	同比/%
进口		50180.065	27725.367	80.99	61570607	46470472	32.49
48030000	原纸	43307.818	20639.683	109.83	42355756	27201960	55.71

续表

商品编号	商品名称	数量/吨			金额/美元		
		2021 年	2020 年	同比/%	2021 年	2020 年	同比/%
48181000	卫生纸	3086. 889	2405. 186	28. 34	8434959	6949830	21. 37
48182000	手帕纸、面巾纸	2882. 992	3666. 054	-21. 36	8682087	9628103	-9. 83
48183000	纸台布、餐巾纸	902. 366	1014. 444	-11. 05	2097805	2690579	-22. 03
出口		639366. 872	865697. 053	-26. 14	1467225047	2255669499	-34. 95
48030000	原纸	113435. 732	232676. 296	-51. 25	184192603	390527133	-52. 83
48181000	卫生纸	240046. 851	333466. 644	-28. 01	524580587	921179373	-43. 05
48182000	手帕纸、面巾纸	229290. 802	246884. 588	-7. 13	585751608	762564235	-23. 19
48183000	纸台布、餐巾纸	56593. 487	52669. 525	7. 45	172700249	181398758	-4. 80

四、进口木浆价格及产品平均出厂价格经历大幅波动

我国生活用纸企业大部分无自制浆，普遍以商品木浆为原料，因此对进口纸浆的依存度非常大，生活用纸除投资成本外的生产总成本中，纸浆大约占 75%，因此产品成本受国际纸浆市场价格波动的影响大。2021 年生活用纸使用进口木浆量占全国纸浆进口总量的份额较大，在漂白阔叶木浆总量中所占的比例更大。

根据海关总署统计数据，2021 年我国纸浆进口总量约 2969 万吨，同比下降 2. 7%，进口金额为 200. 6 亿美元，同比增长 28. 1%。漂白针叶木浆主要进口自加拿大、芬兰、美国、智利、俄罗斯等国家，漂白阔叶木浆主要进口自巴西、印度尼西亚、智利、乌拉圭、加拿大等国家。漂白针叶木浆和漂白阔叶木浆的进口量和均价见表 8。

据海关总署数据显示，2021 年 1—7 月，进口商品木浆的价格整体呈现快速上涨的趋势，到 2021 年 7 月进口漂白针叶木浆平均价格涨至 923. 33 美元/吨、阔叶木浆平均价格涨至 689. 53 美元/吨，达到 2012 年以来最高水平；对比 2020 年 10 月波谷时 567. 57 美元/吨、444. 67 美元/吨的平均价格，涨幅达到 62. 68%、55. 07%。虽然从 2021 年 8 月起浆价开始回落，但受到国外浆厂持续减产或停机维修、我国市场需求回温、国际物流运输突发状况，以及国际经济形势等多种因素的影响，2021 年，进口商品木浆价格总体处于高位。2021 年商品木浆价格的大幅上涨，使生产成本大幅增高，压缩了企业的利润空间，尤其对于中小企业，竞争压力更大。

表 8　2021 年我国木浆进口量和月度均价

月份	漂白针叶木浆		漂白阔叶木浆	
	进口量/万吨	均价/(美元/吨)	进口量/万吨	均价/(美元/吨)
1	78. 98	616. 18	133. 28	464. 41
2	64. 27	630. 17	108. 90	474. 35
3	75. 95	679. 23	119. 97	507. 58
4	73. 60	727. 10	111. 98	546. 12
5	76. 76	808. 29	112. 25	600. 09
6	73. 08	879. 32	99. 65	654. 70
7	70. 50	923. 33	83. 61	689. 53
8	65. 25	914. 52	104. 01	687. 15
9	70. 61	894. 20	87. 87	663. 69
10	64. 50	859. 74	91. 26	638. 70
11	70. 43	835. 28	124. 10	627. 51
12	58. 39	807. 58	83. 13	601. 88
合计	842. 32	795. 32	1260. 01	588. 75
同比/%	-4. 95	37. 91	-8. 33	27. 71

2021 年，生活用纸原纸价格受到原材料价格上涨、产能过剩、市场竞争加剧等多种因素的影响，呈现先涨后回落的情况。2021 年 3 月初，河北地区的木浆原纸出厂价格上涨至 7000 元/吨，四川地区本色竹浆原纸 7400 元/吨，广西地区蔗渣浆原纸 5900 元/吨。4 月开始回落，7—8 月份时，价格最低，并出现了原纸成本高于产品市场价格的倒挂局面，使企业亏损面增大，开工率降低，部分企业处于停产状态。虽然第 4 季度价格开始反弹，以 2020 年 10 月和 2021 年 10 月为例，2020 年 10 月河北地区原纸平均价格为 5289. 17 元/吨，2021 年 10 月平

均价格为 6202.50 元/吨，价格增长 17.27%，但仍低于进口商品木浆的上涨幅度，企业承受着巨大的成本压力。

目前，我国生活用纸行业的非木材浆原料主要包括竹浆和蔗渣浆，以麦草浆为原料的企业仅剩山东泉林集团有限公司一家，废纸浆的使用也非常少。2021 年上半年，受国际浆价大幅上涨的影响，四川竹浆价格也随之上涨，企业产销较好；但随着第三季度开始能源价格不断攀升，制浆企业生产成本明显增大，加上商品浆价又开始下滑，所以竹浆价格也开始下降，企业利润空间被大幅度压缩，因此出现企业限产或提前停产检修的情况；第四季度开始，形势有所好转，市场相对稳定，开工率不断提升，生产量逐步得以恢复，全年总生产量比 2020 年明显提升。

2021 年面对竞争激烈的行业形势，竹浆纸企业之间加强了拓展渠道、整合资源、抱团合作；部分企业调整产品结构，生产定制化、差异化产品，满足不同客户群体的需求；淘汰或升级改造落后卫生纸机，新增高速卫生纸机，增强市场竞争力，确保竹浆生活用纸行业稳定健康持续发展。2021 年 2 月 5 日，四川省造纸行业协会发布了 T/SCSZX 002—2021《竹浆生活用纸》团体标准，2021 年 3 月 1 日起实施，该标准也将助推和规范四川省竹浆生活用纸的发展。

蔗渣浆的价格变化也呈现出与竹浆相同的态势，2021 年第一季度快速上涨后，第二季度有所回调，第三季度以后呈持续上涨态势，全年价格总体高于 2020 年水平。据广西造纸行业协会统计，由于近年广西地区纸浆模塑制品的较快发展，加大了对蔗渣浆的需求量，带动了蔗渣浆价格节节攀升。2021 年下半年以来，广西蔗渣浆价格与木浆价格出现倒挂，加之蔗渣浆纸的品质不如木浆纸，导致以蔗渣浆生产生活用纸的企业生存空间被大大挤压。2021 年，受市场竞争影响，企业加快了淘汰低速圆网纸机的步伐，以蔗渣浆为主要原料的生活用纸生产量急剧下降，广西蔗渣浆生活用纸原纸生产量缩减至约 16 万吨。

五、生产企业装备水平持续提高

多年来，生活用纸行业通过进口现代化卫生纸机，配备国产现代化卫生纸机以及加速淘汰落后卫生纸机等措施，使我国生活用纸行业现代化产能的比例持续提高。据生活用纸委员会统计，2021 年，生活用纸现代化产能约为 1800 万吨，占行业总产能的 95.8%，比 2020 年增长 2.5 个百分点。2014—2023 年新增现代化产能情况见表 9。

从国外引进先进卫生纸生产线一直是提高生活用纸行业现代化产能比例的重要手段。据生活用纸委员会统计，截至 2021 年底，我国已投产且仍在开机中的进口卫生纸机合计 290 台，包括新月型卫生纸机 185 台(含有 2 台由真空圆网型改造为新月型)，产能合计 757.5 万吨；真空圆网型卫生纸机 100 台，产能合计 149.5 万吨/年(含升级扩产后的产能)；斜网卫生纸机 1 台，产能 1 万吨/年；复合型纸机(维美德公司最新技术)4 台，产能合计 14 万吨。以上进口卫生纸机产能总计为 922 万吨/年(2020 年为 834.8 万吨/年)，约占 2021 年行业生活用纸总产能的 49.1%(2020 年为 51.7%)。

2021 年单台 6 万吨/年的大型进口卫生纸机投产了 6 台，包括金红叶纸业集团有限公司在湖北工厂安装的 2 台维美德公司卫生纸机，以及泰盛科技(集团)股份有限公司在安徽工厂、山东太阳生活用纸有限公司在广西工厂各安装的 2 台安德里茨公司卫生纸机。截至 2021 年年底，全国共已投产 79 台，其中，目前仍在开机中的为 78 台，合计产能 469 万吨/年，约占行业总产能的 25.0%。由于市场对产品差异化需求的增加，6 万吨/年的卫生纸机改变品种的灵活性和成本消耗不具备优势，预计未来仍将以极少数的大企业投资为主。2014—2023 年新增单机产能为 6 万吨/年及以上的卫生纸机数量见表 10。

表 9　　2014—2023 年新投产现代化产能情况

年份	2014	2015	2016	2017	2018	2019	2020	2021	2022 计划	2023 及之后计划
新增产能/万吨	124.3	103.92	134.19	221.58	182.5	178.1	184.8	278.6	333.9	760

表 10　2014—2023 年新增单机产能为 6 万吨/年及以上的卫生纸机数量

年份	2014	2015	2016	2017	2018	2019	2020	2021	2022 计划	2023 及之后计划
数量/台	9	7	7	8	10	0	2	6	6	1

六、过度投资，产能增长过快，导致现阶段产能过剩进一步加剧

2021 年新增项目过热，产能增长过快，远超过消费量的增长，近些年来累计的过剩产能越来越多。产能过剩进一步加剧仍然是 2021 年生活用纸行业的主要特点，从 2021 年新增的产能以及新公布的项目来看，生活用纸产能保持着高速增长的态势，产能过剩进一步加剧，市场竞争更加激烈。据生活用纸委员会统计，2021 年，我国生活用纸行业共有 67 家企业投产了新纸机，投产纸机的台数达到 117 台，新投产产能 278.6 万吨，达到历年来最高。

新投产的产能仍然主要集中在已有的企业。新投产纸机的企业中，新投产产能超过 10 万吨/年的有 6 家，分别是金红叶纸业集团有限公司、维达纸业(中国)有限公司、中顺洁柔纸业股份有限公司、泰盛科技(集团)股份有限公司、山东太阳生活用纸有限公司、广东韶能集团股份有限公司，这 6 家企业的合计新投产产能就达到了 124 万吨/年。而从新投产产能的地区来看，河北省新投产产能最多，达到 61.9 万吨/年，其次是广西、湖北、安徽、江苏等省市地区。

近些年来，由于产能过剩，每年实际投产的产能都低于计划要投产的产能，2021 年实际投产量(278.6 万吨)与之前的计划投产量(433.6 万吨)也有较大的差别，市场竞争激烈。公开宣布的 2022 年及之后的项目总产能更达到了惊人的 1000 多万吨/年，因此未来一段时间，产能过剩的情况仍会持续，而有些计划中的项目也将后延，或不能达产。

七、产品结构

(一)国内情况

根据生活用纸委员会对 2021 年企业调查样本的推算，国内消费的生活用纸产品结构相对稳定，各品类比例小幅变化，其中，卫生纸依然占主导地位，约占 51.0% 的市场份额，其他品类依次是面巾纸(32.6%)、手帕纸(4.6%)、餐巾纸(3.9%)、厨房纸巾(1.3%)、擦手纸(5.2%)、卫生用品用吸水衬纸(1.4%)等，见表 11。

从各生产商的产品结构来看，一般领先企业的产品结构中，卫生纸的份额低于平均水平；在本次调研中，中小企业的面巾纸的比例也在继续提升；此外，由于竹浆纸生产企业多年来对竹浆产品的有效宣传和推广，促进了竹浆纸产品结构优化，目前竹浆纸生产量中，软抽面巾纸等高附加值产品比例高于平均水平。

2021 年面巾纸在生活用纸中的份额继续提高，比 2020 年增长 0.7%，原因一是面巾纸产品进一步向三四线城市和农村市场普及，销售量有较大的提高；二是由低包装成本的软抽纸主导的面巾纸的应用场景增加，有可能替代了其他类别产品，如餐饮用的餐巾纸，消费者用于居家擦拭，替代了部分擦拭纸等。在行业领先企业的宣传推广下，手帕纸产品不断向高端化发展，2021 年消费量有所回升，但所占比例与 2020 年相比，仍下降 0.3%。2021 年公共场所卫生间配备擦手纸的情况进一步普及，疫情促使消费者更加注意个人卫生，推动擦手纸消费量有所增长。厨房纸巾消费量有所增长，但比例略下降 0.1%，仍是有待于进一步宣传和推广的品类。

表 11　2021 年生活用纸的产品结构及与 2020 年对比

产品	2021 年		2020 年	
	消费量/万吨	市场份额/%	消费量/万吨	市场份额/%
卫生纸	592.8	51.0	540.2	51.5
面巾纸	378.7	32.6	334.8	31.9
手帕纸	53.3	4.6	51.4	4.9
餐巾纸	44.7	3.9	42.0	4.0
厨房纸巾	15.2	1.3	14.7	1.4
擦手纸	60.9	5.2	54.6	5.2
卫生用品用吸水衬纸	16.1	1.4	11.8	1.1
生活用纸合计	1161.8	100	1049.4	100.0

（二）与发达国家和地区对比情况

我国大陆目前生活用纸的产品类别与日本、美国、西欧等发达国家和地区的情况基本一致，但与日本的统计归类略有不同；由于与发达国家和地区的消费习惯不同、公共场所配备生活用纸的情况不同，因此造成我国大陆各类生活用纸消费量的比例与发达国家和地区有着明显的差别，见表 12。

我国市场的擦拭纸（包括擦手纸和厨房纸巾）的所占比例较少，因此未来擦拭纸是增长的主要品类；另外，随着 TAD、复合型（类 TAD）等新型卫生纸机在我国大陆市场的推广和应用，这些类型的卫生纸机生产的产品蓬松度、吸水性高，生产厨房纸巾、擦手纸等产品具有更高的性价比，也将推动厨房纸巾、擦手纸消费量的增长。

表 12 2021 年美国、西欧、日本的生活用纸产品结构估计（消费量）

产品	日本	产品	美国	西欧
卫生纸	57%	卫生纸	47%	57%
面巾纸（含手帕纸、餐巾纸）	26%	面巾纸/手帕纸	5%	5%
擦拭纸（擦手纸、厨房纸巾）	13%	擦拭纸（擦手纸、厨房纸巾）	37%	29%
		餐巾纸	10%	7%
卫生用品用吸水衬纸及其他	4%	卫生用品用吸水衬纸及其他	1%	2%

注：数据来源于 FASTMARKETS RISI。

八、原料结构

2021 年，生活用纸委员会对原纸生产企业所使用的纤维原料种类进行了调查，由调查结果推算出生活用纸行业使用纤维原料的结构及与 2020 年的对比情况，见表 13。

表 13 2021 年生活用纸纤维原料结构及与 2020 年对比

纤维原料	比例/%	
	2021 年	2020 年
木浆	83.3	84.6
竹浆	12.1	9.7
蔗渣浆	2.0	2.9
苇浆 + 麦草浆	0.9	1.0
废纸浆	1.7	1.8

木浆依然是生活用纸行业的主要纤维原料，而且生活用纸行业使用木浆原料的比例远高于造纸行业平均水平（40%）。与 2020 年相比，2021 年木浆原料的比例有所下降，这是由于 2021 年木浆价格总体处于高位，从而带动四川竹浆的总体生产量，此外，江西理文卫生用纸制造有限公司、泰盛科技（集团）股份有限公司等领先企业的竹浆生产量均明显提升，使竹浆原料所占比例增加；蔗渣浆、苇浆及草浆、废纸浆的比例进一步下降。

九、技术进展

（一）引进最新技术设备，开发差异化产品，开拓市场空间

引进的新技术卫生纸机区别于传统卫生纸机，其生产的新产品为行业带来了新的变化。新技术卫生纸机包括 TAD，以及类 TAD 的复合型卫生纸机。目前国内的福建恒安集团有限公司、维达纸业（中国）有限公司 2 家企业引进了新技术卫生纸机。

2021 年 2 月，福建恒安集团有限公司宣布，拓斯克公司将向其福建和湖北的工厂提供 2 台 TADVISION® 热风穿透干燥卫生纸机，计划于 2023 年开机运行。福建恒安集团有限公司计划 2022 年 3 月投资 2 条配备自动化解决方案的维美德公司 Advantage QRT 卫生纸生产线，该生产线属于维美德公司最新的复合型技术，将分别在湖南和湖北的基地投产，主要生产高品质面巾纸和厨房纸巾，2 条生产线的产能合计约 7 万吨/年。

维达纸业（中国）有限公司投产了 4 台维美德公司的复合型卫生纸机，生产差异化的生活用纸，其具有高蓬松度、高吸收性，用于加工全新的厨房纸巾、擦手纸等擦拭产品。4 台卫生纸机合计产能 15 万吨。新技术纸机的引进，进一步提高了我国生活用纸企业的装备水平，而新产品的推出也为市场带来了更多差异化产品，增加市场的活力，开拓了市场空间。

（二）生产设备的国产化水平提高

国产卫生纸机制造水平的提高和高性价比使其

在现代化产能新项目中所占的比例持续高于进口纸机，见表 14。

表 14　2012—2021 年投产的现代化产能中进口和国产卫生纸机占比情况

年份/年	2012	2013	2014	2015	2016	2017	2018	2019	2020	2021
投产产能/万吨	110.5	83.15	124.3	103.92	134.19	221.58	182.5	178.1	184.8	278.6
其中：进口纸机/万吨	101.9	61.15	100	72.8	68.5	90.8	82.3	22.5	18	87.2
国产纸机/万吨	8.6	22	24.3	31.12	65.69	130.78	100.2	155.6	166.8	191.4
投产纸机数/台	33	35	41	42	66	111	84	95	95	117
其中：进口纸机/台	26	23	28	18	18	25	19	9	4	24
国产纸机/台	7	12	13	24	48	86	65	86	91	93

2021 年，国产（含中外合作）卫生纸机制造商合计在我国大陆投产现代化卫生纸机 93 台，合计产能 191.4 万吨/年，占大陆全年投产现代化卫生纸机总产能的约 68.7%。其中表现突出的包括佛山市南海区宝拓造纸设备有限公司 31 台、上海轻良实业有限公司 18 台。

在国产纸机的新技术方面，佛山市宝索机械制造有限公司未来结合数字化软件和用户终端，通过云平台来提高设备的智能化、信息化、远程化水平。通过该平台可以连接设备，展示运行数据和能源数据，形成生产报表；可以对服务系统进行升级，综合分析故障率生成报表，对设备进行维护保养周期的监控；在数字化方面，重点开发了 MES 系统功能模块，结合云平台的设备物联，将设备和人、料、工艺、质量等数据全面互融互通，实现远程监控。上海轻良实业有限公司继续优化和推广公司自主开发的智能化系统——“天眼”智能装备管家系统，可实现设备的运行管理、信息可视化、巡检管理等功能。例如，当需要进行日常检测时，通过系统录入需要检测的信息，可规划检测路线，并提示需要重点检测的指标，从而尽量减少人为原因导致的工作差错。溧阳市江南烘缸制造有限公司在推动钢制扬克烘缸国产化工作方面表现突出，截至 2021 年年底，已出厂钢制扬克缸 500 台/套。公司生产的钢制扬克缸从最初 3.6 米到目前亚洲最大、行业之最的 6.7 米，重量达 190 吨，成功进入国际市场。2021 年 8 月，山东信和造纸工程股份有限公司为乌兹别克斯坦国际纸业提供的卫生纸机顺利开机。佛山市宝索机械制造有限公司与中东地区某国家的轻工业龙头企业签订了一揽子的打包采购合同，覆盖该公司的新建年产 3.5 万吨高档生活用纸工业项目从造纸到后加工的总体配套设备。

生活用纸委员会调查显示，2021 年，共签约出口国产现代化卫生纸机 2 台，合计产能约 2.75 万吨/年；截至 2022 年 3 月，以佛山市南海区宝拓造纸设备有限公司、山东信和造纸工程股份有限公司、潍坊凯信机械有限公司、上海轻良实业有限公司、山东华林机械有限公司、金顺重机（江苏）有限公司、陕西炳智机械有限公司、诸城市大正机械有限公司、山东方源众和机械有限公司、保定市维拓造纸机械有限公司等为代表的国内知名纸机制造商出口海外的新月型及真空圆网型等卫生纸机共 43 台，产能合计约 74 万吨/年，出口地区为亚洲、非洲、欧洲。

（三）进口纸机供应商积极推动本土化进程并推广最新技术

1. 进口纸机供应商积极推动本土化进程，建设新的工厂和服务中心

2021 年 7 月 16 日，安德里茨（佛山）智能制造有限公司项目在佛山市南海区九江镇正式开工建设，该项目建成后的最大特点和优势将是数字化、精益和绿色。工厂规划将包含 OEE、TPM、AGV 以及数字孪生等先进的数字化智能管理，实现整个制造过程和管理的智能化。维美德公司将在广西北海投资建设一座新服务中心，预计 2023 年第四季度正式营业。新服务中心将为广西及周边地区的制浆造纸客户提供服务，主要业务集中在辊子维护、制浆设备服务以及包括正常停机管理在内的现场服务等。

2. 新的技术助力节能降耗、提升效率

针对卫生纸生产的节能降耗问题，安德里茨（中国）有限公司推出 PrimePress XT Evo 新型靴压技术，该技术采用新的高效能压榨设计，提高脱水效率并降低热能需求，可显著节能并提高产能。拓斯克公司推出了拓斯克钢制扬克缸内表面的可防止蒸汽腐蚀的特殊涂层，该涂层极其均匀，且具有优异的耐腐蚀性，可以防止化学腐蚀风险和其他相关问题，包括机械磨损、侵蚀以及会导致横幅水分不均

的虹吸管堵塞等。同时不会影响扬克缸的干燥效率，反而可以大幅降低由于虹吸管堵塞或内部腐蚀问题导致的紧急停机的风险，并减少定期内部检查所需的时间，从而增加了扬克缸设备综合效率，并将带来更高的工厂绩效。

3. 智能化、设备运行情况远程监测、远程维护仍然是高端设备发展的重点

维美德公司利用数字工具和远程协作，为世界各地的客户提供远程服务和解决方案。安德里茨公司推出的新型卫生纸机采用了 Metris——安德里茨数字工艺优化解决方案，可在调试和开机阶段提供远程协助，并优化生产。新型卫生纸机的设计车速可达到2200 米/分。拓斯克公司通过其气罩自动平衡系统提高了扬克缸气罩效率，纸机的干燥效率进一步提升。该系统可测量进出气罩的空气的多种属性，并自动调整系统以确保最高的生产率和能效。卫生纸厂可以通过远程连接，轻松地访问设备运行的数据。技术人员可以随时检查产品的生产效率，并进行预防性维护。

(四)加工和包装设备升级

佛山市南海区德昌誉机械制造有限公司的定格式立体无胶复合卫生纸生产线，加工过程中不需要胶水粘合，每一节纸有独立的花纹设计，总共拥有超过 200 个独立的设计，通过丰富的工艺方案，可以给客户更多的选择。在第 22 届中国专利奖评选中，佛山市南海区德昌誉机械制造有限公司荣获中国专利优秀奖。获奖专利为“一种卷筒无胶封尾装置”(专利号：ZL201710022170. 3)。

佛山市宝索机械制造有限公司推出的 YH – FD 自动抽取式面巾纸加工生产线配有无胶复合、点对点压花及定位压花功能，成品手感柔厚，使每节纸、每抽纸都呈现一个独立完整的花形。

法比奥百利怡机械设备(上海)有限公司新推出 X11 PRO 复卷机和 XDEC/8 压花单元。X11 PRO 复卷机配置双打孔刀，可缩短产品切换时停机换刀时间，而 XDEC/8 是国内第一款无需停机即可自动更换 2 个钢辊的压花机，设备的自动化程度进一步提高。

拓斯克公司推出 OPTIMA 系列分切复卷机，该设备可充分保护母卷的松厚度和柔软度，并增强复卷性能，从而提高整体生产效率。

(五)绿色发展

气候变化是当今人类面临的重大全球性挑战。2020 年 9 月，国家提出二氧化碳排放量力争于 2030 年前达到峰值，于 2060 年前实现碳中和的发展战略。在双碳目标发展战略的背景下，各级政府相继出台了相关的政策和举措。

全国碳排放权交易市场 2021 年 7 月 16 日上线，作为市场机制控制和减少温室气体排放、推动绿色低碳发展的一项重大制度创新，碳排放权交易持续引发市场关注。

海南省生态环境厅印发《关于试行开展碳排放环境影响评价工作的通知》，明确将在部分重点领域、重点产业园区、重点行业、重点项目中，试行开展碳排放环境影响评价，其中包括造纸行业。规划及建设项目碳排放环境影响评价范围为《京都议定书》中规定的 6 种温室气体，鼓励现有“两高”项目积极开展现状碳评工作，摸清碳排放现状，主动提出碳排放总量控制及减排要求。

行业内的企业也纷纷行动起来，开始布局绿色高质量发展。2021 年 12 月 8 日，首届碳中和博鳌大会在海南博鳌亚洲论坛国际会议中心开幕。会上，恒安集团当选中国节能协会碳中和专业委员会副主任委员单位，大会以“碳中和——引领发展之大变局”为主题，开展经验交融、观点交锋、智慧分享，为实现国家双碳目标和推动绿色低碳循环发展贡献力量。5 月 20 日，2021 金红叶“碳中和”产品研讨会暨核心经销商峰会在海南省成功举办，研讨会现场展示了金光纸业(中国)投资有限公司产品碳足迹计算结果。截至目前，金光纸业(中国)投资有限公司已拥有超过 26 万公顷的林区，每年固碳 271 万吨，同时已经启动了自有林地的碳排查项目。

维达纸业(中国)有限公司积极响应国际发展形势，履行节能减排责任。2021 年，维达的能源利用效率(每万港元销售额所消耗的标准煤)为 0. 21 吨，造纸废水循环利用率保持在 95% 以上，二氧化碳排放总量为 122. 05 万吨，碳排放强度(每万港元销售额所排放的二氧化碳)为 0. 65 吨；公司灵活贯彻绿色生产理念，制定了未来 5 年的可持续发展路线图，覆盖能源管理、碳排放、绿色供应链及可持续采购等八大范畴，公司采购的木浆全部具有森林管理体系认证。维美德公司推出“向碳中和未来迈进”的发展规划，计划包括二氧化碳减排目标和具体措施，目标是到 2030 年，将自身经营和供应链中二氧化碳的排放量分别降低 80% 和 20%。相信未来将会有越来越多的企业通过各种形式，参与到双碳目标发展战略的推进中。

(六)产品创新

2021 年，生活用纸企业的产品升级与创新主要集中在：一是应用新技术的卫生纸机，生产性能更

优的新产品，开拓新的市场空间；二是企业通过与文化 IP 的结合，设计新的包装，来突出强化自己的品牌形象；三是企业通过后加工过程开发差异化的产品，包括抑菌性产品、高端压花型产品等，针对特定市场，提高品牌的市场竞争力；四是使用绿色包装材料，践行环保和可持续发展理念。另外，保定雨森卫生用品有限公司、上海东冠纸业有限公司、胜达集团江苏开胜纸业有限公司等企业也在持续推广易冲散产品；弘安、清风、护理佳等品牌深耕乳霜纸产品，扩大其市场份额。

维达纸业(中国)有限公司引进维美德公司复合型卫生纸机，以全新 Air - Flash 风窝穿梭技术，推出得宝 Flash 闪吸厨房用纸，使厨房纸巾的吸收性更强，并通过 3D 立体压花，加倍紧实。维达纸业(中国)有限公司与中国航天·太空创想官方合作，新产品包装精选了“遨游太空”“问天征途”两款航天元素，致敬中国航天飞天梦实现的重大突破。中顺洁柔纸业股份有限公司推出油画系列的产品，通过与艺术家合作，将油画元素融入产品包装，提升消费者的文化艺术体验，打造高端的品牌定位。金红叶纸业集团有限公司旗下品牌“清风”特别推出“城市热爱之复兴”系列，迎接建党 100 周年，精选具有纪念意义的城市地标来纪念这一伟大节日。此外，清风还推出 Young 系列双色纸巾，新颖的包装形式，使一包面巾纸内抽纸颜色为双色，交替抽出不同颜色纸巾，外包装也运用粉蓝、粉红双色混搭，凸显 Z 世代缤纷独特的 lifestyle。福建朵朵云日用品有限公司的植护品牌全新推出“东东抢”系列生活用纸，产品以荔枝红为主色调，取唐代国风精髓，演绎国潮新时尚。四川环龙新材料有限公司的“斑布”推出狂浪敦煌系列和厨下生活系列。清风抑菌 Lotion 系列面巾纸结合了护肤和抑菌功能，抑菌效果可达到 99%；斑布推出抑菌系列润柔纸巾，产品蕴含护肤保湿因子，触感更丝滑，通过天然植物萃取复合配方，长效消灭细菌；浙江景兴纸业股份有限公司推出杀菌系列生活用纸新品，产品可多场景使用，满足各种场合杀菌需求。丽邦集团有限公司推出了甄选系列软抽纸新品，该产品采用 4 边压花加工工艺，不分层、超柔、超韧、超滑、耐湿水；保定雨森卫生用品有限公司全新推出泡泡摩粒压花纸巾，产品的平面柔滑又亲肤，凸面“摩粒”擦拭更干净。上海东冠纸业有限公司“洁云”4D 溶 + 卫生纸，升级采用纸包装材料，践行环保和可持续发展理念。

(七)应对渠道变化，拓展更多新营销方式

据国家统计局数据显示，2021 年全年全国网上零售额 130884 亿元，比 2020 年增长 14.1%。其中，实物商品网上零售额 108042 亿元，增长 12.0%，占社会消费品零售总额的比重为 24.5%。

生活用纸产品作为一种日常快消品，传统的经销商渠道、商超渠道依然是目前行业主流的营销模式。但随着新冠肺炎疫情的影响和互联网的高速发展，线上渠道为消费者提供了更多便利，同时线上渠道反应市场变化更加迅速，为中小企业提供了更直接的发展机会。越来越多的企业开始针对网络渠道的营销创新加速，网络渠道销售份额稳步增加。以生活用纸行业的头部领先企业的维达纸业(中国)有限公司为例，2021 年公司纸巾业务来自传统经销商、重点客户超市大卖场、商用客户和电商的收益分别占 25%、23%、11% 及 41%，电商渠道收益取得 19% 的自然增长。

2021 年，福建恒安集团有限公司积极把握消费模式趋势的发展机遇，大力发展电商业务及拓展新零售市场。年内电商渠道(包括零售通及新通路)销售收入增长超过 10% 至约 48 亿元(2020 年为 43 亿元)，而且占公司整体销售比例也增长至约 23.1%(2020 年为 19.1%)。其中，新销售渠道(包括在线到线下 O2O 平台、小区团购等)也取得良好的进展，销售收入超过 20 亿元，占公司整体销售比例超过 10%。面对渠道的快速变化，行业内的企业也纷纷通过新的营销方法、与平台合作等尝试，来拓展新的销售渠道。

十、产品及行业相关标准

生活用纸行业标准不断丰富和完善，同时也推出了一系列团体标准，对推动生活用纸行业高质量发展，满足市场和创新需要具有重要的指导作用。

2021 年发布和开始实施的标准：

(1)2020 年 7 月 21 日，国家市场监督管理总局(国家标准化管理委员会)批准公布了《GB/T 24328.1—2020 卫生纸及其制品 第 1 部分：术语导则》等 11 项生活用纸相关国家标准，2021 年 2 月 1 日起实施。

(2)2020 年 11 月 17 日发布，2021 年 12 月 1 日开始实施的消毒产品标签说明书通用要求(GB 38598—2020)，其中涉及生活用纸的纸巾(纸)包括面巾纸、餐巾纸、手帕纸、擦手纸、卫生纸(厕用卫生纸除外)等产品。

(3)《GB/T 40274—2021 生活用纸生产过程质量安全状态监测与评价指南》于 2021 年 5 月 21 日发

布，2021 年 12 月 1 日实施。

(4)《GB/T 40358—2021 卫生纸和擦手纸回用纤维使用规范》于 2021 年 8 月 20 日发布，2022 年 3 月 1 日实施。

(5)2021 年 3 月 1 日实施《工业用水定额：造纸》标准，该标准由水利部联合工业和信息化部发布，对造纸用水定额的先进值和通用值提出了要求。

(6)2021 年 2 月 5 日，四川省造纸行业协会、四川省造纸学会发布《T/SCSZX002—2021 竹浆生活用纸》团体标准，2021 年 3 月 1 日起实施。

(7)2021 年 2 月 3 日，宁夏化学分析测试协会发布《T/NAIA027—2021 餐饮用定制包装纸巾纸》团体标准，2021 年 2 月 15 日起实施。

(8)《T/NAHIEM29—2021 可接触食品用生活用纸》团体标准于 2021 年 3 月 29 日发布，2021 年 3 月 30 日实施。

(9)《T/NAHIEM30—2021 医护级纸巾纸(含医护级纸巾纸原纸)》团体标准于 2021 年 3 月 29 日发布，2021 年 3 月 30 日实施。

(10)《T/SZBX 021—2021 面巾纸》团体标准于 2021 年 9 月 1 日发布，2021 年 9 月 3 日实施。

(11)《T/CDZX 002—2022 保湿柔纸巾纸》团体标准于 2022 年 3 月 5 日发布，2022 年 3 月 30 日实施。

(12)《T/CTAPI 002—2022 匠心产品生活用纸》于 2022 年 4 月 21 日发布，5 月 1 日起实施，该项团体标准由中国制浆造纸研究院有限公司、中轻(晋江)卫生用品研究有限公司与行业多家相关单位共同起草，中国造纸学会归口并批准发布。

《擦手纸》《厨房纸巾》《马桶垫纸》《纸巾》的标准正在修订，《本色浆》的标准正在制定。

十一、市场展望

(一)行业面临的机遇与挑战

我国生活用纸行业主要原材料纸浆依靠进口程度高，新冠肺炎疫情等多重因素引发纸浆等大宗商品价格持续上涨，再加上能源价格上涨等因素，短期内将给国内生活用纸行业带来很大的成本压力。如果浆价持续上涨，同时由于行业产能过剩，市场竞争激烈，企业面临着产品价格很难与纸浆价格同幅度上涨的局面，难以实现合理的利润空间，纸企将面临亏损而被迫停产，这必将影响纸企的总体开工率。林浆纸一体化及具有能源优势的企业竞争力增强。

国家“双碳目标”发展战略将持续推进，相关政策的不断出台与落地，也将对企业的节能降耗提出更高的要求。实现低碳绿色发展将是企业转型的必经之路。企业应做好技术升级，推动数字化、智能化的发展，向高质量发展转型。通过与高校、科研院所的合作，针对性地提高企业生产技术的短板。生活用纸行业整体发展相对成熟，产品结构相对稳定，企业应找准定位，善于发现消费者需求，开发差异化的产品，拓展新的市场空间，避免同质化竞争。

互联网经济的快速发展，加上新冠肺炎疫情对人们消费习惯的影响，新零售对企业产品营销的影响力更加重要。行业企业需要抓住新零售发展机遇，实现数字化转型，打通新零售的营销链路，借助线上营销渠道，提高企业的数字化营销能力。

目前，我国生活用纸人均消费量与 Fastmarkets RISI 估计的 2021 年美国(29 千克)、西欧和日本(16～17 千克)等发达国家和地区的人均消费量相比，仍然较低。长期来看，行业仍有继续增长的空间。与发达国家和地区相比，擦拭类产品占比较低，因此从增长的产品品类来看，擦拭纸是增长的主要品类。近年来我国生活用纸行业产能增长的速度也在不断提升，从 1993 年生活用纸委员会有数据记录以来，行业总产能从 1993 年的 100 多万吨增长至 2015 年的超过 1000 万吨，历经了 22 年的时间。而预计行业总产能超过 2000 万吨将在 2022 年或 2023 年实现，这将仅用时 7—8 年。目前行业已公布 2022 年及之后计划新增产能超过 1000 万吨。如按此速度发展，预计行业产能超过 3000 万吨可能将在 2028 年前后实现，产能过剩问题将非常严峻，企业应谨慎和理性投资。未来，由于产能过剩，价格战将不可避免，大企业具备品牌知名度和规模效益，将在激烈的竞争中继续保持领先地位，抗风险能力差的中小企业将被逐步淘汰出局。

(二)规模和容量预测

基于比较保守的预测，到 2022 年，总产能在 2021 年 1878 万吨的基础上新投产产能 150 万吨，淘汰和停产产能 50 万吨，总产能达到 1978 万吨。按行业设备平均开工率 65% 计，2022 年生产量达到 1285 万吨，净出口量 65 万吨，消费量 1220 万吨(按同比增长约 5% 计)，年人均消费量 8.6 千克。

(周　杨　郭凯原　葛继明　张升友　漆小华　曹宝萍　张玉兰)

2021 年我国一次性卫生用品行业概况和展望

Overview and Outlook of Disposable Hygienic Products Industry in China in 2021

2021 年国内一次性卫生用品(包括吸收性卫生用品和擦拭巾)市场发展放缓。其中，经期裤、成人失禁用品的消费量比 2020 年显著增长，婴儿纸尿裤的消费量自 2020 年首次出现下降以来，2021 年继续下降且下降幅度增大。2021 年吸收性卫生用品的市场规模(市场总销售额)约 1142.5 亿元，比 2020 年下降 5.9%。擦拭巾的市场规模约为 214.2 亿元，比 2020 年下降 4.6%。

在吸收性卫生用品(包括女性卫生用品，婴儿纸尿裤、片和成人失禁用品)市场总规模中，女性卫生用品(包括卫生巾、经期裤和卫生护垫)占 54.1%，婴儿纸尿裤、片占 36.1%，成人失禁用品(包括成人纸尿裤、片和护理垫)占 9.8%，相比 2020 年，女性卫生用品比例略有提升，婴儿纸尿裤、片比例继续下降，成人失禁用品比例继续提升，见表 1。

2018—2021 年，一次性卫生用品的市场规模和消费量复合年均增长率见表 2 和图 1。

表 1　2017—2021 年吸收性卫生用品市场规模中各类产品比例

产品	2017 年	2018 年	2019 年	2020 年	2021 年
女性卫生用品	46.3	50.0	49.1	50.5	54.1
婴儿纸尿裤/片	48.2	43.8	42.8	40.0	36.1
成人失禁用品	5.5	6.2	8.1	9.5	9.8

表 2　2018—2021 年一次性卫生用品的市场规模和消费量及复合年均增长率

项目	年份	女性卫生用品	婴儿纸尿裤/片	成人失禁用品	擦拭巾
市场规模/亿元	2021	617.8	412.6	112.1	214.2
	2020	613.0	486.0	115.0	224.6
	2019	572.4	499.0	93.9	192.9
	2018	563.0	493.7	70.3	189.5
复合年均增长率/%		3.1	-5.8	16.8	4.2
消费量/亿片	2021	1202.5	336.4	72.4	59.3
	2020	1220.9	375.8	63.0	59.6
	2019	1199.0	393.6	53.5	41.0
	2018	1193.4	378.7	44.1	29.3
复合年均增长率/%		0.3	-3.9	18.0	26.5

注：表中擦拭巾消费量以“非织造布用量/吨”计。

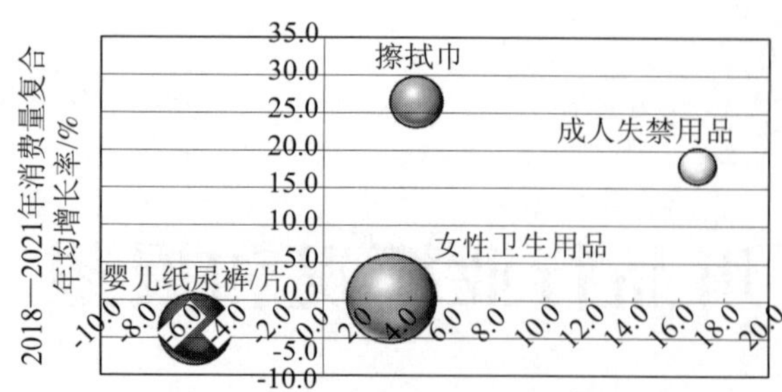

图1 2018—2021年一次性卫生用品的市场规模和消费量的增长情况（CAGR）

注：图中擦拭巾消费量复合年均增长率为非织造布用量复合年均增长率。

一、市场规模

1. 女性卫生用品

2021 年，女性卫生用品市场平稳发展，市场规模继续增长，但增速放缓。根据中国造纸协会生活用纸专业委员会（以下简称“生活用纸委员会”）统计，卫生巾的生产量约 906.4 亿片，比 2020 年减少 4.1%；工厂销售量约 969.4 亿片，工厂销售额约 311.2 亿元，分别比 2020 年增长 1.2% 和 0.3%；消费量约 891.8 亿片，比 2020 年增长 0.2%。参加统计的企业中，经期裤生产量约 11.4 亿片，比 2020 年增长 44.3%；工厂销售量约 11.3 亿片，工厂销售额约 19.5 亿元，分别比 2020 年增长 59.2% 和 50.0%。经期裤平均出厂价出现下降，使其工厂销售额的增长低于工厂销售量的增长。卫生巾和经期裤合计市场规模约 569.3 亿元，比 2020 年增长 2.5%。卫生护垫生产量约 314.1 亿片，工厂销售量约 326.7 亿片，工厂销售额约 29.4 亿元，分别比 2020 年下降 7.8%，4.9% 和 13.5%；卫生护垫平均出厂价下降 9.1%，导致工厂销售额下降幅度大于工厂销售量的下降幅度；消费量约 299.4 亿片，市场规模约 48.5 亿元，分别比 2020 年下降 7.4% 和 15.8%。女性卫生用品合计市场规模 617.8 亿元，比 2020 年增长 0.8%。

2021 年，虽然 15～49 岁（适龄女性）人口继续减少，但实际上，女性初经低龄化和行经时间延长，为卫生巾市场容量扩充提供了空间。同时，人均可支配收入和女性消费者卫生意识的提高，使女性卫生用品的消费量略有增长。尤其是经期裤产品的工厂销售量增长率达到 59.2%，显示经期裤产品作为夜用卫生巾的延伸产品得到广大女性消费者的青睐，特别是对于初经和低龄女孩，家长一般都会准备经期裤以免弄脏衣物和床品。正因如此，2021 年经期裤生产量、销售量大幅增长，市场竞争及品牌推广活动导致经期裤的平均单价出现下降。

卫生护垫延续了近几年下降的趋势，生产量、工厂销售量、工厂销售额、平均出厂价、消费量、市场规模都出现不同程度的下降，显示卫生护垫的市场容量持续萎缩。

2. 婴儿纸尿裤、片

2021 年，婴儿纸尿裤、片整体市场规模较 2020 年出现明显下降。根据生活用纸委员会统计，婴儿纸尿裤、片总生产量约 385.2 亿片，工厂总销售量约 395.3 亿片，分别比 2020 年降低 9.1% 和 4.6%；总消费量约 336.4 亿片，比 2020 年下降 10.5%。婴儿纸尿裤、片的工厂销售额合计约 308.1 亿元，比 2020 年下降 8.3%；市场规模为 412.6 亿元，比 2020 年下降 15.1%。市场渗透率由 2020 年的 77.3% 增长到 81.5%，增长 4.2 个百分点。

其中，2021 年我国婴儿纸尿裤的生产量、工厂销售量和销售额近年来首次出现下降，呈现量价齐跌的情况。我国 0～2 岁婴儿人数持续下降，使得国内婴儿纸尿裤需求量下降，是市场规模降低的最主要因素。同时，婴儿纸尿裤的市场渗透率则进一步提高。虽然整体市场呈现萎缩，但按产品类型计，内裤式婴儿纸尿裤相比胶贴式的销售量比例增长显著，2021 年所占比例增长到 40.7%（2020 年为 35.6%），内裤式产品所占比例逐年提高也反映出我国消费者对该类产品的接受度提高，以及产品使用习惯的改变，向内裤式产品消费升级。婴儿纸尿片的工厂销售量和销售额同比延续了前两年的下降趋势，该类产品在我国消费者中的使用量正在逐步降低。

据海关总署数据显示，2021 年我国婴儿纸尿裤、片的出口量和出口额继续增长，进口量和进口额则进一步降低，净出口额同比增长 55.9%。据生活用纸委员会的行业统计数据显示，2021 年我国婴儿纸尿裤出口业务虽然受到国际物流受阻等不利因素的影响，但仍然保持了增长的趋势，说明国外市场对我国生产的婴儿纸尿裤产品有稳定的需求。其中，福建恒安集团有限公司、婴舒宝（中国）有限公司、泉州天娇妇幼卫生用品有限公司、美佳爽（中国）有限公司等福建企业的婴儿纸尿裤出口增长较为亮眼。

2021 年，我国婴儿纸尿裤、片行业经历了困难和变化的一年，市场需求下降、各项统计数据指标都有不同幅度的下滑，市场环境发生了很大的变化。婴儿纸尿裤市场面临着实际用户数量减少、产品需求量下降、市场竞争加剧的局面；主要原材料价格明显上涨，增加了企业的生产成本；海运费用增加、集装箱紧缺，导致许多生产商出口受阻；线下经销商和母婴店仍是婴儿纸尿裤销售的重要渠道，是主要生产企业持续深耕的领域；新零售时代，新的营销模式层出不穷，线上渠道从传统意义上的天猫、淘宝、京东等电商渠道，变得更加多元化。新冠肺炎疫情暴发以来，国内消费不振，很多消费者缩减了日常支出，对婴儿纸尿裤的需求也出现分化，一方面，有些消费者更加注重性价比，希望选择“便宜好用”的产品，使得产品价格承受压力；另一方面，还有一些消费者始终青睐附加值高的优质产品，部分三四线城市的消费者也在追求消费升级，因此高端优质产品仍能保持自己的市场份额。这些市场情况的变化为 2021 年婴儿纸尿裤企业的经营带来了一定的挑战。

3. 成人失禁用品

2021 年，成人失禁用品消费量继续保持两位数增长，但市场规模略有下降。其中，成人纸尿裤产销量均略有下降，由于受到出口减少和国内激烈竞争的影响，导致平均出厂价有所降低。护理垫产销量增长明显，由于该产品使用便捷，且使用量相对较大，国内市场部分生产商扩大产能。尽管消费量增长，但受到平均出厂价降低的影响，市场规模的涨幅相对低于消费量涨幅。成人纸尿片的消费量和市场规模略微增长，其中大部分成人纸尿片产品出口海外市场。

成人失禁用品的细分品类中，轻度失禁用品刚刚起步，部分跨国公司和主流国内生产企业，已经筹备或开始研发、推出轻度失禁用品。目前已推出轻失禁产品的国产品牌有安而康、便利妥、捷护佳、可靠、珍琦、轻肤理等。

根据生活用纸委员会统计，成人纸尿裤生产量约 55.3 亿片，工厂销售量约 57.0 亿片，工厂销售额约 82.3 亿元。成人纸尿片生产量约 12.4 亿片，工厂销售量约 11.1 亿片，工厂销售额约 7.1 亿元。护理垫的生产量约 44.7 亿片，工厂销售量约 40.7 亿片，工厂销售额约 26.4 亿元。统计在册的轻度失禁用品产量约 8.07 亿片，工厂销售量约 7.93 亿片，工厂销售额约 2.62 亿元。成人失禁用品合计的工厂销售额约 118.4 亿元，市场规模约 112.1 亿元，比 2020 年下降 2.56%。

成人失禁用品在按片计的总消费量中，纸尿裤占 57.6%，比 2020 年减少 13.7 个百分点，纸尿片占 6.4%，比 2020 年减少 0.9 个百分点，护理垫占 35.9%，比 2020 年增加 14.5 个百分点，轻度失禁用品占 0.1%。

我国市场对成人失禁用品的消费观念以及人们的卫生习惯正在发生变化。尤其是 2020 年暴发新冠肺炎疫情以来，接受医疗护理的患者激增，在医疗救助或居家康复护理阶段，促进了护理垫用量的增长，部分国内成人失禁用品生产企业加大了护理垫的生产量。其次，护理垫产品不仅可作为失禁用卫生用品，普通手术、医院检查、体检等卧床时均可使用，方便卫生。成人纸尿裤产销量的回落，主要原因是受到出口量减少的影响，根据海关总署数据显示，成人纸尿裤 2021 年出口数量和出口金额同比均有所降低。此外，在 2020 年我国各地出现新冠肺炎疫情时，大部分医护人员在穿着防护服期间不能按时如厕，促进了成人纸尿裤的阶段性用量增长，2021 年由于我国有效的疫情防控措施，防疫工作进入常态化并处于可控范围，因此成人纸尿裤的使用相对回落。

4. 擦拭巾

从 2017 年开始，生活用纸委员会以非织造布用量为依据对擦拭巾的生产情况进行统计。擦拭巾包括干巾和湿巾，根据企业填报数据推算，2021 年擦拭巾行业总计消耗非织造布约 59.3 万吨，比 2020 年减少 0.5%，擦拭巾工厂销售额总计约 210.6 亿元，比 2020 年减少 7.0%，市场规模约为 214.2 亿元，比 2020 年减少 4.6%。

全球新冠肺炎疫情暴发使国内外卫生消毒产品需求激增，带动了卫生湿巾和消毒湿巾的消费量大幅增长，国内外市场的双增长使擦拭巾的工厂销售额和市场规模出现双位百分数增长。随着疫情防控的常态化，湿巾需求趋于正常，使湿巾的非织造布消耗量和工厂销售额从 2020 年的高位回落正常水平。2021 年，我国湿巾的出口量与 2020 年相比，下降 44.6%，出口产品平均价格下降 36.0%。

二、主要生产商和品牌

1. 女性卫生用品

经过多年的发展，女性卫生用品市场已基本饱和，没有大型企业进入。2021 年，生活用纸委员会统计在册的女性卫生用品生产企业约 597 家，比 2020 年减少 87 家，总体集中度仍然较低，市场竞争者仍由多个生产商组成。领先生产商分布在北京、上海、浙江、福建、河南、湖北、广东、广西、重庆、云南等地，本土生产商主要有：福建恒安集团有限公司、浙江景兴纸业股份有限公司、重庆百亚卫生用品股份有限公司、佛山市啟盛卫生用品有限公司。本土品牌主要有：丝宝、洁伶、倍舒特科技、全棉时代、美洁、清逸堂、佳健、舒莱、护理佳、可悦、杭州川田、余宏、新感觉、康那香、广东康怡、广东川田等。国际生产商主要有：宝洁公司、尤妮佳公司、金佰利公司、花王公司。高端市场的品牌集中度很高，国际性品牌有：苏菲、护舒宝、高洁丝、乐而雅等；本土企业全国性品牌有七度空间、ABC、自由点、U适、洁婷、奈丝公主等，区域性品牌有小妮、洁伶、美洁、日子、舒莱、佳期、倍舒特、护理佳、安琦、月满好、新感觉、康乃馨等。

2021年，适龄女性(15~49岁)人口持续减少，女性卫生用品的消费人群基数继续缩小。另外，卫生巾(海关商品编号96190020下的进口商品)进口数量自2020年首次出现下降以来，2021年延续下降的趋势，但是平均进口单价略有上涨，进一步证明，国内生产的卫生巾产品基本可以满足消费者需求，只有少部分高端产品需要进口。

新冠肺炎疫情在全球继续蔓延，造成原材料涨价、物流受阻、运费上涨等诸多负面影响，导致大部分区域品牌业绩下滑。2021年，福建恒安集团有限公司卫生巾业务销售收入下降8.1%至61.2亿元(2020年为66.5亿元)，占公司整体收入接近29.4%(2020年为29.7%)。即使面对市场竞争压力，公司仍然坚守理性稳定的定价策略，卫生巾业务的毛利率基本维持稳定，约为70.5%。旗下卫生巾品牌七度空间一直是国内市场的领导者，销量及市场占有率长期处于领先地位。高端产品Space 7主攻成熟白领群，销售于2021年内保持正面发展，持续助力集团稳步发展高端市场，提升高端产品的比例。

维达纸业(中国)有限公司个人护理用品业务收益增加9.3%至31.75亿港元，增幅按固定汇率换算为6.2%，占公司总收益的17%(2020年为18%)。个人护理用品业务的毛利率及分部业绩溢利率分别为35.1%、5.8%。女性护理用品方面，Libresse薇尔以高质量及“动态贴合”剪裁，备受新时代女性信赖。为深化高端品牌形象，薇尔中国推出的新品植萃V感系列卫生巾以SecureFit™技术提供亲肤体验。此外，薇尔同样深受东南亚市场欢迎，于2021年推出SensitiV系列产品及吸收型经期裤，丰富产品品种，继续保持马来西亚市场的第一位置。

2021年，重庆百亚卫生用品股份有限公司实现营业收入14.6亿元，较2020年同期增长16.97%；归属于上市公司股东的净利润2.3亿元，较2020年同期增长24.89%。公司卫生巾收入11.8亿元，较2020年同期增长25.04%，其中，中高端产品自由点卫生巾收入占公司卫生巾收入的比例超过95%，中高端产品的增长是公司为业绩提升的主要驱动力之一。

2021年，宝洁公司在大中华地区的女性护理用品(含成人失禁用品)销售量出现了1位百分数的下降，婴儿护理用品销售量出现2位百分数的下降。

2021年，金佰利公司在发展中地区和新兴市场的个人护理用品净销售额增长了14%。主要贡献来自：一是收购Softex Indonesia公司使销售额增加了大约4%；二是销售量扩大使销售额增长了3%；三是产品净售价提升使销售额增加4%；四是产品组合优化使销售额增加3%。在所有发展中地区和新兴市场，个人护理用品有机销售额都获得增长，增长率从高一位数到低两位数不等。

花王公司乐而雅卫生巾在我国的销量和市场份额稳定增长，主要得益于加速发展电子商务等方面的努力。

尤妮佳公司的高端女性护理用品在我国年轻一代消费者中很受欢迎，尤其是经期裤产品和有机棉卫生巾获得了较高的增长率。

女性卫生用品销售额增长显著的其他企业主要有：北京倍舒特科技发展有限公司增长37.2%，北京倍舒特妇幼用品有限公司增长29.4%，深圳全棉时代科技有限公司增长24.3%，上海月月舒妇女用品有限公司增长23.8%，杭州淑洁卫生用品有限公司增长22.6%，杭州可悦卫生用品有限公司增长17.4%，石家庄顺美生活用纸科技有限公司增长15.0%，河北义厚成日用品有限公司增长9.0%，广东康怡卫生用品有限公司增长8.4%，江苏三笑集团有限公司增长8.0%，中山佳健生活用品有限公司增长7.0%，上海舒晓实业有限公司增长6.7%，杭州川田卫生用品有限公司增长6.5%。江苏智艾优禾科技集团有限公司的经期裤实现了翻倍增长。

2. 婴儿纸尿裤、片

2021年，生活用纸委员会统计在册的婴儿纸尿裤、片生产企业599家，比2020年减少117家，市场竞争者仍由多个生产商组成。领先生产商主要集中在北京、江苏、浙江、福建、江西、湖北、湖南、广东、贵州等地。本土生产商包括：福建恒安集团有限公司、杭州千芝雅卫生用品有限公司、广东昱升个人护理用品股份有限公司、杭州豪悦护理用品股份有限公司、泉州天娇妇幼卫生用品有限公司、贵州卡布婴童用品有限责任公司、泉州市嘉华卫生用品有限公司、湖南舒比奇生活用品有限公司、广东茵茵股份有限公司、爹地宝贝股份有限公司、雀氏(福建)实业发展有限公司、杭州可靠护理用品股份有限公司、广东欧比个人护理用品有限公司、东莞市常兴纸业有限公司、凯儿得乐(深圳)科技发展有限公司等；国际生产商主要有：宝洁公司、尤妮佳公司、金佰利公司、花王公司、大王公司等。高端市场的品牌集中度很高，国际性品牌有：帮宝适、妈咪宝贝、Moony、好奇、妙而舒、GOO. N 等；全国性品牌有安儿乐，区域性品牌有：名人宝宝、吉氏、妈妈咪呀、妈咪亲、卡比布、宜婴、舒比奇、茵茵、爹地宝贝、雀氏、酷特适、宾比、一片爽、凯儿得乐等。

2021 年，福建恒安集团有限公司旗下高档升级婴儿纸尿裤品牌 Q・MO 表现亮眼，销售同比增长约 18.6%，所占比例进一步提升至约 26.2%。福建恒安集团有限公司加强发展电商以及母婴渠道的销售布局，产品销售成绩理想，纸尿裤电商及母婴渠道的销售比例分别提高至接近 50% 及超过 14.5%。随着纸尿裤市场的销售渠道变得更加多元化，传统渠道销售加速下跌超过 20% 并抵消了高端纸尿裤销售的增长，加上其他品牌采取更进取的促销策略以抢占市场份额，市场竞争更趋激烈，导致纸尿裤业务的销售收入有所下跌。另外，尽管高端产品销售及所占比例提高，但由于用于纸尿裤的 SAP 原材料年内供应紧张致成本上升及对纸尿裤终端产品进行清理时所产生额外促销费用，福建恒安集团有限公司纸尿裤业务的毛利率下降至约 37.7%(2020 年为 39.6%)。

2021 年，在大中华地区，受到市场竞争激烈和新冠肺炎疫情对消费抑制等因素的影响，宝洁公司的婴儿护理产品销售量出现 2 位百分数下降。宝洁公司表示，继续看好中国消费市场和创新环境，将扩大在华布局，更好服务中国消费者。2021 年 7 月 30 日，宝洁公司大中华区智能技术创新中心在广州启用，这是宝洁公司全球三大智能技术创新中心之一。

我国的婴儿出生率降低给金佰利公司婴儿纸尿裤销售带来了压力，为了推动产品销量增长，金佰利公司积极进行产品创新、推出高端产品并投资于电商平台建设。

2021 年花王公司在我国市场推出高端婴儿纸尿裤产品，以提升妙而舒 Merries 在我国的品牌价值，同时，花王公司希望扩大婴儿纸尿裤在我国本土的生产，以快速响应我国消费者需求和市场环境的变化。2021 年 8 月 18 日，花王公司在我国推出了全新的 Merries“成长一步”婴儿学步裤系列产品，搭载了花王公司最先进的技术，并计划在 2021 年 5 月竣工的花王公司(合肥)工厂(二期)进行生产并实现稳定供应。

由于我国婴儿出生率降低，本土生产商的崛起，消费者对日本进口婴儿纸尿裤需求降低等原因，尤妮佳公司通过跨境电商出口到我国的日本生产婴儿纸尿裤销量下降，在我国生产和销售的“妈咪宝贝”纸尿裤也面临激烈的竞争。为了提高利润率，尤妮佳公司努力推广在我国生产的 moony 系列高端婴儿纸尿裤，主要在电商和母婴店渠道销售。

婴儿纸尿裤、片销售额有明显增长的企业有：江西省美满生活用品有限公司增长 2.7 倍，婴舒宝(中国)有限公司增长 1.8 倍，桂林洁伶工业有限公司增长 1.7 倍，泉州市嘉华卫生用品有限公司增长 1.3 倍，杭州川田卫生用品有限公司增长 1.2 倍，广东贝禧护理用品有限公司增长 25.3%，福建新亿发集团有限公司增长 19.7%。

3. 成人失禁用品

2021 年，生活用纸委员会统计在册的成人失禁用品生产商 399 家，比 2020 年减少 50 家，领先企业主要分布在北京、河北、辽宁、上海、江苏、浙江、福建、山东等地。本土领先生产商主要有：杭州可靠护理用品股份有限公司、福建恒安集团有限公司、杭州千芝雅卫生用品有限公司、杭州珍琦卫生用品有限公司、杭州淑洁卫生用品有限公司、杭州豪悦护理用品股份有限公司、北京倍舒特妇幼用品有限公司、苏宁控股集团有限公司、上海亿维实业有限公司、山东爱舒乐卫生用品有限责任公司、上海唯尔福集团股份有限公司、辽宁汇英般舟医用材料有限公司、江苏永福康卫生用品科技有限公司、福建省莆田市荔城纸业有限公司等；国际生产商有维达国际控股有限公司、金佰利公司、尤妮佳公司等。国际性品牌有添宁、得伴、乐互宜等；全国性品牌有可靠、安而康、爱舒乐；区域性品牌有千芝雅、自由生活、益年康、汇泉、捷护佳、安帕、宝莱、爱舒乐、唯尔福、会好、永福康、佳爽爱康、一把手等。

2021年，福建恒安集团有限公司有效把握我国成人失禁用品市场的增长机遇，受惠于国内成人纸尿裤渗透率上升及理想的产品出口销售情况，安而康的市场渗透率持续提高，成人纸尿裤业务销售年内保持正面的增长，占整体纸尿裤业务销售约20.8%。

伴随着亚洲人口老龄化现象日益普遍，维达纸业(中国)有限公司的失禁护理用品业务保持增长趋势。为了加强及普及社会大众对失禁护理产品的了解与认识，维达纸业(中国)有限公司旗下失禁护理用品品牌添宁，联合老龄人群相关组织，共同发布行业健康报告，同时携手网红举行失禁品类教育宣讲，推动线上销售，并设立38家健康体验中心进行线下营销，扩大添宁品牌的影响力及市场渗透率。旗下包大人品牌，结合线上线下渠道发展，不断完善消费者购物体验和增值服务，实现销售增长。

成人失禁用品销售额增长较多的企业有：北京倍舒特妇幼用品有限公司增长26.40%，杭州可靠护理用品股份有限公司增长20.63%，上海唯尔福集团股份有限公司增长15.91%，杭州淑洁卫生用品有限公司增长14.05%，辽宁汇英般舟医用材料有限公司增长11.83%，江苏永福康卫生用品科技有限公司增长11.30%。

4. 宠物卫生用品

2021年，生活用纸委员会统计在册的宠物卫生用品生产企业共65家，比2020年增加3家，主要分布在天津、安徽、江苏、山东、河北、浙江、上海、福建等省市。

2021年，我国市场中的几家大型宠物卫生用品生产企业销售业绩较2020年均有所增长。尽管随着我国经济的发展和传统家庭结构的改变等因素影响，宠物饲养者人数逐渐增多，但是，宠物卫生用品仍以出口为主，出口量占生产量的比例高达83.5%。我国宠物卫生用品的市场消费仍然需要一定时间的培育和消费意识的提高，未来或会有更多的中国家庭将感情投注于宠物身上，愿意为宠物进行此方面的消费。

产品结构上，消费量所占比例最大的产品为宠物垫，因其使用便捷，所以用量要高于宠物纸尿裤。宠物卫生用品主要生产商均有宠物垫生产，但宠物纸尿裤则不一定，也间接验证了这一使用趋势。未来，或有更多生产企业进入该市场，成为新的产品增长点。

5. 擦拭巾

2021年，生活用纸委员会统计在册的擦拭巾(包括干、湿巾)生产企业912家，比2020年增加64家。领先生产商主要分布在辽宁、上海、江苏、浙江、安徽、福建、河南、广东、重庆等地，但全国性品牌不多，还有很多以代工为主的企业。

福建恒安集团有限公司的湿巾业务，虽然2021年上半年有所下跌，但得益于深受消费者欢迎的升级版湿巾，恒安集团持续拓展国内湿巾市场份额，下半年恢复双位数增长，保持在湿巾市场的领导地位。2021年恒安集团全年湿巾销售收入约为7.4亿元(2020年为7.3亿元)，占生活用纸业务销售的比例增长至约7.5%(2020年为7.1%)。

2021年，维达纸业(中国)有限公司生活用纸及湿巾业务收益为155.01亿港元，同比增长13.9%，增幅按固定汇率换算为7.2%，占公司总收益的83%(2020年为82%)。湿巾业务的毛利率及分部业绩溢利率下降4.1个百分点至12.4%。为了满足市场对消毒产品的需求，维达纸业(中国)有限公司研发推出超迷你湿厕纸等，不断拓宽产品种类，延续湿巾业务在我国内地市场的强劲发展势头。

据生活用纸委员会统计，通用型湿巾和婴儿专用湿巾仍是比例最大的类别，且通用型湿巾比例稍有下降，婴儿湿巾比例略有增长。一般来说，如果按照用途分类，消毒和卫生湿巾大部分归入通用型湿巾，由于这两类湿巾在2020年新冠肺炎疫情期间大幅增长，2021年回归常态，通用型湿巾所占比例也随之变化。2020年以来卸妆用湿巾比例连续减小，主要是由于疫情期间人们佩戴口罩，上妆的机会减少，卸妆湿巾的需求也随之减少。2020年，厨房湿巾比例获得大幅提升，主要是因为疫情期间人们居家时间长，厨房使用频率高，所以对清洁用品的需求更大，2021年厨房湿巾比例有所回落。厕用湿巾(湿厕纸)比例继续显著增长，显示这个新品类在消费者中的认知度日渐提高。同时，女性卫生湿巾的比例已连续2年出现下降，分析可能是厕用湿巾替代了部分女性卫生湿巾。与2020年相比，其他用途湿巾比例有所提升，主要包括宠物湿巾、擦鞋湿巾、羽绒服清洁湿巾、眼镜防雾湿巾、车载湿巾等细分产品，显示湿巾的品类发展越来越多元化、差异化。

干擦拭巾的比例出现较大幅度的提升。棉柔巾质地柔软、细腻，使用起来无刺激性、吸水力强，而且韧性好、不易变形，既可代替毛巾擦脸，也可替代化妆棉使用，而且干湿两用，一经推出就受到年轻消费者的追捧，近2年普及率不断提升。而干擦拭巾的应用，并不仅限于棉柔巾、洗脸巾，厨房场景中干擦拭巾(懒人抹布)搭配厨房湿巾使用，可达到事半功倍的效果；地板清洁用的静电擦拭巾也为忙碌的生活提供了便利。新的应用场景的开发，直击人们的痛点，再加上短视频种草，使不同用途的干擦拭巾得以迅速推广，见表3。

表3　按用途分类各品类擦拭巾的生产量及其比例（以非织造布用量计）　单位:%

品类	2021 年	2020 年
湿巾	90.2	94.5
其中：通用型	32.8	35.8
婴儿专用	37.4	34.8
女性卫生专用	2.2	9.4
卸妆用	1.1	4.2
厨房用	5.2	6.9
厕用	5.9	3.0
其他用途	5.6	0.4
干巾	9.8	5.5

2020 年，生活用纸委员会在对湿巾产品进行统计时，特别增加了按产品功能分类的统计方式，表4所示为清洁湿巾、卫生湿巾、消毒湿巾的比例情况。可以看出，2021 年随着疫情防控的常态化，消毒湿巾和卫生湿巾的用量比 2020 年减少，其在干湿擦拭巾中的比例有所下降。

表4　按功能分类各品类擦拭巾的生产量比例（以非织造布用量计）单位：/%

品类	2021 年	2020 年
湿巾	90.2	94.5
其中：清洁湿巾	48.6	28.6
卫生湿巾	19.9	23.9
消毒湿巾	21.7	42.0
干巾	9.8	5.5

三、进出口情况

1. 吸收性卫生用品出口保持增长，进口持续下降

2021 年，虽然受到新冠肺炎疫情和海运费用上涨等因素的影响，吸收性卫生用品出口整体仍呈现良好的增长趋势，出口量保持高个位百分数增长，达到 103.09 万吨，并且产品的平均价格也有小幅上涨。

吸收性卫生用品出口总额占行业总体工厂销售额的 13.6%，比 2020 年减少 9.3 个百分点。2021年吸收性卫生用品的出口量比 2020 年增长 8.76%。出口额增长 12.66%（2020 年比 2019 增长 8.14%），出口产品中比例最大的是成人失禁用品(含宠物垫，包括出口商品编码 48189000、96190019 和 96190090)，占总出口量的 52.74%。其次为婴儿纸尿裤产品(出口商品编码 96190011)，占总出口量 35.52%，卫生巾(出口商品编码 96190020)占总出口量的 11.73%。2021 年一次性卫生用品出口情况见表5。

表5　2021 年一次性卫生用品出口情况

商品编号	商品名称	金额/美元	数量/吨	平均价格/(美元/吨)	同比/%		
					金额	数量	平均价格
吸收性卫生用品合计		3040304342	1030867.745	2949.27	12.66	8.76	3.59
48189000	纸浆、纸等制的其他家庭、卫生或医院用品	519660795	257025.502	2021.83	19.91	15.64	3.69
96190011	供婴儿使用的尿裤及尿布，任何材料制	1233471401	366210.922	3368.20	13.42	9.79	3.31
96190019	其他任何材料制的尿裤及尿布	347515010	147909.482	2349.51	-3.04	-6.44	3.63
96190020	任何材料制的卫生巾(护垫)及止血塞	595024167	120943419	4919.86	14.14	10.90	2.92
96190090	任何材料制的尿布衬里及本品目所列货品的类似品	344632969	138778.420	2483.33	15.64	11.11	4.08

续表

商品编号	商品名称	金额/美元	数量/吨	平均价格/(美元/吨)	同比/%		
					金额	数量	平均价格
湿巾合计		1158489006	635483.215	1823.00	-64.51	-44.58	-35.96
34011990	清洁湿巾	628648447	374353.576	1679.29	-35.81	-34.70	-1.71
38089400	消毒湿巾	529840559	261129.639	2029.03	-76.81	-54.45	-49.08

虽然吸收性卫生用品出口量整体保持增长，但是企业普遍反映受到海运费高涨等因素影响，2021年出口业务较为平淡。根据部分出口企业的反馈，2021年国际海运费上涨，对我国卫生用品生产商的出口业务影响基本分为两种情况：一种是出口海运费为国外采购商支付，当海运费上涨严重时，国外客户选择支付或暂时不收货，待运费降低些后发货，因此出口业务基本没有太大影响；另一种情况为国内生产企业自行支付海运费，或国外客户由于运费上涨选择不再收货，导致国内生产商出口业务明显下滑，受影响较大。

卫生巾、卫生护垫出口量增长较多的企业有：泰州远东纸业有限公司增长1倍多，康那香企业(上海)有限公司增长52.6%，上海月月舒妇女用品有限公司增长31.1%，北京倍舒特妇幼用品有限公司增长29.4%。婴儿纸尿裤、片出口量增长较多的企业有：婴舒宝(中国)有限公司增长176.2%，福建恒安集团有限公司增长142.0%，福建恒利集团有限公司增长62.9%，天娇卫生用品有限公司增长16.8%，美佳爽(中国)有限公司增长16.0%。

成人失禁用品出口量增长较多的企业有：天津市依依卫生用品股份有限公司增长61.28%，天津骏发森达卫生用品有限公司增长40.45%，杭州可靠护理用品股份有限公司增长32.68%，山东爱舒乐卫生用品有限责任公司增长29.72%，福建省莆田市荔城纸业有限公司增长27.8%，北京倍舒特妇幼用品有限公司增长27.48%。

据海关总署数据显示，2021年我国吸收性卫生用品出口量排名前10位的出口目的地国家和地区依次为：美国、菲律宾、日本、韩国、澳大利亚、越南、俄罗斯、英国、中国香港、印度。

2021年吸收性卫生用品总进口量10.07万吨，同比下降26.16%，自2018年以来，持续下降。进口总额占行业工厂总销售额的2.9%，比2020年减少4.1个百分点，其中比例最大的婴儿纸尿裤和卫生巾产品进口量均有明显下降。进口产品仍以婴儿纸尿裤产品为主，占总进口量的81.1%，进口婴儿纸尿裤产地主要是日本，进口量和进口额分别占婴儿纸尿裤总进口量和进口额的98.4%和97.7%(2020年为98.0%和97.8%)，从日本进口婴儿纸尿裤的减少直接造成婴儿纸尿裤总进口量和进口额的下降。

吸收性卫生用品的进口量进一步减少，显示我国国产婴儿纸尿裤、女性卫生用品等吸收性卫生用品行业快速发展，已经可以很大程度上满足国内消费者需求。另外，吸收性卫生用品进口总体呈现量跌价升的趋势。2021年一次性卫生用品进口情况见表6。

表6　2021年一次性卫生用品进口情况

商品编号	商品名称	金额/美元	数量/吨	平均价格/(美元/吨)	同比/%		
					金额	数量	平均价格
吸收性卫生用品合计		658598883	100742.368	6537.46	-20.27	-26.16	7.97
48189000	纸浆、纸等制的其他家庭、卫生或医院用品	25826628	6006.117	4300.05	16.21	-0.95	17.33
96190011	供婴儿使用的尿裤及尿布，任何材料制	455337254	81746.393	5570.12	-26.73	-29.82	4.40
96190019	其他任何材料制的尿裤及尿布	4745448	867.936	5467.51	9.70	0.06	9.63
96190020	任何材料制的卫生巾(护垫)及止血塞	170724050	11765.537	14510.52	-2.56	-4.47	1.99
96190090	任何材料制的尿布衬里及本品目所列货品的类似品	1965503	356.385	5515.11	-30.03	-48.98	37.13

续表

商品编号	商品名称	金额/美元	数量/吨	平均价格/(美元/吨)	同比/%		
					金额	数量	平均价格
湿巾合计		264894479	47275.188	5603.25	-25.93	-27.64	2.35
34011990	清洁湿巾	16713244	5228.475	3196.58	-24.78	-40.66	26.77
38089400	消毒湿巾	248181235	42046.713	5902.51	-26.01	-25.60	-0.55

卫生巾类(含卫生棉条)产品进口量延续2020年的下降趋势，同比下降4.47%。进口的卫生巾类(含卫生棉条)产品主要来自日本、匈牙利、韩国、美国、德国等国家，其中从日本进口最多。

2. 湿巾出口明显降低，进口明显减少

2020年，由于新冠肺炎疫情的原因，我国湿巾出口贸易呈现暴发式增长态势，达到近年来的高位。随着疫情和需求的缓和，2021年我国湿巾的出口量与2020年相比下降44.58%，出口产品平均价格下降35.96%。湿巾出口总额占擦拭巾行业总体工厂销售额的35.5%，比2020年提高5.6个百分点(2021年度统计中增加了“38089400 消毒湿巾”的进出口数据)。2021年湿巾出口业务出现大面积下滑，但是也有企业实现了逆向增长，如铜陵洁雅生物科技股份有限公司增长42.9%，天津市依依卫生用品股份有限公司的宠物湿巾增长53.1%等。湿巾出口量排名前10位的出口目的地国家和地区是：美国、澳大利亚、日本、智利、英国、中国香港、秘鲁、加拿大、菲律宾、泰国。

2021年湿巾进口总量较2020年同期下降27.64%，但进口产品的平均价格同比上涨了2.35%，主要是清洁湿巾产品价格上涨所致。但由于国内擦拭巾工厂总销售额比2020年有所下降，且2021年查询的湿巾海关进口数据增加了一个编码，所以湿巾进口总额占擦拭巾行业工厂总销售额的比例上升到8.1%。

3. 设备进出口情况

根据海关总署统计数据，2021年，编码为84418090的设备类(卫生纸机、卫生纸加工设备、卫生巾设备、婴儿/成人纸尿裤设备、湿巾设备)进口数量为328台(2020年同期366台)，同比下降10.38%，进口金额53791166美元(2020年同期21457821美元)，同比增长150.68%。出口29380台(2020年同期46817台)，同比下降37.25%，出口金额393910876美元(2020年同期286340232美元)，同比增长37.57%。对比可知，2021年编码为84418090的设备类进出口数量均有所下降，但平均单价都有所提升，间接表明中国装备制造水平的提升，出口设备不再单纯以量取胜，向高质量水平不断迈进。

4. 汇率变化等国际性影响因素

2021年，美元兑人民币汇率上半年波动幅度较大，下半年相较上半年，汇率变化幅度较小。全年最高点位于6.58左右，最低点位于6.3左右，平均价基本维持在6.45左右。较2020年全年人民币平均汇率为1美元兑6.90元人民币，人民币升值明显，相对不利于外贸出口型企业。此外，新冠肺炎疫情暴发以来，供应链中断叠加全球需求不均衡分布，2021年全球海运运费普遍上涨，由我国出发的航线运费涨幅位居前列。运费上涨带来出口企业利润空间收窄，企业接单意愿下行，进而导致部分外贸型生产企业发货推迟，新出口订单下行。在以国内大循环为主体、国内国际双循环相互促进的新发展格局下，我国卫生用品行业企业应积极推动企业的转型与升级，不断提高产品研发创新和装备制造水平，培育品牌建设，从而实现更大的突破。

四、市场变化和发展特征

2021年，我国疫情防控进入常态化阶段，但国外形势仍然严峻，出口贸易受阻，加上原材料价格飙升和节能减排的压力，卫生用品行业发展继续承压。但是业内企业认真践行国家双碳战略，努力发展智慧型绿色技术，促进行业可持续健康发展。

1. 卫生用品行业企业践行国家双碳战略，发展智慧型绿色技术，积极承担社会责任，共同促进行业绿色、可持续发展

为实现国家碳达峰和碳中和战略目标，卫生用品行业企业特别是领先企业正在积极寻找减少碳排放的途径，提高技术含量和生产率，实现绿色转型。与消费者一起，为改善生态环境而努力。

福建恒安集团有限公司、维达纸业(中国)有限公司、宝洁(中国)有限公司、爹地宝贝股份有限公司、杭州千芝雅卫生用品有限公司等积极推进太阳能光伏发电的应用，推动可再生能源的使用，减少碳足迹。爹地宝贝股份有限公司的厂房采用节能墙

体材料及门窗型材，提高建筑的保温功能；建立无人智能仓库，尽可能提高建筑容积率；开发持续清洁生产技术，节能降耗。杭州千芝雅卫生用品有限公司投入大量智能设备，优化整合生产、包装流程，升级智能码垛，利用 AGV 物流设备实现智能运输、智能仓储。重庆百亚卫生用品股份有限公司与上海甄云信息科技有限公司合作打造全新的数字化采购平台。

2. 卫生用品行业企业在发展自身业务的同时，积极履行社会责任，树立负责任的行业形象

2021 年，新冠肺炎疫情在我国已基本可控，但是仍呈现出多点零星散发的状况，为了保证防疫工作的顺利进行，卫生用品行业企业持续捐款、捐物，与疫区人民共克时艰。7 月中下旬，河南省遭遇极端强降雨，特别是 7 月 20 日郑州市遭受特大暴雨灾害，造成重大人员伤亡和财产损失。灾情发生后，卫生用品行业企业迅速行动，捐款捐物，共助救灾工作。

积极开展敬老爱老活动，普及成人失禁护理用品。杭州可靠护理用品股份有限公司发起"为爱比心 可靠公益行"，为养老院老人捐赠成人失禁用品和器械。广东互爱健康产业科技有限公司参与"重阳敬老服务行业"大型助老捐赠活动，为养老机构中的失禁老人捐赠成人纸尿裤等物资。

卫生用品行业企业通过各类公益活动，向青春期女生传授生理健康、心理健康与青春期保健等相关知识，帮助她们安全、健康和自信地度过青春期。重庆百亚卫生用品股份有限公司举行"'自由益起来'女生生理心理健康讲堂"公益巡讲活动。高洁丝品牌携手中国儿童少年基金会在学校开展"女生不简单青春期健康校园公益"项目。福建恒安集团有限公司捐赠 1000 万元现金及物资，连续第三年助力实施"春蕾计划"项目。

3. 卫生用品生产企业新投产项目

杭州千芝雅卫生用品有限公司全球研发中心及智能制造产业基地引进 2 条日本瑞光株式会社全智能婴儿纸尿裤高速生产线。该基地全面投产后，计划可安装 10 条全伺服智能生产线。

花王(合肥)有限公司的二期新厂房建设完成，规划生产提供花王(中国)旗下新系列的卫生护理用品。

杭州豪悦护理用品股份有限公司的全资子公司豪悦护理(湖北)有限公司正式成立，经营范围包含卫生用品和一次性使用医疗用品的生产和销售、纸制品生产和销售、货物进出口等。

福建恒安集团有限公司孝感卫生用品产业园正式开工建设。项目总投资 50 亿元、占地 42.33 公顷，是福建恒安集团有限公司投资规模最大、上下游协作最紧密以及现代化自动化程度最高的卫生用品产业园项目。

宝洁公司大中华区智能技术创新中心正式启用，这个位于广州的创新中心是宝洁公司全球三大智能技术创新中心之一，也是宝洁公司在亚洲第一个专门从事智能制造和供应链全链路技术创新的研发机构。

天津市依依卫生用品股份有限公司及其他合伙人共同投资设立宿迁拓博资产管理合伙企业(有限合伙)，并设立产业基金。该基金将重点关注宠物用品相关领域，积极布局宠物消费产业链。

四川淑洁护理用品有限公司投资了国内首条成人失禁拉拉裤、女性经期裤一体生产设备，能同时生产成人失禁拉拉裤和女性经期裤两种裤型产品。

金三发(湖北)医疗卫生材料科技有限公司湖北产业园项目动工建设，预计 2022 年 6 月试生产，规划年产 18 万吨水刺非织造布和 2000 亿片干湿巾。

广东贝禧护理用品有限公司完成新厂搬迁，配备黄山富田精工智造股份有限公司拉拉裤生产设备，将立足高品质 OEM 业务，并启动自有品牌发展。

绍兴佰迅卫生用品有限公司于 2021 年陆续投产 2 台桶装湿巾设备以及 3 台全自动湿巾折叠机。

4. 卫生用品企业加强与上下游企业及科研院所的合作，开展研发和创新，推动高质量发展

福建恒安集团有限公司、维达纸业(中国)有限公司、金红叶纸业集团有限公司、中顺洁柔纸业股份有限公司、宝洁(中国)有限公司、北京倍舒特科技发展有限公司、通用技术高新材料集团有限公司、湖北省孝感市孝南区人民政府等与中国制浆造纸研究院有限公司开展技术开发等领域的深度合作。

雀氏(福建)实业发展有限公司与清华大学化学工程系签署了战略合作协议，双方将围绕纸尿裤产品力升级、研发技术创新、生产设备改良等方面展开探讨及研发工作。

青蛙王子(福建)婴童护理用品有限公司和福州大学生物科学与工程学院签约设立"婴童护肤品科研基地"。

杭州珍琦卫生用品有限公司与东华大学共同创立个人护理用品创新研发中心。

仙桃市非织造布技术创新中心与 10 家非织造布企业发起成立仙桃市非织造布产业技术创新联盟，

并邀请东华大学、天津工业大学和浙江大学等高校参与建设，布局创新技术，形成国内行业影响力。

5. 卫生用品企业加入资本市场，寻求资金支持和长期规范发展

天津市依依卫生用品股份有限公司、杭州可靠护理用品股份有限公司、铜陵洁雅生物科技股份有限公司 3 家公司正式登陆深交所。上海东冠纸业有限公司、广东景兴健康护理实业股份有限公司、聚胶新材料股份有限公司等也已进入上市程序。

6. 创新产品，提升功能性和使用体验

女性卫生用品：卫生巾的薄、贴合、干爽等结构方面的创新升级受到重视。纯棉、竹纤维卫生巾及暖宫、中药成分等功能性产品满足女性消费者的差异化需求。经期裤成为夜用卫生巾的延伸产品，受到市场欢迎。

婴儿纸尿裤：追求超薄、透气性、贴身包裹性，面层图案及包装设计富有童趣。

成人失禁用品：成裤产品升级，轻失禁用品细分化。尿显、魔术扣、透气复合膜、复合芯体、超声波黏合等在婴儿纸尿裤上普遍应用的部件和技术开始应用到高端成人纸尿裤上。福建恒安集团有限公司、杭州可靠护理用品股份有限公司、金佰利(中国)有限公司、宝洁(中国)有限公司、花王(中国)投资有限公司、杭州珍琦卫生用品有限公司、北京倍舒特妇幼用品有限公司、山东恒发卫生用品有限公司等推出更加细分化的轻度失禁用品。

擦拭巾：消毒湿巾成必备品，产品功能多元化、材料天然化。众多湿巾企业推出消毒湿巾、卫生湿巾，满足消费者常态化防疫需求。湿巾产品功能更加多样化、差异化。更多的擦拭巾产品采用木浆、植物提取物等天然材料，保证安全及可降解、可冲散的功效。

宠物卫生用品：随着我国养宠热潮的兴起，城镇养宠家庭比例不断提升，国内宠物用品市场不断扩大。加上新冠肺炎疫情的传播增加了居家的时间，人们饲养宠物和与宠物接触的机会增加。在这种情况下，宠物卫生用品需求大增。尤妮佳公司、天津市依依卫生用品股份有限公司等宠物卫生用品业务获得了显著增长。

7. 多样化拓宽营销渠道，加大新零售、数字营销战略合作，赋能国货品牌，培育品牌影响力

行业企业加大与电商、新零售和数字营销平台的战略合作力度。恒安集团携手灵狐共建直播基地，开启品效合一的全域电商营销、数字营销服务。恒安集团加入有赞 K100 战略合作计划，推动经销商数字化转型，实现线上、线下一体化经营。杭州可靠护理用品股份有限公司和上海华与华营销咨询有限公司达成战略合作，开启自有品牌营销升级之路。

“生活用纸和卫生用品云服务”平台中文站和海外站举办第二届 6.30“纸”“卫”新品订货节暨 CLOUD EXPO 全球云展会，吸引 1000 + 行业优秀企业云端展示，5000 多名全球业内人士云端洽谈。

生活用纸委员会发力社交媒体传播：通过微信视频号、抖音、快手、微博、今日头条、搜狐新闻、bilibili、小红书、领英等渠道发布科普视频和优秀品牌视频展播，提升行业在 C 端的曝光度。

8. 产品升级需求推动原材料企业改进生产技术，加快产能布局

2021 年，随着行业高质量和可持续发展的需求逐渐凸显，上游原材料供应商积极响应市场需求，进行差异化功能性材料创新，并积极开发可持续、天然材料，如可降解的纯棉水刺非织造布、PLA 非织造布、可降解 PE 膜等，推动行业上下游的可持续发展。

非织造布供应商结合市场需求，不断研发新工艺，开发出抑菌、防螨、淡化经血、极致柔软等差异化非织造布材料，为消费者提供多种使用体验。天然纤维的应用逐渐增多，例如棉纤维、木浆纤维、蚕丝纤维、竹纤维、玉米纤维和壳聚糖纤维等，减少化石原料的使用，降低对环境的影响。

高吸收性树脂企业开发吸液快、保水倍率高、回渗率低的高性能产品，给使用者带来长期干爽的舒适体验。热熔胶供应商推出零位移胶黏剂、生物基结构胶，为卫生用品性能改善保驾护航。薄膜材料向降低溶剂残留、更环保的方向发展。例如使用全降解聚乳酸树脂的薄膜材料，应用于用即弃产品中，可以简化垃圾处理的方式，降低对环境的污染。产品包装在印刷油墨和所用材料方面进行创新，逐渐向着更安全、环保、无异味、少残留的方向发展。原材料企业通过投资、收购等方式扩大生产规模，并引进先进设备，满足升级新要求。

9. 产业集聚区发展各具特色

卫生用品行业经过 30 多年的发展，已形成了多个颇具规模的产业集聚区，包括福建、广东、浙江、湖北等省份，且凭借各自的区域优势形成了不同的发展模式。各个集聚区都有头部企业进入全国 TOP 排名，且有多家企业进入资本市场。

福建省是我国卫生用品行业起步较早的主要产业集聚区之一，卫生用品企业生产的产品以女性卫

生用品、婴儿纸尿布和湿巾为主，部分企业开辟了成人失禁用品业务，宠物用卫生用品规模相对较小。省内卫生用品上市生产企业有两家，分别为行业领军企业恒安国际有限公司，1998 年在港交所主板上市企业；爹地宝贝股份有限公司，2015 年在新三板上市。省内卫生用品设备制造上市企业 1 家，为海纳智能装备国际控股有限公司，2020 年在港交所主板上市。本地卫生用品生产企业经营较为灵活，不仅注重培育自有品牌，还借助地理区位优势，发展出口业务。各个卫生用品品类中都有头部企业进入全国 TOP 排名，如恒安国际有限公司、爹地宝贝、泉州天娇妇幼卫生用品有限公司、泉州市嘉华卫生用品有限公司、雀氏(福建)实业发展有限公司、福建省莆田市荔城纸业有限公司等。相对来说，女性护理用品和婴儿纸尿布是福建省卫生用品行业的优势品类。

广东省卫生用品生产企业目前以婴儿、女性卫生用品为主力产品，成人失禁用品、宠物用卫生用品规模相对较小。但是随着近两年婴儿纸尿裤市场规模缩小，竞争日益激烈，广东省行业企业也在加大成人护理用品领域的布局，以寻找新的业绩增长点。广东省卫生用品行业近年来也出现了以露乐新材料科技(广州)有限公司、凯儿得乐(深圳)科技发展有限公司为代表的后起之秀，他们凭借各自精准的产品定位和市场运营，在婴儿护理用品领域做出了令人瞩目的业绩。这两家公司初期从品牌运营、产品代加工的模式起步，随后逐步建立起自己的生产工厂。广东省地处南海航运枢纽位置，也是全国经济发展的排头兵，优越的地理和经济环境使这里发展成我国较早的卫生用品行业集聚区之一，不仅汇聚了我国卫生用品生产企业，同时也吸引了原材料企业及设备制造商投资建厂，形成了完善的上下游产业链。广东省佛山市南海区九江镇是“中国先进医卫用非织造产业示范基地”，培养和吸引进驻了一批优质非织造布产业链企业。

浙江省卫生用品行业起步较早，品类比较齐全，而且卫生巾、婴儿纸尿裤、成人失禁用品、擦拭巾各个品类中都有头部企业进入全国 TOP 排名，如杭州千芝雅卫生用品有限公司、杭州可靠护理用品股份有限公司、杭州珍琦卫生用品有限公司、杭州豪悦护理用品股份有限公司、杭州淑洁卫生用品有限公司、杭州余宏卫生用品有限公司、杭州可悦卫生用品有限公司、川田卫生用品(浙江)有限公司、杭州国光旅游用品有限公司等。近年来，维达纸业(中国)有限公司也加快在浙江省龙游县的投资，打造华东地区护理用品的主力生产基地。相对来说，成人失禁用品是浙江省卫生用品行业的优势品类。浙江省卫生用品企业普遍注重品质，不论是自有品牌，还是代工产品在行业内都有较好的口碑。同时凭借浙江省电子商务产业优势，卫生用品企业积极拓展线上渠道，涌现出碧芭宝贝、Babycare、米菲等新锐品牌。浙江省还是干湿擦拭巾品类相对集中的地区，拥有杭州国光旅游用品有限公司、南六企业(平湖)有限公司、维达纸业(浙江)有限公司、浙江优全护理用品科技股份有限公司、绍兴佰迅卫生用品有限公司、浙江启美无纺布科技有限公司等一批知名企业，在抗击新冠肺炎疫情的紧要关头，为全国市场供应了大量的酒精消毒湿巾产品。

湖北省孝感市孝南区生活用纸和卫生用品生产基地起步于 19 世纪 80 年代末。目前，孝南区纸品卫生用品产业中，生活用纸产能 96 万吨，卫生巾产能 100.5 亿片，纸尿裤产能 0.31 亿片，湿巾产能 190 万箱，非织造布产能 1.8 万吨。孝南生活用纸和卫生用品产业聚集区已经成为全国生活用纸和卫生用品行业举足轻重的产业中心之一，汇集了福建恒安集团有限公司、维达纸业(中国)有限公司、武汉洁伶卫生用品有限公司、杭州千芝雅卫生用品有限公司、金三发(湖北)医疗卫生材料科技有限公司等众多卫生用品行业企业。在产能快速增长的同时，近几年很多企业着力于发展数字化、智能化，不断加强技术研发，实现产品差异化，促进市场的良性竞争。

五、绒毛浆和高吸收性树脂等原材料供应情况

1. 绒毛浆

我国吸收性卫生用品行业使用的绒毛浆绝大部分来自进口，2021 年，我国进口绒毛浆总量与 2020 年基本持平，在 90 万吨左右，进口国主要是美国，供应商基本维持稳定。其中，美国国际纸业公司是目前全球最大的绒毛浆供应商。2021 年，灯塔公司被卓越纸业集团收购，收购完成后，灯塔公司仍然会独立运营，公司名称和品牌保持不变。

由于我国缺少南方松木材原料，所以国产绒毛浆的数量非常少，只有福建腾荣达制浆有限公司以杉木为原料，生产 BCTMP(漂白化学热磨机械浆)绒毛浆，生产能力 4 万吨/年。全球绒毛浆的主要生产商及品牌见表 7。

表 7　　全球绒毛浆的主要生产商及品牌

国家	序号	公司名称	品牌
美国	1	美国国际纸业公司(International Paper)	超柔(Supersoft)
	2	乔治亚-太平洋公司(GP Cellulose)	金岛(Golden Isles)
	3	灯塔亚洲有限公司(Domtar)	灯塔(Lighthouse)
	4	WestRock Company 公司	石头(Stone)
	5	美国 Resolute Forest Products 公司	宝水(Bowater)
	6	瑞安先进材料有限公司(Rayonier)	白玉(Rayfloc)
芬兰	7	芬兰斯道拉恩索公司(Stora Enso)	女神(Stora Prime)
巴西	8	巴西 Klabin 公司	原料：南方松
	9	巴西 Suzano 公司	桉木绒毛浆(硫酸盐浆)
中国	10	福建腾荣达纸业有限公司	杉木 BCTMP 绒毛浆

2020 年，日本大王制纸公司宣布投资改造设备生产绒毛浆，计划于 2022 年 9 月开始生产。

从 2021 年初开始，受商品浆市场大环境、国际海运不畅、新冠肺炎疫情等因素的影响，绒毛浆价格开始明显上涨，2021 年我国市场销售的绒毛浆价格整体维持在高位。2022 年年初绒毛浆价格又进一步上涨，有些地区的售价已经突破了 1 万元/吨。

虽然我国卫生用品企业生产的婴儿纸尿裤和卫生巾产品目前已经大都采用复合吸收芯体，降低了绒毛浆的用量，但是绒毛浆仍广泛应用于成人失禁用品和出口的卫生用品中，且部分复合吸收芯体中也会添加一定比例的绒毛浆或使用以绒毛浆为原料生产的干法纸。因此，绒毛浆价格的飙升明显加大了卫生用品企业的成本压力，利润受到进一步挤压。为了应对这种局面，行业企业一方面通过签订长期购买合同的方式来部分减缓价格上涨的影响，另一方面，也在积极研发新的液体吸收技术，希望通过应用新的吸收芯体材料，做到原材料国产化供应，降低未来价格剧烈变动的风险。

2. 高吸收性树脂

2021 年，生活用纸委员会统计到的我国大陆包括外商独资企业在内的高吸收性树脂生产商的生产能力约为 132 万吨/年，见表 8。浙江卫星新材料科技有限公司新增 3 万吨/年产能，总产能达到 15 万吨/年。山东昊月新材料股份有限公司二期项目完成，总产能达到 5 万吨/年。宜兴丹森科技有限公司通过技改减少无效产能 1 万吨/年，目前的总产能为 20 万吨/年。江苏斯尔邦石化有限公司通过技改将产能提高到 4 万吨/年。台塑工业(宁波)有限公司通过技改将产能提高到 10 万吨/年。

表 8　2021 年我国大陆主要的高吸收性树脂生产商

序号	公司名称	生产能力/(万吨/年)
1	三大雅精细化学品(南通)有限公司	23
2	宜兴丹森科技有限公司	20
3	山东诺尔生物科技有限公司	20
4	浙江卫星新材料科技有限公司	15
5	邦丽达(福建)新材料股份有限公司	11.5
6	台塑工业(宁波)有限公司	10
7	万华化学集团股份有限公司	8
8	扬子石化-巴斯夫有限责任公司	6
9	山东昊月新材料股份有限公司	5
10	江苏斯尔邦石化有限公司	4
11	日触化工(张家港)有限公司	3
12	上海华谊丙烯酸有限公司	3
13	珠海得米新材料有限公司	2.5
14	唐山博亚树脂有限公司	1
	合计	132

2021 年，国内高吸收性树脂行业面临的突出问题是上游丙烯酸价格上涨且一直居高不下，出现产品价格倒挂的现象，有些企业无法承受亏损的结果，只能减产甚至停产，有企业已计划转产其他项目。一些综合性集团企业，依靠自身丙烯酸的优势，扩大了市场份额，国内高吸收性树脂行业进入洗牌期。

国外市场方面，新冠肺炎疫情以及海运运力及运费等各方面的影响导致出口量下降。总体来说，2021 年国内高吸收性树脂市场竞争更加激烈，婴儿纸尿裤市场需求萎缩，成人纸尿裤市场需求仍未出现爆发式增长，国内高吸收性树脂产能过剩问题仍然存在。

六、卫生用品设备行业发展情况

1. 设备制造加速迈入智能定制化，精度提升，最大化满足客户需求

卫生用品生产和包装设备智能升级，实现互联互通，设备精准度提升，最大化提升生产效率及满足客户需求。安庆市恒昌机械制造有限责任公司采用模块化设计，智能化程度高；江苏金卫机械设备有限公司的智能化柔性控制技术，可实现不同程度的多功能生产需求；海纳智能装备国际控股有限公司与中国电信福建公司就“5G + 卫生用品行业工业互联网数字赋能平台”达成战略合作，推动卫生用品行业数字化发展；浙江新余宏智能装备有限公司采用物料同步定位输送技术，确保定位准确和稳定；诺信(中国)有限公司推出新型胶机，智能灵活性增强，可实现远程控制；奥普蒂玛包装机械(上海)有限公司、安徽御流包装机械有限公司、上海松川远亿机械设备有限公司、温州市伟牌机械有限公司等推出定制化、灵活多样、应用范围广的包装生产线。

2020 年，在新冠肺炎疫情暴发之后，卫生用品设备企业响应国家号召，勇于担当，迅速转产口罩机。2021 年，在做好常态化疫情防控的基础上，生产秩序恢复正常，对口罩机的需求下降，设备制造商恢复主业生产。

2. 积极拓展国际市场

2021 年，我国卫生用品设备和湿巾设备继续供应海外市场，除亚洲外，还出口到欧洲、非洲、北美洲、南美洲的众多国家和地区。其中“一带一路”沿线国家包括：土耳其、尼泊尔、印度、阿联酋、阿曼、巴基斯坦、菲律宾、马来西亚、孟加拉、泰国、印度尼西亚、越南、俄罗斯、保加利亚、埃及、阿尔及利亚等。同时，印度尼西亚、泰国、马来西亚、菲律宾、越南、韩国等还是《区域全面经济伙伴关系协定》(RCEP)的成员国。

2021 年，生活用纸委员会统计到的设备企业共出口卫生用品生产线(设备)136 条(台)，见表 9。其中，卫生巾、护垫生产线 31 条，婴儿纸尿裤、片生产线 66 条，成人失禁用品生产线 25 条，湿巾设备 10 台，口罩设备 3 台。卫生巾，护垫，婴儿纸尿裤、片，成人失禁用品生产线出口数量均较 2020 年有所增加，但是，湿巾和口罩设备出口大幅减少。

表 9 2020—2021 年度卫生用品生产线(设备)出口情况

生产线种类	2021 年	2020 年
	数量/条或台	
卫生巾、护垫	31	22
成人失禁用品	25	11
婴儿纸尿裤、片	66	49
湿巾	10	44
口罩	4	53
合计	136	179

根据海关总署统计数据，2021 年编码为 84418090 的设备类(卫生纸机、卫生纸加工设备、卫生巾设备、婴儿/成人纸尿裤设备、湿巾设备)进出口数量均有所下降，但平均单价都有所提升。

3. 内裤式纸尿裤生产线继续增加

2021 年，内裤式纸尿裤市场份额继续扩大。在统计涵盖的企业中，婴儿纸尿裤的销售量中内裤式纸尿裤的比例达到 40.7%，比 2020 年增长 5.1 个百分点。内裤式婴儿纸尿裤的主要生产企业集中在广东、福建、浙江和湖南、贵州等地区。参加统计的企业中，2021—2022 年新建和计划新建内裤式婴儿纸尿裤生产线共计 19 条，其中只有 1 条进口生产线，其余全部是国产设备，国产设备水平提升可满足国内卫生用品企业的需求。

成人纸尿裤的销售量中内裤式纸尿裤比例达到 20.1%，比 2020 年增长 1.6 个百分点。内裤式成人纸尿裤的主要生产企业集中在天津、河北、上海、江苏、浙江、福建、山东和广东等地区。参加统计的企业中，2021—2022 年新建和计划新建内裤式成人纸尿裤生产线共计 5 条。

七、标准体系不断完善，国家标准和团体标准共同为行业发展保驾护航

2021 年，新发布实施的涉及卫生用品行业的标准有：《女性卫生裤》《一次性纸制品降解性能评价方法》《吸收性卫生用纸制品 生产过程质量安全状态监测与评价指南》等，2021 年发布并将于 2022 年实施的标准有：《绒毛浆》《纸尿裤 第 1 部分：婴儿纸尿裤》《纸尿裤 第 2 部分：成人纸尿裤》《一次性纸制卫生用品用复合吸收芯体》等。

2021 年，为了落实《国家标准化发展纲要》，推进产业化升级、提升消费品标准和质量水平，同时为了贯彻落实国家“三品”战略，中国制浆造纸研究

院有限公司发起制定团体标准《匠心产品 卫生用品》。这项标准的制定由中国造纸学会批准立项(中纸学字〔2021〕35 号),并由中国造纸协会生活用纸专业委员会组织实施,60 多家业内企业参与起草,已于 2022 年 4 月 21 日发布,2022 年 5 月 1 日起实施,将为卫生用品行业的高质量发展提供保障。

表 10　　卫生用品行业相关标准的制修订情况

完成情况	标准名称	标准号	归口单位	实施/发布时间
已发布实施	《女性卫生裤》	GB/T 39391—2020	全国造纸工业标准化技术委员会	2021-06-01 实施
	《一次性纸制品降解性能评价方法》	GB/T 39951—2021		2021-10-01 实施
	《绒毛浆》	GB/T 21331—2021		2022-04-01 实施
	《纸尿裤 第 1 部分:婴儿纸尿裤》	GB/T 28004. 1—2021		2022-05-01 实施
	《纸尿裤 第 2 部分:成人纸尿裤》	GB/T 28004. 2—2021		2022-04-01 实施
	《吸收性卫生用纸制品 生产过程质量安全状态监测与评价指南》	GB/T 40269—2021		2022-12-01 实施
	《一次性纸制卫生用品用复合吸收芯体》	QB/T 5650—2021		2022-04-01 实施
	《柔巾》	GB/T 40276—2021	全国纺织品标准化技术委员会	2021-12-01 实施
	《一次性卫生用非织造材料的可冲散性试验方法及评价》	GB/T 40181—2021		2021-12-01 实施
	《消毒产品标签说明书通用要求》	GB 38598—2020	中华人民共和国国家卫生健康委员会	2021-12-01 实施
	《水刺非织造布及制品 生物降解性能评价》	T/CNITA 23101—2021	中国产业用纺织品行业协会标准化技术委员会	2021-05-08 实施
	《医护级卫生巾(护垫)》	T/NAHIEM 37—2021	全国卫生产业企业管理协会	2021-09-24
	《抑菌除臭成人纸尿裤(片、垫)》	T/NAHIEM 39—2021		2021-09-24
	《匠心产品 卫生用品》	T/CTAPI 003—2022	中国造纸学会	2022-05-01 实施
	《婴童用湿巾》	T/ZZB 2467—2021	浙江省品牌建设联合会	2021-09-07 实施
	《消毒湿巾》	T/ZZB 2340—2021		2021-08-31 实施
正在制定	《卫生棉条》	20183124-T-607	全国造纸工业标准化技术委员会	
	《干湿两用纸巾》	2020-1301T-QB		
	《宠物尿垫(裤)》	2021-0471T-QB		
	《可冲散型水刺非织造布》	20172276-T-608	全国纺织品标准化技术委员会	
	《婴童用纸品基本安全技术规范》	20141802-Q-607	中华人民共和国工业和信息化部	
正在修订	《湿巾及类似用途产品　第 1 部分:通用要求》	原 GB/T 27728—2011	全国造纸工业标准化技术委员会	
	《湿巾及类似用途产品　第 2 部分:婴童湿巾 专用要求》	原 GB/T 27728—2011		
	《湿巾及类似用途产品　第 3 部分:消毒湿巾 专用要求》	原 GB/T 27728—2011		
	《一次性卫生用品用面层》	原 GB/T 30133—2013		
	《卫生用品用吸水衬纸》	原 QB/T 4508—2013		
	《一次性使用卫生用品卫生要求》	原 GB 15979—2002	中华人民共和国国家卫生健康委员会	

八、市场展望

我国卫生用品行业规模持续增长，但近几年由于人口出生量大幅减少，使得增速放缓。吸收性卫生用品(包括女性卫生用品，婴儿纸尿裤、片和成人失禁用品)市场规模从2018年的1127.0亿元，增长到2021年的1142.5亿元，复合年均增长率约为0.5%。擦拭巾市场规模经历了2020年的大幅增长达到224.6亿元后，于2021年回归常态，市场规模约为161.7亿元。预计未来行业的发展仍将保持平稳。卫生用品行业企业除了满足国内市场的需求外，还努力开拓海外市场，取得显著效果，出口量连年增长。2021年，我国吸收性卫生用品出口额占工厂销售额的13.6%，排名前10位的出口目的地国家和地区中有6个是RCEP成员国，即菲律宾、日本、韩国、澳大利亚、越南和俄罗斯。

1. 女性卫生用品

我国是全球最大的女性卫生护理用品市场，2018—2021年，我国女性卫生用品市场规模从563.0亿元提升至617.8亿元，复合年均增长率达3.1%。预计，随着我国女性健康护理意识和消费能力的不断提升，卫生巾高端化、功能化、个性化，经期裤、迷你巾等品类的普及，以及卫生棉条初步认知的范围逐步扩大仍将继续促进市场规模的扩大。2020年和2021年，经期裤市场保持高速增长，预计未来几年这一增长势头仍将保持。

我国女性消费者教育水平、社会地位和消费能力的提升，使消费观念和消费习惯不断发生变化，越来越注重产品品质，对功能性、材料安全性、产品体验感的要求越来越高，有利于推动女性卫生用品的消费升级。各种中高端、高端、超高端的新品，都有不错的表现，未来市场份额仍将持续提升。海外疫情严重，许多白领都不再海淘境外卫生巾，中高端的国产品牌应抓住机遇，加强推广，巩固市场地位。国潮精品将成为新生代消费群体的追逐目标，高颜值的产品设计、个性化包装和独具特色的品牌口号，将助力国产品牌获得成功。

适龄女性(15—49岁)人口数量连年下降，这对卫生巾市场的发展是一个负面影响因素。大中城市中，卫生巾市场基本饱和，但是在偏远乡镇农村地区，仍有很多因“月经贫困”而影响学习的女孩，广大企业和慈善机构已关注到这一群体，积极行动起来为她们提供最基本的保障。对于行业企业来说，开发下沉市场，为偏远地区的女性提供满足基本需求的卫生用品，是未来拓展的方向之一。

2. 婴儿纸尿裤、片

根据国家统计局公布的数据，2021年出生人口数为1062万人。据生活用纸委员会估算，2021年0—2岁婴儿人数约为2262万人，比2020年减少407万人(2020年比2019年减少319万人，2019年比2018年减少258万人)，且预计未来几年，育龄女性人数下降以及出生人口减少的趋势仍将延续。3月20日，民政部最新公布的数据显示，2021年，我国结婚登记数为763.6万对，这是自2019年跌破1000万对、2020年跌破900万对之后，又跌破了800万对，同时也成为民政部自1986年开始公布结婚登记数据以来的历史新低。这些因素对婴儿纸尿裤、片市场是非常不利的。

2021年，我国城镇化进程继续加快，年末常住人口城镇化率64.72%，比2020年末提高0.83个百分点。农村居民人均可支配收入18931元，比2020年增长10.5%，扣除价格因素，实际增长9.7%。脱贫攻坚战取得胜利，全年脱贫县农村居民人均可支配收入14051元，比2020年增长11.6%，扣除价格因素，实际增长10.8%。城镇化的推进和农村居民人均可支配收入的提高将进一步提升婴儿纸尿裤、片在下沉市场中的渗透率，促进整体的消费升级。

婴儿纸尿裤、片市场需求的两极分化明显。高消费人群追求高品质，关注天然、健康、安全、亲肤、环保等特性。而消费能力较弱的人群，尤其是近两年受到疫情影响收入减少的人群，不得不降级消费，在保证基本性能的同时追求低价。同时，我们应该注意到，婴儿纸尿裤、片的购买人群通常是年轻的宝妈们，多为80后、90后，所以，婴儿纸尿裤、片在产品设计上不仅要提升使用性能，还要注意在外观设计、包装设计上俘获一众宝妈的心。

未来，婴儿纸尿裤、片行业仍将面对婴儿人口数量减少、阶段性产能过剩、产品同质化、某些线上平台低端价格战等严峻问题。对于行业企业来说，出生率的下降必然会对市场发展造成一定的冲击，对业绩的增长带来巨大挑战。但从另一方面来说，从使用场景、使用频率、使用周期等维度深耕细作，依旧能扩大存量市场的规模。婴儿纸尿裤、片未来市场潜力体现在：一是我国婴儿纸尿裤市场渗透率刚刚超过80%，仍低于发达国家和地区水平，还拥有发展空间；二是与发达国家相比，我国多数家庭纸尿裤更换频次仍相对较低，纸尿裤单日使用量较少；三是我国老一代的父母或长辈比较倾向于让宝宝更早地脱离纸尿裤，学会自己如厕，但是新生代父母的育儿观念可能会发生改变，使纸尿裤的使用年限有所延长。

3. 成人失禁用品

根据《中华人民共和国 2021 年国民经济和社会发展统计公报》的数据，2021 年年底，我国 60 岁及以上人口数约为 2.67 亿人，占总人口的 18.9%，其中 65 岁及以上人口约为 2 亿人，占总人口的 14.2%。按照联合国和世界银行的通常标准，如果一个国家 60 岁以上人口达到 10%，或者 65 岁以上人口达到 7%，就可视为进入老龄社会。而且随着生活水平的提高和医疗技术的发展，我国人均寿命不断提高，到 2018 年，我国居民人均预期寿命已经达到 77 岁。可见，我国社会老龄化形势十分严峻，成人失禁用品的潜在市场巨大。

2021 年，我国人均 GDP 继续提升，达 80976 元(约合 12554 美元)，比 2020 年增长 8.0%，完全满足形成相当规模的失禁用品消费群体的必要条件，即人均 GDP 达到 8000～10000 美元，我国成人失禁用品市场已具备相当的经济基础。

《中华人民共和国国民经济和社会发展第十四个五年规划和 2035 年远景目标纲要》专门对养老服务进行了阐述，提出实施积极应对人口老龄化国家战略。养老服务体系是我国人口战略中的重要一环。让老年人老有所养、老有所乐、安然度过晚年，是响应国家人口长期均衡发展规划的重要目标。总体要求是推动养老事业和养老产业协同发展，健全基本养老服务体系，大力发展普惠型养老服务，支持家庭承担养老功能，构建居家社区机构相协调、医养康养相结合的养老服务体系。以上这些政策的出台，为老年人的晚年生活提供了充足的保障，也为使用成人失禁用品解除了后顾之忧。

随着第一代独生子女的父母步入老年，这一代的独生子女正处于上有老下有小、自己又要忙事业的状态，赡养老人的时间成本往往比经济成本更昂贵，所以高效的、具有性价比优势的成人失禁用品将成为他们的首选。

成人失禁用品的消费群体还扩展到较年轻的人群，如因分娩而造成尿失禁的女性，或前列腺手术后正在康复的男性等，而年轻的消费群体往往有更积极的生活方式，他们需要吸收性好的、轻便的、隐蔽性好的产品，因此，开发差异化的具有细分功能的轻度失禁用品，将是企业拓展的方向之一。

4. 擦拭巾

2020 年，湿巾市场获得了空前的快速增长，主要贡献来自消毒湿巾、卫生湿巾等防疫用品。2021 年，新冠肺炎疫情防控常态化，激增的需求回归理性。国内湿巾市场仍以婴儿用湿巾、通用型湿巾为主，厕用湿巾、厨房湿巾增长较快，婴儿湿巾增速已呈现出放缓的态势。疫情终将过去，但是因疫情而加速普及的湿巾及养成的清洁卫生习惯仍会保留下来。随着我国居民可支配收入逐年提高，中产阶级群体不断壮大，湿巾的消费增长趋势将继续保持。

干湿擦拭巾的出现满足了人们追求舒适、便捷、轻松生活的需求，消费的主力军是 80 后、90 后、00 后等新生代人群。各种细分功能的擦拭巾产品，如厨房湿巾、厕用湿巾、屏幕消毒湿巾、擦鞋湿巾、地板清洁湿巾、羽绒服清洁湿巾和地板静电干擦拭巾等，只要能够解决痛点问题，他们都乐于尝试。

我国人口老龄化形势严峻，“十四五”规划鼓励养老产业的发展。医疗保健机构用的消毒擦拭巾、老年人护理湿巾等差异化、功能性产品需求将越来越多。

目前，擦拭巾行业的起步门槛相对较低，2020 年以来有大批企业涌入，使得市场上擦拭巾产品良莠不齐，更加大了市场竞争的程度。广大行业企业需做好应对措施，避免因阶段性产能过剩而导致恶性价格竞争。

擦拭巾市场仍处于初级阶段，市场集中度不高，正是树立品牌的关键期。作为负责任的企业，要理性地看待未来市场，加强品牌建设、加大研发和创新投入、严控品质，避免低级的价格战。同时企业更应注重湿巾原料的天然、环保，以及湿巾药液的安全性，要正确引导消费者，才能推动整个湿巾行业的可持续发展。

5. 行业面临的问题及思考

2021 年，国际大宗商品价格不断走高，卫生用品的上游原材料丙烯酸、黏胶纤维等价格居高不下，绒毛浆价格也一直处于高位，大大增加了企业的生产成本。上游原材料价格上涨的同时，下游产品价格涨价困难，加上出口贸易受物流因素影响，产品生产商的利润受到挤压，面临挑战。

2021 年，我国开放了三孩政策，但是婴儿出生率在短期内仍没有明显的上升。目前，婴儿纸尿裤等产品的产能已经出现过剩，市场竞争激烈。同时，新兴渠道如微商、电商直播平台等带动了一批网络品牌的发展，对依赖传统渠道的企业造成较大冲击。招工难已经成为制造业普遍存在的问题，很多卫生用品生产企业也受到招工问题的困扰。

双碳目标背景下，产品的可降解性和废弃物处理成为严峻课题。随着国家双碳目标的提出以及多地限塑令的颁布实施，卫生用品的可降解性和用后废弃物的处理问题受到广泛关注，可降解材料的研发和有效可行的废弃物处理方案成为摆在行业面前的严峻课题。

在竞争激烈的市场环境下，企业要加强与国家级科研院所的技术合作，深度挖掘用户需求，生产出能打动消费者的、质量过硬的差异化产品，提高核心竞争力。2016 年，工业和信息化部在《轻工业发展规划（2016—2020 年）》中提出大力实施增品种、提品质、创品牌的“三品”战略，优化产业结构，建设制造强国。卫生用品行业企业应积极行动起来，服务国家战略，树立精品形象，打造国货品牌。

在今天的消费市场中，以新中产、95 后为代表的“Z 世代”以及小镇青年，成为主流消费群体和潜力股，他们普遍受教育程度较高，有不同于老一辈的审美标准，企业要紧抓自己产品的优势点、竞争对手的差异点和消费者的痛点，精准定位，找到占领消费者内心的独特打法。绿色可持续发展已成为未来基调，如何更好地节能减排，实现双碳目标是卫生用品行业企业必须要思考的问题。积极调整能源结构，减少化石能源使用，增加绿色能源和生物质能源的比例；同时通过智能化和数字化改造，发展智慧型绿色技术，才能实现绿色可持续发展。

（孙 静 邢婉娜 王 娟 付显玲 韩 颖 曹宝萍 张玉兰）

2021 年我国包装纸板发展概况

Development Overview of Packaging Paperboard Industry in China in 2021

2021 年外废零进口政策正式落地实施，双碳、双控政策发布及新冠肺炎疫情的持续，使我国包装纸板行业面临多方面的挑战。在整体原料供给受限的情况下，包装纸板生产量保持增长态势，行业发展稳中向好。

一、包装纸板市场现状

1. 包装纸板的生产量、消费量及进出口量

据中国造纸协会《中国造纸工业 2021 年度报告》资料，2021 年我国纸及纸板生产量 12105 万吨，较 2020 年增长 7.50%；其中包装纸板三大纸种(即白纸板、箱纸板、瓦楞原纸，下同)的生产量达到 7015 万吨，较 2020 年 6320 万吨增长 11%，占纸及纸板总生产量的比例 58%。消费量 12648 万吨，较 2020 年增长近 6.94%；其中包装纸板的消费量 7600 万吨，较 2020 年 6986 万吨增长 8.79%，占纸及纸板总消费量的比例为 60%。近 10 年我国包装纸板的生产量、消费量及进出口量如表 1 所示。

可见，2021 年白纸板生产量 1525 万吨，较 2020 年增长 2.35%；消费量 1427 万吨，较 2020 年增长 3.93%；进口量小于出口量，净出口量 98 万吨。箱纸板生产量 2805 万吨，较 2020 年增长 14.96%；消费量 3196 万吨，较 2020 年增长 12.65%；进口量大于出口量，净进口量 391 万吨。瓦楞原纸生产量 2685 万吨，较 2020 年增长 12.34%；消费量 2977 万吨，较 2020 年增长 7.24%；进口量大于出口量，净进口量 292 万吨。包装纸板三大纸种生产量和消费量都保持持续增长态势，特别是箱纸板和瓦楞原纸生产量都超过 2 位数的增长，且消费量均大于生产量。

表 1　2012—2021 年包装纸板的生产量、消费量及进出口量　　单位：万吨

产品名称		2012 年	2013 年	2014 年	2015 年	2016 年	2017 年	2018 年	2019 年	2020 年	2021 年
生产量	白纸板	1390	1360	1395	1400	1405	1430	1335	1410	1490	1525
	箱纸板	2080	2040	2180	2245	2305	2385	2145	2190	2440	2805
	瓦楞原纸	2020	2015	2155	2225	2270	2335	2105	2220	2390	2685
消费量	白纸板	1379	1310	1301	1299	1265	1299	1219	1277	1373	1427
	箱纸板	2157	2106	2240	2297	2364	2510	2345	2403	2837	3196
	瓦楞原纸	2027	2013	2152	2228	2271	2396	2213	2374	2776	2977
进口量	白纸板	72	66	64	61	58	62	54	52	53	58
	箱纸板	84	83	86	84	94	137	207	220	404	399
	瓦楞原纸	14	7	5	9	8	65	111	156	389	294
出口量	白纸板	83	116	158	162	198	193	170	185	170	156
	箱纸板	7	17	26	32	35	12	7	7	7	8
	瓦楞原纸	7	9	8	6	7	4	3	2	3	2

2. 包装纸板的比例

2021 年包装纸板的生产量和消费量占纸及纸板总生产量及总消费量的比例分别为 57.95% 和 60.09%，比 2020 年分别增长了 1.82% 和 1.02%。见表 2 和图 1。

表 2 包装纸板的生产量和消费量占纸及纸板总生产量及总消费量的比例 单位：万吨

年份	生产量		占比/%	消费量		占比/%
	纸及纸板总量	包装纸板		纸及纸板总量	包装纸板	
2012	10250	5490	53.56	10048	5563	55.36
2013	10110	5415	53.56	9782	5429	55.50
2014	10470	5730	54.73	10071	5693	56.53
2015	10710	5870	54.80	10352	5824	56.26
2016	10855	5980	55.09	10419	5900	56.63
2017	11130	6150	55.26	10897	6205	56.94
2018	10435	5585	53.52	10439	5777	55.34
2019	10765	5820	54.07	10704	6054	56.56
2020	11260	6320	56.13	11827	6986	59.07
2021	12105	7015	57.95	12648	7600	60.09

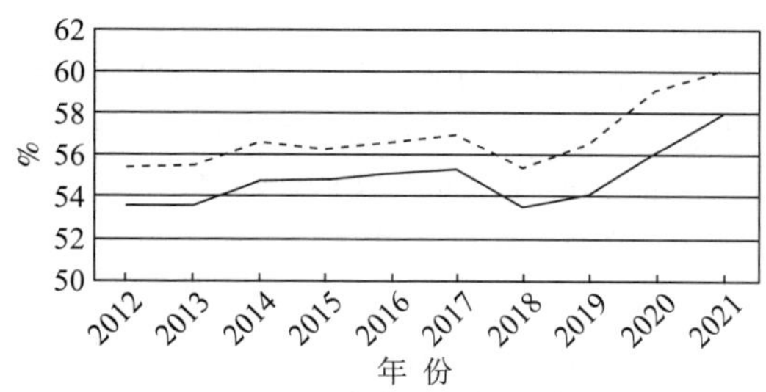

图1 包装纸板占纸及纸板总生产量和总消费量的比例

— 包装纸板生产量占纸及纸板总生产量的比例

--- 包装纸板消费量占纸及纸板总消费量的比例

包装纸板的生产量和消费量占纸及纸板总生产量及总消费量的比例在逐年提升，其中白纸板、箱纸板和瓦楞原纸的生产量占纸及纸板总生产量的比例分别为 12.60%、23.17% 和 22.18%，消费量占纸及纸板总消费量的比例分别为 11.28%、25.27% 和 23.54%。可见，随着我国社会经济的不断发展，包装纸板以其轻质便捷、印刷适应性强及本身的低碳绿色基因等特性，应用领域愈加广泛，使包装纸板在造纸行业中所占比重将进一步加大，成为持续增长的主要纸种之一。

二、包装纸板主要生产企业产能和项目建设情况

在包装纸板行业，从表 3 和表 4 主要生产企业的产能可以看出，包装纸板行业 CR4 产能约 3657 万吨，占包装纸板总产能 8922 万吨的 41%，CR8 产能约 4837 万吨，占包装纸板总产能的 54%。包装纸板产能在不断增长，集中度也在不断提高。

1. 白纸板（主要为涂布白纸板、白卡纸）

涂布白纸板、白卡纸主要生产企业的产能和项目建设情况见表 3。

表 3 中白纸板主要生产企业拥有约 2267 万吨产能（其中白卡纸产能约为 1460 万吨，约占白纸板产能的 65%），较 2020 年白纸板主要生产企业产能 1962 万吨增加了 305 万吨，同比增长近 16%。2021 年白纸板生产量 1525 万吨，开工率约 67%。2022—2023 年预计增加设计产能约 1500 万吨，同时还有计划投资白纸板的产能约 680 万吨。从表 3 中可见我国白纸板 CR4 产能约 1342 万吨，占白纸板产能的 60%；CR8 产能约 1621 万吨，占白纸板产能的 72%。我国白纸板是集中度较高的纸种，特别是其中的白卡纸 CR4 产能 1170 万吨，约占白卡纸总产能 80%。

2. 箱纸板和瓦楞原纸

箱纸板和瓦楞原纸主要生产企业的产能和项目建设情况见表 4。表 4 中箱纸板和瓦楞原纸主要生产企业拥有约 6655 万吨产能，较 2020 年主要生产企业产能 6307 万吨增加了 348 万吨，同比增长 5.52%。2021 年箱纸板和瓦楞原纸总生产量 5490

万吨，开工率约82%。2022—2023年预计将新增设计产能约2500万吨，同时还有已列入投资计划的产能约1165万吨。我国箱纸板和瓦楞原纸CR4产能约2790万吨，占箱纸板和瓦楞原纸总产能的42%，CR8产能约3555万吨，占箱纸板和瓦楞原纸总产能的53%。箱纸板和瓦楞原纸的龙头企业产能不断集中，会加速落后产能的淘汰，集中度将进一步提高。

表3　涂布白纸板、白卡纸主要生产企业的产能和项目建设情况　　单位：万吨/年

序号	生产企业	2021年涂布白纸板/白卡纸实际产能	2022年计划新增设计产能	2023年计划新增设计产能	2024年计划新增设计产能
1	东莞玖龙纸业有限公司	260			120
2	宁波亚洲浆纸业有限公司	167		150	
3	山东博汇纸业股份有限公司	290			
4	山东太阳纸业有限公司	230			
5	山东晨鸣纸业集团股份有限公司	205		258	
6	广西金桂浆纸业有限公司	190			120
7	衢州五洲特种纸业股份有限公司	88			20
8	东莞建晖纸业有限公司	66		60	
9	广东理文造纸有限公司	65		160	
10	珠海经济特区红塔仁恒纸业有限公司	60		—	
11	联盛纸业（龙海）有限公司	60	100		100
12	湖北拍马纸业集团	55			
13	亚太森博（山东）浆纸有限公司	53		100	200
14	斯道拉恩索北海林浆纸一体化项目	51.5		—	
15	河南新乡新亚纸业集团股份有限公司	40	40		
16	四川宜宾纸业股份有限公司	30		—	
17	江门星辉造纸有限公司	30		—	
18	佛山华丰纸业有限公司	30			
19	其他	296	385	310	120
	合计	2266.5	525	1038	680

表4　主要生产箱纸板和瓦楞原纸的企业和项目建设情况　　单位：万吨/年

序号	生产企业	2021年实际产能	2022年计划新增设计产能	2023年计划新增设计产能	2024年计划新增设计产能
1	玖龙纸业（控股）有限公司	1360	185	300	155
2	山鹰国际控股股份公司	600	135	30	180
3	理文造纸有限公司	535			
4	荣成纸业股份有限公司	295	35		
5	东莞市金田纸业有限公司	205		150	60
6	联盛纸业（龙海）有限公司	195			
7	山东博汇纸业股份有限公司	190			
8	山东昌乐世纪阳光纸业有限公司	175	40		
9	山东太阳宏河纸业有限公司	160		60	

续表

序号	生产企业	2021 年实际产能	2022 年计划新增设计产能	2023 年计划新增设计产能	2024 年计划新增设计产能
10	浙江景兴纸业股份有限公司	136	30		200
11	金凤凰纸业(孝感)有限公司	136		80	
12	东莞金洲纸业有限公司	128			
13	广州万利达纸制品有限公司	100		—	
14	永丰余造纸(扬州)有限公司	95		—	
15	安徽林平循环发展股份有限公司	95		30	60
16	中山永发纸业有限公司	80			
17	邹平汇泽实业有限公司	75		—	
18	河南省龙源纸业股份有限公司	75			
19	江苏金盈纸业有限公司		100		150
20	山东华泰纸业股份有限公司	75		—	
21	浙江华川实业集团有限公司	65			
22	贵州鹏昇(集团)纸业有限责任公司	60			
23	浙江金龙再生资源科技股份有限公司	60		30	70
24	浙江荣晟环保纸业股份有限公司	60			
25	白山市琦祥纸业有限公司	60	50		
26	河北冀腾纸业公司	50		—	
27	黑龙江龙兴纸业有限公司	50			
28	东莞市骏业纸业有限公司	50			
29	河北永新包装有限公司	50			
30	其他	1440	822	442	290
	合计	6655	1397	1122	1165

3. 我国企业近年在海外的投资

根据公开资料显示，以玖龙纸业(控股)有限公司、理文造纸有限公司、山东太阳纸业股份有限公司、山鹰国际控股股份公司等为主的包装纸板企业先后宣布在泰国、马来西亚、印度尼西亚、越南、美国、老挝、缅甸、印度、柬埔寨等地建设包装纸板和再生纸浆生产基地，如表 5 所示。已投产箱纸板和瓦楞原纸约 280 万吨，正在建设和计划建设约 641 万吨，合计约 920 万吨的产能；已投产白纸板约 35 万吨，正在建设和计划建设约 70 万吨，合计有约 105 万吨的产能。在海外生产基地的产能大部分成品也将回到国内销售，将成为我国“禁废”后解决原料缺口的方案之一。

表 5　主要生产企业海外投资的包装纸板和再生纸浆项目建设情况　单位：万吨/年

序号	生产企业	投资国家	箱纸板和瓦楞原纸		再生浆		涂布白纸板		备注
			已投产	计划	已投产	计划	已投产	计划	
1	理文造纸有限公司	马来西亚	70		40	80			
		越南	55	55					
		印度尼西亚			24				

续表

序号	生产企业	投资国家	箱纸板和瓦楞原纸		再生浆		涂布白纸板		备注
			已投产	计划	已投产	计划	已投产	计划	
2	玖龙纸业（控股）有限公司	马来西亚		146	48	60			
		越南	50	120					
		美国	25	45	21.8	56			
3	浙江新胜大控股集团有限公司	马来西亚		15			35	50	
4	太阳纸业股份有限公司	老挝	80		40				
5	浙江景兴纸业股份有限公司	马来西亚		60	80				
					38.4				协议采购或再生纸浆
6	山鹰国际控股股份公司	马来西亚		200					
		美国			12	70			
		泰国			70				
		英国、荷兰				35			
		东南亚				40			
7	浙江春胜控股集团有限公司	柬埔寨						20	
8	帝国再生纤维公司	美国				44			
9	森林包装集团股份有限公司	泰国			10				
	合计		280	641	384.2	385	35	70	

三、包装纸板的市场行情

2021 年我国包装纸板行业首先面临的是外废零进口，对包装纸板所需原料是巨大的挑战；同时，原料中木浆市场行情波动剧烈，煤炭价格高位震荡，化工品大幅上涨且限量供应等问题给企业经营带来较大的压力。另一方面，双碳、能源及环保等政策也倒逼企业加快向绿色低碳方向转型升级。

1. 包装纸板的价格趋势

根据公开资料整理，2021 年涂布白纸板及白卡纸主要生产商的产品均价走势见图 2、图 3。2021 年涂布白纸板均价约 5368 元/吨，较 2020 年的 4282 元/吨上涨 1086 元/吨，同比增长 25.36%；2021 年白卡纸均价约 7397 元/吨，较 2020 年的 6014 元/吨上涨 1383 元/吨，同比增长 23.12%。可见，2021 年受“禁废令”“限塑令”及原材料成本上涨的影响，涂布白纸板产品价格增幅较大，从 3 月份的波峰到 12 月份的波谷，平均每吨产品价格相差约 1250 元，涨跌幅度高于 25% 以上。其中白卡纸从 4 月份的波峰每吨产品超万元的价格到 9 月份的波谷，平均每吨产品价格相差约 4400 元，涨跌幅度近 66%。可见，2021 年由于原材料、能源及物流等大幅上涨，使白纸板市场价格波动较大，特别是白卡纸出现了罕见的大涨大跌，产品价格波动太大将不利于企业及上下游全产业链的稳定发展。

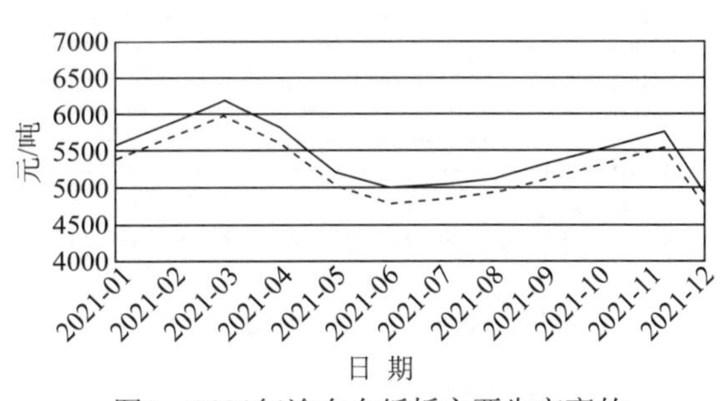

图2　2021年涂布白纸板主要生产商的产品销售价格走势

— 玖龙海龙250克/米²卷筒

--- 玖龙地龙250克/米²卷筒

2021 年箱纸板和瓦楞原纸的产品均价走势见图 4、图 5。2021 年箱纸板均价约 5010 元/吨，较 2020

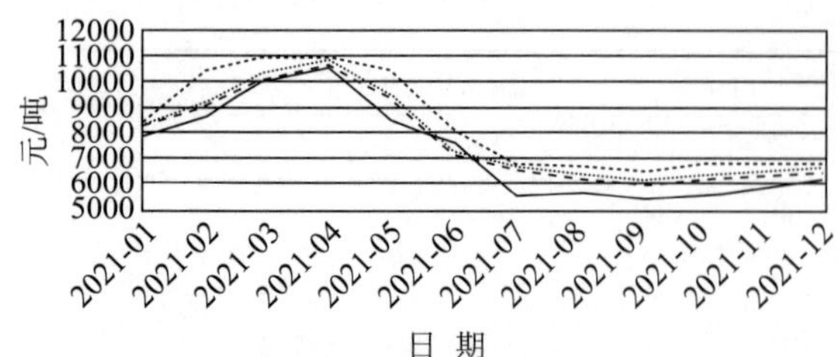

图3 2021年白卡纸主要生产商的产品销售价格走势

— 晨鸣纸业山东250克/米^{2}卷筒

…… 太阳纸业山东250克/米^{2}卷筒

- - - 宁波中华浙江250克/米^{2}卷筒

…… 广西金桂广西250克/米^{2}卷筒

年 4283 元/吨上涨 727 元/吨，同比增长 17%。2021 年瓦楞原纸均价约 4252 元/吨，较 2020 年 3545 元/吨上涨 707 元/吨，同比增长 20%。可见，2021 年，由于原料、能源、化工产品及物流等成本的上涨，箱纸板和瓦楞原纸的产品价格从年初起就稳步上涨。

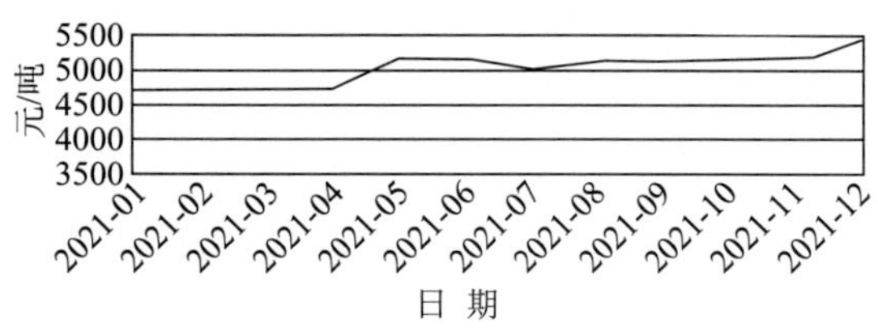

图4 2021年箱纸板均价走势

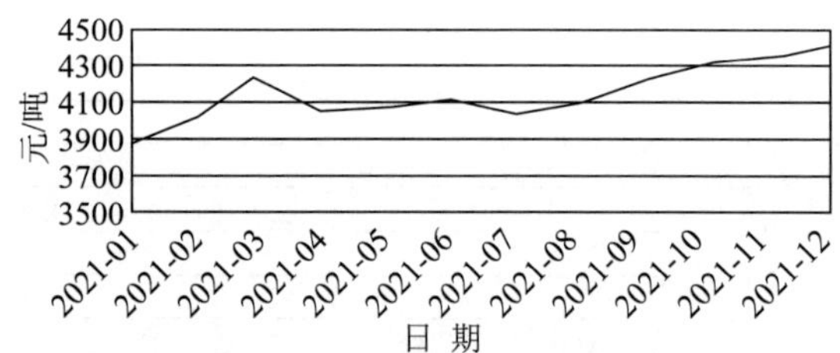

图5 2021年瓦楞原纸均价走势

2. 包装纸板的市场行情

2021 年是“十四五”的开局之年，这一年包装纸板行业面临着严峻的发展形势，面对双碳、双控、禁废等一系列政策出台，国内外新冠肺炎疫情反复，资源能源短缺、原材料及运输成本上涨、市场供应和价格大幅波动。包装纸板行业积极寻求各种应对措施保持市场的稳定，同时加快企业转型升级。

（1）白纸板 2021 年白纸板的主要生产企业产能增加约 295 万吨，特别是 2021 年年底投产的广西太阳纸业有限公司北海 PM2 和广西金桂浆纸业有限公司 PM2 白卡纸项目都是年产 90 万吨的大型纸板机，机型大、装备全、数字化和智能化配置高，成为白卡纸行业新的标杆；2021 年减少的主要是宁波中华纸业有限公司关停的 66 万吨白卡纸产能。在 2021 年增加的产能中约有 120 万吨左右的涂布白纸板产能，其中大部分是富阳造纸企业关停后，通过异地搬迁、异地新建、兼并重组、租赁等多种形式陆续在江苏、福建、江西、山东、安徽以及浙江等其他地区重新开启的造纸业务，主要产品仍然为涂布白纸板。

近年来投资白纸板的企业在增加，特别是投资大型白卡纸的企业在增加，项目从 2021 年底开始投产，2022 年将逐步释放产能，2023 年还将迎来新的投产高峰，未来 5 年合计约有 1800 万吨白纸板产能投产，其中约有 1200 万吨为白卡纸产能。可见，随着未来新增产能的不断扩张，使得白纸板市场竞争加剧，产能也需要时间逐步释放。

在“禁塑令”背景下，2021 年各地区先后发布了加强塑料污染治理的实施意见。白纸板以其环保、可回收、轻量化且成本较低的优势成为食品药品中不可降解塑料的主要替代产品，为白纸板打开了新的市场增量。其中，白卡纸市场需求中，药品包装占 36%、食品包装占 14%、香烟包装占 14%、餐饮服务占 10%、乳制品包装占 9%、服装占 6%、纸牌占 4%、软饮占 3%、购物袋占 1%。据相关预测，白卡纸每年有约 6% 的增长，未来“限塑令”的强化实施，将会有更多新的市场增长机会。

（2）箱纸板和瓦楞原纸 2021 年箱纸板和瓦楞原纸主要生产企业增加产能约 348 万吨，2022 年和 2023 年将迎来新产能的投产高峰，未来 5 年合计约有 3000 万吨箱纸板和瓦楞原纸产能投产。主要生产企业产能的快速增加，将加速淘汰落后的小企业，进一步提高行业集中度。在箱纸板、瓦楞原纸需求领域主要食品饮料所占比例约 46%、家电电子产品所占比例约 20%、日化用品占比约 14%、快递需求所占比例约 10%。2021 年有部分文化纸机转产包装纸板，如广西太阳纸业有限公司于 2021 年 9 月投产 1 条幅宽 10500 毫米的双胶纸生产线，设计车速 2000 米/分，设计年产能 55 万吨，该生产线于 2021 年 11 月中旬改产箱纸板，主要排产 120 克/米^2 以下的神州再生牛卡纸。江西五星纸业有限公司于 2021 年 3 月投产 PM9 双胶纸生产线，纸机幅宽 8200 毫米，设计车速 1200 米/分，设计年产能 30 万吨，该生产线于 2021 年 11 月上旬改产箱纸板，主要排产 70 ~ 100 克/米^{2}T 级再生牛卡纸。可见，随着市场需求的变化，生产技术水平的提高，企业跨纸种调整也会越来越频繁。

2021 年受“禁废令”的影响，箱纸板和瓦楞原纸的影响最大，各大企业都在采用各种原料来弥补纤维原料的不足，如使用杂木片、竹子、芦苇、甘蔗渣、秸秆等原料，采用半化学浆、化学机械浆等制浆方式制成纸浆来替代废纸原料的不足。同时，推进海外再生纸浆生产基地的建设，据不完全统计已建成再生纸浆产能约 384 万吨，在建或计划建设约 385 万吨，到 2023 年底合计将有近 800 万吨的再生纸浆产能，如表 5 所示。因此，进口再生纸浆将持续增长，2021 年进口再生纸浆 327 万吨，较 2020 年的 249 万吨增长了 31.33%。在海外建设再生纸浆生产基地是积极应对“禁废令”最有效的措施，未来海外再生纸浆产能将更多地弥补国内原料不足的问题，同时再生纸浆还将作为高强纤维的补充提高我国箱纸板和瓦楞原纸的产品质量。

我国包装纸板企业在海外建设箱纸板和瓦楞原纸项目也在增加，目前已建成投产的箱纸板和瓦楞原纸产能约 280 万吨，在建和计划建设产能约 641 万吨，如表 5 所示。2021 年我国箱纸板和瓦楞原纸进口量分别达到 399 万吨和 294 万吨，比 2020 年进口量 404 万吨和 389 万吨分别下降了 1.24% 和 24.42%，近 10 年我国箱纸板和瓦楞原纸进口量见图 6。箱纸板和瓦楞原纸是在 2017 年国家实施“禁废令”开始时加大进口的，直接进口成品纸，也是弥补国内原料不足的途径之一。

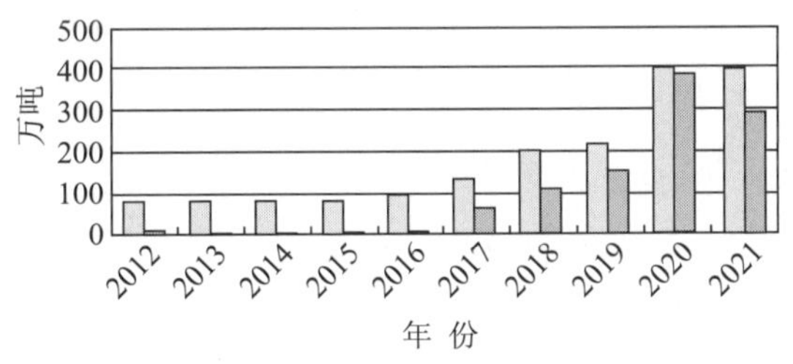

图6　近10年我国箱纸板和瓦楞原纸进口量

▫箱纸板　▫瓦楞原纸

可见，随着国家“禁废令”“禁塑令”的影响，根据“双碳”的要求，包装纸板行业正加速原料方案的调整，加速落后产能的淘汰，随着新建大型项目的投产行业集中度将进一步提升，也将使行业技术水平、装备水平、数字化水平及绿色低碳发展水平提升到新的高度。

随着我国社会经济的不断发展，纸制包装产品正向精细、精致、精品方向发展，包装产品的品种和特性也趋向多样化、功能化和个性化，市场对于产品包装的多样化要求带动了包装纸板在耐油、耐水、保温、杀菌等功能方面持续突破，随着新材料、新工艺科学的进步，纸制包装已经具备防水、防油、透气等多种功能。市场行业内领先的企业及科研院所在上述新的功能方面积极开展研发应用以适应市场发展趋势，不断提高替代塑料制品的种类，扩大包装纸板的应用领域。

四、包装纸板行业展望

根据《造纸行业“十四五”及中长期高质量发展纲要》，预计 2025 年我国纸及纸板总生产量达到 1.4 亿吨，按包装纸板所占比例预计生产量将达到 8400 万吨。随着最严“限塑令”的实施，“以纸代塑”给包装纸板行业带来了新的发展机遇，但原料问题仍将是困扰包装纸板行业发展的难题之一。虽然通过提高废纸回收率利用率、各种原料（化学机械浆、半化学浆）的使用、进口再生纸浆及成品纸的补充，但是原料短缺这个问题还是客观存在的，未来仍将成为影响包装纸板行业发展的重要因素。

包装纸板行业面对“双碳”要求，如何降碳增汇实现碳中和，未来 10 年将是行业发展的关键时期，如何在“十四五”期间顺势而为，对包装纸板行业来说至关重要。碳中和、碳达峰不仅影响包装纸板行业的能源结构和产业结构，还会影响全产业链的绿色水平。重视全生命周期管理，做好源头减量化和过程资源化，才能在“末端无害化”中达到事半功倍的效果。做好全生命周期的碳足迹，摸清碳排放的家底，从生产过程、工艺技术、设备配置和能源消耗各环节识别减碳的技术路径和可行途径。同时企业自己的碳足迹台账是碳减排、碳达峰以及碳中和所有工作的基础资料，只有通过这些明细的台账数据，才能有针对性的加大科研力度，通过科技创新找出最适合的减碳方案。同时加大林浆纸一体化建设及生产过程中生物质能源、清洁能源的利用，充分利用包装纸板的绿色基因，推动行业长期健康可持续发展。

面对新冠肺炎疫情的持续和外部地缘政治冲突，在全球一体化的今天对包装纸板行业的市场、原材物料、生产管理及供应链等都将带来了较大的影响，使数字化智能化显得尤为重要。只有使企业的管理系统更加智能化，仓储、物流以及销售等全部业务系统实现智能化，同时依托互联网新型技术手段，加强智能管理建设的能力，提升在物流运输、人员管理以及能源管理方面的智能化水平。通过数据精细化管理，达到原材物料的高质高效利用、实现生产过程的超低排放、降低销售成本、提高生产效率等目的，又能进一步为减碳助力。

总之，包装纸板行业面对“禁废”“双碳”环保等不断出现的新挑战，通过科技创新不断挖掘新的可替代原料，为解决原料短缺提供更多的解决方案；对产品全生命周期进行碳足迹计算，将节能减排融入全产业链的每一个环节，使行业发展符合“双碳”目标的要求；加大智能化、数字化应用将传统产业适应现代化的需求；推动包装纸板行业迈向中高端高质高效发展的新阶段。

（樊　燕）

2021 年我国特种纸产业发展现状及分析

Development Status and Analysis of Specialty Paper Industry in China in 2021

一、特种纸产业产销形势

2021 年我国特种纸产业整体稳中向好，与2020 年相比，生产量增长较多的纸种有格拉辛纸、食品包装用纸、医疗包装用纸、热转印纸，除此之外装饰纸、热敏纸、离型原纸、描图纸、不锈钢衬纸、玻璃纸、圣经纸等也实现了增长。而无碳复写纸、壁纸、汽车滤纸、育果袋纸、羊皮纸、电气用纸、卷烟系列用纸等纸种生产量则保持平稳或略有下降。

2021 年我国特种纸及纸板总生产量为 732 万吨，同比增长 1.95%。特种纸及纸板生产量占全国纸及纸板总生产量的比例为 6.05%。2007—2021 年我国特种纸及纸板生产量的比例见图 1。

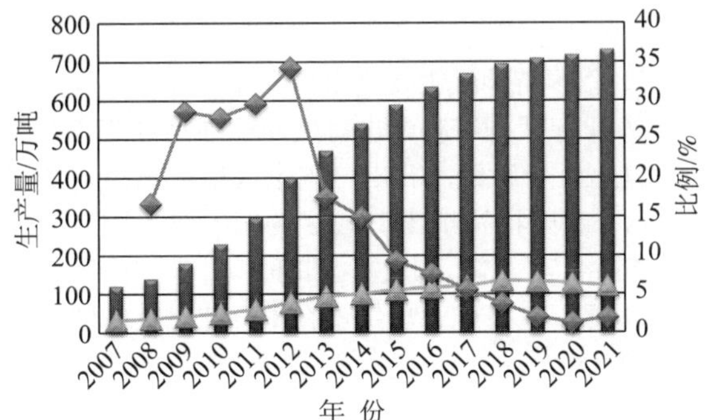

图1　2007—2021年我国特种纸及纸板生产量和占纸及纸板总生产量的比例

2021 年我国特种纸企业的总体开工率为 78.76%，产销率 97.69%。开工率基本与 2020 年持平，处于历史较低水平，这主要是一些企业新释放的产能还未转产所致。2013—2021 年我国部分特种纸企业的开工率和产销率见图 2。

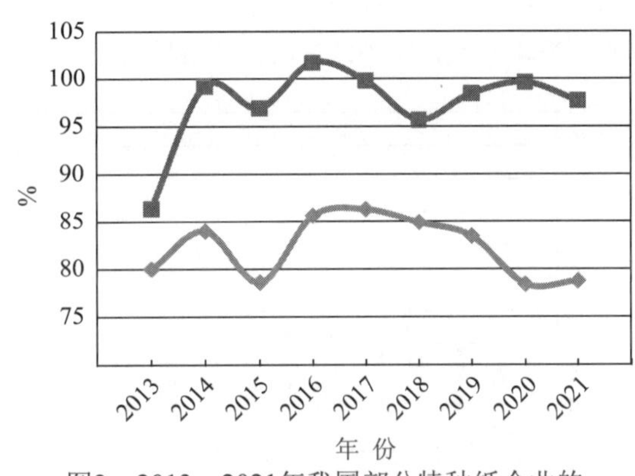

图2　2013—2021年我国部分特种纸企业的开工率和产销率

二、特种纸产业进出口情况

1. 我国特种纸进出口量、进出口总额和进出口价格

2021 年我国特种纸进口量 58.46 万吨，同比增长 2.92%；出口量 138.22 万吨，同比增长 13.71%。2020 年由于新冠肺炎疫情，大多数纸种的出口受到了较严重的影响，只有与医疗相关的纸种出口量大幅增长，2021 年各个纸种出口量都表现良好，统计的 34 个编码中，有 24 个编码的出口量都实现了增长，其中 2020 年增长较多的医疗用纸、标签纸、热敏转印纸、纸浆制品在 2021 年仍然实现了增长，其他未增长的品种也只是出现了小幅下降，整体来看 2021 年出口形势较好。

2021 年我国特种纸进口总额 9.11 亿美元，同比增长 15.61%，进口单价 1558 美元/吨，同比增长 12.25%。出口总额 39.95 亿美元，同比增长

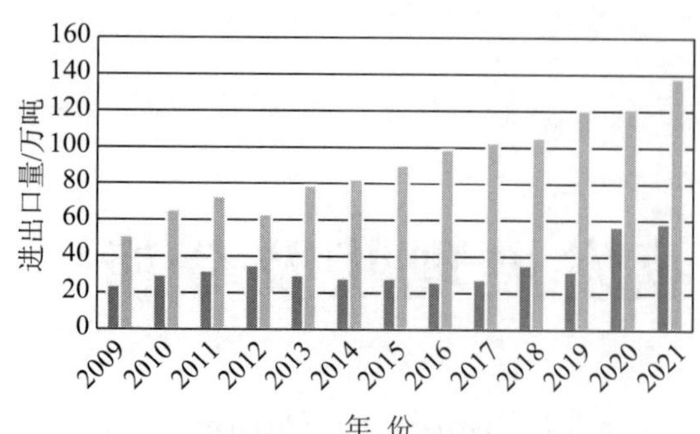

图3 2009—2021年我国特种纸进出口量

22.81%，出口单价 2890 美元/吨，同比增长 7.80%。2009—2021 年我国特种纸进出口量见图 3，2009—2021 年我国特种纸进出口总额见图 4，2009—2021 年我国特种纸进出口价格见图 5。

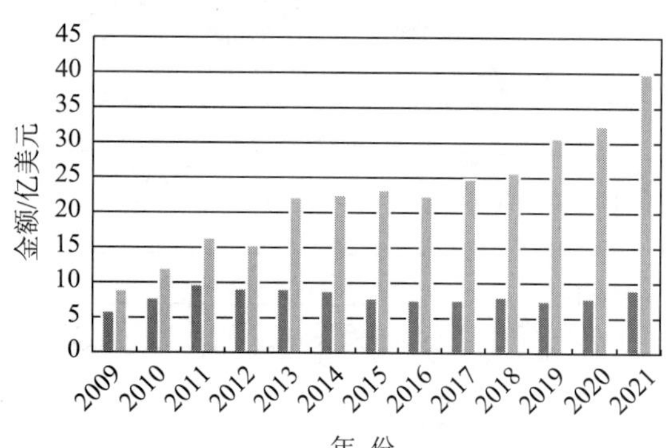

图4 2009—2021年我国特种纸进出口总额

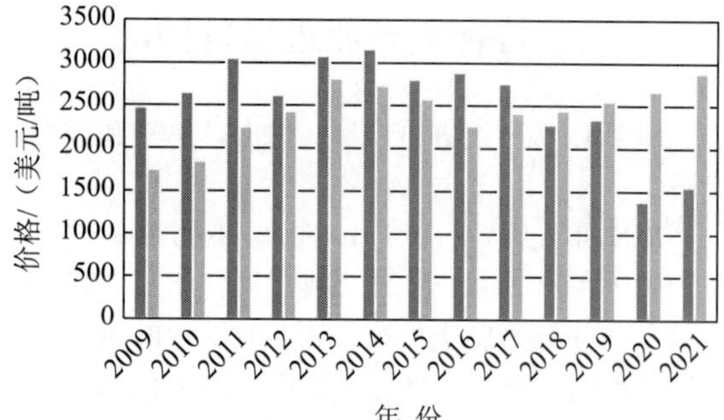

图5 2009—2021年我国特种纸进出口价格

2. 主要纸种近几年进出口量及进出口价格

2021 年，植物羊皮纸的进出口量均略有上涨，进口价格大幅上涨，出口价格略有下降；壁纸原纸进出口量均略有下降，进口价格也略有下降，出口价格略有上涨；防油纸进出口量和进出口价格均略有上涨；滤纸及纸板进出口量均上涨，进口价格下降明显，出口价格有明显上涨；电解电容器纸进口量持续增长，进口量仍远高于出口量，进出口价格均大幅上涨；卷烟纸进口量明显下降，出口量略有上涨，进口价格涨幅明显，出口价格保持平稳。2010—2021 年我国主要特种纸进出口量、进出口价格见图 6 和图 7。

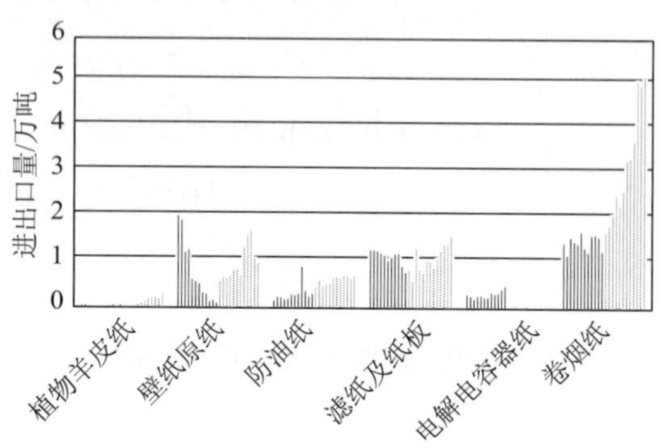

图6 2010—2021年我国主要特种纸进出口量

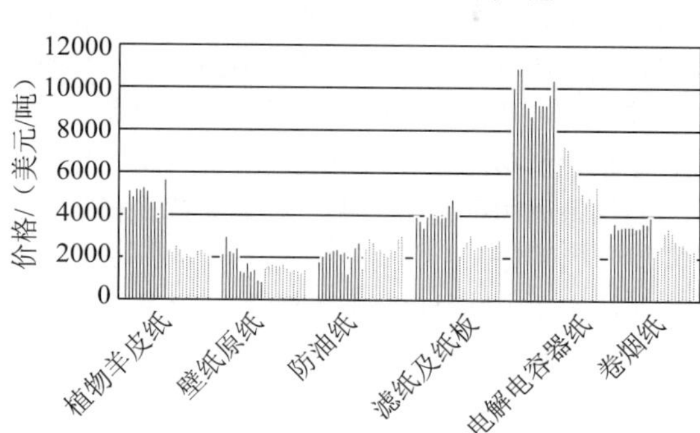

图7 2010—2021年我国主要特种纸进出口价格

3. 我国特种纸主要进出口国家

2021 年我国特种纸出口贸易伙伴达到 218 个国家和地区。特种纸主要出口国家或地区出口量如图 8 所示。我国特种纸出口最多的国家是美国，出口量达到 14.58 万吨，其次是印度、日本和韩国，出口量 8 万～10 万吨，出口量在 1 万吨以上的国家和地区有 35 个。

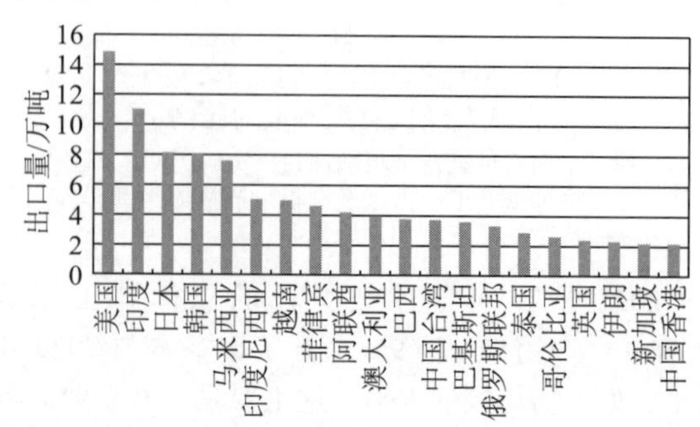

图8 2021年我国特种纸主要出口国家或地区出口量

2021 年我国特种纸进口贸易伙伴有 84 个国家和地区，特种纸主要进口国家和进口量如图 9 所示。从 2020 年和 2021 年我国特种纸不同国家和地区的进口量可以看出，我国特种纸不同国家和地区的进口量差异较大，例如，2021 年我国从加拿大进口特种纸量达到 12 万吨，2020 年仅为 1 万吨，2020 年我国从印度尼西亚进口特种纸进口量达到 9 万吨，2021 年不足 4 万吨。2021 年我国特种纸进口量较多的国家是加拿大、美国和日本，其他国家的进口量均较小，进口量在 1 万吨以上的国家和地区仅有 11 个。

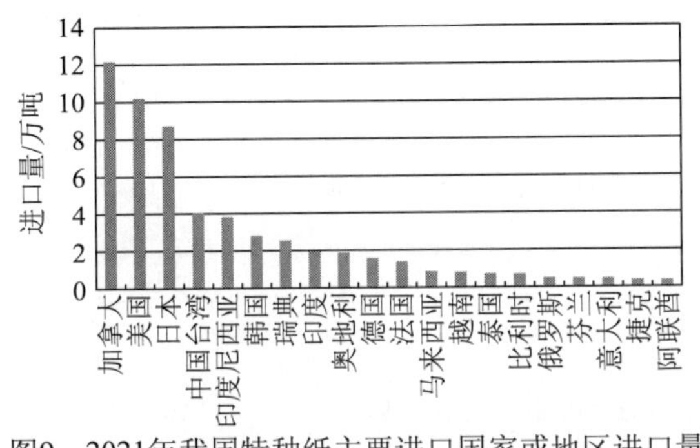

图9　2021年我国特种纸主要进口国家或地区进口量

三、特种纸企业上市公司概况

2021 年我国特种纸板块没有新增和停牌的上市公司，上市公司数量仍然为 18 家，如表 1 所示。2021 年这 18 家企业的资产总额为 437.60 亿元，比 2020 年增加 107.16 亿元，同比增长 32.43%；净资产达 262.07 亿元，比 2020 年净增 44.38 亿元，同比增长 20.39%；主营业务收入 304.57 亿元，比 2020 年增加 88.49 亿元，同比增长 40.95%；实现净利润 24.80 亿元，比 2020 年净增加 2.53 亿元，同比增长 11.36%。2019—2021 年特种纸上市公司基本情况见表 2。

表 1　　2021 年我国特种纸产业上市公司

企业名称	证券代码	主营业务	备注
主板			
齐峰新材料股份有限公司	002521	装饰原纸(素色装饰原纸、可印刷装饰原纸等)、表层耐磨纸、无纺壁纸原纸、砂纸原纸	
民丰特种纸股份有限公司	600235	烟草系列用纸、格拉辛系列用纸、涂布类用纸、热升华数码转印纸以及透明纸等	
浙江凯恩特种材料股份有限公司	002012	电气及工业用配套材料(电解电容器纸、超级电容器隔膜和绝缘纸等)，过滤材料(茶叶滤纸和吸尘袋纸)，特种包装材料(食品包装材料、高端烟用接装原纸、医用包装材料)	
广东冠豪高新技术股份有限公司	600433	无碳纸、热敏纸、不干胶标签材料	
牡丹江恒丰纸业股份有限公司	600356	卷烟配套用纸、铝箔衬纸、薄型印刷纸	
2015 年新增			
重庆再升科技股份有限公司	603601	玻璃纤维棉、玻璃纤维滤纸、PTFE 滤材、熔喷有机纤维滤材、无机真空绝热板芯材、新能源电池隔膜	
2016 年新增			
东莞金太阳研磨股份有限公司	300606	砂纸	
2018 年新增			
仙鹤股份有限公司	603733	烟草行业用纸、家居装饰用纸、商务交流及防伪用纸、食品与医疗包装用纸、标签离型用纸、电气及工业用纸、热转印用纸、低定量出版印刷用纸、特种浆	
2020 年新增			
五洲特种纸业集团股份有限公司	605007	食品包装用纸、格拉辛纸、描图纸、转移印花纸以及文化用纸五大系列	

续表

企业名称	证券代码	主营业务	备注
新三板			
2015 年新增			
万邦特种材料股份有限公司	836779	卷烟用纸、电池用纸、食品包装用纸三大系列	
华邦特西诺采新材料股份有限公司	835647	装饰原纸	
浙江恒达新材料股份有限公司	835147	医疗包装原纸系列、食品包装原纸系列、卷烟配套原纸系列、工业特种纸原纸系列	2021 年停牌
浙江凯丰新材料股份有限公司	835427	烟用接装原纸、不锈钢垫纸、离型原纸、医用包装用纸、热敏原纸、美纹原纸	
浙江金昌特种纸股份有限公司	834808	转移印花系列、装饰材料系列、绿色包装系列	
浙江特美新材料股份有限公司	834565	水松纸及其他纸制品	
烟台民士达特种纸业股份有限公司	833394	芳纶纸及其衍生产品	
2016 年新增			
广东尚鑫新材料股份有限公司	835828	汽车电子类离型防粘材料、新型膜类纸制品	2017 年停牌
江苏福泰涂布科技股份有限公司	835231	离型纸	
杭州富士达特种材料股份有限公司	836064	低温绝热纸	2019 年停牌
福建东南艺术纸品股份有限公司	838207	彩色餐巾纸、彩色食品纸容器、薄页纸、其他纸制品	2019 年停牌
丽水兴昌新材料科技股份有限公司	838134	热封型茶叶滤纸、非热封型茶叶滤纸、热封型咖啡滤纸、蓄电池涂板纸、干燥剂包装用纸、口罩纸、灯笼纸、双面胶带原纸、工艺礼品纸	2019 年停牌
广东通力定造股份有限公司	839336	特种彩色包装用纸	2019 年停牌
2017 年新增			
深圳市万极科技股份有限公司	833967	水转印纸、皮革离型纸	
2018 年新增			
天津广大纸业股份有限公司	872681	医疗记录纸	

表 2　2019—2021 年特种纸上市公司基本情况

年份/年	总资产			净资产			主营业务收入			净利润		
	2019	2020	2021	2019	2020	2021	2019	2020	2021	2019	2020	2021
齐峰新材料股份有限公司	43.42	47.35	50.69	34.83	34.70	35.86	32.50	28.11	37.02	1.32	1.59	1.65
民丰特种纸股份有限公司	21.73	21.81	22.17	12.98	13.44	13.97	13.99	13.53	15.26	0.13	0.49	0.58
浙江凯恩特种材料股份有限公司	18.42	22.38	24.15	12.80	13.70	14.49	11.52	15.50	18.30	0.46	0.93	0.94
广东冠豪新技术股份有限公司	39.41	38.30	92.80	26.66	28.05	50.11	25.95	24.40	73.98	1.70	1.79	1.39
牡丹江恒丰纸业股份有限公司	30.92	30.34	29.42	22.32	22.41	23.02	17.56	18.29	20.22	0.99	1.32	1.01
仙鹤股份有限公司	73.78	79.64	110.49	38.30	53.54	64.19	45.67	48.43	60.17	4.19	7.17	10.17
重庆再升科技股份有限公司	24.48	27.42	29.31	14.24	18.21	19.83	12.52	18.84	16.20	1.71	3.60	2.49

续表

年份/年	总资产			净资产			主营业务收入			净利润		
	2019	2020	2021	2019	2020	2021	2019	2020	2021	2019	2020	2021
五洲特种纸业集团股份有限公司	25.19	33.96	45.46	10.09	16.87	21.16	23.76	26.35	36.90	1.99	3.39	3.90
万邦特种材料股份有限公司	1.38	1.48	1.71	0.87	0.90	0.93	1.12	0.92	1.20	0.04	0.06	0.06
华邦特西诺采新材料股份有限公司	2.27	2.36	2.97	-0.005	-0.22	0.43	2.03	2.32	3.52	-0.27	-0.22	0.01
浙江凯丰新材料股份有限公司	5.75	6.51	6.83	2.69	3.39	4.17	6.46	6.58	7.85	0.47	0.70	0.78
浙江金昌特种纸股份有限公司	2.64	2.83	2.93	1.25	1.47	1.42	2.53	2.17	2.17	0.02	0.02	0.23
浙江特美新材料股份有限公司	1.18	1.41	1.41	0.69	0.82	0.81	1.50	1.73	1.77	0.17	0.22	0.08
烟台民士达特种纸业股份有限公司	2.98	3.25	4.25	2.45	2.73	2.80	1.37	1.59	2.18	0.21	0.28	0.37
江苏福泰涂布科技股份有限公司	0.94	0.96	1.11	0.57	0.61	0.60	1.59	1.39	1.23	0.07	0.07	0.22
东莞金太阳研磨股份有限公司	7.91	7.60	8.94	5.67	4.96	6.05	4.30	4.15	4.47	0.61	0.71	0.68
深圳市万极科技股份有限公司	1.80	2.11	2.07	1.52	1.53	1.62	1.16	1.18	1.51	0.06	0.11	0.19
天津广大纸业股份有限公司	0.69	0.73	0.89	0.56	0.58	0.61	0.69	0.60	0.62	0.02	0.04	0.05
合计	304.89	330.44	437.6	188.485	217.69	262.07	206.22	216.08	304.57	13.89	22.27	24.8

2021 年齐峰新材料股份有限公司、民丰特种纸股份有限公司、浙江凯恩特种材料股份有限公司、广东冠豪高新技术股份有限公司和牡丹江恒丰纸业股份有限公司这 5 家主板上市的特种纸企业，资产总额为 219.22 亿元，比 2020 年净增 59.03 亿元，同比增长 36.85%；净资产达 137.46 亿元，比 2020 年净增 25.15 亿元，同比增长 22.39%；主营业务收入 164.77 亿元，比 2020 年增加 64.94 亿元，同比增长 65.05%；实现净利润 5.58 亿元，比 2020 年净减 0.53 亿元，同比下降 8.67%。5 家主板上市公司近几年的利润总额、净利润、主营业务收入和总资产变化情况见图 10、图 11。

2021 年底在沪深两市含有制浆造纸和纸制品业务的上市公司为 32 家，比 2020 年增加 1 家，实现净利润 157.91 亿元，比 2020 年净增 34.26 亿元，同比增长 21.69%。如图 12 所示，2019 年之前的数据只包含 5 家特种纸主板上市公司，2020 年和 2021 年的数据新增了仙鹤股份有限公司和五洲特种纸业集团股份有限公司 2 家上市公司，2021 年特种纸企业利润占 12.44%。

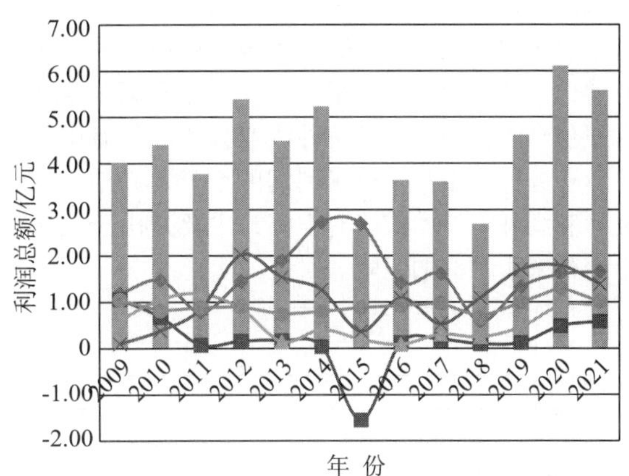

图10　5家主板上市公司2009—2021年利润变化情况

我国主要特种纸上市公司近几年的主营业务收

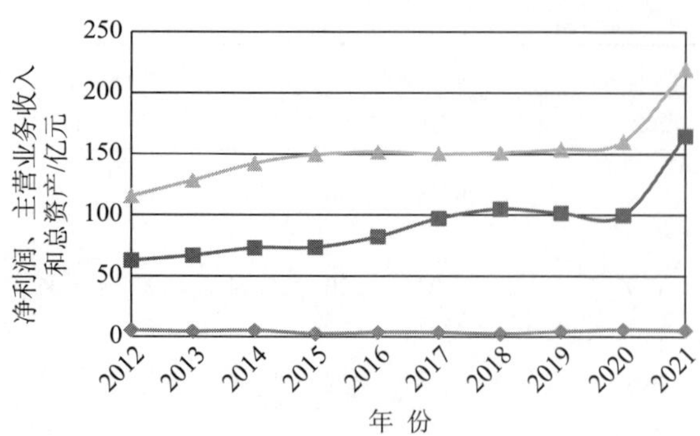

图11　5家主板上市公司近几年利润、主营业务收入和总资产变化情况

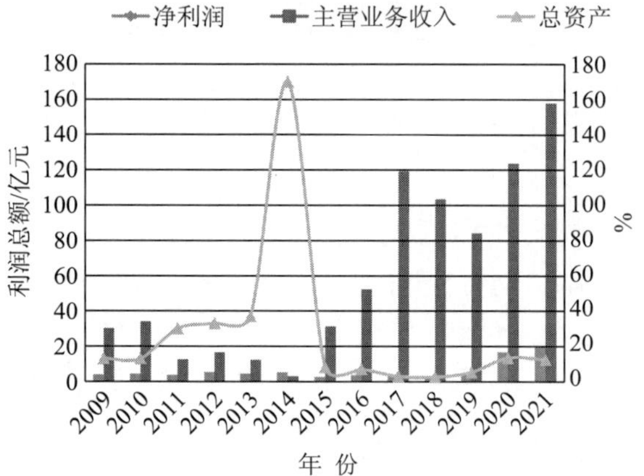

图12　特种纸上市公司利润与沪深两市所有造纸上市公司的利润对比

入和利润情况如图 13、图 14 所示。2021 年主营业务收入均保持上涨，其中，广东冠豪高新技术股份有限公司出现大幅增长是因为报告期内完成吸收合并佛山华新包装股份有限公司。从净利润来看，仙鹤股份有限公司和五洲特种纸业集团股份有限公司主营业务收入增长带来了利润的增长，其他几家企业净利润基本持本或略有下降，主要是由于浆价的上涨带来了利润的下降。

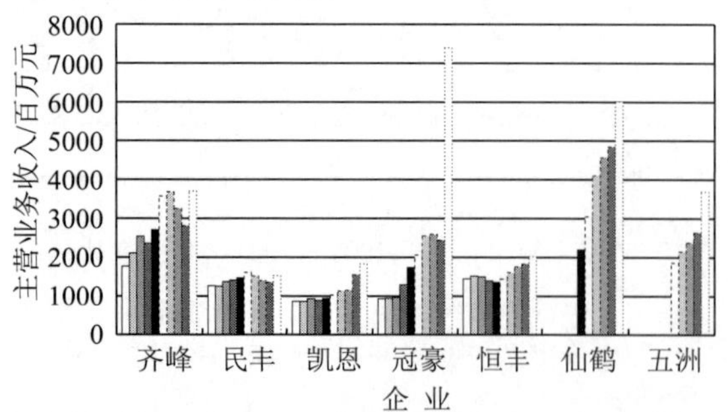

图13　主要特种纸上市公司主营业务收入变化情况

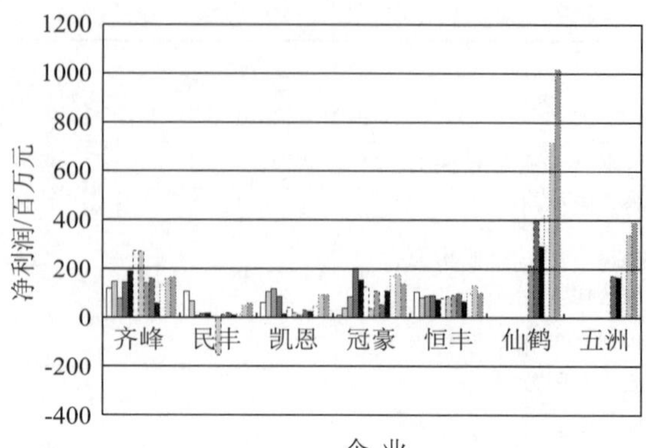

图14　我国主要特种纸上市公司净利润情况

四、特种纸产业投资情况

2021 年我国造纸产业的新建扩建项目主要集中在箱纸板和生活用纸，特种纸产业的投资热度有所减退。据不完全统计，生活用纸新建扩建项目最多，超过 50 项，每个项目的新增产能大概在 2 万吨左右，总计投资产能超过 100 万吨，箱纸板投资项目将近 20 项，总计投资产能 500 万吨以上。与生活用纸和箱纸板相比，特种纸产业投资项目相对较少，先后释放了近 50 万吨产能，其中包括装饰纸、食品用纸、喷墨打印纸、格拉辛纸、医疗包装用纸、离型纸、特种纸包装用纸等。2021 年仙鹤股份有限公司和五洲特种纸业集团股份有限公司继 2020 年的百万吨级浆纸项目之后，又签订了百万吨以上的浆纸项目。此外，2021 年 Ahlstrom Munksjö 公司完成了对河北名联新材料科技有限公司部分股份的收购工作，我国的特种纸产业又新增了一家合资的装饰纸生产企业。2021 年我国部分特种纸产业的投资情况如下。

1. 仙鹤股份有限公司第 2 个百亿元投资项目落户荆州

2021 年 1 月 8 日，湖北省荆州市石首市与仙鹤股份有限公司签订了 250 万吨/年林浆纸一体化循环经济项目投资框架协议。3 月 23 日，仙鹤股份有限公司与湖北省石首市人民政府正式签订了“仙鹤股份高性能纸基新材料循环经济项目投资合同”。项目计划总投资 100 亿元，主体项目分三期完成，包含 90 万吨/年纸浆、140 万吨/年特种纸、20 万吨/年涂布加工纸项目，配套碱回收、中段水治理、热电等项目。

可转债募投项目“22 万吨/年高档纸基新材料项目”顺利实施，该项目 4 条生产线的浙江哲丰新材料有限公司 PM5、PM6、PM7、PM8 分别在 2020 年 8 月至 2021 年 5 月期间陆续投产，专业生产纸基功能类材料，并已经实现稳定销售；常山工业园区浙江哲丰新材料有限公司 PM9 项目已于 2021 年 11 月投产，释放产能 4 万吨。另外，2021 年进行了浙江哲丰新材料有限公司 PM4 的技术改进项目，重新恢复产能 4 万吨。新增产能主要以离型材料、转印材料、食品包装、医疗包材系列为主；河南基地 PM7 和 PM8 项目已分别于 2021 年 1 月和 3 月顺利投产，产能得到充分释放。

2021 年 12 月 23 日，浙江夏王纸业有限公司第五条特种纸生产线开机出纸。该纸机幅宽 4450 毫米，车速 600 米/分，主要生产 30 ~ 120 克/米^2 装饰原纸等特种纸，年产能超过 5 万吨。

2. 山东太阳纸业股份有限公司颜店新材料生产基地的特种纸机 PM40 顺利开机

2021 年 1 月 8 日，山东太阳纸业股份有限公司颜店新材料生产基地的特种纸机 PM40 顺利开机。生产线拥有高品质、高稳定性以及高效节能的生产工艺，主要生产特种纸产品，产品具有环保、便携等特性。

3. 浙江森林联合纸业有限公司数码喷墨纸项目开工

2 月 24 日，浙江森林联合纸业有限公司 60 万吨/年数码喷墨纸产业升级项目正式开工。项目总投资 20 亿元，建设期为 2021—2025 年，2021 年计划投资 5000 万元，开展基础施工。项目建成后，可实现年产 60 万吨数码喷墨纸，年营业收入 36 亿元，税收 1.92 亿元。

4. 国一制纸（张家港）有限公司 10 万吨/年特种纸机成功投产

2 月 25 日，国一制纸（张家港）有限公司 10 万吨/年特种纸机成功投产。纸机由韩国金星公司提供，幅宽 5200 毫米，车速 700 米/分，浆线由安德里茨公司提供，可日产 305 吨绝干纸浆，用于生产食品包装用纸和特种印刷纸。

5. 山东世纪阳光纸业集团有限公司与上海轻良实业有限公司签订国内最高车速的装饰原纸机

2 月 25 日，山东世纪阳光纸业集团有限公司与上海轻良实业有限公司正式签订了 2 台幅宽 3850 毫米、车速 1200 米/分装饰原纸机合同。该机型是目前国内最高车速、顶尖配置的特种纸机。项目的签订标志着国产造纸装备行业进入了一个更高端的制造领域，国际领先的高车速、高配置、高自动化的先进机型进入了国产化的进程。

6. 日照华泰纸业有限公司特种纸机成功开机

10 月 25 日，日照华泰纸业有限公司幅宽 3450 毫米特种纸机一次性出纸成功。纸机由欧佩德（山东）造纸机械有限公司提供，产品以可降解的全木浆伸性纸袋纸、高强伸性纸、复合纸等为主，可代替塑料制品专门用于粮食、食品、水泥、水泥砂浆、化工品的包装。

7. Ahlstrom Munksjö 公司收购河北名联新材料科技有限公司部分股份

9 月 30 日，Ahlstrom Munksjö 公司宣布已签订协议，收购了我国装饰纸生产商河北名联新材料科技有限公司 60% 的股份，成立了一家位于河北邢台的最先进的装饰纸合资企业，收购价为 4.3 亿元。河北名联新材料科技有限公司生产的装饰原纸分别为素色原纸和印刷原纸。

8. 马鞍山华旺新材料科技有限公司 PM15 成功开机

马鞍山华旺新材料科技有限公司第二条生产线 PM15 纸机成功开机出纸。纸机由福伊特公司提供，幅宽 3800 毫米，设计车速 1000 米/分，全部使用商品木浆原料，主要生产 50 ~ 90 克/米^2 装饰原纸，设计年产能可达 12 万吨。

9. 五洲特种纸业集团股份有限公司投资 173 亿元建设浆纸体化项目

2021 年五洲特种纸业集团股份有限公司投资的江西五星纸业有限公司 9 号机和 10 号机相继投产，标志着江西生产基地 4 条生产线的建设已全面完成。截至 2021 年 12 月 31 日，五洲特种纸业集团股份有限公司已建成投产 8 条产线，拥有 135 万吨产能，其中食品包装用纸 78 万吨，格拉辛纸 21 万吨，文化用纸 30 万吨，转印纸 5 万吨，描图纸 7000 吨。

10. 山东凯丽特种纸股份有限公司新建 1 条艺术纸、防伪纸生产线。

11. 山东仁丰特种材料股份有限公司新建 1 条实验纸机生产线。

五、装饰原纸市场概况

据中国林产工业协会装饰纸专业委员会统计报告，2021 年我国具有一定规模企业的人造板饰面专用原纸总销量约 120.54 万吨，同比增长 2.97%。其中，装饰原纸销量 114.97 万吨，同比增长

3.27%；含素色纸 31.48 万吨，同比增长 9.31%；印刷用原纸 83.49 万吨，同比增长 1.16%；平衡纸销量 4.46 万吨，同比下降 1.98%；表层纸销量 1.11 万吨，同比下降 5.93%。2012—2021 年我国装饰原纸的销售量见图 15。

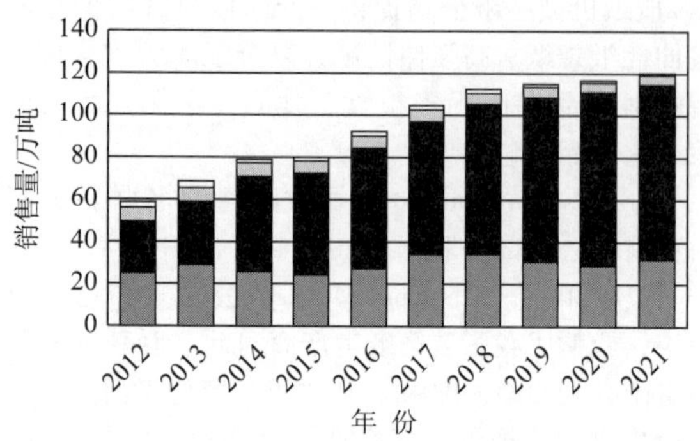

图15 2012—2021年我国装饰原纸的销售量

□表层纸 ■平衡纸 ■印刷装饰原纸 ■素色装饰原纸

六、壁纸原纸市场概况

据中国建筑装饰材料协会墙纸墙布分会数据统计，2015—2021 年我国墙纸墙布总市场规模基本保持在 20 亿米^2 左右，2021 年全国墙纸墙布市场总规模约 18 亿米^2，其中，墙纸行业生产量约 7.8 亿米^2，墙布总生产量约 10.2 亿米^2。自 2016—2021 年，墙布逐步挤占墙纸市场，墙纸市场在 2016 年达到历史最大规模量 17.3 亿米^2 之后，逐年呈下降趋势，至 2021 年复合递减率为 15%。2021 年，我国壁纸原纸总生产量 8.06 万吨，比 2020 年下降 33%，其中，木浆壁纸原纸 4.4 万吨，比 2020 年下降 16%，无纺壁纸原纸 3.06 万吨，比 2020 年下降 50%。2011—2021 年我国壁纸生产量变化见图 16。

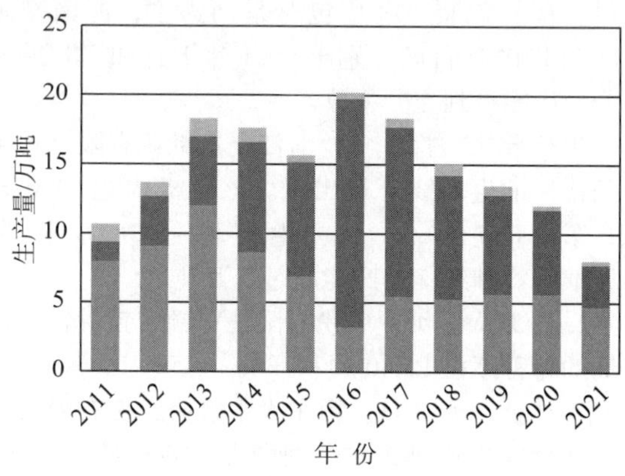

图16 2011—2021年我国壁纸生产量

■其他 ■无纺壁纸原纸 ■木浆壁纸原纸

（李 政 刘 文 曾慧均 贾程瑛）

2021 年溶解浆市场回顾与展望

Review and Outlook of Dissolving Pulp Market in 2021

一、全球溶解浆产能生产量状况

2021 年新冠肺炎疫情继续肆虐全球，加剧了全球海运能力的下降，引发了全球商品供应与需求的严重不平衡。同时，中美贸易摩擦人为加重了全球商品产业链与供应链的不平衡，拖累了整个世界经济复苏的进程。在这两大背景下，欧洲、北美洲两大溶解浆生产基地均出现大面积减产，甚至一些老牌溶解浆企业宣布退出溶解浆业务；南美洲、东南亚的溶解浆厂则抓住减产的机遇，第一次实现生产量超过欧洲、北美地区。2021 年没有企业宣布单独建设溶解浆项目，但有部分企业在建设纸浆项目时会预留工艺路线，以便在行业正常时改造溶解浆。

自 2020 年全球新冠肺炎疫情暴发后，全球溶解浆连续两年出现减产。2021 年全球溶解浆生产量约 560 万吨，与 2020 年的 630 万吨相比下降 11.11%。其中，我国溶解浆生产量约 50 万吨，其中木溶解浆约 40 万吨；国外溶解浆生产量约 510 万吨。

从 2021 年全球溶解浆的生产量产地分布情况看，主要生产地区为亚洲、美洲、欧洲和非洲；2021 年度亚洲溶解浆生产量首次超越美洲溶解浆生产量，这主要是因为印度尼西亚以及山东太阳纸业股份有限公司老挝生产基地生产较为稳定，并出现生产量的增长；美洲、南非等地区因为新冠肺炎疫情原因，生产量在 2021 年有所下降。具体数据表现为：亚洲占 46%，其中印度尼西亚占 23%，日本、老挝、泰国和印度占13%，中国占10%；美洲占32%，其中美国与加拿大占 19%，巴西与智利占 9%；欧洲占 17%，其中奥地利、挪威、瑞典、捷克占 9%，法国、荷兰、葡萄牙、芬兰占 8%；非洲主要是南非，占 5%。全球溶解浆生产主要集中在美洲与亚洲，两地合计生产量占全球总生产量的 78%。

(一) 国外溶解浆生产状况

新冠肺炎疫情持续蔓延与全球贸易壁垒不断升级两大主因影响了 2021 年度溶解浆生产与贸易。受此影响，全年海外溶解浆总生产量约 510 万吨，同比下降 1.54%。2021 年，由于海外新冠肺炎疫情的持续暴发，新冠毒株不断变异，导致全球海运费不断攀高，在溶解浆产业链表现为：我国的黏胶短纤很难发往欧美等地区；欧美等地的溶解浆因为运输能力跟不上，在港口出现溶解浆现货堆积；最终导致欧美、南非等地的溶解浆生产线生产情况极端不正常。同时，全球贸易壁垒不断升级，冷战思维不断回潮，在美国出台一些荒谬的对华贸易政策后，一些溶解浆企业不得不关停了自己的溶解浆业务。得益于欧美等国的减产，南美及东南亚地区的溶解浆生产量有所提高，并增加了对华出口量。2021 年海外市场少有主动扩张溶解浆业务的行为，具体情况如下：①2021 年 4 月，斯道拉恩索公司宣布将永久停止溶解浆的生产，专注于具有增长潜力的业务领域。其位于芬兰东部的 Enocell 工厂溶解浆和针叶木浆产能为 49 万吨/年，此后该厂将继续生产溶解浆以外的木浆。②2021 年 6—8 月，奥地利 Hallein 工厂检修。③2021 年 6—11 月，因新冠肺炎病毒变种毒株扩散影响，南非 Sappi 公司先后关闭了 3 家溶解浆生产工厂，截至 2021 年底，整个南非境内的溶解浆工厂生产情况均表现为非正常生产状态。④2021 年 11 月，由于溶解浆设备故障原因，瑞典 Domsjo 公司整体工厂意外停车。

(二) 我国溶解浆生产状况

2021 年我国木溶解浆产能为 260 万吨，但实际生产量仅有 40 万吨(见表 1)，没有新产能释放，溶解浆总生产量约为 50 万吨，该数据包含普通溶解浆、棉溶解浆、纸改溶解浆(以造纸浆为原料，经加工处理后成为溶解浆)，同比下降 55.35%。生产量下滑的原因有：一是受新冠肺炎疫情等因素影响，溶解浆厂在全年开工率有限。这主要体现在全年除山东太阳纸业股份有限公司与湖南骏泰新材料科技有限责任公司2家溶解浆工厂正常生产溶解浆外，其余溶解浆企业均未正常生产溶解浆；二是受环保政策影响，2021年是能耗“双控”向碳排放总量和强度“双控”转变的关键之年，大部分棉溶解浆工厂在2021年由于政策与成本的影响，退出生产序列，截至2021年年底，全国仅在新疆有少部分棉浆生产企业运营；三是同期溶解浆经济效益低于纸浆经济效益，导致多数工厂没有动力去生产效益较低的溶解浆；四是2021年1—8月，由于汇率变动，同期的进口阔叶木浆始终比国产溶解浆价格低，导致下游采购时用进口溶解浆价格压制国产溶解浆价格，也是导致国内溶解浆工厂无动力组织生产溶解浆的主要因素之一。2021年国内主要溶解浆企业生产情况如下：①仅有湖南骏泰新材料科技有限责任公司与山东太阳纸业股份有限公司两家单位有过正常的排产计划，由于市场价格受进口木片及进口溶解浆压制，两家企业合计生产溶解浆38万吨。②山东太阳纸业股份有限公司的生产量主要来自邹城工厂。③福建省青山纸业股份有限公司以及其他部分溶解浆厂，2021年按需生产，合计生产量约为2万吨。④至2021年12月下旬，有部分溶解浆工厂表示有转产溶解浆的计划，但截至2021年12月31日，未有相关具体排产计划。

表1 2021年我国溶解浆产能分布情况

企业	所在地	产能/(万吨/年)	生产量/(万吨/年)
湖北九有投资股份有限公司	湖北省武汉市	10	—
福建省青山纸业股份有限公司	福建省青州市	10	按需生产
安徽华泰林浆纸有限公司	安徽省安庆市	10	—
湖南骏泰新材料科技有限责任公司	湖南省怀化市	30	13
黄冈晨鸣浆纸有限公司	湖北省黄冈市	30	—
山东太阳纸业股份有限公司	山东省济宁市	50	25
亚太森博(山东)浆纸有限公司	山东省日照市	120	—
合计		260	40

二、全球溶解浆市场状况

(一)溶解浆下游市场分布

将溶解浆按照不同的生产工艺处理后，其应用领域大致可以分为如下几类：①纤维素醚，主要是螯合剂、洗涤剂、墙体腻子粉、食品添加剂等产品的原料；②军工用产品，比如硝酸纤维是炸药的主要原料之一；③纤维素纤维，主要包括黏胶纤维、醋酸纤维、铜氨纤维以及莱赛尔纤维等。这3个板块，在2021年合计消耗溶解浆数量约为620万吨。

2021年，国外受新冠肺炎疫情影响，对房地产的需求放缓；我国政府坚持“房住不炒”的理念，对房地产企业实行3条红线管控以及房地产贷款集中管理制度实现常规化管理，导致2021年房地产市场降温。由于国内外房地产市场不活跃，导致螯合剂、腻子粉、涂料等行业景气度低，从而降低了纤维素醚的需求量。由于新冠肺炎疫情原因，医药级纤维素醚的需求量在增加，但是由于该领域需求少，全球预计在5万吨以内，不能影响整个纤维素醚板块缩减的格局。根据相关数据显示，2021年纤维素醚用溶解浆消耗量在90万吨左右，占全球总溶解浆总消耗量的14.51%。

2021年，全球纤维素纤维消耗溶解浆数量约为520万吨，其中我国纤维市场消耗溶解浆数量约为390万吨，这390万吨中，国产黏胶短纤消耗溶解浆数量约为365万吨，占全球溶解浆消耗量的58.87%，较2020年的69%下降10.13%。下降的主要因素是我国的莱赛尔纤维产能与生产量正在增加，但是由于我国莱赛尔纤维市场目前比较低迷且生产量在9万吨左右，因此2021年度溶解浆的市场价格走势仍由黏胶短纤市场主导。

(二)我国溶解浆供应情况

2021年我国溶解浆总表观消费量为405万吨，用于黏胶短纤生产的溶解浆约365万吨，同比下降5.19%。其中，国产溶解浆总生产量为50万吨，较2020年减产62万吨；进口溶解浆为345万吨，较 2020 年增加 19 万吨。2017—2021 年我国溶解浆供应情况见表 2。

表 2　**2017—2021 年国内溶解浆供应情况**　单位：万吨

	2017 年	2018 年	2019 年	2020 年	2021 年
国内溶解浆生产量	160	156	158	112	50
溶解浆进口量	262	284	306	326	345
黏胶纤维领域溶解浆用量(进口)	201	231	255	282	315
黏胶短纤用浆	361	387	403	385	365
进口依存度/%	62. 38	64. 84	66. 23	74. 77	87. 79

由表 2 可知，我国溶解浆进口依存度(以重量计)在经历了 2017—2019 年的稳定期后，2020 年突然增长至 74. 77%，2021 年再次增长至 87. 79%。出现这种情况的主要因素如下：一是环保、原料与技术原因，除新疆之外，国内的棉溶解浆生产工厂均退出；二是 2021 年新冠肺炎疫情延续，尤其奥密克戎等变异病毒的出现，导致我国多数溶解浆企业原料木片在进口报关及运输时受限，造成木片数量不足，溶解浆生产量降低；三是 2021 年溶解浆利润率没有纸浆高，浆厂转产景气度较高的纸浆；四是老挝、印度尼西亚等国家的溶解浆生产线已经形成规模与运距优势，多种原因使得黏胶短纤工厂优先选择东南亚的溶解浆。这些因素叠加致使 2020—2021 年溶解浆进口依存度不断增高，改变了 2020—2021 年溶解浆市场的供应结构，出现进口量增加、国内溶解浆生产量下滑的格局。

(三)溶解浆市场价格走势

2021 年国产溶解浆市场价格走势大致为“上涨—平衡—回调(缓步下跌)”3 个波段(见图 1)。市场价格关键的突变点在 3 月中旬与 6 月上旬。其中，3 月中旬是上涨阶段到平衡阶段的突变点，6 月上旬是平衡阶段到价格回调阶段的突变点。市场价格总体趋势表现为急上涨，缓下跌。2021 年国产溶解浆市场低点在 1 月初，价格为 6000 元/吨；市场价格高点在 8600 元/吨，时间跨度为 3 月中旬至 6 月初；6 月后，市场价格缓步下跌，至 12 月底，价格为 6700 元/吨。

2021 年 1—2 月，溶解浆的主要下游产品黏胶短纤市场价格由 11900 元/吨上涨至 15600 元/吨，涨幅为 31. 09%；溶解浆价格由 6000 元/吨上涨至 8600 元/吨，涨幅为 43. 33%。与 2020 年同期相比，国产溶解浆较黏胶短纤价格上涨速度更快，主要因素是黏胶短纤在 2020 年第四季度出现较为迅速的上涨时，国产溶解浆价格并未跟上，进入 2021 年后，国产溶解浆出现了补涨的情况。

2021 年 3 月下旬至 6 月初，黏胶短纤价格由 15600 元/吨下跌至 12700 元/吨，降幅为 18. 59%。但这段时间，国产溶解浆基本保持坚挺的状态，价格一直维持在 8600 元/吨的水平。这主要是因为 2021 年上半年，尽管国产溶解浆价格表现强势，但国内溶解浆企业生产量有限，一定程度上呈现“限产保价”的策略，但内在驱动因素是，上半年纸浆效益较溶解浆效益更好，同时进口溶解浆价格压制国产溶解浆价格，使得国产溶解浆工厂没有生产溶解浆的动力。

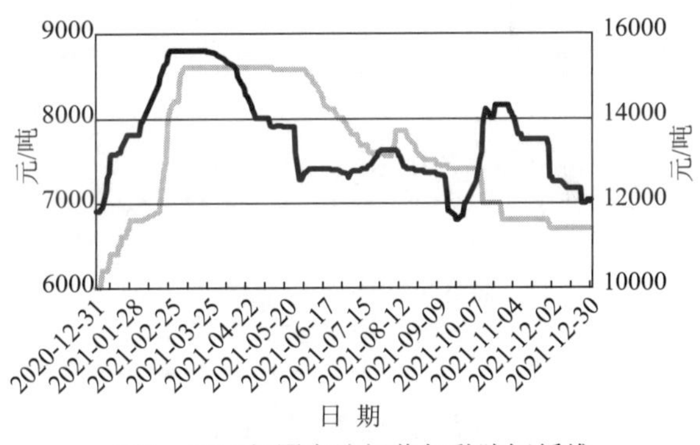

图1　2021年国产溶解浆与黏胶短纤维市场价格走势对比

—国产溶解浆价格　—黏胶短纤价格

2021 年 6 月至 9 月上旬，黏胶短纤市场价格围绕 12740 元/吨波动运行，该阶段，国产溶解浆开始逐步下跌，但国产溶解浆价格走势与黏胶短纤价格走势相关性较低，这主要是因为黏胶短纤市场价格在 6—9 月有两次大幅度下跌的情况出现，这两次下跌，价格变化为：13800 元/吨—12800 元/吨—11700 元/吨，价格跌幅为 15. 22%。国产溶解浆在该阶段走势上表现得较为抗跌，市场价格由 8600 元/吨下跌至 7400 元/吨，价格跌幅为 13. 95%。两者下跌幅度较为接近，但是走势不同。出现这种情况的主要原因是人民币汇率升值，使得外盘的溶解浆价格比国产溶解浆价格低，最终在国产溶解浆即使没有量的情况下，成交价仍出现下跌。

由于跌幅接近，但是国产溶解浆的价格走势慢于黏胶短纤市场价格的波动，最终导致溶解浆市场价格的定价权仍回归到黏胶短纤工厂这边。这种话语权在2021年第四季度被完美展现。如图1所示，第四季度，黏胶短纤价格出现了一次上涨再回落的走势，而第四季度的国产溶解浆价格则表现为一路向下的走势。

图2为2021年进口溶解浆价格走势，进口溶解浆走势与国产溶解浆走势相似，也表现为"上涨—平衡—回调(缓步下跌)"。由图2可知，2021年阔叶木溶解浆与针叶木溶解浆的价格走势相似，但是两者之间的价差在1—2月较为接近，差距较小，在20～30美元/吨；从2月底开始，逐步被拉开；8—9月，两者之间的价差最大，差值为170美元/吨，其中针叶木溶解浆价格为1180美元/吨；阔叶木溶解浆价格为1010美元/吨。

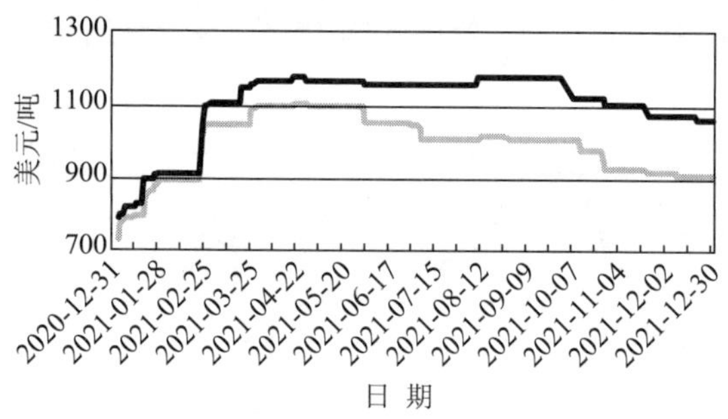

图2 2021年进口阔叶木溶解浆与针叶木溶解浆价格走势对比

—进口阔叶木溶解浆价格 —进口针叶木溶解浆价格

进口阔叶木溶解浆价格高位支撑的时间跨度为4月初至5月底，为期2个月；进口针叶木溶解浆价格高位支撑的时间跨度为4月初至9月底，为期6个月。从高位支撑的时间长度可以看出，进口针叶木溶解浆的抗跌能力比进口阔叶木溶解浆要强，且多支撑了4个月之久。主要原因为：一是针叶溶解浆为多数黏胶短纤工厂的刚需原料，但是市场上存量有限，生产高白黏胶短纤、强力偏高一点的黏胶短纤或者一些纤维素醚类产品，均需要提高针叶木溶解浆的使用比例。二是2022年2月后阔叶溶解浆价格895美元/吨与2021年收官价格730美元/吨相比，已经有165美元/吨的价格差；2021年12月初，进口阔叶溶解浆价格为720美元/吨，与2022年2月底的价格差为175美元/吨，即如果从事溶解浆贸易的公司，在条件允许的情况下，在这3个月内，可以获利175美元/吨的阔叶木溶解浆，折合一吨可以获利近1150元。在这种利润之下，多数进口溶解浆业务的贸易公司会选择积极出货。但由于大家一起出货，导致3月初市场价格出现了进口阔叶木浆价格先降的情况。三是由于2021年北美、欧洲等浆厂生产不稳定，同时受新冠肺炎疫情影响，欧洲与美国溶解浆运输时间由60天推迟至75天左右，在生产量减少以及进口产品到货时间推迟的双重因素影响下，针叶木溶解浆因供应量有限，成为2021年黏胶短纤的刚需原料。2021年溶解浆进口量的增长，主要源自东南亚的老挝与印度尼西亚，这两个国家主要生产阔叶木溶解浆，导致了针叶木溶解浆的进口量比阔叶木溶解浆的进口量少很多的情况。三是黏胶短纤工厂在采购溶解浆时优先选择与持有进口阔叶木溶解浆的贸易商、代理商进行谈判，先将量大的进口阔叶木溶解浆价格打压下来后，再与持有进口针叶木溶解浆的贸易商或代理商进行谈判，但这种谈判策略对于货源紧张的针叶木溶解浆并没有多大用途，直到第四季度，进口针叶木溶解浆价格才出现了些许松动。这从侧面表明，2021年欧美地区的溶解浆企业减产，对国内的针叶木溶解浆供应存在一定的影响。

图3为进口阔叶木溶解浆与黏胶短纤价格的对比，由图可知，2021年进口阔叶木溶解浆人民币价格(由进口美金盘价格换算成人民币价格)的走势比黏胶短纤市场价格平稳很多；进口阔叶木溶解浆人民币价格走势与国产溶解浆价格走势(参照图2)相比也比较稳健，其在1—3月上涨过程中两次出现小平台的现象。出现这种状态的主要原因是上述原因的第二点，进口阔叶木溶解浆吨利润较为丰厚，一些贸易公司为了保住这种获利状态，积极将手里的溶解浆拿到市场上进行成交，以落袋为安。而出现这种平台的时间段，则可以认为是该时间段为黏胶短纤工厂进行集中采购的时间段。

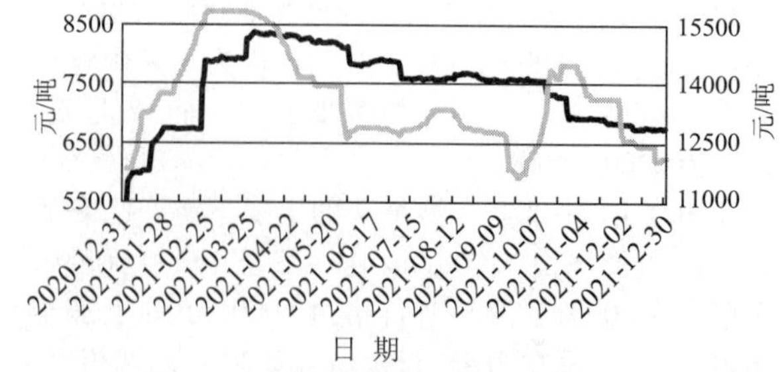

图3 2021年黏胶短纤与进口阔叶木溶解浆市场价格走势图

—进口阔叶木溶解浆价格 —黏胶短纤价格

从第2—3季度进口阔叶木溶解浆人民币价格

的走势与黏胶短纤市场价格走势对比后发现，进口阔叶木溶解浆价格走势比黏胶短纤市场价格走势要平稳且强势很多。与黏胶短纤价格“w”走势不同，进口溶解浆价格基本呈现“一”字形走势，相对来说，表现较为平稳。主要是这段时间内国内外溶解浆工厂生产均处于非正常状态，而黏胶短纤市场受制于下游人棉纱以及棉花等价格的起伏出现了波动，但黏胶短纤工厂在原料较为紧缺的情况下，未能有效地将下游市场价格的波动传导给上游溶解浆行业。

（四）我国溶解浆进口状况

2021 年，我国共进口溶解浆 345.3 万吨，进口均价 944.69 美元/吨，与 2020 年的 687 美元/吨相比，增长 37.51%。从 2020—2021 年我国溶解浆进口量、价走势（见图 4）可以看出，2021 年 4 月、9 月、10 月、11 月和 12 月进口量同比下降，其余月份均为同比增长，其中 1 月、2 月、6 月以及 8 月增长量较多。2021 年溶解浆进口量增长的主要原因有 3 点，一是国产溶解浆生产量下降较多，客观上需要进口溶解浆进行补充；二是新冠肺炎疫情常态化防控，莱赛尔纤维以及再生纤维素膜等产业的使用量开始增加，由于莱赛尔纤维以及再生纤维素膜等所用溶解浆国内生产有限，主要依靠进口，从而增加了溶解浆进口量；三是房地产市场虽然不景气，但部分地区的二手房交易较好，一般二手房交易客户均要进行二次装修，增加了腻子粉、涂料的使用，增加了纤维素醚行业对于溶解浆的需求。

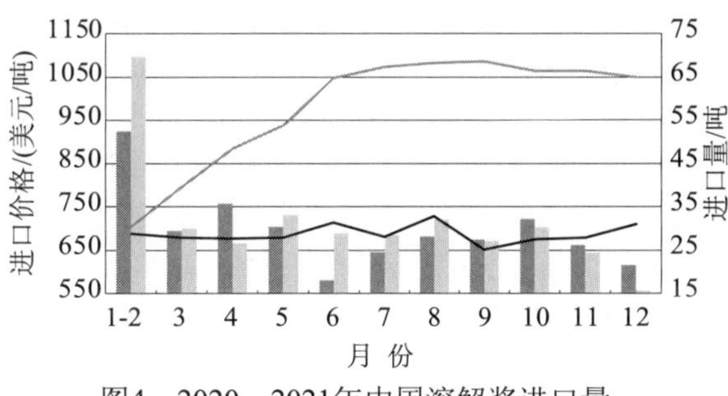

图4　2020—2021年中国溶解浆进口量、进口价格走势

2020年进口量　2020年进口单价　2021年进口量　2021年进口单价

注：数据来自于海关总署。

2021 年我国进口溶解浆除了数量同比增长较为迅速，进口单价同比增长也较为明显，且全年均比 2020 年进口单价要高。进口阔叶木溶解浆全年价格运行区间为 730 ~ 1100 美元/吨，2021 年度进口阔叶木溶解浆与国内浆价比较贴近，即进口溶解浆价格不是造成国内溶解浆生产量降低的主要原因。

2020—2021 年溶解浆进口情况见表 3。从分国别数据看，2021 年我国溶解浆进口来源国排前 5 名的分别是印度尼西亚、巴西、芬兰、智利和老挝，所占比例分别为 31.78%、12.14%、7.74%、7.43% 和 7.25%。其中，从智利、芬兰与印度尼西亚进口的溶解浆数量增幅较大，增幅分别为 1025.44%、54.93% 与 32.33%；智利增幅较大的原因来源于 2020 年第四季度阿茹库公司生产溶解浆产能在 2021 年释放；芬兰增幅较大，主要来自斯道拉恩索公司不再介入溶解浆业务后，清库存造成进口量上升；印度尼西亚进口量增加主要是因为其进口量与国内的赛得利黏胶短纤生产量进行匹配。

表 3　2020—2021 年我国溶解浆进口情况（分国别）

国家	2021 年		2020 年		同比/%
	进口量/万吨	比例/%	进口量/万吨	比例/%	
印度尼西亚	109.74	31.78	82.93	25.47	32.33
巴西	41.91	12.14	43.75	13.44	-4.21
芬兰	26.71	7.74	17.24	5.29	54.93
智利	25.66	7.43	2.28	0.7	1025.44
老挝	25.02	7.25	24.44	7.51	2.37
美国	23.21	6.72	31.58	9.7	-26.5
南非	20.12	5.83	30.15	9.26	-33.27
捷克	15.75	4.56	18.56	5.7	-15.14
瑞典	12.01	3.48	17.75	5.45	-32.34
葡萄牙	9.27	2.69	9.12	2.8	1.64
加拿大	8.97	2.60	14.09	4.33	-36.34
日本	8.79	2.55	9.87	3.03	-10.94
泰国	8.01	2.32	8.31	2.55	-3.61
奥地利	7.99	2.31	13.3	4.09	-39.92
其他	2.14	0.62	2.21	0.68	-3.17
合计	345.30	—	325.58	—	6.06

注：数据来自于海关总署。

从奥地利、加拿大、南非、瑞典、美国、捷克和日本进口的溶解浆降幅较大，降幅分别为 39.92%、36.34%、33.27%、32.24%、26.5%、15.14% 和 10.94%。造成从上述国家进口量数据下降的主要原因：一是由于欧美地区对新冠肺炎疫情重视程度不够，控制力度有限，尤其是奥密克戎毒株出现后，造成部分溶解浆厂停产，港口运输受阻；二是欧美地区出口到我国的海运物流时间由传统的45天延长到60～75天，我国工厂在交期无保障的情况下，减少了从这些地区的进口量；三是由于国际溶解浆的生产量在2021年普遍较低，上述地区的一些溶解浆工厂为了保持合理库存，减少了对我国的供应量；四是美国在2021年度继续挑起对华贸易争端，侧面打击了国内一些黏胶短纤工厂从美国或者“五眼联盟”内国家进口溶解浆的积极性。

三、2022年溶解浆市场运行状况展望

2021年国产溶解浆市场价格实际运行区间为6000～8600元/吨，其中，6000元/吨出现在第一季度，在后期均未出现该价格；而高位8600元/吨在3—6月共维持90余天；年终收官价格在6700元/吨。从运行结果看，与2020年预计保持一致。

2021年溶解浆市场价格能够高涨到8600元/吨且保持3个月记录的主要原因是我国以及欧美等地溶解浆减产，减产幅度大于下游限产幅度。2021年全球溶解浆生产量为560万吨，全球消耗的溶解浆为620万吨，中间约有60万吨来源于2020年的期末库存或者从针叶木浆中选取部分合适的品种来替代。

2021年全球溶解浆去库存约60万吨，这是近几年来全球溶解浆去库存力度较大的一次。同时，由于欧美地区一些溶解浆生产线永久退出生产，使得世界溶解浆生产基地将逐步由欧美向亚洲尤其是东南亚转移的趋势已经逐步形成。

预计2022年，由于新冠肺炎加强针疫苗普及以及新冠肺炎特效药开始面市，新冠肺炎疫情对于全球经济的影响将逐渐减弱。但需要注意的是，在自然威胁全球贸易风险降低时，以美国为首的部分国家与地区挑起的贸易战争则有可能升级，对全球贸易影响的程度有可能会比新冠肺炎疫情更加剧烈。

但值得庆幸的是，目前全球最大的自贸协定《区域全面经济伙伴关系协定》(RCEP)将于2022年1月1日正式生效，这是一个全面、现代、高质量和互惠的自贸协定。ECRP的成员国中：中国、泰国、越南、老挝、印度尼西亚等国均有黏胶短纤工厂、溶解浆厂以及纺织服装厂等。预计2022年，在RCEP主导下，我国的黏胶短纤及下游产业进出口业务将在2022年有质的提升，我国将有可能继续增加从RCEP成员国进口的溶解浆量。同时，溶解浆产能由欧美向亚洲逐步转移，将缩减我国采购溶解浆的成本以及到港时间，将有利于国内黏胶短纤工厂生产成本的降低。

如果上述预期能够实现，2022年我国黏胶短纤行业开工率预计在85%左右；按照510万吨的产能计算，2022年黏胶短纤生产量能达到434万吨，需要溶解浆约442万吨；加上黏胶长丝、莱赛尔、醋酸纤维3种纤维需要溶解浆42万吨左右，我国纤维素纤维产业在2022年溶解浆需求量合计为484万吨。如果再加上纤维素醚、再生纤维素膜等产业用的溶解浆，预计我国溶解浆的需求量在500万吨左右。

国外方面，由于产能转移的原因，北欧北美等国的溶解浆在生产量减少的情况下将优先满足本地相关产品的需要，陆续减少对亚洲地区的供应。根据近几年的相关数据显示，国外对于溶解浆的需求量保持在150万～200万吨左右。如果以200万吨计算，预期2022年全球将消耗溶解浆700万吨。该数据与2021年620万吨的消耗量相比，将增长12.9%。

虽然2022年溶解浆需求量可能会出现较为强劲的增长，需要考虑的是，随着国际头部黏胶短纤工厂均在布局溶解浆工厂，以保障自身原料供应的安全，就需要着重关注2022年溶解浆的需求量增加来源地。如果溶解浆需求量的增加来自黏胶短纤工厂集团公司内部的溶解浆公司或者战略合作公司，那么2022年虽然溶解浆的需求量有所增加，但由于集团公司或者战略合作方需要保持双方合理的利润分配，则会在客观上阻碍整个溶解浆行业的市场价格上涨。这种情况，也是2021年后期溶解浆价格未能够在黏胶短纤市场价格上涨后跟涨的原因之一。但总体来说，溶解浆市场将保持“供需偏紧，量价增长”的运行逻辑仍会贯穿2022年全年，因此2022年的溶解浆市场价格将有望继续冲高7000元/吨以上。

相对于预测价格或者市场运行，2022年我国的溶解浆产业迫在眉睫的事情是做好整个产业的风险防控。尤其要重视2021年我国溶解浆行业开工率不足15.38%这一数据并需要谨慎对待。国内开工率如此低迷，进口溶解浆势头却继续强劲，溶解浆这个纤维素纤维产业链中的“关键脖子”已经被国外卡住。但尴尬的是，我国溶解浆生产技术已经形成规模，需要解决的是生产资料与生产成本之间的问题。2021年开工率数据已经暴露了我国溶解浆工厂很难与国外抗衡的这一事实。解决这个问题需要政

府决策机构进行一些策略支持，同时，也需要溶解浆工厂苦练内功，以技术升级为核心，向管理要效益，最终能够解决生产成本高昂的问题。此外，也需要产业链其他环节配合，不能够将整个产业链的利润全部向溶解浆环节来要。

溶解浆产业链，从木片开始到纺织品终止，整个产业链有 6 ~ 8 个环节，其中木片属于资源性产业，要做好溶解浆这个环节，本质上需要稳定住木片与纤维两大环节。这需要国内一些有能力的企业着手布局“林浆纤一体化”，将整个产业链在纵向分工上缩短，企业内部包含了不同的工序和环节。这样也是抵抗产业风险的有效措施之一。

2022 年上述几个问题如果能够得到有效解决，那么我国的溶解浆市场将迎来一个崭新的发展时代，并且整个行业能够得到健康发展。

（季柳炎）

纤维原料

FIBROUS MATERIALS

2009—2020 年世界主要地区和国家废纸回收利用概况
2021 年纸浆期货市场运行情况
零进口后国内废纸回收行业如何应对机遇和挑战

4

2009—2020 年世界主要地区和国家废纸回收利用概况

Overview of Waste Paper Recycling and Utilization in Main Regions and Countries of the World(2009—2020)

表 1　　2009—2020 年世界主要地区废纸回收总量　　单位：千吨

地区	2009 年	2010 年	2011 年	2012 年	2013 年	2014 年	2015 年	2016 年	2017 年	2018 年	2019 年	2020 年
亚洲	79213	87883	91447	93878	96042	99109	99519	99728	105729	106935	105815	104944
欧洲	62788	63382	64070	64410	64632	64660	66257	66647	67032	67162	65550	64853
北美洲	49857	51123	52384	50641	49973	50715	51587	51969	50549	51755	48758	46627
拉丁美洲	10034	10925	11464	12208	12528	12466	13053	13200	13491	13629	13422	13122
大洋洲	3548	3650	3610	3508	3497	3450	3472	3453	3527	3322	3311	3111
非洲	2142	2447	2451	2745	2971	3061	3162	3392	3422	3531	3292	3436
中东	2075	2416	2751	3004	3215	3052	3642	3801	4048	3862	3478	3720
合计	209659	221825	228176	230394	232858	236513	240692	242189	247797	250195	243625	239813

表 2　　2009—2020 年世界主要地区废纸消费总量　　单位：千吨

地区	2009 年	2010 年	2011 年	2012 年	2013 年	2014 年	2015 年	2016 年	2017 年	2018 年	2019 年	2020 年
亚洲	107684	115229	120894	125354	126792	129161	130845	131342	136697	134309	129941	126045
欧洲	51159	55356	55016	54756	56236	56346	57103	57745	58945	59674	60029	59866
北美洲	30728	31447	30379	28937	29285	30509	30686	30754	30997	31961	31159	31317
拉丁美洲	11604	12369	12672	13109	13327	13510	13994	14269	14374	14747	14758	14723
大洋洲	2070	2019	2035	1865	1824	1752	1743	1791	1816	1855	1942	1841
非洲	2175	2376	2338	2587	2757	2898	3038	3226	3173	3287	3184	3263
中东	1791	2202	2272	2699	2847	2677	2673	2761	2754	2849	2753	3028
合计	207211	220997	225606	229308	233068	236853	240082	241889	248757	248681	243767	240083

表 3　　2009—2020 年世界主要产纸国家废纸回收情况

国家	2009 年		2010 年		2011 年		2012 年		2013 年		2014 年	
	回收量/千吨	回收率/%	回收量/千吨	回收率/%	回收量/千吨	回收率/%	回收量/千吨	回收率/%	回收量/千吨	回收率/%	回收量/千吨	回收率/%
美国	50036	63. 4	46861	63. 0	47803	66. 1	46261	64. 4	45795	63. 8	46423	65. 0
中国	36755	42. 9	40165	43. 8	43473	44. 6	44726	44. 5	43773	44. 7	48412	48. 1

续表

国家	2009 年		2010 年		2011 年		2012 年		2013 年		2014 年	
	回收量/千吨	回收率/%	回收量/千吨	回收率/%	回收量/千吨	回收率/%	回收量/千吨	回收率/%	回收量/千吨	回收率/%	回收量/千吨	回收率/%
日本	21760	79.7	21623	77.5	21368	76.2	21671	78.0	21795	79.8	21678	79.3
德国	15399	84.8	15388	77.7	15269	77.2	15293	77.6	15359	78.7	15093	75.7
加拿大	4244	66.2	4262	67.6	4581	74.6	4380	73.2	4178	71.4	4292	75.0
芬兰	726	48.9	710	57.2	705	68.4	678	62.2	691	61.7	642	51.8
瑞典	1416	74.4	1236	60.7	1239	63.9	1159	61.0	1220	67.7	1001	55.4
韩国	7716	91.6	8090	86.0	8390	87.8	8659	94.6	9165	96.0	8412	88.0
法国	6907	72.5	7072	71.3	7149	74.0	7328	78.7	7243	81.0	7316	81.7
意大利	6199	62.8	6326	58.4	6288	59.3	6231	62.8	6062	62.7	6069	61.3

国家	2015 年		2016 年		2017 年		2018 年		2019 年		2020 年	
	回收量/千吨	回收率/%	回收量/千吨	回收率/%	回收量/千吨	回收率/%	回收量/千吨	回收率/%	回收量/千吨	回收率/%	回收量/千吨	回收率/%
美国	47313	66.7	47373	66.9	46100	65.5	47831	67.7	45033	66.3	43132	65.4
中国	48318	46.7	49635	47.6	52852	48.5	49640	47.6	52440	49.0	54930	46.5
日本	21204	79.2	21128	79.9	20802	78.8	20695	81.3	19609	76.9	18871	84.3
德国	15309	74.4	15365	76.0	15457	75.9	15311	77.4	14938	79.1	14592	81.0
加拿大	4274	74.8	4596	81.7	4449	80.0	3924	69.7	3725	66.5	3494	65.8
芬兰	614	52.4	541	48.5	618	56.1	560	54.1	547	57.2	588	64.7
瑞典	1084	69.0	1027	58.4	1041	66.5	878	55.4	913	60.5	1065	82.7
韩国	8350	86.2	8340	84.5	8389	84.1	8631	86.7	8294	85.0	9087	91.7
法国	7151	82.4	7236	82.4	7292	82.2	6960	79.8	6747	78.7	6319	77.5
意大利	6349	62.9	6479	63.7	6498	63.0	6646	61.9	6564	62.1	6803	68.9

注：回收率 = 废纸回收量/纸及纸板消费量。

表 4　2009—2020 年世界主要产纸国家废纸消费情况

国家	2009 年		2010 年		2011 年		2012 年		2013 年		2014 年	
	消费量/千吨	利用率/%	消费量/千吨	利用率/%	消费量/千吨	利用率/%	消费量/千吨	利用率/%	消费量/千吨	利用率/%	消费量/千吨	利用率/%
美国	29250	40.8	28002	36.9	27098	36.1	26303	35.4	26605	36.1	27668	37.8
中国	64256	74.4	64517	69.6	70749	71.2	74790	73.0	73008	72.2	75930	72.5
日本	16788	63.1	17292	63.2	16977	63.8	16770	64.3	16935	64.5	17093	64.6
德国	14790	70.8	16273	70.5	16074	70.8	16203	71.6	16489	73.6	16622	73.7
加拿大	3748	29.2	3445	26.9	3281	27.1	2634	24.5	2680	24.1	2841	25.7
芬兰	544	5.1	579	4.9	583	5.1	567	5.3	609	5.7	594	5.7
瑞典	1824	16.7	1836	16.1	1712	15.2	1624	14.2	1378	12.8	1248	12.0
韩国	8514	81.2	9174	82.6	9597	83.5	9579	84.5	10326	87.5	9477	81.0
法国	4988	60.0	5276	59.7	5104	59.9	5037	62.2	5150	64.0	5400	65.9
意大利	4764	56.4	5193	56.8	5042	55.2	4649	53.7	4715	54.5	4700	53.3

续表

国家	2015 年		2016 年		2017 年		2018 年		2019 年		2020 年	
	消费量/千吨	利用率/%	消费量/千吨	利用率/%	消费量/千吨	利用率/%	消费量/千吨	利用率/%	消费量/千吨	利用率/%	消费量/千吨	利用率/%
美国	28000	38.5	27974	38.8	28271	39.1	29035	40.3	28217	40.8	28476	41.9
中国	77602	72.5	78132	72.0	78570	70.6	66665	63.9	61820	54.9	61820	54.9
日本	16984	64.8	17033	64.8	17114	64.5	16958	65.0	16515	65.0	15713	68.7
德国	16754	74.1	16897	74.7	17137	74.7	17200	75.8	17154	77.7	16905	79.2
加拿大	2686	26.0	2780	27.5	2726	27.2	2926	28.7	2942	30.8	2841	33.2
芬兰	569	5.5	532	5.2	618	6.0	603	5.7	596	6.1	555	6.8
瑞典	1211	11.9	1160	11.5	1155	11.3	1149	11.3	1082	11.3	926	9.9
韩国	9337	80.5	9267	79.5	9276	80.0	9445	81.9	9345	82.4	9595	84.9
法国	5293	66.3	5355	67.1	5383	67.1	5395	68.6	5217	71.2	4944	71.9
意大利	4852	53.8	4887	54.3	4994	54.7	5144	56.3	5060	56.5	5207	60.0

注：利用率 = 废纸消费量/纸及纸板生产量。

（郭彩云）

2021 年纸浆期货市场运行情况

The Market Operation of Pulp Futures in 2021

2021 年，全球经济在脆弱中艰难修复，发达国家陷入滞胀状态，我国出口承压，全球工业品循环领域出现供给受抑制而需求增长所形成的供需失衡问题。在全球经济恢复的不确定性和难度增大的背景下，期货市场风险管理作用进一步凸显，助推龙头企业降本增效，实现精细化、现代化经营，进而引领整个产业链供应链生产力水平提升。

一、2021 年衍生品市场概况

近 10 年以来，全球场内衍生品市场成交规模总体稳步上升。根据美国期货业协会(FIA)统计数据，2021 年全球期货与期权成交量为 625.85 亿手(单边，下同)，同比增长 33.68%，成交规模大幅增长(见图 1)。

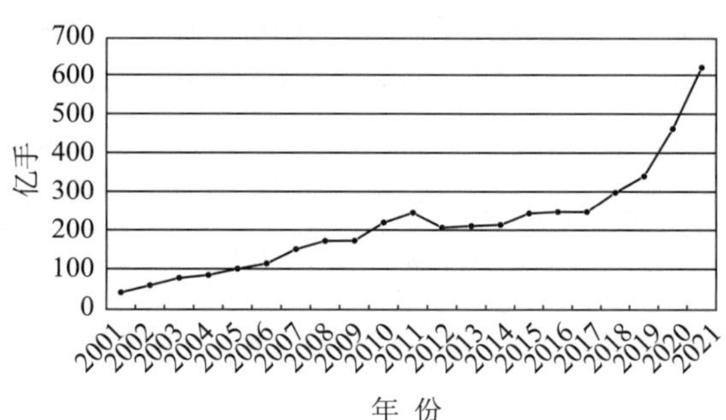

图1 2001—2021年全球场内衍生品成交量变化情况

注：数据来源于美国期货业协会（FIA）。

从标的资产种类来看，金融类衍生品成交量为 519.92 亿手，同比增长 39.70%，占场内衍生品总成交量的 83.07%；商品类衍生品成交量为 105.93 亿手，同比增长 10.37%，占场内衍生品总成交量的 16.93%。2021 年全球各类衍生品成交量见表 1。

从交易地区看，除欧洲继续萎缩外，全球各大地区的场内衍生品成交规模均有不同程度增加。近 10 年来，亚太地区与北美地区一直占据全球 2/3 以上的成交量，稳居市场份额的前 2 位。2021 年，亚太地区成交量同比增长 51.63%，占场内衍生品总成交量的 48.81%，所占比例持续扩大，继续居于全球首位。北美地区成交量同比增长 19.68%，市场份额为 24.58%，位居全球第二。拉美地区成交量同比增长 37.51%，市场份额为 14.21%，自 2020 年以来超越欧洲地区成为全球第三。欧洲地区成交量同比下降 2.79%，市场份额为 8.71%，位居全球第四。2021 年全球各地区场内期货与期权成交量见表 2。

表 1 2021 年全球各类场内衍生品成交量

类别		2021 年成交量/亿手	2020 年成交量/亿手	同比/%	占场内衍生品总市场份额/%
金融类	期货	191.78	163.32	17.42	30.64
	期权	328.14	208.85	57.12	52.43
	金融类小计	519.92	372.17	39.70	83.07
商品类	期货	100.98	92.17	9.55	16.13
	期权	4.95	3.81	30.11	0.79
	商品类小计	105.93	95.98	10.37	16.93
总计		625.85	468.15	33.68	100.00

注：数据来源于美国期货业协会(FIA)。

表2　2021年全球各地区场内期货与期权成交量

	2021年成交量/亿手	2020年成交量/亿手	同比增减/%	占场内衍生品市场份额/%
亚太	305.50	201.47	51.63	48.81
北美	153.82	128.52	19.68	24.58
拉美	88.94	64.68	37.51	14.21
欧洲	54.52	56.09	-2.79	8.71
其他	23.07	17.40	32.64	3.69
合计	625.85	468.15	33.68	100.00

注：1."其他"包括希腊、以色列、南非和土耳其；
2. 数据来源于美国期货业协会(FIA)。

截至2021年底，我国期货市场已有期货期权品种94个，其中商品期货64个，金融期货6个，商品期权20个，金融期权4个，基本覆盖了国民经济的主要领域。

2021年，我国期货市场成交量和成交额分别为75.14亿手和581.20万亿元，同比分别增长22.13%和32.84%。我国期货市场成交量占全球期货及期权市场总成交量的12.05%。近20年我国期货市场成交量变化情况见图2。

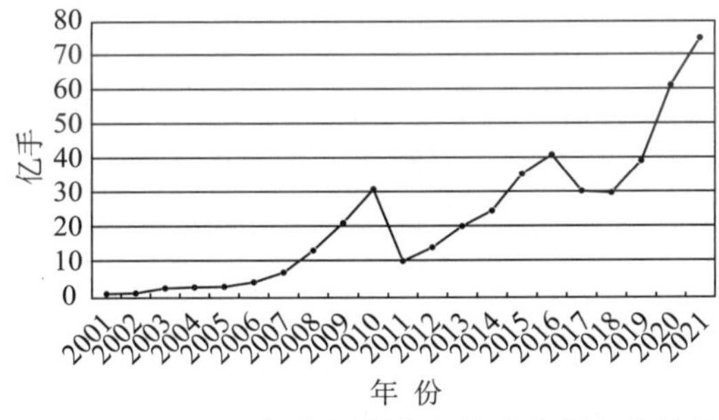

图2　2001—2021年中国期货市场成交量变化情况

在中国证监会的领导下，目前上海期货交易所(以下简称"上期所")已上市有20个期货品种和6个期权品种，形成了涵盖能源化工、有色金属、黑色金属和贵金属等国民经济关键领域的产品体系。

2021年，上期所(含上期能源)累计成交量24.46亿手，累计成交金额214.58万亿元，同比分别增长14.90%和40.43%，分别占全国市场的32.55%和36.92%。根据美国期货业协会(FIA)统计的"全球交易所2021年场内衍生品成交量"排名，上期所排名第八位，并连续多年位列全球交易所排名前十。

2021年，纸浆期货累计成交量1.19亿手，累计成交金额7.63万亿元。根据美国期货业协会(FIA)按成交量排序，纸浆期货位列全球场内农产品衍生品合约第七位。

二、纸浆期货市场运行情况

2021年，上期所纸浆期货主力合约年初开盘价5750元/吨(1月4日)，最高价(盘中价)7652元/吨(3月1日)，最低价(盘中价)4692元/吨(10月28日)，最大价差2960元/吨，年末收盘价6056元/吨(12月31日)，2020年年末收盘价5746元/吨，全年上涨310元/吨，年涨幅5.40%。市场整体运行平稳，持仓结构良好。期货价格与漂针浆现货呈强相关性，见图3。纸浆期货价格正逐步成为国内纸浆现货贸易的重要参考基准，见表3。

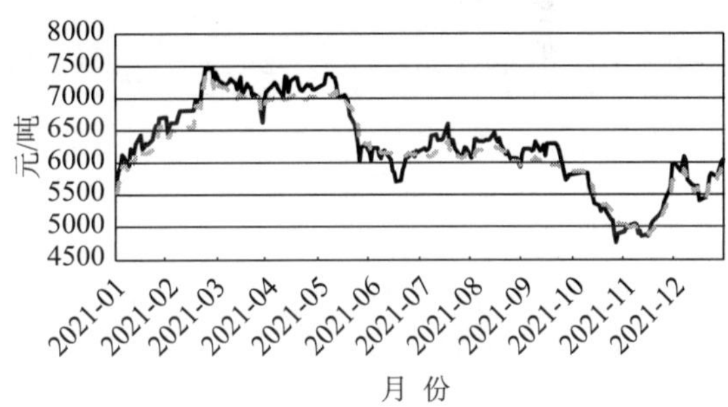

图3　2021年纸浆期货和国内现货市场价格比较

SHFE纸浆期货主力合约收盘价
漂白针叶木浆现货均价

注：数据来源于上海期货交易所、卓创资讯。

表3　2021年纸浆期货主力合约价格表

项目	纸浆期货价/(元/吨)
年初开盘价	5750
年末收盘价	6056
最高价	7652
最低价	4692
极差	2960
标准差	679
年度平均价	6235

注：数据来源于上海期货交易所。

2021年纸浆期货成交1.19亿手，同比增长246.95%，成交金额7.63万亿元，同比增长365.57%。日均持仓30.87万手，同比增长77.42%，年初(1月4日)持仓为28.28万手，年末(12月31日)持仓为38.35万手。纸浆期货成交和持仓量呈现稳步增长的趋势，见表4。

表 4 2021 年纸浆期货各月交易数据表

月份	成交量/万手	同比变化/%	成交金额/亿元	同比变化/%	月末持仓量/万手	同比变化/%
1	1259.99	701.26	7897.79	980.41	43.08	257.09
2	987.76	705.69	6768.33	1121.37	37.37	257.20
3	2005.82	854.11	14417.85	1407.99	45.43	443.81
4	1255.72	717.83	8897.10	1171.34	34.56	304.11
5	1001.95	750.08	6778.29	1196.36	27.52	144.51
6	959.04	572.60	5801.17	820.25	24.43	101.88
7	775.46	245.45	4863.79	385.96	23.28	41.23
8	659.53	88.04	4105.18	151.60	28.52	2.21
9	513.77	-18.62	3093.74	1.94	22.89	35.83
10	572.77	125.50	3006.00	152.63	22.46	-16.44
11	719.72	54.63	3680.56	65.74	26.18	-16.70
12	1210.74	99.72	6987.75	117.30	38.35	32.74
总计	11922.26	246.95	76297.55	365.57	—	—

注：数据来源于上海期货交易所。

2021 年，上期所纸浆期货交割总量 72262 手，折合纸浆 72.26 万吨，交割金额 46.39 亿元。其中，10 月交割量最大，为 9820 手，折合纸浆 9.82 万吨；12 月交割量最低，为 2106 手，折合纸浆 2.11 万吨。截至 2021 年 12 月，纸浆期货上市以来累计交割 97.84 万吨。目前，纸浆期货可交割品牌 12 个，包括加拿大、芬兰、俄罗斯、智利和瑞典 5 个国家 10 家企业的 16 个加工厂，涵盖乌针、布针、银星和凯利普等漂白针叶木浆品牌。

三、纸浆期货构建服务产业新格局

1. 上线纸浆品种标准仓单交易

2021 年 12 月 15 日，上期所在上期标准仓单交易平台(下称平台)上线纸浆品种标准仓单交易新业务，提供标准仓单开户、交易、结算、交割与风险管理的一站式服务和仓单质押业务，可实现天天交易、日日交割，改变传统期货交易只能在每月交割期内交割一次的模式。仓单平台切实打通了场内期货服务实体的“最后一公里”，并解决了银行传统货物质押业务中“仓储监管难、货值评估难、质权确认难、足值处置难”的问题，在一定程度上拓宽了企业融资途径，促进了场内场外市场高效联动，提升了期货服务实体经济的广度和深度。

2. 开展贸易商厂库制度

2021 年，上期所纸浆期货新增交割仓库 3 家，交割厂库 1 家，新增仓库库容 36.5 万吨，厂库库容 4 万吨，并将可交割地区扩展至天津市。截至 2021 年年底，上期所共有 12 家纸浆期货指定交割仓库(21 个存放点)和 4 个指定交割厂库。核定仓库库容 63 万吨，厂库库容 7 万吨。可交割地区覆盖上海市、江苏省、浙江省、山东省和天津市 5 个省份和直辖市。截至 2021 年年底，纸浆期货交割库存为 46.5 万吨。纸浆期货可交割地区和库容的增加，扩大了企业对交割地区的选择范围，提升产业服务效能。纸浆期货交割仓库和厂库见表 5 和表 6。

3. 优化交割资源

2021 年 9 月 23 日，在上期所、中国造纸协会和厦门国贸纸业有限公司共同主办的第 18 届上海衍生品市场论坛纸浆分论坛上，金光纸业(中国)投资有限公司、中国纸业投资有限公司、山东晨鸣纸业集团股份有限公司、厦门国贸纸业有限公司、浙江万邦浆纸集团有限公司、浙江永安资本管理有限公司签署了纸浆贸易定价期现合作协议，将上期所纸浆期货价格作为贸易定价的重要参考依据，倡导和推广纸浆期货贸易定价的应用场景，实现价格风险的有效管理。

4. 授权结算价至境外交易所

2020 年 9 月 18 日，上期所将纸浆期货交割结算价授权挪威浆纸交易所(NOREXECO ASA)，允许其上市以上期所纸浆期货交割结算价为基准进行现金结算的期货合约。10 月 16 日，挪威浆纸交易所挂牌上市上海纸浆期货合约。

表 5　　纸浆期货指定交割仓库

序号	指定交割仓库名称	存放地址	邮编
1	上海远盛仓储有限公司	上海市宝山区蕰川路 2508 号	250437
2	中国外运华中有限公司	山东省青岛市胶州经济开发区物流大道 1 号	266555
		山东省青岛市胶州市经济技术开发区洮河路 19 号	
		山东省青岛市黄岛区淮河东路北侧（淮河东路千山北路交叉口，小石头村南）	
3	中国供销集团南通供销产业发展有限公司	江苏省南通市高新技术产业开发区希望大道 008 号	226300
4	中储发展股份有限公司	天津市北辰区陆路港物流装备产业园陆港四经支路 1 号（中储陆通）	300000
		上海市宝山区宝杨路 2569 号（中储吴淞）	251413
		上海市奉贤区平宇路 585 号、418 号（中储临港）	
5	青岛市青银仓储物流有限公司	山东省青岛市黄岛区淮河东路 36 号	266555
6	山东省港口集团有限公司（青岛港国际物流有限公司）	山东省青岛港前湾港区内经八路 1 号	266550
		山东省青岛港前湾港区内经八路 2 号	
		山东省青岛市即墨区蓝村镇泉东村 1 号附 1	
		山东省青岛市黄岛区大珠山中路与背儿山路交汇处丰树青岛黄岛物流园	
7	建发物流集团有限公司	山东省青岛市黄岛区七星河路 363 号	266000
		浙江省嘉兴市平湖市独山港镇引港路 333 号	314000
8	常熟威特隆仓储有限公司	江苏省常熟经济技术开发区兴华港区 1 路	215513
9	中远海运物流有限公司	山东省青岛市黄岛区同江路 556 号	266555
10	青岛宏桥市场经营有限公司	山东省青岛保税区北京路 58 号（B）	266432
11	山东省奥润特贸易有限公司	山东省青岛市李沧区长顺路 15 号	266043
12	厦门象屿速传供应链发展股份有限公司	上海市宝山区长建路 505 号	210900
		山东省青岛市黄岛区骊山路 179 号	266400

表 6　　纸浆期货指定交割厂库

序号	指定厂库名称	提货地址	日发货量/吨
1	厦门建发纸业有限公司	山东省青岛市黄岛区七星河路 363 号	1000
2	浙江永安资本管理有限公司	山东省青岛港前湾港区内经八路 1 号	1500
3	金翌贸易（上海）有限公司	江苏省常熟经济技术开发区兴华港区 1 路	1000
4	浙江景诚实业有限公司	山东省青岛市黄岛区淮河东路北侧（淮河东路千山北路交叉口，小石头村南）	1000

纸浆期货结算价授权境外交易所是中国期货市场价格在国际金融市场的首次直接应用，也是上期所加快落实资本市场对外开放的举措，提高了我国期货市场的国际竞争力和影响力。

四、总结与展望

我国期货市场发展 30 余年来，始终牢记初心与使命，坚持服务实体经济为宗旨、面向市场需求探索创新、坚守风险防控底线，成为市场体系的有机组成部分，为我国经济从高速增长向高质量发展转换提供新动能、新支撑，为全球衍生品市场贡献我国智慧和力量。

纸浆期货自 2018 年上市以来，运行平稳，期货功能有效发挥。期货价格和境内外市场紧密联动，客观反映了我国及全球纸浆市场供求变化。越来越多的产业链企业参考期货价格安排生产与消费，部分龙头浆纸企业尝试使用纸浆期货价格进行贸易定价。同时，国内纸浆行业的定价方式正在逐步演变，市场价格透明度增加，纸浆期货在增强浆纸产业定价能力、提高国际资源利用水平等方面发挥了一定作用。为加大商品期货期权产品供给，在社会各界的支持下，上期所将继续研发瓦楞原纸和双胶纸期货，扩充造纸行业风险管理工具。

习近平总书记指出，高质量发展就是从“有没有”转向“好不好”。置身两个百年历史交汇点，期货市场要牢牢把握“国之大者”的政治站位，始终将市场的一般规律与国情市情结合起来，走中国特色发展之路，把服务实体经济贯穿市场发展和监管各领域，以自身高质量发展服务国民经济高质量发展。2022 年，上期所将认真贯彻落实十九届六中全会精神和中央经济工作会议精神，坚持稳字当头、稳中求进，进一步提升期货衍生品市场发展和监管水平，努力打造一个场内场外聚合、线上线下融合、期货现货结合、商品金融联合的综合性国际化一流衍生品服务平台，不断提升重要大宗商品的价格影响力，服务实体经济高质量发展。

（胡战国　王梦瑶　翟羽佳）

零进口后国内废纸回收行业如何应对机遇和挑战

How to Deal with Opportunities and Challenges after Zero Imports of Domestic Waste Paper Industry

2020 年 11 月 24 日，生态环境部、商务部、国家发展改革委、海关总署共同发布了一份《关于全面禁止进口固体废物有关事项的公告》。自 2021 年 1 月 1 日起，禁止以任何方式进口固体废物。

全面禁废的背后，是多层次原因的叠加效应。禁废政策并不是“一锤定音”的。政策落地的背后，经过了三年多的压力测试。国家最初的禁废方法是通过提高废纸品质降低废纸含杂率，将含杂率由 1.5% 减少为 0.5% 从而降低废纸中掺杂的固体废弃物。表明国家一开始并没有希望全面禁止进口废纸政策，因为进口废纸在我国造纸原料结构中占据重大比例，原料是造纸工业的命脉。为了保障人民日常消费需求和造纸这一重要国民经济基础，国家在颁布和实施禁废政策之前也曾对造纸行业进行过“压力测试”，采用循序渐进的进口废纸配额制而非一刀切，以此对行业和造纸企业的生产经营情况进行压力测试，试探我国造纸工业的原料供给弹性度。

在实施进口废纸配额制的条件下，造纸行业和废纸回收行业都产生了重大影响，进口废纸的高质量倒逼国废提升质量，同时促进国内废纸回收量和回收率的提升。随着再生纤维原料短缺，造纸企业积极应对政策变化主动调整战略方针，通过提升造纸设备和工艺、调整产品结构、拓展原料结构多元化、抢占国内外原料市场等多举措共施，确保原料供应，降低禁废政策带来的负面影响。

禁止进口废纸政策并没有对我国造纸工业产生致命打击，反而促进行业整合，造纸行业的调整之快、应变之强也让政府会更有信心和决心推动全面禁止废纸进口政策。从某个侧面来说，我们自己一手促成了政策的全面实施。禁废政策实施一年多以来对我国废纸回收行业发展带来哪些影响值得我们深入思考，可以说禁废政策对国内废纸回收行业发展不仅是一次机遇也是一次挑战，废纸回收行业的同仁们需要理性看待。

一、行业发展机遇

（一）禁废后废纸原料短时间会存在一定缺口。外废进口被逐步禁止的同时，我国废纸回收体系尚未完善，目前可回收废纸量较低，废纸需求存在缺口，以往废纸需求的缺口主要依靠废纸进口来填补。

据统计，2020 年纸浆消耗总量 10200 万吨，预估纸浆消费增速维持 5% 左右，预计 2021 年纸浆消费总量在 10710 万吨左右，进口木浆和国产木浆总量预估 4300 万吨左右，预估进口再生纤维 360 万吨左右，非木材浆预估 550 万吨左右，那么我们国产废纸浆要达到 5500 万吨左右才能弥补缺口。若按照成浆率 80% 计算，那么所需的国产废纸数量在 6875 万吨。若按照禁止政策实施后普遍提升后的国产废纸成浆率做计算，那么所需的国内废纸数量在 6300 万 ~ 5900 万吨之间。按照 2020 年国内废纸回收总量 5493 万吨做推算依据，国产废纸缺口数量在 400 万 ~ 800 万吨之间。再折算上 2021 年国产废纸回收量的增数，预计禁废政策全面实施后废纸的缺口数量在 400 万 ~ 600 万吨之间。

虽然国内纸企积极在国外和其他地区投建纸厂和浆厂，但是预测还需要一段时间产能才能逐步释放，废纸原料供不应求的局面会相应保持一段时间，这对于废纸回收行业来说是一个机遇。

（二）国内禁塑政策逐步加紧。随着互联网的兴起，电商、快递、外卖逐渐成为塑料制品的消费大户，而他们并不在旧版限塑令的适用范围内。新版限塑令分 2020 年、2022 年、2025 年 3 个时间段，按照“禁限一批、替代循环一批、规范一批”的原则，明确了加强塑料污染治理分阶段的任务目标。随着“限塑令”的推行力度加大，包装用纸作为绿色环保的理想替代品，未来市场需求量还将会大幅增加。据相关数据统计，预测在 30% 的替代率下，快递行业在 2025 年将会新增 755 万吨箱板瓦楞原纸需求；此外，对餐饮外卖领域不可降解塑料餐具的替换需求及商超零售领域不可降解塑料袋的替换需求进行测算，预计 2025 年白卡纸替代餐饮外卖领域一次性塑料餐具规模有望达到 234 万吨，替代商超药店等零售领域不可降解塑料袋规模有望达到 117 万吨，2025 年白卡纸总替代需求将高达 350 万吨，可以说对生产包装用纸企业和废纸回收企业来说是良好的发展契机。

（三）“内循环”“大市场”助力国内回收利用体系建设。目前，境外疫情持续蔓延，国际贸易和投资呈现萎缩趋势，这种外部环境恐怕短期内很难改变，且会持续抑制市场需求。中短期内国家经济重心由国际市场向国内分流，建设以国内市场为主体，国内国际双循环的战略目标势在必行。加之，我国经济已经从高速增长跨越到高质量发展的阶段，之前的粗放式形态甚至各自为营的弊端已经暴露出来，不再适用新时期的发展阶段，建立“全国统一大市场”也是大势所趋。只有打造一个稳定公平透明的市场平台，才能持续推动国内市场高效畅通和规模拓展，促进科技创新和产业升级。随着“内循环”为主体模式开启，国内市场需求提升内部循环加快，国内回收总量相应增加。“大市场”倒逼回收纸行业建立统一规范的行业标准，在“良币”驱逐“劣币”市场环境下，回收企业为了不被市场竞争淘汰，优秀的企业将会用技术、体制、管理等各方面的模块对相对薄弱的环节形成拉动，助力产业升级。从而有利于国内回收体系建设，实现行业整体向上、优化升级。

（四）行业地位得到提升，行业的话语权在加重。禁废政策出台后，国内纸厂纷纷改变废纸采购策略，对废纸采购渠道进行了重新布局，造纸龙头企业加强前端布局，主动与大型废纸回收企业建立了新的战略合作关系，积极抢占国内优质废纸货源。相信随着大型纸企和大型回收企业之间建立新的合作模式，能够极大推动废纸回收行业标准化、规范化体系建设，打通废纸循环利用全链条，形成战略同盟加强规避市场风险和质量风险的能力。

例如：玖龙纸业（控股）有限公司通过旗下中南（天津）再生资源有限公司与各地大型废纸回收企业合作建立中转库；山鹰国际控股股份公司旗下中国环宇集团控股有限公司自建自营中转仓；许多大型造纸企业也会与像江苏省纸联再生资源有限公司这样的大型废纸回收公司合作建立废纸回收基地，加强货源源头管控。

二、行业面临挑战

（一）对政策过度解读，加剧行业竞争。近年来，禁废政策是行业内外最热门的话题，很多人可能会认为禁止进口废纸后市场会出现很大的包装用纸原料缺口，可能会出现一纸难求的局面，废纸回收将存在巨大商机和暴利。加之媒体炒作，各行各业都在密切关注，吸引了越来越多的企业和游资进入废纸回收系统。例如：金融业、垃圾分类公司、纸厂前端介入等，随着这些企业参与废纸回收行业的建设和运营，将会对行业固有的模式带来一定冲击，打破原有的行业体制和格局，加剧行业内的竞争关系。

（二）区域全面经济伙伴关系协定（RCEP）的挑战。2022 年 1 月 1 日，《区域全面经济伙伴关系协定》（RCEP）正式生效，标志着全球人口最多、经贸规模最大、最具发展潜力的自由贸易区“扬帆起航”。RCEP 是由东盟与中国、日本、韩国、澳大利亚、新西兰等 15 个自贸伙伴共同推动达成的大型区域贸易协定。该协议生效后各成员方之间将按协定规定实施降税，区域内超 90% 的货物贸易将逐步实现零关税。

按照政策，外废不得进口，但外废制成的纸浆允许进口。受原料制约，近年来我国纸企陆续在海外投建浆厂，玖龙纸业（控股）有限公司、山鹰国际控股股份公司、理文造纸有限公司、浙江景兴纸业股份有限公司等均在东南亚地区投资建立再生纤维浆生产线，把废纸加工成再生纸浆的形式再进口到国内，以满足自身的原料需求。数据统计显示，我国再生纤维浆进口量逐年增加，未来在零关税的政策条件下，一旦大量的进口再生纤维浆进入到国内市场，凭借着其质量高、成本低的资源优势，将会对国内废纸回收产业链健康发展造成很大冲击，进一步加剧国内废纸回收企业的经营和生存压力。

（三）新《中华人民共和国固体废物污染环境防治法》的挑战。新固废法将废纸定义为固体废物，明确提出企业在产生、收集、贮存、运输、利用、处置固体废物时造成环境污染将依法承担责任。此外，依照固废法相关规定，明确表明未来国内的固体废物回收加工利用将呈现出集中化、标准化、无害化，并配套相应的建设标准、运输备案、使用台账等。种种迹象表明，未来政府对于废纸回收行业存在的“小、散、杂、隐”现象，将会加大整顿力度。对于行业的管理标准在逐步趋严，同时增加了处罚种类，明确了法律责任，加大了惩罚力度。

（四）城市生活垃圾分类 + 互联网新模式冲击。近年来，国家牢固树立绿色、循环、可持续发展理念，积极推动城市生活垃圾分类 + 互联网新模式。互联网技术的应用倒逼传统再生资源企业突破自身局限性，改变以往的经营方式和回收模式，不再以散漫、脏乱差的形象示人。一个回收范围小、效率低，不规范无标准，处理能力差的回收企业是没有市场前景的，更无力承接政府赋予再生资源企业推动现代城市绿色循环发展的重要职能。不破不立，再生资源行业要紧跟时代步伐，利用科技手段创新发展转型升级，向智能化、数字化领域进驻，才能在激烈的市场竞争中分得一杯羹。

例如，江苏省纸联再生资源有限公司积极探索再生资源与垃圾分类两网融合的新模式，在南京市已建立了500多个投收网点，由点到面大规模推动区域垃圾分类回收治理体系的建立。借助互联网技术在前端协助居民进行垃圾分类和回收、在中端实施有效监控、在末端通过数字化转运中心进行垃圾的资源化利用，实现了再生资源与垃圾分类的两网融合。此外，很多大平台借助资源优势、技术优势不断地进驻再生资源市场，最为突显的现象是花呗已经加入互联网废品回收行业。

三、对废纸回收行业的三点建议

（一）密切关注上游造纸厂动态，练好内功，新固废法下一定要规范操作，不能再像过去随心所欲，要抓好资源，确保质量。希望大家在新的形势下转换思维，要以变应变。

（二）禁废政策后市场将会有很多不确定因素，对市场和未来走势要深思熟虑、三思而后行。例如：现在进口废纸标准、配额、其他国家还会不会出台相应的政策，在这些都不明朗的前提条件下，不能有抱有赌的心态。另外，不能单打独斗，要积极主动向造纸厂靠拢，努力与造纸厂达成战略合作伙伴关系，从而获得更多竞争优势，这也是行业未来发展的趋势，只有与大型纸企合作才能走的更远更健康。

（三）新形势下高度关注行业税收政策。税收政策是悬在废纸回收行业头上的达摩克利斯之剑，随着信息化技术的发展，银行、公安和税务的联网，交易更加的透明，再生资源回收行业前端税收痛点也将日益显著。财政部税务总局公告40号文《关于完善资源综合利用增值税政策的公告》的颁布实施，表明政府在规范行业、规范税收的愿望越来越强烈。随着行业规范性的不断提升，未来是否会在税收上追溯尚未可知，只有保护好自己才能有更好的发展。

（牛庆民）

节能减排
环境保护

ENERGY SAVING, EMISSION REDUCING AND ENVIRONMENTAL PROTECTION

5

2016—2020 年我国造纸工业主要污染物排放及处理概况

Main Pollutants Emission in Paper Industry and Its Treatment in 2016—2020

一、全国环境统计综述

1. 全国废水主要污染物排放情况

(1)全国化学需氧量排放情况

2016 年，全国废水中化学需氧量排放量为 658.1 万吨，其中，工业源化学需氧量排放量为 122.8 万吨，占全国化学需氧量排放量的 18.7%；农业源化学需氧量排放量为 57.1 万吨，占全国化学需氧量排放量的 8.7%；生活源化学需氧量排放量为 473.5 万吨，占全国化学需氧量排放量的 72.0%；集中式污染治理设施废水(含渗滤液)中化学需氧量排放量为 4.6 万吨，占全国化学需氧量排放量的 0.7%[注：集中式污染治理设施废水中污染物排放量指生活垃圾处理场(厂)和危险废物(医疗废物)集中处理厂垃圾废水(含渗滤液)中污染物的排放量]。

2016 年化学需氧量排放量大于 30 万吨的地区有 10 个，依次为广东省、江苏省、江西省、湖南省、四川省、安徽省、山东省、湖北省、河南省和广西壮族自治区。10 个地区的化学需氧量排放量合计为 391.0 万吨，占全国化学需氧量排放量的 59.4%。

2017 年，全国废水中化学需氧量排放量为 608.9 万吨，其中，工业源化学需氧量排放量为 91.0 万吨，占全国化学需氧量排放量的 14.9%；农业源化学需氧量排放量为 31.8 万吨，占全国化学需氧量排放量的 5.2%；生活源化学需氧量排放量为 483.8 万吨，占全国化学需氧量排放量的 79.5%；集中式污染治理设施废水(含渗滤液)中化学需氧量排放量为 2.3 万吨，占全国化学需氧量排放量的 0.4%。

2017 年化学需氧量排放量大于 30 万吨的地区有 9 个，依次为广东省、江苏省、广西壮族自治区、四川省、安徽省、江西省、山东省、湖北省和湖南省。9 个地区的化学需氧量排放量合计为 343.8 万吨，占全国化学需氧量排放量的 56.5%。

2018 年，全国废水中化学需氧量排放量为 584.2 万吨，其中，工业源化学需氧量排放量为 81.4 万吨，占全国化学需氧量排放量的 13.9%；农业源化学需氧量排放量为 24.5 万吨，占全国化学需氧量排放量的 4.2%；生活源化学需氧量排放量为 476.8 万吨，占全国化学需氧量排放量的 81.6%；集中式污染治理设施废水(含渗滤液)中化学需氧量排放量为 1.5 万吨，占全国化学需氧量排放量的 0.3%。

2018 年化学需氧量排放量大于 30 万吨的地区有 7 个，依次为广东省、江苏省、安徽省、四川省、广西壮族自治区、江西省和湖南省。7 个地区的化学需氧量排放量合计为 275.0 万吨，占全国化学需氧量排放量的 47.1%。

2019 年，全国废水中化学需氧量排放量为 567.1 万吨，其中，工业源化学需氧量排放量为 77.2 万吨，占全国化学需氧量排放量的 13.6%；农业源化学需氧量排放量为 18.6 万吨，占全国化学需氧量排放量的 3.3%；生活源化学需氧量排放量为 469.9 万吨，占全国化学需氧量排放量的 82.9%；集中式污染治理设施废水(含渗滤液)中化学需氧量排放量为 1.4 万吨，占全国化学需氧量排放量的 0.3%。

2019 年化学需氧量排放量大于 30 万吨的地区有 7 个，依次为广东省、江苏省、安徽省、四川省、广西壮族自治区、江西省和湖南省。7 个地区的化学需氧量排放量合计为 274.2 万吨，占全国化学需氧量排放量的 48.3%。

2020 年，全国废水中化学需氧量排放量为 2564.8 万吨，其中，工业源(含非重点)废水中化学需氧量排放量为 49.7 万吨，占全国废水中化学需氧量排放量的 1.9%；农业源化学需氧量排放量为 1593.2 万吨，占全国化学需氧量排放量的 62.1%；生活源化学需氧量排放量为 918.9 万吨，占全国废水中化学需氧量排放量的 35.8%；集中式污染治理设施废水(含渗滤液)中化学需氧量排放量为 2.9 万吨，占全国化学需氧量排放量的 0.1%。

2020 年化学需氧量排放量排名前 5 位的地区依次为广东省、山东省、湖北省、黑龙江省和湖南省，排放量合计为 764.6 万吨，占全国化学需氧量排放量的 29.8%。

(2)全国氨氮排放情况

2016 年，全国废水中氨氮排放量为 56.8 万吨，其中，工业源氨氮排放量为 6.5 万吨，占全国氨氮排放量的 11.4%；农业源氨氮排放量为 1.3 万吨，占全国氨氮排放量的 2.2%；生活源氨氮排放量为 48.4 万吨，占全国氨氮排放量的 85.3%；集中式污染治理设施废水(含渗滤液)中氨氮排放量为 0.7 万吨，占全国氨氮排放量的 1.2%。

2016 年氨氮排放量大于 2 万吨的地区有 13 个，依次为广东省、江苏省、湖南省、四川省、江西省、山东省、湖北省、河南省、新疆维吾尔自治区、广西壮族自治区、河北省、安徽省和浙江省。13 个地区的氨氮排放量合计为 39.4 万吨，占全国氨氮排放量的 69.4%。

2017 年，全国废水中氨氮排放量为 50.9 万吨，其中，工业源氨氮排放量为 4.4 万吨，占全国氨氮排放量的 8.7%；农业源氨氮排放量为 0.7 万吨，占全国氨氮排放量的 1.3%；生活源氨氮排放量为 45.4 万吨，占全国氨氮排放量的 89.3%；集中式污染治理设施废水(含渗滤液)中氨氮排放量为 0.3 万吨，占全国氨氮排放量的 0.7%。

2017 年氨氮排放量大于 2 万吨的地区有 11 个，依次为广东省、江苏省、四川省、湖南省、湖北省、江西省、山东省、河南省、河北省、广西壮族自治区和新疆维吾尔自治区。11 个地区的氨氮排放量合计为 32.6 万吨，占全国氨氮排放量的 64.0%。

2018 年，全国废水中氨氮排放量为 49.4 万吨，其中，工业源氨氮排放量为 4.0 万吨，占全国氨氮排放量的 8.1%；农业源氨氮排放量为 0.5 万吨，占全国氨氮排放量的 1.0%；生活源氨氮排放量为 44.7 万吨，占全国氨氮排放量的 90.5%；集中式污染治理设施废水(含渗滤液)中氨氮排放量为 0.2 万吨，占全国氨氮排放量的 0.5%。

2018 年氨氮排放量大于 2 万吨的地区有 12 个，依次为广东省、江苏省、四川省、湖南省、江西省、山东省、湖北省、广西壮族自治区、河南省、新疆维吾尔自治区、河北省和安徽省。12 个地区的氨氮排放量合计为 33.7 万吨，占全国氨氮排放量的 68.2%。

2019 年，全国废水中氨氮排放量为 46.3 万吨，其中，工业源氨氮排放量为 3.5 万吨，占全国氨氮排放量的 7.5%；农业源氨氮排放量为 0.4 万吨，占全国氨氮排放量的 0.8%；生活源氨氮排放量为 42.1 万吨，占全国氨氮排放量的 91.1%；集中式污染治理设施废水(含渗滤液)中氨氮排放量为 0.3 万吨，占全国氨氮排放量的 0.6%。

2019 年氨氮排放量大于 2 万吨的地区有 9 个，依次为广东省、四川省、江苏省、湖南省、江西省、广西壮族自治区、山东省、湖北省和河南省。9 个地区的氨氮排放量合计为 26.1 万吨，占全国氨氮排放量的 56.5%。

2020 年，全国废水中氨氮排放量为 98.4 万吨，其中，工业源(含非重点)氨氮排放量为 2.1 万吨，占全国氨氮排放量的 2.2%；农业源氨氮排放量为 25.4 万吨，占全国氨氮排放量的 25.8%；生活源氨氮排放量为 70.7 万吨，占全国氨氮排放量的 71.8%；集中式污染治理设施废水(含渗滤液)中氨氮排放量为 0.2 万吨，占全国氨氮排放量的 0.2%。

2020 年氨氮排放量排名前 5 位的地区依次为广东省、四川省、广西壮族自治区、湖南省和湖北省。排放量合计为 37.9 万吨，占全国氨氮排放量的 38.5%。

(3)全国总氮排放情况

2016 年，全国废水中总氮排放量为 123.6 万吨，其中，工业源总氮排放量为 18.4 万吨，占全国总氮排放量的 14.9%；农业源总氮排放量为 4.1 万吨，占全国总氮排放量的 3.3%；生活源总氮排放量为 100.2 万吨，占全国总氮排放量的 81.1%；集中式污染治理设施废水(含渗滤液)中总氮排放量为 0.8 万吨，占全国总氮排放量的 0.7%。

2016 年总氮排放量大于 5 万吨的地区有 9 个，依次为广东省、江苏省、山东省、河南省、四川省、浙江省、湖南省、湖北省和江西省。9 个地区的总氮排放量合计为 66.3 万吨，占全国总氮排放量的 53.6%。

2017 年，全国废水中总氮排放量为 120.3 万吨，其中，工业源总氮排放量为 15.6 万吨，占全国总氮排放量的 13.0%；农业源总氮排放量为 2.3 万吨，占全国总氮排放量的 1.9%；生活源总氮排放量为 101.9 万吨，占全国总氮排放量的 84.7%；集中式污染治理设施废水(含渗滤液)中总氮排放量为 0.5 万吨，占全国总氮排放量的 0.4%。

2017 年总氮排放量大于 5 万吨的地区有 9 个，依次为广东省、江苏省、山东省、河南省、四川省、浙江省、河北省、湖北省和湖南省。9 个地区的总氮排放量合计为 65.7 万吨，占全国总氮排放量的 54.6%。

2018 年，全国废水中总氮排放量为 120.2 万吨，其中，工业源总氮排放量为 14.4 万吨，占全国总氮排放量的 12.0%；农业源总氮排放量为 1.8 万吨，占全国总氮排放量的 1.5%；生活源总氮排放量为 103.6 万吨，占全国总氮排放量的 86.2%；集中式污染治理设施废水(含渗滤液)中总氮排放量为 0.4 万吨，占全国总氮排放量的 0.3%。

2018 年总氮排放量大于 5 万吨的地区有 9 个，依次为广东省、江苏省、山东省、四川省、河南省、湖南省、湖北省、浙江省和河北省。9 个地区的总氮排放量合计为 64.3 万吨，占全国总氮排放量的 53.5%。

2019 年，全国废水中总氮排放量为 117.6 万吨，其中，工业源总氮排放量为 13.4 万吨，占全国总氮排放量的 11.4%；农业源总氮排放量为 1.3 万吨，占全国总氮排放量的 1.1%；生活源总氮排放量为 102.4 万吨，占全国总氮排放量的 87.1%；集中式污染治理设施废水(含渗滤液)中总氮排放量为 0.4 万吨，占全国总氮排放量的 0.4%。

2019 年总氮排放量大于 5 万吨的地区有 8 个，依次为广东省、江苏省、四川省、山东省、河南省、湖南省、浙江省和湖北省。8 个地区的总氮排放量合计为 58.8 万吨，占全国总氮排放量的 49.9%。

2020 年，全国废水中总氮排放量为 322.3 万吨，其中，工业源(含非重点)总氮排放量为 11.4 万吨，占全国总氮排放量的 3.5%；农业源总氮排放量为 158.9 万吨，占全国总氮排放量的 49.3%；生活源总氮排放量为 151.6 万吨，占全国总氮排放量的 47.0%；集中式污染治理设施废水(含渗滤液)中总氮排放量为 0.4 万吨，占全国总氮排放量的 0.1%。

2020 年总氮排放量排名前 5 位的地区依次为广东省、广西壮族自治区、湖南省、四川省和湖北省，排放量合计为 111.4 万吨，占全国总氮排放量的 34.5%。

(4)全国总磷排放情况

2016 年，全国废水中总磷排放量为 9.0 万吨，其中，工业源总磷排放量为 1.7 万吨，占全国总磷排放量的 18.8%；农业源总磷排放量为 0.6 万吨，占全国总磷排放量的 7.0%；生活源总磷排放量为 6.7 万吨，占全国总磷排放量的 74.1%；集中式污染治理设施废水(含渗滤液)中总磷排放量为 162.4 吨，占全国总磷排放量的 0.2%。

2016 年总磷排放量大于 0.3 万吨的地区有 13 个，依次为广东省、江苏省、湖南省、江西省、四川省、山东省、湖北省、福建省、河北省、广西壮族自治区、安徽省、浙江省和河南省。13 个地区的总磷排放量合计为 6.5 万吨，占全国总磷排放量的 72.2%。

2017 年，全国废水中总磷排放量为 7.0 万吨，其中，工业源总磷排放量为 0.8 万吨，占全国总磷排放量的 11.3%；农业源总磷排放量为 0.3 万吨，占全国总磷排放量的 4.4%；生活源总磷排放量为 5.8 万吨，占全国总磷排放量的 84.1%；集中式污染治理设施废水(含渗滤液)中总磷排放量为 108.0 吨，占全国总磷排放量的 0.2%。

2017 年总磷排放量大于 0.3 万吨的地区有 11 个，依次为广东省、江苏省、湖南省、四川省、广西壮族自治区、湖北省、江西省、山东省、安徽省、河南省和河北省。11 个地区的总磷排放量合计为 4.5 万吨，占全国总磷排放量的 64.5%。

2018 年，全国废水中总磷排放量为 6.4 万吨，其中，工业源总磷排放量为 0.7 万吨，占全国总磷排放量的 11.6%；农业源总磷排放量为 0.2 万吨，占全国总磷排放量的 3.6%；生活源总磷排放量为 5.4 万吨，占全国总磷排放量的 84.7%；集中式污染治理设施废水(含渗滤液)中总磷排放量为 72.2 吨，占全国总磷排放量的 0.1%。

2018 年总磷排放量大于 0.3 万吨的地区有 7 个，依次为广东省、江苏省、湖南省、广西壮族自治区、四川省、江西省和安徽省。7 个地区的总磷排放量合计为 3.1 万吨，占全国总磷排放量的 48.2%。

2019 年，全国废水中总磷排放量为 5.9 万吨，其中，工业源总磷排放量为 0.8 万吨，占全国总磷排放量的 12.9%；农业源总磷排放量为 0.2 万吨，占全国总磷排放量的 3.1%；生活源总磷排放量为 5.0 万吨，占全国总磷排放量的 83.9%；集中式污染治理设施废水(含渗滤液)中总磷排放量为 94.7 吨，占全国总磷排放量的 0.2%。

2019 年总磷排放量大于 0.3 万吨的地区有 6 个，依次为广东省、江西省、湖南省、江苏省、广西壮族自治区和四川省。6 个地区的总磷排放量合计为 2.8 万吨，占全国总磷排放量的 47.1%。

2020 年，全国废水中总磷排放量为 33.7 万吨，其中，工业源(含非重点)总磷排放量为 0.4 万吨，占全国总磷排放量的 1.1%；农业源总磷排放量为 24.6 万吨，占全国总磷排放量的 73.2%；生活源总磷排放量为 8.7 万吨，占全国总磷排放量的 25.7%；集中式污染治理设施废水(含渗滤液)中总磷排放量为 101.7 吨，占全国总磷排放量的 0.03%。

2020 年总磷排放量前 5 位的地区依次为广东省、湖北省、湖南省、广西壮族自治区和江苏省。5 个地区的总磷排放量合计为 12.0 万吨，占全国总磷排放量的 35.7%。

2. 工业行业废水主要污染物排放情况

(1)工业行业化学需氧量排放情况

2016 年各工业行业中化学需氧量排放量排名前 4 位的行业依次为农副食品加工业(占 20.5%)、化学原料和化学制品制造业(占 13.4%)、造纸和纸制品业(占 11.0%)、纺织业(占 8.9%)。4 个行业的化学需氧量排放量为 66.1 万吨，占全国工业源化学需氧量排放量的 53.8%。2016 年工业源化学需氧量排放量前 3 位的地区依次为江苏省、江西省和广东省。

2017 年各工业行业中化学需氧量排放量排名前 4 位的行业依次为农副食品加工业(占 19.7%)、化学原料和化学制品制造业(占 13.1%)、纺织业(占 12.1%)、造纸和纸制品业(占 11.9%)。4 个行业的化学需氧量排放量为 51.6 万吨，占全国工业源化学需氧量排放量的 56.8%。2017 年工业源化学需氧量排放量前 3 位的地区依次为江苏省、广东省和江西省。

2018 年各工业行业中化学需氧量排放量排名前 4 位的行业依次为农副食品加工业(占 19.2%)、化学原料和化学制品制造业(占 12.8%)、纺织业(占 12.7%)、造纸和纸制品业(占 11.8%)。4 个行业的化学需氧量排放量为 45.9 万吨，占全国工业源化学需氧量排放量的 56.4%。2018 年工业源化学需氧量排放量前 3 位的地区依次为江苏省、广东省和江西省。

2019 年各工业行业中化学需氧量排放量排名前 4 位的行业依次为农副食品加工业(占 20.6%)、造纸和纸制品业(占 12.3%)、纺织业(占 12.1%)、化学原料和化学制品制造业(占 12.0%)。4 个行业的化学需氧量排放量为 44.0 万吨，占全国工业源化学需氧量排放量的 57.0%。2019 年工业源化学需氧量排放量前 3 位的地区依次为江苏省、广东省和山东省。

2020 年各工业行业中化学需氧量排放量排名前 4 位的行业依次为纺织业(占 14.0%)、化学原料和化学制品制造业(占 13.1%)、农副食品加工业(占 12.7%)、造纸和纸制品业(占 12.5%)。4 个行业的化学需氧量排放量为 22.7 万吨，占全国工业源化学需氧量排放量的 51.1%。2020 年工业源化学需氧量排放量最大的地区是江苏省。

(2)工业行业氨氮排放情况

2016 年各工业行业中氨氮排放量排名前 4 位的行业依次为化学原料和化学制品制造业(占 28.6%)、农副食品加工业(占 12.4%)、食品制造业(占 8.4%)、酒饮料和精制茶制造业(占 6.5%)。4 个行业排放量合计为 3.6 万吨，占全国工业源氨氮排放量的 55.9%。2016 年工业源氨氮排放量前 3 位的地区依次为江苏省、湖南省和江西省，分别为 12692 吨、8449 吨和 4236 吨。

2017 年各工业行业中氨氮排放量排名前 4 位的行业依次为化学原料和化学制品制造业(占 24.4%)、农副食品加工业(占 14.1%)、纺织业(占 7.6%)、食品制造业(占 7.3%)。4 个行业排放量合计为 2.4 万吨，占全国工业源氨氮排放量的 53.5%。2017 年工业源氨氮排放量前 3 位的地区依次为江苏省、江西省和湖南省。

2018 年各工业行业中氨氮排放量排名前 4 位的行业依次为化学原料和化学制品制造业(占 25.5%)、农副食品加工业(占 16.2%)、纺织业(占 7.9%)、食品制造业(占 7.4%)。4 个行业排放量合计为 2.3 万吨，占全国工业源氨氮排放量的 57.0%。2018 年工业源氨氮排放量前 3 位的地区依次为江苏省、江西省和湖南省。

2019 年各工业行业中氨氮排放量排名前 4 位的行业依次为化学原料和化学制品制造业(占 21.8%)、农副食品加工业(占 18.7%)、食品制造业(占 8.4%)、纺织业(占 7.7%)。4 个行业排放量合计为 2.0 万吨，占全国工业源氨氮排放量的 56.7%。2019 年工业源氨氮排放量前 3 位的地区依次为江苏省、江西省和山东省。

2020 年各工业行业中氨氮排放量排名前 4 位的

行业依次为化学原料和化学制品制造业（占22.5%）、农副食品加工业（占11.0%）、纺织业（占9.3%）、食品制造业（占7.9%）。4个行业排放量合计为0.96万吨，占全国工业源氨氮排放量的50.8%。2020年工业源氨氮排放量最大的地区是广东省。

（3）工业行业总氮排放情况

2016年各工业行业中总氮排放量排名前4位的行业依次为化学原料和化学制品制造业（占27.1%）、农副食品加工业（占12.3%）、纺织业（占10.1%）、食品制造业（占6.6%）。4个行业排放量合计为10.3万吨，占全国工业源总氮排放量的56.1%。2016年工业源总氮排放量前3位的地区依次为江苏省、浙江省和湖南省。

2017年各工业行业中总氮排放量排名前4位的行业依次为化学原料和化学制品制造业（占24.7%）、农副食品加工业（占13.0%）、纺织业（占11.8%）、食品制造业（占6.7%）。4个行业排放量合计为8.8万吨，占全国工业源总氮排放量的56.2%。2017年工业源总氮排放量前3位的地区依次为江苏省、山东省和浙江省。

2018年各工业行业中总氮排放量排名前4位的行业依次为化学原料和化学制品制造业（占23.8%）、农副食品加工业（占14.8%）、纺织业（占11.0%）、食品制造业（占7.2%）。4个行业排放量合计为8.2万吨，占全国工业源总氮排放量的56.8%。2018年工业源总氮排放量前3位的地区依次为江苏省、山东省和广东省。

2019年各工业行业中总氮排放量排名前4位的行业依次为化学原料和化学制品制造业（占22.9%）、农副食品加工业（占15.9%）、纺织业（占10.7%）、食品制造业（占7.6%）。4个行业排放量合计为7.7万吨，占全国工业源总氮排放量的57.0%。2019年工业源总氮排放量前3位的地区依次为江苏省、山东省和广东省。

2020年各工业行业中总氮排放量排名前4位的行业依次为化学原料和化学制品制造业（占20.9%）、纺织业（占12.8%）、农副食品加工业（占10.1%）、造纸和纸制品业（占6.9%）。4个行业排放量合计为4.4万吨，占全国工业源总氮排放量的50.6%。2020年工业源总氮排放量最大的地区是广东省。

（4）工业行业总磷排放情况

2016年各工业行业中总磷排放量排名前4位的行业依次为农副食品加工业（占22.6%）、造纸和纸制品业（占16.8%）、化学原料和化学制品制造业（占11.3%）、酒饮料和精制茶制造业（占10.2%）。4个行业排放量合计为1.0万吨，占全国工业源总磷排放量的60.9%。2016年工业源总磷排放量前3位的地区依次为广东省、江苏省和四川省。

2017年各工业行业中总磷排放量排名前4位的行业依次为农副食品加工业（占33.5%）、化学原料和化学制品制造业（占12.0%）、食品制造业（占10.2%）、酒饮料和精制茶制造业（占8.8%）。4个行业排放量合计为0.5万吨，占全国工业源总磷排放量的64.6%。2017年工业源总磷排放量前3位的地区依次为江苏省、山东省和广东省。

2018年各工业行业中总磷排放量排名前4位的行业依次为农副食品加工业（占31.7%）、化学原料和化学制品制造业（占12.2%）、食品制造业（占9.5%）、酒饮料和精制茶制造业（占8.1%）。4个行业排放量合计为0.5万吨，占全国工业源总磷排放量的61.5%。2018年工业源总磷排放量前3位的地区依次为江苏省、山东省和广东省。

2019年各工业行业中总磷排放量排名前4位的行业依次为农副食品加工业（占31.6%）、化学原料和化学制品制造业（占10.2%）、食品制造业（占9.3%）、医药制造业（占8.3%）。4个行业排放量合计为0.5万吨，占全国工业源总磷排放量的59.3%。2019年工业源总磷排放量前3位的地区依次为江苏省、广东省和山东省。

2020年各工业行业中总磷排放量排名前4位的行业依次为农副食品加工业（占26.2%）、化学原料和化学制品制造业（占11.3%）、纺织业（占9.0%）、酒饮料和精制茶制造业（占8.7%）。4个行业排放量合计为0.16万吨，占全国工业源总磷排放量的55.2%。2020年工业源总磷排放量最大的地区是江苏省。

3. 全国废气及废气中主要污染物排放情况

（1）二氧化硫排放情况

2016年，全国废气中二氧化硫排放量为854.9万吨，其中，工业源二氧化硫排放量为770.5万吨，占全国二氧化硫排放量的90.1%；生活源二氧化硫排放量为84.0万吨，占全国二氧化硫排放量的9.8%；集中式污染治理设施废气中二氧化硫排放量为0.4万吨（注：集中式污染治理设施包括生活垃圾处理场（厂）和危险废物（医疗废物）集中处理厂焚烧废气中排放的污染物）。2016年二氧化硫排放量超过50万吨的地区依次为山东省、江苏省、内蒙古自治区和河北省，4个地区的二氧化硫排放量占全国二氧化硫排放量的28.4%。各地区中工业源二氧化硫排放量最大的地区是山东省。

2017年，全国废气中二氧化硫排放量为610.8万吨，其中，工业源二氧化硫排放量为529.9万吨，占全国二氧化硫排放量的86.8%；生活源二氧化硫排放量为80.5万吨，占全国二氧化硫排放量的13.2%；集中式污染治理设施废气中二氧化硫排放量为0.4万吨。2017年二氧化硫排放量超过35万吨的地区依次为河北省、山东省、江苏省、内蒙古自治区和贵州省，5个地区的二氧化硫排放量占全国二氧化硫排放量的32.2%。各地区中工业源二氧化硫排放量最大的地区是江苏省。

2018年，全国废气中二氧化硫排放量为516.1万吨，其中，工业源二氧化硫排放量为446.7万吨，占全国二氧化硫排放量的86.6%；生活源二氧化硫排放量为68.7万吨，占全国二氧化硫排放量的13.3%；集中式污染治理设施废气中二氧化硫排放量为0.7万吨。2018年二氧化硫排放量超过30万吨的地区依次为内蒙古自治区、河北省、山东省、贵州省、辽宁省和江苏省，6个地区的二氧化硫排放量占全国二氧化硫排放量的39.0%。各地区中工业源二氧化硫排放量最大的地区是内蒙古自治区。

2019年，全国废气中二氧化硫排放量为457.3万吨，其中，工业源二氧化硫排放量为395.4万吨，占全国二氧化硫排放量的86.5%；生活源二氧化硫排放量为61.3万吨，占全国二氧化硫排放量的13.4%；集中式污染治理设施废气中二氧化硫排放量为0.6万吨。2019年二氧化硫排放量超过30万吨的地区为内蒙古自治区，其二氧化硫排放量占全国二氧化硫排放量的7.7%。各地区中工业源二氧化硫排放量最大的地区是内蒙古自治区。

2020年，全国废气中二氧化硫排放量为318.2万吨，其中，工业源二氧化硫排放量为253.2万吨，占全国二氧化硫排放量的79.6%；生活源二氧化硫排放量为64.8万吨，占全国二氧化硫排放量的20.4%；集中式污染治理设施废气中二氧化硫排放量为0.3万吨。2020年二氧化硫排放量排名前5位的地区依次为内蒙古自治区、辽宁省、山东省、贵州省和云南省，5个地区的二氧化硫排放量合计为102.7万吨，占全国二氧化硫排放量的32.3%。各地区中工业源二氧化硫排放量最大的地区是内蒙古自治区。

(2)氮氧化物排放情况

2016年，全国废气中氮氧化物排放量为1503.3万吨，其中，工业源氮氧化物排放量为809.1万吨，占全国氮氧化物排放量的53.8%；生活源氮氧化物排放量为61.6万吨，占全国氮氧化物排放量的4.1%；机动车氮氧化物排放量为631.6万吨，占全国氮氧化物排放量的42.0%；集中式污染治理设施氮氧化物排放量为1.0万吨，占全国氮氧化物排放量的0.1%。2016年氮氧化物排放量超过100万吨的地区依次为山东省、河北省和江苏省，3个地区的氮氧化物排放量占全国氮氧化物排放量的24.9%。各地区中工业源氮氧化物排放量最大的地区是山东省。

2017年，全国废气中氮氧化物排放量为1348.4万吨，其中，工业源氮氧化物排放量为646.5万吨，占全国氮氧化物排放量的47.9%；生活源氮氧化物排放量为59.2万吨，占全国氮氧化物排放量的4.4%；机动车氮氧化物排放量为641.2万吨，占全国氮氧化物排放量的47.6%；集中式污染治理设施氮氧化物排放量为1.5万吨，占全国氮氧化物排放量的0.1%。2017年氮氧化物排放量超过100万吨的地区依次为河北省和山东省，2个地区的氮氧化物排放量占全国氮氧化物排放量的18.0%。各地区中工业源氮氧化物排放量最大的地区是河北省。

2018年，全国废气中氮氧化物排放量为1288.4万吨，其中，工业源氮氧化物排放量为588.7万吨，占全国氮氧化物排放量的45.7%；生活源氮氧化物排放量为53.1万吨，占全国氮氧化物排放量的4.1%；机动车氮氧化物排放量为644.6万吨，占全国氮氧化物排放量的50.0%；集中式污染治理设施氮氧化物排放量为2.0万吨，占全国氮氧化物排放量的0.2%。2018年氮氧化物排放量超过100万吨的地区依次为河北省和山东省，2个地区的氮氧化物排放量占全国氮氧化物排放量的17.9%。各地区中工业源氮氧化物排放量最大的地区是河北省。

2019年，全国废气中氮氧化物排放量为1233.9万吨，其中，工业源氮氧化物排放量为548.1万吨，占全国氮氧化物排放量的44.4%；生活源氮氧化物排放量为49.7万吨，占全国氮氧化物排放量的4.0%；机动车氮氧化物排放量为633.6万吨，占全国氮氧化物排放量的51.4%；集中式污染治理设施氮氧化物排放量为2.4万吨，占全国氮氧化物排放量的0.2%。2019年氮氧化物排放量超过100万吨的地区依次为山东省和河北省，2个地区的氮氧化物排放量占全国氮氧化物排放量的17.1%。各地区中工业源氮氧化物排放量最大的地区是江苏省。

2020 年，全国废气中氮氧化物排放量为 1019.7 万吨，其中，工业源氮氧化物排放量为 417.5 万吨，占全国氮氧化物排放量的 40.9%；生活源氮氧化物排放量为 33.4 万吨，占全国氮氧化物排放量的 3.3%；移动源氮氧化物排放量为 566.9 万吨，占全国氮氧化物排放量的 55.6%；集中式污染治理设施氮氧化物排放量为 1.9 万吨，占全国氮氧化物排放量的 0.2%。2020 年氮氧化物排放量排名前 5 位的地区依次为河北省、山东省、广东省、辽宁省和山西省，5 个地区的氮氧化物排放量合计为 314.5 万吨，占全国氮氧化物排放量的 30.8%。各地区中工业源氮氧化物排放量最大的地区是山西省。

(3)颗粒物排放情况

2016 年，全国废气中颗粒物排放量为 1608.0 万吨，其中，工业源颗粒物排放量为 1376.2 万吨，占全国颗粒物排放量的 85.6%；生活源颗粒物排放量为 219.2 万吨，占全国颗粒物排放量的 13.6%；机动车废气中颗粒物排放量为 12.3 万吨，占全国颗粒物排放量的 0.8%；集中式污染治理设施废气中颗粒物排放量为 0.4 万吨。2016 年颗粒物排放量超过 100 万吨的地区依次为内蒙古自治区和山西省，2 个地区的颗粒物排放量占全国颗粒物排放量的 14.4%。各地区中工业源颗粒物排放量最大的地区是内蒙古自治区。

2017 年，全国废气中颗粒物排放量为 1284.9 万吨，其中，工业源颗粒物排放量为 1067.0 万吨，占全国颗粒物排放量的 83.0%；生活源颗粒物排放量为 206.1 万吨，占全国颗粒物排放量的 16.0%；机动车废气中颗粒物排放量为 11.4 万吨，占全国颗粒物排放量的 0.9%；集中式污染治理设施废气中颗粒物排放量为 0.4 万吨。2017 年颗粒物排放量超过 100 万吨的地区为内蒙古自治区，颗粒物排放量占全国颗粒物排放量的 8.3%。各地区中工业源颗粒物排放量最大的地区是内蒙古自治区。

2018 年，全国废气中颗粒物排放量为 1132.3 万吨，其中，工业源颗粒物排放量为 948.9 万吨，占全国颗粒物排放量的 83.8%；生活源颗粒物排放量为 173.1 万吨，占全国颗粒物排放量的 15.3%；机动车废气中颗粒物排放量为 9.9 万吨，占全国颗粒物排放量的 0.9%；集中式污染治理设施废气中颗粒物排放量为 0.3 万吨。2018 年颗粒物排放量超过 60 万吨的地区为内蒙古自治区、辽宁省和广东省，3 个地区的颗粒物排放量占全国颗粒物排放量的 20.9%。各地区中工业源颗粒物排放量最大的地区是内蒙古自治区。

2019 年，全国废气中颗粒物排放量为 1088.5 万吨，其中，工业源颗粒物排放量为 925.9 万吨，占全国颗粒物排放量的 85.1%；生活源颗粒物排放量为 154.9 万吨，占全国颗粒物排放量的 14.2%；机动车废气中颗粒物排放量为 7.4 万吨，占全国颗粒物排放量的 0.7%；集中式污染治理设施废气中颗粒物排放量为 0.3 万吨。2019 年颗粒物排放量超过 60 万吨的地区为内蒙古自治区和辽宁省，2 个地区的颗粒物排放量占全国颗粒物排放量的 16.0%。各地区中工业源颗粒物排放量最大的地区是内蒙古自治区。

2020 年，全国废气中颗粒物排放量为 611.4 万吨，其中，工业源颗粒物排放量为 400.9 万吨，占全国颗粒物排放量的 65.6%；生活源颗粒物排放量为 201.6 万吨，占全国颗粒物排放量的 33.0%；移动源颗粒物排放量为 8.5 万吨，占全国颗粒物排放量的 1.4%；集中式污染治理设施废气中颗粒物排放量为 0.3 万吨，占全国颗粒物排放量的 0.1%。2020 年颗粒物排放量排名前 5 位的地区依次为内蒙古自治区、新疆维吾尔自治区、山西省、黑龙江省和河北省，5 个地区的颗粒物排放量合计为 247.4 万吨，占全国颗粒物排放量的 40.5%。各地区中工业源颗粒物排放量最大的地区是内蒙古自治区。2020 年，全国废气中挥发性有机物排放量为 610.2 万吨，其中，工业源挥发性有机物排放量为 217.1 万吨，占全国挥发性有机物排放量的 35.6%；生活源挥发性有机物排放量为 182.5 万吨，占全国挥发性有机物排放量的 29.9%；移动源挥发性有机物排放量为 210.5 万吨，占全国挥发性有机物排放量的 34.5%。2020 年挥发性有机物排放量排名前 5 位的地区依次为山东省、广东省、江苏省、浙江省和河北省，5 个地区的挥发性有机物排放量合计为 216.8 万吨，占全国挥发性有机物排放量的 35.5%。工业源挥发性有机物排放量最大的地区是山东省。

2016—2020 年全国工业废气主要污染物排放情况见表 1。

4. 全国工业固体废物和危险废物产生及处理情况

(1)一般工业固体废物产生、综合利用和处置情况

2016 年，全国一般工业固体废物产生量为 37.1 亿吨，综合利用量为 21.1 亿吨，处置量为 8.5

表 1 2016—2020 年全国工业废气主要污染物排放情况

年份	二氧化硫排放量/万吨	氮氧化物排放量/万吨	颗粒物排放量/万吨	挥发性有机物/万吨
2016	770.4689	809.1004	1376.1577	—
2017	529.97695	646.49265	1066.99658	—
2018	446.73241	588.73664	948.90369	—
2019	395.36695	548.07351	925.92869	—
2020	253.15113	417.49592	400.94129	217.12805

注：1. 表中"—"表示无此项指标或不宜计算，下同。
2. 表中数据来源于历年《中国环境统计年报》，下同。

亿吨。一般工业固体废物产生量排名前 5 位的地区依次为山西省、河北省、内蒙古自治区、山东省和辽宁省，均超过 2 亿吨，分别占全国一般工业固体废物产生量的 11.0%、9.3%、8.3%、7.1% 和 5.6%。一般工业固体废物综合利用量排名前 5 位的地区依次为山东省、河北省、山西省、安徽省和江苏省，分别占全国一般工业固体废物综合利用量的 10.6%、8.4%、8.4%、5.6% 和 5.5%。一般工业固体废物处置量较大的地区主要为山西省和内蒙古自治区，处置量分别为 1.9 亿吨和 1.2 亿吨，分别占全国一般工业固体废物处置量的 22.5% 和 13.5%。

2017 年，全国一般工业固体废物产生量为 38.7 亿吨，综合利用量为 20.6 亿吨，处置量为 9.4 亿吨。一般工业固体废物产生量排名前 5 位的地区依次为山西省、内蒙古自治区、河北省、山东省和辽宁省，均超过 2 亿吨，分别占全国一般工业固体废物产生量的 11.2%、9.0%、8.8%、7.4% 和 6.0%。一般工业固体废物综合利用量排名前 5 位的地区依次为山东省、河北省、山西省、安徽省和江苏省，分别占全国一般工业固体废物综合利用量的 11.2%、8.6%、7.9%、6.1% 和 6.0%。一般工业固体废物处置量较大的地区主要为山西省和内蒙古自治区，处置量分别为 2.2 亿吨和 1.5 亿吨，分别占全国一般工业固体废物处置量的 22.8% 和 15.5%。

2018 年，全国一般工业固体废物产生量为 40.8 亿吨，综合利用量为 21.7 亿吨，处置量为 10.3 亿吨。一般工业固体废物产生量排名前 5 位的地区依次为山西省、内蒙古自治区、河北省、山东省和辽宁省，均超过 2 亿吨，分别占全国一般工业固体废物产生量的 11.8%、9.0%、7.9%、7.4% 和 5.6%。一般工业固体废物综合利用量排名前 5 位的地区依次为山东省、河北省、山西省、安徽省和江苏省，分别占全国一般工业固体废物综合利用量的 11.0%、8.1%、7.8%、6.1% 和 5.5%。一般工业固体废物处置量较大的地区主要为山西省和内蒙古自治区，处置量分别为 2.6 亿吨和 1.5 亿吨，分别占全国一般工业固体废物处置量的 24.8% 和 14.9%。

2019 年，全国一般工业固体废物产生量为 44.1 亿吨，综合利用量为 23.2 亿吨，处置量为 11.0 亿吨。一般工业固体废物产生量排名前 5 位的地区依次为山西省、内蒙古自治区、河北省、山东省和河南省，分别占全国一般工业固体废物产生量的 11.8%、9.7%、7.4%、7.3% 和 5.7%。一般工业固体废物综合利用量排名前 5 位的地区依次为山东省、山西省、河北省、安徽省和河南省，分别占全国一般工业固体废物综合利用量的 10.9%、7.9%、7.6%、5.7% 和 5.2%。一般工业固体废物处置量较大的地区主要为山西省和内蒙古自治区，处置量分别为 2.7 亿吨和 1.9 亿吨，分别占全国一般工业固体废物处置量的 24.8% 和 17.6%。

2020 年，全国一般工业固体废物产生量为 36.8 亿吨，综合利用量为 20.4 亿吨，处置量为 9.2 亿吨。一般工业固体废物产生量排名前 5 位的地区依次为山西省、内蒙古自治区、河北省、辽宁省和山东省，分别占全国一般工业固体废物产生量的 11.6%、9.6%、9.3%、6.9% 和 6.8%。一般工业固体废物综合利用量排名前 5 位的地区依次为山东省、河北省、山西省、内蒙古自治区和安徽省，分别占全国一般工业固体废物综合利用量的 9.6%、9.3%、8.4%、6.1% 和 5.9%。一般工业固体废物处置量排名前 5 位的地区依次为山西省、内蒙古自治区、河北省、辽宁省和陕西省，分别占全国一般工业固体废物处置量的 21.3%、14.9%、12.4%、8.7% 和 5.3%。

2016—2020 年全国一般工业固体废物产生、综合利用和处置情况见表 2。

表 2　2016—2020 年全国一般工业固体废物产生、综合利用和处置情况

年份	产生量/万吨	综合利用量/万吨	处置量/万吨
2016	371237	210995	85232
2017	386707	206117	94314
2018	407799	216860	103283
2019	440809.7	232078.8	110358.7
2020	367546	203798	91749

(2)危险废物产生和利用处置情况

2016 年，全国工业危险废物产生量为 5219.5 万吨，利用处置量为 4317.2 万吨。工业危险废物产生量排名前 5 位的地区依次是山东省、湖南省、江苏省、浙江省和云南省，分别占全国工业危险废物产生量的 9.9%、9.3%、8.4%、7.4%和 6.2%。工业危险废物利用处置量排名前 5 位的地区依次是山东省、湖南省、江苏省、浙江省和广东省，分别占全国工业危险废物利用处置量的 10.8%、9.4%、9.1%、8.4%和 6.4%。

2017 年，全国工业危险废物产生量为 6581.3 万吨，利用处置量为 5972.7 万吨。工业危险废物产生量排名前 5 位的地区依次是山东省、湖南省、江苏省、浙江省和广东省，分别占全国工业危险废物产生量的 13.0%、9.6%、8.1%、5.9% 和 5.2%。工业危险废物利用处置量排名前 5 位的地区依次是山东省、湖南省、江苏省、浙江省和内蒙古自治区，分别占全国工业危险废物利用处置量的 12.2%、10.6%、8.4%、6.2%和 5.6%。

2018 年，全国工业危险废物产生量为 7470.0 万吨，利用处置量为 6788.5 万吨。工业危险废物产生量排名前 5 位的地区依次是山东省、内蒙古自治区、湖南省、江苏省和浙江省，分别占全国工业危险废物产生量的 11.1%、9.2%、8.5%、8.0% 和 6.0%。工业危险废物利用处置量排名前 5 位的地区依次是山东省、内蒙古自治区、湖南省、江苏省和浙江省，分别占全国工业危险废物利用处置量的 11.4%、9.6%、9.1%、8.3%和 6.5%。

2019 年，全国工业危险废物产生量为 8126.0 万吨，利用处置量为 7539.3 万吨。工业危险废物产生量排名前 5 位的地区依次是山东省、内蒙古自治区、江苏省、浙江省和广东省，分别占全国工业危险废物产生量的 12.1%、9.0%、8.0%、6.2% 和 5.7%。工业危险废物利用处置量排名前 5 位的地区依次是山东省、内蒙古自治区、江苏省、浙江省和广东省，分别占全国工业危险废物利用处置量的 13.9%、8.5%、8.3%、6.7%和 5.7%。

2020 年，全国工业危险废物产生量为 7281.8 万吨，利用处置量为 7630.5 万吨。工业危险废物产生量排名前 5 位的地区依次是山东省、内蒙古自治区、江苏省、四川省和浙江省，分别占全国工业危险废物产生量的 12.8%、7.4%、7.2%、6.3% 和 6.1%。工业危险废物利用处置量排名前 5 位的地区依次是山东省、云南省、江苏省、内蒙古自治区和浙江省，分别占全国工业危险废物利用处置量的 13.2%、11.6%、6.9%、6.3%和 6.1%。

2016—2020 年全国危险废物产生和利用处置情况见表 3。

表 3　2016—2020 年全国危险废物产生和利用处置情况

年份	产生量/万吨	利用处置量/万吨
2016	5219.5017	4317.2073
2017	6581.2889	5972.6782
2018	7469.9695	6788.4921
2019	8125.95488	7539.28254
2020	7281.8098	7630.4819

二、造纸和纸制品业环境统计情况

1. 造纸和纸制品业废水及主要污染物排放情况

据调查统计，2016 年，造纸和纸制品业废水中化学需氧量排放量为 13.5 万吨，同比减少 59.7%，占工业行业化学需氧量排放总量的 11.0%；氨氮排放量为 2484 吨（2015 为 1.2 万吨），同比减少 79.9%，占工业行业氨氮排放总量的 3.9%；总氮排放量为 6325.2 吨，占工业行业总氮排放总量 3.4%；总磷排放量为 2835.1 吨，占工业行业总磷排放总量的 16.8%。2016 年全国共处理工业废水 313 亿吨，其中造纸和纸制品业占 7.5%，造纸和纸制品业共拥有废水治理设施 2364 套。

2017 年，造纸和纸制品业废水中化学需氧量排放量为 10.8 万吨，同比减少 20.0%，占工业行业化学需氧量排放总量的 11.9%；氨氮排放量为 2148.1 吨，同比减少 13.5%，占工业行业氨氮排放总量的 4.8%；总氮排放量为 6174.1 吨，同比减少 2.4%，占工业行业总氮排放总量的 4.0%；总磷排放量为 141.9 吨，同比减少 95.0%，占工业行业总磷排放总量的 1.8%。2017 年全国共处理工业废水

289.57 亿吨，其中造纸和纸制品业占 7.2%，造纸和纸制品业共拥有废水治理设施 2435 套。

2018 年，造纸和纸制品业废水中化学需氧量排放量为 9.6 万吨，同比减少 11.2%，占工业行业化学需氧量排放总量的 11.8%；氨氮排放量为 1946.9 吨，同比减少 9.4%，占工业行业氨氮排放总量的 4.9%；总氮排放量为 5521.5 吨，同比减少 10.6%，占工业行业总氮排放总量的 3.8%；总磷排放量为 150.1 吨，同比增长 5.8%，占工业行业总磷排放总量的 2.0%。2018 年全国共处理工业废水 294.4 亿吨，其中造纸和纸制品业占 6.7%，造纸和纸制品业共拥有废水治理设施 2185 套。

2019 年，造纸和纸制品业废水中化学需氧量排放量为 9.5 万吨，同比减少 1.7%，占工业行业化学需氧量排放总量的 12.3%；氨氮排放量为 1668.2 吨，同比减少 14.3%，占工业行业氨氮排放总量的 4.8%；总氮排放量为 5064.7 吨，同比减少 8.3%，占工业行业总氮排放总量的 3.8%；总磷排放量为 171.0 吨，同比增长 13.9%，占工业行业总磷排放总量的 2.2%。2019 年全国共处理工业废水 274.9 亿吨，其中造纸和纸制品业占 6.6%，造纸和纸制品业共拥有废水治理设施 1967 套。

2020 年，造纸和纸制品业废水中化学需氧量排放量为 5.4 万吨，同比减少 42.7%，占工业行业化学需氧量排放总量的 12.5%；氨氮排放量为 1455.4 吨，同比减少 12.8%，占工业行业氨氮排放总量的 7.7%；总氮排放量为 6007.5 吨，同比增长 18.6%，占工业行业总氮排放总量的 6.9%；总磷排放量为 117.1 吨，同比减少 31.5%，占工业行业总磷排放总量的 4.0%。2020 年全国共处理工业废水 257.1 亿吨，其中造纸和纸制品业占 6.6%，造纸和纸制品业共拥有废水治理设施 1949 套。

2016—2020 年造纸和纸制品业废水排放及处理情况见表 4。

表 4 2016—2020 年造纸和纸制品业废水排放及处理情况

项目	2016	2017	2018	2019	2020
废水中污染物排放量/吨					
其中：化学需氧量	135332	108469.6	96276.6	94636.3	54294.4
氨氮	2484	2148.1	1946.9	1668.2	1455.4
总氮	6325.2	6174.1	5521.5	5064.7	6007.5
总磷	2835.1	141.9	150.1	171.0	117.1
石油类	62.8	63.8	54.4	53.6	8.2
挥发酚	4.7755	10.7761	15.0221	9.7771	0.01996
氰化物	0	0	0	0	—
重金属	0	0.1	0	—	0.1
废水处理量/万吨	234750	208490.4	197248	181434	169686
废水治理设施数量/套	2364	2435	2185	1967	1949
废水治理设施治理能力/(万吨/日)	1892.4	1707.2	1520.7	1474.9	1312.1
废水治理设施运行费用/万元	448928.0	499870.8	530649.9	511215.7	508812.3

2. 造纸和纸制品业废气及主要污染物排放情况

2016 年，造纸和纸制品业废气中二氧化硫排放量为 12.4 万吨，同比减少 66.5%；氮氧化物排放量为 9.6 万吨，同比减少 43.2%；颗粒物排放量为 8.4 万吨，同比减少 39.3%。造纸和纸制品业共拥有废气治理设施 3974 套。

2017 年，造纸和纸制品业废气中二氧化硫排放量为 6.9 万吨，同比减少 44.4%；氮氧化物排放量为 7.0 万吨，同比减少 27.1%；颗粒物排放量为 4.7 万吨，同比减少 44.0%。造纸和纸制品业共拥有废气治理设施 5130 套。

2018 年，造纸和纸制品业废气中二氧化硫排放量为 4.9 万吨，同比减少 29.5%；氮氧化物排放量为 5.8 万吨，同比减少 17.7%；颗粒物排放量为 4.4 万吨，同比减少 5.9%。造纸和纸制品业共拥有废气治理设施 4598 套。

2019 年，造纸和纸制品业废气中二氧化硫排放量为 3.5 万吨，同比减少 29.5%；氮氧化物排放量为 5.2 万吨，同比减少 10.4%；颗粒物排放量为 3.7 万吨，同比减少 17.0%。造纸和纸制品业共拥有废气治理设施 4643 套。

2020 年，造纸和纸制品业废气中二氧化硫排放量为 2.9 万吨，同比减少 16.0%；氮氧化物排放量为 4.3 万吨，同比减少 17.5%；颗粒物排放量为 1.2 万吨，同比减少 67.5%。造纸和纸制品业共拥有废气治理设施 4283 套。

2016—2020 年造纸和纸制品业废气排放及处理情况见表 5。

3. 造纸和纸制品业工业固体废弃物排放及处理情况

2016 年，造纸和纸制品业一般工业固体废物产生量为 2508 万吨，同比增长 11.6%；综合利用量为 2116 万吨，同比增长 5.3%；处置量为 331 万吨，同比增长 42.1%；综合利用率为 84.4%，同比减少 4.9 个百分点。危险废物产生量为 325.8 万吨，同比减少 35.6%；危险废物利用处置量为 325.4 万吨。

2017 年，造纸和纸制品业一般工业固体废物产生量为 2740 万吨，同比增长 9.3%；综合利用量为 2306 万吨，同比增长 9.0%；处置量为 373 万吨，同比增长 12.7%；综合利用率为 84.2%，同比减少 0.2 个百分点。危险废物产生量为 443.1 万吨，同比增长 36.0%；危险废物利用处置量为 441.7 万吨，同比增长 35.7%。

2018 年，造纸和纸制品业一般工业固体废物产生量为 2848 万吨，同比增长 3.9%；综合利用量为 2335 万吨，同比增长 1.3%；处置量为 407 万吨，同比增长 9.1%；综合利用率为 82.0%，同比减少 2.2 个百分点。危险废物产生量为 398.2 万吨，同比减少 10.1%；危险废物利用处置量为 397.2 万吨，同比减少 10.1%。

2019 年，造纸和纸制品业一般工业固体废物产生量为 2847.6 万吨，同比基本持平；综合利用量为 2289.9 万吨，同比减少 1.9%；处置量为 408.5 万吨，同比增长 0.4%；综合利用率为 80.4%，同比减少 1.6 个百分点。危险废物产生量为 274.6 万吨，同比减少 31.0%；危险废物利用处置量为 272.9 万吨，同比减少 31.3%。

2020 年，造纸和纸制品业一般工业固体废物产生量为 2275 万吨，同比减少 20.1%；综合利用量为 1527 万吨，同比减少 33.3%；处置量为 742 万吨，同比增长 81.6%；综合利用率为 67.1%，同比减少 13.3 个百分点。危险废物产生量为 7.6 万吨，同比减少 97.2%；危险废物利用处置量为 8.9 万吨，同比减少 96.7%。

2016—2020 年造纸及纸制品业工业固体废物排放及处理情况见表 6。

表 5　2016—2020 年造纸和纸制品业废气排放及处理情况

项目	2016	2017	2018	2019	2020
二氧化硫排放量/万吨	12.4368	6.94387	4.89787	3.45365	2.9006
氮氧化物排放量/万吨	9.6	7.03554	5.75651	5.15732	4.2567
颗粒物排放量/万吨	8.3703	4.67312	4.39959	3.65291	1.18627
废气治理设施数/套	3974	5130	4598	4643	4283
其中：脱硫设施	1080	1521	1264	1187	745
脱硝设施	321	662	686	717	590
除尘设施	2483	2538	2078	1916	1464
VOCs 治理设施	90	409	570	823	1176
废气治理设施运行费用/万元	1133247.1	306954.2	266670.6	331211.3	300711.9

表 6　2016—2020 年造纸和纸制品业工业固体废物排放及处理情况

项目	2016	2017	2018	2019	2020
一般工业固体废物产生量/万吨	2508	2740	2848	2847.6	2275
一般工业固体废物综合利用量/万吨	2116	2306	2335	2289.9	1527
一般工业固体废物处置量/万吨	331	373	407	408.5	742
一般工业固体废物综合利用率/%	84.4	84.2	82.0	80.4	67.1
危险废物产生量/万吨	325.8026	443.1162	398.1739	274.59038	7.6194
危险废物利用处置量/万吨	325.4333	441.6651	397.2278	272.86141	8.9432

（王　斌）

排污许可规制下造纸行业排污单位环境守法与执法论析

Analysis on Environmental Law Abiding and Law Enforcement of Pollutant Emission Units in Paper Industry Under Pollutant Permit Regulation

一、前　言

全面实行排污许可制，构建以排污许可制为核心的固定污染源监管制度体系，是党中央、国务院关于生态文明体制改革的重要决策部署。经过近 30 年的地方试点、十八大以来的大力推进和“十三五”至今的全面实施，我国排污许可制改革取得阶段性积极成效。但改革初期受法律支撑限制等因素影响，依证监管缺乏有效手段和足够依据，致使证后监管未能及时有效跟进，排污许可制效能未能充分发挥。2021 年 3 月 1 日，我国排污许可管理的首部专门性法规《排污许可管理条例》(以下简称《条例》)正式施行，推动排污许可制法治化建设迈出了里程碑意义的重要一步，为深化排污许可制改革筑牢了法治保障，为落实环境治理责任义务提供了法律手段，为规范依证监管执法提供了法律依据。同时，也对环境守法与执法提出了新要求、新挑战，亟需相关责任主体准确识变、科学应变，推动建立公平规范的环境守法执法新秩序。本文通过梳理《条例》规定的排污单位污染防治责任义务，结合造纸行业排污许可制实施现状，从排污许可证申请(延续、变更、重新申请)、按证排污、自行监测、台账记录、执行报告、信息公开、配合检查等方面，分析论述了造纸行业排污单位环境守法要求与实施路径，并根据《条例》内容和改革目标要求，探究了依证监管执法趋势。

二、造纸行业排污单位环境守法要求与实施路径

(一)申请(延续、变更、重新申请)

《条例》明确排污单位应按规定申领排污许可证或实施排污登记。造纸行业排污单位应首先依据《固定污染源排污许可分类管理名录》判定自身排污许可管理类别。实行排污许可管理的纸浆制造、机制纸及纸板制造、手工纸制造，以及有工业废水和废气排放的加工纸制造、有工业废水或废气排放的纸制品制造排污单位，应当取得排污许可证。根据《造纸行业排污许可证申请与核发技术规范》(以下简称《造纸规范》)等规范和执行排放标准要求，通过排污许可信息平台企业端填报并提交排污许可证申请表，原则上也可通过信函等方式提交，向其生产经营场所所在地设区的市级生态环境主管部门申领排污许可证。存在两个以上生产经营场所排放污染物的，应当分别申领。排污许可证申请表填报所需信息和材料，主要包括《条例》第七条规定的排污单位基本信息、环评批准文件或备案手续、主要生产及产排污环节信息、拟申请的许可事项等。存在《条例》第八条中 3 种特殊情形的，还应提交相应材料。由生态环境主管部门审批通过后颁发排污许可证。

排污许可证 5 年有效期届满，造纸行业排污单位需继续排放污染物的，应于有效期届满 60 日前向审批部门申请延续，否则将被视为“无证排污”。排污单位变更名称、住所、法定代表人或者主要负责人的，应当自变更之日起 30 日内，向审批部门

申请变更。如有效期内存在新、改、扩建项目或污染物排放信息发生变化等情形的，应当通过排污许可信息平台相应模块重新申请取得排污许可证。排污单位需按照《条例》规定期限和方式，延续、变更或重新申请排污许可证，并协调好与生产计划之间的关系。

排污许可管理以外的加工纸制造、纸制品制造排污单位，应按照《固定污染源排污登记工作指南（试行）》具体要求，通过排污许可信息平台排污登记模块填报并提交排污登记表，会自动即时生成登记编号和回执，可自行打印留存。另外，对于《条例》施行前已经实际排污的排污单位，如不符合排污许可条件，由审批部门按照《关于固定污染源排污限期整改有关事项的通知》下达排污限期整改通知书，限期整改。达到《条例》规定的条件后申请取得排污许可证；逾期未取得排污许可证的，不得继续排放污染物。

（二）按证排污

根据违法成本高低，造纸行业排污单位按证排污要求大体可分为3类：一是不超过排污许可证规定的许可排放浓度和许可排放量排放污染物，以及不能以逃避监管的方式违法排放污染物。对不履行的，责令改正或限产、停产，处20万～100万元罚款；情节严重的，吊销排污许可证，责令停业、关闭；逃避监管的，依法拘留责任人。二是按照排污许可证规定，控制大气污染物无组织排放，以及特殊时段停止或者限制排放污染物。对不履行的，责令改正，处5万～20万元罚款；情节严重的，处20万～100万元罚款，责令限产、停产。三是污染物排放口位置或者数量、污染物排放方式或者排放去向符合排污许可证规定。对不履行的，责令改正，处2万～20万元罚款；拒不改正的，责令停产。

同时，造纸行业排污单位应当按照生态环境管理要求运行和维护污染防治设施，建立内部环境管理制度，按照《排污口规范化整治技术要求（试行）》、地方相关管理要求和执行的排放标准中有关排污口规范化设置的规定建设排污口，并设置标志牌。实施新、改、扩建项目和技术改造的排污单位，应当在建设污染防治设施的同时，建设规范化排污口。

（三）自行监测

《条例》明确排污单位应当按照排污许可证规定和有关标准规范，开展自行监测并保存原始监测记录，保存期限不得少于5年，并对自行监测数据的真实性、准确性负责，不得篡改、伪造。实行排污许可重点管理的排污单位，应当依法安装、使用、维护污染物排放自动监测设备，并与生态环境主管部门的监控设备联网。排污单位发现污染物排放自动监测设备传输数据异常的，应当及时报告生态环境主管部门，并进行检查、修复。对不履行的，责令改正，处2万～20万元罚款；拒不改正的，责令停产。篡改、伪造监测数据的，依法拘留责任人。

造纸行业排污单位开展自行监测的内容、点位、指标、频次等要求，按照《排污单位自行监测技术指南 造纸工业》（HJ 821）执行，HJ 821中未包括的按HJ 819和《造纸规范》执行。监测采样方法、分析方法、质量保证与质量控制、监测期间手工监测的记录和自动监测运维记录、自行监测信息公开等按照HJ 819执行。废水自动监测系统的安装、验收、运行、数据有效性判别等要求参照HJ 353、HJ 354、HJ 355、HJ 356等执行。废气自动监测相关要求参照HJ 75、HJ 76和《关于加强京津冀高架源污染物自动监控有关问题的通知》等执行。

（四）台账记录

环境管理台账是排污单位自证守法的主要原始依据。《条例》明确排污单位应当建立环境管理台账记录制度，按照排污许可证规定，如实记录主要生产设施、污染防治设施运行情况以及污染物排放浓度、排放量，台账记录保存期限不得少于5年。排污单位发现污染物排放超标等异常情况时，应当立即采取措施消除、减轻危害后果，如实进行环境管理台账记录，并报告生态环境主管部门，说明原因。对不履行的，责令改正并按次罚款，每次罚金0.5万～2万元。

造纸行业排污单位环境管理台账记录格式、内容、频次，以及记录保存形式等要求，依据《造纸规范》和《环境管理台账及排污许可证执行报告技术规范》（HJ 944）确定，并在排污许可证副本环境管理台账记录部分予以明确。排污单位环境管理台账可通过排污许可信息平台或自行按照排污许可证规定进行记录，保存环境管理台账，并对记录内容的真实性和有效性负责。另外，造纸行业排污单位在《条例》实施前已申领排污许可证，且依据《造纸规范》确定环境管理台账记录保存期限不少于3年的，按照“法不溯及既往”法治原则，现有排污许可证中规定的台账记录保存期限依然有效。

（五）执行报告

排污许可证执行报告是排污单位自证守法的重要载体。《条例》明确排污单位应当按照排污许可证规定向审批部门提交排污许可证执行报告，如实报告污染物排放行为、排放浓度、排放量等。排污单位如在排污许可证有效期内发生停产，也应当提交执行报告，并如实报告污染物排放变化情况并说明原因。对不履行的，责令改正并按次罚款，每次罚金0.5万~2万元。

造纸行业排污单位排污许可证执行报告内容、频次和时间等要求，依据《造纸规范》和HJ 944确定，并在排污许可证副本执行报告要求部分予以明确。排污许可证执行报告通过排污许可信息平台执行报告模块按期提交，并确保报告内容的真实性、完整性、准确性。其中，对应许可排放量合规性判定，应报告排污单位在核算时段内的污染物实际排放量。2021年4月，生态环境部、财政部、税务总局联合发布《关于发布计算环境保护税应税污染物排放量的排污系数和物料衡算方法的公告》，进一步规范因排放污染物种类多等原因不具备监测条件的排污单位应税污染物排放量计算方法。属于排污许可管理的造纸行业排污单位，适用《造纸规范》中规定的排(产)污系数、物料衡算方法计算应税污染物排放量；未规定相关排(产)污系数的，适用《排放源统计调查产排污核算方法和系数手册》中规定的排(产)污系数方法计算应税污染物排放量。鉴于排污许可证执行报告中污染物排放量可为相关环境管理工作提供依据，排位单位在环境统计、总量考核、环境保护税申报及排污权交易等相关工作中，应保持核算方法的统一，也是各职能部门数据共享和核对的重要内容。

(六)信息公开

《条例》明确实行排污许可管理的排污单位，应当按证如实公开污染物排放信息。其中，污染物排放信息包括污染物排放种类、排放浓度和排放量，以及污染防治设施的建设运行情况、排污许可证执行报告、自行监测数据等；水污染物排入市政排水管网的，还应包括污水接入市政排水管网位置、排放方式等信息。对不履行的，责令改正，处2万~20万元罚款；拒不改正的，责令停产。实行排污许可重点管理的排污单位，还应在排污许可证申请前公开单位基本信息、拟申请许可事项。否则，将缺失申请排污许可证应当提交的相应材料。

造纸行业排污单位信息公开方式，要求统一为全国排污许可证管理信息平台。信息公开具体内容、时间节点等要求，除按照《条例》规定外，还应依据《企业环境信息依法披露管理办法》《国家重点监控企业自行监测及信息公开办法》《排污许可管理办法(试行)》和《造纸规范》等确定，并在排污许可证副本信息公开部分予以明确。排污单位信息公开内容将在排污许可信息平台公开端予以呈现，接受社会公众监督。

(七)配合检查

《条例》明确排污单位应当配合生态环境主管部门监督检查，如实反映情况，并按照要求提供排污许可证、环境管理台账记录、排污许可证执行报告、自行监测数据等相关材料。否则，可能被处以2万~20万元的罚款。同时，排污单位违反《条例》规定排放污染物，受到罚款处罚，被责令改正的，生态环境主管部门还将组织复查，发现继续实施该违法行为或者拒绝、阻挠复查的，将依照《环境保护法》的规定按日连续处罚。因此，排污单位不但要持证按证排污，落实上述各项环境管理要求，也要主动配合管理部门的监督检查。

三、造纸行业依证监管执法趋势探究

(一)夯实依证监管执法基础

固定污染源管理全覆盖是排污许可制改革的基础目标，包括行业企业和环境要素等的全覆盖。造纸行业已基本实现行业企业全覆盖，尚需推动环境要素全覆盖，逐步实现“一证式”管理。一是落实新修订的《固体废物污染环境防治法》要求，根据《排污许可证申请与核发技术规范 工业固体废物(试行)》(HJ 1200)，有序将工业固体废物纳入管理范围。二是按照新修订的《环境噪声污染防治法》要求，加快出台相关排污许可技术指导文件，将噪声污染防治要求纳入管理范围。三是推动修订《大气污染防治法》，探索将温室气体等纳入管理范围。虽然以上环境要素暂未全面纳入排污许可管理，但相关环境管理要求并不完全缺失，造纸行业排污单位还应严格按现有要求做好环境守法工作，待相应排污许可管理体系完善后，在排污许可证中予以补充，将各环境要素环境管理要求“归一”到排污许可证上。

同时，亟需总结前期造纸行业排污许可管理实践经验，探索与环境质量改善需求衔接，加快制修订造纸行业污染物排放标准、排污许可技术规范、自行监测技术指南及污染防治可行技术指南等，进一步精简优化、规范明确排污许可证内容。另外，宜尽快出台排污许可证质量、台账记录、执行报告核查相关技术指导文件，并组织开展相关核查工作，进一步提升排污许可证核发、台账记录和执行报告质量，全面夯实依证监管执法基础。

（二）筑牢依证监管支撑体系

2017 年以来，我国先后出台了《火电、造纸行业排污许可证执法检查工作方案》等多个排污许可监管执法规范性文件，部署证后监管工作，但受限于法律支撑，检查范围主要局限在打击无证排污、查处超标排污、督促企业落实自行监测要求等方面。《条例》出台后，加强了依证监管法律依据，但要推动造纸行业依证监管有效实施并落实落地，尚需从配套技术指导、能力建设和经费保障等方面，全面筑牢依证监管支撑体系。

关于配套技术指导，一是加快出台依证监管指导文件，规范明确各级生态环境主管部门依证监管职责、方式、程序、内容，以及执法检查信息记录和公开等要求；二是尽快出台造纸行业依证监管执法指南，从技术和操作层面全过程指导执法人员开展执法检查，明确依证监管执法重点和要求，统一执法尺度；三是完善造纸行业污染物排放标准体系中达标判定方法，以及排污许可技术规范体系中污染物实际排放量核算方法，有效支撑监管执法中污染物排放浓度和排放量等核心内容的合规性判定。关于配套能力建设，一是加强排污许可证执法培训和人才选拔，提高执法人员业务素质，推动执法队伍专业化建设，逐步适应排污许可制改革“一证式”精细化管理要求；二是建立必要的引导、准入和监管机制，大力培育、规范和借助第三方技术力量，辅助开展监督检查活动。关于配套经费保障，排污许可属于行政许可，不得向企业收取任何费用，由设区的市级以上人民政府依法保障所需经费，支撑排污许可依证监管工作。

（三）加强监管执法信息化建设

加强信息化建设是健全依证监管执法体系、提升法治化水平的重要抓手和工具。一是优化排污许可信息平台设计。完善“一企一档”，增加排污许可证申请和执行报告质量等“智能核检”辅助系统，以及排污许可证延续、排污登记到期、执行报告报送等自动提醒功能，辅助指导造纸行业排污单位落实排污许可管理要求。二是推动固定污染源统一数据库建设。逐步实现工商注册、电力能源、环境保护税征管等外部关联信息数据接入，加强排污许可相关数据的互联互通，深化固定污染源统一数据库业务联动和动态更新，推动全国固定污染源管理的信息共享和关联整合。三是创新信息化依证监管方式。探索污染防治设施视频监控和无人机巡查监管，统一规范排污口信息二维码设置，依托排污许可信息平台完善移动执法平台、排污许可 APP，推动数据信息的互联互通，开发数据信息的可视化功能，全面支撑环境执法监督。四是加强排污许可及其执行和监管执法等多维度数据信息的融合、分析及应用。利用大数据技术准确识别、预警排污单位违法违规情况，实现环境执法精准化和高效化，为科学决策、精准治污和精细化管理奠定基础。

（四）推动实施全方位综合监管

全方位依法强化依证监管执法，是有效落实造纸行业排污单位环境治理主体责任的关键。一是强化对排污单位的“全周期”监管。既抓排污许可审批，也抓排污许可证后监管；既管一般时段排污行为，也管特殊时段污染物排放控制要求落实情况。二是加强对排污单位的“全过程”监管。全覆盖排污单位应当履行的排污许可管理义务，体现事中事后过程监督和环节管控，从持证排污、按证排污、建立内部环境管理制度、开展自行监测、记录环境管理台账、编制并提交执行报告、开展信息公开等方面开展“全过程”依证监管执法。三是采用“现场检查”与“远程核查”相结合的监管执法手段。综合运用排污许可信息平台监控、现场监测、在线监测等监控手段，充分利用排污单位提交的排污许可证执行报告等自证守法材料，加强对排污单位的依证监管。四是构建“全面监控”和“差异管控”相结合的监管执法模式。按照固定污染源管理全覆盖基本要求，“全面监控”排污许可证核发、排污登记和清理整顿工作。根据排污单位排污许可管理类别、信用记录和环境管理需要等因素，合理确定检查频次和检查方式，实施“差异化管控”，减轻企业负担，提高依证监管执法效率。

（五）深化制度衔接和协同管理

以排污许可制为基础和核心，衔接整合相关管理制度，实施有效协同管理，形成强大制度合力。一是构建各项环境管理制度有机衔接、深度融合、系统联动的监管体系。深化排污许可制改革，将分散的环境管理制度整合成为一套“源头预防、过程控制、损害赔偿、责任追究”的生态环境保护制度体系，对固定污染源实施全周期管理。以统一污染物排放数据和信息平台关联整合为主线，规范排污许可证执行报告信息数据，与环境统计、总量考核、污染源排放清单编制、环境保护税申报、排污权交易等工作有机衔接，减少污染物排放信息数据重复申报，切实体现“简政放权”和减轻企业负担效能。二是强化依证监管关联企业征信体系。将排污单位排污许可违法信息纳入企业征信体系，将不按证排污或证后执行不到位的企业纳入重点监管名单，并加强监督检查频次，督促和引导企业落实主体责任。三是推动公众监督成为监管执法的有益补充。加强政策制定、审批过程、排污信息、处罚结果等信息公开，推动信息平台公开内容可视化，完善公众参与机制、流程和方式，加强宣传、引导和互动，激发公众参与积极性，共同监督排污单位排污行为，助力提高监管执法精度和约束力。

（王焕松 王 洁 张 亮）

2021 年我国纸浆模塑行业发展报告

2021 Report on Chinese Molded Fiber Product Industry

一、纸浆模塑行业发展历程

纸浆模塑制品是以天然植物纤维为原料，以特定的生产工艺制作出的绿色环保产品。国外纸浆模塑发展较早，20 世纪 10 年代开始在欧洲出现，20 世纪 30 年代开始机器模制生产，20 世纪 60 年代开始机械化流水线制造。20 世纪 90 年代后，国际社会对环境保护日益重视，对包装材料进行严格规定，为纸浆模塑行业发展创造了有利条件。进入 21 世纪，随着更多国家禁止使用不可降解的塑料制品，纸浆模塑行业进入快速发展时期，亚太地区是增长最快的市场。

我国纸浆模塑行业发展自 20 世纪 80 年代开始起步，通过设备引进和自主创新，走出了国产化、多元化、特色化发展之路。1984 年，中国包装总公司湖南纸浆模塑总厂投资引进 1 条转鼓式自动纸浆模塑生产线，开启了我国纸浆模塑工业的序幕。1988 年，南京轻工业研究所与江阴机械五厂合作开发了我国第一条纸浆模塑生产线，首次实现了纸浆模塑设备的国产化。我国自 1993 年开始纸浆模塑工业包装的生产，1994 年开始纸浆模塑食品包装的生产，1995 年开始纸浆模塑餐具的生产。2001 年我国成功加入世界贸易组织，经济快速发展，国内纸浆模塑企业的生产工艺、技术和设备均发展较快，各类纸浆模塑产品不断涌现，成为我国绿色、环保、时尚包装的重要组成部分。2020 年以来，我国“禁塑/限塑”政策逐步落实，纸浆模塑行业在较长时期内将保持高速发展阶段，市场潜力巨大，发展前景良好。

二、纸浆模塑行业的分类

纸浆模塑是一种立体造纸技术，以废纸浆、蔗渣浆、竹浆、木浆等各类纸浆纤维为原材料，辅以所需的不同功能添加剂，在模塑成型机上通过带滤网的模具制备出具有一定立体结构和功能的纸制品。纸浆模塑制品可根据不同的用途制成各种形状的模型制品，用于各类工业品和食品等的辅助保护。

纸浆模塑制品的分类有多种形式，基本根据应用场景、应用领域、生产原料、原料颜色、原料工艺、使用性能、覆膜情况、印刷类型、成型工艺、丝网使用、设备类型等形式进行分类，具体见表 1。

表 1　纸浆模塑制品的不同分类

分类	细分类别
应用场景	餐饮包装、工业品包装、农业食品包装、医疗包装等
生产工艺	湿压、干压和干湿压混合工艺
应用领域	精品工包(如高档电子机械盒和化妆品盒)、普通工包(如蛋托)、食品包装(餐具、蛋糕盘等)、农业包装(花盆、育苗杯等)、医疗包装(尿壶、肾形盘等)、建筑材料(装饰墙板等)、娱乐玩具(面具等)
生产原料	再生纸浆制品(未漂白废纸浆等)、蔗渣浆制品、麦草浆制品、木浆制品、芦苇浆制品、棕榈浆制品、瓜藤浆制品、棉秆浆制品等
原料颜色	本色(原色)和白色
原料工艺	机械浆制品、化学机械浆制品和化学浆制品

续表

分类	细分类别
使用性能	无防产品、单防产品(一般指防水)、双防产品(防水防油)
覆膜情况	不覆膜产品和覆膜产品(膜的材质为 PE/PET/CPET/PP/PBAT/PLA 等)
印刷类型	彩色印刷(可分为单色和多色；还可以分为移印和丝印)和不印刷，印刷墨分为水性墨和工业墨印刷，包括产品整体染色
成型工艺	注浆式、捞浆式、吸浆式
丝网使用	单面光型(表面光滑、背面网纹)和两面光型
设备类型	手动机制品、半自动机制品和全自动机制品

三、纸浆模塑行业发展环境

(一)国际纸浆模塑行业影响因素

纸浆模塑行业的发展受诸多因素影响，从国际环境看，存在以下积极影响因素：

(1)环保理念推动纸浆模塑市场增长。随着消费者对可持续发展的认识日益增强，以及世界各国政府对一次性塑料产品的使用实施了严格的监管，绿色包装市场持续增长，特别是纸浆模塑产品市场增长强劲。

(2)健康饮食带动纸浆模塑需求增加。禽蛋和水果富含各种矿物质和维生素，是健康饮食的重要组成部分，纸浆模塑产品是运输和销售过程中重要的包装介质，国际社会对禽蛋和水果消费量的上升增加了纸浆模塑产品的需求量。

(3)年轻消费群体青睐绿色环保包装。年轻消费者是食品、化妆品和个人护理消费品等行业的主要消费群体。随着年轻一代的消费理念对绿色环保理念的关注，纸浆模塑作为这些产品的重要包装材料备受青睐。

(4)网络外卖服务促进餐饮包装增长。随着网络经济和餐饮市场规模的不断扩大，餐饮包装需求快速上升。特别是随着电子商务和消费升级，网络餐饮外卖市场为餐饮包装用纸浆模塑带来广阔市场。

(5)新兴技术发展提升工业包装需求。随着新兴技术的应用，加速电子产品更新换代，催生新的产品形态，电子行业呈现持续稳定的发展态势，带动对工业包装用纸浆模塑的需求提升。

但是，国际纸浆模塑发展也面临着一些不利因素：

(1)国际新冠肺炎疫情的持续蔓延。目前，新冠疫情在国际上依然没有得到有效遏制，部分工厂关闭或暂停生产，国内运输不畅和国际运输受阻，对供应链产生不利影响，制约了纸浆模塑产业的发展和国际贸易的正常运转。

(2)国际能源短缺和价格高涨。近年来，国际能源短缺严重，欧洲等地出现较为严重能源危机，影响了纸浆模塑工厂的生产运行。随之而来的是能源价格的上涨，大幅增加了纸浆模塑的生产成本，纸浆模塑产品价格上调在一定程度上减少了消费需求。

(3)可降解塑料制品的替代竞争。虽然纸浆是制造包装解决方案的可持续材料，但它可以被可降解塑料取代，因为可降解塑料制品具有其性能优势，对纸浆模塑产品形成一定的竞争。

(二)我国纸浆模塑行业影响因素

对于我国纸浆模塑行业发展环境，从积极方面看，主要体现在以下方面：

(1)新生人口增加。我国人口数量全球第一，每年新生儿数量较多。2021 年全年出生人口 1062 万人，人口出生率为 7.52‰，人口自然增长率为 0.34‰。新出生人口在成长过程中接触并使用纸浆模塑制品，是未来消费的主力军。

(2)环保意识提升。随着年轻一代的成长，树立绿色、环保理念，绿色低碳生活成为一种习惯。数据显示，关注纸浆模塑的人口年龄中，20～39 岁的合计占到 72%，年轻消费者更容易接受纸浆模塑制品。

(3)限塑政策推动。我国限塑禁塑将是一项长期战略，随着国家和地方政策的推进，会陆续把限塑禁塑扩大到更多更广的领域，而这些领域将是纸浆模塑制品拓展的方向。

(4)消费水平提高。纸浆模塑产品的消费需求与经济发展密切相关。根据国内外研究，经济发展水平较高的国家和地区，纸浆模塑的消费量相对较高。我国经济的持续发展也将带动纸浆模塑需求的提升。

(5)疫情刺激增长。新冠肺炎疫情对社会、经济、生活造成巨大影响，限制了人们的社交和饮食活动。随着电商平台的发展，疫情让更多消费者选择外卖，带动了纸浆模塑餐具的需求增加。

(6)生产技术提升。随着我国纸浆模塑技术的快速发展，生产规模不断扩大，设备自动化和智能化水平不断提升，生产成本将在一定程度上下降，增加纸浆模塑的市场竞争力。

同时，我国纸浆模塑制品也面临着不利因素的影响：

(1)可降解塑料制品的竞争。纸浆模塑制品主要替代一次性不可降解塑料制品，塑料行业也在通过产业升级、原料研发，生产可降解塑料制品。由于塑料制品成本相对较低，增加了纸浆模塑制品替代的难度。

(2)纸浆原料价格的上涨。纸浆模塑制品的核心原料是纸浆。我国纸浆生产受上游原料影响，特别是蔗渣浆、竹浆的生产量有限，短期内原生浆生产量提升困难，原生木浆比较依赖进口纸浆。随着纸浆模塑新增产能陆续释放，对纸浆原料的需求将增加，纸浆价格上涨大幅提升原料采购成本，挤压纸浆模塑企业的利润空间。

(3)新冠肺炎疫情多点散发影响运输运力。国际疫情依然严峻，全球货物出口运输运力紧张，导致运费大幅上涨，对境外销售有一定影响。国内疫情出现多点散发，对纸浆模塑原料供应和产品运输也有一定影响。

(4)纸浆模塑专业人才短缺。我国纸浆模塑行业处于起步阶段，技术基础薄弱，对专业人才的需求逐年增长，但人才储备不足，人才培养相对滞后，制约了行业的发展。

(5)企业用工和劳动力成本上升。近年来我国企业劳动力成本上升问题显著，主要集中在两方面：一是工资增速快，企业需缴纳的社会保险费比例较大；二是工人短缺明显，难以招到合适的工人。这些因素影响了企业生产的稳定性。

(6)能源短缺导致限电停产。当前全球能源紧缺，我国电力供应紧张，很多地区出现采取限电措施，企业生产明显减产，对行业造成不利影响。

(三)我国及国外“禁塑政策”

1. 我国限塑禁塑政策

为进一步加强塑料污染全链条治理，推动“十四五”白色污染治理取得更大成效，2021 年 9 月 8 日，国家发展改革委、生态环境部发布《关于印发“十四五”塑料污染治理行动方案的通知》，要求聚焦重点环节、重点领域、重点区域，积极推动塑料生产和使用源头减量、科学稳妥推广塑料替代产品，加快推进塑料废弃物规范回收利用，着力提升塑料垃圾末端安全处置水平，大力开展塑料垃圾专项清理整治，大幅减少塑料垃圾填埋量和环境泄漏量。到 2025 年，重点领域不合理使用一次性塑料制品的现象大幅减少，白色污染得到有效遏制。我国限塑禁塑相关政策见表 2。

表 2　我国限塑禁塑相关政策

发布时间	文件名称	发文部门	政策类型
2008-03-28	《关于限制生产销售使用塑料购物袋的通知》	国务院办公厅	通知
2020-01-16	《关于进一步加强塑料污染治理的意见》	国家发展改革委 生态环境部	限塑
2020-05-17	《中华人民共和国固体废物污染环境防治法》	生态环境部	法令
2020-07-10	《关于扎实推进塑料污染治理工作的通知》	国家发展改革委等九部门	通知
2020-11-30	《关于加快推进快递包装绿色转型的意见》	国家发展改革委等八部门	限塑
2020-08-28	《商务部办公厅关于进一步加强商务领域塑料污染治理工作的通知》	商务部	通知
2020-11-27	《商务领域一次性塑料制品使用、回收报告办法(试行)》	商务部	办法
2021-02-08	《邮件快件包装管理办法》	交通运输部	办法
2021-09-08	《关于印发“十四五”塑料污染治理行动方案的通知》	国家发展改革委 生态环境部	通知

随着我国对塑料污染治理工作的不断深入，各省市也先后发布了加强塑料污染治理的实施方案、实施办法、实施意见等具体文件，相关政策核心内容包括四个方面：一是禁止生产和销售部分塑料制品，主要是一次性塑料袋、塑料餐具等；二是推进一次性塑料制品消费减量化；三是推广应用可替代

产品，引导和推广使用环保布袋、纸袋、纸浆模塑制品等可降解产品；四是规范塑料废弃物回收利用和处置。全国31个省市区在2020年底之前先后发布了相关政策文件。加快推进塑料污染治理工作，国家发展改革委办公厅、生态环境部办公厅印发《进一步加强塑料污染治理近期工作要点》的通知，各地加快组织协调各部门推进工作。随着国家发展改革委等发布“十四五”塑料污染治理行动方案，部分省份也对“十四五”期间的限塑禁塑工作做出政策性要求。从“限塑令”到“禁塑令”，政策层面为纸浆模塑制品的发展提供了发展契机，“十四五”期间纸浆模塑产业将具有更加广阔的发展市场空间。

2. 国外限塑禁塑政策

一次性塑料制品使用量大，回收利用率低，对土壤环境、海洋环境都产生了严重的污染。目前，“限塑”已成全球共识，多个国家和地区都已在限塑禁塑方面展开行动。欧美较早开始“限塑”，各国采取的手段主要是征税或限塑禁塑两种形式。

丹麦、法国、爱尔兰、保加利亚、比利时等国均采取对塑料袋生产商征税，同时还允许零售商对塑料袋收费。法国塑料袋禁令从2011年1月1日起在全国施行，成为欧洲第一个全国禁塑的国家。2015年欧盟发布限塑指令，目标是在2019年底欧盟国家的民众每年每人消耗不超过90个塑料袋，而在2025年，这个数字减少到40个。目前，德国、法国、英国、冰岛、肯尼亚等国家都先后发布了相关禁塑令。

亚洲地区的国家也较早开始限塑禁塑，我国早在2008年发布限塑措施，韩国2010年10月实行“再生计量收费垃圾袋销售”制度。但大部分是最近几年才开始实施。蒙古国从2019年3月1日禁止销售或使用一次性塑料袋。巴基斯坦的“禁塑令”2019年8月14日生效，印度决定于2020年以前停止使用一次性塑料制品，打算在2022年之前消除一次性塑料。泰国2019年底颁布“限塑令”，规定自2020年1月1日起，不再向顾客提供一次性塑料袋，并争取在2021年实现全国禁塑。日本于2020年7月1日起实施有偿提供塑料袋的规定，规定要求所有零售商店在提供塑料袋时都须收费。

澳大利亚和新西兰均颁布了禁塑法令。澳大利亚先是在部分地区禁止塑料袋使用，2018年起全国推行禁塑，设定2025年前实现可降解包装的目标。新西兰宣布2019年起全国逐步禁用塑料袋，并就禁止一次性塑料制品征求意见。

非洲国家中的卢旺达早在2008年就开始全面禁止塑料袋的使用。肯尼亚2017年8月正式实施“全球最严”禁令。坦桑尼亚于2019年6月1日起正式实施“禁塑令”，禁止进口、出口、制造、销售、储存、供应及使用所有厚度的手提塑料袋。

美国没有发布全国性的禁塑令，不过多个州已经颁布了禁令。2021年加拿大一次性塑料禁令生效，全国范围内将禁止使用塑料吸管，塑料袋子和塑料餐具等塑料产品。智利是较早实施“禁塑行动”，早在2014年智利南部巴塔哥尼亚地区就开始禁止使用塑料袋，适用范围逐步扩大到沿海地区。巴西里约热内卢市将全面禁止使用一次性塑料吸管。2020年1月1日起，《墨西哥城固体废物法》第25条正式实施。巴拿马要求2019年7月20日起超级市场、药店和零售店开始禁止使用一次性塑料袋，成为第一个为减少污染而禁塑的中美洲国家。

2019年5月，联合国环境规划署会议（UNEP）达成协议更新控制危险废物的《巴塞尔公约》，决定在未来监控和跟踪运往境外的塑料垃圾，共有186个联合国成员国赞同了此次条约更新，但其中没有美国。这一条约更新具有法律约束力，将在未来广泛影响医疗保健、技术，航空航天、时尚、食品和饮料等诸多领域。

3. 限塑政策对纸浆模塑行业的影响

国家发展改革委、生态环境部在《关于进一步加强塑料污染治理的意见》中明确提出：到2020年，率先在部分地区、部分领域禁止、限制部分塑料制品的生产、销售和使用。到2022年，一次性塑料制品消费量明显减少，替代产品得到推广，塑料废弃物资源化、能源化利用比例大幅提升；在塑料污染问题突出领域和电商、快递、外卖等新兴领域，形成一批可复制、可推广的塑料减量和绿色物流模式。到2025年，塑料制品生产、流通、消费和回收处置等环节的管理制度基本建立，多元共治体系基本形成，替代产品开发应用水平进一步提升，重点城市塑料垃圾填埋量大幅降低，塑料污染得到有效控制。

国家和各省市的实施方案中均提出推广应用可替代产品，随着禁塑令在全国各地陆续实施，加快了造纸及纸制品和纸浆模塑行业的发展。根据分析，目前体现在3个领域：一是纸袋对塑料袋的替代，二是纸箱对快递塑料包装的替代，三是纸浆模塑餐具对塑料餐盒的替代。根据国家统计局统计，2021年我国纸及纸板生产量为13584万吨，预计2030年纸及纸板生产量约为17000万吨。根据测算，未来10年我国限塑禁塑措施将提升纸及纸板接近1000万吨的需求空间。预计纸浆模塑制品将从2021年的约100万吨增长到2030年的约500万吨，纸浆模塑制品对塑料的替代率由5%提升到30%，一次性塑料餐具50%以上被纸浆模塑餐具替代，未来10年是我国纸浆模塑高速发展的黄金时期。

四、纸浆模塑行业发展现状及趋势

(一)国际市场发展现状及趋势

综合国际咨询机构的数据，2020年全球纸浆模塑市场规模在35亿美元左右，其中Grand View Research(GVR)数据为38.11亿美元，Global Market Insights(GMI)数据为32.33亿美元。2020年全球主要地区纸浆模塑市场规模及比例见图1。

根据Grand View Research研究，对2020年全球纸浆模塑市场规模按成品类别、原料类别、制造方式、应用领域等不同方式进行分类分析，结果如图2所示。

根据预测，纸浆模塑市场未来将有较快发展，Grand View Research预测2028年全球纸浆模塑包装市场规模将达到61.209亿美元，呈现快速增长趋势。Global Market Insights预计2027年全球纸浆模塑包装市场规模将达到为44.81亿美元，从2021年起复合年增长率将超过5.1%。综合来看，2028年全球纸浆模塑市场规模为50亿~60亿美元，未来8年有15亿~20亿美元的市场增长空间。

2028年全球纸浆模塑不同分类市场规模及增长空间见图3。由图3可知，亚太地区增长空间最多，至2028年有11.38亿美元的市场增长，市场容量达到27.05亿美元；其次是北美和欧洲。托盘产品需求空间最多，至2028年有9.26亿美元的市场增长容量，达到25.16亿美元；其次是翻盖和端盖类产品，以及碗和杯子。应用领域方面，食品包装产品

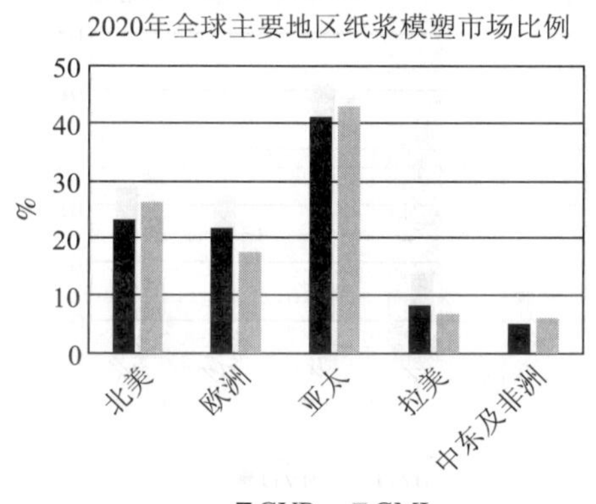

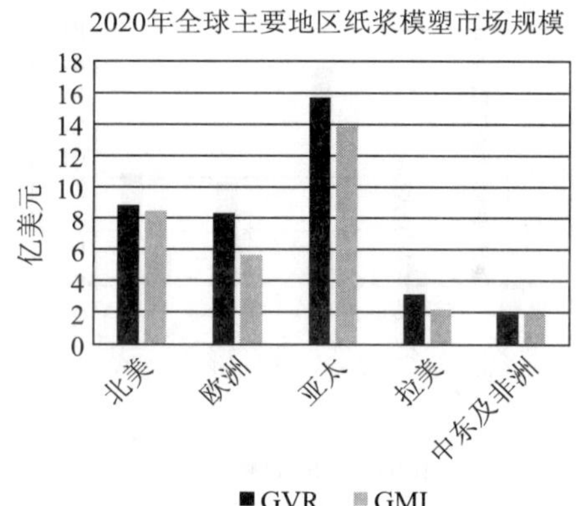

图1　2020年全球主要地区纸浆模塑市场规模及比例

注：数据来源于Grand View Research、Global Market Insights。

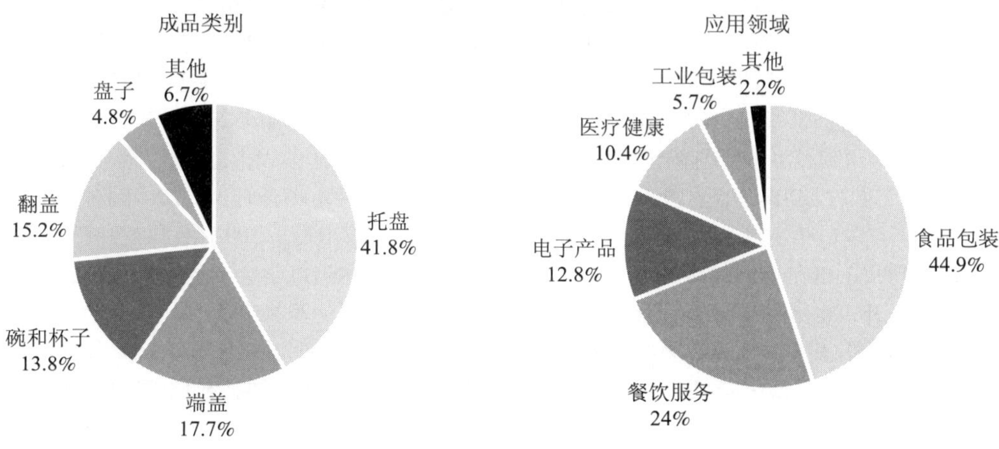

图2　2020年全球纸浆模塑市场不同形式分类比例

注：数据来源于Grand View Research。

发展空间最大，至 2028 年有 9.40 亿美元的市场增长空间，达到 26.50 亿美元，其次是餐饮包装，至 2028 年有 5.87 亿美元的市场增长空间，达到 15.06 亿美元。对于不同原料的市场，国际纸浆模塑产品以木浆为主，至 2028 年有 18.94 亿美元的市场增长空间，预计达到 51.84 亿美元。非木材浆纸浆模塑产品有 4.15 亿美元的市场增长空间，至 2028 年有望达到 9.36 亿美元。

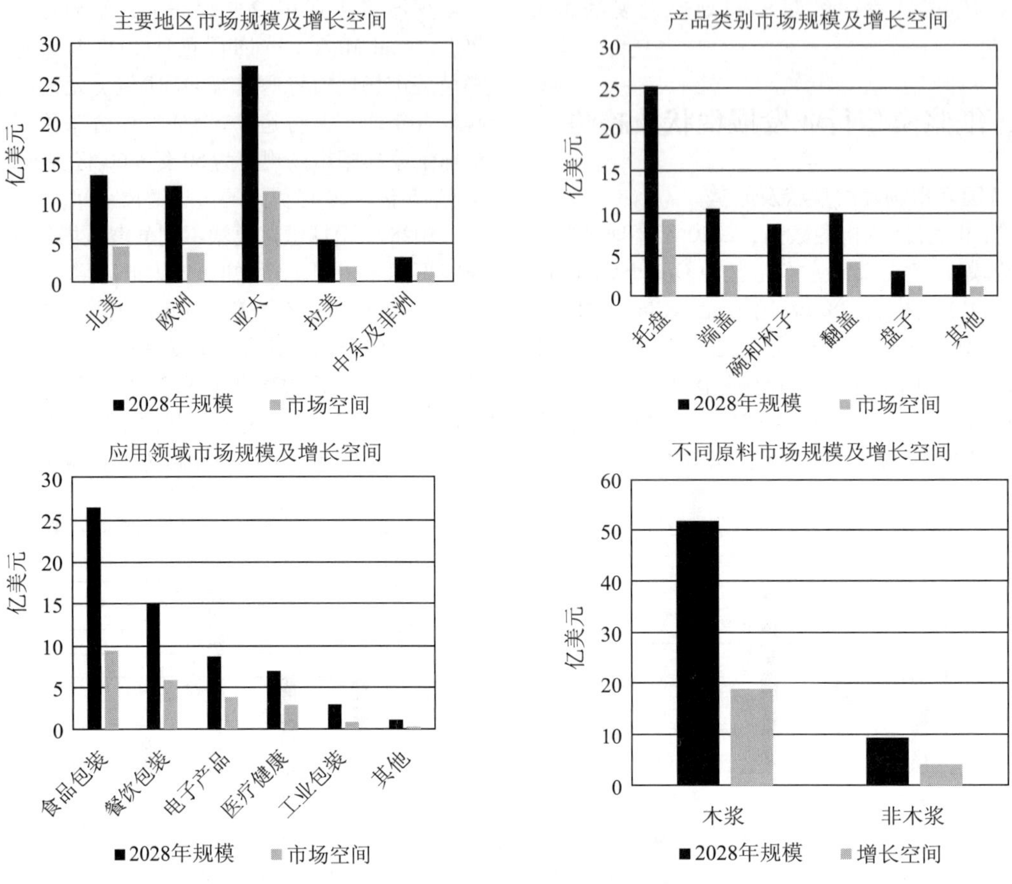

图3　2028年全球纸浆模塑不同分类市场规模及增长空间

注：数据来源于Grand View Research。

(二)国内市场发展现状及趋势

根据不完全统计，2021 年我国纸浆模塑产品中，工业包装产能约为 60 万吨，餐饮包装约为 50 万吨，食品包装及其他类包装约为 40 万～50 万吨，估算全国纸浆模塑产能 150 万～160 万吨，最近 5 年市场增速为 8%～10%。由于我国新建项目较多，新增产能没有完全释放，2021 年全国生产量约为 100 万～110 万吨。

由于我国禁塑政策正在全国逐步铺开，纸浆模塑市场需求大幅提升，也带动更多企业加快新建项目。根据市场预估，未来 5 年我国市场增速为 20% 左右。预计至 2026 年我国纸浆模塑市场规模约为 260 万吨，生产量达到 190 万吨。对于主要产品类别，餐饮包装类产品增长最快，预计 2026 年产能将达到 90 万吨，与工业包装类相当，食品包装及其他类产能预计为 60 万～70 万吨。GIA 报告认为，中国作为世界第二大经济体，一次性食品餐饮包装用品市场增长更快，2021 年市场规模约为 94 亿美元，到 2026 年市场规模将达到 133 亿美元，复合年增长率为 7.3%，预计 2028 年将超过 150 亿美元。根据以纸代塑 30% 以上的替代率，纸类一次性食品餐饮包装用品市场预计到 2028 年将增加 40 亿～45 亿美元，约 270 亿～300 亿元。

根据中国造纸学会纸基绿色包装材料及制品专业委员会调研，2021 年全国一次性塑料袋消耗量约 700 万吨，一次性塑料餐具消耗量约 440 万吨。根据对海南省禁塑情况的调研，经过一年多政策的实施，海南省市场上对一次性不可降解塑料餐具替代明显，纸浆模塑餐具制品和纸制品餐具的市场份额超过 50%。如果按照 2028 年全国均实行禁止一次性不可降解塑料餐具政策，并实现50%的替代的情景预测，预计至少需要450万吨纸浆模塑餐具制品和纸制品餐具进行替代。

五、纸浆模塑相关企业情况

（一）国际上主要纸浆模塑企业

目前，国际知名纸浆模塑企业主要分布在欧美地区，其中美国企业最多，其次是欧洲的芬兰、丹麦等北欧国家，以及英国、爱尔兰、西班牙等西欧国家，亚洲地区以中国为主。在主要国际企业中，欧美国家的企业主要是食品包装和工业包装，美国和中国的企业产品范围广泛，因美国纸浆模塑产业发展较早，知名企业较多，中国则是后来居上，以后发优势不断跻身国际市场，如YFY Jupiter（昆山永丰余捷比达环保包装设计有限公司）在工业包装、ZX Packing Group（浙江众鑫环保科技集团股份有限公司）在餐饮包装领域都具有较强的国际知名度和市场竞争力。国际企业大多历经多年发展，列举部分如下。

表3　　国际市场主要纸浆模塑厂家

公司名称	总部所在地	产品领域
YFY Jupiter	中国	工业包装
ZX Packing Group	中国	餐饮包装
CMPC	智利	纸浆及制品
D S Smith Corrugated	英国	食品包装
Molpack Corporation Ltd.	西班牙	化妆品包装
UFP Technologies	美国	医疗健康包装
Sonoco Products Company	美国	食品包装、工业包装、医疗健康包装
Pacific Pulp Molding, Inc.	美国	食品包装、工业包装、医疗健康包装
Western Pulp Products Company	美国	食品包装
Alta Global, Inc.	美国	农产品包装
Austin Foam Plastics, Inc. (AFP)	美国	工业包装
Eco-Products, Inc.	美国	餐饮包装
Fabri-Kal Corporation	美国	餐饮包装
Henry Molded Products, Inc.	美国	制浆造纸及托盘包装
Thermoform Engineered Quality LLC	美国	医疗健康包装
Huhtamaki Group	芬兰	食品包装
Stora Enso	芬兰	制浆造纸及工业包装
Brodrene Hartmann A/S	丹麦	蛋托
Pro-Pac Packaging Limited	澳大利亚	工业包装
Smurfit Kappa	爱尔兰	电子包装、零售包装

（二）国内主要纸浆模塑生产企业情况

目前，我国纸浆模塑行业进入快速发展期，领军企业持续发力，新兴企业不断涌现。2021年我国餐饮类纸浆模塑主要企业生产情况如图4所示。根据不完全统计，2021年有7家餐饮类纸浆模塑企业的生产量超过1万吨，销售收入均在1.8亿元以上。其中，浙江众鑫环保科技集团股份有限公司以5.7万吨的生产量高居前列，约占国内餐饮类纸浆模塑总生产量的18%，生产量和销售收入远超第2名，领先优势明显。其次是浙江金晟环保股份有限公司约占9%，广东韶能集团股份有限公司约占6%。纸浆模塑龙头企业加速扩张，产能保持快速增长。2021年，浙江众鑫环保科技集团股份有限公司产能达到10万吨，2022年预计增长到15.6万吨，约占全国餐饮类纸浆模塑总产能的26%。广西福斯派环保科技有限公司、吉特利环保科技（厦门）有限公司、浙江家得宝科技股份有限公司、深圳市裕同包装科技股份有限公司等领先企业也在利用各

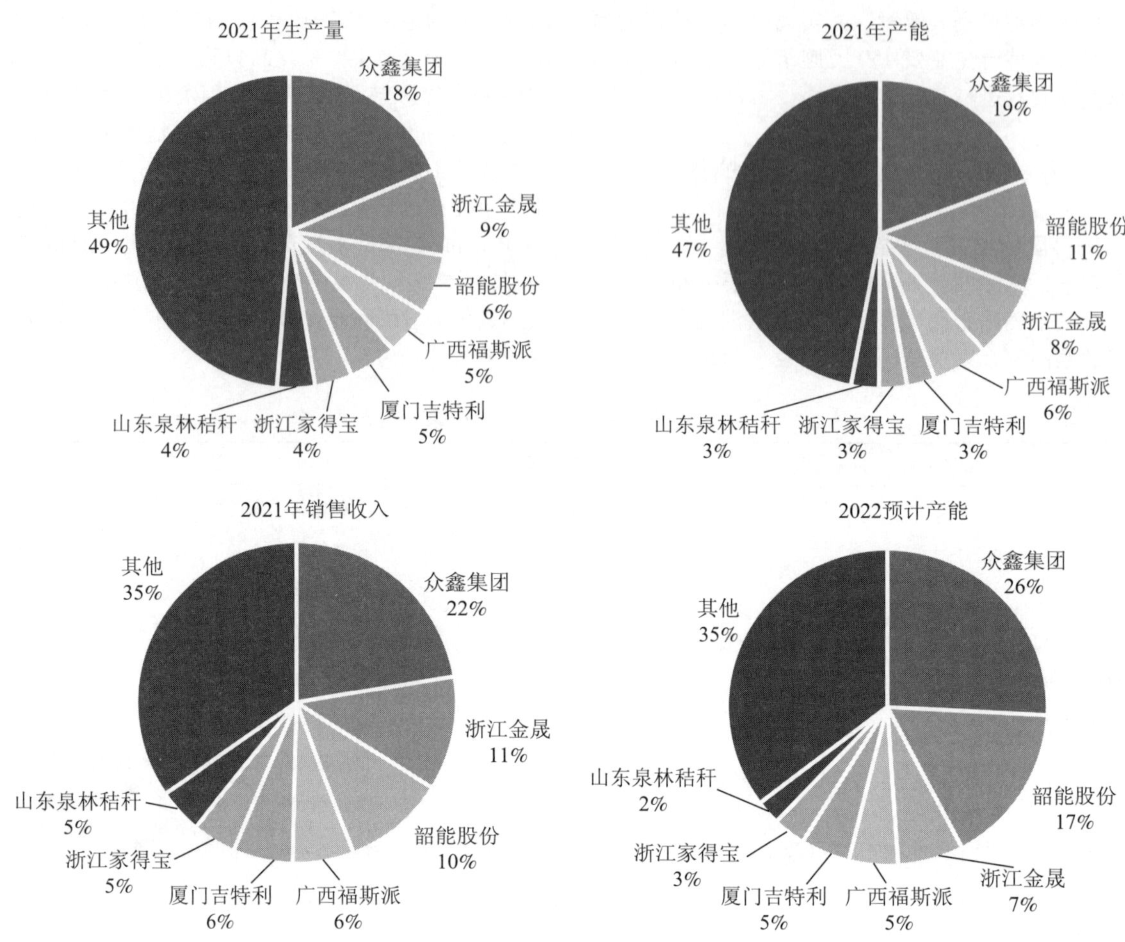

图4 2021年我国餐饮类纸浆模塑主要企业生产情况

自在纸浆原料、生产设备、模具设计、产品研发等方面的优势，进一步拉开与其他企业的差距。目前国内纸浆模塑生产企业数量众多，大部分规模比较小，目前为止，尚未有一家以纸浆模塑为主营业务的 A 股上市公司。

在工业包装方面，主要包括永发印务有限公司、上海界龙集团有限公司、金箭印刷科技（昆山）有限公司、东莞市植本环保科技有限公司、斯道拉恩索正元包装有限公司、重庆凯成科技有限公司、佛山市昆保达模塑科技有限公司、山鹰国际控股股份公司、深圳光大同创新材料股份有限公司、贵州格林杜尔环保新材料有限公司等企业。

此外，有部分企业专注细分领域，但企业规模相对较小，如专注秸秆育秧盘的湖北尼希米科技有限公司，专注纸浆模塑文创产品的广州市创毅包装材料有限公司，专注纸浇道管和纸瓶的常州万兴纸塑有限公司，专注纸浆模塑装饰板的北京通蓝海科技股份有限公司，专注医疗纸浆模塑产品的浙江舒康科技有限公司，专注农产品纸浆模塑包装的上海英正辉环保设备有限公司，专注重型缓冲包装的江苏秸宝生物质新材料有限公司等。

在上下游领域，广州华工环源绿色包装技术股份有限公司，佛山市必硕机电科技有限公司，浙江欧亚轻工装备制造有限公司，广州市南亚纸浆模塑设备有限公司湖南双环纤维成型设备有限公司等企业是具有较强综合实力的纸浆模塑装备制造企业。此外，还有专注纸浆模塑后道加工设备的苏州艾思泰自动化设备有限公司，专注纸浆模塑化学品的邢台市顺德染料化工有限公司，专注纸浆模塑覆膜设备的佛山市南海区双志包装机械有限公司，专注纸浆模塑制品彩印的深圳威图数码科技有限公司等，也在细分领域具有一定影响。

（三）主要纸浆模塑企业投资建设情况

2020 年 3 月深圳市裕同包装科技股份有限公司-广西湘桂纸业有限公司年产 6.8 万吨蔗渣浆板项目开工建设。2020 年 4 月深圳市裕同包装科技股份有限公司投资 4 亿元在海南省海口市建设环保可降解产品及配套高端包装产业基地。2020 年 12 月山鹰国际控股股份公司与吉特利环保科技(厦门)有限公司合资在四川省宜宾市兴文县建设竹纸浆模塑餐具及包装产品生产项目。2021 年 6 月斯道拉恩索正元包装有限公司宣布其位于河北省迁安市的新一代食品级纸浆模塑项目(一期)正式开机投产。2021 年 11 月，浙江大胜达包装股份有限公司宣布与吉特利环保科技(厦门)有限公司共同投资设立海南大胜达环保科技有限公司，在海南省海口市建设“纸浆模塑环保餐具智能研发生产基地项目”。

目前，纸塑餐具在欧美处于供不应求的状态，国内厂商具有成本优势，是行业内优质赛道，根据部分企业表示，新建项目目前一部分面向国外出口，随着国内纸浆模塑市场需求增加，调整国内市场销售份额。根据当前国内纸浆模塑新建项目建设情况，预计未来 3 年将新增超过 60 万吨的产能。

六、纸浆模塑科技创新发展情况

(一)纸浆模塑相关标准

我国纸浆模塑标准主要分为国家标准、行业标准和团体标准(见表 4)。目前国家标准有 2 个，分别是《植物纤维模塑制品通用技术要求》《纸浆模塑餐具标准》。

表 4　　我国纸浆模塑相关标准

序号	标准号	标准中文名称	发布日期	实施日期	标准类型	备注
1	GB/T 30406—2013	植物纤维模塑制品通用技术要求	2013-12-31	2014-12-01	国家标准	
2	GB/T 36787—2018	纸浆模塑餐具	2018-09-17	2019-04-01	国家标准	
3	BB/T 0015—1999	纸浆模塑蛋托盘	1989-03-22	1989-10-01	行业标准	废止
4	BB/T 0015—2021	纸浆模塑蛋托	2021-04-19	2021-07-01	行业标准	
5	BB/T 0045—2007	纸浆模塑制品 工业品包装	2007-03-06	2007-09-01	行业标准	
6	JB/T 11198—2011	纸浆模塑蛋托自动生产线	2011-05-18	2011-08-01	行业标准	
7	JB/T 12081—2014	纸浆(植物纤维)模塑一次性餐饮具生产线	2014-07-14	2014-11-01	行业标准	
8	JB/T 12082—2014	纸浆模塑工业包装制品生产线	2014-07-14	2014-11-01	行业标准	
9	QB/T 4763—2014	纸浆模塑餐具	2014-07-09	2014-11-01	行业标准	
10	QB/T 5051—2017	模塑纸餐具专用纸浆	2017-01-09	2017-07-01	行业标准	
11	T/CTAPI 001—2022	绿色纸质外卖包装制品通用要求	2022-02-28	2022-03-01	团体标准	
12		纸浆模塑制品技术通则				正在制定

注：资料来于国家标准化管理委员会、中国造纸学会纸基绿色包装材料及制品专业委员会。

行业标准主要包括包装标准、机械标准和轻工标准。早在 1989 年我国发布第一个纸浆模塑行业标准，由全国包装标准化技术委员会制定的《纸浆模塑蛋托盘》标准，2021 年发布《纸浆模塑蛋托》标准替代原标准。此外的包装行业标准是纸浆模塑制品—工业品包装标准。机械标准有 3 个，分别是《纸浆模塑蛋托自动生产线》《纸浆(植物纤维)模塑一次性餐饮具生产线》《纸浆模塑工业包装制品生产线》标准。轻工标准有 2 个，分别是《纸浆模塑餐具》《模塑纸餐具专用纸浆》标准。

团体标准方面，中国造纸学会纸基绿色包装材料及制品专业委员会牵头制定《绿色纸质外卖包装制品通用要求》已于 2022 年 3 月 1 日起发布实施，全国造纸工业标准化技术委员会《纸浆模塑制品技术通则》正在制定中。

(二)纸浆模塑专利情况

专利数据来自于 Incopat 专利检索数据库，该专利数据库包括 112 个国家/组织/地区的专利数据，选取同族数据库，统计口径是专利家族。以“纸浆模塑”为关键词，检索结果为 4285 件专利族。收集时间为 2022 年 1 月 24 日。

1. 公开趋势

从专利公开数据变化可以看出纸浆模塑行业的发展整体发展形势(见图 5)。自 1807 年公开第一个纸浆模塑专利以来，一直到 20 世纪 50 年代每年的专利数量不足 10 件，1951—1965 年有一个明显的增长期，每年公开专利数到了 20 件以上。但 1966—1990 年再度回落到每年低于 10 件，从 1991—2000 年有一个快速增长期，1999 年公开专利达到 188 件，随后有所降低，每年在 100 件上下，2017 年起再度呈现快速增长，2019 年和 2020 年的公开专利数量均达到 273 件。

2. 技术构成

全球纸浆模塑专利技术构成 TOP10 技术领域见图 6。从专利的技术构成看，主要是 D21J，主要是纸浆纤维原料的生产技术，专利数达到 1595 件。此外，B65D 的专利数较多，主要是纸浆模塑制品的生产制造技术工艺。此外，D21H、D21F 也有较多的专利，主要应用于浆料制备、纤维去杂，以及纸浆模塑设备、纸浆模塑制品印刷等。

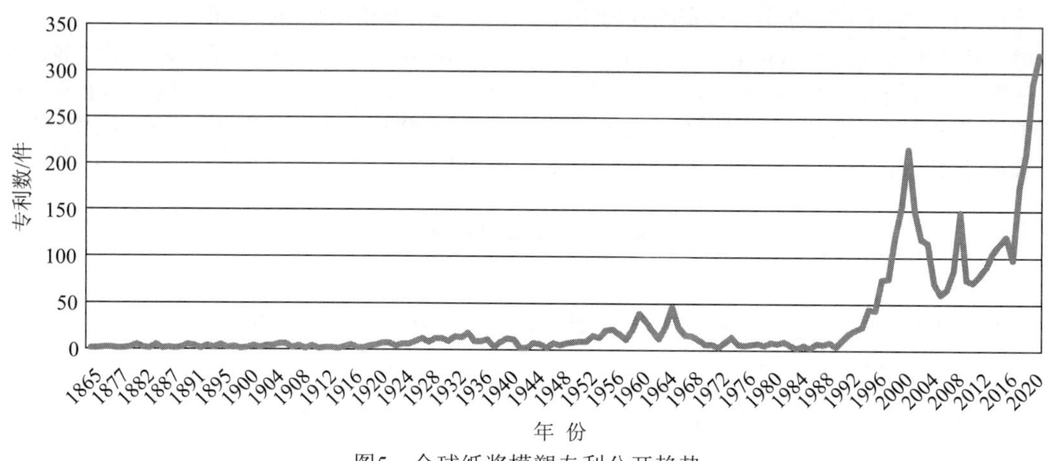

图5　全球纸浆模塑专利公开趋势

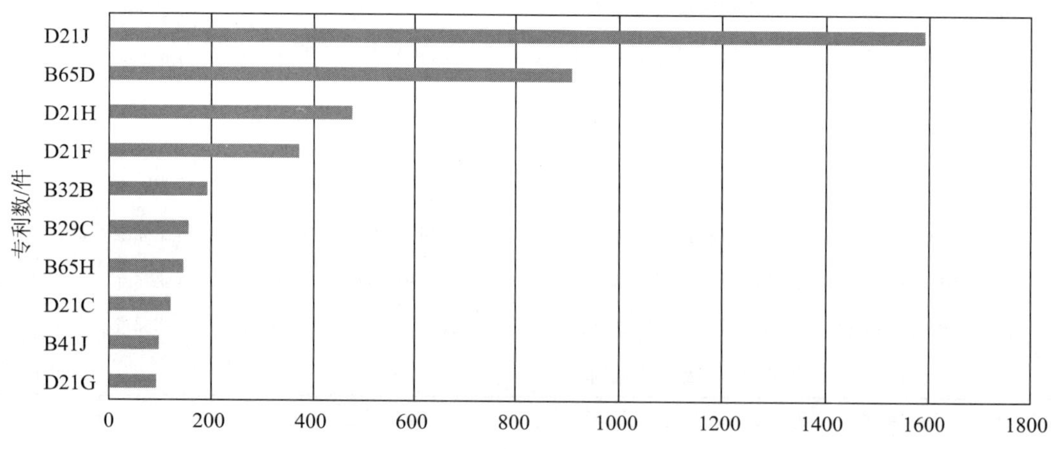

图6　全球纸浆模塑专利技术构成TOP10技术领域

注：数据来源于Incopat。

3. 技术全球分布

全球纸浆模塑 TOP10 国家地区或机构专利公开数量如图 7 所示。全球共有 83 个国家或地区及机构公开纸浆模塑专利，其中，中国专利数量最多，为 2065 件，占全球纸浆模塑专利数量的 17. 21%。其次是美国，为 1350 件，占 11. 25%。德国、日本和欧洲专利局分别公开 919、858、832 件，分别占 7. 66%、7. 15%、6. 93%。世界知识产权组织、韩国、加拿大、澳大利亚、英国、奥地利也有较多专利的公开，数量在 400 ~ 700 件。

七、纸浆模塑行业设备与原料情况

（一）纸浆模塑生产设备情况

根据 GMI 数据，纸浆成型机市场规模在 2019 年为 5. 173 亿美元，预计 2026 年将达到 5. 922 亿美元，2020—2026 年以 3. 3% 的复合年增长率增长。

纸浆成型机被广泛应用于众多最终用途行业，

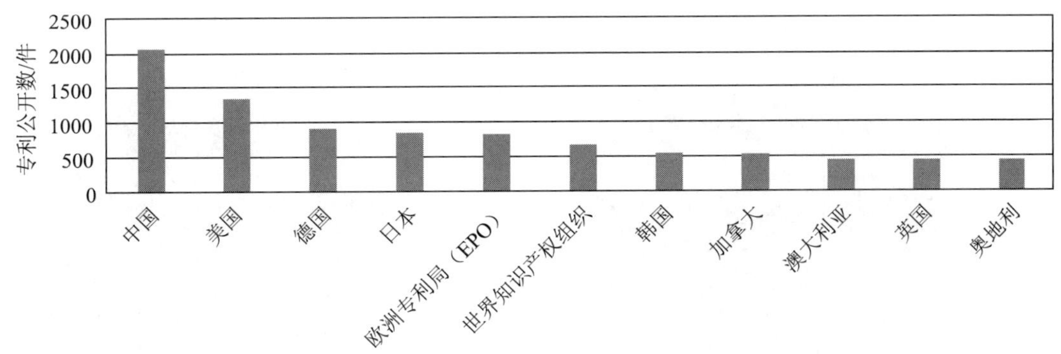

图7　全球纸浆模塑TOP10国家地区或机构专利公开数量

注：数据来源于Incopat。

以生产纸浆包装产品。不断增长的消费能力加上更健康的生活水平预计将限制塑料包装的使用，特别是食品用塑料包装，推动纸浆成型机市场在全球的销售。电子商务的发展正在推动模塑纸浆包装产品的消费，对纸浆成型机市场产生积极影响。此外，巨大的产品价格和模塑纸浆机单元的复杂功能可能成为纸浆成型机市场的障碍。

纸浆模塑生产设备与消费市场规模密切相关，纸浆模塑生产设备的地区分布和成本构成见图 8。

按照产品类型、机器类型、能源动力和应用行业，纸浆模塑设备可以分为不同类别，各类别所占比例见图 9。

(二)纸浆模塑生产原料情况

纸浆模塑生产用纸浆主要包括废纸浆、木浆、非木材浆，如表 5 所示。废纸浆中，文化类废纸主要是白色废纸、书刊废纸及废报纸，包装类废纸主要包括废纸箱、废纸袋和混杂废纸等。废纸制浆主要用于纸浆模塑制品中的工业包装制品。纸浆模塑餐具用纸浆原料主要是木浆和非木材浆，国内较多选用蔗渣浆、竹浆、稻麦草浆等非木材浆。

表 5　纸浆模塑所用纸浆分类

大类	中类	细类
国产纸浆	废纸制浆	文化类废纸制浆、包装类废纸制浆
	木浆	化学浆、机械浆、化学机械浆
	非木浆	苇浆、蔗渣浆、竹浆、稻麦草浆、其他浆
进口纸浆	进口商品浆	进口木浆、进口非木材浆、进口溶解浆
	进口废纸浆	进口废纸浆

注：资料来源于中国造纸学会纸基绿色包装材料及制品专业委员会。

随着我国纸浆模塑产能快速增加，对非木材

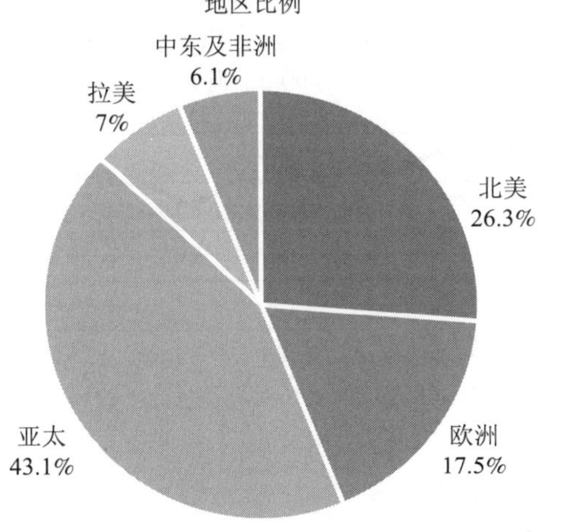

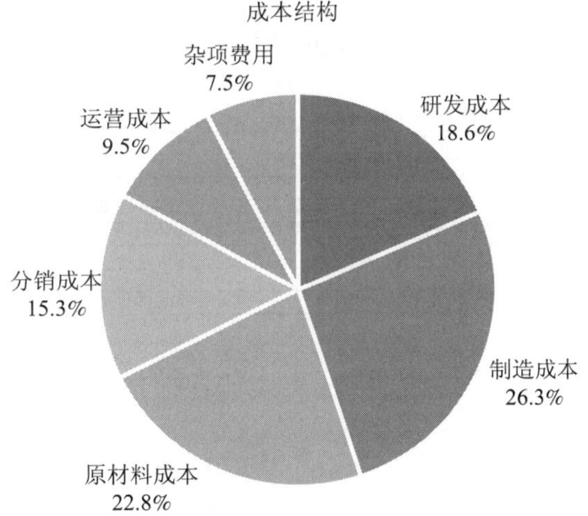

图8　纸浆模塑生产设备地区规模及成本结构

注：数据来源于Global Market Insights。

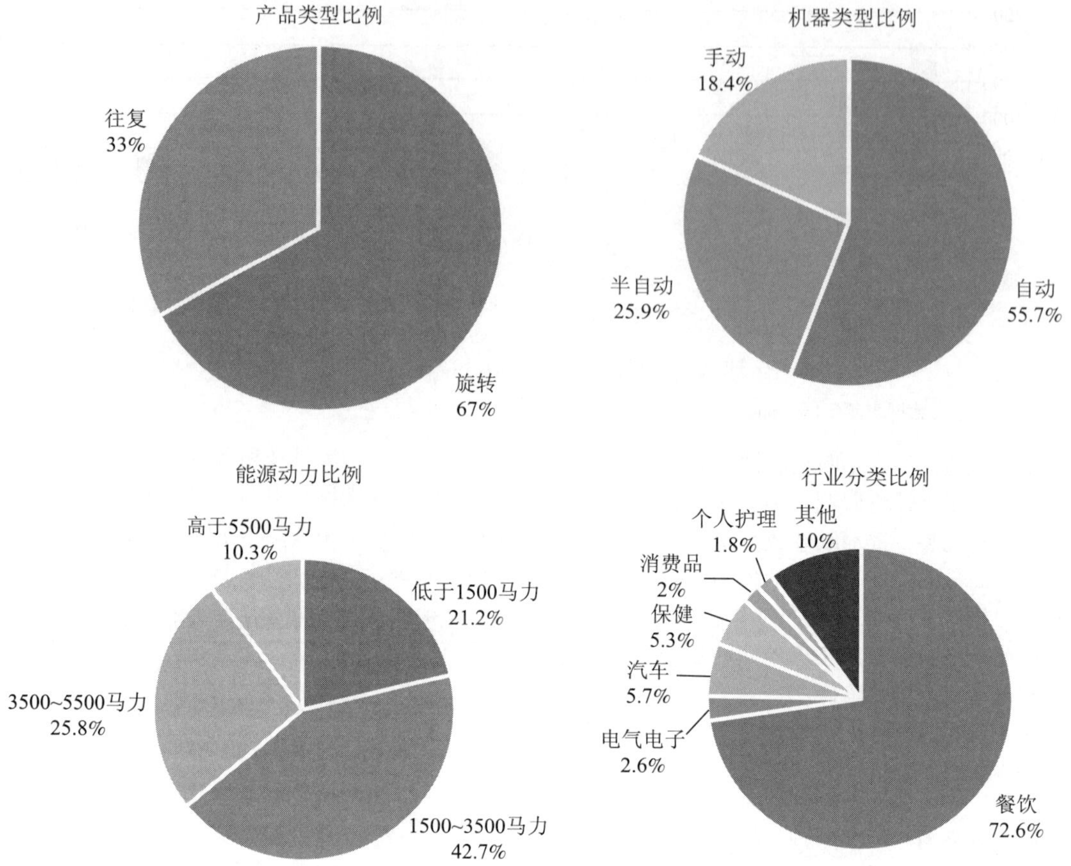

产品类型比例

往复 33%

旋转 67%

机器类型比例

手动 18.4%

半自动 25.9%

自动 55.7%

能源动力比例

高于5500马力 10.3%

低于1500马力 21.2%

3500~5500马力 25.8%

1500~3500马力 42.7%

行业分类比例

个人护理 1.8%

其他 10%

消费品 2%

保健 5.3%

汽车 5.7%

电气电子 2.6%

餐饮 72.6%

图9 纸浆模塑生产设备不同分类的份额比例

注：1马力≈0.73549875 kW。数据来源于Global Market Insights。

浆的需求巨大，但短期内非木材浆生产量增长有限，而且生活用纸对非木材浆的需求也在大幅增加，纸浆模塑企业将面临纸浆原料供应紧张的情况。同时，随着纸浆原料的供不应求，纸浆价格将出现波动式上涨趋势，增加纸浆模塑企业的生产成本。

2020—2021 年我国木浆和蔗渣浆价格统计如图 10 所示。与木浆价格相比，蔗渣浆价格比较稳定，基本保持在 4000 ~ 5000 元/吨。但由于 2021 年以来纸浆价格波动频繁，而且上涨走势明显，对蔗渣浆的价格也产生了一定的拉动作用。2021 年底的蔗渣浆价格比年初上涨了 1000 元/吨。

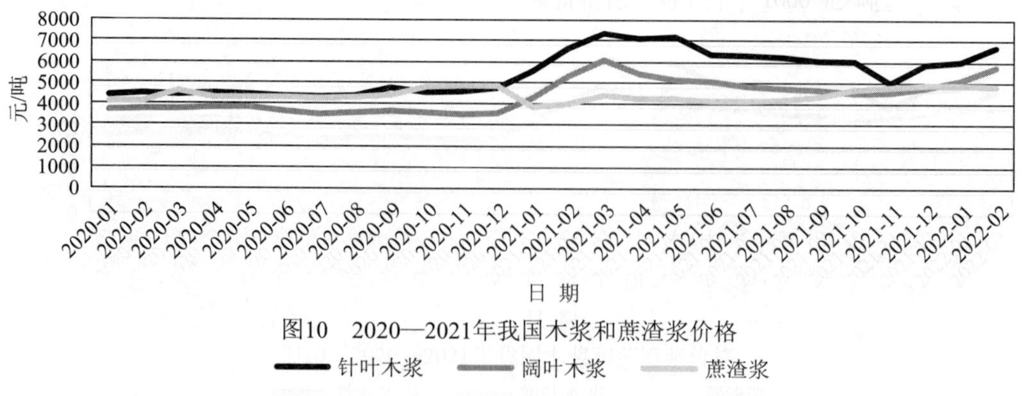

图10 2020—2021年我国木浆和蔗渣浆价格

针叶木浆 阔叶木浆 蔗渣浆

注：数据来源于《造纸信息》。

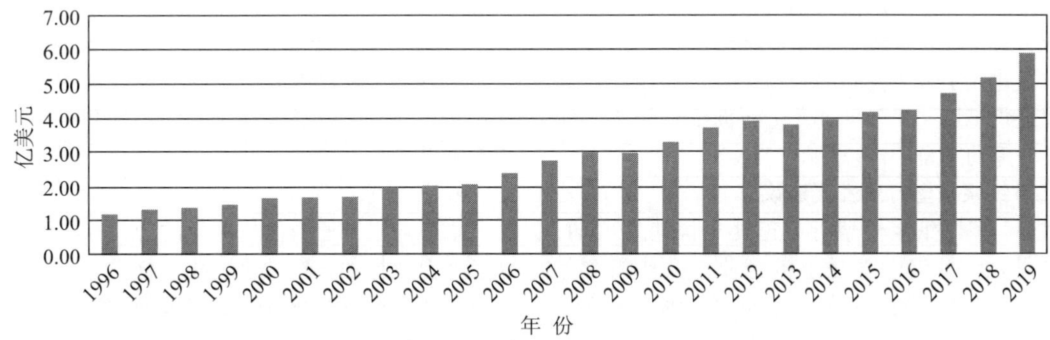

图11　1996—2019年纸浆模塑全球贸易金额

注：数据来源于国际贸易组织WTO。

八、全球纸浆模塑国际贸易情况

纸浆模塑国际贸易呈现快速增长走势，根据世界贸易组织（WTO）的数据（见图 11），1996—2005 年全球纸浆模塑年度贸易金额在 1 亿 ~ 2 亿美元，自 2006 年开始快速增长，2015 年突破 4 亿美元，到 2019 年已增长至 5. 90 亿美元，最近 10 年年均增长率为 6. 7%，最近 3 年年均增长率达到 11. 80%。

九、纸浆模塑行业壁垒及发展建议

（一）纸浆模塑行业进入壁垒分析

1. 工艺和设备壁垒

纸浆模塑涉及生产技术、生产工艺、生产设备、产品模具等多个领域，具有较高的技术门槛。企业需要通过持续的研发投入和技术创新，利用企业自主创新能力及时地将客户需求有效转化为解决方案。新进入企业短时间可利用设备技术保持生产，但面对快速变化的市场需求，只有具备核心设备和掌握关键技术，才能具有可持续发展的核心竞争力。

2. 技术人才壁垒

纸浆模塑行业需要制浆造纸、机械制造、自动化等专业技术人才。目前，我国纸浆模塑行业的人才培养体系还不完善，行业内大多数企业没有建立专门的人才培养机制，缺乏技术性人才特别是能够持续致力于新产品、新工艺开发的技术人才。由于高素质的开发团队和技术人员需要长时间的积累，新进入企业面临专业技术人员和人才缺乏的障碍。

3. 资金壁垒

随着纸浆模塑产品的普及，国内新建项目越来越多，对企业的资本实力提出较高的要求。新建项目不仅仅包括项目建设、设备采购等资金支出，还要有充足的资金保障原料供应、生产运行、市场销售、渠道管理、人才培养等。因此，随着市场竞争和规模扩大，对纸浆模塑企业的资金实力提出了更高要求。

4. 品牌壁垒

知名品牌的树立是企业长期经营积累的结果，建立具有一定知名度、美誉度和诚信度的品牌需要企业投入大量的人力、物力和财力。在纸浆模塑行业，消费者可选择的品牌众多，知名品牌均已拥有了相对稳定的目标客户群体。对于新进入者而言，培育品牌知名度和维持品牌运营的竞争压力较大，要突破市场已有品牌形成的壁垒，需要有更大的投入。

5. 渠道壁垒

建立完善的终端营销网络是纸浆模塑行业最主要的销售方式。营销网络的铺设需要耗费巨大的资金成本和时间成本。优质门店资源是企业争夺的重点，现有品牌已经具有一定的知名度，相对较易获得优质门店资源，在销售渠道合作中拥有一定议价能力。

6. 客户壁垒

由于纸浆模塑产品直接面向消费者，对专业性、安全性，以及质量、性能等有一定要求。终端客户在选择生产企业时相对比较谨慎，通常会选择行业内具有研发优势、品牌影响和生产规模的公司。终端客户与纸浆模塑企业建立合作关系后，会考虑维持稳定状态，保证日常业务运营。因此，新进入企业需要接受多方面的对比和考核，才能获得客户的准入，新企业开发客户面临一定的壁垒。

7. 供应链壁垒

纸浆模塑行业上游供应链主要是纸浆，我国纸浆模塑企业大多使用蔗渣浆和竹浆。目前，我国蔗渣浆和竹浆生产企业较少，先行纸浆模塑企业已与纸浆企业建立了较为稳固的合作关系，部分企业甚至自建纸浆工厂，提升了进入企业面临着纸浆供应稳定性保障的壁垒。

（二）纸浆模塑行业发展建议

目前，我国纸浆模塑行业正处于快速发展期，企业数量众多，但大多是小微企业，设备相对落后，自动化水平不高，产品质量不高，因此未来需要针对各种短板加强各方面的建设。

1. 积淀技术优势

基于企业自身条件，建立企业的技术中心，加强与科研机构的合作，建立产学研结合的创新体系，持续进行技术创新研发，形成企业的技术优势。

2. 发展核心产品

以技术创新为核心，根据市场需求，开发不同档次的产品，市场具有核心竞争力和自主知识产权的高端产品。

3. 打造品牌影响

实施品牌发展战略，建立品牌发展理念，加强品牌定位研究，使品牌具有鲜明特性和差异化，形成企业品牌核心价值。

4. 构建原料保障

加强与上游原料供应企业的合作，特别是与纸浆生产企业加强合作，通过战略合作、金融参股等多种形式，形成产业链、供应链利益联盟，确保生产原料的顺畅供应保障。

5. 加强人才建设

推进科技人才队伍的建设，建设与完善人才培育、引进、支撑体系，加大人才培训投入，完善人才培训机制，加强和高校共同开展纸浆模塑技术人才教育。建立有效的激励机制，调动科技人员从事创新活动的积极性。

（周在峰）

纸浆模塑工艺技术与装备技术的现状与发展

Present Situation and Development of Pulp Molding Technology and Equipment Technology

纸浆模塑制品是以天然植物纤维为原料，以特定的生产工艺制作出的绿色环保产品。我国纸浆模塑行业经过 30 多年的发展，纸浆模塑工业包装制品和食品餐饮用具的市场正在迅速扩展，我国纸浆模塑行业的生产规模不断扩大，工艺技术水平不断进步，纸浆模塑装备制造技术也不断提高，其产品已广泛应用于农副产品衬托、工业产品内包装、食品药品包装、高精仪器仪表、电子产品的防护包装和高精一次性餐具等领域。特别是近几年，全球禁塑政策开始升温后，纸浆模塑行业以每年 30% 以上速度增长。今后几年，我国纸浆模塑行业将迎来连续多年的高速发展期，到 2025 年，我国纸浆模塑行业有望形成千亿元的市场规模。

一、纸浆模塑工艺技术的现状与发展

1. 纸浆模塑生产工艺是在传统造纸工艺基础上发展起来的

纸浆模塑制品作为纸包装制品家族中的一员，近年来随着其市场应用范围和需求量的快速增长，投资和生产规模不断扩大、对产品的性能要求也越来越高，推动其生产工艺技术也在不断进步和提高。追溯纸浆模塑生产工艺技术的源头，其生产工艺是在纸及纸板生产工艺的基础上发展起来的一种新型造纸技术，纸浆模塑制品生产过程所采用的原料、工艺和设备与造纸生产过程有着紧密的联系。

(1)生产原料基本相同。纸浆模塑生产与纸及纸板生产都可以使用造纸的基本原料，如芦苇、蔗渣、麦草、竹子等草本植物纤维浆料或废弃纸品回收浆料。在生产过程中使用的化学助剂也基本相同，如助留剂、助滤剂、湿强剂、干强剂、防水剂、防油剂、染料、增白剂等。但是纸浆模塑对于原材料性能要求与造纸有所不同，比如要求原料成形后有挺度，不容易变形等；用甘蔗渣浆抄出的纸张有脆性，不是很好的造纸原料，但是用于纸浆模塑就非常适合；还有秸秆类的原料也是有同样的情况。伴随着纸浆模塑行业的快速发展和市场需求量的扩大，以秸秆类、竹类、甘蔗渣等造纸行业比较少用的原料，也会在纸浆模塑行业中大放光彩。

(2)原料处理工艺与设备基本相同。如采用废纸原料生产纸板，要经过废纸分选、水力碎浆机碎解、打浆机或磨浆机磨浆、纸浆施胶、调浆等工序，再泵送到抄纸机经过纸页成形、压榨脱水、烘缸干燥等工序成为纸张成品。纸浆模塑生产采用草类浆料或废纸原料，也要经过水力碎浆机碎解、打浆机或磨浆机磨浆、纸浆施胶、调浆等工序，再输送到纸浆模塑成型机上进行成形、挤压脱水、干燥整形等过程，成为合格的纸浆模塑成品。两种生产工艺中的原料处理设备甚至可以通用，只是在成形和干燥设备方面有所不同。

(3)成形原理相似，但成形的形式和装备完全不同。纸浆模塑生产与纸及纸板生产都是采用湿法成形的方法进行成形，然后脱水、干燥成为成品。纸浆模塑的生产过程与传统的造纸生产过程的不同点在于，纸或纸板是在抄纸机湿部将纸浆“喷到”(长网造纸机)或“捞到”(圆网造纸机)成形网(金属网或塑料网)上脱水成形，湿纸页及干燥成品都是连续平带状的，并卷成卷筒状的形式；而纸浆模塑制品是在成型机中“捞到”成形网模(模具上附有金属网)上脱水成形，湿纸坯大多是间歇单件输出，其成品是一个立体材料或容器。

(4)成形干燥设备不同。纸或纸板的抄纸机一般是比较大型的、成形和干燥连成一体的设备，而纸浆模塑成型机和干燥机可以分开设置，单独或组合进行生产。

综上所述，可以认为纸浆模塑是在传统造纸工艺基础上发展起来的一种立体造纸技术，随着科学技术的进步和各种高新技术在纸浆模塑行业的应用，这种立体造纸技术也在不断的发展和提高之中。

2. 现代纸浆模塑工艺技术与发展

随着我国纸浆模塑生产技术和工艺以及生产设备的不断进步和发展，业内人员将纸浆模塑生产工艺做了进一步的细分，主要类型如下。

(1)干压工艺：纸浆模塑干压生产工艺是传统的生产工艺，它将纸浆模塑成形与干燥、整形和切边等工序分开设置。先将制备好的纸浆液料在成型机上制成湿纸模，再转移到成型机外部的干燥机上进行干燥(属于模外干燥)，最后进行整形和切边，完成整个生产过程。其生产工艺简单，能耗相对较低，主要用于蛋托、果托和一般工业包装制品的制作。

(2)湿压工艺：纸浆模塑湿压生产工艺是近几年发展比较快的生产工艺，其生产工艺技术日臻成熟，并广泛应用。它是将成形、干燥、整形甚至切边全部在一台全自动机器上连续完成(属于模内干燥)的工艺，其工作效率高，产品质量精致，但生产过程能耗较高。主要用于精度要求较高的食品餐具和精品工业包装制品的生产。

(3)半干压工艺：为了改善干压工艺生产的产品的外观、密度、强度等指标，使用纸浆模塑半干压生产工艺在纸模制品整形前通过晾、晒、烘、喷、淋、洒等，使其水分保持在35%左右，再进行模内干燥或整形，获得介于湿压工艺及干压工艺之间的精品纸模产品，其能源消耗要大大低于湿压工艺，效率比干压工艺提升很多。

上述3种纸浆模塑成形工艺都属于湿法成形工艺，即把原料中的植物纤维分散到水中，再通过成形网模过滤形成湿纸模坯，再经过干燥、整形和切边成为产品。

(4)直压工艺：直压式生产工艺是将卷筒状或平板状的植物纤维原料浆板或纸板不经碎解和打浆，不加入水介质，直接经过开卷或裁切，根据产品性能要求在输送过程中喷涂防水剂、防油剂等适当的助剂，再通过热压模切设备加工成纸浆模塑制品。

直压式生产工艺是将植物纤维原料浆板或纸板采用连续模压成形的方式生产纸浆模塑制品，它是纸浆模塑生产工艺方法的一个重大变革，直压式生产工艺与传统湿法成形方法相比，大大减少了传统工艺中纸浆板再湿、碎解、成形、干燥过程中的大量能源消耗。

这种新型的纸浆模塑直压生产线不仅设备投资少，而且生产能耗非常低。在生产过程中，不产生需要排除的废水，环境保护贡献高，占地面积小，生产环境更舒适，生产自动化更高，产品强度不亚于湿压工艺的产品。但其目前的技术还无法全面替代湿法吸滤成形工艺，原因是目前的直压生产线，只能做浅盘式产品，而生产较深的、拔模角度小的产品的生产良品率较低。业内厂家也在积极投入直压生产工艺和设备的研发，期望能把直压工艺大量应用在更多的纸模制品生产上，达到生产高效低成本，节能减排的目标。

(5)干法模塑工艺：干法模塑生产工艺是将卷筒状或平板状原料浆板或纸板直接经过开卷、干法疏解和粉碎，利用空气流作介质，通过气流成形方法形成疏松的纤维网后，根据产品性能要求在输送过程中喷涂防水剂、防油剂等适当的助剂，并复合上下面纸，再通过热压模切设备加工成纸浆模塑制品。

瑞典 PulPac 公司的干法模塑纤维技术是一项在美国、日本、中国和欧洲获得专利认可的制造技术，它采用可再生纸浆和纤维素资源，生产低成本、高性能、基于植物纤维的包装和一次性产品。干法模塑纤维以与塑料相同或更低的成本，同时降低了80% ~90%的二氧化碳排放量。它能够实现高速制造，并且可以取代目前由塑料制成的大多数包装和一次性产品。

干法模塑纤维是一种独特的纸浆模塑生产技术，其制造产品在替代一次性塑料产品方面起着显著的影响作用。干法模塑纤维技术是引领可持续包装竞赛的有力竞争者之一。

上述直压式工艺和干法模塑工艺高效、节能、环保，引起了纸浆模塑业内人士的广泛关注，国内外一些厂家已致力于纸浆模塑直压式和干法模塑式生产工艺与设备的研发。

二、纸浆模塑装备技术的现状与发展

近年来，随着我国国民经济和各个行业健康快速地发展，以及人们环保意识的不断增强，我国纸浆模塑行业也发生了日新月异的变化，生产规模不断扩大，工艺技术水平不断进步，装备技术水平也在不断提高。许多设备厂商积极消化吸收国内外相关行业的装备制造技术，应用于纸浆模塑生产设备的制造过程，纸浆模塑生产设备从往复式的单机单工位和双工位机型，发展为连续化、自动化的高精纸浆模塑制品生产线，更有智能化、无人化的生产设备也在研发和投入生产中。

1. 传统纸浆模塑制造设备

（1）连续式（滚筒）成型机

转鼓式成型机是一种连续式（滚筒）成型机，也叫做回转式多边形成型机。转鼓式成型机的转鼓是安装金属网具，呈六面或八面形，每个面可以装配1～8套成形模具，整台设备一般可装成形模具18～48个。该机型自动化程度较高，生产效率高，生产量为5～6次/分，由于它的成形模具排列在可旋转的转鼓上，所以承受的压力较低，其湿纸模坯密实程度较差，又因为采用脱模加热干燥形式，所以二次定型精度低，难以保证表面的光洁与平整，因此不太适用于中式餐具的生产，比较适合大规模连续自动化生产壁厚及深度较小的浅盘薄壁餐具。目前国内常用这种设备生产托盘、蛋托、瓶架托、水果盒、电器内衬包装等非盛汤水类产品。

（2）上下移动式成型机

上下移动式成型机又称往复式成型机，上下移动式成型机结构简单，配套的模具数量少，可随时通过更换模具，生产不同的纸浆模塑制品，因为模具的面积较大，与其他类型的成型机相比适合于生产较大型的产品。成型机一般为半自动化，需要人工操作完成，灵活性大。特别适用于生产专用工业品包装制品，是目前国内采用最多的成型机机种。它适用于吸滤时间长，制品的壁较厚，形状比较复杂的工业用缓冲包装纸模制品的生产。

自动往复式成型机与烘道或单层烘干线相配套可以构成全自动/半自动往复式工包生产线，主要适用于生产各类型普通工包缓冲减震产品，如家具护角、家电、电子产品包装、汽车配件包装等。

（3）翻转式成型机

翻转式成型机是将成型模具置于浆槽内吸滤成形，然后翻转至上面再取出成形湿纸模坯的一种生产形式，其生产量比回转式要小，适用于生产小批量、吸滤时间较长、厚壁且形状复杂的工业用缓冲包装用纸模制品。

（4）往复多工位成形热干一体机

往复多工位成形热干一体机的结构特点是真空吸滤成形模具与加热干燥模具装在一台主机上。吸滤成形后的湿纸模坯经冷压进一步除水后，自动转换到加热干燥模具内进行干燥定形，生产过程易于实现自动化。这种形式的成型机，在装有相同模具的情况下，可以通过增加模具模型面积来增加产品的生产效率，也可适用于大批量的生产。

2. 全自动纸浆模塑制造设备

（1）冷、热压无转移模全自动纸浆模塑成型机

冷、热压无转移模全自动纸浆模塑成型机采用定量注浆吸滤成形，经冷压榨、挤干多余水分后，用最少的能耗对制品进行干燥定形。该机型的传动采用压力、流量双比例液压控制系统，速度可以快慢切换，移模、锁模分别控制，传动平稳，冷压、热压合模力可达300～400千牛。

这种机型结构紧凑，占地面积小。由于采用了冷压榨工艺和液压比例系统，可以节省大量能源，操作简单，工作平稳。采用一套吸滤成形和冷压装置配2套热压定形装置的组合，科学地分配了吸滤冷压与热压定形的时间。

（2）单热压转移模全自动纸浆模塑成型机

单热压转移模全自动纸浆模塑成型机是模仿纸质扬声器制造设备改造而成的。湿纸模坯成形也采用定量注浆的方法进行。1个成形工位配1个热压定形工位。传动系统采用全气动控制，合模力小，合模气缸庞大。目前有些厂家采用了气液增压气缸代替原来的普通气缸，使合模力有所增大，但远达不到液压合模的效果。为降低成本，这一类机型的生产厂家大都采用自制的气液增压缸。

单热压转移模全自动纸浆模塑成型机的结构较紧凑，占地面积较小，但也存在无冷压榨或冷压榨不完全、热压压力小、吸滤成形与热压定形周期不匹配等缺陷。因此改进设计的单热压转移模全自动纸浆模塑成型机在原热压工位前增加了1个热压工位，以解决成形与定形时间不匹配的问题，大大提高了效率。

（3）组合型热压转移模全自动纸浆模塑成型机

组合型热压转移模全自动纸浆模塑成型机的成形装置、定形装置是独立分体结构。该型设备结构庞大，占地面积大，是几种手动机的简单组合。该机型与冷、热压无转移模全自动纸浆模塑成型机相比能耗较大，还存在制品重量波动大、制品质量差等缺陷。

3. 现代纸浆模塑装备技术的发展

（1）全自动蛋托/蛋盒生产线

全自动蛋托/蛋盒生产线的基本组成主要包括转鼓成型机、多层烘干线、成品输送线、热压输送线、自动热压堆叠机等。该机工作时，转鼓成型机通过间歇旋转运动的转鼓，来实现吸浆、脱水、湿纸模转移，再将成形的湿纸模坯放置在联机的多层烘干线上。转鼓顶部配有预热系统，利用烘干线的

尾气，对成形后的湿纸模坯进行预加热，可以大大节约烘干成本，并且可以使成形湿纸模坯更好地定型，烘干后的产品更平整美观。成品输送线将从多层烘干线出来的纸模坯通过皮带输送装置送到热压输送线上。纸模坯经过热压整形机进行热压整形后，完成的产品自动移出热压机构滑入堆叠送料机构，堆叠送料机构将产品自动地一个一个堆叠在一起。

整条生产线自动完成纸模成形、烘干、输送、热压、堆叠的各个工序，自动化程度高，调整方便简单。

(2)全自动食品包装(餐具)免切边、免冲扣生产线

我国某企业自主研发的全自动食品包装(餐具)免切边、免冲扣生产线的主要结构包括主机部分、浆料定量系统、真空成形系统、热压定形系统、液压动力系统、成品收集装置、电(气)控制系统、电脑编程控制系统等。

该生产线的导热油加热系统采用一种节能式导热油加热装置进行纸模坯料的热压、干燥和定形，也可根据生产需要采用电加热方式。机内装置机械手可实现湿纸模坯自动脱模、制品自动转移、收集等工序完成免切边、免冲扣一次成品的全自动化生产。生产线采用全电脑编程控制，自动化程度高，操作简单方便、性能安全可靠、使用寿命长，动力系统采用气动-液压一体化传动，噪音小、不易磨损、运动灵活、定位准确，不需人工单独操作、可一人管理多机，可据市场产品需求，任意更换产品模具，生产不同的产品，并可根据产品重量要求任意调整。

(3)全自动高端工业包装精品机

全自动一体式高端工业包装精品机主要适用于生产各类高端电子产品包装、化妆品包装、高端白酒包装、高附加值工艺品包装等。该机具有高的精度和生产稳定性，节能环保；生产的产品更精致，拔模角度低至0°，转角半径小至0.3毫米；可细微调节工作行程、压力和温度；专业地集合纸模生产工艺和模具配套及高效生产于一体。

(4)高速餐具成形热压切边一体机

高速餐具成形热压切边一体机是由主机系统、真空系统、高压水系统及空压系统等组成，主机系统集成形、热压、冲孔切边、堆叠为一体，自动连续完成各个工序，占地面积小、节省人工及电耗，生产效率高、产品质量好，机器便于维护保养。

(5)全自动机器人餐具智能机

全自动机器人餐具智能机具有精准控制，生产运行灵活、精确、稳定等优点，单机产量800～1000千克/日，主要适用于生产一次性纸浆模塑餐具、餐盘、食品盒、高档工业防震包装等产品。

(6)高速对辊式蛋托生产线

我国某企业研发的高速对辊式蛋托生产线具有超大的产能，单机产能可达8000～12000片/时，主要适用于生产鸡蛋托盘、水果托盘、饮料杯托、瓶托等形状较规则的低矮产品。该机采用世界领先的对辊式连续旋转成形技术，特别适用于大量生产标准产品；生产效率高，高效节能；运行时间长久可靠；可选配堆叠后自动压紧、打包和码垛，实现全面自动化生产。

(7)全自动纸浆模塑尿壶生产线

全自动纸浆模塑尿壶生产线是由制浆系统、成形系统、烘干系统、真空系统、高压水系统及空压系统等组成，专业用于生产尿壶等医疗产品。该生产线自动化程度高，所有工序全自动在线完成，技术领先，竞争力强。

(8)旋转式全自动双层纸浆模塑生产线

国内某企业研发的旋转式全自动双层纸浆模塑生产线汲取了国内外同行业的先进技术和宝贵经验，提升了现有纸浆模塑设备的自动化水平，为纸浆模塑自动化设备领域提供了新的机型，该生产线可用于生产一次性纸浆模塑餐具、工业品包装内衬、咖啡杯托、鞋内衬等产品。该生产线具有自动化程度高、占地面积小、单机生产量高、机器经久耐用、产品厚薄均匀、能量消耗低等特点，可同时生产4款产品，实现智能化、人性化生产。

(9)智能化全自动纸浆模塑餐具生产线

国内某企业研发的智能化全自动纸浆模塑餐具生产线，其主要组成有成型机、热压定型机、自动切边机、纸模坯转移机器人、成品取料机器人、成品输送线、控制系统等。该生产线采用注浆式吸滤成形或捞浆式吸滤成形方式，湿纸模坯和纸模成品取料转移分别由200千克、10千克6轴关节机器人完成，整版切边。各功能机构动作设计合理，简单紧凑，可实现一人多机操作，高效节能。

三、结 语

我国纸浆模塑行业经过30多年的发展，生产技术水平、装备技术水平都有了长足的发展，应用领域也日益广泛，随着国际国内限塑禁塑政策的进一

步落地实施，纸浆模塑这一新兴的绿色环保产业显示出强大的生命力和广阔的市场前景，经过业内人士的不懈努力和不断创新，纸浆模塑的新工艺、新设备和高精新产品也将不断地开发和研制出来，有力地促进我国纸浆模塑行业健康快速地向前发展。

（黄俊彦）

装备与器材
造纸化学品

EQUIPMENT & DEVICES CHEMICALS USED IN PAPER INDUSTRY

6

2021 年我国制浆造纸设备及新产品情况

Introduction to Domestic Pulping and Papermaking Equipment and New Devices in 2021

2021 年是“十四五”规划和第二个百年奋斗目标的开局之年，是以推动高质量发展为主题，坚持深化供给侧结构性改革，以创新驱动、高质量供给引领和创造新需求的一年。2021 年我国造纸行业克服了原料、能源、运输等成本上涨及新冠肺炎疫情多点散发对市场带来诸多不确定因素等影响，通过优化产业结构，提升产品质量，实现了产销两旺，经济效益显著增长，保持了造纸行业平稳发展。作为配套产业的制浆造纸机械行业也呈现了部分增长态势，特别是一些绿色纸业新设备、环境友好的新产品市场需求前景较好，但仍需要在新一代清洁制浆技术、创新与集成制浆造纸节能减排技术、高效利用纤维原料的复合型生物精炼技术、新兴材料等方面实现突破。

一、制浆设备

1. 备料设备

轻工业杭州机电设计研究院有限公司与山东华泰纸业股份有限公司于 2021 年 9 月 18 日签订了林纸一体化年产 30 万吨化学机械浆生产线技改项目(备料系统 A2 包)，提供地坑螺旋出料器、盘筛、盘式再碎机、盘筛出料分料螺旋等成套设备。

2. 废纸制浆设备

(1)山东晨钟机械股份有限公司与淮安市飞翔高新包装材料有限公司签订了 800 吨碎浆系统改造项目，主要设备包括 ZDS74 米^{3}D 型连续碎浆排渣系统等设备。同时，也与中山永发纸业有限公司签订了 400 吨废纸浆线碎浆系统合同、徐州中兴纸业有限公司签订了浆线改造项目，其中浆线改造合同包括 95 米^{3}G 型碎浆机及压力粗筛、分级筛等设备。

(2)郑州运达造纸设备有限公司供货江苏金田纸业有限公司 PM16 的整线制浆及流送系统于 2021 年 10 月 20 日顺利开机，设备运行稳定。郑州运达造纸设备有限公司为该项目提供日产 900 吨国内箱纸板/卡纸芯浆 1 号线制浆系统、日产 300 吨 LOCC 面浆 1 号线制浆系统、日产 1200 吨 OCC 芯浆 2 号线制浆系统、日产 250 吨办公纸面浆 2 号线制浆系统、日产 1200 吨 OCC 芯浆 3 号制浆系统、日产 300 吨办公纸面浆 3 号线制浆系统、PM16 流送系统及日产 900 吨面浆废纸散包拣选系统。累计供货设备 150 余台，其中包括 6 台转鼓碎浆机、70 余台筛选设备、600 多支除渣设备、将近 20 台网前筛(其中 7.66 米^2 网前筛 2 台)。

(3)郑州运达造纸设备有限公司供货四川华侨凤凰纸业有限公司的转鼓碎浆机项目于 2021 年 8 月 3 日顺利开机，此转鼓碎浆机不仅能提高整体产能，还能提高脱墨浆的质量，减少客户备件使用率和设备维护。

(4)郑州运达造纸设备有限公司供货湖北祥临科技有限公司的日产 500 吨 T 纸转鼓改造项目于 2021 年 7 月 31 日顺利开机。

(5)汶瑞机械(山东)有限公司供货江苏金田纸业有限公司一期项目的 15 台多盘浓缩机和 8 台套单螺旋挤浆机于 2021 年 6 月 18 日按期完工顺利发货。其中 CPL6222 无网袋多盘浓缩机 2 台，单台过滤面积达 990 米^2，CPL6222 是汶瑞机械(山东)有限公司目前最大规格的无网袋多盘过滤机。

(6)福建轻工机械设备有限公司供货印度的日产 350 吨鼓式碎浆机系统于 2021 年 5 月 19 日成功发货，包括链板机、匀纸辊、鼓式碎浆机及控制系统。用于对废纸原料在高浓度下进行连续碎解和粗筛选。该系统能耗低，鼓式水力浆机吨浆仅消耗电能 15 ~ 20 千瓦时。

(7)郑州运达造纸设备有限公司供货贵州盛世荣创再生科技有限公司的日产 800 吨高强瓦楞原纸

项目于2021年5月10日试机。郑州运达造纸设备有限公司将为其一期800吨/日高强瓦楞原纸项目提供制浆生产线，供货范围涉及链板输送机、散包机、鼓式碎浆机以及筛选系统。

3. 原生浆制浆设备

(1)轻工业杭州机电设计研究院有限公司供货印度 Assam Bio Refinery Private Limited 公司的生物质精炼12万吨/年甲酸竹片溶解浆及酸木素、甲酸回收再用生产线(蒸煮包、洗浆包)项目完成发货，正在安装。该项目采用生物质精炼一体化技术，无废水排放，副产品为甲酸木素、糠醛及延伸产品工业燃料，为世界上第一次采用有机酸(甲酸)制浆造纸的大规模工业化生产。

(2)轻工业杭州机电设计研究院有限公司供货广州楹鼎生物科技有限公司的ESⅢ-连续蒸煮试验装置项目于近期完成发货，该装置为可移动式秸秆醋酸法制浆蒸煮系统，适应各种秸秆原料。

(3)福建省轻工机械设备有限公司承接的韩国某公司在乌兹别克斯坦投资的日产60吨棉短绒漂白整包项目完成安装。该项目生产的浆料主要用于印钞，生产系统采用 Bivis 工艺+2段漂白，包括螺旋挤浆机，中、高浓漂白塔。

(4)郑州运达造纸设备有限公司供货辽宁雨森卫生用品有限公司的年产16万吨生活用纸项目于2021年8月10日顺利开机。郑州运达造纸设备有限公司为其提供的备浆系统设备，运行稳定。该项目中，郑州运达造纸设备有限公司供货范围包括输送系统、碎浆系统、网前流送系统、双盘磨浆机、搅拌器、高频纤维疏解机等相关配套设备。

(5)轻工业杭州机电设计研究院有限公司分别供货浙江凯恩特种材料股份有限公司、牡丹江恒丰纸业股份有限公司的横管式连续蒸煮系统于2021年5月得到成功应用，主要用于剑麻及马尼拉麻碱法化学浆生产。其中浙江凯恩特种材料股份有限公司采用干备件，配以湿法备料系统，蒸煮采用横管连续蒸煮设备，产能15~50吨/日绝干成品浆。

4. 纤维制备

郑州运达造纸设备有限公司供货 SCG-越南 VK-PC 公司的 T-Fiber 整线项目于2021年8月15日顺利发货，该项目供货范围包括碎浆系统、除渣系统、筛选系统、磨浆系统、浓缩系统等。该项目的产品 T-Fiber 作为一种新的回收再利用材料，不仅可以替代部分废纸纤维，还可以增加成纸物理强度。

5. 洗、选、筛设备

汶瑞机械(山东)有限公司与唐山市冀滦纸业有限公司签订了2套重力盘浓缩机，为唐山市冀滦纸业有限公司 PM3 3800/350 型纸机改造项目提供浆线浓缩设备。

6. 漂白设备

轻工业杭州机电设计研究院有限公司供货安徽雪龙纤维科技股份有限公司的二氧化氯连续漂白中浓泵系统于2021年5月成功投产，包括中浓泵、中浓混合器、中浓立管等。该系统生产量75吨/日，原料为棉短绒经过蒸煮过程生产的化学浆，这是中浓泵系统在棉浆领域的首次应用。

7. 环保设备

(1)中山市斯瑞德环保科技有限公司供货浙江龙游县纸厂的垃圾破碎生产线于2021年9月23日的运行稳定。该项目将纸厂废渣变为自备电厂的替代燃料，项目生产量可达25吨/时。破碎后出料95%的尺寸≤100毫米，成品轻渣采用智能输送设备投入流化床锅炉焚烧，从而达到替代燃煤目的。

(2)问泉环保技术(上海)有限公司供货衡山新金龙纸业有限公司的 BIOWES® 厌氧反应器于2021年8月4日成功验收。该反应器是问泉环保技术(上海)有限公司的专利产品—BIOWES® 高效双分离厌氧反应器，其布水系统防堵塞设计，可单独操控与清洗，同时可排出无机化严重的颗粒污泥，避免 V/T 高的污泥被磨碎，缓解高钙对厌氧的不利影响。

二、造纸设备

1. 包装用纸、箱纸板机

(1)绵阳同成智能装备股份有限公司供货开平市易大丰纸业有限公司的新线于2021年12月20日试机成功，该纸机为年产20万吨灰纸板、纱管纸。绵阳同成智能装备股份有限公司提供整台纸机的总包改造项目，提供的机械设备包括八爪鱼流浆箱(芯浆)，面底流浆箱，网部改造、压榨部改造、烘干部改造、压光机改造，自动化设备包括横幅定量控制、QCS 系统、热泵、制浆和造纸 DCS 系统，还提供制浆流送系统、真空系统等方案设计。

(2)绵阳同成智能装备股份有限公司供货马来西亚启顺造纸公司的年产10万吨纱管纸机于2021年10月29日顺利开机出纸。该纸机采用单长网一次成形技术，绵阳同成智能装备股份有限公司提供智能圆形布浆器，QCS 系统，横幅定量控制系统。

(3)杭州北辰轻工机械有限公司供货江苏金田纸业有限公司一期项目的首条造纸生产线 PM16 于

2021 年 10 月 22 日成功投产，开机即出纸。该纸机净纸幅宽 4800 毫米，设计车速 450 米/分，主要用于生产 400～600 克/米^2 灰纸板，年产能 35 万吨左右。

(4)上海轻良实业有限公司供货广东松炀再生资源股份有限公司的 PM3 于 2021 年 9 月 26 日开机成功并顺利出纸。该条生产线纸机主体设备主要使用废纸原料生产高强瓦楞原纸，年产能 18 万吨。

(5)华章科技控股有限公司供货河南雅都纸业有限公司的年产 30 万吨再生包装用纸项目(一期)于 2021 年 6 月 22 日顺利出纸。

(6)由华章科技控股有限公司总承包，河南中亚智能科技股份有限公司提供纸机设备给江苏凡泰纸业有限公司的 20 万吨高强瓦楞原纸项目于 2021 年 6 月 11 日成功生产出第一卷纸。该纸机净纸幅宽 5200 毫米，设计车速 650 米/分，全部使用废纸原料生产低定量高强瓦楞原纸。

2. 文化纸机

(1)河南大指造纸装备集成工程有限公司供货肇庆市中盛纸业有限公司 PM3 纸机整体优化提速改造项目于 2021 年 11 月 25 日顺利开机。PM3 为 1 条长网多缸文化用纸生产线，幅宽 2640 毫米，设计车速 600 米/分，主要生产 60～150 克/米^2 高级文化印刷用纸。

(2)沁阳市平安轻工机械有限公司供货石家庄金石特种纸拷贝有限公司的 2640/350 拷贝纸机于 2021 年 5 月顺利出纸。

3. 生活用纸机

(1)宝索集团供货恒安(中国)纸业有限公司(福建晋江)的 PM29 卫生纸机于 2021 年 12 月 26 日顺利投产。该纸机为真空圆网卫生纸机，纸机设计车速 1000 米/分，幅宽 2860 毫米，主要生产高档吸水衬纸原纸。

(2)上海轻良实业有限公司供货泰盛(江西)生活用品有限公司的二期项目 TM41、TM42 于 2021 年 12 月 21 日顺利开机出纸。这 2 台高效节能新月型生活用纸机，幅宽 2850 毫米，设计车速 1300 米/分，单机设计年产能 2 万吨。

(3)江苏信诺轨道科技股份有限公司供货江西理文造纸有限公司卫生纸机项目 PM31 于 2021 年 12 月 20 日顺利开机。该卫生纸机的流浆箱使用的是华章科技提供的新月型流浆箱，该设备喷口宽度 2850 毫米，设计车速 1200 米/分。

(4)西安维亚造纸机械有限公司供货保定市满城纸业有限公司的 TM5 高速新月型卫生纸机于 2021 年 12 月 11 日顺利出纸。该纸机幅宽 2850 毫米，设计车速 1300 米/分，设计产能 2 万吨/年。

(5)宝索集团供货江西理文卫生用纸制造有限公司的 TM37 纸机于 2021 年 12 月 3 日顺利投产。该纸机为高速新月型卫生纸机，纸机型号为 BC1300-2850，设计车速 1300 米/分，幅宽 2850 毫米，年设计产能可达 2 万吨。

(6)中国轻工业成都设计工程有限公司与四川省金福纸品有限责任公司于 2021 年 11 月 23 日签订了生活用纸项目工程总承包合同。该项目拟建 4 条 2850/1300 生活用纸生产线和 2 条 2850/600 高定量生活用纸生产线。

(7)保定市昌达造纸机械有限公司供货保定市满城永利造纸厂的首台新月型纸机于 2021 年 11 月 15 日一次性开机出纸。该纸机幅宽 3550 毫米，设计车速 1400 米/分，设计产能达 2.5 万吨/年。

(8)宝索集团供货韶能集团耒阳蔡伦纸品有限公司的 TM1、TM2 卫生纸机于 2021 年 11 月 5 日成功出纸。

(9)山东福佳大正机械科技有限公司供货江门旺佳纸业有限公司的第一台新月型纸机于 2021 年 10 月 31 日开机出纸并成功投产。该纸机尝试生产 38～42 克/米^2 高档生活用纸。

(10)保定市维拓机造纸机械有限公司供货保定市益康纸业有限公司的 2850 新月型纸机于 2021 年 10 月 25 日开机成功。该纸机年产能达到 2.1 万吨，采用国际先进型节能呼吸式气罩、性能优越的多级湍流式流浆箱及高性能变频器(1.5～500 千瓦)。

(11)宝索集团供货保定市顺发卫生用品有限公司 TM3 高速生活用纸机于 2021 年 10 月 23 日顺利开机投产。该新月型高速卫生纸机主要使用商品木浆原料生产各种卫生纸，单机产能达 2 万吨/年。

(12)保定市昌达造纸机械有限公司供货辽宁和合卫生用品有限公司第一台高速生活用纸机于 2021 年 10 月 21 日顺利开机并成功投产。该新月型高速卫生纸机幅宽 2850 毫米，设计车速 1100 米/分，主要使用商品木浆原料生产各种生活用纸。

(13)宝索集团供货广西植护云商实业有限公司的 TM3 高速纸机于 2021 年 10 月 15 日顺利投产。该纸机为新月型高档生活用纸生产线，纸机净纸幅宽 4200 毫米，设计车速 1500 米/分，主要使用广西当地的湿混浆生产 11～12 克/米^2 电商原纸，单机产能达到 3 万吨/年。

(14)宝索集团供货德州胜港纸业有限公司的 5 号纸机于 2021 年 9 月 5 日顺利投产。本次投产纸机的型号为BC1300-3600新月型卫生纸机，幅宽3600毫米，设计车速1300米/分，年产能2.5万吨。

（15）西安维亚造纸机械有限公司供货柳州市柳林纸业有限公司的第三台新月型纸机于2021年9月9日顺利开机投产，该纸机净纸幅宽2850毫米，设计车速1500米/分。

（16）宝索集团供货河北华邦卫生用品有限公司的4号新月型高速卫生纸机于2021年8月2日顺利投产。该纸机幅宽3550毫米，设计车速1300米/分，日产能达70吨。

（17）宝索集团供货云南省新平南恩糖纸有限责任公司的2号新月型纸机于2021年7月30日顺利开机出纸。该纸机净纸幅宽2850毫米，设计车速为1300米/分。

（18）贵州恒瑞辰科技股份有限公司供货来宾市桥宏纸业有限责任公司的首台纸机于2021年7月7日成功开机并顺利出纸。此次开机出纸的高速新月型高速纸机，净纸幅宽2850毫米，设计车速1300米/分，设计年产能达2万吨。首次开机造纸用网毯全部由福伊特公司提供。

（19）山东福佳大正机械科技有限公司供货南宁市圣大纸业有限公司的TM3高速卫生纸机于2021年7月5日成功开机并顺利出纸。该高速新月型纸机净纸幅宽2850毫米，设计车速1800米/分，主要生产10.5~30克/米^{2}高档生活用纸。

（20）宝索集团供货驻马店中南纸业有限公司的5万吨生活用纸项目第一台纸机于2021年7月1日顺利开机出纸。该条新月型高速纸机净纸幅宽3550毫米，设计车速1300米/分，设计产能2.5万吨/年，实际产能2万吨/年。

（21）山东信和造纸工程股份有限公司供货泰盛科技（集团）股份有限公司安徽省宿州市生活用纸生产基地的TM32于2021年6月11日顺利开机出纸。该高速新月型纸机，净纸幅宽2850毫米，设计车速1300米/分，单机产能超过2万吨/年。

（22）宝索集团供货唐山美特好卫生用品有限公司的第3台生活用纸纸机于2021年6月1日顺利开机出纸。该纸机型号为BC1300-3550，设计幅宽3550毫米，设计车速1300米/分，可同时生产本色和漂白高档生活用纸，单机年产能2.5万吨。

（23）山东信和造纸工程股份有限公司供货泰盛（宿州）生活用品有限公司的TM29、TM30分别于2021年5月31日和2021年5月29日顺利出纸。该高速新月型纸机，净纸幅宽2850毫米，设计车速1300米/分，单机产能约2万吨/年。

（24）山东福佳大正机械科技有限公司供货济南圣泉集团股份有限公司的新月型卫生纸机于2021年5月成功开机出纸。该纸机净纸幅宽2850毫米，设计车速1300米/分，主要使用竹、木混合浆生产本色生活用纸，单机设计产能可达2万吨。

（25）保定市维拓机造纸机械有限公司供货孟加拉国的3200斜网卫生纸机于2021年5月一次性开机成功，纸的定量达到16~50克/米^2，该纸机年产能达到1.8万吨。纸机采用的国际先进型节能呼吸式气罩、性能优越的多级湍流式流浆箱及高性能变频器（1.5~500千瓦），均为自主研发制作。

4. 特种纸机及装备

（1）华章科技控股有限公司供货浙江晶鑫特种纸业有限公司的PM3斜网特种纸机于2021年12月26日首卷纸成功下机。该项目华章科技控股有限公司提供了迄今为止国产同类产品中规模最大的斜网成型器，同时还提供了HZAC3750纸机传动控制系统、MCS控制系统、MCC、水力碎浆机等产品。

（2）轻工业杭州机电设计研究院有限公司供货赣州龙邦材料科技有限公司的年产1000吨高性能芳纶纸生产线总承包项目于2021年12月15日顺利进入开机调试生产阶段，并成功出纸。

（3）轻工业杭州机电设计研究院有限公司承接的华南理工大学造纸与污染控制国家工程研究中心工程化实验基地的总承包项目于2021年10月27日圆满落成。该基地示范线引进了全球最先进的打浆、筛选、净化、流送、斜网/圆网/超圆网三网成形、压榨、帘式涂布等模块化全流程装备。

（4）欧佩德（山东）造纸机械有限公司供货日照华泰纸业有限公司的3450特种纸机于2021年10月26日开机成功2小时卷出成品纸。该纸机年设计产能8万吨，产品以本色伸性纸袋纸、高强高透纸袋纸、精制牛皮纸、湿帘纸为主。

（5）轻工业杭州机电设计研究院有限公司与浙江朝晖过滤技术股份有限公司于2021年5月10日签订了高性能过滤材料建设项目合同，主要用来生产玻纤过滤纸产品。

（6）轻工业杭州机电设计研究院有限公司承接的中材科技膜材料（山东）有限公司年产1000吨玻纤滤纸生产线总承包项目于2021年5月9日顺利进入开机调试阶段，并成功出纸。

5. 部分关键部件产品

（1）杭州美辰纸业技术有限公司供货山东华泰纸业股份有限公司的PM6纸机改造项目于2021年

12 月 28 日通过了山东华泰纸业股份有限公司的各项性能测试验收。该 DH 型稀释水水力式流浆箱喷宽 7640 毫米，车速 1200 米/分，为当前国产同类产品中喷宽最大的流浆箱，可在线调整纸张的横向定量曲线、匀度及纵横向拉力比。

(2)河南大指造纸装备集成工程有限公司供货东营华泰清河实业有限公司的 PM2 节能提质技改项目于 2021 年 12 月 14 日顺利投产。大指装备承接了施胶工段的关键设备与相关服务，施胶工段采用了先进的 Integra®-Sizer 膜转移施胶机、并配备 Integra®-Turn 空气转向器、Integra®-Dryer 气浮干燥箱，并为生产线量身定制的双上料通道上料站系统。

(3)杭州北辰轻工机械有限公司与迁安博达纸业有限公司于 2021 年 11 月 6 日签订了 3600/400 轻涂书写纸膜转移施胶机改造项目合同。

(4)河南大指造纸装备集成工程有限公司供货东莞金洲纸业有限公司 PM4、PM5、PM6 的 3 条生产线膜转移施胶段改造项目于 2021 年 10 月 15 日顺利合辊投运。公司承接了 3 台纸机涵盖 Integra®-Sizer 膜转移施胶机、Integra®-Turn 空气转向器、Integra®-Screen 胶料压力筛及专门针对客户施胶特性量身定制的上料站系统及供货设备安装调试等一揽子工程。

(5)河南大指造纸装备集成工程有限公司供货江西柯美环保技术有限公司的 Integra®-Sizer 膜转移施胶机于 2021 年 8 月 9 日顺利投产。设备投产后运行稳定，目前运行车速 780 米/分，提速近 10%，吨纸汽耗降低约 300 公斤。

(6)轻工业杭州机电设计研究院有限公司供货浙江朝晖过滤技术股份有限公司的 1850/100 压力圆网成型器于 2021 年 8 月 7 日完成发货。

(7)沙市轻工机械有限公司与印度 Subam 纸业公司于 2021 年 6 月 9 日签订了 1 台 3900/1200 膜转移施胶机合同。

(8)河南大指造纸装备集成工程有限公司供货武汉金凤凰纸业有限公司的 Integra®-Sizer 膜转移施胶机改造项目于 2021 年 6 月 3 日交付运行，运行稳定，吨纸汽耗节约 15% 以上，车速提高 100 米/分。

(9)无锡维科通风机械有限公司与浙江山鹰纸业有限公司于 2021 年 5 月 21 日签订了 16 号纸机幅宽 8660 毫米、车速 1200 米/分、生产量 1920 吨/日项目的密闭气罩及纸机通风系统的设计制作和安装项目。

(10)河南大指造纸装备集成工程有限公司供货山鹰华南纸业有限公司 PM35 生产线改造项目于 2021 年 5 月 6 日成功投运。河南大指造纸装备集成工程有限公司为该项目提供 Integra®-Jet 水力式稀释水流浆箱及附属设备与服务，该流浆箱配备精密、稳定的稀释水系统以及脉冲衰减器，替换原匀浆辊流浆箱，主要用于生产高强瓦楞原纸。

三、涂布机及完成设备

1. 纸板涂布机

杭州蓝海永辰科技有限公司总包的山东中茂圣源实业有限公司年产 20 万吨 4300/500 涂布白卡纸机项目于 2021 年 11 月 28 日顺利开机上卷。

2. 牛卡纸涂布机

沙市轻工机械有限公司供货伊朗客户（RASHA CASPIAN IRANIAN PAPER INDUSTRY）的 2640/600 牛卡纸涂布机于 2021 年 8 月完成全部的安装及调试工作，且顺利开车成功。

3. 热敏纸涂布机

轻工业杭州机电设计研究院有限公司供货汕头市松炀新材料特种纸有限公司的 1760/650 热敏纸涂布机于 2021 年 7 月 10 日开机成功顺利出纸。

4. 特种纸涂布机

沙市轻工机械有限公司供货埃及客户（AK PAPER COMPANY）的 1575/300 特种纸涂布机于 2021 年 7 月完成全部的安装及调试工作，且顺利开车成功。

5. 压光机

河南大指造纸装备集成工程有限公司供货东营华泰清河实业有限公司的 PM2 节能提质技改项目于 2021 年 12 月 14 日顺利投产。河南大指造纸装备集成工程有限公司承接了压光工段的关键设备与相关服务，压光工段使用的是大指装备提供的 Integra®-Calender 双压区可控中高软压光机。

（沈　栋　冯阿团　马明一　徐国华　陆建伟　杨　旭）

2021 年我国造纸器材行业概述

Review of China's Papermaking Devices Industry in 2021

2021 年，新冠肺炎疫情仍然给全球经济与人民生活带来了很大的影响。对于中国经济来说，2021 年是“十四五规划”的开局之年，我国造纸器材行业研判形势，把握机遇，克服困难，锐意进取，以量变求质变，积小胜达大胜，取得了可喜的进步。

一、造纸网毯行业基本情况

1. 造纸网

据中国造纸学会造纸器材专业委员会(以下简称“造纸器材专业委员会”)调查，2021 年，国内主要的规模以上的造纸网厂 20 家(不包括外商在华独资网毯生产企业)，共生产成形网 214.72 万米^2，干网 165.13 万米^2，螺旋干网 3.3 万米^2，铜网 5.6 万米^2，不锈钢网 1.8 万米^2，环保过滤网 20 万米^2。与 2020 年相比，成形网生产量增长 4.12%，三层网生产量增长 6.55%，干网生产量增长 2.67%，异形丝干网生产量增长 12.8%。

2021 年，高端成形网三层网的生产量为 166.63 万米^2，同比增长 6.55%；异形丝干网的生产量为 143.07 万米^2，同比增长 12.80%。成形网生产量与三层网一起增长，干网生产量与异型丝干网生产量一起增长，显示了我国造纸网企业的整体实力与高端研制能力的明显进步。

2021 年由于国家环保加严，地方产品以及造纸工业转型升级，不少造纸企业减产或关停并转，与之配套的造纸网企业失去市场，但这些企业经过努力，扩大了产品在其他领域的应用。2021 年环保过滤网生产量由 2020 年的 2.2 万米^2 突破至 20 万米^2，同比增长 890.09%。环保过滤网的大幅度增长反映了我国生态环境保护要求的提升，今后还有很大的增长空间。2021 年螺旋干网的生产量比 2020 年下降 23.26%，铜网的生产量同比增长 21.74%，不锈钢网同比增长 40.63%。螺旋干网、铜网与不锈钢网企业多年来保持着一定的生产能力，只要市场有需要，就坚持生产。

我国造纸网行业有一批企业一直瞄准世界最先进水平，矢志不移，持续努力。

安徽华辰造纸网股份有限公司加大科技创新投入，引进和培养科技创新人才，紧贴市场需求，研发出的 3CSSB6816W 生活用纸网在维达纸业(中国)有限公司车速 1000 米/分以上的纸机使用效果良好。YGWS22604 双经线扁丝干燥网网面平滑，干燥效率高，适用于 1500 米/分以上高速特种纸机的纸页干燥、传递。该公司 2021 年申报专利技术 5 项，其中发明专利 2 项，实用新型专利 3 项(已授权)；2021 年 10 月份通过了知识产权管理体系认证。

江苏金呢工程织物股份有限公司坚持多元化、多区域，滚动式发展的营销指导思想，在面对新冠肺炎疫情影响下跌宕起伏的经济大环境，大胆尝试新的营销管理模式，整体销售额、销售利润稳步上升。2020 年至今先后获得了江苏省民营科技企业、南通市工业设计中心、江苏省质量信用 AAA 级企业等称号；先后通过了测量管理体系、两化融合管理体系、ISO 9001、ISO 14001、ISO 45001 等 QES 管理体系的认证。该公司在成形网技术领域不断尝试创新，相继获得了中国纺织工业联合会专利银奖、江苏省专精特新产品的荣誉。公司研发的产品，共申请专利 14 项，其中发明专利 1 项，实用新型专利 5 项(已授权)，发明专利 8 项(已进入实际审查阶段)。

安徽太平洋特种网业有限公司在 2021 年不断加大技术与装备投入，加强内部精细化管理，取得了可喜的成绩，已实现高强扁丝干网系列产品在高速纸机(1800 米/分)、SSB 造纸成形网在高速纸机(1450 米/分)、薄页纸用成形网在高速纸机(1600 米/分)的正常运行。

江门市新会中新造纸网厂有限公司与新会中新网业有限公司合并成立江门市新会远东网业有限公司，整合资源集中优势生产，2021 年成形网生产量比 2020 年增长 20%，三层网生产量增长 18.26%，干网生产量增长 18%，其中异型丝干网生产量增长 30%。

河北鹤煌网业股份有限公司从国外造纸网织机公司购入先进设备，迅速形成研制能力，优化并提高了高速造纸机配套用网的制作与服务能力。

2021 年众多造纸网制造企业克服重重困难，取得了骄人的成绩。河南晶鑫科技股份有限公司、驻马店市红星网业有限公司、河南华丰网业科技股份有限公司等企业专注造纸网设计、生产与服务，优质成形网和干网的生产量不断增长。

2. 造纸毛毯

2021 年，造纸器材专业委员会调查全国 20 家规模以上造纸毛毯企业(不包括外商在华独资网毯生产企业)生产量合计为 7417 吨(以历年同口径推算)，同比增长 4.5%，行业生产得到了较大的改善，部分造纸毛毯企业在其中起到了中坚作用。这些企业深耕造纸毛毯行业多年，具有一定的生产规模，不间断地投入资金进行技术改造与新产品开发，产品质量不断提升。现在这些企业都拥有设计、制造车速 1000 米/分以上纸机适用造纸毛毯的能力，部分企业已形成一定数量产品的常用常备。

四川环龙技术织物有限公司是目前国内规模最大的造纸毛毯专业供应商，集研发、设计、生产、销售与服务于一体，致力于做世界一流的造纸毛毯供应商。公司为国家级高新技术企业，目前在成都温江、上海金山拥有两大产业基地，拥有 Vanov 和 Gobear 两大造纸毛毯知名品牌。公司经过 30 余年的技术研发和生产，目前已累计取得发明与实用新型专利 90 余项，通过 ISO 9001：2015 国际质量体系认证、ISO 14001：2015 环境管理体系、GB/T 45001—2020 职业健康安全管理体系等认证，并于 2021 年获得四川省“专精特新”企业认定，目前正在申请四川省工程技术研究中心与成都市院士(专家)创新工作站。四川环龙目前为高速纸机毛毯重点供应商，2021 年实现销售业绩同比增长 17%，国内造纸毛毯产品市场占有率名列前茅。

徐州三环工业用呢科技有限责任公司拥有最大数量不同尺寸的进口环形宽幅织机(并拥有国内最宽环形织机)，一直在高端造纸毛毯方面发力，取得不少研究成果，高速造纸毛毯生产量越来越多。2021 年公司在严峻的形势下砥砺前行，加强市场细化分析筛选，准确定位，加强技术研发，产品升级换代，并为客户提供管家式服务(完成“智改数转”工作，专业服务，跟踪造纸企业的使用情况，随着造纸机的变化改进产品性能)，取得了可喜的成绩，突破车速 1000 米/分以上造纸毛毯，扩大了造纸毛毯外贸的份额，2021 年造纸毛毯生产量同比增长 10%，整体销售额与销售利润均稳步上升。

得益于多年从事造纸毛毯生产所积累的经验，江苏金呢工程织物股份有限公司在投身于造纸网生产的同时，提高了造纸毛毯的研发水平，并投资对造纸毛毯进行了全面改造，在 2021 年造纸毛毯生产量有了明显提升，同比增长 11%。

2021 年，聊城经纬工业网毯有限公司造纸毛毯生产量同比增长 21%，东莞市友邦网毯有限公司、东莞市业兴网毯有限公司、河南省双龙网毯有限公司等的造纸毛毯生产量均同比增长 10%。这些造纸毛毯企业从事造纸毛毯生产多年，一直专心致志，不断投入资金、投入人力，把造纸毛毯质量一步步推向高端，其生产能力在数量上和在质量上均有可圈可点之处，在金融风暴的冲击下没有后退，在新冠肺炎疫情的持续打击下没有回避，而是坚定信念，迎难而进，是我国造纸毛毯行业的中坚力量。据不完全统计，这些企业生产车速 1000 米/分以上造纸毛毯的数量已占其总生产量的 10% 以上，远销东南亚、南亚及欧洲。

造纸毛毯企业的两极分化显现，一部分企业关停并转，一部分维持现状没有新的计划，在技术快速进步的时代，维持现状难以为继，必然走向衰退，但是实际上对行业的影响并不大，他们的市场已高度萎缩或消失。我国造纸工业的产业转型深刻地影响了造纸毛毯行业，但是造纸毛毯行业在一些骨干企业的带动下，坚持科研创新、瞄准国际先进水平，以高端用户的需求为目标，不断地取得新的进展，攀登上新的高峰，保持了市场中的地位，也为我国造纸工业的发展做出了贡献。

二、造纸网毯进出口概况

2003—2021 年我国造纸网毯产品的进出口情况见表 1、表 2，图 1 ~ 图 4。

从 2021 年造纸网毯进口量的变化来看，可以看到，国内造纸网毯的质量有了提高，造纸网进口的数量虽然增加 27%，但是单价下降 22.14%，金额也下降 31.10%，相当于花差不多的外汇，买到了比原来多 1/4 的造纸网。对造纸企业来说，无疑是利好消息。国内造纸网与进口造纸网在高速造纸机上拼质量，已经不是新闻。进口造纸网价格变化有其自身的考虑，然而国内造纸网的性价比也是因素之一。随着国内造纸网厂生产高速成形网、干网的能力越来越强，对进口造纸网毯形成的压力会越来越大。

表 1　2003—2021 年我国造纸网毯产品的进出口情况

年度		滤网、滤布		<650 克/米^2 网毯成品		≥650 克/米^2 网毯成品		年度合计	
		数量/千克	金额/美元	数量/千克	金额/美元	数量/千克	金额/美元	数量/千克	金额/美元
进口	2003	321789	13179434	83823	9716679	733393	34916174	1139005	57812287
	2004	467009	18160299	66449	11532430	928589	45849485	1462047	75542214
	2005	453136	24320356	122208	18246875	922277	52269799	1497621	94837030
	2006	515427	38570045	103272	19820917	1147141	66040034	1765840	124430996
	2007	554959	41072549	164659	28287534	1320591	73807104	2040209	143167187
	2008	606367	46872567	205248	32106550	1398726	81335714	2210341	160314831
	2009	390331	39433965	282476	27209593	1069939	63213073	1742746	129856631
	2010	674593	54817406	152683	26341596	1257074	79184329	2084350	160343331
	2011	676222	65364193	195048	36256563	1429448	93074967	2300718	194695723
	2012	5770638	127623854	199017	35487497	1490570	92340290	7460225	255451641
	2013	732491	65628557	198872	39304782	1627047	97683472	2558410	202616811
	2014	766924	73505067	203188	39711480	1743000	97563569	2713112	210780116
	2015	734838	59134296	165952	32030296	1445143	83667743	2345933	174832335
	2016	759584	56420052	147943	29761428	1426824	78753576	2334351	164935056
	2017	1132788	75735914	181163	29787822	1508668	84123417	2822619	189647153
	2018	1302567	78198275	261938	32728698	1469626	80893766	3034131	191820739
	2019	1234002	68562774	229111	29668582	1502581	76119181	2965694	174350537
	2020	1494947	68830883	174332	29229430	1336527	71115340	3005806	169175653
	2021	1172263	62816643	221442	28908046	1309305	67870392	2703010	159595081
出口	2003	166319	2691934	39871	1702536	113572	2643469	319762	7037939
	2004	397701	3635438	86507	2015043	132979	3073069	617187	8723550
	2005	691723	6670480	96740	1814304	233327	5819276	1021790	14304060
	2006	1150572	7735693	105995	2413436	403741	11250884	1660308	21400013
	2007	347923	4749570	83953	3357880	494649	14671403	926525	22778853
	2008	314175	5957362	156664	5046002	654007	19577994	1124846	30581358
	2009	573145	8689102	151286	6749313	1165831	39476960	1890262	54915375
	2010	767435	14156715	217889	12617780	1606415	54910625	2591739	81685120
	2011	1224731	19875393	221262	15067260	1879750	59108654	3325743	94051307
	2012	1457557	24341877	270128	15958286	1825804	55543516	3553489	95843679
	2013	1417962	24751543	349271	13922038	2087560	64925996	3854793	103599577
	2014	1521356	28815705	356718	16888059	2132604	64032585	4010678	109736349
	2015	1561090	27321954	302251	16701516	2345550	62032012	4208891	106055482

续表

年度		滤网、滤布		<650 克/米² 网毯成品		≥650 克/米² 网毯成品		年度合计	
		数量/千克	金额/美元	数量/千克	金额/美元	数量/千克	金额/美元	数量/千克	金额/美元
出口	2016	1739765	28678311	246651	17073861	2478266	68236070	4464682	113988242
	2017	2080716	32587297	295118	18166621	2817730	76869704	5193564	127623622
	2018	2367574	37754228	399548	19532325	3429969	94573447	6197091	151860000
	2019	2695856	41272599	422846	18956474	3566372	89928711	6685674	150157784
	2020	3068604	303176843	325143	15404479	3461431	84038788	6855178	402620110
	2021	4089181	51526297	389387	15246937	4084773	100554719	8563341	167327953

表 2　2021 年我国造纸网毯产品进出口量与 2020 年相比

年份		滤网、滤布			<650 克/米² 网毯成品			≥650 克/米² 网毯成品		
		数量/千克	金额/美元	单价/(美元/千克)	数量/千克	金额/美元	单价/(美元/千克)	数量/千克	金额/美元	单价/(美元/千克)
进口量	2020	1494947	68830883	46.04	174332	29229430	167.67	1336527	71115340	53.21
	2021	1172263	62816643	53.59	221442	28908046	130.54	1309305	67870392	51.84
	同比/%	-21.58	-8.74	16.40	27	-1.10	-22.14	-2.04	-4.56	-2.57
出口量	2020	3068604	303176843	98.80	325143	15404479	47.38	3461431	84038788	24.28
	2021	4089181	61526297	15.05	389387	15246937	39.15	4084773	100554719	24.62
	同比/%	33.26	-79.71	-84.77	19.76	-1.02	-17.37	18.01	19.65	1.4

注：数据来源于海关总署。

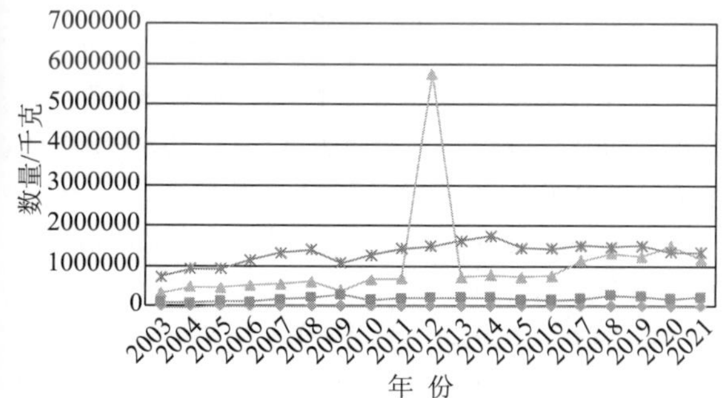

图1　2003—2021年我国造纸脱水器材产品进口数量

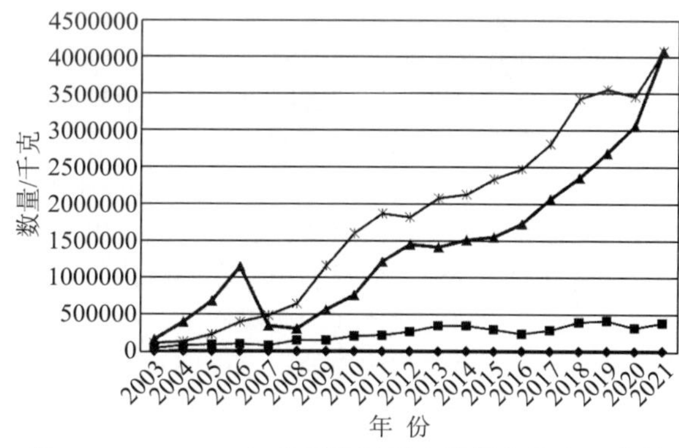

图2　2003—2021年我国造纸脱水器材产品出口数量

相比之下，造纸毛毯的进口数量同比下降 2.04%，单价下降 2.57%，金额下降 4.57%，从国内造纸毛毯企业来看，可以看到我国造纸工业不断提升生产能力和技术设备水平的背景下，造纸毛毯理应有更多的市场需求，但是尽管有了一定的生产与研发能力，与进口造纸毛毯相比，还有一定的差距。

我国造纸网毯行业已经把出口作为自身发展的重要一环，许多企业十分重视出口贸易，经过 10 多年的努力，已经具有一定的出口规模。安徽华辰造纸网股份有限公司、徐州三环工业用呢科技有限责任公司、四川环龙新材料有限公司等均设有对外贸易部门，贸易达成占公司经营收入的 10% ~20%，甚至更多。其他网毯企业，如东莞市业兴网毯有限公司、聊城华裕工业用呢有限公司、徐州金冠工业用呢有限公司等企业也有相当数量的造纸毛毯外销。在此基础上，国内有一批外贸专业公司代理造纸网毯的外销，我国造纸网毯的外销范围将越来越

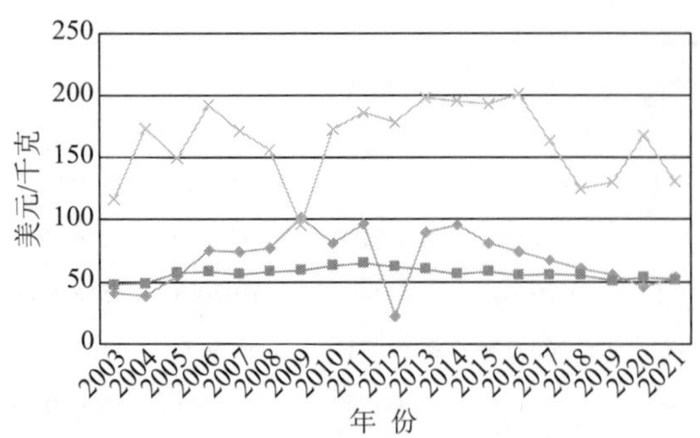

图3 2003—2021年我国造纸脱水器材产品进口单价

滤网、滤布 ≥650克/米²网毯成品 <650克/米²网毯成品

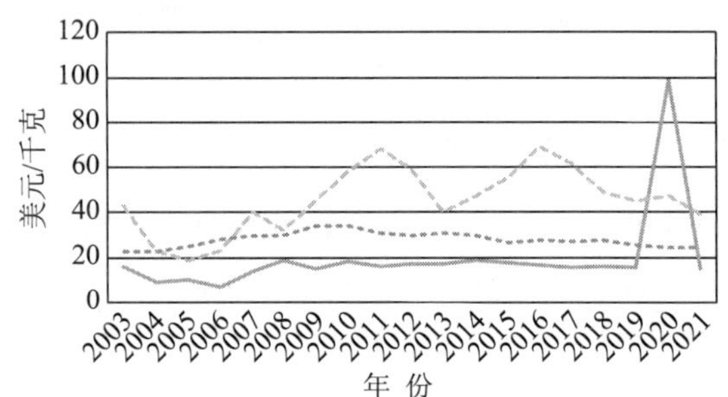

图4 2003—2021年我国造纸脱水器材产品出口单价

滤网、滤布 <650克/米²网毯成品 ≥650克/米²网毯成品

广阔。

新冠肺炎疫情对造纸网毯的外销带来了一定的影响。造纸网毯企业把售前售后服务作为销售的重要环节，每年均有技术服务人员走访国外主要客户，现场交流，解决技术问题。蔓延全球的新冠肺炎疫情阻断了人员交往的通道，线上交流可以替代一部分的面对面交流，但受制于语言的障碍、环节的重叠，线上交流所能达到的效果有限。造纸网毯企业还需努力拓宽交流沟通的渠道，把对外贸易做大做好。

三、造纸网毯行业的分析与展望

1. 在疫情下求生存，在创新中促发展

在过去的一两年时间里，经济大环境受新冠肺炎疫情的影响跌宕起伏，造纸网毯行业各企业的经营与业绩受到了巨大挑战，但不少企业还是顶住了冲击与压力，在严峻形势下实现了稳定发展。

四川环龙新材料有限公司以先进的管理模式，丰富的技术经验，生产高品质造纸毛毯，产品覆盖全国，并远销北美、欧洲、东南亚等国际市场。公司未来将打造以提升纸机效率为核心的纸机服务生态圈，以技术研发为先导，做专家型百年企业，以高品质的产品、专业化的服务，全力支持我国造纸装备及配套国产化，支持造纸企业节能减排、提质增效，全面协同行业“碳达峰、碳中和”相关工作，为我国造纸业海外发展和全球化战略提供强有力、全方位的产品和技术支持。

江苏金呢工程织物股份有限公司 2020—2021 年公司经营工作以稳定发展为主线，在原来造纸成形网的基础上，扩大了造纸干网的产能，2021 年造纸干网生产量同比增长 27.82%；加大造纸毛毯的技改力度并实现了一定的突破，取得了令人满意的成绩，整体销售额、销售利润也是稳步上升。

安徽华辰造纸网股份有限公司在新冠肺炎疫情重压下，继续扩大产能，提升装备的科技含量，引进世界最先进的造纸网设备，提高产品的品质和科技水平。在 2020 年“年产 8 万米² 高车速造纸(生活用纸)用聚酯多层网”项目顺利投产的基础上，2022 年计划投入 5000 万元新建“年产 9 万米² 高车速造纸(特种纸)用聚酯多层网”生产线项目。该项目计划引进整经机 1 台，织网机 2 台。

徐州三环工业用呢科技有限责任公司 2021 年完成“智改数转”工作，专业服务、跟踪造纸企业的使用情况，随着造纸机的变化改进产品性能，更好地为造纸企业提供优质产品与服务。

2021 年造纸网毯企业两极分化趋势更加明确。不断追求技术进步加大技改力度，提升服务水平的企业，2021 年生产量均比 2020 年提升 10% ~20%。而一些企业维持现状难以为继，随着市场的优胜劣汰，逐渐退出舞台。

2. 重新看待造纸网毯 1000 米/分车速

一段时期以来，造纸网毯要达到并胜任 1000 米/分车速的要求，成为造纸网毯行业的热门话题。一些供应商也以“千米网毯”为卖点，表示自己提供的化纤原料、机械装备足够好。

提出达到 1000 米/分车速的造纸网毯，是造纸工业的需要，更是造纸网毯自身的需求。当初提出时，我国造纸机的生产速度还只有 100 ~ 300 米/分的平均水平，但是其更新换代的速度是几何级的。我国造纸网毯业者卧薪尝胆、砥砺前行，大于 1000 米/分车速的造纸网毯从一家家企业中诞生，到一家家造纸机上运行，从红花点点到满园春色，现在制造 1000 米/分以上车速的造纸网毯已经不是问题，国内造纸网毯厂与进口造纸网毯供应商在造纸企业供求会上同台竞争已是平常风景。

我国造纸网毯企业要继续加强产品的研发，加强服务的配套，加强与造纸企业的技术交流，让更多的高端造纸网毯走上国内外新型造纸机。

3. 内外贸有机结合，提升技术服务水平

造纸网毯销售的全过程进行技术服务，是造纸企业的要求，更是造纸网毯企业的必备功能。相对其他行业其他产品，造纸网毯技术服务的要求更细致、更需长期持续。经过长期的探索与投入，我国造纸网毯行业已有精湛的技术、完备的仪器、系统的程序，逐步做好技术服务工作。但是，进行技术服务工作是要代价的，而且代价越来越大(主要是人力成本)，不宜无限量地增加服务内容。行业内部宜应制定一项共同遵守的条款，既是对同行之间的共同约束，也是各企业保持自身完成必需工作的底线。

在全球受新冠肺炎疫情影响时，有外贸订单的一些造纸网毯企业为出口产品提供线上技术服务工作，也帮助造纸企业解决了技术问题，这是在产品内销方面可以采用的办法。

4. 全面提升造纸网毯行业研发能力

造纸网毯产品专业性极强，市场规模不大，资本投入量大而回报周期长。单独由企业完成产品的系统研发与产业链配套(包括原材料、设备与配套件)是十分困难的。一直以来，行业内有部分企业积极进行合作与交流，他们与纺织领域的高等院校、科研院所(如东华大学、苏州大学、青岛大学、天津工业大学等)和造纸领域的高等院校、科研院所(如南京林业大学、陕西科技大学、华南理工大学以及中国纸浆造纸研究院有限公司等)进行交流与合作，希望借助研究机构的力量，对造纸网毯的功能原理进行基础理论的研究，指导企业的科研工作。同时，企业间的合作交流更加放开，新疆阿勒泰工业用呢有限责任公司与国内外的化纤原料制造商就化纤单丝与短纤维质量的改进提高多次交流探讨，所改进的产品由东莞市业兴网毯有限公司、御槐纺织工业有限公司使用，制成的造纸毛毯在造纸企业使用获得成功。2021 年东莞市业兴网毯有限公司与御槐纺织工业有限公司的造纸毛毯生产量均有增大，说明企业需要开放交流。

造纸网毯企业积极探索资本运作，至今已有 3 家网毯企业在新三板或香港上市，我们期待着这些企业能有资本、金融方面的动作，为行业充实资本来源，加大生产量投入，形成更强实力，展现新的风采。在新的一年中，造纸网毯行业会有新的胆略、新的步伐，向新的目标前进。

(杨金魁　韩静芬)

2020—2021 年部分制浆造纸设备公司主要销售业绩

Sales Performance of Part of Pulping and Papermaking Machinery Companies in 2020—2021

一、维美德(中国)有限公司

序号	客户名称	设备名称	主要规格和参数	台(套)数	交货时间
1	亚太森博(广东)纸业有限公司	文化用纸生产线	幅宽 935 毫米、车速 1800 米/分、定量 50~120 克/米^2、未涂布纸、胶印纸和复印纸	1	预计 2022
2	山鹰纸业(广东)有限公司	箱纸板生产线	幅宽 9300 毫米、车速 1200 米/分、1920 吨/日、牛皮挂面纸板	1	2021
3	广西太阳纸业有限公司	BCTMP 化学机械浆生产线	化学机械浆日生产量 1800 风干吨	1	2021
4	广西太阳纸业有限公司	文化用纸生产线	幅宽 11150 毫米、车速 1800 米/分、50 万吨/年、定量 50 ~ 100 克/米^2 未涂布纸	2	2021
5	广西太阳纸业有限公司	蒸煮及制浆线和碱回收炉	生产 80 万吨/年漂白阔叶木硫酸盐浆	2	2021
6	亚太森博(山东)浆纸有限公司	Valmet Recovery Boiler Optimizer (APC) 碱炉优化器高级过程控制方案	优化过程控制	1	2020
7	山东太阳纸业股份有限公司	Valmet DNA 自动化系统	提高设备利用率	2	2020
8	广西金桂浆纸业有限公司	涂布纸板生产线	幅宽 8850 毫米、车速 1450 米/分、3800 吨/日、定量 190 ~ 300 克/米^2 白卡纸板	1	2021
9	台湾正隆集团	瓦楞原纸生产线的压榨部改造	幅宽 6900 毫米、车速 850 米/分、定量 90 ~ 180 克/米^2 瓦楞原纸	1	2021
10	广西上思华林林产工业有限公司	热磨系统	Defibrator EVO 64 热磨系统	1	2020
11	钦州绿源木业有限公司	热磨系统	Defibrator^{TM} 热磨系统和 Steam Separator PV 蒸汽回收系统	2	2020

续表

序号	客户名称	设备名称	主要规格和参数	台(套)数	交货时间
12	浙江森林联合纸业有限公司	双通热风干燥箱	幅宽 6300 毫米、车速 1000 米/分、1800 吨/日、定量 180～350 克/米^2 涂布白纸板	1	预计 2023
13	新乡新亚纸业集团股份有限公司	Valmet IQ 扫描架和稀释水横幅执行器	提高纸机的运行性能和产品质量	2	2021
14	玖龙纸业(北海)有限公司	化学浆生产线，化学机械浆生产线，碱炉和脱硝系统	—	5	预计 2023
15	重庆理文制浆有限公司	碱炉改造	—		预计 2022
16	重庆理文制浆有限公司	半化学浆生产线	—	1	预计 2023
17	浙江山鹰纸业有限公司	箱纸板生产线	OptiConcept M 优化概念模块化纸板机	2	2022—2023
18	中顺洁柔纸业股份有限公司唐山分公司	生活用纸生产线	Intelli-Tissue 1600	1	预计 2022
19	浙江景兴纸业股份有限公司	生活用纸生产线	幅宽 5600 毫米、车速 2000 米/分	2	预计 2022
20	玖龙纸业(控股)有限公司	制浆线、碱回收炉和石灰窑	碱炉日生产量为 2300 吨绝干物、石灰窑日生产量为 420 吨干石灰	10	2022—2023
21	联盛纸业(龙海)有限公司	涂布纸板生产线，高级文化用纸生产线，化学机械浆(BCTMP)生产线	白卡纸机宽幅 8850 毫米，车速 1400 米/分，定量 210～350 克/米^2，日产 4100 吨；文化纸机宽幅 11150 毫米，车速 1800 米/分，定量 50～100 克/米^2，生产量 1800 吨/日	3	预计 2022
22	浙江景兴纸业股份有限公司	横幅执行器，状态监测	Valmet IQ 蒸汽箱和包括状态监控分析与诊断在内的 Valmet DNA 纸机状态监控系统	1	2021
23	山鹰国际控股股份公司	辊子与状态监控	Valmet DNA 纸机监控系统	5	2021
24	山鹰纸业(广东)有限公司	箱纸板生产线，Valmet DNA 自动化、运行性和状态监控系统，Valmet IQ 质量控制系统	幅宽 9300 毫米、车速 1200 米/分、高强瓦楞原纸生产量近 1500 吨/日	1	预计 2022

二、福伊特造纸(中国)有限公司

序号	客户名称	设备名称	主要规格和参数	台(套)数	交货时间
1	华侨凤凰集团股份有限公司	PM6 箱纸板机	54 万吨/年	1	预计 2023
2	山东太阳纸业股份有限公司	PM2、PM3 箱纸板机	100 万吨/年	2	预计 2023
3	山东华泰纸业股份有限公司	PM11 纸机改造	35 万吨/年	1	预计 2023
4	亚太森博(江苏)浆纸有限公司	BM13 白卡纸机	140 万吨/年	1	预计 2023
5	玖龙纸业(控股)有限公司	北海 PM50 文化纸机	50 万吨/年	1	预计 2023
6	玖龙纸业(控股)有限公司	湖北 PM46 包装纸机		1	预计 2022
7	玖龙纸业(控股)有限公司	沈阳 PM47 包装纸机	270 万吨/年	1	预计 2022
8	玖龙纸业(控股)有限公司	北海 PM48 包装纸机		1	预计 2023

续表

序号	客户名称	设备名称	主要规格和参数	台(套)数	交货时间
9	广西太阳纸业有限公司	北海 PM2 白卡纸机	132 万吨/年	1	2021-10
10	金东纸业(江苏)股份有限公司	TML1 热敏 1 号机	7.5 万吨/年	1	预计 2022
11	华侨凤凰集团股份有限公司	PM6 箱纸板机 OCC 浆线	77 万吨/年	1	预计 2022
12	浙江金励环保纸业有限公司	11 号纸机 OCC 浆线	35 万吨/年	1	预计 2022
13	玖龙纸业(重庆)有限公司	40 号纸机 OCC 浆线	28 万吨/年	1	预计 2022
14	玖龙纸业(湖北)有限公司	45、46、47 号纸机 OCC 浆线	28 万吨/年	1	预计 2022
15	玖龙纸业(北海)有限公司	49 号纸机浆线及流送	140 万吨/年	1	预计 2022
16	玖龙纸业(湖北)有限公司	45 号纸机 OCC 浆线	70 万吨/年	1	2021-10
17	联盛纸业(龙海)有限公司	1、3 号纸机浆线	80.8 万吨/年	2	预计 2022
18	山鹰纸业(广东)有限公司	PM52 纸机 UKP 浆线、PM53 纸机 LOCC 浆线	14 万吨/年、49 万吨/年	2	2021-10
19	广西金桂浆纸业有限公司	2 号纸机浆线	130 万吨/年	1	2021-01
20	湖北荣成再生科技有限公司	5 号纸机 OCC 浆线	10.5 万吨/年	1	2020-06
21	马鞍山华旺新材料科技有限公司	PM16 装饰原纸机关键部件	10 万吨/年	1	预计 2022
22	阳光王子(寿光)特种纸有限公司	PM4 & PM5 装饰原纸机关键部件	25 万吨/年	2	预计 2022
23	浙江夏王纸业有限公司	PM5 装饰原纸机关键部件	9 万吨/年	1	2021-12
24	马鞍山华旺新材料科技有限公司	PM2 装饰原纸机关键部件	9 万吨/年	1	预计 2022

三、安德里茨(中国)有限公司

序号	客户名称	供货范围	原料	台(套)数	交货时间
1	玖龙纸业(控股)有限公司	流送系统 PMA	LOCC	2	2020
2	广西太阳纸业有限公司	流送系统 SP, PMA, Broke, Saveall	LBKP + NBKP + 废纸	2	2020
3	维达护理用品(广东)有限公司	流送系统 SP	蔗渣 + NBKP + LBKP	1	2020
4	联盛浆纸(漳州)有限公司	流送系统 PMA	NBKP + LBKP	4	2021
5	玖龙纸业(控股)有限公司	流送系统 PMA	LOCC	1	2021
6	河南新亚新科技包装材料有限公司	流送系统 PMA	NBKP、LBKP、BCTMP	1	2021
7	广西太阳纸业有限公司	流送系统 SP, PMA, Broke, Saveall	LBKP + NBKP + 废纸	2	2021
8	玖龙纸业(控股)有限公司	OCC&MW 整线	100% LOCC	2	2020
9	玖龙纸业(控股)有限公司	OCC&MW 整线	LOCC	1	2021
10	山鹰纸业(吉林)有限公司	OCC&MW 整线	100% LOCC	1	2021
11	玖龙纸业(控股)有限公司	机械制浆系统整线	桉木、相思木、杨木	1	2020
12	玖龙纸业(控股)有限公司	机械制浆系统整线	桉木、相思木、杨木	1	2020
13	广西太阳纸业有限公司	机械制浆系统整线	桉木	1	2020
14	山东华泰纸业股份有限公司	机械制浆系统整线	桉木	1	2021

续表

序号	客户名称	供货范围	原料	台(套)数	交货时间
15	江西五星纸业有限公司	机械制浆系统整线	桉木	1	2021
16	河南省龙源纸业股份有限公司	ReCo25LX 浆渣处理			2020
17	河南省龙源纸业股份有限公司	ReCo25LX 浆渣处理			2021
18	广东恒安纸业有限公司	2XM1600 钢制扬克缸、幅宽 3650 毫米、车速 1700 米/分		4	2021
19	亚太森博(山东)浆纸有限公司	Primeline TM W2000 钢制扬克缸、幅宽 5600 毫米、车速 1900 米/分		1	预计 2022

四、汶瑞机械(山东)有限公司

序号	客户名称	设备名称	主要规格和参数	台(套)数	交货时间
1	印度尼西亚 IKPP 纸业公司	单螺旋挤浆机	SP750	2	2021-08
2	印度尼西亚 IKPP 纸业公司	蒸发器	—	1	2021-09
3	印度尼西亚 OKI 纸业公司	纤维回收机	XHX25	1	2021-11
4	巴基斯坦法扎勒纸业公司	真空洗浆机	ZXIV75	1	预计 2022
5	斯洛伐克客户	真空洗浆机	ZXV70	1	预计 2022
6	印度制浆厂	双辊挤浆机	SJAII945	2	预计 2022
7	太阳纸业老挝工厂	高效压榨洗浆机	GSJA940	1	预计 2022
8	我国华东地区	双辊挤浆机	SJB712	1	2020-07
		双辊挤浆机	SJA1530	2	2021-12
		高效压榨洗浆机	GSJA1540	3	预计 2022
		单螺旋挤浆机	SP750L	1	2021-04
		单螺旋挤浆机	SP60L	1	2021-06
		单螺旋挤浆机	SP600L	12	2021-09
		高浓漂白塔	HPT500	2	2021-08
		MEE 蒸发器	—	1	预计 2022
		MVR 蒸发器	—	1	预计 2022
		苛化整线	白液 2200 米^3	1	预计 2022
		白泥预挂过滤机	YG40	1	2020-11
		挤压撕裂机	JS10	1	2021-06
		多盘过滤机	XPL3613	2	2020-06
		多盘过滤机	XPL3606	3	2020-08
		多盘过滤机	MPL2509	1	2020-09
		多盘过滤机	MPL2506	4	2020-10
		多盘过滤机	DPL5220	1	2020-10
		多盘过滤机	DPL5214/13	5	2021-04

续表

序号	客户名称	设备名称	主要规格和参数	台(套)数	交货时间
8	我国华东地区	多盘过滤机	CPL6222/21	2	2021-05
		多盘过滤机	DPL5209	5	2021-05
		多盘过滤机	DPL5208	4	2021-05
		多盘过滤机	XPL3616	4	2021-06
		多盘过滤机	DPL5211	1	2021-07
		多盘过滤机	DPL5215	1	2021-08
		多盘过滤机	DPL5218/17	2	2021-10
		多盘过滤机	DPL5210	1	2021-10
		多盘过滤机	XPL3609	1	2021-10
		多盘过滤机	XPL3605/04	2	预计 2022
		重力盘式浓缩机	ZNP3516	5	2021-05
		重力盘式浓缩机	ZNP3510	10	2021-05
9	我国西北地区	多盘过滤机	DPL5214/13	1	2020-12
		多盘过滤机	DPL5214	1	2021-07
		多盘过滤机	DPL5208/07	1	2021-07
		多盘过滤机	DPL5208	2	预计 2022
		多盘过滤机	DPL5212/11	1	预计 2022
		多盘过滤机	DPL5215	2	预计 2022
		重力盘式浓缩机	ZNP3516	1	预计 2022
10	我国华南地区	高效压榨洗浆机	GSJA1540	2	2020-12
		真空洗浆机	ZXV120	6	2021-06
		真空洗浆机	ZXV100	10	2021-08
		真空洗浆机	ZXV10	3	预计 2022
		高浓漂白塔	HPT500	1	2021-10
		漂白塔卸料器	SP37	2	2021-11
		氧漂塔卸料器	SP30	2	2021-11
		斜螺旋浓缩机		12	2021-06
		高效澄清器	ZHQII12	1	2020-08
		预挂过滤机	YG105	1	2020-10
		苛化整线	白液 3800 米^3		预计 2022
		苛化整线	白液 5000 米^3		预计 2022
		白液盘式过滤机	YPL3712		预计 2022
		多盘过滤机	XPL3605	1	2020-10
		多盘过滤机	DPL5210	1	2021-08
		多盘过滤机	DPL5211	1	2021-09
		多盘过滤机	DPL5210	1	2021-09
		多盘过滤机	XPL3605/04	2	预计 2022
		重力盘式浓缩机	ZNP3510	3	2020-09

续表

序号	客户名称	设备名称	主要规格和参数	台(套)数	交货时间
		重力盘式浓缩机	ZNP3522	1	2020-12
10	我国华南地区	重力盘式浓缩机	ZNP3512	1	2020-11
		重力盘式浓缩机	ZNP3512	1	2020-11
		高效压榨洗浆机	GSJA920	2	2021-09
		单螺旋挤浆机	SP600L	6	2021-04
		单螺旋挤浆机	SP450L	6	2021-05
		双辊混合机	ZPH25	1	2021-09
		白液澄清器	ZHQ22	1	2021-07
11	我国西南地区	白泥预挂过滤机	YGII50	2	2020-12
		多盘过滤机	XPL3607/06	1	2021-03
		多盘过滤机	XPL3610	1	2021-06
		多盘过滤机	XPL3613	1	2021-08
		多盘过滤机	XPL3608	2	预计 2022
		重力盘式浓缩机	ZNP3510	1	2020-08
		多盘过滤机	XPL3607	1	2020-11
		多盘过滤机	DPL5209	1	2020-12
		多盘过滤机	XPL3605/04	2	预计 2022
		多盘过滤机	DPL5214/13	1	预计 2022
12	我国华中地区	多盘过滤机	DPL5213/12	1	预计 2022
		重力盘式浓缩机	ZNP3510	1	2020-09
		重力盘式浓缩机	ZNP2512	2	预计 2022
		重力盘式浓缩机	ZNP2516	1	预计 2022
		挤压撕裂机	JS10	1	2021-01
		高效压榨洗浆机	GSJA1540	14	2021-09
		双辊洗浆机	SJAII935	2	2021-12
13	我国东北地区	真空洗浆机	ZXV10	3	2021-02
		多盘过滤机	DPL5219	1	2020-10
		多盘过滤机	DPL5215	1	2021-09

五、沙市轻工机械有限公司

序号	客户名称	设备名称	主要规格和参数	台(套)数	交货时间
1	印度 SAHOTA PAPERS LIMITED	组合刮刀涂布器	幅宽 3270 毫米，车速 300 米/分	1	2021
2	浙江华川实业集团有限公司	浸泡式施胶机	幅宽 3600 毫米，车速 550 米/分	1	2021
3	印度 ANAND TRIPLEX BOARD LIMITED	膜转移施胶机	幅宽 4800 毫米，车速 640 米/分	1	2021

续表

序号	客户名称	设备名称	主要规格和参数	台(套)数	交货时间
4	印度尼西亚 PUMA 纸业有限公司	纸板涂布机+涂料制备系统	幅宽 2450 毫米，车速 250 米/分	1	2021
5	印度 CHEEMA PAPERS LIMITED	组合刮刀涂布器	幅宽 2715 毫米，车速 250 米/分	1	2021
6	印度 DEV PRIYA PAPERS PVT. LTD.	组合刮刀涂布器	幅宽 2400 毫米，车速 400 米/分	1	2021
7	河南新亚新科技包装材料有限公司	涂布干燥热风系统	幅宽 5600 毫米，车速 800 米/分	1	2021
8	五洲特种纸业集团股份有限公司	膜转移施胶机	幅宽 3400 毫米，车速 600 米/分	1	2021
9	迁安博达纸业有限公司	膜转移施胶机	幅宽 3150 毫米，车速 650 米/分	1	2021
10	土耳其 PARTEKS KAĞIT ENDÜSTRİSİ 公司	膜转移施胶机和压光机	幅宽 5500 毫米，车速 700 米/分	1	2021
11	合肥恒鑫生活科技股份有限公司	特种纸涂布机	幅宽 1450 毫米，车速 250 米/分	1	2021
12	印度 GSPBL 纸业有限公司	单压区软压光机	幅宽 3000 毫米，车速 300 米/分	1	2021
13	云南东晟纸业有限责任公司	膜转移施胶机	幅宽 5010 毫米，车速 550 米/分	1	2021
14	江苏金大包装材料科技有限公司	干燥箱及热风系统	幅宽 1650～1350 毫米，车速 500 米/分	12	2021
15	朝鲜 DANDELION TRADING COMPANY	铜版纸涂布机	幅宽 950 毫米，车速 300 米/分	1	2021
16	于都县正亿纸品纸业有限公司	膜转移施胶机	幅宽 5100 毫米，车速 700 米/分	1	2021
17	江苏金大包装材料科技有限公司	三防热敏纸涂布机	幅宽 1760 毫米，车速 400 米/分	1	2021
18	印度 SAKAHAW Paper PVT. LTD.	组合刮刀涂布器	幅宽 2750 毫米，车速 300 米/分	1	2021
19	印度 Ambani Paper LLP 公司	板纸涂布机	幅宽 3750 毫米，车速 50 米/分	1	2021
20	巴基斯坦 CENTURY PAPER CO. LTD.	机内涂布机	幅宽 2310 毫米，车速 130 米/分	1	2021
21	印度 Millenium Papers Pvt. Ltd.	组合刮刀涂布器	幅宽 3350 毫米，车速 300 米/分	1	2021
22	中山永发纸业有限公司	膜转移施胶机	幅宽 4140 毫米，车速 700 米/分	1	2021
23	印度 Soham Papers Pvt. Ltd.	组合刮刀涂布器	幅宽 3125 毫米，车速 200 米/分	1	2021
24	印度 SILVERTON PULP AND PAPER IND. 公司	单压区软压光机	幅宽 3750 毫米，车速 1000 米/分	1	2021

续表

序号	客户名称	设备名称	主要规格和参数	台(套)数	交货时间
25	湖北华海纤维科技股份有限公司	膜转移施胶机	幅宽 1880 毫米，车速 500 米/分	1	2021
26	山东天元集团有限公司	膜转移施胶机	幅宽 2400 毫米，车速 300 米/分	1	2021
27	印度 Mehali Paper Pvt. Limited	膜转移施胶机	幅宽 3800 毫米，车速 500 米/分	1	2020
28	印度 Tirthak Paper Mill Pvt. Ltd.	组合刮刀涂布器	幅宽 3070 毫米，车速 200 米/分	1	2020
29	东莞九州方圆纸业有限公司	特种纸涂布机	幅宽 900 毫米，车速 120 米/分	1	2020
30	昌乐新迈纸业有限公司	牛卡纸涂布机	幅宽 6600 毫米，车速 1100 米/分	1	2020
31	中山鸿兴联合造纸有限公司	膜转移施胶机	幅宽 5500 毫米，车速 700 米/分	1	2020
32	中山鸿兴联合造纸有限公司	膜转移施胶机	幅宽 4100 毫米，车速 650 米/分	1	2020
33	鹤山荣达新材料科技有限公司	特种纸涂布机	幅宽 1750 毫米，车速 200 米/分	1	2020
34	莱阳银通纸业有限公司	特种纸涂布机	幅宽 1760 毫米，车速 180 米/分	1	2020
35	中山联合鸿兴造纸有限公司	膜转移施胶机	幅宽 4100 毫米，车速 600 米/分	1	2020
36	河南仙鹤特种浆纸有限公司	膜转移施胶机	幅宽 2800 毫米，车速 700 米/分	1	2020
37	埃及 AL BA PAPER CONVERTING CO.	多功能涂布机	幅宽 1575 毫米，车速 250 米/分	1	2020
38	沧州杰明新材料科技有限公司	特种纸涂布机	幅宽 1680 毫米，车速 250 米/分	1	2020
39	山东天元集团有限公司	膜转移施胶机	幅宽 3150 毫米，车速 350 米/分	1	2020

六、济宁华隆机械制造有限公司

序号	客户名称	设备名称	主要规格和参数	台(套)数
1	山东德州泰鼎新材料科技有限公司	OCC 碎浆系统	1350 吨/日	1
2	越南顺安纸业有限公司	OCC 处理系统	1000 吨/日	1
3	平遥县康华纸业有限责任公司	OCC 碎浆系统	550 吨/日	1
4	抚州金峰包装新材料有限公司	OCC 碎浆系统	500 吨/日	1
5	涟水永丰纸业有限公司	OCC 碎浆系统	750 吨/日	1
6	江苏盛宝仑纸业有限公司	涂布白纸板项目	35 万吨/年	1
7	临海市宏光纸业有限公司	OCC 处理系统	520 吨/日	1

续表

序号	客户名称	设备名称	主要规格和参数	台(套)数
8	威海泰和纸业有限公司	粗筛系统	750 吨/日	1
9	山西华天基纸业有限公司	OCC 处理系统	1000 吨/日	1
10	漳州市福泰再生资源股份有限公司	OCC 处理系统	1000 吨/日	1
11	江苏弘盛纸业有限公司	OCC 处理系统	800 吨/日	1
12	江门市明星纸业有限公司	粗筛系统	700 吨/日	1
13	山东丰硕纸业有限公司	涂布白纸板生产线	30 万吨/年	1
14	浙江景兴纸业有限公司	粗筛系统	650 吨/日	1
15	甘肃恒达环保科技有限公司	粗筛系统	1000 吨/日	1
16	杭州蓝海永辰科技有限公司	热分散系统	180 吨/日	2
17	江苏金田纸业有限公司	热分散系统	230～300 吨/日	2
18	华南山鹰纸业有限公司	热分散系统改造	330 吨/日	1
19	禄丰县永兴纸业有限公司	OCC 处理系统	600 吨/日	1

七、山东欧佩德昌华华林造纸机械有限公司

序号	客户名称	设备名称	主要规格和参数		台(套)数	交货时间
			幅宽/毫米	车速/(米/分)		
1	齐峰新材料股份有限公司	特种纸机	1530	300	1	预计 2022-05
2	齐峰新材料股份有限公司	特种纸机	2960	500	1	预计 2022-08
3	齐峰新材料股份有限公司	特种纸机	2730	350	1	预计 2022-09
4	新疆国力源环保科技有限公司	箱纸板机	4800	550	1	预计 2022-05
5	福建省福清友发实业有限公司	特种纸机	3000	400	1	2021-05
6	牡丹江恒丰纸业股份有限公司	特种纸机	2400	400	1	2021-08
7	山东华泰纸业股份有限公司	特种纸机	3450	700	1	2021-10
8	汕头市平安顺纸业有限公司	瓦楞纸机	5000	550	1	2021-09
9	民丰特种纸股份有限公司	特种纸机	1880	300	1	2021-11
10	山东天和纸业有限公司	文化纸机	3150	600	2	2021-07
11	山东恒联投资集团有限公司	文化纸机	3950	700	1	2020-10

八、上海轻良实业有限公司

序号	客户名称	设备名称	主要规格和参数		台(套)数	交货时间
			幅宽/毫米	车速/(米/分)		
1	越南 Minhan 公司	二叠网多缸造纸机	5300	650	1	交货中
2	山东合创新材料有限公司	单长网高强瓦楞纸机	4800	800	1	交货中
3	山东世纪阳光纸业集团有限公司	特种纸机	3860	1200	2	设计中

续表

序号	客户名称	设备名称	主要规格和参数		台(套)数	交货时间
			幅宽/毫米	车速/(米/分)		
4	保定市满城纸业有限公司	新月型高速卫生纸机	3550	1400	1	设计中
5	广西太阳纸业有限公司	新月型高速卫生纸机 TM11	2850	1600	1	交货中
6	广西太阳纸业有限公司	长网双大缸擦手纸造纸机 PM12	2850	700	1	设计中
7	泰盛(宿州)生活用品有限公司	新月型高速卫生纸机	2850	1600	8	设计中
8	沐川禾丰纸业有限责任公司	新月型高速卫生纸机 TM47-TM50	2850	1600	4	设计中
9	菏泽牡丹纸业有限公司	新月型高速卫生纸机 TM2	2850	1600	1	设计中
10	山东丰源集团股份有限公司	涂布白纸板 PM3 改造	4300	700	1	交货中
11	贵州赤天化集团有限责任公司	真空圆网笼改新月型高速卫生纸机	2850	1400	6	预计 2022-06
12	云南美丽好纸业有限公司	新月型高速卫生纸机	2850	1300	1	预计 2022-05
13	泰盛(江西)生活用品有限公司	新月型高速卫生纸	2850	1300	8	预计 2022-01
14	山西力达纸业集团有限公司	新月型高速卫生纸机	2850	1400	1	2021-10
15	德州胜港纸业有限公司	新月型高速卫生纸机 TM4	2850	1400	1	2021-04
16	理文造纸有限公司马来西亚地区	包装纸机 PM25	5600	1000	1	2021-04
17	保定市眺山营纸业有限公司	新月型高速卫生纸机 TM2	3550	1400	1	2021-03
18	保定市眺山营纸业有限公司	新月型高速卫生纸机	2850	1400	1	2021-03
19	菏泽牡丹纸业有限公司	新月型高速卫生纸机	2850	1300	1	2021-03
20	德州胜港纸业有限公司	新月型高速卫生纸机 TM3	2850	1400	1	2021-02
21	山西云冈纸业有限公司	新月型高速卫生纸机 PM7	2850	1400	1	2021-01
22	山西力达纸业集团有限公司	新月型高速卫生纸机 TM8	2850	1400	1	2021-01
23	河北金博士卫生用品有限公司	新月型高速卫生纸机 PM7	3650	1400	1	2021-01
24	山西云冈纸业有限公司	新月型高速卫生纸机 PM8	2850	1400	1	2021-01
25	保定达亿纸业有限公司	新月型高速卫生纸机 PM5	3650	1400	1	2021-01
26	河北金博士卫生用品有限公司	新月型高速卫生纸机 PM6	3650	1400	1	2021-01
27	理文造纸有限公司马来西亚地区	三叠网多缸造纸机 PM23	5600	1000	1	2020-11
28	临猗县源泰热能有限公司	新月型高速卫生纸机	2850	1400	2	2020-10
29	山西云冈纸业有限公司	新月型高速卫生纸机 PM5	2850	1400	1	2020-10
30	山东太阳纸业股份有限公司	新月型高速卫生纸机 PM42	2850	1600	1	2020-09
31	山东太阳纸业股份有限公司	新月型高速卫生纸机 PM41	2850	1600	1	2020-08
32	漯河市聚源纸业有限公司	新月型高速卫生纸机 TM2	2850	1300	1	2020-05
33	河南护理佳纸业有限公司	新月型高速卫生纸机 TM5、TM6	2850	1400	2	2020-05
34	河北姬发造纸有限公司	新月型高速卫生纸机	3550	1400	1	2020-04
35	德州胜港纸业有限公司	新月型高速卫生纸机 TM1	2850	1400	1	2020-01

九、浙江双元科技股份有限公司

序号	客户名称	设备名称	主要规格和参数	台(套)数	交货时间
1	仙鹤股份有限公司	PM28 高档特种纸表面缺陷高速在线检测系统	WIS	1	2020—2021
		PM10 高档特种纸表面缺陷高速在线检测系统	WIS	1	2020—2021
		PM25 纸病光源(包含水冷机)	WIS	1	2020—2021
		PM6 高档特种纸表面缺陷高速在线检测系统	WIS	1	2020—2021
		高档特种纸单臂扫描架 + 工作站	QCS	1	2021
		双元纸张质量在线检测控制系统软件 V1.0	QCS	1	2021
		PM9 特种纸表面缺陷高速在线检测系统	WIS	1	2021
		双元片材表面缺陷在线检测系统软件 V1.0	WIS	6	2021
		PM14 特种纸表面缺陷高速在线检测系统	WIS	1	2021
		PM10 更换彩色相机及图像采集卡	WIS	1	2021
2	牡丹江恒丰纸业股份有限公司	QCS 纸业质量控制系统	QCS	1	2020—2021
		纸业横幅定量控制系统	QCS	1	2020—2021
		纸病在线检测系统	WIS	1	2020—2021
		双元片材表面缺陷在线检测系统软件 V1.0	WIS	1	2020—2021
		双元纸张质量在线检测控制系统软件 V1.0	QCS	3	2020—2021
		设计与开发(纸页横向定量控制系统设计与开发)	其他	1	2020—2021
		设计与开发(纸页缺陷检测系统设计与开发)	其他	1	2020—2021
		设计与开发(纸页质量控制系统设计与开发)	其他	1	2020—2021
3	昌乐县科苑纸业有限公司	特种纸表面缺陷高速在线检测系统	WIS	1	2021
		蒸汽冷凝水回收控制系统	GCS	1	2021
		表面缺陷高速在线检测系统	WIS	4	2020—2021
		双元片材表面缺陷在线检测系统软件 V1.0	WIS	5	2020—2021
		蒸汽冷凝水回收控制系统(多段通气)	GCS	1	2021
		(装饰纸)表面缺陷高速在线检测系统	WIS	1	2021
		双元纸张质量在线检测控制系统软件 V1.0	QCS	3	2021
		纸张质量在线检测控制系统(定量水分)	QCS	1	2020—2021
		纸张横幅定量(稀释水)控制系统	QCS	1	2021
4	浙江哲丰新材料有限公司	特种纸表面缺陷在线检测系统	WIS	1	2020—2021
		双元片材表面缺陷在线检测系统软件 V1.0	WIS	11	2020—2021
		纸张表面缺陷在线检测系统	WIS	2	2020—2021
		高档特种纸表面缺陷高速在线检测系统技改升级	WIS	9	2020—2021
		高档特种纸单臂扫描架 + 工作站	QCS	1	2021
		双元纸张质量在线检测控制系统软件 V1.0	QCS	1	2021
		高档特种纸表面缺陷高速在线检测系统	WIS	1	2021

续表

序号	客户名称	设备名称	主要规格和参数	台(套)数	交货时间
5	重庆再升科技股份有限公司	DCS 制浆造纸过程控制系统	DCS	3	2020—2021
		表面缺陷高速在线检测系统	WIS	2	2021
		流量计、变送器	其他	47	2021
6	杭州蓝海永辰科技有限公司	QCS 纸张质量(定量)在线检测系统	QCS	2	2021
		纸张横幅定量(稀释水)控制系统、纸张质量(定量水分)在线检测控制系统	QCS	1	2020—2021
		蒸汽冷凝水回收控制系统	QCS	1	2020—2021
		双元纸张质量在线检测控制系统软 V1.0	QCS	3	2020—2021
		蒸汽冷凝水回收控制系统、造纸 DCS 系统	GCS	1	2020—2021
		纸张横幅定量(稀释水)控制系统	QCS	1	2020—2021
		闪蒸罐(1000 毫米)	QCS	4	2020—2021
		冷凝水罐(1400 毫米)	QCS	1	2020—2021
7	安徽清澜新材料科技有限公司	纸张质量在线检测控制系统(定量水分)	QCS	1	2021
		蒸汽冷凝水回收控制系统(多段供气)	QCS	1	2021
		制浆造纸过程控制系统	QCS	1	2021
		纸张表面缺陷高速在线检测系统	WIS	1	2021
		双元纸张质量在线检测控制系统软件 V1.0	QCS	1	2021
		双元片材表面缺陷在线检测系统软件 V1.0	WIS	2	2021
		纸张表面缺陷高速在线检测系统	WIS	1	2021
8	山东仁丰特种材料股份有限公司	PM10 造纸机纸张表面缺陷高速在线监测系统	WIS	1	2020—2021
		纸张表面指标在线监测系统	QCS	10	2020—2021
		透气度仪	QCS	2	2021
		滑轨扫描架	QCS	2	2021
		PM5 蒸汽冷凝水控制系统	GCS	1	2021
9	民丰特种纸股份有限公司	特种纸纸表面缺陷在线检测系统	WIS	1	2020—2021
		双元片材表面缺陷在线检测系统软件 V1.0	WIS	1	2020—2021
		特种纸纸表面缺陷在线检测系统	WIS	1	2021
		双元片材表面缺陷在线检测系统软件 V1.0	WIS	1	2021
10	天津广聚源纸业集团有限公司	制浆造纸过程控制系统	DCS	1	2020—2021
		蒸汽冷凝水回收控制系统(可调热泵)1 号机改造	GCS	1	2020—2021
		双元纸张质量在线检测控制系统软件 V1.0	GCS	2	2020—2021
		蒸汽冷凝水回收控制系统	GCS	1	2020—2021
		蒸汽冷凝水回收控制系统(可调热泵)2 号机改造	GCS	1	2020—2021

十、郑州运达造纸设备有限公司

序号	客户名称	供货范围	原料	数量	交货时间
1	贵州冠华纸业有限公司	生活用纸项目	木浆	1	2020-08
2	悦邦国际有限公司	泰国顺亿干浆板项目分选线	OCC	1	2020-05
3	佛山市宝索机械制造有限公司	阿尔及利亚生活用纸项目	木浆	1	2020-01
4	福建启润贸易有限公司	理文造纸 PM26、27UKP 线及盘磨	BKP	1	2021-09
5	贵州盛世荣创再生科技有限公司	720 吨/22 小时绝干浆制浆线	LOCC	1	2020-09
6	广东宝索机械有限公司	香兰纸业生活用纸项目	木浆	1	2020-04
7	悦邦国际有限公司	泰国顺亿干浆板二期项目分选线	OCC	1	2021-01
8	澳威纸业(江门)有限公司	16H/53T 生活纸项目	木浆	1	2021-05
9	南宁市佳达纸业有限责任公司	140 吨/日卫生纸制浆	木浆	1	2020-12
10	江苏金田纸业有限公司	100 万吨灰纸板项目	OCC	1	2020-11
11	印度 Nikita 公司	年产 11 万吨 T 纸、瓦楞原纸项目	OCC	1	2020-03
12	越南汇源公司	年产 12 万吨牛皮纸项目	OCC	1	2020-04
13	山鹰国际控股股份公司	一期干浆项目	OCC	1	2020-04
14	山鹰国际控股股份公司	二期干浆项目	OCC	1	2020-07
15	印度 Jodhani 公司	年产 13 万吨 T 纸、瓦楞原纸项目	OCC	1	2020-07
16	斯洛伐克 Bukoza 公司	年产 18 万吨涂布纸项目	OCC	1	2020-08
17	泰国 SCG 公司	36 吨/日 T-fiber 系统	木薯淀粉	1	2020-08
18	郑州鼎晨机械设备有限公司	年产 10 万吨浆线	OCC	1	2021-07
19	越南 VKPC 公司	箱纸板面浆系统	OCC	1	2021-08
20	印度尼西亚 APP 公司	600 吨/日 OCC 浆线	OCC	1	2021-09
21	泰国 CAS 公司	OCC 浆线	OCC	1	预计 2022
22	唐山市冀滦纸业有限公司	TPA Testliner 年产 30 万吨 T 纸项目	OCC	1	2020-03
23	辽宁雨森卫生用品有限公司	年产 6 万吨生活用纸项目	木浆	1	2020-06
24	河北金博士卫生用品有限公司	年产 6 万吨生活用纸项目	木浆	1	2020-11
25	德州胜港纸业有限公司	胜港纸业生活纸深加工二期项目	木浆	1	2021-07
26	德州胜港纸业有限公司	胜港纸业生活纸深加工一期项目	木浆	1	2020-11
27	河北金博士卫生用品有限公司	5 万吨生活用纸浆线	木浆	1	2020-10
28	浙江旭荣新材料股份有限公司	生活用纸项目	生活用纸	1	2020-02
29	浙江金励环保纸业有限公司	30 万吨包装用纸项目	包装用纸	1	2020-03
30	江苏凡泰纸业有限公司	20 万吨高强瓦楞原纸项目	OCC	1	2020-06
31	山西云冈纸业有限公司	25 万吨生活用纸工程	生活用纸	1	2020-07
32	江苏洪泽湖纸业有限公司	10 万吨生活用纸项目	生活用纸	1	2020-11
33	杭州诺邦无纺股份有限公司	高端无纺布项目	特种纸	1	2021-02
34	临猗县源泰热能有限公司	生活用纸项目	生活用纸	1	2021-04
35	恒安(中国)纸业有限公司	内衬纸备浆系统	生活用纸	1	2021-09
36	漳州盈晟纸业有限公司	850 吨浆线制浆系统	OCC	1	2021-12

十一、杭州蓝海永辰科技有限公司

序号	客户名称	设备名称	主要规格和参数	台(套)数	交货时间
1	马来西亚启顺科技有限公司	纱管纸机	10 万吨/年	1	2021
2	PT. SURABAYA. MEKABOX 公司	瓦楞原纸、牛皮箱纸板机	幅宽 2550 毫米、车速 450 米/分、年产 6 万吨	1	2021
3	RASHA COMPANY	涂布白纸板改建项目	幅宽 4450 毫米、车速 650 米/分、年产 30 万吨	1	预计 2022
4	浙江森林联合纸业有限公司	数码喷墨纸机	幅宽 5700 毫米、车速 1000 米/分、年产 60 万吨	1	预计 2023 年
5	江西五星纸业有限公司	口杯纸机	幅宽 5600 毫米、车速 1200 米/分	1	2021
6	五洲特种纸业集团股份有限公司	特种纸	幅宽 3200 毫米、车速 600 米/分	1	预计 2022
7	东莞市上隆纸业有限公司	高强瓦楞原纸	幅宽 4800 毫米、车速 600 米/分	1	预计 2022
8	浙江华天再生资源有限公司	涂布白纸板	幅宽 4550 毫米、车速 500 米/分、年产 30 万吨	1	2021
9	山东中茂圣源实业有限公司	涂布白卡纸机	幅宽 4300 毫米、车速 450 米/分	1	2021
10	永嘉县日鑫纸业有限公司	涂布白纸板	幅宽 4320 毫米、车速 450 米/分	1	2021
11	东莞市金田纸业有限公司	灰纸板机	幅宽 3500 毫米、车速 350 米/分	2	2021
12	东莞市金田纸业有限公司	灰纸板机	幅宽 4800 毫米、车速 650 米/分	2	2021
13	江苏金田纸业有限公司	白纸板机	幅宽 4800 毫米、车速 400 米/分	3	2021
14	江苏金田纸业有限公司	挂面纸机	幅宽 5600 毫米、车速 900 米/分		2021
15	温州恒创纸业有限公司	涂布白纸板机	幅宽 3600 毫米、车速 350 米/分、年产 18 万吨	1	预计 2022
16	迁安博达纸业有限公司	改造项目	幅宽 3300 毫米、车速 600 米/分	1	预计 2022
17	湖北兴锦纸业有限公司	纱管纸改造	幅宽 3600 毫米	1	预计 2022
18	湖北兴锦纸业有限公司	牛皮箱纸板瓦楞纸机改造	幅宽 4200 毫米	1	预计 2022
19	湖北祉星纸业有限公司	牛卡纸机	幅宽 5700 毫米、车速 800 米/分	1	预计 2023
20	黄冈祉星纸业有限公司	口杯纸机	幅宽 5800 毫米、车速 1250 米/分	1	预计 2024
21	江西五星纸业有限公司	T 纸	幅宽 7200 毫米、车速 1250 米/分	1	预计 2023
22	湖北祉星纸业有限公司	瓦楞纸机	幅宽 8600 毫米、车速 1250 米/分	1	预计 2023
23	江西五星纸业有限公司	数码纸机	幅宽 4800 毫米、车速 1250 米/分	1	预计 2022

十二、河南中亚智能科技股份有限公司

序号	客户名称	设备名称	主要规格和参数	台(套)数	交货时间
1	贵州盛世荣创再生科技有限公司	高强瓦楞纸机	幅宽 5400 毫米，车速 700 米/分	1	预计 2022
2	郑州东森纸业有限公司	低定量高强瓦楞纸机	幅宽 5400 毫米，车速 800 米/分	1	预计 2022

续表

序号	客户名称	设备名称	主要规格和参数	台(套)数	交货时间
3	河南雅都纸业有限公司	高强瓦楞纸机	幅宽 5400 毫米，车速 700 米/分	1	预计 2022
4	俄罗斯 TPA 公司	两叠网包装纸机	幅宽 4600 毫米，车速 650 米/分	1	预计 2022

十三、郑州磊展科技造纸机械有限公司

序号	客户名称	设备名称	主要规格和参数	台(套)数	交货时间
1	泰盛(江西)生活用品有限公司	一期 24 万吨/年生活用纸项目整体制浆处理线设备	40 米^3 中浓碎浆机、高浓除渣器、RF38 等双盘磨浆机 22 台、白水过滤真空多盘等	63	2020
2	保定市满城纸业有限公司	15 万吨/年生活用纸项目一期整体制浆处理线设备	链板输送机、40 米^3 中浓碎浆机、高浓除渣器、RF28 双盘磨浆机 10 台、推进器、网前筛等	29	2020
3	东莞市金田纸业有限公司	40 万吨/年灰纸板制浆系统改造	压力筛、低浓除渣器组、弧形筛、网前筛等	13	2020
4	河南新乡鸿泰纸业有限公司	30 万吨/年白纸板项目碎解系统设备	链板输送机、散包机系统、ZG4000 转鼓碎浆机、高浓除渣器、推进器等	12	2020
5	江苏金田纸业有限公司	一期 30 万吨/年灰纸板项目碎解系统设备	链板输送机、ZG4000 转鼓碎浆机、高浓除渣器、压力筛等	10	2020
6	浙江华天再生资源有限公司	30 万吨/年白纸板线整体制浆处理线设备	ZG3750/ZG2750 转鼓式碎浆机、25 米^3 高浓碎浆机、高中浓除渣器、RF26 双盘磨浆机、21 台压力筛等	45	2020
7	河南雅都纸业有限公司	一期 25 万吨/年包装用纸整体制浆处理线设备	散包机系统、ZG3750 碎浆机、高浓除渣器、压力筛、推进器、网前筛等	43	2020
8	铁门关市鑫瑞纸制品有限公司	20 万吨/年包装用纸生产线新增设备	链板输送机、散包机、网前筛等	4	2020
9	厦门市嘉仕晟智能装备有限公司	20 万吨/年包装用纸纱管纸生产线制浆设备	D 型碎浆机连续碎解系统、压力筛、中浓除渣器、网前筛、RF 磨浆机等	13	2020
10	山东恒联特种纸有限公司	特种纸生产线	RF38 磨浆机	7	2020
11	大同市冠森纸业有限公司	20 万吨/年包装用纸生产线制浆设备	链板输送机、D 型连续碎解系统、高浓除渣器、排渣机、压力筛、网前筛等	10	2020
12	河南华洁卫生用品有限公司	日产 80 吨生活用纸线	辊道开包机、HD 除渣器、RF 磨浆机、推进器等	11	2020
13	郑州八方包装制品有限公司	日产 100 吨育果袋纸制浆项目	D 型碎浆机、高浓除渣器、压力筛、RF 磨浆机、振框筛等	8	2020
14	郑州华丰工贸纸业有限公司	包装用纸生产线	网前筛、推进器等	9	2020
15	南通大豫纸业有限公司	纱管纸生产线	D 型碎浆机、高浓除渣器、压力筛、清渣分离机、排渣分离机、RF 磨浆机等	7	2020
16	菲律宾某纸业公司	20 万吨/年包装用纸生产线制浆设备	链板输送机、散包机、转鼓碎浆机、搅拌器等	5	2020

续表

序号	客户名称	设备名称	主要规格和参数	台(套)数	交货时间
17	埃及某纸厂	120 吨/日包装用纸制浆项目	链板输送机、D 型碎浆机、高低浓除渣器、压力筛、排渣机、搅拌器、网前筛等	26	2020
18	重庆理文卫生用纸制造有限公司	10 万吨/年生活用纸项目整体制浆处理线设备	链板输送机、中浓碎浆机、高浓除渣器、RF24 双盘磨浆机 19 台、网前筛等	50	2021
19	潮州市灿基纸业有限公司	10 万吨/年包装用纸项目整体制浆处理线设备	链板输送机、D 型连续碎浆系统、高浓除渣器、压力筛、推进器、网前筛等	33	2021
20	山西大维纸业有限公司	20 万吨/年包装用纸整体制浆处理线设备	散包机系统、ZG3500 碎浆机、高浓除渣器、压力筛、推进器、网前筛等	44	2021
21	江苏金田纸业有限公司	二期 60 万吨/年灰纸板牛皮纸项目碎解系统设备	链板输送机、散包拣选系统、ZG4000/ZG3750/ZG3250 转鼓碎浆机、高浓除渣器、低浓除渣器、压力筛(34 台)、弧形筛等	150	2021
22	郑州东森纸业有限公司	40 万吨/年包装用纸集中制浆处理线整套设备	链板输送机、散包拣选系统、ZG4250 转鼓碎浆机、高浓除渣器、低浓除渣器、压力筛、推进器等	80	2021
23	河南雅都纸业有限公司	二期 25 万吨/年包装用纸整体制浆处理线设备	散包机系统、ZG3750 碎浆机、高浓除渣器、压力筛、推进器、网前筛等	40	2021
24	尼日利亚尼鑫纸业有限公司	二期 30 万吨/年包装用纸整体制浆处理线设备	散包机系统、ZG4000 碎浆机、高浓除渣器、压力筛、推进器、网前筛等	45	2021
25	沙特 Hisham Othman 纸业公司	日产 250 吨牛皮纸包装用纸整体交钥匙工程	连续碎解系统、高低浓除渣器、压力筛、推进器、网前筛纸机、锅炉、DCS、管道管件、电线、电缆、浆泵、水泵等	300	2021
26	孟加拉国某纸业公司	日产 150 吨牛皮纸包装用纸整体制浆设备	连续碎解系统、高低浓除渣器、压力筛、推进器、网前筛等	20	2021
27	秘鲁某纸业公司	日产 80 吨 DIP 生活用纸线整体制浆设备	高浓碎解系统、高低浓除渣器、压力筛、热分散系统、磨浆机、推进器、网前筛等	30	2021
28	伊拉克某纸业公司	日产 120 吨牛皮纸包装用纸整体制浆设备	连续碎解系统、高低浓除渣器、压力筛、推进器、网前筛等	25	2021
29	上海轻良实业有限公司	生活用纸项目配套	压力筛	6	2021
30	蚌埠三星纸业有限公司	20 万吨涂布白纸板制浆项目	辊道开包机、中浓碎浆机、压力筛、RF 磨浆机、排渣分离机、网前筛等	19	2021
31	贵州康茂宝纸业有限公司	250 吨/20 小时灰纸板制浆项目	链板输送机、大抓斗、高浓碎浆机、D 型碎浆机、清渣分离机、排渣机、高低浓除渣器、压力筛等	24	2021
32	稷山县新嘉源纸业有限公司	400 吨/日瓦楞原纸制浆项目	链板输送机、转鼓碎浆机、压力筛、振框筛、双盘磨浆机等	5	2021
33	河南耀中纸业有限公司	白纸板生产线项目	RF 磨浆机、压力筛、振框筛等	13	2021
34	辽宁兴东科技有限公司	包装用纸生产线项目	D 型碎浆机、RF 磨浆机、排渣分离机	5	2021
35	禄丰天河纸业有限公司	300 吨/日瓦楞原纸制浆项目	D 型碎浆机、高浓除渣器、压力筛、清渣分离机、排渣机、搅拌器、网前筛等	15	2021
36	淄博欧木特种纸业有限公司	特种纸生产线项目	RF 磨浆机	3	2021

续表

序号	客户名称	设备名称	主要规格和参数	台(套)数	交货时间
37	巴基斯坦某纸厂	150 吨/日包装用纸制浆项目	链板输送机、D 型碎浆机连续碎解系统、高低浓除渣器、压力筛、排渣机、搅拌器、网前筛等	36	2021
38	印度某纸厂	250 吨/日包装用纸制浆项目	链板输送机、D 型碎浆机、高低浓除渣器、网前筛等	16	2021
39	亚美尼亚某纸厂	200 吨/日包装用纸制浆项目	D 型碎浆机连续碎解系统、转鼓碎浆机、高浓除渣器、浮选脱墨槽、搅拌器、网前筛等	15	2021

十四、浙江华章科技有限公司

序号	客户名称	设备名称	主要规格和参数	台(套)数	交货时间
1	宁波日新恒力科技有限公司	RTL1100 反渗透膜支撑体坯材生产线	产品品种：特种纸 成品定量：75 克/米^2 幅宽：1350 毫米 车速：20 米/分	1	2021
2	云南中烟再造烟叶有限责任公司	易地技术改造纸机及制浆工艺设备	幅宽：1760 毫米 车速：260 米/分	2	预计 2022
3	山鹰纸业（吉林）有限公司	PM61 纸机	产品品种：瓦楞原纸 定量范围：70～170 克/米^2 幅宽：6600 毫米 车速：1000 米/分	1	预计 2023
4	山西强伟纸业有限公司	PM4 纸机设备及改造	产品品种：石膏板护面纸 定量范围：120～180 克/米^2 卷纸宽度：3910 毫米 车速：900 米/分	1	预计 2022
5	民丰特种纸股份有限公司	新 8 号机和新 20 号机造纸设备及辅助设备	新 8 号机长网大缸特种纸机 幅宽：3800 毫米 车速：500 米/分 新 20 号机长网多缸特种纸机 幅宽：3800 毫米 车速：700 米/分	1	预计 2023

十五、河南大指造纸装备集成工程有限公司

序号	客户名称	设备名称	主要规格和参数		台(套)数	交货时间
			幅宽/毫米	车速/(米/分)		
1	山东华泰纸业股份有限公司	PM9 提质改造项目（含膜转移施胶机、胶料制备、烘干部改造等）	6100	1200	1	2021-01
2	东营华泰清河实业有限公司	Integra®-Calender 可控中高双压区软压光、Integra®-Sizer 膜转移施胶机	2640	600	1	2021-01
3	漳州市益达纸业有限公司	Integra®-Jet 水力式流浆箱、Integra®-Sizer 膜转移施胶机、上料站系统	4660	650	2	2021-01

续表

序号	客户名称	设备名称	主要规格和参数		台(套)数	交货时间
			幅宽/毫米	车速/(米/分)		
4	江西柯美环保技术有限公司	Integra®-Sizer 膜转移施胶机、Integra®-SteamPro 单点可控蒸汽箱	5600	800	1	2021-01
5	郑州东森纸业有限公司	Integra®-Jet 水力式流浆箱、Integra®-Sizer 膜转移施胶机、上料站系统	5400	700	1	2021-02
6	东莞金洲纸业有限公司	Integra®-Sizer 膜转移施胶机、上料站系统	4850	1000	3	2021-02
7	浙江金励环保纸业有限公司	Integra®-Sizer 膜转移施胶机、上料站系统	5600	1000	1	2021-05
8	台州森林造纸有限公司	Integra®-Shake 无后坐力摇振装置	5760	950	4	2021-01
9	昌乐县科苑纸业有限公司	Integra®-Jet 水力式稀释水流浆箱(装饰纸)	1500	700	1	2021-04
10	汕头市平安顺纸业有限公司	Integra®-Jet 水力式流浆箱、Integra®-Sizer 膜转移施胶机、上料站系统	5000	700	各 1 套	2021-03
11	山东长林新材料有限公司	Integra®-Jet 水力式稀释水流浆箱	4316	300	1	2021-12
12	陕西东方环保产业集团有限公司	Integra®-Sizer 膜转移施胶机	5600	900	2	2021-11
13	河南新亚新科技包装材料有限公司	Integra®-Sizer 膜转移施胶机	5600	900	1	2021-10
14	江苏金盈纸业有限公司	Integra®-Sizer 膜转移施胶机	5600	900	3	2021-08
15	新乡新亚纸业集团股份有限公司	Integra®-Jet 水力式流浆箱	3200	300	2	2021-10
16	江门市明星纸业有限公司	Integra®-Jet 水力式稀释水流浆箱	4500	1050	4	2021-09
17	江门市桥裕纸业有限公司	Integra®-Sizer 膜转移施胶机、上料站系统	4200	800	3	2021-08
18	湖北金庄科技再生资源有限公司	Integra®-Sizer 膜转移施胶机、上料站系统	5200	800	1	2021-05
19	广州造纸实业有限公司	Integra®-Shake 无后坐力摇振装置	3940	1000	1	2021-11
20	广东华泰纸业有限公司	纸机改造项目	5600	1500	1	2021-11
21	唐山市冀滦纸业有限公司	Integra®-Sizer 膜转移施胶机、上料站系统	5600	850	1	2021-06
22	安徽鑫光新材料科技股份有限公司	Integra®-Jet 水力式流浆箱、Integra®-Sizer 膜转移施胶机	5600	1000	5	2021-06
23	安徽林平循环发展股份有限公司	Integra®-Jet 水力式流浆箱、Integra®-Sizer 膜转移施胶机	6600	1000	1	2021-06
24	万国纸业太阳白卡纸有限公司	Integra®-Sizer 膜转移施胶机、上料站系统	3385	700	2	2021-07
25	山东江河纸业有限责任公司	10 万吨/年特种纸机交钥匙工程	3520	1000	1	2021-05
26	彼尔姆纸厂(俄罗斯)	Integra®-Jet 水力式稀释水流浆箱	4200	800	1	2021-07

续表

序号	客户名称	设备名称	主要规格和参数		台(套)数	交货时间
			幅宽/毫米	车速/(米/分)		
27	色楞格纸厂(俄罗斯)	纸机改造总包项目(含流浆箱、摇振、打浆系统及控制系统)	4200	800	1	2021-09

十六、山东信和造纸工程股份有限公司

序号	客户名称	设备名称	主要规格和参数		台(套)数	交货时间
			幅宽/毫米	车速/(米/分)		
1	济南圣泉集团股份有限公司	新月型卫生纸机	3600	1200	4	2021
2	沁阳市宏都纸业有限公司	新月型卫生纸机	3980	1200	1	2021
3	泰盛科技(集团)股份有限公司	新月型卫生纸机	2850	1300	8	2021
4	广西马山县盛圣纸业有限公司	新月型卫生纸机	2850	1200	1	2021
5	广西和发强纸业有限公司	新月型卫生纸机	2850	1200	1	2021
6	亚美尼亚 GM 公司	特种纸机	2040	300	1	2021
7	山东金蔡伦纸业有限公司	特种文化纸机	3600	600	1	预计 2022
8	聊城市坤昇环保科技有限公司	新月型卫生纸机	2850	1300	1	预计 2022
9	东莞市瑞峰纸业有限公司	新月型卫生纸机	2850	1500	1	预计 2022
10	济南圣泉集团股份有限公司	擦手纸机	3600	600	2	预计 2022
11	泰盛科技(集团)股份有限公司	擦手纸机	3600	800	2	预计 2022
12	孟加拉国 JPM 公司	涂布白纸板机	4500	500	1	预计 2022
13	乌兹别克斯坦 ENM 公司	新月型卫生纸机	2000	800	1	预计 2022
14	卡塔尔 EPI 公司	新月型卫生纸机	2850	1000	1	预计 2022

十七、凯登制浆设备(中国)有限公司

序号	客户名称	设备名称	主要规格和参数	台(套)数	交货时间
1	河北锦宝石循环资源开发集团有限公司	OCC 生产线	1300 吨/日	1	预计 2022
2	山东合创新材料有限公司	OCC 生产线	650 吨/日	1	预计 2022
3	湖北祉星纸业有限公司	OCC 生产线	1100 吨/日	1	预计 2022
4	泰安中泰纸业有限公司	OCC 生产线	400 吨/日	1	预计 2022
5	宣城万里纸业有限公司	OCC 生产线	840 绝干吨/日	1	预计 2022
6	湖北祉星纸业有限公司	OCC 生产线	1250 吨/日	1	预计 2022
7	湖北祉星纸业有限公司	OCC 生产线	1100 吨/日	1	预计 2022
8	陕西发电集团东方智慧能源有限公司	LOCC 生产线	1050 吨/日	1	预计 2022
9	陕西发电集团东方智慧能源有限公司	LOCC 生产线	800 吨/日	1	预计 2022
10	浙江森林纸业有限公司	脱墨制浆生产线	230 风干吨/日	1	预计 2022
11	浙江森林纸业有限公司	LOCC 生产线	1100 风干吨/日	1	预计 2022

续表

序号	客户名称	设备名称	主要规格和参数	台(套)数	交货时间
12	安徽鑫光新材料科技股份有限公司	OCC 生产线	1600 吨/日	1	2021
13	玖龙纸业(控股)有限公司(马来西亚)	OCC 生产线	1200 绝干吨/日	1	2021
14	安徽林平循环发展股份有限公司	LOCC 生产线	1000 吨/日	1	2021
15	江苏金田纸业有限公司	OCC 生产线	800 吨/日	1	2021
16	江苏金田纸业有限公司	OCC 生产线	1000 吨/日	1	2021
17	浙江山鹰纸业有限公司	UKP 生产线	350 绝干吨/日	1	2021
18	浙江山鹰纸业有限公司	AOCC 生产线	700 绝干吨/日	1	2021
19	浙江山鹰纸业有限公司	LOCC 生产线	700 绝干吨/日	1	2021
20	浙江山鹰纸业有限公司	LOCC 生产线	1400 绝干吨/日	2	2021
21	甘肃恒达环保集团有限公司	LOCC 生产线	1000 吨/日	1	2021
22	山鹰纸业(广东)有限公司	LOCC 生产线	1400 吨/日	1	2020
23	山鹰纸业(广东)有限公司	AOCC 生产线	1400 吨/日	1	2020
24	山东长林新材料有限公司	OCC 生产线	400 绝干吨/日	1	2020
25	泰国金鹤纸业公司	AOCC 生产线	1200 绝干吨/日	1	2020
26	河北锦宝石循环资源开发集团有限公司	流送系统		1	预计 2022
27	山鹰纸业(吉林)有限公司	流送系统		1	预计 2022
28	浙江山鹰纸业有限公司	流送系统		2	2021
29	安徽鑫光新材料科技股份有限公司	流送系统		1	2021
30	安徽林平循环发展股份有限公司	流送系统		1	2021
31	江苏金田纸业有限公司	流送系统		2	2021
32	台州森林造纸有限公司	流送系统		1	2021
33	汇胜集团股份有限公司	流送系统		1	2021
34	理文造纸有限公司	流送系统		1	2020
35	理文造纸有限公司	流送系统		1	2020
36	泰国金鹤纸业公司	流送系统		1	2020

十八、溧阳市江南烘缸制造有限公司

序号	客户名称	设备名称	主要规格和参数	台(套)数	交货时间
1	四川省井研卫东机械制造厂	钢制扬克缸	Φ3200 毫米×3150 毫米	1	2020
2	来宾华胜纸业有限公司	钢制扬克缸	Φ4000 毫米×3150 毫米	1	2021
			Φ3660 毫米×3150 毫米	1	2021
3	江苏信诺轨道科技股份有限公司	钢制扬克缸	Φ3660 毫米×3230 毫米	1	2020
			Φ4885 毫米×4010 毫米	1	

续表

序号	客户名称	设备名称	主要规格和参数	台(套)数	交货时间
4	江西欧克机械制造有限公司	钢制扬克缸	Φ5480 毫米 ×4180 毫米	1	2021
5	川之江造机株式会社	钢制扬克缸	Φ5480 毫米 ×4180 毫米	1	2021
			Φ3660 毫米 ×3230 毫米	1	2020
6	诸城大正机械科技有限公司	钢制扬克缸	Φ4270 毫米 ×4600 毫米	1	2021
			Φ4270 毫米 ×4550 毫米	2	2020
7	山西盛泰源特种材料科技有限公司	钢制扬克缸	Φ3660 毫米 ×4250 毫米	1	2020
			Φ4270 毫米 ×3150 毫米	1	2021
8	保定市恒信纸业有限公司	钢制扬克缸	Φ3660 毫米 ×3850 毫米	1	2020
9	成都志豪纸业有限责任公司	钢制扬克缸	Φ3680 毫米 ×4360 毫米	1	2020
10	陕西炳智机械有限公司	钢制扬克缸	Φ3660 毫米 ×3850 毫米	2	2020
11	佛山市南海区宝拓造纸设备有限公司	钢制扬克缸	Φ4270 毫米 ×3150 毫米	6	2020
			Φ3660 毫米 ×3150 毫米	4	
			Φ4000 毫米 ×3150 毫米	2	
		钢制扬克缸	Φ3660 毫米 ×3850 毫米	2	2021
			Φ3660 毫米 ×3150 毫米	2	
			Φ4270 毫米 ×3150 毫米	3	
			Φ4880 毫米 ×4010 毫米	1	
12	维美德造纸机械（常州）有限公司	钢制扬克缸	Φ4885 毫米 ×4010 毫米	3	2020
			Φ5480 毫米 ×4180 毫米	6	2021
			Φ4880 毫米 ×4010 毫米	2	
			Φ5480 毫米 ×4300 毫米	4	
13	维美德造纸机械（上海）有限公司	钢制扬克缸	Φ5500 毫米 ×6200 毫米	2	2021
			Φ6400 毫米 ×4160 毫米	2	
14	上海轻良实业有限公司	钢制扬克缸	Φ4572 毫米 ×3250 毫米	1	2020
			Φ3660 毫米 ×3150 毫米	5	
			Φ4000 毫米 ×3900 毫米	5	
			Φ3660 毫米 ×3850 毫米	3	
			Φ4000 毫米 ×3150 毫米	4	
			Φ4000 毫米 ×4000 毫米	2	
			Φ3660 毫米 ×3150 毫米	10	2021
			Φ4000 毫米 ×3900 毫米	1	
			Φ5500 毫米 ×6200 毫米	1	
			Φ4270 毫米 ×3150 毫米	4	
15	保定市维拓造纸机械有限公司	钢制扬克缸	Φ3660 毫米 ×3150 毫米	4	2020
			Φ4000 毫米 ×3150 毫米	1	
			Φ3000 毫米 ×3900 毫米	1	
			Φ4000 毫米 ×3150 毫米	1	2021
			Φ3660 毫米 ×3850 毫米	1	

续表

序号	客户名称	设备名称	主要规格和参数	台(套)数	交货时间
15	保定市维拓造纸机械有限公司	钢制扬克缸	Φ5480 毫米 ×4180 毫米	2	2021
			Φ3300 毫米 ×3850 毫米	1	
16	西安维亚造纸机械有限公司	钢制扬克缸	Φ3000 毫米 ×3180 毫米	1	2020
			Φ4270 毫米 ×3150 毫米	1	
			Φ3660 毫米 ×3850 毫米	2	
			Φ3660 毫米 ×3970 毫米	1	
		钢制扬克缸	Φ4270 毫米 ×3150 毫米	8	2021
			Φ3660 毫米 ×3850 毫米	2	
			Φ4877 毫米 ×3250 毫米	1	
			Φ3660 毫米 ×3900 毫米	2	
			Φ3660 毫米 ×3150 毫米	4	
			Φ4000 毫米 ×3150 毫米	1	
			Φ4572 毫米 ×3200 毫米	1	
			Φ5480 毫米 ×4300 毫米	3	
			Φ5480 毫米 ×4180 毫米	7	
17	保定市昌达造纸机械有限公司	钢制扬克缸	Φ4000 毫米 ×4200 毫米	1	2020
			Φ3660 毫米 ×3150 毫米	1	
			Φ4000 毫米 ×3150 毫米	2	
			Φ3660 毫米 ×3150 毫米	1	
		钢制扬克缸	Φ4270 毫米 ×4600 毫米	2	2021
			Φ4880 毫米 ×4010 毫米	1	
			Φ5480 毫米 ×4300 毫米	1	
			Φ5480 毫米 ×4180 毫米	1	
18	广东宝索机械有限公司	钢制扬克缸	Φ4270 毫米 ×3150 毫米	4	2020
			Φ3660 毫米 ×3150 毫米	1	
			Φ3660 毫米 ×3850 毫米	1	
19	广东宝拓科技股份有限公司	钢制扬克缸	Φ3000 毫米 ×3150 毫米	1	2020
			Φ3000 毫米 ×3850 毫米	1	
			Φ3660 毫米 ×3150 毫米	5	
			Φ3660 毫米 ×3850 毫米	8	
			Φ4000 毫米 ×3150 毫米	1	
		钢制扬克缸	Φ4270 毫米 ×3150 毫米	2	2021
			Φ3000 毫米 ×3150 毫米	1	
			Φ3000 毫米 ×3900 毫米	3	
			Φ3200 毫米 ×3150 毫米	1	
			Φ3660 毫米 ×3150 毫米	3	
			Φ3660 毫米 ×3900 毫米	1	
			Φ3660 毫米 ×3850 毫米	2	

续表

序号	客户名称	设备名称	主要规格和参数	台(套)数	交货时间
19	广东宝拓科技股份有限公司	钢制扬克缸	Φ4000 毫米 ×3150 毫米	2	2021
			Φ4270 毫米 ×3150 毫米	6	
			Φ4270 毫米 ×4600 毫米	1	
			Φ6400 毫米 ×4160 毫米	2	
			Φ5500 毫米 ×6200 毫米	1	
			Φ4877 毫米 ×3900 毫米	1	

十九、杭州北辰轻工机械有限公司

序号	纸厂名称	设备名称	主要规格和参数		纸种
			幅宽/毫米	车速/(米/分)	
1	杭州富阳康楠纸业有限公司	整机供货	3600	300	涂布灰底白纸板
2	富阳道勤纸业有限公司	整机供货	4400	500	涂布白纸板
3	富阳民源纸业有限公司	网部、涂布部	2800	450	涂布灰底白纸板
4	浙江华鑫纸业有限公司	网部、压榨部	2640	300	涂布灰底白纸板
5	杭州大众纸业有限公司	涂布部	4400	500	涂布灰底白纸板
6	富阳鑫源纸业有限公司	整机供货	2800	350	涂布灰底白纸板
7	富泰飞凤纸业有限公司	整机供货	2640	280	涂布灰底白纸板
8	富阳华隆纸业有限公司	整机供货	2800	300	涂布灰底白纸板
9	富阳钓鱼实业有限公司	整机供货	2640	350	涂布白纸板
10	汕头耀德纸业有限公司	网部、压榨部、施胶机	4400	500	涂布灰底白纸板
11	杭州丰收纸业有限公司	整机供货	5600	300	特种纸
12	潮州辉业纸类纸品厂	整机供货	4800	500	牛皮箱纸板
13	江西富圣实业有限公司	整机供货	3450	70	灰纸板
14	浙江众发实业有限公司	整机供货	4400	300	高强瓦楞原纸
15	台州森林造纸有限公司	整机改造	3900	750	箱纸板、瓦楞原纸
16	台州森林造纸有限公司	整机改造	3800	750	箱纸板、瓦楞原纸
17	东莞顺裕纸业有限公司	整机改造	3600	850	高强瓦楞原纸
18	东莞顺裕纸业有限公司	整机供货	4800	650	高强瓦楞原纸
19	江西五星纸业有限公司	整机供货	5600	1100	涂布白卡纸
20	迁安博达纸业有限公司	整机供货	4600	750	单长网文化用纸
21	江苏金田纸业有限公司	整机供货	4800	650	涂布白纸板
22	江苏金田纸业有限公司	整机供货	4800	500	灰纸板
23	江苏金田纸业有限公司	整机供货	4800	500	灰纸板
24	山东中茂圣源纸业有限公司	整机供货	4500	500	四叠网涂布白卡纸
25	嵊州华天再生资源有限公司	施胶机、涂布段	4500	700	涂布白纸板
26	江苏金田纸业有限公司	整机供货	5600	700	灰纸板

续表

序号	纸厂名称	设备名称	主要规格和参数		纸种
			幅宽/毫米	车速/(米/分)	
27	江苏金田纸业有限公司	整机供货	5600	900	箱纸板、瓦楞原纸
28	江苏金田纸业有限公司	整机供货	5600	900	箱纸板、瓦楞原纸
29	台州森林造纸有限公司	整机供货	5600	900	数码喷墨纸
30	金华丁丁实业有限公司	整机供货	5000	750	涂布白纸板
31	白俄罗斯国家英雄造纸厂	涂布部	4500	600	涂布灰底白纸板
32	印度尼西亚项目	整机供货	2400	400	高强瓦楞原纸
33	马来西亚项目	整机供货	3200	180	单长网纱管纸
34	印度尼西亚振安纸业公司	整机供货	2550	500	牛皮箱纸板
35	孟加拉国项目	涂布部	3450	500	涂布白纸板
36	印度改造项目	涂布机	2750	325	涂布白纸板
37	印度尼西亚施胶机改造项目	施胶机、干燥部	3200	550	牛皮箱纸板
38	埃及项目	整机供货	3400	350	箱纸板、瓦楞原纸
39	菲律宾项目	整机供货	4800	100	浆板机
40	伊朗光明项目	整机改造	4500	700	四叠网涂布白纸板
41	浙江森林联合纸业有限公司	膜转移施胶机	5600	850	涂布白纸板
42	浙江森林联合纸业有限公司	膜转移施胶机	3800	500	瓦楞原纸
43	江西五星纸业有限公司	膜转移施胶机改造	5600	1000	白卡纸
44	山西华天基纸业有限公司	膜转移施胶机改造	5600	700	瓦楞原纸
45	柏乡县华兴纸业包装有限公司	膜转移施胶机改造	5200	700	箱纸板
46	东莞建晖纸业有限公司	膜转移施胶机	4900	1100	牛卡纸
47	浙江荣晟环保纸业股份有限公司	膜转移施胶机	5200	800	瓦楞原纸
48	浙江华天再生资源有限公司	膜转移施胶机	4500	500	涂布白纸板
49	迁安博达纸业有限公司	膜转移施胶机	3800	500	文化用纸
50	迁安博达纸业有限公司	膜转移施胶机	4400	650	文化用纸
51	伊朗项目	膜转移施胶机	4300	600	涂布白纸板
52	东莞市旭丰纸业有限公司	膜转移施胶机	3800	450	瓦楞原纸
53	杭州富阳金昌纸业有限公司	膜转移施胶机	3800	500	牛卡纸
54	重庆再升科技股份有限公司	膜转移施胶机	—	—	玻璃纤维纸
55	杭州特种纸业有限公司	膜转移施胶机改造	1092	100	汽车滤纸
56	中擎电机有限公司	叠网纸机	3300	320	涂布白纸板
57	德州华北纸业有限公司	长网机膜转移机	2640	600	双胶纸、静电复印纸
58	富裕晨鸣纸业有限责任公司	长网机膜转移机	1760	600	文化用纸
59	山东晨鸣纸业集团股份有限公司	长网机膜转移机	1760	550	文化用纸
60	山东晨鸣纸业集团股份有限公司	长网机膜转移机	1760	650	文化用纸
61	杭州灵泰纸业有限公司	膜转移施胶机	3800	400	涂布白纸板
62	浙江永泰纸业集团股份有限公司	膜转移施胶机	2640	400	涂布白纸板
63	浙江万众纸业有限公司	膜转移施胶机	1760	300	涂布白纸板

续表

序号	纸厂名称	设备名称	主要规格和参数		纸种
			幅宽/毫米	车速/(米/分)	
64	浙江万众纸业有限公司	膜转移施胶机	3800	400	涂布白纸板
65	江西五星纸业有限公司	膜转移施胶机	4800	800	热转移印花纸
66	江西五星纸业有限公司	膜转移施胶机	4800	800	特种纸
67	福建省晋江优兰发纸业有限公司	膜转移施胶机	1880	600	特种纸
68	台州森林造纸有限公司	膜转移施胶机	3980	750	挂面箱纸板
69	台州森林造纸有限公司	膜转移施胶机	5200	950	牛卡纸
70	浙江荣晟环保纸业股份有限公司	膜转移施胶机	4800	850	牛卡纸
71	迁安博达纸业有限公司	膜转移施胶机改造	3600	400	轻涂书写纸
72	山东省寿光市鲁丽纸业有限公司	膜转移施胶机改造	4800	900	瓦楞原纸
73	浙江金华丁丁实业有限公司	膜转移施胶机	4900	600	涂布白纸板
74	山东晨鸣纸业集团股份有限公司	膜转移施胶机	2640	650	文化用纸
75	赤壁晨力纸业有限公司	膜转移施胶机	3200	650	双胶纸
76	富裕晨鸣纸业有限责任公司	膜转移施胶机	3800	700	双胶纸
77	寿光晨鸣美术纸有限公司	膜转移施胶机	2640	600	特种纸
78	寿光晨鸣美术纸有限公司	膜转移施胶机	2640	650	特种纸
79	中冶纸业银河有限公司	膜转移施胶机	3200	700	双胶纸
80	浙江翔龙纸业有限公司	膜转移施胶机	2800	500	涂布白纸板
81	浙江武义钓鱼实业有限公司	膜转移施胶机	2800	450	涂布白纸板
82	杭州远大纸业有限公司	膜转移施胶机	2800	400	涂布白纸板
83	浙江远大纸业有限公司	膜转移施胶机	2800	400	涂布白纸板
84	浙江百胜纸业有限公司	膜转移施胶机	2800	380	涂布白纸板
85	浙江金华丁丁实业有限公司	膜转移施胶机	2800	450	涂布白纸板
86	五洲特种纸业集团股份有限公司	膜转移施胶机	4800	800	特种纸
87	台州宝光纸业有限公司	膜转移施胶机	4400	650	瓦楞原纸
88	金凤凰纸业(孝感)有限公司	膜转移施胶机	4200	750	瓦楞原纸
89	金凤凰纸业(孝感)有限公司	膜转移施胶机	4200	750	瓦楞原纸
90	宣城万里纸业有限公司	膜转移施胶机	6200	750	瓦楞原纸

二十、山东凯信重机有限公司

序号	客户名称	设备名称	主要规格和参数	台(套)数	交货时间
1	联盛浆纸(漳州)有限公司	夹网气垫干燥浆板机	60 万吨/年	1	预计 2023
2	景兴控股马来西亚公司	夹网气垫干燥浆板机	40 万吨/年	2	预计 2022
3	浙江山鹰供应链管理有限公司	夹网气垫干燥浆板机	40 万吨/年	1	2021
4	四川环龙新材料有限公司	夹网气垫干燥浆板机	17 万吨/年	1	预计 2022
5	山东世纪阳光纸业集团有限公司	高速分切复卷机	幅宽 7550 毫米、车速 3000 米/分	2	2021

续表

序号	客户名称	设备名称	主要规格和参数	台(套)数	交货时间
6	山东世纪阳光纸业集团有限公司	高速分切复卷机	幅宽 2750 毫米、车速 2200 米/分	1	预计 2022
7	理文造纸马来西亚公司	高速分切复卷机	幅宽 6650 毫米、车速 3000 米/分	2	预计 2023
8	江西理文造纸有限公司	高速分切复卷机	幅宽 6650 毫米、车速 2500 米/分	1	预计 2023
9	广东理文造纸有限公司	高速分切复卷机	幅宽 6600 毫米、车速 2500 米/分	1	预计 2023
10	江苏理文造纸有限公司	高速分切复卷机	幅宽 6650 毫米、车速 2500 米/分	1	预计 2023
11	河北锦宝石循环资源开发集团有限公司	高速分切复卷机	幅宽 6800 毫米、车速 2600 米/分	1	预计 2023
12	江苏金田纸业有限公司	高速分切复卷机	幅宽 5650 毫米、车速 2500 米/分	2	预计 2023
13	江苏金盈纸业有限公司	高速分切复卷机	幅宽 5600 毫米、车速 2500 米/分	5	预计 2023
14	陕西发电集团东方智慧能源有限公司	高速分切复卷机	幅宽 5600 毫米、车速 2500 米/分	2	预计 2023
15	土耳其 Ankutsan 公司	高速分切复卷机	幅宽 5500 毫米、车速 2500 米/分	1	预计 2022
16	广州顺安纸业贸易有限公司	高速分切复卷机	幅宽 5550 毫米、车速 2500 米/分	1	预计 2023
17	江西五星纸业有限公司	高速分切复卷机	幅宽 5650 毫米、车速 2500 米/分	2	预计 2023
18	金凤凰纸业(孝感)有限公司	高速分切复卷机	幅宽 4400 毫米、车速 2500 米/分	2	预计 2023
19	山东合创新材料有限公司	高速分切复卷机	幅宽 4950 毫米、车速 2500 米/分	1	预计 2022
20	山东丰源通达电力有限公司中科生态分公司	高速分切复卷机	幅宽 4850 毫米、车速 2500 米/分	1	2021
21	东莞金洲纸业有限公司	高速分切复卷机	幅宽 4850 毫米、车速 2200 米/分	1	预计 2022
22	德州泰鼎新材料科技有限公司	高速分切复卷机	幅宽 4850 毫米、车速 2200 米/分	1	预计 2022
23	山东仁丰特种材料股份有限公司	高速分切复卷机	幅宽 2960 毫米、车速 2500 米/分	1	2021
24	肯尼亚 Mars 项目	新月型高速卫生纸机	40 吨/日	1	预计 2023
25	亚太森博(山东)浆纸有限公司	新月型高速卫生纸机	70 吨/日	2	预计 2022
26	中东 P&B 公司	新月型高速卫生纸机	100 吨/日	1	预计 2022
27	英国 Fourstones 公司	新月型高速卫生纸机	80 吨/日	1	预计 2022
28	广西横县江南纸业有限公司	新月型高速卫生纸机	70 吨/日	1	2020
29	法国 SCA 公司	试验卫生纸机	—	1	2020

（龚　凌）

2021 年部分企业投产的卫生纸机设备

Tissue Machines Put into Production in 2021

集团省份	公司名称	项目地点	阶段	规模/（万吨/年）	纸机					投产时间	供应商	备注
					形式	型号	数量/台	幅宽/毫米	车速/（米/分）			
河北	河北亚光纸业有限公司	河北保定	新增	2.5	新月型	BC1300-3550	1	3550	1300	2021-01	佛山市南海区宝拓造纸设备有限公司	国产
	保定市港兴纸业有限公司	湖北孝感	新建	5	新月型	BT1500-2850	2	2850	1500	2021-03、04	佛山市南海区宝拓造纸设备有限公司	国产
	保定市满城区瑞丰纸业有限公司	河北保定	新增	2	新月型	BC1300-2850	1	2850	1300	2021	佛山市南海区宝拓造纸设备有限公司	国产
	唐山美特好卫生用品有限公司	河北迁安	新建	2.5	新月型	BC1300-3550	1	3550	1300	2021-06	佛山市南海区宝拓造纸设备有限公司	国产
	河北华邦卫生用品有限公司	河北保定	新增	2.5	新月型	BC1300-3550	1	3550	1300	2021-08	佛山市南海区宝拓造纸设备有限公司	国产
	保定市顺发卫生用品有限公司	河北保定	新增	2	新月型	BC1300-3550	1	3550	1300	2021-10	佛山市南海区宝拓造纸设备有限公司	国产
	保定达亿纸业有限公司	河北保定	新增	5	新月型		2	3600	1400	2021-01	上海轻良实业有限公司	国产
	河北金博士集团有限公司	河北保定	新增	5.2	新月型		2	3650	1400	2021-01	上海轻良实业有限公司	国产
	满城眺山营纸业有限公司	河北保定	新增	2	新月型		1	2850	1400	2021-03	上海轻良实业有限公司	国产
		河北保定	新增	2.5	新月型		1	3550	1400	2021-03	上海轻良实业有限公司	国产

续表

集团省份	公司名称	项目地点	阶段	规模/（万吨/年）	纸机					投产时间	供应商	备注
					形式	型号	数量/台	幅宽/毫米	车速/（米/分）			
河北	保定雄飞造纸厂	河北保定	新增	1.9	新月型		1	3500	900	2021-02	保定市维拓造纸机械有限公司	国产
	保定市四海纸业有限公司	河北保定	新增	3	新月型		1	3550	1400	2021-03	保定市维拓造纸机械有限公司	国产
	保定旭冉卫生用品有限公司	河北保定	新增	2	新月型		1	3500	1100	2021-04	保定市维拓造纸机械有限公司	国产
	河北兴荣纸业有限公司	河北保定	新增	3	新月型		1	3500	1400	2021-09	保定市维拓造纸机械有限公司	国产
	保定市正大纸业有限公司	河北保定	新增	2.1	新月型		1	3550	1100	2021-10	保定市维拓造纸机械有限公司	国产
	保定市益康纸业有限公司	河北保定	新增	2.1	新月型		1	2850	1400	2021-10	保定市维拓造纸机械有限公司	国产
	保定市新平纸业有限公司	河北保定	新增	2.3	新月型		1	3550	1200	2021-10	保定市维拓造纸机械有限公司	国产
	满城区正森纸制品加工厂	河北保定	新增	2.3	新月型		1	3550	1200	2021-11	保定市维拓造纸机械有限公司	国产
	河北晨松卫生用品有限公司	河北保定	新增	3	新月型	BZ3500-I	2	3500	900	2021-02、04	陕西炳智机械有限公司	国产
	保定市满城国利造纸有限公司	河北保定	新增	1.5	新月型	BZ2850-I	1	2850	900	2021-06	陕西炳智机械有限公司	国产
	保定市聚兴纸制品加工有限公司	河北保定	新增	1.5	新月型	BZ3500-I	1	3500	900	2021-12	陕西炳智机械有限公司	国产
	保定市满城红升纸业有限责任公司	河北保定	新增	2.5	新月型		1	3550	1300	2021-05	保定市昌达造纸机械有限公司	国产
	保定市诚信纸业有限公司	河北保定	新增	4	新月型		2	2850	1400	2021-08	保定市昌达造纸机械有限公司	国产
	保定市满城永利造纸厂	河北保定	新增	2.5	新月型		1	3550	1400	2021-11	保定市昌达造纸机械有限公司	国产

续表

集团省份	公司名称	项目地点	阶段	规模/（万吨/年）	纸机					投产时间	供应商	备注
					形式	型号	数量/台	幅宽/毫米	车速/（米/分）			
河北	保定市满城纸业有限公司	河北保定	新增	2	新月型		1	2850	1300	2021-12	西安维亚造纸机械有限公司	国产
山西	山西云冈纸业有限公司	山西大同	新增	5	新月型		2	2850	1400	2021-01	上海轻良实业有限公司	国产
	山西力达纸业集团有限公司	山西运城	新增	5	新月型		2	3600	1400	2021-01、11	上海轻良实业有限公司	国产
		山西运城	新增	2	新月型		1	2850	1400	2021-11	上海轻良实业有限公司	国产
辽宁	辽宁和合卫生用品有限公司	辽宁铁岭	新增	1.5	新月型		1	2850	1100	2021-10	保定昌达造纸机械有限公司	国产
上海	泰盛科技（集团）股份有限公司	安徽宿州	新建	12	新月型	PrimeLineS-TW8	2	5600	1900	2021-01、02	安德里茨公司	进口
		安徽宿州	新增	16	新月型		8	2850	1300	2021-04、06	山东信和造纸工程股份有限公司	国产
		江西九江	新增	8	新月型		4	2850	1300	2021-12	上海轻良实业有限公司	国产
江苏	金红叶纸业集团有限公司	湖北孝感	新增	12	新月型	DCT200、软靴压	2	5600	2000	2021-06、09	维美德公司	进口
		江苏如东	新增	24	新月型	Intelli-Tissue® EcoEc 1600 Premium	8	3600	1600	2021-06、11	维美德公司	进口
	江苏洪泽湖纸业有限公司	江苏淮安	新增	2	新月型	BTC1400-2850	1	2850	1400	2021-02	佛山市南海区宝拓造纸设备有限公司	国产
福建	福建永峰纸业有限公司	福建龙岩	新建	2.5	新月型	BT1300-3550	1	3550	1300	2021-01	佛山市南海区宝拓造纸设备有限公司	国产
	福建恒安集团有限公司	福建晋江	新增	1.5	真空圆网型	SF12-1100	1	2800	1000	2021-12	佛山市南海区宝拓造纸设备有限公司	国产
	佳亿（漳州）纸业有限公司	福建漳州	新增	1.5	新月型	BC1100-3650	1	3650	1100	2021	佛山市南海区宝拓造纸设备有限公司	国产
	福建植护网络科技有限公司	广西来宾	新建	6	新月型	BC1500-4200	2	4200	1500	2021-10、12	佛山市南海区宝拓造纸设备有限公司	国产

续表

集团省份	公司名称	项目地点	阶段	规模/（万吨/年）	纸机					投产时间	供应商	备注
					形式	型号	数量/台	幅宽/毫米	车速/（米/分）			
山东	菏泽牡丹纸业有限公司	山东菏泽	新增	2	新月型		1	2850	1300	2021-03	上海轻良实业有限公司	国产
	德州胜港纸业有限公司	山东德州	新建	4	新月型		2	2850	1400	2021-02、04	上海轻良实业有限公司	国产
		山东德州	新增	2.5	新月型		1	3600	1300	2021-09	佛山市南海区宝拓造纸设备有限公司	国产
	济南圣泉集团股份有限公司	山东济南	新建	5	新月型	FD1500-2850	2	2850	1500	2021-05	诸城大正机械有限公司	国产
	广西太阳纸业有限公司	广西北海	新建	12	新月型	PrimeLineW 2000	2	5650	2000	2021-10、12	安德里茨公司	进口
河南	洛阳市洁达纸业有限公司	河南洛阳	新增	2	新月型	BC1300-2850	1	2850	1300	2021-01	佛山市南海区宝拓造纸设备有限公司	国产
	驻马店中南纸业有限公司	河南驻马店	新建	4	新月型	BC1300-3550	2	3550	1300	2021-07、11	佛山市南海区宝拓造纸设备有限公司	国产
湖北	湖北超维新材料科技有限公司	湖北荆州	新增	1.5	真空圆网型	BT1100-2860	1	2860	1100	2021	佛山市南海区宝拓造纸设备有限公司	中外合作
广东	维达纸业（中国）有限公司	广东阳江	新建	7	复合型		2	保密	保密	2021	维美德公司	进口
	维达纸业（浙江）有限公司	浙江龙游	新增	3.5	复合型		1	保密	保密	2021	维美德公司	进口
	维达纸业（中国）有限公司	湖北孝感	新增	3.5	复合型		1	保密	保密	2021	维美德公司	进口
	澳威纸业（江门）有限公司	广东江门	新建	1.6	真空圆网型	BF-1000S	1	2850	1100	2021-01	日本川之江造机株式会社	进口
	中顺洁柔（湖北）纸业有限公司	湖北孝感	新增	10	新月型	Intelli-Tissue® Eco-EcPremium 1600、钢制烘缸	4	3500	1600	2021-01、07	维美德公司	进口

续表

集团省份	公司名称	项目地点	阶段	规模/（万吨/年）	纸机					投产时间	供应商	备注
					形式	型号	数量/台	幅宽/毫米	车速/（米/分）			
广东	韶关市联进纸业有限公司	广东韶关	新增	1.2	新月型	BZ2850-I	1	2850	900	2021-08	陕西炳智机械有限公司	国产
	江门旺佳纸业有限公司	广东江门	新增	2	新月型	1000-2850	1	2850	1000	2021-10	诸城大正机械有限公司	国产
	广东韶能集团股份有限公司	湖南耒阳	新建	3	新月型		1	3900	1400	2021-11	佛山市南海区宝拓造纸设备有限公司	国产
		湖南耒阳	新建	8	新月型		4	2850	1600	2021-11、12	佛山市南海区宝拓造纸设备有限公司	国产
		湖南耒阳	新建	3	真空圆网型		2	2850	1100	2021-11	佛山市南海区宝拓造纸设备有限公司	国产
		湖南耒阳	新建	2	短长网型		1	2850	1200	2021-12	佛山市南海区宝拓造纸设备有限公司	国产
	理文造纸有限公司	江西九江	新增	3.4	新月型	BC1300-2850	2	2850	1300	2021-11、12	佛山市南海区宝拓造纸设备有限公司	国产
		江西九江	新增	2	新月型		1	2850	1300	2021-12	江苏信诺轨道科技有限公司	国产
广西	广西来宾桂宾纸业有限公司	广西来宾	新增	2.5	新月型	1500-2850	1	2850	1500	2021-01	诸城大正机械有限公司	国产
	南宁市圣大纸业有限公司	广西南宁	新增	2.5	新月型	1800-2850	1	2850	1800	2021-07	诸城大正机械有限公司	国产
	广西嘉盛纸业有限公司	广西贵港	新增	2.5	新月型	1500-2850	1	2850	1500	2021-11	诸城大正机械有限公司	国产
	广西横县江南纸业有限公司	广西横县	新增	2.5	新月型		1	2850	1600	2021-01	潍坊凯信机械有限公司	国产
	广西象州莲桂纸业有限公司	广西来宾	新增	2	真空圆网型		2	2850	700	2021-01	天津天轻造纸机械有限公司	国产
	崇左市品源纸业有限公司	广西崇左	新增	1	新月型		1	2880	800	2021-01	天津天轻造纸机械有限公司	国产
	广西和发强纸业有限公司	广西南宁	新增	1	新月型		1	2850	800	2021	江阴市鼎昌造纸机械有限公司	国产

续表

集团省份	公司名称	项目地点	阶段	规模/（万吨/年）	纸机					投产时间	供应商	备注
					形式	型号	数量/台	幅宽/毫米	车速/（米/分）			
广西	来宾市桥宏纸业有限责任公司	广西来宾	新建	2	新月型		1	2850	1300	2021-07	贵州盛泰源精工装备有限责任公司	国产
	柳州市柳林纸业有限公司	广西柳州	新增	2	新月型		1	2850	1500	2021-09	西安维亚造纸机械有限公司	国产
四川	四川圆周实业有限公司	四川成都	新增	2.6	新月型		1	3980	1300	2021-04	贵州盛泰源精工装备有限责任公司	国产
	崇州市倪氏纸业有限公司	四川成都	新增	1.5	新月型		1	2850	1000	2021	四川省井研轻工机械厂	国产
云南	云南弘源纸业有限公司	云南昆明	新建	1.6	真空圆网型	BF-1000S	1	2850	1100	2021-01	日本川之江造机株式会社	进口
	云南新平南恩糖纸有限责任公司	云南玉溪	新增	3.4	新月型	BC1300-2850	2	2850	1300	2021-01、07	佛山市南海区宝拓造纸设备有限公司	国产
新疆	新疆芳菲达卫生用品有限公司	新疆阜康	新增	1.2	真空圆网型	SF900-2860	1	2860	800	2021-01	佛山市南海区宝拓造纸设备有限公司	中外合作
	程品纸业有限公司	新疆库尔勒	新增	1.2	新月型		1	2850	900	2021-01	贵州盛泰源精工装备有限责任公司	国产
总计				278.6			117					

注：集团企业在不同地区有生产厂的，该集团的所有生产厂列在总部所在省份。

（中国造纸协会生活用纸专业委员会）

科技 教育 出版

SCIENCE AND TECHNOLOGY, EDUCATION AND PUBLICATION

7

造纸工业获奖情况

The Science and Technology Awards of Paper Industry

1. 2020 年度国家级(造纸)获奖项目

2020 年度国家级(造纸)获奖项目

项目名称	完成单位	完成人
	2020 年国家科学技术进步奖二等奖	
高性能木材化学浆绿色制备与高值利用关键技术及产业化	齐鲁工业大学 山东晨鸣纸业集团股份有限公司 山东太阳纸业股份有限公司 山东华泰纸业股份有限公司 山东恒联投资集团有限公司	吉兴香　陈嘉川　田中建 陈洪国　刘泽华　魏文光 王　强　张革仓　姚瑞先 陈洪雷

2. 2021 年度中国轻工业联合会科学技术奖(造纸)获奖项目

2021 年度中国轻工业联合会科学技术奖(造纸)获奖项目

项目名称	完成单位	完成人
	技术发明奖一等奖	
高性能间位芳纶蜂窝纸关键技术及其应用	株洲时代新材料科技股份有限公司 华南理工大学 中航复合材料有限责任公司 航天材料及工艺研究所 株洲时代华先材料科技有限公司	杨　军　王　宜　杨进军 栾贻浩　宋　欢　曹凯凯
	科技进步奖一等奖	
造纸黑液清洁燃烧技术及高效碱回收锅炉系统	武汉武锅能源工程有限公司 中国制浆造纸研究院有限公司 山东太阳纸业股份有限公司 山东省特种设备检验研究院有限公司 中国中轻国际工程有限公司	王大伟　史建波　李以善 应广东　苏振华　朱全茂 王义丹　费　达　王　宁 张　亮
磁悬浮综合节能关键技术装备在造纸工业中的创新应用	山东天瑞重工有限公司 天瑞磁悬浮智能科技(山东)有限公司 山东磁悬浮产业技术研究院有限公司 潍坊学院	李永胜　张海刚　何小宏 张婕妤　王维林　陈　茹 李致宇　马　昕　台流臣
	科技进步奖二等奖	
ZXV120 m^2 新型高效鼓式真空洗浆机	汶瑞机械(山东)有限公司	尹　华　曹　钦　姚同业 苑耀军　李录杰　胡学松 姚秀旗　李进鹏

续表

项目名称	完成单位	完成人
	科技进步奖三等奖	
高端印刷纸关键技术研发及产业化	岳阳林纸股份有限公司 长沙理工大学	史梦华　朱宏伟　董　超 刘春景　李　丹　林本平
百万吨浆线阔叶木漂白浆提高白度稳定性研究	亚太森博（山东）浆纸有限公司	肖光彩　杨　恒　张守国 李书杰　谢　斌
全自动造纸表面施胶淀粉连续制备系统	中国轻工业武汉设计工程有限责任公司	杨能生　刘泽民　刘润泽 王晓燕　肖　鹏　卢　果
5700/1000 靴式压榨装置	淄博泰鼎机械科技有限公司	诸葛宝钧　刘　华　张伟鹏 郭庆宝　王　坤　任　山

3. 2021 年度主要省市科学技术奖（造纸）获奖项目

2021 年各省市科学技术奖（造纸）获奖项目

省市	项目名称	完成单位	完成人	获奖类别
山东省	磁悬浮离心鼓风机综合节能系统开发与应用	山东天瑞重工有限公司 天瑞磁悬浮智能科技（山东）有限公司	李永胜　张海刚　何小宏 张婕妤　王维林　李致宇	山东省技术发明奖一等奖
山东省	内燃机用长寿命高精度抗老化机油滤纸关键技术攻关及产业化应用	山东仁丰特种材料股份有限公司	葛　龙　徐汝义　刘　雷 巩　朋　张　帅	山东省科学技术进步奖三等奖
山东省	100 万吨浆线阔叶木漂白浆提高白度稳定性研究	亚太森博（山东）浆纸有限公司	杨　恒　张守国　王少光 李书杰　谢　斌	山东省科学技术进步奖三等奖
陕西省	芳纶浆粕制备技术及其在纸基复合材料中的应用	陕西科技大学 烟台民士达特种纸业股份有限公司 宝鸡科达特种纸业有限公司 浙江科技学院	陆赵情　花　莉　张美云 江　明　杨　斌　谢　璠 侯清中　俄松峰　沙力争 陈　杰　贾峰峰	陕西省技术发明奖一等奖
湖北省	超宽幅高速智能瓦楞纸板生产装备的开发及产业化	湖北京山轻工机械股份有限公司	邹汉生　胡恒峰　彭银喜 陈永波　汪　雁　向　东 黄晶晶	湖北省科学技术进步奖三等奖
山西省	一种覆膜纸上纸及下纸的生产工艺	山西强伟纸业有限公司	李伟	山西省科技进步奖三等奖

注：表中奖项均由各省市区人民政府发布公告整理所得，部分省市未在网站公告或截稿之前未公告的没有收录。

（王　斌）

2021 年度造纸行业全国五一劳动奖获奖情况

National May 1st Labor Awards of Paper Industry in 2021

2021 年各省区市造纸行业全国五一劳动奖章获奖情况

省市	获奖者姓名	工作单位及职务
浙江省	骆志荣	浙江夏王纸业有限公司技术总监，高级工程师
福建省	周志强	联盛纸业（龙海）有限公司生产经理
山东省	张凤山	山东华泰纸业股份有限公司总工程师，工程技术应用研究员

注：表中奖项由中华全国总工会发布公告整理所得。

（王　斌）

中国科协青年人才托举工程入选者情况（制浆造纸行业）

Youth Talent Promotion Project of CAST(China Paper Industry)

“青年人才托举工程”项目是由中国科协于 2015 年 10 月立项的国家级青年人才计划，择优支持中国科协所属全国学会或学会联合体具体实施。该项目采用以奖代补、稳定支持的方式，连续 3 年稳定资助，大力扶持有较大创新能力和发展潜力的 32 岁以下青年科技人才，帮助他们在创造力黄金时期做出突出业绩，成长为国家主要科技领域高层次领军人才和高水平创新团队的重要后备力量。创新青年科技人才的遴选机制、培养模式、评价标准与评价指标体系，打造国家高水平科技创新人才后备队伍。

经提名推荐，中国造纸学会第八届理事会学术委员会委员评审、中国科协先进材料学会联合体答辩、人选公示等程序，入围第六届中国科协青年人才托举工程 3 人，入围第七届中国科协青年人才托举工程 3 人。

第六届中国科协青年人才托举工程（2020—2022）入选者名单

聂景怡　陕西科技大学
戴　林　天津科技大学
蔡　慧　中国制浆造纸研究院有限公司

第七届中国科协青年人才托举工程（2021—2023）入选者名单

马纪亮　大连工业大学
黄　晨　中国林业科学研究院林产化学工业研究所
刘莹莹　天津科技大学

（王　斌）

2021 年我国造纸工业授权专利

Granted Patents of China's Paper Industry in 2021

2021 年我国造纸工业授权专利共 2054 项，其中制浆造纸工艺授权专利 220 项，占 10.71%，制浆造纸装备授权专利 1650 项，占 80.33%，造纸化学品授权专利 123 项，占 5.99%，环境保护相关技术授权专利 61 项，占 2.97%。

序号	分类号	发明名称	发明人	申请号	公开(公告)号
		制浆造纸工艺			
1	D21F	一种绿色环保的造纸设备及造纸方法	余广彬	CN202110753961. X	CN113308929A
2	D21H	一种转移印花纸及其生产方法	丁海华	CN202110715222. 1	CN113373729A
3	B65D	一种缓冲纸	薛淑杰 等	CN202121326420. 0	CN215099387U
4	D21H	一种防潮抗压纸箱及制备方法	李　蓉 等	CN202110585252. 5	CN113389079A
5	B65D	一种缓冲袋	薛淑杰 等	CN202121326423. 4	CN215324462U
6	D21B	一种表层打磨原纸及其制备工艺	王大伟 等	CN202110541832. 4	CN113089358A
7	D21B	一种干法处理废纸制浆生产线	李风志 等	CN202121057894. X	CN214882578U
8	B65D	一种可降解口杯用涂布纸及口杯	孙守文 等	CN202120946868. 6	CN214737007U
9	D21H	涂布白纸板生产节能工艺	王壮鹏 等	CN202110482588. 9	CN113106783A
10	D21H	纤维素耐水纸及其制备方法	祝名伟 等	CN202110328098. 3	CN113026420A
11	D21H	一种可生物降解疏水防油纸的制备方法	王希运 等	CN202110273907. 5	CN112982028A
12	D21H	一种胶片卡纸的生产方法	刘存芬 等	CN202110237397. 6	CN113047083A
13	D21H	一种提高牛皮箱纸板耐破指标的方法	王宝辉 等	CN202110179113. 2	CN113186757A
14	C08L	一种快速、大面积制备高强度细菌纤维素纸的方法	王小慧 等	CN202110076589. 3	CN112876716A
15	D21H	一种美光纸	张小龙 等	CN202120253581. 5	CN214423013U
16	D21D	一种纸浆配浆流程工艺	刘　轩 等	CN202011619755. 1	CN112853792A
17	G01N	一种复印纸原始翘曲检测方法	刘文艳 等	CN202011591430. 7	CN112748237A
18	D21H	微胶囊纸的制备方法	宋　特 等	CN202011595790. 4	CN112726277A
19	D21H	一种薄页纸	聂小明 等	CN202023141384. 9	CN214089244U
20	C09D	一种生活用纸纸机用粘缸剂及其制备方法	丁锦华 等	CN202011515573. X	CN112694619A
21	D21H	一种彩墨书写纸	余昊源	CN202023084654. 7	CN214219221U
22	D21H	一种表面施胶液和水彩画纸的制备方法	石立明 等	CN202011328386. 0	CN112442917A
23	D21D	一种打浆装置、系统及打浆方法	曾劲松 等	CN202011319340. 2	CN112482073A
24	D21C	一种以木屑为原料工业化制备半化学浆的工艺	张　伟 等	CN202011319989. 4	CN112458778A
25	D21H	葡萄状微粒聚集体及其制备方法以及卫生用纸	黄国铭 等	CN202011285270. 3	CN112841182A

续表

序号	分类号	发明名称	发明人	申请号	公开(公告)号
26	B32B	一种阻燃型瓦楞原纸	马振从	CN202022439667.5	CN214459217U
27	D21C	一种废纸脱墨浆的漂白工艺	翁泽军 等	CN202011144101.8	CN112281532A
28	B27K	改性木纤维及其制备方法和在造纸中的应用	胡志滨 等	CN202011124950.7	CN112223473A
29	D21H	一种成型机构、包装纸抄造系统及高档包装用纸	刘名中	CN202022288270.0	CN213681502U
30	D21F	一种全新白卡纸抄造系统及其生产的白卡纸	刘名中	CN202022291605.4	CN213681503U
31	D21H	一种抗菌、防霉壁纸及其制备方法	刘 朋	CN202011067463.1	CN112176776A
32	D21F	一种环保型防伪造纸制备工艺	金泰特	CN202010978669.3	CN112048931A
33	B01D	一种完全可生物降解的过滤材料及其制备方法	李 霞 等	CN202010975931.9	CN112295314A
34	D21B	一种造纸制浆工艺	金泰特	CN202010953694.6	CN112030590A
35	D21H	一种立体防伪珠光卡纸	王宾强 等	CN202021979904.0	CN213951772U
36	C08J	一种适用于全降解膜袋的改性木质素及其制备方法	施晓旦 等	CN202210037495.X	CN114395139A
37	D21D	一种高强度防水防潮的高性能复合瓦楞纸板工艺	刘承子	CN202111571431.X	CN114381967A
38	D21B	一种利用秸秆快速生产纸浆的方法、纸浆处理及应用	邱 悦 等	CN202210180343.5	CN114561822A
39	C08B	一种三元低共熔溶剂体系磺化改性纤维素的方法	杨桂花 等	CN202011189992.9	CN112175095A
40	D21H	可分散的粘合剂粘结的薄页纸层合物	R·S·蒙森 等	CN201980099968.5	CN114340581B
41	C12P	一种造纸用表面施胶剂降粘制备工艺	李文斌	CN202210487589.7	CN114657225A
42	D21H	一种高平滑度印刷底纸及其生产工艺	郑少华 等	CN202111678126.0	CN114673028A
43	D21F	无机粒子复合纤维片材的制造方法	长谷川绚香 等	CN201880022070.3	CN110678605B
44	D21C	一种低温中性二氧化氯漂白方法	姚双全 等	CN202111552331.2	CN114277599A
45	D21D	一种耐高温耐湿瓦楞原纸生产工艺	孙祥辉 等	CN202111662554.4	CN114381962A
46	D06M	利用碳纤维制备高性能电磁屏蔽纸的方法	方帅男 等	CN202111651599.1	CN114369955A
47	D21H	一种有效控制造纸过程异味的方法	占正奉 等	CN202010180020.7	CN111335068A
48	B32B	一种皮芯纤维/碳纤维热塑性复合材料及其制备方法	许 跃 等	CN202010156987.1	CN111421921A
49	D21B	一种纱管纸制造工艺及其生产设备	胡 辉 等	CN202010064415.0	CN111235929A
50	D21B	一种纸质包装箱回收再制浆造纸处理工艺	姚厚君 等	CN202010001004.7	CN111005250A
51	D21H	一种轻涂牛卡纸及其生产方法	刘名中 等	CN201911410999.6	CN111005258B
52	D21D	一种湿浆除沙系统与除沙方法	袁 麟 等	CN201911293155.8	CN110878484B
53	D21B	一种高松厚度防近视纸张生产用设备及生产方法	郭旭斌 等	CN201911330204.0	CN111005252B
54	D21H	一种基于凝胶原位生长包覆 MOFs 的造纸加填方法	聂景怡 等	CN201911228540.4	CN111021134B
55	D21H	一种咖啡滤纸及其制备方法	周家俊 等	CN201911133240.8	CN110886121B
56	D21B	一种干制纸浆生产方法	陈先金 等	CN201911109753.5	CN110820397B
57	D21B	一种疏水抗油食品包装用纸及其制备方法	赵新民 等	CN201911068274.3	CN110792003B
58	D21H	一种疏水增强型书画纸及其制备方法	赵会芳 等	CN201911068270.5	CN110804900B
59	D21H	一种粒径可控的硅酸钙的制备方法及由其制备的硅酸钙和用途	陈芳芳 等	CN201911037872.4	CN112678839B

续表

序号	分类号	发明名称	发明人	申请号	公开(公告)号
60	D21H	一种以纺织、工业、农业废渣制造的纸张和造纸方法	夏振明	CN201911057107.9	CN112709092B
61	B42D	用于制造具有开窗防伪线的防伪纸的方法和装置	A. 埃格纳 等	CN201980066025.2	CN112888573B
62	D21B	一种研磨钢纸中夹心纸的制作工艺	胡　越 等	CN201910979307.3	CN110670394B
63	D21C	一种研磨钢纸中面纸的制作工艺	胡　越 等	CN201910979319.6	CN110700010B
64	C12N	一种从废纸中获得的脱墨微生物及其获得方法与应用	郑苗苗 等	CN201910942016.7	CN111690550B
65	D21B	一种本色竹纤维生物化学机械浆的制备方法	杨　玲 等	CN201910908572.2	CN110700004B
66	D21F	一种基于中高浓制浆造纸技术的浓度调节方法	杨善先	CN201910904998.0	CN110468619B
67	B44C	一种高导热防静电热升华转移印花纸	刘燕韶 等	CN201910891012.0	CN110644286B
68	D06M	一种芳纶浆泊纤维的制备方法	潘　恒 等	CN201910870796.9	CN110528281B
69	D21B	一种高强透析纸的生产设备及其生产工艺	胡丁根等	CN201910862470.1	CN110565425B
70	D21H	一种黑纸及其制备工艺	何　键 等	CN201910848746.0	CN110552236B
71	D21H	一种"泡泡纱"结构的液晶玻璃基板间隔纸的制备方法	赵传山 等	CN201910831669.8	CN110528305B
72	A01G	利用造纸黑液改性制备水稻耐盐专用小分子有机物的方法	杨越超 等	CN201910830900.1	CN110438163B
73	D21F	生活用纸造纸机和操作生活用纸造纸机的方法	J·阿龙森 等	CN201980062710.8	CN112752883B
74	B29C	一种环保包装盒的生产工艺	操　华 等	CN201910823428.9	CN110653981B
75	D21H	一种连续钢纸的生产方法	胡　越 等	CN201910814400.9	CN110453536B
76	D21D	一种硬质纤维熟化系统及其制浆方法	乐恒香 等	CN201910806344.4	CN110512453B
77	D21H	一种利用可食用助剂构建自清洁与超疏水功能纸的方法	沈　静 等	CN201910764431.8	CN110453526B
78	D21D	利用造纸厂废料生产挂面纱管原纸的工艺	刘红涛	CN201910737390.3	CN110552245B
79	D21B	一种防潮减震瓦楞原纸及其制备方法	王晓全 等	CN201910716552.5	CN110396858B
80	D21H	一种瓦楞原纸防潮工艺	周　双	CN201910673195.9	CN110344278B
81	D21D	一种造纸纸浆的联合处理工艺	钱柏安 等	CN201910668571.5	CN110804891B
82	D21B	一种 ML 牛皮卡纸及其制备工艺	王月东 等	CN201910658784.X	CN110373945B
83	D21B	一种利用圆网造纸机复合加工吸水纸的方法	荣敏杰 等	CN201910661219.9	CN110219197B
84	D21H	一种三明治式的擦手纸及其生产工艺	王李桐	CN201910656950.2	CN110409212B
85	D21C	一种造纸碱炉灰处理液资源化利用方法	杨　刚 等	CN201910645241.4	CN110468617B
86	D21H	一种木素-壳聚糖基无氟高强度超疏水纸的制备方法	王守娟 等	CN201910547030.7	CN110241648B
87	D21H	一种钢温纸及其制备工艺	高其峰 等	CN201910513280.9	CN110144755B
88	C08H	一种防止木质素热解结块的预处理方法及产品	杨海平 等	CN201910510175.X	CN110256690B
89	D21H	一种芳纶纳米纤维自增强芳纶云母纸的制备方法	宋顺喜 等	CN201910497371.8	CN110205862B
90	G01N	一种造纸用石灰石粉的检测方法	黄庆基 等	CN201910482171.5	CN110132787B
91	C07C	一种木质素基固体酸催化苄基化反应方法	袁　冰 等	CN201910466700.2	CN110270371B
92	D21H	一种食品防油纸及其制备方法	赵丽红 等	CN201910467940.4	CN110195373B

续表

序号	分类号	发明名称	发明人	申请号	公开(公告)号
93	D21D	造纸用植物纤维处理的制备方法	邱振权	CN201910432881.7	CN110172852B
94	D21B	一种生物质包装纸板的制备方法	万思露	CN201910408916.3	CN110284354B
95	D21B	一种高盐度高硬度废纸污泥再造抗菌瓦楞原纸的方法	刘伟锋 等	CN201910393898.6	CN110144745B
96	D21B	一种利用废纸再造高强瓦楞原纸的生产工艺	刘伟锋 等	CN201910393622.8	CN110080035B
97	D21H	一种接枝纳米纤维增强碳纤维纸及其制备方法	王士华 等	CN201910361681.7	CN110029523B
98	D21H	一种利用海藻酸钠制备植物纤维耐温阻燃纸的方法	韩文佳	CN201910364425.3	CN110172864B
99	D21H	一种高强度壁纸原纸生产的纸浆脱水设备及其壁纸原纸制造工艺	陈建斌 等	CN201910343527.7	CN110158347B
100	D21C	植物类原料生物环保制浆工艺方法	李 军 等	CN201910311625.2	CN110004757B
101	D21H	在造纸过程中智能注入杀菌剂的方法及杀菌剂注入系统	宋雨芃 等	CN201910310677.8	CN109972449B
102	D21H	一种提高纸或纸板色牢度的方法	高文花 等	CN201910314469.5	CN110080028B
103	C08B	一种疏水性纤维素纳米片及其制备方法	吴 敏 等	CN201910298586.7	CN110041438B
104	D21H	一种提高箱纸板强度性能的方法	王 强 等	CN201910298369.8	CN109811585B
105	D21H	一种色卡及其制作方法	吴小伟 等	CN201910288746.X	CN110761109B
106	D06M	一种竹纤维过滤材料及其制备工艺	易 涛	CN201910261960.6	CN109876544B
107	D21H	一种超低定量阻燃型瓦楞隔离纸及其制备方法	陆祥根 等	CN201910198535.7	CN109811577B
108	D21H	一种利用反应型阻燃纤维制备的阻燃纸基材料及其制备方法	赵会芳 等	CN201910198517.9	CN109853289B
109	D21C	以花生壳、芦苇为原料的生物纸浆及其制备方法和应用	卢庆华 等	CN201910189396.1	CN109811580B
110	D21C	一种从酒糟中提取造纸用纤维的方法	杨 顺 等	CN201910179866.6	CN109706768B
111	D21H	一种适用于高速打印的白纸板及其制备方法	陈 港 等	CN201910175066.7	CN109972446B
112	D21H	一种高背胶量邮票纸的生产方法	杜艳芬 等	CN201910048224.2	CN109736126B
113	C08G	一种生物质造纸及综合利用的方法	王晓峰 等	CN201910003092.1	CN109810232B
114	D21D	磨浆过程纤维长度分布的 PDF 形状预测方法及系统	周 平 等	CN201811617878.4	CN109695174B
115	D21C	用于纸浆生产线的高效制浆系统及洗浆工艺	杨朝林 等	CN201811622312.0	CN109629300B
116	D21C	一种新鲜蔗渣直接蒸煮制浆的方法	黄毅华 等	CN201811599286.4	CN109487610B
117	D21C	一种在高速纸机上生产低定量高强度瓦楞原纸的工艺	张凤山 等	CN201811605767.1	CN109706779B
118	D21H	一种高品质热升华转移印花纸及其生产工艺	张凤山 等	CN201811605768.6	CN109722939B
119	D21H	一种工程复印原纸生产工艺	赵文杰 等	CN201811588463.9	CN109706778B
120	D21H	乳胶纸及其制备方法	李安东 等	CN201811582090.4	CN109610225B
121	C02F	一种硫酸盐法木浆黑液的资源化处置方法	王 俊 等	CN201811366262.4	CN109179845B
122	D21H	一种应用于纸张的施胶控制方法	寇俊祥 等	CN202011406213.6	CN112878103B
123	D21H	一种氢氧化氧铋插层水滑石填充的阻燃墙纸及制备方法	蒋 涛	CN201811355853.1	CN109235142B
124	B01D	一种基于 MOF 材料的纸基吸附材料的制备方法	高珊珊 等	CN201811340323.X	CN109158094B

续表

序号	分类号	发明名称	发明人	申请号	公开(公告)号
125	D21C	荛花树皮纸浆无损漂白方法	谢守斌 等	CN201811341705.4	CN109457526B
126	D21H	一种层压厚钢纸及其制备方法	王建业 等	CN201811301878.3	CN109518530B
127	D01F	一种杯垫纸及其制备方法	王建业 等	CN201811301880.0	CN109371742B
128	D21H	一种耐水厚钢纸及其制备方法	王建业 等	CN201811287377.4	CN109338809B
129	D21H	一种耐热钢纸及其制备方法	王建业 等	CN201811286448.9	CN109355975B
130	D21H	一种高亮度的牛皮箱纸板的生产工艺	王家银 等	CN201811214894.9	CN109457545B
131	D21C	一种使用土绒及废旧箱纸板制成混合造纸浆料的方法	韩　冲 等	CN201811208974.3	CN109403128B
132	D21H	一种高剪切条件下提高填料留着率和改善纸张匀度的方法	景　宜 等	CN201811201035.6	CN109082932B
133	D21H	一种电子玻璃柔性间隔纸及其生产工艺	罗　雷 等	CN201811197108.9	CN109183515B
134	D21H	杀菌性高分子纳米纤维聚集体及使用其的干式卫生用纸	黄国铭 等	CN201811177729.0	CN109958001B
135	D21B	一种再生芳纶复合纸的制备方法	刘德桃 等	CN201811179782.4	CN109457533B
136	C08B	一种溶解浆预处理工段预水解液中半纤维素分离与纯化的方法	石海强 等	CN201811160812.7	CN109232774B
137	D21H	一种构树皮游龙丝及其机制游龙纸的制备方法	陈　杰 等	CN201811125397.1	CN109281230B
138	D04H	一种使用玫瑰红含硅粘结材料的面膜纸的制备方法	冷秀红 等	CN201811119562.2	CN109234827B
139	D21H	一种钒掺杂抗菌造纸材料的制备方法	高利花 等	CN201811060792.6	CN109137600B
140	D21C	一种以禾本科植物为原料进行制浆的工艺	不公告发明人	CN201811016270.6	CN109183484B
141	D21C	一种造纸制浆工艺	不公告发明人	CN201811016274.4	CN108978304B
142	C22B	一种废弃铝箔复合纸的回收处理工艺	吴自德	CN201811008724.5	CN109261688B
143	D21C	一种 OCC 浆替代 ONP 浆生产涂布白纸板的生产方法	陈光军 等	CN201810927594.9	CN108824062B
144	D21H	一种微纳米纤维素纤维/芳纶复合绝缘纸及其制备方法	王习文 等	CN201810913816.1	CN109024094B
145	C08H	一种亚微米木质素的制备方法	杨朋朋 等	CN201810919662.7	CN109054045B
146	D21H	一种牛皮箱纸板生产工艺	陈光军 等	CN201810915966.6	CN109024058B
147	D21D	一种高强度低能耗的生活用纸磨浆工艺	李文俊	CN201810841382.9	CN109082921B
148	H01M	一种湿法抄纸工艺制造动力锂离子电池隔膜的方法	江建平 等	CN201810812288.0	CN109004154B
149	D21C	一种提高竹浆纤维柔软度的方法	刘洪斌 等	CN201810774241.X	CN108914668B
150	D21J	一种添加 PLA 的纸浆模塑制品增强方法	左华伟 等	CN201810747003.X	CN109137599B
151	D21H	一种图画纸生产工艺	赵　宸 等	CN201810725788.0	CN108951290B
152	D21H	一种格拉辛原纸、其生产方法及生产系统	张成飞 等	CN201810698794.1	CN110656539B
153	D21H	一种低硼滤纸及其制备方法	吴建伟 等	CN201810689343.1	CN108797209B
154	D21H	一种透明纸及其生产方法	陈　港 等	CN201810651231.7	CN109137598B
155	C08H	一种绿色环保的酶解木质素的提纯方法	郑大锋 等	CN201810546490.3	CN108892784B
156	D21H	一种疏水防油纸的制备方法	周丹丹 等	CN201810489993.1	CN108625219B
157	D21H	一种微孔 PTFE 复合碳纳米管纸及其制备方法	尹显密 等	CN201810459038.3	CN108677597B

续表

序号	分类号	发明名称	发明人	申请号	公开(公告)号
158	D21F	造纸机的转移或靴型压带、在造纸机中的用途及制造方法	迪尔克·普拉沙克 等	CN201810461127.1	CN108867139B
159	D21C	一种造纸黑液中木质素的降解方法	喻宁亚 等	CN201810443814.0	CN108385422B
160	C08K	一种丙烯酸复合碳纸及其制备方法	吕秀梅 等	CN201810441433.9	CN108676302B
161	C12R	一种生物酶制浆过程中生物酶菌种配方和配制方法	李　鑫 等	CN201810369415.4	CN108611293B
162	D21H	造纸方法	王祥槐 等	CN201810339075.0	CN110387765B
163	D21H	一种纸用增强剂、纸张及其制备方法	颜进华 等	CN201810324082.3	CN108589405B
164	D21H	一种高层间结合强度美纹原纸的制备工艺	张小龙 等	CN201810283805.X	CN108385425B
165	D21H	制造纸或纸板和纸或纸板产品的方法	E·莱克宁尔-乔尔曼 等	CN201880020619.5	CN110446812B
166	D21D	一种以阔叶木板皮为原料制备半化学浆的方法	刘忠明 等	CN201810030095.X	CN108221470B
167	D21B	一种废纸基地膜及其制备方法	韩绍中 等	CN201810014754.0	CN108265565B
168	D21H	一种合成硅酸钙用于造纸湿部助留方法	彭建军 等	CN201711362154.5	CN109930420B
169	D21H	一种适用于废纸造纸的高耐折度施胶技术	李金华	CN201711278615.0	CN108149515B
170	D21H	用于制造纸、纸板或类似物的方法和组合物的用途	马蒂·希耶塔涅米 等	CN201780054594.6	CN109661493B
171	D21H	用于造纸的表面施胶剂和改善纸张强度的造纸方法	王祥槐 等	CN201711185666.9	CN109826049B
172	D21B	一种使用废纸箱生产瓦楞原纸的清洁生产工艺	杨　兵 等	CN201711132636.1	CN107905018B
173	G01N	造纸黑液木质素含量的检测方法	施晓旦 等	CN201710954375.5	CN108872119B
174	G01N	一种造纸预蒸煮液木质素含量的检测方法	施晓旦 等	CN201710952787.5	CN108872118B
175	D21H	具有针对脂肪的增强的抗性的用于食物的轻质包装用纸	佩特里·尼米	CN201780020506.0	CN109072555B
176	D21H	用于制造纸、纸板或类似物的系统和方法	马蒂·希耶塔涅米 等	CN201780019204.1	CN109072557B
177	D21C	一种基于集成实施的低溶盐清洁纸浆的制备方法	沙良宝 等	CN201710094462.8	CN107151933B
178	B32B	用于制造纸或纸板、纸板托盘的方法以及用于其中的用可发泡聚合物涂覆的纸浆颗粒	J. 拉萨宁 等	CN201780007148.X	CN108473712B
179	D21H	具有高耐光性的珠光金属效果纸材材料和相关制造方法	卢卡·蒙纳塞莉 等	CN201780009267.9	CN109072562B
180	D21F	使用模塑辊制成纸产品的方法	D·A·贝克	CN201780010350.8	CN108779606B
181	D21H	制造纸和纸板的方法	G·福彻 等	CN201780001938.7	CN107849815B
182	A24D	改进的用于香烟滤嘴的滤纸	史蒂芬·巴驰曼 等	CN201780018157.9	CN108779609B
183	D21H	无油墨印刷纸	N. 米基	CN201680054322.1	CN108350663B
184	D21H	纸产品和增加其强度的方法	罗玉萍 等	CN201680089234.5	CN109715884B
185	B02C	玉米秆预处理设备和从玉米秆制造纸浆的方法	朴玄洙 等	CN201680067809.3	CN108472660B
186	D21H	用于处理纸浆、纸和纸板制造工艺中的淀粉的方法 处理在纸浆、纸及纸板制程中的淀粉之方法	马蒂·希耶塔涅米 等	CN201680041764.2	CN107849810B
187	C12P	木质纤维素纸和纸制品的制造方法 制造木质纤维素纸及纸制品之方法	S·S·谢卡瓦特 等	CN201680059308.0	CN108138445B

续表

序号	分类号	发明名称	发明人	申请号	公开(公告)号
188	D21C	制造木质纤维素纸和纸产品的方法	古渠鸣 等	CN201680052678.1	CN108138439B
189	D21H	薄片纸	石冈智 等	CN201580055364.2	CN107923128B
190	D21H	一种人造革离型原纸的生产方法	童树华 等	CN201410499668.5	CN104358180B
191	D21H	纸制品、用于制备该纸制品的造纸组合物和方法	约翰·克劳德·赫斯本德 等	CN201910519904.8	CN110230230B
192	D21H	来自在线生产方法的纸板用层	O. 伊姆波拉 等	CN201380069849.8	CN105121741B
193	C08F	二醛改性的丙烯酰胺类聚合物及其制备方法	张　猛 等	CN201810185953.8	CN108409905B
194	D21H	一种高转移喷绘热转印原纸的制备方法	路崇斌 等	CN202010456836.8	CN111622007A
195	D06M	一种衬垫纸及其制备方法	龙　柱 等	CN202010610451.2	CN111733598A
196	D21H	高强度灰纸板及其制备方法	陈欢欢 等	CN202010600310.2	CN111663370A
197	D21B	一种灰纸板及其制备方法	陈欢欢 等	CN202010600307.0	CN111691235A
198	D21F	造纸毛毯的纤维层结构	谢宗国 等	CN202021184612.8	CN212533525U
199	C09J	一种多层防霉抗菌型浸胶纸	葛　亚 等	CN202021163694.8	CN213141906U
200	D21H	一种纳米纤维覆膜纸基过滤材料及其制备方法	赵传山 等	CN202010567931.5	CN111691226A
201	D21H	一种替代口罩熔喷布的纸基过滤材料原纸及其制备方法	赵传山 等	CN202010566526.1	CN111691232A
202	A61L	一种负离子静电除尘纸原纸及其制备方法	赵传山 等	CN202010566513.4	CN111691229A
203	B32B	便于切割的抗菌浸胶纸	葛　亚 等	CN202021043334.4	CN212765084U
204	D21H	一种烘烤用工艺包装用纸的制备方法	贵仁兵 等	CN202010418755.9	CN111676735A
205	D21B	一种低定量书写纸的制备方法	占正奉 等	CN202010413413.8	CN111455708A
206	D21H	一种高绝缘性电容器用云母纸及其制备方法	吴海峰 等	CN202010400303.8	CN111395052A
207	B32B	一种隐形防伪纤维纸张	祁泽林 等	CN202020785421.0	CN212603884U
208	D21D	一种木质素磺酸钠的制备方法	刘　洁 等	CN202011220419.X	CN112405739A
209	D21H	一种超柔型医用皱纹纸及其制备方法	黄学英 等	CN202010356439.3	CN111608020A
210	A61F	一种吸收物品	荣敏杰 等	CN202020646852.9	CN212592729U
211	D21H	一种高强度高柔软性皱纹纸及其制备方法	骆华英 等	CN202010317659.5	CN111608016A
212	D21F	一种抗雷击电容器用电解纸及其制备方法	徐　皓 等	CN202010302767.5	CN111424466A
213	D21H	一种高强低静电 CTP 版衬纸的制备方法	戴贤中 等	CN202010306179.9	CN111608010A
214	B09B	一种废旧瓦楞箱纸板废纸制浆废渣的处理工艺	斯惠仙 等	CN202010368549.1	CN111420973A
215	B32B	一种纤维素纸/动态共价聚合物复合包装材料及其制备方法与应用	王小慧 等	CN202010305839.1	CN111485447A
216	D21H	一种本色家具保护纸的制备方法	周晓光 等	CN202010286983.5	CN111593608A
217	D21H	一种施胶均匀的人造革离型原纸的制备方法	黄学英 等	CN202010286046.X	CN111593598A
218	D21H	一种高洁净低定量不锈钢衬纸的制备方法	董金雨 等	CN202010286056.3	CN111608015A
219	D21F	非遗印花古纸半自动化技艺改良	黄　婷 等	CN202010275993.9	CN113512899A
220	D21B	一种提升纤维回收率的废纸再造瓦楞原纸的生产工艺	刘伟锋 等	CN202110785834.8	CN113605132A

续表

序号	分类号	发明名称	发明人	申请号	公开(公告)号
		制浆造纸装备			
1	D21F	一种造纸机的定边及切边引纸水针装置	赵国奎 等	CN202111202721.7	CN113638257A
2	B02C	一种造纸用纤维加工的粉碎除杂设备	任祥明	CN202111052564.6	CN113502670A
3	F24F	一种造纸车间用通风装置	陆　伟 等	CN202122061710.3	CN215372799U
4	C02F	一种造纸厂废水处理用污泥脱水设备	颜小猎	CN202110999209.3	CN113754232A
5	B01D	一种造纸工业废水过滤处理装置	刘　猛	CN202110964909.9	CN113413677A
6	D21F	一种造纸机用真空吸水箱	袁　麟 等	CN202023133217.X	CN214496989U
7	D21D	一种纸浆除气泡装置	郑宝海	CN202121851839.8	CN215366533U
8	B26D	一种具有纸屑收集功能的造纸用切纸机	孙景文 等	CN202121834647.6	CN214819059U
9	D21H	一种纸浆造纸强线添加装置	郑宝海	CN202121837109.2	CN215366545U
10	F04D	一种螺旋式中浓纸浆泵	李发明 等	CN202121830108.5	CN215170822U
11	D21C	一种纸浆造纸吸水脱水装置	郑宝海	CN202121837108.8	CN215366530U
12	D21F	一种高真空度造纸机真空吸水装置	黄开伟 等	CN202121824514.0	CN214831507U
13	B26D	一种造纸机分切装置	连新雷 等	CN202121789367.8	CN215038017U
14	B08B	一种造纸用施胶剂生产的旋流干燥器	刘柱棠	CN202121762137.2	CN214918954U
15	B24B	一种加工造纸机用陶瓷脱水元件的立轴平面磨削装置	顾宏卿	CN202121749163.1	CN215281217U
16	B01D	造纸供汽锅炉高效脱硫防腐设备外壁连接节点结构	李　青	CN202121733944.1	CN215352934U
17	D21F	一种纸机用循环热风节能通风干燥装置	袁　谦 等	CN202121714073.9	CN214882601U
18	B01F	一种新型造纸化学品用搅拌装置	朱红兵 等	CN202121702897.4	CN215028143U
19	D21H	一种镭射铜版纸湿度调节系统	叶洪球	CN202121695810.5	CN215366536U
20	B08B	一种造纸用消泡剂生产设备	陈万钧 等	CN202121676720.1	CN215139918U
21	C02F	一种废水处理气浮塔	陈建明	CN202121681735.7	CN214829150U
22	B65D	一种用于造纸机械设备的包装箱	惠永永 等	CN202121646741.9	CN215286061U
23	B32B	一种三维交织复合造纸毛毯	谢宗国 等	CN202121635614.9	CN215329028U
24	B08B	一种造纸复卷机引纸装置	孙景文 等	CN202121625977.4	CN214989104U
25	B26D	一种造纸机自动切边引纸装置	孙景文 等	CN202121625976.X	CN215093773U
26	B65H	一种用于造纸生产线的卷筒纸接料架	孙景文 等	CN202121625988.2	CN215047254U
27	B02C	一种造纸用施胶剂生产用的原料破碎装置	刘柱棠	CN202121625081.6	CN214811279U
28	D21F	一种脱水毛布用喷淋装置	汪国荣	CN202121603953.9	CN214831504U
29	D21F	一种造纸机烘缸双面加热烘干装置	张洪庆	CN202121609018.3	CN215366537U
30	B65G	一种造纸污泥接收及装运装置	方习锋 等	CN202121591711.2	CN214934225U
31	B27L	一种造纸用树皮碾碎装置	杨贵荣	CN202121572436.X	CN215319308U
32	B65H	一种用于造纸设备的解卷装置	杨贵荣	CN202121572847.9	CN215325889U
33	D21D	用于再生纸浆制浆造纸的尾渣筛	冯修美 等	CN202121574215.6	CN214782894U
34	B01F	一种造纸用浆料制备装置	杨贵荣	CN202121572828.6	CN215311920U
35	D21F	一种网布喷淋装置	杜炳法	CN202121567080.0	CN214831503U
36	B32B	一种多层复合耐高线压造纸毛毯	谢宗国 等	CN202121562162.6	CN214831517U

续表

序号	分类号	发明名称	发明人	申请号	公开(公告)号
37	C02F	一种造纸机的节水装置	康伟昌 等	CN202121537664. 3	CN215049347U
38	D21F	一种造纸机用真空压榨辊	康伟昌 等	CN202121537655. 4	CN215051603U
39	D21F	一种造纸机用重载校正器	康伟昌 等	CN202121537654. X	CN215104271U
40	D21G	一种造纸机中用于浆料分散的扩散装置	田　冲 等	CN202121558425. 6	CN215210220U
41	D21F	一种造纸机用复合压榨装置	康伟昌 等	CN202121537662. 4	CN215051601U
42	B65G	一种造纸用抽纸箱码垛设备	黄在丹	CN202121498258. 0	CN215287087U
43	B01D	一种造纸用施胶剂生产的浓缩装置	刘柱棠	CN202121489991. 6	CN214808542U
44	D21F	一种造纸毛毯脱水干燥装置	张志豪	CN202121496876. 1	CN215289490U
45	D21G	一种造纸用烘缸设备	张志豪	CN202121496798. 5	CN214831514U
46	F17D	一种能检测堵塞的喷涂系统	万献君 等	CN202121464120. 9	CN214882609U
47	D21F	一种新型造纸用干燥扬克气罩	袁　谦 等	CN202121484630. 2	CN214782908U
48	D21F	一种网布喷淋装置	唐阿江	CN202121454733. 4	CN215289486U
49	B66C	一种用于吊起烘缸的吊具	邢晓伟	CN202121449094. 2	CN214935255U
50	D21F	一种造纸烘干部蒸汽余热回用装置	李　勇 等	CN202121427433. 7	CN215210217U
51	B65H	一种可调式造纸加工用定距分切设备	叶承智	CN202121428788. 8	CN215047474U
52	D21B	一种造纸用搅拌式废纸除渣制浆机	李　勇 等	CN202121428094. 4	CN214782878U
53	B01F	一种造纸用施胶剂生产的不锈钢电热搅拌罐	刘柱棠	CN202121424565. 4	CN214831522U
54	D21H	一种施胶厚度均匀的牛皮纸施胶机构	程尚尾 等	CN202121383122. 5	CN215251980U
55	F28D	一种瓦楞原纸生产用蒸汽回收装置	诸建华	CN202121382008. 0	CN215337861U
56	D21B	一种造纸用不易发生堵塞的高效碎浆装置	伍有恒 等	CN202121343127. 5	CN215104250U
57	D21C	一种造纸用蒸煮均匀的高效蒸煮装置	伍有恒 等	CN202121344507. 0	CN215104252U
58	D21H	一种造纸湿度控制用喷雾装置	伍有恒 等	CN202121343140. 0	CN215104276U
59	C02F	一种造纸废水曝气装置	于建明 等	CN202121348983. X	CN214829266U
60	B65G	一种造纸用耐磨螺旋轴	崔　岩	CN202121330148. 3	CN215046268U
61	D04H	造纸毛毯针刺联合机毛卷恒压装置	韩雪龙 等	CN202121339918. 0	CN215251584U
62	B62B	一种造纸包装区用运输装置	伍有恒 等	CN202121330746. 0	CN215244954U
63	D21D	一种造纸生产用便于清理的过滤装置	伍有恒 等	CN202121330415. 7	CN215276867U
64	F16F	一种多层复合瓦楞原纸新型造纸烘缸设备	诸建华	CN202121338793. X	CN215329023U
65	D21F	一种造纸高效脱水装置	伍有恒 等	CN202121332102. 5	CN214882596U
66	D21G	一种造纸生产用防止纸张变形用成品放置装置	伍有恒 等	CN202121330747. 5	CN215104272U
67	B08B	一种再生造纸尾渣再生处理过程中的漂洗装置	伍有恒 等	CN202121320731. 6	CN215277729U
68	B01D	磷石膏制取造纸用石膏晶须的沉降过滤装置	周春松	CN202121319476. 3	CN215085510U
69	D21D	一种造纸系统多盘浓缩设备	徐卫城 等	CN202110653233. 1	CN113463423A
70	D21F	一种造纸机压榨辊	满　浩	CN202121323770. 1	CN214831512U
71	B08B	一种可保证洁净的造纸用烘干装置	叶承智	CN202121312369. 8	CN215051605U
72	C02F	一种废水可回收处理的造纸清洁涂布装置	伍有恒 等	CN202121320086. 8	CN215288312U
73	C02F	一种造纸用白水回收装置	端木庆君 等	CN202121311245. 8	CN214936545U
74	D21F	一种造纸伏辊自脱水装置	孙景文 等	CN202121300366. 2	CN214736985U

续表

序号	分类号	发明名称	发明人	申请号	公开(公告)号
75	D21G	一种造纸用于清理烘缸的刮刀旋转装置	王文东 等	CN202121309159.3	CN214938776U
76	D21H	一种造纸机用施胶辊	满　浩	CN202121291466.3	CN214782921U
77	D21C	一种造纸废水处理过程中的纸浆回收装置	吴　俊	CN202121289696.6	CN214882587U
78	B23P	一种造纸干网安装连接环用的压装设备	董光元 等	CN202121286104.5	CN215239086U
79	F16F	一种造纸浆渣清洗过滤除杂装置	吴　俊	CN202121289728.2	CN214861484U
80	G01F	一种实时监测及控制系统的造纸系统	吴　俊	CN202121289745.6	CN214795738U
81	D21F	一种增强纸张脱水成型匀度的疏水匀整箱	叶　剑 等	CN202110643000.3	CN113445352A
82	D21F	一种造纸机机辊	满　浩	CN202121271554.7	CN214782911U
83	C02F	造纸废水厌氧-混凝物化处理装置	叶素霞 等	CN202121281876.X	CN215102728U
84	B65D	一种便于清理的造纸化学品运输装置	朱红兵 等	CN202121276910.4	CN214826056U
85	B65D	一种耐腐蚀的造纸化学品存储罐	朱红兵 等	CN202121276930.1	CN215045669U
86	F26B	一种造纸用的干燥网子母扣结构	丁家祥 等	CN202121242938.6	CN215261104U
87	D21B	一种绿色环保型用于造纸碎浆机的投料装置	羊晓君 等	CN202121243436.5	CN215366528U
88	F04B	一种造纸助剂生产用酸碱加药泵	冷延庆 等	CN202121231788.9	CN215370138U
89	C02F	一种造纸废水絮凝沉淀处理设备	刘长江 等	CN202121224416.3	CN215250055U
90	D21G	一种纸机用空气转向器	袁　谦 等	CN202121238296.2	CN214782917U
91	D21H	一种浸泡施胶机上胶系统	高科伟	CN202121242023.5	CN215329033U
92	D21C	一种造纸用原料快速脱水设备	肖乾楚	CN202121227190.2	CN214938752U
93	B01D	一种防堵塞的造纸分散机	张生云 等	CN202121281542.2	CN214810530U
94	D21C	一种造纸用原材料清洗装置	肖乾楚	CN202121227029.5	CN215289481U
95	D21C	一种造纸工艺中的热量回收装置	刘国辉 等	CN202121219284.5	CN215251960U
96	C02F	造纸废水混凝气浮-好氧颗粒污泥膜处理装置	严　俊 等	CN202121211128.4	CN215102723U
97	B65H	一种具有张力调节功能的造纸用复卷机	陈　静 等	CN202121180187.X	CN215248447U
98	D21F	一种造纸流浆箱真空调节装置	周柏太	CN202121169138.6	CN215104263U
99	D21F	一种造纸流浆箱进气量控制器	周柏太	CN202121168655.1	CN215104262U
100	H02P	一种双机双钩半龙门吊应急处理装置	孙学跃	CN202121187658.X	CN215072206U
101	C02F	一种滚筒式的造纸污泥脱水装置	杜汉杰 等	CN202121161998.5	CN215102796U
102	D21F	一种气垫式造纸流浆箱	周柏太	CN202121153247.9	CN215104261U
103	D21F	一种提升成纸强度的废纸造纸生产设备	杜汉杰 等	CN202121161958.0	CN215164159U
104	D21F	一种纸机换导辊移动小车	孙国水	CN202121165332.7	CN215329027U
105	B26D	一种利用污泥再造纸的造纸机	杜汉杰 等	CN202121161977.3	CN214694891U
106	C02F	一种造纸废水动态纤维分离器	雷学林 等	CN202121157765.8	CN214880647U
107	B01D	一种充分利用吸附材料的造纸废气处理装置	杜汉杰 等	CN202121158471.7	CN215138563U
108	B01J	一种造纸用助留剂分解装置	邓颖忠	CN202121148053.X	CN214810930U
109	F26B	一种节能型造纸烘干装置	邓颖忠	CN202121148024.3	CN214747014U
110	D21H	一种造纸行业用涂布装置	王光民 等	CN202121145507.8	CN215104275U
111	D21D	一种造纸磨浆机用动磨片安装结构	于东兴 等	CN202121145488.9	CN215104254U
112	D21F	一种造纸用渣浆回收装置	邓颖忠	CN202121148007.X	CN215164149U

续表

序号	分类号	发明名称	发明人	申请号	公开(公告)号
113	B01F	一种节能的造纸助剂生产用加工设备	朱　聪 等	CN202121135459. 4	CN215086475U
114	B08B	一种造纸设备用除尘装置	邓颖忠	CN202121148071. 8	CN214813506U
115	B01D	一种造纸成型装置	邓颖忠	CN202121145469. 6	CN214782897U
116	B01D	一种造纸设备产线用除尘装置	邓颖忠	CN202121145502. 5	CN214813262U
117	D21B	一种造纸用水力碎浆机	雷学林 等	CN202121168061. 0	CN214938746U
118	F16F	一种卷纸机减震装置	孙国水	CN202121135653. 2	CN215047241U
119	B08B	一种流浆箱液位计的清洗装置	莫朝廷	CN202121125584. 7	CN215031628U
120	B26D	一种绞绳切割机切刀与液压油缸活塞杆连接装置	邹盛基	CN202121123185. 7	CN215038075U
121	B01D	一种篮式过滤器	吴建敏 等	CN202121116781. 2	CN215276137U
122	D21B	一种打浆均匀的造纸打浆机	孙　波 等	CN202121106986. 2	CN214938749U
123	D21F	一种造纸机的定量控制供浆系统	孙　波 等	CN202121106978. 8	CN214938763U
124	B01F	一种造纸用全自动数控加色装置	孙　波 等	CN202121106982. 4	CN215028022U
125	D21G	一种可控浆料的供浆机构	孙　波 等	CN202121111986. 1	CN214938764U
126	F17D	一种造纸厂耐老化型喷液管路	许亦南 等	CN202121095210. 5	CN214938791U
127	C02F	一种造纸厂生产用纤维回收装置	杨勋平 等	CN202121088284. 6	CN214829110U
128	C02F	一种造纸厂生产用造纸水过滤器	胡世波 等	CN202121088274. 2	CN215161811U
129	B01F	一种造纸助剂用搅拌装置	朱　聪 等	CN202121079017. 2	CN215311903U
130	D21H	一种造纸机表面施胶机上料系统	黎桂华 等	CN202121080221. 6	CN215210221U
131	B08B	一种造纸机喷淋淀粉管积料的清理装置	黎桂华 等	CN202121080119. 6	CN215198718U
132	D21D	一种便于清洗的造纸用滤网	陈如金 等	CN202121054968. 4	CN215164142U
133	B04B	一种节能减耗的压力筛	吴　尚	CN202121047969. 6	CN215354026U
134	B08B	一种造纸用染料管道内壁除垢清洗装置	袁志豪	CN202121053785. 0	CN214976393U
135	D21F	一种造纸引纸绳控制装置	郭德冠 等	CN202121053724. 4	CN215329022U
136	D21G	一种提高纸张表面平滑度的处理装置	鄢圣朝	CN202121048825. 2	CN215329029U
137	D21G	一种造纸机胸辊起落装置	羊晓君 等	CN202121031453. 2	CN215251969U
138	D21F	一种用于特种涂布卡纸生产的造纸机胸辊摇震装置	羊晓君 等	CN202121031424. 6	CN215210215U
139	B01F	一种快速调整淀粉胶液浓度的控制装置	高科伟	CN202121025281. 8	CN215311524U
140	D21F	一种新型大烘缸造纸机	王一行 等	CN202121023918. X	CN215164158U
141	B01D	一种新型涂料压力筛	姜博恩 等	CN202121023923. 0	CN215137388U
142	B30B	一种造纸用废纸回收装置	李　雄 等	CN202121007451. X	CN214974540U
143	B03C	一种再生造纸尾渣处理用分离装置	吴　俊	CN202121000302. 0	CN214864386U
144	B01D	一种造纸用纸浆废渣过滤装置	吴　俊	CN202121001668. X	CN215275962U
145	D21H	一种造纸机内施胶及涂布功能一体化的装置	张晓磊	CN202120980200. 3	CN214938793U
146	D21D	一种造纸工艺用破碎打浆设备	刘运坤 等	CN202120974590. 3	CN214736976U
147	D21D	一种造纸打浆设备	徐全富	CN202120971882. 1	CN215164139U
148	E05F	一种造纸机扫描架放射源的快门装置	翟锦雄 等	CN202120980089. 8	CN214837487U
149	D21F	一种更换造纸机导辊的辅助装置	郭　威 等	CN202120950968. 6	CN215251967U
150	C02F	一种造纸废水深度处理装置	刘名中 等	CN202120925542. 5	CN214735044U

续表

序号	分类号	发明名称	发明人	申请号	公开(公告)号
151	C02F	一种造纸废水处理装置	王书林 等	CN202120920348.8	CN214936630U
152	D21G	一种二次压光机构	赫兴刚	CN202120912190.X	CN214655988U
153	D21F	造纸用多轴换向减速机	孟庆民 等	CN202110475249.8	CN113186748A
154	C02F	一种造纸废水处理装置	刘名中 等	CN202120918110.1	CN214735042U
155	D21F	一种防起毛干网	刘可可 等	CN202120905660.X	CN215251512U
156	C02F	一种可对废水进行回收利用的印刷用绿色环保型造纸装置	纪小飞 等	CN202120909589.2	CN215327377U
157	B03C	一种造纸设备中稀油站稀油过滤装置	陈 琪 等	CN202120890363.2	CN214554443U
158	D21F	一种节能型卫生纸生产定量上浆装置	夏双印 等	CN202120896994.5	CN214938762U
159	B01F	一种制浆造纸用植物纤维原料分离装置	别士霞	CN202120875927.5	CN215139837U
160	D21F	一种造纸用上网成型器	陈如金	CN202120867544.3	CN215164146U
161	D21F	一种造纸机换网装置	陈如金	CN202120867561.7	CN215164157U
162	D21F	一种造纸机真空伏辊用支撑机构	杨祝富	CN202120890548.3	CN214655985U
163	D21F	一种用于造纸机辊间距调节机构	杨祝富	CN202120858940.X	CN214938770U
164	F01D	一种具有自动排出透平机汽液功能的水腿箱装置	刘 荣 等	CN202120864229.5	CN215109058U
165	B65H	一种具有红外纠偏的造纸机传动机构	杨祝富	CN202120847770.5	CN214652440U
166	G09B	一种用于手工造纸的双层网框	徐 峰 等	CN202120847372.3	CN214504677U
167	D21F	一种用于高速造纸机的流浆箱角度调整机构	杨祝富	CN202120846076.1	CN215164144U
168	B25B	一种造纸设备中十字轴承式万向联轴器维修装置	唐铸峰 等	CN202120826031.8	CN213439417U
169	B05C	一种纸张生产用施胶机	任冬梅 等	CN202120834694.4	CN215030542U
170	D21B	一种造纸用碎浆机	任冬梅 等	CN202120835410.3	CN214736968U
171	B25B	一种安装扫描架防尘皮带的夹具	黎浩辉 等	CN202120831093.8	CN214818202U
172	B65D	一种具有防护功能的造纸化学品运输装置	朱红兵 等	CN202120833575.7	CN214826022U
173	B01D	一种纸机网部清浊白水分离装置	羊晓君 等	CN202120834456.3	CN215195695U
174	D21C	一种废纸浆滤液分离机	任冬梅 等	CN202120834706.3	CN214736970U
175	D21B	一种造纸专用除渣装置	陈如金 等	CN202120825566.3	CN215164130U
176	D21F	一种流浆箱唇板条端面密封装置	姜博恩 等	CN202120799207.5	CN214613305U
177	B07C	一种凹印连线检测纸张分层的装置	张居鸿 等	CN202120800913.7	CN214683012U
178	B02C	一种环保废纸破碎及回收一体机	闻译竣 等	CN202120783539.4	CN215353672U
179	D21G	一种造纸压光机	李宪更	CN202120780800.5	CN215051608U
180	D21F	一种防偏移的底网辅助驱网辊	王宝辉 等	CN202120771414.X	CN214694889U
181	B25B	一种造纸设备中的烘缸传动齿轮安装装置	褚海山 等	CN202120765742.9	CN215093344U
182	B26D	一种卷烟用纸造纸施胶机自动断纸装置	胡 德 等	CN202120779639.X	CN214724445U
183	D21F	一种造纸设备中烘干部纸毛清理装置	臧传滨 等	CN202120764591.5	CN214193938U
184	B65H	一种可快速更换卷纸辊的卷纸机	罗奇星	CN202120756333.2	CN215159538U
185	B01D	一种造纸用浆渣过滤收集装置	任红锐 等	CN202120754825.8	CN214714695U
186	B05C	一种便于替换且带有冷却机构的施胶辊	王宝辉 等	CN202120763839.6	CN214766517U
187	D21B	一种造纸用连续式除渣装置	刘运坤 等	CN202120739016.X	CN214613302U

续表

序号	分类号	发明名称	发明人	申请号	公开(公告)号
188	B26D	一种多自由度切纸机	赖漪澜 等	CN202120750698.4	CN214490855U
189	C10B	一种螺旋干燥碳化一体设备	利 锋	CN202120740614.9	CN215162377U
190	D21F	一种悬臂梁机架	高永法 等	CN202120744771.7	CN214694887U
191	F26B	一种内骨架式带阻热孔的热风循环干燥箱	文乔相宜 等	CN202120731485.7	CN214747034U
192	D21F	造纸用包覆不锈钢的导辊	张广智 等	CN202120723422.7	CN214613316U
193	B65H	生产仿羊皮纸的新型纸机	张广智 等	CN202120723468.9	CN214610587U
194	D21F	造纸机负压抽吸式成形板箱	姜博恩 等	CN202120711246.5	CN214613308U
195	D21G	带隔热套管的造纸压光机热辊轴头	姜博恩 等	CN202120711364.6	CN214613318U
196	B08B	一种表面施胶辊端面清洁装置	鲁仕敏 等	CN202120709192.9	CN214600556U
197	D21G	一种可快速更换刮刀的造纸刮刀夹具	邓成林	CN202120705165.4	CN215366542U
198	D21G	一种方便收集干网积灰的湿纸幅烘干装置	鲁仕敏 等	CN202120709211.8	CN215051604U
199	B65H	一种纸张对开分切装置	姜文彬 等	CN202110366441.3	CN113200401A
200	B01D	一种造纸用多圆盘过滤装置	方伟庆 等	CN202120694955.7	CN214680441U
201	B65H	一种造纸机卷纸轴换轴机构	金晓东 等	CN202120698876.3	CN215364062U
202	B65H	一种纸张分切收卷装置	姜文彬 等	CN202120695167.X	CN215364147U
203	D21F	清洗头装置	江华栋 等	CN202120680589.X	CN214655982U
204	G01V	一种烘缸断纸检测装置	黎福树	CN202120672506.2	CN214831513U
205	D21F	一种便于调节干燥温度的三维编制造纸机	余杜康 等	CN202120652987.0	CN214736993U
206	D21B	一种造纸用纸浆原料粉碎装置	刘道德	CN202120661036.X	CN215104249U
207	D21F	一种造纸用干燥装置	李宪更	CN202120647378.6	CN215051606U
208	C02F	一种造纸废水循环再用的节能装置	毕克刚 等	CN202120641113.5	CN214734903U
209	D21C	一种造纸用废纸温浸装置	李宪更	CN202120647377.1	CN215051589U
210	B01D	一种造纸湿法备料洗料水处理的平流沉淀池	袁建兴 等	CN202120634987.8	CN214436755U
211	D21F	一种造纸烘缸传动机构	管玉平 等	CN202120617410.6	CN214694888U
212	D21F	一种操作方便的烘缸缸盖装置	管玉平 等	CN202120626259.2	CN214694879U
213	D21F	改进型植物纤维匀浆设备	赵 利 等	CN202120626177.8	CN214938769U
214	F04D	一种新型造纸透平真空泵部件	张大杰 等	CN202120617191.1	CN214788067U
215	D21F	一种防止缠施胶辊和烘缸的断纸装置	高科伟	CN202120624738.0	CN214831516U
216	D21G	一种结构简单的烘缸压光辊装置	管玉平 等	CN202120617434.1	CN214694890U
217	D21F	一种气缸式网毯跑偏校正器装置	姜博恩 等	CN202120606853.5	CN215164156U
218	D21G	一种造纸车间用稳定纸张松厚度装置	李 伟 等	CN202120606265.1	CN215137247U
219	B01D	一种造纸废液过滤装置	李 雄 等	CN202120605011.8	CN214551530U
220	B01F	一种新型涂布造纸法用高粘度涂布液的流送装置	代学志 等	CN202120604823.0	CN214441623U
221	D21B	一种废纸造纸用回收处理再生装置	竺纯利	CN202120611286.2	CN214938744U
222	D21D	一种水力碎浆机用杂质清理装置	贾永博 等	CN202120588624.5	CN214736980U
223	B26D	一种制浆碎解绞绳机用断绳装置	梁继军 等	CN202120588612.2	CN214724581U
224	B30B	一种除砂器尾渣清洁处理装置	王中杰 等	CN202120587954.2	CN214726720U
225	C02F	一种造纸污泥中的纤维回收装置	任 浩 等	CN202120593911.5	CN214782889U

续表

序号	分类号	发明名称	发明人	申请号	公开(公告)号
226	B01D	一种造纸车间用余热回收设备	包海丽 等	CN202120585260.5	CN214715066U
227	D21B	一种水力碎浆机用搅拌刀盘	王国强 等	CN202120588643.8	CN214736967U
228	D21B	一种转鼓型碎浆机尾渣清洁处理装置	王中杰 等	CN202120588621.1	CN214736966U
229	C02F	一种用于造纸加工的白水回收装置	庞　辉 等	CN202120585363.1	CN214734732U
230	B02C	一种造纸废弃物资源化预处理装置	任　浩 等	CN202120587964.6	CN215087764U
231	C02F	一种造纸白水浆料回收装置	田军伟 等	CN202120585267.7	CN214735007U
232	B01D	一种造纸白水过滤设备	徐茂彬 等	CN202120585268.1	CN214714819U
233	B01D	一种造纸车间用余热回收设备	包海丽 等	CN202120585260.5	CN214715066U
234	D21B	一种水力碎浆机用搅拌刀盘	王国强 等	CN202120588643.8	CN214736967U
235	D21F	一种造纸用自动软压辊	刘　晗	CN202021868351.1	CN213447849U
236	D21F	一种延长真空辊密封条使用寿命的结构	张方谱 等	CN202120580510.6	CN214529937U
237	D21B	一种高效的造纸用打浆设备	何　斌	CN202120577148.7	CN214459157U
238	D21D	一种造纸用磨浆机	夏双印 等	CN202120579419.2	CN214938759U
239	B08B	一种造纸用便于使用的清洁装置	何　斌	CN202120577151.9	CN214488145U
240	D21F	造纸流浆箱的进料管路	宋奎柱 等	CN202120570627.6	CN215104260U
241	B01F	造纸助留剂粉末溶解装置	宋佃凤 等	CN202120570521.6	CN214486698U
242	D21F	可生产立体花纹纸的成型网、造纸用抄纸滤筛及造纸机	武钟淇	CN202120566536.5	CN215366534U
243	B25B	卸纸斗油缸铁圈安装辅助设备	黎桂华 等	CN202120564273.4	CN214924083U
244	F16N	造纸靴压下辊润滑油流量报警系统	黎桂华 等	CN202120571691.6	CN214890409U
245	B65H	一种换卷辅助装置	王家银	CN202120560896.4	CN215047725U
246	D21F	双层木浆复合无纺布的生产装置	毋佳瑞 等	CN202120563706.4	CN214938768U
247	D04H	一种木浆复合无纺布的生产装置	谢世强 等	CN202120563264.3	CN214831023U
248	B01D	一种造纸厂生物除臭装置	沈虎祥	CN202120544097.8	CN214513717U
249	C02F	一种短纤维回收利用系统	赵志芳 等	CN202120536270.X	CN214831509U
250	C02F	一种造纸废水资源化回用处理装置	陈务平 等	CN202120533120.3	CN214936606U
251	C02F	一种便于收集的造纸废水用脱泥装置	陈务平 等	CN202120536875.9	CN215102435U
252	C02F	一种制浆造纸的废水热能回流装置	陈务平 等	CN202120537673.6	CN214936502U
253	D21B	一种新型造纸碎浆机	许在亮 等	CN202120503134.0	CN214529924U
254	B08B	一种清洁刮刀清洗器	申福永 等	CN202120503976.6	CN214638574U
255	D21G	一种造纸过程中控制腐浆的系统	李　雄 等	CN202120505430.4	CN215366543U
256	B01D	一种用于造纸机械的螺旋纸浆压榨机	屠挺挺	CN202120503852.8	CN214597557U
257	D21B	一种进出料方便的造纸机械用碎浆机	屠挺挺	CN202120504881.6	CN214362508U
258	B01D	一种纸浆过滤杂质收集装置	柴玉宏 等	CN202120474757.X	CN214437012U
259	C02F	一种有机废水厌氧罐密封装置	刘宇明 等	CN202120442374.4	CN214653931U
260	D21F	一种开纤稳定的水针装置	唐尚平	CN202120434836.8	CN214496995U
261	D21B	具有木粉纤维制浆装置的瓦楞原纸生产设备及瓦楞原纸	杨家万 等	CN202120416759.3	CN214529923U

续表

序号	分类号	发明名称	发明人	申请号	公开(公告)号
262	D21G	一种用于造纸机 QCS 系统扫描架的防结露装置	韩祥伟 等	CN202120404794.3	CN214459203U
263	B26D	一种造纸用裁剪设备	李 勇 等	CN202120405889.7	CN214352694U
264	F04C	一种造纸工艺用的真空泵沉积物的清洁系统	李文斌	CN202120402180.1	CN215170763U
265	D21F	一种用于木粉造纸的设备	李文斌	CN202120401106.8	CN214572953U
266	D21F	一种高阳电荷吸附成膜网保洁系统	李文斌	CN202120401117.6	CN215366535U
267	B08B	一种均匀成型纸成型网旋转喷淋装置	李文斌	CN202120401116.1	CN214441317U
268	D21D	一种造纸浆料除渣装置	刘 庆	CN202120403005.4	CN215164141U
269	B01D	一种造纸用的卧式带过滤网气水分离器真空系统	李文斌	CN202120402134.1	CN214597859U
270	F04D	一种造纸用的封闭式叶轮无级变频变速真空系统	李文斌	CN202120402127.1	CN215170850U
271	D21F	一种造纸机械用的压辊装置	李文斌	CN202120402116.3	CN214362533U
272	B62B	一种新式运送造纸毛网卷小车	胡彦杰 等	CN202120389003.4	CN214874900U
273	B29C	一种新式造纸毛毯封边工具	胡彦杰 等	CN202120389089.0	CN214872815U
274	B31F	一种造纸板用快速加热瓦楞辊	杨 富	CN202120371523.2	CN214726936U
275	B31F	一种造纸毛毯用的移动烫边装置	周兴富 等	CN202120359437.X	CN215104040U
276	D21G	新型圆网成型器	高庆铎 等	CN202120363191.3	CN214938774U
277	D21G	移动 DST 气胎刮刀	岳喜国 等	CN202120363193.2	CN214938775U
278	B65H	一种造纸毛毯用的毛卷辊调节装置	周兴富 等	CN202120359430.8	CN214692362U
279	D06C	造纸毛毯用的烫边装置	周兴富 等	CN202120359436.5	CN215366404U
280	D06H	一种造纸毛毯用的修边装置	周兴富 等	CN202120359931.6	CN215366509U
281	D21F	一种造纸毛毯用的清洗装置	周兴富 等	CN202120359440.1	CN214694875U
282	D21F	长纤维斜网成型箱	左俊磊 等	CN202120361274.9	CN214572958U
283	C02F	一种实用的一体化气浮装置	谢 航	CN202120360675.2	CN215102427U
284	B65H	一种造纸毛毯的卷绕装置	周 骏 等	CN202120334349.4	CN214692376U
285	D21B	一种防伪纸高速机用可连续生产的涂布造纸机	李长增 等	CN202120331322.X	CN215329011U
286	D21F	与后纸架及压花轴配套使用的超声喷雾装置	区家俊	CN202120326988.6	CN214423010U
287	D21F	一种高速纸机用热泵干燥装置	李永华	CN202120332495.3	CN214782904U
288	D06H	一种造纸毛毯用的裁剪装置	周 骏 等	CN202120335516.7	CN214694829U
289	B65H	一种造纸毛毯内的拉伸装置	周 骏 等	CN202120334347.5	CN214527186U
290	D21F	一种移动式的造纸毛毯封边装置	周 骏 等	CN202120335546.8	CN214529942U
291	D21H	一种适用于造纸用的绝干量自动控制系统	龚 龑 等	CN202120329611.6	CN214938784U
292	B08B	一种生活用纸生产用纸质粉尘抽吸装置	区家俊	CN202120326986.7	CN215355098U
293	B26D	一种造纸生产用废料处理回收再利用装置	马新功 等	CN202120312240.0	CN214561393U
294	B01D	一种造纸白水回用设备	唐培银	CN202120340980.5	CN214861414U
295	D21F	一种用于清洁造纸的流浆箱	邵平刚	CN202120324971.7	CN214782898U
296	D21B	一种环保型造纸设备	吴怀壮	CN202120302880.3	CN215051587U
297	D21D	一种环保型水循环造纸设备	刘少新	CN202120308141.5	CN214938757U
298	B01D	一种用于造纸真空系统的环保型汽水分离器	刘少新	CN202120305834.9	CN214764379U
299	D21H	一种造纸机用防外溢分散剂加入装置	刘少新	CN202120307835.7	CN214401210U

续表

序号	分类号	发明名称	发明人	申请号	公开(公告)号
300	D21F	一种造纸毛布保洁设备	刘少新	CN202120305026.2	CN214459179U
301	F16F	一种用于造纸设备的料浆混合装置	张 侠	CN202021881343.0	CN213254074U
302	B01D	一种造纸厂废水处理站废气治理设备	李云飞 等	CN202120290753.6	CN215233244U
303	D21B	一种废弃纸张处理装置	许遂青	CN202120284026.9	CN214882579U
304	D21C	一种可连续置换蒸煮装置	郎启鹏	CN202120266194.5	CN214831493U
305	D21B	一种便于清洁的碎浆机	朱石烨	CN202110131934.9	CN113005801A
306	C02F	一种低能耗废水处理设备	倪伟先 等	CN202120268852.4	CN214360782U
307	D21H	一种造纸用涂布生产线	张立方 等	CN202120358883.9	CN214529945U
308	D21F	一种造纸用成型生产线	张立方 等	CN202120375654.8	CN214529943U
309	D21G	一种具有防松装置的清洁刮刀	申 科 等	CN202120248862.1	CN214655989U
310	D21F	一种用于造纸机的高效分离式卸浆泵	赵瑞云 等	CN202120239718.1	CN214613315U
311	D21F	一种纸浆挤压造纸设备	朱石烨 等	CN202110112819.7	CN113005808A
312	D21D	一种造纸用的除渣装置	李文斌	CN202120224635.5	CN214572952U
313	D21F	一种造纸用的管式白水桶结构	李文斌	CN202120223494.5	CN214694876U
314	D21C	一种多网浓缩机	周 垒	CN202120221634.5	CN214512996U
315	F04D	一种造纸用透平风机	王育东	CN202120218036.2	CN214533668U
316	D21F	一种造纸用干燥辊	金敏娟	CN202120217936.5	CN214459189U
317	B65G	散状物料释放装置及其释放系统	李小富 等	CN202120204905.6	CN215325656U
318	B01F	一种造纸、毛毯清洗用清洗剂制备装置	王富木	CN202120194693.8	CN214233787U
319	A01D	一种用于造纸的秸秆破碎装置	马明蔚	CN202120183327.2	CN214545781U
320	B01D	一种用于造纸的废纸浆回收过滤装置	马新功 等	CN202120183011.3	CN214551564U
321	D21B	一种用于造纸生产的原理爆破制浆装置	马新功 等	CN202120183924.5	CN214572945U
322	D21B	一种用于造纸工艺的竹片洗涤装置	马明蔚 等	CN202120183837.X	CN214572943U
323	F23G	一种焚烧造纸固废流化床锅炉	施宇清 等	CN202120175152.0	CN215001607U
324	B01J	一种耐水耐油脂造纸乳液用反应釜	章 涛	CN202120186188.9	CN214438865U
325	F26B	一种基于竹料造纸工艺的竹片脱水沥干装置	曹光春 等	CN202120171176.9	CN214582102U
326	D21F	一种造纸机压榨脱水机构	王德军 等	CN202120163084.6	CN214401200U
327	C02F	造纸废水处理用调节池	李豪亮	CN202120160437.7	CN214244055U
328	D21F	一种纸浆浓度调节用多功能调节器	梁永强	CN202120140153.1	CN214362528U
329	D21F	一种节能型造纸用白水回用装置	张建平	CN202120144795.9	CN214271486U
330	B01F	一种造纸设备吸油墨装置用油墨混匀装置	梁永强	CN202120129006.4	CN214345723U
331	B01D	一种造纸设备网笼用过滤装置	梁永强	CN202120126410.6	CN214319300U
332	B65G	一种新型造纸化学品用计量装置	贾俊娇	CN202120113936.0	CN214526494U
333	D21B	一种改进型废纸再生造纸碎浆装置	何 键 等	CN202120104965.0	CN214328289U
334	B02C	一种清洁造纸用纸张烘干装置	周汉江	CN202120093691.X	CN215164154U
335	D21B	一种造纸用的分散设备	程秀芬	CN202120099965.6	CN215104247U
336	B05B	一种造纸清洁涂布装置	周汉江	CN202120092223.0	CN214390822U
337	D21F	一种造纸用脱水装置	李文斌	CN202120099449.3	CN214193935U

续表

序号	分类号	发明名称	发明人	申请号	公开(公告)号
338	D21F	一种高速造纸机	周汉江	CN202120093861. 4	CN214401203U
339	D21F	一种清洁造纸生产设备	周汉江	CN202120093664. 2	CN215164160U
340	B08B	一种造纸辊筒清洁装置	周汉江	CN202120092069. 7	CN215142559U
341	B65G	一种用于无纺布造纸的投料装置	张　斌	CN202120059289. X	CN214826578U
342	D21F	一种宣纸生产用网案摇振装置	武剑峰 等	CN202120051992. 6	CN214831501U
343	B01F	一种造纸用的污泥搅拌机	李明辉	CN202110023520. 4	CN112827381A
344	D21F	一种造纸机压榨装置	魏　兵	CN202120054080. 4	CN215164150U
345	D21F	便捷式辅助造纸网案移动装置	叶　剑 等	CN202120030722. 7	CN215051599U
346	D21G	一种造纸蒸汽回收利用装置	罗汉荣 等	CN202120031386. 8	CN214362547U
347	B08B	一种用于造纸的顶面清洁装置	胡中理 等	CN202120032301. 8	CN214289560U
348	B01F	一种纸机内定量施胶装置	罗汉荣 等	CN202120031347. 8	CN215051611U
349	B08B	一种造纸机真空缸清洗装置	王振清 等	CN202120019772. 5	CN214108102U
350	D21F	一种造纸机网部真空箱的排气管道水封槽	琚　峰 等	CN202120011908. 8	CN214193934U
351	D21F	一种防磨损的造纸机水印辊	琚　峰 等	CN202120011900. 1	CN214245109U
352	B65H	一种造纸工艺用纸塑分离装置	徐正山	CN202120004125. 7	CN214326603U
353	D21F	一种造纸机的网部除湿结构	王德军 等	CN202120005698. 1	CN214459194U
354	D21D	一种磨盘间隙可调的高效磨盘机	郑　勇 等	CN202023318151. 1	CN215210212U
355	D21F	一种用于造纸机的高效干燥装置	何红梅 等	CN202023318301. 9	CN214613312U
356	B01F	一种造纸助剂 AKD 的连续生产装置	章　松 等	CN202023284983. 6	CN215139577U
357	D21F	一种造纸机警报装置	黄志龙 等	CN202023348220. 3	CN214301004U
358	D21B	一种用于造纸的碎浆机	李文斌	CN202023289727. 6	CN214613290U
359	B26D	一种造纸机自动断纸装置	陈希刚 等	CN202023348500. 4	CN214136336U
360	B65H	一种切纸机用纸张缠绕装置	段志坚 等	CN202023292120. 3	CN214733520U
361	B31F	一种提升沟槽嘴棒用纤维素纸清洁能力的起皱装置	徐　杰 等	CN202023299612. 5	CN214606242U
362	D21F	造纸用压榨辊清理装置	窦日坚 等	CN202023342468. 9	CN214572959U
363	F15B	一种造纸复卷机液压系统排气装置	齐荣祥 等	CN202023287413. 2	CN214146120U
364	B08B	一种造纸机用压榨辊	何祥尧 等	CN202023342349. 3	CN214516215U
365	D21D	一种造纸浆渣清洗除杂装置	丘淦全 等	CN202023340088. 1	CN215152106U
366	D21F	一种造纸烘干用温度自调节装置	李庆果 等	CN202023281070. 9	CN214143045U
367	D21F	一种造纸烘干机用热量回收装置	皮大委 等	CN202023277262. 2	CN214168579U
368	D21F	一种新型高效压浆造纸设备	张成杰	CN202023258849. 9	CN214736992U
369	D21D	一种造纸纸浆筛选设备	张成杰	CN202023258847. X	CN214736979U
370	B01F	一种造纸助剂的添加混合装置	崔中华	CN202023228701. 0	CN214182595U
371	D21D	一种用于造纸业的浆料除砂装置	杨贵荣	CN202023254614. 2	CN214496979U
372	D21B	一种洗草机	李　欢 等	CN202023222404. 5	CN214529912U
373	B65H	一种切纸机的退纸轴用螺旋紧固器	安　玲 等	CN202023228720. 3	CN214191795U
374	D21F	一种斜网造纸机中心布浆器用稀释水调节装置	崔中华	CN202023228702. 5	CN214496982U
375	D21F	造纸设备的挤压脱水吸湿装置	张美红	CN202023227694. 2	CN214459185U

续表

序号	分类号	发明名称	发明人	申请号	公开(公告)号
376	D21F	一种造纸专用烘干设备	张成杰	CN202023225070. 7	CN214736987U
377	D21H	一种便于控制施胶量的膜转移施胶机	陈 锴 等	CN202023212670. X	CN214271492U
378	D21F	一种造纸压榨辊轴承	李 亮	CN202023234524. 7	CN214036511U
379	D21B	一种造纸用二次打浆设备	张成杰	CN202023225040. 6	CN214736965U
380	B01J	一种造纸黑液制备酚醛树脂专用反应装置	刘 振 等	CN202023210147. 3	CN214416380U
381	D21F	长网型纸机的调网结构	苏斌钦	CN202023207368. 5	CN214401198U
382	D21H	一种膜转移施胶机的胶料回收机构	陈 锴 等	CN202023217826. 3	CN214262479U
383	F26B	一种制纸用高效节能烘干装置	李丛峰 等	CN202023216332. 3	CN214950262U
384	D21G	一种自清洗型造纸机整饰辊	李 亮	CN202023225274. 0	CN214116087U
385	B26F	一种造纸用高压水刀切割装置	王 玲	CN202011571834. X	CN112809834A
386	D21F	一种造纸用纸浆捞取架	许 爽	CN202023192462. 8	CN214271491U
387	D21F	圆网型纸机的网格装置	苏斌钦	CN202023192270. 7	CN215164148U
388	D21F	圆网型纸机的喷浆成型装置	苏斌钦	CN202023189561. 0	CN214401196U
389	D21B	一种纸厂用原料的洗涤脱水装置	王 赞	CN202023224279. 1	CN214459151U
390	D21G	一种清洁造纸伏辊双刮刀装置	林 滨 等	CN202023173330. 0	CN214301006U
391	F26B	一种新型的生活造纸蒸汽供热烘干装置	赵子亮 等	CN202023178212. 9	CN214009841U
392	B01D	生活用卫生纸复卷机除尘系统	毛亚飞 等	CN202023184526. X	CN215311077U
393	D21B	一种造纸水力碎浆机装置	赵 文	CN202023172781. 2	CN215051588U
394	F04B	一种改进式造纸用变频控制真空泵	赵子亮 等	CN202023178258. 0	CN214007462U
395	B01D	一种造纸干燥余热回收利用装置	毛亚飞 等	CN202023184418. 2	CN214371889U
396	B65B	一种纸卷合并设备	黄武君	CN202023200990. 3	CN213200210U
397	F26B	一种造纸机抄纸车间透平风机热风回收利用装置	王东兴 等	CN202023177726. 2	CN214120711U
398	D21D	一种制浆造纸筛渣装置	林 滨 等	CN202023173320. 7	CN214300996U
399	B01J	一种表面施胶淀粉中 AKD 的添加装置	李绍雄	CN202023172957. 4	CN214716463U
400	B66F	一种纸芯抬升机构	涂振运 等	CN202011551552. 3	CN112551414A
401	D21F	一种造纸用成形网清理装置	王 伟 等	CN202023203051. 4	CN214529935U
402	D21F	长网造纸机的摇振结构	苏斌钦	CN202023151866. 2	CN214401197U
403	B66C	一种固定纸卷辊轴用的吊装夹具	张 鹏 等	CN202023202893. 8	CN214527654U
404	D21C	一种清洁造纸用生物酶添加设备	刘玮峰	CN202023157794. 2	CN214168569U
405	B01D	一种用于造纸清洁生产的真空系统	林 滨 等	CN202023145444. 4	CN214301003U
406	D21F	一种造纸用的除湿压榨机构	王 伟 等	CN202023202895. 7	CN214529936U
407	D21B	高低差多段式洗涤装置	刘名中	CN202023196799. 6	CN214245090U
408	B08B	造纸压光设备	苏雪高	CN202023161723. X	CN214193939U
409	D21B	一种全红纸生产用纸浆均匀细化装置	罗庚雪	CN202023132036. 5	CN214168567U
410	B01F	一种新型造纸专用化学品搅拌装置	张树兴 等	CN202023134403. 5	CN214598697U
411	D21B	一种镜面金纸制备装置	任跃辉 等	CN202023143282. 0	CN215289478U
412	B65H	一种分切复卷机	黄笃武 等	CN202023161617. 1	CN214003498U
413	B65H	造纸设备的筒芯输送机构	苏雪高	CN202023164424. 1	CN214878876U

续表

序号	分类号	发明名称	发明人	申请号	公开(公告)号
414	D21D	一种红炮纸加工纸浆过滤装置	罗庚雪	CN202023132039. 9	CN215164138U
415	B08B	造纸烘缸的清洁设备	苏雪高	CN202023161722. 5	CN214441255U
416	B08B	一种彩色花纹纸生产用收纸装置	黄　方	CN202023128824. 7	CN214359252U
417	B65H	造纸设备的筒芯运送装置	苏雪高	CN202023164547. 5	CN214878877U
418	D21B	一种节能环保的造纸印刷用捣浆设备	伍成贵	CN202023136453. 7	CN214219204U
419	D21D	一种造纸用摆式振动筛	李　勇 等	CN202023122816. 1	CN214459171U
420	D21F	一种造纸脱水用压榨辊	丘淦全 等	CN202023138994. 3	CN214362536U
421	D21F	一种提高压力稳定性的造纸压榨机构	何祥尧 等	CN202023124292. X	CN214362534U
422	D21B	一种再生纸造纸用磨浆机	林　李 等	CN202023124381. 4	CN214736977U
423	G01G	一种造纸用木材重量检测装置	杨　森 等	CN202023115654. 9	CN213658031U
424	F16F	一种具有除尘功能的造纸复卷机	颜晨鹏 等	CN202023101451. 4	CN214243065U
425	C10J	一种污泥与造纸黑液耦合处理系统	康　雪	CN202023099222. 3	CN214830146U
426	B07B	一种造纸浆料除砂装置	颜晨鹏 等	CN202023101765. 4	CN214089217U
427	D21D	一种清洁造纸制浆用磨浆机	颜晨鹏 等	CN202023101463. 7	CN214089214U
428	D21F	一种环保节能用单缸单网造纸机	颜晨鹏 等	CN202023141397. 6	CN214423009U
429	D21H	一种造纸分散剂供给装置	颜晨鹏 等	CN202023101560. 6	CN214089231U
430	C02F	一种纸浆造纸污泥处理装置	颜晨鹏 等	CN202023107571. 5	CN214088238U
431	D21H	一种可精准控制添加量的造纸助剂添加装置	梁　虎	CN202023058091. 4	CN214089230U
432	B01F	一种造纸用化学品混合装置	梁　虎	CN202023058075. 5	CN214345850U
433	F16K	一种造纸用蒸汽流量调节结构	梁　虎	CN202023068552. 6	CN214093078U
434	D21H	一种造纸施胶系统	余　兵 等	CN202023059002. 8	CN215289492U
435	B08B	一种高速精密切纸机真空吸纸装置	梁　虎	CN202023068649. 7	CN213918601U
436	B30B	一种造纸固体废物的压块装置	梁　虎	CN202023068615. 8	CN214239682U
437	F25D	一种过热蒸汽降温装置	张留学 等	CN202023048861. 7	CN213811831U
438	F26B	一种造纸加工用多级清洗装置	陆国栋 等	CN202023048476. 2	CN214022159U
439	B26F	一种可调节纸筒切割设备	周文博	CN202023050628. 2	CN214110597U
440	C02F	一种造纸纸浆回收沉淀池	黄志龙 等	CN202023347142. 5	CN214286823U
441	B02C	一种造纸原料破碎用除尘装置	陈秀金 等	CN202023277225. 1	CN214437645U
442	B01F	一种低碳环保的造纸设备	赵建忠	CN202023211637. 5	CN214654108U
443	D21D	一种环保造纸制浆用磨浆机	赵建忠	CN202023211707. 7	CN214655978U
444	D21F	一种造纸自清洁脱水装置	周汉江	CN202120092212. 2	CN215104268U
445	B02C	一种环保纸的制备装置	姚刚信	CN202120010011. 3	CN214717189U
446	C02F	一种纸浆回收装置	章大利 等	CN202023200884. 5	CN214031810U
447	B01D	一种用于卷纸分切机用的集尘装置	王　伟 等	CN202023202894. 2	CN214520602U
448	D21F	一种节能造纸烘干装置	杨贵荣	CN202023245579. 8	CN214496993U
449	D21F	一种便于清洗的造纸用的真空缸	苏雪高	CN202023027004. 9	CN213978359U
450	F26B	一种造纸废渣用无害化处置装置	符应双	CN202023036314. 7	CN214065525U
451	B65D	一种造纸黑液专用运输设备	朱清瑶 等	CN202023040595. 3	CN214191007U

续表

序号	分类号	发明名称	发明人	申请号	公开(公告)号
452	D21B	一种用于造纸的制浆处理设备	符应双	CN202023036471.8	CN214061061U
453	D21F	一种造纸生产用除尘装置	符应双	CN202023036183.2	CN214938772U
454	D21B	一种生物浆环保原纸生产用配置装置	周干仕 等	CN202023029170.2	CN213925646U
455	D21D	一种造纸用圆筒筛	苏雪高	CN202023027020.8	CN213978350U
456	B65H	一种新型造纸机	苏雪高	CN202023027073.X	CN214359294U
457	B31B	一种多功能制造纸成型装置	栾 飞 等	CN202023036029.5	CN215203693U
458	C02F	一种纸浆造纸废水处理净化装置	郭少辉 等	CN202023019491.4	CN214270477U
459	C02F	一种造纸设备用废水处理装置	梁 坤	CN202022988370.4	CN215102406U
460	D21F	一种造纸生产工艺中湿纸页快速成型装置	冯小群	CN202022989245.5	CN214005253U
461	B08B	一种造纸设备用吹灰装置	徐常利 等	CN202022988324.4	CN214235365U
462	D21F	一种造纸设备用余热回收装置	贾俊娇 等	CN202022982125.2	CN214496994U
463	D21F	一种烘缸干网在线清洗装置	张留学 等	CN202022989546.8	CN214061068U
464	D21F	一种造纸废纸浆回收装置	陈 军 等	CN202022972199.8	CN214362530U
465	C02F	一种造纸绿泥压带式过滤装置	刘军伟 等	CN202022969853.X	CN214115326U
466	D21F	一种减少挂浆的工艺设备	罗汉荣 等	CN202022972210.0	CN214362543U
467	D21C	一种新型造纸用洗浆机	刘军伟 等	CN202022973631.5	CN214116071U
468	D21G	一种造纸机涂布用刮刀装置	陈 军 等	CN202022982736.7	CN214362549U
469	C02F	一种纸业生产用曝气池的射流曝气管结垢处理系统	陆春晓 等	CN202022996019.X	CN214270356U
470	D21D	一种造纸纸浆除砂器	刘军伟 等	CN202022973633.4	CN214116077U
471	B01F	一种搅拌装置和造纸系统	苏建时 等	CN202022983895.9	CN215311602U
472	B60B	一种具有便于移动功能的造纸织物设备	朱克彦	CN202022928778.2	CN213973461U
473	C02F	一种造纸黑液过滤装置	刘军伟 等	CN202022957583.0	CN214360573U
474	B65G	一种预浸木片的螺旋输送机组	刘军伟 等	CN202022960717.4	CN214358490U
475	D21C	一种新型造纸用滚筒离心洗浆机滚筒	刘军伟 等	CN202022957529.6	CN214219207U
476	B66C	一种新型起重吊架装置	康 茹	CN202022922732.X	CN213834297U
477	B26D	一种新型的双刀切纸机底圆刀装置	康 茹	CN202022922017.6	CN213946602U
478	B05B	一种新型移动喷油装置	李文营 等	CN202022922779.6	CN214917402U
479	D21D	一种处理短纤维浆料的新型磨片	邹志勇 等	CN202022923597.0	CN213978348U
480	D21F	一种进压榨部纸幅线速稳定装置	刘立峰 等	CN202022933092.2	CN214061069U
481	B65H	一种水针换卷的吹风装置	李 博 等	CN202022932881.4	CN214934485U
482	F28C	一种使用蒸汽均匀加热洗浆喷淋水的装置	王长建 等	CN202022933694.8	CN213956053U
483	D21F	一种造纸机润滑油油量控制装置	俞海波 等	CN202022975952.9	CN214459192U
484	D21G	一种移动刮刀	张善峰 等	CN202022912834.3	CN213978368U
485	D21D	一种轻渣分离机	许银川 等	CN202022913526.2	CN214459177U
486	D21F	一种用于造纸机的便捷烘干机构	吴树贵	CN202022930434.5	CN214362541U
487	D21G	一种多功能造纸用压光机	苏雪高	CN202022926169.3	CN213978366U
488	F26B	一种造纸用烘干装置	苏雪高	CN202022925900.0	CN213841633U
489	D21D	一种组合式造纸用磨片	苏雪高	CN202022926121.2	CN213978349U

续表

序号	分类号	发明名称	发明人	申请号	公开(公告)号
490	D21D	一种造纸用打浆装置	苏雪高	CN202022926691.1	CN213978346U
491	B01D	一种造纸用废水过滤设备	苏雪高	CN202022925378.6	CN213965480U
492	B26D	一种造纸用烘干装置	肖芳等	CN202022886820.9	CN214213898U
493	B65H	一种生活用纸纸芯辊的抽辊机构	周成伟	CN202022913345.X	CN214191861U
494	B65H	一种造纸复卷机切边废料收集装置	周成伟	CN202022913410.9	CN214191873U
495	D21B	一种废纸再生造纸碎浆装置	庞文秀	CN202022889407.8	CN214089207U
496	B65B	卷筒纸拉膜包装单元	黄雅宋 等	CN202022863523.2	CN214325442U
497	B65B	卷筒纸拉膜包装用拉膜自动切尾装置	黄雅宋 等	CN202022863502.0	CN214325566U
498	B01F	一种造纸助留剂的分解装置	钟培洲	CN202022891574.6	CN215028307U
499	B01D	一种造纸用造纸网清理装置	钟培洲	CN202022900255.7	CN214992666U
500	D21B	一种造纸用造纸碎浆装置	钟培洲	CN202022900252.3	CN214992651U
501	F16F	一种用于造纸技术应用的复合式压力筛	陈　军 等	CN202022890307.7	CN214362522U
502	D21D	一种环保节能造纸磨浆机	章根香	CN202022846283.5	CN213978347U
503	D21D	一种用于造纸领域的单盘磨浆机	陈志英	CN202022834837.X	CN214459169U
504	D21B	一种卧式水力碎浆机	陈志英	CN202022840806.5	CN214694871U
505	D21F	一种造纸机上浆系统	水玉峰 等	CN202022827571.6	CN214423006U
506	D21F	一种真空揭纸辊的定纸边框可调节结构	廖佳俊 等	CN202022824361.1	CN214271489U
507	D21D	一种用于纸机溜槽消泡装置	余　兵 等	CN202022823989.X	CN214271485U
508	B01F	一种造纸生产用浆料的搅拌设备	周成伟	CN202022840454.3	CN215086364U
509	D21D	一种造纸生产用浆料除渣装置	周成伟	CN202022829387.5	CN215104258U
510	F16C	伏辊轴承润滑结构	朱健硕	CN202022819725.7	CN214221810U
511	B01D	滤网固定结构	许志宏 等	CN202022838927.6	CN214158689U
512	F26B	造纸用烘干设备	钱　超	CN202022802174.3	CN213713857U
513	D21F	一种用于造纸技术的防损伤导网辊	陈　军 等	CN202022802423.9	CN214362529U
514	F16F	一种造纸用原料粉碎机	周婷婷	CN202022765418.5	CN214554137U
515	B27M	一种木材挤压撕裂装置	叶锦强 等	CN202022786739.3	CN214214139U
516	C02F	一种造纸细格栅	张　荣	CN202022771692.3	CN214219208U
517	B08B	一种清洁造纸用除尘设备	赵立新	CN202022765788.9	CN213856165U
518	B65H	一种造纸用空气转向器	赵立新	CN202022763244.9	CN213737865U
519	F26B	一种造纸加工用蒸汽热泵系统	赵立新	CN202022763225.6	CN213657392U
520	D21F	一种造纸烘干用稳纸风箱	赵立新 等	CN202022766171.9	CN213740333U
521	D21H	一种造纸用气浮干燥箱	赵立新	CN202022757851.4	CN213925665U
522	F24F	一种净化造纸车间用通风设备	赵立新	CN202022766265.6	CN213657025U
523	D21H	一种激光无痕打印纸生产注料用定量设备	徐　宁	CN202022762246.6	CN214020467U
524	B01F	一种造纸用造纸助剂均匀稀释装置	郭庆良	CN202022744890.0	CN213913479U
525	D21F	一种造纸厂用风干箱	明　华	CN202022735615.2	CN214362540U
526	B01D	一种造纸黑液处理装置	章根香	CN202022735599.7	CN214400046U
527	D21B	一种造纸用快速碎浆机	明　华	CN202022746380.7	CN213978341U

续表

序号	分类号	发明名称	发明人	申请号	公开(公告)号
528	B26F	一种造纸用水刀切割装置	明 华	CN202022740026.3	CN214447032U
529	D21F	一种工业造纸机用抗腐耐磨钢材组	远晓锋 等	CN202022733145.6	CN214005252U
530	B31B	一种纸袋机的防堵纸导辊装置	蔡锦丹 等	CN202022707392.9	CN213860993U
531	D21F	一种恒压流浆箱	陈世通	CN202022693102.X	CN214219213U
532	D21D	一种清洁环保造纸用磨浆设备	王 芳 等	CN202022683138.X	CN214089213U
533	D21F	一种易于内部清理作业的造纸用纸浆池	刘榕林	CN202022698475.6	CN214143042U
534	D21B	一种具有回收边角料重新使用的球磨机	刘榕林	CN202022698307.7	CN214033149U
535	B01D	一种长网纸机网压部喷淋系统的化学添加剂装置	李文斌	CN202022672635.X	CN214116079U
536	D21F	一种用于造纸系统中阴离子垃圾控制的冲浆白水槽	李文斌 等	CN202022672597.8	CN214116080U
537	B02C	一种新型的碎纸机	刘榕林	CN202022684316.0	CN214021231U
538	B65D	一种具有自清洁机构的原料储罐	刘榕林	CN202022684270.2	CN213922460U
539	F16F	一种具有降噪稳定装置的罗茨真空泵	刘榕林	CN202022684269.X	CN213775692U
540	C02F	一种造纸纤维分离式回收设备	章根香	CN202022660520.9	CN214401199U
541	B65G	一种卸纸机取纸机械手	李少道	CN202022651548.6	CN213536492U
542	D21H	一种造纸涂布机退纸机构	袁宪澄	CN202022633522.9	CN213804639U
543	D21B	一种秸秆捶打清洗装置	刘 罡 等	CN202022647770.9	CN213772710U
544	B23P	一种烘缸端盖和轴颈的液压安装装置	邢晓伟	CN202022653019.X	CN213497575U
545	B65H	一种耐磨防霉装饰纸防翘曲整理装置	陈永强	CN202022638849.5	CN214243142U
546	B01F	一种造纸涂布润滑剂生产用加热装置	王 娟 等	CN202022622857.0	CN213699607U
547	B01F	一种造纸涂布润滑剂生产用混合搅拌装置	刘爱中 等	CN202022622815.7	CN213942731U
548	D21D	用于废纸造纸的浆料筛选装置	牛永健 等	CN202022616460.0	CN213708962U
549	D21F	一种造纸机用压榨装置	章根香	CN202022630014.5	CN215104267U
550	B01J	一种造纸涂布润滑剂生产用螺带式反应器	刘爱中 等	CN202022626331.X	CN214131626U
551	B01D	一种基于造纸原料的具有自动排除功能的除砂器	陈 军 等	CN202022629696.8	CN214344639U
552	B08B	废纸造纸用回收处理再生装置	牛永健 等	CN202022616339.8	CN213763102U
553	D21G	一种基于造纸技术的自动化卷纸机	陈 军 等	CN202022626529.8	CN214399121U
554	D21F	一种可在造纸机上缝合的造纸毛毯	林 杰	CN202022618134.3	CN213978364U
555	B32B	一种采用纱线堆叠结构的造纸毛毯	林 杰	CN202022618178.6	CN214383864U
556	D21F	一种适用于新月型高速卫生纸机的造纸毛毯	林 杰	CN202022612135.7	CN213978363U
557	D21B	一种均匀型造纸打浆机	张肖飞 等	CN202022613535.X	CN214033151U
558	B08B	一种用于造纸机卷取部除尘装置	曹 磊	CN202022686792.6	CN213894529U
559	D21G	一种造纸压光机压光辊调节机构	袁宪澄	CN202022589805.8	CN213804631U
560	D21F	一种适用于真空圆网型高速卫生纸机的造纸毛毯	林 杰	CN202022612145.0	CN213925660U
561	D21D	一种易清洗造纸磨浆机	倪 涛 等	CN202020819052.2	CN212375623U
562	B07B	一种造纸废渣处理系统	王 慈	CN202010409223.9	CN111659612A
563	D21F	一种沉降白水塔	翁泽军 等	CN202021992500.5	CN214168573U
564	D21H	一种造纸涂布机涂布头结构	冯伟利	CN202022593282.4	CN213925663U
565	D21F	一种造纸机真空吸移辊	张青超 等	CN202022590789.4	CN213804616U

续表

序号	分类号	发明名称	发明人	申请号	公开(公告)号
566	D21F	一种造纸机压榨部防掉边装置	张青超 等	CN202022590177.5	CN213836080U
567	D21D	一种圆柱形磨浆机用磨片	臧田良 等	CN202022647189.7	CN214401193U
568	B01F	一种造纸用荧光增白剂组合物的混匀设备	张明均	CN202022561304.9	CN214159432U
569	D21B	一种用于造纸的环保型浆料回收装置	张明均	CN202022559447.6	CN213417418U
570	D21B	一种废纸造纸用调浆装置	李永建	CN202022565106.X	CN213896533U
571	D21B	一种废纸造纸用的纤维精筛装置	李永建	CN202022566548.6	CN214143040U
572	D21H	一种造纸涂布机烘干机构	冯伟利	CN202022561926.1	CN213804642U
573	D21D	一种废纸造纸浆高效除砂装置	李永建	CN202022566581.9	CN213896542U
574	D21F	一种用于高强瓦楞原纸的压榨装置	李永建	CN202022564960.4	CN213896547U
575	D21D	一种废纸造纸用高效节能的内流式压力筛	李永建	CN202022570313.4	CN213896540U
576	D21D	一种造纸用的打浆机	朱建新	CN202022563479.3	CN214655977U
577	B65G	一种造纸用废纸原料杂质分选的分料装置	李永建	CN202022566362.0	CN213568031U
578	F16C	一种用于造纸生产并具保护功能的刮刀座轴套	李　梁 等	CN202022553109.1	CN213929182U
579	D21H	一种涂布机引纸导辊刮边器	袁宪澄	CN202022548225.4	CN213804636U
580	D21B	一种造纸制浆设备自动除渣系统	洪雪中	CN202022549379.5	CN214328296U
581	D21F	一种沼渣造纸用脱水设备	唐学武	CN202022536293.9	CN214496990U
582	F25D	一种纸机浓度控制系统	洪雪中	CN202022551185.9	CN215164145U
583	B65H	一种造纸复卷机吊纸辊装置	冯伟利	CN202022546369.6	CN213622489U
584	B01F	一种造纸用分散罐	袁宪澄	CN202022548231.X	CN213995675U
585	D21H	一种用于造纸生产线上的节能降耗的施胶料液槽	赵继忠 等	CN202022543564.3	CN215329032U
586	D21F	一种用于造纸机靴辊的挡水结构	李宝成 等	CN202022537624.0	CN214089223U
587	B01F	一种造纸助剂储存罐	秦　雯 等	CN202022525980.0	CN213885969U
588	D21H	一种高强度造纸涂布丙烯酸胶的施胶涂布机	刘　滨	CN202022528980.6	CN213624981U
589	B07B	一种制浆造纸用回收设备及其翻转结构	任淑华 等	CN202022540324.8	CN213825824U
590	D21F	一种新型造纸压榨辊	黄建荣 等	CN202022520852.7	CN214655984U
591	D21F	一种应用于造纸烘干部分的蒸汽回收装置	沈喜兵	CN202022519946.2	CN213476472U
592	D21F	一种可快速脱水的造纸用烘干箱	苗　慧	CN202022499764.3	CN214362537U
593	D21D	一种方便拆卸的造纸用纤维分离机	苗　慧	CN202022498855.5	CN214328295U
594	F26B	一种热风混气槽	李中文	CN202022500452.X	CN213396431U
595	D21F	一种高效安全型造纸加工用纸张干燥机构	苗　慧	CN202022499765.8	CN214362539U
596	F21S	一种环保型造纸车间用照明设备	苗　慧	CN202022499705.6	CN213712894U
597	D21D	一种 LMT-300 挤撕机	吴小东 等	CN202022493375.X	CN213772716U
598	B07B	一种工业条缝筛网	冯志强 等	CN202022492144.7	CN213965561U
599	D21B	一种造纸用打浆机	不公告发明人	CN202022473565.5	CN214496975U
600	D21D	一种造纸用磨片	不公告发明人	CN202022473652.0	CN214496977U
601	B01D	一种造纸机械制浆过滤器	不公告发明人	CN202022485496.X	CN214319269U
602	D21B	一种造纸机械碎浆机	不公告发明人	CN202022473494.9	CN214300991U
603	B08B	一种造纸用纸浆过滤输送装置	不公告发明人	CN202022473511.9	CN214398798U

续表

序号	分类号	发明名称	发明人	申请号	公开(公告)号
604	B65G	一种造纸用物料输送设备	不公告发明人	CN202022484893.5	CN214297791U
605	B65H	纸板交错堆叠机	叶承智	CN202022485367.0	CN215159730U
606	B65H	自动翻纸机	叶承智	CN202022479424.4	CN213678996U
607	D21F	一种用于造纸系统中阴离子垃圾控制的流浆箱	李文斌	CN202022444415.1	CN213925651U
608	B32B	一种复卷机用皮带	乔焦立	CN202022460927.7	CN213802179U
609	B65H	纸张自动分切机	叶承智	CN202022457764.7	CN214140861U
610	D21D	一种造纸纸浆除砂装置	朱　涛	CN202022447059.9	CN214655981U
611	D21D	一种造纸用除渣装置	施卫生	CN202022444648.1	CN214033157U
612	B62B	一种瓦楞纸板转运车	马振从	CN202022444886.2	CN214165048U
613	D21C	一种用于造纸生产的漂白设备	包兴园	CN202022431745.7	CN214061062U
614	B07B	一种造纸用纸浆废渣筛选设备	包兴园	CN202022435396.6	CN213762772U
615	D21F	一种育果外袋纸的布浆器	唐艳军 等	CN202022432136.3	CN214271484U
616	B26D	一种环保纸袋卷筒纸生产用切纸机	周金良	CN202022430348.8	CN213890291U
617	D21H	造纸表面胶料自动熬制装置	李长增	CN202022424218.3	CN213804635U
618	D21F	造纸蒸汽流量控制装置	李长增	CN202022410865.9	CN213804625U
619	D21D	一种造纸用原纸浆料除砂装置	李亚军	CN202022419044.1	CN214116074U
620	D21F	一种具有防堵塞功能的原纸生产用网毯清洗装置	代方正 等	CN202022443530.7	CN214143044U
621	D21H	一种造纸机用施胶辊	李国平	CN202022410050.0	CN212316545U
622	B01F	一种纸浆浓度自动控制装置	李亚军	CN202022421623.X	CN214553013U
623	B65H	一种纸张输送装置	王　凯 等	CN202022400762.4	CN213894489U
624	D21F	一种造纸用挤压脱水装置	朱建新	CN202022398724.X	CN214655983U
625	D21B	一种造纸原料去油设备	朱建新	CN202022398737.7	CN214655972U
626	D21G	一种造纸压光机	宋　刚	CN202022389518.2	CN214328302U
627	D21F	一种压榨气动调节装置	胡　亮 等	CN202022389451.2	CN214882594U
628	B26D	一种造纸用的纸边裁剪设备	宋　刚	CN202022389515.9	CN213946663U
629	B62B	一种具有防护功能的造纸用转运装置	李俊龙 等	CN202022387747.0	CN213502490U
630	D21F	一种成形网及造纸机设备	周积学 等	CN202022397457.4	CN214496983U
631	D21F	一种造纸白水的循环利用系统	杨正伟 等	CN202022392721.5	CN214168574U
632	B32B	一种使用稀黑液洗涤造纸原料的设备	熊新明 等	CN202022350383.9	CN213867059U
633	B65H	纸板上料装置	叶承智	CN202022361217.9	CN213679000U
634	D21G	一种造纸机烘缸刮刀往复装置	熊新明 等	CN202022348113.4	CN213978367U
635	D21F	一种新型造纸机网部校正器	布　宁 等	CN202022361440.3	CN214572956U
636	D21B	一种造纸用碎浆装置	孙曰平	CN202022358397.5	CN213804594U
637	B01F	一种造纸用原料混合装置	王　慧	CN202022343669.4	CN213791079U
638	D21B	一种用于造纸加工的卧式打浆机外壳	林吕梅	CN202022327567.3	CN213358135U
639	B01F	一种制浆造纸用干粉助留剂控制系统	关健华	CN202022323332.7	CN213069567U
640	D21D	一种应用于造纸打浆机中的新式打浆叶片	龙海增	CN202022327509.0	CN213358136U
641	D21D	一种造纸磨浆圆柱磨	唐继斌 等	CN202022330296.7	CN213867061U

续表

序号	分类号	发明名称	发明人	申请号	公开(公告)号
642	D21F	一种造纸机辊组间水汽消除装置	张玉全	CN202022330407.4	CN214736990U
643	B30B	一种造纸废渣回收装置	王旭东	CN202022328637.7	CN213726936U
644	D21F	一种高速卫生纸机热回收系统	唐继斌 等	CN202022328132.0	CN213867073U
645	C02F	一种造纸废水中固体杂质分离装置	张玉全	CN202022328638.1	CN214360554U
646	D21B	一种高效率造纸用碎浆装置	蘧　波	CN202022309736.0	CN214882583U
647	D21D	一种应用于造纸行业的纸浆杂质除渣器	王世宝	CN202022310353.5	CN213804608U
648	D21G	一种造纸机引纸设备	蘧　波	CN202022311788.1	CN213804634U
649	D21D	一种使用寿命长的造纸打浆机	孙中阳	CN202022310836.5	CN214061063U
650	B01D	一种制备改性硅油型造纸消泡剂的装置	郭丽芳 等	CN202022307151.5	CN213492151U
651	D21D	一种新型造纸用打浆机内二级转动内罐	张　凤	CN202022304631.6	CN214938753U
652	D21F	一种造纸机成形网装置	侯清中 等	CN202022303110.9	CN214033162U
653	B30B	一种造纸行业除渣器的高速等静压成型装置	王世宝	CN202022308817.9	CN213501042U
654	D21G	一种上下双加工通道的分区可控的造纸压光机	程显睿	CN202022310883.X	CN214089227U
655	B08B	一种造纸用真空缸	蘧　波	CN202022290113.3	CN215329021U
656	D21F	一种便于更换毛刷的造纸用造纸网清理机构	赵金华	CN202022289514.7	CN213772720U
657	D21D	一种造纸制浆用纸浆快速磨碎装置	蘧　波	CN202022290114.8	CN214882589U
658	B66F	一种用于造纸机的铜版纸升降运输装置	蘧　波	CN202022290117.1	CN213802746U
659	B01F	一种防尘型造纸助剂稀释装置	赵金华	CN202022289673.7	CN214020266U
660	D21B	一种造纸水力碎浆机	蘧　波	CN202022275387.5	CN213799779U
661	D21F	一种造纸用烘干装置	万　潞	CN202022283073.X	CN214301002U
662	D21F	一种分段式压榨装置及抄造系统	刘名中	CN202022291642.5	CN213681499U
663	D21B	一种损纸碎解机	刘可庆 等	CN202022281381.9	CN213836071U
664	D21B	一种造纸机械碎浆机	韩宝青	CN202022275323.5	CN213708951U
665	D21F	一种升降式抽气气罩	吴小伟 等	CN202022275696.2	CN214245112U
666	D21B	一种造纸用原料粉碎装置	万　潞	CN202022281720.3	CN214089201U
667	D21G	一种造纸网托网装置	蘧　波	CN202022275072.0	CN213804633U
668	D21C	一种用于造纸的原料蒸煮装置	韩宝青	CN202022275374.8	CN213896536U
669	D21F	一种造纸用清理造纸网装置	蘧　波	CN202022275113.6	CN213804612U
670	F16C	一种造纸用耐磨胶辊	王玉松 等	CN202011098604.6	CN112392854A
671	B01D	一种具有造纸纸浆与废水分离的收集装置	韩宝青	CN202022276538.9	CN213699049U
672	B65H	一种纸张分切机的绕卷装置	丁　玲	CN202022264901.5	CN213386975U
673	D21J	一种造纸用原料脱水装置	谢庆峰 等	CN202022254351.9	CN214193949U
674	B26D	一种造纸用裁切装置	姬振亚	CN202022253400.7	CN213731895U
675	D21F	一种造纸机网部网毯自动张紧器	沈忠恩 等	CN202022249560.4	CN213978354U
676	D21C	一种造纸快速脱水装置	蘧　波	CN202022246575.5	CN213804598U
677	D21B	一种造纸原料碾碎装置	江　姣	CN202022254319.0	CN214033146U
678	D21C	一种具有料渣循环再利用功能的造纸装置	不公告发明人	CN202022254891.7	CN214362546U
679	D21G	一种造纸用调制装置	姬振亚	CN202022254120.8	CN214089228U

续表

序号	分类号	发明名称	发明人	申请号	公开(公告)号
680	F26B	一种造纸原料烘干装置	江　姣	CN202022253619.7	CN214095172U
681	B01D	一种造纸用原料残渣处理装置	姬振亚	CN202022254134.X	CN213760686U
682	B02C	一种造纸用原料筛选净化装置	江　姣	CN202022253593.6	CN213700056U
683	B65H	一种造纸用卷纸装置	姬振亚	CN202022253438.4	CN213445354U
684	B01F	一种造纸用批量纸浆搅拌装置	蘧　波	CN202022246565.1	CN213791333U
685	B01D	一种造纸机网部除雾装置	沈忠恩 等	CN202022249550.0	CN213668404U
686	B01F	一种造纸分散剂供给装置	蘧　波	CN202022246564.7	CN214438466U
687	D21F	一种造纸用原料压榨装置	江　姣	CN202022253594.0	CN214033164U
688	B09B	一种造纸废料处理设备用的轴套结构	陈　健 等	CN202022246969.0	CN213793416U
689	D21B	一种造纸废料处理设备用的推料装置	陈　健 等	CN202022246996.8	CN213804588U
690	B41F	一种全自动纸张覆膜装置	丁　玲	CN202022239357.9	CN214000974U
691	D21F	一种造纸渣浆的回收装置	蘧　波	CN202022233921.6	CN213804613U
692	B01F	一种造纸碎浆搅拌装置	蘧　波	CN202022234304.8	CN213791397U
693	B09B	一种造纸废料处理设备用的隔仓结构	陈　健 等	CN202022246401.9	CN213793415U
694	B27L	一种造纸用木材粉碎装置	蘧　波	CN202022233874.5	CN214419084U
695	B65H	一种造纸用自动定位分切装置	何宝瑜	CN202022227750.6	CN213412193U
696	F26B	一种造纸用纸浆恒温烘干设备	何宝瑜	CN202022228446.3	CN213208434U
697	D21F	一种不易褶皱的造纸用干燥设备	韩吉香	CN202022227689.5	CN214033167U
698	D21B	一种自动送料的造纸用原料混搅装置	何宝瑜	CN202022227748.9	CN214033150U
699	D21B	一种造纸用废纸回收处理装置	韩吉香	CN202022227683.8	CN214116070U
700	F26B	一种造纸干燥尾气循环利用装置	韩吉香	CN202022227682.3	CN213396438U
701	B01D	一种造纸用快速过滤装置	何宝瑜	CN202022227741.7	CN214089215U
702	D21F	一种造纸用压榨烘干一体化装置	何宝瑜	CN202022228447.8	CN213978355U
703	D21G	一种定位准确的造纸用分切装置	韩吉香	CN202022228335.2	CN213978362U
704	D21F	一种造纸毛毯干燥装置	张志富	CN202022213577.4	CN213804626U
705	D21F	造纸机毛布脱水装置	王旭东	CN202022213582.5	CN213804615U
706	D21F	一种造纸网清洗装置	孙曰平	CN202022213570.2	CN213804611U
707	D21F	一种不易粘浆的造纸机压榨部毛毡安装棍	周于森 等	CN202022221301.0	CN213507812U
708	D21F	一种适用于造纸机的组合压榨辊	莫文清	CN202022222085.1	CN213447854U
709	D21D	一种造纸打浆机内的可拆卸过滤板	林伟英	CN202022205088.4	CN213203620U
710	D21F	一种造纸机的真空压榨辊的真空箱结构	范舒文	CN202022217569.7	CN214168576U
711	D21G	一种造纸机压榨毛毯接水盘	黄创雄	CN202022222128.6	CN213447871U
712	D21F	一种造纸机用正压榨胶辊	黄创雄	CN202022218292.X	CN213447853U
713	D21F	一种造纸机压榨脱水装置	黄创雄	CN202022222064.X	CN214168577U
714	D21C	一种造纸渣浆的回收装置	郑建强	CN202022205112.4	CN213896538U
715	D21F	一种易清洗的造纸机压榨辊	范舒文	CN202022223124.X	CN213447856U
716	D21F	一种造纸机压榨辊	莫文清	CN202022216869.3	CN213447852U
717	D21D	一种荷兰式造纸打浆机内的全方位均匀打浆机组	马昌想	CN202022199870.X	CN213328450U

续表

序号	分类号	发明名称	发明人	申请号	公开(公告)号
718	D21B	一种造纸用自清洗碎浆机	郑建强	CN202022209479.3	CN213804591U
719	D21F	一种造纸机的真空压榨辊结构	莫文清	CN202022216905.6	CN214219214U
720	D21F	一种用在造纸机的鞋形压榨部的鞋形辊	范舒文	CN202022223095.7	CN213447855U
721	D21F	一种造纸机压榨部用导辊底座	朱明利	CN202022196651.6	CN213417423U
722	D21B	一种用于纸箱回收的碎浆机及其使用方法	程杰杰	CN202011046114.1	CN112252066A
723	D21F	一种方便控制流速的流浆箱	周柏太	CN202022194546.9	CN213538558U
724	D21F	一种造纸机压榨辊卸辊装置	陈天姝	CN202022215140.4	CN213925653U
725	D21F	造纸机压榨部引纸辊结构	王　芳	CN202022215042.0	CN214168575U
726	D21F	用于造纸机的压榨设备中的压榨带	陈泽华 等	CN202022215286.9	CN214245110U
727	D21F	一种节能型造纸机的压榨机构	李艳辉	CN202022215204.0	CN213203626U
728	D21F	一种造纸机压榨部的机架	陈天姝	CN202022197345.4	CN213447851U
729	B65G	一种直线导轨式踢纸机	辛事明 等	CN202022178939.0	CN213894238U
730	D21F	一种造纸机压榨部毛毯压榨装置	朱明利	CN202022199695.4	CN213447866U
731	B01D	一种造纸用便于更换滤网的洗浆机	毕重和	CN202022189144.X	CN213965336U
732	D21F	一种造纸机压榨部换辊机构	朱明利	CN202022215507.2	CN213447848U
733	D21B	一种造纸产生的废料回收装置	安　柏	CN202022167513.5	CN213538553U
734	D21D	一种带有预热处理功能的造纸打浆机	姚思雨	CN202022142283.7	CN214089211U
735	B65H	一种擦手纸造纸用卷纸机	郑建强	CN202022153103.5	CN213568649U
736	D21F	一种用于造纸机的湿纸页真空吸水装置	于国伟	CN202022141405.0	CN214033165U
737	D21D	一种双向转动的均匀造纸打浆机	梁玉洁	CN202022142268.2	CN213708959U
738	B27L	一种造纸用木材多级粉碎研磨装置	黄凤娟 等	CN202022141399.9	CN213533034U
739	F26B	一种造纸用快速烘干装置	麦晓雪 等	CN202022141404.6	CN213480767U
740	B65H	一种造纸生产用具有防飘落功能的成品输送装置	麦晓雪 等	CN202022141412.0	CN213445456U
741	D21F	一种造纸用纸浆残渣便于回收的分离装置	于国伟	CN202022141394.6	CN213740331U
742	C02F	一种造纸用可回收植物纤维的废水过滤装置	黄凤娟 等	CN202022141398.4	CN213537531U
743	D21F	一种绝缘纸板压力喷浆成型装置	周克友 等	CN202022126079.6	CN213772718U
744	B65H	一种绝缘纸板造纸毛毯张紧装置	王晓平 等	CN202022129917.5	CN213770748U
745	F04D	一种高效造纸工艺流程泵	董　文 等	CN202022116301.4	CN213574836U
746	B01D	一种过滤网可调的造纸制浆过滤装置	王建平	CN202022118196.8	CN213433202U
747	B08B	一种带有除尘结构的造纸复卷装置	王建平	CN202022114713.4	CN213264863U
748	D21B	一种便于取放料的造纸用碎浆装置	王建平	CN202022114679.0	CN213267314U
749	F04D	一种具有降低泵磨损结构的造纸工艺流程泵	董　文 等	CN202022112863.1	CN213360444U
750	D21F	一种沼渣造纸用造纸浆料回收设备	曾国勇 等	CN202022096064.X	CN213447847U
751	D21F	一种纸边切割回收装置	卢志斌 等	CN202022103152.8	CN213951757U
752	B01F	一种沼渣造纸用存浆设备	曾国勇 等	CN202022093899.X	CN213447841U
753	D21F	一种沼渣造纸用烘干装置	曾国勇 等	CN202022095001.2	CN213447860U
754	D21F	一种造纸机新型烘缸	孙友根	CN202022103060.X	CN213772722U
755	D21F	一种沼渣造纸用喷浆设备	曾国勇 等	CN202022095362.7	CN213447842U

续表

序号	分类号	发明名称	发明人	申请号	公开(公告)号
756	D21B	一种沼渣造纸用打浆设备	曾国勇 等	CN202022094207.3	CN213447833U
757	B01D	一种造纸白水回用系统	卢志斌 等	CN202022105982.4	CN213492154U
758	D21C	一种用于造纸的高效率脱水设备	李朝霞	CN202022106662.0	CN213173131U
759	G01N	一种沼渣造纸用纸浆取样装置	曾国勇 等	CN202022095737.X	CN212964213U
760	B01D	一种沼渣造纸用固液分离装置	曾国勇 等	CN202022081958.1	CN213643387U
761	D21G	一种造纸设备用天桥排废装置	余 斌	CN202022085022.6	CN214005254U
762	B01D	一种沼渣造纸用除臭装置	曾国勇 等	CN202022081601.3	CN213643629U
763	D21F	一种纸张生产用烘干装置	张松辰	CN202022108787.7	CN214061066U
764	C10L	一种沼渣造纸用配料混合装置	曾国勇 等	CN202022080296.6	CN213172228U
765	D21H	一种造纸施胶熬胶用装置	翟绍竹 等	CN202022080181.7	CN213447876U
766	B01D	一种防冻堵塞的沼渣造纸用过滤装置	曾国勇 等	CN202022080716.0	CN213348064U
767	F16F	一种造纸生产用纸张成型装置	王 娟 等	CN202022090471.X	CN213452509U
768	B65G	一种废纸打浆上料装置	孟松梅	CN202022108761.2	CN213504741U
769	B01J	造纸用荧光增白剂生产用反应釜	刘天祥 等	CN202022085242.9	CN213314996U
770	D21F	一种网毯组合预压的新结构	赵子忠 等	CN202022075471.2	CN213389505U
771	B01F	一种造纸高效助留用装置	毛会丁 等	CN202022065345.9	CN213348664U
772	D21G	一种造纸用耐磨胶辊	韩长宝 等	CN202022068426.4	CN214061071U
773	D21F	一种造纸机用托辊	李国平 等	CN202022069122.X	CN213389507U
774	D21F	一种钢制烘缸替代铸铁烘缸的新结构	赵子忠 等	CN202022075478.4	CN213836081U
775	D21F	一种用于造纸机的聚氨酯压榨辊	李国平 等	CN202022069125.3	CN213389506U
776	B01D	造纸用荧光增白剂生产用纳滤装置	刘天祥 等	CN202022084882.8	CN213314346U
777	B01D	造纸用荧光增白剂生产用反渗透装置	刘天祥 等	CN202022076123.7	CN213314332U
778	F04D	一种用于纸页成形的冲浆泵	朱元芳	CN202022067416.9	CN213116727U
779	D21H	一种制浆造纸用助留剂稳压装置	高艳龙 等	CN202022065216.X	CN213447872U
780	D21F	一种便于拆卸更换造纸机真空辊	韩盛才 等	CN202022069160.5	CN213389508U
781	D21B	一种造纸用木材的磨木装置	李军建 等	CN202022062747.3	CN213507801U
782	D21F	一种造纸机用真空压榨辊	肖 玮 等	CN202022059096.2	CN213507815U
783	D21B	一种造纸用浆池搅拌器	吴天鹏 等	CN202022053298.6	CN213885767U
784	D21D	一种造纸用多涡流差速旋转打浆装置	杜惠欣	CN202022058203.X	CN213708958U
785	D21B	一种造纸用木材原料热磨处理设备	张 磊 等	CN202022051980.1	CN213447832U
786	B65D	带有静音消除功能的分丝机	邱波罗	CN202022055372.8	CN213009790U
787	B01F	一种造纸湿部定着剂用装置	毛会丁 等	CN202022056605.6	CN213348443U
788	D21G	自动加料的小型立式分层造纸机	张 磊 等	CN202022052019.4	CN213447867U
789	D21F	一种内芯结构稳定的造纸用真空压榨辊	肖 玮 等	CN202022059099.6	CN213328453U
790	B65G	一种造纸机用驼车	徐荷英 等	CN202022066568.7	CN213833374U
791	D21F	一种造纸白水中细小纤维的回收利用装置	张小明 等	CN202022042372.4	CN214033163U
792	D21C	一种纸业备浆热风控制装置	林嘉俊	CN202022034776.9	CN213203618U
793	D21D	一种利用回收纤维造纸用装置	曲晓绪 等	CN202022042368.8	CN213681498U

续表

序号	分类号	发明名称	发明人	申请号	公开(公告)号
794	D21D	一种用于造纸尾浆纤维回收的专用筛	高艳龙 等	CN202022045312.8	CN213447840U
795	D21F	一种新型造纸烘缸	陈祖彬 等	CN202022035016.X	CN213896549U
796	D21D	一种用于造纸的除砂器	闵祥鲁 等	CN202022032990.0	CN213896541U
797	D21D	一种造纸制浆用磨浆机	张　磊 等	CN202022037663.4	CN213447838U
798	B08B	一种新型流浆箱	郭志强 等	CN202022037972.1	CN214089220U
799	D21F	一种造纸用干网清洁装置	秦世伟 等	CN202022032989.8	CN214089221U
800	B01D	一种造纸用纸浆固液分离装置	张　磊 等	CN202022030578.5	CN213313604U
801	D21F	一种造纸用高速风干设备	蒋日钟 等	CN202022027598.7	CN213772723U
802	D21F	一种造纸用真空吸水箱	李小平 等	CN202022037971.7	CN213896548U
803	D21F	一种易于清洗的造纸网	许振华	CN202022004208.4	CN213507809U
804	B65D	一种造纸网托网装置	许振华	CN202022005685.2	CN213503937U
805	B01F	一种造纸用的除尘装置	宗新安	CN202022013204.2	CN213699562U
806	D21F	一种造纸网定型工艺用支撑装置	许振华	CN202022005702.2	CN213507817U
807	D21F	一种自清洁造纸烘箱网	许振华	CN202022005684.8	CN213507816U
808	D21F	一种新型造纸用干燥网	许振华	CN202022004209.9	CN213507810U
809	B01D	碱炉降温塔及其安装结构	杨朝林 等	CN202022020042.5	CN213375892U
810	B26D	一种造纸用裁切装置	宗新安	CN202022013224.X	CN213320301U
811	D21F	一种瓦楞原纸造纸机真空伏辊用支撑机构	陈宏亮 等	CN202022014318.9	CN213447857U
812	B08B	一种用于造纸网冷却的清理机构	许振华	CN202022004207.X	CN213507811U
813	B01F	一种造纸氧化淀粉制备装置	毛会丁 等	CN202022015427.2	CN213348544U
814	B01D	一种碱炉除尘结构	杨朝林 等	CN202022018726.1	CN213375891U
815	D21D	一种瓦楞原纸生产用纸浆过滤装置	谢彩云 等	CN202022014358.3	CN214005249U
816	B01F	一种造纸助留剂高效分散装置	张小明 等	CN202022015325.0	CN213348543U
817	B01F	一种造纸工艺用高效纸浆搅拌加工装置	胡渭烽	CN202010958510.5	CN112058166A
818	B02C	一种育果袋纸加工用废料收集装置	蒋日钟 等	CN202022002338.4	CN213611751U
819	B65H	一种高效率自动给纸装置	黄瑞杰 等	CN202021990807.1	CN213622467U
820	D21C	轻型纸生产用造纸蒸汽收集装置	陈　萧 等	CN202022002400.X	CN213417420U
821	B65H	一种纸张生产用复卷设备	许韩俊 等	CN202022007019.2	CN213737831U
822	B01F	一种利用横径向双向旋转运作的高效造纸用分散设备	张　磊 等	CN202021990320.3	CN213434045U
823	D21B	一种剪切破碎复合型的造纸打浆机	姚思雨	CN202021983655.2	CN213708948U
824	D21D	一种造纸用除渣装置	李文斌	CN202021980332.8	CN213708957U
825	G05B	一种制浆造纸工艺过程的综合仿真平台	关健华	CN202021977722.X	CN213814333U
826	D21F	一种白水过滤装置	赖德坤 等	CN202021979947.9	CN213896544U
827	B01D	密封水过滤器	郭丁文 等	CN202021990099.1	CN213885224U
828	F16F	一种造纸机网部摇振装置	李文斌	CN202021980327.7	CN213708967U
829	B01F	一种造纸用湿式团结纤维纸浆分散用纤维分散设备	张　磊 等	CN202021986367.2	CN213669072U
830	D21D	一种浆液环形循环的造纸打浆机	许昭阳	CN202021985766.7	CN213867062U

续表

序号	分类号	发明名称	发明人	申请号	公开(公告)号
831	D21D	一种造纸制浆用的磨浆机	刘 亭 等	CN202021990880.9	CN214089212U
832	D21H	一种造纸用施胶上料装置	匡江波 等	CN202021979948.3	CN213896559U
833	D21B	一种造纸用原材料粉碎磨浆装置	孙友根	CN202021972171.8	CN213476461U
834	B01F	一种造纸用纸浆混合搅拌装置	孙友根	CN202021972174.1	CN214076235U
835	D21F	一种造纸机	吴新军 等	CN202021965041.1	CN213740334U
836	D21F	一种瓦楞原纸造纸机的真空压榨辊结构	陈宏亮 等	CN202021969479.7	CN213507814U
837	B31F	一种用于多缸瓦楞原纸纸机的真空伏辊	胡炼斌 等	CN202021968470.4	CN213534023U
838	B65H	一种卷纸清洁生产用吸尘装置	杜建阳 等	CN202021961883.X	CN213201664U
839	D21F	一种造纸机械用真空压榨辊	申礼春	CN202021975358.3	CN213867069U
840	B31F	一种均匀施胶的瓦楞原纸造纸机施胶装置	唐 成 等	CN202021969480.X	CN213534024U
841	F04D	一种造纸除尘轴流风机节能型水冷系统	杜建阳 等	CN202021961808.3	CN213206113U
842	D21B	一种造纸白水沉淀塔及利用该沉淀塔的白水循环利用系统	靳香林	CN202021960783.5	CN213358138U
843	D21G	一种造纸机械用换辊装置	申礼春	CN202021975357.9	CN213867083U
844	B26D	一种造纸用具有防抖动功能的夹具固定装置	申礼春	CN202021974646.7	CN213499518U
845	D21G	一种可调节的分区可控的造纸压光机	李 雪	CN202021962355.6	CN213389514U
846	D21F	一种造纸机械用液压升降平台	申礼春 等	CN202021951488.3	CN213867076U
847	D21D	一种防结垢压力筛	毕重和	CN202021958494.1	CN214061064U
848	D21G	一种造纸机械用刮刀气动摆动器	申礼春	CN202021951487.9	CN213867080U
849	D21F	一种造纸机械用易拆卸清洁的压辊	朱宏伟 等	CN202021938002.2	CN213571315U
850	D21B	一种多功能造纸碎浆装置	张 磊 等	CN202021940665.8	CN213447826U
851	D21F	一种造纸机械设备用弹性压榨管辊	朱宏伟 等	CN202021938996.8	CN213571316U
852	D21F	一种造纸机用复合毛毡导辊	朱宏伟 等	CN202021938027.2	CN213571322U
853	D21D	一种造纸供浆系统用除渣器	田林玉	CN202021946980.1	CN214271483U
854	D21G	一种组合式造纸生产线使用的镀铬辊	朱宏伟 等	CN202021938029.1	CN213804621U
855	B23B	一种造纸压榨辊用钻孔装置	朱宏伟 等	CN202021924719.1	CN213224391U
856	D21F	一种造纸用表面耐磨且高光洁度的辊体	朱宏伟 等	CN202021924659.3	CN213571313U
857	B65H	一种具有清扫装置的造纸用滚筒	朱宏伟 等	CN202021925754.5	CN213201944U
858	D21F	一种具有增湿功能的造纸用辊筒	朱宏伟 等	CN202021925755.X	CN213571314U
859	D21G	一种造纸机械用推管装置	申礼春	CN202021934597.4	CN213836086U
860	B65H	一种造纸机械用移动拔轴装置	申礼春	CN202021934494.8	CN213864600U
861	D21H	一种造纸用涂布机	田林玉	CN202021934109.X	CN213867088U
862	F26B	一种造纸用干燥设备	田林玉	CN202021927862.6	CN214148594U
863	D21G	一种造纸机械用自动上料装置	申礼春	CN202021934493.3	CN213867082U
864	D21F	一种具有加热功能的造纸机滚筒	朱宏伟 等	CN202021924732.7	CN213978360U
865	B01D	一种造纸脱硫设备	孙友根	CN202021919374.0	CN213643713U
866	D21H	一种造纸用裁剪设备	孙友根	CN202021919363.2	CN213476477U
867	B01D	一种造纸用过滤装置	孙友根	CN202021919420.7	CN213348023U

续表

序号	分类号	发明名称	发明人	申请号	公开(公告)号
868	D21B	一种造纸用打浆设备	孙友根	CN202021919419.4	CN213476464U
869	D21F	一种造纸用烘干装置	孙友根	CN202021919431.5	CN213476471U
870	D21B	一种造纸水力碎浆机	陈坤昌	CN202021919673.4	CN213978340U
871	B30B	一种造纸废渣挤水装置	洪觉慧 等	CN202021917965.4	CN213472292U
872	D21F	一种造纸快速脱水装置	黄　迪	CN202021918033.1	CN213772721U
873	D21D	一种适用于清洁造纸设备线的打浆杆	邓颖忠	CN202021915673.7	CN213804601U
874	D21F	一种造纸机用真空压榨辊	肖　玮 等	CN202021913369.9	CN213267320U
875	D21D	一种适用于清洁造纸设备线的打浆刀片	邓颖忠	CN202021915672.2	CN213804604U
876	D21B	一种适用于清洁造纸设备线的制浆筒	邓颖忠	CN202021914053.1	CN213896531U
877	E04H	一种造纸机械用安全防护网	申礼春	CN202021920012.3	CN213654434U
878	B01J	造纸脱硫塔内壁防冲刷腐蚀结构	金晓春 等	CN202021902764.7	CN213610561U
879	B08B	一种造纸用防纸浆泄漏的夹具固定装置	申礼春	CN202021897256.4	CN213836083U
880	F16C	一种高硬度大型造纸辊筒	朱宏伟 等	CN202021901198.8	CN213575144U
881	B01D	一种造纸车间生产用循环式喷淋除尘装置	汤润湛 等	CN202021906523.X	CN213885508U
882	D21F	高档彩色卡纸造纸机用传动装置	汪海伟 等	CN202021892840.0	CN213708975U
883	D21D	一种造纸用纸浆筛分装置	张玉全	CN202021881482.3	CN212955953U
884	D21F	顶网成形器真空吸移箱	马玉春 等	CN202021891561.2	CN213708969U
885	D21F	节能增效型长网造纸机	郭旭斌 等	CN202021889787.9	CN212357822U
886	F16F	一种用于防震的造纸木材粉碎设备	朱远彬	CN202021889987.4	CN213499830U
887	D21F	一种节能环保的造纸烘干设备	蒙艳勤	CN202021891692.0	CN212902328U
888	D21F	高档彩色卡纸造纸机用压榨装置	张金霞 等	CN202021889747.4	CN213708970U
889	B01D	一种造纸残渣回收处理装置	张　侠	CN202021881330.3	CN213610113U
890	D21F	高档彩色卡纸造纸机用双长网网案装置	汪海伟 等	CN202021889760.X	CN214300998U
891	D21F	辊式顶网成形器	张金霞 等	CN202021891540.0	CN213203624U
892	D21C	一种木屑浆生产用重力多盘分配系统	叶　剑 等	CN202210399233.8	CN114717867A
893	D21J	一种家用废纸回收的造纸装置	栾　飞 等	CN202111674503.3	CN114411452A
894	D04H	一种高速宽幅造纸毛毯针刺装置	于海松 等	CN202123325903.1	CN216765231U
895	B02C	一种造纸用锯木屑研磨装置	刘文明 等	CN202111618897.0	CN114395933A
896	C02F	一种制浆废水中的细小纤维回收利用设备	魏依中 等	CN202122885949.2	CN216972097U
897	D21F	一种新型造纸机传递压榨装置	史翠娥 等	CN202122869660.1	CN216237879U
898	D21F	长网型纸机的脱水结构	苏斌钦	CN202123013961.0	CN216275009U
899	G05B	一种造纸生产中分切机自动控制系统装置	田　锋 等	CN202123006222.9	CN216286289U
900	B08B	一种造纸输送的除尘机构	李志林 等	CN202122997211.5	CN216174529U
901	D21D	清洁造纸印刷用打浆机	王利明	CN202122845968.2	CN216237869U
902	D21F	一种造纸透平机真空双级分离脱水装置	杨明炎 等	CN202122688218.9	CN216404918U
903	E04H	一种造纸机用隔离防护栏	鲁　明	CN202122706722.7	CN216197155U
904	B01D	一种造纸用纸浆除砂装置	郑　浦 等	CN202122660438.0	CN216170652U
905	G05B	一种基于 PLC 系统的连续配浆方法及系统	倪　锋 等	CN202111607769.6	CN114326573A

续表

序号	分类号	发明名称	发明人	申请号	公开(公告)号
906	D21F	一种纸张生产用造纸装置	姜 亮 等	CN202123254341.6	CN216972972U
907	D21G	一种网压部真空系统压力自动整定方法及系统	倪 锋 等	CN202111566475.3	CN114351496A
908	B32B	一种复合型针刺造纸毛毯	吴少华 等	CN202122961099.X	CN216761093U
909	D21F	一种具有流速调节功能的造纸机流浆箱湍流发生器	曾 娟	CN202122815866.6	CN216404917U
910	G01F	一种造纸用水位监测报警装置	窦明星	CN202122775037.X	CN216246688U
911	D21H	一种造纸机涂布用可调节刮刀结构	方丽珍 等	CN202122471359.5	CN216193662U
912	B26D	一种造纸机生产加工用冲压设备	刘志坚 等	CN202122332476.3	CN216266453U
913	D21C	一种木屑浆生产用重力多盘分配系统	叶 剑 等	CN202210399233.8	CN114717867A
914	B65H	一种工程纸生产用的加工设备	吴婷婷	CN202220559187.9	CN216836380U
915	D21F	一种造纸机用热风气罩及其安装方法	杨迪武 等	CN202210131618.6	CN114395936A
916	B65H	一种具有限宽结构的造纸用卷纸装置	史建涛	CN202123285615.8	CN216763792U
917	D21F	用于在造纸机中制造纤维材料幅面的成形器	V. 施密特-罗尔 等	CN202080060339.4	CN114341429A
918	D21B	一种废纸回收再利用的纸浆环保式加工装置	都兴东 等	CN202111651291.7	CN114277595A
919	D21F	一种造纸烘干用烘缸	张迪欢	CN202123145346.5	CN216838745U
920	B65H	一种造纸机用导料结构	刘志坚 等	CN202122480515.4	CN216272321U
921	G01D	纸机热风平衡控制系统	项 波 等	CN202021542392.1	CN212801014U
922	D21F	纸机蒸汽系统	杨明炎 等	CN202021553435.6	CN212895676U
923	D21F	纸机二次蒸汽回用装置	杨明炎 等	CN202021551620.1	CN212771733U
924	F17D	纸机蒸汽引流管道系统及蒸汽系统	杨明炎 等	CN202021553531.0	CN212771732U
925	D21F	一种加固型聚酯成形网	赵得胜	CN202021539568.8	CN213571310U
926	B01F	一种纸板生产用纸浆搅拌装置	匡天辽	CN202021523322.1	CN213761390U
927	D21H	一种造纸用高分子驻留助滤剂计量添加装置	马伟瑄 等	CN202021530429.9	CN213836088U
928	B01D	一种瓦楞原纸生产用蒸汽装置	张焕凯 等	CN202021537371.0	CN212673172U
929	B23P	一种双盘磨浆机用转盘提升装置	骆火兴 等	CN202021527142.0	CN212823755U
930	D21G	一种便于中高辊分区可控的造纸压光机	练巧芳	CN202021518358.0	CN213358141U
931	D21F	一种使造纸机成形部流浆箱内浆水均匀分布的装置	吴爱清	CN202021515201.2	CN213061526U
932	D21G	一种便于维护的分区可控的造纸压光机	徐雪雨	CN202021516235.3	CN213417427U
933	D21G	一种用于原纸的拔轴器	雷 治	CN202021511157.8	CN212895689U
934	B05B	一种机外涂布喷淋装置	齐洪杰 等	CN202021503344.1	CN213867086U
935	B26D	一种造纸机	夏福兰 等	CN202010730054.9	CN111844163A
936	B65H	一种用于造纸机的辊子装置	贾少军 等	CN202021506088.1	CN213536766U
937	D21D	一种造纸旋流用新型除砂器	骆火兴 等	CN202021487674.6	CN212801013U
938	D21H	纸张翘曲调节器	骆火兴 等	CN202021485855.5	CN212801023U
939	B65H	一种造纸生产用成品分切整理装置	陈长华	CN202021473493.8	CN213505213U
940	B65H	一种涂布白板纸分切装置的收料装置	周俊雄 等	CN202021481921.1	CN212923815U
941	F04D	一种 JLP 型单级单吸离心式纸浆泵	钱通云	CN202021470913.7	CN212867935U
942	B09B	一种制浆废渣的清洗分类装置	丁 鹏 等	CN202021494441.9	CN212703640U

续表

序号	分类号	发明名称	发明人	申请号	公开(公告)号
943	B65H	一种双工位送纸装置	刘红富 等	CN202021465959. X	CN212863392U
944	D21F	一种造纸机换网装置	陈长华	CN202021455627. 3	CN213267322U
945	D21H	一种造纸清洁涂布装置	王忠平	CN202021465940. 5	CN213061533U
946	D21H	一种造纸烘干施胶设备	王忠平	CN202021460344. 8	CN213295918U
947	B01F	一种造纸工艺中无缺浆造纸的设备	陈长华	CN202021443686. 9	CN212999547U
948	B43M	一种废纸综合利用系统	孙尚杰 等	CN202021443383. 7	CN214053067U
949	D21F	一种长网造纸机摇摆装置	李华柏 等	CN202021450490. 2	CN213114096U
950	D21B	一种循流效果好的偏心式转子碎浆机	张　诚 等	CN202021449987. 2	CN213417417U
951	B26D	一种造纸分切机除尘系统	吴宪宝 等	CN202021450523. 3	CN213107159U
952	B65H	用于造纸机的卷纸机湿式防松脱下卷装置	杨普峰 等	CN202021444138. 8	CN213505124U
953	D21F	一种造纸成型装置	陈长华	CN202021431710. 7	CN213013684U
954	B27L	一种用于造纸的自动化竹子捶打设备	周日琪 等	CN202021433276. 6	CN212582288U
955	B01D	一种造纸黑液燃烧炉	杜　博 等	CN202021985207. 6	CN213421126U
956	B01F	一种造纸用聚醚消泡剂定量配料装置	乔晓婧	CN202021426807. 9	CN212790579U
957	B23B	一种造纸盲孔沟纹压榨辊斜打孔装置	宋方贝 等	CN202021419479. X	CN212577567U
958	D21F	一种便于安装拆卸的造纸生产用限位卷辊	王　敏 等	CN202021417919. 8	CN212895684U
959	G01D	一种造纸企业原料数字化防作弊质检管控系统	夏建雄	CN202021425963. 3	CN213482700U
960	D21B	一种造纸纸浆处理设备	郑小燕	CN202021403618. X	CN212955946U
961	D21F	一种用于造纸设备的烘干设备	郑小燕	CN202021405162. 0	CN212955960U
962	D21F	一种造纸机压榨部液压控制系统	杨晓东	CN202021399727. 9	CN213114101U
963	D21F	一种造纸机压榨部控制阀柜	杨晓东	CN202021399572. 9	CN212895668U
964	B65H	一种造纸机用弧形辊托架	薛　帅 等	CN202021379690. 3	CN212892890U
965	D21F	一种造纸机用独立导索轮	许振凯 等	CN202021379689. 0	CN212895682U
966	D21F	一种造纸机用限位结构	郭国庆 等	CN202021381068. 6	CN212895683U
967	D21F	一种造纸机压榨部 PCL 自动控制系统	杨晓东	CN202021384508. 3	CN212895667U
968	D21F	造纸机压榨辊	许元涛 等	CN202021381289. 3	CN212834768U
969	D21B	用于废纸回收利用的水力碎浆装置	许元涛 等	CN202021380239. 3	CN212834757U
970	D21B	一种用于造纸碎浆的链板输送装置	夏双印 等	CN202021379768. 1	CN212892183U
971	D21F	一种造纸机摇振装置	刘　军 等	CN202021379741. 2	CN212895646U
972	D21F	一种用于造纸机的烘缸	李迎春 等	CN202021369201. 6	CN213951756U
973	D21G	一种造纸机压辊防护装置	刘　军 等	CN202021366948. 6	CN212895687U
974	D21F	一种造纸机的引纸装置	王延海 等	CN202021366949. 0	CN212895665U
975	D21F	一种用于造纸机干网在线保洁清洗的设备	朱冬华	CN202021360669. 9	CN212641035U
976	D21F	一种造纸机流浆箱湍流管	张兴平 等	CN202021366951. 8	CN212895657U
977	D21F	一种防止造纸压部引纸辊带边的装置	尹兴鑫	CN202021369869. 0	CN213142647U
978	B08B	一种清理造纸干部真空缸孔眼的装置	尹兴鑫	CN202021356032. 2	CN213142643U
979	B01D	一种造纸浆液的过滤装置	毛　威	CN202021342076. X	CN213049591U
980	D21G	一种提高烘缸洁净度的造纸烘干系统	毛　威	CN202021344525. 4	CN212865430U

续表

序号	分类号	发明名称	发明人	申请号	公开(公告)号
981	D21F	一种造纸烘干部的蒸汽回收利用系统	毛 威	CN202021344524. X	CN212641037U
982	D21F	一种造纸脱水用的改良压榨辊	毛 威	CN202021345673. 8	CN212670133U
983	B01D	一种造纸脱硫系统	毛 威	CN202021344523. 5	CN212632277U
984	B01D	一种造纸渣浆的资源化回收装置	毛 威	CN202021344522. 0	CN212632051U
985	D21H	一种造纸浆的白度调整装置	毛 威	CN202021342080. 6	CN212801018U
986	D21B	一种造纸轻渣和纸浆的精细化分离系统	毛 威	CN202021342047. 3	CN212641029U
987	B31B	一种节能环保纸箱加工切割装置	辛爱子	CN202021339360. 1	CN213472337U
988	B26D	一种特种纸品造纸机用剪切收纸装置	甘 浩 等	CN202021336805. 0	CN212684064U
989	G01N	造纸网用单丝多点式快速耐磨试验机	郑跃宁	CN202021327155. 3	CN212514099U
990	D21B	一种造纸碎浆装置	蒋新生	CN202021319938. 7	CN213086447U
991	B65H	一种造纸机卷取称重装置	王新勇	CN202021319924. 5	CN213084904U
992	C02F	一种制浆造纸白水处理系统	宋 留 等	CN202021329843. 3	CN212770214U
993	D21F	一种造纸机压榨装置	张初林	CN202021320435. 1	CN213086460U
994	D21G	一种干燥速度快的分区可控的造纸压光机	王洋洋	CN202021326153. 2	CN213389515U
995	D21B	一种新型多功能节能型纸托原料搅碎机	卢晓龙 等	CN202021325537. 2	CN213061521U
996	G01N	造纸网用单丝接触式耐磨试验机	郑跃宁	CN202021327154. 9	CN212514098U
997	B08B	造纸网用单丝往复式耐磨试验机	郑跃宁	CN202021325403. 0	CN212514097U
998	D21F	一种用于造纸机的烘干装置	刘腾飞	CN202021320433. 2	CN212865431U
999	B31F	一种造纸专用的压纹装置	黎元文 等	CN202021325256. 7	CN212949476U
1000	D21F	一种造纸机摇振装置	张初林	CN202021319934. 9	CN212865427U
1001	B01F	造纸用固体助留剂分散溶解装置	宋佃凤 等	CN202021313850. 4	CN212999743U
1002	B65H	一种造纸专用的收卷装置	黎元文 等	CN202021314426. 1	CN212558646U
1003	F26B	一种造纸生产线专用烘干设备	黎元文 等	CN202021296796. 7	CN212673778U
1004	B01F	一种提高纸浆质量的纸浆搅拌过滤设备	张怀元 等	CN202021302310. 6	CN212882039U
1005	D21F	一种网部改造的造纸机	刘 军 等	CN202021302326. 7	CN213507808U
1006	D21F	一种造纸辊调节装置	黎元文 等	CN202021282809. 5	CN212670132U
1007	C02F	一种蒸发装置	张培洲 等	CN202021277352. 9	CN213060261U
1008	B65B	一种纸巾理料装置	高 衡 等	CN202021283934. 8	CN213109951U
1009	D21F	一种造纸真空装置	李 强 等	CN202021276158. 9	CN212670131U
1010	B65B	一种造纸用打包机	李志林 等	CN202021281030. 1	CN212530310U
1011	H04N	一种货卸装置	李文斌	CN202021274785. 9	CN212621046U
1012	C02F	一种纸机工业水池回水过滤装置	贾金成 等	CN202021282248. 9	CN213537446U
1013	B26D	一种造纸用裁切机	李志林 等	CN202021289299. 4	CN212763627U
1014	D21F	一种用于造纸装置的聚酯网	沈 沛	CN202021249863. X	CN212656042U
1015	D21F	低定量高强度牛皮纸用三层造纸网及纸页脱水成型装置	王建平 等	CN202021265771. 0	CN212955955U
1016	B01F	造纸用均匀搅拌的搅拌机	张连腾 等	CN202021246837. 1	CN212595273U
1017	D21G	一种挤渣机的驱动及密封装置	彭 瑶	CN202020417590. 9	CN212560922U

续表

序号	分类号	发明名称	发明人	申请号	公开(公告)号
1018	B27L	一种环保型造纸用木材削片机	詹世杰	CN202020404676.8	CN212666312U
1019	B01D	一种高效的造纸印刷用空气净化装置	詹世杰	CN202020393728.6	CN212383408U
1020	B41F	一种高效的造纸印刷烘干装置	詹世杰	CN202020390142.4	CN212604009U
1021	B65H	一种具有清洗功能的吸移辊	王传宝 等	CN202020392786.7	CN212268925U
1022	D21B	双鼓洗涤机	李文俊	CN202020382289.9	CN212357807U
1023	D21C	漂白装置	李文俊	CN202020378392.6	CN212357813U
1024	B08B	洗涤系统	李文俊	CN202020379508.8	CN212349696U
1025	D21F	一种用于造纸厂烘干器的多用途冷却装置	史世功 等	CN202020377766.2	CN212404623U
1026	D21D	一种用于造纸制浆的高效清洁型压力筛	毕耜光 等	CN202020359877.0	CN212955950U
1027	D21F	一种新型造纸机械	彭　睿	CN202020358326.2	CN212388253U
1028	D21B	一种便于卸料的造纸用碎浆机	岑　靓	CN202020359255.8	CN213328445U
1029	D21F	一种用于造纸流浆箱的可调式飘片装置	孙孟合 等	CN202020360035.7	CN212955954U
1030	F16D	一种卷纸机及其换辊刹车装置	周　双	CN202010178261.8	CN111348460A
1031	D21F	一种造纸用网案成形脱水装置	史世船	CN202020349216.X	CN212404620U
1032	D21F	一种造纸厂可调式自清理展平辊	史世会	CN202020339527.8	CN212404628U
1033	D21B	一种网前分散纤维用压力筛	叶海兵	CN202020320697.1	CN212357816U
1034	D21F	一种造纸机分切装置	史世会 等	CN202020312991.8	CN212404629U
1035	D21B	一种纸张制造用泡料装置	张保营	CN202020312028.X	CN212426542U
1036	D21D	一种便捷智能自动化的环保造纸机械	张祖忠	CN202010165436.1	CN111350094A
1037	F28B	一种在造纸工业中的蒸汽热能综合利用系统	李文斌 等	CN202010149509.8	CN111321622A
1038	B08B	一种造纸机械的压平式除尘系统	魏文民	CN202010149247.5	CN111300905A
1039	D21D	一种高效的纸浆排渣系统	李文斌 等	CN202020247777.9	CN212611664U
1040	D21F	一种造纸用蒸汽冷凝水系统	涂中文 等	CN202020258149.0	CN212505608U
1041	D21F	一种造纸机流送部	涂中文 等	CN202020258148.6	CN212505604U
1042	D21C	一种高产能的浆料处理系统	刘少杰 等	CN202020249549.5	CN212477265U
1043	D21B	一种造纸行业用疏解机的动齿分散机构	涂中文 等	CN202020258147.1	CN212505591U
1044	B08B	一种造纸浆渣清洗过滤除杂装置	孙亚军 等	CN202020236794.2	CN212375625U
1045	D21B	一种瓦楞原纸造纸碎浆装置	孙亚军 等	CN202020237210.3	CN212375621U
1046	D21D	一种造纸浆渣精筛装置	孙亚军 等	CN202020236785.3	CN212477263U
1047	D21F	一种造纸用循环热风节能干燥装置	卜立君	CN202020228578.3	CN212656047U
1048	D21D	一种造纸用压力筛浆机	杨银龙	CN202010126934.5	CN111254733A
1049	F16K	一种制浆造纸工段大口径管道的特殊旋启式止回阀	袁佑铭 等	CN202020225277.5	CN212389805U
1050	D21F	一种造纸过程中快速脱水装置	卜立君	CN202020212368.5	CN212656046U
1051	D21H	一种高强度造纸涂布丙烯酸胶的施胶涂布机	张　平 等	CN202020195457.3	CN212426555U
1052	D21G	一种刮刀机构	崔　海 等	CN202020162234.7	CN212404633U
1053	D21D	一种造纸生产用纸浆过滤设备	周丹婷	CN202020156017.7	CN213624975U
1054	D21F	一种造纸机的网部成型机构	沈佳明	CN202020114281.4	CN212688558U
1055	B08B	一种上下除尘的造纸复卷机	徐　园	CN202010041423.3	CN111203423A
1056	D21F	一种环保型造纸纸张原浆压榨装置	郑香丽	CN202010018800.1	CN111074662A

续表

序号	分类号	发明名称	发明人	申请号	公开(公告)号
1057	B65H	一种龙门式卸纸机	周德军	CN202010017305.9	CN111170060A
1058	D21B	一种纤维分离机	刘其奎	CN202010017200.3	CN111074659A
1059	B01D	一种造纸设备用节能型除尘装置	曾新凤 等	CN202020000076.5	CN212348155U
1060	C02F	一种造纸涂料回收装置	唐志勇 等	CN201922470162.2	CN212669359U
1061	D21G	一种用于造纸烘干辊的刮板机构	沈佳明	CN201922501550.2	CN212388256U
1062	B05C	一种制造纸吸管的纸带的单双面涂胶装置	王建省	CN201922428020.X	CN212397144U
1063	D21F	一种造纸脱水用调节装置	黄 兰 等	CN201922408932.0	CN212357818U
1064	D21F	水盘组件及造纸机	王秀花	CN201922326638.5	CN212335647U
1065	B26D	一种用于造纸的纸张裁剪设备	乾 宽 等	CN201922311335.6	CN212578736U
1066	G01N	一种纸页吸水性软测量方法	洪蒙纳 等	CN201911330641.2	CN111024557A
1067	D21F	一种造纸用渣浆回收装置	乾 宽 等	CN201922259253.1	CN212771729U
1068	D21B	一种造纸生产用浆料回收筛分装置	梁新强 等	CN201922261528.5	CN212834753U
1069	D21C	一种造纸用纸浆漂白装置	乾 宽 等	CN201922261765.1	CN212582293U
1070	B26D	一种造纸生产用成品分切整理装置	乾 宽 等	CN201922260874.1	CN212602070U
1071	D21B	一种造纸用纸皮粉碎成浆装置	司徒汝鹏 等	CN201922261527.0	CN212834752U
1072	D21F	一种造纸用造纸网清洁装置	廖 畅 等	CN201922261521.3	CN212834764U
1073	F26B	一种造纸用烘干设备	乾 宽 等	CN201922259543.6	CN212585404U
1074	B01F	一种造纸用纸浆稀释装置	乾 宽 等	CN201922260799.9	CN212595079U
1075	D21H	一种造纸用上胶设备	乾 宽 等	CN201922260500.X	CN212801019U
1076	B26D	一种造纸生产用纸张裁切装置	陈连岳	CN201922261897.4	CN212578672U
1077	D21B	一种造纸用原料烘干设备	乾 宽 等	CN201922260871.8	CN212801003U
1078	B26D	一种造纸加工用纸张切割装置	乾 宽 等	CN201922260920.8	CN212578671U
1079	D21D	一种造纸用打浆设备	乾 宽 等	CN201922260419.1	CN212801011U
1080	D21G	一种造纸生产用成品输送装置	乾 宽 等	CN201922307978.3	CN212606904U
1081	D21B	一种造纸用制浆设备	乾 宽 等	CN201922259255.0	CN212801005U
1082	D21G	一种提高纸张平滑度的软压光辊设备及软压方法	陈传勇 等	CN201911305530.6	CN110924217A
1083	D21G	一种造纸加工用烘缸清洁装置	乾 宽 等	CN201922259542.1	CN212582298U
1084	B65H	一种造纸生产用纸张收卷装置	莫健炜 等	CN201922261526.6	CN212581118U
1085	F26B	一种造纸加工用干燥装置	乾 宽 等	CN201922260432.7	CN212619713U
1086	D21C	一种造纸用纸浆压榨装置	乾 宽 等	CN201922260880.7	CN212801009U
1087	D21B	一种造纸生产用便于清洁的制浆装置	李华彬 等	CN201922261896.X	CN212865422U
1088	D21F	一种用于造纸机真空吸水箱的监控报警器及其使用方法	王新民 等	CN201911281071.2	CN111118941A
1089	D21F	造纸网清洗装置	张洪铭	CN201911271131.2	CN111041882A
1090	H01G	一种低噪抗击穿超级电容器	杜嘉杰 等	CN201911269979.1	CN111009425A
1091	D21B	一种干法制浆装置	李一鹏 等	CN201911182577.8	CN110952356A
1092	B65H	一种用于边缘切割的造纸机械	徐 园	CN201911131052.1	CN110817553A
1093	D21G	一种纸机回头辊用自动防缠纸装置	周贤钢 等	CN201911133208.X	CN110791994A

续表

序号	分类号	发明名称	发明人	申请号	公开(公告)号
1094	B65D	一种智能造纸原料仓控制系统	钟志平 等	CN201911115033. X	CN110817160A
1095	D03D	20 综新型 SSB 造纸成形网和造纸设备	陆　平 等	CN201921948082. 7	CN212375626U
1096	F28B	一种造纸烘干部尾气的脱白装置及其工作方法	郭　霆 等	CN201911075802. 8	CN110791992B
1097	D21B	一种进出料方便的造纸机械用碎浆机	徐　园	CN201911074531. 4	CN110791989B
1098	D21B	一种瓦楞纸箱回收处理系统	马　婧 等	CN201911030781. 8	CN110777551B
1099	B01D	一种造纸涂料废渣解离系统及方法	王金耀 等	CN201911028290. X	CN110694348B
1100	G01D	一种纸张监测自动防断系统	李德保 等	CN201911028465. 7	CN110906972B
1101	D21D	一种提高打浆浓度的设备	胡　越 等	CN201910979296. 9	CN110670401B
1102	D21D	一种麦草秸秆制浆造纸预处理系统	黄　伟 等	CN201910954357. 6	CN110552227B
1103	D21B	一种节能环保的造纸印刷用碎浆设备	崔家玮	CN201910915174. 3	CN110552222B
1104	B01F	一种造纸用便于清理的纸浆搅拌装置	曹立伟	CN201910871235. 0	CN110508175B
1105	D21F	造纸毛毯专用毛卷辊的脱水装置	周　骏 等	CN201910857171. 9	CN110565430B
1106	D21G	用于造纸机的环保荧光纸检测装置	倪沈华 等	CN201910857727. 4	CN110725154B
1107	D21F	造纸毛毯专用毛卷辊的烘干装置	周　骏 等	CN201910857357. 4	CN110396852B
1108	B26D	一种造纸用便于调节尺寸的裁切装置	曹立伟	CN201910819901. 6	CN110539341B
1109	D21F	一种带气罩的造纸干燥装置	曹立伟	CN201910819902. 0	CN110565429B
1110	D21C	一种用于制浆造纸的尾浆回收处理系统	陈学萍 等	CN201910641068. 0	CN110396845B
1111	D21C	一种造纸制浆系统	谢　朝	CN201910583251. X	CN110331610B
1112	B32B	一种应用于高速真空圆网造纸机毛毯的制备方法	谢宗国 等	CN201910571865. 6	CN110254015B
1113	D03D	用于造纸机或纸浆脱水机的绷网及其用途	迪尔克・普拉沙克	CN201910541493. 2	CN110629580B
1114	D21B	一种工业用废纸粉碎设备	李　斌	CN201910486018. X	CN110144747B
1115	D21F	一种带有纸浆搅均效果的造纸用抄纸装置及使用方法	倪黄女	CN201910406882. 4	CN110080032B
1116	C09C	造纸填料预处理装置及处理方法	邱振权	CN201910370725. 2	CN110105790B
1117	D21F	造纸机网毯及其生产方法	U. 科克里茨 等	CN201910322327. 3	CN110387764B
1118	D21B	一种造纸机打浆设备	余平晓	CN201910324785. 0	CN110029517B
1119	B28D	造纸厂浆池及白水池快速安装人孔或管道方法	黎桂华 等	CN201910318152. 9	CN110173597B
1120	D21B	一种纸浆原料处理装置	张以谦	CN201910319839. 4	CN109930411B
1121	C10N	一种利用造纸黑液制备生物基润滑油的方法及专用生产装置	董煜国 等	CN201910272921. 6	CN109825359B
1122	C05D	一种造纸废弃物处置系统	滕怀平 等	CN201910194996. 7	CN109762584B
1123	D21F	一种造纸机流浆箱	周柏太	CN201811644780. 8	CN109629307B
1124	D21F	一种正压流浆箱	周柏太	CN201811639459. 0	CN109505183B
1125	D21C	一种高效纸浆压滤脱水设备	杨朝林 等	CN201811623858. 8	CN109487611B
1126	D21F	一种干网清洗装置	许伟良	CN201811603748. 5	CN109440517B
1127	D21H	一种造纸用施胶装置	寇俊祥 等	CN201811355896. X	CN109338801A
1128	D21B	一种造纸厂用废纸回收利用装置	肖江江 等	CN201811251419. 9	CN109267410B

续表

序号	分类号	发明名称	发明人	申请号	公开(公告)号
1129	D21F	用于纸板机或造纸机的干燥机部段的空气再循环系统和方法	M·哈拉普洛 等	CN201811239440.7	CN111058329B
1130	B30B	一种造纸厂废纸分离装置	毛丽萍 等	CN201821546310.3	CN212266765U
1131	B04B	一种造纸表面施胶用淀粉胶料的净化设备	齐云洹 等	CN201810929534.0	CN109092574B
1132	D21B	一种用于造纸的多层次纸浆粉碎机	黄 海	CN201810901914.3	CN109082918B
1133	D21F	一种仿人工式造纸用抄纸设备	夏运喜 等	CN201810869065.8	CN108914677B
1134	D21H	原浆纸造纸生产设备系统	祝 叶 等	CN201810848143.6	CN108914699B
1135	B26D	造纸成型自动化分切装置	郑木阳 等	CN201810828380.6	CN109049075B
1136	D21C	造纸用玉米皮提纯的生产方法及装置	刘 峰 等	CN201810724086.0	CN108797193B
1137	D21F	针缝压榨毛毯及其制造方法	弗里德里希·波斯特尔 等	CN201880034947.0	CN110662867B
1138	C02F	一种造纸废水中纤维素的回收装置与回收方法	李 华	CN201810366159.3	CN108483528B
1139	D21G	运行造纸机的方法、驱动系统和造纸机	拉格纳·阿纳森 等	CN201880026165.2	CN110536984B
1140	B30B	一种软挤压螺旋固液分离装置	吴德胜 等	CN201810281205.X	CN110341229B
1141	D21G	监控造纸机的系统和方法以及控制系统	艾德温·麦可·盖德·希文 等	CN201910977744.1	CN110670404B
1142	D03D	具平衡斜纹机侧层的抗导成形织物	德瑞克·卓别林	CN201780014710.1	CN108779587B
1143	D21G	改装用于处理纤维料幅的轧辊设备的方法	D. 琼金格	CN201780075114.4	CN110036154B
1144	D21F	用于形成纤维幅材的成形部、包括成形部的造纸机和形成纤维幅材的方法	安蒂·波伊科莱宁 等	CN201780084306.1	CN110199061B
1145	D21F	辊套以及辊及其应用	F. 格罗曼 等	CN201780043535.9	CN109477302B
1146	B31F	三维造纸带	M·A·布拉尊 等	CN201780044109.7	CN109477301B
1147	D21F	流动模块和用于制造用于造纸机的流浆箱的流动模块的方法	W. 鲁夫 等	CN201780045132.8	CN109477300B
1148	B65G	构造纸箱流动床机架的方法以及纸箱流动床机架	珍·米歇尔·拉普拉斯	CN201780003976.6	CN108349651B
1149	D21H	造纸方法和处理系统	约瑟夫·路易斯·比斯巴尔	CN201780026496.1	CN109154146B
1150	G06F	一种基于造纸机湿端的主动故障检测方法	姚利娜 等	CN201710266301.2	CN107066824B
1151	D21F	造纸机网毯和用于制造造纸机网毯的方法	R. 埃伯哈特 等	CN201780022606.7	CN108884637B
1152	D21F	用于测量丝网上的纸浆材料的水分含量的方法和设备	K. 巴特尔马斯 等	CN201710221132.0	CN107304526B
1153	D21F	造纸机脱水叶片的支撑机构	戴维·科恩 等	CN201780030796.7	CN109715881B
1154	D21H	纸的制造方法、造纸用添加剂的制造装置、以及纸的制造装置 纸的制造方法、制纸用添加剂的制造装置及纸的制造装置	陈嘉义	CN201780055448.5	CN109689971B

续表

序号	分类号	发明名称	发明人	申请号	公开(公告)号
1155	B02C	一种造纸用原材料粉碎机	石伟东	CN201611086382. X	CN106378241B
1156	D21G	用于造纸机的压光辊的聚氨酯辊包覆物	J. 徐 等	CN201680048973. X	CN108350658B
1157	D21G	从纸浆动量回收能量的可调节装置	T · 古斯塔夫松 等	CN201910110118. 2	CN110042690B
1158	D21F	用于制造扬克式缸的方法	约瑟夫 · 克拉塞尔 等	CN201910119665. 7	CN110055802B
1159	D21F	一种造纸机压榨装置	张初林	CN202021320435. 1	CN213086460U
1160	D21G	一种干燥速度快的分区可控的造纸压光机	王洋洋	CN202021326153. 2	CN213389515U
1161	B01F	造纸用固体助留剂分散溶解装置	宋佃凤 等	CN202021313850. 4	CN212999743U
1162	B65H	一种造纸专用的收卷装置	黎元文 等	CN202021314426. 1	CN212558646U
1163	F26B	一种造纸生产线专用烘干设备	黎元文 等	CN202021296796. 7	CN212673778U
1164	D21F	一种网部改造的造纸机	刘　军 等	CN202021302326. 7	CN213507808U
1165	B01F	一种提高纸浆质量的纸浆搅拌过滤设备	张怀元 等	CN202021302310. 6	CN212882039U
1166	D21F	一种造纸辊调节装置	黎元文 等	CN202021282809. 5	CN212670132U
1167	B65B	一种纸巾理料装置	高　衡 等	CN202021283934. 8	CN213109951U
1168	D21F	一种造纸真空装置	李　强 等	CN202021276158. 9	CN212670131U
1169	H04N	一种货卸装置	李文斌	CN202021274785. 9	CN212621046U
1170	C02F	一种纸机工业水池回水过滤装置	贾金成 等	CN202021282248. 9	CN213537446U
1171	B65B	一种造纸用打包机	李志林 等	CN202021281030. 1	CN212530310U
1172	B26D	一种造纸用裁切机	李志林 等	CN202021289299. 4	CN212763627U
1173	D21D	一种用于造纸的打浆机	徐　城	CN202021868448. 2	CN213571307U
1174	B01F	造纸用均匀搅拌的搅拌机	张连腾 等	CN202021246837. 1	CN212595273U
1175	D21F	一种用于造纸装置的聚酯网	沈　沛	CN202021249863. X	CN212656042U
1176	D21D	一种造纸浆液的过滤装置	林水仔	CN202021232057. 1	CN213653045U
1177	D21H	云母浆料分离分级装置、云母纸制造系统	李　俊 等	CN202021254580. 4	CN213708965U
1178	D21F	一种造纸用纸张烘干装置	林开万	CN202021240928. 4	CN212925605U
1179	D21F	一种造纸烘干的夹层式气罩	林水仔	CN202021232062. 2	CN213624978U
1180	D21B	造纸精浆机固定式定转子机构	周仙梁	CN202021240592. 1	CN212323823U
1181	B05B	轻型纸生产造纸机用喷油装置	陈　萧 等	CN202021250538. 5	CN212883066U
1182	D21D	一种打浆机	刘　明	CN202021251861. 4	CN212670128U
1183	B01D	一种带有自动清理结构的造纸压力筛	张永杰 等	CN202021250633. 5	CN213086457U
1184	D21F	一种造纸烘缸用端盖	李文斌	CN202021250466. 4	CN213061529U
1185	D21B	一种造纸浆料脱墨用的揉搓机	林水仔	CN202021232058. 6	CN213203616U
1186	D21D	造纸浆压力筛浆机用旋翼片	高亚龙 等	CN202021245292. 2	CN212582296U
1187	D21F	一种造纸用造纸网清洗装置	林开万	CN202021240887. 9	CN212925600U
1188	B02C	一种用于清洁造纸的粗浆制备装置	王　敏 等	CN202021225789. 8	CN212882754U
1189	D21D	一种用于造纸加工的浆液泡沫去除机构	王　敏 等	CN202021226975. 3	CN212895654U
1190	B01F	一种造纸废水处理药剂抛投使均匀投放机构	王　敏 等	CN202021225728. 1	CN212882029U

续表

序号	分类号	发明名称	发明人	申请号	公开(公告)号
1191	B08B	一种用于造纸加工的漂白液体回收处理装置	王 敏 等	CN202021225756. 3	CN212895647U
1192	B26D	一种可自动修边的清洁造纸加工分切装置	王 敏 等	CN202021226902. 4	CN212527875U
1193	D21D	一种清洁造纸用纸浆过滤筛选装置	王 敏 等	CN202021225819. 5	CN212895652U
1194	D21F	一种造纸织物重力补偿纠偏装置	徐全来 等	CN202021228579. 4	CN212656045U
1195	D21F	一种造纸用纸浆分散控水装置	王 敏 等	CN202021225721. X	CN212895658U
1196	B08B	一种清洁造纸清理用纸张表面粉尘吸附机构	王 敏 等	CN202021225682. 3	CN212883691U
1197	B65H	一种造纸辊筒及其制造方法	章闰平 等	CN202010605785. 0	CN111776882A
1198	D21F	一种造纸烘干装置	朱元进	CN202021226358. 3	CN213708973U
1199	D21F	一种用于横跨造纸机的自动翻转平台	袁佑铭 等	CN202021231195. 8	CN213114106U
1200	D21F	一种恒张力控制的电动丝杠毛布张紧器	徐全来 等	CN202021228577. 5	CN212983468U
1201	B65G	一种秸秆造纸预处理用搬运夹具	王从容	CN202021208441. 8	CN212608032U
1202	D21F	用于新月型流浆箱的加料结构	雷 治	CN202021244855. 6	CN212560916U
1203	D21D	一种高质量杨木化学机械浆过滤用压力筛	康民彪 等	CN202021216860. 6	CN212741998U
1204	D21F	一种盲孔加沟纹的造纸压榨辊	陈欢欢 等	CN202021212981. 3	CN212611669U
1205	D21C	一种造纸用农作物秸秆制浆装置	王从容	CN202021208044. 0	CN212801010U
1206	B66F	一种用于转移原纸的抱车	雷 治	CN202021221980. 5	CN212799481U
1207	F16D	造纸机卷取称重装置	雷光友 等	CN202021209512. 6	CN212531648U
1208	B65H	一种造纸用便于维修的卷纸裁切机	何 斌	CN202021202242. 6	CN212424817U
1209	B26D	一种带有边角料回收的造纸用裁剪装置	何 斌	CN202021202244. 5	CN212385556U
1210	D21F	一种效率高的造纸用烘干装置	何 斌	CN202021202247. 9	CN212533523U
1211	D21D	一种造纸浆液的过滤装置	何 斌	CN202021202246. 4	CN212533519U
1212	D21D	一种造纸用便于清理的纸浆过滤装置	何 斌	CN202021202249. 8	CN212533520U
1213	D21F	一种造纸用快速脱水装置	涂震霞 等	CN202021178048. 9	CN213142646U
1214	D21C	一种造纸机网下白水在线取样装置	桑文辉 等	CN202021189768. 5	CN213456202U
1215	B32B	一种新型造纸机压榨部毛毯基网	谢宗国 等	CN202021184778. X	CN212533527U
1216	D21F	一种造纸用烘干装置	涂震霞 等	CN202021177294. 2	CN213114105U
1217	B32B	可提高纸张表面平滑度的造纸毛毯	谢宗国 等	CN202021184625. 5	CN212533526U
1218	D21B	一种造纸用碎浆装置	赵翠云	CN202021178065. 2	CN212955942U
1219	D21F	一种造纸机白水回收系统	雷光友 等	CN202021170808. 1	CN212742006U
1220	B32B	基于单丝型弹性体的造纸毛毯	谢宗国 等	CN202021162379. 3	CN212771735U
1221	D21D	一种自动搅拌和分渣的磨浆机	练华富	CN202021168666. 5	CN212582295U
1222	D21F	基于单丝型弹性体的造纸毛毯	谢宗国 等	CN202021170735. 6	CN212771738U
1223	D21F	一种基于网格型弹性体的造纸毛毯	谢宗国 等	CN202021173717. 3	CN212895661U
1224	D21F	一种造纸压榨毛毯	谢宗国 等	CN202021163384. 6	CN212771726U
1225	D04H	一种造纸压榨毛毯	谢宗国 等	CN202021175583. 9	CN212446623U
1226	D21F	一种基于单丝型弹性体的造纸毛毯	谢宗国 等	CN202021162380. 6	CN212895659U
1227	B32B	基于网格型弹性体的造纸毛毯	谢宗国 等	CN202021163436. X	CN212771736U
1228	F04D	一种高效防堵塞的浓浆泵	顾光成	CN202021168678. 8	CN212583954U

续表

序号	分类号	发明名称	发明人	申请号	公开(公告)号
1229	D21F	一种基于单丝型弹性体的造纸毛毯	谢宗国 等	CN202021173694.6	CN212895660U
1230	D04H	一种造纸压榨毛毯	谢宗国 等	CN202021173774.1	CN212312990U
1231	B32B	基于网格型弹性体的造纸毛毯	谢宗国 等	CN202021170649.5	CN212771737U
1232	B32B	一种基于网格型弹性体的造纸毛毯	谢宗国 等	CN202021170732.2	CN212895685U
1233	D04H	一种造纸压榨毛毯	谢宗国 等	CN202021170727.1	CN212889326U
1234	D21B	一种造纸生产用的节能高效的碎浆机	顾光成	CN202021175283.0	CN212582291U
1235	B01F	一种造纸生产用搅拌装置	林开万	CN202021159386.8	CN213493120U
1236	B65H	一种造纸生产用纸张收卷装置	林开万	CN202021148724.8	CN212923719U
1237	D21B	一种造纸生产用原浆破碎装置	林开万	CN202021157055.0	CN212925592U
1238	D21F	一种造纸生产用脱水装置	林开万	CN202021157882.X	CN213507813U
1239	D21F	无分散剂真空圆网流浆箱及应用该流浆箱的纸页成形装置	雷光友 等	CN202021149838.4	CN212742002U
1240	D21F	一种造纸设备用节水型洗网装置	康伟昌 等	CN202021129548.3	CN212688559U
1241	B65H	一种快速更换卷纸辊的卷纸机构	李丛峰 等	CN202021136207.9	CN212953364U
1242	D21G	一种造纸用热辊硬压光机	康伟昌 等	CN202021129780.7	CN212688568U
1243	B65H	一种坚固耐磨的卷纸辊	顾光成	CN202021137460.6	CN212558900U
1244	B01F	一种均匀搅拌制浆设备	李丛峰 等	CN202021137459.3	CN212942464U
1245	B65G	一种造纸用竹浆制浆系统	李丛峰 等	CN202021136103.8	CN212955964U
1246	D21F	一种造纸机用干燥部导辊传动装置	康伟昌 等	CN202021129552.X	CN212688562U
1247	F26B	一种纸张高效烘干设备	李丛峰 等	CN202021136110.8	CN212962626U
1248	B01D	一种造纸工业用机辊组间水汽消除装置	冉庆彩	CN202021133216.2	CN213203627U
1249	D21F	一种新型毛布高压清洗车	邱　云 等	CN202021128841.8	CN212895662U
1250	D21B	一种二级阶梯锥底的高浓碎浆机	邱　云 等	CN202021132003.8	CN212955941U
1251	D21F	纸机密闭式除尘装置	雷光友 等	CN202021117403.1	CN213232965U
1252	B01J	造纸消泡剂用水浴搅拌装置	张连腾 等	CN202021109383.3	CN212549542U
1253	G01N	造纸抑垢剂用滴定装置	张连腾 等	CN202021108467.5	CN212586321U
1254	D21D	一种造纸用纸浆过滤装置	赵松博	CN202021113161.9	CN213142634U
1255	B01F	造纸干强剂用搅拌机	张连腾 等	CN202021108519.9	CN212549216U
1256	D21B	一种造纸碎浆机	王敏岚 等	CN202021116682.X	CN212983464U
1257	B01D	一种用于造纸脱水后水浆处理装置	俞学兵	CN202021103659.7	CN212914690U
1258	B08B	造纸清洁剂用抽气装置	张连腾 等	CN202021108424.7	CN212550939U
1259	D21G	造纸脱水网案结构	俞学兵	CN202021103630.9	CN213086466U
1260	F26B	造纸助留剂用干燥器	张连腾 等	CN202021108493.8	CN212566557U
1261	D21F	纸机熟化设备及造纸生产线	李　攀 等	CN202021109727.0	CN212955961U
1262	D21F	一种用于造纸流浆箱的稀释水调节装置	俞学兵	CN202021098531.6	CN212925599U
1263	D21F	一种造纸生产用流浆箱纤维混匀装置	俞学兵	CN202021099817.6	CN212925598U
1264	B65G	造纸机械专用螺旋输送机	李　倩	CN202021095662.9	CN212862837U
1265	D21F	一种造纸脱水装置	俞学兵	CN202021098506.8	CN213086459U

续表

序号	分类号	发明名称	发明人	申请号	公开(公告)号
1266	B26D	一种造纸机用的自动断纸装置	张　伟	CN202021101417.4	CN212497912U
1267	D21F	一种造纸机成型部流浆箱	俞学兵	CN202021098464.8	CN213086458U
1268	B26D	一种造纸设备分切装置	张友海 等	CN202021085766.1	CN212602185U
1269	D21F	一种造纸机流浆箱匀浆系统	俞学兵	CN202021078961.1	CN212925597U
1270	D21F	一种生产高强瓦楞原纸用的白水二次回用装置	陈权仕	CN202021083200.5	CN212505605U
1271	D21F	一种造纸机压榨脱水系统	俞学兵	CN202021078962.6	CN212925601U
1272	D21F	一种用于造纸生产中的纸机真空自动控制系统	赵旭辉 等	CN202021093152.8	CN212983470U
1273	D21F	一种造纸机网部成型装置	雷光友 等	CN202021078123.4	CN212742004U
1274	D21F	一种造纸工业用可调式烘干装置	冉庆彩	CN202021071878.1	CN213173138U
1275	G01B	一种导辊测量用标尺座	李晓宁 等	CN202021062332.X	CN212567191U
1276	D21F	一种真空托辊水润滑装置	李晓宁 等	CN202021078091.8	CN213245262U
1277	D21F	一种在线调节集水槽	李晓宁 等	CN202021062335.3	CN213245265U
1278	D21F	一种造纸机烘缸冷凝水排放系统	雷光友 等	CN202021062352.7	CN212452090U
1279	D21F	一种真空圆网抄纸机	李　军 等	CN202021070904.9	CN212834774U
1280	B01F	一种造纸用纸浆搅拌装置	蒋德禹	CN202021050886.8	CN212999641U
1281	D21B	一种造纸用原料清洗消毒装置	蒋德禹	CN202021050969.7	CN213061519U
1282	B26D	一种造纸用纸张剪裁装置	蒋德禹	CN202021050968.2	CN213320326U
1283	B09B	一种造纸用废料回收装置	谢仙龙	CN202021050984.1	CN213223706U
1284	D21G	一种造纸用纸张压平装置	谢仙龙	CN202021051111.2	CN213038112U
1285	D21F	一种造纸用可回收热量的烘缸	谢仙龙	CN202021051351.2	CN213295915U
1286	A01F	一种造纸用原料粉碎装置	蒋德禹	CN202021050866.0	CN212970810U
1287	F26B	一种造纸用半成品纸张烘干机	谢仙龙	CN202021051166.3	CN213179287U
1288	D21F	一种造纸生产用的高效烘干机	王增东	CN202021037770.0	CN212560918U
1289	D21F	一种用于烘缸气罩的风嘴结构	王升朝	CN202021050580.2	CN212983471U
1290	F16C	一种造纸机烘缸用轴承连接装置	康伟昌 等	CN202021037247.8	CN212690607U
1291	D21B	一种造纸用水力碎浆机	徐　琦 等	CN202021024154.1	CN212801008U
1292	B01D	一种压榨机	王　伟	CN202021031259.X	CN213006704U
1293	B01F	一种用于造纸的可调整型造纸助剂稀释装置	王治艳 等	CN202021026218.1	CN212855411U
1294	D21H	一种造纸工业用蒸汽喷雾加湿装置	冉庆彩	CN202021035776.4	CN213203630U
1295	F16M	造纸机用倾斜式钣金支架	远晓锋 等	CN202021031580.8	CN213236639U
1296	D21F	一种吸水箱	王　伟	CN202021031263.6	CN212983469U
1297	F25D	造纸印刷用纸涂布分切机	姚毅博	CN202021039411.9	CN212445482U
1298	D21F	造纸用干燥装置	熊志刚 等	CN202021018929.4	CN212955959U
1299	D21D	一种造纸用的磨浆机	刘立德	CN202021025908.5	CN212611662U
1300	B01F	造纸用纸浆助剂高效混合装置	熊志刚 等	CN202021017167.6	CN212942456U
1301	B01D	一种造纸生产线纸浆回收装置	卢　海 等	CN202021011044.1	CN212594449U
1302	D21C	一种造纸生产线水回收罐及水回收系统	周　全 等	CN202021011045.6	CN213086450U
1303	D21G	一种用于造纸白水的消泡装置	李情兰 等	CN202021013742.5	CN212865428U

续表

序号	分类号	发明名称	发明人	申请号	公开(公告)号
1304	D21G	一种用于提高造纸平整度的软压光机	卢　海 等	CN202021011032.9	CN213086465U
1305	B23K	一种工件翻转工装	李晓宁 等	CN202020990646.X	CN213003551U
1306	D21F	一种高效蒸汽式扬克缸汽罩	李晓宁 等	CN202020989836.X	CN213245263U
1307	D21F	一种造纸网毯清洗装置	董有明 等	CN202020986927.8	CN212656044U
1308	B01D	一种管道过滤网自动清洗装置	李晓宁 等	CN202020997853.8	CN213221406U
1309	D21B	一种造纸纸浆制备原料预处理加工设备及加工工艺	常　明 等	CN202010496275.4	CN111607999A
1310	F22G	一种造纸蒸汽热量的回收利用系统	林启群	CN202020996940.1	CN213089798U
1311	D21F	一种汽罩吸雾装置	李晓宁 等	CN202020990416.3	CN213245264U
1312	D21F	一种造纸用蒸汽烘干机	刘　晗	CN202021864234.8	CN213447861U
1313	D21F	一种长网造纸机用悬臂摇振装置	董有明 等	CN202020986910.2	CN212656043U
1314	D21F	一种造纸机成型机构	雷光友 等	CN202020998228.5	CN212452077U
1315	G01N	一种适用于制浆造纸木片分样器装置	刘海云 等	CN202020964690.3	CN212391306U
1316	B01F	一种制备造纸中性施胶剂的混合装置	尹立华	CN202020967320.5	CN212855559U
1317	D21D	一种造纸残渣和纸浆的收集回用设备	李飞馨	CN202020971706.3	CN212865426U
1318	B01D	基于造纸用水的回收利用系统	龙书明	CN202020967592.5	CN212425641U
1319	D21F	一种降低网部负载的成型网	李　磊 等	CN202020941485.5	CN212641034U
1320	D21F	一种用于造纸机的烘缸	贾少军 等	CN202020943778.7	CN213476469U
1321	D21D	一种用于草浆造纸系统的磨浆机	李　磊 等	CN202020941459.2	CN212656041U
1322	D21F	一种真空抽吸式接水盒	姜博恩 等	CN202020951165.8	CN212452078U
1323	C02F	一种造纸白水纤维回收过滤机	武钟淇	CN202020946066.0	CN212356795U
1324	C02F	一种造纸白水纤维气浮装置	武钟淇	CN202020946771.0	CN212924470U
1325	B01D	一种白水池反冲洗装置	王春智 等	CN202020941511.4	CN212633743U
1326	D21B	一种小型一体化造纸机的制浆装置及含该装置的废纸回收系统	李馨飚 等	CN202020950573.1	CN213203615U
1327	B23P	一种拆卸装置	唐申云 等	CN202020943924.6	CN213034027U
1328	D21F	一种造纸用干网保洁装置	李　磊 等	CN202020941498.2	CN212771727U
1329	B01F	一种造纸助剂均匀稀释装置	王春智 等	CN202020941480.2	CN212758112U
1330	D21F	一种造纸设备用反向脱水装置	康伟昌 等	CN202020927489.8	CN212688563U
1331	D21F	用于造纸烘干的热交换装置	唐中友	CN202020928427.9	CN212452093U
1332	B01D	用于造纸供水的过滤芯	王继和	CN202020928059.8	CN212440346U
1333	D21F	一种造纸用便于清洗的烘缸	翁玉芬 等	CN202020932754.1	CN213114102U
1334	B08B	一种带有飞刀辊清洗装置的槽式打浆机	贾辉辉	CN202020930448.4	CN212792077U
1335	D21F	一种造纸设备用包不锈钢导辊	康伟昌 等	CN202020927488.3	CN212688566U
1336	D21F	一种造纸设备用张力检测装置	康伟昌 等	CN202020927111.8	CN212688565U
1337	B02C	一种造纸原料秸秆的多次破碎机构	刘媛媛 等	CN202010468851.4	CN111589508A
1338	D21D	用于造纸浆料的压力筛	欧显强	CN202020928057.9	CN212452076U
1339	D21F	一种防止水珠滴落的造纸用烘干装置	贾辉辉	CN202020920551.0	CN212801015U
1340	D21D	一种造纸用打浆机	翁玉芬 等	CN202020921835.1	CN213142633U

续表

序号	分类号	发明名称	发明人	申请号	公开(公告)号
1341	D21B	一种农产品专用防霉箱纸板制造设备	宋 留 等	CN202020906348. 8	CN212505590U
1342	B01F	一种造纸用木片药液混合器	连福娣	CN202010454006. 1	CN111660389A
1343	B65H	一种可以单独摇震的高速辊	高永法	CN202020883355. 0	CN212768930U
1344	B65G	一种造纸用的换辊小车	吴匡蓝	CN202020883225. 7	CN212502453U
1345	B08B	一种造纸设备用真空辊及在线清洗设备	康伟昌 等	CN202020889265. 2	CN212688561U
1346	B65G	一种针对于纸浆模塑的多功能柔性抓取工具	宋满堂 等	CN202020892198. X	CN213036919U
1347	D21F	造纸压榨用新型结构机架	何维忠 等	CN202020883376. 2	CN212452079U
1348	D21F	一种造纸设备用干网换网装置	康伟昌 等	CN202020889301. 5	CN212688564U
1349	D21F	大直径压榨高速辊换辊装置	高永法 等	CN202020874480. 5	CN212452081U
1350	B01D	一种研磨钢纸生产中的染色装置	胡 越 等	CN202020900107. 2	CN212294181U
1351	D21F	一种阿斯米高速烘缸用有预紧力扰流装置	何维忠 等	CN202020875677. 0	CN212452085U
1352	D21F	一种造纸机干燥装置	屠文浩 等	CN202020855697. 1	CN212560917U
1353	B05B	一种造纸机换卷装置用上胶进水一体机	张 平 等	CN202020863099. 9	CN212633079U
1354	D21H	一种加装施胶机的造纸机	张 平 等	CN202020862053. 5	CN212641043U
1355	D21F	一种造纸用快速脱水装置	李天毓	CN202020867871. 4	CN212865429U
1356	B02C	一种废纸包块分解机	胡和荣 等	CN202020850191. 1	CN213000195U
1357	D21D	一种造纸用高效打浆机	刘秀华 等	CN202020840961. 4	CN212741995U
1358	D21B	一种新型打浆机	魏富荣	CN202020841880. 6	CN212688554U
1359	D21D	一种可调节离心力积累粗渣的节浆式锥形造纸除渣器	朱 娟 等	CN202020841938. 7	CN212714280U
1360	D21G	一种造纸用压光机	田林玉	CN202020825504. 8	CN212983477U
1361	D21F	一种造纸用快速脱水装置	田林玉	CN202020826355. 7	CN212983473U
1362	D21F	一种起卷新型卫生原纸成形网	贾青伟 等	CN202020870446. 0	CN212404619U
1363	B08B	一种造纸用分切系统及其造纸分切方法	刘亮华 等	CN202010411175. 7	CN111532867A
1364	D21D	一种造纸磨浆机进料机构	倪 涛 等	CN202020818731. 8	CN212375622U
1365	D21B	一种方便维修的造纸用碎浆机	梁权峰	CN202010407245. 1	CN111560783A
1366	D21B	一种造纸用水力碎浆机	杨劲鹤	CN202020805233. X	CN212611655U
1367	D21F	BC1300S 紧凑型纸机	潘启钊 等	CN202020799936. 6	CN212335649U
1368	D21B	一种造纸印刷用碎浆设备	刘 佳	CN202020802988. 4	CN212801007U
1369	D21B	一种脱墨纤维回用装置	李文斌	CN202020809076. X	CN212316540U
1370	D21D	一种防堵塞的造纸用震动筛	梁权峰	CN202020798346. 1	CN212771720U
1371	B66F	一种造纸印刷转运装置	刘 佳	CN202020802990. 1	CN212712587U
1372	D21D	一种造纸流送除杂装置	李文斌	CN202020798704. 9	CN212533518U
1373	B41F	一种造纸印刷烘干设备	刘 佳	CN202020792216. 7	CN213173137U
1374	B07B	一种造纸用自动排料式木片筛分机	连福娣	CN202010402871. 1	CN111644366A
1375	D21B	造纸热分散机	黎桂华 等	CN202020783025. 4	CN213142629U
1376	D21F	一种造纸浆板冷却装置	王志利	CN202020760043. 0	CN212452092U
1377	D21D	一种造纸生产用打浆机	王根淼	CN202020752618. 4	CN212611661U

续表

序号	分类号	发明名称	发明人	申请号	公开(公告)号
1378	D21F	一种造纸浆板烘干装置	王志利	CN202020760515.2	CN212452091U
1379	D21F	一种造纸浆板脱水干燥一体机	朱　君	CN202020760462.4	CN212452080U
1380	B01D	一种造纸生产用浆料除渣装置	王根森	CN202020752591.9	CN212611665U
1381	B07B	造纸用摇摆筛	袁天能	CN202020762568.8	CN212418634U
1382	B65D	造纸用氧反应器的顶部卸料器	涂建华	CN202020760105.8	CN212291288U
1383	C02F	制纸浆用黑液预处理设备	王太军	CN202020760439.5	CN212452071U
1384	D21D	造纸洗浆用斜筛	赵　明 等	CN202020741019.2	CN212955951U
1385	D21F	一种造纸尾渣再利用的分离设备	蔡永献	CN202020743104.2	CN212404621U
1386	D21D	造纸浆料用压力筛	赵　明 等	CN202020741020.5	CN212294176U
1387	D21F	一种用于造纸的烘缸设备	余曼生 等	CN202020730346.8	CN212357821U
1388	D21F	一种用于造纸的压榨设备	余曼生 等	CN202020730603.8	CN213086461U
1389	D21D	一种用于造纸打浆的除渣设备	余曼生 等	CN202020738716.2	CN212357815U
1390	D21B	一种用于造纸的打浆设备	余曼生 等	CN202020737366.8	CN213086448U
1391	B65H	一种用于造纸的卷取设备	余曼生 等	CN202020738893.0	CN212831769U
1392	B65H	一种具有纠偏功能的接纸机张力调节装置	李永会	CN202020736338.4	CN212503190U
1393	B01D	一种造纸车间透平风机油箱呼吸器	姜海涛 等	CN202020718459.6	CN212348192U
1394	B01F	一种方便搅拌纸浆的捞纸槽	余贤兵	CN202020746657.3	CN212925606U
1395	D21G	一种引纸绳轮防油装置及引纸绳轮组件	张鹏达 等	CN202020727415.X	CN213114112U
1396	D21H	一种造纸杀菌剂加药装置	韩留成	CN202020700099.7	CN212375632U
1397	B01D	一种造纸黑液浓缩器	韩留成	CN202020701047.1	CN212374924U
1398	D21F	一种造纸用的脱水烘干装置	张　伟	CN202020717096.4	CN212834766U
1399	D21B	一种高效斜网造纸装置	王永明 等	CN202020705782.X	CN212505592U
1400	B26F	一种造纸切边水针系统	黎伟鹏	CN202020714964.3	CN212498140U
1401	B65H	一种造纸浆板收放卷装置	陈泗均	CN202020686874.8	CN212292130U
1402	B26D	一种筒状造纸浆板切割装置	陈泗均	CN202020686872.9	CN212265948U
1403	D21B	一种造纸生产用碎浆机	刘祥平 等	CN202020694800.9	CN212533514U
1404	F24F	一种造纸厂用出风口除尘装置	史向文 等	CN202020692188.1	CN212396171U
1405	F26B	一种新型造纸废渣挤水烘干装置	谢春芳	CN202020694471.8	CN213273471U
1406	H05K	一种造纸厂用控制柜	刘祥平 等	CN202020700484.1	CN212381505U
1407	D21B	一种用于造纸制浆装置的散热设备	吴望慧	CN202021876587.X	CN213507804U
1408	B01D	一种新型纸机湿气分离处理装置	林海明 等	CN202020739539.X	CN212523500U
1409	B26D	一种造纸行业用的浆纸切割机	彭　成 等	CN202020673210.8	CN212265988U
1410	D21B	一种新型造纸用的材料分装设备	陈　婕	CN202020676418.5	CN213295906U
1411	F04D	一种造纸用立式轴流风机	陆淼军 等	CN202020670141.5	CN212376912U
1412	F28F	一种用于造纸厂的锅炉烟气余热再利用装置	王育堂 等	CN202020644817.3	CN212408708U
1413	F01K	一种用于造纸废水厌氧处理的沼气循环利用装置	黄开伟 等	CN202121458166.X	CN215365359U
1414	C02F	一种可避免溢水的造纸废水处理用曝气池	伍有恒 等	CN202121309394.0	CN215288194U
1415	C02F	一种自动定量投放药剂的造纸废水处理装置	杜汉杰 等	CN202121161993.2	CN215139552U

续表

序号	分类号	发明名称	发明人	申请号	公开(公告)号
1416	C02F	一种密封性高的造纸废水用曝气池	陈务平 等	CN202120602635.4	CN214936377U
1417	C02F	一种清除造纸废水用泡沫分离装置	陈务平 等	CN202120601114.7	CN214936184U
1418	B01D	一种便于清理废渣的制浆造纸生产用废水回收装置	陈务平 等	CN202120603650.0	CN214763618U
1419	B01D	一种造纸白水过滤设备	徐茂彬 等	CN202120585268.1	CN214714819U
1420	B01D	一种用于制浆造纸废水的沉淀池	任　浩 等	CN202120594627.X	CN214972394U
1421	B01D	造纸废水处理系统用臭气收集处理装置	李　东 等	CN202120585269.6	CN214715304U
1422	C02F	一种蒸发装置	张培洲 等	CN202021277352.9	CN213060261U
1423	C02F	一种高效的造纸废水处理装置	任　浩 等	CN202120580629.3	CN214360336U
1424	B01D	一种造纸废水处理用过滤装置	任　浩 等	CN202120574465.3	CN214763615U
1425	B01D	一种造纸废水深度处理及回用装置	任　浩 等	CN202120565859.2	CN214936608U
1426	C02F	一种造纸废水处理用絮凝剂调配装置	刘　强 等	CN202120451139.3	CN214514325U
1427	C02F	一种造纸废水气浮处理设备	王志明	CN202110224413.8	CN112978840A
1428	C02F	一种造纸废水处理用高效离心机	李　静	CN202120434591.9	CN214734994U
1429	B01D	一种造纸厂造纸废水回收再利用装置	蔡玲珑	CN202120411979.7	CN214513003U
1430	C02F	一种造纸用废水处理装置	李楠楠	CN202120389821.4	CN215249622U
1431	C02F	一种新型造纸机废水处理装置	蒲前勇	CN202120387540.5	CN214654134U
1432	C02F	一种用于废纸造纸的废水除钙系统	王馨悦 等	CN202120345735.3	CN214693770U
1433	C02F	一种环保型造纸用废水处理设备	刘少新	CN202120308042.7	CN214654129U
1434	C02F	一种造纸废水高效气浮设备	刘洪顺 等	CN202120284833.0	CN214299648U
1435	C02F	一种用于造纸业废水处理的曝气装置	马明蔚 等	CN202120184039.9	CN214571064U
1436	C02F	一种用于造纸工艺的废水处理排放装置	马新功 等	CN202120183711.2	CN214571292U
1437	C02F	一造纸废水处理用污泥浓缩池	李豪亮	CN202120170365.4	CN214571484U
1438	C02F	一种造纸污泥资源化利用装置	程秀芬	CN202120097528.0	CN215102777U
1439	B01D	一种清洁造纸用废气净化装置	周汉江	CN202120093873.7	CN215086151U
1440	D21F	一种清洁造纸蒸汽循环装置	周汉江	CN202120092237.2	CN215104269U
1441	D21G	一种清洁造纸用造纸机换网装置	周汉江	CN202120093665.7	CN214736994U
1442	B01F	一种剥离剂制备过滤装置	陈　勇	CN202120050829.8	CN214810430U
1443	B01D	一种用于造纸的空气环境风尘收集装置	胡中理 等	CN202120032795.X	CN214159071U
1444	H02B	一种用于造纸废气除臭喷淋系统的泵机电柜	吴人威 等	CN202120042710.6	CN214153544U
1445	B01F	一种造纸废水过滤器	裘笑铭	CN202120041406.X	CN214654116U
1446	C02F	一种造纸印刷用环保回收装置	不公告发明人	CN202120024625.7	CN214457222U
1447	C02F	一种造纸废水处理装置	不公告发明人	CN202120010021.7	CN214880835U
1448	C02F	一种造纸污泥回收利用装置	徐正山	CN202120004128.0	CN214936581U
1449	B01D	一种纸浆造纸废水处理净化装置	王　刚	CN202023338408.X	CN214808967U
1450	C02F	一种灯笼纸造纸废水用处理装置	林爱华	CN202023293782.2	CN214680437U
1451	D21D	一种环保型造纸制浆用磨浆机	刘庭政 等	CN202023342410.4	CN214572951U
1452	B04B	一种造纸废渣回收装置	谈蒙蒙	CN202023266773.4	CN214637361U
1453	B02C	一种造纸业用废料回收装置	杨贵荣	CN202023246183.5	CN214288634U

续表

序号	分类号	发明名称	发明人	申请号	公开(公告)号
1454	C02F	一种造纸业用废水处理设备	杨贵荣	CN202023245643.2	CN214829508U
1455	B01D	一种改进的环保型造纸设备	谈蒙蒙	CN202023237948.9	CN214654006U
1456	B01D	一种造纸废水过滤器	张成杰	CN202023259081.7	CN214714659U
1457	C02F	一种造纸业废水检测处理设备	杨贵荣	CN202023246182.0	CN214829724U
1458	B01D	一种环保型造纸用废水处理装置	谈蒙蒙	CN202023237898.4	CN214634518U
1459	C02F	一种造纸废水环保排放装置	赵建忠	CN202023212184.8	CN214654288U
1460	D21F	一种能够回收废水的环保型造纸设备	赵建忠	CN202023212207.5	CN214655986U
1461	B01D	一种造纸化浆臭气处理装置	毛亚飞 等	CN202023160306.3	CN214345382U
1462	B01D	一种清洁造纸用废水处理设备	颜晨鹏 等	CN202023121009.8	CN215026299U
1463	B01D	一种造纸车间废气再利用装置	张留学 等	CN202023048875.9	CN214051127U
1464	C02F	一种造纸加工用废水循环处理装置	陆国栋 等	CN202023058096.7	CN214031962U
1465	D21C	一种针对木质素的造纸黑液降解设备	姜　琪 等	CN202023065435.4	CN214033154U
1466	B31D	一种纸筒的本体封底装置	周文博	CN202023063746.7	CN214214940U
1467	D21B	一种造纸加工用原料快速碎料装置	陆国栋 等	CN202023058064.7	CN214193930U
1468	D21D	一种用于造纸浆液过滤用的筛板	廖佳俊 等	CN202023055874.7	CN214271482U
1469	D21F	一种造纸机用压榨脱水装置	李文斌	CN202023052864.8	CN214613309U
1470	B01F	一种多功能造纸用分散机	苏雪高	CN202023031047.4	CN213966194U
1471	B01F	一种生物浆环保原纸生产用混合装置	周干仕 等	CN202023034070.9	CN213966406U
1472	D21C	一种造纸黑液过滤设备	蒋　嫣 等	CN202023040703.7	CN214033153U
1473	D21H	一种造纸用环保上色装置	符应双	CN202023036182.8	CN214033172U
1474	D21F	一种效果好的造纸烘缸除胶设备	苏雪高	CN202023026983.6	CN213978358U
1475	D21C	一种生物浆环保原纸生产用发酵装置	周干仕 等	CN202023029125.7	CN213978343U
1476	D21C	一种造纸黑液脱盐设备	肖青蓝 等	CN202023031918.2	CN214736972U
1477	B01D	一种造纸用造纸废水沉淀回收装置	钟培洲	CN202022891572.7	CN215026595U
1478	C02F	一种造纸废水深度处理设备	凌晓等	CN202022843226.1	CN213865434U
1479	C02F	一种用于宣纸生产的废水处理环保装置	曹建勤	CN202022883563.3	CN214457281U
1480	C02F	一种造纸用打浆废水处理装置	邓学富	CN202022827443.1	CN214088013U
1481	C02F	一种造纸生产用废水回收利用装置	周成伟	CN202022829388.X	CN215102317U
1482	C02F	一种用于造纸废水脱泥装置	陈　军 等	CN202022810426.7	CN214360294U
1483	B01D	一种造纸生产用废水过滤装置	周成伟	CN202022829345.1	CN215085401U
1484	C02F	一种造纸废水站加药装置	张　荣	CN202022741887.3	CN214087766U
1485	D21F	一种低碳环保清洁造纸机的配套设备	徐志刚 等	CN202022694851.4	CN213867070U
1486	C02F	一种能够回收废水的清洁环保型造纸设备	徐志刚 等	CN202022694024.5	CN213865425U
1487	B08B	一种清洁环保造纸用废气处理装置	王　芳 等	CN202022692204.X	CN213853660U
1488	C02F	一种造纸废水处理用净水剂加药箱	张　荣	CN202022672673.5	CN214059944U
1489	C02F	一种造纸废水处理用快速沉淀塔	张　荣	CN202022677523.3	CN214495899U
1490	D21B	一种造纸车间的排气除臭系统	李文斌	CN202021250510.1	CN213061520U
1491	D21D	一种复合式压力筛	许银川 等	CN202022933633.1	CN214992664U

续表

序号	分类号	发明名称	发明人	申请号	公开(公告)号
1492	B65D	一种造纸废水处理用厌氧颗粒污泥存储装置	张 荣	CN202022672669.9	CN214241765U
1493	C02F	新型造纸废水处理过滤装置	牛永健 等	CN202022608568.5	CN213771559U
1494	C02F	一种造纸废水处理循环再利用装置	张 荣	CN202022580433.2	CN214087996U
1495	C02F	一种环保型造纸生产用废水处理装置	张永鑫 等	CN202022573848.7	CN213803260U
1496	B01D	一种用于处理造纸废水的过滤膜清洗设备	商玉勇 等	CN202022564201.8	CN213643754U
1497	B01F	一种用于造纸废水处理过程中的气液混合装置	张永鑫 等	CN202022553057.8	CN213791003U
1498	C02F	一种造纸废水资源化回收处理系统设备	许永峰 等	CN202022547780.5	CN214457264U
1499	D21D	一种环保型造纸生产用的废水纤维回收处理装置	李学彬 等	CN202022542132.0	CN214089222U
1500	C02F	一种工业废水处理装置	王德龙 等	CN202022541669.5	CN213623758U
1501	C02F	一种清洁型造纸生产废水过滤装置	李玉德 等	CN202022542133.5	CN213803177U
1502	C02F	一种造纸污泥脱水设备	秦 雯 等	CN202022525996.1	CN213506514U
1503	C02F	一种新型造纸废水处理装置	郑志芳	CN202022536244.5	CN213834628U
1504	B01D	造纸废水处理用高效水力筛	黄 彦	CN202022546204.9	CN213668222U
1505	C02F	一种造纸废水处理回收装置	张 荣	CN202022484055.8	CN214087991U
1506	C02F	一种造纸污泥压榨装置	张 荣	CN202022484033.1	CN214088211U
1507	C02F	一种造纸废水脱泥装置	不公告发明人	CN202022473474.1	CN214360556U
1508	C02F	一种造纸废水深度处理设备	马靖然 等	CN202022473522.7	CN214327371U
1509	C02F	一种基于造纸加工用的废水处理装置	姜泽军	CN202022471241.8	CN214087990U
1510	C02F	一种造纸厂用废水处理装置	朱 涛	CN202022444863.1	CN214060147U
1511	G01N	一种带清洗的造纸废水处理装置	王永富	CN202022442437.4	CN213771748U
1512	C02F	一种造纸污泥处理回用装置	李亚军	CN202022419062.X	CN213623789U
1513	C02F	一种造纸厂废水加料净化装置	张 荣	CN202022402919.7	CN214060143U
1514	B01D	一种处理制浆造纸废水装置	张有彬等	CN202022405285.0	CN214287046U
1515	F17D	一种用于造纸废水处理流量控制的泵送装置	张 荣	CN202022402917.8	CN214008853U
1516	B01D	一种造纸用造纸废水沉淀回收装置	孙曰平	CN202022364454.0	CN213823788U
1517	B02C	一种造纸制浆废渣的环保分类设备	孙曰平	CN202022355596.0	CN213726714U
1518	C02F	一种造纸废水预处理装置	王永富	CN202022373305.0	CN213680156U
1519	C02F	一种造纸制浆废水处理装置	张志富	CN202022358410.7	CN214360833U
1520	B01D	一种造纸废水处理沉淀池	王永富	CN202022356812.3	CN213668301U
1521	C02F	一种快速造纸废水处理装置	张 荣	CN202022334179.8	CN214087986U
1522	B01F	一种造纸用废水过滤装置	王 慧	CN202022340664.6	CN214495929U
1523	B01D	一种应用于造纸废水处理的过滤装置	张 荣	CN202022336959.6	CN214209660U
1524	C02F	一种新型用于造纸废水处理设备	张 荣	CN202022334207.6	CN214327465U
1525	C02F	一种多级过滤造纸用废水处理装置	赵金华	CN202022289605.0	CN213865679U
1526	C02F	一种便于清理的造纸废水处理装置	张 荣	CN202022278038.9	CN214115145U
1527	B01D	一种带有观察窗的造纸废水处理装置	张 荣	CN202022277319.2	CN214209644U
1528	B01D	一种便于检修的清洁造纸废水处理工艺用过滤网	张 荣	CN202022278039.3	CN214050734U
1529	C02F	一种造纸废水脱泥装置	韩宝青	CN202022275613.X	CN213707848U

续表

序号	分类号	发明名称	发明人	申请号	公开(公告)号
1530	C02F	一种造纸业用废水处理装置	彭　雪	CN202011084382. 2	CN112316549A
1531	B01D	一种造纸用废水处理装置	姬振亚	CN202022253397. 9	CN213912630U
1532	C02F	一种造纸废水净化设备	孙曰平 等	CN202022245798. X	CN213506340U
1533	C02F	一种造纸废水处理与回收装置	李　杨 等	CN202022253034. 5	CN213388155U
1534	C02F	一种造纸加工用废水处理装置	韩吉香	CN202022228333. 3	CN213771601U
1535	C02F	一种污泥干化装置	安　柏	CN202022167508. 4	CN213295123U
1536	C02F	一种造纸业废水的污泥处理设备	金忠财 等	CN202022160512. 8	CN215102774U
1537	B01F	一种适用于再生纸造纸废水深度集成处理装置	裘笑铭	CN202022129386. X	CN213506331U
1538	B01D	一种造纸废水脱泥装置	康紫淳	CN202022112988. 4	CN213313609U
1539	B01D	一种沼渣造纸用废水沉淀回收装置	曾国勇 等	CN202022094549. 5	CN213231574U
1540	C02F	一种造纸用废水循环利用装置	向银珍	CN202022116317. 5	CN214087927U
1541	C02F	造纸废水站初沉池的除臭设备	蔡怀同 等	CN202022082664. 0	CN213357170U
1542	B08B	一种造纸污泥干化焚烧装置	蔡怀同 等	CN202022065215. 5	CN213178360U
1543	C02F	一种造纸厂工业废水处理装置	陈　朋	CN202022072501. 4	CN214087980U
1544	C02F	一种高效造纸废水处理装置	宋　云	CN202022034344. 8	CN214087979U
1545	C02F	一种造纸废水处理装置	陈妙翠	CN202022026797. 6	CN213803364U
1546	B01D	一种利用回收水的造纸喷淋装置	曲晓绪 等	CN202022031584. 2	CN213347958U
1547	C02F	一种造纸废水处理循环再利用装置	李若龙 等	CN202022015331. 6	CN213171780U
1548	C02F	一种造纸废水回收利用装置	李若龙 等	CN202022015397. 5	CN213171866U
1549	B01D	一种造纸废水处理用弧形筛	叶　龙 等	CN202021990100. 0	CN213725048U
1550	C02F	一种有机废水净化设备	张嘉良	CN202021932923. 8	CN212833348U
1551	B01J	一种造纸废渣裂解釜	洪觉慧 等	CN202021918092. 9	CN214288094U
1552	C02F	一种适用于清洁造纸设备线的废水收集池	邓颖忠	CN202021914071. X	CN213446640U
1553	G01N	一种适用于清洁造纸废水收集池的废水抽取装置	邓颖忠	CN202021914121. 4	CN213364327U
1554	C02F	一种造纸废水净化装置	张玉全	CN202021882730. 6	CN213085705U
1555	C02F	一种新的造纸废水产生污泥的处理装置	谢宝林 等	CN202220143825. 9	CN216808559U
1556	C02F	一种造纸厂用的废水处理装置	杨志艳	CN202122290002. 7	CN216236379U
1557	C02F	一种造纸废水的生化处理方法以及生化处理装置	陆启强 等	CN202011040566. 9	CN114275880A
1558	C02F	一种用于造纸废水的废水处理格栅	陆　伟	CN202220845478. 4	CN216918657U
1559	C02F	一种多相循环一体化造纸废水处理设备	黄玉平	CN202122901574. 4	CN216972188U
1560	D21F	造纸污泥生产擦油纸热回收装置	傅建新 等	CN202021527767. 7	CN213978357U
1561	D21F	造纸污泥生产擦油纸的均匀捞泥装置	傅建新 等	CN202021529999. 6	CN213951759U
1562	G01N	造纸污泥取样装置	傅建新 等	CN202021527763. 9	CN213121216U
1563	B65G	造纸污泥灰粉助剂添加装置	傅建新 等	CN202021502195. 7	CN213101771U
1564	C02F	造纸污泥分筛装置	傅建新 等	CN202021500776. 7	CN213101088U
1565	C02F	造纸污泥臭味沉淀装置	傅建新 等	CN202021502191. 9	CN213112572U
1566	B01D	一种造纸污泥干燥装置	王忠平	CN202021465996. 0	CN213245245U
1567	C02F	一种纸浆造纸污水处理净化装置	毛　威	CN202021342004. 5	CN212640126U

续表

序号	分类号	发明名称	发明人	申请号	公开(公告)号
1568	C02F	一种废水处理装置	邵 珲 等	CN202021277353.3	CN213416350U
1569	D21F	一种能够回收废水的环保型造纸设备	何娟桦	CN202021274866.9	CN212641039U
1570	C02F	基于磁悬浮鼓风机的造纸废水节能处理装置	王建平 等	CN202021260927.6	CN212559833U
1571	C02F	一种环保型造纸废水处理装置	詹世杰	CN202020403802.8	CN212387920U
1572	C02F	一种带式污泥浓缩机	卫志锋 等	CN202020390019.2	CN212334968U
1573	C02F	一种用于造纸厂的废水深度处理回收装置	林晓华 等	CN202020379491.6	CN212356925U
1574	C02F	一种造纸用造纸废水循环回收再利用装置	张领博	CN202020376920.4	CN212403853U
1575	E03F	一种造纸厂用废水管道疏通清理装置	陈来方	CN202020365981.0	CN212405447U
1576	B01D	一种造纸厂废气净化装置	史世功 等	CN202020354907.9	CN212396343U
1577	C02F	一种环保型造纸废水处理净化装置	杨 旭	CN202020154105.3	CN213141613U
1578	C02F	一种造纸厂污泥处理装置	曾德伟 等	CN202020078047.0	CN212476477U
1579	C07C	一种造纸废气净化回收设备	王玉涛 等	CN201910310205.2	CN109939532B
1580	F04D	一种用于造纸厂废水处理的潜水排污泵	时飞龙	CN201811092427.3	CN109026730B
1581	C02F	一种造纸废水初步处理设备	鞠定顺	CN201811092215.5	CN109179603B
1582	C02F	一种工业造纸废水处理装置	韩 丹 等	CN201711384621.4	CN108101169B
1583	C02F	一种废水处理装置	邵 珲 等	CN202021277353.3	CN213416350U
1584	D21B	一种多功能的造纸碎浆装置	王丽雯	CN202022963434.5	CN213896535U
1585	D21F	一种能够回收废水的环保型造纸设备	何娟桦	CN202021274866.9	CN212641039U
1586	C02F	一种用于造纸生产的废水过滤装置	林开万	CN202021246476.0	CN212924599U
1587	B01D	一种节能环保造纸用废气净化设备	何 斌	CN202021202243.0	CN212492272U
1588	C02F	一种造纸废水处理装置	涂震霞 等	CN202021177288.7	CN213112824U
1589	C02F	一种高效处理废水的装置	魏 利 等	CN202021149513.6	CN212559830U
1590	B01D	一种应用于造纸业废水厂的除臭装置	杨国平	CN202021116530.X	CN212663213U
1591	C02F	一种一体化造纸厂废水处理设备	王锋雷	CN202021093513.9	CN212924729U
1592	C02F	一种造纸用废气净化装置	谢仙龙	CN202021051733.5	CN213221428U
1593	C02F	一种造纸用废水过滤处理装置	蒋德禹	CN202021051290.X	CN212833153U
1594	C02F	一种小型造纸废水处理设备	周少锋	CN202021031132.8	CN213231788U
1595	B01D	一种造纸加工用废水处理装置	邵 灵	CN202020987817.3	CN212914685U
1596	C02F	用于造纸废水的处理装置	欧显强	CN202020969165.0	CN212532545U
1597	C02F	新型造纸废水处理过滤装置	牛永健 等	CN202020933416.X	CN212640110U
1598	C02F	一种造纸废水处理絮凝装置	张 平	CN202020881331.1	CN212770020U
1599	B01D	一种全自动清洗过滤网的造纸废水过滤器	高增辉	CN202020876465.4	CN212854866U
1600	B01D	一种造纸废水环保处理设备	曾文婷	CN202020816356.3	CN213049727U
1601	B01D	一种造纸废水处理装置	辛力弘	CN202020793878.6	CN212680159U
1602	C02F	造纸废水 IC 厌氧反应器	黎桂华 等	CN202020782985.9	CN213112704U
1603	C02F	一种造纸废水处理沉砂池	牟登云	CN202020741192.2	CN212559688U
1604	C02F	一种造纸生产用的废水回收处理装置	李 刚 等	CN202020715470.7	CN213112802U
1605	B01D	一种造纸厂废水初步处理装置	李海珠 等	CN202020686996.7	CN213100979U

续表

序号	分类号	发明名称	发明人	申请号	公开(公告)号
1606	C02F	一种造纸废水处理设备	颜炳林	CN202020696206.3	CN212356688U
1607	C12M	一种造纸厂废水检测用生化培养箱	汪　玉 等	CN202020695303.0	CN212476722U
1608	B01D	一种用于造纸厂废水处理的平流沉淀池	周卫东	CN202020511298.3	CN212467230U
1609	D21G	一种造纸中污泥添加装置	安　柏	CN202022169292.5	CN213653047U
1610	B01D	一种便于对杂质回收处理的造纸生产用废水处理装置	王　敏	CN202021422095.3	CN212881254U
1611	C02F	用于造纸废水处理的液位调节装置	许元涛 等	CN202021380268.X	CN212832928U
1612	D21F	一种用于造纸工艺中污泥回用的装置	孙　超	CN202021363317.9	CN212477266U
1613	C02F	一种造纸废水浆水分离设备	王子腾	CN201910534889.4	CN110204099B
1614	B01F	一种造纸污泥回收处理用环保设备	黄兴兰	CN201810966479.2	CN108970509B
1615	B01F	一种用于回收造纸污泥的自动搅拌机	谭从喜	CN201810966480.5	CN109012417B
1616	B01D	一种处理再生牛皮卡纸造纸废水反应装置	赵耀强 等	CN202021081772.X	CN212594360U
1617	C02F	一种造纸废水搅拌器	徐庆俊	CN202020596017.9	CN213387840U
1618	C02F	一种纸浆造纸废水处理净化装置	邓颖忠	CN202121148022.4	CN215161708U
1619	B02C	一种造纸废渣回收装置	周汉江	CN202120092239.1	CN214390332U
1620	D21C	具有过滤功能的造纸用洗浆机	赵　明 等	CN202020652383.1	CN212294173U
1621	D21F	一种双网造纸系统的注料装置及注料方法	李东旭	CN202010334471.1	CN111350095A
1622	B65H	一种造纸用自动卸卷装置	杭加信	CN202020622275.X	CN212581108U
1623	D21D	造纸废料回收装置	陈西贵 等	CN202020616346.5	CN212294175U
1624	B08B	一种内燃机工业滤纸生产用施胶辊清洗装置	张占雄 等	CN202020606545.8	CN212329071U
1625	D21C	一种避免造成竹纤维浪费的造纸用甩干设备	周正银	CN202020590511.4	CN212404612U
1626	B01F	用于造纸机的快速混合式高效化辅添加机构	刘　涛 等	CN202020583586.X	CN212270531U
1627	D21D	一种造纸磨浆机	费旭勇 等	CN202020549745.4	CN212641031U
1628	D21F	一种造纸网用的清理装置	李　莉	CN202020536758.8	CN213447845U
1629	D21B	一种造纸用的碎浆装置	李　莉	CN202020536292.1	CN213596703U
1630	B65H	用于造纸机卷取部同步轴连接的防偏固定短轴结构	王智广 等	CN202020538696.4	CN212355837U
1631	D21B	一种环保节能秸秆制造纸浆装置	张海波 等	CN202020521129.8	CN212834756U
1632	D21B	废弃纸板再造纸用粉碎装置	周卫东	CN202020511286.0	CN212335642U
1633	D21F	一种造纸压榨毛毯的脱水监测装置	张金波 等	CN202020507551.8	CN213203625U
1634	B05C	涂布机蒸汽回收利用装置	吴晗等	CN202020489397.6	CN212493750U
1635	D21G	一种造纸生产用成品整理装置	冯思婷 等	CN202020489891.2	CN212292237U
1636	F25D	造纸干强剂生产用冷却装置	吴丛伟 等	CN202021890702.9	CN213119729U
1637	B01F	一种造纸用纸浆回收装置	刘　晗	CN202021864263.4	CN213389504U
1638	B07B	一种清洁造纸用自清洁型圆筒筛	高　阳	CN202022463930.4	CN214107767U
1639	F16J	洗浆机用密封带	涂建华	CN202020760576.9	CN212273038U
1640	D21F	用于造纸的环保干燥装置	龙书明	CN202020967570.9	CN212452094U
1641	C02F	一种造纸废渣挤水机	贾辉辉	CN202020930449.9	CN213321887U
1642	D21D	一种低碳环保的造纸设备	张　平	CN202020924023.2	CN212925596U

续表

序号	分类号	发明名称	发明人	申请号	公开(公告)号
1643	B09B	一种造纸厂废塑料的处理系统	王雨田	CN202020909351.5	CN212770569U
1644	D21B	一种环保型造纸设备	不公告发明人	CN202010454226.4	CN111560785A
1645	D21F	一种造纸烘干部的余热回收系统	贾少军 等	CN202020959329.1	CN213295916U
1646	B01D	造纸密闭气罩尾气脱白和除臭设备及系统	刘七新 等	CN202020938657.3	CN212283528U
1647	B01F	一种环保造纸助剂过滤装置	龙波涛	CN202020872217.2	CN212595204U
1648	H02K	一种内置摇振装置的胸辊	王海雷 等	CN202020820581.4	CN212270526U
1649	D21F	一种造纸用烘干装置	段晓冬 等	CN202020823798.0	CN212533524U
1650	D21D	一种造纸磨浆机	何述全	CN202020819651.4	CN212533516U
		造纸化学品			
1	D21H	一种基于聚合物接枝改性磷石膏晶须增强的造纸用施胶剂及其制备方法	周春松	CN202111063478.5	CN113756128A
2	C01G	一种高白度钛白粉的制备方法及应用	何明川 等	CN202110929298.4	CN113582228A
3	C08F	一种两性聚丙烯酰胺造纸助留剂及其制备方法	荣敏杰 等	CN202110905449.2	CN113354773A
4	C08F	一种支化型水包水助剂及其制备方法和应用	荣敏杰 等	CN202110883279.2	CN113321771A
5	C08G	一种超支化木质素基阳离子淀粉多功能复合型絮凝剂及其制备与应用	刘伟峰 等	CN202110805800.0	CN113651963A
6	C08G	一种木质素基多功能复合型絮凝剂及其制备方法与应用	邱学青 等	CN202110805813.8	CN113651964A
7	C08F	一种造纸助留剂及其制备方法和应用	荣敏杰 等	CN202110781583.6	CN113248651A
8	C07C	基于2-烷基蒽醌闭环废液制备蒽醌替代助剂的方法	孙仿建 等	CN202110683418.7	CN113416124A
9	B01J	一种微纤复合纳米金属催化剂及其制备方法和应用	杨　逸 等	CN202110306320.X	CN112973693A
10	D21H	一种有机硅改性油、造纸用乳液型烘缸剥离剂及其制备方法	黄房生 等	CN202110278108.7	CN113026415A
11	C08G	一种阳离子型水性聚氨酯乳液及其制备方法和应用	伊财富 等	CN202110241621.9	CN113024767A
12	C11D	清除造纸用烘缸边缘沉积物的剥离剂套组、使用方法及剥离剂	谢占豪 等	CN202110049217.1	CN112940873A
13	C07D	含氟咪唑表面活性剂及其制备方法与应用	翁义湖 等	CN202110033952.3	CN112774569A
14	C02F	一种脱酚萃取剂及其制备方法和应用	宁朋歌 等	CN202011624498.0	CN112811500A
15	C09C	一种育果袋纸专用炭黑水相分散液的制备方法	唐艳军 等	CN202110023821.7	CN112552713A
16	D21H	一种聚酯嵌段 PAE 低有机氯湿强剂的制备方法及应用	詹新岭	CN202110406818.3	CN112961287A
17	C02F	一种带双粒径分布的反相乳液及其制备方法和用途	何国锋 等	CN202011483503.0	CN112521547A
18	B01D	一种有机硅改性不饱和高级脂肪醇酯消泡剂及其制备方法	王魁江 等	CN202011474259.1	CN112604325A
19	B01J	一种纤维素纳米晶负载海藻酸钠吸附剂及其富集废水中有机磷的应用	王　硕 等	CN202011470643.4	CN112495349A
20	B01J	一种纤维素纳米晶负载壳聚糖吸附剂及在回收废水稀土元素中的应用	王　硕 等	CN202011470852.9	CN112516970A
21	C02F	一种基于造纸脱墨污泥制备的纤维素纳米晶及在地下水铁锰去除中的应用	王　硕 等	CN202011470135.6	CN112679621A

续表

序号	分类号	发明名称	发明人	申请号	公开(公告)号
22	C08B	一种包含磷掺杂羧甲基半纤维素的湿强增效剂及其制备方法	张敏盛 等	CN202011432386. 5	CN112482082A
23	C08F	一种造纸增强剂及其制备方法	王丕新 等	CN202010473687. 6	CN111732688A
24	C08G	一种涂布用油酸酯改性有机硅消泡剂及其制备方法	杨　磊 等	CN202010623374. 4	CN111888803A
25	C12N	一株高产耐高温碱性木聚糖酶的菌株及生产方法	王克芬 等	CN202011427099. 5	CN112410264A
26	C09C	一种造纸专用钛白粉的制备方法	赵　波 等	CN202010385058. 8	CN111471323A
27	D21C	一种造纸生物酶组合物及其制剂	孙新富 等	CN202011286108. 3	CN112410311A
28	C09C	基于丙烯酸/二甲基二烯丙基氯化铵制备聚丙烯酸钠的方法及应用	陈　娓 等	CN202011260582. 9	CN112409529A
29	C08F	羧基化木质素高聚物-胺甲基化丙烯酰胺共聚型两性有机抗分散剂的制备方法	赵　晖 等	CN202011220317. 8	CN112375189A
30	D21H	一种造纸用消泡剂及制备方法	冯　磊 等	CN202011181524. 7	CN112376319A
31	C10N	一种润滑脂组合物及其制备方法和应用	栗志彬 等	CN202011002260. 4	CN112175692A
32	C08F	一种提高阳离子聚合物分子量的制备方法	冯志德 等	CN202010909855. 1	CN112011013A
33	B01J	一种利用木质素制备焚烧烟气氯代芳烃复合吸附剂的方法	郭海威 等	CN202010737166. 7	CN111974357A
34	C08F	一种两性聚丙烯酰胺纸张增强剂及其制备方法	郭丽芳 等	CN202010734835. 5	CN111848863A
35	C08F	一种阳离子型聚乙烯醇絮凝剂及制备方法和应用	刘明华 等	CN202010096876. 6	CN111137963A
36	C09	一种钛白粉的改性方法	和奔流 等	CN202010009188. 1	CN111171605A
37	C08F	一种纳米羟基氧化铁凝胶复合材料及其制备方法与应用	李永涛 等	CN201911411243. 3	CN113121758B
38	C09D	一种针对易挥发性酸的环保型气敏涂料及其制备方法	卢海峰 等	CN201911254671. X	CN110922860B
39	C30B	利用二水硫酸钙制备高长径比半水硫酸钙晶须的方法	田登超 等	CN201910992516. 1	CN110541188B
40	D21H	由大米生产下脚料碎米制备造纸施胶剂用变性淀粉的方法	朱同贵 等	CN201910954517. 7	CN110746511B
41	C08F	一种高分子量低残单聚丙烯酰胺反相乳液及其制备方法	刘竹青 等	CN201910835070. 1	CN110563865B
42	C04B	一种溶解浆制浆废液制备木质素磺酸盐减水剂的方法	施晓旦 等	CN201910833327. X	CN110615896B
43	B01D	一种有机硅消泡乳液的制备方法	吴　飞 等	CN201910802720. 2	CN110433534B
44	D21H	一种造纸涂布用轻质碳酸钙粉体的制备方法	田　伟 等	CN201910802071. 6	CN112209417B
45	D21H	一种造纸污泥焚烧后固废改性用作造纸填料的方法	樊慧明 等	CN201910791049. 6	CN110424179B
46	C09D	一种造纸用烘缸剥离剂及其制备方法	王高雄 等	CN201910719253. 7	CN110484138B
47	D21H	一种纸张用高效表面施胶剂及其制备方法和应用	张连腾 等	CN201910648549. 4	CN110438838B
48	C02F	一种造纸污泥回填增强剂	马伟瑄 等	CN201910614164. 6	CN110372162B
49	D21C	一种利用制浆造纸废液制备木质素粗产品及糖液的方法	石海强 等	CN201910563954. 6	CN110295510B
50	D21H	一种基于凝胶原位生长包覆碳酸钙填料的造纸加填方法	聂景怡 等	CN201910559595. 7	CN110172859B

续表

序号	分类号	发明名称	发明人	申请号	公开(公告)号
51	C08F	一种木质素基高分子树脂吸附剂的制备方法及应用	江成龙 等	CN201910521614. 7	CN110372832B
52	A01N	一种新型高效复合胍基造纸杀菌剂	彭维恩	CN201910461346. 4	CN110074105B
53	C08G	一种胶原蛋白基造纸功能施胶剂的制备方法	杨　茂	CN201910419833. 4	CN110256651B
54	D21H	一种高耐光高遮盖造纸用钛白粉的制备方法	陈建立 等	CN201910358828. 7	CN111849211B
55	D21H	一种海藻酸盐包覆碳酸钙微粒稳定造纸施胶剂乳液的制备方法	王慧丽 等	CN201910353570. 1	CN110004766B
56	C01F	一种利用净水剂废渣制造速凝剂的生产工艺	刘纪峰 等	CN201910314545. 2	CN109970383B
57	C08F	一种纳米铝络合物、制备方法及其应用	孙中南 等	CN201910303912. 9	CN110105507B
58	C02F	一种造纸污泥回用剂的制备方法	刘　阳 等	CN201910315045. 0	CN110002702B
59	C09C	一种涂布级超微细针状硅灰石的生产方法	袁　斌 等	CN201910278193. X	CN109943102B
60	C01F	规整球形碳酸钙及其制备工艺	王权广 等	CN201910219330. 2	CN109809457B
61	C01F	橄榄球形碳酸钙及其制备工艺	童张法 等	CN201910219335. 5	CN109809458B
62	D21H	一种瓦楞原纸表面施胶液及其制备方法和应用	单立伟 等	CN201910212188. 9	CN109811587B
63	C02F	一种铁基多金属合金微电解填料的制备方法和应用	王长智 等	CN201910212990. 8	CN109911992B
64	C08F	一种基于阳离子型 Janus 粒子制备造纸施胶乳液的方法	成世杰 等	CN201910212628. 0	CN109970995B
65	D21H	一种羟甲基脲改性阳离子多糖	张田林 等	CN201910211352. 4	CN109942721B
66	D21H	纸张干强剂、纸张干强剂的制备方法及其应用	周秀云 等	CN201910197835. 3	CN110029526B
67	B82Y	气泡膜法制备碳酸钙工艺及其应用	王权广 等	CN201910149260. 8	CN109824076B
68	D06M	一种阳离子石蜡乳液及其制备方法、用途	周德春 等	CN201910098771. 1	CN109912813B
69	D21H	一种纳米纤维素用双元微粒助留助滤体系以及应用方法	李国栋 等	CN201910090279. X	CN109706787B
70	C02F	聚合硅酸硫酸铁钛无机高分子复合絮凝剂、其制备及应用	黄　鑫 等	CN201910088687. 1	CN109574170B
71	C08L	一种有机硅乳液	不公告发明人	CN201910003940. 9	CN109929120B
72	C08F	一种造纸用湿强剂及其制备方法	何国锋 等	CN201910001331. X	CN109763380B
73	D21H	ZYX 预浸催化植物纤维成浆的催化剂及应用工艺	郑咏喜 等	CN201811307795. 5	CN109537352B
74	C07C	一种侧链型水溶性聚季铵盐及其制备方法	赵建新 等	CN201811233118. 3	CN109265359B
75	B01D	一种改性聚硅氧烷组合物的制备及应用	不公告发明人	CN201811163696. 4	CN109316782B
76	D21H	一种造纸柔软剂及其制备方法	尹双全 等	CN201811156570. 4	CN109183504B
77	D21H	一种 AKD 乳液的制备方法	宋晓明 等	CN201811146869. 1	CN109403131B
78	C09K	一种造纸行业产生的反渗透浓水在融雪剂中的应用	吴朝军 等	CN201811148842. 6	CN109231549B
79	D21H	一种造纸用纳米 TiO_2/硅灰石复合物的制备方法	周　兵 等	CN201811087287. 0	CN109183497B
80	C08F	一种瓜尔胶/聚乙烯吡咯烷酮互穿网络高分子聚合物分步互穿网络聚合物及其制备方法	张　丹 等	CN201810996554. X	CN109096438B
81	C02F	一种木质素基喷漆循环水处理剂的制备方法	王海松 等	CN201810975811. 1	CN109052600B
82	C02F	一种造纸废水处理用复合絮凝剂及其制备方法	不公告发明人	CN201810963486. 7	CN109293928B
83	C08G	一种基于有机铁的造纸废水处理用絮凝剂及其制备方法	不公告发明人	CN201810963551. 6	CN109019811B

续表

序号	分类号	发明名称	发明人	申请号	公开(公告)号
84	C02F	一种基于冠醚的造纸废水处理用絮凝剂及其制备方法	肖银宝 等	CN201810963458.5	CN109231397B
85	C02F	一种造纸废水高效处理剂及其制备方法	不公告发明人	CN201810963669.9	CN108975477B
86	D21H	一种造纸用表面施胶剂原料复合乳化剂	李　巍 等	CN201810959619.3	CN108978339B
87	C08F	一种造纸用壳聚糖/苯丙乳液表面施胶剂	李　巍 等	CN201810960034.3	CN109112887B
88	C02F	一种造纸废水处理用光催化剂及其制备方法	不公告发明人	CN201810905859.5	CN109046472B
89	D21H	一种造纸用柔软剂及其制备方法	卢伟民	CN201810897383.5	CN108978336B
90	C02F	一种木质素基聚季铵盐阳离子水处理剂及其制备方法	刘祖广 等	CN201810595685.7	CN108751370B
91	C09D	一种生物胶乳、生物胶乳涂料及其制备方法和应用	胡继文 等	CN201810577753.7	CN108949022B
92	D21H	一种造纸涂布用抗水剂及其制备方法	桑杰儒 等	CN201810472751.1	CN108589404B
93	C07C	阳离子丙烯酸环氧单酯乳化剂及其制备方法	季永新 等	CN201810469118.7	CN108752223B
94	D21H	一种结膜强度高粘结力优的乳化剂及其制备方法	周建恩 等	CN201810476756.1	CN108517717B
95	C08G	一种高木质素替代比绿色酚醛树脂胶黏剂的制备方法	许　凤 等	CN201810463048.4	CN108587538B
96	C09C	一种造纸用低溶解度硫酸钙、其生产方法及其应用	刘亚青 等	CN201810354504.1	CN108547172B
97	C08B	改性淀粉及其制备方法和应用	王祥槐 等	CN201810339091.X	CN110386988B
98	C02F	多功能聚硅酸盐絮凝剂及其制备方法和应用	唐　娜 等	CN201810234237.4	CN108298648B
99	C08B	一种施胶剂的乳化方法	吴明明 等	CN201810161729.5	CN108425273B
100	C08G	具有梳型结构阴离子型高分子表面活性剂及其制备方法	顾　斌 等	CN201810048997.6	CN108404808B
101	D21H	一种提高纸幅抗水性的表面施胶剂及其制备方法	李文俊	CN201711489748.2	CN108330737B
102	C02F	一种造纸废水处理用海泡石/淀粉接枝聚丙烯酰胺复合絮凝剂的制备方法	徐道际 等	CN201711460698.5	CN107986417B
103	C08G	一种用于造纸化机浆废液的蒸发阻垢分散剂及其制备方法	田民格 等	CN201711245251.6	CN108033577B
104	D21H	一种用于废纸造纸工艺的复合酶制剂及制备方法	庄　冉 等	CN201711216515.5	CN108004223B
105	C12R	一种中性内切果胶酸裂解酶的制备方法	庄　冉 等	CN201711218439.1	CN107937378B
106	C08F	一种造纸涂布用新型降粘流变剂的制备方法和应用	郑保键	CN201711180878.8	CN107840964B
107	C02F	一种纸浆除臭剂及其制备方法和用途	殷　捷 等	CN201711162409.3	CN107857313B
108	C02F	一种利用造纸废水制备絮凝剂的方法	刘蓉凤 等	CN201710928639.X	CN107686153B
109	C02F	一种用造纸污泥生产用于处理废水的过滤剂及其制造方法	李桓宇 等	CN201710838462.4	CN107381684B
110	C09C	一种高耐光性层压纸用钛白粉及制备方法	陈建立 等	CN202010289030.4	CN111334093A
111	C02F	一种用于造纸工业制浆废水的处理剂	张　静	CN201710176459.0	CN106865719B
112	A01N	包含一氯胺和过酸的杀微生物水溶液及其使用方法	D. 奥庞 等	CN201680062795.6	CN108347926B
113	C08F	聚丙烯酰胺树脂、造纸添加剂和纸	藤原崇弘 等	CN201910350020.4	CN110003386B
114	D21H	用于在造纸中处理填料的组合物和方法	饶庆隆	CN201680056977.2	CN108138448B
115	C09C	制备矿物填料产品的方法 制备矿物填料产物的方法	S·伦奇 等	CN201680058073.3	CN108137940B

续表

序号	分类号	发明名称	发明人	申请号	公开(公告)号
116	D21H	用于纸张强度和脱水的醛官能化聚合物	H・M・格里姆 等	CN201680045920.2	CN107849821B
117	C09D	一种水性硬脂酸锌分散液的制备方法及其产品与应用	施晓旦 等	CN201610445812.6	CN106087552B
118	C08F	高粘度阳离子聚电解质干粉及其制备方法	郭卫东 等	CN201610403849.2	CN107474171B
119	C08B	聚 α-1，3-葡聚糖沉析纤维及其用途，以及制备聚 α-1，3-葡聚糖沉析纤维的方法	N・贝哈布图 等	CN201680032183.2	CN108124456B
120	D21H	软化剂组合物	路・晨克莱顿 等	CN201680082854.6	CN109072565B
121	C08B	一种甲壳类原料清洁生产壳聚糖及羧甲基壳聚糖新工艺	洪燕平 等	CN201410024693.8	CN104788584B
122	D21C	一种消泡剂及其制备方法和应用	宋其利 等	CN202010581939.7	CN111701284A
123	D21H	一种热转移印花纸用变性淀粉的生产方法	姚献平 等	CN201711254668.9	CN108129578B
		环境保护			
1	C02F	造纸施胶工艺中 PVA 与氧化淀粉混合废水处理系统	张文存 等	CN202021073985.8	CN213112816U
2	C01F	一种制备改性草浆造纸白泥的工艺及脱硫生产石膏的工艺	赵博超 等	CN202110542274.3	CN113443737A
3	D21H	一种水处理污泥在制浆造纸的应用方法	李　雄 等	CN202110475073.6	CN113308932A
4	C02F	一种造纸厂废水回收处理系统	许亦南 等	CN202120875531.0	CN214880754U
5	C02F	一种造纸废水处理系统	周　云 等	CN202120859788.7	CN214735236U
6	C02F	一种废水处理剂及其制备方法和应用	孔庆健 等	CN202110352069.0	CN113023853A
7	C02F	一种造纸用废水处理系统	郭新安 等	CN202120585140.5	CN214735214U
8	C02F	造纸用生化污泥再利用系统	李文斌 等	CN202020872843.1	CN212610168U
9	C02F	一种造纸废水综合利用系统	赵志芳 等	CN202120538066.1	CN214829328U
10	C05F	一种造纸污泥好氧堆肥系统	宋维虎 等	CN202120350626.0	CN214693939U
11	C02F	一种造纸废水处理系统	罗　含 等	CN202120311545.X	CN214735192U
12	C02F	一种造纸废水过滤处理系统	王　莹 等	CN202023330478.0	CN214141909U
13	C02F	一种替代废水处理营养物投放的废水加入线	刘名中 等	CN202023247805.6	CN214829312U
14	C02F	一种造纸废水处理系统	山理君 等	CN202023058152.7	CN214270481U
15	F24H	一种施胶稀释水温控制系统	孙伟华 等	CN202023060104.1	CN214276141U
16	C02F	一种锅炉废水处理利用系统	张厉生 等	CN202022776026.9	CN214422467U
17	B01D	一种造纸用废气除臭系统	赵立新	CN202022757872.6	CN213853803U
18	C02F	一种造纸用废水处理系统	赵立新	CN202022763180.2	CN213771634U
19	C02F	以吸附-解析后的废弃吸附剂为原料的催化剂在活化过硫酸盐处理高盐有机废水中应用	高宝玉 等	CN202011271815.5	CN112340830A
20	C02F	多级废水处理装置及其处理工艺	方典科 等	CN202011235371.X	CN112094002A
21	C02F	处理含高浓度钙离子造纸废水的新型厌氧反应器工艺系统	邵　婷 等	CN202022374325.X	CN213506195U
22	C02F	一种外循环大高径比颗粒污泥厌氧反应器系统	靖朝森 等	CN202022371293.8	CN213623473U

续表

序号	分类号	发明名称	发明人	申请号	公开(公告)号
23	B01D	一种造纸废水处理系统	王永富	CN202022353871.5	CN214004368U
24	D21C	一种多金属氧酸盐催化氧化降解 OCC 制浆废水中淀粉的方法	戴红旗 等	CN202011070280.5	CN112176756A
25	B01D	制浆废气回收方法及系统	杨朝林 等	CN202011062490.X	CN112121558A
26	C10B	一种废弃物综合处理系统	张雅萍 等	CN202010998309.X	CN112169540A
27	B01D	一种造纸白水过滤装置以及过滤工艺	杨芳华 等	CN202010973500.9	CN112156524A
28	C02F	一种造纸废水的深度处理方法	刘　颖 等	CN202210317666.4	CN114671572A
29	B03C	一种造纸行业碱回收锅炉烟气脱硝净化系统	郑　勇 等	CN202121215381.7	CN214809862U
30	C02F	一种造纸厂用纸浆废水处理系统	潘秋江 等	CN202210087804.4	CN114409007A
31	B01D	一种清洁造纸中造纸机废水用预处理系统	刘宝珠	CN202123095509.3	CN216778189U
32	C02F	一种外置微界面造纸废水处理系统	张志炳 等	CN202020386687.8	CN213085651U
33	C02F	一种外置微界面造纸废水处理系统及处理方法	张志炳 等	CN202010214344.8	CN111573962A
34	C02F	一种内置微界面造纸废水处理系统	张志炳 等	CN202020386704.8	CN213085757U
35	C02F	一种智能化造纸废水处理系统	张志炳 等	CN202020387657.9	CN212375113U
36	C02F	一种高硬度再生高强瓦楞原纸造纸废水的软化方法	李　明 等	CN202010054237.3	CN111170547A
37	C10L	一种造纸废渣无害化处理工艺	严一涛 等	CN202010182894.6	CN111394148A
38	C02F	一种造纸废水去除总氮的方法	陈欢欢 等	CN201911299027.4	CN110921849B
39	C02F	一种污泥资源化利用处理有机废水的方法	寇丽栋 等	CN201910983174.7	CN110606539B
40	D21B	减少污泥产生的造纸系统	黄志龙 等	CN201910792864.4	CN110499659B
41	C02F	一种利用乳清预酸处理高钙造纸工业废水来促进厌氧反应以及抑制钙化的方法	王志伟 等	CN201910705494.6	CN110482781B
42	D21F	一种造纸废渣无害化处理工艺	不公告发明人	CN201910630897.9	CN110258165B
43	G01N	一种造纸废水中不饱和脂肪酸的检测方法	罗鸿斌	CN201910410627.7	CN110186895B
44	C02F	有机废水的降解方法及降解系统	闫云涛 等	CN201910302962.5	CN109912007B
45	C02F	一种提高造纸废水生物处理效率的方法	徐　平	CN201910046968.0	CN109607973B
46	C02F	一种造纸污泥减量化的工艺和方法	臧立华 等	CN201811601350.8	CN109437503B
47	C02F	一种污泥回收利用装置及污泥回收方法	陈彦君 等	CN201811290789.3	CN109133554B
48	C02F	一种化学沉淀法与生物法协同处理含氨氮废水的方法	许　萌 等	CN201811282088.5	CN109205955B
49	G06Q	一种生物质组分分离利用工艺过程中源污染物质的环境效果评定方法	雷利荣	CN201810813355.0	CN109063995B
50	C02F	一种用于厌氧塔的造纸废水控钙工艺	谭拥军	CN201810603895.6	CN108726803B
51	C08B	回收造纸白水中游离淀粉的方法	王祥槐 等	CN201810339077.X	CN110387761B
52	B01D	一种造纸厂用纸浆废水处理系统	王欢涛 等	CN201810284383.8	CN108434823B
53	D21D	一种造纸污泥的环保利用方法	李廷盛 等	CN201810144093.3	CN108457119B
54	B01D	一种造纸废水站废气处理工艺	陈步东 等	CN201711491287.2	CN107970760B
55	C12N	一种利用造纸废液生物合成丁二酸的方法	李志敏 等	CN201711142577.6	CN107841515B
56	D21B	一种高效过滤净化造纸循环白水微细胶黏物的方法	李　擘 等	CN201710772168.8	CN107345373B
57	C02F	一种制浆造纸白水处理系统	宋　留 等	CN202021329843.3	CN212770214U

续表

序号	分类号	发明名称	发明人	申请号	公开(公告)号
58	B01D	一种造纸废水回收再循环系统	易　龙 等	CN202021250646. 2	CN212335646U
59	C02F	一种废纸造纸废水高效厌氧出水脱气除钙系统	程丽华 等	CN202021080861. 2	CN212559868U
60	D21B	一种造纸碎解段的废水回收装置和利用方法	张成飞 等	CN201811575127. 0	CN109610215B
61	C07H	一种造纸废液富集提纯单宁酸的方法	施晓旦 等	CN201911398005. 3	CN111072733B

（曹凯月）

2021 年我国造纸工业标准目录

Standards of China's Paper Industry in 2021

截至 2021 年年底，我国造纸工业标准共有 520 项，其中，国家标准 388 项，行业标准 132 项。2021 年新批准发布造纸标准 32 项，其中，国家标准 21 项，行业标准 11 项。

以下列出最新造纸工业标准目录，表 1 为 2021 年新批准发布造纸标准目录，表 2 为现有造纸产品标准目录(共 252 项)，表 3 为现有造纸基础和测试方法标准目录(共 268 项)。

表 1　　2021 年新批准发布造纸标准目录

序号	标准编号	标准名称	发布日期	实施日期	代替标准号
1	GB/T 2678.2—2021	纸、纸板和纸浆 水溶性氯化物的测定	2021-08-20	2022-09-01	GB/T 2678.2—2008
2	GB/T 6546—2021	瓦楞纸板 边压强度的测定	2021-05-21	2021-12-01	GB/T 6546—1998
3	GB/T 21331—2021	绒毛浆	2021-03-09	2022-04-01	GB/T 21331—2008
4	GB/T 22814—2021	防锈原纸	2021-03-09	2021-10-01	GB/T 22814—2008
5	GB/T 24320—2021	回用纤维浆	2021-11-26	2022-12-01	GB/T 24320—2009
6	GB/T 28004.1—2021	纸尿裤 第 1 部分：婴儿纸尿裤	2021-04-13	2022-05-01	GB/T 28004—2011
7	GB/T 28004.2—2021	纸尿裤 第 2 部分：成人纸尿裤	2021-03-09	2022-04-01	GB/T 28004—2011
8	GB/T 39951—2021	一次性纸制品降解性能评价方法	2021-03-09	2021-10-01	—
9	GB/T 39998—2021	纸、纸板和纸制品 烷基苯酚聚氧乙烯醚类的测定 高效液相色谱质谱法	2021-04-30	2021-11-01	—
10	GB/T 40166—2021	纸和纸板 加速老化(二氧化氮条件下)	2021-05-21	2021-12-01	—
11	GB/T 40167—2021	纸和纸板 加速老化(100℃)	2021-05-21	2021-12-01	—
12	GB/T 40168—2021	瓦楞芯纸 实验室起楞后边压强度的测定	2021-05-21	2021-12-01	—
13	GB/T 40269—2021	吸收性卫生用纸制品 生产过程质量安全状态监测与评价指南	2021-05-21	2021-12-01	—
14	GB/T 40272—2021	纸、纸板、纸浆和纤维素纳米材料 酸溶镁、钙、锰、铁、铜、钠、钾的测定	2021-05-21	2021-12-01	—
15	GB/T 40274—2021	生活用纸 生产过程质量安全状态监测与评价指南	2021-05-21	2021-12-01	—
16	GB/T 40277—2021	纸、纸板和纸浆 蓝光漫反射因数(ISO 亮度)的测定 室内日光条件	2021-05-21	2021-12-01	—
17	GB/T 40278—2021	纸和纸板 加速老化(光照条件下)	2021-05-21	2021-12-01	—
18	GB/T 40353—2021	空气过滤纸	2021-08-20	2022-03-01	—
19	GB/T 40358—2021	卫生纸和擦手纸 回用纤维使用规范	2021-08-20	2022-03-01	—
20	GB/T 40442—2021	纸、纸板和纸浆 纤维组成分析中质量因子的测定	2021-08-20	2022-03-01	—

续表

序号	标准编号	标准名称	发布日期	实施日期	代替标准号
21	GB/T 40969—2021	纸和纸板 颜色的测定(D50/2°漫反射法)	2021-11-26	2022-06-01	—
22	QB/T 1022—2021	制浆造纸企业综合能耗计算细则	2021-03-05	2021-07-01	QB/T 1022—1991
23	QB/T 1928—2021	制浆造纸企业自备热电站发电和供热系统能量平衡及能量效率计算方法	2021-03-05	2021-07-01	QB/T 1928—1993
24	QB/T 5568—2021	造纸工业能源检测与评价方法 蒸煮系统	2021-03-05	2021-07-01	—
25	QB/T 5569—2021	造纸工业能源检测与评价方法 漂白系统	2021-03-05	2021-07-01	—
26	QB/T 5570—2021	造纸工业能源检测与评价方法 废水处理系统	2021-03-05	2021-07-01	—
27	QB/T 5571—2021	造纸企业水平衡测试方法	2021-03-05	2021-07-01	—
28	QB/T 5646—2021	烘焙纸	2021-12-02	2022-04-01	
29	QB/T 5647—2021	装帧纸	2021-12-02	2022-04-01	
30	QB/T 5648—2021	数码工程蓝图打印纸	2021-12-02	2022-04-01	
31	QB/T 5649—2021	合成革用花纹热转移纸	2021-12-02	2022-04-01	
32	QB/T 5650—2021	一次性纸制卫生用品用复合吸收芯体	2021-12-02	2022-04-01	

表 2　　造纸产品标准目录

序号	标准号	标准名称	发布日期	实施日期
1	GB/T 1468—2011	描图纸	2011-12-30	2012-09-01
2	GB/T 1525—2006	制图纸	2006-03-10	2006-10-01
3	GB/T 1910—2015	新闻纸	2015-12-31	2016-07-01
4	GB/T 1911—2011	拷贝纸	2011-12-30	2012-07-01
5	GB/T 1912—2018	字典纸	2018-11-28	2019-07-01
6	GB/T 1913. 1—2005	未漂浸渍绝缘纸	2005-03-23	2005-09-01
7	GB/T 1913. 2—2002	印制板用漂白木浆纸	2002-07-18	2002-12-01
8	GB/T 1914—2017	化学分析滤纸	2017-12-29	2018-07-01
9	GB/T 2675—2017	地图纸	2017-09-29	2018-04-01
10	GB/T 2676—2006	海图纸	2006-03-10	2006-10-01
11	GB/T 3147—2006	信息处理未穿孔纸带	2006-03-10	2006-10-01
12	GB/T 3148—2008	漂白苇浆	2008-08-19	2009-05-01
13	GB/T 6544—2008	瓦楞纸板	2008-01-04	2008-09-01
14	GB/T 7968—2015	纸袋纸	2015-12-31	2016-07-01
15	GB/T 7969—2003	电力电缆纸	2003-10-20	2004-06-01
16	GB/T 7970—1999	通讯电缆纸	1999-08-12	2000-02-01
17	GB/T 7971—2007	半导电电缆纸	2007-12-05	2008-09-01
18	GB/T 8938—2008	打字纸	2008-08-19	2009-05-01
19	GB/T 8939—2018	卫生巾(护垫)	2018-06-07	2019-07-01
20	GB/T 10335. 1—2017	涂布纸和纸板　涂布美术印刷纸(铜版纸)	2017-12-29	2018-07-01
21	GB/T 10335. 2—2018	涂布纸和纸板　轻量涂布纸	2018-11-28	2018-07-01

续表

序号	标准号	标准名称	发布日期	实施日期
22	GB/T 10335.3—2018	涂布纸和纸板　涂布白卡纸	2018-11-28	2018-7-01
23	GB/T 10335.4—2017	涂布纸和纸板　涂布白纸板	2017-11-01	2018-05-01
24	GB/T 10335.5—2008	涂布纸和纸板　涂布箱纸板	2008-08-19	2009-05-01
25	GB/T 11541—2008	照相原纸	2008-08-19	2009-05-01
26	GB/T 12654—2018	书写用纸	2018-11-28	2019-07-01
27	GB/T 12913—2008	电容器纸	2008-08-19	2009-05-01
28	GB/T 13023—2008	瓦楞芯(原)纸	2008-01-04	2008-09-01
29	GB/T 13024—2016	箱纸板	2016-12-13	2017-07-01
30	GB/T 13505—2007	高纯度绝缘木浆	2007-12-05	2008-09-01
31	GB/T 13506—2008	漂白亚硫酸盐木浆	2008-08-19	2009-05-01
32	GB/T 13507—1992	本色亚硫酸盐木浆	1992-06-12	1993-03-01
33	GB/T 16797—2017	无碳复写纸	2017-11-01	2018-05-01
34	GB/T 19341—2015	育果袋纸	2015-12-31	2016-07-01
35	GB/T 20808—2011	纸巾纸	2011-12-30	2012-07-01
36	GB/T 20810—2018	卫生纸(含卫生纸原纸)	2018-06-07	2019-07-01
37	GB/T 21244—2007	纸芯	2007-12-05	2008-09-01
38	GB/T 21301—2007	喷墨打印纸	2007-12-05	2008-09-01
39	**GB/T 21331—2021**	**绒毛浆**	**2021-03-09**	**2022-04-01**
40	GB/T 22803—2016	鞋用纸板	2016-12-13	2017-07-01
41	GB/T 22806—2008	白卡纸	2008-12-30	2009-09-01
42	GB/T 22812—2008	半透明纸	2008-12-30	2009-09-01
43	GB/T 22813—2008	薄页包装纸	2008-12-30	2009-09-01
44	**GB/T 22814—2021**	**防锈原纸**	**2021-03-09**	**2021-10-01**
45	GB/T 22815—2008	封套纸板	2008-12-30	2009-09-01
46	GB/T 22816—2008	复写原纸	2008-12-30	2009-09-01
47	GB/T 22817—2008	钢纸管	2008-12-30	2009-09-01
48	GB/T 22818—2008	钢纸原纸	2008-12-30	2009-09-01
49	GB/T 22820—2017	编织原纸	2017-12-29	2018-07-01
50	GB/T 22821—2008	光学字符阅读纸	2008-12-30	2009-09-01
51	GB/T 22822—2008	厚纸板	2008-12-30	2009-09-01
52	GB/T 22823—2008	胶带原纸	2008-12-30	2009-09-01
53	GB/T 22824—2008	蜡光原纸	2008-12-30	2009-09-01
54	GB/T 22825—2008	蜡光纸	2008-12-30	2009-09-01
55	GB/T 22826—2008	盲文印刷纸	2008-12-30	2009-09-01
56	GB/T 22827—2008	手风琴风箱纸板	2008-12-30	2009-09-01
57	GB/T 22828—2008	书画纸	2008-12-30	2009-09-01
58	GB/T 22829—2008	书皮纸	2008-12-30	2009-09-01
59	GB/T 22830—2020	水彩画纸	2020-07-21	2021-02-01

续表

序号	标准号	标准名称	发布日期	实施日期
60	GB/T 22831—2008	提花纸板	2008-12-30	2009-09-01
61	GB/T 22832—2008	涂布美术印刷纸原纸(铜版原纸)	2008-12-30	2009-09-01
62	GB/T 22833—2008	图画纸	2008-12-30	2009-09-01
63	GB/T 22834—2008	信封用纸	2008-12-30	2009-09-01
64	GB/T 22835—2008	信息处理用连续格式纸	2008-12-30	2009-09-01
65	GB/T 22865—2008	牛皮纸	2008-12-30	2009-09-01
66	GB/T 22869—2020	冷轧金属板衬纸	2020-09-29	2021-04-01
67	GB/T 22870—2008	漂白浆挂面箱纸板	2008-12-30	2009-09-01
68	GB/T 22871—2008	普通玻璃纸	2008-12-30	2009-09-01
69	GB/T 22875—2018	纸尿裤和卫生巾高吸收性树脂	2018-06-07	2019-01-01
70	GB/T 22920—2008	电解电容器纸	2008-12-30	2009-09-01
71	GB/T 22927—2008	口罩纸	2008-12-30	2009-09-01
72	GB/T 22928—2008	烟花爆竹用纸	2008-12-30	2009-09-01
73	GB/T 23758—2009	工业羊皮纸	2009-05-04	2009-11-1
74	GB/T 23759—2009	特细羊皮纸	2009-05-04	2009-11-1
75	GB/T 23760—2009	农业羊皮纸	2009-05-04	2009-11-01
76	GB/T 24285—2009	晒图原纸	2009-07-31	2010-03-01
77	GB/T 24286—2009	黑色不透光包装纸	2009-07-31	2010-03-01
78	GB/T 24287—2009	伸性纸袋纸	2009-07-31	2010-03-01
79	GB/T 24292—2009	卫生用品用无尘纸	2009-07-31	2010-03-01
80	**GB/T 24320—2021**	**回用纤维浆**	**2021-11-26**	**2022-12-01**
81	GB/T 24321—2009	未漂白硫酸盐针叶木浆	2009-09-30	2010-02-01
82	GB/T 24322—2009	漂白硫酸盐竹浆	2009-09-30	2010-02-01
83	GB/T 24393—2009	非正常成品纸和纸板规范	2009-09-30	2010-02-01
84	GB/T 24446—2009	铁木贴花衬纸	2009-10-15	2010-03-01
85	GB/T 24455—2009	擦手纸	2009-10-15	2010-03-01
86	GB/T 24695—2009	食品包装用玻璃纸	2009-11-30	2010-05-01
87	GB/T 24696—2009	食品包装用羊皮纸	2009-11-30	2010-05-01
88	GB/T 24988—2020	复印纸	2020-07-21	2021-02-01
89	GB/T 24989—2010	装饰原纸	2010-08-09	2010-12-01
90	GB/T 24995—2010	铸涂原纸	2010-08-09	2010-12-01
91	GB/T 25435—2010	精细过滤纸板	2010-11-10	2011-05-01
92	GB/T 25436—2010	热封型茶叶滤纸	2010-11-10	2011-05-01
93	GB/T 25437—2010	支撑过滤纸板	2010-11-10	2011-05-01
94	GB/T 26173—2010	超级压光纸	2011-01-14	2011-06-15
95	GB/T 26174—2010	厨房纸巾	2011-01-14	2011-06-01
96	GB/T 26187—2010	美纹纸	2011-01-14	2011-06-15
97	GB/T 26188—2010	漂白碱法麦草浆	2011-01-14	2011-06-15

续表

序号	标准号	标准名称	发布日期	实施日期
98	GB/T 26199—2010	医用包装原纸	2011-01-14	2011-06-15
99	GB/T 26201—2010	育苗纸	2011-01-14	2011-06-15
100	GB/T 26202—2010	纸管纸板	2011-01-14	2011-06-15
101	GB/T 26204—2010	纸面石膏板护面纸板	2011-01-14	2011-06-15
102	GB/T 26390—2011	浸渍纸层压木质地板用表层耐磨纸	2011-05-12	2011-09-15
103	GB/T 26391—2011	马桶垫纸	2011-05-12	2011-09-15
104	GB/T 26454—2011	造纸用单层成形网	2011-05-12	2011-09-15
105	GB/T 26455—2011	造纸用多层成形网	2011-05-12	2011-09-15
106	GB/T 26456—2011	造纸用异形丝干燥网	2011-05-12	2011-09-15
107	GB/T 26457—2011	造纸用圆丝干燥网	2011-05-12	2011-09-15
108	GB/T 26462—2011	种子发芽纸	2011-05-12	2011-09-15
109	GB/T 26705—2011	轻型印刷纸	2011-06-16	2011-12-01
110	GB/T 27589—2011	纸餐盒	2011-12-05	2012-06-01
111	GB/T 27590—2011	纸杯 《纸杯》第 1 号修改单 2014-03-31	2011-12-05	2012-06-01
112	GB/T 27591—2011	纸碗	2011-12-05	2012-06-01
113	GB/T 27728—2011	湿巾	2011-12-30	2012-07-01
114	GB/T 27731—2011	卫生用品用离型纸	2011-12-30	2012-07-01
115	GB/T 27733—2011	心电图纸	2011-12-30	2012-07-01
116	GB/T 28004—2011	纸尿裤(片、垫)	2011-09-29	2012-02-01
117	**GB/T 28004. 1—2021**	**纸尿裤 第 1 部分：婴儿纸尿裤**	**2021-04-13**	**2022-05-01**
118	**GB/T 28004. 2—2021**	**纸尿裤 第 2 部分：成人纸尿裤**	**2021-03-09**	**2022-04-01**
119	GB/T 28005—2011	纸内裤	2011-09-29	2012-02-01
120	GB/T 28120—2011	面粉纸袋	2011-12-30	2012-08-01
121	GB/T 28121—2011	非热封型茶叶滤纸	2011-12-30	2012-08-01
122	GB/T 28207—2011	离型原纸	2011-12-30	2012-09-01
123	GB/T 28210—2011	热敏纸	2011-12-30	2012-09-01
124	GB/T 29282—2012	格拉辛纸	2012-12-31	2013-09-01
125	GB/T 29283—2012	水转移印花底纸	2012-12-31	2013-09-01
126	GB/T 30129—2013	壁纸原纸	2013-12-17	2014-12-01
127	GB/T 30130—2013	胶版印刷纸	2013-12-17	2014-12-01
128	GB/T 30132—2013	胶印书刊纸	2013-12-17	2014-12-01
129	GB/T 30133—2013	卫生巾用面层通用技术规范	2013-12-17	2014-12-01
130	GB/T 31122—2014	液体食品包装用纸板	2014-09-03	2015-02-01
131	GB/T 31123—2014	固体食品包装用纸板	2014-09-03	2015-02-01
132	GB/T 33280—2016	纸尿裤规格与尺寸	2016-12-13	2017-07-01
133	GB/T 34844—2017	壁纸	2017-11-01	2018-05-01
134	GB/T 35594—2017	医用包装纸	2017-12-29	2018-07-01

续表

序号	标准号	标准名称	发布日期	实施日期
135	GB/T 35613—2017	绿色产品评价 纸和纸制品	2017-12-08	2017-07-01
136	GB/T 36392—2018	食品包装用淋膜纸和纸板	2018-06-07	2019-01-01
137	GB/T 36787—2018	纸浆模塑餐具	2018-09-17	2019-04-01
138	GB/T 39391—2020	女性卫生裤	2020-11-19	2021-06-01
139	**GB/T 40353—2021**	**空气过滤纸**	**2021-08-20**	**2022-03-01**
140	QB/T 1014—2010	食品包装纸	2010-04-22	2010-10-01
141	QB/T 1016—2006	鸡皮纸	2006-09-14	2007-05-01
142	QB/T 1017—2006	仿羊皮纸	2006-09-14	2007-05-01
143	QB/T 1018—1991(2009)	仪表记录原纸	1991-03-30	1991-12-01
144	QB/T 1019—2010	水松原纸	2010-10-29	2011-04-01
145	QB/T 1020—2018	纸和纸板印刷适性试验用标准油墨	2018-11-08	2019-04-01
146	QB/T 1212—1991	信息处理未穿孔卡纸	1991-09-10	1992-04-01
147	QB/T 1312—2018	砂纸原纸	2018-11-08	2019-04-01
148	QB/T 1313—2010	中性包装纸	2010-04-22	2010-10-01
149	QB/T 1314—1991(2009)	标准纸板	1991-11-25	1992-08-01
150	QB/T 1319—2010	气相防锈纸	2010-04-22	2010-10-01
151	QB/T 1320—1991	玻璃纤维高效空气滤纸	1991-11-25	1992-08-01
152	QB/T 1455—2012	涂布邮票纸(含涂布邮票原纸)	2012-05-24	2012-11-01
153	QB/T 1456—1992	薄凸版纸	1992-04-14	1992-12-01
154	QB/T 1459—1992	感光纸原纸	1992-04-14	1992-12-01
155	QB/T 1597—1992(2009)	单页电传打字原纸	1992-11-10	1993-07-01
156	QB/T 1633—2010	贴花面纸	2010-04-22	2010-10-01
157	QB/T 1678—2017	漂白硫酸盐木浆	2017-01-09	2017-07-01
158	QB/T 1704—2010	铝箔衬纸	2010-12-29	2011-04-01
159	QB/T 1706—2006	条纹牛皮纸	2006-09-14	2007-05-01
160	QB/T 1712—1993	滤芯纸板	1993-04-15	1993-12-01
161	QB/T 1937—1994(2009)	照相原纸木浆	1994-04-23	1994-12-01
162	QB/T 2090—1995(2009)	沥青防潮纸	1995-05-08	1996-01-01
163	QB/T 2091—1995(2009)	沥青防潮原纸	1995-05-08	1996-01-01
164	QB/T 2103—2010	蚕种纸	2010-04-22	2010-10-01
165	QB/T 2104—1995(2009)	造纸铜网 单织网	1995-05-08	1996-01-01
166	QB/T 2105—1995(2009)	造纸铜网 三织网	1995-05-08	1996-01-01
167	QB/T 2192—2011	卷缠绝缘纸	2011-12-30	2012-07-01
168	QB/T 2199—1996(2009)	硬钢纸板	1996-03-22	1996-12-01
169	QB/T 2200—1996(2009)	软钢纸板	1996-03-22	1996-12-01
170	QB/T 2202—1996	啤酒硅藻土支撑过滤板(2022 年 1 月 1 日废止)	1996-03-22	1996-12-01
171	QB/T 2205—2012	重氮盐晒图纸	2012-05-24	2012-11-01
172	QB/T 2235—1996(2009)	中性石蜡原纸	1996-10-11	1997-07-01

续表

序号	标准号	标准名称	发布日期	实施日期
173	QB/T 2236—1996(2009)	中性石蜡纸	1996-10-11	1997-07-01
174	QB/T 2237—1996(2009)	条纹柏油原纸	1996-10-11	1997-07-01
175	QB/T 2249—1996	凹版印刷纸	1996-10-11	1997-07-01
176	QB/T 2250—2005	单面白纸板	2005-03-19	2005-09-01
177	QB/T 2352—1997(2009)	单面书写纸	1998-01-16	1998-09-01
178	QB/T 2430—1999	铁笔蜡纸原纸	1999-05-06	1999-12-01
179	QB/T 2431—1999	打字蜡纸原纸	1999-05-06	1999-12-01
180	QB/T 2432—2013	打字蜡纸衬纸	2013-10-17	2014-03-01
181	QB/T 2433—1999(2009)	条纹柏油纸	1999-05-06	1999-12-01
182	QB/T 2688—2005	绝缘纸板	2005-03-19	2005-09-01
183	QB/T 2689—2005	滤嘴棒纸	2005-03-19	2005-09-01
184	QB/T 2692—2005	110 kV ~ 330 kV 高压电缆纸	2005-03-19	2005-09-01
185	QB/T 2693—2005	彩色胶版印刷纸	2005-03-19	2005-09-01
186	QB/T 2694—2005	热敏彩票纸(2022 年 1 月 1 日废止)	2005-03-19	2005-09-01
187	QB/T 2807—2006	扑克牌纸板	2006-09-14	2007-05-01
188	QB/T 2810—2006	吸尘器集尘袋外层纸	2006-09-14	2007-05-01
189	QB/T 2811—2019	造纸用碳酸钙	2019-11-11	2020-04-01
190	QB/T 2898—2007	餐用纸制品	2007-12-03	2008-06-01
191	QB/T 3502—1999(2009)	棉条筒钢纸板	1999-04-21	1999-04-21
192	QB/T 3504—1999(2009)	铸涂白纸板	1999-04-21	1999-04-21
193	QB/T 3505—1999(2009)	字型纸板	1999-04-21	1999-04-21
194	QB/T 3507—1999	电子计算机连续记录格式原纸	1999-04-21	1999-04-21
195	QB/T 3509—1999(2009)	工业自动化仪表用记录纸	1999-04-21	1999-04-21
196	QB/T 3517—1999	单面胶版印刷纸	1999-04-21	1999-04-21
197	QB/T 3518—1999(2009)	铸涂纸	1999-04-21	1999-04-21
198	QB/T 3520—1999(2009)	500 kV 油纸套管绝缘纸	1999-04-21	1999-04-21
199	QB/T 3524—1999(2009)	凸版印刷纸	1999-04-21	1999-04-21
200	QB/T 3525—1999(2009)	雪茄烟纸	1999-04-21	1999-04-21
201	QB/T 3528—1999(2009)	导火索纸(导火线纸)	1999-04-21	1999-04-21
202	QB/T 3531—1999	液体食品包装用复合材料	1999-04-21	1999-04-21
203	QB/T 4030—2010	电话纸	2010-04-22	2010-10-01
204	QB/T 4031—2010	阻燃性汽车空气滤纸	2010-04-22	2010-10-01
205	QB/T 4032—2010	纸杯原纸	2010-04-22	2010-10-01
206	QB/T 4033—2010	餐盒原纸	2010-04-22	2010-10-01
207	QB/T 4034—2010	壁纸(2022 年 1 月 1 日废止)	2010-04-22	2010-10-01
208	QB/T 4039—2010	造纸用原料 芦苇	2010-04-22	2010-10-01
209	QB/T 4124—2010	造纸毯通用规范	2010-10-29	2011-04-01
210	QB/T 4250—2011	500 kV 变压器匝间绝缘纸	2011-12-30	2012-07-01

续表

序号	标准号	标准名称	发布日期	实施日期
211	QB/T 4320—2012	鲜花包装纸	2012-05-24	2012-11-01
212	QB/T 4378—2012	蜂窝纸板	2012-12-28	2013-06-01
213	QB/T 4379—2019	手提纸袋	2019-11-11	2020-04-01
214	QB/T 4380—2012	无碳复写纸原纸	2012-12-28	2013-06-01
215	QB/T 4381—2012	吸尘器集尘袋内层纸	2012-12-28	2013-06-01
216	QB/T 4508—2013	卫生用品用吸水衬纸	2013-07-22	2013-12-01
217	QB/T 4509—2013	本色生活用纸	2013-07-22	2013-12-01
218	QB/T 4758—2014	强化木地板底层用平衡原纸	2014-07-09	2014-11-01
219	QB/T 4759—2014	灰纸板	2014-07-09	2014-11-01
220	QB/T 4760—2014	阔叶木碱性过氧化氢机械浆	2014-07-09	2014-11-01
221	QB/T 4761—2014	工业擦拭纸	2014-07-09	2014-11-01
222	QB/T 4762—2014	铅酸蓄电池护板用纸	2014-07-09	2014-11-01
223	QB/T 4763—2014	纸浆模塑餐具(2022 年 1 月 1 日废止)	2014-07-09	2014-11-01
224	QBT 4818—2015	无纺壁纸原纸	2015-04-30	2015-10-01
225	QBT 4819—2015	食品包装用淋膜纸和纸板(2022 年 1 月 1 日废止)	2015-04-30	2015-10-01
226	QBT 4820—2015	pH 试纸原纸	2015-04-30	2015-10-01
227	QB/T 4895—2015	载带封装用纸板	2015-10-10	2016-03-01
228	QB/T 4897—2015	镜头擦拭纸	2015-10-10	2016-03-01
229	QB/T 4898—2015	溶解浆	2015-10-10	2016-03-01
230	QB/T 4899—2015	标牌用仿皮纸	2015-10-10	2016-03-01
231	QB/T 4900—2015	双电层电容器纸	2015-10-10	2016-03-01
232	QB/T 4993—2016	宣纸邮票纸	2016-07-11	2017-01-01
233	QB/T 4994—2016	古法技艺宣纸	2016-07-11	2017-01-01
234	QB/T 4995—2016	宣纸用燎草	2016-07-11	2017-01-01
235	QB/T 5049—2017	乳垫	2017-01-09	2017-07-01
236	QB/T 5050—2017	咖啡袋滤纸	2017-01-09	2017-07-01
237	QB/T 5051—2017	模塑纸餐具专用纸浆	2017-01-09	2017-07-01
238	QB/T 5052—2017	热升华转印纸	2017-01-09	2017-07-01
239	QB/T 5053—2017	热升华转印原纸	2017-01-09	2017-07-01
240	QB/T 5054—2017	人造皮革用离型原纸	2017-01-09	2017-07-01
241	QB/T 5055—2017	真空镀铝原纸	2017-01-09	2017-07-01
242	QB/T 5056—2017	水转印商标用纸	2017-01-09	2017-07-01
243	QB/T 5296—2018	擦拭纸巾	2018-11-08	2019-04-01
244	QB/T 5297—2018	干燥剂包装袋用纸	2018-11-08	2019-04-01
245	QB/T 5398—2019	造纸用原料 蔗渣	2019-11-11	2020-04-01
246	QB/T 5399—2019	1000 kV 变压器匝间绝缘纸	2019-11-11	2020-07-01
247	QB/T 5400—2019	薄型封装纸	2019-11-11	2020-07-01
248	**QB/T 5646—2021**	**烘焙纸**	**2021-12-02**	**2022-04-01**

续表

序号	标准号	标准名称	发布日期	实施日期
249	**QB/T 5647—2021**	**装帧纸**	**2021-12-02**	**2022-04-01**
250	**QB/T 5648—2021**	**数码工程蓝图打印纸**	**2021-12-02**	**2022-04-01**
251	**QB/T 5649—2021**	**合成革用花纹热转移纸**	**2021-12-02**	**2022-04-01**
252	**QB/T 5650—2021**	**一次性纸制卫生用品用复合吸收芯体**	**2021-12-02**	**2022-04-01**

注：黑体字为 2021 年新批准发布标准。

表 3　　造纸方法标准目录

序号	标准号	标准名称	发布日期	实施日期
1	GB 18585—2001	室内装饰装修材料　壁纸中有害物质限量	2001-12-10	2002-01-01
2	GB/T 147—2020	印刷、书写和绘图用原纸尺寸	1920-07-21	2021-02-01
3	GB/T 148—1997	印刷、书写和绘图纸幅面尺寸	1997-06-26	1997-12-01
4	GB/T 450—2008	纸和纸板　试样的采取及试样纵横向、正反面的测定	2008-08-19	2009-05-01
5	GB/T 451. 1—2002	纸和纸板尺寸及偏斜度的测定	2002-06-13	2002-12-01
6	GB/T 451. 2—2002	纸和纸板定量的测定	2002-06-13	2002-12-01
7	GB/T 451. 3—2002	纸和纸板厚度的测定	2002-06-13	2002-12-01
8	GB/T 454—2020	纸 耐破度的测定	2020-07-21	2021-02-01
9	GB/T 455—2002	纸和纸板撕裂度的测定	2002-07-22	2003-02-01
10	GB/T 456—2002	纸和纸板平滑度的测定(别克法)	2002-07-22	2003-02-01
11	GB/T 457—2008	纸和纸板　耐折度的测定	2008-08-19	2009-05-01
12	GB/T 458—2008	纸和纸板　透气度的测定	2008-08-19	2009-05-01
13	GB/T 459—2002	纸和纸板伸缩性的测定	2002-09-05	2003-01-01
14	GB/T 460—2008	纸　施胶度的测定	2008-08-19	2009-05-01
15	GB/T 461. 1—2002	纸和纸板毛细吸液高度的测定(克列姆法)	2002-09-06	2003-01-01
16	GB/T 461. 3—2005	纸和纸板　吸水性的测定(浸水法)	2005-09-26	2006-04-01
17	GB/T 462—2008	纸、纸板和纸浆　分析试样水分的测定	2008-08-19	2009-05-01
18	GB/T 464—2008	纸和纸板的干热加速老化	2008-03-24	2008-10-01
19	GB/T 465. 1—2008	纸和纸板　浸水后耐破度的测定	2008-08-19	2009-05-01
20	GB/T 465. 2—2008	纸和纸板　浸水后抗张强度的测定	2008-08-19	2009-05-01
21	GB/T 740—2003	纸浆　试样的采取	2003-10-20	2004-06-01
22	GB/T 742—2018	造纸原料、纸浆、纸和纸板　灰分的测定	2018-11-28	2019-07-01
23	GB/T 743—2003	纸浆　乙醚抽出物的测定	2003-08-25	2003-12-01
24	GB/T 744—2004	纸浆　抗碱性的测定	2004-03-15	2004-10-01
25	GB/T 745—2003	纸浆　多戊糖的测定	2003-08-25	2003-12-01
26	GB/T 747—2003	纸浆　酸不溶木素的测定	2003-08-25	2003-12-01
27	GB/T 1539—2007	纸板　耐破度的测定	2007-12-05	2008-09-01
28	GB/T 1540—2002	纸和纸板吸水性的测定　可勃法	2002-10-15	2003-04-01
29	GB/T 1541—2013	纸和纸板　尘埃度的测定	2013-10-10	2014-05-01
30	GB/T 1543—2005	纸和纸板　不透明度(纸背衬)的测定(漫反射法)	2005-09-26	2006-04-01

续表

序号	标准号	标准名称	发布日期	实施日期
31	GB/T 1545—2008	纸、纸板和纸浆 水抽提液酸度或碱度的测定	2008-08-19	2009-05-01
32	GB/T 1546—2018	纸浆 卡伯值的测定	2018-11-28	2019-07-01
33	GB/T 1547—2004	纸浆 高锰酸钾值的测定	2004-03-15	2004-10-01
34	GB/T 1548—2016	纸浆 铜乙二胺(CED)溶液中特性粘度值的测定	2016-12-13	2017-07-01
35	GB/T 2677. 1—1993	造纸原料分析用试样的采取	1993-03-01	1993-10-01
36	GB/T 2677. 2—2011	造纸原料水分的测定	2011-12-30	2012-09-01
37	GB/T 2677. 4—1993	造纸原料水抽出物含量的测定	1993-03-01	1993-10-01
38	GB/T 2677. 5—1993	造纸原料 1% 氢氧化钠抽出物含量的测定	1993-03-01	1993-10-01
39	GB/T 2677. 6—1994	造纸原料有机溶剂抽出物含量的测定	1994-09-24	1995-03-01
40	GB/T 2677. 8—1994	造纸原料酸不溶木素含量的测定	1994-09-24	1995-03-01
41	GB/T 2677. 9—1994	造纸原料多戊糖含量的测定	1994-09-24	1995-03-01
42	GB/T 2677. 10—1995	造纸原料综纤维素含量的测定	1995-07-06	1996-04-01
43	GB/T 2678. 1—1993	纸浆筛分测定方法	1993-08-07	1994-03-01
44	**GB/T 2678. 2—2021**	**纸、纸板和纸浆 水溶性氯化物的测定**	**2021-08-20**	**2022-09-01**
45	GB/T 2678. 3—1995	纸浆氯耗量(脱木素程度)的测定	1995-07-06	1996-04-01
46	GB/T 2678. 4—1994	纸浆和纸零距抗张强度测定法	1994-09-24	1995-03-01
47	GB/T 2678. 6—1996	纸、纸板和纸浆水溶性硫酸盐的测定(电导滴定法)	1996-06-25	1997-01-01
48	GB/T 2679. 1—2020	纸 透明度的测定 漫反射法	2020-07-21	2021-02-01
49	GB/T 2679. 2—2015	薄页材料 透湿度的测定 重量(透湿杯)法	2015-09-11	2016-04-01
50	GB/T 2679. 6—1996	瓦楞原纸平压强度的测定	1996-05-21	1996-012-01
51	GB/T 2679. 7—2005	纸板 戳穿强度的测定	2005-09-26	2006-04-01
52	GB/T 2679. 8—2016	纸和纸板 环压强度的测定	2016-12-13	2017-07-01
53	GB/T 2679. 10—1993	纸和纸板短距压缩强度的测定法	1993-08-07	1994-03-01
54	GB/T 2679. 11—2008	纸和纸板 无机填料和无机涂料的定性分析 电子显微镜/X 射线能谱法	2008-08-19	2009-05-01
55	GB/T 2679. 12—2013	纸和纸板 无机填料和无机涂料的定性分析 化学法	2013-12-17	2014-12-01
56	GB/T 2679. 14—1996	过滤纸和纸板最大孔径的测定	1996-06-25	1997-01-01
57	GB/T 2679. 17—1997	瓦楞纸板边压强度的测定(边缘补强法)	1997-06-26	1997-12-01
58	GB/T 3332—2004	浆料 打浆度的测定(肖伯尔-瑞格勒法)	2004-03-15	2004-10-1
59	GB/T 3333—1999	电缆纸工频击穿电压试验方法	1999-08-12	2000-2-01
60	GB/T 3334—1999	电缆纸介质损耗角正切(tgδ)试验方法(电桥法)	1999-08-12	2000-2-01
61	GB/T 4687—2007	纸、纸板、纸浆及相关术语	2007-12-05	2008-09-01
62	GB/T 4688—2020	纸、纸板和纸浆 纤维组成的分析	2020-07-21	2021-02-01
63	GB/T 5032—2002	纸、纸板和纸浆表示性能的单位	2002-10-15	2003-04-01
64	GB/T 5399—2004	纸浆 浆料浓度的测定	2004-03-15	2004-10-01
65	GB/T 5400—1998	纸浆铜价的测定	1998-05-19	1999-02-01
66	GB/T 5401—2018	纸浆 碱溶解度的测定	2018-11-28	2019-07-01

续表

序号	标准号	标准名称	发布日期	实施日期
67	GB/T 5406—2002	纸透油度的测定	2002-09-06	2003-01-01
68	GB/T 6545—1998	瓦楞纸板耐破强度的测定法	1998-05-19	1999-02-01
69	**GB/T 6546—2021**	**瓦楞纸板 边压强度的测定**	**2021-05-21**	**2021-12-01**
70	GB/T 6547—1998	瓦楞纸板厚度的测定法	1998-05-19	1999-02-01
71	GB/T 6548—2011	瓦楞纸板粘合强度的测定法	2011-05-12	2011-09-15
72	GB/T 7973—2003	纸、纸板和纸浆　漫反射因数的测定(漫射/垂直法)	2003-10-20	2004-06-01
73	GB/T 7974—2013	纸、纸板和纸浆 蓝光漫反射因数 D65 亮度的测定(漫射/垂直法，室外日光条件)	2013-10-10	2014-05-01
74	GB/T 7975—2005	纸和纸板　颜色的测定(漫反射法)	2005-09-26	2006-04-01
75	GB/T 7977—2007	纸、纸板和纸浆　水抽提液电导率的测定	2007-12-05	2008-09-01
76	GB/T 7978—2005	纸浆　酸不溶灰分的测定	2005-09-26	2006-04-01
77	GB/T 7979—2020	纸浆　二氯甲烷抽出物的测定	2020-07-21	2021-02-01
78	GB/T 8940. 2—2002	纸浆亮度(白度)试样的制备	2002-10-15	2003-04-01
79	GB/T 8941—2013	纸和纸板　镜面光泽度的测定	2013-12-17	2014-12-01
80	GB/T 8942—2016	纸　柔软度的测定	2016-12-13	2017-07-01
81	GB/T 8943. 1—2008	纸、纸板和纸浆　铜含量的测定	2008-01-04	2008-09-01
82	GB/T 8943. 2—2008	纸、纸板和纸浆　铁含量的测定	2008-01-04	2008-09-01
83	GB/T 8943. 3—2008	纸、纸板和纸浆　锰含量的测定	2008-01-04	2008-09-01
84	GB/T 8943. 4—2008	纸、纸板和纸浆　钙、镁含量的测定	2008-01-04	2008-09-01
85	GB/T 8944. 1—2008	纸浆　成批销售质量的测定　第 1 部分：浆板浆包及浆块(急骤干燥浆)浆包	2008-08-19	2009-05-01
86	GB/T 8944. 2—2008	纸浆　成批销售质量的测定　第 2 部分：组合浆包	2008-12-30	2009-09-01
87	GB/T 10336—2002	造纸纤维长度的测定　偏振光法	2002-10-15	2003-04-01
88	GB/T 10337—2008	造纸原料和纸浆　酸溶木素的测定	2008-08-19	2009-05-01
89	GB/T 10338—2008	纸浆　羧基含量的测定	2008-08-19	2009-05-01
90	GB/T 10339—2018	纸、纸板和纸浆的光散射和光吸收系数的测定	2018-11-28	2019-07-01
91	GB/T 10340—2008	纸和纸板　过滤速度的测定	2008-08-19	2009-05-01
92	GB/T 10342—2002	纸张的包装和标志	2002-10-15	2003-04-01
93	GB/T 10739—2002	纸、纸板和纸浆试样处理和试验的标准大气条件	2002-09-06	2003-01-01
94	GB/T 10740—2002	纸浆尘埃和纤维束的测定	2002-10-15	2003-04-01
95	GB/T 10741—2008	纸浆　苯醇抽出物的测定	2008-08-19	2009-05-01
96	GB/T 10742—2008	造纸原料　果胶含量的测定	2008-08-19	2009-05-01
97	GB/T 12032—2005	纸和纸板　印刷光泽度印样的制备	2005-09-26	2006-04-01
98	GB/T 12033—2008	造纸原料和纸浆中糖类组分的气相色谱的测定	2008-08-19	2009-05-01
99	GB/T 12658—2008	纸、纸板和纸浆　钠含量的测定	2008-08-19	2009-05-01
100	GB/T 12659—2008	纸浆　实验室打浆　约克罗(Jokro)磨法	2008-08-19	2009-05-01
101	GB/T 12660—2008	纸浆　滤水性能的测定　“加拿大标准”游离度法	2008-08-19	2009-05-01

续表

序号	标准号	标准名称	发布日期	实施日期
102	GB/T 12661—2008	纸和纸板　菌落总数的测定	2008-08-19	2009-05-01
103	GB/T 12910—1991	纸和纸板二氧化钛含量的测定法	1991-05-18	1992-03-01
104	GB/T 12911—1991	纸和纸板油墨吸收性的测定法	1991-05-18	1992-03-01
105	GB/T 12914—2018	纸和纸板　抗张强度的测定	2018-11-28	2019-07-01
106	GB/T 13528—2015	纸和纸板 表面 pH 的测定	2015-09-11	2016-04-01
107	GB/T 18402—2001	纸浆滤水性能的测定(滤水时间法)	2001-08-06	2002-2-01
108	GB/T 18829. 6—2002	纤维粗度的测定	2002-09-05	2003-01-01
109	GB/T 20216—2016	纸浆和纸 有效残余油墨浓度(ERIC 值)的测定　红外线反射率测量法	2016-12-13	2017-07-01
110	GB/T 20811—2018	废纸分类技术要求	2018-12-28	2019-07-01
111	GB/T 21245—2007	纸和纸板　颜色的测定(C/2°漫反射法)	2008-08-19	2009-05-01
112	GB/T 21557—2008	废纸中胶粘物的测定	2008-03-24	2008-10-01
113	GB/T 22363—2008	纸和纸板　粗糙度的测定(空气泄漏法)　本特生法和印刷表面法	2008-08-19	2009-05-01
114	GB/T 22364—2018	纸和纸板　弯曲挺度的测定	2018-11-28	2019-07-01
115	GB/T 22365—2008	纸和纸板　印刷表面强度的测定	2008-08-19	2009-05-01
116	GB/T 22804—2008	纸浆、纸和纸板　汞含量的测定	2008-12-30	2009-09-01
117	GB/T 22805. 1—2008	纸和纸板　耐脂度的测定　第 1 部分：渗透法	2008-12-30	2009-09-01
118	GB/T 22805. 2—2008	纸和纸板　耐脂度的测定　第 2 部分：表面排斥法	2008-12-30	2009-09-01
119	GB/T 22811—2008	瓦楞纸板　分离后组成原纸定量的测定	2008-12-30	2009-09-01
120	GB/T 22819—2008	高透气纸张透气性的测定	2008-12-30	2009-09-01
121	GB/T 22836—2008	纸浆　纤维帚化率的测定	2008-12-30	2009-09-01
122	GB/T 22837—2008	纸和纸板　表面强度的测定(蜡棒法)	2008-12-30	2009-09-01
123	GB/T 22872—2008	强韧纸板　分层定量的测定	2008-12-30	2009-09-01
124	GB/T 22873—2008	瓦楞纸板　胶粘抗水性的测定(浸水法)	2008-12-30	2009-09-01
125	GB/T 22874—2008	单面和单瓦楞纸板　平压强度的测定	2008-12-30	2009-09-01
126	GB/T 22876—2008	纸、纸板和瓦楞纸板　压缩试验仪的描述和校准	2008-12-30	2009-09-01
127	GB/T 22877—2008	纸、纸板和纸浆　灼烧残余物(灰分)的测定(525℃)	2008-12-30	2009-09-01
128	GB/T 22878—2008	纸和纸板　杂质的估算	2008-12-30	2009-09-01
129	GB/T 22879—2008	纸和纸板　CIE 白度的测定，C/2°(室内照明条件)	2008-12-30	2009-09-01
130	GB/T 22880—2008	纸和纸板　CIE 白度的测定，D65/10°(室外日光)	2008-12-30	2009-09-01
131	GB/T 22881—2008	纸和纸板　粗糙度(平滑度)的测定(空气泄漏法)通用方法	2008-12-30	2009-09-01
132	GB/T 22893—2008	纸和纸板　基本尺寸办公用纸　成包纸页卷曲的测定	2008-12-30	2009-09-01
133	GB/T 22894—2008	纸和纸板　加速老化　在 80℃ 和 65% 相对湿度条件下的湿热处理	2008-12-30	2009-09-01

续表

序号	标准号	标准名称	发布日期	实施日期
134	GB/T 22895—2008	纸和纸板　静态和动态摩擦系数的测定　平面法	2008-12-30	2009-09-01
135	GB/T 22896—2008	纸和纸板　卷曲的测定　单个垂直悬挂试样法	2008-12-30	2009-09-01
136	GB/T 22897—2008	纸和纸板　抗透水性的测定	2008-12-30	2009-09-01
137	GB/T 22898—2008	纸和纸板　抗张强度的测定　恒速拉伸法(100 mm/min)	2008-12-30	2009-09-01
138	GB/T 22899.1—2008	纸和纸板　湿膨胀率的测定　第1部分：最大相对湿度增加到68%过程的湿膨胀率	2008-12-30	2009-09-01
139	GB/T 22899.2—2008	纸和纸板　湿膨胀率的测定　第2部分：最大相对湿度增加到86%过程的湿膨胀率	2008-12-30	2009-09-01
140	GB/T 22901—2008	纸和纸板　透气度的测定(中等范围)　通用方法	2008-12-30	2009-09-01
141	GB/T 22902—2008	纸浆　丙酮可溶物的测定	2008-12-30	2009-09-01
142	GB/T 22903—2008	纸浆　物理试验用标准水	2008-12-30	2009-09-01
143	GB/T 22904—2008	纸浆、纸和纸板　总氯和有机氯的测定	2008-12-30	2009-09-01
144	GB/T 22906.1—2008	纸芯的测定　第1部分：试样的采取	2008-12-30	2009-09-01
145	GB/T 22906.2—2008	纸芯的测定　第2部分：试样的温湿处理	2008-12-30	2009-09-01
146	GB/T 22906.3—2008	纸芯的测定　第3部分：水分含量的测定(烘箱干燥法)	2008-12-30	2009-09-01
147	GB/T 22906.4—2008	纸芯的测定　第4部分：尺寸的测定	2008-12-30	2009-09-01
148	GB/T 22906.5—2008	纸芯的测定　第5部分：同轴旋转特性的测定	2008-12-30	2009-09-01
149	GB/T 22906.6—2008	纸芯的测定　第6部分：弯曲强度的测定(三点法)	2008-12-30	2009-09-01
150	GB/T 22906.7—2008	纸芯的测定　第7部分：弹性模量的测定(三点法)	2008-12-30	2009-09-01
151	GB/T 22906.8—2008	纸芯的测定　第8部分：固有频率和弹性模量的测定(试验模型分析法)	2008-12-30	2009-09-01
152	GB/T 22906.9—2008	纸芯的测定　第9部分：平压强度的测定	2008-12-30	2009-09-01
153	GB/T 22921—2008	纸和纸板　薄页材料水蒸气透过率的测定　动态气流法和静态气体法	2008-12-30	2009-09-01
154	GB/T 23144—2008	纸和纸板　静态弯曲挺度的测定　通用原理	2008-12-30	2009-09-01
155	GB/T 23175—2008	纸浆　纤维长度的测定(光栅法)	2008-12-30	2009-09-01
156	GB/T 24288—2009	纸和纸板　主波长和兴奋纯度的测定　D65/10°漫反射法	2009-07-31	2010-03-01
157	GB/T 24289—2009	纸和纸板　镜面光泽度的测定　平行光束75°，DIN法	2009-07-31	2010-03-01
158	GB/T 24290—2009	造纸用成形网、干燥网测量方法	2009-07-31	2010-03-01
159	GB/T 24291—2009	纸和纸板　卷筒纸芯内径的规定	2009-07-31	2010-03-01
160	GB/T 24323—2009	纸浆　实验室纸页　物理性能的测定	2009-09-30	2010-02-01
161	GB/T 24324—2009	纸浆　物理试验用实验室纸页的制备　常规纸页成型器法	2009-09-30	2010-02-01
162	GB/T 24325—2009	纸浆　实验室打浆　瓦利(Valley)打浆机法	2009-09-30	2010-02-01

续表

序号	标准号	标准名称	发布日期	实施日期
163	GB/T 24326—2009	纸浆　物理试验用实验室纸页的制备　快速凯塞法	2009-09-30	2010-02-01
164	GB/T 24327—2009	纸浆　实验室湿解离　化学浆解离	2009-09-30	2010-02-01
165	GB/T 24328. 1—2020	卫生纸及其制品　第 1 部分：术语导则	2020-07-21	2021-02-01
166	GB/T 24328. 2—2020	卫生纸及其制品　第 2 部分：厚度、层积厚度、表观层积紧度和松厚度的测定	2020-07-21	2021-02-01
167	GB/T 24328. 3—2020	卫生纸及其制品　第 3 部分：抗张强度、最大力值时伸长率和抗张能量吸收的测定	2020-07-21	2021-02-01
168	GB/T 24328. 4—2020	卫生纸及其制品　第 4 部分：湿抗张强度的测定	2020-07-21	2021-02-01
169	GB/T 24328. 5—2009	卫生纸及其制品　第 5 部分：定量的测定	2009-09-30	2010-02-01
170	GB/T 24328. 6—2020	卫生纸及其制品　第 6 部分：吸水时间和吸水能力的测定 篮筐浸没法	2020-07-21	2021-02-01
171	GB/T 24328. 7—2020	卫生纸及其制品　第 7 部分：球形耐破度的测定	2020-07-21	2021-02-01
172	GB/T 24328. 8—2020	卫生纸及其制品　第 8 部分：光学性能的测定 亮度和颜色的测定 D65/10°(室外日光条件)	2020-07-21	2021-02-01
173	GB/T 24328. 9—2020	卫生纸及其制品　第 9 部分：湿球形耐破度的测定	2020-07-21	2021-02-01
174	GB/T 24328. 10—2020	卫生纸及其制品　第 10 部分：打孔线抗张强度的测定及打孔效率的计算	2020-07-21	2021-02-01
175	GB/T 24328. 11—2020	卫生纸及其制品　第 11 部分：光学性能的测定 亮度和颜色的测定 C/2°(室外日光条件)	2020-07-21	2021-02-01
176	GB/T 24328. 12—2020	卫生纸及其制品　第 12 部分：光学性能的测定 不透明度的测定 漫反射法	2020-07-21	2021-02-01
177	GB/T 24394—2009	非正常成品纸和纸板的检验	2009-09-30	2010-02-01
178	GB/T 24447—2009	纸浆　纤维粗度的测定　偏振光法	2009-10-15	2010-03-01
179	GB/T 24990—2010	纸、纸板和纸浆 铬含量的测定	2010-08-09	2010-12-01
180	GB/T 24991—2010	纸、纸板和纸浆 铅含量的测定 石墨炉原子吸收法	2010-08-09	2010-12-01
181	GB/T 24992—2010	纸、纸板和纸浆 砷含量的测定	2010-08-09	2010-12-01
182	GB/T 24993—2010	造纸湿部 Zeta 电位的测定	2010-08-09	2010-12-01
183	GB/T 24994—2010	造纸湿部溶解电荷量的测定	2010-08-09	2010-12-01
184	GB/T 24996—2010	纸张中脱墨回用纤维的判定	2010-08-09	2010-12-01
185	GB/T 24997—2010	纸、纸板和纸浆 镉含量的测定 原子吸收光谱法	2010-08-09	2010-12-01
186	GB/T 24998—2010	纸和纸板 碱储量的测定	2010-08-09	2010-12-01
187	GB/T 24999—2018	纸和纸板　D65 亮度最高限量	2018-11-28	2019-07-01
188	GB/T 25001—2010	纸、纸板和纸浆 7 种多氯联苯(PCBs)含量的测定	2010-08-09	2010-12-01
189	GB/T 25002—2010	纸、纸板和纸浆 水抽提液中五氯苯酚的测定	2010-08-09	2010-12-01
190	GB/T 26203—2010	纸和纸板 内结合强度的测定(Scott 型)	2011-01-14	2011-06-01
191	GB/T 26459—2011	纸、纸板和纸浆 返黄值的测定	2011-05-12	2011-09-15
192	GB/T 26460—2011	纸浆 零距抗张强度的测定(干法或湿法)	2011-05-12	2011-09-15

续表

序号	标准号	标准名称	发布日期	实施日期
193	GB/T 26464—2011	造纸无机颜料亮度(白度)的测定	2011-05-12	2011-09-15
194	GB/T 27705—2011	BCTMP 系统能量平衡及能量效率计算方法	2011-12-30	2012-07-01
195	GB/T 27706—2011	PRC-APMP 系统能量平衡及能量效率计算方法	2011-12-30	2012-07-01
196	GB/T 27707—2011	草浆备料系统能量平衡及能量效率计算方法	2011-12-30	2012-07-01
197	GB/T 27709—2011	带二氧化氯的四段漂白系统能量平衡及能量效率计算方法	2011-12-30	2012-07-01
198	GB/T 27711—2011	叠网造纸机系统能量平衡及能量效率计算方法	2011-12-30	2012-07-01
199	GB/T 27712—2011	非木浆多效蒸发系统能量平衡及能量效率计算方法	2011-12-30	2012-07-01
200	GB/T 27713—2011	非木浆碱回收燃烧系统能量平衡及能量效率计算方法	2011-12-30	2012-07-01
201	GB/T 27714—2011	废纸脱墨浆系统能量平衡及能量效率计算方法	2011-12-30	2012-07-01
202	GB/T 27716—2011	横管式连续蒸煮系统能量平衡及能量效率计算方法	2011-12-30	2012-07-01
203	GB/T 27718—2011	间歇蒸煮(立锅)系统能量平衡及能量效率计算方法	2011-12-30	2012-07-01
204	GB/T 27720—2011	卡米尔连续蒸煮系统能量平衡及能量效率计算方法	2011-12-30	2012-07-01
205	GB/T 27721—2011	磨石磨木浆系统能量平衡及能量效率计算方法	2011-12-30	2012-07-01
206	GB/T 27722—2011	木浆备料系统能量平衡及能量效率计算方法	2011-12-30	2012-07-01
207	GB/T 27724—2011	普通长网造纸机系统能量平衡及能量效率计算方法	2011-12-30	2012-07-01
208	GB/T 27727—2011	筛选、CEHP 四段漂白系统能量平衡及能量效率计算方法	2011-12-30	2012-07-01
209	GB/T 27732—2011	洗涤筛选、氧脱系统能量平衡及能量效率计算方法	2011-12-30	2012-07-01
210	GB/T 27736—2011	制浆造纸企业生产过程的系统能量平衡计算方法通则	2011-12-30	2012-07-01
211	GB/T 27737—2011	制氧站系统能量平衡及能量效率计算方法	2011-12-30	2012-07-01
212	GB/T 27741—2018	纸和纸板　可迁移性荧光增白剂的测定	2018-11-28	2019-07-01
213	GB/T 28119—2011	食品包装用纸、纸板及纸制品 术语	2011-12-30	2012-08-01
214	GB/T 28218—2011	纸浆 纤维长度的测定　图像分析法	2011-12-30	2012-09-01
215	GB/T 29285—2012	纸浆 实验室湿解离 机械浆解离	2012-12-31	2013-09-01
216	GB/T 29286—2012	纸浆 保水值的测定	2012-12-31	2013-09-01
217	GB/T 29287—2012	纸浆 实验室打浆 PFI 磨法	2012-12-31	2013-09-01
218	GB/T 29775—2013	纸浆 纤维粗度的测定 图像分析法	2013-10-10	2014-05-01
219	GB/T 29779—2013	纸浆 纤维长度的测定 非偏振光法	2013-10-10	2014-05-01
220	GB/T 31110—2014	纸和纸板 Z 向抗张强度的测定	2014-09-03	2015-08-01
221	GB/T 31479—2015	与食品接触染色纸和纸板色牢度的测定	2015-05-15	2015-12-01
222	GB/T 31905—2015	纸和纸板　边渗透的测定	2015-09-11	2016-04-01

续表

序号	标准号	标准名称	发布日期	实施日期
223	GB/T 33277—2016	生活用纸 可迁移性铅、砷含量的测定	2016-12-13	2017-07-01
224	GB/T 34442—2017	纸浆 纤维粗度的测定 非偏振光法	2017-10-14	2018-05-01
225	GB/T 34444—2017	纸和纸板 层间剥离强度的测定	2017-09-29	2018-04-01
226	GB/T 34448—2017	生活用纸及纸制品 甲醛含量的测定	2017-10-14	2018-05-01
227	GB/T 34455—2017	纸、纸板和纸浆 2,2-二(4-羟基苯基)丙烷(双酚A)的测定 液相色谱法	2017-09-29	2018-04-01
228	GB/T 34845—2017	生活用纸 可吸附有机卤素(AOX)的测定	2017-11-01	2018-05-01
229	GB/T 36420—2018	生活用纸和纸制品 化学品及原料安全评价管理体系	2018-06-07	2019-01-01
230	GB/T 36985—2018	纸、纸板和纸制品 挥发性有机化合物的测定	2018-11-28	2019-07-01
231	GB/T 37838—2019	纸浆 铜乙二胺(CED)溶液动力粘度的测定	2019-08-30	2020-03-01
232	GB/T 37858—2019	纸浆 纤维湿重的测定	2019-08-30	2020-03-01
233	GB/T 37859—2019	纸、纸板和纸制品 丙烯酰胺的测定	2019-08-30	2020-03-01
234	GB/T 37860—2019	纸、纸板和纸制品 邻苯二甲酸酯的测定	2019-08-30	2020-03-01
235	GB/T 38998—2020	裁切后办公用纸 边缘质量的测定	2020-07-21	2021-02-01
236	**GB/T 39951—2021**	**一次性纸制品降解性能评价方法**	**2021-03-09**	**2021-10-01**
237	**GB/T 39998—2021**	**纸、纸板和纸制品 烷基苯酚聚氧乙烯醚类的测定 高效液相色谱质谱法**	**2021-04-30**	**2021-11-01**
238	**GB/T 40166—2021**	**纸和纸板 加速老化(二氧化氮条件下)**	**2021-05-21**	**2021-12-01**
239	**GB/T 40167—2021**	**纸和纸板 加速老化(100℃)**	**2021-05-21**	**2021-12-01**
240	**GB/T 40168—2021**	**瓦楞芯纸 实验室起楞后边压强度的测定**	**2021-05-21**	**2021-12-01**
241	**GB/T 40269—2021**	**吸收性卫生用纸制品 生产过程质量安全状态监测与评价指南**	**2021-05-21**	**2021-12-01**
242	**GB/T 40272—2021**	**纸、纸板、纸浆和纤维素纳米材料 酸溶镁、钙、锰、铁、铜、钠、钾的测定**	**2021-05-21**	**2021-12-01**
243	**GB/T 40274—2021**	**生活用纸 生产过程质量安全状态监测与评价指南**	**2021-05-21**	**2021-12-01**
244	**GB/T 40277—2021**	**纸、纸板和纸浆 蓝光漫反射因数(ISO 亮度)的测定 室内日光条件**	**2021-05-21**	**2021-12-01**
245	**GB/T 40278—2021**	**纸和纸板 加速老化(光照条件下)**	**2021-05-21**	**2021-12-01**
246	**GB/T 40358—2021**	**卫生纸和擦手纸 回用纤维使用规范**	**2021-08-20**	**2022-03-01**
247	**GB/T 40442—2021**	**纸、纸板和纸浆 纤维组成分析中质量因子的测定**	**2021-08-20**	**2022-03-01**
248	**GB/T 40969—2021**	**纸和纸板 颜色的测定(D50/2°漫反射法)**	**2021-11-26**	**2022-06-01**
249	GB/Z 24987—2010	纸、纸板和纸浆 测试方法不确定度的评定	2010-08-09	2010-12-01
250	**QB/T 1022—2021**	**制浆造纸企业综合能耗计算细则**	**2021-03-05**	**2021-07-01**
251	**QB/T 1928—2021**	**制浆造纸企业自备热电站发电和供热系统能量平衡及能量效率计算方法**	**2021-03-05**	**2021-07-01**
252	QB/T 1938—2010	松软纸厚度的测定	2010-04-22	2010-10-01
253	QB/T 2804—2006	纸和纸板白度测定法 45/0 定向反射法	2006-07-27	2006-10-11

续表

序号	标准号	标准名称	发布日期	实施日期
254	QB/T 2805—2006	纸和纸板表面吸收速度的测定	2006-07-27	2006-10-11
255	QB/T 2812—2006	纸张定量、水分的在线测定（近红外法）	2006-09-14	2007-05-01
256	QB/T 2896—2007	纸和纸板　湿拉毛和湿排斥的测定	2007-12-03	2008-06-01
257	QB/T 2897—2007	纸和纸板　表面疏松物的测定	2007-12-03	2008-06-01
258	QB/T 3697—1999	造纸工业碱回收炉安全技术规范	1999-04-21	1999-04-21
259	QB/T 3699—1999	造纸工业企业安全技术规程	1999-04-21	1999-04-21
260	QB/T 4125—2019	纸浆　D65 亮度最高限量	2019-11-11	2020-04-01
261	QB/T 4319—2012	硫酸盐全无氯漂白纸浆的判定	2012-05-24	2012-11-01
262	QB/T 4896—2015	废纸浆脱墨效率的测定	2015-10-10	2016-03-01
263	QB/T 5043—2017	新闻纸单位产品能耗消耗限额	2017-04-12	2017-10-01
264	QB/T 5044—2017	涂布美术印刷纸（铜版纸）单位产品能源消耗限额	2017-04-12	2017-10-01
265	**QB/T 5568—2021**	**造纸工业能源检测与评价方法 蒸煮系统**	**2021-03-05**	**2021-07-01**
266	**QB/T 5569—2021**	**造纸工业能源检测与评价方法 漂白系统**	**2021-03-05**	**2021-07-01**
267	**QB/T 5570—2021**	**造纸工业能源检测与评价方法 废水处理系统**	**2021-03-05**	**2021-07-01**
268	**QB/T 5571—2021**	**造纸企业水平衡测试方法**	**2021-03-05**	**2021-07-01**

注：黑体字为 2021 年新批准发布标准。

（全国造纸工业标准化技术委员会）

国内制浆造纸科研设计单位简介

Introduction to the Domestic Organizations of R&D, Engineering Consultant of Paper Industry

中国制浆造纸研究院有限公司

中国制浆造纸研究院有限公司(以下简称“造纸院”)始建于1956年，现为保利集团所属中国轻工集团有限公司的全资子公司，是致力于造纸科技传承和创新的国家级专业服务机构。

历经60多年发展，造纸院形成了以科技研发、行业服务、科技成果产业化为三大主营业务，集技术和产品开发、中试试验、产业孵化、标准制修订、第三方检验、展会会议、出版发行、信息咨询、教育培训、浆纸贸易、国际产业合作等多功能于一体的综合服务能力，是制浆造纸国家工程实验室、全国造纸工业标准化技术委员会、国家纸张质量监督检验中心、全国造纸工业信息中心等行业机构的依托建设、运行单位，科技部认定的国家国际科技合作基地，拥有国家一级学科硕士学位授予点和博士后科研工作站，是推动我国造纸产业发展的重要力量。

造纸院以科技研发为基础和核心动力，先后主持完成“六五”至“十三五”国家科技攻关、863计划、国家自然科学基金、政府间科技合作、科技援外等一系列重大科技专项，以及大量的企业委托开发项目，形成科研成果1700多项，获得包括“国家科技进步特等奖”在内的国家或省部级奖励180多项，“蒽醌制浆”“多层绝热填炭纸”“重涂高档铜版纸”“电容器纸”“导水纸”等重大成果在我国造纸行业追赶、超越、引领国际先进水平的进步历程中发挥了重要推动作用，在提升大众生活品质以及“两弹一星”、载人航天等国家重点工程中做出了独特贡献。

造纸院通过行业服务业务为产业可持续发展提供有力保障，至今已组织制、修订国家和行业标准500多项，具备纸浆、纸、纸板等六大类200多种产品检验能力和38类造纸检测仪器的校准能力，编辑发行《中国造纸》《中国造纸学报》《Paper and Biomaterials》《造纸信息》《生活用纸》等权威期刊学术和信息出版物，组织主办全球规模最大的生活用纸及卫生用品国际科技展览及会议、亚洲规模最大的中国国际造纸科技展览及会议、全国特种纸行业唯一国际科技展览及会议，成为行业合作交流、沟通政府和消费者、引导行业健康发展的重要平台。

造纸院拥有先进的科技成果产业化经验和设施，由7条造纸试验线和1条多功能涂布试验线构成功能完备的中试试验和小规模商业化生产平台，至今已完成“无石棉纤维密封材料”“全热交换纸”“感湿保鲜膜”等数10个品种的特种纸产品孵化，成功实现对进口同类产品的替代、填补国内产品空白，成为小批量、定制化纸基功能材料的重要供应者。

立足新时期发展战略，造纸院将以北京本部为研发和行业服务总部、以位于河北廊坊的中轻特种纤维材料有限公司为工程试验和产业化平台、以位于浙江的衢州分院为特种纸产业公共服务平台、以位于福建晋江的中轻(晋江)卫生用品研究有限公司为卫生用品产业公共服务平台，为造纸及相关产业的可持续发展提供更加立体、高效的科技服务。

董事长：孙 波

地址：北京市朝阳区望京启阳路4号中轻大厦

邮编：100102

电话：010－64778015

传真：010－64778001

邮箱：bgs@ cnppri. com

网址：www. cnppri. com

中国中轻国际工程有限公司

中国中轻国际工程有限公司(以下简称“中轻国际”)即原中国轻工业北京设计院，成立于1953年1月。2000年10月成为交中央管理的大型科技型设计企业，2001年2月更名为中国轻工国际工程设计院，2003年1月改制更名为中国轻鑫工程有限责任公司，2004年4月更名为中国中轻国际工程有限公司。现为国务院国资委监管的中央企业中国保利集团有限公司所属中国轻工集团有限公司的下属企业。

中轻国际是以咨询、设计、监理、项目管理、工程总承包为主体业务的大型工程公司，拥有进出口企业资格证书；轻纺全行业、化工石化医药行业(化工工程)、市政行业(排水工程、环境卫生工程)、农林行业(林产化学工程)、建筑行业(建筑工程)和环境工程专项(水污染防治工程、大气污染防治工程)设计甲级资质；城乡规划、商物粮行业、化工石化医药行业(生化、生物药、化学原料药)、电力行业(火力发电)、建材行业(新型建筑材料工程)、市政行业(给水工程、城镇燃气工程、热力工程)和环境工程专项(固体废物处理处置工程)设计乙级资质；机电工程施工总承包和建筑装饰装修工程专业承包贰级资质；建筑工程施工总承包、冶金工程施工总承包、石油化工工程施工总承包及环保工程专业承包叁级资质；工程监理、工程造价甲级资质；压力容器、压力管道设计许可证以及工程咨询资信甲级证书。

中轻国际现有从业人员700余人，其中：国家级设计大师2人、享受政府特殊津贴的专家3人、轻工行业设计大师6人；教授级高级工程师58人、高级职称156人、各类国家注册工程师231人次、工程总承包项目经理47人。中轻国际为国内5000余家大中型企业，国外20多个国家的60余个大中型项目提供了咨询、工程设计、项目管理、总承包等服务，与国内外著名的300余家大型公司建立了实质性合作和业务往来关系。

中轻国际高度重视技术质量工作。共获得部(委)级以上各种嘉奖410多项，其中国家级优秀设计、咨询奖和科技进步奖等64项；共拥有127项专利，其中发明专利34项。

经过近70年的发展、壮大，中轻国际已成为国内外知名的大型科技型企业，中轻国际坚持以市场为先导，以项目为中心，以创新为动力，以服务为宗旨，以质量为保证，为顾客提供全过程、多方位、专业化、质量高、效果好的满意服务。

法人代表： 柳　炜

技术总监： 靳福明

地址： 北京市朝阳区白家庄东里42号

邮编： 100026

电话： 13811480249

传真： 010－65823590

邮箱： info@ cliec. cn

网址： www. cliec. cn

山西省轻工设计院有限公司

山西省轻工设计院有限公司是由山西省轻工设计院转企改制的国有科技型企业，注册资本1277万元，隶属于山西省工业和信息化厅。

山西省轻工设计院有限公司成立于1958年，是山西省轻工行业专业设计院，主要承担轻工、商物粮、民用建筑行业以及与本行业相近的化工、医药、建材、电子、环保、农业等行业的工程勘察设计和咨询业务。

建院60年来，山西省轻工设计院有限公司完成了4000余项工业和民用建筑工程设计(咨询)项目(包括省、部级重点大中型工程项目)，为我国工程建设做了大量工作，尤其是对山西省及周边地区的轻工业发展做出了重要的贡献，多次荣获有关部门的奖励和表彰。为了肯定该院在白酒行业现代化设计的能力，1987年轻工业部批准该院获得传统白酒设计资质。

服务范围：

工程设计：工业、民用工程设计、初步设计、设施设计专篇、职业病防护设施专篇等，可从事资质证书许可范围内相应的建设工程总承包业务以及项目管理和相关的技术与管理服务。

工程咨询：可行性研究报告、产业(行业)规划、节能评价、项目建议书(申请报告)，清洁生产评估、评审，生产标准化评审等。

公司拥有一支高素质的技术和管理团队，拥有专业类别齐全的专业队伍。现有各类工程技术人员80余人，其中，高级工程师15人，中级工程师40余人，一级注册建筑师8人，二级注册建筑师3人，一级注册结构工程师6人，二级注册结构工程师2人，注册造价工程师1人，注册化工工程师6人，注册公用设备工程师5人，注册咨询(投资)工程师8人，注册监理工程师4人，注册岩土工程师

2 人，注册管理咨询师 2 人。

公司组织机构健全，管理制度完善，实现了生产、管理的电子、网络和信息化。经过多年的积累，公司有多行业完整的技术图书和标准册、图纸资料及专家库等。

公司以“规范、质量，使命、品牌、规则、诚信”的管理和设计理念，为用户的建设工程设计(咨询)提供全面、全过程的贴心服务。

法人代表：郝　威

地址：山西省太原市迎泽区新建南路 13 号

邮编：030001

电话：0351－4052817

传真：0351－4052817

邮箱：sxsqgsjy@126. com

网址：www. sxqgsj. com

辽宁省轻工设计院有限公司

辽宁省轻工设计院有限公司(原辽宁省轻工设计院)成立于 1955 年，历经 60 余年的不断发展，已经成为从事轻工、化工、电力、建筑、环保等行业的工程设计、工程咨询、产业园区规划、设备成套、项目管理和工程总承包等综合业务设计院；是具有较强综合技术力量的国家化工、轻工甲级单位，电力、轻纺、商物粮、建筑、环境工程行业乙级单位，压力容器(A1、A2 类)、压力管道(GB2/GC1/GD1)设计、咨询、工程总承包资质的设计单位。公司拥有各类专业技术人员 170 余人、其中，高级工程师 60 余人，教授级高工 8 人，注册工程师和注册咨询工程师 60 余人。

公司以务实的工作作风不断夯实设计手段和设计技术水平，通过工程总承包进一步完善了企业工程化能力。几年来，公司致力于有机硫化工、精细化工、玉米深加工、食品、生物发酵行业的新技术研发工作，汇集众多应用技术领域精英、研发团队及行业技术专家，研发并整理出一些国内领先、世界一流的新产品和新技术，以期在供给侧改革时代为广大业主提供更加优质的技术服务和设计服务。

公司秉承“合作、创新、务实、用户效益第一”的企业宗旨，传承“博大的胸怀、锐意的创新、务实的进取”企业文化，竭诚为广大业主提供工程咨询、工程设计、工程管理和工程总承包以及项目后期维保等服务。

法人代表：陈　溥

地址：辽宁省沈阳市皇姑区泰山路 46 号

邮编：110031

电话：024－26115833

传真：024－86802976

邮箱：xujqcn@163. com

网址：www. lnqgy. cn

黑龙江省造纸工业研究所

黑龙江省造纸工业研究所位于牡丹江市阳明区光华街 17 号，1966 年成立于哈尔滨市并于同年迁至牡丹江市，占地面积 2. 2 公顷，建筑面积 1. 2 公顷，是黑龙江省造纸产品质量监督检验站及造纸技术信息中心，黑龙江省造纸学会挂靠单位，专业技术期刊《黑龙江造纸》编辑部所在地，是黑龙江省制浆造纸中试基地。单位的宗旨和业务范围：承担制浆造纸新技术开发与应用研究工作；对造纸行业、企业的发展规划，资源综合利用、环境保护，引进扩建项目等提供技术方案及相关服务；承担造纸产品检验检测及《黑龙江造纸》的编辑、出版、发行等工作。

黑龙江省造纸工业研究所现有职工 22 人，科技人员 11 人，其中研究员级高级工程师 5 人，高级职称 5 人，中级职称 1 人。多年来共取得省部级以上科研成果 20 余项，其中获国家科技进步二等奖 1 项，省政府科技进步二等奖 1 项、三等奖 2 项，省优秀新产品二等奖 1 项、三等奖 1 项，其他奖项 12 项，获得国家专利 9 项。

黑龙江省造纸工业研究所主要从事造纸工艺、设备、原料及特种纸的研发，特别是农业用特种纸的研发，目前主要产品以甜菜、苗木、蔬菜、玉米、棉花、西瓜等育苗纸及纸筒等 10 余个品种，纸筒生产能力达 400 万册。

法人代表/所长：杜春宇

地址：黑龙江省牡丹江市阳明区光华街 17 号

邮编：157013

电话：0453－6332195、6332060(销售)

邮箱：dcy_1104@163. com

中国海诚工程科技股份有限公司

中国海诚工程科技股份有限公司(以下简称“中国海诚”)是我国第一家专业工程设计服务业上市公司，也是为我国轻工行业工程领域提供全过程服务的大型综合性工程公司之一。中国海诚是由 19 世纪 50 年代先后成立的原国家轻工业部 8 家部属设计院经整体改制后于2002年成立的。公司控股股东为世界500强企业中国保利集团旗下的中国轻工集团有限公司，是保利集团旗下六大上市平台之一。

中国海诚总部设于上海，在北京、上海、广州、长沙、武汉等全国重点城市区域拥有13家全资子公司。依托近70年的深厚底蕴与发展创新，中国海诚在工程全过程服务领域积累了丰富的技术实力与管理经验。通过持续延伸全产业链，致力于为客户提供从咨询设计、采购研发到施工安装、开车培训、项目运维等全流程一站式智慧工程服务。业务范围遍布全国各地及全球60多个国家和地区。

该公司服务领域涉及制浆造纸、食品发酵、精细化工、烟草、民用公建等传统行业以及节能环保、生物医药、主题乐园、现代物流、绿色建筑等新兴产业。职工总数4905人，国家级设计大师4名，轻工行业设计大师21名，享受国务院特殊津贴专家33名，公司总部教授级高工116名，高级工程师221名，各类注册工程师408名，研发人员154名(在沪单位)。

中国海诚持有住房和城乡建设部颁发的轻纺、建筑、化工、机械、电子通信广电、农林、商物粮、环境等行业的甲级工程设计资质证书，可从事资质证书许可范围内相应的建设工程总承包业务，同时持有国家发展改革委颁发的轻工、建筑、化工等行业的甲级工程咨询资质证书，还持有a、d类压力容器设计许可证，gb、gc、gd类压力管道设计证书，甲级工程造价咨询单位资质证书，城市规划编制乙级资格证书。公司经国家商务部批准，具有对外承包工程经营资格。中国海诚是上海市建委认定的国外及港澳台地区设计公司的合作顾问方，是被世界银行认定具有资格担任世界银行贷款项目的咨询单位。

中国海诚自1997年起推行ISO 9001质量标准，1998年获得了质量管理体系认证证书。近年来，中国海诚在推进工程总承包业务同时，又进一步建立了环境和职业健康安全管理体系，并在2008年获得了环境和职业健康安全管理体系认证证书(ehs)。

中国海诚的技术管理和工程设计实行计算机网络化，并配备覆盖各专业的软件操作平台和3D设计等先进的专业软件，以及与开展业务相适应的现代化视频、VPN、无线接入等技术装备和通讯手段。中国海诚自1953年至今，承担了数以万计的工程设计项目。其中，国内工程9800余项，外商投资项目1600余项，海外工程近百项；非标设备设计8500余台套。

中国海诚致力于设计和建造优质精品工程，累计荣获国家、部、省(市)级各类奖项800余项，其中国家级奖项79余项，拥有专利90余项(发明专利40项)，开发登记计算机软件著作多项。在国家统计局编撰的《共和国之最》中，中国海诚的前身中国轻工业上海设计院被列为“获国家优秀设计项目最多的设计院”。中国海诚被认定为“上海市高新技术企业”，相继荣获“2008年度上海市建设工程质量先进企业”和“2009年度上海市勘察设计质量诚信企业”，2013年获得“全国工程勘察设计先进企业”荣誉称号，并连续12届蝉联上海市“文明单位”称号，2014年荣膺全国文明单位。

中国海诚自1992年以来，连年被住房和城乡建设部、国家统计局评为中国勘察设计综合实力百强单位。自2004年起，连续15年被美国《工程新闻记录》(ENR)与中国《建筑时报》评为“中国勘察设计企业60强”。

董事长：赵国昂

地址：上海市宝庆路21号

邮编：200031

电话：021－64370093

传真：021－64334045

邮箱：info@ haisum. com

网址：www. haisum. com

中国林业科学研究院林产化学工业研究所

中国林业科学研究院林产化学工业研究所(以下简称林化所)，于1960年7月2日成立，是国家林业和草原局直属副司局级科研事业单位，坐落于南京市锁金五村16号。主要研究领域包括生物质能源、生物质化学品、生物质新材料、生物质活性成分利用、木材制浆造纸为主的林纸一体化、松脂化学利用与深加工、活性炭化学与工程、植物单宁及森林资源化学利用、林产化学工程设备研究设计等，是集基础理论、应用技术、新产品开发和工程设计为一体的综合性科学研究机构。设有林产化学加工工程博士点，林产化学加工工程、应用化学、制浆造纸工程等学科硕士点和林业工程博士后流动站。1979年开始招收研究生，已培养博士104名、硕士288名，博士后23名，他们大多数已经成为林产化工、制浆造纸等行业的科技骨干。

50多年来，共承担国家、部、省级课题943

项，成果鉴定(验收)641 项，其中获得国家级奖励 31 项，省部级奖励 89 项；专利授权 447 项；成果推广到全国 27 个省市地区 200 多个企业；共承担国际合作 61 项，与国际上 20 多个国家 50 多个机构建立了技术交流与合作联系，中外专家互访频繁。

法人代表：周永红

地址：江苏省南京市玄武区锁金五村 16 号

邮编：210042

电话：025 - 85482401、85482666

传真：025 - 85413445、85482620

邮箱：admin@ icifp. cn

网址：www. icifp. cn

浙江鹏辰造纸研究所有限公司(浙江省造纸研究所)

浙江鹏辰造纸研究所有限公司(浙江省造纸研究所)是我国特种功能纸科研、生产基地，装备了国际先进的湿法无纺布生产线和干法造纸生产线，建有特种纸省级高新技术研究开发中心。公司拥有完整的试验设备和测试仪器，具有极强的自主研发和产业化生产能力。

公司坚持以市场为导向，以高新技术为依托，以完善的质量管理体系为保证，集科、工、贸为一体，具备人才、技术、资金及市场等强大优势，已完成省部级以上科研成果 132 项，包括国家科技攻关项目 6 项，其中获省部级科技进步奖 26 项，国家级新产品 8 项，国家发明专利 9 项。公司十分注重科研成果的延伸以及产品系列化与深加工开发。主导产品有电池隔膜系列、特种过滤纸系列、擦拭纸系列、高低温隔热材料系列、高性能结构材料系列、医疗卫生用纸等特种功能纸。科研成果与产品广泛用于各领域，为国家“高新工程”提供了优质的关键配套材料。

公司全体员工本着“敬业、诚信、创新、实效”的企业精神，以“技术创新，质量一流，强化管理，用户至上”的质量方针，竭诚为顾客服务，实现共同发展，共创美好未来。

董事长/所长：郑鹏遵

地址：浙江省杭州市萧山经济技术开发区鸿兴路 181 号

邮编：311215

电话：0571 - 88171757/0639

传真：0571 - 88173026

网址：www. zjprime. com

轻工业杭州机电设计研究院有限公司

轻工业杭州机电设计研究院有限公司是专业从事制浆造纸装备设计开发研制的国家级重点设计研究单位，同时具备制浆造纸工程设计、设备研发和配套电气控制系统研制能力，是国家发展改革委“制浆造纸国家工程实验室”的依托建设单位之一。拥有中国造纸学会机械设备专业委员会、全国轻工机械标准化委员会及造纸机械、食品机械分标委员会、全国压力容器标准化委员会专用压力容器分标委员会、全国食品加工机械标准化技术委员会、中国轻工总会造纸食品日用化工塑料机械质量监督检测中心。同时拥有工信部工业(轻工机械)产品质量控制和技术评价实验室、国家中小企业公共服务示范平台、中国科技核心期刊《轻工机械》杂志社等。该公司有中国对外承包工程经营资质，工程设计甲级资质，工程咨询甲级资信，一、二、三类压力容器设计资质和 GC1 级管道压力设计资质等证书。

近年来，该公司承担国家科技攻关项目多项，其中，承担和完成国家“863”项目 2 项、国家十一五科技支撑项目 3 项、科技部“科研院所技术开发研究专项资金”项目 10 项、国家重点研发计划重点专项项目 4 项，“社会公益研究专项”项目 1 项、省科技计划项目 3 项。获得各种奖励共 114 项(其中，国家科技进步二等奖 1 项、三等奖 6 项，省部级科技进步一等奖 2 项、二等奖 13 项、三等奖 42 项，其他奖励 46 项)，获得国家专利 50 项，完成行业标准编制 80 余项。

共完成设备研究设计项目 900 余项，工程咨询项目 170 余项，工程设计项目 220 余项，产品生产 3000 余台(套)，生产线成套项目 30 余项。包括出口俄罗斯的隔音板等项目。

主要提供：生物能源技术、非木材原料生物制浆成套装备技术；连续蒸煮关键装备及系统集成；高效节能置换蒸煮关键设备及自动控制系统；中、高浓无氯和少氯漂白关键装备技术；双辊挤浆机，新型节能碎浆机，湿浆板系统；特种纸设备关键技术和成套技术(对位芳纶纸、工业滤纸、玻纤纸、电池隔膜纸、茶叶滤纸、绝缘纸及纸板等)；伸性装置(水泥袋纸、电线电缆纸等)；各类涂布机(热敏纸、无碳复写纸、不干胶标签纸、美纹纸等)。

法人代表：于 宏

总工程师：杨 旭

地址：浙江省杭州市余杭区高教路 970 号

邮编：311121
电话：0571－85186716
传真：0571－85186432
邮箱：hzjdy@ hmei. com. cn
网址：www. hmei. com. cn

山东省造纸工业研究设计院

山东省造纸工业研究设计院（以下简称“设计院”）始建于 1978 年 11 月，是山东省唯一的省级造纸专业研究事业单位。

设计院在改革开放的春风中孕育，伴随我国造纸工业的发展而成长。历经 40 余年的奋斗，已发展成为在国内外制浆造纸行业内具有一定影响力和良好声誉的机构，下设科学研究中心、检验检测中心、设计咨询中心三大技术部门，业务涵盖技术与产品研发、产业孵化、第三方检测检验、工程设计、投资咨询、工程总承包、纸张检测仪器检定及校准、检测仪器研发与销售等。设计院与中国造纸协会共同主办协会会刊——《中华纸业》。受山东省国有资产投资控股有限公司委托，管理山东鲁纸技术开发有限公司、山东中华纸业传媒有限公司。

科研工作曾多次荣获省科技进步奖。目前与多家造纸企业及造纸化学助剂等相关企业建立了合作关系，已承担企业委托项目 200 余项，收到了良好的经济效益和社会效益。

设计工作具有住房和城乡建设部颁发的轻纺行业（制浆造纸）工程设计甲级证书和国家发展改革委颁发的轻工工程咨询甲级证书。近年来，完成制浆造纸工程咨询设计项目 600 余项，多次荣获省级优秀勘察设计奖、省级优秀工程咨询成果奖和中国轻工业优秀工程咨询成果奖。

检测工作主要承担全省纸张产品质量监督检验、第三方评价性检验、产品质量仲裁检验和各单位委托检验。为全省造纸企业提供检测技术服务、质检员培训、新标准宣贯等工作。

鲁纸技术开发公司主要致力于造纸工业新技术、新产品、新设备的开发应用，为造纸行业提升技术水平提供优质服务。

《中华纸业》由创刊于 1979 年的《山东造纸》发展而来，其间经历了《北方造纸》重要阶段，从原技术刊转型定位于“行业综合性”刊，在内容、版面设计、广告策划上都具有自己的独特风格，成为中国造纸行业最有影响力的期刊之一。

放眼未来，设计院将抓住我国造纸行业新旧动能转换和“一带一路”国际化发展的时代机遇，坚持制浆造纸主业不动摇，将现有业务资源进一步整合壮大，扩大平台效能，打响“山东纸院”品牌，做强做优做大国有资本，以与时俱进、求真务实和追求卓越的理念为国内外造纸企业及造纸装备等造纸配套行业提供全方位的优质服务。

负责人：刘承奎
技术负责人：张洪成
地址：山东省济南市工业南路 101 号
邮编：250100
电话：0531－88947041
传真：0531－88947041
邮箱：shandongpaper@ 163. com

中轻建设（安徽）设计工程有限公司（原安徽省轻工业设计院有限公司）

中轻建设（安徽）设计工程有限公司（原安徽省轻工业设计院有限公司）始建于 1979 年，是持有国家甲级工程设计证书、甲级工程咨询证书的综合性设计院，是中国勘察设计协会、中国轻工业工程建设协会会员单位，安徽省家电协会、安徽省酿酒协会、安徽省皮塑协会、合肥市招标投标协会常务理事单位，安徽省工程勘察设计协会、安徽省工程咨询协会理事会会员单位、安徽省北京商会会长单位、安徽省科学家企业家协会理事单位。

公司主要承接城乡规划编制，住宅建筑、公共建筑、旅游养老、文化教育等建筑工程设计及食品发酵烟草、新能源、制浆造纸、家电电子及日用机械、日化及皮革塑料、日用硅酸盐等工业项目设计，压力管道设计、环境工程设计、环境影响评价，并提供工程项目前期立项咨询、可行性研究报告、节能评估、工程管理、工程总承包等服务。

董事长/法人代表：李　伟
单位负责人：陈明邦
地址：安徽省合肥市马鞍山南路富城大厦
邮编：230022
电话：0551－62673909
传真：0551－62673755
邮箱：ahlidi@ 163. com
网址：www. clicah. com

中国轻工业武汉设计工程有限责任公司

中国轻工业武汉设计工程有限责任公司（简称

“中轻武设”，原中国轻工业武汉设计院），始建于1958年，是我国成立较早的大型咨询设计单位之一。2002年12月改制重组后，成为国务院国资委管理的中国轻工集团旗下上市公司中国海诚工程科技股份有限公司的全资子公司。2017年8月随中轻集团整体并入中国保利集团。

公司持有国家和地方颁发的各类资质证书。其中，甲级设计资质包括轻工工程、纺织工程、建筑、医药、农林(林产化学工程)、环境工程(水污染防治、固废处理处置)、工程咨询、工程监理等；工程造价咨询企业3A信用企业；乙级设计资质包括城市规划、电力、市政、商物粮、风景园林等。除上述资质证书外，还持有对外承包工程经营资格证书；房屋建筑施工、送变电工程、市政公用工程总承包资质；持有压力容器、压力管道设计证书。是集工程总承包、工程咨询、工程设计、工程监理等多功能于一体的知识密集型国有高新技术企业。

公司技术力量雄厚，拥有各类专业技术人员600余名，轻工行业设计大师3人，国务院和湖北省特殊津贴、突出贡献专家10人，正高级工程师级职称30余人，中、高级职称300余人，各类专业注册资格人员200余人。成果遍布全国30个省、市、自治区及境外10多个国家与地区。改制之后的10多年来，共获得国家级、省部级优秀工程设计奖、工程咨询奖、科技进步奖220多项；拥有有效专利、专有技术、软著74项；制订和参与编制国家、行业和地方标准11项；从2009年起成为“全国高新技术企业”成员单位。公司还多次被评为省、部级勘察设计先进单位和全国轻工行业先进单位。

公司长期坚持以人为本，充分发挥员工积极性和创造性，一贯注重质量管理和技术创新，建立了完善的质量管理体系，是国内最早通过ISO 9001质量体系认证的设计单位之一，并于2008年通过环境管理及职业健康安全管理体系认证。雄厚的技术实力为公司的快速发展提供了强大动力。在为客户创造良好经济效益的同时，公司的市场竞争力也得到显著增强。

“科学管理、优质服务、顾客满意、和谐共赢”是公司的宗旨，为社会、为顾客最大化地创造价值是公司的责任。长期以来，公司以优质的产品和诚信的服务，赢得了良好的信誉。公司还连续9届被评为湖北省级文明单位和最佳文明单位；连续12年被湖北省工商局评为“守合同重信用”企业；连续3届被湖北省政府表彰为“守合同重信用企业”；连续2届被国家工商总局评为“守合同重信用企业”；荣获“全国轻工行业先进集体”和“湖北省五一劳动奖状”。

公司本着“最佳价值奉献社会，优质服务回报客户，美好生活造福员工”的企业使命，本着对社会对客户高度负责的精神，始终坚持以客户为中心，大力开展技术创新，不断推动技术进步，持续提高产品质量，加速向综合性工程公司转型，出精品、创品牌，为社会做出更大的贡献。

董事长：周 波

总经理：温国伟

地址：湖北省武汉市武昌区首义路176号

邮编：430060

电话：027－88071223

传真：027－88041709

邮箱：qgsj@ qgsj. com

网址：www. qgsj. com

中国轻工业长沙工程有限公司

中国轻工业长沙工程有限公司(以下简称“CEC”)前身是创建于1952年的原轻工部规划设计院，1978年更名为轻工部长沙设计院，是我国成立较早的大型咨询设计单位之一。2002年12月改制重组，正式更名为中国轻工业长沙工程有限公司。现成为国务院国资委管理的中国保利集团—中国轻工集团—中国海诚工程科技股份有限公司的全资子公司，公司注册资金为5000万元。

CEC主营业务为工程咨询设计、工程总承包、工程监理和全过程工程咨询，服务于制浆造纸、新材料新能源、能源环保、制盐及盐化工、家用电器、食品、建筑、市政等行业领域。持有国家主管部门颁发的轻纺、化工、建材、市政、农林、建筑、环境工程(水污染防治工程、固体废物处理处置工程)甲级工程设计证书和与之相对应的甲级工程总承包资格、甲级工程咨询资格证书、甲级工程造价咨询单位资质证书；持有电力(火力发电、新能源)、机械、商物粮、风景园林行业乙级设计资质证书，城市规划编制乙级资格证书，压力容器及压力管道设计许可证；持有工程监理综合资质证书；拥有对外经营权、对外承包工程经营资格。通过GB/T19001—201质量管理、GB/T 24001—2016环境管理及GB/T 45001—2020/ISO 45001职业健康安全管理体系认证；拥有60余项专利技术，并广泛运用于项目中，2008年至今被认定为高新技术企业。获批工业和信息化部“水资源”解决方案供应商、获批制浆造纸污水循环回用与超低排放技术湖南省工程研究中心等。

CEC 集聚了大量的优秀人才和技术资源，现有从业人员 1500 余人，享受政府津贴专家 7 人，教授级高级工程师 97 人，高级职称技术人员 254 人，具有国家注册各类个人资质 550 余人次。

从事工程咨询设计 60 余年，完成工程咨询、设计、工程承包、工程监理等项目 3000 余项，工作业绩遍布全国 31 个省、市、自治区以及加拿大、阿尔及利亚、厄立特里亚、突尼斯、约旦、埃及、泰国、缅甸、越南、巴基斯坦、马来西亚、美国、印度、印度尼西亚、白俄罗斯、埃塞俄比亚、南非、委内瑞拉、古巴、乌干达、沙特等国家；CEC 在轻工领域的制浆造纸、制盐及盐化工、家用电器等行业中，市场占有率和核心竞争力均处于前列。

工程总承包业务涵盖了项目投资、选址、规划、技术经济分析、设计、造价、采购、施工、安装、开车等各个方面，凭借先进的工程管理理念、多年的行业经验、优秀的项目团队以及广泛的项目合作伙伴，全程把握项目的实施和控制，以最佳的资源打造优质的工程产品。其中，缅甸 YENI 制浆造纸项目获第五届优秀工程总承包金钥匙奖，湖南湘丰特种纸业有限公司总承包工程获第五届优秀工程总承包铜钥匙奖及轻工行业第三届优秀工程总承包项目一等奖，福建省青山纸业股份有限公司获第七届优秀工程总承包项目铜钥匙奖，南通经济技术开发区中水回用示范工程获第八届全国优秀工程总承包银钥匙奖及 2016 年度轻工业优秀工程总承包一等奖，江门星辉造纸有限公司年产 30 万吨高档白纸板工程获第八届全国优秀工程总承包铜钥匙奖及 2016 年度轻工业优秀工程项目管理一等奖。

CEC 下属全资子公司——湖南长顺项目管理有限公司是公司服务体系的重要部分，具有住房和城乡建设部工程监理综合资质、公路工程监理甲级资质、国家人防工程监理甲级资质、环境监理甲级资质，是湖南省及轻工领域监理行业的知名品牌企业、全国百强监理企业。

CEC 凭借多年的资源积累，与多家国际知名公司均有合作与交流，与业内知名企业建立了战略合作伙伴关系，形成了广泛的产业战略联盟，借助金融机构的融资平台，形成多方合作共赢的格局。CEC 现已发展成为集工程咨询、设计、造价、监理、项目管理和工程总承包于一体，为工程建设实施全方位、全过程服务的科技服务型企业。

CEC 奉行“诚信、严谨、创新、高效”的理念，坚持以顾客满意为中心、以环境友好为己任、以安全健康为基点的价值观，坚持以打造国际知名的服务品牌为企业目标，一如既往地为国内外顾客提供优质的技术服务和工程产品。

董事长：谢显国

地址：湖南省长沙市雨花区环保科技园新兴路 268 号

邮编：410114

电话：0731 – 85770333

传真：0731 – 85584415

邮箱：office@ cecchina. com

网址：www. cecchina. com

湖南省造纸研究所有限公司

湖南省造纸研究所有限公司是经湖南省科技厅认定的集科、工、贸于一体的由省属科研事业单位转制而成的高新技术企业，是湖南省造纸产品质量监督检验授权站、湖南省造纸学会等机构组织挂靠单位。始建于 1972 年，占地面积 3. 5 公顷，固定资产 1200 万元。现有员工 109 人，其中，专业从事研究开发人员 36 人，本科以上学历 28 人，中级以上职称 32 人，高级职称 6 人。

多来年，公司先后完成了国家、部级科技攻关项目 80 余项，其中，27 项获国家、部、省等各级科研成果技术奖，已有 30 多项科研成果转化为生产力。公司现有 3 条特种纸生产线和纸包装箱生产线，年生产特种纸在 5000 吨以上，纸包装箱 250 万米^2。特种纸生产线包括 2 条特种工业用纸生产线，年生产量 3000 吨，主要生产高强纱管封面纸、各类纤维板表层纸等。产品占国内市场较大份额。1 条涂布纸生产线，年生产量可达 2500 吨，所产彩喷纸、高光数码相纸、名片纸等涂布纸，可以替代进口产品。纸包装生产线包括 2 条本色纸箱生产线和 1 条彩色纸箱生产线。

公司于 2002 年通过了 ISO 9001：2000 质量管理体系认证，本着“创造卓越品质，追求持续满意”的质量方针，建立了持续、稳定、有效的科学管理体系，产品质量达到了国际先进水平。近几年来，公司紧跟市场需求，发展更加迅猛，致力于文化创新、科技创新、管理创新，积极培育和提升核心竞争力，形成了以市场带动科研、以科研促进生产、以生产服务市场的良好循环轨道。

法人代表：周文春

地址：湖南省湘潭市岳塘区建设中路7号
邮编：411104
电话：0731－58523214、58561602
传真：0731－58561602
网址：www. hnprc. com

广东省造纸研究所有限公司

广东省造纸研究所有限公司(以下简称“省造纸所”)创建于1973年，位于广州市新港西路154号，占地面积7500米^2，是广东省唯一的省级造纸研究所，是“广东省高新技术企业”。省造纸所内建设有“广东省造纸技术与装备公共实验室”“广东省造纸精细化学品工程技术研究中心”，并通过了ISO 9001质量管理体系认证。拥有一支高素质(包括教授级高工在内)的工程技术人员队伍，全所在职职工57人，专业技术人员25多人。省造纸所以“打造品牌、开拓创新、持续发展”为宗旨，全体职工团结一致，共同奋斗，创造了优秀的业绩。

经过40多年的发展，省造纸所发展呈现出喜人局面，市场销售网络日趋成熟，经济、社会效益和企业知名度不断提高，企业信誉良好，已发展壮大成为业务范围涵盖造纸行业科研、开发、产品检测与鉴定、技术咨询、技术服务、技术培训、技术承包和项目设计，销售造纸原料、造纸仪器等多方面业务，集科研开发、检验检测、生产、销售于一体的多元化科技企业。每年承接省技监局、工商局、海关等政府机构的抽样检测任务。主要产品有PPE造纸湿强剂、干强剂、剥离剂、柔软剂，白钢纸、阻燃型绝缘钢纸板、复印纸等，是省内多家大型造纸企业的原料供应商。

省造纸所拥有1000多米^2 的专业试验室，拥有完备的小型试验和中型试验装备，有设备齐全的制浆工艺研究室、造纸实验室、涂布加工纸实验室纸张物理性能实验室、纸张化学性能实验室和无菌实验室等。近年来，该所共承担省级以上科研项目20多项，拥有专利技术近22项，曾获得省部级奖励10多项。目前省造纸研究所在全国同类造纸科研院所中，科研综合实力排在前3名。

国家轻工业纸张质量监督检测广州站、广东省质量监督造纸产品检验站(下简称检验站)设在省造纸研究所内，是政府授权检测机构，检验站成立于1978年，1989年获得国家质量监督检验检疫总局和广东省质量技术监督局的认证和审查认可，其后多次通过了复评审，被授权具有造纸和包装产品159个品种及物理、化学、光学性能等52个参数的检验资格，检验设施完善，设备先进，拥有华南地区检测装备最为先进、实力最强的造纸专业检测室，在国内同类检验站处于领先水平。省造纸所是全国造纸标准化委员会第三分技术委员会主任单位，秘书处设在检验站。检验站致力于做好造纸标准化的推广和宣贯，近年先后主持制定国家标准、行业标准、地方标准10多项，2010年被评为标准化制定突出贡献单位。

省造纸所和广东省造纸学会合办了《造纸科学与技术》期刊。近年来所内科技人员在国内核心刊物和省级以上刊物上发表论文多篇。

省造纸所科研产业化基地位于增城市中新镇大田工业区内，基地占地面积为25000米^2，已建成了1800多米^2 的造纸助剂生产车间、纸张整饰及涂布加工纸生产车间和特种纸车间，具有年产7000吨造纸助剂的能力。自主研发的造纸助剂、冷压自粘胶带纸、阻燃钢纸等科研成果已实现产业转化，经过多年的市场培育，造纸助剂形成的产业规模，助剂年产销量达到3000吨，省内外100多家造纸及相关企业使用我们的产品。

法人代表：胡大鹏
地址：广州市海珠区新港西路154号
邮编：510300
电话：020－34300901
传真：020－34300901
业务电话：020－34300599
邮箱：zaozhisuo@ qq. com
网址：www. gdzaozhisuo. com

中国轻工业南宁设计工程有限公司

中国轻工业南宁设计工程有限公司(以下简称“中轻南宁公司”)创建于1974年，前身为轻工业部南宁设计院、中国轻工业南宁设计院。2002年12月改制成为由国务院国资委监管的中央企业——中国轻工集团有限公司下属的科技型企业，2017年改制重组后，成为保利集公司所属中国轻工集团有限公司下属科技型企业。2010年荣获高新技术企业证书。

中轻南宁公司持有国家颁发的工程设计甲级、工程咨询甲级、工程总承包甲级、工程建设监理甲级、工程造价甲级、机电安装工程施工总承包贰级等多项资质证书，建立了严格规范的现代企业管理制度，获得了质量、环境、职业健康安全管理体系认证证书。

40 多年来，中轻南宁公司专业从事轻工、纺织、民用建筑、制糖、制浆造纸、食品发酵、烟草、林产化工、化工石化医药、商业、现代物流、粮油加工、电子、工业电力、市政环保、自动化等多领域中的工程咨询、工程设计、工程监理和工程总承包等，创造了优异的业绩。公司建立了完备的工程咨询、设计、监理、项目管理和采购、施工管理、培训、开车试运行、生产管理等工程总承包业务链，能够为业主提供高品质的工程建设全过程服务。

中轻南宁公司专业配套齐全，技术力量雄厚，服务领域宽阔。该公司设立了制糖、制浆造纸、食品、纺织、机械、设备、日用化工、制药、发酵、冷库制冷、建筑、结构、规划、总图运输、给水排水(包括污水处理)、热能动力、电气、自控仪表、采暖通风空调、气体供应、环境保护、园林绿化、技术经济、工程造价、计算机应用、工程管理、法律、国际贸易、外语等 20 多个专业。公司现有员工 500 余人，各类专业技术人员 460 余人。其中，国家级轻工行业设计大师 1 人，享受国务院政府特殊津贴的专家 2 人、教授级高级工程师 46 人、高级工程师 90 人、工程师 165 人。各类国家注册工程师 215 人。

中轻南宁公司凭借先进的技术、优质的服务、良好的信誉和勇于创新的精神，大力开拓国内外市场并获得了丰硕成果，累计完成了工程设计、工程咨询项目 5450 多项，工程监理项目 880 多项和工程总承包项目 70 多项，项目遍及全国各地、东南亚、东欧及非洲部分国家。

中轻南宁公司始终坚持技术创新，在多个行业工程建设领域中取得了众多先进的技术成果，获得了 430 多项国家和省部级科技进步奖、科技成果奖和优秀工程咨询、设计、总承包奖。拥有一批高水平的发明专利、实用新型专利和专有技术，被评为中国优秀勘察设计企业、中国勘察设计行业“创优型”企业。

中轻南宁公司秉承“海纳百川、诚信至上、人为根本”的核心价值理念，以“对客户负责、对员工关爱、对股东回报、对社会贡献”为企业宗旨，发扬“与时俱进、求真务实、沟通协作、追求卓越”企业精神，以不断改进的技术和管理，向国内外客户提供规范的工程建设全过程服务，确保客户满意。

法人代表： 唐明明

地址： 广西壮族自治区南宁市星光大道 42 号

邮编： 530031

电话： 0771 – 4800448、4800440

传真： 0771 – 4830802

邮箱： office@ cndc – pl. com

网址： www. ndcchina. com

重庆造纸工业研究设计院有限责任公司

重庆造纸工业研究设计院有限责任公司是重庆再升科技股份有限公司的全资子公司。该公司始建于 1953 年，是我国制浆造纸工业和轻工军工重要综合性科研和生产基地；是重庆制浆造纸工程中心和重庆市高新技术企业；集产品开发、生产和销售于一体的现代化公司。

公司为国家轻工业纸张质量监督检测重庆站、重庆市造纸产品质量监督检验站和重庆造纸计量站所在地。拥有完备的制浆造纸和特种纸科研及中试手段。拥有大量的科研成果和雄厚的科研实力，拥有一批高素质的管理、科研及生产型人才；拥有健全的现代化管理体系，通过了 ISO 9001 – 2000 质量管理体系认证以及 IATF16949 汽车体系认证和军工生产许可证等，为玻璃纤维制品生产奠定了优质的基础。

公司在特种功能纸材料方面，特别是在 AGM 隔板、玻璃纤维空气过滤、液体过滤、油气分离过滤、VIP 芯材等方面的研制、生产、技术装备和检测手段方面处于国内领先地位。自 2017 年始，公司全力生产 AGM 隔板，势将我院建设成为国内最大的 AGM 隔板生产基地。

法人代表： 于阳明

地址： 重庆市南岸区茶园新区蔷薇路 26 号

邮编： 401336

电话： 15111985561

传真： 023 – 62489094

邮箱： joneren@ cqzzgy. com

网址： www. cqzzgy. com

中国轻工业成都设计工程有限公司

中国轻工业成都设计工程有限公司(原中国轻工业成都设计院)始建于 1958 年 9 月，2002 年 12 月改制为国有控股公司，中国保利集团公司所属中国轻工集团有限公司所属的上市公司“中国海诚工程科技股份有限公司”(深市代码 002116)的全资子公司，是从事工程咨询、设计、监理、工程总承包的科技服务型企业。公司通过质量、环境、职业健康安全管理体系认证，系“高新技术企业”“四川省重合同守信用企业”“成都市模范单位”和“成都市劳动关系和谐企业”。

公司现有从业人员 370 余人，拥有各类专业人员 350 余人。其中高级职称以上 100 余人，注册建筑、结构、化工、电气、公用设备、城市规划、咨询、环评、监理、造价、建造等各类专业注册资格人员共计 170 余人次，工程类技术人员占从业人员总数的 90% 以上。

公司持有轻纺、建筑、商物粮、电力、环境工程、化工石化医药、市政、农林等行业的工程设计资质证书、工程造价甲级资质证书、工程监理综合资质证书、压力管道设计许可证及工程咨询甲级资信证书。经过 60 余年的发展沉淀，公司已形成包括工程咨询、设计、监理/项目管理、工程总承包、全过程咨询在内的工程建设领域完整业务链，能为业主提供优质的全程服务。

公司业务涉及全国 20 多个省市自治区及境外 20 多个国家和地区，在制浆造纸、食品、冷链物流、烟草、制糖、白酒酿造、塑料、皮革等领域具有较强的影响力，坚持致力于工业企业智能化升级改造，是西南地区轻工行业科技服务龙头企业。

60 年来，公司先后承担了国内外工程咨询、工程设计、工程监理和工程总承包项目 5000 多个，获得各类奖项近 200 项，其中，广安华蓥竹浆项目以及宜宾天竹竹纤维浆粕项目荣获部优工程咨询一等奖，宜宾纸业股份有限公司整体搬迁技改项目荣获轻工业勘察设计一等奖；缅甸糖厂荣获中国勘察设计协会与中国工程咨询协会的“工程总承包银钥匙奖”；川渝中烟长城雪茄烟厂荣获全国优秀工程咨询成果一等奖，在“全国勘察设计行业庆祝新中国成立 70 周年系列推举活动”中被推举为优秀勘察设计项目；甘肃烟草工业有限责任公司天水卷烟厂易地技改项目获飞天金奖；东汽汉旺生产基地灾后异地重建项目、山西昆明烟草有限责任公司“十二五”易地技术改造项目获住房和城乡建设部颁发鲁班奖。

公司奉行“海纳百川，诚信至上，人为根本”的核心价值理念，本着“赋能客户，关爱员工，贡献社会”的企业宗旨，以“专业、专心、专注”的企业精神为海内外客户提供技术先进、经济合理、安全适用的科技服务。

董事长：崔玉琦

总经理：王康健

联系人：罗建雄(13111868788)

地址：四川省成都市少城路 9 号

邮编：610015

电话：028 – 86630940、028 – 86634360

传真：028 – 86643706、028 – 86634360

邮箱：qrsjljx@ 126. com

网址：www. qrsj. com

中国轻工业西安设计工程有限责任公司

中国轻工业西安设计工程有限责任公司是隶属于中国海诚工程科技股份有限公司的子公司，前身为中国轻工业西安设计院，成立于 1958 年，2003 年改制为有限责任公司，是集工程总承包、工程咨询、工程设计、工程监理、工程项目管理等多种功能于一体的知识密集型、技术密集型国有科技企业。

公司拥有国家颁发的轻纺、建筑工程设计甲级、工程咨询甲级、环境影响评价甲级、工程监理甲级资格证书，电力、电子通讯、广电、化工、石化、医药、农林、商物粮、市政公用工程、城市规划，劳动安全评价、压力容器、压力管道工程设计资格证书，以及对外经济技术合作、出口企业资格证书和工程招标代理、工程总承包等资质。

公司拥有一支高素质的技术及管理队伍，现有各类工程技术人员 200 余人，其中享受政府津贴专家 2 人，国家注册咨询(投资)工程师 14 人，注册化工工程师 20 人，注册公用设备工程师 8 人，注册电气工程师 7 人，一级注册建筑师 7 人，注册规划师 1 人，一级注册结构工程师 8 人，注册造价师 10 人，注册监理工程师 28 人，注册岩土工程师 1 人，注册环境评价工程师 9 人，注册会计师 2 人，注册建造师 5 人，注册安全工程师 11 人，注册环保工程师 2 人，注册机械工程师 4 人，注册设备监理师 1 人。拥有专业类别齐全的技术力量，包括制浆造纸、甜菜制糖、食品发酵、生物生化、日用硅酸盐、皮革、化工、农林、机械、物流、纺织、自控仪表、建筑结构、总图运输、供发电、热力、给排水、环境工程、暖通、空调、制冷、技经分析、工程造价、电子通讯等。公司长期从事制浆造纸、食品发酵、甜菜制糖、皮革轻化、农副产品加工、畜牧产品加工、民用建筑及市政公用工程等行业的咨询设计和项目管理服务，积累了丰富的经验，近年来在生物能源、小型火电工程、环境工程、工程总承包和项目管理方面又有了新的开拓和发展，能为业主提供各类项目服务。

60 多年来，公司完成了 3000 余项轻纺、化工、电力、医药、市政、环保和民用建筑大中型工程项目，业务遍及全国 30 多个省、市、自治区和越南、泰国、马来西亚、巴基斯坦、叙利亚、苏丹、白俄罗斯、土库曼斯坦等国家和地区。荣获国家、省、行业各类奖励 60 余项，为国内外轻纺及相关行业的发展做出了重要贡献。

公司具备健全的组织机构，完善的技术、经营、生产、财务管理制度，2000 年通过了 GB/T 19001—ISO 9001 质量管理体系认证，2010 年通过 GB/T 24001—2004 环境管理体系认证，GB/T 28001—2001 职业健康安全管理体系认证，在生产及管理方面实现了电子化、网络化、信息化。

公司坚持"持续改进质量、环境、职业健康安全管理体系，满足建设工程服务要求"的管理方针，热忱为国内外客户提供工程建设全方位、全过程的优质服务。

董事长：戚永宜

总经理：尚宇笑

地址：陕西省西安市柿园路 222 号

邮编：710048

电话：029－82487813

传真：029－82487815

邮箱：sj1@ haisum－xa. com

网址：www. haisum－xa. com

甘肃省轻工研究院有限责任公司

甘肃省轻工研究院有限责任公司（原甘肃省轻工业科学研究所，2001 年 9 月改制为甘肃省轻工研究院，）始建于 1959 年，是甘肃省最早成立的以轻工、化工研究开发为主的科研院所。2017 年 12 月，按照省委省政府关于省直部门管理企业脱钩改制的相关要求，甘肃省轻工研究院改制为有限责任公司。目前，甘肃省轻工研究院有限责任公司是集科研开发、技术服务、成果转化、工程咨询、清洁生产审核、节能评估报告编制及审核、第三方节能量审核、产品检验、技术培训为一体的应用开发研究单位，是甘肃省重点科研院所、国家高新技术企业。

公司现有职工 91 人，其中，正高级工程师 5 人，高级工程师 20 人，中级职称 21 人，初级职称 18 人，研究生学历 11 人，在职读博士 1 人；注册咨询工程师 13 人，国家清洁生产审核师 7 人，节能评估师 9 人；甘肃省领军人才 2 人，省级学科带头人 1 人，省级科技专家、工程咨询专家委员会成员 6 人。多年来，公司秉持"一手抓创新、一手抓成果转化与服务"的发展理念，通过科技创新能力的提升和创新服务体系的建设，不断提高自身的创新发展能力，进一步凝练形成"3＋1＋1"的创新重点和优势学科，提升公司科技创新能力、成果转化能力、检验检测能力、技术服务能力，满足科技发展需要，为行业企业的技术进步、产业的发展发挥了积极作用。公司的主要业务包括：

食品发酵：围绕西北特色农产品、乳制品及畜产品、食品、生物发酵技术的研发、技术集成与工程化开展科技创新研究。

天然产物萃取分离及中药材开发应用：研究天然产物和中药材的有效成分的提取、技术集成和在大健康产业中的应用开发。

造纸与环境资源：重点开展造纸、农产品深加工领域废渣、废水的处理和综合利用。

检验检测：提升在食品、日化、食品接触材料方面的检测能力，开展新的检测方法及快速检测的研究。

中试与服务：不断改善中试条件，利用已建成的中小企业公共服务平台提供线上、线下服务，扩大服务范围。

根据产业发展的需求，开发新技术、新产品，做好产学研合作及科技成果的转化。公司拥有农产品深加工、天然产物有效成分提取、食品发酵、生物技术等方面的科研成果和先进技术 260 多项，开发马铃薯和玉米淀粉及变性淀粉、特种葡萄酒、苦荞萌动茶等具有地方特色的新产品 30 多个，研究推广具有我省地方特色的油橄榄、紫苏、当归等天然植物资源有效成分提取分离技术、科研成果和先进工艺技术 50 多项。自主研发 3 个新产品，获国家保健食品注册批件，已转让企业并形成产业化。申请发明专利 10 项，已授权 4 项，均在企业转化。

公司常年为甘肃省及周边省市中小企业提供工程咨询服务。服务范围从轻工扩大到化工、冷链物流、生物医药、清洁生产、节能评估、节能量审核等领域，服务对象从单一企业扩大到产业园区和工业园区。近年完成工程咨询项目 800 多项，帮助企业争取建设资金数亿元，使众多小微企业发展为规模以上企业。公司下属甘肃中轻轻工产品质量检验检测有限责任公司，每年承担着甘肃省质量技术监督局和各级主管部门安排的轻工产品检测任务及企业委托的检测和仲裁工作，并受企业委托，制定企业标准。

近年公司科技成果获得国家级、省部级科技进步奖3次；获省优秀工程咨询成果奖15次；获得发明专利授权4项，帮助企业申请并获得发明专利授权3项；获国家科技部“技术市场金桥奖”；农副产品深加工创新团队获“甘肃省五一劳动奖状”和“全国工人先锋号”荣誉称号；2016年获得“中国轻工行业科技创新先进集体”称号，2018年获得“全国轻工行业先进集体”称号。

公司以科技创新与服务平台建设为中心，通过团队培养和能力提升，承担建设了国家级“西北特色农畜产品深加工国家地方联合工程研究中心”“甘肃省检验检测服务平台”“甘肃省特色农产品深加工科技创新服务平台”，甘肃省生物发酵重点实验室、天然产物萃取分离工程技术研究中心等创新平台；培养了甘肃省天然产物提取科技创新团队、甘肃省农产品深加工生物发酵创新团队；建立了“甘肃省中小企业公共服务平台网络省级枢纽平台”“兰州科技大市场分市场”“96871众创空间”等服务体系，可为中小微企业提供线上与线下、窗口与后台、平台入驻与远程孵化等全方位服务。

在单位管理建设方面，公司按照甘肃省“科技30条”的相关要求，进一步解放思想，重新制定和修改完善我院关于科技创新、成果转化、技术服务等相关管理制度和激励机制。主要有《关于发表论文、完成科研成果或获奖、咨询成果获奖、获得发明专利、技术转让等奖励办法》《仪器设备采购及管理制度》《实验室管理及检查制度》《预研基金和青年发展基金管理办法》《关于加快人才培养的若干意见》《科技创新团队建设实施办法》《甘肃省轻工研究院保密制度》《甘肃省轻工研究院网站管理办法》《甘肃省轻工研究院创新之星人才培养实施方案》等10多项。

为了进一步提升甘肃省轻工研究院科技创新能力，持续做好创新与服务工作，在现有基础之上，持续投入，通过进一步完善服务体系架构、创新服务模式、细化服务项目，增强服务功能，提高服务人员水平等措施，推动我院科研开发能力向专业化、协同化方向发展，促进我院科技创新能力迈上新台阶。

董事长/法人代表：张永显

地址：甘肃省兰州市城关区金昌南路101号

邮编：730000

电话：0931－8126511、8123328

传真：0931－8124557

网址：www. gsqgyjy. com

中国轻工业广州工程有限公司

中国轻工业广州工程有限公司（以下简称“GDE”）是中国轻工集团有限公司下属公司，是一家拥有大批优秀专业人才和技术资源，集工程设计、工程咨询、工程总承包、项目管理和工程监理于一体的、可为工程建设提供全过程综合服务的科技型高新技术企业。

GDE自1953年成立至今已有60多年，伴随国家机构的改革和自身发展，先后更名为“中央人民政府轻工业部轻工业管理局设计工程公司”“食品工业部广州制糖工业设计院”“第一轻工业部广州轻工业设计院”“轻工业部广州轻工业设计院”“轻工业部广州设计院”“中国轻工业广州设计院”“中国轻工业广州设计工程有限公司”。

GDE持有工程设计、工程咨询、工程总承包、工程监理甲级证书；城市规划、压力容器、压力管道等专项设计证书；质量、环境、职业健康和安全管理体系认证证书；建筑业施工总包和对外经营权。现有工程技术人员500多人，拥有国家级设计大师2人、教授级高级工程师50多人，高级工程师近100人，以及大批经验丰富的国家注册建筑师、规划师、结构师、化工师、造价师、建造师、监理工程师和各类专业工程师，专业配套齐全，技术力量雄厚，在清华科技园广州创新基地拥有1.4万米^{2}建筑面积的3栋办公大楼。

GDE长期从事国内外各类工业及民用建设项目业务，主要从事的行业包括生物发酵、制糖、新能源与环保工程、民用建筑、食品饮料、商粮、医药、化工、家电、电子、建材、制浆造纸、机械设备、市政工程、室内装饰、小区规划等，并随着世界经济的发展不断开拓新业务。

GDE自成立迄今完成的大中型工程项目已超过了5000多项，其中包括有大批外资工程和中外合资工程，并先后完成了20多个国家的40多项境外工程，在工程领域取得了丰硕的成果，获得了国家级或部级、省级优秀工程设计奖、优秀工程项目管理奖或优秀科研奖、优秀业务建设奖的项目300多项，并代表国家轻工行业主编《甘蔗糖厂设计手册》《甘蔗糖厂设计规范》《啤酒厂设计规范》《麦芽厂设计规范》《酒精厂设计规范》《啤酒工业手册（下册）》等设计规范和设计手册共8项。

GDE 将一如既往的贯彻执行"技术先进、质量优良；预防污染、安全健康；持续改进、顾客满意"的管理方针，以一流的专业水准和良好的职业道德，为国内外客户提供优质服务。

董事长/法人代表：罗　军

地址：广东省广州市番禺区创启路 63 号清华科技园 9 号楼

邮编：511447

电话：020－81326513

传真：020－81325759

邮箱：gzgs@ gdecn. com

网址：www. gdecn. com

轻工业设计研究院(新疆)控股有限责任公司

轻工业设计研究院(新疆)控股有限责任公司前身为新疆轻工业设计研究院，成立于 1958 年，是新疆唯一从事轻纺工业勘察设计、研究、工程咨询、轻工产品质量监督检验、工程监理、工程总承包和国外承包工程劳务合作经营等业务的综合性勘察、设计、研究单位，2001 年 3 月完成了企业化转制。公司现有专业技术人员 122 人，其中高级职称以上 50 多人，国家一、二级注册建筑师 14 人，国家一级注册结构工程师 5 人，国家注册监理工程师 25 人，注册造价工程师 5 人，其他注册工程师 30 余人。

公司在 2000 年 10 月通过"工程咨询、工程设计(含设备设计)"ISO 9001 和"工程建设监理"ISO 9002 标准质量体系认证，2003 年通过了换版认证。公司全力推广 CAD 技术，是新疆 CAD 应用先进单位，微机装备达到先进水平，拥有先进的计算机局域网络，CAD 出图率达到 100%，被国家科技部授予"全国 CAD 应用工程示范企业"，并获得"自治区 CAD 应用先进单位""自治区勘察设计行业 CAD 软件正版化示范单位"称号，获"自治区级文明单位"称号，2007 年取得首批"新疆勘察设计行业诚信单位"称号。

公司拥有轻纺、建筑、商物粮行业工程设计，工程咨询，房屋建筑工程监理、设备安装工程监理甲级资质；化工石化医药、农林、市政公用工程、电力行业工程设计乙级资质；压力管道 GB 类(GB2 级)、GC 类(GC2 级)设计资质；工程勘察、城市规划编制咨询、工程总承包乙级资质；国外承包工程劳务合作经营许可证及进出口企业资格证书。所从事的轻工行业工程有：甜菜制糖、食品、发酵、啤酒、麦芽、果酒、白酒、饮料、乳制品、味精、各类罐头、制浆造纸、毛革毛皮及其制品、塑料制品及节水灌溉设施、农副产品加工、制盐及盐化工、日用化工、日用硅酸盐等。

公司近年来获得国家级、部级及自治区级和市级各种优秀设计、咨询、勘察奖项数 10 项。其中，年产 2 万吨农用节水滴灌材料项目获"2004 年国家优秀设计金奖"、自治区"第十二届优秀工程设计一等奖"，国家康居示范工程华美·文轩家园 2006 年获"国家康居住宅示范工程建筑设计金奖"。公司拥有国家专利局授予的 2 项发明专利、10 项实用新型专利。

董事长/法人代表：卢向豹

地址：新疆维吾尔自治区乌鲁木齐市新华北路 8 号红山新世纪大厦 A 座 31 层

邮编：830004

电话：0991－8861777、8862777

传真：0991－2826506

邮箱：dL@ xjdl. cn

（曹凯月）

国家认定的造纸企业技术中心简介

Introduction to National Certified Technical Centers of Papermaking Enterprises

山东晨鸣纸业集团股份有限公司技术中心

山东晨鸣纸业集团股份有限公司技术中心（简称“晨鸣集团企业技术中心”）成立于 1996 年，1999 年 3 月被山东省政府认定为省级企业技术中心，2000 年 1 月被国家发展改革委等部门认定为国家企业技术中心。

晨鸣集团企业技术中心设有制浆工艺研究室、文化用纸工艺研究室、涂布印刷纸工艺研究室、特种纸工艺研究室、造纸助剂技术开发研究室等。研发设施齐全，技术装备先进，拥有国际先进的双管循环药液蒸煮器、纸样抄取器、高剪切黏度计、微观扫描仪、电动涂布机、实验用超级压光机、抗张强度测试仪、高精度厚度仪等一大批制浆造纸研究检测仪器和设备 300 多台（套），可进行多种新产品、新技术实验室小试，技术研发能力处于国内同行业领先水平。

晨鸣集团企业技术中心加大人才队伍建设，保持企业创新活力，同时持续跟踪行业发展动态，进行广泛的产学研合作，及时发掘国内国际先进技术，提高企业创新能力。晨鸣集团以科研平台为依托，积极与南京林业大学、齐鲁工业大学、天津科技大学、青岛科技大学、中国林业科学研究院林产化学工业研究所等研究机构和高等院校开展产学研合作，开发高附加值浆纸产品，培养了一大批技术水平高、实践经验丰富的专业技术带头人，形成广泛的技术合作网络，实现了企业资金与科研院所前沿技术优势互补，加速科技成果的快速转化。

技术中心研究成果、专利及获奖情况：

（1）知识产权建设。共获得国家专利授权 370 余项，其中，发明专利 31 项，涵盖热磨化学机械浆、化学浆、再生纤维浆、涂布纸、防伪纸等技术领域。

（2）科技成果情况。先后获得国家新产品 7 项、省级以上科技奖励 16 项、山东省优秀新产品及优秀成果 16 项。

（3）承担科技项目情况。先后承担国家科技项目 5 项，省级科研项目 67 项。

法人代表： 陈洪国

地址： 山东省寿光市农圣街 2199 号

邮编： 262700

电话： 0536－2158571

传真： 0536－2156111

邮箱： cmbgs09@163. com

网址： www. chenmingpaper. com

华泰集团有限公司技术中心

华泰集团有限公司技术中心组建于 1997 年，1999 年被认定为省级企业技术中心，2001 年被认定为国家企业技术中心，是一家含废纸综合利用工程技术研究中心、造纸废弃物综合利用实验室、节能节水与废水资源化实验室等 8 个科研所的大型企业技术中心。

技术中心现有员工 379 人，高级专家 36 人，中高级职称 200 余人，形成了以博士、硕士及高级工程师等为核心的研发团队。团队中 3 人享受国务院特殊津贴、1 人入选科技部创新人才推进计划、4 入选山东省泰山产业领军人才（泰山学者）建设工程。中心拥有扫描电子显微镜、气相色谱质谱联用仪、实验室压光机、涂布机、粒度分布仪、超高剪切黏度计、动态滤水仪等一大批国际一流的实验检测仪器。实验仪器设备原值达 1.7 亿元。依托完备的实验设施和充足的科研经费，中心重点开展二次纤维回收利用、高得率清洁制浆、造纸废弃物资源化利用等领域的研究。

多年来，技术中心贯彻落实科学发展观，不断加大科研投入，技术创新工作取得了丰硕的成果。中心先后参与了十三五国家重点研发计划“高效清洁制浆与功能化产品生产技术研究”1 项；“生物质基废纸再生环保助剂的研制及应用”“废纸制浆关键技术研究”等国家科技支撑计划项目 5 项；国家水体污染控制重大专项、山东省重大科技创新工程、山东省自主创新专项等省级以上科技计划项目 30 多项；累计申请专利 176 项，授权专利 107 项，其中，发明专利 21 项。制定国家（行业）标准 20 项，主持制定 5 项。获省部级以上科技奖励 26 项，其中，国家科技进步一等奖 1 项、二等奖 5 项，是造纸行业获国家科技进步奖最多的企业。

法人代表：李建华
总工程师：张凤山
地址：山东省东营市广饶县潍高路 251 号
邮编：257335
电话：0546 – 6888818
传真：0546 – 6888018
邮箱：jszx@ huatai. com
网址：www. huatai. com

中冶纸业银河有限公司企业技术中心

中冶纸业银河有限公司企业技术中心成立于 1995 年，2006 年被山东省经贸委认定为省级企业技术中心，2009 年被认定为国家企业技术中心。

技术中心研发场地面积 2000 多米^2，包括研发实验室、中心化验室、恒温恒湿实验室、原料检验室、配药室等。拥有纸页动态成形器、纤维质量分析仪、加拿大游离度仪、Zeta 电位测定仪、PCD – 04 胶体电荷测定仪、动态滤水仪、IGT 印刷适性仪、纸张匀度分析仪、L&W 粗糙度测试仪、激光粒度分布测试仪、TSO 测试仪等先进的仪器设备。

技术中心拥有专业技术人员 148 人，其中，具有中高级职称的 56 人，本科以上学历 121 人，形成了一支结构合理和业务水平较高的技术人才队伍。

近几年，技术中心自主开发了一系列高附加值且在行业内具有重要影响力的产品，主要有高白纯质纸、雅质纸（《舌尖上的中国》及作家出版社出版的《莫言文集》用纸）、象牙白纸（《朱镕基讲话实录》及《乔布斯传》用纸）、银河书纸、无碳原纸、单透膜原纸、水果保鲜纸、银河经典纸、微涂精印双胶纸、网销图书专用纸等。其中开发项目“雅质印刷纸的生产技术”及“高白纯质纸生产技术”通过了山东省科技厅的鉴定，其技术均填补了国内空白。

技术中心与陕西科技大学合作开发的“制浆和碱回收过程优化控制系统的研究与应用”项目荣获“国家科学技术进步二等奖”；国家火炬计划“草浆碱回收联产轻质碳酸钙研究”项目荣获“全国造纸行业节能减排优秀技术创新成果一等奖”及“中国轻工业联合会科学技术进步三等奖”；碱回收白泥精制碳酸钙荣获“国家重点新产品”证书；“10 万吨/日造纸废水深度处理及中水回用技术”项目获得“中国轻工业联合会科学技术进步二等奖”；技术中心与清华大学合作开发的“有机酸法制浆技术与工艺研究”及自主研发的“造纸混合污泥生产有机肥技术”“稳定并提高轻型纸白度的技术”项目通过了山东省科技厅的鉴定，技术水平均达到国内领先水平。

技术中心目前拥有有效专利 42 项，其中，发明专利 5 项。2012 年技术中心被中国轻工业联合会评为“‘十一五’轻工业科技创新先进集体”。

技术中心将进一步提高自主开发能力，深入开展特种纸及工业加工用纸开发、秸秆原料清洁制浆工艺研究，大力推广新技术、新工艺、新原料的应用，提高产学研合作力度，加大创新平台的建设力度，为持续提升企业经营业绩，加快制浆造纸技术新旧动能转换提供技术支撑。

法人代表：黎　铁
地址：山东省临清市西门里街 297 号
邮编：252600
电话：0635 – 2433932
传真：0635 – 2432932
邮箱：yhjszx@ 163. com
网址：www. cctyinhe. com

山东太阳纸业股份有限公司国家企业技术中心

山东太阳纸业股份有限公司企业技术中心 1999 年底成立，2002 年被认定为市级技术中心，2007 年被认定为省级技术中心，2010 年被认定为国家级企业技术中心。

（1）机构设置　技术中心由公司董事长、总经理李洪信任主任，副总经理、总工程师应广东任常务副主任，拥有研发人员 1000 多人，建筑面积 0. 5 公顷（5000 米^2），拥有符合 CNAS 标准的恒温恒湿实验室、20 多个专业实验室，包括生活用纸研发实验室、生物质材料实验室(溶解浆、木糖)、包装用纸、高端文化用纸、食品包装用纸研发实验室、制浆、环保实验室等，配备先进的制浆造纸实验仪器设备。

(2)科研课题及成果　承担了国家科技部“863”项目、国家重大水专项、“十二五”科技支撑计划、“十三五”重点研发计划、国家级企业技术中心创新能力建设项目等国家、省部级科研项目 60 余项，完成新技术、新产品、新项目 100 多项，先后获得国家、省部级奖 30 多项，其中，国家科技进步奖 3 项、国家技术发明奖 1 项。华南理工大学与山东太阳纸业股份有限公司等单位联合完成的“制浆造纸清洁生产与水污染全过程控制关键技术及产业化”项目，荣获 2019 年国家科技进步一等奖；“高性能木材化学浆绿色制备与高值利用关键技术及产业化”荣获 2021 年国家科技进步二等奖。

技术中心不断实现技术专利化，专利标准化，对创新成果实施有效保护，获得授权专利共计 154 项，其中，发明专利 40 项，国际发明专利 4 项，实用新型 98 项，外观设计 12 项，2021 年获得中国专利奖优秀奖 1 项；共主持参与 21 项国家行业标准的制订与修订。

(3)科研投入　技术中心不断加大科技研发经费的投入，2021 年研发费用 5.38 亿元，用于技术中心基础设施的建设、先进设备购置和科研开发经费，不断提高技术中心核心竞争力。

(4)产学研合作　技术中心与中国制浆造纸研究院有限公司、华南理工大学、齐鲁工业大学、陕西科技大学、天津科技大学等一批科研院所和高等院校建立长期合作关系，实现产学研紧密结合和优势互补。

法人代表：李洪信

总工程师：应广东

地址：山东省济宁市兖州区友谊路 1 号

邮编：272100

电话：0537－7928719

传真：0537－7928719

邮箱：zhangwei@ sunpaper. cn

泰格林纸集团股份有限公司企业技术中心

泰格林纸集团股份有限公司技术中心(以下简称“泰格林纸技术中心”)成立于 2000 年 3 月，并于同年 7 月获湖南省级技术中心认证。2005 年 10 月被国家发展改革委等部委认定为国家企业技术中心。泰格林纸技术中心拥有科技人员 150 人，其中，省市级专家 12 人，博士 1 人，硕士研究生 24 人，公司级技术专家 5 人，高级工程师 35 人，高、中级以上技术职称人数占技术中心总人数 70%，形成了一支知识层次合理，技术水平高，具有丰富实践经验的高素质创新人才队伍，逐步将技术中心打造成以企业为主体，以市场为导向，产学研相结合的科研团队。

泰格林纸技术中心承担着整个集团公司的新技术引进、消化吸收、推广应用及新产品开发、生产调研、林业研究、技术咨询服务职能；承担着制浆造纸、化工原材料的分析与检验、环境监测、造纸助剂的研发；承担着各类标准及新产品标准的制定、重大项目前期方案策划、知识产权保护与专利申报等专业领域的科研工作。

公司下属各子公司主要分布在湖南省内的岳阳、怀化等地市，为便于工作开展，各子公司分别成立了分技术中心。集团技术中心负责各子公司的科研项目和各专业技术、科研人员的归口管理，并对各子公司技术中心工作进行指导，对各子公司项目建设和技术改造项目编写可研报告、节能减排及生产系统工艺调研方案策划、生产系统波动提出改进建议和具体措施，为各子公司系统稳定运行、降低成本提供技术服务和技术支撑。

泰格林纸技术中心拥有专门用于试验研究、设计开发、项目前期策划于一体的科技办公楼，符合 ISO 标准的恒温恒湿实验室。该中心拥有专门的调研分析实验室，各类分析、检测、实验设施齐全。近两年又添置了一批国际先进水平的科研仪器和设备，科研开发条件居全国同行业之前列。

泰格林纸技术中心逐年加大企业科研开发经费的投入，研究开发经费支出占到销售收入的 3.5% 以上。中心大力开展科技研发活动，每年开展科技活动近 100 余项。中心研发的“意大利杨 APMP 新工艺制浆及其应用”是企业屈指可数、造纸行业中企业独立完成的获国家科技进步二等奖项目，其核心专利技术意大利杨盘磨漂白制浆工艺获 2007 年“第十届全国优秀专利奖”。意大利杨 APMP 制浆新工艺的研究应用，为我国速生丰产林高得率制浆技术的发展方面树立了样板，为缓解我国木材资源紧张局面、推动速生丰产林基地的建设、保护生态环境、带动地方经济发展等方面发挥了重要的作用。

泰格林纸技术中心已与世界著名奥地利安德里

茨公司、芬兰美卓公司、德国福伊特公司，加拿大林产品创新研究院、中国制浆造纸研究院有限公司、中国林科院林产化学工业研究所、华南理工大学、陕西科技大学、长沙理工大学等 20 多所知名高校和科研院所建立了产学研合作关系。2002 年，泰格林纸技术中心与中国林科院林产化学工业研究所合办研究开发机构，成立泰格林纸集团技术中心南京实验室；2006 年，与华南理工大学合作成立泰格—华工生物质化工合作实验室；2009 年泰格林纸加入林产化工产业技术创新战略联盟。公司拥有高得率制浆及其应用、高得率浆配抄高档文化用纸、碱回收白泥精制碳酸钙作造纸填料、精制轻量涂布纸生产技术、高档印刷纸轻量化关键技术、食品包装用纸生产技术、林业三剩物制浆技术等多项核心技术。

技术中心研究成果、专利及获奖情况：

(1)知识产权建设：获国家授权有效专利 90 项，其中发明专利 77 项。同时公司被评为国家知识产权优势企业。

(2)科技成果情况：获得国家级新产品 6 项，省部级以上科技进步奖 41 项。

法人代表：叶　蒙

总工程师：朱宏伟

邮编：414002

电话：0730－8590222

传真：0730－8561262

网址：www. tigerfp. cn

恒安集团技术中心简介

恒安集团技术中心成立于 2003 年，经多年管理变革及职能优化，逐步形成了以技术委员会与专家委员会为技术评估决策机关、下设 5 个技术管理部门及 6 个研究所的创新体系。2008 年，经国家五部委联合认定，授予该中心“国家认定企业技术中心”资格。2012 年 12 月，技术中心实验室被福建省科技厅认定为“福建省一次性卫生用品企业重点实验室”。2013 年，经 CNAS 评定委员会审定，CNAS 秘书长批准，恒安集团检测中心获国家实验室(CNAS)认可。

(1)主要职能　技术中心承担着恒安集团新技术、新材料、新工艺、新产品的研究开发、产品测试以及对制造系统的技术支持，负责制定并实施企业中长期科技发展规划，同时担负公司质量、标准、专利、成果等管理工作。2021 年度，技术中心研发项目立项 23 项，完成 19 项，科技费用投入总计 1. 7 亿元。

(2)研发成果　截至 2021 年，技术中心共取得科技成果 469 多项，经鉴定达到国际先进水平的科技成果 11 项；累计 2022 年 6 月，累计申请专利 678 个，授权发明专利 145 项，版权 2857 项；获省科技进步奖 8 次，多项地市级科技、专利奖项；2010 年获全国知识产权示范单位、全国质量工作先进单位、福建省第一批实施技术标准战略试点等称号，2016 年经联合国环保组织授予“国际碳金奖”，2019—2020 年连续两年入围企业标准“领跑者”，2021 年获“全国质量标杆”称号。

(3)研发设施　技术中心目前拥有中心实验室(产品研发、材料应用研究)、中心检验室和 4 个中试基地，仪器设备 6000 多万元，占地 5000 多米^2，各种仪器设备基本齐全，具备了试验、小试和中试的能力。

中心所属实验室拥有的研发及试验基础条件包括：产品测试、材料测试、化学测试、中试实验、数据信息等五大系统，配备有液相色谱仪、气质联用仪、傅里叶变换红外光谱仪、扫描电子显微镜、热重分析仪、差示扫描量热仪、万能拉力测试仪、婴儿动静态模拟测试系统、纸尿裤/卫生巾吸收速度测定仪、手感式柔软度测试仪、背胶剥离强度测试仪、球形耐破度测定仪、生活用纸吸水性测试仪、黏度计、密度计、自动折光仪等先进测试仪器，覆盖了《卫生巾(护垫)》《女性卫生裤》《纸尿裤 第 1 部分：婴儿纸尿裤》《纸尿裤 第 2 部分：成人纸尿裤》《卫生纸(含卫生纸原纸)》《纸巾》《厨房纸巾》《擦手纸》《湿巾》《卫生湿巾卫生要求》《一次性使用卫生用品卫生标准》等国家和行业标准的所有检测项目。

(4)科研团队　技术中心现有员工 281 人，其中博士 3 人，硕士研究生 12 人，高级职称 8 人，中级职称 16 人。

技术中心所辖“材料应用”“精细化工”“产品开发”“机电设备”“专利情报”等相关技术部门，均有高级工程师或以博士、硕士为主的技术带头人，涵盖了机电、化学、化工、非织造布、高分子材料、工业设计、材料工程、制浆造纸等不同专业背景，形成了老中青 3 代技术人员组成的梯次型创新队伍。

法人代表：施文博

总工程师：林一速

地址：福建省晋江市安海镇恒安工业城

邮编： 362261
电话： 0595－85708888
传真： 0595－85708666
邮箱： jszx@ hengan. com
网址： www. hengan. com

广西广业贵糖糖业集团有限公司企业技术中心

广西广业贵糖糖业集团有限公司企业技术中心［原广西贵糖（集团）股份有限公司企业技术中心］成立于 1996 年，是国家认定的企业技术中心。企业技术中心抓住技术创新 6 要素（企业、市场、人才、技术基础、资金、环境），制定企业创新规划和创新激励机制，充分实现创新资源的优化配置与创新活动的相互促进。

（1）组织建设　为了实现规范化、制度化，技术中心形成了领导重视、职工积极参与技术创新、产品创新、工艺创新的极好的创新环境和文化氛围。技术中心下属有博士后科研工作站、制糖研究所、造纸研究所、环保研究所、计算机信息中心“一站、三所、一中心”。

中心拥有各类专业工程技术人员 355 人，其中有博士后、博士、硕士和 300 多名本科学历的年龄结构合理的研究、生产、管理团队，具备非常强的新产品、新技术研究开发能力。企业技术中心根据企业发展需要，继续引进高素质的人才进行产品和技术创新，为研究开发工作提供更为有利的科研条件。为了拓展博士后研究工作的领域，企业博士后科研工作站先后招收了 8 名博士。博士在站期间做了多项研究，其中有 4 个课题的研究成果已应用于公司的生产实践中。

（2）创新机制建设　2018 年公司强化科技投入保障机制，确保研究经费支出额占产品销售收入 2% 以上，不断完善科技研发项目的年度计划、可行性分析机制，统一活动经费管理机制，建立适应新形势的科技经费监督管理和绩效评估体系，提高科技活动经费的使用效率及项目研发的取得的知识产权管理。

2018 年，根据公司内控制度管理要求，修订、整合的管理制度包括《财务管理实施细则》《信息系统管理制度》《网络与信息安全事件应急预案》《技术知识产权保密制度》《保密管理制度》《工程项目管理制度》《专利工作管理制度》《产品质量控制管理制度》《研发项目管理制度》等。

技术中心采取“走出去，请进来”等多种形式开展广泛的技术交流与合作，了解和掌握行业最尖端科学技术的研究发展状况和应用状况，及时引进、消化和吸收行业最尖端科学技术和应用技术，确保公司的产品科技含量和生产工艺技术处于同行业先进水平。

技术中心根据公司的实际情况和未来发展的要求，积极向国家知识产权局开展专利申请工作，截至 2018 年年底，获得授权的专利共 57 项，其中发明专利 12 项，实用新型专利 35 项、外观设计专利 10 项。

（3）基础设施建设　公司建立中心综合实验室，各种科研设备进行集中调配，并不断添置用于新产品开发和研究的实验仪器设备，既有独立的实验室，又实现了资源共享；同时配备了一批具有研发能力的工程技术人员，取得了可喜的科研成果。如具有先进水平的运用甘蔗渣制浆抄造中高档文化用纸和生活用纸技术、造纸白水回收技术、中段废水处理技术等。2018 年中心完成广西贵糖特种纸研究院筹建工作，提升造纸研发能力。

现在，企业技术中心已具备精制糖生产澄清工艺-糖汁碳酸法-离子交换树脂清净处理中试流程；膜超滤技术应用的设备与生产流程；高速试验纸机研发生活用纸新品种流程；以蒸煮器、筛浆机、打浆机、纸页成形器为主的造纸中试及新产品开发的设备和流程。此外，技术中心建立沼气提纯净化实验室，配备相应的分析仪器；IC 厌氧中试反应器 1 套；碳酸钙小试设备和流程，并配备颗粒测量仪器和水分快速检测仪各 1 套，能通过配置的软件进行数据的分析处理，制浆造纸废水好氧生化处理中试设备 1 套，特种纸研究中试设备 1 套。

法人代表： 朱　冰
地址： 广西壮族自治区贵港市幸福路 100 号
邮编： 537102
电话： 0775－4201380
传真： 0775－4260088
邮箱： gt4260088@ 163. com
网址： www. guitang. com

（曹凯月）

国内高校制浆造纸研究机构简介

Introduction to Pulping and Papermaking Research Institutions of Domestic Universities

江南大学造纸研发中心

江南大学造纸研发中心成立于 2003 年 12 月，具有制浆造纸工程硕士、博士学位点及博士后流动站。拥有专业教师 6 名，其中，教授 3 名，副教授 3 名，世界 100 强名校海归博士 3 名，另外 3 人也均具有 1 年以上海外访学经历；博士生导师 2 名，硕士生导师 6 名。截至 2020 年 12 月底，已毕业博士 9 名，硕士 52 名，博士后出站 9 名。目前在校硕士和博士生共 28 名，在站博士后 5 名。研发中心自成立以来，主持和承担各类科研项目 50 余项(其中国家级和省部级科研项目 20 余项)，获得发明专利 60 余项，在国内外学术刊物上发表学术论文 430 余篇(其中 SCI 收录论文 100 余篇)，出版专著 8 部。荣获国家科技进步二等奖 1 项、省部级科技进步一等奖 1 项、二等奖 4 项、三等奖 4 项、市局级一等奖 10 余项。另外，中心教师先后荣获中国造纸学会第五届青年科技奖(2005 年度)、江苏省科协“首席专家”、中国造纸学会第七届理事会学会优秀工作者、中国造纸学会特种纸专业委员会“中国特种纸产业技术发展贡献奖”、江苏省“青年骨干教师”“江苏省双创计划”和无锡市社会事业领军人才计划等多项个人荣誉。中心一直积极参与社会科技创新和服务体系建设，推进科技成果产业化，与国内外多家单位建立了全面合作关系，在高性能纤维纸基功能材料、特种纸、造纸和水处理等助剂和生物质综合利用等方面已初步形成了一定的特色。

隶属单位：教育部

法人代表：陈　卫

造纸研发中心主任：龙　柱

造纸研发中心所在学院：江南大学纺织科学与工程学院

地址：江苏省无锡市蠡湖大道 1800 号

邮编：214122

电话：0510 - 85912107

手机：13771579993

传真：0510 - 85912009

邮箱：longzhu@ jiangnan. edu. cn

网址：www. jiangnan. edu. cn

研究生招生：每年招收硕士生 4 ~ 7 名，博士生 1 ~ 3 名，另招收博士后不限。

研究方向：纸基功能材料和特种纸，造纸纺织和水处理等助剂，生物质综合利用。

浙江理工大学制浆造纸研究所

浙江理工大学制浆造纸研究所创建于 2003 年 9 月。现有专业教师 7 人，其中，教授 3 人、副教授 3 人，讲师 1 人，7 人都具有博士学位、有 4 名专业教师有出国留学进修 1 年以上的经历、有博士生导师 2 人、硕士生导师 6 人。研究所 2003 年 9 月在“材料加工工程”和“材料物理与材料化学”2 个硕士点招收制浆造纸工程和包装材料方向硕士研究生。2004 年 5 月申报成功“轻工技术与工程”领域工程硕士专业学位授权点。2004 年 9 月在“轻化工程”专业中开始招收制浆造纸工程专业方向本科生，在“轻工技术与工程”领域招收制浆造纸工程、包装材料和印刷技术方向工程硕士专业学位研究生。2008 年 9 月起在纺织工程学科博士点招收纺织材料方向博士研究生。在读研究生 72 名。

研究所主要研究方向有：植物纤维资源化学加工与生物转化利用，制浆造纸科学技术，制浆造纸化学品与废水处理技术和纸基功能材料和包装印刷材料等。主要在研科研项目有国家重点研发计划政府间专项子课题 1 项、国家重点研发计划项目子课题1项、国家自然科学基金2项、中国博士后科学基金、浙江省科技厅计划重点项目、浙江省公益技术应用研究计划项目、浙江省环保厅计划项目、浙江省自然科学基金、国家和省部重点实验室基金等国家级、省部级纵向项目40余项。

研究所成立以来主要研究成果有：获国家环保部环境科学技术进步二等奖1项、获国家科学技术进步二等奖1项，在国内外学术期刊和国际会议上发表论文600余篇，获国家授权发明专利50余件，培养硕士和博士生研究生（含在读）160余名，参编国家级统编教材1本（获国家级精品教材），一名教师获得“浙江理工大学教学名师”称号和香港桑麻基金会桑麻奖。

隶属单位：浙江省教育厅

所在学院：浙江理工大学纺织科学与工程学院

制浆造纸研究所所长：薛国新

地址：浙江省杭州市下沙高教园区西区2号大街928号浙江理工大学17号楼339室

邮编：310018

电话：0571－86843263

传真：0571－86843263

邮箱：xueguoxin@126.com

陕西科技大学造纸环保研究所

陕西科技大学造纸环保研究所（以下简称“研究所”）成立于2001年5月，由张安龙教授担任所长。研究所的前身是1988年成立的西北轻工业学院造纸环保研究室。2005年5月，为便于研究所的科技成果转化及产业化推广应用，经学校批准，研究所改制为法人单位。目前研究所设有技术开发部、装备制造部和技术咨询服务部。研究所现有工程技术人员35人，其中教授、高级工程师9人，工程师15人。团队成员大部分具有造纸和环保双学历，研究所聘请加拿大UNB大学倪永浩教授（加拿大工程院院士）担任技术顾问。研究所的业务范围包括市政污水及工业废水处理工程设计、技术咨询、BOT及EPC项目、环保设备制造与安装调试、水处理药剂研发及销售、工程调试及运营管理等。

2013年研究所获批为陕西省技术转移示范机构，2015年获批为陕西省研究生联合培养示范工作站，2019年研究所与陕西科技大学环境科学工程学院联合申报中国轻工业联合会，获批成立了中国轻工业水污染控制工程技术研究中心。

研究所依托陕西科技大学雄厚的科研实力和广泛的国际交流与合作渠道，并联合西安工程大学刘永红教授团队，西安交通大学贺延龄教授团队，在借鉴和吸收国内外环保领域先进技术的基础上，致力于工业及市政领域污染治理新技术的研究开发，以及科技成果的市场化、产业化、规模化。研究所已获20多项国家专利，并将专利技术转化应用到工程实际中。其中供气式低压射流曝气好氧生物处理技术及装备专利已在造纸、食品、化工等多个行业的废水处理及市政污水处理的200多个工程中得到应用；高速厌氧反应器技术及装备（专利号：ZL 2014 20050344.9），已在全国30多个造纸、果汁、淀粉废水处理中得到应用，并推广应用到伊朗赞詹省的造纸废水处理工程项目；Fenton流化床深度处理技术（专利号：ZL 2013 20281998.8，ZL 2016 21194316.X，ZL 2021 20405652.9）可满足更严格的环保排放要求。该技术药剂消耗量少，运行成本低，已在30多个实际工程中得到了成功应用；针对加强高浓废水生化系统微生物活性而研发的氮磷合剂，在工业废水生化处理系统中成功应用并推广。目前，环保研究所已完成造纸废水、食品加工废水、化工废水及市政污水等200多项废水处理工程项目，项目覆盖全国26个省、市、自治区，并扩展到伊朗、马来西亚、菲律宾等海外市场。

研究所先后承担国家、陕西省及地方多项废水处理技术研究重点科技攻关项目，项目均通过了相关机构的鉴定和验收，成果达到国际先进水平。研究及转化成果先后获得2019年福建省科学技术奖一等奖，2015年、2019年中国轻工业联合会科技进步奖二等奖，2015年陕西省科学技术奖二等奖，2018年咸阳市科学技术奖一等奖，2014年陕西高等学校科学技术奖一等奖等。

造纸环保研究所作为专业的高技术生态环保技术、装备及服务提供机构，将始终坚持以先进适用的技术和装备为支撑，在专业技术团队的共同努力下，致力于生态环境污染治理和保护，让环保扎根现在，用绿色昭示未来。

隶属单位：陕西科技大学

法人代表：张安龙

所长：张安龙

手机：13991006901

邮箱：anlongzh63@163.com

副所长：程丙军

手机：18009218993

邮箱：chengabing@126.com

总工程师：罗　清

手机： 13636738539

邮箱： luoqing@ sust. edu. cn

造纸研发中心所在学院： 陕西科技大学轻工学院 201 实验室、环境学院 302 实验室

地址： 陕西省西安市经济技术开发区凤城十二路凯瑞 B 座 704 – 705

邮编： 710021

电话： 029 – 89600026

传真： 029 – 89600026

邮箱： susthbs@ 126. com

网址： www. susthbs. com

研究生招生情况： 作为陕西省研究生联合培养示范工作站单位，每年与陕西科技大学联合培养 1 ~ 2 名博士研究生和 4 ~ 6 名硕士研究生。

研究方向：有机工业废水处理及废弃物污染控制技术。

湖北工业大学制浆造纸研究院

湖北工业大学制浆造纸研究院成立于 2016 年，为湖北工业大学直属科研实体。研究院目前拥有专职和兼职科研人员共 22 人，其中，教授 4 人、副教授 6 人、湖北省“楚天学者”特聘教授 1 名、湖北省有突出贡献中青年专家 1 名、享受国务院特殊津贴专家 1 名。实验仪器设备总值 1200 余万元，实验室面积 1200 米^2。

近 5 年来，研究院先后承担国家自然科学基金项目 7 项，省部级项目 30 项，企事业单位委托科研项目 80 项，其中，获省部级奖 5 项，国家发明专利 29 项，发表学术论文 450 多篇，其中有近 160 篇被三大索引收录。

制浆造纸研究院针对造纸行业的资源、环境以及产业升级等问题，在纤维原料的开发、绿色制浆新技术与污染控制、特种纸及纤维复合材料等领域进行了较深入的研究。立足于造纸工业纤维原料的可持续供给的要求，在速生制浆材的选育、化学成分特点、纤维素、半纤维素、木素等主要成分的结构和综合利用等方面做了大量的工作。主要研究高得率制浆等新型制浆工艺、污染控制技术及关键设备。近年来，在新型造纸法烟草薄片、装饰原纸、无甲醛纤维板、木素基聚氨酯保温材料等产品的研发方面做了大量的研究工作。

研究生招生情况：研究院十分注重高层次人才培养，每年招收 10 ~ 15 名研究生。其中博士研究生 2 名。近年来，国际交流也十分活跃，与日本名古屋大学、京都大学、美国佐治亚理工学院等院校建立了紧密的合作关系。

主要研究方向： 植物纤维资源化学、绿色制浆技术与污染控制、特种纸及纸基复合材料

隶属单位： 湖北工业大学

院长： 谢益民

地址： 湖北省武汉市洪山区南李路 28 号

邮编： 430068

电话： 027 – 59750459

传真： 027 – 59750459

邮箱： ppymxie@ 163. com

郑州大学制浆造纸研究所［造纸技术（河南）服务公司］

郑州大学制浆造纸研究所成立于 2003 年 6 月，是郑州大学校级科研机构，其职能主要是面向制浆造纸企业，进行全方位的产学研结合和技术服务，并将科研成果实施产业转化。

郑州大学制浆造纸研究所拥有一支高素质的科研开发队伍，现有人员 16 人，其中，特聘教授 1 人、教授 5 人、副教授和高级工程师 6 人、工程师 3 人。现有喷爆制浆、无氯漂白、特种纸等技术。郑州大学与美国、芬兰、俄罗斯、加拿大、日本、澳大利亚、韩国、中国台湾等国家和地区的 80 所知名高校建立了校际合作关系。2008 年 6 月引进外资与技术联合成立“造纸技术（河南）服务公司”，立足河南省面向全国对制浆造纸企业提供技术服务。

郑州大学制浆造纸研究所［造纸技术（河南）服务公司］为企业提供如下便利服务。

（1）项目建议书、可研报告的编写，项目论证、工程咨询、工厂设计、专利申报等。

（2）清洁生产、节能减排、环境评价方案的制定等。

（3）“四新”（新产品、新技术、新设备、新工艺）技术的鉴定和推广等。

（4）名牌（河南、中国）产品的推荐工作等。

（5）国际 ISO 9000、ISO 14000、ISO 18000（质量、环境、安全）咨询认证等。

（6）为企业提供免费法律咨询服务、律师聘请等。

法人代表： 王三保

单位负责人： 李尚武

地址： 河南省郑州市文化路 97 号

邮编：450002
电话：0371－63386906
传真：0371－63886906
邮箱：hnszzxh@126.com

华南理工大学造纸与污染控制国家工程研究中心

华南理工大学造纸与污染控制国家工程研究中心（以下简称“中心”）是国家发展改革委于1996年3月批准依托华南理工大学建设的国家科技发展项目。“中心”建设资金包括2800万元及世界银行贷款300万美元。2005年通过国家发展改革委建设验收，先后通过两年一度评价5次，均获得良好评价结果，被授予“重大成就奖”称号。2015年完成了由国家发展改革委批准投资3000万元的创新能力建设，完成多项技术研发平台建设，提高了“中心”技术成果工程化能力，为行业技术升级和产业结构调整提供了有力支撑。

“中心”是集高新技术装备研发推广和人才培养于一体的工程化技术和装备研发机构，是科研成果向生产力转化的“通道”，是高新技术与产品的创新研发平台，其建设宗旨是将国内外有市场价值的重要科研成果进行后续工程化研究和系统集成，开发制浆造纸行业节能减排清洁生产、污染治理、特种纸基材料等工程化共性集成技术与装备，提升我国制浆造纸节能减排清洁生产和特种纸基材料和产品技术水平。

目前，“中心”建设了多个工程化技术研发平台，包括“制浆造纸废水循环回用技术研发平台”“节能技术与装备研发平台”“制浆造纸废弃物资源化研发平台”“特种纸与纸基复合材料研发平台”和综合实验室。“中心”下设清洁生产、环境与生态、纸页成形、节能技术、特种纸基材料、固废资源化等技术、装备与产品研发部门。在制浆造纸清洁生产、纸浆绿色漂白、造纸废水处理与生态循环回用、企业系统能耗优化、高效节能中浓磨浆、固废资源化利用、特种纸基功能材料等方面的技术和装备研发推广成绩卓越。

“中心”与相关大型企业建立了良好的合作关系，联合建设研发基地，实现技术与成果共享和对接，未来希望与更多的企业建立产学研合作关系。

“中心”建立了独立法人经济实体，进行高新技术和产品服务与经营。

“中心”现有各类人员50多人，包括正高级职称20人，副高级职称22人和中级职称6人。其中，具有博士学位30多人，参研研究生近100人，研发设计经营人员配套齐全。

研究生招生情况：每年招收硕士、博士研究生和博士后40多人。

主要研究方向：制浆造纸清洁生产、环境工程、节能与控制、废弃物资源化利用、植物资源高效利用和特种纸基功能材料等。

依托单位：华南理工大学

主任：李友明

单位负责人：高　松

地址：广州市五山路381号华南理工大学
邮编：510640
电话：020－87112614
传真：020－87113840
邮箱：pperc@scut.edu.cn
网址：www.pperc.com.cn

广西大学造纸科学研究所

广西大学造纸科学研究所成立于1997年，隶属于广西大学，依托教育部“糖业及综合利用”工程研究中心、广西清洁化制浆造纸与污染控制重点实验室、广西清洁化制浆造纸与污染控制人才小高地、广西印刷包装工程技术中心等科研平台，其职能主要是面向企业，进行全方位的“产、学、研”合作，并将高等院校的科研成果实施产业化。经过20多年的建设发展，目前研究所已初具规模，并逐渐形成了自己的特色。研究所已成为广西壮族自治区制浆造纸、轻工环保等行业的主要研究单位，在国内同行业中具有较高的影响力。研究所拥有一支高素质的科研开发队伍，现有研究人员29人，其中，教授6人，副教授5人，拥有博士学位27人，留学回国人员18人，形成了结构较为合理的人才梯队。

研究所依托广西大学轻工与食品工程学院，拥有良好的基础设施和实验设备条件，其中，中试车间拥有小型制浆造纸生产线、工业有机废水厌氧及好氧中试线。实验室拥有液相色谱仪、离子色谱仪、电感耦合等离子体发射光谱仪、顶空气相色谱质谱联用仪、红外光谱仪、紫外光谱仪、流动分析仪、FS300纤维测定仪、Zeta电位仪、PFI磨浆机、TAPPI标准纸页成形器、包装材料透气性测试仪、包装振动实验机等大型仪器。还拥有ISO标准恒温恒湿纸张检测室，配备有L&W抗张度仪、TMI撕裂度仪、TMI 耐破度仪、PPS 表面粗糙度仪、IGT 拉毛强度仪等纸张性能测试设备。近年来，实验室不仅满足教师及学生的科研要求，还逐步办成了开放实验室，积极为企业提供分析检测服务，大大促进了企校之间的合作与交流。

近年来，研究所先后负责承担国家 863 计划重大项目 1 项，国家 973 计划项目 1 项，国家科技攻关项目 1 项，国家自然基金 16 项，广西重大专项 1 项，取得了多项科研成果，实现了产业化；先后获得国家技术发明二等奖 1 项、国家科技进步二等奖 1 项、广西特别贡献奖项、何梁何利科技创新奖 1 项、教育部技术发明一等奖 2 项、教育部科技进步一等奖 1 项，以及其他省部级科技奖励 7 项。大型二氧化氯制备技术及关键装备打破了我国造纸企业大型二氧化氯生产系统均为国外成套进口的现状，提高纸浆漂白过程的清洁化程度，推动造纸工业产业结构调整，成果已成功应用在 APP 集团印尼 IK-PP 浆厂(35 吨/日)和 LONTAR 浆厂、海南金海浆纸业有限公司(35 吨/日)、广西永鑫华糖集团有限公司等国内外 30 多家企业，获 2019 年度国家技术发明二等奖。以高浓有机废水高效厌氧处理、高效异相催化氧化等技术和装备为核心的成果已成功应用于俄罗斯赤塔州阿玛扎尔北极星纸浆工业联合体、白俄罗斯戈梅里州多布鲁斯市劳动英雄造纸厂、缅甸 CTMP 新闻纸厂、玖龙纸业(控股)有限公司、广东理文造纸有限公司、山东博汇集团有限公司等国内外200 多家企业，获得了2016 年度国家科技进步二等奖。

所长： 王双飞

地址： 广西南宁市大学路 100 号

邮编： 530004

电话： 0771 - 3237097

传真： 0771 - 3237097

网址： gxulif. gxu. edu. cn

邮箱： cppkl@ gxu. edu. cn

（曹凯月）

国内制浆造纸专业教育机构简介

Introduction of Domestic Education Institutions Offering Pulping and Papermaking Courses

北京林业大学

造纸专业所在院系：材料科学与技术学院新能源与造纸系

材料科学与技术学院院长：于志明

地址：北京市海淀区清华东路 35 号

邮编：100083

电话：010－62338152、62338358

隶属单位：教育部

专业设置时间：1987 年

专业课程设置：植物纤维化学、制浆原理与工程、造纸原理与工程、制浆机械与设备、高效清洁制浆、造纸助剂、废纸再生利用技术、加工纸、制浆造纸工厂设计、林化概论、专业英语、造纸工业环境污染与控制、造纸专业实验技术、木质素利用技术、生物工程概论、专业课程设计、纸的结构与性能、纸张概论、纸张与包装、纸张与印刷等。

2021 年在校专业学生人数：本科生 68 人，硕士生 60 人，博士生 20 人。

至 2021 年专业毕业生总人数：本科毕业生 1283 人，硕士生 260 人，博士生 78 人。

2021 年毕业生人数：本科生 23 人，硕士 20 人，博士生 8 人。

2021 年专业教师情况：专业教师 23 人，其中，长江学者特聘教授 1 人，青年长江学者 1 人，教授 9 人，副教授 4 人，讲师 8 人。

2021 年招收本科生人数：15 人。

2021 年招收硕士生人数：23 人。

2021 年招收硕士生的指导教师：许凤、蒲俊文、樊永明、姚春丽、吴玉英、金小娟、宋先亮、张学铭、李瑞、彭锋、李明飞、曹学飞、孙少妮。

2021 年招收博士生人数：10 人。

2021 年招收博士生的指导教师：许凤、蒲俊文、樊永明、姚春丽、张学铭、宋先亮、彭锋、金小娟。

中国制浆造纸研究院有限公司

董事长：孙波

地址：北京市朝阳区望京启阳路 4 号中轻大厦

邮编：100102

电话：010－64778000

传真：010－64778001

网址：www. cnppri. com

隶属单位：中国轻工集团有限公司

专业设置时间：1982 年

专业课程设置：制浆漂白清洁生产工艺、制浆造纸工业环保技术、纸张涂布工艺、印刷纸生产工艺及印刷适性、造纸湿部化学、特种纸和纸板、纸张物理。

2021 年在读专业学生人数：硕士生 12 人。

至 2021 年专业毕业生人数：硕士生 78 人。

2021 年毕业生人数：2 人。

2021 年专业教师情况：专业教师 12 人。

2021 年招收硕士生人数：0 人。

2021 年招收硕士生的指导教师：曹春昱、孙波、刘文、刘金刚、彭建军、苏振华、张红杰、庄金风、陈雪峰、刘群华、苏艳群、陈京环。

天津科技大学

造纸专业所在院系：轻工科学与工程学院

轻工科学与工程学院院长：黄利强

地址：天津经济技术开发区第十三大街 29 号

邮编：300457

电话：022－60600868

传真：022－60600868

隶属单位：天津市

专业设置时间：天津科技大学前身为1939年的中央技术专业学校，随后相继与北洋大学、四川化工学院等相关学科合并迁至天津大学。1959年和1971年分两次将造纸专业调至天津轻工业学院。2002年更名为天津科技大学，2019年7月天津科技大学轻工科学与工程学院成立，造纸专业调整至该学院。至今该专业已有83年的历史。

专业课程设置：植物纤维化学、植物纤维化学实验、制浆原理与工程、造纸原理与工程、制浆造纸工艺实验、高分子物理与化学、过程测控、制浆造纸工程设计、仪器分析、环保工程、化工设备、加工纸、废纸再生利用、化工助剂、高得率制浆、浆料流体力学、生物化学导论、制浆造纸清洁生产原理与技术、生物质精炼、制浆造纸导论等。

2021年在校专业学生人数：本科生407人，硕士生156人，博士生21人。

至2021年专业毕业生人数：本科生3393人，专科生496人（包括高等教育自学考试），硕士生482人，博士生106人。

2021年毕业生人数：本科生103人，硕士生44人，博士生1人。

2021年专业教师情况：专业教师共36人，其中，教授10人，副教授13人，讲师13人。

2021年招收本科生人数：115人。

2021年招收硕士生人数：65人。

2021年招收硕士生的指导教师：程博闻、刘忠、侯庆喜、司传领、李群、王高升、刘泽华、惠岚峰、刘洪斌、刘鹏涛、张文晖、刘苇、王冠华、刘海棠、温洋兵、戴林、安兴业、霍丹、刘莹莹、杨硕、焦珑、陶正毅、乌日娜、于孟辉、杨秋林、丁大永。

2021年招收博士生人数：6人。

2021年招收博士生的指导教师：程博闻、刘忠、侯庆喜、李群、司传领、刘洪斌、惠岚峰、刘苇、王冠华、倪永浩、陈嘉川、秦梦华、杨桂花、吉兴香、傅英娟。

大连工业大学

造纸专业所在院系：轻工与化学工程学院

轻工与化学工程学院院长：王大鸷

地址：辽宁省大连市甘井子区轻工苑1号

邮编：116034

电话：0411－86332086

传真：0411－86323649

隶属单位：辽宁省教育厅

专业设置时间：1959年

专业课程设置：植物纤维化学、制浆原理与工程、造纸原理与工程、轻化工仪表及自动化、轻化工设备、轻化工环境保护、轻化工工艺实验、热工与节能、文献检索轻化工工厂设计、废纸回收工程、制浆造纸化学品、植物纤维资源综合利用、加工纸、高分子概论、纤维素基功能材料、生物质炼制产品与技术等。

2021年在校专业学生人数：本科生360人，硕士生148人。

至2021年专业毕业生总人数：本科生3275人，硕士生344人。

2021年毕业生人数：本科生91人，硕士生22人。

2021年专业教师情况：专业教师和工程技术人员27人，其中，教授10人，副教授（含副研究员和高级工程师）12人，讲师（含工程师）5人。

2021年招收本科生人数：89人。

2021年招收硕士生人数：51人。

2021年招收硕士生的指导教师：孙润仓、平清伟、韩颖、牛梅红、石海强、张健、孙广卫、李海明、郭延柱、王海松、李娜、鲁杰、李尧、王兴、肖领平、盛雪茹、程意、陈小红、马纪亮、杜健、陶叶晗（吕艳娜、霍李江、王彩印、焦利勇、姜洋、安庆大、翟尚儒）。

注：括号里面的导师校内其他专业教师，在轻工技术与工程和生物质能源与材料硕士点招生。

东北林业大学

造纸专业所在院系：材料科学与工程学院

材料科学与工程学院院长：谢延军

地址：黑龙江省哈尔滨市香坊区和兴路26号

邮编：150040

电话：0451－82190394

传真：0451－82191502

隶属单位：教育部

专业设置时间：1987年

专业课程设置：无机化学、分析化学、有机化学、物理化学、轻化工程专业导论、化工原理、植物纤维化学、纤维原料各论、专业英语、制浆原理与工程、造纸原理与工程、湿部化学与助剂、轻工机械与设备、轻工工程设计、纸张加工与纤维材料、专业综合实验、高分子科学基础、生物质纳米复合材料、轻化工材料科学基础、图文传输工程概论、微生物及其新材料、轻化工过程测量与控制、计算机在轻化工中应用、新型纤维分离技术、轻化工创新导论、专业综合技能训练、废弃物资源化利用、环境污染与控制等。

2021 年在校专业学生人数：本科生 196 人，硕士生 44 人，博士生 7 人。

至 2021 年专业毕业生总人数：本科毕业生 1040 人，硕士生 107 人，博士生 20 人。

2021 年毕业生人数：本科生 40 人，硕士生 5 人。

2021 年专业教师情况：专业教师和工程技术人员 13 人，其中，中国工程院院士 1 人(外聘)，教授 4 人，研究员级高级工程师 1 人(外聘)，副教授(含副研究员和高级工程师)6 人，讲师 1 人。

2021 年招收本科生人数：59 人。

2021 年招收硕士生人数：15 人。

2021 年招收硕士生的指导教师：钱学仁、刘文波、沈静、岳金权、黄修杰、杨冬梅。

2021 年招收博士生人数：2 人。

2021 年招收博士生的指导教师：钱学仁、沈静。

齐齐哈尔大学

造纸专业所在院系：轻工与纺织学院

轻工与纺织学院院长：郑永杰

地址：黑龙江省齐齐哈尔市文化大街 42 号

邮编：161006

电话：0452－2738192

传真：0452－2738192

网址：www. qqhru. edu. cn

隶属单位：黑龙江省教育厅

专业设置时间：1988 年

专业课程设置：轻化工合成材料基础、轻化工生物技术、计算机在轻化工程中的应用、植物纤维化学、制浆造纸原理与工程、制浆造纸机械与设备、加工纸原理与技术、造纸助剂、造纸仪表与自动化、造纸环保与污染治理技术、制浆造纸工厂设计等。

2021 年在校专业学生人数：本科生 685 人(轻工类)。

2021 年专业毕业生人数：本科生 128 人(轻化工程专业)。

2021 年专业教师情况：专业教师 8 人，其中，教授 2 人，副教授 4 人，讲师 2 人。

2021 年招收本科生人数：226 人(轻工类)。

东北电力大学

造纸专业所在院系：化学工程学院

化学工程学院院长：张海峰

地址：吉林省吉林市长春路 169 号

邮编：132013

电话：0432－64806371

传真：0432－64806620

隶属单位：吉林省教委

专业设置时间：中专 1950 年，本科 2001 年

专业课程设置：植物纤维化学、植物纤维化学实验、轻化工仪表自动化、轻化工计算机辅助设计、轻化工环境保护、制浆原理与工程、造纸原理与工程、工艺实验、印刷工艺学、包装原理与工程、文献检索、专业外语(英)、制浆造纸机械与设备、轻化工工厂设计、制浆漂白新技术(英)、造纸湿部化学、制浆造纸助剂、化工设备、生物技术在造纸工业中应用、加工纸与特种纸、二次纤维回用技术等。

2021 年在校专业学生人数：本科生 67 人。

至 2021 年专业毕业生总人数：本科生 1001 人。

2021 年毕业生人数：本科生 37 人。

2021 年专业教师情况：专业教师和工程技术人员 32 人，其中，教授 6 人，副教授(含副研究员和高级工程师)24 人，讲师(含工程师)2 人。

2021 年招收本科生人数：0 人。

南京林业大学

造纸专业所在院系：轻工与食品学院

轻工与食品学院院长：金永灿

地址：江苏省南京市玄武区龙蟠路 159 号

邮编：210037

电话：025－85428793

传真：025－85428793

隶属单位：江苏省教育厅、国家林业和草原局

专业设置时间：1963 年

专业课程设置：(1)本科生专业课程主要为：植物纤维化学、制浆原理与工程、造纸原理与工

程、制浆造纸机械与设备、制浆造纸过程系统控制、制浆造纸工程设计、造纸化学、纤维化学与物理、纸加工原理与技术、二次纤维加工与利用、植物纤维化学实验、制浆工艺实验、造纸工艺实验、制浆造纸专业英语、制浆造纸工业环境保护、安全生产管理等。(2)研究生专业课程主要为:高等木材化学研究方法(含实验)、木质素化学、糖类化学、制浆化学、造纸化学、材料表面与界面、制浆造纸清洁生产、高等制浆与造纸分析方法、聚合物材料合成及加工、纤维与纸基功能材料、生物质化工与材料、制浆造纸装备专题、化工过程动态分析与控制、材料结构与印刷适性等。

2021 年在校专业学生人数: 本科生 375 人，硕士生 133 人，博士生 56 人。

至 2021 年专业毕业生总人数: 专科生 1063 人，本科生 3976 人，硕士生 562 人，博士生 96 人。

2021 年毕业生人数: 本科生 116 人，硕士生 26 人，博士生 2 人。

2021 年专业教师情况: 专业教师和工程技术人员 47 人，其中教授 18 人，副教授(含副研究员和高级工程师)13 人，讲师(含工程师)16 人。国际木材科学院院士 1 人，江苏省“333”高层次人才培养工程第二层次(中青年领军人才)培养对象 1 人、第三层次(学术带头人)培养对象 4 人，江苏省“青蓝工程”中青年学术带头人培养对象等其他省级人才 7 人。外籍特聘教授 2 人，国内外兼职教授 11 人。

2021 年招收本科生人数: 123 人。

2021 年招收硕士生人数(含全日制工程硕士): 47 人。

2021 年招收硕士生的指导教师: 卞辉洋、曹云峰、程金兰、储秋露、戴红旗、龚木荣、郭家奇、姜波、金永灿、景宜、刘鸿斌、刘祝兰、马金霞、任浩、Fazard Seidi、时留新、宋君龙、童国林、王琪、王莎、王志国、吴淑芳、吴伟兵、吴文娟、邢洁芳、熊智新、杨益琴、周小凡。

2021 年招收博士生人数: 14 人。

2021 年招收博士生的指导教师: 曹云峰、戴红旗、房桂干、郭家奇、吉兴香、金永灿、景宜、马金霞、任浩、Fazard Seidi、宋君龙、苏二正、童国林、王志国、吴彩娥、吴淑芳、吴伟兵、勇强、周小凡。

江南大学

造纸专业所在院系: 纺织科学与工程学院轻化工程系

纺织科学与工程学院院长: 付少海

地址: 江苏省无锡市滨湖区蠡湖大道 1800 号

邮编: 214122

电话: 0510－85912107

传真: 0510－85912009

网址: www. jiangnan. edu. cn

隶属单位: 教育部

专业设置时间: 2003 年

专业课程设置: 现代制浆造纸理论及研究前沿、纤维表面物理与界面科学(双语)、造纸物理、造纸湿部化学、现代包装材料学、近代仪器分析实验、制浆化学、造纸助剂、制浆造纸分析与检测、纸页结构与性能、湿法非织造技术、生物质能源与化工、纤维材料表面功能化(双语)、高聚物结构与性能、加工纸与特种纸等。

2021 年在校专业学生人数: 硕士生 15 人，博士生 5 人。

至 2021 年专业毕业生总人数: 硕士生 52 人，博士生 8 人。

2021 年毕业生人数: 硕士生 6 人，博士生 1 人。

2021 年专业教师情况: 专业教师和工程技术人员 6 人，其中，教授 3 人，副教授 3 人。

2021 年招收硕士生人数: 3 人。

2021 年招收硕士生的指导教师: 龙柱、张丹、孙昌。

2021 年招收博士生人数: 1 人。

2021 年招收博士后人数: 1 人。

2021 年招收博士生的指导教师: 龙柱。

浙江科技学院

造纸专业所在院系: 环境与资源学院

环境与资源学院院长: 沙力争

地址: 浙江省杭州市留和路 318 号

邮编: 310023

电话: 0571－85070771

传真: 0571－85070787

隶属单位: 浙江省教育厅

专业设置时间: 2005 年

专业课程设置: 植物纤维化学、植物纤维化学实验、制浆原理与工程、造纸原理与工程、制浆造纸过程模拟与控制、工艺实验、制浆造纸机械与设备、制浆造纸工厂设计、轻化工环保、加工纸与特种纸、制浆造纸专业英语、包装原理与工程、制浆造纸助剂、二次纤维回用技术等。

2021 年在校专业学生人数：本科生 181 人，硕士生 32 人。

至 2021 年专业毕业生总人数：本科生 564，硕士生 13 人。

2021 年毕业生人数：本科生 41 人，硕士生 1 人。

2021 年专业教师情况：专业教师和工程技术人员 20 人，其中教授 5 人，副教授（含副研究员和高级工程师）5 人，讲师（含工程师）10 人。

2021 年招收本科生人数：63 人。

浙江理工大学

造纸专业所在院系：纺织科学与工程学院制浆造纸研究所

纺织科学与工程学院制浆造纸研究所所长：薛国新

地址：浙江省杭州市下沙高教园区西区 2 号大街 928 号 17 号楼 339 室

邮编：310018

电话：0571－86843263

传真：0571－86843263

隶属单位：浙江省教育厅

专业设置时间：2004 年 9 月起在“轻化工程”专业中开始招收制浆造纸工程专业方向本科生，2003 年 9 月起在“材料加工工程”和“材料物理与材料化学”两个硕士点招收制浆造纸工程和包装材料方向硕士研究生，2004 年 5 月申报成功“轻工技术与工程”领域工程硕士专业学位授权点，2004 年 9 月起在“轻工技术与工程”领域招收制浆造纸工程、包装材料和印刷技术方向工程硕士专业学位研究生，2008 年 9 月起在纺织工程学科博士点招收制浆造纸工程和纺织材料方向博士研究生。

专业课程设置：植物纤维化学、工业微生物、制浆原理与工程、造纸原理与工程、制浆造纸机械与设备、制浆造纸过程控制与自动化、废纸再生利用技术、制浆造纸工程综合实验、制浆造纸工程专业英语、制浆造纸环境保护、制浆造纸工程设计概论、纸与纸板的结构与性能、特种纸与加工纸制造技术、制浆造纸化学品与纸机湿部化学、植物资源化学与工程、制浆造纸新技术导论、包装印刷概论等。

2021 年在校专业学生人数：本科生 0 人，硕士生 77 人。

至 2021 年专业毕业生总人数：本科生 288 人，硕士生 157 人，博士生 1 人。

2021 年毕业生人数：本科生 0 人，硕士生 16 人。

2021 年专业教师情况：专业教师 9 人，其中，教授 3 人，副教授 3 人，讲师 3 人。

2021 年招收硕士生人数：28 人。

2021 年硕士生的指导教师：薛国新、唐艳军、夏新兴、张秀梅、张勇，周益名及“轻工技术与工程”领域工程硕士专业学位授权点的包装材料、环境保护工程和轻工化学品等方向指导教师 10 余名。

福建农林大学

造纸专业所在院系：材料工程学院轻化工程系

材料工程学院院长：邱仁辉

地址：福建省福州市闽侯县溪源宫路 63 号

邮编：350100

电话：0591－83715175

传真：0591－83715175

隶属单位：福建省教育厅

专业设置时间：1986 年设制浆造纸专科，1989 年设制浆造纸工程本科，2003 年设制浆造纸工程硕士点，2010 年设轻工技术与工程专业硕士点。

专业课程设置：化工原理、植物纤维化学、制浆原理与工程、造纸原理与工程、制浆造纸机械与设备、制浆造纸工厂设计、废纸再生利用技术、造纸化学品、天然产物化学、精细化学品生产工艺学。

2021 年在校专业学生人数：本科生 199 人，研究生 79 人，其中学术硕士 56 人，专业硕士 56 人，博士生 38 人。

2021 年毕业生人数：本科生 47 人，研究生 59 人，其中学术硕士 28 人，专业硕士 29 人，博士生 2 人。

2021 年专业教师情况：专业教师 32 人，其中教授 9 人，副教授 12 人，讲师 11 人。

2021 年招收本科生人数：60 人。

2021 年招收研究生人数：61 人，其中，学术硕士 5 人，专业硕士 56 人，博士生 7 人，来华留学博士 3 人。

2021 年招收硕士生的指导教师：倪永浩、陈礼辉、帅李、黄六莲、黄彪、林金国、袁占辉、曹石林、黄方、欧阳新华、郑德勇、卢泽湘、罗小林、吴慧、苗庆显、刘凯、马晓娟、张敏、刘婧、胡会超、肖禾、李建国、张慧、郑清洪、周吓星。

齐鲁工业大学

造纸专业所在院系：轻工学部
学部主任：吉兴香
地址：山东省济南市长清区大学路 3501 号
邮编：250353
电话：0531－89631881
传真：0531－89631881
隶属单位：山东省教育厅
专业设置时间：1978 年
专业课程设置：造纸植物资源化学、制浆原理与工程、造纸原理与工程、制浆造纸机械与设备、制浆造纸分析与检测、制浆造纸环境保护概论、制浆造纸助剂、加工纸与特种纸、制浆造纸设备安装与维修、制浆造纸工厂设计。

2021 年在校专业学生人数：本科生 760 人，硕士生 126 人。

至 2021 年专业毕业生总人数：本科生 3356 人，硕士生 406 人。

2021 年毕业生人数：本科生 140 人，硕士生 35 人。

2021 年专业教师情况：专业教师和工程技术人员 109 人，其中，泰山学者特聘教授 1 人，特聘教授 3 人，教授 24 人，副教授（含副研究员和高级工程师）32 人，讲师（含工程师）49 人。

2021 年招收本科生人数：160 人。

2021 年招收硕士生人数：50 人。

2021 年招收硕士生的指导教师：陈嘉川、赵传山、刘玉、杨桂花、刘温霞、傅英娟、徐清华、孔凡功、李宗全、刘娜、吴朝军、庞志强、王慧丽、王守娟、吕高金、王强、吉兴香、李荣刚、王兆江、韩文佳、刘姗姗、陈洪雷、宋兆萍、于得海、吴芹、张志良、刘克印。

青岛科技大学

造纸专业所在院系：海洋科学与生物工程学院
海洋科学与生物工程学院院长：马翠萍
地址：山东省青岛市四方区郑州路 53 号
网址：www. qust. edu. cn
隶属单位：山东省教育厅
专业设置时间：2003 年
专业课程设置：基础化学，化工原理，植物纤维化学，精细有机合成单元反应，精细化学品化学，生物质能源，生物质化工，生物质精炼设备，应用胶体化学，清洁生产技术。

2021 年在校专业学生人数：本科生 232 人，硕士生 64 人，博士生 6 人。

至 2021 年专业毕业生总人数：本科生 751 人，硕士生 137 人。

2021 年毕业生人数：本科生 65 人，硕士生 16 人。

2021 年专业教师情况：专业教师和工程技术人员 19 人，其中，教授 5 人，副教授（含副研究员和高级工程师）8 人，讲师（含工程师）6 人。

2021 年招收本科生人数：60 人。

2021 年招收硕士生人数：21 人。

2021 年招收硕士生的指导教师：陈夫山、武玉民、于世涛、刘福胜、黎振球、范金石、张恒、王松林、宋晓明、张芹芹、吉喆、逄锦慧、孟尧、李露、王硕。

2021 年招收博士生人数：3 人。

2021 年招收博士生的指导教师：陈夫山、武玉民、刘福胜、于世涛、李露、王硕。

山东工业技师学院

造纸专业所在院系：海洋生化系
海洋生化系主任：张爱民
地址：山东省潍坊市西环路 6789 号
邮编：261053
电话：0536－8337236
传真：0536－8338768
网址：www. gyjsxy. com
隶属单位：山东省人力资源和社会保障厅
专业设置时间：1978 年
专业课程设置：制浆造纸工艺、制浆造纸设备与操作、制浆造纸化验与物检、制浆造纸自动控制、制浆造纸安装与维修。

2021 年在校专业学生人数：技师 65 人，高级技工 264 人。

至 2021 年专业毕业生总人数：中级技工 1300 人，高级技工 5100 人，技师 1188 人。

2021 年毕业生人数：技师 28 人。

2021 年专业教师情况：专业教师和工程技术人员 28 人，其中，副教授（含副高级实习指导教师）16 人，讲师（含工程师）12 人。

2021 年招收技师人数：20 人。

2021 年招收五年制高级工人数：87 人（该系从 2019 年开始招收初中起点五年制高级工）。

湖北工业大学

造纸专业所在院系：制浆造纸研究院轻化工程系

制浆造纸研究院院长：谢益民

地址：湖北省武汉市洪山区南李路 28 号

邮编：430068

电话：027－59750459

传真：027－59750459

隶属单位：湖北省

专业设置时间：1977 年湖北轻工业学院成立后，设置了化工系制浆造纸工艺教研室；1998 年该专业获得制浆造纸工程硕士授予权；1999 年本科专业制浆造纸工程更名为轻化工程；2002 年开始招收轻工技术专业工程硕士；2009 年制浆造纸工程批准为"湖北省楚天学者计划"设岗学科，同年成立了制浆造纸工程研究所，2016 年 3 月成立制浆造纸研究院（含轻化工程系），2017 年获批轻工技术与工程一级学科博士点。2018 年设立轻化工程湖北名师工作室。

专业课程设置：植物纤维化学、植物纤维化学实验、制浆原理与工程、造纸原理与工程、制浆造纸工艺实验、无机化学、分析化学、有机化学、物理化学、化工原理、机械设计基础、机械设计与制造、加工纸工艺、制浆造纸机械与设备、轻工自动化仪表、造纸湿部化学、造纸化学品、轻工产品设计、废纸再生利用、高得率制浆、轻化工环保等。

2021 年在校专业学生人数：本科生 145 人，硕士生 40 人，博士生 1 人。

至 2021 年专业毕业生总人数：本科生 2670 人，硕士生 163 人。

2021 年毕业生人数：本科生 35 人，硕士生 4 人。

2021 年专业教师情况：专业教师共 14 人，其中，教授 4 人，副教授 5 人，讲师 4 人，高级实验师 1 人。

2021 年招收本科生人数：30 人。

2021 年招收硕士生人数：18 人。

2021 年招收硕士生的指导教师：谢益民、袁世炬、杨海涛、刘智、王鹏、冯清华、王磊、程合丽、冯年捷、安俊健、张光彦。

湖北轻工职业技术学院

现代造纸技术专业所在院系：轻化工程学院

轻化工程学院院长：徐　兵

地址：湖北省武汉市洪山区石牌岭东二路

邮编：430070

电话：027－87156391

传真：027－87156391

网址：www.hbliti.com

隶属单位：湖北省教育厅

专业设置时间：中专 1956 年、高职 2001 年

专业课程设置：智能技术、植物纤维化学、制浆工艺、造纸工艺、制浆造纸机械设备与操作、制浆造纸分析与检验、纸加工工艺、制浆造纸环境保护概论、制浆造纸仪表自动化、新品小样制作。

2021 年在校专业学生人数：专科生（高职）205 人。

至 2021 年专业毕业生总人数：中专毕业生 1510 人，专科生（高职）1159 人。

2021 年毕业生人数：专科生（高职）39 人。

2021 年专业教师情况：副教授 5 人，讲师 2 人，高级实验师 2 人，楚天名师 1 人。

2021 年招收专科生（高职）人数：108 人

长沙理工大学

造纸专业所在院系：化学化工学院轻化工程系

化学化工学院院长：张跃飞

地址：湖南省长沙市雨花区万家丽南路二段 960 号

邮编：410114

电话：0731－85258732

传真：0731－85258732

网址：www.csust.edu.cn

隶属单位：湖南省教育厅

专业设置时间：1958 年

专业课程设置：植物纤维化学、制浆原理与工程、造纸原理与工程、制浆造纸机械与设备、制浆造纸清洁生产、造纸化学品、涂布加工纸与特种纸、生物基材料、印刷工艺学、包装防伪技术等，同时开设以高新技术为主导的不同专业方向的系列选修课程及自主实践性强的综合性实验。

2021 年在校专业学生人数：本科生 168 人，硕士生 31 人。

至 2021 年专业毕业生总人数： 本科生 835 人，硕士生 150 人。

2021 年毕业生人数： 本科生 42 人，硕士生 19 人。

2021 年专业教师情况： 专业教师和工程技术人员 26 人，其中，教授 8 人，副教授(含副研究员和高级工程师)11 人，讲师(含工程师)7 人。

2021 年招收本科生人数： 41 人。

2021 年招收硕士生人数： 20 人。

2021 年招收硕士生的指导教师： 马乐凡、张运雄、陈启杰、胡可信、王萍、王玉珑、晏永祥、肖忠良、张雄飞、林本平。

华南理工大学

造纸专业所在院系： 轻工科学与工程学院

轻工科学与工程学院书记： 张建功

常务副院长： 刘传富

地址： 广东省广州市天河区五山街 381 号

邮编： 510640

电话： 020 – 87112841

传真： 020 – 87112841

网址： www. scut. edu. cn

隶属单位： 教育部

专业设置时间： 1952 年

专业课程设置： 植物纤维化学、植物纤维化学实验、轻化工仪表自动化、工业设计基础、轻化工计算机辅助设计、轻化工环境保护、制浆造纸原理与工程、制浆造纸工艺实验、印刷工艺学、包装原理与工程、科技文献检索、林产化学、专业英语、制浆造纸机械与设备、轻工工厂设计、制浆漂白新技术(双语教学)、造纸湿部化学、制浆造纸助剂、纤维素功能化、化学制浆技术(全英教学)、生物技术在造纸工业中应用、加工纸与特种纸、废纸回收回用技术等。

2021 年在校专业学生人数： 本科生 316 人，硕士生 353 人，博士生 134 人。

至 2021 年专业毕业生总人数： 本科生 3409 人，硕士生 1059 人，博士生 392 人。

2021 年毕业生人数： 本科生 68 人，硕士生 104 人，博士生 28 人。

2021 专业教师情况： 专业教师和工程技术人员 89 人，其中，中国工程院院士 1 人，教授 34 人(含教授级高级工程师)，副教授(含副研究员和高级工程师)49 人，讲师(含工程师、助理研究员)5 人。

2021 年招收本科生人数： 本科生 103 人。

2021 年招收硕士生人数： 招收全日制学术型硕士研究生 82 人，全日制专业学位研究生 59 人。

2021 年招收硕士生的指导教师： 陈港、陈广学、陈奇峰、樊慧明、方志强、冯郁成、付时雨、高文花、何明辉、洪蒙纳、侯轶、胡健、胡庆喜、蓝武、雷利荣、雷以超、李兵云、李擘、李海龙、李继庚、李军、李军荣、李晓云、梁云、刘传富、刘德桃、刘建安、刘梦茹、刘颖、刘映尧、龙金、满奕、莫立焕、牟洪燕、彭新文、祁海松、钱丽颖、任俊莉、沈文浩、宋涛、唐宝玲、唐敏、陶劲松、田君飞、田英姿、万金泉、万小芳、王斌、王钦雯、王习文、王小慧、王小英、王宜、武书彬、项舟洋、徐桂龙、徐峻、杨飞、杨进、杨仁党、叶君、岳凤霞、曾劲松、曾靖山、张春辉、赵光磊、赵丽红、钟林新、周雪松、朱小林。

2021 年招收博士生人数： 招收全日制学术型博士研究生 37 人，全日制工程博士 8 人。

2021 年招收学术型博士生的指导教师： 陈克复、陈港、陈广学、付时雨、侯轶、胡健、蓝武、李海龙、李军、李晓云、梁云、刘传富、刘梦茹、彭新文、祁海松、任俊莉、沈文浩、唐敏、田君飞、王小慧、王小英、武书彬、徐峻、杨仁党、曾劲松、张春辉、钟林新。

2021 年工程博士指导教师： 陈克复、陈港、李海龙、李军、王小慧、王小英、王宜。

广东轻工职业技术学院

造纸专业所在院系： 轻化工技术学院

轻化技术学院院长(二级学院)： 陈金伟

地址： 广东省广州市海珠区新港西路 152 号

邮编： 510300

电话： 020 – 61230200(院办)
61230950(系办)

传真： 020 – 61230000(院办)
61230951(系办)

网址： www. gdqy. edu. cn

隶属单位： 广东省教育厅

专业设置时间： 1956 年

专业课程设置： 纸文化、印刷导论、防伪技术基础、专业英语、认知实习、市场营销、化学基础、分析化学及实训、化工原理、生产实习、金工实习、市场调查与预测、市场营销实务及实训、营销心理学原理与实务、微生物检验、专业指导、化工仪表自动化、化工机械基础、制浆造纸设备安装与维修、造纸环境污染控制治理、工厂设计实训、造纸技能实训及造纸工考证、制浆技术、造纸技术、制浆造纸检验技术、造纸化学品及实训、纸加工技术及实训、纸制造实训。

2021 年在校专业学生人数：专科生 223 人。

至 2021 年专业毕业生总人数：本科生 191 人，专科生约 1720 人，中专生约 1660 人，技工生 415 人。

2021 年毕业生人数：专科生 67 人。

2021 年专业教师情况：专业教师和工程技术人员 9 人，其中，教授 3 人，副教授（含高级实验师）2 人，讲师 4 人。

2021 年招收专科生人数：72 人。

广西大学

造纸专业所在院系：轻工与食品工程学院

地址：广西壮族自治区南宁市大学路 100 号

邮编：530004

电话：0771－3237301、3231382

传真：0771－3237097

网址：www. gxu. edu. cn

隶属单位：教育部

专业设置时间：1978 年

专业课程设置：植物纤维化学、制浆工艺学、造纸工艺学、造纸湿部化学及化学品的应用、制浆造纸机械与设备、轻化工程设计概论、加工纸、化工仪表与自动化、二次纤维回用技术。

2021 年在校专业学生人数：本科生 315 人，硕士生 160 人，博士生 39 人。

至 2021 年专业毕业生总人数：本科生 1480 人，硕士生 376 人，博士生 55 人。

2021 年毕业生人数：本科生 59 人，硕士生 11 人，博士生 3 人。

2021 年专业教师情况：专业教师 23 人，其中，教授 6 人，副教授 5 人，讲师 12 人。

2021 年招收本科生人数：92 人。

2021 年招收硕士生人数：63 人。

2021 年招收硕士生的指导教师：王双飞、覃程荣、周敬红、朱红祥、曾林涛、闵斗勇、聂双喜、宋雪萍、骆莲新、梁辰、王志伟、刘新亮、李许生、李薇、张健、沙九龙、尹勇军、姚双全、何辉、陈昌洲、姜言、陆敏生、刘亚青。

2021 年招收专业博士生人数：10 人。

2021 年招收博士生的指导教师：王双飞、覃程荣、朱红祥、曾林涛、聂双喜。

四川工商职业技术学院

造纸专业所在院系：轻工工程学院

轻工工程系主任：余 勇

地址：四川省都江堰市天府大道聚源段 8 号

邮编：611830

电话：028－87282243

传真：028－87282095

网址：www. sctbc. net

隶属单位：四川省经济和信息化委员会

专业设置时间：1959 年

专业课程设置：植物纤维化学、制浆清洁生产技术、造纸清洁生产技术、碱回收清洁生产技术、纸加工技术、制浆造纸机械设备与操作、制浆造纸分析与检验、制浆造纸工业污染控制技术、制浆造纸自动化控制、制浆造纸化学助剂、纸文化与纸艺术等。

2021 年在校专业学生人数：专科生 0 人。

至 2021 年专业毕业生总人数：2800 人，其中，中专生 1850 人，大专生 950 人。

2021 年毕业生人数：大专生 0 人。

2021 年专业教师情况：专业教师 8 人，其中，教授 2 人，副教授 3 人，讲师 3 人。

2022 年 3 月起，四川工商职业技术学院现代造纸技术专业恢复招生。

四川轻化工大学（原四川理工学院）

造纸专业所在院系：生物工程学院轻化工程系

生物工程学院院长：赵志峰

地址：四川省宜宾市临港经济技术开发区大学城 188 号

邮编：644005

电话：0831－5980223

隶属单位：四川省教育厅

专业设置时间：1991 年

专业课程设置：专业导论、植物纤维化学、高分子化学与物理、制浆原理与工程、造纸原理与工程、制浆造纸分析与检测、制浆造纸机械与设备、制浆造纸环境保护、专业外语（英）、造纸助剂及湿部化学、加工纸与特种纸、二次纤维回用技术、制浆造纸工程设计、化工仪表自动化、计算机辅助设计等。

2021 年在校专业学生人数：390 人，其中，硕士生 3 人，本科生 378 人，专科生 9 人。

至 2021 年专业毕业生总人数：1623 人，其中，本科生 1252 人，专科生 371 人。

2021 年毕业生人数：本科生 78 人。

2021 年专业教师情况：专业教师 23 人，其中，教授 5 人，副教授 5 人，中级 12 人，助理实验师 1 人。

2021 年招收本科生人数：本科生 85 人，专升本 28 人。

昆明理工大学

造纸专业所在院系：化学工程学院生物质工程系

化学工程学院院长：罗永明

地址：云南省昆明市呈贡大学城景明南路 727 号昆明理工大学化学工程学院

邮编：650500

电话：0871－65920150

传真：0871－65920171

隶属单位：云南省教育厅

专业设置时间：1979 年

专业课程设置：无机及分析化学、有机化学、物理化学、化工原理、植物纤维化学、高分子化学与物理、制浆造纸原理与工程、生物质能源与材料、卷烟工艺学、轻工机械与设备、植物纤维实验技术、造纸化学品、加工纸与特种纸、轻工设计基础训练、轻工过程模拟及控制、轻工专业英语、轻工企业管理概论等。

2021 年在校专业学生人数：本科生 195 人，硕士生 51 人。

至 2021 年专业毕业生总人数：本科生 858 人，硕士生 72 人。

2021 年毕业生人数：本科生 30 人，硕士生 10 人。

2021 年专业教师情况：专业教师 16 人，其中，教授 5 人，副教授 8 人，讲师 2 人，高级实验师 1 人。

2021 年招收本科生人数：60 人。

2021 年招收硕士生人数：21 人。

2021 年招收硕士生的指导教师：彭林才、周学飞、刘玉新、张俊华、高欣、何亮、李凯、张恒、刘淮。

2021 年招收博士生的指导教师：彭林才。

陕西科技大学

造纸专业所在院系：轻工科学与工程学院

轻工科学与工程学院院长：吕　斌

地址：陕西省西安市未央大学园区

邮编：710021

电话：029－86168063

网址：www. sust. edu. cn

隶属单位：陕西省教育厅

专业设置时间：1958 年

专业课程设置：无机及分析化学、有机化学、物理化学、化工原理、高分子物理基础、高分子化学、高分子材料、植物纤维化学、制浆原理与工程、造纸原理与工程、制浆造纸机械与设备、制浆造纸工程设计、纸基功能材料、造纸环保工程等。

2021 年在校专业学生人数：本科生 475 人，硕士生 217 人，博士生 24 人。

至 2021 年专业毕业生总人数：本科生 6390 人，硕士生 680 人，博士生 47 人。

2021 年毕业生人数：本科生 115 人，硕士生 65 人，博士生 6 人。

2021 年专业教师情况：专业教师和工程技术人员 59 人，其中，教授 16 人，副教授（含高级工程师）31 人，讲师（含工程师、实验师）12 人。

2021 年招收本科生人数：120 人。

2021 年招收硕士生人数：80 人。

2021 年招收硕士生的指导教师：李志健、张美云、倪永浩、陆赵情、李新平、张安龙、徐永建、张素风、王建、李金宝、林涛、蒋学、薛白亮、戴磊、张召、段超、韩卿、罗清、刘汉斌、游翔宇、李佩燚、岳小鹏、修慧娟、杜敏、熊传银、唐蕊华、谢璠、吴海伟、侯晨、周秋生、钱立伟、沈梦霞、宋顺喜、姜慧娥、聂景怡、杨金帆、孟卿君、田秀枝、谭蕉君、俄松峰、闫宁、贺斌、王阳、王文亮。

2021 年招收博士生人数：12 人。

2021 年招收博士生的指导教师：李志健、张美云、倪永浩、陆赵情、李新平、徐永建、张素风、王建、李金宝、林涛、蒋学、薛白亮、戴磊、张召、段超。

（林　媛）

国内主要造纸期刊介绍

China's Main Paper Periodicals Related to Pulp and Paper

《中国造纸学报》

《中国造纸学报》是由中国造纸学会主办、中国制浆造纸研究院有限公司承办的造纸学术性期刊，创刊于1986年。主要刊登造纸专业研究论文、学术报告及综合性评述，反映我国造纸工业在原材料、制浆、造纸、废液综合利用及污染防治、机械设备、分析检验、工艺和质量控制自动化以及制浆造纸专业基础理论等方面的新进展和新成果，是我国造纸工业理论性强、水平高的学术性期刊。它为我国造纸工业提供了一个极好的学术交流平台，对国内造纸工业的技术进步做出了较大贡献。该刊的固定栏目有研究论文与综述等。

《中国造纸学报》连续多年入选"中文核心期刊""中国科技论文统计源期刊""中国科学引文数据库来源期刊""中国科学文献评价数据来源期刊"，入选"中国科协精品科技期刊工程第四期(2015—2017)项目"，并被Scopus、CA、EBSCO、JST等国外著名期刊索引收录。《中国造纸学报》为国内外公开发行刊物。

《中国造纸学报》为季刊，出版日期为3月25日、6月25日、9月25日、12月25日；刊号：ISSN 1000-6842，CN 11-2075/TS，自办发行。

《中国造纸学报》为大16开本。国内定价：纸质版30元/册，电子版30元/册，纸质版+电子版50元/册。国外及港澳台地区定价：纸质版30美元/册，电子版30美元/册，纸质版+电子版50美元/册。

地址： 北京市朝阳区启阳路4号院中轻大厦607室

邮编： 100102

电话： 010－64778173(发行部)
64778162/8163(编辑部)

传真： 010－64778174

邮箱： tcpp@ vip. 163. com

网址： http://zgzzxb. ijournals. cn

《中国造纸》

《中国造纸》为专业技术性刊物，国内外公开发行，由中国造纸学会和中国制浆造纸研究院有限公司主办，主要报道我国造纸工业在原材料、制浆、造纸、废液综合利用及污染防治、机械设备、分析检验、工艺和质量控制自动化以及制浆造纸专业基础理论等方面的新成就和重要科技成果。

《中国造纸》除及时报道各研究机构、高等院校在科研理论方面取得的突出成果外，还注重报道各制浆造纸厂引进或自行研究探索的新工艺、新技术。《中国造纸》将理论与实践有机结合，更好地满足了科研工作者以及制浆造纸工厂技术人员的需求。《中国造纸》是我国造纸界权威性技术期刊，连续入选"中文核心期刊""中国科技论文统计源期刊""中国科学引文数据库来源期刊""中国科学文献评价数据来源期刊"，并已被Scopus、CA、EBSCO、JST等国外著名期刊索引收录；入选"中国科协精品科技期刊工程第四期项目"。

《中国造纸》(刊号：CN 11-1967/TS，ISSN 0254-508X)为月刊，每月25日出版，大16开，国内定价：纸质版25元/期，电子版25元/期，纸质版+电子版40元/期。国外及港澳台地区定价：纸质版40美元/期，电子版40美元/期，纸质版+电子版70美元/期。

《中国造纸》国内总发行为北京市报刊发行局，邮发代号为2-194；国外总发行为中国出版对外贸易总公司，发行代号为DK11070。

地址： 北京市朝阳区望京启阳路4号院中轻大厦607室

邮编：100102
电话：010－64778158/8159/8160/8161
（编辑部）
64778173（发行部）
传真：010－64778174
邮箱：cpp2108@ vip. 163. com（编辑）
网址：http://zgzz. ijournals. cn

《造纸信息》

《造纸信息》是由中国造纸协会、中国造纸学会和中国制浆造纸研究院有限公司共同主办的造纸综合信息类刊物，已被"中国期刊全文数据库"和"万方数据——数字化期刊群"收录。

《造纸信息》全面、及时、准确地报道我国和世界造纸工业以及相关行业的信息，是我国造纸行业唯一公开发行的集新闻性、实用性、指导性、可读性为一体的综合类刊物。

《造纸信息》以为造纸企事业单位及相关行业提供国内外造纸工业信息服务为主要宗旨，汇集业内专家观点、聚焦行业热点问题、展示领军企业风采；及时报道行业政策、企业动态、新技术和新成果，以及全球造纸 业的最新动向，并针对行业热点及发展动态进行大型专题策划与报道。

常设栏目有：政策法规、特别报道、行业热点·焦点论坛、采访报道、专题论坛、行业纵横、新建扩建、企业报道、分析/预测、纸业快报、全球视角、协会·学会动态、会展传真、市场动态等。

《造纸信息》为国内外公开发行（刊号：ISSN 1006-8791，CN 11-3667/TS），月刊，每月 10 日出版。全彩色大 16 开，另附彩色及专色广告，国内定价：纸质版 25 元/期，电子版 25 元/期，纸质版＋电子版 40 元/期。国外及港澳台地区定价：纸质版 25 美元/期，电子版 25 美元/期，纸质版＋电子版 40 美元/期。

《造纸信息》全国各地邮局均可订阅，邮发代号：82-881。

地址：北京市朝阳区望京启阳路 4 号院中轻大厦 607 室
邮编：100102
电话：010－64778165/8170/8171/8169
（编辑部）
64778173（发行部）
64778166/8168（广告部）
传真：010－64778174
邮箱：cpi@ vip. 163. com
网址：http://zzxx. ijournals. cn

《Paper and Biomaterials》

《Paper and Biomaterials 》是由中国造纸学会和中国制浆造纸研究院有限公司主办的造纸及生物质材料方面的学术性英文期刊。本刊聚焦国内外制浆造纸及生物质材料学科的前沿热点，反映制浆造纸及生物质材料学科的科研成果、技术进步和发展趋势，促进国际间的学术交流与合作，推动制浆造纸技术和相关生物质产业技术快速发展；主要刊登制浆造纸及生物质材料方面的研究论文、技术进展及相关领域的文献综述。

《Paper and Biomaterials》为季刊，出版日期为 1 月 15 日、4 月 15 日、7 月 15 日、10 月 15 日；刊号：ISSN 2096-2355，CN 10-1401/TS，自办发行。

《Paper and Biomaterials》为大 16 开本。国内定价：纸质版 40 元/册，电子版 40 元/册，纸质版＋电子版 70 元/册。国外及港澳台地区定价：纸质版 40 美元/册，电子版 40 美元/册，纸质版＋电子版 70 美元/册。

地址：北京市朝阳区望京启阳路 4 号院中轻大厦 607 室
邮编：100102
电话：010－64778173（发行部）
64778162/8163（编辑部）
传真：010－64778174
邮箱：pbm607@ vip. 163. com
网址：http://pbm. cnjournals. cn

《中华纸业》

《中华纸业》是中国造纸协会会刊，行业综合指导类科技期刊，国内外公开发行，是中国学术期刊（光盘版）、中国期刊网、万方数据资源系统、中文科技期刊数据库、美国《化学文摘》等统计源期刊。

办刊宗旨：研讨发展战略、促进科学管理、推动技术进步、服务产业经济。

报道内容：产经综合版（上半月刊）国家产业政策，行业发展规划，市场分析预测，企业发展战略，纸业新闻资讯；技术进步版（下半月刊）行业技术进步，企业技术创新，企业生产实践，国外前沿技术，技术动态信息等。

内容特色：具有导向性、创新性、前瞻性、实用性和时效性。

读者对象：造纸企业决策层和经营管理者，企业工程技术人员，行业协(学)会组织，政府有关部门及产业经济研究人员，科研设计及大专院校有关工作人员。

《中华纸业》(国内统一刊号 CN 37-1281/TS，国际标准刊号：ISSN 1007-9211)为半月刊，大 16 开，彩色印刷。国内定价 15 元/期，全年订价 360 元；港澳台及国外地区 15 美元/期，全年 360 美元。邮发代号：24-136。

地址：山东省济南市工业南路 101 号中华纸业杂志社

邮编：250100

电话：0531－88522949、88935343

传真：0531－88926310

邮箱：adv@ cppi. cn(广告部)

cbb@ cppi. cn(采编室)

QQ：609352141、940438201

网址：www. cppi. cn

《纸和造纸》

《纸和造纸》是由中国造纸学会主办，四川省造纸学会和四川工商职业技术学院联办，以知识性、实用性、导向性、科学性为特色制浆造纸专业权威性科技期刊。自 1982 年创刊以来，本刊始终坚持“普及制浆造纸科技知识，介绍先进适用的生产工艺、装备技术和管理经验，沟通相关信息，促进造纸工业的科技进步和持续发展，为提高造纸、用纸从业人员的素质服务”的办刊宗旨。曾被原轻工业部、中国科学技术协会评为优秀期刊，曾连续多年入选“中文核心期刊”，是“中国学术期刊综合评价数据库来源期刊”“中国期刊全文数据库”“万方数据——数字化期刊群”等大型刊库全文或摘要收录，是造纸科技期刊中，知名度很高，发行量很大和影响面很广的一种。

《纸和造纸》开设有专论与综述、企业风采、工艺技术、装备器材、试验研究、造纸化学品、环保与综合利用、分析检验、仪表自控、知识之窗、产品天地、探讨与质疑等多个常设栏目，全面报道有关造纸的新知识、新技术、新原料、新产品、新装备，以及中国造纸工业的方针政策和技术经济信息、市场动态、纸制品等方面内容。

《纸和造纸》为双月刊，大 16 开，内页双色印刷，逢单月出版，国内外公开发行。国内统一刊号：CN 11-2709/TS，国际连续出版物刊号：ISSN 1001-6309，邮发代号：62-111。国内定价 25 元/期，全年 150 元，电子版 100 元人民币/全年(每期 20 元)；国外及港澳台地区 25 美元/期，全年 150 美元，电子版 100 美元/年(每期 20 美元)。

地址：四川省都江堰市天府大道聚青路口四川工商职业技术学院内

邮编：611830

电话：028－87281943(编辑)

87267806(广告、发行)

传真：028－87203119

邮箱：myppm@ 263. net(编辑)

wuyingppm@ 126. com(发行)

QQ：1838372807

网址：ppm. sctbc. net

《轻工机械》

《轻工机械》杂志(刊号：CN 33-1180/TH、ISSN 1005-2895)，创刊于 1983 年，由中国轻工机械协会、中国轻工业机械总公司与轻工业杭州机电设计研究院有限公司联合主办，是一份在国内有较高影响力、历史悠久的轻工机械领域的专业性科技期刊。以报道轻工机械、自动化技术、机电一体化、工艺设计及其应用为特色。

本刊系中国科技论文统计源期刊(中国科技核心期刊)，已加入《中国学术期刊(光盘版)》和“中国期刊网”“万方数据资源系统”“中文科技期刊数据库”，并被《中国学术期刊文摘》、英国《科学文摘》(SA，INSPEC)、美国化学文摘(CA)、美国剑桥科学文摘(CSA)、美国乌利希期刊指南(Ulrich)等收录。

双月刊，大 16 开，每册定价 10 元，全年 60 元。邮发代号：32-39。

地址：浙江省杭州市余杭区高教路 970 号西溪联合科技广场 4 号楼 711 室

邮编：311121

电话：0571－85186130、85187520

传真：0571－85187520

邮箱：qgjxzz@ 126. com

网址：www. qgjxzz. com

《造纸科学与技术》

《造纸科学与技术》1982 年创刊，原名《广东造纸》。1982 年由广东省造纸学会和广东省造纸科技情报站合编。1993 年首次成为中文核心刊物。1997 年起改为双月刊，并再次进入中文核心期刊(光盘版)。2001 年起，《广东造纸》更名为《造纸科学与技术》。现在由广东省造纸研究所有限公司主办。

本刊的办刊宗旨是构筑学术交流平台，秉承科学性与导向性并重的原则，积极倡导创新与实用，理论与实践相结合，始终把为造纸行业生产科研一线和广大科技工作者服务放在首位，办成国内造纸行业中水平较高、在国际上也有一定影响的专业期刊。本刊聚焦学术前沿，注重科技创新，紧密结合生产实际，服务纸业持续发展，在制浆造纸新理论新技术、植物资源化学与综合利用、环境保护与节能减排、新材料新产品研发等方面发表了一批有较高学术水平的论文，为构筑学术交流平台、服务造纸企业和广大造纸科技工作者、推进制浆造纸科学发展和造纸工业技术进步做出了贡献。本刊报道范围为制浆造纸工业及其相关行业的理论和工艺研究、产品研发、装备制造等。

目前，本刊开辟了行业发展、制浆造纸、生物质化学化工、造纸化学品、生物技术、分析测试、过程装备、节能与环保、知识产权、科普与教育等栏目。

国内外公开发行，国内统一刊号 CN44-1532/TS，国际标准刊号 ISSN1671-4571。

《造纸科学与技术》为双月刊，大 16 开本，零售价 20 元/期，全年 120 元/套。

地址：广州市海珠区新港西路 154 号

邮编：510260

电话：020－34301343

邮箱：gdszzyjs@ foxmail. com

《生活用纸》

由中国造纸协会生活用纸专业委员会承办的《生活用纸》杂志，自 1993 创刊以来，经过 20 多年的不断努力和改进，已成为生活用纸及相关行业从业人员的重要信息来源和参考资料。

办刊宗旨：推进生活用纸及相关行业技术进步，促进科学管理，宣传产业政策，服务企业发展，提供国内外发展动态信息和市场产销信息。

内容：卫生纸、面巾纸、手帕纸、餐巾纸、厨房用纸、擦手纸等生活用纸；女性卫生用品、婴儿纸尿裤/片、成人失禁用品、宠物卫生用品、擦拭巾、一次性医用非织造布制品等卫生用品；相关原辅材料及设备等。

主要栏目：协会工作、行业动态、发展论坛、市场与营销、质量与管理、技术与设备、他山之石、消费与流行趋势、环球资讯等。

本刊是国内唯一关于生活用纸和卫生用品行业的专业性科技类综合性刊物，内容丰富，专业性、时效性强，是生活用纸及相关行业的企业管理人员、市场营销人员、工程技术人员以及技术工人的良师益友。

本刊为月刊，每月 10 日发行，全年 12 期，大 16 开，全彩版印刷。刊号为：CN 11- 4571/TS，ISSN 1009-9069。国内零售 18 元/本，全年订价平邮 200 元，快递 320 元，国外及港台地区全年订价 700 元或 120 美元。

地址：北京市朝阳区望京启阳路 4 号院中轻大厦

邮编：100102

电话：010－64778181/8182(编辑)
64778193/8194(广告)
64778186/8187(发行)

传真：010－64778199

邮箱：editor@ cnhpia. org(编辑)
cidpex@ cnhpia. org(广告)

网址：www. cnhpia. org

《造纸化学品》

中国造纸化学品工业协会会刊《造纸化学品》是由中国造纸化学品工业协会、全国造纸化学品信息站、杭州市化工研究所联合主办的国内外公开发行、全面报道造纸用化学品唯一的全国性科技期刊。

《造纸化学品》主要报道造纸用化学品(尤其是精细化学品)的研制、开发、应用及国内外发展动向等。《造纸化学品》以造纸界、化工界、科研机构、事业单位从事科研、生产的广大科技人员、技术工人、管理干部及大专院校相关专业的师生为服务对象。

《造纸化学品》是“中国核心期刊(遴选)数据库”收录期刊，“中国学术期刊(光盘版)”“中国期刊网”“中国学术期刊综合评价数据库”“万方数据——数字化期刊群”“中文科技期刊数据库”全文收录期刊，“中国学术期刊综合评价数据库”统计源期刊。美国《化学文摘》、波兰《哥白尼索引》收录期刊。

《造纸化学品》为双月刊(国内刊号 CN 33-1202/TQ，国际刊号：ISSN 1007-2225，为双月中旬出版，全年 6 期)，全年订价 140 元。

地址：浙江省杭州市上塘路石灰坝 7 号《造纸化学品》编辑部

邮编：310014

电话：0571 - 88315561

传真：0571 - 88315561

邮箱：paperchemj@ 163. com

网址：www. paperchemicals. org

《华东纸业》

《华东纸业》是由上海、山东、江苏、浙江、福建、江西、安徽七省市造纸学会主办的科技类制浆造纸工业专业技术刊物。原《纸业周刊》于 2015 年并入《华东纸业》，进一步丰富了杂志内容。

《华东纸业》办刊宗旨：面向全国造纸行业，传播纸业信息，推广高新造纸技术与成果。打造纸业信息交流平台，使之成为经验交流的园地，市场信息的窗口，是拓展我国纸业技术、参与国际市场竞争的企业家和广大科技人员的良师益友。

《华东纸业》主要栏目：专题与综述、企业家论坛、制浆与造纸工艺、设备与电仪、涂布纸与特种纸、造纸化学品、环保与节能、脱水器材、国内外纸业信息等。全面报道有关造纸的新材料、新技术、新工艺、新产品、新装备的应用以及中国造纸工业的方针政策和技术经济信息、市场动态等内容。

《华东纸业》是广大企业家和工程技术人员科技活动的园地和论坛。

《华东纸业》为双月刊，大 16 开，面向国内外公开发行。国内统一连续出版物号：CN31-2034/TS，国际标准连续出版物号：ISSN 1674-6937。每册定价 10 元，全年订价 60 元。

地址：上海市武宁路 1500 号南楼 403 室

邮编：200063

电话：021 - 52040672/0673

传真：021 - 52040673

邮箱：menger2010@ 126. com

《造纸装备及材料》

《造纸装备及材料》是为造纸装备制造企业、材料制造企业专业服务的期刊，国内统一刊号 CN43-1535/TS，国际刊号 ISSN2096-3092，是中国核心期刊(遴选)数据库的入编期刊。

《造纸装备及材料》的办刊宗旨：传播造纸装备及材料制造行业先进科技，搭建造纸、纸加工企业与造纸装备、材料制造企业沟通桥梁，促进造纸科研与技术应用紧密结合，服务造纸装备与材料技术进步。

《造纸装备及材料》是湖南省造纸学会、湖南省造纸研究所有限公司主办，以及多家企业、公司、科研院校协办面向全国发行的专业期刊，为了更好地服务于造纸装备制造企业、材料制造企业，本刊全新编排特色栏目：造纸装备及材料制造企业风采；装备与自动化；材料制造和应用；造纸装备、材料产品介绍；近期项目简讯；闲置设备、配件、材料调剂平台等。

《造纸装备及材料》杂志为季刊，大 16 开版。全年 60 元/套，邮资不论定多少套 32 元/全年。

地址：湖南省湘潭市岳塘区建设中路 7 号《造纸装备及材料》编辑部

邮编：411104

电话：0731 - 58523295

传真：0731 - 58523295

邮箱：paperem@ 163. com

《黑龙江造纸》

《黑龙江造纸》是由黑龙江省造纸工业研究所、黑龙江省造纸学会主办的制浆造纸综合性技术刊物，是中国学术期刊综合评价数据库统计源期刊，被中国期刊全文数据库全文收录，在“万方数据——数字化期刊群”全文上网，被《中国核心期刊(遴选)数据库》收录。

本刊立足黑龙江省内，报道国内外制浆造纸行业中科研、生产、经营、管理的先进技术、实践经验和市场信息，可供广大技术工人、科技人员、管理干部及大专院校的师生参考。

《黑龙江造纸》为季刊，国内统一刊号：CN23-1258/TS，国际标准刊号：ISSN 1673-0283，全年订价 25 元。

地址：黑龙江省牡丹江市光华街 17 号黑龙江省造纸工业研究所《黑龙江造纸》编辑部

邮编：157013

电话：0453 - 6320013

传真：0453 - 6331516

邮箱：hlj_ zz@ sina. com

846725863@ qq. com

《天津造纸》

《天津造纸》于 1979 年创刊，由天津科技大学和天津市造纸学会主办。本刊对外公开发行，被《中国学术期刊(光盘版)》《中国核心期刊(遴选)数据库》《中文科技期刊数据库》《超星期刊域出版平台》等全文收录，是《中国期刊全文数据库》收录期刊，《中国学术期刊综合评价数据库》来源期刊。本刊主要栏目有综述、研究论文、纸厂经验等，主要报道造纸行业的最新技术成果、行业发展动向以及市场变化情况等。读者对象为造纸企事业单位的工程技术人员、经营管理人员、技术工人、大专院校相关专业的教师和学生以及国内外相关行业机构和人士。《天津造纸》为季刊，大 16 开，国内统一刊号：CN 12-1155/TS，国际标准刊号：ISSN 1674-5469，定价 25 元/年。

地址：天津市河西区大沽南路 1038 号

邮编：300222

电话：022 – 60601455

邮箱：tjzz@ tust. edu. cn

（曹凯月）

我国制浆造纸工业图书出版目录

List of Books Related to the Pulp and Paper Industry in China

一、中国轻工业出版社造纸工业图书出版目录

1. 造纸专业科学与技术图书

序号	书名	著者	定价/元	开本	书号
1	中高浓制浆造纸技术的理论与实践(精装)——“十一五”国家重点图书/国家科学技术学术著作出版基金	陈克复 主编	60.00	16 开	ISBN978-7-5019-5877-1
2	制浆造纸现代节水与污水资源化技术——“十一五”国家重点图书出版规划项目	林跃梅 主编	58.00	异 16 开	ISBN978-7-5019-6844-2
3	纸张颜料涂布与表面施胶——芬兰造纸科学技术丛书 11 分册	[芬]Esa · Lehtinen 著/曹邦威 译	88.00	16 开	ISBN7-5019-4651-5
4	制浆造纸工业的环境治理——造纸科学与技术丛书	曹邦威 编著	45.00	异 16 开	ISBN978-7-5019-6054-5
5	制浆造纸节能新技术——造纸科学与技术丛书	刘秉钺 主编	58.00	异 16 开	ISBN978-7-5019-7114-5
6	纸和纸板的后加工——造纸科学与技术丛书	曹邦威 编著	38.00	异 16 开	ISBN978-7-5019-6643-1
7	造纸工业安全生产——造纸科学与技术丛书	万金泉 等编著	30.00	异 16 开	ISBN978-7-5019-7504-4
8	造纸助留剂与干湿增强剂的理论与应用——造纸科学与技术丛书	曹邦威 编著	58.00	异 16 开	ISBN978-7-5019-8146-5
9	当代废纸制浆技术——实用造纸技术丛书	陈庆蔚 编著	59.00	大 32 开	ISBN7-5019-4827-5
10	造纸毛毯技术与应用——实用造纸技术丛书	吕向阳 等编著	25.00	16 开	ISBN978-7-5019-6996-8
11	造纸车间技术管理的优化及技术支持——实用造纸技术丛书	张承武，段永成 编著	18.00	大 32 开	ISBN978-7-5019-6953-1
12	制浆造纸厂化验室化验检验方法——实用造纸技术丛书	吴 楠 等编著	42.00	16 开	ISBN978-7-5019-6868-8
13	英汉造纸工业词汇	许向阳 编	50.00	32 开	ISBN7-5019-4269-2
14	英汉-汉英造纸工业词汇	许向阳 编	80.00	32 开	ISBN978-7-5019-6966-1
15	造纸辞典	刘仁庆 编著	35.00	大 32 开	ISBN7-5019-5153-5

续表

序号	书名	著者	定价/元	开本	书号
16	中国造纸原料纤维特性及显微图谱	王菊华　主编	200.00	16 开	ISBN978-7-5019-2345-0
17	简明中国手工纸(书画纸)及书画常识辞典	刘仁庆　编著	39.00	异 16 开	ISBN978-7-5019-6391-1
18	纸浆性质软测量原理与技术——造纸科学与技术专著丛书	刘焕彬　著	55.00	16 开	ISBN978-7-5019-6629-5
19	废纸回用过程中胶黏物障碍与控制——造纸科学与技术专著丛书	王双飞，骆莲新　编著	35.00	16 开	ISBN978-7-5019-6954-8
20	纸包装结构设计(第二版)	孙　诚　著	35.00	异 16 开	ISBN7-5019-5216-7
21	造纸趣话妙读	刘仁庆　著	28.00	大 32 开	ISBN978-7-5019-6055-2
22	最新纸机抄造工艺	[美]B. A. Thorp 编/曹邦威　译	98.00	16 开	ISBN7-5019-2536-4
23	制浆造纸手册——第九分册-纸张抄造	张承武　主编	68.00	大 32 开	ISBN7-5019-2004-4
24	造纸工业环境工程导论	万金泉，马邑文　编著	30.00	大 32 开	ISBN7-5019-4935-9
25	造纸湿部化学原理及其应用	张光华　编	16.00	大 32 开	ISBN7-5019-2254-3
26	工业纸板制造与应用	李锡香　编著	25.00	大 32 开	ISBN7-5019-2562-3
27	制浆造纸节能技术	刘秉钺　编著	30.00	大 32 开	ISBN7-5019-2405-8
28	麦草浆碱回收技术指南	张　珂　主编	23.00	大 32 开	ISBN7-5019-2461-9
29	纸加工原理与技术	张美云　编著	34.00	大 32 开	ISBN978-7-5019-2127-X
30	制浆技术问答(第二版)	梁实梅　编著	40.00	大 32 开	ISBN7-5019-4270-6
31	制浆造纸工业环境管理	联合国环境署　著	23.00	大 32 开	ISBN7-5019-2236-5
32	最新碱法制浆技术	曹邦威　译	98.00	16 开	ISBN978-7-5019-1417-3
33	表面活性剂在造纸中的应用技术	张光华　编著	25.00	大 32 开	ISBN978-7-5019-3083-8
34	棉短绒制浆概论	陈嘉川　编著	35.00	16 开	ISBN978-7-5019-7894-6
35	制浆造纸工艺计算手册	王忠厚，许志晔　主编	68.00	16 开	ISBN978-7-5019-8037-6
36	中国造纸工业绿色进展及其工程技术	陈克复　主编	70.00	16 开	ISBN978-7-5184-0659-3
37	现代造纸机械状态监测与故障诊断	张　辉　主编	50.00	16 开	ISBN978-7-5019-9188-4
38	江苏造纸简史	张　辉　主编	48.00	异 16 开	ISBN978-7-5019-9545-5
39	植物纤维资源化学	李忠正　主编	79.00	16 开	ISBN978-7-5019-8701-6
40	中国造纸年鉴 2021	中国造纸学会　编	450.00	16 开	SBN978-7-5184-3601-9
41	山东造纸产业转型升级理论与实践研究	邹志勇　王泽风　编著	98.00	16 开	ISBN978-7-51840805-4
42	制浆技术——造纸及其装备科学技术丛书	詹怀宇　主编	89.00	16 开	ISBN978-7-5019-8866 +2
43	造纸技术——造纸及其装备科学技术丛书	张美云　主编	68.00	16 开	ISBN978-7-5019-9488-5
44	纸张结构与印刷适性——造纸及其装备科学技术丛书	周景辉　主编	60.00	16 开	ISBN978-7-5019-9014-6
45	制浆造纸经济学——中芬合著：造纸及其装备科学技术丛书(中文版)第一卷	姜丰伟，曹振雷，胡　楠　著	68.00	16 开	ISBN978-7-5019-8692-7

续表

序号	书名	著者	定价/元	开本	书号
46	禾草类纤维制浆造纸——中芬合著：造纸及其装备科学技术丛书(中文版)第二卷	李忠正 著	68.00	16 开	ISBN978-7-5019-9156-3
47	化学制浆 II 化学品和能量回收——中芬合著：造纸及其装备科学技术丛书(中文版)第三卷	刘秉钺 等译著	120.00	16 开	ISBN978-7-5019-8118-2
48	环境管理和控制——中芬合著：造纸及其装备科学技术丛书(中文版)第四卷	程言君 等译	68.00	16 开	ISBN978-7-5019-9735-0
49	森林资源的生物质精炼——中芬合著：造纸及其装备科学技术丛书(中文版)第五卷	孙润仓 等译	68.00	16 开	ISBN978-7-5019-9736-7
50	机械制浆——中芬合著：造纸及其装备科学技术丛书(中文版)第六卷	詹怀宇 等译著	140.00	16 开	ISBN978-7-5184-0036-2
51	化学制浆 I——中芬合著：造纸及其装备科学技术丛书(中文版)第七卷	刘秋娟 等译著	200.00	16 开	ISBN978-7-5184-0668-5
52	造纸化学——中芬合著：造纸及其装备科学技术丛书(中文版)第八卷	张素风 等译著	90.00	16 开	ISBN978-7-5184-0588-6
53	造纸 I 纸料制备与湿部——中芬合著：造纸及其装备科学技术丛书(中文版)第九卷	刘温霞 等译著	140.00	16 开	ISBN978-7-5184-0494-0
54	造纸 II 干燥——中芬合著：造纸及其装备科学技术丛书(中文版)第十卷	张 辉 等译	190.00	16 开	ISBN978-7-51841912-8
55	造纸 III 纸页完成——中芬合著：造纸及其装备科学技术丛书(中文版)第十一卷	何北海 等译	110.00	16 开	ISBN978-7-51841102-3
56	森林资源与可持续性管理——中芬合著：造纸及其装备科学技术丛书(中文版)第十二卷	殷锡纬 等译著	160.00	16 开	ISBN978-7-5184-0997-6
57	纸和纸板加工——中芬合著：造纸及其装备科学技术丛书(中文版)第十三卷	张美云 等译著	100.00	16 开	ISBN978-7-5184-1105-4
58	纸和纸板品种——中芬合著：造纸及其装备科学技术丛书(中文版)第十四卷	庄金风 等译	58.00	16 开	SBN978-7-5184-2451-1
59	纸张物理性能——中芬合著：造纸及其装备科学技术丛书(中文版)第十五卷	刘金刚 等译	100.00	16 开	ISBN978-7-5184-1337-9
60	材料及其防腐和维护——中芬合著：造纸及其装备科学技术丛书(中文版)第十六卷	周 耘 等译	110.00	16 开	ISBN978-7-5184-1355-3
61	森林产品化学——中芬合著：造纸及其装备科学技术丛书(中文版)第十七卷	冯文英 等译	90.00	16 开	ISBN978-7-5184-1499-4
62	造纸过程控制与维护管理——中芬合著：造纸及其装备科学技术丛书(中文版)第十八卷	沈文浩 等译	120.00	16 开	ISBN978-7-5184-1505-2
63	纸浆与纸张检测——中芬合著：造纸及其装备科学技术丛书(中文版)第十九卷	吕卫军 等译	80.00	16 开	ISBN978-7-5184-1461-1

续表

序号	书名	著者	定价/元	开本	书号
64	纸张颜料涂布与表面施胶(第二版)——中芬合著:造纸及其装备科学技术丛书(中文版)第二十卷	王双飞 等译	160.00	16 开	ISBN978-7-5184-2385-9
65	回收纤维与脱墨——中芬合著:造纸及其装备科学技术丛书(中文版)第二十一卷	付时雨 等译	200.00	16 开	ISBN978-7-5184-1656-1
66	印刷媒体—原理、过程和质量——中芬合著:造纸及其装备科学技术丛书(中文版)第二十二卷	狄正军 等译	160.00	16 开	SBN978-7-5184-2085-8

2. 造纸专业高等学校现用专业教材

序号	书名	著者	定价/元	开本	书号
1	制浆造纸分析与检测(第二版)——中国轻工业“十三五”规划教材	刘 忠 张素凤 主编	78.00	16 开	ISBN978-7-5184-2965-3
2	制浆造纸机械与设备(上)(第四版)——“十二五”普通高等教育本科国家级规划教材	陈克复 主编	85.00	16 开	ISBN978-7-5184-0929-7
3	制浆造纸机械与设备(下)(第四版)——“十二五”普通高等教育本科国家级规划教材	陈克复 主编	98.00	16 开	ISBN978-7-5184-0930-3
4	轻化工过程自动化与信息化(第三版)——中国轻工业“十三五”规划教材	刘焕彬 主编	95.00	16 开	ISBN978-7-5184-3581-4
5	制浆造纸工程设计——“十三五”普通高等教育本科规划教材	陈务平 主编	45.00	16 开	ISBN978-7-5184-0819-1
6	制浆造纸污染控制(第二版)——“十二五”普通高等教育本科国家级规划教材	韩 颖 主编	55.00	16 开	ISBN978-7-5184-0732-3
7	制浆原理与工程(第四版)——中国轻工业“十三五”规划教材	詹怀宇 主编	98.00	16 开	ISBN978-7-5184-2487-0
8	造纸原理与工程(第四版)——中国轻工业“十三五”规划教材	何北海 主编	75.00	16 开	ISBN978-7-5184-2661-4
9	加工纸与特种纸(第四版)——中国轻工业“十三五”规划教材	张美云 主编	60.00	16 开	ISBN978-7-5184-2567-9
10	植物纤维化学(第五版)——中国轻工业“十三五”规划教材	裴继诚 主编	60.00	16 开	ISBN978-7-5184-2889-2
11	制浆造纸工程大全(第二版)——北欧及北美造纸专业本科教材	[加拿大]G. A. 斯穆克著/曹邦威 译	50.00	16 开	ISBN7-5019-3132-1
12	造纸工业清洁生产原理与技术——教育部高等学校轻化工程教学指导委员会推荐特色教材	何北海 主编	34.00	16 开	ISBN7-5019-5681-2
13	制浆造纸概论——教育部高等学校轻化工程教学指导委员会推荐特色教材	刘 忠 主编	30.00	16 开	ISBN978-7-5019-5740-8
14	制浆造纸专业英语——高等学校专业教材	曹邦威,张东成 编	18.00	16 开	ISBN7-5019-5349-3

续表

序号	书名	著者	定价/元	开本	书号
15	纸页的结构与性能——教育部高等学校轻化工程教学指导委员会推荐特色教材	胡开堂 主编	40.00	16 开	ISBN7-5019-5060-1
16	制浆造纸助剂——高等学校专业教材	安郁琴，刘 忠 主编	28.00	大 32 开	ISBN978-7-5019-3925-X
17	热工基础与造纸节能(第二版)——教育部高等学校轻工与食品学科教学指导委员会推荐教材	刘秉钺 主编	36.00	16 开	ISBN978-7-5019-7086-5
18	制浆造纸实验——普通高等教育轻工与食品专业实验类系列规划教材	王双飞 主编	23.00	16 开	ISBN978-7-5019-7489-4
19	造纸湿部化学——普通高等教育“十一五”国家级规划教材	刘 忠 主编	35.00	16 开	ISBN978-7-5019-7740-6
20	加工纸与特种纸实验教程——普通高等教育“十二五”规划教材	刘文波 主编	24.00	16 开	ISBN978-7-5019-8847-1
21	现代造纸机械状态监测与故障诊断(第三版)——普通高等教育“十二五”规划教材	张 辉 主编	65.00	16 开	ISBN978-7-5184-0833-7
22	造纸技术实用教程——“十三五”普通高等教育本科规划教材	沙力争 主编	60.00	16 开	ISBN978-7-5184-1270-9
23	制浆造纸概论——“十三五”普通高等教育本科规划教材	龚木荣 编著	45.00	16 开	ISBN978-7-5184-2367-5
24	特种纸实用技术教程——“十三五”普通高等教育本科规划教材	胡志军 主编	60.00	16 开	ISBN978-7-5184-2444-3

3. 造纸专业高等职业教育教材(教育部高职高专制浆造纸技术专业教学指导分委员会规划教材)

序号	书名	著者	定价/元	开本	书号
1	制浆造纸分析与检验	林润惠 主编	36.00	大 32 开	ISBN7-5019-2662-6
2	制浆工艺及设备	邝守敏 主编	48.00	16 开	ISBN7-5019-2912-2
3	造纸工艺及设备	吴葆敦 主编	45.00	16 开	ISBN978-7-5019-2735-9
4	制浆造纸工厂设计概论	李土根 主编	36.00	16 开	ISBN7-5019-2759-6
5	制浆造纸专业英语	李桂芳 主编	15.00	大 32 开	ISBN7-5019-2795-2
6	纸加工技术	沙力争 主编	32.00	16 开	ISBN978-7-5019-6657-8/TS. 3874
7	制浆造纸设备安装与维修(第二版)	李向华 主编	28.00	16 开	ISBN978-7-5019-7041-4
8	制浆造纸助剂及其应用技术	刘一山 主编	30.00	16 开	ISBN978-7-5019-7720-8
9	制浆技术(第三版)	陈向斌 主编	48.00	16 开	ISBN978-7-5019-9473-1
10	造纸技术(第三版)	郭 纬 主编	45.00	16 开	ISBN978-7-5184-1394-2
11	制浆造纸检验技术(第三版)	郭 纬 主编	38.00	16 开	ISBN978-7-5184-2333-0

4. 造纸专业技工教材

序号	书名	著者	定价/元	开本	书号
1	制浆造纸设备与操作(第二版)	王忠厚 主编	45.00	16 开	ISBN7-5019-5266-3
2	制浆造纸工艺(第二版)	王忠厚 主编	42.00	16 开	ISBN 7-5019-5205-1
3	长网纸机抄造	曹邦威，张周宏 编	18.00	大 32 开	ISBN7-5019-2167-9

5. 造纸工业行业标准

序号	书名	著者	定价/元	开本	书号
1	中国轻工业标准汇编(造纸卷)上册	本书编写组编	108	大 16 开	ISBN978-7-5019-7025-6
2	中国轻工业标准汇编(造纸卷)下册	本书编写组编	138	大 16 开	ISBN978-7-5019-7026-1

二、其他出版社制浆造纸工业图书出版目录

序号	书名	著者	出版单位	定价/元	开本	书号
1	制浆造纸仪表及自动化	陈　黔，张惠玲　编著	冶金工业出版社	28.00	16 开	ISBN978-7-5024-7494-2
2	制浆造纸化验(高级工)	赖建萍，陈　元　等编著	冶金工业出版社	25.00	16 开	ISBN978-7-5024-7493-5
3	制浆造纸机械与设备	金海兰，张　丹　等编著	化学工业出版社	30.00	16 开	ISBN978-7-1222-0351-9
4	制浆造纸技术专业英语	云　娜，曹晓瑶　编著	华南理工大学出版社	16.00	32 开	ISBN978-7-5623-3509-2
5	制浆造纸关键技术理论与实践	陈克复，杨仕党　等编著	华南理工大学出版社	50.00	16 开	ISBN978-7-5623-5095-8
6	制浆造纸行业全过程降污减排技术与评估方法	孙德智，张立秋　等编著	中国环境出版社	45.00	16 开	ISBN978-7-5111-1089-3
7	造纸废渣资源综合利用	汪　苹，宋　云　等编著	化学工业出版社	58.00	16 开	ISBN978-7-1223-0611-1
8	造纸工业三废资源综合利用技术	汪　苹，宋　云　等编著	化学工业出版社	80.00	16 开	ISBN978-7-1222-1150-7
9	2010—2011 制浆造纸科学技术学科发展报告	中国造纸学会　编著	中国科学技术出版社	33.00	16 开	ISBN978-7-5046-5813-5
10	2016—2017 制浆造纸科学技术学科发展报告	中国造纸学会　编著	中国科学技术出版社	68.00	16 开	ISBN978-7-5046-7943-7
11	无污染制浆新技术	中国科协学会学术部编著	中国科学技术出版社	18.00	16 开	ISBN978-7-5046-5042-9
12	生物质精炼技术与传统纸浆造纸工业	中国科协学会学术部编著	中国科学技术出版社	18.00	16 开	ISBN978-7-5046-6334-4
13	新概念造纸技术与纸基功能材料	中国科协学会学术部编著	中国科学技术出版社	18.00	16 开	ISBN978-7-5046-6765-6

(林　媛)

《中国造纸》2020 年度“恒联集团杯”优秀论文获奖名单

“Henglian Cup” Excellent Papers of *China Pulp & Paper* in 2020

《中国造纸》优秀论文评选是《中国造纸》期刊的品牌活动，至今已成功举办 21 届，该活动在造纸及相关行业中产生了很好的影响，促进了造纸行业的学术交流，提高了《中国造纸》科技论文的质量与水平，对推动我国造纸业科技进步、科技创新起到了引领作用。

2021 年 4 月 2 日，《中国造纸》2020 年度“恒联集团杯”优秀论文评选终评会在北京市召开，此次评选活动采取线上 + 线下相结合的形式召开，评选委员会近 30 名专家参加了终评会。2020 年度优秀论文评选活动由山东恒联投资集团有限公司赞助。本次评选依然坚持科学性、导向性、创新性、实用性与规范性的原则，邀请了我国造纸行业及相关领域的知名专家、学者担任评委，经初评、复评、网络互动及专家终评会 4 个阶段，最终评选出 20 篇优秀论文。

一等奖(1 篇)

中国化学机械法制浆的生产现状、存在问题及发展趋势(第 5 期)

房桂干，沈葵忠，李晓亮

中国林业科学研究院林产化学工业研究所，国家林业局林产化学工程重点开放性实验室，生物质化学利用国家工程实验室；南京林业大学林业资源高效加工利用协同创新中心；山东华泰纸业股份有限公司

二等奖(3 篇)

木素脱氢聚合物-葡萄糖复合体形成机理的研究(第 4 期)

谢益民，蒋 晨，刘雁超

湖北工业大学制浆造纸研究院，湖北工业大学绿色轻工材料湖北省重点实验室

中国造纸工业智能化转型升级路径的探讨与实践(第 8 期)

李继庚，刘焕彬，洪蒙纳，满 奕

华南理工大学制浆造纸国家重点实验室，广州博依特智能信息科技有限公司

高氨基密度纤维素基固态胺吸附剂的制备及其性能研究(第 8 期)

何 辉，周 航，薛 飞，伍 琪，王双飞

广西大学轻工与食品工程学院，广西制浆造纸清洁化生产与污染控制重点实验室

三等奖(6 篇)

生活用纸项目五种节能技术的应用及经济分析(第 1 期)

杨剑波，吴艳娇，夏英华，崔新法，王训毅，王家星，柏 雪

金光纸业(中国)投资有限公司

木质素调控制备果糖基碳微球及其电化学性能研究(第 4 期)

王 萌，李 政，万 莹，毛宗久，江骁雅，刘 文，陈雪峰，张学铭

中国制浆造纸研究院有限公司，制浆造纸国家工程实验室，北京林业大学林木生物质化学北京市重点实验室

制浆造纸行业水污染全过程控制技术理论与实践(第 4 期)

徐 峻，李 军，陈克复

华南理工大学制浆造纸工程国家重点实验室，植物纤维研究中心

绝缘纸耐热助剂的制备及应用研究（第 10 期）

毛　萃，孟凡锦，刘　文，曹青福，李焕焕

中国制浆造纸研究院有限公司，制浆造纸国家工程实验室

耐热型纸吸管纸的制备及性能研究（第 11 期）

徐永建，段叶荣，周家俊，刘　燕，李　伟

陕西科技大学轻工科学与工程学院，陕西省造纸技术及特种纸品开发重点实验室，轻化工程国家级实验教学示范中心，中国轻工业纸基功能材料重点实验室；浙江华丰纸业科技有限公司

纸基包装材料的研究进展、应用现状及展望（第 11 期）

张　雪，张红杰，程　芸，刘晓菲，孙　琴，张　涛，黄培坤

中国制浆造纸研究院有限公司，制浆造纸国家工程实验室，中华环境保护基金会，北京三快在线科技有限公司美团外卖

优秀奖（10 篇）

间位芳纶纤维悬浮液的屈服特性及其与成纸匀度关系的研究（第 1 期）

王珮瑶，张美云，沙九龙，宋顺喜，甄晓丽

陕西科技大学轻工科学与工程学院，中国轻工业纸基功能材料重点实验室，轻化工程国家级实验教学示范中心；广西清洁化制浆造纸与污染控制重点实验室，广西大学轻工与食品工程学院

基于 ANSYS 的新型锥形磨浆机的结构分析与仿真（第 1 期）

李　萌，胡庆喜，周文彬，沈子建

华南理工大学造纸与污染控制国家工程研究中心，华南理工大学制浆造纸工程国家重点实验室

α-淀粉酶处理废纸浆降解淀粉类有机物及净化浆料研究（第 2 期）

冯　琨，孔话峥，王燕燕，赵梦醒，刘廷志

天津科技大学轻工科学与工程学院，天津市制浆造纸重点实验室

采用粒子追踪技术的盘磨机微观磨浆机理研究（第 2 期）

刘庆立，汤　伟，吴九汇，董继先，江　军，李天虎

陕西科技大学机电工程学院，陕西科技大学电气与控制工程学院，西安交通大学振动与噪声研究所，中国石油集团渤海钻探井下技术服务分公司压裂酸化作业部，安德里茨（中国）有限公司

卤氧化铋/纸浆纤维复合光催化纸的原位制备及甲醛去除效果研究（第 3 期）

耿　巍，钱学仁，安显慧

东北林业大学生物质材料科学与技术教育部重点实验室

两亲改性碳纤维制备质子交换膜燃料电池用碳纸的研究（第 3 期）

胡蓉蓉，李梦佳，华飞果，许　跃，王亚丽，马闻骏，葛振亚，马　昌，童树华，史景利

天津工业大学材料科学与工程学院，浙江金昌特种纸股份有限公司，中国制浆造纸研究院有限公司

胆碱类低共熔溶剂选择性分离杨木中木质素的研究（第 4 期）

刘金科，杨桂花，齐乐天，薛　玉，陈嘉川

齐鲁工业大学（山东省科学院）生物基材料与绿色造纸国家重点实验室/制浆造纸科学与技术教育部重点实验室

用于浸渍聚酰亚胺纤维纸基复合材料树脂的研究（第 6 期）

王　军，平清伟，张　健，盛雪茹，李　娜，石海强

大连工业大学轻工与化学工程学院

纳米微纤化纤维素在口罩用过滤材料中的应用研究（第 9 期）

刘成跃，颜　鑫，王习文

浙江凯恩特种纸业有限公司，华南理工大学轻工科学与工程学院

改性纤维素纳米纤丝涂布制备高阻隔长纤维薄页纸的研究（第 11 期）

李梓源，张金柱，王鹏辉，丁其军，李　霞，

姜亦飞，韩文佳
齐鲁工业大学（山东省科学院）生物基材料与绿色造纸国家重点实验室，山东圣泉集团股份有限公司

（刘振华）

大事记

EVENTS

8

2021 年中国造纸工业 10 项要闻

Top Ten News of China's Paper Industry in 2021

由中国制浆造纸研究院有限公司主办的中国造纸工业 10 项要闻评选活动自 2000 年举办以来，在各级领导和业界同仁的关心和大力支持下，在广大读者的热心关注与积极参与下，已成为造纸行业的品牌活动，成为业内人士梳理和总结过去一年产业和市场发展脉络的重要渠道，是中国造纸行业最为重要的年度事件之一。评选会上，基于要闻推荐、汇总、网络互动等前期准备工作，16 位有关领导专家围绕政策、环保、技术创新、高质量发展等最受关注的行业热点展开了热烈的讨论，最终评选出 2021 年中国造纸工业 10 项要闻。

1.《中国造纸》《中国造纸学报》再次入选北大中文核心期刊

3 月 10 日，中国制浆造纸研究院有限公司中国造纸杂志社收到北京大学图书馆《中文核心期刊要目总览》编委会的通知，《中国造纸》《中国造纸学报》两刊再次双双入编《中文核心期刊要目总览》2020 年版(即第 9 版)。

2. 纸基新材料助力神舟十二号载人飞船成功飞天

6 月 17 日，搭载了 3 名宇航员的神舟十二号载人飞船成功进入预定轨道。由中国制浆造纸研究院有限公司自主研发并生产的载人飞船用纸基新材料作为载人航天工程中航天员生命保障系统所需要的重要材料之一，又一次陪伴宇航员进入太空。

3.《完善能源消费强度和总量双控制度方案》发布

9 月 11 日，国家发展改革委发布《完善能源消费强度和总量双控制度方案》。《双控方案》对标“十四五”规划和 2035 年远景目标，明确要求到 2035 年实现能源资源优化配置、能源节约制度更加成熟定型，有力支撑碳排放达峰后稳中有降的目标实现。

4. 多个造纸及相关领域的集体、个人获“十三五”轻工业科技创新表彰

9 月 25 日，在全国轻工业科技创新与产业发展大会上，淄博泰鼎造纸机械有限公司、郑州运达造纸设备有限公司、山东太阳纸业股份有限公司、轻工业环境保护研究所、山东华泰纸业股份有限公司、河南江河纸业股份有限公司、玖龙纸业(东莞)有限公司 7 家造纸及相关领域企业荣获“十三五”轻工业科技创新先进集体称号；李永胜(山东天瑞重工有限公司)、许要锋(郑州运达造纸设备有限公司)、诸葛宝钧(淄博泰鼎造纸机械有限公司)、张磊(山东信和造纸工程股份有限公司)、应广东(山东太阳纸业股份有限公司)、程言君(北京市科学技术研究院资源环境研究所)、李晓亮(山东华泰纸业股份有限公司)、刘铸红(河南大指造纸装备集成工程有限公司)8 人荣获“十三五”轻工业科技创新先进个人荣誉。

5. 多个大型浆纸项目顺利投产或启动建设

9 月 26 日，广西太阳纸业有限公司年产 50 万吨文化用纸生产线顺利投产，随后，该厂年产 6 万吨生活用纸生产线、年产 90 万吨白卡纸生产线、日产 1800 吨 BCTMP 生产线、日产 2650 吨漂白阔叶木浆生产线也相继投产。同时，广西金桂浆纸业有限公司年产 90 万吨白卡纸生产线、广东山鹰纸业有限公司年产 50 万吨白色高透伸性纸生产线等多条大型浆纸生产线也于年内顺利投产。此外，玖龙纸业(北海)有限公司年产 795 万吨浆纸的林浆纸一体化项目、联盛纸业(龙海)有限公司年产 390 万吨林浆纸一体化项目等多个航母级大型项目开工建设。

6.《中国纸的故事》被国家图书馆、中国民族博物馆永久收藏

10 月 21 日，由中国民族博物馆发起并主办的“2021 · 第四届中国民族志纪录片学术展”在北京市开启盛大展映。其中，曾登陆央视的大型文化纪录片《中国纸的故事》作为入围影片，被国家图书馆、中国民族博物馆永久收藏。

7. 一项成果荣获 2020 年度国家科学技术进步奖

11 月 3 日，2020 年度国家科学技术奖励大会召开。齐鲁工业大学吉兴香教授及其团队完成的“高性能木材化学浆绿色制备与高值利用关键技术及产业化”项目获得2020 年度国家科学技术进步二等奖。

8. 庆祝建党百年，造纸行业举办“不忘初心 牢记使命”主题摄影展

11 月 9 日，中国造纸学会等 3 家单位共同主办的“不忘初心 牢记使命”主题摄影展在 2021 造纸科技创新与技术交流会活动期间举办，展示了在中国共产党领导下，造纸工业的发展历程和取得的辉煌成就。

9. 王双飞教授当选中国工程院院士

11 月 18 日，中国工程院公布 2021 年院士增选名单，广西大学王双飞教授当选中国工程院环境与轻纺工程学部院士。

10.《造纸行业“十四五”及中长期高质量发展纲要》发布

12 月 24 日，中国造纸协会发布《造纸行业“十四五”及中长期高质量发展纲要》（下称《发展纲要》）。《发展纲要》对标国家“十四五”规划和 2035 年远景目标纲要，以国务院《2030 年前碳达峰行动方案》和《关于加快推动制造服务业高质量发展的意见》等为行动指南，科学制定了行业今后的发展战略。

（郭彩云）

2021 年中国造纸工业大事记

Important Events of China's Paper Industry in 2021

1 月

1 月 4 日，漳州市益达纸业有限公司与河南大指造纸装备集成工程有限公司就 25 万吨/年低定量高强瓦楞原纸项目正式签约。河南大指造纸装备集成工程有限公司将承接水力式流浆箱、膜转移施胶机等项目。

1 月 6 日、2 月 4 日，泰盛科技(集团)股份有限公司安徽宿州生活用纸生产基地一期 12 万吨/年生活用纸项目 2 台纸机先后开机。2 台纸机的净纸幅宽均为 5600 毫米，设计车速 2000 米/分，设计产能 6 万吨/年。使用竹、木浆混合原料生产 12 ~ 42 克/米^2 高档生活用纸，单机产能 6 万吨/年。

1 月 8 日，澳威纸业(江门)有限公司引进的川之江造纸机械(嘉兴)有限公司卫生纸机开机。纸机幅宽 2850 毫米，设计车速 1100 米/分。

1 月 8 日，荆州市石首市与仙鹤股份有限公司签订了 250 万吨/年林浆纸一体化循环经济项目投资框架协议。项目计划总投资 100 亿元，主体项目分三期完成，包含 90 万吨/年纸浆、140 万吨/年特种纸、20 万吨/年涂布纸项目。

1 月 8 日，山东太阳纸业股份有限公司颜店新材料生产基地的特种纸机 PM40 顺利开机。生产线拥有高品质、高稳定性以及高效节能的生产工艺，主要生产特种纸产品，产品具有环保、便携等特性。

1 月 9 日、18 日，河北金博士集团有限公司的 PM6、PM7 卫生纸机分别顺利开机。投产后公司高档生活用纸产能超过 18 万吨/年。

1 月 10 日，龙岩市永峰再生纸品厂首台高速新月型卫生纸机开机。纸机净纸幅宽 3550 毫米，设计车速 1300 米/分，设计产能 2.5 万吨/年。

1 月 10 日，山东太阳纸业股份有限公司老挝 80 万吨/年高档包装用纸项目 PM2 纸机成功开机，纸机设计产能 80 万吨/年，主要生产 100 ~ 160 克/米^2 的低定量牛皮箱纸板。

1 月 11 日，岳阳林纸股份有限公司 1 号纸机从生产文化用纸成功转产包装用纸，预计可增加公司包装用纸产能 3 万吨/年。

1 月 14 日，四川锦丰纸业股份有限公司 2 号纸机顺利开机。纸机幅宽 3300 毫米，车速 450 米/分，主要生产 22 ~ 40 克/米^2 低定量食品包装用纸。

1 月 15 日，河北亚光纸业有限公司首台佛山市南海区宝拓造纸设备有限公司卫生纸机开机。纸机设计车速 1300 米/分，净纸幅宽 3550 毫米，单机产能 2.5 万吨/年。

1 月 15 日，湖北省咸宁市咸安区政府与玖龙环球(中国)投资集团有限公司竹浆纸项目签约仪式举行。计划在咸安投资 54 亿元，建设 40 万吨/年漂白化学竹浆、50 万吨/年高档文化用纸、手提袋纸、食品包装用纸生产线，以及智能化纸包装全产业链。

1 月 15 日，亚太森博(江苏)浆纸有限公司宣布，公司计划在如皋市长江镇(如皋港工业园区)建设一期年产 100 万吨高档白卡纸项目。

1 月 16 日，保定市华奥纸业有限公司第二台高速新月型卫生纸机开机，净纸幅宽 3550 毫米，设计车速 1300 米/分，设计产能 2 万吨/年。

1 月 22 日，广西横县江南纸业有限公司第四台卫生纸机投产。纸机净纸幅宽 2850 毫米，设计车速 1500 米/分。主要使用漂白蔗渣浆生产高档生活用纸，设计产能 2 万吨/年。

1 月 22 日，山西云冈纸业有限公司 7 号卫生纸机开机，纸机幅宽 2850 毫米，设计车速 1400 米/分，设计产能 2 万吨/年。

1 月 26 日，鞍山永安包装工业有限公司二期项目成功开机，并于 1 月 28 日正式投产运行。纸机为国产双叠网纸机，可生产箱纸板、T 纸和瓦楞原纸，产能 15 万吨/年。

1 月 26 日，贵州鹏昇(集团)纸业有限责任公司一期工程 60 万吨/年包装用纸项目第二台纸机顺利开机。该纸机为三叠网多缸纸机，净纸幅宽 5600 毫米，设计车速 850 米/分，全部采用废纸原料抄造箱纸板，产能 35 万吨/年。

1 月 27 日，云南新平南恩糖业有限责任公司首台新月型高速卫生纸机开机，纸机设计车速 1300 米/分，净纸幅宽 2850 毫米，主要使用商品蔗渣浆生产高档生活用纸，产能 1.68 万吨/年。

1 月 29 日，中国造纸协会正式下达《无塑纸杯(含无塑涂层纸杯纸)》团体标准计划，该标准由中国造纸协会标准化专业委员会牵头，根据《中国造纸协会团体标准管理办法》的相关规定，其项目信息已于 2021 年 1 月 19 日至 28 日在相关网站进行公示，公示期间未收到反对意见。

1 月 31 日，东莞市金田纸业有限公司 6 号纸机灰纸板技改项目顺利投产。灰纸板产能增加约 20 万吨/年，目前灰纸板产能已达 55 万吨/年。

1 月 31 日，河南华洁卫生用品有限公司第二台高速卫生纸机开机。纸机设计车速 1300 米/分，幅宽 2850 毫米，单机日产能超过 50 吨。

1 月 31 日，云南弘源纸业有限公司引进的川之江造纸机械(嘉兴)有限公司卫生纸机顺利投产。纸机幅宽 2850 毫米，设计车速 1100 米/分。

2 月

2 月 1 日，2020 年发布的《GB/T 24988—2020 复印纸》等 19 项造纸国家标准开始实施。

2 月 2 日，保定市雄飞造纸厂第二台 3500 新月型纸机成功开机，纸机年产能 1.9 万吨。

2 月 4 日，山东博汇纸业股份有限公司发布公告称公司控股子公司江苏博汇纸业有限公司拟投资建设 3 期年产 100 万吨高档包装纸板及其配套项目，投资金额 38.33 亿元。项目建设周期预定为 2 年。

2 月 4 日，江苏洪泽湖纸业有限公司首台高速卫生纸机开机出纸。纸机设计车速 1400 米/分，净纸幅宽 2850 毫米，产能超过 2 万吨/年。

2 月 8 日，德州胜港纸业有限公司高效节能新月型卫生纸机顺利开机。纸机净纸幅宽 2850 毫米，设计车速 1400 米/分，产能 2 万吨/年。

2 月 24 日，浙江森林联合纸业有限公司 60 万吨/年数码喷墨纸产业升级项目正式开工。项目总投资 20 亿元，项目建成后，可实现年产 60 万吨数码喷墨纸，年营业收入 36 亿元，税收 1.92 亿元。

2 月 25 日，国一制纸(张家港)有限公司 10 万吨/年特种纸机成功投产。纸机幅宽 5200 毫米，车速 700 米/分，用于生产食品包装用纸和特种印刷纸。

2 月 25 日，山东世纪阳光纸业集团有限公司与上海轻良实业有限公司正式签订了 2 台 3850/1200 装饰原纸机合同。

2 月 26 日，江苏利民纸品包装股份有限公司二期 100 万吨/年高档箱纸板项目举行开工仪式。二期项目计划投资 10 亿元，正在建设的 2 号机为三叠网纸机，幅宽 5000 毫米，车速 700 米/分，主要生产低定量 T 纸，将于 2022 年建成投产。

2 月 26 日，山东晨钟机械股份有限公司与辽宁和合卫生用品有限公司签订了 2850/1200 高速卫生纸机制浆系统。系统主要包括水力碎浆机系统、双盘磨浆机、浆池搅拌器等整套制浆生产线。

3 月

3 月 2 日，工业和信息化部公布了《2021 年第一批行业标准制修订和外文版项目计划的通知》，批准了 521 项行业标准制修订计划，其中包括 5 项造纸领域行业标准计划项目。

3 月 3 日，维美德公司表示将向联盛浆纸(漳州)有限公司提供 1 条白卡纸生产线，1 条高级文化用纸生产线和 1 条漂白化学热磨机械浆生产线，最终将使浆和纸的年总生产量达到 390 万吨。

3 月 4 日，Paper and Biomaterials(PBM)期刊收到 Scopus 评估机构的通知，经过一年评审，PBM 正式被 Scopus 数据库收录。这是 PBM 继被 CAS 数据库收录以来的再次突破，表明 PBM 的学术水平和影响力得到国际学术界和出版界的认可。

3 月 4 日，中国制浆造纸研究院有限公司作为第三方企业标准评估机构，进行了 2020 年度卫生巾产品领域企业标准“领跑者”评估工作。福建恒安集团有限公司企业标准《Q/JHAQ006—2019 七度空间少女超特长夜用卫生巾》通过评估，获得了企业标准“领跑者”证书。

3 月 5 日，云南新平南恩糖纸公司与佛山市宝索机械制造有限公司的二期高速纸机项目签约仪式在云南新平县举行。纸机设计幅宽 2850 毫米，车速 1300 米/分。

3 月 8 日，东冠集团有限公司投资的 36 万吨/年高档生活用纸项目签约暨推进长三角一体化项目签约开工仪式在安徽省马鞍山市当涂经济开发区隆重举行。

3 月 9 日，保定市四海纸业有限公司的新月型卫生纸机成功开机。纸机产能 3 万吨/年，幅宽 3550 毫米，车速 1400 米/分。

3 月 9 日，国家市场监督管理总局(国家标准化管理委员会)批准发布了 362 项推荐性国家标准(2021 年第 3 号)，其中涉及 4 项造纸领域国家标准。

3 月 10 日，国际木材科学院(International Academy of Wood Science)通知，华南理工大学制浆造纸工程国家重点实验室教授万金泉当选为国际木材科学院院士。

3 月 10 日，《中国造纸》《中国造纸学报》两刊连续 9 次入编《中文核心期刊要目总览》2020 年版(即第九版)轻工业、手工业、生活服务业类的核心期刊。

3 月 14 日，山西华天基纸业有限公司年产 20 万吨低定量高强瓦楞原纸生产线成功投产。纸机幅宽 5600 毫米，设计车速 650 米/分，生产定量 80 ~ 140 克/米^2 的高强瓦楞原纸。

3 月 15 日，中顺洁柔纸业股份有限公司分别与宿迁市宿城区人民政府、运河宿迁港产业园管委会签订了“宿迁新建 40 万吨/年高档生活用纸项目投资协议”。项目总投资约 25.5 亿元，计划设计总产能约 40 万吨/年。其中第一期项目计划投资约 6 亿元，年产高档生活用纸 10 万吨。

3 月 19 日，中冶银河纸业有限公司通过技术攻关成功解决了纸张抑菌率须达到 99% 以上、纸张抑菌长效性、抑菌功能材料与现有体系的配伍性等一系列技术难题，成功研发出抑菌书纸。

3 月 20 日，环龙工业集团有限公司年产 5 万吨高档生活用纸扩产项目正式启动，佛山市南海区宝拓造纸设备有限公司为项目提供了包含全套生产线设备的交钥匙工程，包括备浆系统、白水处理系统、2 套宝拓新月型卫生纸机和其他全套后加工设备等。

3 月 23 日，仙鹤股份有限公司与湖北省石首市人民政府正式签订了“仙鹤股份高性能纸基新材料循环经济项目投资合同”，项目计划建设浆纸产能 250 万吨/年，包含年产 90 万吨浆类纤维材料、140 万吨纸基功能材料，20 万吨涂布纸深加工材料等。

3 月 26 日，经中国造纸学会第八届常务理事会第七次会议审议，决定成立中国造纸学会纸基绿色包装材料及制品专业委员会，依托单位为中国制浆造纸研究院有限公司。

3 月 29 日，生态环境部发布《关于加强企业温室气体排放报告管理相关工作的通知》。发电、石化、化工、建材、钢铁、有色、造纸、航空等重点排放行业的 2013—2020 年任一年温室气体排放量达 2.6 万吨二氧化碳当量(综合能源消费量约 1 万吨标准煤)及以上的企业或其他经济组织被纳入工作范围。

3 月 31 日，湖北丽邦纸业有限公司 3 号纸机开机投产。纸机为新月型高速卫生纸机，净纸幅宽 2850 毫米，设计车速 1500 米/分，产能约 2.5 万吨/年。

3 月 31 日，金鹰(如皋)产业园举行奠基仪式。产业园计划总投资 410 亿元，将建设白卡纸项目及莱赛尔纤维项目。白卡纸项目一期年产 100 万吨高档白卡纸(不制浆)。莱赛尔纤维项目一期年产 20 万吨新溶剂法纤维素纤维。

3 月 31 日，荣成纸业股份有限公司再投 60 亿新台币扩大包装用纸与纸箱产能，2021 年下半年及 2022 年将陆续完成龙潭厂、路竹厂扩厂计划，返台投资总额约 60 亿新台币。

4 月

4 月 2 日，由中国制浆造纸研究院有限公司主办的《中国造纸》2020 年度“恒联集团杯”优秀论文评选终评会在北京市召开。评选委员会近 30 名专家参加了终评会，经专家评议，最终评选出 20 篇优秀论文。

4 月 2 日，保定市旭冉卫生用品有限公司 3500 新月型卫生纸机成功开机，纸机由保定市维拓造纸机械有限公司供货，产能 2 万吨/年。

4 月 9 日，泰盛(宿州)生活用品有限公司 TM25 纸机开机。纸机为高速节能新月型卫生纸机，净纸幅宽 2850 毫米、设计车速 1300 米/分，主要使用商品木浆和竹浆生产高档生活用纸，产能 2 万吨/年。

4 月 10 日，山东晨钟机械股份有限公司自主研发的“基于云服务的 ZX300 再生纤维浆循环利用成套装备”通过省级科技成果评价。项目产品采用干法制浆工艺，节水节能，环保效果明显；通过装备 5G 上云服务，实现了整条生产线的在线监控运行和远程运维服务。

4 月 12 日，德州胜港纸业有限公司 TM4 纸机顺利开机。纸机净纸幅宽 2850 毫米，设计车速 1400 米/分，单机产能 2 万吨/年。

4 月 13 日，国家标准化管理委员会发布 2021 年第 4 号国家标准公告，批准了由国家纸张质量监督检验中心参与起草的《GB/T 28004.1—2021 纸尿裤 第 1 部分：婴儿纸尿裤》。

4 月 19 日，工业和信息化部发布《中华人民共和国工业和信息化部公告》，批准公布了 563 项行业标准，其中涉及 6 项造纸领域行业标准。

4 月 19 日，玖龙纸业（重庆）有限公司废纸替代原材料技改项目开工。项目旨在将生产原料由废纸逐步变成农、林业废弃物，如花椒枝、林木修枝等植物纤维。技改完成后每年可使用 30 万吨植物纤维原料代替废纸。

4 月 19 日、24 日、27 日，泰盛科技（集团）股份有限公司安徽宿州生活用纸生产基地第四台、第五台、第六台卫生纸机先后开机出纸。3 台纸机均是新月型卫生纸机，净纸幅宽 2850 毫米，设计车速 1300 米/分，单机产能约 2 万吨/年。

4 月 22 日，玖龙纸业（湖北）有限公司浆线项目举行开工仪式。项目位于荆州市监利县白螺镇临港工业园，将建设年产 60 万吨浆及 240 万吨高档包装用纸的林浆纸一体化项目。

4 月 22 日，由浙江华章科技有限公司总承包的潮州市合丰特造纸有限公司 4800 箱纸板项目竣工综合验收仪式举行。项目机电设备由浙江华章科技有限公司总承包，并携手国内外 60 多家知名品牌供应商为其设备或部件配套。

4 月 27 日，西安维亚造纸机械有限公司与大荔蔡伦纸业有限公司签订 2 条 2850/1300 新型节能环保卫生纸机生产线。双方拟就芦苇、麦草、果木制浆在生活用纸领域的应用开展深度合作。

4 月 28 日，中国造纸协会第五届理事会第三次会议（扩大）在云南省昆明市召开。中国造纸协会秘书长钱毅对《造纸工业“十四五”及中长期高质量发展纲要》（草案）进行了说明，并简要讨论了造纸行业碳达峰、碳减排的初步设想。

4 月 29 日，2021 中国纸浆高层峰会在云南省昆明市召开。

5 月

5 月 2 日，济南圣泉集团股份有限公司首台新月型高速卫生纸机投产。纸机净纸幅宽 2850 毫米，设计车速 1300 米/分，主要使用竹、木混合浆生产本色生活用纸，单机产能 2 万吨/年。

5 月 9 日，山东世纪阳光纸业集团有限公司与中国移动潍坊分公司 5G 智能制造签约仪式举行。本次合作中，中国移动将在 5G + 智慧传感、5G + 智慧物流、5G + 区块链、5G + 智慧园区和基础通信服务等领域给予大力支持，助推世纪阳光信息化发展。

5 月 11 日，中国制浆造纸研究院有限公司与海尔智家股份有限公司签署战略合作协议，并成立海尔智家 - 中国制浆造纸研究院有限公司联合创新中心。

5 月 12 日，2021 中国造纸工业互联与数字化转型发展高峰论坛在山东省兖州市召开。

5 月 12 日，德州泰鼎新材料科技有限公司年产 15 万吨的化学机械浆线成功开机。生产线是由安德里茨公司供货的 P-RC APMP 生产线，以杨木为原料，生产的化学机械浆将自用于生产印刷书写纸和纸板。

5 月 14 日，贵州盛世荣创再生科技有限公司 50 万吨/年包装用纸项目第一台纸机成功出纸。纸机幅宽 5400 毫米，设计车速 800 米/分，生产定量90 ~ 160 克/米^2 高强瓦楞原纸，年产能可达 25 万吨。

5 月 15 日，湖北金庄科技再生资源有限公司就 PM2 施胶段改造项目与河南大指造纸装备集成工程有限公司正式签约。大指装备将为其提供组合式膜转移施胶机、上料站系统关键设备及工程设计服务。

5 月 19 日，河南省造纸工业协会第六届第二次理事会（扩大）暨 2021 年度工作会议在河南省新密市召开。

5 月 20 日，2021 金红叶纸业集团有限公司“碳中和”产品研讨会暨核心经销商峰会在海南省海口市举行。

5 月 20 日，第 22 届 Fastmarkets RISI 亚洲峰会在上海市召开。

5 月 21 日，纸基绿色包装研讨会暨《绿色纸质外卖包装通用要求》团体标准启动会在北京市召开。来自纸及纸板、纸制品、纸浆模塑、绿色化学品、装备制造企业，物流、外卖餐饮等终端用户，科研院所、大专院校等单位的 100 多名代表参加了会议。

5 月 21 日，中国造纸学会纸基绿色包装材料及制品专业委员会成立大会在北京市召开。来自纸及纸板、纸制品、纸浆模塑、绿色化学品、装备制造企业，物流、外卖餐饮等终端用户，科研院所、大专院校等单位的 80 多名代表参加了会议。

5 月 22 日，崇州市倪氏纸业有限公司新月型卫生纸机顺利开机。纸机幅宽 2850 毫米，设计车速 1000 米/分，主要使用商品竹浆生产生活用纸，设计产能 1.2 万吨/年。

5 月 25 日，金光纸业（中国）投资有限公司工业用纸荣获国际权威第三方检测认证机构德国莱茵 TÜV 集团颁发的 DINCERTCO 和欧洲生物塑料协会工业堆肥认证证书。此次获认证产品是金光纸业（中国）投资有限公司工业用纸新研发的零塑® 纸杯纸。

5 月 26 日，斯道拉恩索浆纸亚洲有限公司北海工厂举办开机 5 周年庆祝活动。

5 月 26 日，由中国制浆造纸研究院有限公司主办，中国制浆造纸研究院有限公司和中国造纸协会生活用纸专业委员会联合承办的第 28 届生活用纸国际科技展览会在南京国际博览中心举办。

5 月 27 日，中国制浆造纸研究院有限公司与北京宝洁技术有限公司签署战略合作协议。这标志着双方将在纸基包装、卫品材料的开发以及标检、会展、咨询等方面展开更为全面、深入的合作，协力推动卫生用品产业的绿色、可持续发展。

6 月

6 月 1 日，唐山美特好卫生用品有限公司第三台卫生纸机顺利开机。纸机设计车速 1300 米/分，幅宽 3550 毫米，可同时生产本色和漂白高档生活用纸，产能 2.5 万吨/年。

6 月 8 日，大同市冠森纸业有限公司工业用纸项目 PM1 纸机顺利开机出纸。纸机幅宽 3600 毫米，设计车速 450 米/分，全部使用废纸原料生产低定量高强瓦楞原纸，年产能约 7 万吨。

6 月 10 日，江苏省造纸行业协会会员大会在江苏省南京市召开。

6 月 11 日，江苏凡泰纸业有限公司 20 万吨/年高强瓦楞原纸项目成功开机出纸。项目由浙江华章科技有限公司总承包，纸机净纸幅宽 5200 毫米，设计车速 650 米/分，全部使用废纸原料生产低定量高强瓦楞原纸，年产能 20 万吨。

6 月 11 日，金红叶纸业（湖北）有限公司 TM6 纸机顺利开机。纸机幅宽 5600 毫米，设计车速 2000 米/分，产能 6 万吨/年。

6 月 11 日，玖龙纸业（北海）有限公司林浆纸一体化项目在广西壮族自治区北海市举行了开工仪式。项目计划分两期建设，合计年产 245 万吨浆、550 万吨各类包装用纸。2025 年全部建成后，玖龙纸业（北海）有限公司北海基地将成为世界上最大的浆纸生产基地。

6 月 11 日，由中华环保联合会、金光纸业（中国）投资有限公司共同主办的 2021 碳中和与中国纸业可持续发展论坛在北京市举行。

6 月 15 日，山鹰纸业（广东）有限公司 PM51 纸机生产线 80 克/米^2 白色高透伸性纸顺利出纸，成纸透气度超过 25 微米/（帕・秒），物理强度指标达到高强纸袋纸标准。

6 月 17 日，搭载神舟十二号载人飞船的长征二号 F 遥十二运载火箭点火发射。由中国制浆造纸研究院有限公司自主研发并生产的载人航天器用生物基新材料作为载人航天工程中航天员生命保障系统所需要的重要材料之一，又一次陪伴宇航员进入太空。

6 月 19 日，河南雅都纸业有限公司年产 30 万吨再生包装用纸项目一期工程成功开机。一期生产线纸机幅宽 5400 毫米，车速 700 米/分，主要生产 80 ~ 140 克/米^2 的高强瓦楞原纸。

6 月 23 日，2021 山东省造纸行业年会暨推进造纸产业高质量发展大会在山东省济南市召开。

6 月 23 日，中轻（晋江）卫生用品研究有限公司顺利通过中国合格评定国家认可委员会的首次评审，成功获得 CNAS 实验室认可证书。

6 月 27 日，华东七省市造纸学会第三十四届学术年会暨海西纸业论坛会议在福建省福州市召开。

6 月 30 日，辽宁雨森卫生用品有限公司二期生活用纸项目合作签约仪式正式举办，签约 4 台维美德公司节能环保型新月型高速卫生纸机。纸机幅宽 3500 毫米，设计车速 1600 米/分。

7 月

7 月 1 日，驻马店中南纸业有限公司 5 万吨/年生活用纸项目第一台纸机开机出纸。纸机为新月型高速卫生纸机，净纸幅宽 3550 毫米，设计车速 1300 米/分，设计产能 2.5 万吨/年。

7 月 1 日、20 日，中顺洁柔（湖北）纸业有限公司孝南生产基地 7 号、8 号卫生纸机分别投产。2 台纸机均为幅宽 3500 毫米，设计车速 1600 米/分，设计年产能 3 万吨。

7 月 5 日，南宁市圣大纸业有限公司 TM3 新月型高速卫生纸机开机。纸机净纸幅宽 2850 毫米，设计车速 1800 米/分。

7月7日，来宾市桥宏纸业有限公司首台卫生纸机开机出纸。纸机为新月型高速卫生纸机，净纸幅宽2850毫米，设计车速1300米/分，设计年产能2万吨。

7月10日，宁波中华纸业有限公司厂区开始拆除，整个厂区的清拆工作预计将于2022年初全部完成。

7月13日，河南新乡鸿泰纸业有限公司白纸板项目顺利开机出纸。项目是一台叠网多缸纸机，净纸幅宽4600毫米，设计车速600米/分，主要使用废纸原料生产250～450克/米^{2}涂布白纸板，年产能超过20万吨。

7月13日，人力资源和社会保障部就业培训技术指导中心发布了《国家职业技能标准制定工作计划(2020—2022年)》的补充通知，玖龙纸业(太仓)有限公司承担开发的“造纸工”被列入国家职业技能标准开发计划。

7月14日，中国造纸化学品工业协会、国家造纸化学品工程技术研究中心在浙江省杭州市举办了2021(第34届)全国造纸化学技术与生物基材料研讨会。

7月16日，全国碳排放权交易市场启动上线交易，意味着我国碳市场将成为全球覆盖温室气体排放量规模最大的市场。

7月20日，中国轻工业联合会发布2020年度轻工业200强企业、轻工业科技100强企业、轻工业食品行业50强企业、轻工业装备制造行业50强企业名单。造纸行业共有15家企业入选200强名单，玖龙纸业(控股)有限公司、山东晨鸣纸业集团股份有限公司、山东华泰纸业股份有限公司分列行业前3位。

7月26日，金红叶纸业(南通)有限公司生活用纸项目投产。该纸机净纸幅宽3600毫米，设计车速1600米/分，设计产能超过3万吨/年。

7月27日，CFS第十届财经峰会暨2021可持续商业大会在上海市举行。会上，金光纸业(中国)投资有限公司荣获2021数字化转型推动力奖。

7月30日，云南新平南恩糖纸有限责任公司第二台新月型卫生纸机投产。纸机设计车速1300米/分，净纸幅宽2850毫米，以自产的蔗渣浆和竹浆、桉木浆为原料，生产中高档生活用纸原纸。

8月

8月2日，财富中文网发布2021年《财富》中国500强排行榜，共有6家造纸相关企业入围2021年《财富》中国500强，分别是玖龙纸业(控股)有限公司、山东晨鸣纸业集团股份有限公司、山鹰国际控股股份公司、理文造纸有限公司、恒安国际集团有限公司、山东太阳纸业股份有限公司。

8月2日，河北华邦卫生用品有限公司4号纸机开机出纸。纸机是新月型高速卫生纸机，幅宽3550毫米，设计车速1300米/分，日产能70吨。

8月4日，中轻纸品检验认证有限公司(国家纸张质量监督检验中心)已顺利获得了《GB/T 21331—2021 绒毛浆》等7个项目的CNAS认可和CMA资质认定。

8月29日，金鹰(江西)产业园赛得利高档白卡纸、生活用纸项目签约仪式在江西省九江市濂溪区举行。高档涂布白卡纸项目产能120万吨/年，投资50.8亿元。生活用纸项目为年产30万吨高档生活用纸，一期年产10万吨，投资6.5亿元。

8月30日，金光纸业(中国)投资有限公司旗下金红叶纸业集团有限公司的清风、铂丽雅等品牌系列产品获得了权威第三方认证机构的中国绿色产品认证。这是我国市场首批获得绿色认证的生活用纸系列产品。

8月30日，中国造纸协会“2020年度中国轻工业造纸行业10强企业”揭晓。评价工作以企业自愿申报为基础，由中国造纸协会对参评企业2020年度主营业务收入、利润、主营业务收入利税率、主营业务增速和生产量5项指标进行统一评价，并经中国轻工业联合会审定批准，授予玖龙纸业(控股)有限公司等10家纸企“2020年度中国轻工业造纸行业十强企业”称号。

9月

9月7日，德州胜港纸业有限公司第五台新月型高速卫生纸机开机出纸。纸机净纸幅宽3600毫米，设计车速1300米/分，设计产能2.5万吨/年。

9月9日，南宁市圣大纸业有限公司2台2850/1800新月型卫生纸机顺利开机，这2台纸机幅宽2850毫米，设计车速1800米/分。

9月9日，柳州市柳林纸业有限公司第一台新月型卫生纸机顺利开机投产。纸机净纸幅宽2850毫米，设计车速1500米/分。

9月10日，安徽林平循环发展股份有限公司与凯登约翰逊公司就PM7年产35万吨箱纸板项目关键配套设备签约，凯登约翰逊公司将提供蒸汽冷凝水系统和干网清洗系统等关键节能清洁设备。

9 月 20 日，河北兴荣纸业有限公司的卫生纸机成功开机，纸机幅宽 3550 毫米、设计车速 1400 米/分，产能 3 万吨/年。

9 月 23 日，由中国造纸学会再生纤维利用技术专业委员会主办，中国造纸杂志社和郑州运达造纸设备有限公司共同承办的 2021 再生纤维利用技术创新发展论坛在河南省郑州市举行。

9 月 23 日，中国造纸学会再生纤维利用技术专业委员会第一届委员会第二次(扩大)会议在河南省郑州市召开。

9 月 25 日，2021 纤维资源绿色高效利用暨制浆新技术研讨交流会在山东省济南市举行。

9 月 25 日，2021 中国企业 500 强和 2021 中国制造业企业 500 强榜单发布，晨鸣控股有限公司、玖龙纸业(控股)有限公司、山东华泰集团有限公司、山东太阳纸业集团有限公司同时入围 2021 中国企业 500 强和 2021 中国制造业企业 500 强；金东纸业(江苏)股份有限公司、山鹰国际控股股份公司、山东博汇集团有限公司也入围了 2021 中国制造业企业 500 强。

9 月 25 日，全国轻工业科技创新与产业发展大会召开，大会对“十三五”轻工业科技创新先进集体、先进个人进行了表彰。其中，造纸及相关领域共有 7 个先进集体、8 个先进个人获得表彰，3 家造纸及相关领域单位入选中国轻工业工程技术研究中心(第二批)名单。

9 月 26 日，广东松炀再生资源股份有限公司 PM3 纸机开机成功并顺利出纸。生产线纸机主体设备由上海轻良实业有限公司提供，以废纸为原料生产高强瓦楞原纸，年产能 18 万吨。

9 月 26 日，广西太阳纸业有限公司 1 号机成功开机出纸。纸机网宽 11150 毫米，设计车速 1800 米/分，生产不含磨木浆未涂布纸，设计年产能 50 万吨。

9 月 27 日，金红叶纸业(湖北)有限公司 TM5 卫生纸机开机投产。纸机净纸幅宽 5600 毫米，设计车速 2000 米/分，设计产能 6 万吨/年。

10 月

10 月 7 日，湖北丽邦纸业有限公司首台卫生纸机开机投产。纸机是由佛山市南海区宝拓造纸设备有限公司提供的 BT1300-3550 型新月型高速卫生纸机，净纸幅宽 3550 毫米，设计车速 1300 米/分，单机产能 2 万吨/年。

10 月 7 日，保定市正大纸业卫生纸机开机成功。纸机幅宽 3550 毫米、车速 1100 米/分，设计产能 2.1 万吨/年。

10 月 12 日，维美德公司媒体见面会暨维美德嘉定十五周年庆典启动仪式在上海市嘉定区维美德中国地区总部召开。来自国内制浆造纸和能源行业的 10 余名记者参与了见面会活动。

10 月 13 日，第 14 届中国纸业发展大会在上海市举行。业内主要制浆、造纸及装备、贸易、物流、化学品等供应商、采购商，商会全体会长单位、理事单位、会员单位等 400 多位代表出席了会议。

10 月 14 日，2021 中国纸业绿色循环低碳创新高质量发展高峰论坛在河北省迁安市召开。

10 月 14 日，2021 上海纸浆周年会在上海市举办，来自我国主要纸企，全球主要纸浆供应商，纸浆领域物流、代理、投资、装备等供应商代表 370 多人参会。

10 月 15 日，广西太阳纸业有限公司首台卫生纸机 TM5 开机出纸。纸机幅宽 5650 毫米，设计车速 2000 米/分，设计年产能超过 6 万吨。

10 月 20 日，由山东卓创资讯股份有限公司主办的 2021 卓创资讯第五届中国造纸行业峰会在天津市召开。

10 月 20 日、11 月 1 日，江苏金田纸业有限公司 PM16、PM17 造纸生产线相继成功出纸。2 台纸机幅宽 4800 毫米，设计车速 450 米/分，主要产品为灰纸板，单机设计产能 35 万吨/年。

10 月 21 日，辽宁和合卫生用品有限公司第一台新月型高速卫生纸机投产。纸机幅宽 2850 毫米，设计车速 1100 米/分。

10 月 21 日，由中国民族博物馆发起并主办的“2021 · 第四届中国民族志纪录片学术展”在北京市开启盛大展映。其中，《中国纸的故事》作为“2021 · 第四届中国民族志纪录片学术双年展”入围影片，被国家图书馆、中国民族博物馆永久收藏。

10 月 23 日，保定市顺发卫生用品有限公司 TM3 卫生纸机投产。纸机为新月型高速卫生纸机，单机产能 2 万吨/年。

10 月 23 日，由山鹰国际控股股份公司 100% 控股的山鹰纸业(宿州)有限公司 360 万吨/年包装用纸项目开工动员会举行。项目由山鹰国际控股股份公司投资建设，总投资 300 亿元，将建设 2 条年产 60 万吨箱纸板生产线、6 条年产 40 万吨瓦楞原纸生产线。

10 月 25 日，保定市益康纸业有限公司新卫生纸机投产。纸机幅宽 2850 毫米，设计车速 1400 米/分，年产能 2.1 万吨。

10 月 25 日，日照华泰纸业有限公司 3450 毫米特种纸机一次性出纸成功。纸机由欧佩德(山东)造纸机械有限公司提供，主要产品为可降解的全木浆伸性纸袋纸、高强伸性纸、复合纸等。

10 月 27 日，华南理工大学造纸与污染控制国家工程研究中心工程化实验基地落成。基地总投资超过 8000 万元，是国内首条、国际领先的先进造纸与纸基功能材料工程化验证示范线。

10 月 27 日，由江苏省财贸轻纺工会和江苏省造纸行业协会共同主办的江苏省造纸行业(电工)职业技能竞赛在江苏王子制纸有限公司举办。

10 月 31 日，广西太阳纸业有限公司化学机械浆生产线正式开机试运行。该生产线为安德里茨公司提供的 P-RC APMP 制浆生产线。

10 月 31 日，江门旺佳纸业有限公司第一台新月型高速卫生纸机投产，主要生产 38 ~ 42 克/米^{2}的高档生活用纸。

11 月

11 月 2 日，生态环境部发布了《环境保护综合名录(2021 年版)》，包含“高污染、高环境风险”产品名录和环境保护重点设备名录。其中，半化学浆制造被列入了高污染目录，包括木竹浆制造和非木竹浆制造。

11 月 3 日，2020 年度国家科学技术奖励大会在北京人民大会堂举行。2020 年度国家科学技术奖共评选出 264 个项目、10 名科技专家和 1 个国际组织。齐鲁工业大学吉兴香教授主持完成的“高性能木材化学浆绿色制备与高值利用关键技术及产业化”项目获得 2020 年度国家科学技术进步二等奖。

11 月 5 日，金光纸业(中国)投资有限公司以“绿色领航，纸赢未来”为展台主题，携旗下林、浆、工业用纸、文化用纸、生活用纸和办公用纸等全线高科技环保产品亮相第四届中国国际进口博览会。

11 月 7 日，由金光纸业(中国)投资有限公司和复旦大学发展研究院主办的首届复旦-白玉兰论坛在上海市举办。

11 月 8 日，《中国造纸》期刊理事会工作会议在上海市召开。来自造纸企业、科研院所、造纸装备及化学品企业的理事单位代表出席本次会议。

11 月 8 日，金红叶纸业(南通)有限公司 TM13 卫生纸机开机。纸机为高速新月型卫生纸机，幅宽 3600 毫米，设计车速 1600 米/分，设计年产能超过 3 万吨。

11 月 8 日，保定市正森纸业有限公司卫生纸机成功开机。纸机幅宽 3550 毫米，车速 1200 米/分，年产能 2.3 万吨/年。

11 月 8 日，中国造纸学会纸基绿色包装材料及制品专业委员会在上海市组织召开了《绿色纸质外卖包装通用要求》团体标准研讨会。根据该标准，绿色纸质外卖包装按功能分为纸质餐饮具和手提纸袋，共分为 8 个产品系列，并根据外卖场景设置了性能要求。

11 月 9 日，中国造纸学会等 3 家单位共同主办的“不忘初心 牢记使命”主题摄影展在 2021 造纸科技创新与技术交流会活动期间举办，展示了我国造纸工业在中国共产党领导下的发展历程和取得的辉煌成就。

11 月 9 日，由中国造纸协会、中国造纸学会、中国制浆造纸研究院有限公司联合主办的 2021 造纸科技创新与技术交流会在上海世博展览馆举办。

11 月 9 日，由中国造纸学会、中国造纸协会、中国制浆造纸研究院有限公司共同主办的 2021 中国国际造纸创新发展论坛在上海世博展览馆召开。

11 月 10 日，由复旦大学图书馆等单位联合举办的第三届传统写印材料国际学术研讨会在上海市召开。

11 月 10 日，由中国造纸学会、中国制浆造纸研究院有限公司和日本造纸学会共同主办的 2021 国际造纸技术报告会在上海世博展览馆举办。本次报告会邀请了 13 位国内外专家学者从多个角度、多个层面分享了如何在“双碳”背景下促进造纸企业节能减排技术迭代，在禁塑、限塑背景下实现“以纸代塑”目标，促进造纸行业的绿色低碳发展。

11 月 15 日，保定市满城永利造纸厂首台新月型卫生纸机成功开机。纸机幅宽 3550 毫米，设计车速 1400 米/分，设计产能 2.5 万吨/年。

11 月 18 日，中国工程院公布了 2021 年中国工程院院士增选结果，共选举产生 84 位中国工程院院士和 20 位中国工程院外籍院士。广西大学王双飞教授当选中国工程院院士。

11 月 20 日，广西嘉盛纸业有限公司首台新月型高速卫生纸机开机出纸。纸机幅宽 2850 毫米，设计车速 1300 米/分，设计产能 2 万吨/年。

11 月 20 日，由中国造纸学会和华南理工大学共同主办的第三届纳米纤维素材料国际会议（The 3rd International Symposium on Nanocellulosic Materials，3rd ISNCM）在广东省广州市召开。

11 月 22 日，《无塑纸杯（含无塑纸杯纸）》团体标准审查会以视频会议的形式召开，来自 20 家起草单位的 40 多名专家和代表参加了会议。

11 月 23 日、12 月 5 日，韶能集团耒阳蔡伦纸品有限公司一期项目 2 台纸机相继开机出纸。纸机净纸幅宽 2850 毫米，设计车速 1600 米/分，主要生产高档面巾纸和卷纸，单机年产能超过 2 万吨。

11 月 27 日、12 月 3 日，江西理文造纸有限公司 TM36、TM37 纸机相继投产。2 台纸机均为新月型卫生纸机，设计车速 1300 米/分，幅宽 2850 毫米，单机设计产能 2 万吨/年。

11 月 28 日，山东中茂圣源实业有限公司年产 10 万吨食品包装用纸项目投产。纸机幅宽 4300 毫米，设计车速 450 米/分，主要使用木浆生产 160～300 克/米^2 涂布食品白卡纸和口杯纸。

11 月 30 日，中轻国泰机械有限公司华中区造纸设备制造维修服务中心成立暨定点基地授牌仪式在湖南省岳阳市中轻国泰厂区举行。

12 月

12 月 4 日，保定市维拓造纸机械有限公司为保定市绿纯卫生用品有限公司提供的新月型卫生纸机投产。纸机幅宽 2850 毫米、车速 1400 米/分，产能 2 万吨/年。

12 月 1 日，广东省造纸行业协会第七届第三次会员大会暨 2021 年广东省造纸行业创新发展大会在广东省江门市召开。

12 月 3 日，山东省“技能兴鲁”职业技能大赛—山东省轻工行业职业技能竞赛（制浆工）暨“滨瑞杯”山东省造纸行业第三届职工技能竞赛决赛在潍坊市举办。

12 月 4 日，广西太阳纸业有限公司 BM2 白卡纸机成功出纸。纸机网宽 8900 毫米，设计车速 1300 米/分，全部使用木浆原料抄造 118～286 克/米^2 高档白卡纸，年产能 90 万吨。

12 月 5 日，广西植护云商实业有限公司新月型高速卫生纸机 TM4 开机出纸。纸机净纸幅宽 4200 毫米，设计车速 1500 米/分，主要采用当地的湿混浆生产 11～12 克/米^2 的生活用纸，单机产能 3 万吨/年。

12 月 6 日，2021 年发布的《GB/T 6546—2021 瓦楞纸板 边压强度的测定》等 9 项造纸领域国家标准开始实施。

12 月 6 日，第十届 Fastmarkets RISI 亚洲回收纸及箱纸板瓦楞原纸大会在湖北省武汉市召开。

12 月 8 日，广西金桂浆纸业有限公司 PM2 年产 90 万吨白卡纸生产线顺利出纸。纸机网宽 8850 毫米，设计车速 1450 米/分。生产 190～300 克/米^2 的高档白卡纸，年产能 90 万吨。

12 月 9 日，江西五星纸业有限公司 60 万吨/年白卡纸生产线顺利出纸。纸机幅宽 5660 毫米，设计车速 1000 米/分。

12 月 9 日，由中国再生资源回收利用协会联合国家发展改革委体改所、北京工业大学及相关龙头造纸企业等单位共同立项的《废纸回收利用产业碳减排量核算方法研究》课题启动会在北京市召开。

12 月 10 日，江西泰盛纸业有限公司的 2 台高效节能新月型卫生纸机开机出纸。纸机净纸幅宽 2850 毫米，设计车速 1300 米/分，设计年产能 2 万吨。

12 月 11 日，保定市满城纸业有限公司 TM5 卫生纸机开机出纸。机纸机幅宽 2850 毫米，设计车速 1300 米/分，设计产能 2 万吨/年。

12 月 16 日，在杭州海关所属嘉兴海关监督下，某企业进口的 4 批、共计 2469.4 吨的不合格再生纸浆通过货轮退运出境。经实验室检验，这 4 批再生纸浆的多项指标不符合要求，综合判定为禁止进口的固体废物。

12 月 17 日，仙鹤股份有限公司与山东省莱州市政府签订意向协议，拟建设年产 80 万吨纸浆纤维制备项目和年产 120 万吨高性能纸基新材料项目，预计将在“十四五”期间完成。

12 月 22 日，工业和信息化部批准发布了 513 项行业标准，123 项行业计量技术规范。其中，造纸领域 5 项行业标准和 4 项计量技术规范正式发布，并将于 2022 年 4 月 1 日实施。

12 月 24 日，中国造纸协会发布《造纸行业“十四五”及中长期高质量发展纲要》。

12 月 29 日，由中国制浆造纸研究院有限公司全国造纸工业标准化技术委员会组织制定的《T/CPA 001—2021 水性涂层纸杯（含水性涂层纸杯纸）》团体标准正式发布。该标准是我国第一个水性涂层纸制品标准，首次对水性涂层纸制品可回收性进行规定，填补了行业空白。

（郭彩云）

2021 年造纸行业会展信息

Exhibition and Conference News of Paper Industry in 2021

2021 年 1 月 8 日，由中国制浆造纸研究院有限公司主办的“2020 中国造纸工业 10 项要闻”评选会在北京市召开。会上围绕政策、环保、原料以及创新等最受关注的行业热点话题，认真梳理了我国造纸行业 2020 年度具有影响力的重要事件，评选出 2020 年中国造纸工业 10 项要闻。

2021 年 3 月 26 日，经中国造纸学会第八届常务理事会第七次会议审议决定成立中国造纸学会纸基绿色包装材料及制品专业委员会，致力于推动纸基绿色包装材料及制品、纸浆模塑材料及制品的发展和应用，促进纸基绿色包装材料及制品产业的现代化、智能化，助力绿色低碳循环发展和“双碳目标”的实现。

2021 年 4 月 2 日，由中国制浆造纸研究院有限公司主办的《中国造纸》2020 年度“恒联集团杯”优秀论文评选终评会在北京市召开。经多轮评选及参会专家评议，最终评选出 20 篇优秀论文。获奖论文代表了我国造纸工业相应领域的技术水平和发展方向。

2021 年 4 月 19 日，中国造纸学会特种纸专业委员会举办的“2021 特种纸产业信息及市场形势研讨会”在安徽省黄山市召开，来自 56 个单位的 92 位代表参加了会议。会议分享了“造纸行业形势分析”“中国木浆市场现状及展望”“纸浆期货的发展以及对市场的影响”“日本特种纸产业市场分析”和“欧美特种纸产业市场分析”研究报告。

2021 年 4 月 28 日，中国造纸协会第五届理事会第三次会议（扩大）在云南省昆明市召开，中国造纸协会和各地方协会领导、造纸及相关企业参加了会议。会议宣布了“中国造纸协会第五届常务理事会第三次会议工作报告”和“中国造纸协会第五届理事会 2021—2022 年度工作计划”，审议通过了“中国造纸协会第五届理事会 2020 年度财务报告”“中国造纸协会第五届理事会 2021 年度财务收支预算”“中国造纸协会监事会报告”。

2021 年 4 月 29 日，由中国造纸协会、上海期货交易所主办，厦门建发纸业有限公司、中国造纸协会商品纸浆工作委员会协办的“中国纸浆高层峰会”在云南省昆明市召开。来自中国造纸协会及各省造纸协会的行业领导，造纸及相关企业领袖、著名经济学家、行业专家学者、咨询机构、物流运输、行业媒体等领域的 500 多名嘉宾参会。

2021 年 5 月 12—15 日，由中国自动化产业链创新联合体、中自联（北京）科技产业发展有限公司、陕西科技大学、山东太阳纸业股份有限公司、中国造纸学会自动化专业委员会主办的“2021 中国造纸工业互联与数字化转型发展高峰论坛”在山东省兖州市召开。来自造纸学会、协会等行业机构，制浆造纸、自动化、控制系统、仪器仪表等领域的近 700 名代表出席了活动。

2021 年 5 月 21 日，中国造纸学会纸基绿色包装材料及制品专业委员会举办的纸基绿色包装研讨会在北京市召开。会议就“禁塑下的环保政策”“纸基包装材料及制品标准概况及发展趋势”“发挥平台连接优势推动外卖行业转型”“践行绿色包装，让世界多点绿”“我国造纸原料及非木材纤维纸浆概况与分析”“纸基包装概述与痛点”“可持续阻隔包装材料和技术的发展”等内容进行了交流讨论。

2021 年 6 月 1—14 日，中国造纸学会与美国制浆造纸技术协会、巴西纤维素和制浆造纸技术协会等学术团体联合举办，日本 Empacede 株式会社承办的 2021 年世界纳米纤维素展览会以线上的形式召开。展会以推动纳米纤维素及其复合材料、甲壳素和壳聚糖衍生的纳米材料的发展为目标。展会共有来自 10 个国家的 21 家单位参展。

2021 年 6 月 11 日，由中华环保联合会、金光纸业（中国）投资有限公司共同主办的“2021 碳中和与中国纸业可持续发展论坛”在北京市召开。来自政府有关部门、金融界、环保企业、造纸企业等单位的 180 多位代表参加了此次论坛。

2021 年 6 月 23—24 日，由山东省造纸行业协会、山东造纸学会、生物基材料与绿色造纸(齐鲁工业大学)国家重点实验室、山东省印刷物资有限公司主办，欧佩德伺服电机节能系统有限公司、山东晨钟机械股份有限公司、欧佩德(山东)造纸机械有限公司等单位协办，山东省造纸产业链联盟支持的“2021 山东省造纸行业年会暨推进造纸产业高质量发展大会”在山东省济南市长清大学科技园召开。来自造纸及技术装备等相关行业约 230 名代表参加了此次会议。

2021 年 6 月 27 日，由福建省造纸学会主办，福建省纸业协会承办的“华东七省市造纸学会第三十四届学术年会暨海西纸业论坛会议”在福建省福州市召开。会议围绕“创新驱动、绿色发展”主题进行了学术交流。来自会员单位、主协办支持单位、造纸及相关企业、高校的 150 余名代表参加了会议。

2021 年 7 月 14—16 日，由中国造纸化学品工业协会、国家造纸化学品工程技术研究中心主办的“2021(第三十四届)全国造纸化学技术与生物基材料研讨会”在浙江省杭州市召开。会议围绕“研发助力绿色转型，标准推动产业升级”进行了研讨交流。来自 50 余家企业、10 余所高校研究院的共 90 多位代表参加。

2021 年 9 月 23—24 日，由中国造纸学会再生纤维利用技术专业委员会主办，河南省造纸工业协会、河南省造纸学会、江苏省造纸行业协会、和或科技(天津)有限公司、山东圣普特节能环保科技有限公司、健华打包机制造(香港)有限公司、奥地利 FMW 工业装备公司、北京恒诚誉科技有限公司协办，中国制浆造纸研究院有限公司中国造纸杂志社和郑州运达造纸设备有限公司共同承办的“2021 再生纤维利用技术创新发展论坛”在河南省郑州市举行，近 250 位代表参加了会议。论坛主题为“纤维利用技术创新与市场重构”，研讨了新形势下如何高效利用国内外纤维资源，分析了再生纤维资源市场供求，分享了创新装备、技术和成果。

2021 年 9 月 23 日，中国造纸学会再生纤维利用技术专业委员会第一届委员会第二次(扩大)会议在河南省郑州市召开。会议审议通过了中国造纸学会再生纤维利用技术专业委员会近一年来所做的工作和下一年度工作计划，审议通过了关于修订《中国造纸学会再生纤维利用技术专业委员会工作细则》的议案，审议通过了新申请的副主任委员单位。

2021 年 9 月 25 日，全国轻工业科技创新与产业发展大会在北京市召开，大会总结了“十三五”轻工业科技创新及产业集群发展成就，对“十三五”轻工业科技创新先进集体、先进个人进行了表彰，并对第二批中国轻工业工程技术研究中心进行了授牌。淄博泰鼎机械科技有限公司等 7 家造纸及相关领域企业荣获“十三五”轻工业科技创新先进集体；李永胜(山东天瑞重工有限公司)等 8 人荣获“十三五”轻工业科技创新先进个人荣誉称号。

2021 年 9 月 25—26 日，由齐鲁工业大学生物基材料与绿色造纸国家重点实验室、中华纸业杂志社联合主办的“2021 纤维资源绿色高效利用暨制浆新技术研讨交流会”在山东省济南市召开。会议围绕原料综合利用、清洁制浆、装备研发、绿色低碳、海外投资建厂、生物质精炼、纸浆模塑等新型热点话题展开了讨论，预测纤维原料及其制浆领域的新技术与发展方向，学习借鉴海内外已有成果与经验，为处于原料短缺、环保高压的造纸行业提供科技支持。

2021 年 10 月 13 日，由全国工商联纸业商会联合全体会长、副会长单位和斯道拉恩索浆纸亚洲公司、芬林集团、芬欧汇川(中国)有限公司等企业共同主办的“第 14 届中国纸业发展大会”在上海市举办。大会主题为“双碳与双控，远见和近忧”，对全球视角下的造纸行业、造纸行业碳中和路线图、碳核算平台等热点问题进行了研讨。

2021 年 10 月 14 日，由全国工商联纸业商会主办的“2021 上海浆纸周年会”在上海市举办。周年会主题为“新增长，再平衡”。来自我国主要制浆造纸企业高层和采购团队，全球主要纸浆供应商管理和销售团队，纸浆领域物流、代理、投资、装备等供应商代表 370 多人出席。

2021 年 10 月 14—16 日，由中国世界贸易组织研究会对外经济合作咨询专业委员会、河北省造纸协会及迁安市人民政府主办的“2021 中国纸业绿色循环低碳创新高质量发展高峰论坛”在河北省迁安市召开。会议围绕造纸产业“十四五”高质量发展新阶段面临的热点、难点、焦点问题进行了交流探讨。

2021 年 11 月 8 日，《中国造纸》期刊理事会工作会议在上海市召开。来自造纸企业、科研院所、造纸装备及化学品企业的理事单位代表出席本次会议。会上汇报了 2021 年《中国造纸》期刊理事会 2020—2021 年主要工作情况，并向各理事单位详细介绍了 2022 年度主要工作计划。

2021 年 11 月 8 日，中国造纸学会第八届常务理事会第八次会议、第一届监事会第六次会议在上海市召开。会议通报了 2021 年前三季度工作情况和第四季度主要工作安排，审议通过了第八届理事会团体标准技术委员会委员名单等事项。

2021 年 11 月 9 日，由中国造纸学会、中国造纸协会、中国制浆造纸研究院有限公司主办的 2021 中国国际造纸创新发展论坛在上海市召开。论坛以“顺应创新国势 瞻谋时代新局”为主题，就“双碳”目标、原料转型和绿色发展、我国造纸行业的可持续发展之路等热点话题进行了交流研讨。

2021 年 11 月 10 日，由中国造纸学会、中国制浆造纸研究院有限公司和日本造纸学会共同主办的 2021 国际造纸技术报告会在上海市召开。来自中国、美国、日本等国家的专家学者，从多个角度、多个层面分享了如何在“双碳”背景下促进造纸企业节能减排技术迭代，在禁塑、限塑背景下实现“以纸代塑”目标，促进造纸行业的绿色低碳发展。

2021 年 11 月 9—11 日，由中国造纸协会、中国造纸学会、中国制浆造纸研究院有限公司联合主办的 2021 造纸科技创新与技术交流会在上海市举办。会议采用线上 + 线下等多维度方式呈现交流活动的精彩内容，以更好地展示企业风采，更加全面地传递科技前沿信息。

2021 年 11 月 20—21 日，由中国造纸学会和华南理工大学共同主办的第三届纳米纤维素材料国际会议在广州市召开。会议采用“线上 + 线下”方式进行，线下主会场设在华南理工大学，会议共有 9 个大会报告、39 个邀请报告、28 个口头报告和 41 个墙报，展示了纳米纤维素的制备、表征、改性与应用等领域的创新成果，共有来自 9 个国家的 363 名代表参会。

2021 年 12 月 1—2 日，由广东省造纸行业协会、广东省造纸行业工会联合会主办的广东省造纸行业协会第七届第三次会员大会暨 2021 年广东省造纸行业创新发展大会在广东省举办，大会主题为“节能、降碳、绿色、创新”，来自造纸及相关行业协会、制浆造纸及装备、贸易、物流等相关企业、省内造纸相关行业协会、科研院校、研究机构、行业媒体的 350 多名代表参加了会议。

（曹凯月）

地方造纸工业

LOCAL PAPER INDUSTRY

广东省造纸工业
山东省造纸工业
浙江省造纸工业
江苏省造纸工业
福建省造纸工业
河南省造纸工业
湖北省造纸工业
四川省造纸工业
天津市造纸工业
广西壮族自治区造纸工业
江西省造纸工业
辽宁省造纸工业
山西省造纸工业
陕西省造纸工业

9

广东省造纸工业

Paper Industry in Guangdong Province

【行业概况】

2021 年，广东省造纸工业规模以上企业 250 家，平均用工人数 19.26 万人，同比下降 1.6%；机制纸及纸板生产量 2410.29 万吨，同比下降 1.05%，占全国纸及纸板总生产量的 19.91%，居全国第二位；完成工业增加值 582.73 亿元，增长 3.7%。全年造纸及纸制品业资产总计 2434.15 亿元，同比增长 4.3%；实现利润总额 130.66 亿元，同比下降 10.6%；营业收入 2717.8 亿元，同比增长 13.1%；销售产值 2704.14 亿元，增长 13.8%；出口交货值 154.32 亿元，同比增长 13.5%。2021 年广东省造纸行业主要产品生产量完成情况见表 1。

表 1　2021 年广东省造纸行业主要产品生产量

单位：万吨

纸及纸板品种	生产量		同比/%
	2021 年	2020 年	
纸及纸板	2410.29	2435.96	-0.5
1. 新闻纸	26.28	31.32	-16.1
2. 未涂布印刷书写纸	234.38	258.2	-9.23
3. 涂布纸(含白卡纸)	157.58	148.2	6.33
4. 生活用纸	119.66	126.5	-5.41
5. 包装用纸(含灰纸板、水泥袋纸、砂管纸等)	197.22	177.59	11.05
6. 白纸板	328.35	306.59	7.10
其中：涂布白纸板	318.2	295.32	7.70
7. 箱纸板	682.98	708.35	-4.90
8. 瓦楞原纸	565.94	591.91	-2.70
9. 特种纸及纸板	70.4	65.8	7.00
10. 其他纸及纸板	27.5	21.5	27.9

【重点造纸企业情况】

2021 年广东省造纸行业集中度较 2020 年进一步提升。截至 2021 年底，广东省纸及纸板产能超 10 万吨/年的造纸企业共 42 家，其中 100 万吨/年以上的企业有 7 家，分别是玖龙纸业(控股)有限公司、广东理文造纸有限公司、东莞建晖纸业有限公司、东莞金洲纸业有限公司、东莞金田纸业有限公司、亚太森博(广东)纸业有限公司、湛江晨鸣纸业有限公司。7 家企业纸及纸板总生产量为 1349.05 万吨，占广东省纸及纸板总生产量的 55.97%；30 万～100 万吨/年的企业有 13 家；10 万～30 万吨/年的企业有 22 家。

【纤维原料】

自 2021 年起我国全面禁止废纸进口，造纸原料发生很大变化，国外进口废纸曾是国内包装用纸、新闻纸生产企业获取优质再生纤维原料的主要途径，目前国内已实现国外废纸的零进口。广东省包装用纸产能占全省造纸总产能的 70% 以上，国内废纸和进口再生纤维浆是省内用量最大的造纸原材料。为缓解国内优质再生纤维短缺的问题，广东省包装用纸企业开始用经过加工处理的进口再生纤维浆等替代原来的进口废纸。不少包装用纸企业如湛江晨鸣纸业有限公司、广东理文造纸有限公司、东莞建晖纸业有限公司、东莞金田纸业有限公司、山鹰纸业(广东)有限公司等，都在国外投资建立了再生纤维浆生产基地，并将产品运回国内。广东省内还有部分企业计划投资新生产线，将木片热磨成木纤维以替代部分废纸浆用于造纸，并计划在国内其他省份建立浆厂，例如玖龙纸业(控股)有限公司、东莞建晖纸业有限公司等均有在广西壮族自治区建立浆厂的计划。除了用再生纤维浆代替原来的进口废纸浆外，有些企业为了生产高强度的牛卡纸，还在当中增加了未漂白木浆的添加比例。

【基建与技改】

位于肇庆高新区的山鹰纸业(广东)有限公司 100

万吨造纸项目在 2021 年快速推进，新建的 100 万吨造纸生产线，预计 2022 年 5 月全面投产。再加上现有产能，总计 112 万吨包装用纸投放到珠三角市场。

广东冠豪高新技术股份有限公司“热升华纸涂布新工艺的开发与产业化”是公司自主研发的项目。该项目主要使用自身的造纸设备，在机内使用膜转移方式一次涂布完成热升华转印纸的生产，且在机内一次性涂布热升华产品，车速可达到 850 米/分以上，比涂布机快 70% 以上，生产成本降低约 10%。

珠海红塔仁恒有限公司协同上游、联合下游，开展水性阻隔涂料研究、生物降解塑料 PGA/PHA/PBS/PBAT 等替代 PE 淋膜技术开发，持续推进环保产品创新。

【科研与技术进步】

2021 年 10 月 27 日，华南理工大学造纸与污染控制国家工程研究中心工程化实验基地（简称“基地”）落成仪式在广州市华南理工大学举行。该基地总投资超过 8000 万元，由中心联合中国海诚工程科技股份有限公司和轻工业杭州机电设计研究院有限公司共同设计，引进了全球最先进的打浆、筛选、净化、流送、斜网/圆网/超圆网三网成形、压榨、帘式涂布等模块化全流程装备，是国内首条、国际领先的先进造纸与纸基功能材料工程化验证示范线，是造纸领域国际一流的产教融合教学平台。

【环保与节能】

亚太森博（广东）纸业有限公司的“锅炉烟气脱硝超低排放改造项目”，在 2018 年对锅炉烟气粉尘 Dust、脱硫 SO_2 系统进行超低改造，已投入运行。但 NOx 现采用 SNCR 氨水脱硝系统无法满足要求，通过对现行的低氮要求及烟气的脱硝的主要技术进行方案组合对比，选择锅炉低氮改造 + SNCR 相结合的方案。通过对锅炉烟气脱硝超低排放进行改造，锅炉烟气排放达到了国家低氮排放要求，在两种工况下 NO_X 折算排放指标分别为 28 毫克/米^3 和 29 毫克/米^3，远低于国家标准 50 毫克/米^3。

2021 年公司委托国际权威机构根据全球通用的碳中和标准 PAS2060 条款认证了“百旺”系列相关复印纸产品在整个生命周期内（从源头林地种植到产品出厂）产生的温室气体排放总量，取得“碳足迹证书”；公司还获得了海峡资源环境交易中心签发的全国造纸行业首张产品《碳中和证书》，“百旺”系列相关复印纸成为公司首款拥有碳中和权威“身份证”的复印纸。

【造纸行业能效、水效领跑者】

广东省工业和信息化厅公布 2020 年广东省造纸行业能效“领跑者”和水效“领跑者”名单。能效“领跑者”分别是：玖龙纸业（东莞）有限公司，涂布白纸板直接生产系统能耗 201.04 千克标准煤/吨、瓦楞原纸直接生产系统能耗 173.27 千克标准煤/吨，广东理文造纸有限公司，箱纸板直接生产系统能耗 171.29 千克标准煤/吨，维达纸业（中国）有限公司，生活用纸直接生产系统能耗为 245.59 千克标准煤/吨，亚太森博（广东）纸业有限公司，非涂布印刷书写纸直接生产系统能耗 180.64 千克标准煤/吨，珠海红塔仁恒包装股份有限公司，涂布白卡纸直接生产系统能耗 205.36 千克标准煤/吨。水效“领跑者”分别是：玖龙纸业（东莞）有限公司和亚太森博（广东）纸业有限公司。玖龙纸业（东莞）有限公司箱纸板单位产品取水量为 4.14 米^3/吨，水重复利用率为 95%；涂布白纸板单位产品取水量为 5.52 米^3/吨，水重复利用率为 98.8%；瓦楞原纸单位产品取水量为 3.63 米^3/吨，水重复利用率为 96.6%。亚太森博（广东）纸业有限公司单位产品取水量 5.04 米^3/吨，水重复利用率为 93%。

【造纸行业绿色低碳生产】

工业和信息化部公布了 2021 年度绿色制造名单，包括“绿色工厂”“绿色设计产品”“绿色工业园区”和“绿色供应链管理企业”。其中，广东省造纸行业被评为“绿色设计产品”的有 4 个，分别是东莞建晖纸业有限公司环保牛皮箱纸板和单面涂布灰底白纸板、东莞金洲纸业有限公司高强瓦楞原纸、东莞市泰昌纸业有限公司牛皮挂面箱纸板。2021 年广东省造纸行业被评为“绿色供应链管理企业”的有 2 个，分别是珠海华丰纸业有限公司、广东冠豪高新技术股份有限公司。

2021 年广东省造纸企业共有 52 家被纳入广东省碳排放控排企业名单，11 个新建项目纳入。自 2021 年起，广东省不再认定省级清洁生产企业，各地市继续认定市级清洁生产企业。2021 年，广东省造纸及纸制品有 3 家企业荣获“2021 年度粤港清洁生产优越伙伴（制造业）标志”，分别是玖龙纸业（东莞）有限公司、东莞耀晖纸制品有限公司、月亮（英德）纸品有限公司；有 2 家企业获“2021 年度粤港清洁生产伙伴（制造业）标志”，分别是中山联合鸿兴造纸有限公司、荣光纸品（深圳）有限公司。

（陈 港 黎永刚 陈 竹）

山东省造纸工业

Paper Industry in Shandong Province

【行业概况】

1. 主要经济指标

根据行业对重点企业生产经营的调研和汇总分析，2021 年山东省域内造纸行业销售收入 1455 亿元，同比增长 6.98%，占全国(统计口径)17.02%；利税合计 136 亿元，同比增长 16.23%；利润总额 91 亿元，同比增长 19.73%，占全国(统计口径)16.83%；总资产 1980 亿元，同比增长 4.76%，占全国(统计口径)18.42%。2021 年全省造纸行业销售收入、利税合计和利润总额增长，分别高于“十三五”期间年均 2.03%、4.03% 和 4.84% 的增速。

2. 纸及纸板生产量

根据行业对重点企业生产经营的调研和汇总分析，2021 年山东省域内纸及纸板生产量 2035 万吨，比 2020 年增加 115 万吨，同比增长 5.99%，占全国(行业口径)纸及纸板总生产量的 16.81%，比例略有下降。其中：机制纸 910 万吨，比 2020 年增加 20 万吨，占省内纸及纸板总生产量的 44.72%；机制纸板 1125 万吨，比 2020 年增加 95 万吨，占省内纸及纸板总生产量的 55.28%。主要品种生产量分别为：新闻纸生产量 25 万吨，比 2020 年增加 18 万吨，占全国同品种的 27.78%，减少 11 个百分点；未涂布印刷书写纸生产量 380 万吨，比 2020 年增加 10 万吨，占全国同类产品的 22.10%，比例略有增加；涂布印刷纸生产量 202 万吨，比 2020 年减少 23 万吨，占全国同类产品的 31.81%，下降 3.35 个百分点，其中，铜版纸生产量 195 万吨，比 2020 年减少 22 万吨，占全国同品种 32.23%，减少约 4 个百分点；生活用纸生产量 93 万吨，比 2020 年减少 2 万吨，占全国同品种的 8.42%，比例略有下降；特种纸及薄页纸生产量 105 万吨，比 2020 年增加 13 万吨，占全国特种纸及纸板的 26.58%；白纸板生产量 455 万吨，比 2020 年增加 50 万吨，占全国同类产品的 29.83%，增加 2.65 个百分点，其中，涂布白纸板生产量 410 万吨，比 2020 年增加 45 万吨，占全国同类产品的 28.37%，增加 2.48 个百分点，未涂布白纸板 45 万吨，比 2020 年增加 5 万吨，占全国同类产品的 51.14%；包装纸板生产量 550 万吨，比 2020 年增加 45 万吨，其中，箱纸板生产量 280 万吨，比 2020 年增加 35 万吨，占全国同类产品的 9.98%，比例略有下降，瓦楞原纸生产量 270 万吨，比 2020 年增加 10 万吨，占全国同类产品的 10.06%，比例略有下降。

2021 年山东晨鸣纸业集团股份有限公司、华泰集团有限公司、山东太阳控股集团有限公司、山东博汇集团有限公司和东顺(山东)浆纸集团有限公司等山东省造纸企业，山东省域外(含境外)纸及纸板生产量合计 618 万吨，比 2020 年增加 108 万吨，同比增长 21.18%，占山东省内总生产量 30.37%，主导产品包括：涂布白纸板 300 万吨、未涂布印刷纸 115 万吨、牛卡纸 90 万吨、静电复印纸 38 万吨、瓦楞原纸 25 万吨、新闻纸 20 万吨、生活用纸 10 万吨等中高档品种。

2021 年，山东省造纸企业省域内外(含境外)纸及纸板生产量 2653 万吨，比 2020 年增加 223 万吨，同比增长 9.18%，高于“十三五”期间年均增长 3.17%。

【原料】

2021 年山东省内原生纸浆生产量 701 万吨，比 2020 年增加 48 万吨，同比增长 7.41%，其中造纸用浆 668 万吨，比 2020 年增加 34 万吨，同比增长 5.34%，占全国生产量 2363 万吨的 28.27%(比 2020 年下降 3.17 个百分点)。木浆生产量 653 万吨，比 2020 年增加 34 万吨，同比增长 5.5%，占全国木浆生产量 1809 万吨的 36.10%(比 2020 年下降 5.37 个百分点)。其中：化学木浆 378 万吨，比 2020 年增加 14 万吨，同比增长 3.98%，主要是山东太阳控股集团有限公司新增木浆产能的影响；化学机械木浆 275 万吨，比 2020 年增加 20 万吨，同比增长 7.67%。麦草浆 15 万吨，比 2020 年减少 1 万吨，同比减少 6.25%，占全国同浆种总生产量 159 万吨的 9.43%（比 2020 年下降 4.25 个百分点）。

依据行业的调研和汇总分析，2021 年山东省造纸企业省域外（含境外）纸浆生产量合计 328 万吨，比 2020 年减少 24 万吨，同比减少 6.8%，占省内总生产量的 47%。其中，造纸用木浆 298 万吨，比 2020 年增加约 2 万吨，同比增长 0.53%，占省内木浆总生产量的 45.63%，占全国木浆总生产量 1809 万吨的 16.47%。

目前，山东省原生纸浆年产能（含省域外）超过 100 万吨的造纸企业有 4 家，分别是山东晨鸣纸业集团股份有限公司、山东太阳控股集团有限公司、亚太森博（山东）浆纸有限公司和山东博汇集团有限公司。2021 年实际生产量分别达到 355 万吨、249 万吨、195 万吨和 102 万吨，合计生产量占山东省造纸企业省域内外（含境外）总生产量的 87%。大企业带动了自制木浆产能提升，降低了商品木浆依赖，促进了木片进口，提升了国内木材加工“三剩物”的综合利用水平，优化了产业链供应链原料供给结构，加快了纸及纸板产品结构升级，奠定了独具山东省造纸产业特点和优势的“林浆纸一体化”发展模式，巩固了自制木浆生产大省地位。

2021 年，山东省造纸行业消费各类造纸原料 1690 万吨，同比增长 4.81%，占全国纸浆消费总量的 15.36%，纸浆结构中木浆、非木材浆、废纸浆及其他比例分别为 53%、2%、45%，形成了以木片、木浆、废纸为主导，非木纤维等其他原料为补充的多元化原料结构。

【生产企业】

2021 年，山东省浆纸生产量达到 10 万吨及以上企业 40 家，与 2020 年持平。其中，浆纸生产量超过 600 万吨 1 家；200 万～300 万吨 3 家，100 万～200 万吨 2 家，50 万～100 万吨以下 6 家，20 万～50 万吨以下 15 家，10 万～20 万吨以下 13 家。企业平均生产规模 11 万吨，比 2020 年提高 6.3%。山东晨鸣纸业集团股份有限公司、山东太阳控股集团有限公司、华泰集团有限公司、山东博汇集团有限公司、山东世纪阳光纸业集团有限公司等 5 家企业入围世界造纸百强。其中，山东晨鸣纸业集团股份有限公司、山东太阳控股集团有限公司位列前 30。山东晨鸣纸业集团股份有限公司、山东太阳控股集团有限公司、华泰集团有限公司、山东博汇集团有限公司、齐峰新材料股份有限公司、山东世纪阳光纸业集团有限公司 6 家为业绩稳定的绩优上市公司，山东晨鸣纸业集团股份有限公司拥有 A、B、H 股，山东晨鸣纸业集团股份有限公司、华泰集团有限公司、山东太阳控股集团有限公司、山东博汇集团有限公司入围 2021 年度中国企业 500 强和中国制造业企业 500 强。40 家年产 10 万吨以上企业合计纸浆、纸及纸板生产量均占全省总生产量的 91% 以上，经济效益占全省 95% 以上，产业集中度和大企业支撑行业发展的作用持续提升，产业引领和主导地位凸显。2021 年山东省造纸行业浆纸生产量超过 100 万吨的企业见表 1，2021 年山东省造纸行业浆纸生产量 20 万～100 万吨的企业见表 2。2021 年山东省造纸行业销售收入前 10 名企业见表 3。

表 1　2021 年山东省造纸行业浆纸生产量超过 100 万吨的企业

序号	单位名称	省内生产量/万吨	集团生产量/万吨
1	山东太阳控股集团有限公司	613	712
2	山东晨鸣纸业集团股份有限公司	260	550
3	华泰集团有限公司	241	302
4	山东博汇集团有限公司	151	314
5	亚太森博（山东）浆纸有限公司	256（其中纸浆 195）	256（其中纸浆 195）
6	山东世纪阳光纸业集团有限公司	171	171

表 2　2021 年山东省造纸行业浆纸生产量 20 万～100 万吨的企业

序号	单位名称	生产量/万吨
1	中冶纸业银河有限公司	73
2	淄博永丰环保科技有限公司	56
3	东顺（山东）浆纸集团有限公司	56
4	枣庄华润纸业有限公司	53
5	德州泰鼎新材料科技有限公司	51
6	泰山石膏股份公司泰和纸业	51
7	邹平汇泽实业有限公司	49
8	汇胜集团股份有限公司	47
9	山东仁丰特种材料股份有限公司	45

续表

序号	单位名称	生产量/万吨
10	远通纸业(山东)有限公司	41
11	山东丰源中科生态科技公司	39
12	齐峰新材料股份有限公司	38
13	山东恒联投资集团有限公司	29
14	威海龙港纸业有限公司	27.5
15	莱州鲁通特种纸有限公司	26.5
16	山东鲁丽纸业有限公司	24
17	山东恒安纸业有限公司	22
18	烟台大展纸业有限公司	22
19	山东江河纸业有限责任公司	20.4
20	枣庄恒宇纸业有限公司	23

表 3　2021 年山东省造纸行业销售收入前 10 名企业

序号	单位名称
1	山东太阳控股集团有限公司
2	山东晨鸣纸业集团股份有限公司
3	华泰集团有限公司
4	亚太森博(山东)浆纸有限公司
5	山东博汇纸业股份有限公司
6	山东世纪阳光纸业集团有限公司
7	东顺(山东)浆纸集团有限公司
8	山东恒联投资集团有限公司
9	齐峰新材料股份有限公司
10	中冶银河纸业有限公司

【基建与技改】

根据行业协会对山东省 40 家重点造纸企业的调查和汇总分析，2021 年山东省新建项目和技改投资总额约 161 亿元，比 2020 年度同口径企业投资额增长 19.26%，是“十三五”期间年均投资额的 1.34 倍，维持了较高水平。2021 年，山东省造纸企业省域内外实施技术改造，建成和在建浆纸产能约 1000 万吨。

建成投产的项目包括：山东太阳控股集团有限公司聚力三大基地建设，已建成老挝 80 万吨/年高档包装纸板、广西北海 350 万吨/年“林浆纸一体化”、20 万吨/年特种纸一期 7 万吨/年生产线；山东华迈纸业有限公司投产 80 万吨/年高级瓦楞原纸第二条生产线、20 万吨/年生物机械草浆；德州泰鼎新材料科技有限公司 12 万吨/年化学机械浆及配套碱回收技术；山东天和纸业有限公司 15 万吨/年特种纸；山东中茂圣源实业有限公司 20 万吨/年涂布白卡纸等。

在建项目包括：山东博汇纸业股份有限公司 45 万吨/年信息用纸及配套 20 吨/年化学机械浆、亚太森博(山东)浆纸有限公司 50 万吨/年高档文化用纸和 50 万吨/年生活用纸、山东晨鸣纸业集团股份有限公司 6 万吨生活用纸武汉搬迁寿光、华泰集团有限公司 30 万吨/年化学机械浆、齐峰新材料股份有限公司 3.5 万吨/年磨削新材料、山东恒安纸业有限公司 7 万吨/年高档生活用纸、山东江河纸业有限责任公司年产 10 万吨高档文化用纸、山东金蔡伦纸业有限公司纸机生产线节能升级改造(3600/700 文化用纸生产线)、山东丰源中科造纸有限公司 35 万吨/年涂布白纸板生产线、泰中特种纸有限公司 30 万吨/年功能纸基及辅助材料项目等。

上述投产、新建项目注重原料和产品结构，工艺先进，技术装备自动化智能化数字化水平高，为全行业“十四五”持续稳定发展奠定了坚实基础。

【科研与技术进步】

创新是发展的第一动力，也是产业不断进步、持续前行的永恒主题。2021 年全行业创新驱动成绩斐然，荣誉奖励多多，呈现新突破新优势，为产业稳定发展和高质量发展打下坚实基础。

1. 荣获多项奖励荣誉

山东省造纸行业协会会长、省造纸产业链联盟理事长、太阳纸业董事长兼总经理李洪信荣获“山东省行业领军企业家”称号，记一等功。山东省造纸行业协会环保节能委副主任、山东天瑞重工有限公司董事长李永胜荣获“山东省优秀企业家”称号，这是山东省委省政府为弘扬企业家精神，聚焦新动能新经济和创新性成长性，激励民营企业家干事创业的崇高荣誉。生物基材料与绿色造纸(齐鲁工业大学)国家重点实验室常务副主任吉兴香教授领衔的科研团队，主持完成的“高性能木材化学浆绿色制备与高值利用关键技术及产业化”项目，荣获 2020 年度国家科技进步奖二等奖。山东天瑞重工有限公司“磁悬浮离心鼓风机综合节能系统开发与应用”成果荣获 2021 年度山东省技术发明奖一等奖，是继获评 2020 年度山东省“十大科技成果”、入选工信部“能效之星”产品目录和《绿色技术推广目录》后的又一项重磅殊荣。亚太森博(山东)浆纸有限公司“100 万吨浆线阔叶木漂白浆提高白度稳定性研究”、山东仁丰特种材料股份有限公司“内燃机用长寿命高精度抗老化机油滤纸关键技术攻关及产业化技术”分别荣获2021年度山东省科技进步奖三等奖，“森博”牌漂白硫酸盐木浆荣获“2021年山东知名品牌”。山东晨鸣纸业集团股份有限公司“高档书刊专用铜版纸技术开发”列入省技术创新项目计划。2021年造纸产业链荣获奖励较多，是成果丰收之年。

2. 大力实施新技术新产品研发，推进产业转型升级

山东省造纸产业链国家级研发平台多，培养和引进高端人才多，技术成果和新产品研发层出不穷。华泰集团有限公司、山东太阳控股集团有限公司、山东晨鸣纸业集团股份有限公司均是国家级高新技术企业。依托国家企业技术中心、博士后科研工作站等研发平台，实施创新驱动成效显著，华泰集团有限公司先后招收17名博士，开展制浆、造纸和化学品等关键技术研究，获得授权专利100余项，发明专利17项，主持或参与制定26项国家行业标准。2021年山东晨鸣纸业集团股份有限公司获授专利59项，荣获省科技领军企业、全国绿色设计产品等。山东太阳控股集团有限公司和应广东副总工程师分别荣获“十三五”轻工业科技创新先进集体、先进个人称号，2021年太阳纸业一线员工踊跃提出1356项创新建议，践行了“万众创新”理念。山东博汇纸业股份有限公司与国内知名院所合作，研发化学机械浆应用新技术，提高原料利用率和浆纸品质，2021年研发了白牛皮纸袋纸、AA牛卡纸、吸塑卡纸等多个新产品，获得授权专利26项，其中发明专利10项。齐峰新材料股份有限公司计划推进多个“以纸代塑”科研成果转化，加快多个绿色技改项目进度，践行低碳绿色发展。山东恒联投资集团有限公司引进王习文博士、韩国仁荷大学金相燮院士，申请设立“2021年鸢都产业领军人才工程项目”，并与齐鲁工业大学、哈尔滨工业大学威海分校、威海光威复合材料股份有限公司等合作开展“2021年度山东省重点研发计划项目”。山东仁丰特种材料股份有限公司在建的国内首条拥有核心技术、涵盖从炭纸原纸到氢燃料电池成品炭纸的年产50万米^{2}规模化生产线，继续融入特种纸、新材料领域创新发展。山东凯丽特种纸股份有限公司完成新产品研发43个和新工艺、新材料应用60项，申报省创新项目3项，威海市重点科技创新项目1项。远通纸业（山东）有限公司成功研发“碗贴纸”“冷冻纸”等新产品，取得专利授权45项。

3. 技术装备创新增添新彩，助力产业链高质量发展

为适应造纸产业对技术装备的大型化、智能化、信息化和节能降耗绿色发展的需要，技术装备企业必须不断提高自主创新和研发制造能力，拥有核心竞争力。山东晨钟机械股份有限公司、潍坊凯信机械有限公司、汶瑞机械（山东）有限公司、山东信和造纸工程股份有限公司、山东明源智能装备股份有限公司5家企业入选2020年度中国轻工业造纸机械行业十强企业，彰显实力和产业地位。山东信和造纸工程股份有限公司力主科技创新，研发费用超过销售收入的4%，2021年完成12台2850/1300卫生纸机制造，在线制造4台3600/600擦手纸机、1台3600/800文化纸机和4台双回旋高速切纸机，致力研制高速卫生纸机硬靴压、软靴压新技术。山东晨钟机械股份有限公司成功制造临沭县华星纸业有限公司850吨/日箱纸板制浆及流送系统、山东鲁通纸业有限公司20万吨/年湿强纸碎解系统等装备，“基于云服务的ZX300再生纤维浆循环利用成套装备”荣获山东省装备制造业科技创新奖二等奖，入列山东省首台（套）技术装备及关键核心零部件。汶瑞机械（山东）有限公司2021年完成GSJA920高效五辊洗浆机、4416白泥盘式过滤机等6种新产品研发，实施DPL无网袋扇形板剥浆支管改进等7种定型产品改进设计、技术再创新，ZXV120米^{2}新型高效鼓式真空洗浆机获2021年度中国轻工业联合会科学技术进步二等奖，创新研发新型高效洗浆机、新一代SP750单螺旋挤浆机、新型黑液过滤机、新型消化提渣机等新技术装备。山东天瑞重工有限公司致力打造国家级磁悬浮研发基地，已建立山东省工程实验室等平台，全国磁悬浮技术标准化工作委员会挂靠单位，自主研发制造的磁悬浮鼓风机、磁悬浮透平真空泵、磁悬浮同步永磁电机、磁悬浮空压机等磁悬浮节能降噪技术装备，磁悬浮真空泵节电40%以上、节水100%，将助力造纸产业加快推进节能降耗和低碳绿色发展。淄博泰鼎造纸机械有限公司是国家专精特新“小巨人”企业，组建“中国轻工业造纸整饰设备工程技术研究中心”，自主研发的靴式压榨已在山东仁丰特种材料股份有限公司、江门市桥裕纸业有限公司、江西五星纸业有限公司成功运行，正在制造和洽谈的靴式压榨项目20余台（套），其中，“年产10台宽幅高速靴式压榨机改造提升项目”入选2022年山东省重点项目（新旧动能转换优选项目）。聊城经纬工业网毯有限

公司坚持"高速、宽幅"的研发方向，对关键生产设备装备、检测设备实施更新技术改造和优化升级，努力提升网毯研发水平和制造品质，逐步缩小并抹平了与进口网毯差距，其高端毛毯已在山东太阳纸业股份有限公司、山东华迈纸业有限公司、贵州盛世荣创再生科技有限公司等宽幅高速纸机上使用，替代进口产品，较高的性价比赢得了客户赞誉。滕州力华米泰克斯胶辊有限公司完成了羧基丁腈橡胶施胶胶辊试制，取得预期效果。

【环境保护与节能】

1. 积极践行"双碳"路径措施，寻求新突破新成效

山东太阳控股集团有限公司积极探索双碳管理，制定严格的节能减排绩效考核目标，通过科技创新、能源管理体系建设和原料产品结构调整等措施，提升能效、降低能耗，强化原料堆场、道路运输等扬尘治理，厂区重点区位建设洗车台、设置在线监控等，按照"分级处理、分质回用"循环利用模式，不断提升水重复利用率。华泰集团有限公司实施从"排出废物"到"净化废物"再到"利用废物"全流程，达到"最佳生产，最适消费，最少废弃"。山东世纪阳光纸业集团有限公司、淄博永丰环保科技有限公司等企业已经建成分布式光伏发电项目，寿光晨鸣美术纸有限公司、湛江晨鸣浆纸有限公司和黄冈晨鸣浆纸有限公司分别建设 30 兆瓦分布式光伏发电项目，实施分散废热资源利用的 ORC 低温余热发电项目，持续实现能源结构优化和废弃物资源综合利用。山东博汇集团有限公司启动"绿色环保能源综合利用之废水处理改造项目"，改造提升水处理规模至 10 万吨/日等，新建"双膜法 + 电渗析 + 多效蒸发"脱盐系统，处理浓废水，满足全盐量达标排放。中冶纸业银河有限公司相继建设 0.2 兆瓦蒸汽冷凝水余热发电、1.2 兆瓦沼气综合利用发电和 4.5 兆瓦分布式光伏发电项目，减碳降碳万余吨。亚太森博(山东)浆纸有限公司完成烟气深度治理及余热惠民一体化项目(第一阶段)，设计为日照经济技术开发区 320 万米^2 冬季供暖热源，既节能减排又惠及民生，是国内造纸行业首个烟气余热利用节能环保一体化项目，项目全部实施后供暖面积可以达到 600 万米^2，年减少碳排放约 38 万吨，具有新颖性和示范效应。

2. 树立绿色发展形象，标准引领绿色工厂绿色产品认证，全方位赢得社会认可

山东太阳控股集团有限公司、亚太森博(山东)浆纸有限公司、山东金蔡伦纸业有限公司等企业面向社会开放，参观厂区、生产线和湿地氧化塘等，为行业树形象、正名声，赢得社会理解支持产业绿色发展。山东太阳控股集团有限公司董事长李洪信捐建兖州一中新校区，为慈善事业捐赠善款数以亿计。亚太森博(山东)浆纸有限公司捐建的日照江和图书馆累计迎来读者约 1800 万人次，连续 14 年举办"日照市中小学生环保绘画大赛"惠及约 50 万人，2021 年亚太森博(山东)浆纸有限公司成为山东省环保科普基地。全行业已陆续有山东太阳控股集团有限公司、山东泉林集团有限公司、东顺纸业集团有限公司、山东世纪阳光纸业集团有限公司、中冶银河有限公司、淄博永丰环保科技有限公司、亚太森博(山东)浆纸有限公司和山东金蔡伦纸业有限公司等通过国家级省级"绿色产品""绿色工厂"认证。山东世纪阳光纸业集团有限公司纸管原纸、涂布白面牛卡纸、白面牛卡纸，亚太森博(山东)浆纸有限公司"博旺牌"涂布白卡纸和烟包专用白卡纸，山东晨鸣纸业集团股份有限公司"白杨"涂布白卡纸，山东仁丰特种材料股份有限公司高强瓦楞原纸荣获全国"绿色设计产品"称号。山东世纪阳光纸业集团有限公司、中冶银河有限公司、淄博永丰环保科技有限公司 3 家企业荣获全国"绿色供应链管理企业"称号。晨鸣文化用纸、铜版纸、生活用纸，金太阳生活用纸、铜版纸、办公用纸、华泰新闻纸、天瑞重工磁悬浮动力装备等入围第一批"好品山东"品牌名单。由山东省造纸行业协会、亚太森博(山东)浆纸有限公司、德州泰鼎新材料科技有限公司、山东天和纸业有限公司参与起草的《DB37/T 4065.1—2020 自制木浆造纸绿色工厂评价规范 第1部分：自制木浆造纸》地方标准已正式实施，有利于引领行业绿色工厂、绿色产品认定。

3. 推进低碳减碳物流，创新供应链运输模式

造纸产业大宗原材物料、资源能源多，运输量大、费用高，尤其是进口木浆木片等大宗原材料，需要经国际海运、国内陆路运输。增加绿色低碳运输量，大力推进多式联运无缝衔接和信息共享等"端到端"物流运输新模式，提升产业链供应链采购效率、降低运营成本。山东太阳控股集团有限公司运营"太阳号"木片班轮往返澳大利亚装船港和日照港，成功尝试"齐鲁号"欧亚班列回程直达专列运输木浆和青岛港发运"纸浆班列"供应链物流新模式。2021 年 12 月，山东太阳控股集团有限公司与济宁能源发展集团签订战略合作协议，双方将在深化内河集装箱运输、港口装卸作业、煤炭供应保障、全

方位物流服务等领域深入合作，发挥京杭大运河内河航运优势，济宁能源港航太平港已开始开展山东太阳控股集团有限公司木片卸船、成品纸集装箱外运的“原料运进来、产品运出去”业务合作。山东世纪阳光纸业集团有限公司海关监管场站被列入山东省多式联运“一单制”试点工程，将港口功能延伸至内陆，物流无缝衔接，已开通昌乐—青岛港集装箱铁路班列，通过优化船运、公铁物流等全年减少费用逾 1000 万元。2021 年 11 月山东博汇纸业股份有限公司与山东港口航运集团、烟台港融合协作，“烟台—桓台”木片散改集“海铁联运”班列从烟台港首发，标志着“低成本、高效率、低损耗”的“港口 + 航运 + 铁路 + 陆港”全新绿色物流模式正式开通，实现了交通安全、物资管控、效率提升、资源节约、绿色环保。

【发展目标】

“十四五”是开启全面建设社会主义现代化国家新征程的重要时期，山东省造纸行业深入贯彻新发展理念，准确把握新发展阶段，加快构建新发展格局，继续优化原料结构，丰富产品花色，拓展市场新需求，实施产业链延伸，推动产业高质量发展，预计到 2025 年，山东省域内外浆纸产能将达到年产纸浆 1300 万吨、年产纸及纸板 3000 万吨，进一步巩固造纸大省强省地位，为经济社会发展和人民美好生活做出新的更大贡献。

（赵振东　高兴杰　孔凡功　吴　芹　丁洪杰）

浙江省造纸工业

Paper Industry in Zhejiang Province

2021 年，是我国“十四五”规划的开局之年，是中国共产党成立 100 周年，是我国社会主义现代化进程中具有特殊重要意义的一年。2021 年，我国造纸市场总体呈震荡向上的态势。“十四五”期间是浙江省造纸产业转型升级、革故鼎新的关键时期，也是实现碳达峰、碳中和目标的关键窗口期。

2021 年，浙江省富阳市造纸业全面退出，宁波中华纸业有限公司 4 月停产退出，同时，浙江省造纸业又受到销售旺季的 9 月下旬能源双控政策、全省各地造纸企业停机停产让电等诸多不利因素影响。但浙江省造纸工作者坚持新的发展理念，依托强大的国内市场，切实强化了创新力量，优化了造纸产业链。经过一年的努力，不但在产值、营业收入、上缴税收、实现利润等主要经济指标上又上了一个新台阶，而且在完成机制纸及纸板生产量上，扭转了连续 3 年负增长的态势，开始实现正增长，为“十四五”及浙江省造纸产业中长期的持续高质量发展打下了坚实基础。

【行业概况】

据浙江省统计局统计，2021 年浙江省造纸企业有 198 家，浙江省造纸行业平均用工 40910 人，同比下降 3.2%。全年完成机制纸及纸板生产量 1481.1 万吨，同比增长 1.7%；实现工业产值 822.62 亿元，同比增长 14.4%；实现营业收入 826.68 亿元，同比增长 13.1%；上缴税金 34.06 亿元，同比增长 2.4%；实现利润总额 74.19 亿元，同比增长 27.7%；应收账款 134.6 亿元，同比增加 6.2%；其中产成品库存 41.67 亿元，同比增长 37%。资产合计 1158.9 亿元，同比增长 10.8%，负债合计 614.03 亿元，同比增长 7.2%。

浙江省造纸行业 2021 年度人均生产机制纸及纸板 362 吨，人均创利 18 万元。浙江省造纸和纸制品行业共有规模以上企业 996 家，从业人员 11.2 万人。2021 年完成工业产值 1660.15 亿元，实现营业收入 1700.96 亿元，上缴税金总额 53.52 亿元，实现利润总额 171.75 亿元。全行业资产合计 1992.83 亿元，负债合计 1074.80 亿元。2021 年浙江省造纸行业一、二、三、四季度运行情况见表 1。

表 1　2021 年浙江省造纸一、二、三、四季度运行情况

	完成机制纸及纸板生产量/万吨	完成工业产值/亿元	实现主营业务收入/亿元	上缴税金/亿元	实现利润/亿元
一季度	351.67	204.10	197.69	7.16	17.86
二季度	371.33	210.44	202.81	8.55	20.30
三季度	388.58	189.59	197.54	7.77	13.35
四季度	369.52	218.49	228.64	10.58	22.68
全年	1481.1	822.62	826.68	34.06	74.19

2021 年 2 月 12 日春节前，随着富春环保热电的停产，富阳市最后 10 家造纸企业约 100 万吨/年产能全部停产，历经 3 年的富阳造纸产业退出工作圆满收官。由于宁波市政建设的需要，金光集团在大陆第一家投资的企业宁波中华纸业有限公司于 2021 年 5 月 14 日 01:05 完成了最后 1 卷纸的生产后，3 条生产线全部关停。该公司 2020 年白纸板生产量 67.7 万吨，工业产值 25 亿元。

2021年造纸行业仍然面临着挑战与机遇。废纸进口清零，造纸原料短缺的困局在浙江省尤为突出，且将长期存在，而下半年的缺煤断电也给造纸企业带来严重挑战。生产成本增高，使得部分企业竞争优势逐渐减弱。另外，从长远看，"双碳"及"能源双控"对造纸行业的影响深远并逐渐开始显现，这将对造纸企业的高质量发展提出更高的要求。由于诸多因素的叠加，浙江省造纸行业原料结构优化调整，能源结构调整等依然迫在眉睫且道路漫长。

2021年，国内废纸价格全年处于高位运行，全年废纸价格跌宕起伏，4月是全年最低价，8月又形成了全年最高价，全年均价有所上调。再生纤维浆是弥补禁废影响的重要方向，但由于海运不畅，国外生产不连续，国外废纸原料价格大涨等不利因素下，再生纤维浆进口困难重重。

2021年进口木浆现货市场价格先扬后抑，主要受到公共卫生事件影响原纸出口，原纸价格冲高回落，纸浆期货明显回落，而禁塑令、禁废令政策短期效果不甚显著，整体市场供过于求难以改善，浆价步入下行通道。2021年1—10月，针叶木浆、阔叶木浆、本色浆均价处于次高价位置，较近5年中最高年均价格大约低3%～20%，较近5年中最低年均价高1.8%～40%。我国自制纸浆生产量平稳增长，增速明显加快，纸浆进入新一轮产能扩张期，众多大公司纷纷投资纸浆业，欲掌握纤维原料的主动权。以废纸为原料的瓦楞原纸及箱纸板市场平稳发展，均价同比继续上移。2021年1—2月，市场以拉涨为主，主要受外废清零、废纸原料价格高位的市场环境基本确定的影响，规模纸企拉涨6～7轮。3月，受需求提前透支影响，其价格在经过一段时间整理后，还是难以摆脱需求疲软的影响。4—5月处于价格下行阶段，造纸企业在经过一段去库存后，在上调纸价保利润诉求下，6—9月基本上处于供需博弈状态，整体行情以震荡为主。10月开始能源及原料上涨，供应面收紧的影响又拉伸了涨价模式。

2021年，白纸板价格与废纸价格走势基本一致，个别月份出现相反走势，其中3月份白纸板价格明显上调，但废纸价格出现相反走势，白纸板毛利率达到历史的最高点。主要受白卡纸价格上涨的联动影响。4月，废纸价格上调，但白纸板价格至高点后出现回落，上涨乏力。三季度白纸板价格震荡整理，四季度略有好转。2021年白卡纸行情大起大落，1—4月持续上涨，5—7月快速下滑，8月以后窄幅震荡，白卡纸市价高低差达近4000元/吨，差幅40%左右。4—5月白卡纸价格高达1万元/吨，而到8—9月跌至6500元/吨。

【生产企业】

2021年浙江省各地区完成机制纸及纸板生产量情况见表2。

表2 2021年浙江省各地区完成机制纸及纸板生产量情况

区域名称	企业数量/家	生产量/万吨	同比/%	占比/%
浙江省	198	1481.12	1.7	100.00
嘉兴市	26	494.16	8.4	33.36
衢州市	37	285.59	33.8	19.28
宁波市	5	225.96	0.6	15.26
金华市	18	128.15	14.8	8.65
绍兴市	11	79.92	6.7	5.41
台州市	9	76.27	8.2	5.12
杭州市	50	67.74	-62.8	4.57
湖州市	16	59.19	-3.5	4.01
温州市	13	38.12	1.5	2.58
丽水市	13	26.03	6.5	1.76

2021年浙江省完成机制纸及纸板生产量30万吨以上的造纸企业见表3，这10家造纸企业合计完成机制纸及纸板生产量992.54万吨，占全省完成机制纸及纸板总生产量的67%。

表3 2021年浙江省完成机制纸及纸板生产量30万吨以上的造纸企业

排名	企业名称	生产量/万吨
1	宁波亚洲浆纸业有限公司	195
2	浙江山鹰纸业有限公司	166.26
3	浙江景兴纸业股份有限公司	153.25
4	平湖荣城环保科技有限公司	91.3
5	仙鹤股份有限公司	77.69
6	浙江华川实业集团有限公司	76.62
7	浙江荣晟环保纸业股份有限公司	62.00
8	浙江五洲特种纸业集团股份有限公司	60.58
9	台州森林造纸股份有限公司	59.84
10	浙江金龙再生资源科技股份有限公司	50

2021 年浙江省特种纸及生活用纸年生产量 10 万吨以上的企业见表 4。

表 4　2021 年浙江省特种纸及生活用纸年生产量 10 万吨以上的企业

排名	企业名称	生产量/万吨	备注
1	仙鹤股份有限公司	77.69	特种纸
2	五洲特种纸股份有限公司	60.58	特种纸
3	浙江夏王纸业有限公司	29	特种纸
4	维达纸业(浙江)有限公司	20.5	生活用纸
5	嘉兴民丰特种纸股份有限公司	14.95	特种纸
6	杭州华旺新材料科技股份有限公司	13.16	特种纸

2021 年浙江省完成工业产值前 10 位的造纸企业见表 5。这 10 家造纸企业合计完成工业产值 493 亿元，占全省造纸企业完成工业总产值的 59.93%。

表 5　2021 年浙江省完成工业产值前 10 位的造纸企业

排名	企业名称	产值/亿元
1	宁波亚洲浆纸业有限公司	96.08
2	浙江山鹰纸业有限公司	69.45
3	仙鹤股份有限公司	67.26
4	浙江景兴纸业股份有限公司	66.19
5	五洲特种纸业集团股份有限公司	39.93
6	浙江夏王纸业有限公司	37.00
7	平湖荣成环保科技有限公司	36.25
8	浙江华川实业集团有限公司	32.79
9	维达纸业(浙江)有限公司	24.60
10	台州森林造纸股份有限公司	23.45

2021 年浙江省上缴税金居前 10 位的造纸企业有：浙江华川实业集团有限公司、宁波亚洲浆纸业有限公司、浙江景兴纸业股份有限公司、仙鹤股份有限公司、浙江五洲特种纸业集团股份有限公司、浙江山鹰纸业有限公司、台州森林造纸股份有限公司、浙江金龙再生资源科技股份有限公司、浙江荣晟环保纸业股份有限公司、平湖荣成环保科技有限公司，这 10 家造纸企业合计上缴税金 20.63 亿元，占全省造纸企业上缴税金总额的 60.57%。2021 年浙江省实现利润居前 10 位的造纸企业有：宁波亚洲浆纸业有限公司、仙鹤股份有限公司、浙江山鹰纸业有限公司、浙江夏王纸业有限公司、浙江景兴纸业股份有限公司、五洲特种纸业集团股份有限公司、浙江华川实业集团有限公司、杭州华旺新材料股份有限公司、台州森林造纸股份有限公司、浙江荣晟环保纸业股份有限公司，这 10 家造纸企业合计实现利润 62.03 亿元，占全省造纸企业实现利润总额的 83.61%。

【新建和技改项目】

1. 2021 年内已建成投产的项目

(1)宁波亚洲浆纸业有限公司 30 万吨漂白化学热磨机械浆建成投产。2021 年 7 月 28 日，宁波亚洲浆纸业有限公司的漂白化学热磨机械浆生产线成功开机，设计产能 1200 风干吨/日，是迄今为止单一磨机产能最大的生产线。生产线规模大、效能高，投产后不仅解决了公司原料短缺的困难，还是环保减碳可持续发展的重要举措，成品浆全部达到使用标准。

(2)2021 年 12 月 23 日，浙江夏王纸业有限公司第五条特种纸生产线 PM5 顺利开机出纸。纸机幅宽 4450 毫米，车速 600 米/分，主要生产 30 ~ 120 克/米^2 装饰原纸，年产能 5.5 万吨。产品是装饰板专用饰面纸，主要用于地板装饰、家居装饰、厨具等，销往国内及东南亚、澳大利亚、欧美等地。

(3)2021 年 12 月 26 日，浙江晶鑫特种纸业有限公司 PM3 首卷纸成功下线。该公司是一家从事特种纸研发、生产和销售的中外合资企业，年生产量 2 万余吨。主要产品有美纹纸、和纸、美光纸、电工胶带纸、吸水纸、清洁纸等六大系列，销售覆盖全国 10 多个省市区，远销欧美、东南亚等国。

(4)浙江富阳华天纸业有限公司年产 30 万吨涂布白纸板生产线预计 2022 年投产。该纸机幅宽 4500 毫米，设计车速 500 米/分，年产 30 万吨涂布白纸板。华天纸业坐落在嵊州市仙岩镇西鲍村，占地 4 万多米^2，总投资 4.1 亿元，建成后将年产值将达到 10 亿元，利税 1.5 亿元。

(5)浙江景兴纸业股份有限公司年产 12 万吨天然抗菌高品质生活用纸项目首条生产线 TM5 预计 2022 年投产。该纸机幅宽 5600 毫米，设计车速 2000 米/分，是目前世界上最先进的生活用纸生产线。目前，公司生活用纸产能可达 11 万吨/年。

(6)浙江海景新材料有限公司特种纸技改项目开机后生产食品级白卡纸。2021 年 10 月 28 日，浙江海景新材料有限公司特种纸生产线技改项目正式开机生产，此次技改的纸机幅宽 2800 毫米，主要在现有的生产线增加了机内涂布设备和相关配套设施，改造后主要使用全木浆生产食品级白卡纸。

(7)温州市鸿起纸业有限公司涂布白纸板机开机出纸，这条生产线设计年产能可达20万吨。纸机幅宽4400毫米，技改后车速可达400米/分，主要使用废纸原料生产涂布白纸板。

(8)嵊州市西鲍益鼎纸业有限公司5万吨包装用纸项目投产，纸机幅宽4100毫米，设计车速300米/分，使用废纸抄造低克重高强瓦楞原纸，年产能达5万吨。

(9)绍兴大鱼纸业有限公司年产10万吨瓦楞原纸项目，已于2021年12月建成投产。该项目纸机为长网多缸纸机，幅宽5100毫米，设计车速500米/分。利用废纸原料生产高强瓦楞原纸，实际年产能超过10万吨。该项目规划了年产10万吨瓦楞原纸，10万吨纱管原纸，30万吨高档箱纸板和4亿米^{2}特种包装纸箱。全部达产后将新增造纸产能50万吨。

(10)浙江哲丰新材料有限公司22万吨项目，共新建4条生产线，前2条生产线已于2020年建成投产。第三条生产线幅宽3750毫米、车速500米/分长网大缸纸机已于2021年1月25日建成投产。第四条3650毫米、600米/分长网多缸纸机于2021年5月31日建成投产，至此22万吨项目已完成。浙江哲丰新材料有限公司另1条总投资1.69亿元，幅宽4800毫米、车速600米/分长网大缸纸机，年产3万吨特种纸机于2021年11月25日开机。

2. 2020年正在建设的项目

(1)宁波亚洲浆纸业有限公司年产100万吨绿色环保卡纸及配套项目，总投资85亿元，预计在2022年12月开工，生产未涂布特种白卡纸和涂布特种白卡纸。计划建设周期为2022年12月—2025年9月。

(2)浙江森林联合纸业有限公司60万吨数码喷墨纸项目于2021年2月24日举行开工仪式，一期包含2条生产线。2021年计划投资5000万元，进行基础施工，一期项目将在2023年投产，随后进行二期项目建设，预计在2025年完工投产。

(3)民丰特种纸股份有限公司投资建设新8号机和新20号机升级技改项目。公司拟以自有资金和银行贷款总计3.69亿元投资建设新8号和新20号机升级技改生产线。新8号机投产后将生产高档铝箔衬纸、离型原纸、烟用接装原纸、高档医用包装用纸和仿瓷贴花纸等产品。新20号机技改投产后将生产防油原纸、食品包装用纸、离型原纸、热转印纸、透析纸和育果袋纸等产品。两台纸机产能各2.5万吨/年，项目计划建设周期为24个月。

(4)浙江山鹰纸业有限公司77万吨项目，全套引进进口设备与工艺，配套国产辅助设备，总投资33亿元，该项目正在土建施工。

(5)浙江哲丰新材料有限公司年产30万吨纸基新材料项目，总投资14.1亿元，基建厂房已基本结束，设备已开始安装。施工周期为2020年11月—2022年10月。

(6)浙江金龙再生资源股份有限公司100万吨项目，第一条生产线已建成，后续项目正在紧锣密鼓进行，已初步完成土建工程，正进入设备安装阶段。

(7)仙鹤股份有限公司年产10万吨纸基新材料技改项目，总投资5.12亿元，改造4条生产线，已启动2条生产线，设备已在采购中，将在2022年9月全部完成技术改造。

【科研与技术进步】

(1)浙江山鹰纸业有限公司、浙江景兴纸业股份有限公司，浙江荣晟环保纸业股份有限公司和宁波亚洲浆纸业有限公司4家企业评为2021年高新技术企业创新能力百强企业。浙江山鹰纸业有限公司、浙江景兴纸业股份有限公司、平湖荣成环保科技有限公司、浙江荣晟环保纸业股份有限公司被评为资源与环境技术领域10强企业。

(2)华章科技股份有限公司入选2021年度嘉兴市装备制造业重点领域首台套产品。

(3)经龙游县政府、开发区管委会、浙江科技学院以及浙江省造纸学会友好沟通协商，2021年12月1日“龙游县特种纸科技创新管理服务中心”签约仪式在龙游县开发区管委会举行。会上签订了高校入驻“龙游县特种纸科技创新管理服务中心”服务协议及党建共同体协议，并举行了产学研合作与学生实践基地、师资培训基地、党建共同体授牌仪式。

(4)浙江双元科技股份有限公司、杭州特种纸业有限公司、杭州纸友科技有限公司、浙江五星纸业有限公司、浙江金昌纸业股份有限公司、浙江凯丰新材料股份有限公司、浙江凯恩特种材料股份有限公司、宁波水艺膜科技发展有限公司、杭州大路实业有限公司入选浙江省2021年度“专精特新”中小企业名单。“专精特新”中小企业有效期3年，到期复核。

(5)维达纸业(浙江)有限公司生活用纸智能工厂和浙江华邦古楼新材料有限公司高档环保型特种

纸数字化车间列入"2021 年浙江省智能化工厂(数字化车间)名单"。评定智能化工厂(数字化车间)是为引导企业持续深化新一代信息技术应用，迭代提升数字化设计、智能代生产，数字化管理、绿色化生产、安全化管控等能力水平，增强企业综合经济效益和核心竞争力，是企业发展的方向和目标。

(6)浙江省科技厅于 12 月公布了 2021 年省级高新技术企业研究开发中心名单，轻工业杭州机电设计研究院有限公司的制浆造纸绿色制造技术装备高新技术企业研究开发中心名列其中。该院承担的工业和信息化部 2020 年绿色制造系统解决方案供应商项目通过验收。该院承担的 3 项科技部"十三五"国家重点研发项目完成验收，获批成为 2021 年首批制浆和造纸专用设备领域专业标准"领跑者"评估机构。

(7)2021 年 8 月 3 日，省经济和信息化厅公布了 2021 年浙江省重点技术创新项目和高新技术产品开发项目计划名单，浙江荣晟环保纸业股份有限公司的再生纤维素纤维复合酶清洁制浆关键技术入选省重点技术创新项目。

(8)杭州特种纸业有限公司的"燃油滤清器用高效复合滤纸"、仙鹤股份有限公司生产的"低定量喷绘转印原纸"、浙江金昌特种纸股份有限公司生产的"人造革离型原纸"、华邦古楼新材料有限公司生产的"医用包装透析纸"、浙江凯恩特种材料股份有限公司生产的"超低损耗电解电容器纸"被确定为"2021 年度浙江省制造精品"产品。

(9)"衢州市高性能纸及纤维复合材料产业创新服务综合体"跻身 2021 年度全省 104 家省级创新综合体"优档"。该综合体自创建以来，已投入资金 1. 66 亿元，揭榜挂帅科技攻关项目立项 7 项，获财政补助资金 545 万元，撬动企业研发投入 3800 余万元，有力推动产业关键核心技术的研发突破，助推产业提升。2021 年综合体新增科技型中小企业 6 家，产业群累计有高新技术企业 39 家，形成延伸到浙江夏王纸业有限公司、西安夏特纸业有限公司、安徽瑞硕新材料科技有限公司的装饰原纸产业链，外延产业辐射面，扩大产业能级。2021 年度该创新综合体产业集群营业收入 138. 32 亿元，同比增长 40. 13%，研发投入 4. 28 亿元，全员劳动生产率增长 38. 48%。

【环境保护和节能减排】

(1)为推进工业领域碳达峰、碳中和，加快绿色低碳发展，深化绿色低碳试点示范，根据国家建设绿色制造体系工作的部署和省经济和信息化厅、省发展改革委、省生态环境厅《关于加强推进绿色低碳工业园区、工厂建设的通知》要求，经企业申报，市、县(市区)推荐，专家部门联审公示，浙江省确定评出 10 个绿色低碳工业园区和百家绿色低碳工厂。浙江华川实业集团有限公司和维达纸业(浙江)有限公司被评为 2021 年浙江省级绿色低碳工厂。

(2)浙江省水利厅等 8 部门公布了 2021 年度浙江省节水标杆企业名单。入选的造纸企业有：宁波亚洲浆纸业有限公司、杭州华旺新材料科技股份有限公司、浙江华丰纸业科技有限公司、平湖荣成环保科技有限公司、浙江景兴纸业股份有限公司、浙江景兴板纸有限公司、浙江山鹰纸业有限公司、嘉兴市博莱特纸业股份有限公司、嵊州市宇信纸业有限公司、浙江华川纸业集团有限公司、浙江兰塘纸业有限公司、浙江哲丰能源发展有限公司、浙江和泓环保纸业有限公司等企业。

(3)浙江景兴纸业股份有限公司旗下的平湖景兴包装材料有限公司和宁波亚洲浆纸业有限公司旗下的宁波亚洲包装材料有限公司生产的包装产品获全国首批快递包装绿色产品认证。

(4)实现"碳达峰""碳中和"是以习近平同志为核心的党中央作出的一项重大战略决策，事关中华民族永续发展，事关构建人类命运共同体。为尽早对碳达峰、碳中和两个阶段的工作进行系统的谋划和总体部署，及早参与 2030 年前省造纸行业碳达峰行动方案的制订，浙江省造纸行业协会，浙江省造纸学会配合省主管部门经济和信息化厅共同到企业听取对行业实现双碳目标的意见和建议，掌握企业能耗及碳排放的现状。浙江省造纸行业协会、浙江省造纸学会于 2021 年 11 月份召开了"碳达峰碳中和政策背景下，造纸行业面对的挑战与机遇"研讨会，对造纸产业的影响及应对的措施等作了辅导报告，与会人员就普遍关心的问题及应对的措施等进行了研讨。

(5)浙江省经济和信息化厅、省建设厅、省水利厅、省节水办组织了 2021 年度浙江省节水型企业创建工作，经各市初审、省级部门组织专家评审，确定了全省 390 家企业为 2021 年度节水型企业，浙江凯恩特种材料股份有限公司名列其中。

(6)浙江景兴纸业股份有限公司为改善 16 号纸机的横幅水分控制，利用维美德公司 IQ 方案提升产品质量，并节约能耗。安装工作完成后效果显著，水分横幅 Z-Sigma 的改善率达 60% 以上，出压榨的纸页干燥度提高 1.5%，烘干部的能耗水平也得到显著改善。蒸汽箱的性能非常好，横幅水分降低显著。

(7)宁波市美丽宁波建设工作领导小组发文公布了 2021 年度宁波市“无废城市细胞”建设名单，宁波亚洲浆纸业有限公司入选宁波市首批“无废工厂”名单。

【2022 年展望】

2022 年是我国实施“十四五”规划的第二年，是我国现代化建设进程中具有十分重要意义的一年。2022 年将召开我国现代史上十分重要的中国共产党第二十次全国代表大会，将确立我国现代化进程和中华民族伟大复兴十分重大的战略性政策和宏大目标，向第二个百年目标迈进重要的一年。

“十四五”期间将是我国浆、纸和全球造纸产能集中释放的阶段，供需矛盾凸显，我国造纸市场将在浆、纸产能不断增长中频繁波动。

展望 2022 年，我省造纸产业将面临以下情况。

(1)面临变幻莫测的国际局势，不确定性大增。能源价格大幅上涨，会间接导致大宗商品及其他各种商品价格大幅上涨，乃至影响通货膨胀水平，物价高企，对企业的影响更大。2022 年将是名符其实的“大宗商品大年”。

(2)新冠肺炎疫情多点散发，特别是上半年，将给企业生产经营带来不确定性。区域传播的消息不时传来，疫情将冲击企业正常的生产经营。

(3)2022 年仍将面临造纸纤维原料紧缺的问题。据有关部门预测，受废纸零进口政策的影响，2022 年全年我国废纸市场价格仍是震荡上移的走势，预计运行区间在 2250 ~ 2600 元/吨。国废市场处于求大于供的状态。前几年，据有关部门不完全统计，浙江省造纸产业约需 1500 多万吨废纸生产包装用纸，而省内废纸回收量只有 600 万吨左右，缺口巨大。

浙江省纸浆生产量几乎为零，现只有宁波亚洲浆纸业有限公司近期投产了 1 条 30 万吨化学机械浆生产线。特种纸、生活用纸及白卡纸等生产所需的纸浆需全部国外进口或外购。主动权掌握在人家手里。预计 2022 年纸浆价格仍处高位运行，严重影响企业的盈利水平。

目前纸浆进入新一轮产能扩张期，供应压力仍在。在废纸政策和禁塑令等政策影响下，部分龙头企业已积极布局纸浆产能，浆纸行业集中度继续提高，我国纸浆新增产能中化学机械浆和半化学浆占大多数，建议造纸企业家积极关注造纸产业产能布局和产能落实的情况。

造纸纤维资源奇缺是浙江省造纸产业最大的短板。浙江省是全国唯一的纸浆生产量几乎为零的省份，与造纸大省之名不相符。我国是世界上竹类资源最丰富的国家，而浙江省又是全国竹类资源最丰富的省份之一，据《浙江年鉴》记载，浙江全省林地面积 660.23 万公顷，拥有毛竹总株 31.8 亿株，毛竹林每公顷平均立竹量 3581 株。如何积极充分利用非木材纤维资源缓解造纸工业原料短缺问题，据竹藤中心有关专家介绍，毛竹的亩产量为 350 ~ 1000 千克(风干)。按此计算，浙江省有为数众多的竹纤维没有得到有效利用。然而浙江省 26 个山区县的竹农由于竹材不能利用而放弃了对山林的管理，这就造成一方面纤维资源奇缺，另一方面放弃利用的现状。浙江省是全国共同富裕的试点省份，让竹农有钱挣，既能强基增收，又可以缓解造纸产业纤维原料奇缺的难题，需要解决省、市、县领导固有的“造纸就是污染的”观念，需要全省造纸工作者共同呼吁。

(4)由于造纸企业面临巨大的成本压力，2022 年纸及纸板的价格将在高位盘整。

(5)2022 年是“十四五”规划第二年，政府各项政策及规划将逐步落实，造纸行业将快速向绿色制造体系升级。绿色是高质量发展底色，逐步有序实现造纸制造业生产方式向全面绿色低碳转型，处理好发展和节能减排、短期和长期的关系。

(6)浙江省机制纸及纸板生产量已于 2017 年达到高位，为 1920 万吨。自 2018 年开始，由于富阳地区造纸产业退出，已经连续 3 年出现下降状态，原预计 2021 年仍然会出现负增长，但随着某些新增产能的投产，2021 年度生产量略有增长，2022 年浙江省机制纸及纸板生产量仍将小幅增长。

当下全球经济处于大调整、大变革时期，不可预测、不确定因素明显增多。我国经济正处于由速度型到质量型转变的关键时期。浙江省造纸行业坚持稳中求进，稳中求好的基本思路，眼睛向内，力争做好自己的工作。为适应当前形势发展的要求，应高度重视并力争做好以下几项重点工作。

一是重视推进碳达峰、碳中和工作，落实碳达峰行动方案。如今，双碳目标已贯穿于人们生产、生活的各个方面。政府会密集出台相关政策、行动方案、时间表和路线图，这是一项等不得的工作，将会逐步有序推动能耗“双控”向碳排放总量和强度“双控”转变。浙江省政府最终会出台“年度企业碳排放配额分配实施方案”，根据兄弟省份的方案，对造纸、包装企业会采用基准线法、历史强度下降法和历史强度法等分配方案。各企业必须做好能耗台账和碳足迹台账记录。

二是切实做好智能化、数字化改造，推进数字经济体系建设。数字化改造已不是选择题，而是必答题。数字经济是以数据资源为关键生产要素，以产业数字化和数字产业化为核心内容的新经济形态。要以造纸工业为突破口，以产业大脑为支撑，以“未来工厂”、数字贸易中心及未来产业先导区建设为引领，推动产业链、创新链、供应链融合应用，实现资源要素的高效配置和经济社会的高效协同，形成全要素、全产业链、全价值链、全面连接的数字经济运行系统，赋能高质量发展，竞争力提升、现代化先行、努力打造数字变革高地。引导企业持续深化新一代信息技术应用，迭代提升数字在设计、智能化生产、数字化管理、绿色化生产、安全化管理等方面的能力水平，增加企业综合经济效益和核心竞争力。

三是中小造纸企业应努力向“专、精、特、新”“单项冠军”“隐形冠军”和小巨人企业转变。

近段时间，造纸产业的集中度在不断提高。而数量众多的中小企业活力强，但存在市场竞争力弱、升级能力不足的现象。特别是众多特种纸企业应开发和研究具有各种用途的新型纸质材料和具有各种功能的纸制品，使以往满足书写、包装、印刷性能的传统纸张发展成为现代包装、信息技术、生物技术、电器技术、建筑材料、装饰工程、军工等工农业各行业不可缺少的基础新材料。而我们企业现有生产的产品，普遍存在技术含量不够高、产品性能不够高，市场份额不够高等现象。创新驱动是高质量发展的一个定义性特征。突破一项或几项关键技术，往往能创造一个细分行业，进而盘活整个企业，中小企业要努力成为创新的重要发源地，特别要锲而不舍往科技树上爬，实现科技自主自强。

四是用好现有政策。近几年，国家和浙江省政府对实体企业，特别是中小企业出台了不少优惠政策，已连续几年对实体企业实行减税降费的政策优惠。2022 年，国家又在原有基础上，新增减税降费 1.1 万亿元，浙江省政府也出台了新一轮减负降本的政策，额度大幅提高，主要是降低企业融资成本、用能成本、用工成本，物流成本、涉企税务和其他一些费用。此外，浙江省政府首次专门设立中小企业纾困帮扶资金，专门开设了数字化“一指减负”，简化程序。同时出台了支持企业技术改造、项目投资等众多强企举措。希望企业家关注并与当地市县政府多加沟通联系。

党的十八大以来，中国特色社会主义进入新时代，要适应、把握引领经济发展新常态，坚定不移地贯彻新发展理念。十九大明确提出我国经济已由高速增长阶段向高质量发展阶段转变。发展的不充分、不平衡的本质是发展质量不高的问题。当前，正面临着百年未有之大变局，变局之下，危与机并存，对国家对企业皆如此。我们必须坚持以习近平新时代中国特色社会主义理论为指导。全面贯彻党的十九大及历次会议和中央经济工作会议精神，坚持固本培元，稳中求进，贯彻新发展理念，加快宏扬新发展格局，坚持以供给侧结构性改革为主线，统筹疫情防控和经济发展，稳进提质，着力创新驱动，加快打造先进造纸产业基地，努力新增创新型领军企业、高新技术企业、科技型中小企业，大力提升造纸产业核心竞争力。齐心聚力，砥砺前行，持续奋斗，争取以优异成绩向党的二十大献礼。

（陆文荣）

江苏省造纸工业

Paper Industry in Jiangsu Province

【行业概况】

2021 年，在新冠肺炎疫情冲击下，百年变局加速演进，外部环境更趋严峻复杂和不确定。但是在多项宏观政策的共同努力下，我国经济增速继续保持全球领先，为造纸行业的发展提供了广阔的空间。江苏省造纸工业在政策利好下运行平稳，行业景气度持续提升，新增产能不断释放，行业发展呈现出稳中有升、稳中有进、稳中向好的新局面。江苏省机制纸及纸板总生产量 1528 万吨，首次突破 1500 万吨大关。

1. 机制纸及纸板总生产量

据江苏省造纸行业协会调查统计，2021 年江苏省造纸工业累计生产机制纸及纸板 1528 万吨，相比于 2020 年的 1477 万吨增长 3.5%。

2. 主要纸种产量

(1)文化用纸　2021 年江苏省文化用纸生产量 386 万吨，占全省机制纸及纸板总生产量的 25.3%，比 2020 年的 391 万吨下降 1.3%。其中，铜版纸生产量 196 万吨，比 2020 年的 199 万吨下降 1.5%；双胶纸和复印纸原纸生产量 190 万吨，比 2020 年的 192 万吨下降 1.0%。

(2)包装用纸及纸板　2021 年江苏省包装用纸及纸板生产量为 979 万吨，占全省机制纸及纸板总生产量的 64.1%，比 2020 年的 931 万吨增长 5.2%。其中，瓦楞原纸生产量 291 万吨，比 2020 年的 276 万吨增长 5.4%；箱纸板生产量 403 万吨，与 2020 年基本持平；白纸板生产量 106 万吨，比 2020 年的 73 万吨增长 45.2%；白卡纸生产量 163 万吨，比 2020 年的 165 万吨下降 1.2%，纱管原纸生产量 16 万吨，与 2020 年基本持平。

(3)生活用纸　2021 年江苏省生活用纸生产量 143 万吨，占全省机制纸及纸板生产量的 9.4%，比 2020 年的 141 万吨增长 1.4%。

(4)特种纸及纸板　2021 年江苏省特种纸及纸板生产量为 20 万吨，包括无碳复写纸、防伪票证纸、热敏纸、纸杯原纸、三滤纸、蚊香片纸、箱包纸板、鞋底纸板等，占全省机制纸及纸板总生产量的 1.3%，比 2020 年的 14 万吨增长 42.9%。

3. 区域生产量分布情况

2021 年，苏南地区纸及纸板生产量合计 1051 万吨，占江苏省纸及纸板总生产量的 68.8%，比 2020 年的 1039 万吨增长 1.2%；苏中地区纸及纸板生产量合计 131 万吨，占江苏省纸及纸板总生产量的 8.6%，比 2020 年的 128 万吨增长 2.3%；苏北地区纸及纸板生产量合计 346 万吨，占江苏省纸及纸板总生产量的 22.6%，比 2020 年的 310 万吨增长 11.6%。主要原因是近年长江经济带环保政策趋严，造纸产能由沿江发展逐步呈现出沿海布局的新发展态势。江苏博汇纸业有限公司、灌云利民再生资源科技发展有限公司、江苏富勤纸业有限公司蓬勃发展，徐州中兴纸业有限公司技改投产，加上响水县的造纸产业园一批造纸产业运营良好，苏北地区的产能比例逐步提升。

4. 内、外(合)资企业生产量比例

2021 年，江苏省内资造纸企业生产量合计 285 万吨，占江苏省机制纸及纸板总生产量的 18.7%，比 2020 年的 16.5% 增加 2.2 个百分点，生产量比 2020 年的 243 万吨增长 17.3%；江苏省外(合)资造纸企业生产量合计 1243 万吨，占江苏省机制纸及纸板总生产量的 81.3%，比 2020 年的 83.5% 减少 2.2 个百分点，生产量比 2020 年的 1234 万吨增长 0.7%。主要是江苏的外(合)资企业整体规模和体量较大，产能和效益相对稳定，随着营商环境进一步优化、原料成本优势缩减，内资新增产能释放等因素影响，内资产能比例也逐步提高。

5. 实现产值、销售收入、税金及利润情况

据江苏省造纸行业协会统计，2021 年，江苏省造纸工业总计完成工业总产值 736 亿元，比 2020 年

的665亿元增长10.7%；实现销售收入753亿元，比2020年的673亿元增长11.9%；上缴税金31亿元，比2020年的25亿元增长24.0%；实现利润87亿元，比2020年的55亿元增长58.2%（利润大幅增长主要原因是企业搬迁补偿以及新增产能投产止损为盈，除去以上因素利润增长在9.1%。），全省亏损制浆造纸企业共3家。

【原料】

2021年江苏省纸浆总用量1217万吨，比2020年的1185万吨增长2.7%。江苏省木浆、废纸浆、非木材浆原料结构分别为38.3%、61.2%、0.5%。木浆用量466万吨，比2020年的476万吨下降2.1%，占总用浆量的38.3%，比2020年的40.2%减少1.9个百分点。废纸浆用量745万吨，比2020年的700万吨增长6.4%，占总用浆量的61.2%，比2020年的59.1%增加2.1个百分点。非木材浆用量6万吨，比2020年的9万吨下降33.3%，占总用浆量的0.5%，比2020年的0.7%减少0.2个百分点。

【运营情况】

1. 主要纸种生产量变动分析

（1）铜版纸生产量减少3万吨的主要原因是金东纸业（江苏）股份有限公司生产量减少了10万吨，芬欧汇川（中国）有限公司、江苏王子制纸有限公司以及金华盛纸业（苏州工业园区）有限公司生产量也相应增加近1万吨、3万多吨和3万吨。双胶纸和复印纸原纸总生产量减少2万吨，主要是芬欧汇川（中国）有限公司生产量减少了6万吨，金华盛纸业（苏州工业园区）有限公司减少1.5万吨，金东纸业（江苏）股份有限公司、江苏王子制纸有限公司双胶纸生产量相应增加近1.5万吨、2万吨。受全球新冠肺炎疫情影响，近两年我国文化用纸市场跌宕起伏，2021年受美国新一轮经济刺激作用，全球大宗商品价格轮动上涨，木浆以及造纸化学品价格高位震荡，国际市场需求依然低迷，国内文化用纸市场需求未出现明显变化。

（2）包装用纸及纸板总生产量占全省机制纸及纸板总生产量的64.1%，同比增长1.5%；包装用纸生产量的提升主要是瓦楞原纸生产量增加15万吨、白纸板生产量增加33万吨。主要是人们环保意识提升和消费理念升级，环保型、经济型包装材料逐渐获得市场青睐，加之“限塑令”趋严，白纸板作为替代产品，并在应用场景多元化与消费升级助力下，消费量出现攀升。相信在以纸代塑的时代背景下，未来包装用纸的市场前景依然可观。

（3）生活用纸总生产量占全省机制纸及纸板总生产量的9.4%，同比下降0.1%。全省生活用纸总生产量同比增加2万吨，主要原因是江苏王子制纸有限公司生活用纸原纸一期项目投产使产能提升。

2. 大中型造纸企业的市场份额稳中向好

2021年我国经济发展稳中向好，不断拉动对纸张的需求，行业景气度持续提升。10万吨以上的大中型造纸企业合计生产量达到1425万吨，占全省造纸总生产量的96.3%，与2020年的1422万吨基本持平。其中，年生产量50万吨以上的大型造纸企业2021年合计生产量达到1245万吨，占全省造纸总生产量的81.5%，与2020年1245万吨持平；2021年全省大中型造纸企业的平均规模达到67.8万吨，与2020年67.7万吨相比基本持平。

【生产企业】

2021年江苏省纸及纸板生产量达到10万吨的造纸企业共20家。其中，年产200万吨以上规模企业1家；年产100万～200万吨规模企业4家；年产50万～100万吨规模企业6家；年产10万～50万吨规模企业9家。年产50万吨以上的企业见表1。

表1　2021年江苏省机制纸及纸板生产量在50万吨以上的企业

序号	企业名称	生产量/万吨
1	玖龙纸业（太仓）有限公司	308
2	金东纸业（江苏）股份有限公司	184
3	江苏博汇纸业有限公司	163
4	金红叶纸业集团有限公司	117
5	江苏理文造纸有限公司	112
6	芬欧汇川（中国）有限公司	87
7	无锡荣成环保科技有限公司	84
8	永丰余造纸（扬州）有限公司	73
9	江苏王子制纸有限公司	66
10	金华盛纸业（苏州工业园区）有限公司	63
11	江苏长丰纸业有限公司	54

【展望】

“十四五”是江苏省工业高质量发展的关键时期，机遇和挑战并存。从机遇看，新发展格局加快构建，国内超大规模市场优势进一步发挥，特别是人民生活水平日益增长和消费理念升级，对于高端环保材料需求将变得更加迫切，为造纸行业的持续健康发展提供了广阔的空间。

从 2016 年下半年开始，由供给侧改革、环保关停、禁止外废等一系列产业政策，淘汰整合了一批落后产能，各种资源要素逐步流向头部企业，造纸行业产能迅速向头部聚集，也为造纸行业强化产业链韧性提供了基础支撑。新一轮科技革命和产业变革重塑全球经济结构，特别是新一代信息技术和制造业深度融合，也为造纸工业转型升级锻造新优势提供了动力源泉。

从挑战看，面对经济全球化逆流和新冠肺炎疫情广泛影响，我国经济发展面临多年未见的需求收缩、供给冲击、预期转弱三重压力。原料、能源对产业链供应链安全冲击愈发明显，产品利润率下降，国内市场竞争加剧，开拓国际市场难度明显增加。面对资源能源和生态环境的强约束，碳达峰碳中和的硬任务，造纸行业绿色高质量发展任务更加紧迫。

面对原料、能源、双碳政策等多重挑战，江苏省造纸行业立足新阶段的新形势和新要求，将从产业空间布局、绿色、循环、智能、安全 5 个方面进行提质增效，确保江苏造纸行业高质量发展稳步向前，为推动江苏经济高质量发展再上新台阶贡献力量。

(1)优化行业空间布局。随着长江经济带生态保护政策趋严，人们对生态环境安全提出新的要求，未来江苏省造纸行业空间结构将重新进行布局，新增造纸产能从沿江分布逐步向连云港、盐城、南通等沿海区域转移，不具备转移条件的造纸企业将进一步提质增效发展。

(2)加快行业发展绿色化。强化绿色发展观念，根据造纸行业碳达峰实施方案，积极实施节能降碳行动，加快推进企业节能低碳改造升级，鼓励有条件的企业率先达峰。

(3)提高行业资源循环化。提升资源综合利用水平，持续提升关键工艺和过程管理水平。提高资源利用效率，不断完善废旧物资回收利用体系，优化废纸处理工艺和装备。

(4)加速行业转型智能化。加快生产过程智能化，推进数字化基础设施建设，结合工业互联网、智能制造、5G 技术，提升整个造纸工艺流程的生产效率、能力和质量，使造纸过程变得更加智能、高效、节能和可持续。

(5)保障产业体系安全化。梳理产业链供应链短板，提高资源保障能力，坚持走国内国际双循环之路，一方面深入挖潜国内资源，另一方面拓展多元化资源供给渠道，加强与合规龙头企业的原料供应强强联合，分担市场风险压力。

(邹　鹏　徐　媚)

福建省造纸工业

Paper Industry in Fujian Province

2021 年是我国历史上意义非凡的一年，既是中国共产党建党 100 周年，也是“十四五”规划和第二个百年奋斗目标的开局之年。以习近平同志为核心的党中央科学把握复杂形势，深刻洞察发展规律，精准谋划未来蓝图，在危机中育先机，于变局中开新局，确保了“十四五”开局之年我国疫情防控不放松、经济社会发展继续逆势前行。2021 年“碳达峰、碳中和”“能耗双控”“禁废令”“限塑令”等政策成为造纸行业聚焦的热点，行业面临困难和机遇并存的局面。在党和各级政府科学部署和领导下，福建省造纸行业全体员工迎难而上，在逆境中寻求新的突破口，积极开拓原料新来源，加大产品研发和技术创新投入，加强产品品牌运营力度，2021 年福建省机制纸及纸板生产量 994.84 万吨，比 2020 年增加了 196.35 万吨，同比增长 24.7%，是国内增量最大的省份，在“十四五”开局之年提交了一份靓丽的答卷。

【行业概况】

1. 福建省造纸行业生产完成情况

全行业生产运营稳中向好，机制纸及纸板生产量创历史新高，据省统计局数据，截至 2021 年 12 月末，全省造纸行业企业数量为 475 家，其中，纸浆制造企业 2 家，同比减少 2 家；造纸企业 135 家，同比增加 1 家；纸制品企业 338 家，同比增加 10 家；从业人员数 7.7 万人，同比下降 2.6%。

2021 年福建省纸浆（原生浆及废纸浆）生产量 42.15 万吨，同比下降 0.1%；机制纸及纸板生产量 994.84 万吨，同比增长 24.7%，生产量在全国省份排名中继续保持第五位；纸制品生产量 597.40 万吨，同比增长 3.6%，其中，瓦楞纸箱生产量 218.56 万吨，同比下降 6.2%，卫生用纸制品生产量 39.46 万吨，同比增长 12.3%。

2. 主要经济指标完成情况

2021 年，福建省造纸工业主要经济指标同比正向增长，研发费用投入持续加大，据省统计局数据：

（1）主营业务收入　造纸及纸制品行业主营业务收入 1347.58 亿元，同比增长 8.0%。其中，纸浆 1.39 亿元，同比下降 4.1%；造纸 511.44 亿元，同比增长 17.3%；纸制品制造 834.75 亿元，同比增长 3.0%。

（2）主营业务成本　造纸及纸制品行业主营业务成本 1164.81 亿元，同比增长 8.3%。其中，纸浆 1.23 亿元，同比增长 0.8%；造纸 453.05 亿元，同比增长 18.7%；纸制品制造 710.53 亿元，同比增长 2.6%。

（3）利润总额　造纸及纸制品行业利润总额 106.01 亿元，同比增长 10.2%。其中，纸浆 -0.06 亿元，同比下降 200%；造纸业 33.28 亿元，与 2020 年持平；纸制品制造 72.78 亿元，同比增长 15.9%。

（4）产成品存货　造纸及纸制品行业产成品存货 39.33 亿元，同比增长 27.8%。其中，纸浆 0.02 亿元，同比下降 81.8%；造纸 20.01 亿元，同比增长 58.4%；纸制品制造 19.29 亿元，同比增长 6.9%。

（5）亏损企业数量和亏损企业亏损额　造纸及纸制品行业亏损企业数为 49 家，比 2020 年增加了 11 家。其中，纸浆亏损企业 1 家，同比增加 1 家；造纸亏损企业 16 家，同比增加 1 家；纸制品亏损企业 32 家，同比增加 9 家。造纸及纸制品行业亏损企业亏损额为 1.26 亿元，同比增长 53.7%。其中，纸浆制造企业亏损额为 0.06 亿元；造纸企业亏损额为 0.19 亿元，同比下降 59.6%；纸制品制造企业亏损额为 1.02 亿元，同比增长 191.4%。

3. 造纸工业运行情况

据省统计局数据，2021 年福建省造纸工业主要品种生产量完成情况：未涂布印刷书写纸全年完成生产量 6.86 万吨，同比增长 19%；涂布类印刷用纸全年完成生产量 4.66 万吨，同比下降 64.1%；卫生用纸原纸全年完成生产量 38.89 万吨，同比下降 10.5%；包装用纸及纸板（福建省造纸行业协会统计规上企业）全年生产量完成约 620.53 万吨，其中，瓦楞原纸全年生产量约 262.63 万吨，牛卡纸全年生产量约 135.64 万吨，箱纸板全年生产量约 108.37 万吨，纸袋纸全年生产量约 22.96 万吨。

【原料】

2021 年，福建省造纸工业使用纸浆总量约 1094 万吨。其中，木浆约 175 万吨，占 16%；非木材浆约 88 万吨，占 8%；废纸浆约 831 万吨，占 76%。福建省使用的木浆以进口木浆为主，国内木浆为辅，自制浆主要纤维原料为马尾松、林业加工剩余物、竹材、废纸等。

【生产企业】

2021 年造纸生产量 10 万吨以上企业有 10 家，合计生产量为 643.02 万吨，占全省造纸总生产量的 64.64%。生产量 20 万吨以上的企业有 7 家：联盛纸业（龙海）有限公司、玖龙纸业（泉州）有限公司、山鹰华南纸业有限公司、恒安（中国）纸业有限公司、福建省青山纸业股份有限公司、漳州景盛纸制品有限公司、漳州盈晟纸业有限公司，这 7 家企业合计生产量 595.75 万吨，占全省造纸生产量的 59.88%。生产量 50 万吨以上的企业有 3 家：联盛纸业（龙海）有限公司、玖龙纸业（泉州）有限公司、山鹰华南纸业有限公司，这 3 家企业合计生产量 483.83 万吨，占全省造纸生产量的 48.63%。生产量百万吨以上的企业有 2 家：联盛纸业（龙海）有限公司、玖龙纸业（泉州）有限公司。

2021 年生产量同比实现两位数增长的规模以上生产企业有 5 家：福建省尤溪永丰茂纸业有限公司、联盛纸业（龙海）有限公司、漳州港兴纸品有限公司、福建利树股份有限公司、山鹰华南纸业有限公司。2021 年福建省纸及纸板生产量前 10 位的企业见表 1。

福建省 2021 年主营收入同比实现两位数增长的造纸生产企业有 6 家：漳州港兴纸品有限公司、福建省尤溪永丰茂纸业有限公司、恒安（中国）纸业有限公司、福建利树股份有限公司、福建省青山纸业股份有限公司、联盛纸业（龙海）公司。利润总额同比实现两位数增长的有 4 家：福建省青山纸业股份有限公司、福建利树股份有限公司、漳州港兴纸品有限公司、漳州盈晟纸业有限公司。2021 福建省造纸工业总产值前 10 位的企业见表 2，利税总额前 10 位的企业见表 3。

表 1　2021 年福建省纸及纸板生产量前 10 位的企业

序号	企业名称	生产量/万吨	产品品种
1	联盛纸业（龙海）有限公司	275.45	牛卡纸、高强瓦楞原纸
2	玖龙（泉州）纸业有限公司	120.00	牛卡纸、高强瓦楞原纸
3	山鹰华南纸业有限公司	88.38	箱纸板、高强瓦楞原纸
4	恒安（中国）纸业有限公司	37.01	生活用纸及纸制品
5	福建省青山纸业股份有限公司	32.39	纸袋纸
6	漳州景盛纸制品有限公司	21.29	高强瓦楞原纸
7	漳州盈晟纸业有限公司	21.23	高强瓦楞原纸
8	福建利树股份有限公司	19.82	高强瓦楞原纸
9	漳州港兴纸品有限公司	16.45	牛卡纸
10	龙海市榜山民政三星造纸厂	11.00	高强瓦楞原纸

表 2　2021 年福建省造纸工业总产值前 10 位的企业

序号	企业名称	年产值/亿元	产品品种
1	联盛纸业（龙海）有限公司	120	牛卡纸、高强瓦楞原纸
2	恒安（中国）纸业有限公司	67.58	生活用纸及纸制品
3	山鹰华南纸业有限公司	65.47	箱纸板、高强瓦楞原纸

续表

序号	企业名称	年产值/亿元	产品品种
4	玖龙(泉州)纸业有限公司	49	牛卡纸、高强瓦楞原纸
5	福建省青山纸业股份有限公司	13.75	纸袋纸
6	福建利树股份有限公司	9.88	高强瓦楞原纸
7	漳州盈晟纸业有限公司	9.03	高强瓦楞原纸
8	漳州港兴纸品有限公司	8.7	牛卡纸
9	漳州景盛纸制品有限公司	6.73	高强瓦楞原纸
10	龙海市榜山民政三星造纸厂	2.21	高强瓦楞原纸

表 3　2021 年福建省造纸工业利税总额前 10 位的企业

序号	企业名称	利税总额/亿元	产品品种
1	联盛纸业(龙海)有限公司	17	牛卡纸、高强瓦楞原纸
2	山鹰华南纸业有限公司	6.69	箱纸板、高强瓦楞原纸
3	福建省青山纸业股份有限公司	2.63	纸袋纸
4	玖龙(泉州)纸业有限公司	1.70	牛卡纸、高强瓦楞原纸
5	恒安(中国)纸业有限公司	1.63	生活用纸及纸制品
6	漳州港兴纸品有限公司	1.60	牛卡纸
7	福建利树股份有限公司	1.03	高强瓦楞原纸
8	漳州景盛纸制品有限公司	0.79	高强瓦楞原纸
9	漳州盈晟纸业有限公司	0.48	高强瓦楞原纸
10	龙海市榜山民政三星造纸厂	0.21	高强瓦楞原纸

注：联盛纸业(龙海)有限公司和玖龙(泉州)纸业有限公司产值利税是福建省造纸行业协会根据有关信息评估。

【基建与技改】

(1)联盛纸业(龙海)有限公司 2021 年完成了煤仓清堵机改造，减少给煤机断煤，提高锅炉吨煤产汽 0.02 蒸吨，投资约 250 万元，预计可节约 300 吨原煤。2022 年计划对 PM6 生产线，进行提速降耗技改，针对目前国内废纸原料特点，对生产设备进行技术改进，以提高运行效率和运行车速，预计 2022 年 6 月完成，预计投资 2000 万元，技改后，将提高纸机运行车速，降低能源消耗。

(2)联盛浆纸(漳州)有限公司年产 390 万吨林浆纸一体化项目计划总投资 220 亿元，用地面积约 307 公顷，项目包括 120.7 万吨/年化学浆项目，204 万吨/年涂布白卡纸(配套 102 万吨化学机械浆项目)、40.8 万吨/年高档文化用纸、30.6 万吨/年生活用纸及后加工生产线等。项目建成达产后年产值约 180 亿元，税收 10 亿元以上，可新增就业 5000 人以上。项目分两期建设，一期建设年产 100 万吨白卡纸(配套年产 50 万吨化学机械浆生产线)、年产 12 万吨生活用纸、年产 120 万吨木浆生产线(配套碱回收工程)以及动力车间、环保设施、原料堆场、仓储、码头、办公生活区等配套设施，计划投资 130 亿元，建设期限 2 年；二期建设年产 100 万吨白卡纸(配套年产 50 万吨化学机械浆生产线)、年产 18 万吨生活用纸、年产 40 万吨文化用纸生产线等其他配套设施，计划投资 90 亿元，建设期限 3 年。一期工程于 2021 年 11 月开工建设，目前处于项目土建阶段，进展顺利。预计 2023 年第二季度投产。

维美德公司将向联盛浆纸(漳州)有限公司提供 1 条白卡纸生产线(BM1)，1 条高级文化用纸生产线(PM3)和 1 条漂白化学热磨机械浆(BCTMP)生产线，BM1、PM3 和 BCTMP 生产线计划于 2022 年第三季度投产；BM1 纸板机幅宽 8850 毫米，定量范围为 210～350 克/米^2，设计速度为 1400 米/分，日产能超过 4100 吨；PM3 纸机幅宽 11150 毫米，定量范围为 50～100 克/米^2，设计速度为 1800 米/分，日产能超过 1800 吨。安德里茨公司将向联盛浆纸(漳州)有限公司的新建浆厂提供化学制浆线和碱回收所有工段的先进环保技术，项目计划于 2024 年年中投产。

(3)山鹰华南纸业有限公司 PM31 纸机技改及优化提速项目，投资 5640 万元，对制浆系统进行改造，增加多盘、热分散和高浓除渣器，造纸机部分改 1 道压榨为靴型压榨，预计完成时间 2022 年 5 月 31 日；优化提速改造部分计划于 2022 年 4 月份开始，目标是纸机在 2021 年运行车速的基础上，提高 30～50 米/分，配套做以下优化：施胶机系统优化、刮刀系统优化、烘干部优化、新增断纸检测设备、配合压部改造连锁监控、通风系统优化和引纸系统优化，预计投资金额 500 万元，年增产能 8800 吨，吨纸利润预估 200 元，年利润增长 176 万元，预计于 2024 年 12 月 31 日完成。

热电 2 号汽轮机发电机组技改扩容项目，对机组进行技改扩容，更换高效机组，计划投资额 2031 万元，预计每年可增加效益 2315 万元，预计投产时间 2022 年 11 月 30 日。

年产 10 万吨生物基纤维技改项目，新增总用地面积 1.94 公顷，建设年产 10 万吨生物基纤维浆(即年产 10 万吨热磨机械竹浆)的生产车间，项目总投资 1.2 亿元，年产值 2.18 亿元，利润 3990 万元，税收 2428 万元，具有较好的经济效益，其项目的运营有利于拉动周边的产业发展并增加国家税收，其间接经济效益也是十分显著的。项目建设进度为 2022 年 1 月—2023 年 6 月。

(4)福建省青山纸业股份有限公司碱回收技改项目，建设 1 套日处理 2000 吨固形物的碱回收生产线，预计投资 5 亿元，预计于 2023 年底完成。项目建成后能有效降低生产成本，有利于节能降耗，有利于减排治污改善环境，有利于大幅提高整体技术装备水平，有利于公司成为更有竞争力的现代化的企业。

纸机真空系统节能技改项目，纸机原水环真空泵系统改为高效节能型透平真空泵系统，预计投资 2000 万元，预计于 2022 年底完成，项目建成后年可节约电量 1500 万千瓦时。

(5)泰盛(福建)竹资源发展有限公司是泰盛科技(集团)股份有限公司旗下的全资子公司，计划投资约 65 亿元，建设林浆纸结合的制浆造纸及纸制品工程项目。项目规划用地约 120 公顷，含年产 45 万吨漂白硫酸盐竹浆生产线，50 万吨高档文化用纸原纸生产线和 24 万吨高档生活用纸原纸生产线。同时配套相应的纸制品加工生产线，含年产 20 万吨高档文化用纸后加工生产线、15 万吨卷筒生活用纸品生产线、5 万吨盒抽面巾纸生产线以及 9 万吨软抽面巾纸生产线。该项目已列入 2020 年福建省重点项目，现阶段已完成能评工作，目前正在进行环评报批过程。

(6)恒安(中国)纸业有限公司于 2021 年约投资 1 亿元，新建 2 条生产线，真空圆网纸机 PM29 和新月型纸机 PM30，于 2021 年 12 月完成安装、调试并成功开机运行，目前正在优化工艺以达到节能降耗目标，生产稳定。晋江园东 110 千伏输变电工程改造项目已完成。

(7)玖龙纸业(泉州)有限公司，由玖龙纸业总部投资兴建的智能包装纸板、纸箱项目计划投资 1.8 亿元，主要建设瓦线车间、纸箱车间、纸板仓库，主要建设 1 条 2800 毫米双刀双堆码五层瓦线、印刷机、全自动物流系统及配套设备等，年产纸板 2 亿米^2、纸箱 7000 万米^2，预计 2022 年底投入使用。

(8)漳州盈晟纸业有限公司 2021 年技改项目计划总投资约 4.5 亿元，引进自动化程度高和先进的设备对 1 号生产线年产 10 万吨高档牛皮箱纸板和瓦楞原纸、2 号生产线年产 10 万吨高档瓦楞原纸和 3 号生产线年产 10 万吨涂布白纸板进行技改，降低了员工的劳动强度；对纸机烘缸的密闭汽罩进行改造，降低蒸汽能耗。

(9)福建利树股份有限公司 2021 年投入资金约 500 万元，主要是对废水处理系统、电力系统进行设备节能改造升级，吨纸减少用电约 8 千瓦时。2022 年计划投入资金约 1 亿元，对原有的一期箱纸板生产线造纸设备、制浆设备、锅炉设备、电力设备等进行升级改造，根据新的生产工艺流程拟增加一些主要设备以及其他生产辅助设备。技改后主要生产灰色箱纸板，目前项目已经启动，计划在 2022 年 10 月左右竣工投产，年产能可达 30 万吨，年产值可达 15 亿元。

(10)福建三仙纸业有限公司新增 10 万吨特种纸产能，分两期建设，总投资 1.5 亿元，设备为长网多缸纸机，产品为美耐板用纸、热压纸。一期预计 2022 年 10 月投产，两期达产后，预计年产值可达 7 亿元，利税可达 1 亿元。

(11)德彦纸业(厦门)有限公司 2021 年对制浆高浓磨浆系统进行改造，共投入 250 万元新购 1 台 HCR1100 高浓磨浆机及配套高压电机、压滤机、电控系统等，替代原低浓磨浆系统，2021 年 8 月投产，达到节能和提高产品等级，年产生经济效益约 150 万元。

(12)福建星城纸业有限公司 2021 年投资 2500

万元，完成建设2台拷贝纸生产线，主要新增设备为2台2640纸机、2台2640切纸机、1台2640复卷机和10台直径600毫米磨浆机，项目于2021年12月投产，预计年新增利润500万元。

(13)赛得利(福建)纤维有限公司拟投资约29.6亿元建设年产能30万吨生活用纸项目，包括6台幅宽2850毫米纸机，1台幅宽2850毫米擦手纸机和3台幅宽5650毫米纸机，生产加工厨房纸、擦手纸、软抽面巾纸、卷筒卫生纸等。项目建设内容包括：新建2座浆板库、5座湿式造纸联合厂房、3座后加工车间、2座立体成品仓库、2座原纸仓库、2座废水处理站等。项目分两期建设，总工期4年半。

(14)敦信纸业有限责任公司2021年投资约400万元完成了锅炉超低排放改造，采用SNCR与SCR脱硝工艺，静电除尘器配合石灰石与石膏法脱硫装置，高效除雾器，改造后锅炉的烟尘、二氧化硫、氮氧化物排放浓度大大降低，项目于2021年12月31日完成。

(15)三明市缘福生物质科技有限公司投资1000万元，新增“1万吨木质素提取设备”技改项目，主要工艺为竹片经横管浸渍蒸煮设备后提取木质素，制得竹纤维素浆用于造纸或纸餐盒。计划于2022年6月份投产，预计新增效益1000万元/年。

(16)福建省尤溪永丰茂纸业有限公司2021年投资6000万元建设了1条生产食品级包装用纸的2860型长网纸机生产线，于2021年10月10日调试成功，可增加产值1亿元以上；计划2022年投资1800万元建设1条2880/1400智能高效卫生纸生产线，投资5000万元进行节能减排锅炉(循环流化床锅炉)改造项目，可增加产值8000万元以上。

(17)福建省福清友发实业有限公司2019年计划投资建设4万吨美纹纸项目，建设2条幅宽3000毫米、车速450米/分的长网多缸纸机生产线，分两期建设。2021年投资1.2亿元完成一期工程建设项目，产能增加约1.8万吨。二期项目预计2023年元月投产，投资额约0.7亿元，将引进国内节能造纸技术和国外先进透平风机，年产效益约3000万。

(18)福建亮晶晶新材料有限公司拟投资1亿元建设年产5万吨造纸用的丁腈胶乳及年产2万吨PVDC胶乳项目，建设时间2020年11月—2023年12月，新增4条丁腈胶乳生产线、2条PVDC胶乳生产线。

【科研与技术进步】

2021年，福建省造纸行业研发费用投入13.75亿元，同比增长25.5%。其中，造纸投入7.08亿元，同比增长36.4%；纸制品制造6.67亿元，同比增长15.4%。通过加大研发投入和技术改造创新，增强了企业技术创新能力，提升了企业的综合竞争力。福建省青山纸业股份有限公司的竹溶解浆生产工艺的研发项目投入400万元；福建省金皇环保科技有限公司的高分子氧化絮凝型工业废水深度处理新材料的研发与产业化应用项目投入2000万元，两个项目被列为2021年省级科技创新重点项目。由福建农林大学材料工程学院主持和在研的与造纸相关的科研项目见表4。

表4　2021年福建农林大学材料工程学院科研项目表

序号	项目名称	项目负责人	项目起止时间	资助经费/万元
1	改性竹长纤维-纳米粒子/环氧树脂复合材料的协同增强增韧机制	周吓星	2021—2024	7
2	纳米纤维素基超传感水凝胶的构建及其离子传输机制研究	刘凯	2021—2024	7
3	木质素解聚制备小分子酚类调控机制及其应用基础研究	帅李	2021—2024	30
4	氢离子-GVL/水体系可控分离木质生物质纤维素的协同作用机制研究	胡会超	2021.01—2022.12	8
5	纤维素基水溶性粘合剂仿生构筑及其软组织湿界面协同增效机制研究	张敏	2020—2023	10
6	莱赛尔纤维竹溶解浆工艺技术及其性能的研发	李建国	2020.05—2030.05	25
7	废弃植物纤维原料高剪切磨制及纤维表面修饰与干湿增强技术	陈礼辉	2019—2022	408
8	基于纳米力学分析木质素与纤维素酶间的离子和非离子-π作用机制	刘婧	2020.01—2022.12	60
9	天丝级落叶松预水解硫酸盐法溶解浆的制备	黄海、陈礼辉	2019.02—2031.12	4.89

2021 年福建省造纸企业所取得的技术进步成果如下：山鹰华南纸业有限公司和福建恒安家庭生活用品有限公司两家企业入选工业和信息化部 2021 年度绿色制造工厂名单，德彦纸业（厦门）有限公司产品型号 K400-300 的纸管纸板入选绿色设计产品。福建省金皇环保科技有限公司、三明市缘福生物质科技有限公司、百润（中国）有限公司、威尔（福建）生物有限公司、福建亮晶晶新材料有限公司、福建星城纸业有限公司、山鹰华南纸业有限公司、福建恒安卫生材料有限公司、福建菩尔新材料科技有限公司、连城县东方经济开发有限公司、福建莲龙科技股份有限公司被福建省认定管理机构认定为高新技术企业。

【环境保护与节能】

福建省是我国生态文明省，是国家批准建设的首个国家生态文明试验区。生态资源是福建省最宝贵的资源，生态优势是福建最具竞争力的优势。目前，福建省实行的是全国最严格的生态环境保护制度，其森林覆盖率 66%，连续 40 多年位列全国第一。福建省的河流水质和空气质量也是全国最好的省份之一。2021 年，福建省生态环境质量总体保持优良，9 个城市空气质量达标天数比例 98%。

目前，福建省造纸产业被列入国家发展改革委产业结构调整目录中的应被淘汰类和限制类的造纸落后产能均已完成强制淘汰。废纸制浆是福建省造纸工业的主要部分，为减少我国固废污染总量，2021 年福建省已全面停止进口外废。

福建省制浆造纸新项目或技改项目都必须通过环评审查批复。环评审查主要依据《固定资产投资项目节能审查办法》（国家发改委令第 44 号）、《福建省固定资产投资项目节能审查实施办法》（闽节能办[2018]1 号）和国家节能中心《固定资产投资项目节能报告编制指南》（2018 年本）。编制主要依据《制浆造纸单位产品能源消耗限额》（GB 31825—2015）标准，然后根据不同纸种的能耗限额，有地方标准的须与地方标准继续作对照分析。

【发展目标】

2021 年，福建省造纸工业机制纸及纸板生产量实现了历史性的突破，距离千万吨的门槛仅一步之遥，在诸多不利因素下克服重重困难，有 4 家重点企业利润取得了两位数快速增长。

2022 年 1 月 10 日，福建省漳州市举行漳州市招商大会暨项目签约活动。其中百亿项目 1 个，为山鹰国际控股股份公司在诏安县投资的年产 210 万吨包装用纸项目，计划总投资 120 亿元，总规划用地面积约 133 公顷，选址于诏安工业园区。项目全部投产后，预计可实现年产值 80 亿元、年税收 6 亿元，提供约 2000 个就业岗位。主要建设内容如下：年产 210 万吨包装用纸项目，总投资 102 亿元。其中，牛皮箱纸板 130 万吨，高强瓦楞原纸 80 万吨；配套建设 1 座 80000 米^3/日废水处理站；工业园区热电厂项目，总投资 11 亿元。规划建设 3 × 330 蒸吨高温超高压锅炉、2 × 50 兆瓦背压式汽轮发电机组，热电联产，自发自用，余电上网，满足年产 210 万吨包装用纸项目蒸汽需求，同时供热管网覆盖工业园区其他企业；固废焚烧热电厂项目，总投资 7 亿元。规划建设 1 × 150 蒸吨固废焚烧炉 + 1 × 40 兆瓦纯凝发电机组。

“禁废令”的全面实施，短时间内加大了原料供求矛盾，木片、纸浆、纸张的对外依存度还将逐年增高，需要利用国外纸浆和林木资源来补充国内生物质纤维资源的不足，造纸工业纤维原料结构的调整将加快开展。林纸一体化工程建设将成为一项持续不断的持久性工作，是行业未来的发展方向，是促进造纸行业可持续发展的重要措施。福建省造纸工业将适度布局东南沿海化学和半化学浆林纸一体化企业，减少废纸循环利用中的资源损耗；加快自有林地建设，提高资源自给率，积累碳汇和生物质资源；多渠道回收境内废纸，在境外回收利用纸张包装物制浆，维持国内生物质原料供应；发展竹浆和鼓励林间道路基础建设，科学利用蔗渣、秸秆及其他非木材植物纤维原料等。联盛纸业（龙海）公司在漳浦县投资 220 亿元，新建年产 390 万吨林浆纸一体化项目，该项目建成后对制浆造纸原料结构改善将起着重要作用。福建省青山纸业股份有限公司在竹纤维方面也进行了深入的研究，对科学推广竹资源造纸起了积极促进作用。

福建省造纸工业将在双碳背景下加大节能减排力度，坚持技术创新，加快产品结构调整，提升产品品质和花色品种，逐步形成布局合理、原料适合国情、产品满足国内需求、产业集中度高的新格局，同时以市场为导向，以用户对美好生活的追求为指引，不断增强企业创新能力和优质产品供给能力，加快数字化改造进程，推进产业升级，促进绿色低碳发展。

（陈德强）

河南省造纸工业

Paper Industry in Henan Province

【行业概况】

根据河南省统计局和河南省造纸学会对综合信息资料调查，2021 年河南省制浆造纸及纸制品生产企业约 289 家，机制纸及纸板生产企业约 90 家，实际总生产量 369.21 万吨，同比增长 3.8%；营业收入 429.27 亿元(包括纸制品)，同比增长 7.9%；利润总额 11.35 亿元，同比增长 8.7%。2021 年河南省机制纸及纸板总生产量、主营业务收入、利润与 2020 年相比都有所增长。

河南省造纸企业主要分布在新乡、焦作、濮阳、周口、驻马店、郑州等地区，2021 年河南省造纸企业生产能力超过 10 万吨的企业 23 家，占全省总生产量的 90% 以上；麦草等非木材纤维制浆造纸生产量约 23 万吨，占全省的 6.2%，废纸造纸生产量约 180 万吨，占全省的 48.8%；木浆造纸生产量约 166 万吨，占全省的 50.0%。主要产品中的书刊印刷纸、双胶纸、无碳复写纸、生活用纸等文化、工业、生活用纸约 220 万吨，箱纸板约 60 万吨，瓦楞原纸约 79 万吨，其他约 10 万吨。

河南省所有制浆造纸企业，全部按省和地方生态环境部门要求达标排放，很多企业排放标准的严格程度超过国家、地方生态环境部门标准。部分重点骨干企业生产和效益有所增加。

【原料】

河南省木材资源缺乏，全省有杨木枝桠材制浆企业 7 家，产能 70 万吨/年。长期以来，制浆造纸原料主要以废纸、麦草为主，现在原料结构发生了质的变化，主要以废纸、木浆为主。随着河南省纸及纸板生产量的平稳增加，原料结构调整初见成效，问题基本得到解决。2021 年河南省纸浆消费总量约 314 万吨，其中，木浆 141 万吨，非木材浆 20 万吨，废纸浆 153 万吨。河南省木浆消耗中本地产木浆约 70 万吨，比例为 49.6% 左右。从国内外进口依存度看，2021 年河南省外购木浆约 71 万吨，外购废纸(浆)约 90 万吨，外购木浆和外购废纸(浆)约占河南省原料总消耗量的 51.3%。2021 年河南省 314 万吨浆的原料消费中约 51.3% 要依靠外购，影响河南省造纸行业健康持续发展。林纸一体化发展虽已形成共识，但河南省只有焦作瑞丰纸业有限公司 15 万吨、濮阳龙丰纸业有限公司 11 万吨、新乡新亚纸业集团股份有限公司 24 万吨、河南江河纸业股份有限公司 5 万吨、河南省天邦科技有限公司 5 万吨及新乡鸿泰纸业有限公司 5 万吨化学机械浆，新乡新亚纸业集团股份有限公司 10 万吨、驻马店白云纸业有限公司 10 万吨等木片化学浆。

为了解决造纸原料问题，河南省各级政府部门、大型造纸企业都非常重视造纸原料的开发，认真贯彻落实国家发展改革委、财政部、国家林业和草原局《关于加快造纸工业原料基地建设的若干意见》，结合河南省实际，从河南省国民经济和造纸工业发展的战略高度，积极倡导和实施林纸一体化，扎实细致地做好沿黄、沿淮及其他宜林地区的速生杨丰产林基地建设工作，已先后在三门峡、洛阳、焦作、新乡、开封、濮阳、南阳、信阳、商丘等地建立了造纸用林基地。河南省木浆生产企业引导木片供应商发动群众购买木片削片机，响应政府号召，采取公司加农户方式，既降低了企业原材料成本，又增加了农民及木片供应商的收入。

【生产企业】

截至 2021 年底，河南省现有制浆造纸企业约 90 家，其中，以麦草等非木材纤维为原料的化学、半化学制浆造纸生产企业 5 家；使用废纸造纸的企业 60 家；木浆造纸企业 25 家。50 万～100 万吨企业 4 家，30 万～50 万吨企业 4 家，30 万吨以下企业 82 家。

河南省重点造纸企业 2021 年完成总生产量、主营业务收入、利税总额、利润总额前 10 名企业情况见表 1 ~ 表 4。

表 1 2021 年河南省纸及纸板生产量前 10 名的造纸企业

序号	单位名称	生产量/万吨
1	新乡新亚纸业集团有限公司	123.4
2	大河纸业有限公司	95.3
3	河南省龙源纸业股份有限公司	93.6
4	河南江河纸业股份有限公司	59.9
5	濮阳龙丰纸业有限公司	47
6	河南银鸽实业投资股份有限公司	39
7	新乡鸿泰纸业有限公司	35
8	驻马店白云纸业有限公司	29.9
9	焦作瑞丰纸业有限公司	17.9
10	河南省天邦科技有限公司	15.1

表 2 2021 年河南省主营业务收入前 10 名的造纸企业

序号	单位名称	营业收入/亿元
1	大河纸业有限公司	44.9
2	河南江河纸业股份有限公司	42.9
3	河南省龙源纸业股份有限公司	34.3
4	濮阳龙丰纸业有限公司	18.6
5	河南银鸽实业投资股份有限公司	18.4
6	驻马店白云纸业有限公司	16.6
7	新乡鸿泰纸业有限公司	13.8
8	武陟三丰纸业有限公司	8.1
9	河南省天邦科技有限公司	7.2
10	郑州市华鑫纸业有限公司	5.9

表 3 2021 年河南省利税总额前 10 名的造纸企业

序号	单位名称	利税总额/万元
1	河南省龙源纸业股份有限公司	33695
2	河南江河纸业股份有限公司	24074
3	大河纸业有限公司	17502
4	濮阳龙丰纸业有限公司	8020
5	驻马店白云纸业有限公司	5641
6	新乡鸿泰纸业有限公司	5400
7	焦作瑞丰纸业有限公司	4312
8	河南银鸽实业投资股份有限公司	2648
9	武陟三丰纸业有限公司	2000
10	河南省天邦科技有限公司	1200

表 4 2021 年河南省利润总额前 10 名的造纸企业

序号	单位名称	利润总额/万元
1	河南省龙源纸业股份有限公司	33527
2	河南江河纸业股份有限公司	32489
3	新乡鸿泰纸业有限公司	4800
4	郑州市一鑫实业有限公司	1600
5	焦作瑞丰纸业有限公司	1508
6	武陟三丰纸业有限公司	1400
7	郑州市华鑫纸业有限公司	1120
8	河南省天邦科技有限公司	700
9	郑州复兴纸业有限公司	600
10	濮阳龙丰纸业有限公司	264

【基建与技改】

2021 年河南省造纸行业完成和在建的项目主要有：河南耀中纸业有限公司 15 万吨涂布白卡纸项目、60 蒸吨生物质锅炉项目；河南江河纸业有限公司完成年产 15 万吨特种纸深加工项目；河南龙源纸业有限公司收购原河南恒兴纸业股份有限公司 10 万吨白卡纸项目；河南护理佳纸业有限公司年产 10 万吨高档生活用纸填平补齐项目、鹿邑城区热电联产项目；河南秋月实业有限公司年产 30 万吨特种纸及高档瓦楞原纸项目；河南雅都纸业有限公司 30 万吨再生包装用纸项目；驻马店中南纸业有限公司年加工生产 10 万吨生活用纸项目等。

【科研与技术进步】

造纸科学技术为河南造纸工业的发展起到了推动作用，并使产品档次逐渐提高，品种逐渐增多，也使造纸行业装备水平稳步提高。

2021 年，河南省内对食品包装用纸、防油纸、无碳复写纸、热敏纸、离型原纸、防水防油热敏纸、彩色喷墨打印纸、石膏板原纸、装饰原纸、耐磨纸等技术进行了研究。有能力的企业都成立了科研开发机构，如河南江河纸业股份有限公司成立院士工作站，漯河银鸽实业集团有限公司建立院士工作站，濮阳龙丰纸业有限公司、驻马店白云纸业有限公司、焦作瑞丰纸业有限公司等都成立了省级技术中心，都为企业新产品开发生产服务。他们在新原料、新工艺、新技术、新产品、新助剂和新设备等的研究、开发、使用方面投入了大量的人力、物力，对企业的发展和技术进步起到了重要的促进作用。

河南江河纸业股份有限公司与河南大指造纸装备集成工程有限公司共同研制开发了1500米/分文化纸机，河南大指造纸装备集成工程有限公司逐渐开发了水力式稀释水流浆箱、顶网和夹网成形器、靴式压榨、膜转移施胶(涂布)机、空气转向器、气浮干燥箱、可控中高软压光机、纸幅稳定器、自动全副循环式高压网毯清洗装置、高压引纸水针、涂料压力筛、全自动高速分切机、盘纸分切机、热敏纸小卷分切机、纸病检测系统、纸机DCS系统、定量阀，10万吨化学机械浆生产线等新技术新设备；焦作市崇义轻工机械有限公司开发了1200米/分新月型高速卫生纸机；郑州磊展科技造纸机械有限公司研究开发了节能型压力筛、化学机械浆设备；郑州运达造纸设备有限公司开发了废纸散包机、封闭式筛选系统、卫生纸打浆系统等。

河南省造纸工业加大了科技投入和人才的培养，河南省大、中专院校为造纸企业培养了大批制浆造纸专业技术人员，除此之外，规模较大的企业每年都选送在职职工到陕西科技大学、郑州大学、河南大学、郑州轻工业大学、漯河职业技术学院等大学学习，充实一线技术人员，还不断从外省招聘高技术人才。

河南造纸工业在科技投入和人才培养方面，做了大量的工作，促进了造纸工业快速、健康、可持续发展。目前，许多企业认识到，市场竞争是产品竞争，产品竞争是技术竞争，技术竞争归根到底是人才竞争。许多企业在市场竞争中，尝到了重视科技、重视人才、重视新产品开发，加大科技和人才培养投入的甜头，不断转变观念，适应市场发展的需求，发展和壮大自己，抢占市场竞争制高点，抓人才、抓科技、抓产品、抓市场、抓效益。

【环境保护与节能】

为了贯彻国家保护生态环境的有关政策、法规，使淮河、黄河、海河、长江等河流在河南出境断面水质符合国家和人民的要求，河南省把治理污染作为全省造纸行业的重点工作来抓。随着国家加大对水污染防治立法、执法力度，全省造纸工业加快了废水治理的步伐，并取得了较大进展。

2021年年底，河南省又关、停、并、转5万吨/年以下废纸制浆造纸企业10家。各企业普遍注意清洁生产，减少污染物的产生和排放，加强废水治理和回收利用，大多数造纸企业都通过了环保部门的验收，能达到稳定达标排放。

【发展目标】

近几年，河南省造纸行业实现了传统造纸工业向可持续发展的现代绿色造纸工业转变的关键阶段。河南省造纸行业做了原料结构、产品结构调整，淘汰落后产能取得实效，产业集中度不断提升，装备水平提高很快，资源消耗不断降低，污染排放明显下降。

1. 发展目标

(1)原料结构　到2022年底，全省纸浆用量将达到340万吨/年；纸浆结构为：木浆65%、废纸浆39%、非木材浆6%。

(2)造纸生产量　到2022年底，全省造纸产能保持800万吨/年，中高档纸及纸板产能比例达到75%。实际生产量达到400万吨，继续保持全国第六地位。

(3)企业规模　到2022年底，全行业平均生产规模10万吨/年，综合实力前20位的企业纸及纸板生产量占全行业的85%以上。10万吨/年以上企业数量达到32家，其中50万~100万吨/年4家，30万~50万吨/年5家。

(4)节能减排　到2022年底，河南省重点企业达到国家发展改革委发布的《制浆造纸行业清洁生产评价指标体系(试行)》要求。全行业单位产品平均综合能耗和单位产品平均取水量分别比2021年降低8%和10%，污染物COD_{Cr}排放总量降低12%。“十四五”期间，节能减排工作继续走在全国前列。

2. 重点续建拟建项目

2022年河南省续建和开建的项目有：河南天邦集团纸业有限公司年产10万吨文化用纸生产线升级改造项目；新乡鸿泰纸业有限公司10万吨/年液态碳酸钙研磨生产线，提升改造OCC制浆生产线，增加热分散系统项目；河南雅都纸业有限公司30万吨再生包装用纸项目；驻马店中南纸业有限公司年产10万吨生活用纸项目；新乡新亚纸业集团有限公司技改500吨绝干固形物/日碱回收系统，投资1.5亿元购置板式降膜蒸发器、黑液燃烧炉500吨/日、连续苛化器、烧碱澄清器及其辅助设备各1套，实现造纸污染物绿色化处理，年产40万吨液体包装用纸项目；河南省龙源纸业股份有限公司2022年新建年产200万吨绿色环保包装新材料项目；河南金田纸业有限公司年产350万吨高档包装用纸和50万吨化学机械浆、半化学浆项目等，预计2022年底产能增加60万吨。

（李尚武）

湖北省造纸工业

Paper Industry in Hubei Province

【行业概况】

湖北省造纸企业主要分布在宜昌市、孝感市、荆州市、襄樊市、黄冈市等地。近几年来在湖北省委、省政府的高度重视和正确领导下，在湖北省经济和信息化厅行业领导的支持和各地方政府积极努力下，湖北省造纸工业正在构建“华中地区纸业之都”，产业集群已初步形成，荆州地区主打工业包装用纸基地，孝感(孝南)地区主打生活用纸基地。

2021 年根据湖北省造纸协会调查报告，湖北省主要制浆造纸企业约 28 家，纸及纸板生产量 775.37 万吨，同比增长 24.6%，工业总产值 363.19 亿元，同比增长 29.28%，主营业务收入 295.98 亿元，同比增长 26.5%，利税总额 28.08 亿元，同比增长 52.3%。2021 年湖北省造纸工业主要经济指标见表 1，2021 年湖北省造纸工业主要产品生产量见表 2。

表 1 2021 年湖北省造纸工业主要经济指标

	单位	2020 年	2021 年	同比/%
纸及纸板生产量	万吨	622.06	775.37	24.6
商品纸浆生产量	万吨	48.69	50.03	2.7
主营业务收入	亿元	234.02	295.98	26.5
利税总额	亿元	18.44	28.08	52.3
其中：利润总额	亿元	9.20	11.31	22.9

表 2 2021 年湖北省造纸工业主要产品生产量

品种	生产量/万吨	
	2020 年	2021 年
纸及纸板合计	622.06	775.37
新闻纸	—	—
未涂布印刷书写纸	29.72	20.07
生活用纸	59.49	79.07
包装用纸	52.36	22.18
白纸板(包括涂布和未涂布)	67.1	63.2
箱纸板	72.1	205.6
瓦楞原纸	281.77	308.14
特种纸及纸板	10.93	27.08
纸浆生产量	48.69	50.03

【原料】

随着禁止废纸进口政策和碳达峰、碳中和目标的发布，造纸行业面临原料结构调整，能源结构变革，探索技术突破，环保、能源、投融资等政策不断加严的现状，需在发展中充分体现造纸资源循环利用的绿色环保特点。湖北省原料供求矛盾突出，木片、纸浆、废纸的对外依存度还将逐年增大，需着重关注原料结构的调整。林纸一体化工程建设将成为一项持久性工作，也是行业未来的发展方向。促进造纸工业可持续发展，继续完善“以林促纸、以纸养林、林纸结合共同发展”政策要求，推进林纸一体化建设，增加省内造纸原料林面积，提高省内木材纤维原料供给能力。补齐完善资源产业链供应链短板，继续充分利用有限的资源，加大对林业“三剩物”、农业废弃秸秆、湿地芦苇的使用力度，多渠道回收省内及周边废纸和回收利用纸张包装物制浆，合理开发省内竹浆资源和其他非木材纤维原料循环利用。

【生产企业】

2021 年湖北省主要造纸企业有 23 家，年产 100 万吨及以上大型企业 2 家，年产 30 万 ~ 100 万吨中型企业 5 家，年产 10 万 ~ 30 万吨企业 8 家，年产 10 万吨以下企业 5 家，停产企业 3 家。

1. 年产 100 万吨以上大型企业

(1)武汉金凤凰纸业有限公司是专业生产工业包装用纸的实体企业，2021 年生产量 173 万吨。目前拥有武汉和孝感两个生产基地，生产 50 ~ 170

克/米^2 高强瓦楞原纸系列产品，是国内目前“高强瓦楞原纸”细分产品最大的专业生产厂家。孝感基地占地面积33.33公顷，建设初期就被授予省、市“重点项目”，是“湖北省隐形冠军培育企业”、孝南区“税收贡献大户”，是孝南区规划建设的“百亿纸品包装产业园”的核心企业。

(2)山鹰华中纸业有限公司是山鹰国际控股股份公司旗下全资子公司，是一家集再生纤维、造纸、包装、印刷、贸易、物流、投融资等于一体的国际化企业。其工业造纸及包装印刷规模位全国前列，总部位于上海。山鹰华中纸业有限公司落户在公安县青吉工业园造纸产业园内，投资约120亿元，工业包装用纸年生产规模220万吨，年销售收入约90亿元，年利税约12亿元，用工约2000人。

2. 年产30万~100万吨中型企业

(1)湖北荣成再生科技有限公司　隶属于台湾荣成纸业集团，位于湖北省荆州市松滋临港工业园区，占地面积80公顷，总投资额9亿美元，年产150万吨高档箱纸板，同时设有105兆瓦机组的自备电厂。2021年实现生产量97.4万吨，销量95.6万吨，产值35亿元，采购国内废纸100万吨，再生浆2.96万吨，木浆0吨；生产使用国内废纸95万吨，再生纤维浆2.28万吨，木浆488吨。实际就业670人。

(2)黄冈晨鸣浆纸有限公司　位于湖北黄冈市长江北岸，2021年2月黄冈晨鸣二期项目开工计划投资125亿元，建设年产300万吨原浆造纸生产线、配套建设130万吨机械浆生产线以及热电联产等辅助工程。该项目整体设备从国外引进，采用目前世界上最先进的工艺与技术。项目建成后，将实现年产值162亿元，利税48亿元，新增就业岗位1800多个。

(3)湖北拍马纸业集团　组建于2001年，总部位于湖北省荆州市国家级高新技术开发区城南高新园拍马产业园区，现有工商企业42家，固定资产28.6亿元，占地80公顷，员工3260人，形成造纸、食品包装、烟用包装材料、热电联供、农副产品加工5大支柱产业。主要产品有涂布白纸板、生活用纸、食品包装用纸、无碳复写纸、金银卡纸、CT载带纸等。2021年，湖北拍马纸业集团完成纸品生产加工44.5万吨，实现工业总产值33.9亿元、主营业务收入31.2亿元、利税3.8亿元。

(4)湖北金庄科技再生资源有限公司　生产再生包装用纸和为当阳市开发区金桥工业园集中供热的资源综合利用加工服务型企业，2021年纸及纸板生产量34.17万吨，实现工业总产值11.17亿元、主营业务收入1.12亿元，利税1.48亿元。公司从业人员近500人。

(5)湖北长江汇丰纸业有限公司　位于宜都市红花套镇周家河村五组，营业范围有涂布白纸板、瓦楞原纸、包装用纸的生产及销售。2021年生产量33万吨。

3. 年产10万~30万吨小型企业

(1)维达护理用品(中国)有限公司　是维达集团下属子公司之一，成立于1997年，占地26.67公顷，造纸年生产量已由之前的1万吨发展到现在的28万吨，现有员工1100余人，其主要品类有卫生卷纸、面巾纸、纸巾纸、餐巾纸、擦手纸等。

(2)金红叶纸业(湖北)有限公司　位于湖北孝南经济开发区，是亚洲最大生活用纸产销公司，主要生产“唯洁雅”“清风”“真真”等生活用纸。2021年生产量24.17万吨。2021年三期项目的TM6卫生纸机顺利开机出纸。该纸机幅宽5600毫米，设计车速2000米/分，年产能为6万吨，三期项目的另一台纸机TM5也已安装完成，近期将开机投产。2015年6月该基地先后新建两期项目，投产了4台单机年产能6万吨的高速卫生纸机，共计年产能达24万吨。2019年3月开工建设三期年产12万吨生活用纸项目，全部投产后，该基地可实现年产生活用纸36万吨。

(3)湖北祥临科技有限公司　位于宜昌市夷陵区龙泉循环经济产业园，成立于1982年，2021年生产量18.2万吨。主要经营废纸回收、机制纸研发、生产、销售业务。公司现有员工380人，拥有2条造纸生产线，生产高强瓦楞原纸、环保纸管纸、箱纸板、T纸等各种规格的食品、医疗、工业包装用纸及纺纱用纸，年生产能力20万吨。是国家高新技术企业、湖北省循环经济试点企业。

(4)湖北兴锦纸业有限公司　位于广水市广水办事处造纸工业园，是一家专业生产高强瓦楞原纸的企业。现占地21.3公顷，员工385人，主营B级以上的高强瓦楞原纸，2021年生产量18万吨。

(5)中顺洁柔(湖北)纸业有限公司　由中顺洁柔纸业股份有限公司于2004年9月投资成立，是中顺洁柔纸业股份有限公司控股的子公司，位于孝感市孝南经济开发区中顺路6号，注册资本2亿元人民币。公司主要产品有卷纸、手帕纸、软抽纸和盒巾纸等，拥有“洁柔”“太阳”两大国内生活用纸知名品牌。2017年12月，在孝南经济开发区工业园内共计征地33.33公顷，总投资19.7亿元，新建年产 30 万吨的生活用纸生产基地，2021 年生产量 15.72 万吨。

（6）武汉晨鸣汉阳纸业股份有限公司　位于武汉经济技术开发区神龙大道 33 号，是一家集制浆、造纸、热电、制水、碱回收、废水处理、机械加工于一体的大型造纸企业，主要产品为书写纸、胶版印刷纸、新闻纸、铜版纸、静电复印原纸、轻型纸等 40 多个品种。公司共有 4 条制浆生产线、8 条造纸生产线。在职员工 440 名。2021 年生产量 14.06 万吨。

（7）湖北城东再生资源科技发展有限公司　位于宜昌市夷陵区鸦鹊岭镇白河村，成立于 2013 年 3 月 20 日，经营范围包括纸制品及塑料制品加工、销售；再生资源回收、加工农业废弃物综合利用；林业剩余物综合利用；农产品初加工、收购及销售。2021 年生产量 13.7 万吨。

（8）湖北祥兴纸业科技有限公司　位于湖北省荆州市监利县白螺镇，成立于2014 年6 月，是一家以废纸为原料生产高档包装用纸的企业，主要经营瓦楞原纸、挂面纸的生产、销售及产出废物加工、销售，自营产品原料（棉梗、秸秆、稻草、废纸）的购销。2021 年生产量 11.58 万吨。

4. 年产 10 万吨以下企业

（1）湖北应强环保科技有限公司　成立于 2007 年 5 月 28 日，地处湖北省钟祥市官庄湖农场丁畈队，占地面积 5 公顷。湖北应强环保科技有限公司经营范围包括纸箱、纸品研发、生产、销售，再生资源回收、加工，在职员工约 200 人。2021 年生产量 7.3 万吨。

（2）湖北华海纤维科技股份有限公司　主要从事文化用纸、白卡纸及特种纸板的生产、经营、销售、公司占地面积 20 公顷，注册资本 5736 万元，2019 年公司的总资产为 4.3 亿元，年产纸及纸板能力 15 万吨，其中文化用纸年产能达到 10 万吨，公司现有员工 380 余人，其中各类型技术人员 40 余人。主要造纸原料为杨木化学机械浆、商品阔叶木浆、长纤维商品木浆。2021 年生产量 7 万吨。

（3）湖北丽邦纸业有限公司　2018 年 8 月开工建设，规划占地 46.67 公顷，16 条造纸生产线及设备。总投资额约 17 亿元，提供就业岗位 800 余个，规划年产能约 30 万吨。主要品牌有丽邦、港兴、幸福生活、好迪等，其中“丽邦”被国家工商总局认定为“中国驰名商标”。公司产品涵盖生活用纸、湿巾、面巾纸、纸尿裤、女性护理用品等 5 大品类，公司已于 2020 年 10 月至 2021 年 4 月依次投产 4 条原纸生产线，实现年产 8 万吨的初步规划，预计剩余 4 条造纸生产线约 8 万吨产能在 2022 年投产，8 条造纸生产线，预计实现产能约 16 余万吨。2021 年生产量 6.1 万吨。

（4）湖北广发纸业有限公司　位于宜城经济开发区宋玉三路，成立于 2007 年 09 月 11 日，主要经营牛皮箱纸板、高档瓦楞原纸、高档白纸板的生产销售等。2021 年生产量 4.53 万吨。

（5）易立科技通山有限公司　位于咸宁市通山县九宫山镇石峰街 26 号，成立于 2006 年 6 月，公司主要经营浆板，生产砂纸原纸、绝缘纸板、电缆纸及销售，废纸回收。2021 年生产量 0.92 万吨。

2021 年湖北省有 3 家企业由于不同原因停产。分别是：湖北鑫物再生资源有限公司、湖北金民纤维材料科技有限公司、赤壁晨力纸业有限公司。

【基建与技改】

（1）武汉金凤凰纸业有限公司 2021 年计划在孝感基地实施 50 万吨纸浆及 80 万吨环保包装用纸的林浆纸一体化扩建项目。该项目建成后，金凤凰纸业将实现年产值 120 亿元，利税 7 亿元，提供就业岗位 3000 余个。

（2）玖龙纸业（湖北）有限公司，成立于 2020 年 7 月 1 日，是玖龙纸业集团在国内投资建设的第九个造纸基地，项目地处荆州市监利经济开发区白螺工业园，厂区占地面积 214.93 公顷，计划总投资 205 亿元，设计总产能 510 万吨，其中包括年产 170 万吨浆和 340 万吨高档包装用纸的林浆纸一体化项目。目前，造纸、制浆线及各项配套建设均正常推进，其中 PM45 土建施工已完成 81%，预计 2022 年 6 月份投产；PM46 土建施工已完成 49%，预计 2022 年 9 月份投产；制浆线土建施工已完成 34%，预计 2022 年 9 月份投产。

（3）黄冈晨鸣浆纸有限公司二期项目 2021 年 2 月 28 日举行开工仪式，计划投资 125 亿元，建设年产 300 万吨原浆造纸生产线、配套建设 130 万吨机械浆生产线以及热电联产等辅助工程。项目建成后，将实现年产值 162 亿元，利税 48 亿元，新增就业岗位 1800 多个。

（4）山鹰华中纸业有限公司于 2020 年 11 月 9 日宣布再次扩建荆州项目，追加投资 100 亿元。建设 120 万吨工业包装用纸、智能包装产业园及生活用品电商产业园项目。山鹰华中纸业有限公司现阶段有两个拟建项目，分别为年产 220 万吨高档包装纸板项目和年产 120 万吨工业包装用纸扩建项目。

(5)中顺洁柔(湖北)纸业有限公司二期项目首台生活用纸机于2020年12月31日开机出纸，孝南生产基地项目全部投产后将年产30万吨生活用纸。

(6)金红叶纸业(湖北)有限公司新增12万吨生活用纸项目于2021年5—6月陆续开机，建成后产能达到36万吨，成为孝感市最大的生活用纸生产基地。

(7)仙鹤股份有限公司于2020年3月23日与湖北省石首市人民政府签订了高性能纸基新材料循环经济项目，项目计划建设浆纸产能250万吨/年。此次投资的主体项目包含年产90万吨浆类纤维材料(芦苇基浆类纤维材料、化学机械浆类纤维材料)、140万吨纸基功能材料，20万吨涂布纸深加工材料，配套碱回收、中段水治理、热电等项目。同时，仙鹤股份有限公司原料主要为芦苇、杨树、竹类，年消耗芦苇58万吨、木材12万吨，能促进石首市2万公顷芦苇、7333.3公顷楠竹、4万公顷杨树等农林产品有效利用。项目建成达产后，年总产值将达110亿元，可实现年上缴税金10亿元，预计每年可创造财政收入12亿元，解决4000余人就业。

(8)湖北丽邦纸业有限公司与湖北省孝感市孝南区政府签订了投资协议，计划分三期建设丽邦纸业30万吨高档生活用纸项目。项目一期年产能10万吨的4台高速纸机生产线已于2021年4月建成投产。

(9)浙江衢州五洲特种纸业股份有限公司与湖北省孝感市签订合作协议，在汉川新河镇纸品产业园建设年产449万吨浆纸一体化项目。该项目计划总投资173亿元，规划用地298.9公顷，是孝感市迄今为止引进的最大单体工业项目，也是该市首个过百亿元制造业项目。该项目将分期建设155万吨化学机械浆/化学浆生产线、294万吨机制纸以及集中供热、废水处理、固废综合利用、物流码头等配套公用设施。项目投产后，孝感纸品产能规模将突破600万吨/年，对孝感延长纸品产业链、打造千亿纸品产业集群具有重要意义。

(顿志强)

四川省造纸工业

Paper Industry in Sichuan Province

【行业概况】

2021 年四川省制浆造纸行业总生产量 508.46 万吨，共有制浆造纸企业 151 家。机制纸及纸板生产量持续增长，稳中向好，规模以上制浆造纸企业 109 家，生产量 388.96 万吨，同比增长 6.32%，全国排名第十位；规模以下企业 42 家，纸及纸板生产量 119.50 万吨，同比减少 5.08%。

2021 年四川省竹子制浆企业共有 13 家，竹浆生产量 127.31 万吨，同比增长 7.62%，占全国原生竹浆生产量 67.13%。其中本色竹浆 48.9 万吨，占 38.41%，漂白竹浆 78.41 万吨，占 61.59%。竹浆主要(80%)用于生产生活用纸，其余生产文化用纸、食品包装原纸、牛皮纸、纸浆模塑、民俗用纸等。

2021 年竹木浆生活用纸原纸企业 58 家，年生产量 125.6 万吨，同比减少 6.96%；2021 年四川省竹木浆生活用纸加工企业 248 家，年生产量 130.8 万吨，同比减少 9.79%。竹浆生活用纸销售市场 40% 在省内，60% 在省外和国外，线上和出口有明显增长。2021 年四川省包装纸板企业 20 家，包装纸板年生产量 298.58 万吨，同比增长 8.24%。2021 年文化用纸及其他纸种生产量 84.28 万吨，同比增长 4.22%。

【原料】

四川省制浆造纸原料结构：木浆 10%（进口或省外商品纸浆），自制竹浆 40%，废纸 50%。主要产品有：商品竹浆板、食品包装纸板、包装纸板(高强瓦楞原纸、牛皮箱纸板、箱纸板、涂布白纸板、工业纸板等)、生活用纸原纸及生活用纸加工产品(卷筒、非卷筒)、办公文化用纸(静电复印纸、双胶纸、书写纸、打字纸、无碳复写原纸等)、工业用纸(绝缘纸、电缆纸、电容器纸、育果袋纸等)、牛皮包装用纸、食品包装原纸、特种纸、纸浆模塑及其他纸种。

【生产企业】

四川省制浆造纸重点企业：四川永丰纸业集团(四川永丰纸业股份有限公司、四川永丰浆纸股份有限公司、泸州永丰浆纸有限责任公司)、宜宾纸业股份有限公司、四川凤生纸业科技股份有限公司、四川环龙新材料有限公司、四川银鸽竹浆纸业有限公司、四川天竹竹资源开发有限公司。

四川省包装纸板生产重点企业：四川金田纸业有限公司、玖龙纸业(乐山)有限公司、四川华侨凤凰纸业有限公司、四川明路纸业有限公司、四川迅源纸业有限公司、成都森隆纸业有限公司、成都市海龙纸业有限公司。

四川省生活用纸生产重点企业：四川凤生纸业科技股份有限公司、宜宾纸业股份有限公司、四川环龙新材料有限公司、中顺洁柔(四川)纸业有限公司、维达纸业(四川)有限公司、沐川禾丰纸业有限责任公司、四川圆周实业有限公司、夹江汇丰纸业有限公司、四川省金福纸品有限责任公司、四川蜀邦实业有限责任公司、四川友邦纸业有限公司、四川省津诚纸业有限公司、崇州市倪氏纸业有限公司等。

四川省生活用纸加工重点企业：四川石化雅诗纸业有限公司、四川环龙卫生用品有限公司、四川蓝漂日用品有限公司、四川维邦优品科技有限公司(维邦纸业)、四川省什邡市望风青苹果纸业有限公司、四川兴睿龙实业有限公司、四川欣适运纸品有限公司、彭州市阳阳纸业有限公司、成都市苏氏兄弟纸业有限公司、四川亿达纸业有限公司、成都市阿尔纸业有限责任公司、崇州市倪氏纸业有限公司等。

【基建与技改】

2021 年新建项目和重点技改项目：四川环龙新材料有限公司斑布健康竹产业园百万吨竹材生物质

精炼项目，该项目分两期实施建设，最终建成后，全厂本色生活用纸原纸生产能力新增 20.4 万吨/年，全厂将形成 22.44 万吨/年本色竹浆、27.6 万吨/年本色生活用纸原纸和 4 万吨/年本色生活用纸成品纸生产能力；四川圆周实业有限公司技改扩建年产 2.6 万吨高档生活用纸项目完成投产；崇州市倪氏纸业有限公司技改扩建年产 1.5 万吨高档生活用纸项目完成投产；四川友邦纸业有限公司技改 2 台年产 3 万吨高档生活用纸项目完成投产；四川省绵阳超兰卫生用品有限公司技改 1 台年产 1.5 万吨高档生活用纸项目完成投产；成都森隆纸业有限公司技改年产 5 万吨纱管纸项目完成投产，公司纱管纸年产能达 10 万吨。

【科研与技术进步】

四川省造纸行业协会于 2021 年 2 月 5 日发布了《竹浆生活用纸》团体标准，自 2021 年 3 月 1 日起实施。这是竹浆生活用纸行业的首个团体标准，填补了国内空白，并于 2021 年 12 月 27 日成功入选工业和信息化部“2021 年百项团体标准应用示范项目”，为推动竹浆生活用纸融合创新、稳定持续发展起到了重要作用。

四川省造纸行业协会、四川省造纸学会和四川省轻化工大学共同搭建了产学研平台，更好地服务于行业，服务于企业。

四川石化雅诗纸业有限公司历经努力，2021 年获批成立四川省企业技术中心，并成为行业中首批同时取得“双碳”认证证书（温室气体排放核查声明证书和碳足迹核查声明证书）的企业；斑布专利“一种竹纤维制备的纸浆其制备方法及其制成的纸品”荣获四川省专利奖一等奖，顺利取得“碳足迹”认证，获四川省首笔挂钩贷款。

【节能减排、淘汰落后产能】

根据《工业和信息化部办公厅 水利部办公厅 国家发展改革委办公厅 市场监管总局办公厅关于组织开展 2021 年重点用水企业水效领跑者遴选工作的通知》，四川凤生纸业科技股份有限公司、四川银鸽竹浆纸业有限公司、夹江汇丰纸业有限公司、四川明路纸业有限公司等会员单位成功入选四川省经济和信息化厅 2020 年省级节水标杆企业。四川卓大再生资源有限责任公司、四川力天纸业有限公司通过 2021 年度清洁生产审核。

【企业发展与品牌培育】

四川省充分利用竹子资源，大力发展和培育“低碳生态绿色环保可再生”的四川竹浆纸系列产品及品牌。2017 年，四川省造纸行业协会已成功注册了“竹浆纸”集体商标，经过几年的推广发展及管理，取得了很好的成绩。随着竹浆纸在市场上进一步的认可和发展，将申请注册“四川竹浆（竹纤维）纸”地理证明商标，以确保和提升四川竹浆纸品质、品牌和市场竞争力。

宜宾纸业股份有限公司、四川凤生纸业科技股份有限公司入选工业和信息化部 2021 年度绿色制造名单；玖龙纸业（乐山）有限公司被成功认定为 2021 年工业和信息化部第三批专精特新“小巨人”企业；四川永丰纸业股份有限公司、泸州永丰浆纸有限责任公司、沐川禾丰纸业有限责任公司、维达纸业（四川）有限公司、四川环龙技术织物有限公司、四川友邦企业有限公司、四川鑫业纸业有限公司被成功认定为 2021 年四川省专精特新中小企业；四川亿达纸业有限公司被成功认定为 2021 年四川省高成长型中小企业；维达纸业（四川）有限公司 2021 年被成功认定为“高新技术企业”；四川蓝漂日用品有限公司成功入选 2021 四川省“诚信产品”企业；四川环龙生活用品有限公司、玖龙纸业（乐山）有限公司、四川兴睿龙实业有限公司、四川鑫业纸业有限公司成功入选 2021 年四川省“诚信企业”。

宜宾纸业股份有限公司“金竹”牌和四川省什邡市望风青苹果纸业有限公司“青苹果”牌竹浆生活用纸品牌首批荣获“医护级产品”认证。环龙集团旗下“斑布”品牌在 2021 年度不断创新，取得骄人成绩：亮相《你好生活》第三季；斑布创始人沈根莲女士荣获 APEC 最佳奖；参与百万产品助力外交部“大爱无国界”国际义卖活动，体现了企业的责任担当；成功入围 2022 北京冬奥会开幕式观赛包大开箱活动，四川竹浆纸又一次走向国际舞台；斑布竹纤维科技馆建成开馆，呈现了竹浆纸发展历程与前景，为四川竹浆生活用纸行业的发展做出了应有的贡献。值此中国共产党百年华诞之际，四川石化雅诗纸业有限公司携手人民日报旗下创意品牌联合推出致敬百年辉煌献礼产品——人民竹浆纸（鸥露），践行“绿水青山就是金山银山”的实际行动；参与第 18 届东盟博览会，四川竹浆纸再次亮相国际，走向世界。

【发展目标及重点拟建项目】

2022 年四川省造纸工业总体发展目标是：转型升级，结构调整，融合创新，稳步发展。四川省造纸行业协会、学会积极倡议各企业加强行业自律，调整结构，技改升级，融合创新，差异化发展；按照我国造纸“十四五”规划，围绕“碳达峰、碳中和”相关政策，指导行业有序稳步持续发展。

重点建设的项目主要有：

(1)四川永丰纸业集团：①沐川禾丰纸业有限责任公司升级改造扩建10万吨/年生活用纸原纸生产线及配套设施，扩能扩建15万吨/年高档生活用纸项目，已完成评审，并已开始建设；②四川永丰浆纸股份有限公司扩建15万吨/年本色浆生产线，环评已过会，待批准后开始建设；③四川永丰纸业股份有限公司扩建20万吨/年高档文化用纸项目已立项并已开始前期工作，待环评批复即可动工；④泸州永丰浆纸有限责任公司扩建20万吨/年本色浆生产线、10万吨/年高档生活用纸和10万吨/年牛皮纸项目已立项并已开始前期工作。

(2)四川凤生纸业科技股份有限公司扩建25万吨/年浆纸项目2个项目已完成环评预审，预计将在近期完成评审，待环评批复即可动工建设。

(3)宜宾纸业股份有限公司扩建45万吨/年浆纸项目(20万吨/年化学机械浆，25万吨/年化学浆，24万吨/年高档生活用纸)已立项并已开展前期工作。

(4)中顺洁柔(达州)纸业有限公司建设30万吨/年竹浆纸一体化项目，已获环评批复。

(5)夹江汇丰纸业有限公司搬迁扩建30万吨/年竹浆纸一体化(其中10万吨/年书画纸专用浆)项目，项目前期工作已经开展。

(6)四川鑫业纸业有限公司技改扩建年产1.5万吨高档生活用纸项目。

(7)四川华侨凤凰纸业有限公司已批准年产40万吨包装纸板项目环评，并开始建设。

(8)四川金田纸业有限公司扩建60万吨/年包装用纸项目；20万吨/年化学机械浆项目，已立项并已开展前期工作。

(9)玖龙纸业(乐山)有限公司扩建10万吨/年特种纸项目和45万吨/年牛卡纸项目。

(范　婷　王仕兵　罗福刚)

天津市造纸工业

Paper Industry in Tianjin City

【行业概况】

2021 年，天津市造纸行业克服新冠肺炎疫情的影响和废纸禁止进口政策的压力，紧密结合本地资源特点和周边市场需求，依托港口优势，以和谐发展、科学发展为指导思想，坚持环境友好型造纸企业建设理念，选择国产废纸及生物机械浆为多元化造纸原料，自制浆原料的使用规模也在日益提高，以现代化纸板生产线完成各种包装纸板产品大规模生产，进一步提高产业的集中度和生产的集约化，不断适应周边市场对于不同等级产品的多层次需求。2021 年，天津市造纸工业规模以上机制纸生产量 266.7 万吨，较 2020 年增长 1.8%，其产品种类包括各等级的高强瓦楞原纸、挂面箱纸板、多种牛卡纸、白卡纸、灰底白卡纸、白面牛卡纸等产品，逐步丰富天津市纸张产品类型。全市有规模以上造纸及纸制品相关工业企业 122 家，工业总产值 258.2 亿元，较 2020 年增长 2.1%，从业人员人数 13180 人。其中大中型企业 9 家，工业总产值 176.9 亿元，较 2020 年增长 4.2%，从业人员人数 6080 人。全市规模以上造纸及纸制品相关工业企业资产总值 206.3 亿元，固定资产总值 122.6 亿元，固定资产投资 12.2 亿元，较 2020 年下降 31.0%。主营业务收入 214.7 亿元，较 2020 年增长 3.5%，利税总额 18.8 亿元，利润总额 15.7 亿元，较 2020 年增长 24.6%。

【生产企业】

天津市造纸工业的发展受制于水资源和林产资源短缺等不利因素，同时也具有港口城市交通便利、进出口贸易发达等优势特点。这些因素共同决定了天津市的造纸工业发展必须遵循低污染、低消耗，主要原料和产品均为外购外销等发展途径。一些落后的生产经营方式难以适应新的发展形势和需求，因此必将被逐步淘汰。根据现有资料，目前发展态势较好并具有一定生产规模的有以下企业。

1. 玖龙纸业(天津)有限公司

玖龙纸业(天津)有限公司坐落在宁河经济开发区，由香港上市公司玖龙集团投资建设，该集团创建于 1995 年，总部位于广东省东莞市，于 2006 年在香港上市，现已成为世界上最大的利用废纸环保造纸的现代化包装用纸制造集团，连续多年蝉联我国造纸行业生产量榜首，2013 年玖龙集团还被全国总工会授予“全国五一劳动奖状”，得到了国家、行业和社会的认可。

玖龙集团的造纸布局主要位于广东东莞、江苏太仓、天津、重庆、福建泉州、辽宁沈阳、四川乐山、河北永新、湖南岳阳以及位于“一带一路”的越南等 10 个生产基地。

天津生产基地占地 240 公顷，建成了 5 条现代化生产线，引进世界一流的生产设备和先进工艺，主要生产环保型牛卡纸、高强度瓦楞原纸、灰底涂布白纸板、白卡纸等高档包装用纸。实现就业 2500 人，其中吸收本地就业人员比例达到 55%，2019 年实现生产量 216 万吨，产值 78 亿元，上缴税收 5.6 亿元。

天津玖龙一期工程于 2009 年 9 月投产，2 条生产线年产能 80 万吨。二期工程于 2011 年 5 月投产，2 条生产线年产能 80 万吨。三期工程于 2012 年 6 月投产，新建 1 条年产能 55 万吨生产线。所有项目设备全部采用世界最先进的造纸设备和控制系统，制浆及造纸的主体设备由美国、芬兰和德国提供，控制系统由 ABB、SIEMENS 等公司提供。纸机幅宽 6660 毫米，车速 1000 米/分。其中三期工程采用靴式压榨、红外干燥、软压光等先进工艺技术生产涂布白纸板、涂布白卡纸等产品，达到世界同类纸种生产最尖端水平。

玖龙纸业一贯秉承“没有环保，就没有造纸”的理念，致力于环境保护和节能减排，倡导可持续发展的循环经济。不断加大环保投入，使玖龙纸业各项环保和能耗指标都做到优于国家标准，是资源节约型和环境友好型企业的典范。天津玖龙优先使用节能环保设备，严格执行国家和地方的环保政策，各项排放指标都做到优于国家标准。同时，坚决贯彻党的十九大提出的“绿水青山就是金山银山”的理念，力争把基地建设成行业最新、国际领先的现代化企业，打造循环经济型、绿色环保型的生产企业。

在废水处理方面，天津基地引进了世界先进的造纸生产工艺，从源头抓污染，将吨纸耗水量控制在5吨以下，COD_{Cr}排放指标不超过60毫克/升，远低于国家排放标准，2016年投资6000万元新建中水处理循环使用项目，实现75%的废水循环利用率；在废水处理过程中产生的轻渣和沼气，输送到焚烧炉进行焚烧用于产生蒸汽和发电。在烟气处理方面，建厂之初采用全套进口脱硫设备和炉内喷钙加湿法脱硫的二级处理技术，2017年投资7000万元新建了2台烟气超净排放设备，烟气排放指标达到了天然气的排放标准。生产线采用了废纸制浆、热分散处理、稀释水流浆箱、靴式压榨等先进的工艺技术，同时也应用了白水回收、热回收、回用水利用等高效的节能环保技术，体现了玖龙集团“没有环保，就没有造纸”的理念。2018年11月，玖龙纸业(天津)有限公司被工业和信息化部认定为绿色制造的“绿色工厂”。

2. 天津广聚源纸业集团有限公司

天津广聚源纸业集团有限公司坐落在天津市津南区咸水沽镇的海河科技园区，毗邻海河高教区(大学城)和天津大道，距离市区10公里、距离滨海新区6公里。

公司组建于2005年，占地面积20.27公顷，建筑面积4.2万米^2。注册资金2.04亿元。主要产品为马头牌(津门老字号品牌)A级高强瓦楞原纸。2019年生产量为17.8万吨，工业总产值8.44亿元。公司现有员工300余名，拥有大批专业技术人才和生产骨干，企业年产值近2亿元。公司以高新技术为依托，本着建设资源节约型、环境友好型企业的宗旨，努力促进循环经济的发展，打造环保、低碳、高效的新型企业。曾荣获天津市劳动和社会保障局授予的“A级劳动关系和谐企业”、政府授予的“津南区纳税大户”“循环经济示范企业”等荣誉称号，已成为地区支柱产业。

公司经营范围涉及机制纸、纸板制造、生物制浆及销售等。拥有国内先进的生产技术和设备，公司现有1条造纸生产线，现在年生产能力6万吨。今年拟建设节能型年产12万吨高级工业原纸(4200/500型)生产线以及进行相应的辅助系统改造，包括新增1台DCS、QCS自控双叠网4200/500型纸机、1套自动制浆生产线及可控热泵系统、密闭气罩热能回收装置等附属设备6台。企业2010年末投产的二期建设项目使产能再扩大3倍，年产值将达到12亿元以上，开始驶入加速发展的快车道。该公司正在逐步形成集绿色循环产业、餐饮服务业、娱乐观光业和房地产业于一体的大型综合性集团公司，已拥有43000米^{2}创意中心和占地13.3公顷的绿色生态园，显示出自己独特的风格和魅力。

公司以废纸箱及农业废弃物——棉秆为原料，采用生物预处理机械制浆技术生产A级高强瓦楞原纸。生物预处理机械制浆技术和A级高强瓦楞原纸产品经市科委鉴定具有国际先进水平(津20090618)。生物预处理机械制浆技术与传统的半化学制浆技术相比，具有制浆得率高、能耗低、品质好、污染轻等特点，为农业废弃物的资源化利用和清洁化生产提供了示范。

公司以高新技术为依托，本着建设资源节约型、环境友好型企业的宗旨，努力促进循环经济的发展，以农作物废弃物(稻草、棉秆)和生活包装废弃物(废旧纸箱)为纤维原料，将废弃物转化为再生资源，不仅变废为宝，而且保护了环境，促进了循环经济的发展。在实际生产中，企业积极引进科技手段，采用生物预处理机械浆制浆技术生产稻草、棉秆高得率本色浆，制浆得率高、能耗低、质量好、污染轻，形成了具有自主知识产权的清洁制浆技术。该公司主要使用城市污水处理厂的中水为主要生产用水，在工艺流程设计中对生产过程的用水采取了节流治污相结合的方法，水的重复利用率超过了90%，保证企业步入了清洁、节能的生产轨道，实现了资源优化配置。

【基建与技改】

目前在天津市生存和发展的造纸企业，大都具有资源消耗最小化、污染控制技术有特色、有成效等技术特点，这是天津市自然条件、政策条件以及市场条件等多种因素共同作用的必然结果，也是天津市造纸工业可持续发展的必经之路。

2021年天津市造纸及纸制品制造以及制浆设备制造行业投资项目完成12个。计划投资12亿元，2021年完成投资8亿元；新建技改项目6个，计划投资2.3亿元，2021年完成技改投资1.6亿元。

【科研与技术进步】

目前天津市造纸行业坚持走“产学研结合”技术发展之路，各企业和科研院所以科技创新为先导，积极开展科研项目合作以及技术开发工作，达到促进企业良性健康发展的目的。天津市造纸大中型工业企业科学研究与试验发展（R&D）活动积极开展，有 R&D 活动的企业数 31 家，2021 年企业 R&D 活动经费内部支出总额 3.50 亿元，较 2020 年增长 5.1%，R&D 项目数为 118 个；大中型工业企业科技机构 4 个，科技机构 R&D 活动经费支出 0.51 亿元，较 2020 年下降 81.2%，专利申请数量 415 件，较 2020 年增长 64.0%，其中发明专利 50 件。

天津科技大学制浆造纸工程学科是我国最早设立的制浆造纸学科，为教育部首批批准的硕士学位授权点、全国首个制浆造纸工程学科博士学位授权点。2015 年重新组建成立造纸学院，2019 年与包装与印刷学院合并为轻工科学与工程学院，是天津市乃至全国造纸行业重要的科研单位，具有较强的科研能力。

天津科技大学制浆造纸工程学科一直与天津市乃至国内外众多造纸企业保持着多年的紧密合作关系。现已完成来自于国际合作、国家“十一五”规划、“十二五”规划和天津市科委以及全国大中型造纸企业的委托科研项目多项，2021 年承担着多项科技部“十三五”重点研发计划及国家自然科学基金项目，对于促进我国造纸工业的技术进步和发展起到了重要的作用。

2021 年，天津科技大学承担的在研的国家级、省部级重大科研项目如下：

（1）科技部重点研发计划项目，基于造纸过程的纤维原料各组分清洁分离利用及环境评价，研究经费 441 万元；

（2）科技部重点研发计划项目，微纳米纤维素关键制造技术及中式示范，研究经费 115 万元；

（3）科技部重点研发计划项目，木质素分离纯化新技术研究，研究经费 50 万元；

（4）科技部重点研发计划项目，生态型短流程清洁制浆造纸技术研发及产业化示范，研究经费 53 万元；

（5）国家自然科学基金项目，pH 响应型木质素纳米粒子复合水凝胶的构建及性质调控机理，研究经费 58 万元；

（6）国家自然科学基金项目，木质素催化转移氢解协同缩合控制转化酚类单体及富含羟基低聚物的机理研究，研究经费 58 万元；

（7）国家自然科学基金项目，基于水热的多元低共溶溶剂体系对木质纤维生物质中木质素降解机理及调控机制的研究，研究经费 58 万元；

（8）国家自然科学基金项目，水热耦合机械预处理木质纤维吸附纤维素酶行为及调控机制的研究，研究经费 61 万元；

（9）国家自然科学基金项目，自水解预处理木质纤维超微结构及化学组成对后续制浆碱液吸收影响机制的研究，研究经费 63 万元；

（10）国家自然科学基金项目，纤维素酶在高得率浆纤维上的分布和扩散机制研究，研究经费 62 万元；

（11）国家自然科学基金项目，木质素纳米粒子-聚合物复合微结构调控及宏观力学机制研究，研究经费 58 万元；

（12）国家自然科学基金项目，木质素基纳米粒子水凝胶药物载体的构筑及智能释放行为调控，研究经费 25 万元；

（13）国家自然科学基金项目，纳米纤丝纤维素凝胶化机理及纤维表面能调控机制研究，研究经费 27 万元；

（14）国家自然科学基金项目，木质素酸催化协同缩合控制定向解聚机制及其高抗氧化低聚产物构效关系研究，研究经费 23 万元；

（15）国家自然科学基金项目，聚多巴胺在纳米纤维素水凝胶上的导向生长机理及其功能化调控的研究，研究经费 27 万元；

（16）国家自然科学基金项目，基于种子介导法的“CNC/CTAB/NaLS”耦合体系对银纳米立方体尺寸的精确调控机制研究，研究经费 24 万元。

【环境保护与节能】

天津市作为国内重要的大型工业城市，历来重视环境保护工作，对于所属企业的污染排放限制提出了严格的要求。天津市的造纸工业非常重视此项工作，在实际运行中，投入了大量的技术和资金力量对水资源利用和排放进行了重点治理。其中比较有代表性的玖龙纸业（天津）有限公司，秉承“没有环保，就没有造纸”的理念，积极推动碳减排，立足于循环经济，实现可持续发展，并取得了“中国环境标志产品”认证，实现了吨纸消耗清水 5 吨以下。通过采用荷兰的厌氧、好氧 + 三级深度处理技术，实现了废水 COD_{Cr} 排放低于 60 毫克/升；在烟气处理方面，增加了进口脱硫设备，采用炉内喷钙加湿法脱硫，实现了 SO_2 排放不超过 100 毫克/米^3，粉尘排放指标不超过 30 毫克/米^3；在综合利用方面，实现了废水处理系统产生的沼气收集进行生物发电；利用污泥干化再利用系统，废纸脱墨产生的脱墨污泥进行干化处理，作为燃料在热电锅炉中燃烧回收热能；在行业率先引入环保燃烧炉，对造纸轻废渣进行了燃烧利用。2009 年，玖龙纸业（天津）有限公司基地被评为天津市循环经济试点单位。2018 年 11 月，玖龙纸业（天津）有限公司被工业和信息化部认定为"绿色工厂"。在此基础上，玖龙纸业（天津）有限公司将进一步积极推行清洁生产，将工作重点放到实施生产工艺和设备的技术改造方面，进一步节能降耗，实现高标准的清洁生产。

【发展中的问题】

天津市属于水资源缺乏的大型城市，因此对于所属造纸企业，首先面临的是水资源不足对发展空间的约束，积极开展新型节水、节能、低污染生产技术应用，是天津市造纸工业所必须面对的重大课题。自 2021 年 1 月 1 日起，我国将全面禁止进口固体废物，废纸也在其中，对于天津市造纸企业影响较大，因此扩大废纸资源利用率，多途径拓展造纸原料来源，提高农业废弃物等非木材植物纤维资源，解决原料问题，是天津市造纸工业保持良性发展的关键。此外，在碳达峰碳中和背景下造纸行业面临的挑战与机遇同样巨大，根据造纸工业的特点，提高造纸企业能效和生产技术水平，减少使用化石能源，增加绿色能源和生物质能源比例，实现技术创新和绿色能源相结合才符合造纸行业的发展道路。

（惠岚峰）

广西壮族自治区造纸工业

Paper Industry in Guangxi Zhuang Autonomous Region

【行业概况】

2021年是“十四五”开局之年，在这一年里，造纸行业面临着严峻发展形势，国内外新冠肺炎疫情反复，双碳、双控、限塑等一系列政策出台，资源能源短缺、原材料及运输成本上涨、市场供应和价格大幅波动。广西壮族自治区造纸企业直面严峻挑战，攻坚克难，坚持优化转型升级，加大研发投入，提高创新能力，广西造纸工业得到稳定发展。原生纸浆、机制纸和纸板生产量稳步提升，国家高新技术企业数量增加，新建多台高速生活用纸纸机，广西金桂浆纸业有限公司和广西太阳纸业有限公司大型项目顺利投产。

原生浆生产量为233万吨，同比增长5.4%，其中：木浆172万吨，蔗渣浆55万吨，竹浆6万吨。机制纸及纸板生产量为337万吨，同比增长4.0%，其中，白卡纸181万吨，生活用纸82万吨，文化用纸5.5万吨，特种纸7万吨，瓦楞原纸36万吨，纱管纸20万吨，牛皮纸5.5万吨。蔗渣浆板生产量为16万吨，纸浆纤维模塑制品生产量约7.5万吨。造纸工业总产值约366亿元。

木浆生产量为172万吨，同比增长8.9%，其中，化学机械木浆131万吨，同比增长0.8%，化学木浆41万吨，同比增长46.4%。化学机械木浆增幅不明显，主要生产企业广西金桂浆纸业有限公司和斯道拉恩索(广西)浆纸有限公司满负荷生产，运行稳定，生产量变化不大；化学木浆生产量增长较快，化学木浆总体产能规模较小，受市场影响大，国际木浆价格一改低迷状态，市场向好，价格一路攀升，这刺激着化学木浆生产企业加大马力提高产量。更值得一提的是广西太阳纸业有限公司化学机械浆和化学浆项目已于2021年底顺利投产，2022年广西壮族自治区纸浆生产量将大幅提升。

蔗渣浆生产量为55万吨，同比降低8.3%。蔗渣浆生产量受原料制约较大，预计“十四五”期间，糖料蔗面积稳定在73.33公顷左右，年均入厂糖料蔗5000万吨左右，打包率按6%计算，出厂蔗渣约300万吨，但2021年实际用于造纸的蔗渣仅约200万吨，蔗渣原料不足、纸浆市场利好，这易造成原料哄抢，价格抬高，提高企业生产成本。广西蔗渣浆板生产量16万吨，同比增加14.3%，浆板销往广东、浙江、江苏等地，用于制备植物纤维模塑制品。

竹浆生产量为6万吨，同比增加一倍。在原料及纸浆市场利好时，化学木浆企业添加部分竹子，同木材制备木竹混合浆。

植物纤维模塑制品约7.5万吨，同比增长15.4%。目前已投产的企业有7家，广西侨旺纸模制品股份有限公司、广西华宝纤维制品有限公司、广西港萱环保科技有限公司、广西博冠环保制品有限公司等企业的新(扩)建项目正在建设中。众所周知，蔗渣浆是制备植物纤维模塑制品的优良纤维原料，广西有天然的原料优势，随着限塑禁塑政策推行，广西将成为全国植物纤维模塑制品的重要生产基地。

包装用纸及纸板生产量242.5万吨，同比增长1.9%，其中：白卡纸181万吨，牛皮纸5.5万吨，瓦楞原纸36万吨，纱管纸20万吨。白卡纸同比增长0.6%，目前生产企业为广西金桂浆纸业有限公司和斯道拉恩索(广西)浆纸有限公司，生产运营稳定，新建项目年内未投产；瓦楞原纸同比下降10%，瓦楞原纸生产企业产能规模较小，产能规模多为约10万吨/年及以下，受原料、市场、技改等因素影响，生产有轻微波动，生产量稍减。纱管纸生产量同比增长11.1%，纱管纸生产企业总体产能不大，规模较小，根据市场需求灵活调整生产。

生活用纸生产量为82万吨，同比增长12.3%，其中，本色纸8.5万吨。多家生活用纸企业成功投产数台中高速纸机，中高档生活用纸产量进一步提升，生产量达到66万吨。而以蔗渣浆为主要造纸原料的低速纸机则加快淘汰步伐，其生产量缩减至约16万吨。截至2021年底，广西壮族自治区已投产的中高速纸机合计有56台(套)，目前有15台(套)中高速纸机正在安装，预计2022年上半年投产，已签约计划新建的中高速纸机约30台(套)。未来两年内，若按计划顺利建成投产，约有100台(套)中高速卫生纸机，生活用纸总产能达到150吨/年，将成为全国重要的生活用纸生产基地。

文化用纸生产量为5.5万吨，同比下降21.4%。广西壮族自治区原文化用纸企业规模小、数量少，生产量在几千吨到2万吨不等，广西太阳纸业有限公司文化用纸项目顺利投产后，广西文化用纸生产量将有质的飞跃。

特种纸生产量为7万吨，同比增长16.7%。特种纸生产企业主要为桂林奇峰纸业有限公司、广西贺州市红星纸业有限公司及南宁侨虹新材料股份有限公司，根据市场需求，灵活调整产品生产，同时不断研发投产新产品，提高企业竞争力。

【原料】

制浆主要纤维原料为桉木、林业加工剩余物、蔗渣、废纸等，具体如下：木材236万干吨，蔗渣110万干吨，竹子12万干吨，废纸63万干吨。用于造纸的浆料占比约为：木浆67%，蔗渣浆11%，竹浆2%，废纸浆20%。

【主要生产企业】

广西壮族自治区大型制浆造纸企业已投产的仅有广西金桂浆纸业有限公司、斯道拉恩索(广西)浆纸有限公司，其他绝大多数是中小规模企业。2021年广西壮族自治区主要制浆造纸企业见表1、表2。

表1 2021年广西壮族自治区主要制浆生产企业

序号	企业名称	产 品	生产量/万吨
1	广西金桂浆纸业有限公司	化学机械木浆	100.9
2	斯道拉恩索(广西)浆纸有限公司	化学机械木浆	22.0
3	广西东糖集团有限公司(广西来宾东糖纸业有限公司、横县东糖糖业有限公司纸业分公司)	蔗渣浆、木浆	16.1
4	广西洋浦南华糖业集团有限公司(田阳南华纸业有限公司、龙州南华纸业有限公司)	蔗渣浆、木浆、竹浆	14.9
5	广西宏瑞泰纸浆有限责任公司	木浆、竹浆	13.1
6	广西湘桂华糖制糖集团来宾纸业有限责任公司	蔗渣浆、木浆	11.7
7	广西博冠环保制品有限公司	蔗渣浆、木浆	7.5
8	柳州两面针纸业/纸品有限公司	木浆	5.7
9	广西广业贵糖糖业集团有限公司	蔗渣浆、木浆	5.6
10	广西凤糖鹿寨纸业有限公司	蔗渣浆	5.5

表2 2021年广西壮族自治区主要造纸生产企业

序号	企业名称	生产量/万吨	序号	企业名称	生产量/万吨
白卡纸			7	广西嵘兴中科发展有限公司	4.0
1	广西金桂浆纸业有限公司	133.9	8	广西圣大纸业有限公司	4.0
2	斯道拉恩索(广西)浆纸有限公司	45	9	广西和发强纸业有限公司	3.6
生活用纸			10	广西柳林纸业有限公司	3.5
1	广西天力丰生态材料有限公司	5.8	11	广西莲桂纸业有限公司	3.5
2	广西龙州曙辉纸业有限公司 广西来宾曙辉纸业有限公司	5.5	特种纸		
3	广西横县江南纸业有限公司	5.0	1	桂林奇峰纸业有限公司	2.9
4	南宁市佳达纸业有限责任公司	5.0	2	广西贺州市红星纸业有限公司	1.9
5	南宁香兰纸业有限责任公司	5.0	3	南宁侨虹新材料股份有限公司	0.6
6	广西植护云商实业有限公司	5.0	瓦楞原纸		
			1	广西春盛纸业有限公司	16.0

【基建与技改情况】

(1)广西金桂浆纸业有限公司二期项目包括：年产180万吨高档纸板扩建项目、年产30万吨过氧化氢项目、年产75万吨化学机械浆扩建项目，以及年产25万吨丁苯胶乳项目。年产180万吨高档纸板扩建项目第一台纸机于2021年12月8日成功上卷出纸，将于2022年1月10日正式竣工投产。双氧水项目于2021年1月16日开始试生产，目前生产正常。年产75万吨化学机械浆的技改扩建项目，节能报告正在办理批文，其余前期工作都已完成。年产25万吨丁苯胶乳项目，目前处于申报审批阶段。

(2)广西太阳纸业有限公司一期、二期项目同时推进建设。2021年9月26日，55万吨文化用纸项目成功开机出纸；10月15日、12月25日，15万吨生活用纸项目PM5和PM6相继成功开机；10月15日，年产80万吨化学浆(漂白阔叶木硫酸盐浆)生产线已顺利出浆；10月31日，年产20万吨化学机械浆(P-RC APMP)成功投产；12月8日，年产90万吨白卡纸生产线顺利出纸；2021年底，年产40万吨化学机械浆(BCTMP)生产线成功开机。

(3)广西侨旺纸模制品股份有限公司完成现有车间节能改造，淘汰旧的水环式真空泵，采用透平真空泵，节电30%以上，完成设备改造，提高设备自动化程度，降低人工劳动强度；新项目年产4万吨纸浆模塑餐具、工业包装项目一期一阶段1万吨于2021年底开工，预计2022年10月投产。广西博冠环保制品有限公司年产3万吨纸塑模塑餐具项目工程正在建设中。广西福斯派环保科技有限公司完成15万吨可降解植物纤维环保餐具项目一期生产线建设，年产能3万吨。

(4)广西桂海金浦纸业有限公司完成生活用纸纸机技改，以匹配下游加工设备，坚持产品差异化发展，加大吸水纸、单光纸的产销量，研发超柔纸(乳霜纸)；发展"精专特种纸"，向特种纸方向研究，2021年已经完成年产2.5万吨生活装饰原纸项目前期工作，并推动电子载带纸的研究，目前已经在合作工厂顺利试生产。

(5)广西横县江南纸业有限公司TM4新月型高速卫生纸机开机投产，幅宽2850毫米，设计车速1600米/分，运行车速1500米/分。广西植护云商实业有限公司二期4台CB4200-1500高速纸机项目，幅宽4200毫米，车速1500米/分，配备30条后加工生产线，形成15万吨的总体生产规模，2台纸机已成功投产，还有2台纸机及所配套的后加工设备预计到2022年6月运行。崇左市品源纸业有限公司首台新月型高速生活用纸机成功开机并顺利出纸，净纸幅宽2850毫米，设计车速800米/分。柳州市柳林纸业有限公司新月型卫生纸机成功开机，幅宽2850毫米，车速1500米/分。广西嘉盛纸业有限公司首台高速生活用纸机顺利开机并成功出纸，幅宽2850毫米，设计车速1300米/分。

(6)广西广业贵糖糖业集团有限公司，继续推进"年产10.89万吨漂白浆搬迁改造工程项目""年产8万吨特种纸搬迁技改项目""固废处理项目"等项目建设。南宁侨虹新材料股份有限公司国产折叠分切机项目年底投产，投资1200万元，产能400吨/月。广西来宾东糖纸业有限公司开展"蔗渣洗涤系数研究"项目技改。横县东糖糖业有限公司纸业分公司10万吨板皮树皮本色化学机械浆项目开工建设中。广西贺州市红星纸业有限公司开展年产2万吨热敏纸产品升级涂布技术改造。广西横县江南纸业有限公司启动成品后加工业务，推出爽手牌厨房纸机、擦拭纸等终端产品。

(7)6月11日，玖龙纸业(北海)林浆纸一体化项目在北海市举行了开工仪式，按照规划，广西基地全部建成投产后将成为玖龙纸业在国内制浆造纸产能最大的生产基地。

(8)理文崇左总部经济全产业链基地项目、广西建晖纸业有限公司林浆纸一体化项目(一期)、广西三江口新区高性能纸基新材料项目(一期)节能报告获批，3家企业均表示会尽快落实其他前期准备，争取早日开工建设。

(9)广西华博新材料有限公司，目前一期3个在建项目正在筹建当中，均为广西壮族自治区"双百双新"、自治区重大项目，分别是：年产6000吨高性能玻纤过滤材料项目；年产5万吨纤维素纤维浆粕项目；华南理工大学新型电子纸基材料崇左实验室项目，其中年产6000吨高性能玻纤过滤材料项目将于2022年2月竣工投产。

【科研与技术进步】

(1)广西大学轻工与食品工程学院轻工技术与工程学科带头人、广西造纸学会名誉理事长王双飞教授获评中国工程院院士。

(2)广西金桂浆纸业有限公司获国家级绿色工厂、中国轻工业200强企业、中国轻工业造纸行业十强企业、广西壮族自治区清洁生产企业、广西壮族自治区级林业产业重点龙头企业、广西壮族自治区工业龙头企业、2020年度广西壮族自治区"守合同 重信用"企业、2020年度钦州市利用外资突出贡献企业。

(3)广西太阳纸业有限公司和广西博世科环保科技股份有限公司入选广西工业龙头企业名单(第一批)，另外广西博世科环保科技股份有限公司还入选国家级绿色工厂。

(4)桂林奇峰纸业有限公司获国家高新技术企业、广西壮族自治区知识产权优势企业培育入库企业、广西壮族自治区认定企业技术中心、广西壮族自治区智能工厂示范企业。

(5)南宁侨虹新材料股份有限公司通过高新技术企业复审认定，获"自治区五一劳动奖状"荣誉称号。

(6)广西横县江南纸业有限公司获新月型夹网纸机成型器专利等5项专利授权。

【展望】

2022年，国内外疫情形势依旧严峻复杂，在党和政府的正确领导下，我们必须落实各项防控政策，确保安全稳定生产。广西金桂浆纸业有限公司、广西太阳纸业有限公司新建项目顺利投产，玖龙纸业(北海)有限公司开工建设，崇左理文纸浆纸品有限公司、崇左理文卫生纸制造有限公司、广西建晖纸业有限公司、广西仙鹤新材料有限公司、广西仙鹤林业有限公司等大型企业积极筹备，争取早日开工建设，广西壮族自治区造纸工业必须立足于新发展起点，转型再升级，充分发挥广西原料纤维资源优势，优化能源结构，提高产品质量，优化产品结构，丰富产品种类，推进产品多元化发展，提升工业体量和行业集中度，加强全流程清洁生产水平，提高节能管理信息化水平，节能减碳，推动行业高质量发展，为如期实现碳达峰、碳中和目标而奋斗。

(石美玲　覃程荣)

江西省造纸工业

Paper industry in Jiangxi province

【行业概况】

2021 年江西省造纸行业稳步运行，发展良好。据国家统计局及江西省造纸协会调研资料统计，江西省制浆、造纸、纸制品工业规模以上工业企业共有 133 家，其中，规模以上的造纸企业 73 家，纸制品制造企业 60 家。全省规模以上机制纸及纸板完成生产量共 280.24 万吨，同比下降 3.7%，营业收入 429.3 亿元，同比增长 13.5%，利润总额 38.3 亿元，同比增长 7%，营收与利润较 2020 年有所增长。

江西省造纸产品主要有以下四大类：

(1)文化印刷用纸　主要品种有轻型纸、双胶纸、低定量涂布纸等薄型文化用纸系列产品暨教材专用纸、中小学生作业本专用纸、书写纸、双胶纸。

(2)包装用纸　主要品种有涂布白纸板、白卡纸、箱纸板、瓦楞原纸、食品包装用纸、液体包装用纸、砂管纸、牛皮纸、黑卡纸、色卡纸、牛皮卡纸。

(3)生活用纸　主要品种有纸巾纸、卫生纸、普通湿巾、宠物湿巾、卫生巾、纸尿裤、擦手纸、厨房用纸。

(4)特种纸与加工纸　主要品种有鞋用纸板、载带封装用纸板、引线砂纸、电容器纸、烟花鞭炮纸、鞭炮红纸、红炮包装纸、花炮纸、连四纸、格拉辛纸、芳纶纸、芳纶纤维屏蔽纸、芳纶纤维蜂窝纸、美纹纸等。

【原料】

江西省是国内生态环境较好的省份，植物纤维原料丰富。据江西省林业厅发布的公告，江西省森林资源覆盖率 63.1%，位于全国的第二位。但由于政府管理部门考虑到制浆对环境的影响等，江西省内多品种造纸植物纤维原料，如小山竹等均未得到充分的利用，这些廉价的植物纤维原料除少部分销往邻省外，均未得到利用，资源优势未转化为经济优势。

据调查，江西省内造纸企业采用原生植物纤维原料制浆的企业主要有江西晨鸣纸业有限责任公司和赣州华劲纸业有限公司。其中，江西晨鸣纸业有限责任公司有 1 条以进口木片为主要原料的漂白化学热磨机械浆(BTMP)生产线，该生产线实际年产能 25 万吨左右，主要用该浆配抄轻型纸暨低定量涂布纸系列产品，该生产线自投产后至今运行正常。

赣州华劲纸业有限公司以自制的杂木为原料，采用立锅蒸煮制浆，原生浆配比生产纸巾纸、卫生纸等产品。现该企业主要采用当地家具厂生产家具时产生的针阔叶木材废料为原料制浆，生产生活用纸暨文化用纸产品。由于充分利用了当地丰富且廉价的木材剩余物加工废料，降低了原料生产成本，企业经济及社会效益均较好。

除以上两个企业采用原生植物纤维原料外，其他造纸企业所用的造纸纤维原料主要依靠外购各种纸浆浆板和废纸。生产生活用纸的企业除赣州华劲纸业有限公司大部分采用自制木浆为主要原料外，其余企业均是采用长短纤维商品浆为原料配比生产；生产牛皮纸的企业采用回收长纤维废纸为原料生产；生产箱纸板的企业采用本色针叶木浆挂面，芯浆底浆均采用废纸原料生产；生产瓦楞原纸、纱管纸、涂布白纸板等产品的企业均采用废纸原料生产；特种纸及纸板均采用商品木浆原料生产。

【生产企业】

据调查，江西省内目前年生产能力 100 万吨以上的大型企业有 2 家，年生产能力 30 万～100 万吨的中型企业有 9 家，年生产能力 5 万～30 万吨的企业有 31 家，剩余企业均为年生产能力 5 万吨以下的小型企业。年生产能力 30 万吨及以上企业情况见表1，年生产能力5万～30万吨的企业情况见 表2。

表1 2021年江西省年生产能力30万吨及以上的造纸企业

序号	企业名称	年生产能力/万吨	主要品种
1	江西理文造纸有限公司	150	牛皮箱纸板、瓦楞原纸、生活用纸
2	江西五星纸业有限公司	110	双胶纸、瓦楞原纸、液体包装用纸、格拉辛纸、白卡纸
3	江西晨鸣纸业有限责任公司	70	轻涂纸、低定量涂布纸、食品包装纸板、轻型印刷纸
4	江西省芦林纸业股份有限公司	70	高档箱纸板、高强瓦楞原纸、茶板纸、纱管纸
5	赣州华劲纸业有限公司	35	高档生活用纸、文化用纸
6	上栗县萍锋纸业有限公司	30	牛皮纸、涂布白纸板
7	江西柯美纸业有限公司	30	箱纸板、牛皮卡纸、瓦楞原纸、烟花鞭炮纸
8	上栗县恒达纸业有限公司	30	包装用纸
9	抚州浙锋包装材料有限公司	30	涂布白纸板

表2 2021年江西省年生产能力5万～30万吨的造纸企业

序号	企业名称	年生产能力/万吨	主要品种
1	江西泰盛纸业有限公司	28	生活用纸
2	抚州利锋纸业有限公司	22	高强瓦楞原纸、箱纸板、纱管纸
3	瑞金市晶山纸业有限公司	20	包装用纸
4	江西富安纸业有限公司	20	涂布白纸板
5	抚州市富盛纸业有限公司	20	瓦楞原纸
6	广丰双鼎纸业有限公司	17	包装用纸、高强瓦楞原纸
7	共青城顺风纸业有限公司	15	包装用纸
8	吉安丰顺达纸业有限公司	15	色卡纸
9	江西明盛实业有限公司	15	涂布白纸板
10	江西永新南方纸业有限公司	10	涂布白纸板
11	江西省新洪兴纸业有限公司	10	高档包装用纸
12	峡江县富兴纸业有限公司	10	涂布白纸板
13	江西富丰纸业有限公司	10	牛皮纸、涂布白纸板
14	萍乡旭日纸业有限公司	10	包装用纸
15	泰和县金丰实业有限公司	10	涂布白纸板
16	江西顺达纸业有限责任公司	10	涂布白纸板
17	广丰县华龙实业有限公司	10	箱纸板、瓦楞原纸
18	峡江金威纸业有限公司	10	涂布白纸板
19	抚州金峰包装新材料有限公司	10	高强瓦楞原纸
20	江西富临纸业有限公司	10	箱纸板、涂布白纸板
21	抚州市富盛纸业有限公司	10	瓦楞原纸
22	万载县万盛纸业有限公司	8	文化用纸
23	江西省富民纸业有限公司	8	涂布白纸板
24	江西联兴纸业有限公司	8	箱纸板、瓦楞原纸
25	江西晨阳纸业有限公司	8	生活用纸
26	江西恒盛纸业有限公司	8	砂管纸、高强瓦楞原纸
27	江西裕丰纸业有限公司	8	茶板纸、箱纸板、纱管纸、鞋底衬纸
28	江西华丽达纸业有限公司	5	生活用纸
29	江西康强实业集团有限公司	5	引线纸、棉纸
30	江西双林纸业有限公司	5	瓦楞原纸
31	江西洁美电子信息材料有限公司	5	载带封装用纸板

【基建与技改】

1. 金鹰（江西）产业园赛得利（中国）纤维有限公司年产 120 万吨高档白卡纸和年产 30 万吨生活用纸两个项目

2021 年 8 月 29 日，金鹰（江西）产业园赛得利（中国）纤维有限公司高档白卡纸、生活用纸两个项目完成签约。年产 120 万吨白卡纸项目建设地点位于九江市濂溪区的赛得利（中国）纤维有限公司预留的发展用地上，占地约为 53.33 余公顷，年产 120 万吨高档涂布白卡纸，主要应用于一次性纸杯、烟盒、食品和液体食品包装等。资金总投入约为 50.8 亿元，年销售收入约 50 亿元，年纳税 2 亿元，可新增就业岗位 2000 人左右。年产 30 万吨生活用纸项目建设地点位于九江市濂溪区化纤工业基地内，新增用地约 30 公顷，投资约 25 亿元，年产 30 万吨高档生活用纸。年销售收入约 20 亿元，用工约 1500 人，年税收约 5400 万元。一期年产 10 万吨，资金投入约为 6.5 亿元，年销售收入约 7 亿元。

2. 抚州浙锋包装材料有限公司年产 30 万吨涂布白纸板项目

抚州浙锋包装材料有限公司年产 30 万吨涂布白纸板项目，项目总占地 22.3 公顷，本次建设项目占地 14.2 公顷，总投资 35997 万元，该项目以废纸、木纤维、针叶木浆等为原料，通过一定工序生产涂布白纸板，截至 2021 年底，项目已接近尾声，基本具备了试机条件。

3. 江西五星纸业有限公司 PM10 年产 60 万吨白卡纸项目

江西五星纸业有限公司项目一期工程第一台纸机已于 2018 年正式投产，主要生产液体包装用纸；第二台纸机已于 2020 年 1 月份投产正常运行。该纸机是全套引进的韩国二手设备，幅宽 4950 毫米，车速 1200 米/分，扬克烘缸直径为 6700 毫米，主要生产产品是快递标签、医用包装等领域的格拉辛纸，年产能 15 万吨，一期总投资约 28 亿元。后期将生产转移印花纸及食品包装用纸等特种纸产品，目前年产能 50 万吨。2021 年 2 月份，公司规划了新的 70 万吨/年特种纸［文化用纸 30 万吨/年、生活用纸 5 万吨/年、木纹纸 5 万吨/年、装饰用纸 10 万吨/年、食品及医疗用纸 5 万吨/年、特种包装材料纸 5 万吨/年、工业衬纸 5 万吨/年、热敏纸（或复写纸）5 万吨/年］及 60 万吨/年涂布纸项目。项目总投资 278615.93 万元。PM10 年产 60 万吨白卡纸项目由杭州北辰轻工机械有限公司提供纸机，幅宽 5660 毫米，设计车速 1000 米/分。于 2021 年 12 月 9 日顺利投产，项目投产后，公司的总年产能已超过 110 万吨。

4. 泰盛（江西）生活用品有限公司年产 48 万吨生活用纸及配套热电联产项目、码头项目

泰盛（江西）生活用品有限公司项目总投资 116 亿元，主要建设年产 48 万吨/年生活用纸及配套热电联产项目、码头项目等。项目分三期建设完成。其中，一期项目投资 60 亿元，4 台纸机年产 24 万吨生活用纸原纸项目、年产 10 万吨生活用纸成品加工及配套热电厂项目，已于 2018 年 12 月全部建成投产；二期项目为年产 24 万吨/年生活用纸原纸项目、年产 8 万吨/年生活用纸成品纸加工项目；三期规划为码头项目、30 万吨/年生活用纸成品纸加工产业园项目。二期项目计划投资 40 亿元，项目于 2020 年 3 月底开工建设。泰盛（江西）生活用品有限公司与上海轻良实业有限公司一次性签约 8 台高速卫生纸机项目，从 2021 年 7 月开始第一块基础板安装，到 12 月份，前 4 台纸机全部顺利开机投产。

5. 江西理文造纸有限公司建设项目

江西理文造纸有限公司是广东理文造纸有限公司在全球的第七个生产基地。

2021 年 11 月 28 日，江西理文卫生用纸制造有限公司生活用纸 TM36 投产，年产能 2 万吨。2021 年 12 月 3 日，江西理文造纸有限公司生活用纸 TM37 投产，年产能 2 万吨。2021 年 12 月 18 日，江西理文卫生用纸制造有限公司生活用纸 TM31 投产，纸机幅宽 2850 毫米，设计车速 1300 米/分，设计年产能 2 万吨。

6. 江西省芦林纸业股份有限公司年产 70 万吨高档纸板扩建项目

江西省芦林纸业股份有限公司成立于 1995 年，老厂区有 3 条抄纸生产线，生产能力 20 万吨/年，产品有牛皮箱纸板、箱纸板、茶板纸、纱管纸。该公司于 2012 年启动了扩建年产 70 万吨包装纸板项目并于下半年获批。江西省发展改革委以赣发改能审专字〔2012〕157 号文下发，批准了广丰县芦林纸业有限公司年产 70 万吨高档纸板扩建项目，该项目于 2014 年 4 月开工建设，总投资 16.4 亿元，占地面积 36 公顷，全部采用废纸原料生产高强度瓦楞原纸暨高档箱纸板产品，项目达产后，可年产各类包装用纸 70 万吨，年产值达 20 亿元以上，实现利税 2.5 亿元，税金 1.5 亿元。该项目主要建设内容包括新建 1 条 30 万吨高强瓦楞原纸生产线，1 条 40 万吨牛皮箱纸板生产线，给水处理站 1 座，

废水处理站1座，配套热电厂2×12兆瓦汽轮发电机能力的自备动力车间、仓库、附属用房及环保设施等。其中，30万吨/年的高强度低定量瓦楞原纸生产线，纸机净幅宽8000毫米，车速1300米/分，使用国外配套的OCC生产线、DCS、QCS、MCS系统，该项目已于2021年11月1日顺利投产形成生产能力，主要生产75～120克/米^{2}箱纸板。另1条40万吨/年的牛皮箱纸板生产线，纸机拟采用三叠网，幅宽8000毫米以上，车速1500米/分，使用国外引进制浆线和控制系统，同时配套建设自备动力车间，目前还在建设中。公司已于2021年启动老厂区搬迁改造项目，项目选址于上饶高新区芦洋产业园B区(江西省芦林纸业股份有限公司新厂区)，建设规模为年产20万吨工业纸板。

7. 江西金安包装新材料有限公司投资项目

江西金安包装新材料有限公司于2017年计划投资9.4亿元兴办年产40万吨纱管纸、高强瓦楞原纸及热电联产生产线项目。目前，该项目已正式签约，并落户崇仁县工业园区，项目正在按计划实施，尚在建设中。

8. 赣州龙邦材料科技有限公司“芳纶纸基材料”项目

赣州龙邦材料科技有限公司“芳纶纸基材料”项目被科技部、总装备部、国防科工委三部委联合列为国家重点攻关项目。赣州龙邦材料科技有限公司成立于2017年9月6日，2018年12月以资产注入方式整体从深圳迁入定南县，公司占地10万米^2，总投资5亿元，芳纶纤维系列材料产能5000吨。公司自成立以来，始终立足技术创新，是业内兼具实力规模的芳纶绝缘纸、纯纸、厚纸板、蜂窝纸、芳纶电子线路板基材、芳纶屏蔽材料、芳纶纤维、沉析纤维等产品的研发、生产、销售厂家之一，专业为航空、舰船、轨道交通、变压器、电机、5G通讯、安全防护、环保及特种军事等领域应用提供安全、可靠的芳纶相关产品及解决方案。

2021年9月25日，龙邦科技推出一款“高电气强度绝缘芳纶纸”，这款由赣州龙邦材料科技有限公司生产的高端战略性新材料，打破了美国杜邦公司的垄断，填补了国内空白，实现了自主可控、进口替代。

【发展目标】

江西省造纸行业近几年来获得了较快发展，但省内造纸行业大多数产品附加值相对较低，产品以高强瓦楞原纸、箱纸板、瓦楞原纸、白纸板等包装用纸和生活用纸居多，高附加值的特种纸、技术用纸较少。随着不断加大对特殊技术用纸、高附加值产品的开发力度，目前省内特种技术用纸(如电子信息工业用纸、航空航天工业用纸等)品类不断丰富。将来在做大做强与民生息息相关的生活用纸系列产品和省内造纸企业不断加大的研发、技改带动下，全省的纸张生产量暨产值利润将会有较大的提高。

(姜兆宏　雷建民)

辽宁省造纸工业

Paper Industry in Liaoning Province

【行业概况】

2021 年辽宁省规模以上造纸及纸制品企业的数量为 91 家，较 2020 年增加 6 家；目前从业人员为 6920 人，其中国有经济单位 75 人，城镇集体经济单位 138 人，其他经济单位 6707 人，总人数较 2020 年减少 408 人，下降 5.6%；2021 年利税总额 7.4 亿元，与 2020 年的 3.4 亿元相比，增长 117.7%。从 2017 年开始，纸及纸制品生产量逐年上升，2021 年规模以上企业总生产量增加至 186.2 万吨，较 2020 年的 134.2 万吨增加了 52.0 万吨，增长率为 38.8%。2015—2021 年辽宁省纸及纸制品生产量的变化趋势如图 1 所示。

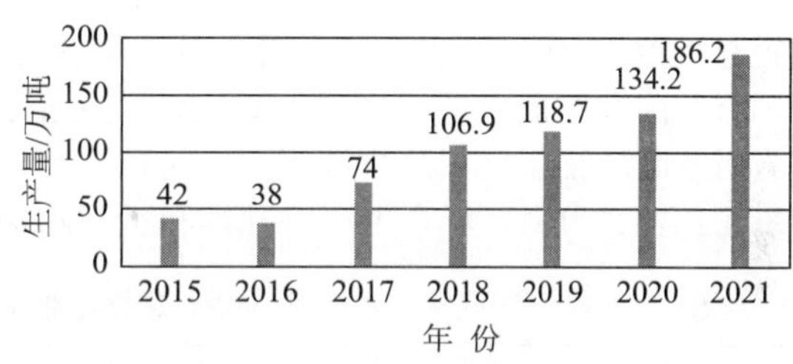

图1　2015—2021年辽宁省规模以上企业纸及纸制品生产量变化

2021 年，辽宁省人均纸及纸板生产量 44.7 千克，较 2020 年的人均 32.0 千克增长了 39.7%，2016—2021 年辽宁省人均纸及纸板生产量如图 2 所示。

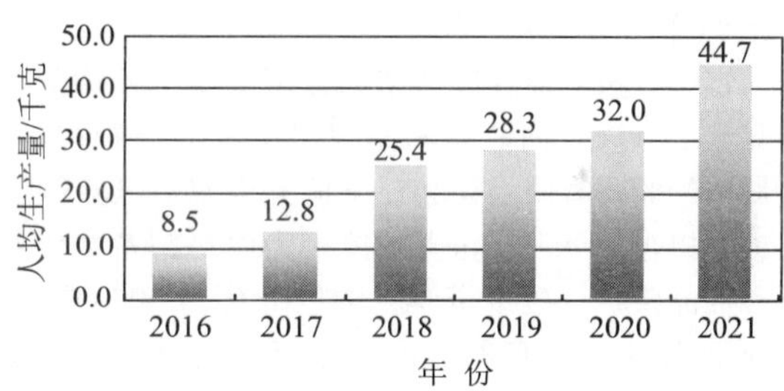

图2　2016—2021年辽宁省人均纸及纸板生产量变化

辽宁省造纸企业主要分布在沈阳市、铁岭市、大连市、锦州市、盘锦市和丹东市等几个规模较大城市或地区。2016—2021 年辽宁省不同地区规模以上企业的生产量变化情况如表 1 所示。2021 年生产量增幅比较大的城市是沈阳市和大连市，分别增加了 40.4 万吨和 4.9 万吨。辽宁省造纸企业的性质与经营情况详见表 2。

辽宁省现有的 91 家规模企业中，按资产投入分类，国有及国有控股企业 1 家，比例为 1.1%，其他投资企业 90 家，比例为 98.9%；从资产规模看，2021 年总资产为 186.1 亿元，其中，国有企业资产为 23.0 亿元(可能是统计口径不同，较 2020 年

表 1　2016—2021 年辽宁省不同地区纸及纸板生产量对比　单位：万吨

年份	沈阳	大连	丹东	锦州	阜新	盘锦	铁岭	鞍山	辽阳
2016	5.9	15.5	3.5	4.2	1.3	5.4	0.3	—	—
2017	15.8	16.3	3.8	5.6	8.6	5.6	18.0	—	—
2018	33.2	17.8	4.5	4.8	11.6	6.8	25.2	3.0	—
2019	50.5	26.1	4.9	6.9	0.6	5.5	23.4	0.8	—
2020	44.0	30.3	5.0	6.0	—	5.8	41.5	—	—
2021	84.4	35.2	8.2	3.3	—	6.5	46.8	0.8	1.0

表 2　2020—2021 年辽宁省纳入统计的造纸企业性质与经营情况　单位：亿元

企业性质	资产		主营收入		利税总额	
	2020	2021	2020	2021	2020	2021
国有企业	3.85	23.0	0.30	12.5	—	-1.2
外资企业	18.20	163.1	16.0	53.4	1.1	8.6
其他*	178.9		38.6	72.0	2.3	
合计	201.5	186.1	54.9	137.9	3.4	7.4

有大幅增加，但实际上没有新增投资），比例为 12.4%，其他资产 163.1 亿元，比例为 87.6%。2021 年辽宁省造纸企业主营业务收入有较大幅度提高，由 2020 年的 54.9 亿元增加至 137.9 亿元，利税总额由 2020 年的 3.4 亿元增加至 7.4 亿元，但国有及国有控股企业亏损了 1.2 亿元。由于辽宁省对节能减排制定了严格政策，迫使很多制浆造纸企业转型发展，现在生产特种纸和纸基功能材料的企业占大多数，这些企业的特点是虽然生产规模不大，但仍保持较好经济效益。而大中型企业多以包装用纸为主，虽然生产量较大，但利税额较低。

辽宁省一直高度重视造纸企业节能减排情况，废水排放量及单位生产量能耗逐年下降。2021 年辽宁省造纸企业能源消耗情况见表 3。从产品产销情况看，产品销售率与 2020 年持平，约为 96.3%。

表 3　2021 年辽宁省造纸企业能源消耗情况

煤炭耗量/万吨	汽油耗量/万吨	柴油耗量/万吨	燃料油耗量/万吨	天然气耗量/亿米^3	电耗/亿千瓦·小时
94.00	0.04	0.37	0.12	0.25	15.65

【原料】

辽宁省造纸原料以芦苇和废纸为主，外购部分商品浆。盘锦辽河三角洲是我国第二大芦苇产区，金城造纸股份有限公司和辽宁振兴生态造纸有限公司就是以盘锦辽河三角洲的芦苇为原料制备文化用纸和商品浆板。废纸资源，国内外各占 50% 左右，玖龙纸业（沈阳）有限公司、辽宁兴东科技有限公司、大连金洋纸业有限公司箱纸板主要以国内废纸为原料。

【生产企业】

1. 辽宁兴东科技有限公司

辽宁兴东科技有限公司位于辽宁省铁岭市开原造纸产业园，公司成立于 2012 年 5 月，规划分三期工程建设年产 100 万吨的高档包装纸板项目。该项目以废纸为原材料，采用先进的技术装备和生产工艺，生产牛卡挂面箱纸板、高强瓦楞原纸、纱管纸等高档包装纸板，属于国家鼓励的循环经济产业项目。项目占地面积 37.33 公顷，计划总投资 15 亿元。

一期工程年产 20 万吨的高档包装纸板生产线，于 2014 年 1 月建成投产运营，投资 3.8 亿元，占地 10.13 公顷，建筑面积 3.2 万米^2。二期工程年产 30 万吨高档包装纸板生产线，于 2018 年 8 月建成投产运营，投资 3.5 亿元，占地 16.2 公顷，建筑面积 5.3 万米^2。目前公司员工已达 620 余人，形成了年产 50 万吨包装纸板的规模，2021 年企业实现产值 16 亿元，纳税额 9458 万元。

三期工程将于 2022 年 5 月启动建设。2022 年先行建设 1 条浆纸一体的年产 20 万吨包装纸板生产线，项目占地 11 公顷，计划投资 2.5 亿元，2023 年下半年投产。后续公司将再续建 1 条年产 30 万吨包装纸板生产线，最终实现 100 万吨年产能、40 亿元年产值的发展规模。

2. 玖龙纸业（沈阳）有限公司

玖龙纸业（沈阳）有限公司是玖龙集团于 2010 年建立的集生产、销售、物流于一体的大型造纸企业，已建成投产 2 条具有世界领先水平的造纸生产线，年产能 100 万吨，解决就业人员 820 人。企业响应党和国家的号召，积极投身于脱贫攻坚的任务中，聚焦于慈善公益事业，在助学、教育、扶贫、扶危济困、急难救助，环保等方面结合实际情况，有效开展惠及社会大众的公益事业。以此更好地传承民族精神、引领社会风尚。2021 年生产量为 80.0 万吨，主要原料为废纸。

3. 辽宁振兴生态造纸有限公司

辽宁振兴生态造纸有限公司是集芦苇原料基地、制浆、造纸生产为一体的大型企业，成立于 2007 年，注册资本 5.7 亿元，坐落于辽宁省盘锦市辽河口经济区东郭造纸工业园，公司已于 2009 年 11 月 17 日全线投料生产。生产采用碱法连续蒸煮、氧脱木素、真空及双辊黑液提取、封闭热筛选、二氧化氯漂白(ECF)、白水封闭循环、碱回收、石灰脱硫和烟气净化，清洁生产高档无元素氯漂白芦苇浆和文化用纸。

公司计划在8年内达到生产漂白苇浆生产量40万吨，二次纤维浆生产量60万吨，生活用纸生产量25万吨，文化用纸生产量70万吨，包装用纸及纸板生产量105万吨。累计浆的总生产量为120万吨/年，累计纸及纸板总生产量为200万吨/年，总建设投资115亿元。公司主营产品为高档文化用纸，2021年纸生产量6.5万吨，主要原料为芦苇。

4. 沈阳思特雷斯纸业有限责任公司

沈阳思特雷斯纸业有限责任公司创建于2005年，是由沈阳防锈包装材料有限责任公司为主体投资，是集研发、生产、服务为一体的国内专业的特种纸知名造纸企业，是辽宁省高新技术企业。公司主导产品为食品包装用纸、医用包装系列用纸、金属板带衬纸、玻璃衬垫用纸等特种纸。2011年与宁波宝新不锈钢有限公司战略合作，合资兴建了宁波思特雷斯金属防护材料公司。公司始终贯彻跟踪国际先进技术和市场需求动向，实施标准化管理，在行业内率先通过ISO 9001质量管理体系认证和ISO 14001环境管理体系认证和FSC森林认证，并于2017年11月通过获得SC食品生产许可证。

公司具有防锈材料和造纸2个省级研发中心，与东北林业大学、大连工业大学等高校合作，共享科研成果，设立研究生培训基地、院士专家工作站等，进一步保障技术创新。2021年综合产能达到4万吨，产品原料为100%进口漂白木浆或本色木浆。

5. 大连金洋纸业有限公司

大连金洋纸业有限公司2001年建立，注册资金9000万元。公司集废纸再生造纸、纸板、纸箱制作印刷一条龙服务。公司自建立以来稳定扎实、快速跳跃式地发展壮大，采用国家倡导的循环经济变废为宝的发展模式，曾经创下了“大连地区包装行业第一”“东北三省最大的包装企业”以及“同行业的龙头企业”的辉煌业绩，具有进出口商检许可、商标许可、环评认证。公司现有员工300余人，技术力量雄厚，中高级技术人员30余名。大连地区有丰富的废纸资源，公司生产产品的主要原料是废弃纸制品，循环再生，利国利民。发展循环经济，实现资源的永续利用，即“原料—产品—废弃物—再生资源—产品”的新经济增长模式。走新兴工业化发展道路，清洁生产。

公司现有多条现代化造纸生产线，生产线连线生产，能充分对生产过程中的余热、余压、废渣、废水进行综合利用。主机及配套设施采用高科技，节能、降耗、环保、循环利用。生产的高级箱纸板、高强瓦楞原纸，多宽幅、低定量。2021年生产量为30余万吨，主要原料为废纸。

【环境保护与节能】

从2008年起，辽宁造纸企业一直执行严格的环保标准(辽宁省地方标准，DB21/1627—2008)，该标准较国家标准更为严格。该标准的实施，淘汰了落后产能，一些规模小、污染大、效益差的企业纷纷被关停，造纸企业数锐减，一些中大型企业开始落户辽宁。同时，也促进了现有企业环保与节能技术的进步。2021年纸及纸制品吨产品煤耗0.50吨、电耗840.0千瓦时，能耗显著降低。

辽宁振兴生态造纸有限公司建立环保产业，公司拥有高度一致、超前的生态环保理念和区域综合利用措施，走可持续发展道路。公司斥巨资引进国内先进的碱回收生产线，有效解决造纸行业中的黑液污染难题。同时，在废水处理方面，公司引进具有国际先进水平的荷兰卡鲁塞尔2000版氧化沟、直径长达15米的超效浅层气浮器等设备和工艺，形成“厂内三级处理+厂外氧化塘、潜流湿地”废水处理系统，变废为宝。经过处理后的水再进入1333.3公顷芦苇湿地灌溉区，实现水资源的综合循环利用，实现真正意义上的“绿色制浆，生态造纸”，为实现循环经济(即3R模式)打下了坚实的基础。

辽宁兴东科技有限公司并建有日处理能力达12000吨的废水处理站，还建设了单台装机容量75吨/小时的产业园集中供热中心。

【发展目标】

辽宁造纸工业2012年起陆续建起造纸产业(工业)园，便于废弃物集中处理，鼓励制浆造纸企业入园发展。目前已有抚顺造纸产业园、盘锦东郭造纸工业园、铁岭开原造纸产业园、丹东前阳造纸产业园、黑山胡家造纸产业园、鞍山台安造纸产业园、朝阳开发区造纸工业园等园区。抚顺矿业集团琥珀纸业有限公司入驻抚顺造纸产业园、辽宁兴东科技有限公司和辽宁豪唐纸业股份有限公司入驻开原造纸产业园、辽宁鞍安纸业有限责任公司入驻鞍山台安造纸产业园、辽宁振兴生态造纸有限公司入驻盘锦东郭造纸工业园。2021年，鞍山台安造纸产业园正在建设中。

（平清伟）

山西省造纸工业

Paper Industry in Shanxi Province

【行业概况】

根据国家统计局数据，2021 年山西省规模以上造纸及纸制品企业共 12 家，机制纸及纸板总生产量为 108.01 万吨，比 2020 年增长 55.11%。

根据山西省造纸行业协会调查，2021 年山西省机制纸及纸板企业共 35 家，其中含 1 家在建企业，2 家停产技改企业，8 家停产企业。造纸从业人数约 3550 人。造纸产品种类主要为瓦楞原纸、生活用纸、特种纸，其中特种纸以石膏板护面纸为主，其他有育果袋纸、薄页纸、服装裁剪用纸。石膏板护面纸由山西强伟纸业有限公司生产，产品不仅畅销国内，部分产品还出口东南亚、中东、中亚、西亚等地区，逐渐与世界接轨。2021 年山西省机制纸及纸板产能约 254.9 万吨，其中瓦楞原纸 159.1 万吨、生活用纸 36.5 万吨、石膏板护面纸 43 万吨、服装裁剪用纸 5 万吨、育果袋纸 1.8 万吨、薄页纸等其他特种纸约 9.5 万吨。2021 年完工的项目新增纸机产能约 52.3 万吨，其中瓦楞原纸增加产能 43.5 万吨，生活用纸增加产能 6.6 万吨，特种纸增加产能 2.2 万吨。2021 年全省机制纸及纸板生产量约 143.0 万吨，其中瓦楞原纸 78.8 万吨、石膏板护面纸 40.5 万吨、生活用纸 17.2 万吨、服装裁剪用纸 3 万吨、育果袋纸、薄页纸等其他特种纸约 3.5 万吨。产能和生产量差距较大，一方面原因是 2021 年度投产的机台产能还未发挥，另一方面原因是受新冠肺炎疫情、原料、环保、能源多因素影响，除石膏板护面纸外，其余纸机开机率不高甚至停产。

【原料】

纸浆的生产与消费：山西省无单独制浆企业，造纸企业生产的纸浆全部为自用废纸浆。襄汾宏峰林纸有限公司是林浆纸生产一体化企业，具备 5.6 万吨杨木制浆、3 万吨脱墨纸生产能力，处于停产技改状态，规划在“十四五”期间技改升级 30 万吨杨木制浆生产线。山西省纸浆年消费总量约 143.9 万吨，其中废纸浆 125.8 万吨，占纸浆总用量的 87.4%，商品浆 18.2 万吨，占纸浆总用量的 12.6%。废纸浆用于生产瓦楞原纸、石膏板护面纸及部分特种纸，商品浆用于生产生活用纸及部分特种纸配浆。

原材料的采购情况：2021 年废纸用量 134.7 万吨，全部为国内废纸，省内与省外废纸分别占废纸总量的 56.6%、43.4%。外购国内商品浆与进口浆占总量的 20%、80%。

【生产企业】

按造纸生产能力分类，山西省无大型(100 万吨以上)企业，中型(30 万～100 万吨)企业 4 家，小型(5 万～30 万吨)企业 9 家。以上 13 家造纸企业合计年产能 233.0 万吨，占全省机制纸及纸板总产能的 91.4%，详见表 1。

表 1 2021 年山西省主要造纸企业产能

序号	地区	单位名称	产能/万吨	主要产品
1	晋中	山西强伟纸业有限公司	43.0	石膏板护面纸
2	晋中	山西省外贸平遥包装印刷(集团)造纸有限公司	30.0	瓦楞原纸
3	运城	运城市自强纸业有限公司	30.0	瓦楞原纸
4	临汾	山西华天基纸业有限公司	30.0	瓦楞原纸
5	运城	山西力达纸业集团有限公司	18.5	生活用纸

续表

序号	地区	单位名称	产能/万吨	主要产品
6	大同	山西云冈纸业有限公司	18.0	生活用纸
7	吕梁	山西恒悦纸业有限公司	15.0	瓦楞原纸
8	晋中	平遥县康华纸业有限责任公司	11.5	瓦楞原纸
9	运城	稷山县新嘉源纸业有限公司	10.0	瓦楞原纸
10	吕梁	稷山县鹏腾工贸有限公司	10.0	瓦楞原纸
11	大同	大同市冠森纸业有限公司	7.0	瓦楞原纸
12	大同	阳高县仁宝纸业有限公司	5.0	服装裁剪用纸
13	运城	芮城县中宝纸业有限公司	5.0	育果袋纸(1.8 万吨)
		合计	233.0	

【基建和技改】

2021 年山西省有 14 家公司实施基建及技改项目。

(1)山西云冈纸业有限公司 2021 年继续建设年产 12 万吨高档生活用纸智能制造项目，项目于 2020 年 6 月备案，总投资 45335 万元，建筑面积 6000 米^2，拟新增 6 台国际先进的智能化造纸生产线及深加工设备、动力等配套设施，最终达到新增 12 万吨/年的生产能力。项目投产后预计年产值 7 亿元，新增利税 9600 万元，新增就业岗位 200 人。2021 年已投产 1 台纸机，新增产能 3 万吨。企业发挥龙头作用，向下游延伸产业链，2021 年配套建设电商纸制品加工产业园，占地 10 公顷，规划建筑面积 70000 米^2，招商多家加工企业入驻。山西云冈纸业有限公司余热利用 7.5 兆瓦热电项目，总投资 6635 万元，主要建设 7.5 兆瓦背压式汽轮机发电机组、55 蒸吨次高温次高压循环流化床锅炉。项目于 2020 年 5 月开工建设，2021 年 11 月投入运行。

(2)大同市冠森纸业有限公司年产 15 万吨工业用纸及 6000 吨塑料制品制造项目建设地点位于山西省大同市阳高县王官屯镇龙泉工业园区。项目于 2019 年 5 月备案，当年开工建设，一期工程 3600 毫米纸机于 2021 年 6 月 28 日正式投产运行，全部使用废纸原料生产低定量高强瓦楞原纸，年产能约 7 万吨。

(3)山西大维纸业有限公司年产 20 万吨高强瓦楞原纸项目建设地点位于山西省大同市云州区党留庄乡党留庄村东南约 1.2 公里处，占地面积 6.67 公顷。项目总投资 2.35 亿元，新建 2 条瓦楞原纸和 T 纸生产线，预计年产值可达 6.5 亿元，实现利税 9600 万元，可解决当地劳动力 300 多人就业。项目于 2020 年 9 月开工建设，先期建设 1 条 10 万吨生产线，2021 年完成土建工程及部分设备安装，预计 2022 年 6 月投产。

(4)山西强伟纸业有限公司年产 110 万吨石膏板护面纸及包装用纸工程于 2017 备案，总投资 30 亿元，总占地 66.67 公顷。拟建 1 条年产 30 万吨石膏板护面纸生产线，2 条年产 40 万吨包装用纸生产线，日处理 4 万米^3 的废水处理项目，热动车间项目以及库房、办公区等其他配套设施。项目分两期建设，其中一期工程年产 30 万吨石膏板护面纸生产线于 2019 年开工建设，2020 年土建工程完成，2021 年初进入设备安装阶段，预计于 2022 年 5 月底投产。公司于 2021 年 7 月备案 PM4 纸机提产技术改造项目，总投资 7200 万元，主要技改内容为：提高纸机车速，改无绳引纸；改造烘缸气罩、蒸汽冷凝水、透平风机尾气等部位。项目于 2021 年 12 月完成。

(5)山西省外贸平遥包装印刷(集团)造纸有限公司 25 万吨高强瓦楞原纸生产线技改项目自 2018 年 8 月开始陆续对 2 条生产线停产技改。一是淘汰原有 10 万吨 4000/400 型生产线，新增年产 20 万吨 5700/600 型生产线，已于 2020 年 12 月投产。二是将原有 4600/500 生产线技改为 4600/550，已于 2021 年 4 月投产，技改后公司年生产量由原来的 25 万吨增加到 30 万吨。

(6)平遥县康华纸业有限责任公司年产 23 万吨瓦楞原纸项目总投资 1.5 亿元，占地 8.67 公顷，设计 2 条生产线，分两期建设，一期生产线于 2019 年开工建设，2021 年 8 月投产。

(7)山西华天基纸业有限公司年产 30 万吨高档包装用纸项目，建设地点位于襄汾县永固协同发展产业园。项目总投资 2.8 亿元，分两期建设，其中一期建设 10 万吨高强瓦楞原纸生产线，已于 2019

年投产，二期建设 20 万吨高强瓦楞原纸生产线，于 2021 年 3 月投产。

(8)襄汾县宏峰林纸有限公司是山西省现存唯一一家林浆纸生产一体化企业，具备年产 8.6 万吨特种纸、5.6 万吨杨木制浆、3 万吨脱墨纸生产能力。公司于2019 年开始对原有3 条生产线进行技改升级，改造分三期进行：一期工程在原址拆除重建，升级8.6 万吨特种纸生产线；二期升级30 万吨杨木制浆生产线；三期升级 100 万吨特种纸生产线。一期技改工程于2021 年6 月开工建设，先期引入上海金佰利纸业有限公司管理团队，购置 1 台维美德公司纸机，2021 年底完成土建工程进入设备安装阶段，预计于 2022 年 12 月投产。整体改造升级有望于 2025 年完成。

(9)山西翔云纸业有限公司年产 20 万吨生活用纸加工项目，建设地点位于襄汾县景毛乡吉村东 500 米，总投资 1.3 亿元，主要建设加工自动化生产线 10 条(包括：软抽纸机、手帕纸机、盒抽纸机、卷卫纸机等)、原料库 10000 米^2、成品库 15000 米^2 以及附属设施等。2021 年 8 月开工建设，将于 2022 年 3 月投产。

(10)山西力达纸业集团有限公司年产 20 万吨高档生活用纸项目，该项目拟投资 4 亿元，占地 13.3 公顷，拟新增造纸机(新月型 2800 - 1600)12 台、分切机 12 台及各种配套设备。建设期 2020 年 1 月—2022 年 7 月，其中 3 台纸机生产线已于 2020 年 10 月投产，2021 年 10 月有 2 台纸机相继投产。

(11)运城市自强纸业有限公司扩建年产 100 万吨瓦楞原纸生产线项目估算总投资 15 亿元，占地面积约 40 公顷，新建 10 条制浆及造纸生产线、热电联产工程、1 条年产 1 亿块蒸压粉煤灰砖生产线。分期建设，2020 年 5 月开工建设 1 条年产 10 万吨生产线，2020 年底土建工程完工，2021 年主体设备安装完成，由于疫情等因素，预计于2022 年7 月投产。

(12)稷山县新嘉源纸业有限公司扩建 20 万吨再生瓦楞原纸生产线项目，2019 年 10 月开工建设第一条 3800/450 纸机生产线，于 2021 年 12 月投产，用于生产低定量瓦楞原纸、T 纸。

(13)山西中宝纸业股份有限公司 2021 年备案了两个技改项目，一是造纸生产线技术改造项目，总投资 3192.20 万元，项目技改 1.8 万吨育果袋纸 2880/300 纸机、1.2 万吨薄页纸 3600/300 纸机、2 万吨瓦楞原纸 3600/150 纸机；新增原料库房、造纸二车间、固体废弃物库房；新增 4 台 10 米^3 水力碎浆机，18 台 450 型磨浆机及其配套设施；改造日处理 5000 米^3 废水处理站及配套设施；改造 2 套污泥脱水设备；改造供电变压器、配电柜及其配套设施。2021 年 6 月开工建设，2021 年纸机设备调试已完成，预计 2022 年验收。二是热能技术改造项目，总投资 500 万元，拟新增 10 蒸吨、20 蒸吨燃气锅炉各 1 台及其配套设施。2021 年 10 月开工建设，先安装 10 蒸吨燃气锅炉，预计 2022 年 3 月投入运行。

(14)太原世海源科技发展有限公司年产 15.5 万吨无机纤维防火用纸建设项目，建设地点位于山西省太原市清徐县小北村南 700 米处，项目总投资 47989 万元，建设4 条纸机生产线和1 条4276 万米^2 防火纸板生产线。2021 年完成 3 条纸板生产线及 1 条防火纸板生产线的安装，预计2022 年3 月调试出纸。

【科研与技术进步】

山西强伟纸业有限公司是国家高新技术企业，通过了国家 ISO 9001 质量体系、ISO 14001 环境体系认证、ISO 45001 职业健康体系认证以及两化融合认证。2019 年和 2020 年先后被评为“晋中市企业技术中心”“山西省企业技术中心”。企业积累了十多年的护面纸研发生产经验，技术水平处于国内领先地位，产品质量达到了国际同类产品先进水平。在石膏板护面纸设备装置和生产工艺领域获得了纸张去水、环保用废纸多级破碎、护面纸特别生产、覆膜纸特别生产、高白度护面纸生产等 6 项发明专利。公司通过建设“年产 110 万吨石膏板护面纸及包装用纸工程”项目(一期)，对生产线系统进行全面升级，全新的“年产 30 万吨石膏板护面纸生产线”配备有进口纸机装置，全套引进德国福伊特公司造纸设备，在质量控制、能耗和自动化方面，采用全新的 XcelLine 先进技术，包括 MasterJet 流浆箱、NipcoFlex 靴式压榨等技术。

山西云冈纸业有限公司被山西省工业和信息化厅评为 2021 年省级智能制造示范企业。

中国科学院山西煤炭化学研究所从“九五”期间开始研究燃料电池用碳纸的制备工艺与装备开发，至今已有 20 多年的研究基础。该研究以开展高性能碳纸技术研究和产业化为主要目标，在碳纤维及碳纸的基础理论和合成技术研究方面积累了丰富的经验，尤其在碳纤维结构控制、碳纤维表面改性、碳纤维原纸湿法抄造、粘结剂的设计及自主研发、碳纸孔结构调控、专用高温炭化工艺设备开发等工艺过程中形成了独有的技术优势，已形成了整套的技术体系。研发期间获得 6 项专利。目前实验室所研制碳纸样品主要指标接近或超过日本东丽公司同类产品。2020 年 9 月建成 10 万米^2/年碳纤维原纸连续试验线，并调试成功。2021 年继续研发和优化碳纸性能，共生产碳纸 1 万米^2。

【环境保护与节能】

山西强伟纸业有限公司“年产 110 万吨石膏板护面纸及包装用纸工程”项目配套了大规模先进工艺废水处理厂以及超低排放烟气锅炉等设施，废水处理效果和水循环使用率达到国内外先进标准。

山西强伟纸业有限公司、山西力达纸业集团有限公司、山西省外贸平遥包装印刷(集团)造纸有限公司、山西云冈纸业有限公司等多家造纸企业配备了热电联产，锅炉废气超低排放，减少了大气污染。山西华南纸业有限公司、山西志峰农科贸有限公司、山西华昌纸业有限公司、芮城县中宝纸业有限公司实施了煤改气，降低了大气污染。

【发展目标】

随着山西省转型发展的深入和人民消费水平的提高，山西省造纸行业生产及消费能力将有很大的提升空间，并且随着山西省中部城市群太忻经济一体化发展，更好地融入京津冀和服务雄安新区重要走廊，有利于承接京津冀部分造纸产能转移。

2022 年总体发展目标：在产业布局方面，以造纸龙头企业引领，加强上下游产业链协作，优化资源配置。在原料结构方面，利用环保清洁制浆新技术、新工艺，推进农林浆纸一体化建设，科学利用秸秆及其他非木材原料。在企业结构方面，引导中小造纸企业向专、精、特、新方向发展，增强竞争力。在产品结构方面，通过工艺技术装备的革新和技术改造，提升产品品质，创新特色产品。在节能减排方面，加大节能改造，充分利用生产环节产生的余压、余热等能源，提高生物质能源比例，发挥造纸绿色循环经济优势。

（武乃玲）

陕西省造纸工业

Paper Industry in Shaanxi Province

【行业概况】

2021 年陕西省规模以上造纸企业 12 家，从业人员约 4100 人。机制纸及纸板生产能力达到 130.7 万吨，实际生产量 88.9 万吨，实现销售收入 32.8 亿元，利税 1.5 亿元。2021 年由于新冠肺炎疫情的持续影响，各企业生产量普遍有所下降，个别企业生产量下降近 50%，也有个别企业因为技改增加了产能和生产量。

陕西省造纸企业主要分布在关中地区的宝鸡、咸阳、西安、渭南 4 个地市，陕北的榆林市、延安市以及陕南的商州市、安康市无造纸企业，陕南的汉中市宁强县现有 1 家生活用纸造纸企业新建项目，目前项目正在建设过程中，预计 2023 年底投产运行。陕西省造纸产品主要分为三大类。第一类是包装用箱纸板和瓦楞原纸，主要生产企业有陕西圣龙纸业有限责任公司、陕西武功东方纸业集团有限公司、陕西法门寺纸业有限责任公司、大荔蔡伦纸业有限公司、岐山县圣龙箱板纸有限责任公司、西安惠宁纸业有限公司、蒲城东兴纸业有限公司等。第二类是生活用纸，主要生产企业有陕西欣雅纸业有限公司、陕西法门寺纸业有限责任公司、大荔蔡伦纸业有限公司等。第三类是特种纸，主要有拷贝纸、特种引线卷筒纸、覆铜版纸、热压垫板纸、湿法高性能纤维材料、食品包装用纸、分层胶带原纸、育果袋纸等，主要生产企业有宝鸡科达特种纸业有限公司、蒲城康钰纸业有限公司等。

陕西省与造纸相关的产业及企事业单位众多，造纸装备制造企业有西安维美德造纸机械有限公司、西安造纸机械有限公司、西安维亚造纸机械有限公司、陕西炳智机械有限公司、西安迈拓机械制造有限公司等多家企业，造纸相关的设计及研究院所有中国轻工业西安工程设计有限公司、陕西省轻工研究设计院、西安造纸机械研究所、陕西科技大学造纸环保研究所等，大学有陕西科技大学轻工科学与工程学院。

【原料】

陕西省造纸企业按照原料结构主要分为 3 类，第一类为以芦苇化学浆为原料生产生活用纸的企业，共计 1 家，年生产能力达 6 万吨；第二类为以废纸为原料生产纸板的企业，共计 10 家，年生产能力 100 万吨；第三类为以废纸和商品浆为主要原料生产生活用纸、文化用纸和特种纸的企业，共计 5 家，年生产能力 24.6 万吨。

造纸纤维原料结构中废纸浆占主导地位，在造纸原料结构中占 75.2%，全部来自国内收购的废纸。化学草浆在造纸原料结构中占 4.9%，为企业自制。特种纸和少量生活用纸用商品浆，在造纸原料结构中占 19.9%，主要采用进口和国产商品木浆。

【生产企业】

2021 年陕西省造纸企业工业产能和实际生产量见表 1。12 家造纸企业合计实际生产量 88.9 万吨，比 2020 年减少了 6.7 万吨。主要生产企业有陕西法门寺纸业有限责任公司、陕西圣龙纸业有限责任公司、大荔蔡伦纸业有限公司、岐山县圣龙箱板纸有限责任公司、陕西武功东方纸业有限公司、蒲城东兴纸业有限公司等，并形成了蒲城造纸工业园和武功东方工业园两个产业集群，具有一定的市场竞争能力和发展后劲，为陕西省造纸工业今后的发展奠定了一定的基础。

(1)陕西法门寺纸业有限责任公司　公司现有 3 个分厂，20 条生产线，年生产能力达 28.6 万吨。主要产品有“法门寺”牌文化用纸、生活用纸和瓦楞原纸。其中 2 条(1 条幅宽 3600 毫米，1 条幅宽 4600 毫米)高强瓦楞原纸生产线，1 条幅宽 3200 毫米纱管纸生产线，年产能 20 万吨；2 条幅宽 1880

表 1　2021 年陕西省造纸企业工业产能和生产量

单位：万吨

序号	企业名称	产能	生产量
1	陕西法门寺纸业有限责任公司	28.6	23.80
2	陕西圣龙纸业有限责任公司	18.0	8.64
3	大荔蔡伦纸业有限公司	16.0	14.50
4	陕西武功东方纸业有限公司	12.0	6.00
5	西安渭丰纸业有限公司	10.0	5.17
6	岐山县圣龙箱板纸有限责任公司	8.0	8.20
7	蒲城永丰利亚纸业有限公司	7.8	2.86
8	西安惠宁纸业有限责任公司	6.8	5.00
9	陕西欣雅纸业有限公司	6.5	3.87
10	蒲城东兴纸业有限公司	6.2	6.20
11	宝鸡科达特种纸业有限责任公司	6.0	4.01
12	蒲城康钰纸业有限公司	5.6	0.60

毫米文化用纸生产线，年产能 2.6 万吨；2 条幅宽 2850 毫米、车速 1200 米/分高速卫生纸机；13 条幅宽 2400 毫米、车速 500 米/分新月型卫生纸机，年产能 6 万吨。配套有热电站和 20000 米^3/日废水处理站各 1 座。公司已通过 ISO 9001 质量管理体系认证、ISO 14001 环境体系认证和清洁生产认证，先后荣获“陕西省省级先进企业”“陕西省质量管理优胜企业”“省级基础管理优良企业”“AAA 信誉企业”等 40 多项荣誉，公司的“法门寺”商标被评为陕西省“著名商标”。

（2）陕西圣龙纸业有限责任公司　公司现有资产总额 5.3 亿元，以废旧瓦楞纸箱为原料，生产纱管纸和瓦楞原纸，年生产能力 18 万吨。公司现有 3 条造纸生产线，包括 1 条年产 10 万吨幅宽 4400 毫米长网多缸纸机生产线，1 条年产 5 万吨幅宽 2820 毫米四叠网多缸纸机生产线。1 条年产 3 万吨幅宽 2400 毫米多圆网多缸纸机生产线。4500 千瓦时热电站及 20000 米^3/日废水处理站各 1 座。公司是宝鸡市重点扶助发展企业。

（3）大荔蔡伦纸业有限公司　公司位于渭南市大荔县开发区，始建于 1992 年，是民营企业，占地面积 200 多公顷，拥有员工 2500 人以上，技术人员 110 多名，公司总产能 16 万吨/年。以漂白或本色芦苇浆、木浆配抄生产生活用纸，年产能 6 万吨；拥有高速卫生纸机 5 台（3 台幅宽 2850 毫米、车速 800 米/分，2 台幅宽 2850 毫米、车速 1200 米/分）。公司还拥有发电能力为 15 兆瓦的自备热电站，拥有制浆黑液碱回收系统、废水处理厂等。公司计划于 2023 年建设年产 10 万吨浆纸工程项目。

（4）陕西东方环保产业集团有限公司　公司位于咸阳市武功县大庄镇，是民营股份制企业，也是咸阳市造纸行业的骨干企业。公司现有年产 10 万吨高强瓦楞原纸生产线 1 条，现有员工 220 多人，其中，专业技术人员 50 人，固定资产 5.7 亿元，占地面积 34 公顷。公司 2021 年生产量 6 万吨，产值 2 亿元，利税 3000 万元。2021 年 8 月，公司投资 5000 万元进行技术改造，预计 2022 年 2 月完成技改。2021 年已开工建设年产 90 万吨废纸回收综合利用项目，该项目总投资 32 亿元，占地 52 公顷。

（5）岐山县圣龙箱板纸有限责任公司　公司始建于 1989 年，经过 20 多年的技术改造与发展，现已成为集废纸制浆、造纸、废水处理于一体的瓦楞原纸专业生产厂家。公司拥有幅宽 3800 毫米、2800 毫米现代化造纸生产线 2 条，在职职工 180 人，年生产能力 8 万吨，产值 2.8 亿元。

（6）西安惠宁纸业有限公司　公司创建于 2001 年，是高新技术企业，公司占地面积 18 公顷，主要产品为高强瓦楞原纸。2005 年公司积极与西安交通大学合作，创新发展实施“废纸造纸废水封闭循环厌氧 + 好氧生化处理零排放工程”，2008 年被国家环保产业协会授予“全国第一家零排放示范企业”。公司先后获得 ISO 9001 质量管理体系认证证书、ISO 14001 环境管理体系认证证书、ISO 45001 职业健康安全管理体系认证证书、双重预防机制、安全生产标准化三级证书等，目前是陕西科技大学产学研基地、研究生培养基地。公司现有 8 个实用新型专利、3 个发明专利。

（7）陕西欣雅纸业有限公司（原陕西兴包企业集团有限责任公司）　公司是民营股份制企业，主要生产中高档生活用纸，年产能 6.5 万吨。企业占地面积 33.3 公顷，现有资产 4.6 亿元，员工 600 多人。其主导产品“欣雅”“欣家”牌生活用纸被陕西省评为“陕西省名牌产品”和“陕西省著名商标”，2009 年入选为“陕商绿色环保行业十大重点推广品牌”，公司 2007 年被评为“陕西省优秀民营企业”“陕西省农业产业化重点龙头企业”，公司通过了清洁生产认证、ISO 14001：2015 环境体系认证、ISO 9001：2015 质量体系认证。

（8）宝鸡科达特种纸业有限责任公司　公司创建于 1991 年，拥有各类特种纸生产线 30 多条，现有职工 460 人。该公司研发生产 30 多种不同应用方向的特种纤维材料产品，是引领多项先进生产技术的纸基功能材料生产企业。公司主要产品有电子级工业用纸、食品包装材料、农业包装用纸、特种文化用纸、过滤材料等。历经30多年的发展，公司拥有1个市级技术中心(已申请省级技术中心)、1个全资非织造布子公司、1个日处理20000米^{3}生产废水的废水处理站、1台45蒸吨燃煤锅炉。公司是集研发、生产、销售于一体的股份制高新技术企业、民营福利企业、省级集中安置残疾人就业基地、省级就业扶贫基地。历年来获得国家科技进步二等奖、陕西省科学技术发明一等奖、陕西省科学技术三等奖等成果奖励；获得中国绿色环保产品、国家AAA重质量守信誉单位，全省助残先进集体，省、市"明星企业"等荣誉。公司获得各类创新产品、专利11项，科技成果奖7项，并多次承担省、市科技项目。

(9)蒲城东兴纸业有限公司　公司创建于1997年，是蒲城县重点扶持企业，公司占地面积6.67公顷，主要产品是低定量箱纸板。公司现有员工143人，高级技术人才20余人。公司拥有幅宽3800毫米、2400毫米长网多缸造纸机生产线各1条，年生产量6.2万吨，产品销往浙江、安徽、江苏、河北等地。公司与陕西科技大学合作，实施了"废纸造纸废水封闭循环厌氧+好氧生化处理零排放工程"。公司先后获得ISO 9001质量管理体系认证证书、双重预防机制、安全生产标准化三级证书等。

(10)蒲城康钰纸业有限责任公司　公司始建于1995年，位于渭南市蒲城县孙镇东陈村，交通便利，能源充足，年设计生产能力5.61万吨。建有废水处理厂1座，日处理造纸废水1万余吨，自有蒸汽交换站1座。公司目前主要生产育果袋纸，产品畅销陕西、山西、甘肃、云南、四川等地。

【基建与技改】

(1)陕西法门寺纸业有限责任公司拟建年产30万吨包装用纸及5万吨生活用纸技改工程。2017年开始筹划，2018年9月通过《陕西省环境保护关于陕西法门寺纸业有限责任公司技改转型方案的批复》，2019年3月在宝鸡市发展改革委进行了备案，环评也已通过审批。该项目被确定为2020年宝鸡市重点项目，已于2020年10月底投产运行1条3200型纱管纸生产线。2022年拟新建1条年产20万吨高强瓦楞原纸生产线，项目前期各项准备工作已经完成，计划在年内开工建设。该公司是陕西省内唯一一家生产文化用纸的企业，公司拟在"十四五"期间建设1条年产10万吨的文化用纸生产线。

(2)陕西东方环保产业集团有限公司全面推动陕西东方环保产业园区的建设。新增的90万吨废纸回收综合利用项目，计划分两期建设，一期建设年产50万吨高档包装用纸，二期建设年产40万吨高档包装用纸。建设内容包括1条年产20万吨高强瓦楞原纸(定量120～160克/米^2)生产线，1条年产30万吨牛皮挂面箱纸板(定量160～280克/米^2)(二期)；1条年产20万吨高强瓦楞原纸生产线和1条年产20万吨牛皮挂面箱纸板(定量160～280克/米^2)(三期)；达产后共计年产90万吨，同时配套建设废水处理站废水厌氧和深度处理、原料贮存及办公生活设施等。目前二期50万吨项目已经完成立项、环评审批手续，2021年已经开工建设。

(3)岐山县圣龙箱板纸有限责任公司为提高纸机产能和产品质量，2020年投资1000多万元对幅宽2800毫米生产线实施提效改造，纸机车速由原来的100米/分提高到350米/分。同时更新了幅宽3800毫米、2800毫米复卷机，改造工作分别于2020年10月份和2021年3月份完成。改造完成后取得了显著效果，产品质量和产能均有了很大的提升。公司拟于2022年再对原幅宽3800毫米造纸机进行提标改造，以达到节能降耗、提升产品品质和产能的需要。

(4)宝鸡科达特种纸业有限责任公司围绕高性能纤维纸基功能材料，计划改造1条斜网纸机生产线，新建2条食品包装材料造纸生产线。

(5)大荔蔡伦纸业有限公司计划2023年新增10万吨/年制浆造纸工程项目，该项目包括10万吨/年以回收废纸和商品浆为原料的箱纸板生产线。2020年，该公司利用渭南当地的果树枝丫材为原料，进行了化学制浆的生产性试验，项目取得了成功，目前形成了年产5万吨的本色化学木浆的生产能力。

(6)陕西圣龙纸业有限责任公司为提高纸机产能和产品质量，2020年投资近3000万元对幅宽4200毫米、2820毫米生产线实施提效改造。幅宽4200毫米纸机车速由原来的350米/分提高到600米/分，流浆箱采用新型的稀释水流浆箱替换气垫流浆箱，供汽系统采用热泵替换传统的三段供汽，真空系统采用透平真空泵替换水环泵，更新了传动系统和DCS控制系统。幅宽2820毫米纸机改造了网布脱水元件，更新了复卷机。改造工作于2020年底完成。2020年公司继续推进固废焚烧资源综合利用项目的实施。该项目计划投资4000万元，建设规模为100吨/日制浆造纸固废焚烧+20吨/日余热锅炉。项目立项、环评已通过审批，已于2021

年内开工实施。

(7)陕西欣雅纸业有限公司 2020 年计划新增 5 万吨生活用纸产能，采用 2 台幅宽 2800 毫米新月型日本川之江造机株式会社卫生纸机，车速 1300 米/分。项目立项、环评已通过审批，由于新冠肺炎疫情及市场原因推迟。公司拟于 2022 年新建以下项目：①投资 2000 万元更新后加工车间设备，以达到降低成本、提高效率的目的，使得包装产能达到 10 万吨以上。②投资 800 万元分两期新建燃气锅炉，第一期投资 600 万新建 1 台燃气锅炉，计划于 2022 年 5 月 20 日投产运行，第二期计划在 2022 年 11 月份投产。两期投入运行后，企业可以完全实现清洁能源生产。

(8)蒲城东兴纸业有限公司 2021 年新建 1 条幅宽 4400 毫米纸机生产线，增加年生产量 12 万吨，新增工作岗位 100 个，目前项目手续已审批结束，厂房已经开始建设。

(9)西安惠宁纸业有限公司年产 30 万吨包装纸板生产项目已完成项目备案、节能审批、环评批复、用地、规划、施工等所有建设手续，是西安市重点建设项目。项目分二期建设，一期计划建设年产 15 万吨箱纸板生产线及其配套设施，设备选型幅宽 4800 毫米双叠网长网纸机 1 台，增加箱纸板生产量 15 万吨/年，新增工作岗位 150 个。目前已经完成废水处理系统建设并投入运行，日处理废水 6000 米^3，纸机钢结构厂房及基础已经建设完成，办公楼、宿舍楼主体已经封顶，计划在 2022 年完成项目建设并投入试运营；二期计划建设年产 15 万吨白纸板生产线，生产白纸板，增加生产量 15 万吨/年，新增工作岗位 150 个。

(10)蒲城康钰纸业有限公司主要生产育果袋纸、水果套袋纸等，现有 2400 型纸机 2 台，1880 型纸机 2 台，年生产能力 2 万吨。2021 年对 4 台纸机进行了改造，烘缸表面进行等离子喷涂，增加烘缸表面的光洁度和耐磨性，改造表面施胶系统。

【科研与技术进步】

陕西科技大学轻工科学与工程学院、环境科学与工程学院、机电工程学院、电气及控制工程学院、化学工程学院从事制浆造纸相关科研工作的人员 90 余人，2021 年先后承担各级纵向项目 42 项，其中国家自然科学基金项目 8 项；各类横向项目 56 项，获得授权发明专利 52 项，获得科研奖励 2 项，发表高水平科研论文 97 篇，其中 SCI 论文 63 篇。

表 2　　陕西科技大学轻工科学与工程学院承担国家自然科学基金项目表

序号	负责人	项目名称	项目类别	直接费用	开始日期	结题日期
1	陆赵情	基于界面活化/接枝的聚酰亚胺纤维分散性调控及成纸匀度研究	面上	60	2022-01-01	2025-12-31
2	张召	纤维素液晶协同增强稀土电偶极跃迁带光致和电致圆偏振发光性能研究	面上	60	2022-01-01	2025-12-31
3	段超	纤维孔结构与酶扩散行为调控强化溶解浆性能增效机制研究	国家自然科学基金面上项目	60	2022-01-01	2025-12-31
4	戴磊	电磁屏蔽特种纸表面微结构设计及其提升电磁波吸收损耗的机制	国家自然科学基金面上项目	61	2022-01-01	2025-12-31
5	薛白亮	木质素基非异氰酸酯聚氨酯的可控合成与自修复性能调控机理研究	国家自然科学基金面上项目	60	2022-01-01	2025-12-31
6	沈梦霞	改性多级孔木材级联锚定金属单原子的微结构调控及其电催化构效关系研究	国家自然科学基金青年基金项目	24	2022-01-01	2024-12-31
7	王雪青	纳米 Fe_3O_4/TiO_2 载体耦合转座子调控功能强化光合细菌处理预水解液的产氢研究	国家自然科学基金青年基金项目	24	2022-01-01	2024-12-31
8	俄松峰	六方氮化硼纳米片的催化转化制备及其形成机理研究	国家自然科学基金青年基金项目	24	2022-01-01	2024-12-31

【存在问题】

(1)陕西法门寺纸业有限责任公司目前存在后续新增项目建设缺少汽源问题，陕西省限制关中地区新建或新增燃煤锅炉，天然气供应不足，使得企业的进一步发展受限。

(2)陕西东方环保产业集团有限公司因新冠肺

炎疫情影响，下游企业及其供应链企业生产经营恢复缓慢，导致原材料供给紧张，使公司流动资金占压严重，生产运营资金不足。希望政府协调金融机构支持企业发展。

(3)陕西圣龙纸业有限责任公司目前面临的困难，一是项目建设资金不足，特别是造纸固废焚烧项目，若资金能够筹措保障，就会马上开工建设；二是公司造纸规模虽然在陕西省名列前茅，但与广东、山东、江苏等发达省份相比较，规模还是很小。国有银行在信贷政策上不予支持，也制约了公司造纸规模的进一步发展。

(4)陕西蔡伦纸业有限公司计划2022年新增15万吨/年制浆造纸工程项目。该项目包括15万吨/年以回收废纸和商品浆为原料的箱纸板生产线，配套建设废水处理厂、热电厂锅炉烟气处理等环保工程。目前项目手续正在办理中，希望当地政府在政策和资金上给与扶持。

(5)西安惠宁纸业有限公司所面临项目建设资金不足的困难。企业将历年来积累的资金全部投入到项目建设中去，并一直寻求金融机构开展项目借贷，满足项目建设的资金需求，以完成新增30万吨产能，丰富陕西包装用纸市场产品种类和数量。希望当地政府出面协调金融机构，以支持企业发展壮大。

(6)宝鸡科达特种纸业有限责任公司建议特种纸行业在政策倾斜上应该更加鼓励。虽然特种纸在单个产品产能上较小，但特种纸是功能性纸种，是很多工业产品的重要部件，配套企业都是省内、外知名企业或上市公司，有力支撑了供应链稳定及进口替代。

(7)大荔蔡伦纸业有限公司计划2023年新增10万吨/年制浆造纸工程项目。目前项目手续正在办理中，希望当地政府在政策和资金上给与扶持。

(8)岐山县圣龙箱板纸有限责任公司目前存在后续改造项目缺少蒸汽问题，拟建天然气锅炉，但天然气冬季供应不足，气价偏高，使得企业的进一步发展受限。

(张安龙)

重点企业介绍

KEY ENTERPRISES INTRODUCTION

玖龙纸业(控股)有限公司
山东太阳控股集团有限公司
理文造纸有限公司
山鹰国际控股股份公司
山东晨鸣纸业集团股份有限公司
山东博汇纸业股份有限公司
无锡荣成环保科技有限公司
华泰集团有限公司
宁波亚洲浆纸业有限公司
金东纸业(江苏)股份有限公司
金红叶纸业集团有限公司
山东世纪阳光纸业集团有限公司
亚太森博(山东)浆纸有限公司
海南金海浆纸业有限公司
浙江景兴纸业股份有限公司
维达纸业(中国)有限公司
广西金桂浆纸业有限公司
新乡新亚纸业集团股份有限公司
东莞金洲纸业有限公司
芬欧汇川(中国)有限公司
泰盛科技(集团)股份有限公司
大河纸业有限公司
福建恒安集团有限公司
河南省龙源纸业股份有限公司
湖北荣成再生科技有限公司
中顺洁柔纸业股份有限公司
永丰余造纸(扬州)有限公司
金华盛纸业(苏州工业园区)有限公司
河南江河纸业股份有限公司

10

玖龙纸业(控股)有限公司

Nine Dragons Paper(Holdings) Limited

【企业概况】

玖龙纸业(控股)有限公司(以下简称“玖龙纸业”)成立于1995年，总部位于广东省东莞市，2006年于香港联交所主板上市，目前为全球产能排名第二的造纸集团和中国造纸的龙头企业(主要产品为各类环保包装用纸及其上下游产业链)。2021年集团总产能1800余万吨，总资产约960亿元，年产值700多亿元，员工(国内)2万余人，名列2021年“中国民营企业500强”第114位。

玖龙纸业已在我国的东莞、太仓、重庆、天津、泉州、沈阳、唐山、乐山建立造纸基地，还积极把握“双循环”战略机遇，在湖北荆州、广西北海投资建设新基地。积极响应“一带一路”倡议，不断推进国际化发展，完善产业链，2008年完成对越南正阳造纸厂的收购和控股，进入东盟市场，2017年完成越南基地二期工程的扩建，成为越南造纸的龙头企业。2019年收购了1家位于马来西亚文冬的浆纸厂并进行扩建，在马来西亚雪兰莪投资建设1个新的智能化造纸基地。为进一步拓展国际化的资源配置，形成资源优势的互补，2018年收购了4家位于美国的浆纸厂(缅因州的Rumford、Old Town；威斯康星州的Biron；西弗吉尼亚州的Fairmont)。此外，集团兄弟企业在上游建立了再生资源回收贸易公司，为集团提供稳定的废纸等原料供应；集团还在下游建设了多个纸包装公司，为用户提供环保纸包装的“智能化、一站式”服务。

玖龙纸业引进国际最领先的技术和大型现代化、智能化设备，并不断创新研发，高度重视系统化、大数据管理，应用先进的SAP系统管理平台，促进信息化与工业化“两化”深度融合，被评为“高新技术企业”和国家首批“信息化和工业化融合管理体系贯标试点企业”。

玖龙纸业坚决贯彻“绿水青山就是金山银山”的生态文明思想，一贯秉承“没有环保，就没有造纸”的企业理念，倡导可持续发展的循环经济，各项环保和能耗指标都做到优于国家标准(均达到国际领先水平)，是资源节约型和环境友好型企业的典范，生产基地多年被当地环保部门评为“环保诚信绿牌企业”。

玖龙纸业实行以人为本，民主、智慧加科学相结合的管理模式，形成了“尊重关爱员工、细化创新管理、传承百年品牌、弘扬拼搏精神”的具有玖龙特色的企业文化，同时积极履行社会责任，长期坚持精准扶贫，近年来在各种公益活动中投入4亿多元，被授予“全国脱贫攻坚奖”、全国“万企帮万村”先进民营企业、“广东扶贫济困红棉杯金杯及突出贡献企业”等多项荣誉，并光荣入选“2020中国民营企业社会责任优秀案例”，2021年被国家民政部授予第十一届“中华慈善奖——‘在脱贫攻坚等慈善领域做出突出贡献’和‘在抗击新冠肺炎疫情慈善领域做出突出贡献’”双项荣誉。

单位地址：广东省东莞市松山湖产业园新城路12号　**邮编：**523808

联系电话：0769－89289999　**联系传真：**0769－38822888

联系邮箱：info_group@ndpaper.com　**单位网址：**www.ndpaper.com

企业性质：港澳台独资

法人代表：张茵

成立时间：1995年，**员工总数：**2万余人(国内)

主要产品：各类包装用纸、环保型文化用纸、特种纸、浆及纸板/箱等

主要纤维原料：废纸、纸浆

集团总设计年产能：（截至 2021 年 12 月 31 日）

产品品种	主要纤维原料	生产能力
造纸（包括各类包装用纸、环保型文化用纸等）	废纸、纸浆	1757 万吨/年
制浆（包括再生浆及木浆等）		85 万吨/年
下游包装厂		约 20 亿米^2/年

（卢燕芳）

山东太阳控股集团有限公司

Shandong Sun Holding Group

【企业概况】

山东太阳控股集团有限公司(以下简称“太阳集团”)始创于 1982 年，是全球先进的跨国造纸集团和林浆纸一体化集团，业务涉及投资、造纸、酒店等领域。旗下主要有山东太阳纸业股份有限公司(股票代码：002078)、万国纸业太阳白卡纸有限公司、山东国际纸业太阳纸板有限公司、山东万国太阳食品包装材料有限公司、山东圣德国际酒店有限公司等。位列中国企业 500 强，旗下上市公司山东太阳纸业股份有限公司位列世界造纸前 30 强。

经过近 40 年的创新发展太阳集团现拥有全球最先进的制浆造纸生产线，产品逐渐形成了以高档涂布包装纸板、高级美术铜版纸、高级文化办公用纸、特种纤维溶解浆、生活用纸、高档工业包装用纸等为主导的六大系列产品结构。拥有“金太阳”“华夏太阳”“天阳”“威尔”“幸福阳光”等主要品牌。

公司拥有国家企业技术中心、院士工作站、博士后科研工作站、泰山学者岗等多个创新研发平台。全球创新溶解浆连续蒸煮技术，从水解液中提取出木糖、木糖醇，填补了世界空白，成功研发出不添加任何功能性化学药品的“无添加”系列生活用纸；“华夏太阳”品牌轻型纸被选定为中共十九大会议的文件专用纸；“幸福阳光”品牌生活用纸被“复兴号”高铁和山东航空确定为专用纸巾；“金太阳”品牌绿色环保美术纯质纸被《习近平谈治国理政》《中国共产党简史》《习近平新时代中国特色社会主义思想学习纲要》等权威读本采用。

2021 年，太阳集团营业收入 603 亿元，实现浆纸生产量 960 多万吨。下一步，太阳集团将锚定“走在前列、全面开创”“三个走在前”，铆足干劲，有力有效推进数字化、智能化建设，打牢精细化管理基础，稳固夯实安全、环保、质量三大“生命工程”，保持稳中有进、提质增效的良好发展态势，提振精气神、汇聚正能量，朝着千亿级企业的目标稳步前进!

单位地址：山东省济宁市兖州区友谊路 1 号　**邮编：**272100

联系电话：0537 - 7928711/7928713　**联系传真：**0537 - 7928489

联系邮箱：songweihua@ sunpaper. cn　**单位网址：**www. sunpapergroup. com

企业性质：民营企业

法人代表：李鲁，**经营负责人：**李洪信，**技术负责人：**应广东

成立时间：1982 年，**职工总数：**16000 人，**其中技术人员数：**1000 人

2021 年纸浆生产量：249 万吨，**纸及纸板生产量：**712 万吨

2021 年销售收入：600. 2 亿元，**利税总额：**59. 68 亿元，**利润总额：**48. 67 亿元

2021 年企业科研经费投入：7. 58 亿元

主要产品：高级文化办公用纸、高档涂布包装纸板、高级美术铜版纸、特种纤维溶解浆、高档工业包装用纸、生活用纸

主要纤维原料：外购木浆、自制木浆

纸机总数：34 台

蒸(球)煮器总数：12 台

【主要生产线】

主要制浆生产线

生产线名称	纤维原料	制浆方法	蒸煮器	主体设备供货厂商	产品品种	生产能力/（万吨/年）	投产时间
过氧化氢中浓漂白化学浆线	杨木板皮	碱法	四管连续蒸煮器	天津中轻机械有限公司	化学阔叶木浆	7	2003-07
碱性过氧化氢机械浆线	杨木、桉木、相思	APMP	高浓磨（主要磨浆设备）	安德里茨公司	化学机械浆	80	2008-01
兖州溶解浆	进口木片	预水解碱法	低固形物连续蒸煮	安德里茨公司	特种纤维	50	2015-10
宏河溶解浆	进口木片	预水解碱法	连续蒸煮	安德里茨公司	特种纤维	30	2015-10
半化学浆	杨木、桉木、木屑	蒸煮机械	连续蒸煮	安德里茨公司	半化学浆	40	2018-06
老挝溶解浆	阔叶木片	预水解碱法	连续蒸煮	美卓公司	特种纤维	30	2018-06
碱性过氧化氢机械浆线	阔叶木片	APMP	高浓磨（主要磨浆设备）	安德里茨公司	化学机械浆	18	2020-11

主要造纸生产线

生产线名称	纸机			主体设备供货厂商	产品品种	纤维原料	生产能力/（万吨/年）	投产时间
	网部形式	幅宽/毫米	工作车速/（米/分）					
PM24	夹网	7280	1600	福伊特公司	高档铜版纸	针叶木浆/阔叶木浆/化学机械浆	40	2011-7
PM26	多层网	6100	950	美卓公司	高档食品卡纸	针叶木浆/阔叶木浆/化学机械浆	60	2012-09
PM27/28	夹网	5600	2000	安德里茨公司	高档生活用纸	针叶木浆/阔叶木浆	12	2014-06
PM31/32	三叠网	6660	1200	福伊特公司	高档箱纸板	未漂木浆/废纸	80	2016-07
PM36/37	三叠网	6660	1200	福伊特公司	高档箱纸板	未漂木浆/废纸	80	2018-06
PM23	长网	7280	1500	美卓公司	高档文化用纸	针叶木浆/阔叶木浆/化学机械浆	30	2009
PM21	长网	4950	1200	福伊特公司	高档文化用纸	针叶木浆/阔叶木浆/化学机械浆	20	2007-04
PM19/20	长网	4950	1200	美卓公司	高档铜版纸	针叶木浆/阔叶木浆/化学机械浆	20	2004-07
PM29	夹网	7280	1500	福伊特公司	轻型纸	针叶木浆/阔叶木浆/化学机械浆	30	2015-09

续表

生产线名称	纸机			主体设备供货厂商	产品品种	纤维原料	生产能力/(万吨/年)	投产时间
	网部形式	幅宽/毫米	工作车速/(米/分)					
PM38	长网	3800	1100	维美德公司	特种纸	针叶木浆/阔叶木浆/化学机械浆	20	2018-05
PM39	夹网	9850	1800	福伊特公司	特色文化用纸	针叶木浆/阔叶木浆/化学机械浆	45	2020-12
PM40	长网	4800	800	福伊特公司	特种纸	针叶木浆/阔叶木浆	6	2021-01
PM41/42	夹网	2850	1600	上海轻良实业有限公司	特种生活用纸	针叶木浆/阔叶木浆	5	2020-08
老挝PM1/PM2	三叠网	6660	1200	福伊特公司	高档工业用纸	废纸浆	80	2020-12

（宋伟华）

理文造纸有限公司

Lee & Man Paper Manufacturing Limited

【企业概况】

理文造纸有限公司于 1994 年成立，2003 年 9 月在香港联合交易所上市，股份编码：02314。主要产品有包装用纸和生活用纸：包装用纸有牛皮箱纸板、瓦楞原纸及涂布白纸板等，总年产能为 808 万吨；生活用纸有生活用纸原纸和成品纸。公司拥有“亨奇”和“理文”2 个生活用纸品牌，品牌下设不同系列产品，年总产能为 97.2 万吨。理文造纸有限公司是行业内最具规模及实力的造纸厂之一，也是亚太地区同类产品最大的造纸厂商之一。

理文造纸有限公司由创办之初至迅速发展，得到各方友好的鼎力支持。目前在我国设有 5 家造纸工厂，分别为：广东理文造纸有限公司、东莞理文造纸厂有限公司、江苏理文造纸有限公司、重庆理文造纸有限公司、江西理文造纸有限公司；并设有 3 家生活用纸生产工厂，分别为：重庆理文卫生用纸制造有限公司、江西理文卫生用纸制造有限公司、广东理文卫生用纸有限公司。另外，在越南、马来西亚等国家也设有生产基地。公司不断投放资源于购置先进设备及研发工作，力求生产优质且价格相宜的产品。

理文造纸有限公司配有完善的配套设施，包括先进的造纸生产线、汽电一体化的发电站、水厂、废水处理站、码头、大型废纸堆场、成品仓库及庞大的运输车队等；并设有现代化的办公大楼及完善的生活设施，如饭堂、运动场、图书室、网吧及员工娱乐中心等。

理文造纸有限公司自有庞大的水陆运输队伍，能充分保障及时快捷地将成品送到客户指定的地点。公司采用全计算机化管理，从原料采购、原料运输、生产成品，到成品纸运送给客户的过程，可全程查询，让我们的供货更快捷、更准确、更可靠。

理文造纸有限公司由创立至今，非常注重节能环保工作，始终秉持质量管理及环境保护宗旨，生产过程严格按照国际环境保护管理体系要求执行。公司已获得 ISO 14001、ISO 9001、ISO 45001、QCO 80000、FSC-COC 产销监管链国际认证，以及能源管理体系认证，并获得了“清洁生产企业”称号。公司将在蓬勃发展中，力争成为世界上环保节能和创新型的诚信企业。

单位地址：中国香港九龙观塘敬业街 61—63 号利维大厦 5 字楼

联系电话：00852－2319－9889 **联系传真**：00852－2319－9393

联系邮箱：samco_liu@leemanpaper.com **单位网址**：www.leemanpaper.com

企业性质：中外合资

法人代表：李文斌，**经营负责人**：李文俊，**技术负责人**：李文斌

成立时间：1994 年，**职工总数**：12159 人，**其中技术人员数**：1218 人

2021 年纸浆生产量：21.36 万吨，**纸及纸板生产量**：566.67 万吨，**生活用纸生产量**：77.05 万吨

2021 年销售收入：271 亿元，**利税总额**：39 亿元，**利润总额**：27 亿元

2021 年企业科研经费投入：7 亿元

主要产品：牛卡纸、瓦楞原纸、涂布灰底白纸板、竹浆、生活用纸

主要纤维原料：废纸、竹浆、木浆

纸机总数：56 台

蒸(球)煮器总数： 7 台

【主要生产线】

主要制浆生产线

生产线名称	纤维原料	制浆方法	蒸煮器	主体设备供货厂商	产品品种	生产能力/(万吨/年)	投产时间
BKP1	竹片	硫酸盐法	DDS 间歇蒸煮锅	中国联合装备集团安阳机械有限公司	漂白或本色(氧脱)竹浆	18	2008-10

主要造纸生产线

生产线名称	纸机			主体设备供货厂商	产品品种	纤维原料	生产能力/(万吨/年)	投产时间
	网部形式	幅宽/毫米	工作车速/(米/分)					
PM1	长网	3200	300	辽阳造纸机械股份有限公司	瓦楞原纸	废纸	5.5	1998-04
PM2	二叠网	3200	300	辽阳造纸机械股份有限公司	仿牛卡纸	废纸	5.5	1998-07
PM3	三叠网	4200	700	日本小林制作所	牛卡纸	废纸、木浆	22	2000-08
PM4	夹网	5500	1100	福伊特公司	牛卡纸	废纸、木浆	40	2002-09
PM5	三叠网	4400	750	日本小林制作所	牛卡纸	废纸、木浆	32	2003-11
PM6	二叠网	6600	900	韩国金星机械公司	仿牛卡纸	废纸	35	2004-10
PM7	三叠网	6650	1000	三菱重工业株式会社	牛卡纸	废纸	50	2006-01
PM8	三叠网	6600	1000	维美德公司	牛卡纸	木浆、废纸	50	2007-02
PM9	三叠网	6650	1000	维美德公司	牛卡纸	木浆、废纸	50	2007-06
PM10	三叠网	5500	850	日本小林制作所	白面牛卡纸	木浆、废纸	40	2007-09
PM11	三叠网	5500	850	日本小林制作所	牛卡纸	木浆、废纸	40	2007-07
PM12	二叠网+顶网	6650	1000	韩国金星机械公司	仿牛卡纸	废纸	45	2008-05
PM13	三叠网	5500	800	日本小林制作所	牛卡纸	废纸	40	2008-06
PM15	二叠网	6650	1100	维美德公司	牛卡纸	废纸	50	2011-08
PM3	三叠网	4200	700	日本小林制作所	牛卡纸	废纸、木浆	22	2000-08
PM4	夹网	5500	1100	福伊特公司	牛卡纸	废纸、木浆	40	2002-09
PM5	三叠网	4400	750	日本小林制作所	牛卡纸	废纸、木浆	32	2003-11
PM6	二叠网	6600	900	韩国金星机械公司	仿牛卡纸	废纸	35	2004-10
PM7	三叠网	6650	1000	三菱重工业株式会社	牛卡纸	废纸	50	2006-01
PM8	三叠网	6600	1000	维美德公司	牛卡纸	木浆、废纸	50	2007-02
PM9	三叠网	6650	1000	维美德公司	牛卡纸	木浆、废纸	50	2007-06
PM10	三叠网	5500	850	日本小林制作所	白面牛卡纸	木浆、废纸	40	2007-09
PM11	三叠网	5500	850	日本小林制作所	牛卡纸	木浆、废纸	40	2007-07
PM12	二叠网+顶网	6650	1000	韩国金星机械公司	仿牛卡纸	废纸	45	2008-05

续表

生产线名称	纸机			主体设备供货厂商	产品品种	纤维原料	生产能力/(万吨/年)	投产时间
	网部形式	幅宽/毫米	工作车速/(米/分)					
PM13	三叠网	5500	800	日本小林制作所	牛卡纸	废纸	40	2008-06
PM15	二叠网	6650	1100	维美德公司	牛卡纸	废纸	50	2011-08
PM16	长网＋夹网	5500	900	韩国金星机械公司、日本小林制作所	仿牛卡纸	废纸	40	2011-11
PM17	四叠网＋MB 网	6650	750	维美德公司	涂布灰底白纸板	废纸、木浆	60	2012-07
PM18	长网	6650	1000	韩国金星机械公司	挂面箱纸板	废纸	35	2013-06
PM19	三叠网	6650	900	韩国金星机械公司	白面牛卡纸、挂面箱纸板、瓦楞原纸	废纸	40	2017-03
PM20	三叠网	6650	1000	维美德公司	瓦楞原纸	废纸	40	2014-07
PM21	二叠网	6650	1200	维美德公司	瓦楞原纸	废纸	40	2017-09
PM23	三叠网	5600	850	上海轻良实业有限公司	箱纸板	废纸、木浆	30	2020-11
PM25	三叠网	5600	850	上海轻良实业有限公司	箱纸板	废纸	30	2021-04
PM26	二叠网	5600	850	上海轻良实业有限公司	瓦楞原纸、箱纸板	废纸	25	预计 2022-12
PM27	三叠网	5600	850	江苏华东造纸机械有限公司	箱纸板	废纸、木浆	30	预计 2022-9
TM1	圆网	2760	1000	日本川之江造机株式会社	生活用纸	竹浆、木浆	1.5	2014-07
TM2	圆网	2760	1000	日本川之江造机株式会社	生活用纸	竹浆、木浆	1.5	2014-07
TM3	新月型	5600	2000	福伊特公司	生活用纸	竹浆、木浆	6	2015-06
TM4	新月型	5600	2000	维美德公司	生活用纸	竹浆、木浆	6	2015-10
TM5	新月型	5600	2000	维美德公司	生活用纸	竹浆、木浆	6	2016-09
TM6	新月型	5600	2000	维美德公司	生活用纸	竹浆、木浆	6	2016-10
TM7	新月型	5600	2000	维美德公司	生活用纸	竹浆、木浆	6	2016-11
TM8	新月型	5600	2000	维美德公司	生活用纸	竹浆、木浆	6	2016-12
TM9	新月型	5600	2000	福伊特公司	生活用纸	竹浆、木浆	6	2017-05
TM10	新月型	5600	2000	福伊特公司	生活用纸	竹浆、木浆	6	2017-06
TM11	新月型	5600	2000	福伊特公司	生活用纸	竹浆、木浆	6	2017-11
TM12	新月型	5600	2000	福伊特公司	生活用纸	竹浆、木浆	6	2017-12
TM13	新月型	5600	2000	维美德公司	生活用纸	竹浆、木浆	6	2018-01
TM15	新月型	5600	2000	维美德公司	生活用纸	竹浆、木浆	6	2018-03
TM16	新月型	5600	2000	维美德公司	生活用纸	竹浆、木浆	6	2018-05
TM17	新月型	5600	2000	维美德公司	生活用纸	竹浆、木浆	6	2018-06

续表

生产线名称	纸机			主体设备供货厂商	产品品种	纤维原料	生产能力/(万吨/年)	投产时间
	网部形式	幅宽/毫米	工作车速/(米/分)					
TM18	新月型	2850	1300	佛山市南海区宝拓造纸设备有限公司	生活用纸	竹浆、木浆	1.7	2019-09
TM19	新月型	2850	1300	佛山市南海区宝拓造纸设备有限公司	生活用纸	竹浆、木浆	1.7	2019-09
TM20	新月型	2850	1300	佛山市南海区宝拓造纸设备有限公司	生活用纸	竹浆、木浆	1.7	2019-10
TM21	新月型	2850	1300	佛山市南海区宝拓造纸设备有限公司	生活用纸	竹浆、木浆	1.7	2019-10
TM22	新月型	2850	1300	佛山市南海区宝拓造纸设备有限公司	生活用纸	竹浆、木浆	1.7	2019-10
TM23	新月型	2850	1300	佛山市南海区宝拓造纸设备有限公司	生活用纸	竹浆、木浆	1.7	2019-10
TM25	新月型	2850	1300	佛山市南海区宝拓造纸设备有限公司	生活用纸	竹浆、木浆	1.7	2021-08
TM26	新月型	2850	1300	佛山市南海区宝拓造纸设备有限公司	生活用纸	竹浆、木浆	1.7	2021-08
TM27	新月型	2850	1300	佛山市南海区宝拓造纸设备有限公司	生活用纸	竹浆、木浆	1.7	2021-08
TM28	新月型	2850	1300	佛山市南海区宝拓造纸设备有限公司	生活用纸	竹浆、木浆	1.7	2021-09
TM29	新月型	2850	1300	佛山市南海区宝拓造纸设备有限公司	生活用纸	竹浆、木浆	1.7	2021-09
TM30	新月型	3550	700	佛山市南海区宝拓造纸设备有限公司	生活用纸	竹浆、木浆	2.65	2021-10
TM31	新月型	2850	1300	江苏信诺轨道科技有限公司	生活用纸	竹浆、木浆	1.7	2021-09
TM32	新月型	2850	1300	江苏信诺轨道科技有限公司	生活用纸	竹浆、木浆	1.7	2021-09
TM33	新月型	2850	1300	佛山市南海区宝拓造纸设备有限公司	生活用纸	竹浆、木浆	1.7	2021-10
TM35	新月型	2850	1400	江苏信诺轨道科技有限公司	生活用纸	竹浆、木浆	1.95	2021-10
TM36	新月型	2850	1300	佛山市南海区宝拓造纸设备有限公司	生活用纸	竹浆、木浆	1.7	2021-11
TM37	新月型	2850	1300	佛山市南海区宝拓造纸设备有限公司	生活用纸	竹浆、木浆	1.7	2021-11

（刘　凯）

山鹰国际控股股份公司

Shanying International Holdings Co., Ltd.

【企业概况】

山鹰国际控股股份公司(以下简称“山鹰国际”)(股票代码：600567)是以再生纤维回收、工业及特种纸制造、包装产品定制、产业互联网等为一体的国际化企业。公司致力于产业生态构建和商业模式创新，成为“为客户创造长期价值的全球绿色包装一体化解决方案服务商”。

山鹰国际布局全球、深耕中国。产业分布中国、日本、泰国、越南、荷兰、挪威、瑞典、英国、加拿大、美国、澳大利亚等国家。截至2021年12月，公司在海内外拥有40家再生资源回收企业、12家工业及特种纸制造企业，58家包装产品定制企业、3家产业互联平台。连续7年蝉联《财富》中国500强。

山鹰国际以可持续发展为己任，坚持产品创新，积极探索“以纸代塑”。其主要产品——各类包装原纸、特种纸及纸板、纸箱、食品级纸塑等，被广泛用于消费电子、家电、化工、轻工、食品等消费品及工业品行业。公司着力制造业绿色升级，努力降低单位GDP能耗，推动绿色循环低碳发展。公司目前拥有2所博士后科研工作站、7家国家级高新技术企业、4个环保资源综合利用项目，创建工业4.0智能化工厂。获评“造纸行业创新企业”“2020IDC数字化转型信息数据领军者”“中国民企卓越管理公司”等称号。

作为国家级绿色工厂，推动有责任的生产与消费，投身人与自然生命共同体的可持续构建，是山鹰国际义不容辞的责任与使命。以纸为媒，让生活更美好!

单位地址：上海市杨浦区安浦路645号山鹰国际总部大楼 **邮编：**200082
联系电话：021－60360888 **联系传真：**021－62376799
联系邮箱：SY@ shanyingintl. com **单位网址：**www. shanyingintl. com
企业性质：民营企业
法人代表：吴明武
成立时间：1999年，职工总数：15109人，**其中技术人员：**1495人
2021年纸生产量：602. 13万吨；**2021年纸板生产量：**198806. 49万米^2
2021年销售收入：330. 33亿元，**利税总额：**19. 46亿元，**利润总额：**16. 50亿元
主要产品：涂布牛卡纸、白面牛卡纸、箱纸板、高强瓦楞原纸、新闻纸、特种纸
主要纤维原料：回收纤维

【主要生产线】

已有的主要造纸生产线

生产线名称	产品品种	纤维原料	生产能力/(万吨/年)
海盐基地 马鞍山基地 漳州基地 肇庆基地 湖北基地	涂布白纸板、白面牛卡纸、箱纸板、高强瓦楞原纸、新闻纸	废纸	605
北美基地	文化用纸	木浆	32. 65

正在建设的主要造纸生产线

生产线名称	产品品种	纤维原料	生产能力/(万吨/年)
浙江山鹰纸业有限公司	高档包装用纸	—	77
山鹰纸业(广东)有限公司	高档箱纸板	—	100
山鹰纸业(吉林)有限公司	工业包装用纸	—	30

(阳　超)

山东晨鸣纸业集团股份有限公司

Shandong Chenming Paper Holdings Ltd.

【企业概况】

山东晨鸣纸业集团股份有限公司(以下简称“晨鸣集团”)是以制浆、造纸为主的现代化大型综合企业集团，是我国造纸龙头企业，中国企业500强，在全国拥有多个生产基地，总资产946亿元，年浆纸产能1100多万吨，企业经济效益主要指标连续20多年在全国同行业保持领先地位。

晨鸣集团是国内唯一一家A、B、H三种股票上市公司，是中国上市公司百强企业、中国十佳明星企业，荣获全国五一劳动奖状、全国精神文明建设先进单位、轻工业全国十佳企业、中国企业管理杰出贡献奖等省级以上荣誉称号200余项。

目前，公司产品涵盖高档胶版纸、白卡纸、铜版纸、轻涂纸、生活用纸、静电复印纸、热敏纸等系列。企业拥有国家企业技术中心、博士后科研工作站、国家认可CNAS浆纸检测中心等科研机构，获得国家专利授权300余项，其中发明专利25项，获得国家新产品7项，省级以上科技进步奖15项，承担国家科技项目5项、省技术创新项目63项。在全国同行业率先通过ISO 9001质量体系认证、ISO 14001环保体系认证和FSC-COC国际森林体系认证。

跨入新时代，晨鸣集团将大力弘扬“学习、超越、领先”的企业精神，全面提升企业管理水平和运行质量，继续聚焦主业，做强实业，目前正在中部地区集中建设湖北黄冈生产基地，届时形成北有寿光、中有黄冈、南有湛江的三大生产基地格局，努力建成具有全球竞争力的世界一流企业集团。

单位地址：山东省寿光市农圣东街2199号　**邮编：**262705

联系电话：0536－2158179　**联系传真：**0536－2156111

联系邮箱：chenmingdq@126.com　**单位网址：**www.chenmingpaper.com

企业性质：国有企业

法人代表：陈洪国　**技术负责人：**孙炳伟

成立时间：1958年，**职工总数：**12000人，**其中技术人员数：**1900人

2021年纸浆生产量：360万吨，**纸及纸板生产量：**550万吨

2021年销售收入：980亿元，**利税总额：**33亿元，**利润总额：**23亿元

2021年企业科研经费投入：15亿元左右

主要产品：文化用纸、铜版纸、白卡纸、生活用纸

主要纤维原料：松木、桉木、相思木

纸机总数：17台

蒸(球)煮器总数：3台

【主要生产线】

主要制浆生产线

生产线名称	纤维原料	制浆方法	蒸煮器	主体设备供货厂商	产品品种	生产能力/(万吨/年)	投产时间
寿光化学浆	进口木片	硫酸盐法制浆	卡米尔	安德里茨公司	漂白木浆	100	2019
湛江化学浆	桉木、相思木	硫酸盐法制浆	降流低固型物连续蒸煮	安德里茨公司	阔叶木浆	70	2011
黄冈化学浆	松木、桉木、相思木	硫酸盐法制浆	卡米尔	维美德公司	针叶木浆/阔叶木浆	60	2018

主要造纸生产线

生产线名称	纸机			主体设备供货厂商	产品品种	纤维原料	生产能力/(万吨/年)	投产时间
	网部形式	幅宽/毫米	工作车速/(米/分)					
寿光 PM3	叠网	5650	800	上海晨鸣实业有限公司、日本三菱重工业株式会社、美卓公司	白卡纸	针叶木浆、阔叶木浆、机械浆	45	2004
寿光 PM4	夹网	11150	1700	维美德公司	文化用纸	针叶木浆、阔叶木浆、机械浆	50	2018
寿光 PM6	夹网	11150	2000	美卓公司	低定量铜版纸	针叶木浆、阔叶木浆、机械浆	80	2011
寿光 PM7	夹网	9850	1700	福伊特公司	文化用纸	针叶木浆、阔叶木浆、机械浆	51	2018
江西 1 号机	夹网	7800	1600	维美德公司	胶版纸、轻涂纸、轻型纸、中档黄防纸	针叶木浆、阔叶木浆、机械浆	34	2005
江西 2 号机	叠网	4580	800	福伊特公司	社会卡纸、扑克牌纸、口杯纸	针叶木浆、阔叶木浆、机械浆	35	2015
吉林 PM12	夹网	6400	1600	美卓公司	胶版纸、字典纸、轻型纸	机械浆、针叶木浆	30	2008
湛江 1 号机	夹网	11150	1720	维美德公司	双胶纸、静电纸	针叶木浆、阔叶木浆、机械浆	60	2011
湛江 3 号机	夹网	6250	1450	维美德公司	双胶纸、静电纸	针叶木浆、阔叶木浆、机械浆	19	2015
湛江 4 号机	叠网	9660	1000	福伊特公司	白卡纸	针叶木浆、阔叶木浆、机械浆	120	2016

（季小刚）

山东博汇纸业股份有限公司

Shandong Bohui Paper Industry Co.， Ltd.

【企业概况】

山东博汇纸业股份有限公司(以下简称“博汇纸业”)成立于 1994 年，总部位于山东淄博，拥有山东、江苏两大生产基地。2004 年在上海证券交易所主板挂牌上市(A 股代码：600966)。公司专注于浆纸一体化的研发、生产、销售，在积极贯彻国家供给侧结构性改革，推进绿色低碳循环经济的同时，不断优化产品结构，开拓新品市场，提高市场占有率。主要产品有白纸板、文化用纸、箱纸板、石膏板护面纸等。先后荣获“中国造纸企业 20 强”、山东造纸“十强企业”“2021 山东省两化融合优秀企业”、首批淄博市“绿色工厂”等荣誉。

近年来，公司以新旧动能转换、高质量发展及绿色提升行动的政策指引为前进发展的动力方向，不断优化产业结构，做强做大主业，充分发挥外资企业在技术和管理方面的专业化优势，整合优质资源，融合创新发展，围绕绿色环保、智能化、数字化转型规划了一批新项目。目前已开工建设 45 万吨高档信息纸项目，未来将陆续实施绿色环保能源综合利用项目、数字化转型项目、高档包装用纸板生产线改造升级项目等。

博汇纸业始终秉承“自强不息，海纳百川，挑战极限，誓达胜利”的企业精神，以“数字化转型、科技创新”战略为引领未来发展，在“以人为本，四轮驱动”的融合创新中，通过推行 MBOS 和精益管理体系，促进提质增效；通过完善三废治理体系，打造绿色循环产业；通过实施信息化建设、智能化生产和数字化改造，助力企业转型升级，实现高质量可持续发展。

单位地址：山东省淄博市桓台县马桥镇工业路北首　**邮编：**256405

联系电话：0533－8536858

联系邮箱：heyucai@ bohui. net　**单位网址：**www. bohui. com

企业性质：民营企业

法人代表：龚神佑，**经营负责人：**林新阳，**技术负责人：**周雪林

成立时间：1994 年，**职工总数：**5736 人，技术员人数：559 人

2021 年纸浆生产量：101. 46 万吨，**纸及纸板生产量：**313. 51 万吨

2021 年销售收入：162. 76 亿元，**利税总额：**27. 15 亿元，**利润总额：**22. 42 亿元

2021 年企业科研经费投入：5. 56 亿元

主要产品：社会卡纸、铜版卡纸、挂面纸、包装纸板(限涂布白卡纸)制造等

主要纤维原料：LBKP、NBKP、BCTMP、NUKP、LUKP、国废、AOCC、LOCC

纸机总数：6 台

蒸(球)煮器总数：8 台

【主要生产线】

主要制浆生产线

生产线名称	纤维原料	制浆方法	蒸煮器	主体设备供货厂商	产品品种	生产能力/(万吨/年)	投产时间
化学机械浆一厂(山东)	杨木片、桉木片、相思木	化学机械法	—	维美德公司	化学机械浆	20	2004
化学机械浆二厂(山东)	桉木片、杨木片、相思木	化学机械法	—	维美德公司	化学机械浆	20	2009
卡一化学机械浆(江苏)	相思木、桉木片、杨木片	化学机械法	汽蒸仓、反应仓	维美德公司	化学机械浆	40	2013
卡二化学机械浆(江苏)	相思木、桉木片、杨木片	化学机械法	汽蒸仓、反应仓	安德里茨公司	化学机械浆	20	2018

主要造纸生产线

生产线名称	纸机			主体设备供货厂商	产品品种	纤维原料	生产能力/(万吨/年)	投产时间
	网部形式	幅宽/毫米	工作车速/(米/分)					
PM1(山东)	多层网	5630	500	福伊特公司	社会卡纸、烟卡纸、食品卡纸	LBKP、NBKP、BCTMP	25	2003-07
PM2(山东)	三叠网	5630	800	维美德公司	社会卡纸、铜版卡纸	LBKP、NBKP、BCTMP	35	2009-12
PM5(山东)	三叠网	8750	1200	福伊特公司	护面纸、牛卡纸、纱管原纸	NUKP、LUKP、国废	60	2019-05
PM6(山东)	夹网	9660	1500	维美德公司	瓦楞原纸、挂面纸	AOCC、LOCC	75	2019-03
PM1(江苏)	三层长网	8100	900-1000	福伊特公司	高定量高档涂布社会卡纸	全木浆	110	2013
PM2(江苏)	三层长网	9600	1200	福伊特公司	低定量高档涂布社会卡纸、涂布白纸板	全木浆	130	2019

〔APP(中国)〕

无锡荣成环保科技有限公司

Wuxi Long Chen Greentech Co., Ltd.

【企业概况】

无锡荣成环保科技有限公司成立于 1997 年，注册资本 17180 万美元，投资总额 36090 万美元，占地 37.3 公顷。长期以来全体员工秉持“致力于发展高效率利用资源的技术，制造生活必需的纸制品，我们有责任留给子孙更多的资源及更干净的生活环境”为经营信念。

目前生产规模年产 90 万吨箱纸板，分三期投资。一、二期工程投资额为 9800 万美元，年产 10 万吨高档牛皮箱纸板的 PM1 于 2000 年投产，年产 25 万吨高强瓦楞原纸的 PM2 于 2004 年投产。三期工程投资总额 26290 万美元，年产 25 万吨低定量高强瓦楞原纸的 PM3A 生产线于 2010 年投产，年产 30 万吨制浆造纸的 PM3B 生产线于 2013 年 7 月投产。

配套环保设施投资 1.17 亿元，设置厌氧 + 好氧 + 深度氧化工艺处理，确保废水排水 COD_{Cr} 符合全世界最高标准 40 毫克/升以下。

公司有良好的技术开发力、市场开拓力和品质竞争力，在江苏省乃至华东地区有较高的知名度和影响力。公司上下有强烈的环保意识，公司先后荣获“省优秀包装企业”“中国 200 强先进包装企业”“省环保先进企业”“全国模范职工之家”“全国五一劳动奖状”等称号。

单位地址：无锡市惠山区洛社镇中兴西路 43 号 **邮编：**214187

联系电话：0510 – 83316666 **联系传真：**0510 – 83311826

联系邮箱：w5015@longchengreentech.com **单位网址：**www.longchengreentech.com

企业性质：民营企业

法人代表：吴文荣，**经营负责人：**高威宏，**技术负责人：**高威宏

成立时间：1997 年，**职工总数：**650 人，**其中技术人员数：**100 人

2021 年纸及纸板生产量：83.6 万吨

2021 年销售收入：30 亿元，**利税总额：**0.38 亿元，**利润总额：**0.24 亿元

2021 年企业科研经费投入：1 亿元

主要产品：工业包装用纸

主要纤维原料：废纸

纸机总数：4 台

【主要生产线】

主要制浆生产线

生产线名称	纤维原料	主体设备供货厂商	产品品种	生产能力/(万吨/年)	投产时间
PM1	废纸	安德里茨公司	箱纸板	10	2000
PM2	废纸	福伊特公司	瓦楞原纸	20	2004
PM3A	废纸	福伊特公司	瓦楞原纸	25	2010
PM3B	废纸	福伊特公司	箱纸板	30	2013

主要造纸生产线

生产线名称	纸机			主体设备供货厂商	产品品种	纤维原料	生产能力/(万吨/年)	投产时间
	网部形式	幅宽/毫米	工作车速/(米/分)					
PM1		3200	480	裕力机械股份有限公司	箱纸板	废纸	10	2000
PM2		4650	600	裕力机械股份有限公司	瓦楞原纸	废纸	20	2004
PM3A		6600	825	韩国金星造纸技术有限公司、福伊特公司	瓦楞原纸	废纸	25	2010
PM3B		6600	825	裕力机械股份有限公司、福伊特公司	箱纸板	废纸	30	2013

（许武军）

华泰集团有限公司

Hua Tai Group

【企业概况】

华泰集团有限公司(以下简称“华泰集团”)是一家以造纸、化工为主导产业，集印刷、热电、物流、林业、环保、商贸、房地产、金融等 10 多个产业于一体的全国 500 强企业集团。公司总资产 343 亿元，年造纸生产能力 400 万吨，年化工及造纸助剂 300 万吨，年印刷能力 230 万色令，是全球最大的高档新闻纸生产基地和全国最大的盐化工生产基地。

按照林浆纸一体化发展模式，华泰集团分别在山东省、安徽省、河北省、广东省建成了六大浆纸生产基地，引进了国际最先进的 10 多条造纸生产线。公司先后与多家世界 500 强企业进行“强强联合”，其中，华泰集团与比利时索尔维集团合资增建的电子级食品级双氧水生产线，产品填补国内空白；华泰集团与德国福伊特集团实施了“造纸工业 4.0 战略”，引领造纸行业向“智能制造”迈进。公司始终将科技创新当成发展的第一引擎，建成了全国造纸行业首个博士后科研工作站、国家企业技术中心、国家 CNAS 认可实验室、山东省“泰山学者岗”、山东省废纸综合利用工程技术研究中心、院士工作站等七大科研平台，是造纸行业唯一一家荣获 7 项国家科学技术进步奖的企业。

公司始终不忘初心，坚守匠心，坚持做中国高档纸张第一品牌。目前，公司新闻纸产品成功占据全国 70% 市场，成为人民日报、光明日报、新华每日电讯等国家党政机关报社首选第一品牌。全国约有 20% 高档文化用纸均来自华泰，党的十九大精神文件书籍、全国教辅教材用纸等均采用华泰纸进行印刷。多年来，华泰集团的发展成绩受到各级部门的认可，先后被中组部授予全国创先争优先进基层党组织，被国务院授予全国就业先进企业，被全国总工会授予全国五一劳动奖状、全国工人先锋号、全国模范职工之家，被山东省政府授予首届省长质量奖，曾荣获全国守合同重信用企业、国家重点高新技术企业、国家技术创新示范企业等多项殊荣。

公司名列 2021 中国企业 500 强第 275 位，中国民营企业 500 强第 116 名，鲁企 300 强第 20 名，上榜中国轻工 200 强第 11 名，连续多年名列造纸行业前 3，彰显出企业的强劲实力和良好的发展前景。华泰集团按照“稳固、提升造纸主业，拉长、壮大化工产业，发展新材料、机械加工、现代物流、金融、贸易、信息等新兴产业”的总体发展战略，积极推动“转调创”，力争到“十四五”末，销售收入突破 1000 亿元，把华泰集团建成国际化综合型千亿元大企业集团。

单位地址：山东省广饶县大王镇潍高路 251 号　**邮编**：257335

联系电话：0546 - 7798229　**联系传真**：0546 - 6888018

联系邮箱：jinrihuatai@163.com　**单位网址**：www.huatai.com

企业性质：民营企业

法人代表：李建华，**经营负责人**：李晓亮，**技术负责人**：张凤山

成立时间：1976 年，**职工总数**：12381 人，**其中技术人员数**：1127 人

2021 年纸及纸板生产量：308.09 万吨

2021 年销售收入：768.3 亿元，**利税总额**：67 亿元，**利润总额**：34.73 亿元

主要产品：新闻纸、铜版纸、胶版纸、特种纸

主要纤维原料：废纸、杨木片

纸机总数：12 台

【主要生产线】

主要制浆生产线

生产线名称	纤维原料	制浆方法	蒸煮器	主体设备供货厂商	产品品种	生产能力/(万吨/年)	投产时间
8 号机	木浆板	碎浆、打浆		安德里茨公司	木浆	40	2011
9 号机	废纸、木浆板	浮选脱墨		福伊特公司	脱墨浆、木浆	16	2001
10 号机	废纸、木浆板	浮选脱墨		福伊特公司	脱墨浆、木浆	25	2003
11 号机	废纸	浮选脱墨		福伊特公司	脱墨浆	40	2005
12 号机	废纸	浮选脱墨		福伊特公司	脱墨浆	45	2006
杨木浆生产线	杨木片	BCTMP		美卓公司	杨木 BCTMP	10	2006
安徽华泰漂白化学浆	阔叶木、针叶木	硫酸盐法	超级间歇蒸煮	美卓公司、安德里茨公司	化学浆	30	2012
广东华泰 650 吨脱墨线	废纸	脱墨法		美卓公司	脱墨浆	40	2011
日照华泰 10 万吨阔叶浆生产线	阔叶木、针叶木	DDS 间歇蒸煮	立锅	安阳机械厂、美国 ITT 公司等	针叶木浆、阔叶木浆	10	2010
河北华泰新闻纸机	废纸	浮选脱墨		福伊特公司	脱墨浆	30	2005

主要造纸生产线

生产线名称	纸机			主体设备供货厂商	产品品种	纤维原料	生产能力/(万吨/年)	投产时间
	网部形式	幅宽/毫米	工作车速/(米/分)					
8 号机	夹网	8100	1700	美卓公司	铜版纸	木浆	70	2011
9 号机	叠网	6500	1400	福伊特公司	文化用纸	脱墨浆、木浆	16	2001
10 号机	夹网	7100	1800	福伊特公司	文化用纸	脱墨浆、木浆	25	2003
11 号机	夹网	10200	1800	福伊特公司	新闻纸	脱墨浆	40	2005
12 号机	夹网	11000	2000	福伊特公司	新闻纸	脱墨浆	45	2006
安徽华泰 1 号机	叠网	4450	1000	美卓公司	文化用纸	自制化学浆、机械磨木浆	15	2012
广东华泰 1 号机	夹网	6100	1800	美卓公司	新闻纸	脱墨浆	40	2011
河北华泰新闻纸机	夹网	7900	1950	美卓公司	新闻纸	脱墨浆	30	2005

（任爱丽）

宁波亚洲浆纸业有限公司

Ningbo Asia Pulp & Paper Co., Ltd.

【企业概况】

宁波亚洲浆纸业有限公司项目总投资 118 亿元，实施分阶段建设，其中一阶段项目产能 100 万吨，于 2004 年底建成。二阶段项目年产能 50 万吨，于 2014 年 6 月底投入生产，现产能升级技改中。

公司现有 2 台大型现代化纸机，配备了世界上最完善的 QCS 质量控制系统及国际领先的 DCS 自动化控制系统，其中 1 台为世界上单机产能最大、生产技术最先进的纸板机。公司主要生产高档涂布白卡纸、铜版卡纸、烟卡纸、食品卡纸等，为客户提供多元化系列产品。

生产经营，环保先行。公司投资 11 亿多元用于环保建设，各项排放指标远低于国家标准。在废水回收利用方面，采用全封闭的白水回收系统，大幅提升了水的循环利用，也成为国内耗水最低的造纸企业之一。公司先后通过 ISO 14001 环境管理体系、ISO 9001 质量管理体系、OHSAS 18001 职业健康安全管理体系、PEFC 森林监管链管理体系认证及 ISO 14064 温室气体排放监管体系核查申明。先后荣获"宁波市绿色单位""宁波市纳税五十强""宁波市最佳环境友好奖""浙江省高新技术企业创新能力百强""浙江节水行企业""浙江省节水标杆企业""国家高新技术企业""国家绿色工厂"等称号。

单位地址：浙江省宁波市北仑区小港青峙工业区宏源路 88 号 **邮编：**315803

联系电话：0574－86989888 **联系传真：**0574－86989898

单位网址：www. zhonghua-paper. com

企业性质：中外合资

法人代表：黄志源，**经营负责人：**徐友君，**技术负责人：**仇如全

成立时间：2002 年，**职工总数：**1680 人，**其中技术人员数：**256 人

2021 年纸浆生产量：8. 85 万吨，**纸及纸板生产量：**195 万吨

2021 年销售收入：101 亿元，**利税总额：**19. 6 亿元，**利润总额：**14. 2 亿元

2021 年企业科研经费投入：3. 27 亿元

主要产品：高档白卡纸、铜版卡纸、烟卡纸、食品卡纸等

主要纤维原料：木浆

纸机总数：2 台

【主要生产线】

主要制浆生产线

生产线名称	纤维原料	制浆方法	蒸煮器	主体设备供货厂商	产品品种	生产能力/(万吨/年)	投产时间
BCTMP	桉木片、相思木片	化学热磨机械浆	—	维美德公司	化学机械浆	30	2021-07

主要造纸生产线

生产线名称	纸机			主体设备供货厂商	产品品种	纤维原料	生产能力/(万吨/年)	投产时间
	网部形式	幅宽/毫米	工作车速/(米/分)					
6 号纸机	五层长网	8100	1000	维美德公司	高档白卡纸、铜板卡纸、烟卡纸	木浆	100	2004-10
4 号纸机	三层长网	6100	600	维美德公司	高档白卡纸、食品卡纸	木浆	50	2014-06

〔APP(中国)〕

金东纸业(江苏)股份有限公司

Gold East Paper (Jiangsu) Co., Ltd.

【企业概况】

金东纸业(江苏)股份有限公司(以下简称“金东纸业”)地处长江第三大港——江苏省镇江大港，占地533 万米^2，总投资 39.95 亿美元，年产铜版纸 200 万吨以上，已成为世界上单厂规模最大的铜版纸生产企业之一。

作为金光集团 APP(中国)的旗舰企业，金东纸业秉承集团永续经营的理念，不断实践着循环经济和绿色造纸，走出了一条可持续发展的新型工业化道路，迄今环保投入已超 17 亿元。金东纸业在环保建设中所做的努力得到了我国各级政府的充分肯定，荣获国家级、省级、市级多项荣誉称号。

成立至今，金东纸业连续多年入选“中国 500 强企业”和“中国轻工业百强企业”等排行榜。在管理领域，金东纸业将 6Sigma、CTR 等先进工具引入企业管理中，提高了企业运营效率。先后通过了 ISO 9001 质量管理体系认证、ISO 14001 环境管理体系认证、OHSAS 18001 职业健康安全管理体系认证和 PEFC(森林认证认可计划)认证。

金东纸业主要产品有：双面铜版纸、单面铜版纸、亚光铜版纸、轮转铜版纸、数码专用纸、手袋专用纸等。主要品牌有：“太空梭”“东帆”“长鹤”“神盾”“NEVIA”“Space Shuttle”“XPLORE”“Nireus”“Art-tech”“Sunbrite”等，其中“太空梭”连续多年被评为“江苏省重点培育和发展的国际知名品牌”。

单位地址：江苏省镇江市大港兴港东路 8 号　**邮编：**212132

联系电话：0511－88998888　**联系传真：**0511－88997000

联系邮箱：service@ goldeastpaper. com. cn　**单位网址：**www. goldeastpaper. com. cn

企业性质：中外合资

法人代表：黄志源，**经营负责人：**杨金成，**技术负责人：**江达

成立时间：1997 年，**职工总数：**2839 人，**其中技术人员数：**499 人

2021 年纸及纸板生产量：183.53 万吨

2021 年销售收入：103.33 亿元，**利税总额：**15.44 亿元，**利润总额：**12.57 亿元

2021 年企业科研经费投入：4.13 亿元

主要产品：单面铜版纸、双面铜版纸、亚光铜版纸、数码专用纸、双胶纸、静电复印纸

主要纤维原料：原生木浆

纸机总数：3 台

【主要生产线】

主要造纸生产线

生产线名称	纸机			主体设备供货厂商	产品品种	纤维原料	生产能力/(万吨/年)	投产时间
	网部形式	幅宽/毫米	工作车速/(米/分)					
福伊特纸机	夹网	9770	1500	福伊特公司	双胶纸和涂布原纸	原生木浆	54	1999-02
福伊特纸机	夹网	9770	1500	福伊特公司	双胶纸和涂布原纸	原生木浆	54	1999-05
美卓涂布机	—	9770	1700	维美德公司	铜版纸	原生木浆	60	1999-06
美卓涂布机	—	9770	1700	维美德公司	铜版纸	原生木浆	60	2001-08
集造纸涂布于一体纸机	夹网	10600	1700	福伊特公司	不含磨木浆涂布纸、铜版纸	原生木浆	70	2005-05

〔APP(中国)〕

金红叶纸业集团有限公司

Gold Hongye Paper Group Co., Ltd.

【企业概况】

金红叶纸业集团有限公司(以下简称“金红叶”)由APP(中国)于1996年投资建设，专业生产、销售生活用纸系列产品，产品主要有：卫生纸、面巾纸、手帕纸、餐巾纸、厨房纸巾、擦手纸和湿巾等。主要品牌有：“唯洁雅”“清风”和“真真”。

目前公司拥有7个原纸生产基地，分布在江苏省苏州市、江苏省南通市、海南省海口市、湖北省孝感市、辽宁省沈阳市、四川省遂宁市和四川省雅安市。在天津市、沈阳市、成都市、武汉市、福州市、广东省、海南省、青岛市等地设有后加工基地，并设有遍布全国的营运销售网络。是目前我国生活用纸行业产能最大的生产商。拥有年产能202万吨，位列全球第四，亚洲第一。

2017年10月9日，金光集团总投资68亿美元(约合450亿元)的高档生活用纸项目落户江苏省南通市如东县洋口港经济开发区，占地面积566.67万米^2，建成后可年产生活用纸400万吨，成为全球最大的生活用纸生产基地。2021年南通新建基地一期年产78万吨项目中8台维美德公司(PMP)新月型纸机投产，合计投产产能24万吨/年。按照2019年1月苏州工业园区管委会与金光集团签署的动迁回购协议，金红叶苏州工厂逐步搬迁腾退，预计于2022年停产。

2021年孝感基地投产2台维美德公司6万吨/年新月型纸机，合计投产产能12万吨/年。另外，金光集团旗下广西金桂浆纸业有限公司公开的三期项目，规划有100万吨生活用纸原纸。

单位地址： 江苏省苏州市工业园区胜浦分区金胜路1号 **邮编：** 215126

联系电话： 0512－62810228 **联系传真：** 0512－62818276

联系邮箱： customer_service@ghy.com.cn **单位网址：** www.ghy.com.cn

企业性质： 外商独资

法人代表： 黄志源

2021年纸及纸板产能： 202万吨

主要产品： 生活用纸

主要纤维原料： 木浆

纸机总数： 58台

【主要生产线】

主要造纸生产线

生产基地	产品品种	纤维原料	生产能力/(万吨/年)	纸机台数
江苏苏州	生活用纸	木浆	43	12
海南海口	生活用纸	木浆	84	28
湖北孝感	生活用纸	木浆	36	6
辽宁沈阳	生活用纸	木浆	6	1
四川遂宁	生活用纸	木浆	6	1
四川雅安	生活用纸	木浆	3	2
江苏南通	生活用纸	木浆	24	8
合计			202	58

（中国造纸协会生活用纸专业委员会）

山东世纪阳光纸业集团有限公司

Shandong Century Sunshine Paper Group Co., Ltd.

【企业概况】

山东世纪阳光纸业集团有限公司成立于2000年底，2007年在香港联合证券交易所主板挂牌上市。下设昌乐新迈纸业有限公司、上海王的实业有限公司、昌乐盛世热电有限公司、潍坊申易物流有限公司、山东科迈生物制浆有限公司、山东华迈纸业有限公司等15个子公司。年造纸产能230万吨，成为亚洲白面牛卡纸、涂布白面牛卡纸及纸管原纸生产规模较大、装备能力较强、产品档次较高的生产基地，全球较先进的预印产品基地，是国家备案高新技术企业，进入中国民营企业500强、全国造纸20强、全球造纸100强。

公司建成了拥有近700名专业技术人员的省级技术中心和省级工程实验室，拥有自主知识产权50多项，制定了白面牛卡纸系列产品的7套行业国家标准；建成了拥有近200名销售人员的销售团队，在国内设有30多个销售分公司，国外设6个分公司和联络处，形成覆盖全国、辐射海外的营销格局。

公司大力推行商业模式创新，用互联网嫁接传统包装产业，在上海建起全国唯一的包装云平台，以信息化手段整合了国内多家大型包装企业资源，成立了阳光包装联盟，为客户提供一体化的互联网+造纸包装解决方案，打造起造纸包装行业生态圈，使包装业经营模式实现了颠覆式革命。

公司与世界500强之一的日本王子株式会社合资组建了阳光王子(寿光)特种纸有限公司，已形成年产装饰原纸12万吨的产能，拉开了打造特种纸板块的序幕，核心竞争力不断增强。

公司以新旧动能转换为动力，聚焦“碳中和、碳达峰”与“限塑令”，大力实施科技创新、原料制胜、人才战略，通过实施生物机械浆项目、以纸代塑项目、百万吨集束包装纸项目、智慧多式联运物流中心、生物基新材料研究院等项目，实现产业规模化升级，以创新发展、转型发展、开放发展、低碳发展的新步伐昂首迈进新时代。

单位地址：山东潍坊昌乐开发区龙角村北 **邮编**：262400

联系电话：0536-6856001 **联系传真**：0536-6856006

联系邮箱：zhangchy@sunshinepaper.com.cn **单位网址**：www.sunshinepaper.com.cn

企业性质：民营企业

法人代表：王东兴，**经营负责人**：王长海，**技术负责人**：慈晓雷

成立时间：2000年，**职工总数**：4707人，**其中技术人员数**：720人

2021年纸浆生产量：8093万吨，**纸及纸板生产量**：171万吨

2021年销售收入：79.8亿元，**利税总额**：12.6亿元，**利润总额**：7.5亿元

2021年企业科研经费投入：2.23亿元

主要产品：涂布白面牛卡纸、白面牛卡纸、瓦楞原纸、纸管原纸、高档装饰原纸、彩色素色特种纸

主要纤维原料：BLKP、BNKP、BCTMP、DIP、OCC、麦草、木纤维

纸机总数：10台

【主要生产线】

主要制浆生产线

生产线名称	纤维原料	制浆方法	蒸煮器	主体设备供货厂商	产品品种	生产能力/(万吨/年)	投产时间
年产 20 万吨生物机械浆线	麦草	生物机械法		安德里茨公司、天津智卓峰环保科技有限公司	生物机械浆	20	2020

主要造纸生产线

生产线名称	纸机			主体设备供货厂商	产品品种	纤维原料	生产能力/(万吨/年)	投产时间
	网部形式	幅宽/毫米	工作车速/(米/分)					
华迈 PM1	夹网	7500	1250	福伊特公司	高强瓦楞原纸	OCC	40	2020
PM1/PM2	长网	3200/4400	650/840	国产	白面牛卡纸	漂白商品木浆、OCC	42	2004/2006
PM3	长网	3200	350	国产	纸管原纸	OCC	29	2008
PM4	长网	3200	700	国产	涂布白面牛卡纸	OCC	8	2008
PM5	长网	6600	1200	维美德公司	涂布白面牛卡纸	漂白商品木浆、OCC	64	2010
PM1	长网	2710	700	法国 ABK 公司	装饰原纸	商品木浆	5.00	2012
PM2	长网	1430	700	德国奔马集团公司	装饰原纸	商品木浆	3.25	2018
PM3	长网	1430	700	德国奔马集团公司	装饰原纸	商品木浆	3.25	2018
华迈 PM2	夹网	7500	1250	福伊特公司	高强瓦楞原纸	OCC	40	2021

（张春燕）

亚太森博(山东)浆纸有限公司

Asia Symbol (Shandong) Pulp & Paper Co., Ltd.

【企业概况】

亚太森博(山东)浆纸有限公司(以下简称“亚太森博”)是世界领先的浆纸纤垂直一体化企业,山东省投资规模名列前茅的侨资企业、外资企业、商品木浆生产供应企业,也是浆纸行业产业升级、技术进步、绿色发展的标杆企业。企业目前总投资超过 200 亿元,主要产品为化学木浆、溶解浆、莱赛尔纤维及液体包装纸板、食品卡、烟卡、社会卡等高档产品,具备年产木浆 220 万吨、白卡纸板 60 万吨、莱赛尔纤维 2.5 万吨的能力。

亚太森博累计环保投资已超过 50 亿元,无论是环保投资总额还是占总投资的比例,均创国际同等规模浆纸工厂之最,主要环保指标达到行业领先水平。亚太森博充分利用浆纸生产过程中产生的生物质废弃物提供能源,每年可减少 300 多万吨的碳排放量。亚太森博把社会责任融入到基因里,已累计投入 1 亿多元用于文教卫生、扶贫救灾、环保宣教等社会公益慈善事业。

亚太森博的产品与人们的日常生活息息相关,作为基础工业材料的生产商,改善了全国造纸产业的原料结构,降低了国内各类纸制品的原料成本,惠及广大消费者,生产订制化的产品,实现稳定的供应、稳定的质量、稳定的技术服务,为客户提升价值。

亚太森博被评为国家绿色工厂、中国造纸工业环境友好企业、中国优秀企业公民、中国社会责任典范企业、全国优秀外商投资企业、高新技术企业、山东省节能先进企业、山东省循环经济示范企业、日照市功勋企业。

亚太森博坚持“开发永续资源,创造美好生活”的宗旨,致力于成为规模最大、管理最佳、以可持续的资源开发为基础的集团之一,保护环境,为客户创造价值,实现利民、利国、利业。

单位地址:山东省日照市北京路 369 号 **邮编:**276826

联系电话:0633-3361073 **联系传真:**0633-3361280

联系邮箱:xitian_he@asiasymbol.com **单位网址:**www.asiasymbol.com

企业性质:中外合资

法人代表:陈小荣,**经营负责人:**陈小荣

成立时间:2005 年,**职工总数:**2419 人,**其中技术人员数:**333 人

2021 年纸浆生产量:195 万吨,**纸及纸板生产量:**61 万吨

2021 年销售收入:118.5 亿元,**利税总额:**22.2 亿元,**利润总额:**18.29 亿元

2021 年企业科研经费投入:6.1 亿元

主要产品:漂白硫酸盐化学木浆、溶解浆、高档白卡纸板(液体包装纸板、烟卡纸、食品卡纸、社会卡等)、莱赛尔纤维

主要纤维原料:桉木、相思木、针叶木

纸机总数:2 台

蒸(球)煮器总数:2 台

【主要生产线】

主要制浆生产线

生产线名称	纤维原料	制浆方法	蒸煮器	主体设备供货厂商	产品品种	生产能力/(万吨/年)	投产时间
一期制浆生产线	针叶木/阔叶木	漂白硫酸盐制浆法	低固形物连续蒸煮	安德里茨公司	漂白硫酸盐木浆	31.5	2002-10
二期制浆生产线	阔叶木	漂白硫酸盐制浆法	紧凑 G2 蒸煮技术	美卓公司	漂白硫酸盐木浆	170	2010-11

主要造纸生产线

生产线名称	纸机			主体设备供货厂商	产品品种	纤维原料	生产能力/(万吨/年)	投产时间
	网部形式	幅宽/毫米	工作车速/(米/分)					
一期纸板生产线	多网	3625	600	福伊特公司	高档白卡纸板	化学浆、机械浆	17	2002-10
液体包装纸板生产线	多网	4600	1000	福伊特公司	液体包装纸板	化学浆、机械浆	35	2014-06

（贺锡田）

海南金海浆纸业有限公司

Hainan Jinhai Pulp & Paper Co., Ltd.

【企业概况】

海南金海浆纸业有限公司(以下简称“金海浆纸”)是金光集团 APP(中国)投资建设的特大型制浆造纸企业，地处海南省洋浦经济开发区，占地 533.3 公顷。公司现有年产 180 万吨化学漂白硫酸盐桉木浆项目和年产 160 万吨造纸项目，总投资 239 亿元，目前项目已全部建成投产。

金海浆纸制浆生产线，总投资 124 亿元，是迄今为止世界上具有超大规模、技术领先的单一制浆生产线之一，除采用一流先进生产工艺和技术外，主体设备均采用国际著名专业厂商产品，代表了当今世界制浆造纸领域的先进水平。

金海浆纸造纸项目，分两阶段完成，第一阶段为年产 90 万吨文化用纸项目，总投资约 75 亿元。该生产线为德国福伊特公司制造，纸机全长 428.18 米，成纸幅宽 10960 毫米，设计车速 2000 米/分，抄造车速达 1800 米/分。可根据客户要求生产定量 140 ~ 300 克/米^2 的高档文化用纸。第二阶段为年产 70 万吨生活用纸项目，总投资约 40 亿元。该生产线共由 16 台造纸机组成，其中 4 台纸机由意大利亚赛利公司提供，单机年产 7.4 万吨；12 台纸机由金顺重机(江苏)有限公司提供，单机年产能 3.4 万吨。

秉持“植树造林，造福自然；制浆造纸，服务人民”的经营理念，金海浆纸以“科学营林、环保制浆和绿色造纸”来实现经济效益、社会效益和生态效益同步发展。

单位地址：海南省海口市洋浦经济开发区 D12 区 **邮编：**578101
联系电话：0898 - 28821568 **联系传真：**0898 - 28828256
联系邮箱：YP_PR@appjh.com.cn **单位网址：**www.appjh.com.cn
企业性质：中外合资
法人代表：黄志源，**经营负责人：**杨长建，**技术负责人：**陈德海
成立时间：1999 年，**职工总数：**3441 人，**其中技术人员数：**338 人
2021 年纸浆生产量：189.19 万吨，**纸及纸板生产量：**118.78 万吨
2021 年销售收入：113 亿元，**利税总额：**12.70 亿元，**利润总额：**10 亿元
2021 年企业科研经费投入：4.03 亿元
主要产品：浆、纸
纸机总数：1 台
蒸(球)煮器总数：1 台

【主要生产线】

主要制浆生产线

生产线名称	纤维原料	制浆方法	蒸煮器	主体设备供货厂商	产品品种	生产能力/(万吨/年)	投产时间
生产线	桉木	硫酸盐蒸煮及无元素氯漂白(ECF)	连续蒸解釜	阿克-克瓦纳公司	漂白硫酸盐桉木浆	180	2005

主要造纸生产线

生产线名称	纸机			主体设备供货厂商	产品品种	纤维原料	生产能力/(万吨/年)	投产时间
	网部形式	幅宽/毫米	工作车速/(米/分)					
文化用纸生产线	夹网	10960	1800	福伊特公司	高档文化用纸	漂白硫酸盐桉木浆等	90	2011

〔APP(中国)〕

浙江景兴纸业股份有限公司

Zhejiang Jingxing Paper Joint Stock Co., Ltd.

【企业概况】

浙江景兴纸业股份有限公司(以下简称“景兴纸业”)成立于1984年，经过37年的发展，由一家名不见经传的造纸作坊发展成为以造纸为龙头、集纸制品加工为一体的上市公司。公司主导产品为牛皮箱纸板、白面牛卡纸、瓦楞原纸、纸箱、生活用纸等系列产品。

2006年9月15日，景兴纸业A股在深圳证券交易所上市。通过上市和增发，公司迈入快速发展的轨道。公司先后被上级授予“全国首批资源节约型环境友好型企业试点”“首批国家节水标杆企业”“国家级工程实践教育中心”“国家高新技术企业”“国家水效领跑者企业”。2021年公司高度重视科技创新工作，充分利用“博士后工作站”“院士专家工作站”“外国专家工作站”“企业研究院”等高能级创新科技研发平台，与南京林业大学、浙江科技学院等高校建立校企合作，建设实践创新基地。另一方面加大科研经费投入，2021年开展研发项目40余项，累计投入经费2亿多元。“春种一粒粟，秋收万颗子”，2021年公司完成科研成果转化21项，申请专利9项，获专利授权8项，发表各类论文7篇，申报省级新产品4项，完成浙江省科技厅省级新产品鉴定4项，完成省级工业新产品(技术)鉴定3项，组织申报的平湖市级科技项目——“基于工业大数据的‘智慧造纸’关键技术研究”被列入重点项目。目前公司拥有国际先进水平造纸生产线8条，其中包装用纸生产线5条，生活用纸生产线3条。2021年公司造纸产量153.75万吨(包装用纸148.65万吨，生活用纸5.1万吨)，实现销售收入62.25亿元，利税7.37亿元。

单位地址：浙江省平湖市曹桥街道 **邮编：**314214

联系电话：0573－85960318 **联系传真：**0573－85966983

联系邮箱：283900268@qq.com **单位网址：**www.zjjxjt.com

企业性质：民营企业

法人代表：朱在龙，**经营负责人：**王志明，**技术负责人：**程正柏

成立时间：1984年，**职工总数：**2025人，**其中技术人员数：**334人

2020年纸及纸板生产量：153.75万吨

2020年销售收入：62.25亿元，**利税总额：**7.37亿元，**利润总额：**4.76亿元

主要产品：牛皮箱纸板、白面牛卡纸、瓦楞原纸、生活用纸、纸箱

主要纤维原料：废纸、木浆

纸机总数：8台

【主要生产线】

主要造纸生产线

生产线名称	纸机			主体设备供货厂商	产品品种及规格	纤维原料及配比	生产能力/(万吨/年)	投产时间
	网部形式	幅宽/毫米	工作车速/(米/分)					
5号纱管纸生产线	多圆网	2400	100	上海轻良实业有限公司	300～500克/米^2 C/BJ纱管纸	LOCC100%	6	2013
6号纱管纸生产线	四叠网	2400	100	上海轻良实业有限公司	300～500克/米^2 C/BJ纱管纸	LOCC100%	6	2013
10号箱纸板生产线	四叠网	4800	500	辽阳造纸机械股份有限公司	200～300克/米^2 AJ/UJ箱纸板	面：UKP 衬芯底：LOCC/JOCC/AOCC	20	2002
12号箱纸板生产线	三叠网	5650	1000	美卓公司	110～200克/米^2 AJ/UJ箱纸板	面：UKP 衬芯底：LOCC/JOCC/AOCC	45	2007
13号瓦楞原纸生产线	二网超成型	5200	450	日本小林制作所	110～200克/米^2 AJ/UJ/瓦楞原纸	面：UKP 衬芯底：LOCC/JOCC/AOCC	15	2004
15号白面牛卡纸生产线	三叠网+顶网	4880	700	华东造纸机械有限公司	125～200克/米^2 白面牛卡纸/石膏护面纸	面：NBKP/UBKP 衬：DIP 底：LOCC/JOCC/AOCC	25	2010
16号高强瓦楞原纸生产线	单长网+顶网	5650	1000	维美德公司	70～120克/米^2 AJ瓦楞原纸	LOCC/EOCC/AOCC	30	2015
1号生活用纸纸机	真空圆网	2850	1800	安德里茨公司	12～24克/米^2 面巾纸、卫生纸、餐巾纸等	100%原生木浆	3	2015
2号生活用纸纸机	长网	2850	1800	安德里茨公司	12～24克/米^2 面巾纸、卫生纸、餐巾纸等	100%原生木浆	3	2015
3号生活用纸纸机	真空圆网	2850	800	广东宝拓科技股份有限公司	12～24克/米^2 面巾纸、卫生纸、餐巾纸等	100%原生木浆	0.8	2014

（章爱其）

维达纸业(中国)有限公司

Vinda Paper(China) Co., Ltd.

【企业概况】

维达纸业(中国)有限公司(以下简称“维达”)专注研发生产卫生卷纸、手帕纸、盒装面巾纸、软包抽取式面巾纸等高品质生活用纸系列产品。2007 年在香港上市，时至今日，维达已从一个地方性民营企业成长为一个以“维达”品牌为核心的中国名牌企业。在全国有 10 个生活用纸原纸生产基地，形成了“米”字形的生产战略布局。拥有年产能 139 万吨，位列全球第九，亚洲第四。2012 年维达开始推出婴儿纸尿裤、卫生巾等卫生用品，进入个人护理产品业务，以多元化的产品巩固维达品牌地位。

2021 年维达实现营业收入 186.76 亿港元，同比增长 13.1%；利润 16.38 亿港元，同比下降 12.6%。其中生活用纸业务(含湿巾)实现营业收入 155.01 亿港元，同比增长 13.9%，占集团总销售额的 83%；个人护理用品业务收入 31.75 亿港元，同比增长 6.2%，占整体收入的 17%。

2021 年电商渠道的收益占公司整体收益的 41%，同比增长了 5%；电商渠道营业额 76.57 亿港元，同比增长 28.8%。

2021 年，维达新增产能 14 万吨/年，分别在广东阳江投产 2 台，在浙江龙游、湖北孝感各投产 1 台维美德公司的 3.5 万吨/年复合型卫生纸机，总产能增加至 139 万吨/年。新引进投产的复合型卫生纸机生产差异化的生活用纸，其蓬松度更高、吸水性更好，用于加工全新的厨房纸巾、擦手纸等擦拭类的产品。

维达护理用品(广东)有限公司在阳江高新区主要建设年产 50 万吨高档生活用纸的现代化生产基地，总投资 70 亿港元。首期 19 万吨生活用纸生产线已有 13 万吨产能投产。

单位地址：广东省江门市新会区东侯工业开发区 **邮编：**529100

联系电话：0750－6168535 **联系传真：**0750－6124027

联系邮箱：guangdong@vinda.com **单位网址：**www.vindapaper.com

企业性质：中外合资

法人代表：李朝旺

成立时间：1985 年

2021 年纸及纸板产能：139 万吨

2021 年销售收入：186.76 亿港元，**净利润：**16.38 亿港元

主要产品：生活用纸、卫生用品

主要纤维原料：木浆

纸机总数：67 台

【主要生产线】

主要造纸生产线

生产基地	产品品种	纤维原料	生产能力/(万吨/年)	纸机台数
广东江门新会会城	生活用纸	木浆	3.0	2
湖北孝感	生活用纸	木浆	33.5	18
北京	生活用纸	木浆	3.0	3
四川德阳	生活用纸	木浆	7.5	5
广东江门新会双水	生活用纸	木浆	12.0	6
浙江龙游	生活用纸	木浆	24.5	11
辽宁鞍山	生活用纸	木浆	5.5	4
广东江门新会三江	生活用纸	木浆	26.0	10
山东莱芜	生活用纸	木浆	11.0	4
广东阳江	生活用纸	木浆	13.0	4
合计			139.0	67

（中国造纸协会生活用纸专业委员会）

广西金桂浆纸业有限公司

Guangxi Jingui Pulp&Paper Co., Ltd.

【企业概况】

广西金桂浆纸业有限公司(以下简称"金桂")是金光集团 APP(中国)在华投资建设的大型制浆造纸企业，也是目前国内最早实现林浆纸一体化的企业之一。

金桂厂区实际占地 220 多公顷，一期工程总投资 117 亿元，制浆和造纸生产线先后于 2011 年和 2013 年竣工投产，生产规模为年产 75 万吨纸浆和年产 100 万吨纸。二期工程规划投资约 114 亿元，由 3 个子项目组成，分别是：年产 180 万吨高档纸板扩建项目、年产 30 万吨双氧水(浓度 27.5%)项目、年产 75 万吨化学机械浆扩建项目。

金桂目前在广西拥有自营林地约 9.33 万公顷，为金桂提供制浆用木材原料，这些林地主要分布在钦州、防城、南宁、玉林、贵港、崇左、百色、柳州、河池、来宾、梧州等地。

金桂是国内大型的桉木化学机械浆生产企业，制浆部分的主体设备由奥地利安德里茨公司以及芬兰美卓公司所提供，生产的"金钱豹"牌桉木化学机械浆具有松厚度高、不透明度高的特性，可用于多种纸及纸板的抄造。金桂采用国际先进的大型机内涂布白卡纸机，1 号造纸机引进自德国福伊特公司，设计最高车速 1400 米/分，纸幅净宽 8100 毫米，纸机长度 532 米；2 号造纸机引进自芬兰维美德公司，设计最高车速 1450 米/分，纸幅净宽 8100 毫米，纸机长度 476 米。金桂所生产的"帝王松""金蝶兰""富桂""四季桂"白卡纸产品印刷适性好，适用于药品、日用品、化妆品、电子产品等的包装。

金桂是国家高新技术企业、国家级绿色工厂、国家林业重点龙头企业、中国轻工业造纸行业十强企业、自治区企业技术中心、自治区级清洁生产企业、第一批广西壮族自治区产教融合型试点企业，同时也是信息化与工业化融合促进安全生产重点推进项目承担单位，还先后荣获"中国林业产业突出贡献奖""广西智能工厂示范企业""广西高新技术企业百强""广西工业龙头企业"等多项荣誉称号。

单位地址：广西壮族自治区钦州市钦州港经济技术开发区金光工业园 **邮编：**535008

联系电话：0777－3698888 **联系传真：**0777－3696666

联系邮箱：gxjg3696666@163.com **单位网址：**www.appjg.com.cn

企业性质：中外合资

法人代表：黄志源，**经营负责人：**黄俊彦，**技术负责人：**何传棋

成立时间：2003 年，**职工总数：**1880 人，**其中技术人员数：**160 人

2021 年纸浆生产量：100.85 万吨，**纸及纸板生产量：**133.89 万吨

2021 年销售收入：101.11 亿元，**利税总额：**16.74 亿元，**利润总额：**16.26 亿元

2021 年企业科研经费投入：3.8 亿元

主要产品：化学机械浆、高档白卡纸

主要纤维原料：桉木

纸机总数：2 台

【主要生产线】

主要制浆生产线

生产线名称	纤维原料	制浆方法	主体设备供货厂商	产品品种	生产能力/(万吨/年)	投产时间
化学机械浆生产线	桉木	APMP	安德里茨公司	漂白化学机械浆	75	2011
		BCTMP	美卓公司			2015

主要造纸生产线

生产线名称	纸机			主体设备供货厂商	产品品种	纤维原料	生产能力/(万吨/年)	投产时间
	网部形式	幅宽/毫米	工作车速/(米/分)					
PM1	三层长网	8100	1000～1300	福伊特公司	高档白卡纸	桉木浆、松木浆	100	2013
PM2	三层长网	8100	1000～1300	维美德公司	高档白卡纸	桉木浆、松木浆	90	2021

〔APP(中国)〕

新乡新亚纸业集团股份有限公司

Xinxiang Xinya Paper Group Co., Ltd.

【企业概况】

新乡新亚纸业集团股份有限公司是以制浆造纸为主，集热电联产、医药化工、物流商贸、机械制造、林基地开发、环保综合治理于一体的股份制企业集团。公司占地 175 公顷，下设 18 个生产单位与子公司，拥有各种型号的造纸生产线 24 条，年制浆能力 70 万吨，造纸生产能力 120 万吨。产品通过了国家 ISO 9001 质量体系认证和 ISO 14001 环境体系认证，是中国质量管理达标企业，中国企业改革示范单位，中国制浆造纸研究院有限公司试验基地，河南省制浆造纸龙头企业，河南省百户重点企业，河南省转型升级试点企业，河南省综合效益先进企业，河南省优秀民营企业，河南省农业、林业产业化重点龙头企业，新乡市利税大户、新乡市重点保护企业、新乡县域经济支柱企业。

公司拥有两个省级技术中心，分别是河南省企业技术中心和河南省造纸污染治理工程技术研究中心，拥有 30 多名由知名专家、工程师和技术骨干组成的研发队伍。近年来，在制浆造纸工艺、资源循环利用、环保综合治理等领域取得科技成果 20 余项，其中麦草半化学浆黑液碱回收技术荣获全国节能减排技术二等奖。

公司主营产品为包装用纸、文化用纸、生活用纸三大系列。主要品种有涂布白卡纸、食品液体包装用纸、瓦楞原纸、箱纸板、胶版印刷纸、静电复印纸、电脑打印纸、双面书写纸、中高档生活用纸。“新亚”“新辉煌”“新锦绣”等系列品牌荣获河南省十大驰名品牌、著名商标。

单位地址：河南省新乡纸制品工业园区（107 国道 686 公里处） **邮编：**453731

联系电话：0373 – 5681188 **联系传真：**0373 – 5680286

联系邮箱：xinyaren@126.com **单位网址：**www.xinyapaper.cn

企业性质：民营企业

法人代表：宋敬志，**经营负责人：**宋敬亮，**技术负责人：**李浩然

成立时间：2003 年，**职工总数：**3800 人，**其中技术人员数：**560 人

2021 年纸浆生产量：55.38 万吨，**纸及纸板生产量：**123.39 万吨

2021 年销售收入：77.87 亿元，**利税总额：**4.69 亿元，**利润总额：**3.89 亿元

2021 年企业科研经费投入：0.29 亿元

主要产品：文化用纸、白卡纸、瓦楞原纸、生活用纸

主要纤维原料：杨木化学机械浆、废纸浆、漂白麦草浆、本色麦草浆

【主要生产线】

主要制浆生产线

生产线名称	纤维原料	制浆方法	蒸煮器	主体设备供货厂商	产品品种	生产能力/(万吨/年)	投产时间
化学机械浆生产线	杨木	碱性过氧化氢法	高浓磨浆机	安德里茨公司	APMP化学机械浆	10	2008
本色麦草浆生产线	麦草	微碱法	蒸球	—	本色麦草浆	10	2017
漂白麦草浆生产线	麦草	碱法	立式蒸煮器	—	漂白麦草浆	5	2017
漂白麦草浆生产线	麦草	碱法	连蒸	天津轻工业机械厂	漂白麦草浆	5	2005
废纸浆	废纸		D型碎浆机	郑州磊展科技造纸机械有限公司	非脱墨废纸浆	30	2017
化学机械浆生产线	杨木	碱性过氧化氢法	高浓磨浆机	安德里茨公司	APMP化学机械浆	10	2019

主要造纸生产线

生产线名称	纸机			主体设备供货厂商	产品品种	纤维原料	生产能力/(万吨/年)	投产时间
	网部形式	幅宽/毫米	工作车速/(米/分)					
涂布白卡纸	长网多缸纸机	4260	600	昆山中联造纸机械有限公司	涂布白卡纸	木浆	12	2008
涂布印刷纸	长网多缸纸机	2640	500	辽阳造纸机械股份有限公司	涂布印刷纸、静电复写纸	化学机械浆、麦草浆	10	2005
一厂瓦楞原纸	长网纸机	3200	250	江苏沪太造纸机械厂	瓦楞原纸、牛皮纸、果袋纸	废纸浆、麦草浆	25	2009
二厂瓦楞原纸	长网纸机	3520	600	四川宜宾造纸机械厂	瓦楞原纸	废纸浆、麦草浆	10	2009
口杯纸生产线	叠网纸机	3200	250	四川宜宾造纸机械厂	淋膜原纸	木浆	5	2004
铸涂原纸	长网纸机	1880	250	江苏沪太造纸机械厂	铸涂原纸	木浆	12	2002
箱用夹芯纸	长网纸机	3200	200	—	箱用夹芯纸	废纸浆	5	2010
生活用纸生产线	长网纸机	2900	200	诸城大正机械有限公司	高档生活用纸	木浆	2	2010
美术纯质纸	长网纸机	3200	250	上海机械厂	美术纯质纸	木浆	2	2010
涂布白卡纸	长网多缸纸机	3380	600	维美德公司	涂布白卡纸	木浆	15	2020

（曹守学）

东莞金洲纸业有限公司

DongGuan Jinzhou Paper Co., Ltd.

【企业概况】

东莞金洲纸业有限公司(以下简称"金洲纸业")位于广东省东莞市，是一家以废纸为主要原料的包装用纸生产企业，符合国家循环经济和清洁生产产业发展要求。公司占地总面积 66.67 公顷，总投资额达到 48 亿，主营生产高强瓦楞原纸和牛皮箱纸板，公司年产能达 160 万吨，珠三角市场占有率近 30%。公司主打品牌"金洲芯"高强瓦楞原纸质量享誉全国，高强瓦楞原纸的市场占有率超过 60%，同时，自主研发的高级箱板包装用纸也深得广大客户认可，双双成为国内同行的佼佼者。

公司拥有一流的生产基地及产品生产线，各机台主体设备均为进口设备，处于国际先进水平，纸机配置了福伊特公司的流浆箱和高性能的靴式压榨，德国压光机以及维美德公司 QCS 系统，实现了制浆、造纸全流程自动化控制。

为整合资源，提高竞争力，把企业做大做强，2021 年金洲纸业一、二分公司全面合并，并向下游产业链扩展，金洲纸业与东莞市中堂镇潢涌经济发展总公司合作筹建银洲环保包装有限公司，生产和销售瓦楞纸板、纸箱、彩色纸盒，总投资 6 亿元，一期投入 2.8 亿元，引进德国 BHS 公司 2 条全自动纸板生产线，幅宽分别为 2500 毫米和 2800 毫米，最高车速 300 米/分，目标是年产瓦楞纸板 3.4 亿米^2，年销售收入 9.6 亿元，日产 90 万米^2 纸板。土建工程于 2021 年 3 月份动工，2021 年 8 月份安装设备，2021 年 10 月试生产，2021 年年底已经具备日产 90 万米^2 纸板的生产能力。为响应国家"低碳、环保、节能"的号召，2021 年金洲纸业对 4 号、5 号、6 号纸机进行了膜转移施胶机技术改造，每吨纸的蒸汽消耗降低 150～180 千克。

为了提高公司的自主创新能力，2019 年新建了建筑面积 1000 米^2 研发中心，引进维美德公司纤维分析仪、BTG 公司电位(电荷)分析仪、动态滤水仪、数码显微镜、光谱分析仪等国际先进仪器，建立了研发团队，取得多项成果，经国家授权的发明专利 3 项，实用新型专利 104 项，拥有一批自主知识产权的核心技术，2021 年研发中心取得"广东省瓦楞原纸工程研究中心"的认证。2021 年金洲纸业开发了 HT 牛皮箱纸板新品种，高抗水、抗回潮高强瓦楞原纸和高亮度挂面箱纸板两个产品获得"广东省高新技术产品"证书。

公司引进现代管理制度，建立高效、科学的管理体系，先后通过了质量、环境、职业健康体系、FSC 和海关 AEO 高级、安全生产标准化等一系列管理认证。公司先后获得了"高新技术企业""国家绿色工厂""广东省名牌产品""省环境保护优秀示范工程"、省首批"清洁生产企业""东莞市环境友好企业""东莞市税收突出贡献奖""东莞市政府质量奖鼓励奖""东莞市效益贡献企业奖"等荣誉。

单位地址：广东省东莞市中堂镇潢涌村裕民路 11 号 **邮编：**523221

联系电话：0769－88181288 **联系传真：**0769－88181277

联系邮箱：jzzy@dgjzzy.com **单位网址：**www.jinzhoupaper.com

企业性质：中外合资

法人代表：黎俊钦，**经营负责人：**黎树高，**技术负责人：**苏朝锐

成立时间：2002 年，**职工总数：**3000 人，**其中技术人员数：**600 人

2021 年纸及纸板生产量： 161 万吨
2021 年销售收入： 70 亿元
2021 年企业科研经费投入： 2.1 亿元
主要产品： 高强瓦楞原纸、牛皮箱纸板、纸箱、彩色纸盒
主要纤维原料： 国内废纸、商品再生纤维浆、木浆、竹浆
纸机总数： 6 台

【主要生产线】

主要制浆生产线

生产线名称	纤维原料	制浆方法	蒸煮器	主体设备供货厂商	产品品种	生产能力/(万吨/年)	投产时间
4 条 AOCC 制浆线	国内废纸	废纸制浆	—	美国 KBC 公司	高强瓦楞原纸	50	2003、2012
2 条 OCC 制浆线	再生浆、国内废纸	废纸制浆	—	美国 KBC 公司	牛卡纸、箱纸板	110	2008、2012
木浆生产线	木浆、竹浆		—	美国 KBC 公司	牛卡纸	10	2013

主要造纸生产线

生产线名称	纸机			主体设备供货厂商	产品品种	纤维原料	生产能力/(万吨/年)	投产时间
	网部形式	幅宽/毫米	工作车速/(米/分)					
瓦楞原纸生产线	长网	4600	850	维美德公司	高强瓦楞原纸	国内废纸	45	2003-05
牛皮箱纸板	三叠网	4800	1000	上海轻良实业有限公司	牛皮箱纸板	国内废纸、再生浆、木浆、竹浆	65	2012-03
挂面箱纸板	三叠网	4800	800	上海轻良实业有限公司	挂面箱纸板	国内废纸	50	2008

主要纸板生产线(一期)

生产线名称	纸机		主体设备供货厂商	产品品种	生产能力/(米^2/年)	投产时间
	幅宽/毫米	工作车速/(米/分)				
纸板生产线 1	2500	100～300	德国 BHS 公司	瓦楞纸板	1.7 亿	2021-10
纸板生产线 2	2800	100～300	德国 BHS 公司	瓦楞纸板	1.7 亿	2021-11

（罗卫民）

芬欧汇川(中国)有限公司

UPM (China) Co., Ltd.

【企业概况】

芬欧汇川(中国)有限公司(以下简称“芬欧汇川”)是芬欧汇川集团的全资子公司,芬兰在华最大的单项投资项目,投资总额已达到20亿美元,年生产能力为122万吨,是我国最大的全化学木浆胶版纸、复印纸和未涂布特种纸生产企业之一。公司拥有代表当前国际最佳技术的3台纸机生产线,分别于1999年、2005年和2015年投产,同时配备有电厂、废水处理厂、码头等完善的现代化生产设施,集生产、研发、电力、环保、储运设施于一体。公司曾被评为中国进出口“红名单”企业,其自备电厂也成功并入国家华东电网。

芬欧汇川一贯坚持可持续发展的原则,不断提升自身的经济、社会和环境表现。在过去的10年间,芬欧汇川常熟纸厂的吨纸水耗降低了15%,吨纸电耗减少了15%,吨纸废物填埋量削减了80%,吨纸二氧化硫排放量减少了95%。在此期间,使用认证纤维的比例达到85%。凭借出色的环境表现,芬欧汇川常熟纸厂相继被授予国家环境友好企业、江苏省环境友好企业、常熟绿色企业的荣誉,其复印纸品牌也一直被列入中国政府绿色采购目录。2020年,芬欧汇川第二次被认定为“中国水效领跑者”企业,并收获了国家级绿色工厂的荣誉。2021年,芬欧汇川再次获得江苏省高新技术企业,同时获得了苏州市智能工厂和年度“中国杰出雇主2021”的荣誉。

2021年在常态化的疫情防控形势下,芬欧汇川常熟纸厂全体员工,凝心聚力抗击疫情、紧抓生产,全年实现满负荷运营,取得良好业绩,充分做到员工健康和安全、绿色环保和可持续发展,经济效益和社会效益共赢。

单位地址:江苏省常熟经济技术开发区兴业路2号 **邮编:**215536
联系电话:0512-52651818 **联系传真:**0512-52652300
联系邮箱:hu.ronghui@upm.com **单位网址:**www.upmchina.com
企业性质:外商独资
法人代表:ERKKI PETTERI KALELA,**经营负责人:**JUKKA SAARELAINEN,**技术负责人:**王丽华
成立时间:1995年,**职工总数:**1134人,**其中技术人员数:**216人
2021年纸及纸板生产量:104.4万吨
2021年利税总额:2.55亿元
纸机总数:3台

【主要生产线】

主要造纸生产线

生产线名称	纸机			主体设备供货厂商	产品品种	纤维原料	生产能力/(万吨/年)	投产时间
	网部形式	幅宽/毫米	工作车速/(米/分)					
1 号纸机	夹网成型	9700		美卓公司	全木浆未涂布纸	木材纤维	45	2005
2 号纸机	夹网成型	8660		美卓公司	全木浆涂布纸、全木浆未涂布纸	木材纤维	32	1999
3 号纸机	长网成型	7500		福伊特公司	全木浆未涂布纸、全木浆未涂布特种纸	木材纤维	45	2015

（胡蓉晖）

泰盛科技(集团)股份有限公司

Taison Technology(group)Co., Ltd.

【企业概况】

泰盛科技(集团)股份有限公司(以下简称“泰盛集团”)是一家以林业、制浆、造纸、生活用纸及一次性卫生用品、特种纸为主，集热电、物流、环保综合治理为一体的全产业链集团化企业，主营业务为商品浆、生活用纸原纸、生活用纸及一次性卫生用品、文化用纸四大板块。

截至 2021 年年底，泰盛集团浆(含绒毛浆)总产能超 110 万吨/年，原纸产能超过 110 万吨/年，成品纸加工产能 21 万吨/年，生产基地遍布贵州、四川、福建、湖北、重庆、安徽、江西等省市，是国内最大的竹浆生产企业，也是竹浆生活用纸产品最主要的原料供应商和品牌商。集团致力于践行“以竹代木”“以竹代塑”低碳绿色发展理念，加速推进公司主要竹产品进入全球价值链高端，率先成为具有国际竞争力的创新型龙头企业。

在布建全国性生产基地和供应链的同时，泰盛集团建立了行业领先的研发中心，目前旗下拥有 8 家高新技术企业，持有 282 项专利证书，其中发明专利 26 项。集团及下属企业多年来获得“国家工信部绿色工厂”“AAA 级信用企业”“全国五一劳动奖状”“农业产业化国家重点龙头企业”“国家科技进步二等奖”“国家林业重点龙头企业”“全国造纸行业劳动关系和谐企业”“慈善之星企业”“纳税大户”“爱心企业”等荣誉，在全国同行业率先通过 ISO 9001 质量体系认证、ISO 14001 环境管理体系认证和 FSC 国际森林体系认证、两化融合管理体系认证等多项认证。

单位地址：上海市长宁区虹桥路 2272 号 **联系电话：**021－62619889

联系传真：021－62619889 **单位网址：**www. taison. cn

企业性质：民营企业

法人代表：吴明希，**经营负责人：**吴明希，**技术负责人：**林延生

成立时间：2015 年，**职工总数：**约 5000 人，**其中技术人员数：**1131 人

2021 年纸浆生产量：117. 02 万吨，**纸及纸板生产量：**101. 8 万吨

主要产品：竹浆、生活用纸、文化用纸

主要纤维原料：竹浆

(林　雪)

大河纸业有限公司

Dahe Paper Co., Ltd.

【企业概况】

大河纸业有限公司(以下简称“大河纸业”)系河南投资集团全资子公司，河南省国有重点浆纸企业，注册资金5.5亿元，企业资产总规模44亿元。旗下控股浆、纸企业3家，分别为濮阳龙丰纸业有限公司、驻马店市白云纸业有限公司、焦作瑞丰纸业有限公司。

大河纸业主要生产销售：中高档全木浆文化印刷用纸、特种工业加工用纸(热敏原纸、淋膜原纸、热压纸、复合纸等)、本色牛皮纸、APMP杨木化学机械浆、ECF漂白阔叶木化学浆等产品。公司文化印刷用纸年产能65万吨、杨木化学机械浆年产能38万吨、阔叶化学浆年产能12万吨，是河南省首批林浆纸一体化示范企业。

大河纸业主要生产设备包括：芬兰美卓公司立式夹网纸机生产线1条、德国福伊特公司长网纸机生产线1条、奥地利安德里茨公司杨木化学机械浆生产线2条、ECF漂白化学浆生产线1条和多条国产纸机生产线。旗下拥有“云视界”“纸立方”“云时代”“丰赢”“丰朵”“云之彩”“云之盈”“天中”“瑞丰”等多个浆、纸知名品牌。其中，公司全木浆文化印刷用纸、抄本纸远销中东、东南亚、南美等多个国家和地区，得到广大用户的一致好评。

单位地址：河南省郑州市农业路41号河南投资大厦10楼　**邮编：**450008

联系电话：0371－69515191　**联系传真：**0371－69158697

联系邮箱：dhzy@dahepaper.com　**单位网址：**www.dahepaper.com

企业性质：国有企业

法人代表：王根，**经营负责人：**王根

成立时间：2010年，**职工总数：**2600人，**其中技术人员数：**430人

2021年纸浆生产量：48万吨，**纸及纸板生产量：**63万吨

2021年销售收入：45亿元

2021年企业科研经费投入：0.2亿元

主要产品：全木浆双胶纸、米黄书写纸、微涂双胶纸、热敏原纸、淋膜原纸、本色牛皮纸、热压纸、复合纸、杨木化学机械浆、阔叶木化学浆等。

主要纤维原料：漂白硫酸盐针叶木浆(NBKP)、漂白硫酸盐阔叶木浆(LBKP)、碱性过氧化氢机械浆(APMP)。

纸机总数：7台

【主要生产线】

主要制浆生产线

生产线名称	纤维原料	制浆方法	蒸煮器	主体设备供货厂商	产品品种	生产能力/(万吨/年)	投产时间
瑞丰化学机械浆生产线	杨木片	APMP		安德里茨公司	APMP 杨木浆	23	2006-04
龙丰化学机械浆生产线	杨木片	APMP		安德里茨公司	APMP 杨木浆	15	2005-11
白云二期制浆	杨木、桉木	烧碱法制浆	连续蒸煮管	安德里茨公司	ECF 化学浆	12	2013-07

主要造纸生产线

生产线名称	纸机			主体设备供货厂商	产品品种	纤维原料	生产能力/(万吨/年)	投产时间
	网部形式	幅宽/毫米	工作车速/(米/分)					
龙丰纸机	夹网	7220	1400～1600	芬兰美卓公司	胶版纸、微涂纸、复印原纸、热敏纸等	NBKP、LBKP、APMP	31	2008-12
白云 8 号机	长网	5280	1300～1400	德国福伊特公司	胶版纸、电商专用纸、米黄书写纸等	NBKP、LBKP、APMP	23	2012
白云 4 号、5 号、6 号、7 号机	长网	2640	200	宜宾造纸设备厂	胶版纸、簿册书本用纸、彩胶纸等	NBKP、LBKP、APMP	4	2005-12
白云 1 号机	长网	2640	450	辽阳造纸设备厂	胶版纸、高定量高松厚度纸、珠光原纸等	NBKP、LBKP、APMP	3	2002-12

（刘金令）

福建恒安集团有限公司

Hengan International Group Co.，Ltd.

【企业概况】

福建恒安集团有限公司(以下简称“恒安集团”)创立于 1985 年，是我国最早进入卫生巾市场的企业之一，1997 年进军生活用纸行业。目前生产和经营领域涉及一次性卫生用品和生活用纸两大系列，销售和分销网络覆盖全国，并积极发展出口业务。目前恒安的生活用纸原纸在湖南省常德市、山东省潍坊市、福建省晋江市、安徽省芜湖市、重庆市巴南区、新疆维吾尔自治区昌吉市共拥有 6 个生产基地，拥有年产能 149.7 万吨。卫生用品领域，恒安集团积极拓展海外业务，2017 年成功收购了马来西亚皇城集团 50.45% 股份，2018 年在俄罗斯投资建厂。

恒安集团 1998 年在香港上市。2021 年恒安集团实现营业收入 207.90 亿元，同比下降 7.1%；净利润 32.74 亿元，同比下降 28.8%。其中，生活用纸业务(含湿巾)收入 98.42 亿元，同比下降 5.2%；生活用纸业务(含湿巾)约占集团整体业务收入的 47.3%，同比增长 0.9%。

2021 年电商渠道销售收入(包括零售通及新通路)约 48 亿元，同比增长 11.6%。电商销售额占集团整体销售额的 23.1%，同比增长 4 个百分点。

2021 年 2 月恒安集团宣布，拓斯克公司将向其山东省和湖南省的工厂提供两台 TADVISION®热风穿透干燥卫生纸机，以推动高松厚度、高吸收性和高柔软度的差异化生活用纸产品的开发。两台纸机合计年产能 7 万吨。

2021 年恒安集团签约湖北省孝感市生活用纸项目，该项目规划占地 46.67 公顷，建成后年产能将达 30 万吨。

单位地址：福建省晋江市安海镇恒安工业城　**邮编**：362261

联系电话：0595 - 85708749　**联系传真**：0595 - 85708666

联系邮箱：hengan@ hengan. com　**单位网址**：www. hengan. com. cn

企业性质：民营企业

法人代表：许连捷

成立时间：1985 年

2021 年纸及纸板产能：149.7 万吨

2021 年销售收入：207.90 亿元，**净利润总额**：32.74 亿元

主要产品：生活用纸、卫生用品

主要纤维原料：木浆

纸机总数：30 台

【主要生产线】

主要造纸生产线

生产基地	产品品种	纤维原料	生产能力/(万吨/年)	纸机台数
湖南常德	生活用纸	木浆	31.0	6
山东潍坊	生活用纸	木浆	32.2	7
福建晋江	生活用纸	木浆	33.5	7
安徽芜湖	生活用纸	木浆	24.0	4
重庆巴南	生活用纸	木浆	24.0	4
新疆昌吉	生活用纸	木浆	5.0	2
合计			149.7	30

（中国造纸协会生活用纸专业委员会）

河南省龙源纸业股份有限公司

Henan Longyuan Paper Industry Co., Ltd.

【企业概况】

河南省龙源纸业股份有限公司是以国内优质废纸为原料，集造纸、热力供应、物流、研发、废水处理为一体，生产高档包装用纸的大型股份制企业。主要产品有瓦楞原纸、箱纸板、白卡纸等，年生产规模120万吨，稳居河南省造纸行业首位。

企业2016—2021年连续6年被河南省工商联评为“河南省民营企业制造业100强”“河南省民营企业100强”“河南省制造业100强”“河南省民营企业纳税100强”“河南省民营企业现代农业100强”。被河南省委、省政府表彰为“行业领军型企业”。被河南省工业和信息化厅评定为“河南省绿色工厂”“河南省智能工厂”“河南省质量标杆”“新一代信息技术融合应用新模式企业”和“国家级绿色设计产品企业”等荣誉称号。

公司自成立以来致力于“发展循环经济，推行生态造纸”，在现有生产线和环保设施的基础上，不断围绕节能减排、智能化升级、技术创新等实施改造，使能耗逐年降低，污染物减排量逐步减少，智能化水平得到明显提升，行业技术创新国内领先。

“十四五”期间，公司将继续围绕三大改造、研发全覆盖和项目建设的目标。根据国家产业政策和行业结构调整政策的要求，坚持以市场为导向，立足长远发展，努力把公司打造成资源节约型、环保示范型、数字技术赋能型的企业。

公司2021年3月收购了原河南省恒兴纸业股份有限公司的所属生产线，顺利完成了年产30万吨白卡纸生产线的升级改造并投产，实现了产品多样化，增强了公司的市场竞争力。计划2022年6月起分期建设年产200万吨绿色环保包装新材料项目，总投资约50亿元，引进国外先进的6600－1000型、8600－1200型新材料包装生产线各2条，扩建380蒸吨高温高压循环流化床集中供热锅炉2台及附属的废水处理设施等。项目完全实施后，公司年产能可达350万吨，为地方经济和行业振兴再做贡献。

单位地址：河南省周口市太康县西二环路工业集聚区　**邮编：**450016

联系电话：0371－67187910　**联系传真：**0371－67187910

联系邮箱：mlc2888@126.com　**单位网址：**www.hnlyzy.com

企业性质：民营企业

法人代表：徐战备，**经营负责人：**徐战备，**技术负责人：**王玉州

成立时间：2004年，**职工总数：**1320人，**其中技术人员数：**208人

2021年纸及纸板生产量：93.64万吨

2021年销售收入：34.28亿元，**利税总额：**5.88亿元，**利润总额：**3.35亿元

2021年企业科研经费投入：0.75亿元

主要产品：高档箱纸板、AA级高强瓦楞原纸、再生箱纸板、白卡纸

主要纤维原料：国内废纸、木浆

纸机总数：7台

【主要生产线】

主要造纸生产线

生产线名称	纸机			主体设备供货厂商	产品品种	纤维原料	生产能力/(万吨/年)	投产时间
	网部形式	幅宽/毫米	工作车速/(米/分)					
4800/500	双叠网	4800	640	上海轻良实业有限公司	AA 级高强瓦楞原纸	国内废纸	20	2010-12
4400/450	单叠网	4400	480	上海轻良实业有限公司	AA 级高强瓦楞原纸	国内废纸	15	2008-06
5600/850	三叠网	5600	850	许昌中亚造纸设备有限公司	再生箱纸板	国内废纸、木浆	30	2019-03
3200/350	三叠网+顶网	3200	440	上海爱建造纸设备有限公司	白卡纸	木浆、化学机械浆	25	2021-05

（马林冲）

湖北荣成再生科技有限公司

Hubei Long Chen Greentech Co.， Ltd.

【企业概况】

湖北荣成再生科技有限公司成立于 2014 年，注册资本 34516 万美元，投资总额约 9 亿美元，占地 78. 8 公顷。长期以来全体员工秉持“致力于发展高效率利用资源的技术，制造生活必需的纸制品，我们有责任留给子孙更多的资源及更干净的生活环境”的经营信念。

目前，公司箱纸板年生产规模为 115 万吨，年产 45 万吨高档箱纸板的 PM1 生产线、年产 35 万吨高档箱纸板的 PM2 生产线、年产 5 万吨纱管原纸的 PM3A 生产线均于 2017 年投产，年产 30 万吨制浆造纸生产线于 2019 年 5 月投产。配套环保设施投资 1. 78 亿元，设置厌氧 + 好氧 + 深度氧化工艺处理，确保废水排放 COD_{Cr}符合 60 毫克/升以下。

公司有良好的技术开发能力、市场开拓能力和品质竞争能力，在湖北省乃至华东地区有较高的知名度和影响力。公司上下有强烈的环保意识，公司先后荣获“国家级绿色工厂”“省级专精特新小巨人企业”“荆州市首届营业 100 强企业”“工业高质量发展先进企业”“荆州市农产品加工龙头企业十强”等称号。

单位地址：湖北省荆州市松滋市临港新区疏港大道中段　**邮编：**434200

联系电话：071 －66790888　**联系传真：**071 －66790808

联系邮箱：w5015@ longchengreentech. com　**单位网址：**www. longchengreentech. com

企业性质：民营企业

法人代表：彭迅，**经营负责人：**高威宏，**技术负责人：**高威宏

成立时间：2014 年，**职工总数：**666 人，**其中技术人员数：**101 人

2021 年纸及纸板生产量：97. 4 万吨

2021 年销售收入：35 亿元，**利税总额：** －2794 万元，**利润总额：** －3960 万元

2021 年企业科研经费投入：10643. 77 万元

主要产品：工业包装用纸

主要纤维原料：废纸

纸机总数：4 台

【主要生产线】

主要制浆生产线

生产线名称	纤维原料	主体设备供货厂商	产品品种	生产能力/(万吨/年)	投产时间
PM5	废纸	安德里茨公司	纸板	45	2017
PM6	废纸	福伊特公司	瓦楞原纸	35	2017
PM8	废纸	福伊特公司	瓦楞原纸	5	2017
PM7	废纸	福伊特公司	纸板	35	2019

主要造纸生产线

生产线名称	纸机			主体设备供货厂商	产品品种	纤维原料	生产能力/(万吨/年)	投产时间
	网部形式	幅宽/毫米	工作车速/(米/分)					
PM5		6600	900	裕力机械股份有限公司、维美德公司	纸板	废纸	45	2017
PM6		6600	900	裕力机械股份有限公司、维美德公司	瓦楞原纸	废纸	35	2017
PM8		3300	100	山东信和造纸工程股份有限公司	瓦楞原纸	废纸	5	2017
PM7		6600	800	裕力机械股份有限公司、福伊特公司	纸板	废纸	35	2019

（许武军）

中顺洁柔纸业股份有限公司

C & S Paper Co., Ltd.

【企业概况】

中顺洁柔纸业股份有限公司(以下简称“中顺洁柔”)2010 年在 A 股上市，是国内首家 A 股上市的生活用纸企业，专业生产生活用纸系列产品，目前是位居我国第四位的生活用纸生产商。公司拥有广东省江门市、广东省云浮市、四川省成都市、浙江省嘉兴市、湖北省孝感市、河北省唐山市六大原纸生产基地。销售网络辐射华东、华南、华西、华北、华中和港澳六大区域，产品远销东南亚、中东、大洋洲、非洲等海外市场。2019 年 6 月，中顺洁柔正式进军个人护理产品领域。

2019 年 7 月 29 日，中顺洁柔在四川省达州市 30 万吨竹浆纸一体化项目正式签约，2021 年 11 月，该项目获四川省生态环境厅环评批复。

2021 年 1 月 13 日，中顺洁柔发布公告称，为进一步扩大产能，满足华东市场未来销售增长的需求，增加公司的利润增长点，公司拟新建 40 万吨高档生活用纸项目，项目总投资额约 25.5 亿元。项目将分期实施，一期工程拟投资约 6 亿元，年产约 10 万吨高档生活用纸。项目实施地点为江苏省宿迁市宿城区运河宿迁港产业园内。

2021 年，中顺洁柔按 2020 年计划完成了在湖北省孝感市增加 10 万吨/年产能的项目，包括 4 台维美德(PMP)公司的 2.5 万吨/年的新月型卫生纸机，公司总产能达到了 86 万吨/年。

2021 年，中顺洁柔营业总收入达 91.94 亿元，同比增长 17.52%；净利润为 5.82 亿元，同比下降 35.80%。主要原因是：一是产能有效释放、渠道建设进一步完善、销售额增加；二是国际原材料价格上涨，包材价格上涨，公司生产成本上升；市场销售费用投入增加，导致盈利下降。

单位地址：广东省中山市西区彩虹大道 136 号　**邮编：**528411

联系电话：0760－88553333　**联系传真：**0760－88553033

联系邮箱：cnsnpaper@126.com　**单位网址：**www.zhongshungroup.com

企业性质：民营企业

法人代表：邓颖忠

2021 年纸及纸板产能：86 万吨

2021 年销售收入：91.94 亿元，**净利润：**5.82 亿元

主要产品：生活用纸

主要纤维原料：木浆

纸机总数：36 台

【主要生产线】

主要造纸生产线

生产基地	产品品种	纤维原料	生产能力/(万吨/年)	纸机台数
江门市	生活用纸	木浆	17.0	8
孝感市	生活用纸	木浆	22.0	10
成都市	生活用纸	木浆	13.0	6
嘉兴市	生活用纸	木浆	5.0	4
唐山市	生活用纸	木浆	5.0	2
云浮市	生活用纸	木浆	24.0	6
合计			86.0	36

（中国造纸协会生活用纸专业委员会）

永丰余造纸(扬州)有限公司

Yuen Foong Yu Paper MFG. (Yangzhou) Co., Ltd.

【企业概况】

永丰余造纸(扬州)有限公司(以下简称“永丰余”)前身是1923年成立于台湾省台南市的永丰商店，至1950年春，何传先生为发展文化事业，创建永丰余造纸公司，建厂于高雄县大树乡久堂村，为台湾省民营造纸业之先驱。

公司秉持一贯稳建成长的经营理念，产品稳居造纸行业之领导地位。永丰余在造纸为本位下推展出多品项、多品类等纸制品，包含文化用纸、工业用纸、纸容器及家庭用纸等。目前除了拥有台湾久堂厂、台东厂、新屋厂、桃园厂、杨梅厂、清水厂、成功厂、彰化厂等数十个工厂外，大陆设有扬州厂及12家纸器厂，分布于华东5厂、华南5厂、华北2厂。境外还设有越南厂，含胡志明市4厂、河南2厂。

永丰余造纸(扬州)有限公司于2004年成立，第一期工程建设17万吨/年高强瓦楞原纸生产线，于2006年12月投产，25万吨/年牛皮箱纸板生产线于2007年5月投产。二期45万吨/年牛皮箱纸板生产线及年产6.6万吨秸秆制浆厂，于2013年完成投产。目前在职员工590人，占地面积约71.9公顷，投资总额7.35亿美元。

成立至今，永丰余以清洁生产，循环再利用为核心，注重节能环保工作，生产过程严格按照国际质量环境安全管理体系的要求执行。陆续取得ISO 9001、ISO 14001、ISO 4501、FSC-COC产销监管链国际认证、能源管理体系之认证、江苏省绿色工厂称号。

员工是公司最重要的资产，扬州厂除了拥有新颖而先进的硬件设备外，在强化安全、健康、舒适的工作环境中，仍不断的力求改善并加强员工安全教育训练，以期达到工作零灾害及绿色工厂的目标。

单位地址：江苏省扬州市经济技术开发区春江路168号　**邮编：**225131

联系电话：0514－82686458　**联系传真：**0514－87132181

企业性质：苏台合资

法人代表：张又升，**经营负责人：**叶佳峰，**技术负责人：**叶佳峰

成立时间：2004年，**职工总数：**590人，**其中技术人员数：**163人

2021年纸浆生产量：1.4万吨，**纸及纸板生产量：**73万吨

2021年销售收入：28.92亿元

主要产品：瓦楞原纸、牛皮挂面纸

主要纤维原料：废纸、木浆

纸机总数：3台

连续蒸煮器总数：1套

【主要生产线】

主要造纸生产线

生产线名称	纸机			主体设备供货厂商	产品品种	纤维原料	生产能力/(万吨/年)	投产时间
	网部形式	幅宽/毫米	工作车速/(米/分)					
PM1	单长网	3960	650	比洛伊特公司	瓦楞原纸	回收纸	17	2006-12
PM2	三叠网	4760	800	福伊特公司	牛皮挂面纸	回收纸、木浆	25	2007-08
PM3	三叠网	6660	1200	福伊特公司	牛皮挂面纸	回收纸、木浆	45	2013-11

（王月珍）

金华盛纸业（苏州工业园区）有限公司

Gold Huasheng Paper (Suzhou Industrial Park) Co., Ltd.

【企业概况】

金华盛纸业（苏州工业园区）有限公司（以下简称“金华盛纸业”），是金光集团（APP）在我国独资兴办的一家大型造纸企业。公司专业生产无碳复写纸、双胶纸、铜版卡纸及办公用纸四大系列。经过 20 多年的发展，已快速成长为我国最大的多元文化纸品供应商。公司拥有独立的发电厂及自有的水陆码头。

金华盛纸业积极落实保护环境方针。先后通过了 ISO 14001 环境管理体系认证和 PEFC（森林认证认可计划）。2017 年 9 月被评为江苏省首批水效领跑者。在质量控制上实行全程品质控制管理，秉承“替代进口、服务中国”的宗旨，主打品牌有“立可得”“金球”“金彩蝶”。

金华盛纸业在追求自身经济发展的同时，积极履行社会责任，传承造纸文明。在母公司金光集团的指导下，金华盛纸业将秉承绿色环保、清洁生产、永续经营的理念，以一流的设备、先进的生产工艺、标准化的管理、和谐的企业文化，一如既往为我国纸业的可持续发展作出应有贡献。

单位地址：江苏省苏州市工业园区胜浦金胜路 2 号　**邮编：**215126

联系电话：0512 - 62836666　**联系传真：**0512 - 62815491

联系邮箱：webmaster_ghs@app.com.cn　**单位网址：**www.goldhs.com.cn

企业性质：中外合资

法人代表：黄志源，**经营负责人：**李云胜，**技术负责人：**李云胜

成立时间：1996 年，**职工总数：**1651 人，**其中技术人员数：**398 人

2021 年纸及纸板生产量：63.20 万吨

2021 年销售收入：35.49 亿元，**利税总额：**5.66 亿元，**利润总额：**4.50 亿元

2021 年企业科研经费投入：1.53 亿元

主要产品：文化用纸（无碳复写纸、热敏纸、双胶纸、铜版纸、复印纸）

主要纤维原料：纯木浆（长纤 + 短纤 + 机械浆）

纸机总数：4 台

【主要生产线】

主要造纸生产线

生产线名称	纸机			主体设备供货厂商	产品品种	纤维原料	生产能力/（万吨/年）	投产时间
	网部形式	幅宽/毫米	工作车速/（米/分）					
PM1	夹网	7360	1500	三菱重工业株式会社	UNCOAT/NCR/TML	纯木浆：长纤+短纤+机械浆	30	1999-05
PM2	长网+顶网	3250	800	德国 ESCHR WYSS 公司	UNCOAT	纯木浆：长纤+短纤+机械浆	11	2003-04
PM3	长网+顶网	3350	500	昆山中联第一造纸机械厂、福伊特公司	UNCOAT/AB	纯木浆：长纤+短纤+机械浆	15	2003-09
PM4	长网+顶网	3600	1100	住友重机械工业株式会社、福伊特公司	UNCOAT/NCR/TML	纯木浆：长纤+短纤+机械浆	9	2006-04

〔APP(中国)〕

河南江河纸业股份有限公司

Henan JiangHe Paper Co., Ltd.

【企业概况】

河南江河纸业股份有限公司是一家集特种纸及造纸装备研发、生产和销售于一体的大型现代化制造企业，注册资金 20640 万元，总部位于河南省武陟县经济技术开发区。

公司目前在河南省和山东省设有 3 个造纸生产基地及 1 个造纸装备生产基地，共有 15 条纸机生产线、30 余条涂布加工生产线，年产能 60 余万吨，产值 40 余亿元。主要产品包括信息及商务交流用纸、特种印刷专用纸、食品包装用纸及离型纸、造纸装备及技术服务四大类，在细分市场具有较高市场占有率。

公司为国家知识产权优势企业，拥有中国轻工业造纸设备工程技术研究中心、河南省级工程技术研究中心、河南省博士后创新实践基地等创新平台，并拥有 11 项发明专利、134 项实用新型专利、16 项省部级科技成果。公司获得“十三五”中国轻工行业科技创新先进集体、中国造纸装备科技创新示范基地、中国造纸工业环境友好企业、河南省节能减排科技创新示范企业、河南省节水型企业、河南省质量诚信体系建设 AAA 级工业企业等荣誉称号。

公司坚持“干精细事，做精品纸”的生产经营理念和“信守匠心、永续创新、精准生产、绿色智造”的发展理念，为推动行业进步和地方经济高质量发展做出更大的贡献。

单位地址：河南省武陟县文化路 555 号　**邮编：**454950

联系电话：0391 - 7268389　**联系传真：**0391 - 7268389

联系邮箱：jhr2002@126.com　**单位网址：**www.jianghe.com

企业性质：民营企业

法人代表：姜博恩，**经营负责人：**姜博恩，**技术负责人：**刘铸红

成立时间：2002 年，**职工总数：**4479 人，**其中技术人员数：**218 人

2021 年纸及纸板生产量：60 万吨

2021 年销售收入：42.86 亿元，**利税总额：**2.41 亿元

主要产品：无碳复写纸、热敏纸、离型原纸、格拉辛纸、食品包装用纸、特种印刷专用纸等

主要纤维原料：商品木浆板、脱墨浆、化学机械浆

纸机总数：15 台

【主要生产线】

主要造纸生产线

生产线名称	纸机			主体设备供货厂商	产品品种	纤维原料	生产能力/(万吨/年)	投产时间	备注
	网部形式	幅宽/毫米	工作车速/(米/分)						
一线	叠网	2640	800	俄罗斯	无碳纸、证券纸、格拉辛纸等	商品木浆、脱墨浆	4	2002-08	2018 年升级改造
二线	叠网	3270	1000	河南大指造纸装备集成工程有限公司	无碳纸、胶带纸、双胶纸	商品木浆、脱墨浆	4	2007-08	2017 年升级改造
三线 A	叠网	3150	1000	辽阳造纸机械股份有限公司	无碳纸、胶带纸、双胶纸	商品木浆	5	2009-08	2019 年升级改造
三线 B	叠网	3150	1200	河南大指造纸装备集成工程有限公司	离型纸、无碳原纸	商品木浆	5	2010-08	
五线	叠网	3200	600	河南大指造纸装备集成工程有限公司	热敏原纸	商品木浆	4	2011-05	2019 年升级改造
六线	水平夹网	5600	1350	河南大指造纸装备集成工程有限公司	双胶纸、铸涂原纸等	商品木浆、化学机械浆	15	2012-09	

（郭胜利）

社团工作

ASSOCIATION AFFAIRS

11

中国造纸学会组织机构

The Organization of China Technical Association of Paper Industry (CTAPI)

理事长：曹振雷(法人代表)
副理事长：(按姓氏笔画排序)
王晓昕(女)　刘　忠　孙　波(女)　何北海
张　辉　张美云(女)　李　耀　陈嘉川　胡开堂
赵　伟　曹春昱
秘书长：曹春昱(兼)

常务理事(32 人)：(按姓氏笔画排序)
王晓昕(女)　平清伟　关兴江　刘　忠　刘安江
吕　强　孙　波(女)　何北海　张　辉　张凤山
张美云(女)　李　耀　李杰辉　杨　旭　陈礼辉
陈嘉川　周　耘　房桂干　范谋斌　姜丰伟
胡开堂　赵　伟　赵　青　钱　毅　戚永宜
曹春昱　曹振雷　程言君　覃程荣　谢益民
靳福明　樊　燕(女)

个人理事(98 人)：(按姓氏笔画排序)
马乐凡　孔凡功　王　波(女)　王双飞　王东兴
王华军　王志明　王晓昕(女)　王海佩　王敏良
平清伟　龙　柱　乔　军　任　浩(女)　关兴江
刘　文　刘　忠　刘　涛　刘川江　刘安江
刘国造　吕　强　孙　波(女)　孙　玲(女)
孙廷聪　朱自忠　祁国平　何北海　宋善军
应广东　张　辉　张凤山　张玉兰(女)　张安龙
张志忠　张美云(女)　李　军　李　艳(女)
李　群　李　耀　李正国　李志健　李尚武
李杰辉　李洪法　杨　旭　杨本彬　杨易平
沈　军　沙力争　陈　洋　陈　健　陈　港
陈生龙　陈礼辉　陈明邦　陈嘉川　周　耘
周　骏　周国伟　房桂干　林　媛(女)
林小琦(女)　林伟民　罗建雄　范学斌　范谋斌
奎明红　姜丰伟　姜兆宏　查瑞涛　胡开堂
贺文雄　赵　伟　赵　青　赵　恺　赵　琳
钟潜学　都兴东　钱　毅　钱学仁　戚永宜
曹春昱　曹振雷　梁　辰　黄六莲(女)　景　宜
焦　东　程言君　董　晖　覃程荣　谢宗国
谢拥群　谢益民　雷建民　靳福明　樊　燕(女)
樊永明

第一届监事会
监事长：卢宝荣(女)
监事 2 人：(按姓氏笔画排序)
杜荣荣(女)　陈奇志

副理事长单位(22 个)：(按地区区划排名)
中国纸业投资有限公司　黄　欣
金光纸业(中国)投资有限公司　黄志源
牡丹江恒丰纸业集团有限责任公司　徐　祥
芬欧汇川(中国)有限公司　Petteri Kalela
山东华泰纸业股份有限公司　李晓亮
山东太阳纸业股份有限公司　李洪信
山东泉林集团有限公司　李洪法
汶瑞机械(山东)有限公司　尹　华
亚太森博(山东)浆纸有限公司　胡　伟
杭州市化工研究院有限公司　姚献平
仙鹤股份有限公司　王敏良
浙江华章科技有限公司　朱根荣
福建恒安集团有限公司　许连捷
福建省轻工机械设备有限公司　李　艳
河南江河纸业股份有限公司　姜博恩
新乡新亚纸业集团股份有限公司　宋敬志
郑州运达造纸设备有限公司　许超峰
广州造纸集团有限公司　周　耘

玖龙纸业（控股）有限公司　张　茵
广西博世科环保科技股份有限公司　宋海农
广西广业贵糖糖业集团有限公司　陈　健
四川环龙技术织物有限公司　周　骏

办事机构

中国造纸学会秘书处为学会常设办事机构，由办公室、财务部、学术部、科普编辑部、会员部组成。

资深专家顾问委员会

名誉主任： 王文哲　潘蓓蕾　钱桂敬　陈克复　陈思亮
主　任： 曹朴芳
副主任： 刘焕彬　[谭国民]　邝仕均
委　员： 顾民达　黄运基　胡　楠　李有元　黄润斌　李威灵　谭祖光　萧启寿　马石辉　李忠正　蒋荣祺　[张　熙]　孙树建　黄祖壬　刘福玉　李发祥　陈鄂生　姜海斌　詹怀宇　李友生　张金声　王双飞　卢宝荣　刘　琦　李义民　韩　力　（排名不分先后）

分支机构

一、工作委员会

1. 学术交流工作委员会
主任： 靳福明
副主任： 何北海　张美云　房桂干　张凤山
顾问： 邝仕均

2. 科普工作委员会
主任： 曹春昱
副主任： 刘　忠　周　耘　吕　强
顾问： 曹朴芳

3. 编辑工作委员会
主任： 王晓昕
副主任： 孙　波　胡开堂　杜荣荣
顾问： 邝仕均

4. 组织工作委员会
主任： 曹振雷
副主任： 曹春昱　王晓昕

5. 咨询工作委员会
主任： 李　耀
副主任： 赵　伟　陈嘉川　戚永宜　樊　燕
顾问： 曹朴芳

二、专业委员会

1. 中国造纸学会涂布加工纸专业委员会
2. 中国造纸学会书写印刷纸专业委员会
3. 中国造纸学会特种纸专业委员会
4. 中国造纸学会包装纸和纸板专业委员会
5. 中国造纸学会非木材制浆专业委员会
6. 中国造纸学会木材制浆专业委员会
7. 中国造纸学会手工纸与造纸史委员会
8. 中国造纸学会造纸器材专业委员会
9. 中国造纸学会制浆造纸化学品专业委员会
10. 中国造纸学会再生纤维利用技术专业委员会
11. 中国造纸学会机械设备专业委员会
12. 中国造纸学会自动化专业委员会
13. 中国造纸学会纳米纤维素及材料专业委员会
14. 中国造纸学会纸基绿色包装材料及制品专业委员会

（中国造纸学会）

各省(区、市)造纸学会

Local Technical Association of Paper Industry

北京市造纸学会
理事长：孙树建
副理事长：马石辉(常务)　邝仕均　黄祖壬
秘书长：马石辉(兼)
副秘书长：赵　青
地址：北京市顺义区空港工业 B 区安庆大街 9 号
邮编：101300
电话：010－80490558

天津市造纸学会
理事长：刘　忠
副理事长：周国伟　徐永射　李相臣　李　群
秘书长：惠岚峰
地址：天津市泰达经济技术开发区 13 大街 29 号
天津科技大学轻工科学与工程学院
邮编：300457
电话：022－60602006、13752173746(惠岚峰)
传真：022－60601988

河北省造纸学会
名誉理事长：龚德利
理事长：刘国造
副理事长：陈生龙　魏秋生　郭玉祥　张志忠
李增锁　袁德起　姚士平　张维田
石金环
秘书长：童　欣
地址：河北省石家庄市北合街 18 号
邮编：050051
电话：13011598208(刘国造)
15203216688(童　欣)

山西省造纸学会
理事长：刘　涛
秘书长：武乃玲
地址：山西太原新建南路 13 号山西省轻工设计院
邮编：030001
电话：13835176139(刘　涛)
13453405953(武乃玲)

辽宁省造纸学会
理事长：张运展
秘书长：刘秉钺
代秘书长：平清伟
地址：辽宁省大连市甘井子区轻工苑一号
挂靠单位：大连工业大学
邮编：116034
电话：0411－86324620、13840903048(平清伟)
传真：0411－86323736

黑龙江省造纸学会
理事长：杨易平
副理事长：白晓明　苏文强　李劲松　陈海涛
陈正旺　郑日亭　杨柏森　魏雨虹
秘书长：任国庆
地址：黑龙江省牡丹江市阳明区光华街 17 号
邮编：157013
电话：0453－6330924
传真：0453－6330924

上海市造纸学会
理事长：潘　新
副理事长：李　凯
秘书长：滕　飞
地址：上海市普陀区武宁路 1500 号南楼 403 室
邮编：200063
电话：021－52040672
传真：021－52040672

江苏省造纸学会
理事长：景　宜
常务副理事长：房桂干
副理事长：马跃飞　田宝凤　龙　柱　刘　克　江　达　沈　军　沈锦桃　杨文恒　高威宏
秘书长：童国林
常务副秘书长：郑志红（专职）　施英乔
地址：南京市龙蟠路 159 号南京林业大学教九楼 9E-315 室
邮编：210037
电话：025－85428235（办公室）
13813937461（郑志红）
邮箱：jstapi@ njfu. edu. cn

浙江省造纸学会
理事长：胡开堂
副理事长：刘继春　王宝辉　丁明其　韩继友　高威宏　赵志芳　周家俊　张　诚　伊财富　桑如岳　刘川江　裘　峥　李荣年　陈万平　姚向荣　陈建斌　计　皓　石忠收　冯小义　胡美琴　沙力争　杨　旭
秘书长：杨　旭
常务副秘书长：郑梦樵
副秘书长：陈　华
地址：浙江省杭州市留和路 318 号浙江科技学院实验大楼 3 楼 334 室
邮编：310023
电话：0571－85070795
传真：0571－86958853

福建省造纸学会
名誉理事长：张道沛
理事长：陈礼辉
副理事长：柯吉熊　赵　恺　李　艳　刘明华　吴宗华　诸建华　陈德强
秘书长：黄六莲
地址：福建省福州市六一北路 204 号
邮编：350013
电话：13950283739（黄六莲）
传真：0591－83715175（黄六莲）

江西省造纸学会
理事长：管步军
副理事长：雷建民　戴圣光
秘书长：雷建民（兼）
地址：江西省南昌市北京东路 138 号
邮编：330029
电话：0791－88333891、13507911422
传真：0791－88333891

山东造纸学会
理事长：陈嘉川
副理事长：王泽风　陈洪国　李晓亮　应广东　李洪法　王东兴　张金声
秘书长：孙　平
常务副秘书长：孔凡功
副秘书长：丁洪杰　吴　芹　王桂卿
地址：山东省济南市长清区大学路 3501 号
邮编：250353
电话：13616404830（丁洪杰）
13789805983（吴　芹）

河南省造纸学会
理事长：范乃旺（代）
副理事长：李尚武　姜博恩　王　根　马　冠　赵久会　许敬亮
秘书长：李尚武（兼）
地址：河南省郑州市文化路 97 号（郑州大学北校区）
邮编：450002
电话：0371－63886906、13608691192（李尚武）
传真：0371－63886906
邮箱：hnszzxh@ 126. com
网址：www. hnspaper. org
QQ：97881539

湖北省造纸学会
名誉理事长：徐　斌
理事长：刘　力
副理事长：梁　斌　谢益民　彭宜纯　马中德　周卫东　张厚蛟　顿志强
秘书长：梁　斌
地址：湖北省武汉市汉口建设大道 623 号福星科技大厦 B 座 1506 室
邮编：430030
孝感办公地址：金凤凰纸业（孝感）有限公司（内）孝感市孝武大道 612 号
电话：027－83622763

传真：027－83622763

湖南省造纸学会

理事长：周文君

副理事长：朱宏伟　马乐凡

秘书长：张新明

地址：湖南省湘潭市建设中路7号

邮编：411104

电话：0731－58523295

传真：0731－58523295

广东省造纸学会

理事长：何北海

副理事长：陈　港(常务)　焦　东　云　娜　卢诗强　王　波　林伟民　胡启华　陈　洋　奎明红　刘传富　楚西庆

秘书长：陈　港

地址：广东省广州市天河区五山街381号华南理工大学制浆造纸工程国家重点实验室旧楼301室

邮编：510640

电话：020－87112854

广西壮族自治区造纸学会

理事长：覃程荣

副理事长：林伟民　陈　健　葛　友　曾凡新　孙炳健　詹　磊　谭　炽　蒋玉明　戴永红

秘书长：梁　辰

地址：广西壮族自治区南宁市大学东路100号广西大学轻工与食品工程学院内

邮编：530004

电话：0771－3237301　18275845299(梁　辰)

邮箱：gxtappi@163.com

四川省造纸学会

理事长：范谋斌

副理事长兼秘书长：罗建雄

副理事长兼常务副秘书长：罗福刚

副理事长：吴明希　王康健　刘自山　陈　洪　高焱仁　朱　君　周　骏　周　祥　赵建芬　周传平　刘玮哲　王　蕾　陈太军　罗江奇　史顺荣　李正春　刘一山　王华军　叶　剑　刘祥军　胡德兵

副秘书长：许志远

地址：四川省成都市成华街5号

邮编：610081

电话：028－83229689

传真：028－83229689

甘肃省造纸学会

负责人：祁国平

地址：甘肃省兰州市金昌南路101号甘肃省轻工业研究院

邮编：730000

电话：0931－8112208、13893384427

陕西省造纸学会

理事长：张美云

常务副理事长：王志杰

副理事长：张飞跃

秘书长：张安龙

地址：陕西省西安市未央大学园区陕西科技大学轻工学院508室

邮编：710021

电话：029－86132651

传真：029－86132651

(中国造纸学会)

2021 年中国造纸学会主要工作

Main Activities of CTAPI in 2021

中国造纸学会坚持以习近平新时代中国特色社会主义思想为指导，深入学习贯彻党的十九大和十九届历次全会精神，认真履行为科技工作者服务、为创新驱动发展服务、为提高全民科学素质服务、为党和政府科学决策服务的职责定位，克服疫情不利影响，稳步开展各项工作，努力拓展服务空间，团结引领广大造纸科技工作者为实现高水平科技自立自强贡献智慧和力量。

一、组织机构与自身建设

2021 年学会继续健全规范运行模式。召开理事会 1 次，常务理事会 2 次，按章程审议通过了学会 2021 年度内的重大决策。学会副理事长兼秘书长曹春昱同志当选为中国科协第十次全国代表大会代表及第十届全国委员会委员。

学会根据行业科技发展方向和技术领域重点的变化，成立了中国造纸学会纸基绿色包装材料及制品专业委员会，致力于推动纸基绿色包装材料、纸浆模塑材料及制品的发展、应用和普及，助力绿色低碳循环发展经济体系建设。

学会面向企业和会员提供公共服务，充分发挥学会学术资源优势，指导企业解决生产中的技术难题，推荐企业技术成果参加中国轻工业联合会科学技术成果鉴定。深入会员单位调研，了解生产经营情况和重大科技需求，助力会员单位技术产品创新和绿色可持续发展。学会为单位会员定期寄赠《中国造纸年鉴》和主办的期刊，为会员提供最新的科技信息，传播科学家精神。

加强制度建设，制定和完善《中国造纸学会投资管理办法》《中国造纸学会“三公”经费管理暂行办法》等制度。加强秘书处队伍建设，开展理论和业务知识学习，参加中国科协和中国轻工业联合会组织的财务、宣传工作培训，促进队伍业务素质的提高。

二、党建工作

学会理事会党委、学会党支部扎实抓好党史学习教育，成立党史学习教育领导小组，制定中国造纸学会开展党史学习教育工作方案并组织实施。突出学党史、悟思想、办实事、开新局，注重融入日常、抓在经常。将党史学习教育与庆祝建党百年活动紧密结合、与学会年度重点工作相融合。

学会党支部开展庆祝建党百年专题党课、学习贯彻党的十九届六中全会精神主题党日等形式多样的专题党课、主题党日活动。组织学习习近平总书记在党史学习教育动员大会上的重要讲话精神，集体收看庆祝中国共产党成立 100 周年大会现场直播，赴中国人民革命军事博物馆参观“铭记伟大胜利 捍卫和平正义—纪念中国人民志愿军抗美援朝出国作战 70 周年主题展览”等学习活动。党支部全体党员参加国资委行业协会党史学习教育专题网络培训班学习。党支部参加中国轻工业联合会党委开展的基层党组织标准化、规范化建设评价，夯实支部建设，打造坚强战斗堡垒。参加中国轻工业联合会党委“两优一先”推荐评选，支部的一名同志被评为优秀共产党员。

学会理事会党委积极参加中国科协科技社团党委“庆祝建党 100 周年”全国学会征文、影像作品及节目征集活动，推荐的作品荣获摄影类作品二等奖，被中国科协科技社团党委授予“庆祝建党 100 周年”全国学会征文、影像作品及节目征集活动优秀组织单位。

科学家讲党课。学会理事会党委书记、理事长曹振雷同志在 11 月 8 日召开的学会第八届常务理事会党员大会第二次会议上主讲题为《坚守初心使命，再创纸业辉煌》的党课，学会副理事长兼秘书长曹春昱、常务理事房桂干等在各自所在会员单位讲授党课。

11 月 9—11 日，中国造纸学会联合中国轻工业职工思想政治工作研究会、中国轻工业企业管理协会共同主办的“不忘初心 牢记使命——庆祝中国共产党成立 100 周年”主题摄影展在“2021 造纸科技创新与技术交流会”期间举行，展示了在中国共产党领导下，我国造纸工业的发展历程和辉煌成就，展现了造纸和有关轻工行业职工奋进新征程的风采。

三、服务创新型国家和社会建设

2021 年上半年，中国造纸学会再生纤维利用技术专业委员会通过对废纸利用造纸企业和废纸制浆装备企业调研，收集整理以废纸为原料的造纸企业废纸利用和废纸浆进口情况、国产及进口废纸制浆装备企业生产和为造纸企业提供相关设备的情况，结合公开信息和数据，编制了《2020—2021 年度我国再生纤维利用及装备发展报告》。

8—9 月，中国造纸学会联合中国制浆造纸研究院有限公司开展线上科普交流活动，策划开展了“启阳讲堂”精品课堂（第一期）在线学习项目。课程面向造纸科技工作者及社会人士，围绕造纸工业发展的前沿热点与先进技术进行讲解与交流。受众 2000 余人，部分造纸企业还组织进行了集中学习。

11 月 9—11 日，由中国造纸协会、中国造纸学会、中国制浆造纸研究院有限公司联合主办的 2021 造纸科技创新与技术交流会在上海市举办。会议采用线上 + 线下等多维度方式搭建交流平台，传递科技前沿信息，展示行业科技成果，展现企业风采。

11 月 25—26 日，学会组织专家团队赴河北省邢台市柏乡县进行科技服务，在柏乡县召开造纸及包装产业转型升级技术研讨会，并赴企业现场进行技术指导，引导柏乡县造纸产业向产能合理规划、产品创新设计、绿色可循环发展、智慧工厂建设方向转型升级。

组织学会专业委员会开展《绿色纸质外卖包装通用要求》《优质生活用纸》《优质卫生用品》团体标准的制定工作。完成《造纸毛毯用单丝》《造纸毛毯用短纤维》行业标准的修订工作。《FZ/T 25005—2021 底网造纸毛毯》行业标准颁布实施。

四、国内学术交流

4 月 19 日，由中国造纸学会主办，中国造纸学会特种纸专业委员会承办的 2021 特种纸产业信息及市场形势研讨会在安徽省黄山市召开。56 个单位的 92 位代表现场参加了会议。会议从纸浆的生产、运输、贸易及期货等方面，分析纸浆市场的现状及发展趋势，共同探讨产业的发展前景。会议期间还召开了“我国特种纸产业信息及市场形势座谈会”，与会代表深入探讨了我国特种纸产业的现状和发展方向，并对我国特种纸产业的发展未来提出建议。

5 月 21 日，由中国造纸学会主办，中国造纸学会纸基绿色包装材料及制品专业委员会承办的纸基绿色包装研讨会在北京市召开。来自造纸企业，物流、外卖餐饮等终端用户，科研院校等单位的 100 多位代表现场参加了会议。7 位专家就“‘禁塑’下的环保政策”“纸基包装材料及制品标准概况及发展趋势”“发挥平台连接优势推动外卖行业绿色转型”“践行绿色物流包装，让世界多点‘绿’”“我国造纸原料及非木纤维纸浆概况与分析”“纸基包装概述与痛点”“可持续阻隔包装材料和技术的发展”等内容进行交流讨论。

9 月 23—24 日，由中国造纸学会主办的 2021 再生纤维利用技术创新发展论坛在河南省郑州市召开。本次论坛以“纤维利用技术创新与市场重构”为主题，探讨了新形势下如何高效利用国内外纤维资源，分析再生纤维资源市场供求，分享创新装备、技术及成果，探讨废纸回收中税收等相关问题。250 位代表参加了会议。论坛期间还发布了《2020—2021 年度我国再生纤维利用及装备发展报告》。

11 月 9 日，由中国造纸学会、中国造纸协会、中国制浆造纸研究院有限公司共同主办的 2021 中国国际造纸创新发展论坛在上海市召开，会议采用“现场 + 线上”的方式召开。本次论坛以“顺应创新国势 瞻谋时代新局”为主题，聚集“双碳”目标、原料转型和绿色发展，共探我国造纸行业的可持续发展之路，高质量发展之途。论坛期间还发布了《2021 中国造纸产业竞争力报告》和“废纸价格指数”。

五、国际学术交流

6 月 1—14 日，作为制浆造纸与生物质技术国际交流的新形式与新探索，中国造纸学会、美国制浆造纸技术协会、巴西纤维素和制浆造纸技术协会等学术团体合作，在线上联合举办了 2021 年世界纳米纤维素展览会。展会以推动纳米纤维素及其复合材料、甲壳素和壳聚糖衍生的纳米材料的发展为目标。共有来自 10 个国家的 21 家单位参展，来自 42 个国家或地区的访客浏览了展会。

11 月 10 日，由中国造纸学会、中国制浆造纸研究院有限公司和日本造纸学会共同主办的 2021 国际造纸技术报告会在上海市召开。本次技术报告会采用“现场 + 线上”的方式召开。来自中国、美国、日本的 13 位专家学者，分别从如何在“双碳”背景下促进造纸企业节能减排技术迭代，在禁塑、限塑背景下实现“以纸代塑”目标，促进造纸行业的绿色低碳发展等方面进行了交流，为拓展纸基包装材料的应用领域和开发功能化纸基包装材料的创新技术及产业化提供了研究方向和思路。

11 月 20—21 日，由中国造纸学会和华南理工大学主办的第三届纳米纤维素材料国际会议（The 3rd International Symposium on Nanocellulosic Materials，3rd ISNCM）在广东省广州市召开。会议采用“线上 + 线下”方式进行，线下主会场设在华南理工大学，共有来自 9 个国家的 363 名代表参会。会议共有 9 个大会报告、39 个邀请报告、28 个口头报告和 41 个墙报。国内外科技工作者展示了纳米纤维素材料的制备、表征、改性与应用等领域的创新成果，为造纸行业及相关领域的科技工作者提供了学习国内外先进技术及相互交流的机会。对加强大学、研究机构与企业之间的交流，深化我国科技工作者与国际同行之间的合作，推动纳米纤维素科研成果的产业化发挥促进作用。

六、举荐科技人才

学会开展 2021 年中国科学院和中国工程院院士候选人推选工作，向中国科协推荐 1 名中国工程院院士候选人。开展推荐“最美科技工作者”工作，向中国科协推荐制浆造纸领域候选人 2 人。

根据中国科协的相关要求，学会于 2021 年 9 月底开展了第七届中国科协青年人才托举工程（2021—2023 年度）推荐工作。向中国科协推荐 4 名制浆造纸领域候选人，其中 3 人入选。

开展“十三五”轻工行业科技创新先进集体和先进个人推选工作，向中国轻工业联合会推荐先进集体 3 个，先进个人 3 名。其中郑州运达造纸设备有限公司、山东太阳纸业股份有限公司荣获“十三五”轻工业科技创新先进集体称号，山东太阳纸业股份有限公司应广东荣获“十三五”轻工业科技创新先进个人称号。

七、期刊和年鉴编辑出版工作

《中国造纸学报》《纸和造纸》《中国造纸》《造纸信息》《造纸与生物质材料（英文）》期刊严格把控学术水平和出版物质量，打造精品学术期刊，影响因子取得提升。《中国造纸》《中国造纸学报》两刊连续 9 次入编《中文核心期刊要目总览》2020 年版（即第 9 版）轻工业、手工业、生活服务业类的核心期刊。

《2021 中国造纸年鉴》增加了制浆造纸绿色制造、智能制造、纸浆期货市场等方面的内容，按计划完成编纂工作。

（中国造纸学会）

中国造纸协会办事及分支机构

Administrative and Affiliated Agency of China Paper Association（CPA）

理事长：赵　伟
秘书长：钱　毅
副秘书长：刘文龙　董国强　陈　刚
监事长：卢慧敏
监　事：胡蓉晖　张　亮

1. 秘书处
(1)办公室
电话：010－68394380
传真：010－68394380
(2)会员部
电话：010－68394720
传真：010－68394380
(3)会展部
电话：010－68394779
传真：010－68394380
(4)综合业务部
电话：010－68394673
传真：010－68394380

2. 分会
中国造纸协会新闻纸分会
中国造纸协会箱板纸及瓦楞纸分会
中国造纸协会铜版纸分会
中国造纸协会卷烟纸分会
中国造纸协会无碳复写纸、热敏纸分会
3. 专业委员会
中国造纸协会环境保护专业委员会
中国造纸协会标准化专业委员会
中国造纸协会能源专业委员会
中国造纸协会生活用纸专业委员会
4. 工作委员会
中国造纸协会专家工作委员会
中国造纸协会溶解浆工作委员会
中国造纸协会蔗渣浆工作委员会
中国造纸协会脱水器材工作委员会
中国造纸协会竹浆工作委员会
中国造纸协会商品纸浆工作委员会

（中国造纸协会）

2021 年中国造纸协会主要工作

Main Activities of CPA in 2021

2021 年，面对国际国内复杂的局势，我国新冠肺炎疫情防控和经济建设均取得了举世瞩目的成就。在过去的一年里，中国造纸协会在全体会员单位的共同努力和各级政府相关部门的支持下，努力克服新冠肺炎疫情带来的各种困难，认真有序地开展了各项工作，取得了较好的工作成绩。

一、发挥协会人才优势，深入调研，反映诉求

中国造纸协会积极配合政府相关部门工作，在造纸行业发展规划研究、行业结构调整、提质增效、碳达峰、碳中和等方面做了许多调查研究工作，为政府部门制定相关政策和决策提供了参考意见、建议和专业技术支撑。

1. 开展行业发展趋势的相关研究工作，组织行业专家学者研究编制和发布《造纸行业“十四五”及中长期高质量发展纲要》。

2. 受工业和信息化部委托，开展造纸行业碳达峰研究并完成路线图制定工作，参与工业和信息化部碳达峰专项活动，并提供行业有关信息材料。

3. 按照水利部和国家发展改革委的要求，协会开展了《取水定额 第五部分：造纸产品》国家标准的二次修订工作。通过调研完善定额指标和编制说明，同时完成了标准院组织的会议审查，预计 2022 年发布。

4. 2021 年承接《制浆造纸企业单位产品能源消耗限额》国家标准修订工作。该标准由国家发展改革委牵头组织推进，根据能耗限额标准推进工作方案及技术内容、编制说明、创新机制及进度安排等细化要求，中国造纸协会已组织力量就《制浆造纸企业单位产品能源消耗限额》国家标准修订开展做了前期数据、信息收集工作，后续将组织相关会员单位和专家进行分析、研究，尽快完成该标准修订工作。

5. 承接上海期货交易所《纸及纸板期货上市可行性研究》项目。该项目涉及瓦楞原纸、胶版印刷纸、生活用纸 3 个品种，2020 年 6 月份签订合同，8 月 28 日举行开题评审，2021 年 3 月 30 日，通过中期评审，由于新冠肺炎疫情等原因，此课题预计到 2022 年 3 月完成。

6. 随着“禁塑”政策的实施，并应造纸企业的要求，2021 年 1 月中国造纸协会确定了《无塑纸杯（含无塑涂层纸杯纸）》团体标准编制任务，经过近一年的研究和验证，完成了《无塑纸杯（含无塑涂层纸杯纸）》团体标准编制工作。11 月 22 日通过了协会标委会团标标准审查会，标准名称修订为《水性涂层纸杯（含水性涂层纸杯纸）》，该标准将于年底前发布。

7. 协助国家发展改革委、财政部开展《资源综合利用产品和劳务增值税优惠目录》绩效评估的调研，并提交行业废纸回收利用、退税情况、修改意见等材料。

8. 开展电力价格外收费情况调研，反映行业生物质热电联产的实际情况，并向政府有关部门积极反映行业能源消费水平和节能成果及企业实际困难和诉求，起草并上报至国家发展改革委产业发展司《关于造纸行业不应属于“两高”行业的说明》，避免行业被误解和受到不公平对待。

9. 协助国家发展改革委和国家市场监督管理总局价格管理部门调研纸张纸浆价格波动的原因，提供研究数据；及时向政府有关部门反映在国家能源双控过程中电力和煤炭价格变化和企业原料和燃煤库存情况，反映行业实际困难和问题，为政府决策提供依据等。

10. 中国造纸协会纸浆指数（CPAPI）自 2014 年 3 月开始至今以月度为单位在协会网站上对外发布。该指数覆盖漂白针叶木浆、漂白阔叶木浆、本色木浆三大商品浆种，是我国纸浆市场行情变化的宏观

监测指数，是纸浆市场的晴雨表。去年 10 月开始的我国纸浆市场价格急剧上升，引起了业内外的关注。协会通过加强数据收集按月发布 CPAPI，为行业内的从业单位和人员以及行业外部的相关部门和机构及时了解我国纸浆贸易市场情况和走势提供了极具价值的动态参考数据。

11. 组织各主要省市造纸协会、重点制浆造纸企业，开展 2020 年造纸工业主要经济技术指标完成情况调查，收集各种数据，在充分调研的基础上，完成了 2020 年造纸工业年度报告，为行业和有关部门提供了完整的生产运行及消费情况，得到了社会的好评。

二、组织多项行业会议、活动，增强行业协会凝聚力

1. 组织召开中国造纸协会第五届理事会第三次会议。会议审议表决通过了如下决议：

(1)会议审议通过了“中国造纸协会第五届理事会第三次会议工作报告”“中国造纸协会第五届理事会 2021—2022 年度工作计划”和“中国造纸协会第五届理事会 2020 年度财务报告”“中国造纸协会第五届理事会 2021 年度收支预算”。

(2)中国造纸协会监事会通报了“中国造纸协会第一届监事会通告”。

(3)对中国造纸协会组织编写的《造纸工业“十四五”及中长期高质量发展纲要》内容和《造纸产业碳达峰与碳中和及减碳措施设想》内容分别进行了通报和说明。

2. 2021 年 4 月 29 日在云南省昆明市组织召开了“2021 中国纸浆高层峰会”。本次峰会由中国造纸协会和上海期货交易所主办，厦门建发纸业有限公司承办，山东港口陆海国际物流集团有限公司支持。会议吸引了纸浆供货商、造纸企业、贸易商及相关领域等 500 余人参会。

峰会邀请业内专家、学者、企业家和国务院参事等通过演讲和对话就纸浆市场形势展望、市场格局、行业竞争力、如何积极应对原材料紧缺、完善供应链和物流链及期货服务行业等议题进行了深入分析讲解，对解决当前行业存在的一些实际问题，促进行业良性发展提出了极富价值的见解。

3. 参与组织了由上海期货交易所、中国造纸协会和厦门国贸纸业有限公司于 2021 年 9 月 23 日在山东省济南市共同举办的第 18 届上海衍生品市场论坛纸浆分论坛。本届论坛的主题是“纸浆期现一体化发展新征程”，包括主题演讲、圆桌讨论等活动。东吴证券股份有限公司、锐思林纸(RISI)、纸浆纸张产品理事会(PPPC)、国贸期货有限公司、厦门国贸纸业有限公司、金光纸业(中国)投资有限公司、厦门建发集团有限公司、浙江永安资本管理有限公司等嘉宾围绕全球林浆纸产业发展趋势、产业如何实现绿色转型和高质量发展及期现结合等议题进行了讨论。来自国内外知名纸浆贸易商和造纸企业高管、金融机构高管和专家学者、媒体代表出席了论坛。

论坛上金光纸业(中国)投资有限公司、中国纸业投资有限公司、山东晨鸣纸业集团股份有限公司、厦门国贸纸业有限公司、浙江万邦浆纸集团有限公司、浙江永安资本管理有限公司签署了纸浆贸易以“期货价格 + 升贴水”的贸易定价模式开展期现合作协议。

4. 根据中国轻工业联合会《关于开展 2020 年度轻工行业十强、轻工业百强企业评价工作的通知》要求，协会于 2020 年 3 月 10 日下发了《关于开展 2020 年度中国轻工造纸行业十强企业轻工业百强企业评价工作的通知》，共有玖龙纸业(控股)有限公司等 22 家企业申报参评。5 月 18 日协会将 22 家企业指标评价结果上报中国轻工业联合会。经联合会评价审定，玖龙纸业(控股)有限公司、山东晨鸣纸业集团股份有限公司、华泰集团有限公司、山东太阳控股集团有限公司、理文造纸有限公司、山鹰国际控股股份公司、广西金桂浆纸业有限公司、宁波亚洲浆纸业有限公司、金东纸业(江苏)股份有限公司、中国纸业投资有限公司等 10 家企业被评为 2020 年度轻工行业造纸十强企业。

5. 根据中国轻工业联合会《关于 2021 年度中国轻工业联合会科学技术奖励申报工作的通知》要求，中国造纸协会组织并推荐了行业内企业参加此次评选活动。推荐山东华泰纸业股份有限公司“废纸造纸用生物质基绿色化学品的研发及应用”、岳阳林纸股份有限公司“高端印刷纸关键技术研发及产业化”、亚太森博山东浆纸有限公司“百万吨浆线阔叶木漂白浆提高白度稳定性研究”3 个项目参评。

6. 根据《国家知识产权局关于评选第二十三届中国专利奖的通知》，积极组织了推荐评选工作。推荐玖龙纸业(东莞)有限公司、维达纸业(中国)有限公司、山鹰国际控股股份公司 3 家单位的 3 个项目参评。

7. 2021 年 11 月，由中国造纸协会、中国造纸学会和中国制浆造纸研究院有限公司共同主办的

“2021 造纸科技创新与技术交流会”在上海市召开。同期还举办了 2021 中国国际造纸创新发展论坛，来自行业的部分专家、国内外企业家和业界人士约 300 多人通过线上、线下的不同方式出席，本次论坛以“顺应创新国势 · 瞻谋时代新局”为主题，聚集“双碳”目标、原料转型和绿色发展，共探我国造纸行业的可持续发展之路，高质量发展之途。

8. 中国造纸协会生活用纸专业委员会承办了第 28 届生活用纸国际科技展览会在南京国际博览中心举行。本届展会共有 915 家企业参展，展出规模较上届大幅增长，中国造纸协会赵伟理事长、中轻集团郭建全总经理和福建恒安集团有限公司、维达纸业(中国)有限公司、中顺洁柔纸业股份有限公司等副主任委员单位等领导参观了本届展会并与部分参展企业进行了面对面交流，并对展会在行业发展中起到的桥梁纽带作用给予了充分肯定。

9. 协助中华环保联合会与金光纸业(中国)投资有限公司于 6 月 11 日在北京市共同举办了“2021 碳中和与中国纸业可持续发展论坛”。这次论坛围绕绿色循环、清洁生产、低碳生活等主题，邀请政府领导、国内知名专家、学者和企业高管，梳理造纸行业的发展现状与面临的挑战，共同探讨未来的可持续发展之道。赵伟理事长代表中国造纸协会就造纸行业实现碳达峰、碳中和目标，需要解决 5 方面的问题，包括如何预判纸张需求总量和产能达峰问题；新增产能增速如何科学合理控制的问题；如何寻找替代能源和在现有技术装备上突破的问题；如何确定新的能耗标准及淘汰落后产能问题；如何新增碳汇和捕集沉淀碳源问题发表了演讲，并指出造纸行业要实现碳达峰和碳中和目标需要在结构调整、节能和提升能效、能源体系绿色低碳转型、寻求理念和技术突破等方面下功夫，通过提高资源利用率，提升发展质量和效益，保持与低碳经济同步发展，行业才能得以持续。

10. 2021 年 12 月 16 日，赵伟理事长代表协会参加上海期货交易所组织的双碳背景下服务产业发展研讨线上会议。赵伟理事长就双碳背景下造纸行业面临的主要挑战，产能布局、产品结构调整，企业如何应对等方面发表了看法，展望了行业发展趋势。

三、以党建为统领，加强协会自身建设、提升协会服务水平

1. 中国造纸协会积极开展中国共产党党史学习教育，认真学习习近平新时代中国特色社会主义思想、习近平同志在庆祝中国共产党成立 100 周年大会上的讲话和十九届六中全会精神，坚持以党建为引领，扎实做好党支部“两化”建设，发挥党组织战斗堡垒和党员先锋模范作用，针对协会工作所面临的新形势和新机遇，理顺各方面关系，提升协会服务水平，促进协会稳定有序、顺利开展各方面工作。

2. 按照民政部要求，完成全国性社会团体 2020 年年检工作，顺利通过民政部年检，结果合格。

3. 加强分支机构的领导，针对各分支机构的特点和出现的问题，积极组织协会内部各分支机构开展政策研究、市场分析和信息交流。

(1)2021 年 7 月 8 日在北京市召开中国造纸协会商品纸浆工作委员会主任委员(扩大)工作会议。通报了前 5 个月造纸行业生产运行及进出口情况，探讨了商品纸浆预警数据(现货指数)和商品纸浆定价机制的可行性，分析和交流了商品纸浆市场形势和应对措施，增补中国林产工业有限公司和厦门象屿物流集团有限责任公司为中国造纸协会商品纸浆工作委员会副主任委员单位。

(2)2021 年 7 月 28 日在四川省成都市召开中国造纸协会竹浆工作委员会换届会议。中国造纸协会赵伟理事长主持，中国造纸协会竹浆工作委员会副秘书长罗福刚作第一届工作报告。会议选举产生了中国造纸协会竹浆工作委员会第二届主任委员、副主任委员、秘书长、副秘书长，四川永丰纸业股份有限公司实际控股人吴明希当选第二届主任委员。同时各参会会员代表也交流了竹浆及竹浆纸生产经营情况与未来发展情况。

(3)中国造纸协会组织有关分支机构完成了新闻纸、箱纸板和瓦楞原纸、蔗渣浆、溶解浆、竹浆、商品纸浆等主要品种的预警数据收集、处理汇总和及时交流工作。

4. 中国造纸协会会员部通过加强与企业的沟通交流，积极服务会员单位，反映企业诉求，在协会领导、各部门和各专业委员会的支持下，较好的完成了 2021 年收缴会费目标和任务。

5. 加强协会与会员单位之间的联系和沟通，努力做好网站的维护和运营，及时发布相关政策、协会动态、企业信息、行业报告，使网站信息与内容更加完整，并使内容更加丰富、新颖，有效提升了协会在行业中的影响力和知名度；通过微信公众号及时发布行业内政策法规及热点关注，并借助公众号平台对协会举办的会议、论坛等活动进行前期推广和会后报道，通过微信公众号的宣传，助力协会快速传播信息和扩大影响力。 (中国造纸协会)

中国造纸学会部分单位会员介绍

Introduction of Partial CTAPI's Company Members

唐山市冀滦纸业有限公司

企业性质：合资企业
地址：河北省唐山市滦州市经济开发区化工园
邮编：063799
法人代表：陈生龙
经营负责人：张顺利
技术负责人：陈生龙
电话：0315－7477118
传真：0315－7477118
网址：www. jiluanzhiye. com
联系人：刘　杰
电话：13932513681
邮箱：284789065@ qq. com
职工总数：900 人
技术人员：150 名

公司主要从事工业不同级别及规格的包装用纸生产，主要生产高强瓦楞原纸、环保挂面箱纸板（T 纸）、挂面牛卡纸（K 纸）、高强度优质牛皮挂面箱纸板（H 纸）。高强瓦楞原纸主要产品有 100～200 克/米^2 系列产品；T 纸产品主要有 110～230 克/米^2 系列产品；挂面牛卡纸主要有 110～200 克/米^2 系列产品；高强度优质牛皮挂面纸主要有 125～200 克/米^2 系列产品。产品主要应用于做各类中高档纸箱、电子产品纸箱、彩盒、纸袋等。

公司地处京、津、唐中心位置，区域优势明显；距北京 200 公里，距天津港 120 公里，距秦皇岛港 70 公里，距京唐港 70 公里，交通便捷。公司产品主要以京、津、唐为中心，向华北、东北、西北辐射，形成"一个中心三个基本点"的市场战略格局；"以品质为保证、以信誉求生存"是我们始终秉承的经营理念。客户满意是我们的执着追求，我们为客户提供快捷、高效的售后服务。

轻工业杭州机电设计研究院有限公司

企业性质：国有企业
地址：浙江省杭州市余杭区高教路 970 号
邮编：311121
法人代表：于　宏
经营负责人：桑如岳
技术负责人：杨　旭
电话：0571－85808839
传真：0571－85186432
网址：www. hmei. com. cn
联系人：李瑞瑞
电话：0571－85186432
邮箱：zs@ hmei. com. cn
职工总数：158 人
技术人员：135 名

公司主要产品和服务包括工程总承包、设备研发制造及成套、工程设计、技术咨询、技术服务、标准化技术服务，相关自动控制系统研发制造，相关设备的质量检验、检测、鉴定服务及进出口业务等领域，具备方案咨询、研发设计、生产制造、集成应用、运营管理、公共服务等多项服务能力，建立和发展了具有一定批量和市场占有率的制浆造纸装备产品，形成了多项自主知识产权。

具体包括：农林废弃物综合利用及生物质精炼预处理技术、节能型蒸煮系列技术、节能型中浓纸浆输送技术和绿色中（高）浓漂白技术、新型节能高效碎浆技术、置换压榨双辊挤浆机节水技术、洗涤浓缩系统、高效节能置换蒸煮关键设备及自动控制系统、湿浆储运系统——湿浆板生产线、对位芳纶纸成形成套装备技术、国产高速纸机关键技术、高速卫生纸机及其配套系统、特种纸生产系列节能技术、高效高速特种涂布机装备技术。

亚太森博(山东)浆纸有限公司

企业性质:中外合资企业
地址:山东省日照市北京路 369 号
邮编:276826
法人代表:陈小荣
技术负责人:李江华
电话:0633－3369423
传真:0633－3361280
网址:www.asiasymbol.com
联系人:贺锡田
电话:0633－3361073
邮箱:xitian_he@asiasymbol.com

企业详细介绍见“重点企业介绍”栏目。

汶瑞机械(山东)有限公司

企业性质:外资企业
地址:山东省安丘市潍徐南路 287 号
邮编:262100
法人代表:尹 华
经营负责人:马焕星
技术负责人:王 涛
电话:0536－4361881
传真:0536－4362807
联系人:刘炳贞
电话:13863689537
网址:www.wenrui.com.cn
邮箱:liubingzhen@wenrui.com.cn
职工总数:356 人
技术人员:54 名

汶瑞机械(山东)有限公司始建于 1956 年,有 60 多年的机械制造经验,曾生产纺织机械、矿山机械,当前主营造纸制浆洗选漂及碱回收成套装备。1997 年改制为安丘汶瑞机械制造有限公司,2006 年增资更名为汶瑞机械(山东)有限公司。中外合资,注册资金 800 万美元。占地 10.9 万米^2,车间面积 6.1 万米^2,总资产 4.71 亿元。

公司是我国造纸行业最大的制浆洗选漂、碱回收、蒸发、生活用纸纸机装备研发与制造基地。是生态环境部重点技术依托单位、国家重点高新技术企业、潍坊市第一批“鸢都学者”设岗单位、齐鲁工业大学商学院博士生工作设点单位。

主导产品有:鼓式真空洗浆机、双辊挤浆机、多圆盘过滤机、压力盘式过滤机、白泥盘式过滤机、单螺旋挤浆机、蒸发器等系列产品。置换压榨双辊挤浆机节水技术、纸机白水多圆盘分级与回用技术列入《国家鼓励的工业节水工艺、技术和装备目录》;汶瑞牌“双辊挤浆机”与“多圆盘过滤机”是我国制浆装备国际联盟实施“一带一路”政策重点对外推广产品。“汶瑞”牌商标被评为国家驰名商标,“汶瑞”牌洗浆机、预挂过滤机、双辊挤浆机、圆盘过滤机系列产品被评为山东省名牌产品。主持制定轻工行业标准 6 项,分别为双辊挤浆机、预挂过滤机、鼓式真空洗浆机、圆盘过滤机、白泥盘式过滤机、白液压力盘式过滤机。

目前为国内外 600 余家造纸企业提供了 3600 余台(套)制浆洗选漂设备,产品出口美国、加拿大、巴西、法国、捷克、俄罗斯、印度、印度尼西亚、泰国、缅甸、越南、朝鲜、孟加拉国、巴基斯坦、南非、埃塞俄比亚等国家。

金光纸业(中国)投资有限公司

企业性质:外商独资企业
地址:上海市长宁区娄山关路 533 号金虹桥国际中心 II 座 31 楼
邮编:200051
法人代表:黄志源
电话:021－22838888
传真:021－22839063
网址:www.app.com.cn
联系人:陈逸悦
电话:021－22839592
邮箱:chenyiyue@app.com.cn
职工总数:2.6 万余人

金光集团(英文名:Sinar Mas Group)由印尼知名华人黄奕聪先生于 1962 年创立,现已拥有数百家法人公司,曾被世界著名财经杂志《福布斯》评为印尼第一大财团。经过不断创新发展,集团已形成七大核心产业:制浆造纸业、金融业、农业及食品加工业、房地产业、能源与基础设施、移动通信以及健康医疗。

作为金光集团的核心产业,APP(全称为 Asia Pulp & Paper)创立于 1972 年,产品横跨生活用纸、工业用纸、文化用纸以及纸制品,年生产及加工总产能约 2300 多万吨,覆盖了全球六大洲、160 多个国家。

自 1992 年进入中国以来,金光纸业(中国)投资有限公司在发展过程中始终秉持可持续发展战略。目前，已建立2大育苗研究中心，18家大型林业公司，29万公顷人工林，7大核心浆纸业生产基地。从生态营林到环保制浆，再到绿色造纸，金光纸业(中国)投资有限公司已经形成了“以林养纸、以纸促林、林纸结合”的“林浆纸一体化”绿色大循环。截至2019年年底，公司总资产约1914亿元人民币，年加工生产能力约1178万吨，拥有全职员工2.6万名。

此外，APP(中国)及其母公司金光集团也正着手于推动企业可持续发展的城市综合体及科技园项目，以实现资源多元化配置。如今，已经在上海及长三角地区开发了5个大型城市综合体项目，包括上海白玉兰广场、上海金光外滩中心、上海金虹桥国际中心、上海星荟中心和宁波金光中心。

中轻特种纤维材料有限公司

企业性质：国有企业
地址：河北省廊坊市开发区紫杉路50号
邮编：065001
法人代表：赵　涛
技术负责人：苗　红
电话：0316－2575530
传真：0316－2575609
联系人：任　彪
电话：0316－2575782
网址：paper. sinolight. cn
投产日期：2010年
职工总数：108人
技术人员：37名

中轻特种纤维材料有限公司(以下简称“中轻特材”)，成立于2008年8月，占地面积约3万米^2，注册资本8000万元，属于中央企业性质，为中国制浆造纸研究院有限公司(隶属于中国保利集团所属中国轻工集团有限公司)全资子公司，先后通过“廊坊市纸基功能新型材料技术研发中心”“河北省科技型中小企业”和“河北省科技小巨人企业”认定。主要从事特种纤维材料的研究开发生产工作。现有8条中试线和后加工实验线，均已投入运行，配套包括圆网、长网、多功能涂布机、超级压光机、脱盐水系统等复合材料创新孵化设备设施。

中轻特材在中国制浆造纸研究院有限公司的统一领导下，主要依托制浆造纸国家工程实验室的科技创新实力，以“成为纸基复合纤维材料行业一流的工程化、产业化研究生产平台”为发展方向，充分把握“产、研结合，以产促研，以研保产”的科学发展模式，为行业的发展和科技的进步做出突出贡献。

中轻特材已成功孵化了食品过滤材料、邮资机专用签条、全热交换材料、药检基材、育果用纸基材料、烟用纸基材料、吸尘器配套材料、高透成型材料、化纤壁纸、高性能无石棉纤维复合密封材料和超薄型电容器纤维材料等多系列产品，在新能源、食品、医药、光学电子、建筑装潢、军工、航空航天、邮政、烟草等行业和领域得到广泛应用，是纸基功能复合材料领域重要的研发、中试和高端特种纤维材料生产的综合基地。

山东恒联投资集团有限公司

企业性质：民营企业
地址：山东省潍坊市高新区东风东街3019号
邮编：261061
法人代表：李瑞丰
技术负责人：赵学杰
电话：0536－8671516
传真：0536－8665348
网址：www. henglianpaper. com
联系人：于庆雪
电话：0536－8671538
邮箱：jsyfzx@ henglianggroup. com
成立时间：2002年12月
职工总数：3457人
技术人员：584名

山东恒联投资集团有限公司是一家集新型绿色纤维包装材料、特种清洁材料、特种纸、特种纤维及文化生活纸品制造加工于一体的大型企业，是我国再生纤维素膜、特种涂布纸、再生纤维素肠衣行业的龙头企业，是国家高新技术企业，建有省级企业技术中心、省级工程技术研究中心、恒联-中科院天然高分子材料联合实验室、“一企一技术”研发中心等19个省市级科技创新平台，拥有“泰山产业领军人才”“鸢都产业领军人才”等行业内高层次技术带头人才15人。

公司依托完善的法人治理结构和差异化发展战略，坚持推行“五化建设”、技术创新、管理创新、经营创新，全面实践“价值源于创新、规范孕育和谐”的核心价值观，围绕循环经济发展模式构建绿色纸业。现拥有有效授权专利185项，其中，国际发明3项，国内发明47项，排他许可发明3项，实用新型125项，外观设计10项，是国家工业企业知识产权运用能力培育工程试点单位。先后荣获中国民营企业制造业500强、中国包装百强企业、全国工人先锋号企业、山东省建国六十周年功勋企业、山东省造纸行业十强企业、山东省创新驱动发展能力百强企业、山东省瞪羚企业、山东省隐形冠军企业、山东省轻工业先进企业等多项荣誉称号。

浙江夏王纸业有限公司

企业性质： 中外合资企业
地址： 浙江省衢州市衢江区天湖南路20号
邮编： 324022
法人代表： 朱　毅
经营负责人： 王敏良
技术负责人： 骆志荣
电话： 0570－8768630
传真： 0570－8768669
网址： www. kingdecor. cn
联系人： 傅群英
电话： 0570－8768672
邮箱： qunying. fu@ kingdecor. cn
投产日期： 2006年
职工总数： 610人
技术人员： 108名

浙江夏王纸业有限公司成立于2004年9月13日，位于浙江衢江经济开发区内，是由德国夏特装饰纸股份公司和仙鹤股份有限公司共同投资成立的合资企业，注册资本为3260万美元，主要从事装饰原纸的制造和销售。

公司的主导产品是装饰板专用饰面纸，主要用于地板装饰、家具装饰、厨具装饰等。产品销往全国各省、市、自治区，远销东南亚、澳洲、美洲及欧洲等地。公司一直以来年产销量均稳步上升，业绩在同行业特种纸中名列前茅。

2011年6月、2015年1月及2018年底，公司二期、三期及四期生产线的分别投产，形成了年产量近27万吨装饰原纸的生产能力——公司已经成为全球高档装饰原纸最大的生产基地。公司无论在产品质量上、新产品开发上还是在销售服务品质上都具有极强的国际竞争力。

公司先后荣获了"国家高新技术企业""国家级绿色工厂""浙江制造品牌认证""浙江名牌产品""浙江出口名牌产品""浙江省第二批文化成长型企业""浙江省节水型企业""浙江省绿色低碳经济标兵企业""浙江省绿色企业""浙江省工业循环经济示范企业""衢州市国际合作示范企业""衢州市著名商标""衢州市政府质量奖""环境友好企业"及连续多年的"工业企业上台阶奖""衢州市制造业30强企业""衢州市制造业纳税30强"等诸多荣誉称号。同时，公司主持或参与制定了国家标准GB/T 28995—2012《人造饰面板专用纸》、GB/T 34722—2017《浸渍胶膜纸饰面胶合板和细木工板》、T/ZZB 0059—2016浙江制造团体标准《人造板饰面专用原纸》、T/ZZB 0241—2017《热升华转印原纸》浙江制造、LY/T 1831—2009《人造板饰面专用装饰纸》和Q/XW001—2016《人造板饰面专用纸》6项标准。

公司始终以"打造国际一流的百年企业"为愿景，以"致力于全球装饰纸行业的领航者"为使命，积极推动装饰纸行业国内、国际市场。夏王公司实施"品牌战略"，拥有明确的品牌价值理念和明晰的市场定位，"KINGDECOR夏王"品牌已经跻身于国际一流的装饰纸行业舞台。

郑州运达造纸设备有限公司

企业性质： 民营企业
地址： 河南省郑州市新郑市薛店镇世纪大道168号
邮编： 451162
法人代表： 许超峰
经营负责人： 许超峰
技术负责人： 许要锋
电话： 0371－62586186
传真： 0371－62587979
网址： www. zzyunda. com
联系人： 李彦克
电话： 17760761993
邮箱： marketing@ zzyunda. com
职工总数： 328人
技术人员数： 59名

郑州运达造纸设备有限公司成立于1981年，公司位于河南郑州新郑国际机场薛店工业园，占地6.67公顷，建筑面积38000米^2，注册资金2000万元。是国内专业设计研发、生产制浆设备的企业。产品畅销国内外，国内市场几乎覆盖了各省，除了造纸业比较发达的山东、浙江、江苏、广东之外，还有较偏远的如新疆地区等；国际市场，运达产品销往世界28个国家和地区。

公司主要研发生产备浆系统设备，如链板输送机、废纸散包干法筛选系统、鼓式碎浆机、D 型连续碎解系统、中浓碎浆机、旋鼓式粗筛、中浓压力筛、低脉冲内流压力筛、SSC & SSF 超级筛、盘式浓缩机、浮选脱墨机、双盘磨浆机、锥形磨浆机、热分散系统、造纸固体垃圾处理系统等设备。

公司成立以来，共申请国家专利 237 项，其中，发明专利37 项，实用新型专利198 项，外观专利1 项，软件著作权1 项，制定国家行业标准1 项，是国家高新技术企业，国家知识产权优势企业，拥有河南省企业技术中心，河南省制浆造纸装备工程技术研究中心，与中国制浆造纸研究院有限公司合作建立制浆造纸国家工程实验室废纸制浆研发中心等研发平台，并于 2019 年成立运达智能装备研究院。

牡丹江恒丰纸业股份有限公司

企业性质：国有企业
地址：黑龙江省牡丹江市阳明区恒丰路 11 号
邮编：157013
法人代表：徐　祥
经营负责人：李迎春
技术负责人：李劲松
电话：0453－6886000
传真：0453－6886302
网址：www. hengfengpaper. com
联系人：李凤伟
电话：0453－6886773
邮箱：jsb@ hengfengpaper. com
投产时间：1952 年
职工总数：1942 人
技术人员：219 名

牡丹江恒丰纸业股份有限公司(以下简称“恒丰纸业”)是国家烟草总公司确定的卷烟辅料生产基地，国内首家通过科技部和中科院认定的造纸行业重点高新技术企业。公司于 2001 年在上海证交所上市交易，2005 年成立由恒丰纸业控股的湖北恒丰纸业股份有限责任公司，实现了地域多元化的发展格局。

恒丰纸业拥有 70 年历史底蕴和特种薄页纸研发制造技术。公司目前有机制纸生产线 21 条，年生产能力 23 万吨，主要生产各类卷烟纸、滤棒成形纸、手卷烟纸、新型烟草用纸、接装纸等烟用纸及薄型印刷纸、生活用纸、食品包装用纸、装饰用纸等其他非烟用特种薄页纸共计十大系列产品。

恒丰纸业致力于安全环保型特色产品的研制开发。卷烟配套用纸国内市场综合市场占有率近三分之一，是全国最大的卷烟辅料用纸生产基地，被国家烟草总公司确定为卷烟辅料生产基地。国外客户遍布欧洲、亚洲、南美洲、北美洲、非洲。

在迈向百年恒丰的征程上，恒丰纸业将继续不忘初心、砥砺前行，推进公司实现高质量、跨越式发展的奋斗目标。

江苏王子制纸有限公司

企业性质：中外合资
地址：江苏省南通市经济技术开发区通达路 18 号
邮编：226017
法人代表：安井宏和
经营负责人：陈卫兵
技术负责人：平林哲也
电话：0513－85996555
传真：0513－81198465
网址：www. ojiholdings. co. jp
联系人：苏　杭
电话：0513－81198117
邮箱：su168168@ oji-gr. com
投产日期：2010 年
职工总数：985 人
技术人员：54 名

江苏王子制纸有限公司成立于 2003 年，是日本王子制纸集团(王子ホールディングス株式会社)和南通市经济技术开发区共同出资组建的合资企业。目前拥有 1 条年产 40 万吨高档铜版纸生产线和 1 条年产 70 万吨商品木浆生产线及给排水、热电厂、码头仓库等辅助配套设施。另外，年产 12 万吨的生活用纸项目 2020 年投产。

江苏王子一期年产 40 万吨铜版纸项目采用福伊特公司全套设备，吸收、借鉴日本王子制纸集团 140 年造纸经验。自 2010 年投产以来，高度重视产品质量，以有光、亚光铜版和双胶类产品为主，相继开发生产了尊翡、尊玛、尊琥、文仕等高品质产品，得到了众多用户的肯定。

作为林浆纸一体化的王子制纸集团成员，江苏王子二期年产 70 万吨商品木浆的制浆生产线由美卓公司提供全套设备。采用 ECF 漂白生产工艺，尤其是采用了国际先进的臭氧漂白工艺，对环境更友好，对木浆纤维伤害更小，浆料品质更加稳定。自 2014 年商品木浆上市以来，在国内市场保持畅销，得到众多用户的好评和青睐。

为顺应国内纸业市场发展，在一期、二期项目相继投产后，江苏王子生活用纸项目也在积极筹建中，先期建设 2 条年产 6 万吨的生产线，2020 年初投产。

日本王子制纸集团（王子ホールディングス株式会社）创立于 1873 年，是日本最早的造纸企业，也是日本首家股份制有限公司。经过 100 多年的经营发展，现已发展成为世界知名的以林浆纸一体化制浆造纸为主，兼营其它相关业务的综合性企业集团。江苏王子成立 10 余年来，一直秉承集团创始人涩泽荣一“论语和算盘”的经营理念，在注重生产和品质的同时，担当更多的安全防护、环境保护等社会责任。

芬欧汇川（中国）有限公司

企业性质： 外商独资企业
地址： 江苏省常熟市经济技术开发区兴业路 2 号
邮编： 215536
法人代表： Petteri Kalela
经营负责人： Jukka Saarelainen
技术负责人： 王丽华
电话： 0512－52651818
传真： 0512－52652300
网址： www. upmchina. com
联系人： 胡蓉晖
电话： 010－85570866
邮箱： hu. ronghui@ upm. com
投产时间： 1999 年
职工总数： 1134 人
技术人员： 216 名

企业详细介绍见“重点企业介绍”栏目。

山东凯丽特种纸股份有限公司

企业性质： 股份制民营企业
地址： 山东省荣成市河阳东路 198 号
邮编： 264300
法人代表： 车明阳
经营负责人： 解承梁
技术负责人： 于彦凤
电话： 0631－7510288
传真： 0631－7571946
网址： www. kailipaper. com. cn
联系人： 周大仕
电话： 18663186217
邮箱： zhoudashi@ sohu. com
投产时间： 1980 年
职工总数： 654 人
技术人员： 86 名

公司成立于 1998 年，总资产 3.02 亿元，员工 610 人，采用绿色造纸技术，践行“以科技打造持续成长型企业”的发展理念。公司先后通过 ISO 9001 质量认证、ISO 14001 环境认证、FSC 国际森林认证、SA 8000 社会责任认证以及信息安全认证、知识产权认证和职业健康安全体系认证，涵盖 28～450 克/米^2 定量范围，包括高档艺术纸、特种防伪纸、工业用纸三大系列 300 多个品种。公司 2020 年销售收入 3.1 亿元，高新技术产品收入超过 80%。

公司为高新技术企业，拥有山东省特种防伪纸工程技术研究中心和山东省企业技术中心两大省级研发平台，2010 年研发的再生超感纸成为上海世博会官方导览手册专用纸，用于收藏与赠送国外政要；2011 年系列特种纸获得第 20 届全国发明展览会金奖；独家为全国高铁票提供高品质原纸和为中国邮政总局提供防伪邮票纸；高档艺术纸系列进入欧洲、东南亚、香港、台湾市场，成为 Cumus、Dior、Gucci、Chloé 等国际知名品牌包装用纸；防伪纸系列被税务、银行、财政、公安等部门优选为防伪专用纸定点生产单位；共有 38 项产品技术获得国家发明专利授权及获得国家、行业、省、市级科学技术奖；防伪纸、艺术纸均获得名牌产品称号，并获得 2 项著名商标荣誉；连年获得省级管理示范企业、省诚信企业、专利明星企业、清洁生产先进单位、环保模范企业、慈善企业、重合同守信用单位等荣誉称号。

新乡新亚纸业集团股份有限公司

企业性质： 股份制民营企业
地址： 河南省新乡纸制品工业园区
邮编： 453731
法人代表： 宋敬志
经营负责人： 宋敬亮
技术负责人： 李浩然
电话： 0373－5681188
传真： 0373－5680286
网址： www. xinyapaper. cn
联系人： 曹守学

电话：0373－5699008
邮箱：xinyaren@126.com
投产日期：1979 年
职工总数：3800 人
技术人员：560 名

企业详细介绍见“重点企业介绍”栏目。

日惠得造纸器材(上海)贸易有限公司

企业性质：外资企业
地址：上海市长宁区兴义路 1511 号
邮编：200336
法人代表：宫坂隆志(MIYASAKA TAKASHI)
技术负责人：黑川茂
电话：021－62350159
传真：021－62080908
网址：www.felt.co.jp
联系人：丁莉勤
电话：13764306237
邮箱：lqding@felt.co.jp
职工总数：605 人
技术人员：48 名

主要产品：制浆造纸用毛毯、网、靴套和其他工业用毛毯。造纸用毛布，制浆用毛布，石板及建材制造用毛布，造纸及其他工业用塑料织物。

业务内容：纸张、纸浆、石板及其他工业用毛布的制造、加工及销售。各种纤维制品的制作、加工及销售。工业用洗涤剂、其他化学工业药品的制造及销售等。

无锡荣成环保科技有限公司

企业性质：民营企业
地址：江苏省无锡市惠山区洛社镇中兴西路 43 号
邮编：214187
法人代表：吴文荣
经营负责人：高威宏
技术负责人：高威宏
电话：0510－83316666
传真：0510－83301903
网址：www.longchenpaper.com
联系人：许武军
电话：13961848775
邮箱：w5015@longchenpaper.com
投产日期：1997 年
职工总数：650 人
技术人员：100 名

企业详细介绍见“重点企业介绍”栏目。

宣城市产品质量监督检验所(宣纸及文房用品质量检验检测中心)

企业性质：事业单位
地址：安徽宣城宣州区水阳江西大道文房四宝大厦
邮编：242000
法人代表：吴　成
经营负责人：孙　晖
技术负责人：方永义
电话：0563－3015526
传真：0563－3015526
网址：www.gjxzjyzx.com
联系人：周　玲
电话：0563－2627051
职工总数：22 人
技术人员数：19 名

国家宣纸及文房用品质量监督检验中心在宣城市产品质量监督检验所基础上筹建。拥有文房用品国内、外最先进的检测、科研设备达 120 台(套)，包括场发扫描电镜、激光拉曼光谱仪、红外光谱热重分析联用仪、电感耦合等离子发射光谱仪、L&W 纤维测试仪、IGT 印刷适应性测定仪等。拥有 1 个微生物实验室，2 个恒温恒湿实验室，13 个物理、化学、仪器分析等功能实验室。可承接纸制品，所有文房四宝等相关产品的检验检测业务以及技术服务。作为社会公益性第三方检测机构，中心将坚持“科学、公正、准确、满意”的方针，为社会提供公正的数据和优质服务。

苏州安美润滑科技有限公司

企业性质：民营企业
地址：江苏省昆山市千灯镇汶浦东路 158 号
邮编：215300
法人代表：汪小龙
电话：0521－82602978
网址：www.amer.cn
联系人：聂　峥
电话：0521－82602978

苏州安美润滑科技有限公司位于江苏昆山市千灯镇化工区，地处长三角地区的中心，占地 20000 米^2，拥有30套工业润滑油及化学品生产能力，年产能达20万吨。专注于设备润滑、清洗、防锈、导热领域的创新和发展，总部位于广东省东莞市松山湖，在中国和东南亚布局七大产销研基地，百余个服务驻点，为制造业提供工业润滑材料、金属加工液、油液耗材一站式集成供应和维保服务，每年为过万家客户实现提质增效。安美为您提供的产品包含：工业润滑油，抗磨液压油，工业齿轮油，润滑脂，设备专用油、真空泵油，空气压缩机油，钢铁轧制油，铜铝拉丝油，导轨油、变压器绝缘油，主轴油，针织油，造纸机油，锭子油，回火油、切削油，电火花油，攻牙油成型油，冲压拉伸油，环保防锈油、切削液，工业清洗剂，压铸脱模剂，磨削液，自动排挡液、锅炉导热油，管道在线清洗剂，锅炉维护添加剂，绝热棉、食品级白油、汽车润滑机油等，并为您提供油品监测分析、金属加工液(清洗剂)回用方案等方面的整厂润滑、清洗、防锈的解决服务方案。公司凭借全方位的核心化学技术优势及配方，结合我国制造加工业的实际情况，经过不断的技术融合、实践和创新，产品均通过RoHS环保标准认证。在推动我国工业发展的同时，公司一直在推行以优先的润滑、环保技术来保护环境。公司融汇当今靠前研发技术和全球原料资源，不断创新及完善产品体系，以优良的品质及对环境保护的不懈努力而致力于引领行业发展。

浙江华章科技有限公司

企业性质：有限责任公司

地址：浙江省杭州市祥园路99号运河广告产业大厦2号楼11层

邮编：310012

法人代表：于慧永

技术负责人：徐小伟

电话：0571－88994499

传真：0571－88994466

网址：www. hzeg. com

联系人：刘　伽

电话：0571－88994499

邮箱：HZT@ hzeg. com

华章科技(HK01673)成立于1993年，是一家在香港联交所上市的科技型企业，拥有20多年在造纸行业电气自动化、流浆箱及成型器、环保设备及工程的经验，是我国造纸装备的领先供应商，秉承“诚信、敬业、协作、创新”的理念，努力打造成为造纸工业的方案、设备及综合服务供应商。

公司专注于造纸装备的技术进步和品质提升，拥有一支顶尖的技术和服务工程师团队，在研发、设计、集成制造、服务维保等方面具有核心竞争力，20多年来累计完成了2000多个工程项目，为造纸企业提供基于智能制造、清洁生产、项目总包、设备维保等全方位的装备和服务，旨在成为造纸工业的全职“保姆”，并积极参与和帮助一带一路沿线国家造纸项目的工程建设。

华章科技倡导保护环境、促进绿色工业发展，在水处理和固液分离技术方面拥有多项专利技术，并被广泛应用于市政、造纸、制药、化工、冶金等行业。

华章科技在香港、杭州、武汉、桐乡等地拥有办公室或生产基地。有着完善的质量、环境和职业健康安全的保障体系，率先通过了ISO 9001质量体系认证、ISO 14001环境管理体系认证及OHSAS 18001职业健康安全管理体系认证。目前拥有专利发明25项；实用新型专利75项；软件登记18项。

山东硅元新型材料股份有限公司

企业性质：国有企业

地址：山东省淄博市高新区柳泉路286号

邮编：255086

法人代表：梁　健

经营负责人：梁　健

技术负责人：王安英

电话：0533－3588517

传真：0533－3582244

网址：www. sicer. com

联系人：彭　鹏

电话：0533－3583205

邮箱：jenipeng@ sicer. com

职工总数：400人

技术人员：95名

山东硅元新型材料股份有限公司(以下简称“硅元公司”)的前身是成立于1958年的山东省硅酸盐设计研究院。1994年硅元公司依托自身完备的科研平台，完成了“造纸机真空吸水箱全陶瓷面板的研制”项目，该项目1995年11月通过省级鉴定，并在1997年相继荣获山东省科技进步一等奖和国家重点新产品证书。此外，硅元公司自主研制的除渣器陶瓷锥体，现已形成30余个系列、200多个品种，凭借抗冲击、耐磨损、耐腐蚀的卓越品质，畅销海内外高端市场。进入 21 世纪，随着我国造纸工业的高速发展，硅元公司生产的耐磨陶瓷产品已成功装备在数百条中、高速纸机生产线上，净纸幅最宽超过 6600 毫米，工作车速最高达 1300 米/分。硅元公司设计、制造的 5200 三叠网纸机脱水元件项目，工作车速最高可达 921 米/分，成功打破了国外脱水元件在我国高速纸机领域的市场垄断。装备了硅元公司耐磨陶瓷产品的纸机日均生产量突破 1000 吨，成形网使用寿命长达 125 天，超过国外品牌同类项目 38.9%，增产节支效果显著，实现了对进口产品的同质替代。

威立雅(中国)环境服务有限公司

企业性质：外商投资
地址：上海市浦东新区海阳西路 555 号/东育路 588 号前滩中心 28 层
邮编：200126
法人代表：Christophe Marie Michel MAQUET
经营负责人：LUC ZELLER
技术负责人：朱建良
电话：021－61938088
传真：021－61938099
网址：www. veolia. cn
联系人：马　涛
电话：13501675251
邮箱：tao. ma@ veolia. com
投产日期：2003 年
职工总数：6573 人

威立雅(中国)环境服务有限公司(以下简称“威立雅”)，是法国威立雅集团(世界 500 强)在中国的分部，是一家以环境服务为主业的大型集团，自 20 世纪 90 年代初起，为中国各大中城市、各级政府机构和工业企业提供水务、废弃物和能源管理领域的方案和服务，是最早进入中国市场的全球环保企业之一。自 1990 年以来，威立雅一直为中国各地城市及工业客户提供资源管理和环保解决方案。至今，威立雅在我国 40 多个城市(包括香港及台湾)管理超过 80 个项目。

威立雅依靠其研究和创新团队的科学卓越性、方法严谨性和技能，在以下领域进行创新：水务及水循环管理、水处理工艺改进、污水处理与回收、废弃物管理回收及再利用、再生原料、建筑与设施的能源优化、对城市及其基础设施和服务的智能管理。

索理思(上海)化工有限公司

企业性质：外资企业
地址：上海市莘庄工业区申富路 688 号
邮编：201108
法人代表：THEODORE LOUIS KELLY JR
经营负责人：朱建明
电话：021－54422323
传真：021－54421739
网址：www. solenis. com
联系人：Margaret Zhuang
电话：021－54422323－5659
邮箱：mzhuang@ solenis. com
投产时间：2008 年
职工总数：230 人
技术人员：40 名

公司是世界领先的特种化学品公司，为制浆造纸、石油天然气、化学过程、采矿、生物精炼、电力和市政建设等耗水产业提供解决方案。索理思的产品组合包括一系列工艺过程、功能性及水处理化学品以及尖端监控系统，可用于提高操作效率和产品质量，同时保护设备资产并减少对环境的影响。

公司总部位于美国特拉华州威尔明顿市，在五大洲 120 个国家拥有 48 座生产基地以及 6000 多名员工。

中国轻工业长沙工程有限公司

企业性质：国有企业
地址：湖南省长沙市雨花区新兴路 268 号
邮编：410114
法人代表：谢显国
电话：0731－85770333
传真：0731－85584415
联系人：杨国庆
电话：0731－85770230

企业详细介绍见“国内制浆造纸科研设计单位简介”栏目。

金东纸业(江苏)股份有限公司

企业性质：中外合资企业
地址：江苏省镇江大港兴港东路 8 号
邮编：212132

法人代表：黄志源
经营负责人：胡巧忠
技术负责人：吴国泉
电话：0511 - 88998888
传真：0511 - 88997000
网址：www. goldeastpaper. com. cn
邮箱：service@ goldeastpaper. com. cn
联系人：卜正芳
电话：0511 - 88996512
投产日期：1997 年
职工总数：2839 人
技术人员：499 名

企业详细介绍见“重点企业介绍”栏目。

中冶纸业银河有限公司

企业性质：国有企业
地址：山东省临清市西门里街 297 号
邮编：252600
法人代表：黎　轶
经营负责人：黎　轶
技术负责人：单立伟
电话：400 - 0635 - 111
联系人：刘立峰
电话：13475890354
网址：www. cctyinhe. com
邮箱：13475890354@ 163. com
投产日期：1958 年
职工总数：2977 人
技术人员：315 名

中冶纸业银河有限公司（以下简称“银河纸业”）是中国诚通控股集团有限公司下属中国纸业投资有限公司骨干造纸企业之一，始建于 1958 年，坐落于运河名城——山东省临清市。现有员工近 3000 人，占地 178. 67 公顷。拥有 5280 毫米、4400 毫米、3600 毫米、3300 毫米、2640 毫米等多种型号造纸机台，年造纸能力 80 万吨，年制浆能力 50 万吨。是国家高新技术企业、国家绿色工厂、山东省造纸行业十强企业、山东省技术创新示范企业、临清市工业支柱企业，系集制浆、造纸、化工、机械制造、环保、物流为一体的大型制浆造纸企业。

产品有印刷用纸、办公用纸和包装用纸三大系列，主导产品有高档双胶纸、高档静电复印纸、混浆双胶纸、轻型纸、银河书纸、象牙白双胶纸、精印书写纸和高强瓦楞原纸，以及其他特色文化印刷用纸。其中，静电复印纸、精印书写纸为“山东名牌”产品，精印书写纸、高强瓦楞原纸为“中国名优产品”。企业拥有“银河瑞雪”“银河皓月”“银河华章”“银光”“银河祥云”“银河如意”“银河书纸”七大商标，其中“银河瑞雪”“银河皓月”和“银光”商标为山东省著名商标，“银河瑞雪”商标为中国驰名商标，深受用户好评。

公司拥有国家认定企业技术中心和博士后科研工作站，已获得专利 122 项，其中发明专利 15 项，通过了 ISO 9001 质量管理体系、ISO 14001 环境管理体系、OHSAS 18000 职业健康安全管理体系，拥有自营进出口权；曾获“全国五一劳动奖状”“国家级绿色工厂”“高新技术企业”“中国轻工业造纸行业十强企业”“全国企业文化建设优秀单位”“全国造纸行业劳动关系和谐企业”“山东省守合同重信用企业”“山东省环境友好企业”“低碳山东模范贡献单位”等 100 多项省级以上荣誉称号。

近年来，公司通过引进和创新，整体装备水平得到提高。麦草制浆采用干湿法备料、连蒸连漂先进工艺，纸机全部配备了水分、定量、厚度等 QCS 质量控制系统，全程实现计算机自动检测和优化控制，APMP 杨木浆采用奥地利安德里茨公司进口设备，20 万吨纸机全套设备由芬兰美卓公司制造，制浆造纸工艺技术和生产装备均达到国内一流水平。

公司始终把环保视为生命，建立了“治”“用”“保”相结合的治污体系，已相继投入 6 亿多元，建成了碱回收、中段水处理、白水回收和烟气脱硫脱硝除尘设施，同时还建设了白泥精制碳酸钙、污泥资源化等综合利用项目，彻底解决了制浆造纸“三废”治理难题，实现了达标排放。

面向未来，银河纸业将以市场为导向，以客户为中心，始终坚持“向文明、德载业、竞天择、新致远”的企业核心价值观，践行“紧贴市场、优化结构、持续改善、追求极致”经营方针，努力建设成为具有国际竞争力的现代化制浆造纸企业。

辽宁兴东科技有限公司

企业性质：私营企业
地址：辽宁省开原市八宝镇造纸产业园
邮编：112300
法人代表：都兴东
经营负责人：孙庆明
技术负责人：孙文双
电话：024 - 73900130

传真：024－73900111
网址：www. lnxdzy. com
联系人：张　欢
电话：1884263878
邮箱：1425058071@ qq. com
投产日期：2014 年
职工总数：615 人
技术人员：88 名

辽宁兴东科技有限公司是铁岭及开原市委、市政府调整地区产业发展布局，决议成立铁岭开原造纸产业园区后，开原市政府于 2012 年 5 月招商引进造纸产业园区的第一个造纸产业项目。兴东科技于 2012 年 7 月入驻开原市造纸产业园区，建设年产 100 万吨的高档包装纸板项目，项目规划分三期工程实施，占地面积 40 公顷，总投资 15 亿元。该项目以废纸为原材料，生产高档包装用纸板，属于国家鼓励的循环经济产业项目，产业发展前景良好。

一期工程投资 3. 8 亿元，占地 10. 13 公顷，建筑面积 3. 2 万米^2，建成了年产 20 万吨的高档包装纸板生产线，于2014 年1 月投产运营。二期工程投资 3. 5 亿元，占地 16. 2 公顷，建筑面积 5. 3 万米^2；采用目前国内顶尖水平的技术装备和生产工艺，高标准建设年产 30 万吨高档包装纸板生产线，于 2018 年 8 月投产运营。二期工程投产后，公司共计已安排600 余人就业，并形成了年产50 万吨包装纸板的产能，预计产能充分释放后，年可实现产值 20 亿元，纳税额 1 亿元以上。

公司现已发展成为辽宁地区包装纸板行业的支柱企业，带动了地区纸箱包装、物流运输、再生资源回收、机械加工、造纸化学品等相关配套产业的迅速发展。公司荣获“辽宁省五一劳动奖状”“辽宁省优秀民营企业”“铁岭市五一劳动奖状”“铁岭市纳税百强企业”“重合同守信誉单位”等荣誉称号。

公司将于 2022 年实施兴东科技三期工程建设，计划投资 7. 7 亿元，占地 13. 67 公顷，拟再建设 2 条高档包装纸板生产线，于 2023 年年底之前建成达产，实现年产 100 万吨高档包装纸板的产能，每年产值 40 亿元左右。计划于 2030 年之前，通过资源整合、强强联合，组建辽宁兴东包装产业集团公司，形成具有辐射效应的产业发展格局。

公司将振兴民族纸业作为己任，坚持走“绿色环保”的可持续发展道路，致力于循环经济产业，努力成长为国内造纸行业一流企业；致力于实现打造东北地区包装产业的巨型“航母”，缔造百年兴东的梦想。

仙鹤股份有限公司

企业性质：民营股份制
地址：浙江省衢州市衢江区百灵北路 12 号
邮编：324022
法人代表：王敏良
经营负责人：李志敏
技术负责人：戴贤中
电话：0570－2833055
传真：0570－2931631
网址：www. xianhepaper. com
联系人：张　诚
电话：0570－8755298
邮箱：cnzhangcheng@ 126. com
投产日期：1998 年
职工总数：3800 人
技术人员：236 名

仙鹤股份有限公司（以下简称“仙鹤”）为国内大型高性能纸基功能材料研发和生产的 A 股上市公司。致力于提供高性能纸基功能新材料领域的整体解决方案。并拥有化工、制浆、能源、原纸、纸制品、环保处理、运输等全产业链产能布局。仙鹤拥有丰富的高性能纸基功能材料产品，包括烟草行业配套系列、家居装饰材料系列、商务交流及出版印刷材料系列、食品与医疗包装材料系列、电气及工业用纸系列、日用消费系列等 6 大系列 60 多个品种，年产能超过 100 万吨。

仙鹤全面推行 ISO 9001 质量管理体系认证、ISO 14001 环境管理体系认证、OHSAS 18001 职业健康安全管理体系认证 3 体系管理方针和 6S 生产现场管理，产品通过 FSC® COC（FSC-C110766）产销监管链认证、QS 生产许可和 CMA 计量认证，先后获得首批“浙江省绿色企业”“浙江省名牌产品”“浙江省转型引领示范企业”“省级技术中心”“省三名企业”“中国驰名商标”“国家高新技术企业”“国家级绿色工厂”等荣誉。

仙鹤在全国拥有五大制造基地，总部衢州为仙鹤特纸的发源地，拥有东港、沈家两大园区以及专业生产高档装饰原纸的浙江夏王纸业有限公司、河南仙鹤特种浆纸有限公司，致力于对木浆、特种浆和商务交流用纸的开发和生产；全新打造的仙鹤常山基地实施智能化生产，向“中国制造”2025 迈进。

2020年年末和2021年年初，仙鹤又分别与广西来宾市政府和湖北石首市政府签署了投资协议，“广西三江口高性能纸基新材料”和石首“仙鹤股份高性能纸基新材料循环经济”两大项目，在珠江-西江经济带和长江流域中部的江汉平原同时展开，高速发展，未来可期。

仙鹤始终坚持“以人为本，创新驱动”的发展理念，执守“知行合一，匠心智造”的工匠精神，尊崇“创造财富，服务社会”的宗旨，在“家文化”的引领下，通过可持续、高质量的发展，做全球高性能纸基功能材料行业领跑者。

广西博世科环保科技股份有限公司

企业性质：股份有限公司
地址：广西壮族自治区南宁市高新区高安路101号
邮编：530000
法人代表：张雪球
经营负责人：张雪球
技术负责人：朱红祥
电话：0771－3220251
传真：0771－3220251
网址：bossco. cc
联系人：林金容
电话：0771－3220251
邮箱：bsk@ bossco. cc
成立时间：1999年
职工总数：1216人
技术人员：319名

博世科环保(股票代码：300422)成立于1999年，总部设在广西南宁，在国内外设有多家分子公司及服务机构；2015年，在深圳证券交易所上市，是广西第一家创业板上市公司；2021年，公司完成混合所有制改革，广州环保投资集团有限公司成为控股股东。

公司是国家技术创新示范企业，拥有国家企业技术中心、博士后科研工作站、人才小高地等科研平台，检测中心通过国家CNAS认可及CMA资质认定。公司荣获2016年度国家科技进步二等奖，2019年度国家技术发明二等奖，2020年，入选中国环境上市企业50强、广西十佳企业、广西制造业50强。

公司作为拥有核心技术的综合环境服务提供商，业务领域重点为工业环境治理、城乡环境提升、土壤环境修复、固废处置与危废处置、智慧环卫、环境服务业等。公司构建环评、检测、咨询设计、研究开发、装备制造、工程建设、投资运营等覆盖环保全产业链的服务体系。

公司秉持“博览世界，科技为先”的理念，针对不同客户的技术、运行和环境要求，为客户提供贴心周到的服务，技术与产品远销东盟、东欧、西非、南美等海外市场。

ABB(中国)有限公司

企业性质：外商独资
地址：北京市朝阳区酒仙桥路10号恒通广厦
邮编：100015
法人代表：康　亮
经营负责人：顾纯元
制浆造纸业务负责人：刘月明
电话：010－84566688
传真：010－84566688
网址：www. abb. com. cn
联系人：张　雪
电话：18101197769
邮箱：betty-xue. zhang@ cn. abb. com

ABB是全球技术领导企业，致力于推动社会与行业转型，实现更高效、可持续的未来。ABB通过软件将智能技术集成到电气、机器人、自动化、运动控制产品及解决方案，不断拓展技术疆界，提升绩效至新高度。

ABB由2家拥有100多年历史的国际性企业——瑞典的阿西亚公司和瑞士的布朗勃法瑞公司在1988年合并而成，总部位于瑞士苏黎世。ABB拥有130多年的卓越历史，业务遍布全球100多个国家和地区，员工人数达10.5万。

ABB与我国的关系可以追溯到1907年，当时ABB向我国提供了1台蒸汽锅炉。经过多年的快速发展，ABB在我国已拥有研发、制造、销售和工程服务等全方位的业务活动，27家本地企业，1.5万名员工遍布于近130个城市，线上和线下渠道覆盖全国约700个城市。

我国是ABB集团全球第二大市场。ABB在华超过90%的销售收入来源于本土制造的产品、系统和服务。作为数字化领域的技术领导企业，ABB聚焦我国“新基建”，持续在数字化、工业互联网、人工智能、智能制造、智能交通与智慧能源基础设施等重点领域进行战略布局，携手我国用户与合作伙伴，为行业数字化转型升级注入持续动力。

中国制浆造纸研究院有限公司

企业性质： 国有企业
地址： 北京市朝阳区望京启阳路 4 号院中轻大厦
邮编： 100102
法人代表： 孙　波
经营负责人： 孙　波
技术负责人： 田　超
网址： www. cnppri. com
联系人： 刘若冰
电话： 010 – 64778015
邮箱： bgs@ cnppri. com

企业详细介绍见“国内制浆造纸科研设计单位简介”栏目。

乐美包装(昆山)有限公司

企业性质： 有限责任公司
地址： 江苏省昆山市新南西路 369 号
邮编： 215300
法人代表： 黄　强
经营负责人： 刘　震
技术负责人： 刘华文
电话： 0521 – 57562359
传真： 0521 – 57562358
网址： www. lamipak. biz
联系人： 李　强
电话： 15952891008
邮箱： leo. li@ lamipak. biz
投产日期： 2007 年
职工总数： 381 人
技术人员： 10 名

乐美包装(昆山)有限公司由香港的 LAMI INVESTMENT LIMITED 公司全额控股，注册资本 67000 万元，主要产品为无菌液态食品包装材料，其规格、材质、样式等多种多样，是可循环利用、符合绿色环保发展理念的优质产品。公司旨在昆山打造无菌液态食品包装材料高端制造基地，实施技术创新，依托先进的产品开发管理理论和运营支持，改善材质性能和结构设计，提高机械性能、控制系统水平和无菌效果，使公司生产的无菌液态食品包装材料具有更好地保持食品营养成分、延长保质期、节约能源、降低包装成本、易实现环保等优点，并达到包装材料生产系列化。目前，公司产品和服务遍布全球 60 余个国家的超过两百家客户，生产经营规模和综合实力以及纸塑铝复合材料市场占有率均位于国内国际前列，其主要客户多为国际知名的乳制品与饮料领域的龙头企业。

广州造纸集团有限公司

企业性质： 国有企业
地址： 广东省广州市南沙区珠江街新广一路 29 号
邮编： 511462
法人代表： 周　耘
经营负责人： 李朝晖
技术负责人： 焦　东
电话： 020 – 34663302
传真： 020 – 34663302
网址： www. gzpaper. cn
联系人： 王向华
电话： 13527876705
邮箱： 13527876705@ 139. com
投产时间： 1936 年
职工总数： 1018 人
技术人员： 215 名

广州造纸集团有限公司位于广东省广州市南沙自贸区，始建于 1936 年，是我国第一家生产新闻纸以及第一家采用全废纸生产新闻纸的企业。公司占地 73 万米^2，总资产 100 亿元，产能 60 万吨。3 台纸机均从国外引进，代表当今国际造纸先进水平。其中 9 号纸机，年产 40 万吨新闻纸，2007 年以 1682 米/分钟开机车速，创造了国内造纸项目建设史的一大奇迹。凭借稳定的供应和高质的服务，主营产品新闻纸的市场占有率已达 28%，稳居国内第二。2014 年开始，通过对产能富余的新闻纸生产线进行技术改造，研发生产环保书写纸、试卷纸、环保牛皮纸、冷固纸、环保淋膜原纸、防黏原纸等新产品，并快速占领市场，获得客户的认可。

公司坚持“用户至上，创新提质赢市场；绿色发展，达标减排护环境；低碳运营，节能降耗增效益；以人为本，预防治理保安康”的管理方针，通过了质量管理体系、环境管理体系、能源管理体系、职业健康安全管理体系认证，荣获许多奖项和荣誉。包括全国、省、市质量效益型先进企业、全国用户满意单位、全国节能先进集体、广东省诚信示范企业。“广纸牌”新闻纸是全国用户满意产品、广东省用户满意产品、广东省名牌产品。

公司坚持创新驱动和人才战略，通过国家高新技术企业认证，先后组建“广州市制浆造纸重点技术工程研究开发中心”和“广东省级企业技术中心”，研发工作涉及制浆、造纸、节能、环保等专业领域。多项科研成果达到国内领先水平，多个科研项目成果荣获政府、行业科技奖，培养出技术能力强、专业水平高的研发人才队伍，在行业中起到领先示范作用。

四川环龙技术织物有限公司

企业性质：民营企业
地址：四川省成都市温江区新华大道二段519号
邮编：611130
法人代表：周　骏
经营负责人：谢宗国
技术负责人：周兴富
电话：028－82782930
传真：028－82782920
联系人：杨　璐
电话：177612424231
网址：www. vanov. cn
邮箱：yanglu@ vanov. cn
投产日期：2009年
职工总数：322人
技术人员：32名

四川环龙技术织物有限公司是我国造纸毛毯研发、生产与销售的专业供应商，拥有“GOBEAR”和“环龙”等两大造纸毛毯知名品牌，是中国造纸学会副理事长单位、中国造纸学会脱水器材专业委员会成员单位，是国家高新技术企业，并通过了ISO 9001：2015国际质量体系认证，拥有先进的管理模式，丰富的生产技术经验。

30年来，公司业务已覆盖全国及北美、南美、欧洲、东南亚等国际市场，产品尤其受国内近千家、国外300多家客户的认可。公司按照“标准化、专业化、数据化”的服务标准，运用第四代压榨毛毯技术，为我国造纸行业特别是1000米/分左右的高速纸机提高运行效率，创造更多的价值。

公司致力于做世界一流的造纸毛毯服务商、以第四代造纸毛毯新技术为主流造纸机提高运行效率创造新价值，注重以技术研发为先导，做专家型企业，打造亚洲知名过滤材料供应商。公司将拓展高性能新材料在新能源、智能制造等领域的广泛应用及推广，建立世界一流的工业滤材自主高端品牌。

河南江河纸业股份有限公司

企业性质：股份有限公司
地址：河南省焦作市武陟县城文化路555号
邮编：454950
法人代表：姜博恩
经营负责人：刘铸红
技术负责人：宋志远
电话：0391－7268389
传真：0391－7268389
网址：www. jianghe. com
联系人：张家利
电话：13243038111
邮箱：wzjhzy@ 126. com
投产日期：2002年
职工总数：4479人
技术人员：218名

企业详细介绍见“重点企业介绍”栏目。

杭州市化工研究院有限公司

企业性质：国有企业
地址：浙江省杭州市拱墅区石灰坝7号
邮编：310014
法人代表：赵文彦
技术负责人：王立军
电话：0571－87893088
传真：0571－88030316
网址：www. hhs. cn
联系人：张亚萍
电话：0571－88030316
邮箱：hhy_ zyp@ 163. com
职工总数：300人
技术人员：130名

杭州市化工研究院有限公司成立于1958年，2003年整体转制为股份制科研院所。专业从事造纸化学品、石油加工助剂、高分子材料抗静电剂、新材料等领域的研发和成果转化，编辑出版《造纸化学品》《杭州化工》期刊，是中国造纸化学品工业协会理事长单位，国家造纸化学品工程技术研究中心、全国造纸化学品信息站、浙江省造纸化学品开发工程试验基地的依托单位，领衔组建浙江省造纸化学品关键技术开发与应用创新团队，建有变性淀粉、水溶性高分子、石油化工助剂等省级企业技术研发中心，浙江省、杭州市企业技术中心。曾获得国家、部省市科技成果奖 130 多项次，14 项国家级重点新产品，34 项发明专利，多项技术具有国际领先或先进水平。在浙江、吉林、山东、广东等地建立了成果转化基地，造纸化学品产业化能力达 50 万吨/年。转制以来，杭化院成果转化收入累计 84 亿元，利税 12 亿元，上交国家税收 6 亿元。

造纸化学品主要产品：干增强剂、湿强剂、乳液松香施胶剂、表面施胶剂、表面增强剂、涂布耐水剂、纸浆纤维素酶、湿强解离剂、树脂障碍控制剂、柔软剂、剥离剂、固色剂、填料处理剂、防水剂、湿部添加淀粉系列、表面施胶淀粉系列、层间喷雾淀粉 HCT 系列、涂布润滑剂、生物基胶乳、填料改性剂、高分子增强剂。

化学品专用设备：淀粉连续蒸煮器、造纸化学品喷射混合器等。

美鑫投资(中国)有限公司

企业性质：外商独资企业
地址：上海市长宁区江苏路 369 号兆丰世贸大厦 7 楼 F 座
邮编：200050
法人代表：DANIEL JOSEPH MONAGLE，Ⅲ
技术负责人：旺忻曙
电话：021 - 62093279 - 106
邮箱：xinshu. wang@ mineralstech. com
联系人：胡承伟
电话：021 - 62093279 - 113
邮箱：aaron. hu@ mineralstech. com
职工总数：60 人
技术人员：15 名

美鑫投资(中国)有限公司是矿物技术集团(MTI)在中国的子公司，MTI 是一家基于资源和技术的集团公司，其总部在美国纽约，并在纽交所上市(股票代码 MTX)。MTI 公司有四个业务部门：高性能材料、特种矿物、耐火材料和能源服务，业务遍及全球 35 个国家，有 158 家工厂，12 个研发中心和 3600 多名员工。

MTI 公司是全球领先的跨国造纸轻钙供应商，在 1982 年首创并推出的轻钙卫星工厂模式，因为其可为纸厂量身定制高品质且极具成本优势的轻钙产品，同时兼具吸收利用二氧化碳低碳减排的环保效益，近 40 年来被全球的客户广泛接受。目前 MTI 在全球有近 60 家造纸轻钙卫星工厂，轻钙总产能 400 多万吨，其中在中国正在运行和建设中的轻钙卫星工厂有 9 家。

MTI 服务的客户有 International Paper，Georgia-Pacific，Domtar，Sappi，Mondi，Nippon、Double A，APP 金东，APP 金华盛，山东太阳纸业，常熟 UPM，山东晨鸣和河南江河纸业等诸多全球和国内知名的纸业公司。

MTI 造纸轻钙有填料级轻钙和涂布级轻钙两大系列近几十种产品，其中填料级轻钙广泛应用于文化用纸，如静电复印纸、双胶纸、轻型纸和铜版原纸等，可有效提高纸张松厚度、不透明度和白度等；涂布级轻钙广泛应用于铜版纸、涂布卡纸等，可有效提高纸张平滑度、白度和印刷适性等。

华泰集团有限公司

企业性质：民营企业
地址：山东省广饶县大王镇潍高路 251 号
邮编：257335
法人代表：李建华
经营负责人：李晓亮
技术负责人：张凤山
电话：0546 - 6888818
传真：0546 - 6888018
网址：www. huatai. com
联系人：任文涛
电话：18354603888
邮箱：htjt0546@ 163. com
投产日期：1993 年
职工总数：12381 人
技术人员：1127 名

企业详细介绍见“重点企业介绍”栏目。

山东鲁南新材料股份有限公司

企业性质：股份有限公司
地址：山东省郯城县人民路 313 号
邮编：276100
法人代表：邸淑美
经营负责人：佟瑞丰
技术负责人：陈建华
电话：0539 - 6130908
传真：0539 - 6130908
网址：www. lunanpaper. com
联系人：刘长冬

电话： 0539－6788168
邮箱： lunanpaper@126. com
投产时间： 1970 年
职工总数： 600 人
技术人员： 266 名

山东鲁南新材料股份有限公司是国内著名的特种纸及工业特种材料生产企业，是国内著名的建筑装饰用纸生产基地。公司的主要产品有装饰原纸、生态纸、无纺纸、无纺滤材、电解电容器纸、隔膜纸等。其中，装饰原纸有素色类、印刷类、平衡类三大系列 200 多个品种；无纺纸有短纤维无纺纸、长纤维无纺纸、无纺纯纸、阻燃无纺纸等系列产品；电解电容器纸有低压、中高压系列产品。

公司现为山东省高新技术企业，拥有省级企业技术中心，目前共获得 34 项专利，其中，发明专利 10 项，实用新型专利 13 项，外观设计专利 11 项，参与制定了《人造板饰面专用纸》国家标准、《无纺壁纸原纸》《装饰装修材料售后服务管理规范（壁纸原纸）》行业标准。化纤无纺布壁纸原纸等多个项目被列入国家火炬计划项目和国家重点新产品。

公司长期以来重视创新和可持续发展，通过了质量管理体系、环境管理体系、职业健康安全管理体系认证，企业发展战略方向重点放在特种纸及工业特种材料领域，在国内外特种纸生产行业具有很高的企业知名度和品牌知名度。

四川永丰纸业股份有限公司

企业性质： 股份制企业
地址： 四川省乐山市沐川县永福镇
邮编： 614500
法人代表： 韩晓春
技术负责人： 赵　琳
电话： 0833－4651066
传真： 0833－4651066
联系人： 袁　源
电话： 0833－4651066
投产日期： 1982 年
职工总数： 1800 人
技术人员： 500 名

公司创建于 1970 年，1993 年转制为股份有限公司，是全国最大的竹浆纸一体化企业。公司现有总资产 30 多亿元，年浆纸产能 60 多万吨，年销售收入 25 亿元，员工 2000 人。公司曾荣获“全国五一劳动奖状”“农业产业化国家重点龙头企业”“国家科技进步二等奖”“国家林业重点龙头企业”“省级扶贫龙头企业”等荣誉，在全国同行业率先通过 ISO 9001 质量体系认证、ISO 14001 环境管理体系认证和 FSC 国际森林体系认证。

公司竹材造纸历史悠久、产品丰富、产业链完整，技术实力全国领先。在四川省乐山市和泸州市建有两个生产基地，覆盖的核心竹原料基地 13. 33 多万公顷。主要产品包括高档竹浆板、文化用纸、生活用纸及特种用纸，其中，竹浆产能 55 万吨/年，竹浆文化用纸产能 7 吨/年，均位居全国第一。以全竹本色为代表的生活用纸受到消费者的广泛认可，销量快速增长。主导品牌“永丰牌”于 2005 年被认定为中国驰名商标。公司下设的“四川省竹材林浆纸工程技术研究中心”是全国唯一的竹浆纸省级技术中心，拥有高级工程师 15 人，研究成果丰硕，并承接过“国家发展改革委重大产业技术开发专项项目”。公司现为中国造纸协会竹浆工作委员会的主任委员单位。

四川是竹资源大省，竹浆纸产业既是生态产业，又是扶贫产业。竹子是非常生态的造纸原料，生产周期短，固碳能力强，且循环再生，具有持续的生态保护功能。从 19 世纪 90 年代以来，公司始终坚持竹浆纸一体化发展战略，以“当好产业龙头，致富一方人民”为指导思想，累计补贴 7000 多万元扶持农民栽竹，收到了基地扩大、竹农增收、山川绿化等多赢效果。生产基地所在的沐川县，森林覆盖率达 77. 34% 目前。公司年用鲜竹 200 万吨，每年促农增收 12 亿元，沐川、叙永两县的竹农人均竹收入达到近 2000 元。公司还大力参与公益事业和当地精准扶贫，历年来累计投入 3000 多万元，用于地方林区公路建设、贫困户扶持和捐资助学等。

发展不忘初心。永丰纸业将始终秉持“绿色发展、产业富民”理念，坚定不移地实施竹浆纸一体化战略，保持与环境、资源协同发展，进一步壮大产业规模、提升产业链竞争力。

广西广业贵糖糖业集团有限公司

企业性质： 国有控股
地址： 广西壮族自治区贵港市幸福路 100 号
法人代表： 朱　冰
经营负责人： 陈　健
技术负责人： 蓝贤州

电话：0775 - 4201380
传真：0775 - 4260088
网址：www. guitang. com
联系人：黄敏珊
电话：0775 - 4201833
邮箱：1249424520@ qq. com
投产日期：1956 年
职工总数：1776 人
技术人员：355 名

因业务发展的需要，广西贵糖(集团)股份有限公司(以下简称“贵糖股份”)于 2018 年 7 月 23 日正式更名为“广西粤桂广业控股股份有限公司”(以下简称“粤桂股份”)，并于 2018 年 8 月 6 日成立全资子公司“广西广业贵糖糖业集团有限公司”(以下简称“贵糖集团”)，承接了原贵糖股份的糖、纸产业的全部资产和业务。

公司经营范围：食糖、纸、纸浆、食用酒精、轻质碳酸钙、酒糟干粉、有机 - 无机复混肥料、有机肥料、食品包装用纸、食品添加剂氧化钙、减水剂、元明粉的研发、制造、加工、销售；国内贸易(国家限制或禁止的商品除外)；货物进出口[包括本企业自产产品的出口及本企业生产、科研所需原辅材料(国家规定一类进口商品除外)、机械设备、仪器仪表、零部件的进口]；机械的制造；零部件加工、修理；机械设备的安装、调试；货物仓储(危险化学品除外)；人力装卸搬运服务；港口经营。

贵糖集团的母公司—粤桂股份即贵糖股份前身是广西贵县糖厂，于 1956 年建成投产，1989 年更名为广西贵港甘蔗化工厂，1993 年由广西贵港甘蔗化工厂独家发起定向募集改组，更名为广西贵糖(集团)股份有限公司。1998 年 11 月 11 日，贵糖股份在深圳证券交易所成功上市(证券代码 000833)，成为国内制糖业第一家上市公司。

2015 年 7 月 31 日，贵糖股份完成了重大的资产重组，向广东省广业资产经营有限公司和云浮广业硫铁矿集团有限公司(以下简称“云硫集团”)发行股份购买其所持有的广东广业云硫矿业有限公司(以下简称“云硫矿业”)100% 股权。云硫矿业成为贵糖股份的全资子公司，重组后，贵糖股份注册资本 6. 684 亿元，资产总额达到 33. 321 亿元。

为了突出上市公司的资本运作平台和综合管理职能，体现粤桂合作愿景，贵糖股份全称更名为“广西粤桂广业控股股份有限公司”，证券简称由“贵糖股份”改为“粤桂股份”，2018 年 7 月 23 日完成了工商变更登记。同时贵糖股份将原有糖、纸产业的全部资产和生产经营业务注入新设立的子公司—贵糖集团。粤桂股份专注资本运作和综合管理，粤桂股份下设两个分别专注于糖、纸产业(贵糖集团)和硫矿、硫化工(云硫矿业)产业经营的实业集团。

贵糖集团主要产品年生产能力为：白砂糖 15 万吨、机制纸 16 万吨、蔗渣漂白浆 15 万吨、酒精 1 万吨、轻质碳酸钙 3 万吨、回收烧碱 3. 5 万吨。

公司致力于发展循环经济，走生态工业之路，初步建成了制糖、制浆造纸、酒精、复混肥、轻质碳酸钙的制糖工业共生体系；拥有制糖业企业技术中心和博士后科研工作站、广西首批自治区级人才小高地；在制糖、甘蔗渣制浆造纸和环保核心技术方面处于全国同行业的前列，拥有多项具有国内领先水平的环保自主知识产权，多次荣获“全国环境保护先进企业”“全国资源综合利用先进企业”“全国质量效益型先进企业”“全国用户满意企业”和“全国用户满意产品”等荣誉称号。生产的“桂花”牌糖产品曾于 2007 年被评为中国名牌产品，多次被评为广西名牌产品；“桂花”牌书写纸、胶版印刷纸，“纯点”牌生活用纸均多次被评为广西名牌产品。“桂花”商标和“纯点”商标多次被评为广西著名商标。

2014 年年底开工建设的粤桂(贵港)热电循环经济产业园开创了以政府规划为基础、市场化运作为主导、产业协作为核心、管理合作为手段的两广政企合作新模式，成为珠江—西江经济带规划落地实施、粤桂两省合作的典范。园区规划总用地面积约 100 公顷，预计一期投资约 15. 02 亿元，二期投资约 4. 61 亿元，合计投资约 19. 63 亿元。计划在 2019/2020 榨季完成日榨万吨的制糖厂建设并投产，到 2020 年年底完成年产 10. 89 万吨的制浆厂建设并投产。园区为公司提供了一个良好的发展平台，主要是立足于本地资源优势，按照“减量化、再利用、再循环”的原则，以公司现有的制糖、浆纸业务为依托，发挥公司龙头企业带动作用，延伸制糖、浆纸产业链，实现资源的整合和综合利用；同时，将产业与资本市场、产业与科研和创新应用、产业与现代工业互联和大数据应用、产业与新型城镇化进行有机结合，走新型工业化之路，努力将产业园建设成为可持续发展的特色现代产业与绿色数字化园区。

面对机遇与挑战，公司将贯彻“创新、协调、绿色、开放、共享”的发展理念，紧紧围绕绿色发展战略，坚持质量第一、效益优先的发展原则，以厂区整体搬迁为契机，通过改革创新、并购扩张、技术革新来推动主业结构的优化，通过整合资金、资源和资本来促进主业快速壮大发展，促使企业保持持续稳定地发展。

福建省轻工机械设备有限公司

企业性质： 私营企业
地址： 福建省闽侯县铁岭北路3号
邮编： 350109
法人代表： 李祥凌
经营负责人： 李　艳
技术负责人： 姚红兵
电话： 0591－22079777
传真： 0591－22079777
网址： www. fjqj. com
联系人： 高挥民
电话： 13906936320
邮箱： 121429923@ qq. com
职工总数： 150 人
技术人员： 34 名

福建省轻工机械设备有限公司创建于 1969 年，由原地处福建省南平市的福建省轻工业机械厂经改制搬迁形成的制浆造纸机械制造企业。厂址位于福建省福州市闽侯铁岭工业区，占地面积 67000 余米^2，是福建省高新技术企业，福州市知识产权示范企业，2018 年闽侯县出口大户。2018 年被中国轻工业联合会、中国轻工机械协会联合评为制浆造纸机械行业十强企业、2017—2018 年连续两年荣获中国轻工业装备制造行业三十强企业称号。

公司拥有一支能为客户提供项目咨询、工艺设计、设备制造、安装、试车、人员培训等全套交钥匙工程服务整包项目的专业技术队伍。拥有一二类压力容器设计、制造许可证、计量二级合格证。获得各类发明专利和实用新型专利 30 项。通过 ISO 质量、环境管理体系认证和两化融合管理体系。公司以依靠科技进步，提高企业素质与综合实力为企业发展的关键。在从事制浆造纸设备，特别是废纸制浆设备制造的近 50 年中，公司研制开发了多项废纸处理和废纸脱墨设备的新产品、新技术。公司的“ZNS 系列双压区双网挤浆机”荣获中国轻工联合会技术进步二等奖；“50 吨/日盘式热分散系统与设备”获中国轻工联合会技术进步三等奖；以及部级优秀新产品一等奖 1 项；部级优秀新产品奖 3 项；部级科技进步三等奖 4 项；福建省级优秀新产品奖 5 项；福建省科技进步奖 4 项。与南京林业大学联合成立了“制浆造纸装备技术研发中心”；与福建农林大学材料工程学院专家教授合作建立“专家工作站”，展开技术交流与技术合作。

目前公司能全套提供年产 40 万吨废纸 OCC 和年产 15 万吨废纸脱墨制浆设备及其他非废纸浆制浆设备。其中，碎浆设备、浓缩洗涤设备、热分散等设备的重要技术指标值达到国际先进水平。业务扩展到东南亚、印度、韩国、墨西哥、巴西、中东、非洲、俄罗斯、东欧等市场，公司的产品也服务于玖龙、理文、晨鸣、太阳、APP、SCG、DOUBLE A、BO PAPER 等全球百强纸业。制浆设备和技术服务在海外市场的业绩在国内同行业中处于领先位置。

山东省章丘鼓风机股份有限公司
（江苏章鼓力魄锐动力科技有限公司）

企业性质： 上市股份制企业
地址： 山东省章丘区明水经济开发区世纪大道东首
邮编： 250200
法人代表： 方润刚
经营负责人： 柏泽魁
技术负责人： 韩　鹰
电话： 0531－83250025
网址： www. blower. cn
联系人： 陈志勇
电话： 13573126317
邮箱： chenzhiyong@ blower. cn
投产日期： 1990 年
职工总数： 1260 人
技术人员： 360 名

江苏章鼓力魄锐动力科技有限公司是由山东省章丘鼓风机股份有限公司（以下简称“山东章鼓”，股票代码：002598）和杭州力魄锐航天科技有限公司共同出资成立的一家以高科技高速叶轮机械及相关配套产品研发、生产、销售、试验、技术服务一体化的高新技术企业。

山东章鼓是国家重点风机生产企业，具有 50 余年的风机设计、生产、制造技术和经验，目前公司集罗茨鼓风机、离心风机、工业泵、粉体输送工程、电气设备等产品或工程设计、生产、销售于一体的现代化上市企业。中国通用风机协会副理事长单位，罗茨鼓风机、离心风机国家标准起草单位。

章鼓力魄锐系列高速叶轮机产品，采用航空动力技术以及航空级加工制造工艺，设计和研发中着力聚焦叶轮机械的高性能、高可靠性、高性价比。章鼓力魄锐叶轮机械源于军工航空血统，在设计和加工过程中加入航空高科技元素，专门针对用户需求以及用户工艺特点量身定制，追求领先技术和性能至上。不仅满足用户工艺需求，技术参数，而且着力于设备高效性、可靠性和易于操作性。

章鼓力魄锐以成为能源动力解决方案领导者为目标，个性化定制各类叶轮机械产品，包括离心真空泵、鼓风机、蒸汽压缩机、离心压缩机、ORC 余热回收涡轮、LNG 势能发电机等。公司产品广泛应用于造纸、环保、医药、能源、化工、冶金、钢铁、电力、纺织等相关领域。

滕州力华米泰克斯胶辊有限公司

企业性质：合资企业
地址：山东省滕州市经济开发区恒源北路 366 号
邮编：277500
法人代表：朱宏伟
经营负责人：高守明
技术负责人：赵曰永
电话：0632－5699298
传真：0632－5699275
网址：www. sdliua. com
联系人：王　静
电话：0632－5699450
邮箱：sdlihua@ vip. 163. com
投产日期：1993 年
职工总数：320 人
技术人员：35 名

滕州力华米泰克斯胶辊有限公司 2001 年与德国米泰克斯胶辊有限公司合资，拥有 30 多年制造胶辊的专业经验，生产基地位于山东省滕州市和昆山市花桥镇。产品服务于造纸、钢铁等工业领域。可提供胶辊的设计、辊体制造、材料包覆、辊体维修、现场技术应用服务，年加工量达到 1 万多支。

辊体制造精选铸铁、铸钢、钢型材、不锈钢等优质材料，经过严格的机加工、冷热装配、热处理、探伤、动平衡、检验等工艺过程。直径可达到 2 米，长度 12 米的范围。

产品包覆材料包括橡胶、聚氨酯、复合材料、喷涂，主要应用于造纸工业的网部、压榨部、施胶涂布、软压光、复卷部。钢铁工业应用于不锈钢冷轧退火酸洗线、碳钢冷轧酸洗线、镀锌彩涂线、有色金属生产线的轧制、酸洗、涂层、矫直、切边等部位。适应线压力小于等于 400 千牛/米；温度 300℃；耐磨、耐酸碱；硬度范围广、弹性好，适应高速、运行工况苛刻的部位。

公司以客户为关注焦点，以诚信、创新的企业文化、精湛的加工工艺、先进的装备水平、高效的服务团队，满足国内外客户需求；打造最具影响力的专业胶辊制造商。

福建恒安集团有限公司

企业性质：合资企业
地址：福建晋江市安海镇恒安工业城
邮编：362261
法人代表：施文博
经营负责人：许连捷
技术负责人：林一速
电话：0595－85708888
传真：0595－85708666
网址：www. hengan. com
联系人：吴晓彪
电话：15759500600
邮箱：wuxiaobiao@ hengan. com
投产时间：1985 年
职工总数：2. 3 万人
技术人员：2700 名

企业详细介绍见“重点企业介绍”栏目。

亚太森博（广东）纸业有限公司

企业性质：中外合资
地址：广东省江门市新会区双水镇沙路村瑞丰工业园 1 号
邮编：529153
法人代表：洪庆隆
技术负责人：许正茂
电话：0750－6503168
传真：0750－6503070
网址：www. asiasymbol. com
联系人：庞海涛
电话：0750－6503891
邮箱：haitao_ pang@ asiasymbol. com
职工总数：1649 人
技术人员：189 名

亚太森博(广东)纸业有限公司主要从事文化用纸的生产和销售，主要产品为高档办公用纸和高档双胶纸，及部分工业加工用纸。

“百旺”品牌高档复印纸经过 20 多年的努力，已获得了全球客户的认可，目前行销全球 70 多个国家和地区，成为全球办公室最受欢迎的办公用纸之一。为应对客户对高速大批量打印及更高性价比产品的需求，陆续增加推出了包括“高品乐”“至冠”“百顺”“印爽”“亮丽”“全通”“雅文”“战斗金刚”“拷贝可乐”“一品绿”等品牌的文化办公用纸。

同时为满足印刷出版用户对高档文化印刷用纸的需求，“百旺”“品旺”等品牌的高档双胶纸也同期推出，迅速占据了高档印刷用纸的市场地位。

作为研发中心推出的全国首款碳中和复印纸，“百旺复印纸”通过在造纸施胶过程中采用独特的高清影印技术配方，使打印文件呈现更加亮丽生动的彩色和醒目清晰的黑色，加上远快于普通复印纸的墨迹变干速度，已成为办公人士的“好伙伴”。目前，外网复印纸畅销全球 20 多个国家和地区。

山东太阳纸业股份有限公司

企业性质：民营企业
地址：山东省济宁市兖州区友谊路一号
邮编：272100
法人代表：李洪信
经营负责人：李洪信
技术负责人：应广东
电话：0537－7928711
传真：0537－7928489
网址：www. sunpapergroup. com
联系人：宋伟华
电话：0537－7928713
邮箱：songweihua@ sunpaper. cn
投产日期：1982 年
职工总数：10145 人
技术人员：1200 名

企业详细介绍见“重点企业介绍”栏目。

迪蔼姆国际贸易(上海)有限公司

企业性质：外商独资
地址：福建晋江市安海镇恒安工业城
邮编：215333
法人代表：Markus Hallapuro
经营负责人：Markus Hallapuro
技术负责人：成国民
电话：0512－57001571
传真：0512－57001570
网址：www. tmsystems. com
联系人：陆俊杰
电话：13773147029
邮箱：lu. junjie@ tmsystems. cn
职工总数：57 人
技术人员：35 名

迪蔼姆国际贸易(上海)有限公司长期专注于工业通风系统解决方案，帮助客户增加产能和节约能源，我们的最新技术致力于将工业气体排放降至零，以满足环保及迅速发展的市场需求。

迪蔼姆国际贸易(上海)有限公司公司致力于造纸通风及专业提供各类造纸相关的通风设备。产品使用范围从工厂调研到完整的交钥匙工程。主要产品为：Zero-Ex®零排放控制系统(去除臭气，烟雾，VOC 等)、烘干部气罩、烘干部通风系统、厂房通风、专用房通风、热回收系统、纸幅稳定器、湿部排湿系统、纸边输送系统及技术服务等。

浙江中控技术股份有限公司

企业性质：其他股份有限公司(上市)
地址：浙江省杭州市滨江区六和路 309 号
邮编：310052
法人代表：CUI SHAN
经营负责人：郭　飚
电话：13605806881
网址：www. supcontech. com
联系人：李玉东
电话：13362896889
邮箱：liyudong2@ supcon. com
职工总数：3624 人
技术人员：1664 名

浙江中控技术股份有限公司(以下简称“中控技术”，688777. SH)成立于 1999 年，是国内领先的流程工业智能制造整体解决方案提供商。中控技术致力于满足流程工业的产业数字化需求，深耕集散控制系统(DCS)、安全仪表系统(SIS)、网络化混合控制系统等自动化控制系统，并以此为基础，大力布局和发展工业软件、行业解决方案、仪器仪表等产品及线上线下结合的服务模式，形成了较为完善的“工业 3. 0＋4. 0”产品及解决方案架构，连续多年入选工业和信息化部智能制造系统解决方案供应商和示范企业。

中控技术坚持自主创新，持续聚焦行业痛点和热点，通过国内 100 余家实体 5S 店及海外多家本地化公司运营相结合的营销网络建设，以及“5T 技术”“平台 + 工业 APP”“5S 店 + S2B 平台”为三大核心战略控制点的技术创新、商业模式创新，积极服务于工业 3.0 + 工业 4.0，其产品及解决方案已广泛应用在油气、石化、化工、电力、制药、冶金、建材、造纸、新材料、新能源、食品等行业领域，覆盖全球 50 多个国家和地区。

中控技术立足于中国，服务于全球，未来将以全球工业市场核心的自动化、数字化、智能化产品与解决方案供应商的姿态，打造工业全流程智慧生态，实现从工业 3.0 到工业 4.0 的跨越，积极探索跨领域、多行业 EBO 新兴商业机会，在世界工业文明的发展进程中留下深深的足迹。

（曹凯月）

附

APPENDIXES

2021 年国民经济与社会发展统计公报(节选)
2021 年造纸相关政策法规摘要
2020 年世界造纸工业概况
《Paper 360°》2020 年全球造纸排名前 75 位的公司及地域分布
2020—2021 年全球分地区和种类纸浆需求量
2020—2021 年全球分地区和种类纸及纸板需求量
国外制浆造纸相关研究机构及开设制浆造纸相关专业的大学
国外主要造纸期刊介绍
国外制浆造纸相关团体与研究机构名录

12

2021 年国民经济与社会发展统计公报(节选)

Annual Statistic Report on National Economic and Social Development(Excerpt) in 2021

2021 年是党和国家历史上具有里程碑意义的一年。在以习近平同志为核心的党中央坚强领导下，各地区各部门坚持以习近平新时代中国特色社会主义思想为指导，全面贯彻党的十九大和十九届历次全会精神，弘扬伟大建党精神，按照党中央、国务院决策部署，坚持稳中求进工作总基调，完整、准确、全面贯彻新发展理念，加快构建新发展格局，全面深化改革开放，坚持创新驱动发展，推动高质量发展。我们隆重庆祝中国共产党成立一百周年，实现第一个百年奋斗目标，开启向第二个百年奋斗目标进军新征程，沉着应对百年变局和世纪疫情，构建新发展格局迈出新步伐，高质量发展取得新成效，实现了“十四五”良好开局。我国经济发展和疫情防控保持全球领先地位，国家战略科技力量加快壮大，产业链韧性得到提升，改革开放向纵深推进，民生保障有力有效，生态文明建设持续推进。这些成绩的取得，是以习近平同志为核心的党中央坚强领导的结果，是全党全国各族人民勠力同心、艰苦奋斗的结果。

一、综　合

初步核算，2021 全年国内生产总值[1] 1143670 亿元，比 2020 年增长 8.1%，两年平均增长[2] 5.1%。2017—2020 年国内生产总值及其增长速度如图 1 所示，2017—2020 年三次产业增加值占国内生产总值的比例如图 2 所示。其中，第一产业增加值 83086 亿元，增长 7.1%；第二产业增加值 450904 亿元，增长 8.2%；第三产业增加值 609680 亿元，增长 8.2%。第一产业增加值占国内生产总值比例为 7.3%，第二产业增加值比例为 39.4%，第三产业增加值比例为 53.3%。全年最终消费支出拉动国内生产总值增长 5.3 个百分点，资本形成总额拉动国内生产总值增长 1.1 个百分点，货物和服务净出口拉动国内生产总值增长 1.7 个百分点。全年人均国内生产总值 80976 元，比 2020 年增长 8.0%。国民总收入[3] 1133518 亿元，比 2020 年增长 7.9%。

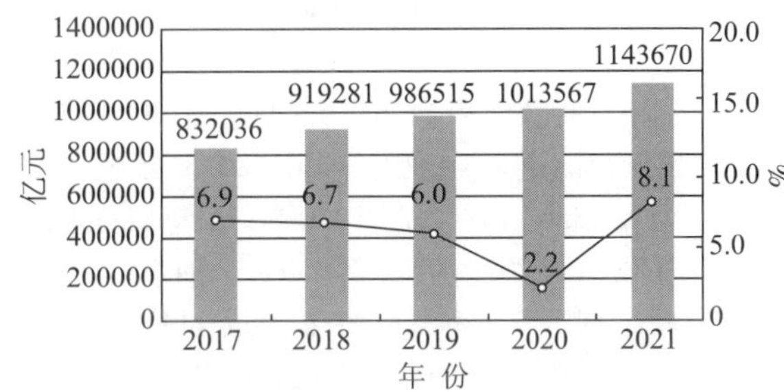

图1　2017—2021年国内生产总值及其增长速度

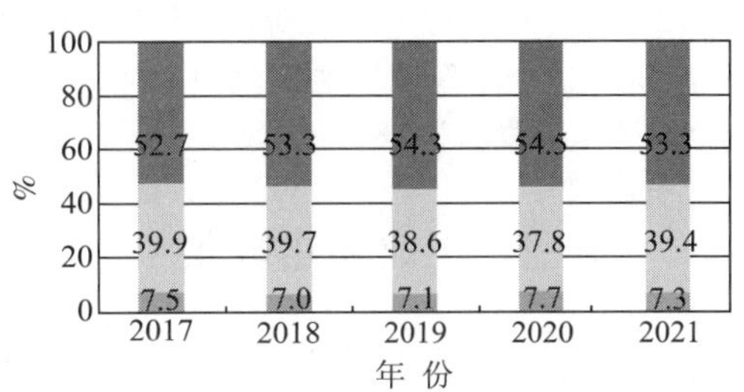

图2　2017—2021年三次产业增加值占国内生产总值比例

年末全国就业人员 74652 万人，其中，城镇就业人员 46773 万人，占全国就业人员比例为 62.7%，比 2020 年年末增长 1.1%。全年城镇新增就业 1269 万人，比 2020 年增加 83 万人。全年全国城镇调查失业率平均值为 5.1%。年末全国城镇调查失业率为 5.1%，城镇登记失业率为 3.96%。全国农民工总量 29251 万人，比 2020 年增长 2.4%。其中，外出农民工 17172 万人，增长 1.3%；本地农民工 12079 万人，增长 4.1%。

全年居民消费价格比 2020 年上涨 0.9%。工业生产者出厂价格上涨 8.1%。工业生产者购进价格上涨 11.0%。农产品生产者价格下降 2.2%。12 月份，70 个大中城市中，新建商品住宅销售价格同比上涨的城市个数为 53 个，下降的为 17 个；二手住宅销售价格同比上涨的城市个数为 43 个，持平的为 1 个，下降的为 26 个。

新产业新业态新模式加速成长。全年规模以上工业中，高技术制造业[4]增加值比 2020 年增长 18.2%，占规模以上工业增加值的比例为 15.1%；装备制造业增加值增长 12.9%，占规模以上工业增加值的比例为 32.4%。全年规模以上服务业中，战略性新兴服务业企业营业收入比 2020 年增长 16.0%。全年高技术产业投资比 2020 年增长 17.1%。

二、农 业

全年粮食种植面积 11763 万公顷，比 2020 年增加 86 万公顷。全年粮食生产量 68285 万吨，比 2020 年增加 1336 万吨，增产 2.0%。全年棉花生产量 573 万吨，比 2020 年减产 3.0%。油料生产量 3613 万吨，增产 0.8%。糖料生产量 11451 万吨，减产 4.7%。茶叶生产量 318 万吨，增产 8.3%。全年猪牛羊禽肉生产量 8887 万吨，比 2020 年增长 16.3%。全年水产品生产量 6693 万吨，比 2020 年增长 2.2%。全年木材生产量 9888 万米^3，比 2020 年下降 3.6%。全年新增耕地灌溉面积 46 万公顷，新增高效节水灌溉面积 188 万公顷。

三、工业和建筑业

全年全部工业增加值 372575 亿元，比 2020 年增长 9.6%。规模以上工业增加值增长 9.6%。在规模以上工业中，分经济类型看，国有控股企业增加值增长 8.0%；股份制企业增长 9.8%，外商及港澳台商投资企业增长 8.9%；私营企业增长 10.2%。分门类看，采矿业增长 5.3%，制造业增长 9.8%，电力、热力、燃气及水生产和供应业增长 11.4%。

全年规模以上工业中，农副食品加工业增加值比 2020 年增长 7.7%，纺织业增长 1.4%，化学原料和化学制品制造业增长 7.7%，非金属矿物制品业增长 8.0%，黑色金属冶炼和压延加工业增长 1.2%，通用设备制造业增长 12.4%，专用设备制造业增长 12.6%，汽车制造业增长 5.5%，电气机械和器材制造业增长 16.8%，计算机、通信和其他电子设备制造业增长 15.7%，电力、热力生产和供应业增长 10.9%。

全年规模以上工业企业利润 87092 亿元，比 2020 年增长 34.3%。分经济类型看，国有控股企业利润 22770 亿元，比 2020 年增长 56.0%；股份制企业 62702 亿元，增长 40.2%，外商及港澳台商投资企业 22846 亿元，增长 21.1%；私营企业 29150 亿元，增长 27.6%。分门类看，采矿业利润 10391 亿元，比 2020 年增长 190.7%；制造业 73612 亿元，增长 31.6%；电力、热力、燃气及水生产和供应业 3089 亿元，下降 41.9%。全年规模以上工业企业每百元营业收入中的成本为 83.74 元，比 2020 年减少 0.23 元；营业收入利润率为 6.81%，提高 0.76 个百分点。

全年建筑业增加值 80138 亿元，比 2020 年增长 2.1%。全国具有资质等级的总承包和专业承包建筑业企业利润 8554 亿元，比 2020 年增长 1.3%，其中国有控股企业 3620 亿元，增长 8.0%。

四、服 务 业

全年批发和零售业增加值 110493 亿元，比 2020 年增长 11.3%；交通运输、仓储和邮政业增加值 47061 亿元，增长 12.1%；住宿和餐饮业增加值 17853 亿元，增长 14.5%；金融业增加值 91206 亿元，增长 4.8%；房地产业增加值 77561 亿元，增长 5.2%；信息传输、软件和信息技术服务业增加值 43956 亿元，增长 17.2%；租赁和商务服务业增加值 35350 亿元，增长 6.2%。全年规模以上服务业企业营业收入比 2020 年增长 18.7%，利润总额增长 13.4%。

全年货物运输总量[5] 530 亿吨，货物运输周转量 223574 亿吨公里。全年港口完成货物吞吐量 155 亿吨，比 2020 年增长 6.8%，其中外贸货物吞吐量 47 亿吨，增长 4.5%。港口集装箱吞吐量 28272 万标准箱，增长 7.0%。

年末全国民用汽车保有量 30151 万辆（包括三轮汽车和低速货车 732 万辆），比 2020 年末增加 2064 万辆，其中，私人汽车保有量 26246 万辆，增加 1852 万辆。

全年完成邮政行业业务总量 13698 亿元，比 2020 年增长 25.1%。邮政业全年完成邮政函件业务 10.9 亿件，包裹业务 0.2 亿件，快递业务量

1083.0 亿件，快递业务收入 10332 亿元。全年完成电信业务总量 16960 亿元，比 2020 年增长 27.8%。年末移动电话基站数 996 万个，其中 4G 基站 590 万个，5G 基站 143 万个。全年移动互联网用户接入流量 2216 亿 GB，比 2020 年增长 33.9%。全年软件和信息技术服务业[6]完成软件业务收入 94994 亿元，按可比口径计算，比 2020 年增长 17.7%。

五、国内贸易

全年社会消费品零售总额 440823 亿元，比 2020 年增长 12.5%。按经营地统计，城镇消费品零售额 381558 亿元，增长 12.5%；乡村消费品零售额 59265 亿元，增长 12.1%。按消费类型统计，商品零售额 393928 亿元，增长 11.8%；餐饮收入额 46895 亿元，增长 18.6%。

全年限额以上单位商品零售额中，粮油、食品类零售额比 2020 年增长 10.8%，饮料类增长 20.4%，烟酒类增长 21.2%，服装、鞋帽、针纺织品类增长 12.7%，化妆品类增长 14.0%，金银珠宝类增长 29.8%，日用品类增长 14.4%，家用电器和音像器材类增长 10.0%，中西药品类增长 9.9%，文化办公用品类增长 18.8%，家具类增长 14.5%，通信器材类增长 14.6%，建筑及装潢材料类增长 20.4%，石油及制品类增长 21.2%，汽车类增长 7.6%。

全年实物商品网上零售额 108042 亿元，按可比口径计算，比 2020 年增长 12.0%，占社会消费品零售总额的比重为 24.5%。

六、固定资产投资

全年全社会固定资产投资 552884 亿元，比 2020 年增长 4.9%。固定资产投资（不含农户）544547 亿元，增长 4.9%。在固定资产投资（不含农户）中，分区域看，东部地区投资增长 6.4%，中部地区投资增长 10.2%，西部地区投资增长 3.9%，东北地区投资增长 5.7%。

在固定资产投资（不含农户）中，第一产业投资 14275 亿元，比 2020 年增长 9.1%；第二产业投资 167395 亿元，增长 11.3%；第三产业投资 362877 亿元，增长 2.1%。民间固定资产投资 307659 亿元，增长 7.0%。基础设施投资[7]增长 0.4%。社会领域投资[8]增长 10.7%。

全年房地产开发投资 147602 亿元，比 2020 年增长 4.4%。

七、对外经济

全年货物进出口总额 391009 亿元，比 2020 年增长 21.4%。其中，出口 217348 亿元，增长 21.2%；进口 173661 亿元，增长 21.5%。货物进出口顺差 43687 亿元，比 2020 年增加 7344 亿元。对“一带一路”[9]沿线国家进出口总额 115979 亿元，比 2020 年增长 23.6%。其中，出口 65924 亿元，增长 21.5%；进口 50055 亿元，增长 26.4%。

全年服务进出口总额 52983 亿元，比 2020 年增长 16.1%。其中，服务出口 25435 亿元，增长 31.4%；服务进口 27548 亿元，增长 4.8%。服务进出口逆差 2113 亿元。全年外商直接投资（不含银行、证券、保险领域）新设立企业 47643 家，比 2020 年增长 23.5%。实际使用外商直接投资金额 11494 亿元，增长 14.9%，折 1735 亿美元，增长 20.2%。其中“一带一路”沿线国家对华直接投资（含通过部分自由港对华投资）新设立企业 5336 家，增长 24.3%；对华直接投资金额 743 亿元，增长 29.4%，折 112 亿美元，增长 36.0%。全年高技术产业实际使用外资 3469 亿元，增长 17.1%，折 522 亿美元，增长 22.1%。

全年对外非金融类直接投资额 7332 亿元，比 2020 年下降 3.5%，折 1136 亿美元，增长 3.2%。其中，对“一带一路”沿线国家非金融类直接投资额 203 亿美元，增长 14.1%。

全年对外承包工程完成营业额 9996 亿元，比 2020 年下降 7.1%，折 1549 亿美元，下降 0.6%。其中，对“一带一路”沿线国家完成营业额 897 亿美元，下降 1.6%，占对外承包工程完成营业额比重为 57.9%。对外劳务合作派出各类劳务人员 32 万人。

八、财政金融

全年全国一般公共预算收入 202539 亿元，比 2020 年增长 10.7%，其中，税收收入 172731 亿元，增长 11.9%。全国一般公共预算支出 246322 亿元，比 2020 年增长 0.3%。全年新增减税降费约 1.1 万亿元。

年末广义货币供应量（M2）余额 238.3 万亿元，比 2020 年年末增长 9.0%；狭义货币供应量（M1）余额 64.7 万亿元，增长 3.5%；流通中货币（M0）

余额 9.1 万亿元，增长 7.7%。

年末主要农村金融机构（农村信用社、农村合作银行、农村商业银行）人民币贷款余额 242496 亿元，比年初增加 26607 亿元。全部金融机构人民币消费贷款余额 548849 亿元，增加 53181 亿元。其中，个人短期消费贷款余额 93558 亿元，增加 6080 亿元；个人中长期消费贷款余额 455292 亿元，增加 47101 亿元。

全年沪深交易所 A 股累计筹资[10] 16743 亿元，比 2020 年增加 1326 亿元。全年各类主体通过沪深交易所发行债券（包括公司债、可转债、可交换债、政策性金融债、地方政府债和企业资产支持证券）筹资 86553 亿元，比 2020 年增加 1776 亿元。全国中小企业股份转让系统[11] 挂牌公司 6932 家，全年挂牌公司累计股票筹资 260 亿元。

全年发行公司信用类债券[12] 14.7 万亿元，比 2020 年增加 0.5 万亿元。

全年保险公司原保险保费收入[13] 44900 亿元，按可比口径计算，比 2020 年增长 4.0%。

九、居民收入消费和社会保障

全年全国居民人均可支配收入 35128 元，比 2020 年增长 9.1%，扣除价格因素，实际增长 8.1%。全国居民人均可支配收入中位数[14] 29975 元，增长 8.8%。

全年全国居民人均消费支出 24100 元，比 2020 年增长 13.6%，扣除价格因素，实际增长 12.6%。

年末全国参加城镇职工基本养老保险人数 48075 万人，比 2020 年末增加 2454 万人。参加城乡居民基本养老保险人数 54797 万人，增加 554 万人。参加基本医疗保险人数 136424 万人，增加 293 万人。其中，参加职工基本医疗保险人数 35422 万人，增加 967 万人；参加城乡居民基本医疗保险人数 101002 万人。参加失业保险人数 22958 万人，增加 1268 万人。参加工伤保险人数 28284 万人，增加 1521 万人。参加生育保险人数 23851 万人，增加 283 万人。

年末全国共有各类提供住宿的民政服务机构 4.3 万个，民政服务床位[15] 840.2 万张，共有社区服务中心 2.9 万个，社区服务站 47.2 万个。

十、科学技术和教育

全年研究与试验发展（R&D）经费支出 27864 亿元，比 2020 年增长 14.2%，与国内生产总值之比为 2.44%，其中，基础研究经费 1696 亿元。国家自然科学基金共资助 4.87 万个项目。截至 2021 年年末，正在运行的国家重点实验室 533 个，纳入新序列管理的国家工程研究中心 191 个，国家企业技术中心 1636 家，大众创业万众创新示范基地 212 家。国家级科技企业孵化器[16] 1287 家，国家备案众创空间[17] 2551 家。全年授予专利权 460.1 万件，比 2020 年增长 26.4%；PCT 专利申请受理量[18] 7.3 万件。截至 2021 年年末，有效专利 1542.1 万件，其中，境内有效发明专利 270.4 万件。每万人口高价值发明专利拥有量[19] 7.5 件。全年商标注册 773.9 万件，比 2020 年增长 34.3%。全年共签订技术合同 67 万项，技术合同成交金额 37294 亿元，比 2020 年增长 32.0%。

全年成功完成 52 次宇航发射。天问一号探测器成功着陆火星，祝融号火星车驶上火星表面。天和核心舱发射成功，神舟十二号、神舟十三号等任务相继实施，中国人首次进入自己的空间站。羲和号探日卫星成功发射运行。祖冲之二号、九章二号成功研制，我国在超导量子和光量子两种物理体系上实现量子计算优越性。海斗一号全海深无人潜水器打破多项世界纪录。华龙一号自主三代核电机组投入商业运行。

年末全国共有国家质检中心 869 家。全国现有产品质量、体系和服务认证机构 932 个，累计完成对 87 万家企业的认证。全年制定、修订国家标准 2815 项，其中新制定 1900 项。全年制造业产品质量合格率[20] 为 93.08%。

全年研究生教育招生 117.7 万人，在学研究生 333.2 万人，毕业生 77.3 万人。普通、职业本专科招生 1001.3 万人，在校生 3496.1 万人，毕业生 826.5 万人。中等职业教育招生 656.2 万人，在校生 1738.5 万人，毕业生 484.1 万人。普通高中招生 905.0 万人，在校生 2605.0 万人，毕业生 780.2 万人。初中招生 1705.4 万人，在校生 5018.4 万人，毕业生 1587.1 万人。普通小学招生 1782.6 万人，在校生 10779.9 万人，毕业生 1718.0 万人。特殊教育招生 14.9 万人，在校生 92.0 万人，毕业生 14.6 万人。学前教育在园幼儿 4805.2 万人。九年义务教育巩固率为 95.4%，高中阶段毛入学率为 91.4%。

十一、文化旅游、卫生健康和体育

年末全国文化和旅游系统共有艺术表演团体

2044 个，博物馆 3671 个。全国共有公共图书馆 3217 个，总流通[21] 72898 万人次；文化馆 3317 个。有线电视实际用户 2.01 亿户，其中，有线数字电视实际用户 1.95 亿户。2021 年年末广播节目综合人口覆盖率为 99.5%，电视节目综合人口覆盖率为 99.7%。全年生产电视剧 194 部 6736 集，电视动画片 78372 分钟。全年生产故事影片 565 部，科教、纪录、动画和特种影片 175 部。出版各类报纸 276 亿份，各类期刊 20 亿册，图书 110 亿册(张)，人均图书拥有量 7.76 册(张)。2021 年年末全国共有档案馆 4233 个，已开放各类档案 18931 万卷(件)。全年全国规模以上文化及相关产业企业营业收入 119064 亿元，按可比口径计算，比 2020 年增长 16.0%。

全年国内游客 32.5 亿人次，比 2020 年增长 12.8%。国内旅游收入 29191 亿元，增长 31.0%。

年末全国共有医疗卫生机构 103.1 万个，其中医院 3.7 万个，在医院中有公立医院 1.2 万个，民营医院 2.5 万个；基层医疗卫生机构 97.7 万个，其中，乡镇卫生院 3.5 万个，社区卫生服务中心(站) 3.6 万个，门诊部(所) 30.7 万个，村卫生室 59.9 万个；专业公共卫生机构 1.3 万个，其中疾病预防控制中心 3380 个，卫生监督所(中心) 2790 个。年末卫生技术人员 1123 万人，其中执业医师和执业助理医师 427 万人，注册护士 502 万人。医疗卫生机构床位 957 万张，其中，医院 748 万张，乡镇卫生院 144 万张。全年总诊疗人次[22] 85.3 亿人次，出院人数 2.4 亿人。截至 2021 年年末，全国累计报告新型冠状病毒肺炎确诊病例 102314 例，累计治愈出院病例 94792 例，累计死亡 4636 人。全国累计报告接种新型冠状病毒疫苗 283533 万剂次。全国共有 11937 家医疗卫生机构提供新型冠状病毒核酸检测服务，总检测能力达到 4168 万份/天。

年末全国共有体育场地 397.1 万个，体育场地面积 34.1 亿米^2，人均体育场地面积 2.41 米^2。全年我国运动员在 16 个运动大项中获得 67 个世界冠军，共创 12 项世界纪录。全年我国残疾人运动员在 5 项国际赛事中获得 110 个世界冠军。在第 16 届残奥会上，我国运动员共获得 96 枚金牌，奖牌总数 207 枚，第 5 次蝉联金牌榜和奖牌榜第一位。

十二、资源、环境和应急管理

全年全国国有建设用地供应总量[23] 69.0 万公顷，比 2020 年增长 4.8%。其中，工矿仓储用地 17.5 万公顷，增长 4.9%；房地产用地[24] 13.6 万公顷，减少 12.2%；基础设施用地 37.9 万公顷，增长 12.7%。

全年水资源总量 29520 亿米^3。

全年完成造林面积 360 万公顷，其中，人工造林面积 134 万公顷，占全部造林面积的 37.1%。种草改良面积 307 万公顷。截至 2021 年年末，国家级自然保护区 474 个，国家公园 5 个。新增水土流失治理面积 6.2 万平方公里。

初步核算，2021 年全年能源消费总量 52.4 亿吨标准煤，比 2020 年增长 5.2%。煤炭消费量增长 4.6%，原油消费量增长 4.1%，天然气消费量增长 12.5%，电力消费量增长 10.3%。煤炭消费量占能源消费总量的 56.0%，比 2020 年下降 0.9 个百分点；天然气、水电、核电、风电、太阳能发电等清洁能源消费量占能源消费总量的 25.5%，上升 1.2 个百分点。重点耗能工业企业单位电石综合能耗下降 5.3%，单位合成氨综合能耗与上年持平，吨钢综合能耗下降 0.4%，单位电解铝综合能耗下降 2.1%，每千瓦时火力发电标准煤耗下降 0.5%。全国万元国内生产总值二氧化碳排放下降 3.8%。

全年近岸海域海水水质达到国家一、二类海水水质标准的面积占 81.3%，三类海水占 5.2%，四类、劣四类海水占 13.5%。

在开展城市区域声环境监测的 324 个城市中，全年昼间声环境质量好的城市占 4.9%，较好的占 61.7%，一般的占 31.5%，较差的占 1.9%。

全年平均气温为 10.53℃，比 2020 年上升 0.28℃。共有 5 个台风登陆。

全年农作物受灾面积 1174 万公顷，其中绝收 163 万公顷。全年因洪涝和地质灾害造成直接经济损失 2477 亿元，因干旱灾害造成直接经济损失 201 亿元，因低温冷冻和雪灾造成直接经济损失 133 亿元，因海洋灾害造成直接经济损失 30 亿元。全年大陆地区共发生 5.0 级以上地震 20 次，造成直接经济损失 107 亿元。全年共发生森林火灾 616 起，受害森林面积约 0.4 万公顷。

全年各类生产安全事故共死亡 26307 人。工矿商贸企业就业人员 10 万人生产安全事故死亡人数 1.374 人，比 2020 年上升 5.6%；煤矿百万吨死亡人数 0.045 人，下降 23.7%。道路交通事故万车死亡人数 1.57 人，下降 5.4%。

注释：

[1]国内生产总值、三次产业及相关行业增加值、地区

生产总值、人均国内生产总值和国民总收入绝对数按现价计算，增长速度按不变价格计算。

[2]两年平均增速是指以2019年同期数为基数，采用几何平均的方法计算的增速。

[3]国民总收入，原称国民生产总值，是指一个国家或地区所有常住单位在一定时期内所获得的初次分配收入总额，等于国内生产总值加上来自国外的初次分配收入净额。

[4]高技术制造业包括医药制造业，航空、航天器及设备制造业，电子及通信设备制造业，计算机及办公设备制造业，医疗仪器设备及仪器仪表制造业，信息化学品制造业。

[5]货物运输总量及周转量包括铁路、公路、水路、民航和管道五种运输方式完成量，2021年增速按可比口径计算。

[6]软件和信息技术服务业包括软件开发、集成电路设计、信息系统集成和物联网技术服务、运行维护服务、信息处理和存储支持服务、信息技术咨询服务、数字内容服务和其他信息技术服务等行业。

[7]基础设施投资包括交通运输、邮政业，电信、广播电视和卫星传输服务业，互联网和相关服务业，水利、环境和公共设施管理业投资。

[8]社会领域投资包括教育，卫生和社会工作，文化、体育和娱乐业投资。

[9]“一带一路”是指“丝绸之路经济带”和“21世纪海上丝绸之路”。

[10]沪深交易所股票筹资额按上市日统计，筹资额包括了可转债实际转股金额，2020年、2021年可转债实际转股金额分别为1195亿元、1342亿元。

[11]全国中小企业股份转让系统是2012年经国务院批准的全国性证券交易场所。全年全国中小企业股份转让系统挂牌公司累计筹资不含优先股，股票筹资按新增股份挂牌日统计。

[12]公司信用类债券包括非金融企业债务融资工具、企业债券以及公司债、可转债等。

[13]原保险保费收入是指保险企业确认的原保险合同保费收入。

[14]人均收入中位数是指将所有调查户按人均收入水平从低到高(或从高到低)顺序排列，处于最中间位置调查户的人均收入。

[15]民政服务床位除收养性机构外，还包括救助类机构、社区类机构的床位。

[16]国家级科技企业孵化器是指符合《科技企业孵化器管理办法》规定的，以促进科技成果转化、培育科技企业和企业家精神为宗旨，提供物理空间、共享设施和专业化服务的科技创业服务机构，且经过科学技术部批准确定的科技企业孵化器。

[17]国家备案众创空间是指符合《发展众创空间工作指引》规定的新型创新创业服务平台，且按照《国家众创空间备案暂行规定》经科学技术部审核备案的众创空间。

[18]PCT专利申请受理量是指国家知识产权局作为PCT专利申请受理局受理的PCT专利申请数量。PCT(Patent Cooperation Treaty)即专利合作条约，是专利领域的一项国际合作条约。

[19]每万人口高价值发明专利拥有量是指每万人口本国居民拥有的经国家知识产权局授权的符合下列任一条件的有效发明专利数量：战略性新兴产业的发明专利；在海外有同族专利权的发明专利；维持年限超过10年的发明专利；实现较高质押融资金额的发明专利；获得国家科学技术奖、中国专利奖的发明专利。

[20]制造业产品质量合格率是指以产品质量检验为手段，按照规定的方法、程序和标准实施质量抽样检测，判定为质量合格的样品数占全部抽样样品数的百分比，统计调查样本覆盖制造业的29个行业。

[21]总流通人次是指本年度内到图书馆场馆接受图书馆服务的总人次，包括借阅书刊、咨询问题以及参加各类读者活动等。

[22]总诊疗人次是指所有诊疗工作的总人次数，包括门诊、急诊、出诊、预约诊疗、单项健康检查、健康咨询指导(不含健康讲座、核酸检测)人次。

[23]国有建设用地供应总量是指报告期内市、县人民政府根据年度土地供应计划依法以出让、划拨、租赁等方式与用地单位或个人签订出让合同或签发划拨决定书、完成交易的国有建设用地总量。

[24]房地产用地是指商服用地和住宅用地的总和。

附表　　2017—2021年国民经济与社会发展总量指标

指标	单位	2017年	2018年	2019年	2020年	2021年
人口						
年末总人口	万人	140011	140541	141008	141212	141260
男性人口	万人	71650	71864	72039	72357	72311
女性人口	万人	68361	68677	68969	68855	68949
城镇人口	万人	84343	86433	88426	90220	91425
乡村人口	万人	55668	54108	52582	50982	49835
国民经济核算						
国内生产总值	亿元	832035.9	919281.1	986515.2	1013567.0	1143669.7

续表

指标	单位	2017 年	2018 年	2019 年	2020 年	2021 年
第一产业增加值	亿元	62099.5	64745.2	70473.6	78030.9	83085.5
第二产业增加值	亿元	331580.5	364835.2	380670.6	383562.4	450904.5
第三产业增加值	亿元	438355.9	489700.8	535371.0	551973.7	609679.7
人均国内生产总值	元	59592	65534	70078	71828	80976
固定资产投资和房地产						
全社会固定资产投资	亿元	461284.00	488499.00	513608.00	527270.00	552884.00
城镇固定资产投资	亿元	451729.31	478460.45	504212.32	518907.00	544547.00
房地产开发企业本年完成投资额	亿元	109798.53	120164.75	132194.26	141442.95	147602.00
对外经济贸易						
进出口总额	亿元	278099.24	305008.13	315627.32	322215.24	391009.00
出口总额	亿元	153309.43	164128.78	172373.63	179326.36	217348.00
进口总额	亿元	124789.81	140881.31	143253.69	142230.57	173661.00
实际利用外商直接投资金额	万美元	13103500	13496600	13813462	14436926	—
能源、资源和环境						
石油储量	万吨					
天然气储量	亿米^3					
煤炭储量	亿吨					
水资源总量	亿米^3	28761.2	27462.5	29041.0	31605.2	29520.0
用水总量	亿米^3	6043.4	6015.5	6021.2	5812.9	5921.0
造林总面积	千公顷	7680.71	7299.47	7390.29	6933.70	3600.00
能源消费总量	万吨标准煤	455827	471925	487488	498000	524000
煤炭消费总量	万吨标准煤	391403.00	397452.00	401915.00		
石油消费总量	万吨标准煤	59402.17	63004.33	67268.27		
天然气消费总量	亿米^3	2393.69	2817.09	3059.68		
水电、核电、风电消费总量	亿千瓦小时	65913.97	71508.20	74866.12		
工业用水总量	亿米^3	1277.0	1261.6	1217.6	1030.4	
主要产品产量						
农林牧渔业总产值	亿元	109331.72	113579.53	123967.94	137782.17	
粮食	万吨	66160.73	65789.22	66384.00	66949.15	68285.00
木材	万米^3	8398	8811	10046	10257	9888
原煤	万吨	352356	369774	384633		
原油	万吨	19150.61	18932.42	19101.41		
天然气	亿米^3	1480.35	1601.59	1753.62	1924.95	2075.80
发电量	亿千瓦小时	66044.47	71661.33	75034.28	77790.60	85342.50
教育、科技、文化						
研究与试验发展经费支出	亿元	17606.13	19677.93	22143.60	24393.11	27864.00
科研和开发机构研究与试验发展经费支出	亿元	2435.70	2691.68	3080.83	3408.82	

续表

指标	单位	2017 年	2018 年	2019 年	2020 年	2021 年
高等学校研究与试验发展经费支出	亿元	1265.96	1457.88	1796.62	1882.48	
规模以上工业企业研究与试验发展经费支出	万元	120129588.50	129548263.70	139710989.40	152712904.90	
技术市场成交额	亿元	13424.22	17697.42	22398.00	28252.00	
教育经费	万元	425620069	461429980	501781166		
图书总印数	亿册	92.40	100.10	105.98	103.73	110.00
期刊出版总印数	亿册	24.90	22.92	21.90	20.35	20.00
报纸出版总印数	亿份	362.50	337.26	317.60	289.14	276.00
交通、邮电、旅游						
旅客运输量	万人	1848620.12	1793820.33	1760435.71	966539.71	830000.00
货物运输量	万吨	4804850	5152732	4713624	4729579	5297000
民用汽车拥有量	万辆	20906.67	23231.23	25376.38	27340.92	29419.00
私人汽车拥有量	万辆	18515.11	20574.93	22508.99	24291.19	26246.00
邮政业务总量	亿元	9763.71	12345.19	16229.63	21053.16	13698.00
电信业务总量	亿元	27596.74	65633.91	106810.67	136763.33	16960.00
快递量	万件	4005591.91	5071042.80	6352290.97	8335789.43	10830000.00
国内游客	百万人次	5001	5539	6006	2879	3250
国内旅游总花费	亿元	45660.8	51278.3	57250.9	22286.3	29191.0
国内旅游人均花费	元	913.0	925.8	953.3	774.1	
卫生						
医疗卫生机构数	个	986649	997433	1007579	1022922	1031000
卫生技术人员数	万人	898.82	952.92	1015.40	1067.80	1123.00
卫生机构床位数	万张	794.03	840.41	880.70	910.07	957.00

（曹凯月 整理）

2021 年造纸相关政策法规摘要

Abstract of the Policies and Regulations Related to Paper Industry in 2021

十部委联合发布《关于推进污水资源化利用的指导意见》

1 月 4 日，国家发展改革委联合科技部、工业和信息化部、财政部、自然资源部、生态环境部、住房和城乡建设部、水利部、农业农村部及国家市场监督管理总局共同印发了《关于推进污水资源化利用的指导意见》(以下简称《指导意见》)，对全面推进污水资源化利用进行了部署。《指导意见》明确，到 2025 年，全国污水收集效能显著提升，县城及城市污水处理能力基本满足当地经济社会发展需要，水环境敏感地区污水处理基本实现提标升级；全国地级及以上缺水城市再生水利用率达到 25% 以上，京津冀地区达到 35% 以上；工业用水重复利用、畜禽粪污和渔业养殖尾水资源化利用水平显著提升；污水资源化利用政策体系和市场机制基本建立。到 2035 年，形成系统、安全、环保、经济的污水资源化利用格局。

生态环境部发布《碳排放权交易管理办法(试行)》

为落实党中央、国务院关于建设全国碳排放权交易市场的决策部署，在应对气候变化和促进绿色低碳发展中充分发挥市场机制作用，推动温室气体减排，规范全国碳排放权交易及相关活动，根据国家有关温室气体排放控制的要求，1 月 5 日，生态环境部发布《碳排放权交易管理办法(试行)》(以下简称《管理办法》)，并于 2021 年 2 月 1 日起施行。《管理办法》适用于全国碳排放权交易及相关活动，包括碳排放配额分配和清缴，碳排放权登记、交易、结算，温室气体排放报告与核查等活动，以及对前述活动的监督管理。

商务部印发《关于推动电子商务企业绿色发展工作的通知》

1 月 7 日，商务部印发《关于推动电子商务企业绿色发展工作的通知》(以下简称《通知》)，在支持服务电商企业绿色发展、推动塑料污染治理、快递包装绿色转型等方面做出要求。《通知》要求持续推动电商企业节能增效，协同推进快递包装绿色供应链管理。推进可循环包装应用，推动生鲜电商企业在同城配送中推广应用可循环配送箱、可复用冷藏式快递箱等。

《排污许可管理条例》发布

为了加强排污许可管理，规范企业事业单位和其他生产经营者排污行为，控制污染物排放，保护和改善生态环境，根据环境保护法等有关法律，1 月 29 日，国务院总理李克强签署国务院令，公布《排污许可管理条例》(以下简称《条例》)，自 2021 年 3 月 1 日起施行。《条例》从明确实行排污许可管理的范围和管理类别、规范申请与审批排污许可证的程序、加强排污管理、严格监督检查、强化法律责任等方面，对排污许可管理工作予以规范。

《关于加快建立健全绿色低碳循环发展经济体系的指导意见》发布

2 月 22 日，国务院发布《关于加快建立健全绿色低碳循环发展经济体系的指导意见》(以下简称《指导意见》)。《指导意见》明确，到 2025 年，产业结构、能源结构、运输结构明显优化，绿色产业比例显著提升，绿色低碳循环发展的生产体系、流通体系、消费体系初步形成。到 2035 年，广泛形成绿色生产生活方式，美丽中国建设目标基本实现。《指导意见》从以下六个方面部署了重点工作任务：一是健全绿色低碳循环发展的生产体系；二是健全绿色低碳循环发展的流通体系；三是健全绿色低碳循环发展的消费体系；四是加快基础设施绿色升级；五是构建市场导向的绿色技术创新体系；六是完善法律法规政策体系。

“十四五”规划和 2035 年远景目标发布

3 月 11 日，第十三届全国人大第四次会议批准通过了《中华人民共和国国民经济和社会发展第十四个五年规划和 2035 年远景目标纲要》(以下简称《纲要》)。《纲要》提出制定 2030 年碳达峰方案，争取 2060 年前实现碳中和。《纲要》是我国开启全面建设社会主义现代化国家新征程的宏伟蓝图，是全国各族人民共同的行动纲领。

多部门联合发布《关于加快推动制造服务业高质量发展的意见》

为贯彻落实党中央、国务院关于推动先进制造业和现代服务业深度融合的决策部署，加快提升面向制造业的专业化、社会化、综合性服务能力，促进制造业转型升级和高质量发展，3 月 16 日，国家发展改革委等 13 部门联合发布了《关于加快推动制造服务业高质量发展的意见》(以下简称《意见》)。《意见》明确提出，要培育一批具有自主知识产权和专业化服务能力的市场主体，推动提高钢铁、石化、化工、有色、建材、纺织、造纸、皮革等行业的绿色化水平。

《关于加强高耗能、高排放建设项目生态环境源头防控的指导意见》发布

为全面落实党的十九届五中全会关于加快推动绿色低碳发展的决策部署，坚决遏制高耗能、高排放项目盲目发展，推动绿色转型和高质量发展，5 月 30 日，生态环境部发布《关于加强高耗能、高排放建设项目生态环境源头防控的指导意见》(以下简称《指导意见》)，提出将碳排放影响评价纳入环境影响评价体系。《指导意见》强调，要加强生态环境分区管控和规划约束，严格“两高”项目环评审批，推进“两高”行业减污降碳协同控制，依照排污许可证强化监管执法，保障政策落地见效。

国家发展改革委发布《“十四五”循环经济发展规划》

7 月 1 日，国家发展改革委发布《“十四五”循环经济发展规划》(以下简称《发展规划》)。《发展规划》全面部署了今后一段时期我国循环经济发展的总体思路、主要任务、重点工程行动和保障措施，指明了“十四五”循环经济发展路径，对于推进循环经济发展，构建绿色低碳循环的经济体系，助力实现碳达峰、碳中和目标意义重大。《发展规划》要求：到 2025 年，循环型生产方式全面推行，绿色设计和清洁生产普遍推广，资源综合利用能力显著提升，资源循环型产业体系基本建立。《发展规划》要求，强化快递包装绿色治理，实现重点品类的快件原装直发。到 2025 年，电商快件基本实现不再二次包装。

生态环境部发布《“十四五”全国危险废物规范化环境管理评估工作方案》

为贯彻落实《中华人民共和国固体废物污染环境防治法》等法律法规，加强危险废物污染防治，强化危险废物监管和利用处置能力，促进危险废物产生和经营单位落实各项法律制度和相关标准规范，全面提升危险废物规范化环境管理水平，有效防控危险废物环境风险，9 月 2 日，生态环境部发布了《“十四五”全国危险废物规范化环境管理评估工作方案》(以下简称《方案》)。《方案》要求，危险废物产生单位和危险废物经营单位要落实各项法律制度和相关标准规范，全面提升危险废物规范化环境管理水平，有效防控危险废物环境风险。

两部委联合发布《“十四五”塑料污染治理行动方案》

为进一步加强塑料污染全链条治理，推动“十四五”白色污染治理取得更大成效，9 月 8 日，国家发展改革委、生态环境部制定并印发了《“十四五”塑料污染治理行动方案》(以下简称《方案》)。《方案》要求积极推动塑料生产和使用源头减量，禁止生产厚度小于 0.025 毫米的超薄塑料购物袋、厚度小于 0.01 毫米的聚乙烯农用地膜、含塑料微珠日

化产品等部分危害环境和人体健康的产品；《方案》提出，到 2025 年，电商快件基本实现不再二次包装，可循环快递包装应用规模达到 1000 万个。

国家发展改革委印发《完善能源消费强度和总量双控制度方案》

为贯彻落实党中央、国务院决策部署，推动碳达峰碳中和目标的顺利执行，促进行业企业高质量发展，确保“十四五”节能约束性指标顺利完成，9 月 11 日，国家发展改革委印发《完善能源消费强度和总量双控制度方案》(以下简称《方案》)。《方案》分三阶段提出了目标要求：到 2025 年，能耗双控制度更加健全，能源资源配置更加合理、利用效率大幅提高；到 2030 年，能耗双控制度进一步完善，能耗强度继续大幅下降，能源消费总量得到合理控制，能源结构更加优化；到 2035 年，能源资源优化配置、全面节约制度更加成熟和定型，有力支撑碳排放达峰后稳中有降目标的实现。

生态环境部发布《规划环境影响评价技术导则产业园区》

为适应新形势生态文明建设和环境保护新要求，9 月 16 日，生态环境部发布《规划环境影响评价技术导则产业园区》，是衔接《规划环境影响评价技术导则总纲》和“三线一单”生态环境分区管控要求，推动“放管服”改革，进一步规范和指导产业园区规划环评工作的重要举措。标准自 2021 年 12 月 1 日起实施。

国家发展改革委等五部门发布《关于严格能效约束推动重点领域节能降碳的若干意见》

为推动重点工业领域节能降碳和绿色转型，坚决遏制全国“两高”项目盲目发展，确保如期实现碳达峰目标，10 月 18 日，国家发展改革委、工业和信息化部、生态环境部、市场监管总局、国家能源局联合发布了《关于严格能效约束推动重点领域节能降碳的若干意见》(以下简称《意见》)。《意见》明确，到 2025 年，通过实施节能降碳行动，钢铁、电解铝、水泥、平板玻璃、炼油、乙烯、合成氨、电石等重点行业和数据中心达到标杆水平的产能比例超过 30%。到 2030 年，重点行业能效基准水平和标杆水平进一步提高，达到标杆水平企业比例大幅提升。行业整体能效水平和碳排放强度达到国际先进水平。

《2030 年前碳达峰行动方案》发布

为完整、准确、全面贯彻新发展理念，做好碳达峰、碳中和工作，10 月 24 日，国务院印发《2030 年前碳达峰行动方案》(以下简称《行动方案》)。《行动方案》提出了非化石能源消费比例提高、能源利用效率提升、二氧化碳排放强度降低等主要目标，并要求将碳达峰贯穿于经济社会发展全过程和各方面，重点实施“碳达峰十大行动”。《行动方案》分阶段明确目标，最终到 2030 年，非化石能源消费比例达到 25% 左右，单位国内生产总值二氧化碳排放比 2005 年下降 65% 以上，顺利实现 2030 年前碳达峰目标。

生态环境部发布《环境保护综合名录(2021 年版)》

为贯彻落实习近平生态文明思想，深入打好污染防治攻坚战，坚决遏制高耗能、高排放项目盲目发展，促进重点行业企业绿色转型，11 月 2 日，生态环境部发布了《环境保护综合名录(2021 年版)》(以下简称《名录》)。《名录》中，932 项产品被认定为“高污染、高环境风险”，其中，半化学浆被列入了高污染目录，包括木竹浆制造和非木竹浆制造。

工业和信息化部发布《“十四五”工业绿色发展规划》

11 月 15 日，工业和信息化部发布《“十四五”工业绿色发展规划》(以下简称《规划》)。《规划》提出，到 2025 年，工业产业结构、生产方式绿色低碳转型取得显著成效，绿色低碳技术装备广泛应用，能源资源利用效率大幅提高，绿色制造水平全面提升，为 2030 年工业领域碳达峰奠定坚实基础；碳排放强度持续下降，单位工业增加值二氧化碳排放降低 18%。

工业和信息化部发布《废纸加工行业规范条件》

为深入贯彻落实《中华人民共和国循环经济促

进法》《中华人民共和国固体废物污染环境防治法》《中华人民共和国土壤污染防治法》，引导废纸加工行业高质量发展，提升废纸集约化加工水平，12 月 10 日，《废纸加工行业规范条件》（以下简称《规范条件》）发布，并于 2022 年 1 月 1 日施行。《规范条件》指出，企业应对收集的废纸进行充分分拣，分拣出的塑料、金属、玻璃和其他再生资源等应妥善回收利用，资源综合回收率不低于 95%。

工业和信息化部等六部委联合发布《工业废水循环利用实施方案》

为推进工业废水循环利用，提升工业水资源集约节约利用水平，12 月 29 日，工业和信息化部等六部门联合印发《工业废水循环利用实施方案》。实施方案对造纸行业废水循环提升行动做出要求，加大废水循环利用先进适用工艺、技术装备推广应用力度。到 2025 年，造纸行业规模以上工业用水重复利用率 >87%。

（王　岩）

2020 年世界造纸工业概况

General Situation of Global Paper Industry in 2020

一、全球纸及纸板、纸浆的生产量及消费量

1. 纸及纸板生产量

2020 年全球纸及纸板总生产量为 3.9854 亿吨，比 2019 年的 4.1246 亿吨下降 3.4%。主要品种生产量分别为：新闻纸 1325 万吨，比 2019 年的 1730 万吨下降 23.4%；印刷书写纸 7828 万吨，比 2019 年的 9155 万吨下降 14.5%；生活用纸 4296 万吨，比 2019 年的 4050 万吨增长 6.1%；瓦楞材料（瓦楞原纸和箱纸板）1.7514 亿吨，比 2019 年的 1.7174 亿吨增长 2.0%；其他包装用纸及纸板 8031 万吨，比 2019 年的 8220 万吨下降 2.3%。在产品结构方面，新闻纸占 3.3%，印刷书写纸占 19.6%，生活用纸占 10.8%，瓦楞材料占 43.9%，其他包装用纸及纸板占 20.2%。新闻纸和印刷书写纸在纸及纸板总生产量中所占比例，连续多年保持下降趋势，2020 年所占比例较 2019 年又分别下降了 0.9 个百分点和 2.6 个百分点；相反，生活用纸和瓦楞材料所占比例逐年上升，2020 年所占比例较 2019 年分别增加了 1.0 个百分点和 2.3 个百分点。

2020 年全球纸及纸板生产量仍以亚洲最高，欧洲其次，北美洲居第三位，生产量分别为 1.8434 亿吨、1.0350 亿吨和 0.7651 亿吨，分别占全球纸及纸板总生产量 3.9854 亿吨的 46.3%、26.0% 和 19.2%。2020 年亚洲、欧洲及北美洲纸及纸板生产量与 2019 年相比均有所下降，分别下降了 4.0%、3.4% 及 2.8%。

2020 年中国纸及纸板生产量在全球名列首位，美国居第二位，日本居第三位，生产量分别为 1.1260 亿吨、6795 万吨和 2289 万吨，与 2019 年相比，中国增长 4.6%，美国和日本分别下降 1.7% 和 9.8%。这 3 个国家纸及纸板生产量分别占全球纸及纸板总生产量的 28.3%、17.0% 和 5.7%，这 3 个国家纸及纸板总生产量约占全球纸及纸板总生产量的 51.0%。中国纸及纸板生产量在全球纸及纸板总生产量所占比例由 2005 年的 15.3% 增加至 2020 年的 28.3%，超过全球纸及纸板总生产量的 1/4。2020 年纸及纸板生产量排名前 10 位的国家见表 1。

表 1　2020 年纸及纸板生产量排名前 10 位的国家

排序	国家	2020 年生产量/万吨	2019 年生产量/万吨	同比/%
1	中国	11260	10765	4.6
2	美国	6795	6912	-1.7
3	日本	2289	2539	-9.8
4	德国	2136	2207	-3.2
5	印度	1446	1545	-6.4
6	印度尼西亚	1295	1297	-0.2
7	韩国	1130	1134	-0.4
8	巴西	1035	1065	-2.8
9	俄罗斯	943	900	4.8
10	瑞典	933	962	-3.0

2020 年纸及纸板生产量排名前 10 位的国家较 2019 年略有变化，仅俄罗斯进入前 10 位，挤掉位居第 9 位的芬兰。在这 10 个造纸大国中，仅俄罗斯、中国 2 个国家分别以 4.8%、4.6% 的速度增长；在呈现负增长的 8 个国家中日本、印度的降幅较大，分别下降 9.8%、6.4%。

2. 纸及纸板消费量

2020 年全球纸及纸板表观消费量为 4.0181 亿吨，比 2019 年的 4.1507 亿吨下降 3.2%。全球人均表观消费量为 52.3 千克。世界各地区中以北美洲人均表观消费量最高，为 192.4 千克，其次是欧洲和大洋洲，分别为 109.3 千克和 94.2 千克。亚洲

人均表观消费量为 45.5 千克，拉丁美洲地区为 42.2 千克，非洲只有 6.9 千克。

2020 年世界各国中，中国纸及纸板表观消费量最高，为 1.1827 亿吨；其次是美国，为 6593 万吨；第三是日本，为 2239 万吨。这 3 个国家的人均表观消费量分别是 84.0 千克、198.2 千克和 178.4 千克。2020 年纸及纸板表观消费量和人均表观消费量排名前 10 位的国家和地区见表 2 和表 3。

表 2　2020 年纸及纸板表观消费量排名前 10 位的国家

排序	国家	2020 年表观消费量/万吨	2019 年表观消费量/万吨	同比/%
1	中国	11827	10704	10.5
2	美国	6593	6788	-2.9
3	日本	2239	2551	-12.2
4	德国	1801	1890	-4.7
5	印度	1457	1715	-15.0
6	韩国	991	975	1.6
7	意大利	987	1056	-6.5
8	巴西	923	963	-4.2
9	墨西哥	831	859	-3.3
10	法国	815	857	-4.9

表 3　2020 年纸及纸板人均表观消费量排名前 10 位的国家和地区

排序	国家和地区	人均表观消费量/千克
1	斯洛文尼亚	269.8
2	比利时	239.4
3	德国	224.7
4	奥地利	206.2
5	美国	198.2
6	韩国	191.2
7	日本	178.4
8	中国台湾	173.3
9	波兰	165.4
10	阿联酋	165.3

由表 2 可见，表观消费量超过 1000 万吨的国家有 5 个。在这 10 个国家中，与 2019 年的表观消费量相比，仅中国、韩国分别增长了 10.5% 和 1.6%；在出现负增长的国家中，印度、日本的降幅较大，分别下降 15.0%、12.2%。

3. 纸浆生产量和消费量

2020 年全球纸浆总生产量为 1.7867 亿吨，比 2019 年的 1.8303 亿吨下降 2.4%。其中，化学浆生产量 1.3986 亿吨，比 2019 年的 1.4195 亿吨下降 1.5%；机械浆生产量 2456 万吨，比 2019 年的 2647 万吨下降 7.2%。北美洲纸浆总生产量为 5774 万吨，比 2019 年的 6085 万吨下降 5.1%，北美洲纸浆总生产量占全球纸浆总生产量的 32.3%。欧洲和亚洲纸浆总生产量分别为 4568 万吨和 4107 万吨，分别占全球纸浆总生产量的 26% 和 23%。全球机械浆生产集中在欧洲、北美洲和亚洲，它们的生产量分别为 975 万吨、675 万吨和 607 万吨。这 3 个地区机械浆生产量总和占全球机械浆总生产量的 91.9%。2020 年美国、巴西和中国是纸浆生产量最多的 3 个国家，其纸浆总生产量分别是 4337 万吨、2102 万吨和 2015 万吨。表 4 列出了 2020 年纸浆生产量排名前 10 位的国家。2019 年排名前 10 位的国家全部入围 2020 年的前 10 位。这 10 个国家中，纸浆生产量增长较多的有中国、巴西、俄罗斯，分别增长了 8.6%、6.4% 和 3.0%；日本、芬兰、加拿大、智利和美国下降幅度较大，分别下降 15.7%、9.5%、7.7%、6.8 和 4.2%。

表 4　2020 年纸浆生产量排名前 10 位的国家

排序	国家	2020 年生产量/万吨	2019 年生产量/万吨	同比/%
1	美国	4337	4527	-4.2
2	巴西	2102	1975	6.4
3	中国	2015	1856	8.6
4	加拿大	1437	1557	-7.7
5	瑞典	1168	1167	0.1
6	芬兰	1034	1142	-9.5
7	俄罗斯	863	838	3.0
8	印度尼西亚	835	845	-1.2
9	日本	706	837	-15.7
10	智利	494	530	-6.8

2020 年全球纸浆表观消费量为 1.7867 亿吨，比 2019 年的 1.8349 亿吨下降 2.6%。

二、全球纸业贸易概况

1. 纸浆

表 5 和表 6 分别是 2020 年纸浆净进口量和净出口量较多的国家。纸浆净进口量较多的国家有中

表 5　2020 年主要纸浆净进口国

排序	国家	2020 年净进口量/万吨	2019 年净进口量/万吨	同比/%
1	中国	3125	2708	15.4
2	意大利	296	325	-8.9
3	德国	242	280	-13.6
4	韩国	205	219	-6.4
5	土耳其	119	126	-5.6
	合计	3987	3658	9.0

表 6　2020 年主要纸浆净出口国

排序		2020 年净出口量/万吨	2019 年净出口量/万吨	同比/%
1	巴西	1544	1447	6.7
2	加拿大	823	878	-6.3
3	智利	423	460	-8.0
4	芬兰	391	407	-3.9
5	印度尼西亚	330	326	1.2
	合计	3511	3518	-0.2

国、意大利、德国、韩国、土耳其 5 个国家，其净进口总量为 3987 万吨。与 2019 年相比，仅中国的纸浆净进口量增长，且涨幅高达 15.4%；而德国、意大利、韩国、土耳其分别下降 13.6%、8.9%、6.4%、5.6%。除上述 5 个国家外，纸浆净进口量较多的国家还有日本(118 万吨)、法国(105 万吨)、墨西哥(95 万吨)、波兰(94 万吨)和印度(92 万吨)。纸浆净出口量较多的国家是巴西、加拿大、智利、芬兰、印度尼西亚 5 个国家，其总净出口量为 3511 万吨。与 2019 年相比，巴西、印度尼西亚的净出口量增加，分别增长 6.7%、1.2%；智利、加拿大、芬兰的净出口量分别下降 8.0%、6.3%、3.9%。纸浆净出口量较多的国家还有瑞典(326 万吨)、乌拉圭(252 万吨)、俄罗斯(213 万吨)、美国(121 万吨)、葡萄牙(108 万吨)。

2. 废纸

2020 年全球废纸回收量为 2.3981 吨，回收率为 57.8%。欧洲废纸回收量为 6485 万吨，回收率为 69.9%；北美洲回收量为 4663 万吨，回收率为 65.5%；亚洲回收量为 1.0494 亿吨，回收率为 55.2%。北美洲是最主要的废纸净出口地区，2020 年净出口量为 1452 万吨；欧洲净出口量 499 万吨；大洋洲净出口量 127 万吨。上述 3 个地区净出口总量为 2078 万吨。这些数据表明 2020 年全球范围内可供应的废纸量由 2019 年的 2500 万吨左右降至不足 2100 万吨。亚洲 2020 年废纸净进口量为 2043 万吨。

2020 年废纸净进口量最多的国家是中国，为 689 万吨，比 2019 年的 1036 万吨下降 33.5%。2020 年中国的废纸净进口量占亚洲废纸净进口总量 2043 万吨的 33.7%。表 7 为 2020 年部分国家的废纸回收量及进出口量。

表 7　2020 年部分国家的废纸回收量及进出口量

国家	回收量/万吨	回收率/%	利用率/%	出口量/万吨	进口量/万吨	废纸用量/万吨
美国	4313	65.4	41.9	1448	61	2848
日本	1887	84.3	68.7	319	3	1571
德国	1459	81.0	79.2	206	437	1691
英国	665	92.1	81.6	385	16	296
法国	632	77.5	71.9	227	90	494
意大利	680	68.9	60.0	185	26	521
中国	5493	46.5	54.9	0	689	5632

3. 纸及纸板产品

表 8 和表 9 分别是部分国家 2020 年纸及纸板的净出口量和净进口量。由表 8 可见，瑞典和芬兰是纸及纸板净出口量较多的国家，净出口量分别为 805 万吨和 729 万吨，分别占其纸及纸板总生产量的 86.3% 和 88.9%。从表 9 可见，中国和英国是纸及纸板净进口量较多的国家，其净进口量分别为 567 万吨和 359 万吨，分别占其表观消费量的 4.8% 和 49.7%，英国的近 1/2 消费量依赖于进口。净进口量较多的国家还有墨西哥和土耳其，其净进口量分别为 233 万吨和 168 万吨。

表 10 是 2020 年部分国家新闻纸生产量及进出

口量。2020 年加拿大的新闻纸无论是生产量还是出口量都位列第一位，生产量 209 万吨，出口量 178 万吨，出口量占其生产量的 85.2%。日本新闻纸生产量 206 万吨，位列第二位。俄罗斯新闻纸生产量 131 万吨，位列第三位。俄罗斯新闻纸出口量 105 万吨，占其生产量的 80.2%，是国际上第二大新闻纸出口国。加拿大、日本和俄罗斯 3 个国家新闻纸总生产量 546 万吨，占全球新闻纸总生产量的 41%。中国新闻纸生产量占全球新闻纸总生产量的 8.3%。2020 年进口新闻纸最多的国家为美国，进口量为 97 万吨，占其新闻纸表观消费量的 70.3%。其次是印度，2020 年新闻纸进口量为 77 万吨，占其新闻纸表观消费量的 61.1%。美国新闻纸消费量由 2008 年的 681 万吨连续减至 2020 年的 138 万吨，下降了 80%，这也反映了全球新闻纸消费量不断下降的大趋势。进口新闻纸较多的国家还有中国(65 万吨)、德国(55 万吨)、意大利(38 万吨)、英国(30 万吨)、荷兰(22 万吨)。

表 8　2020 年部分国家纸及纸板净出口量

排序	国家	净出口量/万吨
1	瑞典	805
2	芬兰	729
3	印度尼西亚	544
4	德国	335
5	加拿大	324
6	奥地利	289
7	俄罗斯	231
8	美国	203
9	韩国	139
10	巴西	112

表 9　2020 年部分国家和地区纸及纸板净进口量

排序	国家	净进口量/万吨
1	中国	567
2	英国	359
3	墨西哥	233
4	土耳其	168
5	波兰	140
6	马来西亚	129
7	法国	128
8	菲律宾	121
9	意大利	120
10	比利时	120

表 10　2020 年部分国家新闻纸生产量及进出口量

单位：万吨

国家	生产量	进口量	出口量
加拿大	209	0	178
日本	206	0.2	0
俄罗斯	131	1	105
中国	110	65	0
德国	91	55	40
瑞典	71	1	55
韩国	57	0	11
印度	49	77	0
法国	48	17	40
美国	45	97	4
英国	40	30	19

表 11 是 2020 年部分国家印刷书写纸的生产量和进出口量。生产量位居前 3 位的是中国、美国和日本，分别为 2370 万吨、820 万吨和 588 万吨。印刷书写纸出口量较多的依次是德国(426 万吨)、印度尼西亚(317 万吨)、芬兰(316 万吨)、瑞典(195 万吨)、加拿大(181 万吨)，它们的出口量分别占其生产量的 80%、70%、98%、94% 和 82%；印刷书写纸进口量较多的依次是德国(349 万吨)、美国(312 万吨)和法国(193 万吨)，它们的进口量分别占其消费量的 76%、31% 和 90%。2020 年，表 11 所列国家印刷书写纸的生产量均有显著下降。

表 11　2020 年部分国家印刷书写纸生产量和进出口量

单位：万吨

国家	生产量	进口量	出口量
中国	2370	155	171
美国	820	312	116
日本	588	69	59
德国	534	349	426
印度尼西亚	452	12	317
芬兰	321	3	316
加拿大	222	45	181
瑞典	208	9	195
法国	72	193	49

表 12 是 2020 年部分国家涂布印刷纸的生产量和进出口量。涂布印刷纸生产量较高的依次是中国(640 万吨)、日本(318 万吨)、美国(280 万吨)、

德国(222 万吨)和芬兰(209 万吨);与 2019 年相比,表 12 所列国家的生产量均有所减少。出口量较多的是德国(254 万吨)和芬兰(207 万吨)。进口量较多的是德国(184 万吨)和美国(118 万吨)。净出口量较多的是芬兰,达 205 万吨。芬兰、日本和德国的涂布印刷纸生产量占其印刷书写纸生产量比例分别高达 65%、54% 和 42%;而中国涂布印刷纸生产量仅占其印刷书写纸生产量的 27%。涂布印刷纸是中国出口量第二大的纸种,2020 年出口量达 105 万吨,仅在德国、芬兰、奥地利之后。

表 12　2020 年部分国家涂布印刷纸生产量和进出口量　单位:万吨

国家	生产量	进口量	出口量
中国	640	36	105
日本	318	21	42
美国	280	118	70
德国	222	184	254
芬兰	209	2	207
奥地利	103	23	112
意大利	120	47	82
比利时	56	54	53
印度尼西亚	59	8	23
瑞典	55	5	52
法国	15	92	19

表 13 是 2020 年部分国家瓦楞材料的生产量和进出口量,其中,中国和美国的瓦楞材料生产量分别达到 4830 万吨和 3451 万吨,分别占全球瓦楞材料总生产量的 28% 和 20%,中国和美国的瓦楞材料合计生产量已占全球瓦楞材料总生产量的近 50%。瓦楞材料净出口量最大的仍为美国,净出口量达 462 万吨;净出口量较大的国家还有德国(219 万吨)和瑞典(180 万吨)。净进口量较大的国家有中国(783 万吨)和意大利(153 万吨)。

表 13　2020 年部分国家瓦楞材料的生产量和进出口量　单位:万吨

国家	生产量	进口量	出口量	净出口
中国	4830	793	10	-783
美国	3451	126	588	462
日本	970	4	88	84
德国	905	272	491	219
韩国	578	12	70	58
法国	358	117	150	33
俄罗斯	435	3	99	96
意大利	274	189	36	-153
瑞典	218	24	204	180
加拿大	230	75	127	52

表 14 是 2020 年部分国家生活用纸生产量和进出口量。生活用纸生产量以中国和美国较高,分别为 1080 万吨和 897 万吨。这 2 个国家生活用纸生产量之和占全球生活用纸总生产量的 46.0%。生活用纸的国际贸易量较少,在表 14 所列的几个国家中,净出口量较高的国家有意大利和中国,分别为 86 万吨和 84 万吨。

表 14　2020 年部分国家生活用纸生产量和进出口量　单位:万吨

国家	生产量	进口量	出口量
中国	1080	3	87
美国	897	121	53
日本	184	23	2
意大利	175	7	93
德国	153	72	72

(郭彩云)

《Paper 360°》2020 年全球造纸排名前 75 位的公司及地域分布

Top 75 Paper Companies Selected by *Paper 360°* and Its Geographical Distribution in 2020

2020 年全球造纸排名前 75 位的公司(按销售额排名)

公司名称及总部地址	制浆、造纸及纸加工业务				2020 年纸及纸板生产量/万吨	雇员数量/个
	2020 年排名	2019 年排名	2020 年销售额/亿美元	同比/%		
International Paper(Memphis, TN, 美国)	1	1	205.800	-8.0	2009.2	49300
Procter & Gamble(Cincinnati, OH, 美国)	2	2	183.640	3.1	N/A	99000
WestRock(Norcross, GA, 美国)	3	3	175.788	-3.8	1395.7	49300
Oji Holdings Corporation(Tokyo, 日本)	4	4	127.276	-9.9	1059.4	36034
Smurfit Kappa Group(Dublin, 爱尔兰)	5	6	97.429	-5.7	750	46000
Kimberly Clark(Dallas, TX, 美国)	6	7	97.370	4.9	N/A	46000
UPM(Helsinki, 芬兰)	7	5	95.944	-17.9	706.2	18014
Nippon Paper Industries Co., Ltd.(Tokyo, 日本)	8	10	82.995	-3.4	495.7	16156
Essity(Stockholm, 瑞典)	9	9	82.113	-6.2	379.6	18298
Stora Enso(Helsinki, 芬兰)	10	8	78.595	-15.4	709.7	22375
DS Smith(Maidenhead, Berkshire, 英国)	11	13	76.615	-1.1	989.8	29309
Mondi(Addlestone, 英国; Johannesburg, 南非)	12	11	76.105	-8.3	526.1	25334
玖龙纸业(控股)有限公司(中国广东)	13	12	74.399	-6.1	1647	18740
Packaging Corporation of America(LakeForest, IL, 美国)	14	14	66.582	-4.4	452.5	15200
Graphic Packaging(Marietta, GA, 美国)	15	16	65.595	6.5	357.5	18775
Rengo(Osaka, 日本)	16	17	63.751	4.9	217.4	19451
Suzano Papel e Celulose(São Paulo, 巴西)	17	15	59.086	17.1	118.4	36418
Metsä Group(Espoo, 芬兰)	18	18	54.002	-9.6	181	9213
Sonoco Products(Hartsville, SC, 美国)	19	20	52.374	-2.5	199.5	20000
Empresas CMPC(Santiago, 智利)	20	22	47.750	-7.6	203	19641
Sappi(Johannesburg, 南非)	21	19	46.090	-19.8	430.5	12805
山东晨鸣纸业集团股份有限公司(中国山东)	22	24	38.835	3.4	577	12752
Cascades(Kingsey Falls, QC, 加拿大)	23	23	38.452	3.2	316.9	11714

续表

公司名称及总部地址	制浆、造纸及纸加工业务				2020 年纸及纸板生产量/万吨	雇员数量/个
	2020 年排名	2019 年排名	2020 年销售额/亿美元	同比/%		
Domtar(Montreal，QC，加拿大)	24	21	36.520	-30.0	202.3	6600
中国纸业投资有限公司(中国北京)	25	-	35.779	-	29	13000
山鹰国际控股股份公司(中国安徽)	26	27	35.473	8.7	510.1	13189
理文造纸有限公司(中国香港)	27	25	33.347	-4.7	621.5	9300
Ahlstrom-Munksjö(Helsinki，芬兰)	28	26	30.649	-8.0	157	7814
山东太阳纸业股份有限公司(中国山东)	29	28	29.905	-5.3	385	11202
SCG Packaging Public Co.，Ltd.(Bangkok，泰国)	30	30	29.843	3.9	335.9	11000
Mayr-Melnhof Karton(Vienna，奥地利)	31	31	28.879	-0.6	171	2417
Daio Paper(Tokyo，日本)	32	29	28.326	-4.8	383.5	12658
BillerudKorsnäs AB(Solna，瑞典)	33	32	25.932	-2.3	278.8	4468
Sofidel(Rome，意大利)	34	41	24.829	13.3	142.8	6760
Klabin(São Paulo，巴西)	35	33	22.701	16.8	206.7	14874
Marubeni(Tokyo，日本)	36	34	21.709	-13.0	143.2	4389
维达纸业(中国)有限公司(中国广东)	37	43	21.285	2.7	125	11347
Hokuetsu Corporation(Tokyo，日本)	38	40	20.077	-9.9	148.5	4545
Arauco(Santiago，智利)	39	37	19.928	-14.2	0	17551
Greif(Delaware，OH，美国)	40	48	19.169	7.7	N/A	16000
Prinzhorn Holding(Wiener Neudorf，奥地利)	41	44	18.749	-7.6	N/A	9436
Clearwater Paper(Spokane，WA，美国)	42	49	18.686	6.1	115.6	3340
Lenzing Group(Lenzing，奥地利)	43	39	18.647	-19.0	0	7358
Heinzel Group(Vienna，奥地利)	44	42	18.409	-15.9	109.7	2467
Resolute Forest Products(Montreal，QC，加拿大)	45	38	17.750	-23.1	163	7100
Palm(Aalen，德国)	46	46	17.133	-6.3	N/A	4000
山东华泰纸业股份有限公司(中国山东)	47	45	17.130	-12.7	221.3	6761
永丰余纸业有限公司(中国台湾)	48	36	16.294	-35.5	262.4	10267
VPK Packaging(Aalst，比利时)	49	57	15.363	0.3	132.1	6400
Burgo Group(Altavilla Vicentina，意大利)	50	50	15.214	-12.3	177.6	3336
Fedrigoni SpA(Verona，意大利)	51	62	15.022	12.3	37.8	3750
The Navigator Company(Setúbal，葡萄牙)	52	56	14.175	-9.0	138.2	3282
荣成纸业股份有限公司(中国台湾)	53	54	14.062	-12.8	365	3611
Verso Paper(Memphis，TN，美国)	54	35	13.590	-44.4	130	1700
Moorim Group(Seoul，韩国)	55	53	13.581	-15.3	90.9	1353
Rayonier Advanced Materials(Jacksonville，FL，美国)	56	55	13.470	-12.6	28.8	4000
福建恒安集团有限公司(中国福建)	57	81	13.385	N/A	142	25000
Svenska Cellulosa Aktiebolaget (SCA) (Stockholm，瑞典)	58	58	12.978	-12.1	87.3	4196

续表

公司名称及总部地址	制浆、造纸及纸加工业务				2020 年纸及纸板生产量/万吨	雇员数量/个
	2020 年排名	2019 年排名	2020 年销售额/亿美元	同比/%		
正隆纸业有限公司(中国台湾)	59	63	12.866	-5.8	190.7	6619
Hansol Paper(Seoul，韩国)	60	51	12.793	-21.1	152.9	1165
Bio-PAPPEL(Durango，墨西哥)	61	60	12.763	5.7	270	12128
Mercer International(Seattle，WA，美国)	62	52	12.206	-16.2	0	2375
Holmen(Stockholm，瑞典)	63	64	12.016	-7.7	142.7	2947
Mitsubishi Corporation(Tokyo，日本)	64	47	11.739	-35.6	123.1	3579
Kruger Products(Montreal，QC，加拿大)	65	66	11.304	5.7	44.5	2700
Södra(Växjö，瑞典)	66	61	10.940	-20.0	0	3141
Lecta(Barcelona，西班牙)	67	59	10.126	-30.7	93.7	3033
Progroup(Landau/Pfalz，德国)	68	67	10.063	-0.7	118.7	1455
LEIPA Georg Leinfelder(Schwedt，德国)	69	69	9.709	0.0	137.6	1700
山东世纪阳光纸业集团有限公司(中国山东)	70	72	9.340	2.1	145	4520
Glatfelter(York，PA，美国)	71	71	9.165	-1.2	298	2415
Eldorado Brasil Cellulose(São Paulo，巴西)	72	65	8.586	3.6	0	4641
Koehler Paper(Oberkirch，德国)	73	70	8.291	-12.7	481	2101
Neenah Paper(Alpharetta，GA，美国)	74	68	7.926	-15.5	N/A	2239
Exacompta Clairefontaine(法国)	75	N/A	7.875	N/A	231	3611

注：全球造纸排名前 75 位的公司是按照纸浆、纸及纸板、纸加工及纸品贸易的净销售额进行的排名。2020 年数据为 2019 年修订后的财务数据。除非下文指出，财务年度报告是从 2020 年 1 月 1 日到 2020 年 12 月 31 日。收入指税后和去除特殊项目后的净收益。“N/A”表示“不可用”，无法估算。

《Paper 360°》2020 年全球造纸排名前 75 位公司的地域分布

地区	公司数量/个	2020 年销售额/亿美元	2019 年销售额/亿美元	同比/%	占 2020 年总销售额的比例/%	纸及纸板生产量/万吨	占纸及纸板总生产量的比例/%
欧洲	27	885.80	958.82	-7.6	30.4	62386	29.3
亚洲	23	764.19	754.14	1.3	26.2	83715	39.3
北美洲	18	1045.39	1102.75	-5.2	35.9	54453	25.6
拉丁美洲	6	170.81	190.55	-10.4	5.9	7981	3.7
非洲	1	46.09	57.46	-19.8	1.6	4305	2

《Paper 360°》2020 年全球纸及纸板生产量 200 万吨以上的公司

公司名称	全球排名	纸及纸板总生产量/万吨
International Paper	1	2009.2
玖龙纸业(控股)有限公司	13	1647.0
WestRock	3	1395.7
Oji Holdings Corporation	4	1059.4
DS Smith	11	989.8

续表

公司名称	全球排名	纸及纸板总生产量/万吨
Smurfit Kappa Group	5	750. 0
Stora Enso	10	709. 7
UPM	7	706. 2
理文造纸有限公司	27	621. 5
山东晨鸣纸业集团股份有限公司	22	577. 0
Mondi	12	526. 1
山鹰国际控股股份公司	26	510. 1
Nippon Paper Industries Co. , Ltd.	8	495. 7
Packaging Corporation of America	14	452. 5
Sappi	21	430. 5
山东太阳纸业股份有限公司	29	385. 0
Daio Paper	32	383. 5
Essity	9	379. 6
荣成纸业股份有限公司	53	365. 0
Graphic Packaging	15	357. 5
SCG Packaging Public Co. , Ltd.	30	335. 9
Cascades	23	316. 9
BillerudKorsnäs AB	33	278. 8
Bio-PAPPEL	61	270. 0
永丰余纸业有限公司	48	262. 4
山东华泰纸业股份有限公司	47	221. 3
Rengo	16	217. 4
Klabin	35	206. 7
Empresas CMPC	20	203. 0
Domtar	24	202. 3

（王　岩）

2020—2021 年全球分地区和种类纸浆需求量

Global Pulp Demand by Region and Grade in 2020—2021

表 1　2020—2021 年全球不同地区化学浆需求量　单位：千吨

地区	2020 年	2021 年	同比/%
北美洲	7889	7841	-0.6
西欧	13441	13955	3.8
东欧	2982	3167	6.2
拉丁美洲	3791	3832	1.1
日本	1978	2102	6.3
中国	25814	23250	-9.9
其他亚洲地区	9039	8747	-3.2
大洋洲	427	396	-7.1
非洲	998	1030	3.2
全球	66359	64320	-3.1

表 2　2020—2021 年 1—12 月全球化学浆需求量　单位：千吨

月份	2020 年	2021 年
1 月	5445	5318
2 月	5267	5033
3 月	5839	6001
4 月	5539	5218
5 月	5434	5201
6 月	5342	5388
7 月	5067	5017
8 月	5500	5097
9 月	5986	5478
10 月	5630	5309
11 月	5458	5376
12 月	5852	5883
合计	66359	64319

表3　　2020—2021年全球不同浆种需求量　　单位：千吨

浆种	2020年	2021年	同比/%
化学浆	66359	64320	-3.1
亚硫酸盐浆	110	119	7.5
漂白硫酸盐针叶木浆	26036	25021	-3.9
其中：北方松	15588	15257	-2.1
其他	10448	9764	-6.6
漂白硫酸盐阔叶木浆	37895	36402	-3.9
其中：桉木浆	27393	26261	-4.1
其他	10502	10141	-3.4
未漂硫酸盐浆	2317	2778	19.9
高得率浆	4259	4143	-2.7
合计	70618	68463	-3.1

注：数据来源于纸浆纸张产品理事会（PPPC）。

（曹凯月　孟　莉）

2020—2021 年全球分地区和种类纸及纸板需求量

Global Paper and Paperboard Demand by Region and Grade in 2020—2021

表 1　2020—2021 年全球不同地区纸及纸板需求量　单位：千吨

地区	印刷用纸			纸箱用纸板			生活用纸		
	2020 年	2021 年	同比/%	2020 年	2021 年	同比/%	2020 年	2021 年	同比/%
北美	12811	13016	1.6	32331	34875	7.9	8672	8280	-4.5
西欧	16131	16488	2.2	25336	26307	3.8	6915	6592	-4.7
东欧	4487	4720	5.2	9504	10063	5.1	2566	2598	1.2
拉丁美洲	3465	3890	12.3	14061	15135	8.6	4230	4258	0.7
日本	8373	8383	0.1	8871	9148	3.1	2040	2001	-1.9
中国	24927	24671	-1.0	46560	46518	-0.1	9444	9547	1.1
其他亚洲地区	13836	13738	-0.7	27859	30900	10.8	4541	4576	0.8
大洋洲	817	853	4.4	1947	2094	7.3	504	472	-6.4
非洲	1984	2189	10.3	3367	3463	2.7	934	995	6.6
全球	86831	87949	1.3	169842	178505	5.1	39847	39320	-1.3

表 2　2020—2021 年 1—12 月全球纸及纸板需求量　单位：千吨

月份	印刷用纸		纸箱用纸板		生活用纸	
	2020 年	2021 年	2020 年	2021 年	2020 年	2021 年
1 月	7973	7121	13908	14597	3164	3376
2 月	7791	6529	13344	13383	3145	2920
3 月	8174	8041	14543	15460	3446	3394
4 月	6546	7291	13980	14858	3326	3187
5 月	6269	7319	13863	15205	3387	3256
6 月	6385	7411	13803	14844	3274	3167
7 月	6851	7231	14266	15156	3364	3323
8 月	6907	7386	14079	14963	3335	3276
9 月	7383	7364	14459	14966	3304	3249
10 月	7636	7363	14737	15172	3400	3431
11 月	7433	7399	14409	14958	3323	3339
12 月	7515	7589	14421	14942	3378	3402
合计	86863	88044	169812	178504	39846	39320

表 3　　2020—2021 年全球不同纸种需求量　　单位：千吨

纸种	2020 年	2021 年	同比/%
印刷用纸			
新闻纸	12667	11876	-6.2
未涂布机械浆纸	7547	7586	0.5
涂布机械浆纸	7384	7379	-0.1
未涂布不含磨木浆纸	43410	44754	3.1
涂布不含磨木浆纸	15823	16354	3.4
纸箱用纸板			
牛皮纸板	33970	35481	4.4
半化学浆瓦楞原纸	11616	11375	-2.1
挂面箱纸板	71354	75670	6.0
废纸瓦楞原纸	52870	55979	5.9

注：数据来源于纸浆纸张产品理事会(PPPC)。

（曹凯月　孟　莉）

国外制浆造纸相关研究机构及开设制浆造纸相关专业的大学

Foreign Universities Offering Pulping and Papermaking Courses

美国(AMERICA)

奥本大学 Auburn University

奥本大学成立于1856年，是美国一所规模比较大的有着全面教育的公立大学，位于亚拉巴马州的奥本大学城，设有农业学院、建筑学院、商学院、林业和野生生物科学院等多个学院，另外还设有MBA项目。可授予本科、硕士和博士学位，专业设置广泛。与制浆造纸相关专业有：生物工程/森林工程、化学工程、环境科学、林业、材料工程。下设Alabama造纸和生物资源工程研究中心，有制浆造纸基金会。

佐治亚理工学院 Georgia Institute of Technology

佐治亚理工学院始建于1885年，最初被称作佐治亚技术学校，位于美国佐治亚州的亚特兰大，是一所公立研究性大学。佐治亚理工学院是佐治亚大学系统的一部分，该校还在佐治亚州的沙瓦纳、法国的梅斯、爱尔兰的阿斯龙、中国上海和新加坡等地设有卫星校区。目前，佐治亚理工学院共下设6所学院，包括大约31个系别，学科重点放在自然科学和技术领域。学院的代表学科是工科，该校是美国最好的理工学院之一。

造纸科技学院(IPST)是一所专门从事造纸科学与技术的研究以及教育的研究所，是佐治亚技术学院下的一个机构，在造纸科技方面处于世界一流水平。硕士专业有化学与生物分子工程、化学和生物化学、材料科学与工程和机械工程等，此外还有众多的研究项目，包括防护涂层、智能包装、纤维复合材料、纳米材料等。造纸科技研究所的造纸以及相关产业一直处于行业科学技术的领先水平，有着非常悠久的历史。

佐治亚大学 University of Georgia

佐治亚大学创建于1785年，首位校长以及一位校董事会成员参与起草和签署了美国《独立宣言》。作为美国公立高等教育的发源地，佐治亚大学也是全美第一所公立大学，由14所学院及1所研究所组成，校区面积广阔，拥有许多的天然资源。历年来的学校排名位居前茅，被誉为美国南方3所公立常青藤大学之一。

爱达荷大学 University of Idaho

爱达荷大学是一所历史悠久的公立大学，创建于1889年，以通识教育著称。拥有10个学院、5个分校、5个著名研究院。是美国爱达荷州排名第一的大学，在美国西北部整体排名第三，被《美国新闻与世界报道》一贯公认为美国“国家顶级的博士学位授予大学”。

路易斯安那州立大学 Louisiana State University

路易斯安那州立大学建于1860年，位于州府巴吞鲁日市的南城，占地面积800多万米^2，是全美校园最美的20所大学之一。学校共设有200多个学科，70多个专业，很多专业已发展成为学院。

迈阿密大学 Miami University

迈阿密大学成立于1925年，是一所私立的非宗教的大学。迈阿密大学目前拥有12个学院，提供180多个本科、硕士和博士专业。有造纸科学与工程基金会。

密西西比州立大学 Mississippi State University

密西西比州立大学成立于1878年，是一所综合性大学，位于美国的密西西比州斯塔克维尔市，是该州招生人数最多的大学。获得了美国南部学院与学校协会之学院委员会的认证，授予学生学士学位、硕士学位、专业学位和博士学位，专业设置广泛。设有森林资源学院。

北卡罗莱纳州立大学 North Carolina State University

北卡罗莱纳州立大学成立于1887年，是一所公立的研究型大学，位于美国北卡罗来纳州雷利，是北卡罗莱纳州教育系统的主要教育机构，是目前北卡罗莱纳州规模最大的大学。学校在农业、设计、工程和纺织品方面有着非常悠久的历史，目前学校可授予学士学位、硕士学位和博士学位，同时开设有相关领域的证书课程，专业设置广泛。下设森林与生物材料科学系和木材与造纸科学系。

俄勒冈州立大学 Oregon State University

俄勒冈州立大学成立于 1868 年，是美国一所公立综合性大学，可授予本科、硕士和博士学位，专业设置广泛。

普渡大学 Purdue University

普渡大学创办于1869 年，是拥有6 个校区的州立大学系统，学生人数约 4 万人，主校区位于美国中西部印第安纳州西拉法叶，提供了超过 210 种的主修，是全球顶尖的工程学校之一，在美国乃至世界都享有很高的声誉。

纽约州立大学 State University of New York

纽约州立大学最初于 1816 年成立于纽约波茨坦，随着各个州立大学的成立，直至 1948 年纽约州立大学才趋于完善，现在该学院由 64 个学院组成，近 47 万在校学生和 8 万多教职员工。在众多分校中以宾汉姆顿大学(分校)、布法罗分校、石溪分校、奥尔巴尼分校这 4 所国家级研究型大学最为卓著。四大分校中又以宾汉姆顿分校排名和声望最高，被誉为纽约州立大学“皇冠上的珍珠”。

环境科学与林业学院-造纸与生物处理工程系设有造纸研究所。

田纳西大学 University of Tennessee-Knoxville

田纳西大学成立于 1794 年，是一所世界著名的公立研究型大学，主校区位于田纳西州东部的诺克斯维尔市，是美国南部最具综合性的大型高等学府之一，也是美国历史最悠久的公立大学之一，是田纳西州大学系统中的旗舰大学，东南联盟的成员院校。设有 170 多个专业。

宾夕法尼亚州立大学 The Pennsylvania State University

宾夕法尼亚州立大学创办于 1855 年，是位于美国宾夕法尼亚州的一所世界著名的公立大学，是美国的优秀公立大学之一，也是美国大型的高等学府之一。在宾州全境有 24 个校区，其中最大的是主校区帕克。其学术科研能力走在世界前列，在工程、气象、地球科学、地理、传媒、管理学、特殊教育、农学等方面堪称世界顶尖，也是工业工程和英国文学在美国的发祥地。

美国威斯康星大学-麦迪逊分校 University of Wisconsin-Madison

威斯康星大学麦迪逊分校创建于 1848 年，位于美国威斯康星州首府麦迪逊，是美国顶尖公立研究型大学，也是世界上最负盛名的公立大学。该校是威斯康星大学系统的旗帜性学校，是美国大学协会的创始会员之一，也是美国知名的十大联盟的创始成员之一，被誉为“公立常春藤”，与加州大学伯克利分校和密歇根大学齐名。

缅因大学 University of Maine

缅因大学于 1865 年成立，前身是缅因农业与机械艺术学院，1897 年成为缅因大学。现为缅因州最大的大学，也是新英格兰地区最大的大学之一。缅因大学主校区位于美国东北边缅因州奥罗诺市(Orono)。下设 5 个学院，分别是商业、公共政策与健康学院，教育与人类发展学院，工程学院，文学院，自然资源、森林与农业学院。学校可提供学士、硕士、博士学位课程，同时开设语言中心和继续教育网络课程，为更多的学生提供学习机会。

与造纸相关的有林业生物质产品研究所，包括制浆造纸、生物质精炼等研究方向。

明尼苏达大学 University of Minnesota

明尼苏达大学始建于 1851 年，是美国最具综合性的高等学府，拥有顶尖的理工学院，其排名一直保持在全美前 20。拥有 5 所分校、370 个专业。是十大联盟的成员大学之一，被誉为公立常青藤。

华盛顿大学 University of Washington

华盛顿大学建于 1861 年，是一所公立研究型大学，也是美国西岸历史最悠久的公立大学，为美国大学协会的成员。设有多个学院，如人造环境学院、艺术与科学院、森林资源学院等，开设了多个本科、硕士、博士课程。

华盛顿州立大学 Washington State University

华盛顿州立大学成立于 1890 年，是美国华盛顿州建立的一所研究型大学、国家一级大学。主校区坐落在华盛顿州威特曼郡普尔曼市，在华盛顿州境内还包括：斯博坎校区(Spokane)、三城校区(Tri-Cities)和温哥华校区(Vancouver)校区。设有八个学院。是美国 108 所获得卡内基研究基金的大学之一，被评为“高密度研究型大学”。

西弗吉尼亚大学 West Virginia University

西弗吉尼亚大学是一所 4 年制公立大学，成立于 1867 年，是西弗吉尼亚州最具规模的大学。共设有 14 个学术方面的学院，包括：农业、森林与消费科学学院、工程与矿产资源学院等。可提供

178 种本科、硕士和博士学位。

密歇根州立大学 Michigan State University

密歇根州立大学成立于 1855 年，坐落在美国密歇根州东兰辛市，是一所世界一流的公立研究型大学，是北美顶尖大学学术联盟美国大学协会(AAU)的成员之一，被誉为“公立常青藤”大学。

西密歇根大学 Western Michigan University

西密歇根大学建于 1903 年，坐落于美国密歇根州喀拉马索，是密歇根州第四大公立大学。西密歇根大学是一所研究型大学，可提供学士、硕士、博士学位。与造纸相关的有造纸工程、化学工程专业。

造纸科技学院 Institute of Paper Science and Technology(Atlanta)

造纸科技学院(亚特兰大)创办于 1929 年，坐落于佐治亚州亚特兰大，是一所专门从事造纸科学与技术的研究以及教育的研究所，是佐治亚技术学院下的一个机构，在造纸科技方面处于世界一流水平。学校提供有专科证书、硕士学位和博士学位，其中，硕士专业有化学与生物分子工程、化学和生物化学、材料科学与工程和机械工程等，此外还有众多的研究项目，包括防护涂层、智能包装、纤维复合材料、纳米材料、森林生物学、新化工产品、热加工、回收、环境控制、二氧化碳减少排放、环境可持续发展的化学处理、制浆和漂白、化学回收、脱水和干燥、涂料、腐蚀、能源、传感器和控制、全球化的影响、企业效益等。

加拿大(CANADA)

新布伦瑞克大学 University of New Brunswick

新布伦瑞克大学建立于 1785 年，是一所公立性质大学，坐落在新布伦兹维克省，是加拿大资格最老的英语语言大学，也是北美地区最早的公共院校。曾被麦克林杂志誉为加拿大最著名的 5 所综合性大学之一。

与造纸相关的有利莫瑞克制浆造纸中心，位于加拿大新布伦兹维克省弗雷德里顿。

英属哥伦比亚大学 University of British Columbia

英属哥伦比亚大学成立于 1908 年，是一所世界级顶尖研究型大学，它庞大而又秀丽，坐落于风光如画的温哥华市，是不列颠哥伦比亚省历史最悠久的大学，与多伦多大学、麦吉尔大学并称加拿大大学“三强”，在经历了百余年的长足发展后，逐渐成为蜚声全球的综合性大学，在加拿大国内的排名中始终保持前 3 名之列，多次位列北美前 10，世界排名保持在 35 名以内，林学、生态学全球第一，医博类全球第二。

与造纸相关的有制浆造纸中心。

魁北克大学-三河分校 The Université du Québec à Trois-Rivières

魁北克大学成立于 1968 年，是加拿大一所法语大学，由分布在魁北克几个重要地区的 10 个分校组成，是目前加拿大办学规模最大，在校学生最多的大学。各个分校及学院既有合作又保持相对独立，其办学方向及课程设置各具特色，其中蒙特利尔分校(UQAM)规模最大，三河分校(UQTR)第二。

三河分校地处魁北克省的腹心地带，位于美洲第二大法裔文明古城三河市内，建校于 1969 年，开设了包括本科，硕士，博士 3 个阶段的教育，近 150 个专业的课程。全校共有约 20 多个研究团队，集中在造纸与纸浆，生物工程，工业电子，中小型企业管理等领域，具备极强的科研实力。对于母语不是法语的国际学生而言，三河分校的另一个显著特点及优势是设有帮助学生更快融入法语学习的国际法语学院。

麦吉尔大学 McGill University

麦吉尔大学，简称麦大，建于 1821 年，坐落在加拿大魁北克省蒙特利尔市中心。百年来一直在国际上极富盛誉，历史上与哈佛齐名，是一所蜚声全球的世界顶尖研究型大学。麦吉尔大学吸引了全加、美国、还有世界各地最优秀的学生，其新生入学平均分位居全加第一，是全加拿大最难申请的大学。麦吉尔大学有着辉煌历史和非凡成就，长期以来，在欧美声誉崇高，极受推崇和青睐。她的教学及研究水准被认为可媲美美国八大常春藤盟校，其研究水平享誉世界，被称为“北方哈佛”。多次名列加拿大第一，世界大学排名前 20。

与造纸相关的有环境工程，生物资源工程。

麦克马斯特大学 McMaster University

麦克马斯特大学成立于 1887 年，位于加拿大安大略省汉密尔顿市。作为加拿大中型规模的大学，麦克马斯特大学以其独特的创新性和求实理念而成为加拿大最著名的大学之一。其革新性的教学，具有国际竞争性的奖学金和研究成果人所共知。在加拿大一流大学评比中，麦克马斯特大学连年被誉为最富有创造力与革新精神的学府。麦克马斯特大学在能源、材料、制造、机械等传统工业方面的研究能力首屈一指，在数字通信和电脑硬件等高科技领域也堪称一流。

制浆造纸研究中心归属化学工程系麦克马斯特大学哈米尔顿校区，位于加拿大安大略省。

多伦多大学 University of Toronto

多伦多大学始于 1827 年，是加拿大最古老，最著名的公立大学之一。共有 3 个校区，分别是位于多伦多市中心的乔治校区(St George Campus)，也是多伦多大学的主校区；位于多伦多市中心外的士嘉堡的士嘉堡校区(University of Toronto at Scarborough)；以及位于密西沙加的密西沙加校区(University of Toronto at Mississauga)。已连续多年位于加拿大国内大学排名榜榜首，被公认为加拿大综合实力最强的顶尖学府。

制浆造纸中心归属于化学工程和应用化学系，始建于 1987 年，由 Doug Reeve 教授创建。

加拿大制浆造纸研究所 Pulp and Paper Research Institute of Canada

加拿大制浆造纸研究所(PAPRICAN)是加拿大造纸工业的科研和教育中心。该研究所既承担科研任务又担负着研究生的培养任务，是非盈利性质的科研和教育组织。该所分两个部分，一部分在加拿大东部魁北克省的 Pointe claire 市，另一部分则在加拿大西部不列颠哥伦比亚省(British columbia)的温哥华市。

肯高迪亚大学 Concordia University

肯高迪亚大学是加拿大一所综合性的公立大学，学校位于加拿大魁北克蒙特利尔。该校也是加拿大最大的高等教育机构之一，也是公认的在加拿大顶级的工程学院之一。据巴黎高等矿业学院的全球排名统计，肯高迪亚大学毕业生占据财富 500 强 CEO 位置的比例在加拿大排名第一，世界排名第 33 名。

拉瓦尔大学 Laval University

拉瓦尔大学创办于 1663 年，位于魁北克省的魁北克市，是一所著名公立大学，加拿大的主要大学之一。共设有 17 个院系，提供 300 多个专业及副修专业的课程教学，在科研领域排名位居加拿大大学前 10 位。

智利(CHILE)

比奥比奥大学 Bio Bio University

比奥比奥大学位于比奥比奥大区康普赛西翁，比奥比奥大学的历史可以追溯到 1947 年国家理工大学的创办。

康塞普西翁大学 Universidad de Concepción

康赛普西翁大学 1919 年建校，地处智利比奥比奥大区。校园设施齐全，拥有全国藏品最完整的智利艺术博物馆，校园环境优美，于 2016 年被智利国家古迹理事会宣布为国家遗产。

巴西(BRAZIL)

维索萨联邦大学 Federal University of Viçosa

维索萨联邦大学成立于 1922，是一所规模中型的公立研究型综合大学。

圣保罗州州立大学 Sao Paulo State University

圣保罗州州立大学，1934 年创办，是巴西第一所现代综合性高等学校，校址在圣保罗。主要培养教师、研究人员和工程技术人员。设有 35 个院、系及研究中心。物理研究中心所属的宇宙及天体物理研究所和原子能研究所享有国际声誉。在海洋学、电子学、食品学和公共卫生学等领域有创造性成果。

克罗地亚(CROATIA)

萨格勒布大学 University of Zagreb

萨格勒布大学成立于 1669 年，是欧洲最古老的高等学府之一。

奥地利(AUSTRIA)

维也纳自然资源与生命科学大学

维也纳自然资源与生命科学大学(简称 BOKU)创建于 1872 年，该学校位于维也纳市，是一所拥有丰富教学与科研经验的名牌国际性大学。该校最具有吸引力的专业是在环境美化设计、建筑学与规划学院和林业学院，其次是市政工程和水资源管理，以及环境保护工程方面。

格拉茨大学 University of Graz

格拉茨大学建立于 1585 年，它是一座拥有上百年悠久历史的大学，是奥地利教育部认可的 18 所公立大学中的一所。学校设有六大学院，50 多个研究所与实验室。

维也纳技术大学 Technische Universität Wien

维也纳技术大学，始建于 1805 年，是德语国家中历史最为悠久的技术性大学之一。分为 5 个学院，110 个系，每个系又细分为科研部与教学部。学校有 1000 多名专家与教授，每年的在校注册生有 20000 名，其中国外留学生有 3000 多名。

英国(ENGLAND)

伯明翰大学 University of Birmingham

伯明翰大学，简称伯大，始建于 1825 年，位于英国第二大城市伯明翰市，世界百强名校，英国顶尖学府，在英国乃至全世界一直享有极高美誉。英国著名的 6 所“红砖大学”之一，英国名校联盟“罗素大学集团”和国际大学组织“Universitas 21”的创始成员。大学最初的研究目标以科学、工业及工程为主，经过一个世纪的发展，学校已经发展成为以学术为导向的综合性大学，研究的目标也延伸至各个领域并展现杰出的研究成果，成为世界级的研究型大学。

曼彻斯特大学 University of Manchester

曼彻斯特大学是英国大学中世界排名最高的八大最著名学府之一，世界 50 强顶尖名校，历年最高世界排名为全球第 26 名，英国著名的 6 所“红砖大学”之首，英国“常春藤联盟”罗素大学集团的创始成员之一，始建于 1824 年，位于英国第二繁华城市曼彻斯特，是英国最大的单一校址大学。作为全球最为顶尖的科研与教学机构之一，曼彻斯特大学为人类社会的发展做出了举世瞩目的贡献，在国际上享有极高声誉，校友中共有 25 位诺贝尔奖得主。现任全职教职员中有 3 位诺贝尔奖得主，为全英之冠。在 2014 年英国官方组织的研究卓越框架(REF)评估中，曼彻斯特大学综合实力位居全英第 5 名。主要有以下几大专业：化学工程、电气及电子工程、材料技术、美国研究、人类学、东亚和南亚研究、艺术史、医学、法律、社会科学、人文学。

造纸相关：造纸科学专业。

威尔士大学 University of Wales

威尔士大学是一所联合大学(大学联盟)，于 1893 年成立。由 6 所分校和两所学院组成，威尔士大学则是其分校和英国国内外数 10 所成员学院的学位证书颁发的认证和管理机构，在国内外有较大的影响。学校开设从预科到博士各种层次的专业课程，同时开始网络教育，主要提供研究生阶段学位和证书课程。

造纸相关：生物合成研究中心

芬兰(FINLAND)

阿尔托大学(原赫尔辛基理工大学)Aalto University

阿尔托大学是一所具有古老建校历史，拥有百年经验的北欧知名全新大学，在欧洲乃至全世界享有盛誉。阿尔托大学是由欧洲顶尖级理工类院校赫尔辛基理工大学(Helsinki University of Technology)和北欧最大的艺术类院校赫尔辛基艺术设计大学(The University of Art and Design Helsinki)、全欧洲第一所商学院赫尔辛基经济学院(The Helsinki School of Economics)3 所芬兰著名大学合并建立而成，这 3 所大学分别是理工类、艺术类、经济类所属专业领域的佼佼者。世界排名第 180 位左右，国家高校排名第二位。

赫尔辛基理工大学于 1849 年成立于赫尔辛基市区，1908 年升级为大学。目前有 246 位教授任职，超过 15000 名注册学生，分设 12 个科系，19 个学位项目。赫尔辛基工业大学颁发以下方面学位：工程学位，建筑学位，环境设计和博士学位。

造纸相关：科技学校-化学与材料科学学院-林产工艺系-木材科学方向、生物质精炼方向、生物质材料方向。

埃博学术大学 Abo Academy University

埃博学术大学建成于 1918 年，是一所瑞典语教学的公立大学，下辖 7 个学院。主要授课语言为瑞典语，但为了吸引国际学生，该校还开设了 4 个英语授课的硕士学习项目，包括化学工程，电子与移动商务，嵌入式计算以及国际人权法。

造纸相关：纤维与纤维素工艺技术实验室。

赫尔辛基大学 University of Helsinki

赫尔辛基大学 1640 年创建于芬兰古都土尔库，1828 年迁至赫尔辛基，是位于芬兰首都赫尔辛基的世界级著名高等学府。赫尔辛基大学以其悠久的历史，丰富的藏书，一流的设备，齐备的专业以及杰出的成就，闻名欧洲。它同时也是芬兰在国际上享有盛誉的著名高等学府，全球广泛使用的 Linux 操作系统于 1991 年 10 月 5 日诞生于此。世界排名第 60 位左右，国家高校排名第一位。

造纸相关：森林与环境工程。

坦佩雷应用科学大学 Tampere University of Applied Sciences，TAMK

坦佩雷应用科学大学是一所公立应用科学大学，于 1912 年建立。该校在校生 13000 余名，教职员工 700 余人。2019 年 1 月 1 日起，坦佩雷应用科学大学与坦佩雷大学、坦佩雷理工大学合并成为了芬兰最多元的大学社区，共有学生 35000 名，其中 10% 为国际学生。3 所大学学习和研究资源的整合也给学生带来了更丰富多元的学习可能。坦佩雷应用科学大学在全球 50 多个国家拥有 360 多个合作学校，并与中国有多年深厚合作经验，承接了多个国际合作办学项目和国家级教育培训项目。

造纸相关：造纸与包装。

奥卢大学 University of Oulu

奥卢大学成立于 1958 年，是芬兰北部城市奥卢的一所公立综合性大学，是 LAOTSE 成员学校。设有 6 个学院，分别是人文学院、教育学院、理学院、医学院、经济学院以及工学院。大学以研究生层次的教育为主，专业有教育与全球化，财政与管理会计，国际商务，财政与经济学，蛋白质科学与技术，环境工程，建筑设计，极地地区的健康和福利等。

塞马应用科技大学 Saimaan ammattikorkeakoulu

南卡列里拉理工学院位于芬兰的南芬兰省，其校区分布在该省的拉彭兰塔城和伊马特拉城。该校现更名为塞马应用科学大学。下辖工商管理学院，美术设计学院，卫生保健与社会服务学院，技术学院，旅游与酒店管理学院等 5 个学院。提供本科与硕士层次的高等教育，其主要授课语言为芬兰语，但为了吸引国际学生，该校还开设了一部分用英语授课的专业。

造纸相关：造纸技术专业。

于韦斯屈莱大学：University of Jyvaskyla

于韦斯屈莱大学，坐落在芬兰美丽的湖区怀抱中，是芬兰最大的综合类高等院校之一。现有学生 16000 多名，其中包括国际学生 660 多名。与其他芬兰的高等院校相同，Jyvaskyla 大学是一所国立大学，直属教育部管理。学校多年来都是芬兰学生心目中最著名的高等学校。

法国(FRANCE)

巴黎综合理工大学 École Polytechnique

巴黎综合理工学院是 1794 年创立的法国工程师大学校，是一所公立的教学、科研机构，隶属于法国国防部。2007 年起，综合理工学院成为了法国高等教育和科研的核心之一——巴黎高科集团的一个创立成员。麻省理工学院和哥伦比亚大学认为它是法国最负盛名的工程师大学校。在各式世界大学排行中，《泰晤士报》将巴黎综合理工排在第 34 位；在上海交大的排名中位居第 201 位；而巴黎矿业学校的"国际高等教育机构专业排名"则将之排在第 14 位。

格勒诺布尔理工大学-造纸与印刷工程学院：Université Joseph Fourier

格勒诺布尔理工学院成立于 2007 年，是由创办于 1970 年的国立格勒诺布尔理工学院和创建于 1900 年电气学院合并而成。到 2008 年初，国立格勒诺布尔综合理工学院是由 6 所工程师学院、1 个工程师预科班、1 所博士生研究院和 26 个研究实验室所组成的联合体。

下设的造纸与印刷工程学院建立于 1988 年，是一所国际性的关于造纸、印刷通信及生物材料的学校。该校是欧洲最大的工程师培训中心，属于格勒诺布尔省。法国造纸与印刷工业学校获得了 ISO 9001 认证，为有关文件印刷，包装和环境等方面培养未来的领导人。该校课程设置广泛，有很多与基础工程相结合的涉及具体课程的选择性学科，不断适应行业的需要，随着社会的发展而发展。在纸浆和纸张工程实验室进行有助于改善流程的创新研究，以满足特定的环保要求。该校所有的这些活动都确保得到科学技术发展中的前沿教育。

洛林大学 Université de Lorraine

洛林大学是法国著名的公立综合性大学之一，创始于 1572 年，由 3 所同类型的公立综合性大学和一所专业性较强的工程师学校合并而成。主校园位于法国东北部洛林大区(Lorraine)的南锡(Nancy)和梅斯(Metz)。拥有 8 个博士生院，2100 多名在校博士生，其中半数为来自于 80 多个不同国家的外国留学生。每所博士生院在教学和研究方面都有自己的专长，学科领域涉及面广泛。

蒙彼利埃大学 Université de Montpellier

蒙彼利埃大学成立于 1289 年，是世界上最古老的大学之一。校园位于法国南部朗格多克-鲁西永地区首府蒙彼利埃。1970 年大学一分为三，均为欧洲顶尖大学联盟科英布拉集团成员。

法国造纸与印刷工业学校

法国造纸与印刷工业学校建立于 1988 年，是一所国际性的关于造纸、印刷通信及生物材料的学校。该校是欧洲最大的工程师培训中心，属于格勒诺布尔省。法国造纸与印刷工业学校获得了 ISO 9001 认证，为有关文件印刷，包装和环境等方面培养未来的领导人。该校课程设置广泛，有很多与基础工程相结合的涉及具体课程的选择性学科，不断适应行业的需要，随着社会的发展而发展。学校还提供了对数字信息管理的专业执照，制定了与欧洲大学合作的国际培训。该校与工业界建立了密切的合作伙伴关系，每年允许 60 个毕业生能够获得在法国甚至国外的学习机会。在纸浆和纸张工程实验室进行有助于改善流程的创新研究，以满足特定的环保要求。该校所有的这些活动都确保得到科学技术发展中的前沿教育。

法国造纸与图像制作工业学院

法国造纸与图像制作工业学院是欧洲最大、也是法国唯一的造纸及平面传播工业工程师培养中心，法文缩写为“EFPG”，是一所由造纸企业家于1907年创办并获国家承认的学校。自1973年以来归属格勒诺布尔综合理工学院（INPG），并由一个受1901年法律管辖的协会-AGEFPI协会负责管理。专业课程设置包括：造纸专业EFPG（法国造纸与图像制作工业学院）工程师文凭；印刷/加工转换专业EFPG（法国造纸与图像制作工业学院）工程师文凭；造纸、印刷、加工转换工程师专业化学年课程；“数字流量、出版及印刷品生产”职业学士课程。学院是一个重要的科学研究中心，其研究工作主要通过造纸工艺工程实验室（LGP2）进行；而该实验室为法国国家科研中心（CNRS）和格勒诺布尔综合理工学院（INPG）的联合研究单位，造纸技术中心（CTP）和法国森林纤维协会（AFOCEL）也为其合作成员。造纸工艺工程实验室形成一个法国和欧洲唯一的大学教师和研究人员联合研究团体，其技能领域完整广泛，从作为纤维原材料的植物直至纸张和纸版加工转换产品，同时还包括印刷工艺控制。实验室共设5个研究所：工艺化学、造纸工程、纤维结构物理、平面图像制作科学与技术、包装品及纸张纸版的加工与精加工。

德国（GERMAN）

弗里德里希-席勒 耶拿大学 Friedrich-Schiller-Universität Jena

弗里德里希·席勒-耶拿大学，简称耶拿大学，位于德国图林根州耶拿市，正式成立于1558年，是一所公立的综合型大学，也是德国最古老的大学之一。众多世界名人曾在耶拿大学讲学和进行学术研究，他们的成功和名望推动了耶拿大学成为德国学术科研的中心。

弗劳恩霍夫研究机构-木材研究所

弗劳恩霍夫拥有80多家机构，其中在德国有66家研究所。其中木材研究所主要研究在木材、纤维材料、表面技术、木材防护、排放防护、环境研究、循环再生、防火和治理的流程工艺。研究重点是复合材料的生产和优化。这些复合材料由木材和其他植物性的材料组成，如棕榈、竹等一年生植物。研究所在表面技术，清漆和粘合材料的聚合物研究领域拥有丰富的经验。此外，研究所还开发古建筑的维护和保养，从废旧物中提取能源等有利于环保的技术。

达姆施塔特工业大学 Technische Universitat Darmstadt

达姆施塔特工业大学成立于1877年，是一所世界知名的综合性大学。在德国大学中综合排名前20，工学排名第二，该校的工程学、计算机科学和政治学等领域在国际上享有较好声誉。目前，达姆施塔特工业大学与清华大学、同济大学、南京大学、西安交通大学、大连理工大学、香港大学、香港理工大学开展了广泛的合作与交流。

德累斯顿工业大学 Dresden University of Technology

德累斯顿工业大学始建于1828年，位于“欧洲硅谷”之称的德国萨克森州首府德累斯顿，是欧洲工业革命以来历史最悠久和最有名望的科技大学之一。开设126个专业，成为德国开设学科最广泛的综合性大学。

哥廷根大学 Georg-August-University of Göttingen

乔治-奥古斯都-哥廷根大学始建于1734年，简称哥廷根大学，坐落于德国西北部的下萨克森州南部哥廷根市，是一所享誉世界的顶尖综合性大学，也是科英布拉集团的重要成员之一。截至2017年，从哥廷根大学走出的诺贝尔奖获奖人数为45人，数量为德国大学第2位、世界大学第15位。在2018年QS世界大学排名位居世界第114位。在2019年QS世界大学排名位居世界第197位。

汉堡大学 Universität Hamburg

汉堡大学成立于1919年，位于德国汉堡市，是北德最大的学术研究和教育中心与德国规模最大的10所大学之一，也是德国顶尖大学联盟中的一员。在人文科学、社会科学、自然科学领域内拥有顶尖的学术研究水平。根据世界大学排名QS排行榜公布的结果，汉堡大学的语言学、法学、物理学与天文学专业进入了世界前50名；政治学、哲学、医学、经济学、社会学进入了世界前100名。

慕尼黑理工大学 Technische Universität München

慕尼黑工业大学创办于1868年，坐落于德国南部巴伐利亚州（拜恩州）首府慕尼黑，是德国最古老的工业大学之一，是国际享有盛誉的世界顶尖大学，也是“柴油机之父”狄塞尔，“制冷机之父”林德，“流体力学之父”普朗特，文豪托马斯·曼等世界著名科学家及社会名人的母校。在德国教育部的大学科研排行榜（CHE）上，慕尼黑工业大学已经连续多年排名第一。特别是在和企业、实业界的产学研对接、合作上成就斐然，蜚声国际。

挪威(NORWAY)

挪威科技大学 Norwegian University of Science and Technology

挪威科技大学 1996 年由 Tyrondeheim 大学发展而成，Tyrondeheim 大学是由挪威技术学院、艺术科学学院、自然历史和考古博物馆合并而成。下有 7 个二级学院、74 个系。共有在校生 2000 人，其中 700 名为外国留学生。大学每年将授予 2000 个专业、硕士或博士学位。

造纸相关：化学工程系、生物精炼和纤维技术组。

挪威造纸与纤维研究院(PFI)

PFI 主成立于 1923 年，要致力于木材纤维，制浆造纸，新型基于生物质材料以及可持续生物精炼的研究，位于挪威中部城市特隆赫姆，与挪威科技大学化学工程系建立了紧密的合作。2004 年，PFI 更名为造纸与纤维研究院并成为瑞典斯德哥尔摩 INNVENTIA 的附属子公司。

葡萄牙(PORTUGAL)

阿威罗大学 Universidade de Aveiro

阿威罗大学成立于 1973 年，是一所公立大学，位于葡萄牙西部濒临大西洋岸边的阿威罗市，是最具活力和创新的大学之一。拥有近 15000 名本科就读的学生与研究生。该学校的工科目前在欧洲排名第 37 位，世界排名第 137 位。

造纸相关：环境科学与工程。

西班牙(SPAIN)

赫罗纳大学 Universidad de Gerona

赫罗纳大学 1446 年建校，是一所优秀的公立大学，下设 7 个系。

瑞典(SWEDEN)

卡尔斯塔德大学 Karlstads universitet

卡尔斯塔德大学建于 1999 年，位于瑞典卡尔斯塔德，是一所公立大学。下设有 4 个系，开设门类丰富的本科与研究生专业。

造纸相关：纸张表面处理中心、制浆造纸技术中心。

瑞典皇家理工学院 Kungliga Tekniska högskolan

皇家理工学院(KTH)位于瑞典首都斯德哥尔摩，建成于 1827 年，与芬兰的赫尔辛基理工大学(TKK)并成为斯堪的纳维亚半岛上最大的理工类高校，同时也是欧洲理工大学的顶尖院校之一。皇家理工学院开设有丰富的英语和瑞典语授课的本科和硕士专业。在 2008 年度泰晤士报高等教育-QS 世界大学排行榜上，该校位居全球第 173 位。

造纸相关：纤维与聚合物技术系。

瑞典林产研究所 Swedish Pulp and Paper Research Institute

瑞典林产研究所是瑞典最大的研究所，雇员 340 人。研究项目包括所有林产、纸浆、纸、纸板等方面的内容。在木材产品方面，瑞典林产研究所的研究活动与皇家林产学院密切协作；在纸浆生产方面，与印刷工艺研究所，瑞典新闻纸印刷研究中心，瑞典包装研究所密切协作。

查尔姆斯理工大学 Chalmers University of Technology

查尔姆斯理工大学(简称：Chalmers 或 CTH)成立于 1829 年，位于瑞典第二大城市、北欧工业中心哥德堡，是一所以工程技术、自然科学和建筑学教育与研究为主旨的瑞典顶尖理工大学，与 ABB、Volvo、Ericsson、SKF、SAAB 等众多国际知名瑞典企业有着紧密的联系。科研涉及八大领先领域：建筑环境、能源、信息与通信技术、生命科学工程、纳米科学与技术、材料科学、生产、交通。在荷兰莱顿大学发布的 2014 年 CWTS Leiden Ranking 世界高校排名中，查尔姆斯理工大学与工业界的科研合作水平排名全球第二。

吕勒奥理工大学 Luleå University of Technology

吕勒奥理工大学成立于 1971 年，是斯堪的纳维亚半岛上最北的理工大学。下设有 11 个系，并为留学生开设有丰富的本科和研究生专业，同时，学校与当地的工商界合作紧密，高度的创新和合作精神是学校的一大特点。该大学主要研究领域在于采矿工艺、木材工艺、互联网。

瑞典农业科学大学 Sveriges Lantbruks universitet

瑞典农业科学大学是瑞典的一所公立大学，是瑞典乃至北欧最好的农业大学。该大学的本部位于 Ultuna，其分校区分布于瑞典其他地方。下辖 4 个学院，即景观规划、园艺和农业科技学院，自然资源和农业科学学院，兽医学和动物科学学院以及森林科学学院。

隆德大学 Lund University

隆德大学建于1666年，是一所现代化，具有高度活力和历史悠久的公立大学，世界百强大学之一，也是瑞典最负盛名及斯堪的纳维亚半岛上最大的教学研究高教机构之一，位于瑞典最南部的隆德。它有7个院系以及各研究中心和专业学术机构。

伊朗(IRAN)

古尔甘农业科学和自然资源大学 Gorgan University of Agricultural Sciences and Natural Resources

成立于1957年，1992年更名为古尔甘农业科学和自然资源大学。设置9个学院，包括本科及研究生共2800人。大学位于历史古城戈勒斯坦省的戈尔甘市。

造纸相关：制浆造纸系，林业和木材技术。

伊斯兰自由大学 Islamic Azad University

伊斯兰自由大学成立于1982年，是世界上第三大大学，世界上第一大的私立大学，总部位于伊朗德黑兰，150万在校生，国内及国外100多个分支机构。

造纸相关：农业科学与自然资源系。

德黑兰大学 University of Tehran，Karaj

伊朗最古老的现代化大学，也被称作“伊朗的母亲大学”，被冠以“伊朗最好的大学”的美誉。提供111个学士学位项目，177个硕士学位项目及156个博士学位项目。

造纸相关：自然资源系。

土耳其(TURKEY)

Kahramanmaras Sutcu Imam University (KSU)

成立于1992年，是一所非营利性公立高等教育机构，位于土耳其卡赫拉曼马拉什，提供获得官方认可的高等教育学位的课程和计划，设置林业工程系。

伊斯坦布尔大学 Istanbul University

伊斯坦布尔大学在伊市共有9个校区，下设17个学院、5个系、12所高等教育培训学院及数十个研究所和研究中心。

澳大利亚(AUSTRALIA)

莫纳什大学 Monash University

莫纳什大学建立于1958年，是澳大利亚规模最大的国立大学之一，澳大利亚8大名校之一。在墨尔本本部有6个校区；在南非、马来西亚设有分校；在全球共设研究中心75个，此外还与美洲、亚洲、非洲、中东、欧洲超过110个研究中心建立了全球化研究网络与交流链接。

澳大利亚制浆造纸研究院成立于1989年，是莫纳什大学化学工程系的一部分。

悉尼大学 The University of Sydney

悉尼大学始建于1850年，是坐落于澳大利亚第一大城市悉尼的一所世界顶尖研究型学府，澳大利亚和大洋洲第一所大学。悉尼大学是澳大利亚六所砂岩学府(Sandstone Universities)之一，也是澳大利亚八大名校(Group of Eight)的核心盟校成员，国际著名研究型大学联盟组织环太平洋大学联盟(APRU)、亚太国际贸易教育暨研究联盟(PACIBER)的成员大学之一。

联邦科学与工业研究组织 CSIRO

联邦科学与工业研究组织前身是于1926年成立的科学与工业顾问委员会，是澳大利亚最大的国家级科技研究机构，主要角色是通过科学研究和发展，为澳大利亚联邦政府提供新的科学途径，以造福于澳大利亚社会，提高经济效益和社会效益。总部坐落在澳大利亚首都特区堪培拉市中心旁的坎普贝尔(Campbell)，紧邻澳大利亚战争纪念馆、澳大利亚国立大学等。有逾6600名员工，在澳大利亚、法国及墨西哥拥有逾50座研究站。

新西兰(NEW ZEALAND)

坎特伯雷大学 University of Canterbury

坎特伯雷大学建于1873年，以工程专业最为出名，位于新西兰的坎特伯雷省的省会基督城中。坎特伯雷大学的教学和研究密切相关，同时见长。其研究项目在全国研究基金中占有很重要的比例。学院包括：艺术、贸易、工程设计、法学、音乐和美术，林业和科学，学院之下又设有39个系。

新西兰皇家研究院林业研究所(SCION)

主要负责林业、木业、木制品以及生物材料的研究。

印度(INDIA)

印度国家制浆造纸研究院

印度国家制浆造纸研究院成立于1980年，是隶属于印度工商部产业政策与推广司的国家级专业研究机构，其主要职能是在制浆造纸领域清洁生产、资源利用、产品开发和成本控制等方面为行业提供技术支持。

印度国家环境工程研究所 National Environmental Engineering Research Institute

印度国家环境工程研究所是由印度政府创建和资助的研究机构，于 1958 年在那格浦尔成立。该机构专注于供水、污水处理、传染病和工业污染等项目。印度国家环境工程研究所在钦奈、德里、海得拉巴、加尔各答和孟买拥有 5 家实验室。其上属机构是印度科学与科技部。

印度理工学院-卢克里分校 Indian institute of technology

印度理工学院创建于 1951 年，是由印度政府所建设和组成的七间自治工程与技术学院。在学术界具有世界声誉，被称为印度“科学皇冠上的瑰宝”，是印度最顶尖的工程教育与研究机构。在全国共设有 7 所校区。卢克里理工学院设有造纸学科领域。

印度尼西亚(INDONESIA)

茂物农业大学 Bogor Agricultural University

茂物农业大学(IPB)兼具农、林、鱼、畜以及社会科学的多种学科和领域的综合性大学，尤其是其热带作物研究处于世界领先水平。

日本(JAPAN)

东京大学 University of Tokyo

东京大学，简称东大，诞生于 1877 年，是一所世界级著名研究型综合大学，本部位于日本东京都文京区，在全球都享有极高的声誉，在日本国内的影响力和知名度都无可比拟。作为一所世界顶尖的综合大学，东大在 2016 年 CWUR 世界大学排名中名列世界第 13 位、日本第 1 位。

造纸相关：农业与生命科学院-生物材料科学系-木材化学实验室。

北海道大学 Hokkaido University

北海道大学建立于 1876 年，是日本著名研究型国立综合大学，本部位于日本北海道札幌市，在日本高等教育学府中占有举足轻重的地位。设有 2 个校区，有 12 个本科学院、18 个研究生院、3 个附属研究所、3 所全国共同教育研究设施；拥有本科生和研究生共计 18000 人左右，教职员约 4000 人，有来自近百个国家和地区的 1500 多名留学生，其中中国留学生约 800 名。根据 2018 年 QS 世界大学排名，北海道大学位列世界第 122 名，亚洲第 31 名，其化学、工程学、农学、林学等学科均位列世界前 100。

筑波大学 University of Tsukuba

筑波大学创办于 1872 年，位于东京首都圈的筑波市，是日本著名的国立综合大学，日本最古老的大学之一。入选日本“超级国际化大学”计划 A 类大学，日本学术研究恳谈会(RU11)成员，东亚研究型大学协会成员。筑波大学占地约 258 公顷，是日本面积最大的大学之一；下设 9 个学群，开办 54 个专业，有 3 名教授获诺贝尔奖。

筑波林业和林产研究院 Forestry and Forest Products Research Institute，Tsukuba

下设生物质化学部。

京都大学 Kyoto University

京都大学，创建于 1897 年，是一所本部位于日本京都市左京区的日本顶尖研究型大学，在日本仅次于东京大学的学科齐全、规模宏大的国立综合大学。作为日本国内的最高学府之一，京都大学在全球都享有很高的声望，被誉为“科学家的摇篮”。

京都府立大学 Kyoto Prefectural University

京都府立大学，位于日本京都府京都市，是一所由京都府立农业专门学校与京都府立女子专门学校作为母体，创立于 1949 年的日本著名公立大学。目前拥有文学，公共政策学与生命环境学三大学系，有下鸭、精华两大校区，是一所在日本关西地区颇受好评的小型高等院校。

静冈大学 Shizuoka University

静冈大学创办于 1949 年，是位于静冈县静冈市骏河区大谷的日本国立大学。拥有静冈校区(文科为主)和滨松校区(理工科为主)。该校的办学宗旨在于：培养对社会充满责任感且具有国际化眼光的高技术性人才；推动有利于世界和平与人类发展的各类科学研究；努力建设成为地区性文化科学基地。

名古屋大学 Nagoya University

名古屋大学创办于 1871 年，本部位于日本爱知县名古屋市，是一所日本顶尖、世界一流的著名研究型国立综合大学，日本中部地区最高学府，日本“超级国际化大学计划”A 类顶尖校。现拥有 10 个学部、15 个研究科、3 个研究所、2 所全国共同利用共同研究基地、29 处校内共同教育研究设施。从设立至今，名古屋大学一直处于日本国内一流级别学府的地位。同时，名大也是日本超级国际化大学计划、RU11学术恳谈会、八大学工学系联合会、领先研究生院计划、国际21世纪学术联盟等著名学术组织的成员大学。

岛根大学 Shimane University

岛根大学是日本一所规模中等的国立综合大学，建立于1949年。截至2017年，岛根大学占地648万米^2，建筑总面积9.9万米^2。学校将学部共通教育的培养分为5个目标，分别为知识的探究者、市民社会的形成者、地域社会的创作者、国际社会的贡献者、自我的开拓者。

九州大学 Kyushu University

九州大学创立于1903年，是一所本部位于日本福冈县福冈市的顶尖研究型国立综合大学，在日本乃至世界上均占有重要的学术地位，是日本文部科学省指定的“超级国际化大学计划”A类顶尖校之一。目前，九州大学共拥有10个学部、11个研究科、3个研究所和11个研究中心，在校学生约18200名、教职人员4500名，其中国际留学生共1141名。

秋田县立大学 Akita Prefectural University

秋田县立大学创办于1999年，坐落于秋田县秋田市，地理位置优越，环境优美。设有系统科学技术学部，大学院设有系统科学技术研究科、生物资源科学研究科。

东京农工大学 Tokyo University of Agriculture and Technology

东京农工大学于1874年设立，2004年升为日本国立大学，是专注科学研究，小而精的日本著名研究型国立大学。该校实行研究生院重点化，常年积累的科研实力，科研成果达到校外各界公认的顶级水平。

宇都宫大学 Utsunomiya University

宇都宫大学于1922年建立，是日本著名国立大学，位于栃木县首府宇都宫市。设有4个学院（国际学院、教育学院、工学院、农学院）以及4个研究所。

韩国（KOREA）

忠北国立大学 Chungbuk National University

忠北国立大学成立于1957年，位于韩国忠清北道清州市，是韩国的主要10所大学之一，现已成长为在韩国教育和研究领域处于领先地位的综合机构。大学共设有12个学院，10个学校，55个系和6个研究生院。在信息通讯领域、保健医疗、生命工程、农业、林业、水产业等方面具有独特特色，特别是被指定为国家重点支援大学。

造纸相关：农生学院-木材与造纸科学系。

忠南大学 Chungnam National University

忠南大学于1952年成立，是一所4年制国立大学，地处具有韩国“硅谷”之称的大德研究基地。截至2011年，忠南大学共开设了13个研究生院、15个单科学院和1个自由专门学部。

造纸相关：生命科学与农业学院-生物质材料。

江原大学 Kangwon National University

江原大学建校于1947年，为国立综合大学，位于韩国东北部的江原道省会城市春川。设有17个本科大学（4年制、5年制），5个研究生院（硕士2年、博士3年、硕博连读5年），2个专门研究生院（法学专门研究生院、医学专门研究生院），共有288个本科专业、120个研究生专业、59个博士专业，教授99%已获得博士学位。

设有造纸工学系。

首尔国立大学 Seoul National University

首尔国立大学建校于1926年，为韩国最初成立的一所国立综合大学，设有16个单科学院及研究生院，3个专科研究所（专修研究生院），93个研究中心及支援单位，并作为国内最高的教育研究机关，取得了划时代的发展。享有“韩民族最高学府之称”。在韩国综合大学排名第一。

造纸相关：农业与生命科学学院-林业科学系。

韩国庆熙大学 Kyung Hee University

庆熙大学，1949年创办的一所综合性大学，是韩国的著名高等学府，现有3个校区及20多个系科，分布在韩国的首尔、水原和光陵。现已是代表韩国的最佳私立大学之一，韩国排名第五。开设26个学院和16个研究生院，并设有庆熙网络大学。

马来西亚（MALAYSIA）

马来西亚国民大学 University Kebangsaan

马来西亚国民大学创立于1970年，是马来西亚一所极负盛名的综合性公立大学，同时也是马来西亚政府创办的第三所公立大学。学校排名居全亚洲前20位，具备学士、硕士、博士颁发资格，其工程和科技专业一直处于国内大学的领先水准。学校共设有12个学院，作为一所综合性大学，专业非常广泛，包括文科、理科、商科、教育等各类学科。

马来西亚博特拉大学 University Putra Malaysia

马来西亚博特拉大学位于马来西亚雪兰莪州，始建于 1931 年，是东南亚著名研究型综合大学，在校师生约 3 万人，主校区占地 1103 公顷。是马来西亚最大的大学之一，也是在全马促进有经验和熟练的人力资本增长的关键学校，并高度致力于有效地制定教学战略，科研，创新和专业服务的创新实践。博大 91% 的教师拥有博士学位，是马来西亚师资力量最强的大学。在教育和研究领域拥有卓越且历史悠久的口碑，是一所在国际学术领域倍受认可的世界顶尖公立大学。

马来西亚科技大学 Malaysia University of Science and Technology

马来西亚科技大学于 2000 年创办，位于马来西亚首都吉隆坡近郊的雪兰莪州八打灵再也，是一个提供各种层次教学的综合型院校，包括基础自然科学文凭，本科（理学学士和工商管理学士），硕士，博士。目前有 3 个分院：自然科学与工程学院、商学院以及基础预科学院。

马来亚大学 University of Malaya

马来亚大学 1962 年正式成立，是一所文理学科和医学兼有的综合性世界名校，是马来西亚规模最大和最著名的大学之一，也是一所全马历史最悠久的学府。是马来西亚唯一一所拥有斯坦福大学、东京大学、国立台湾大学、北京大学、清华大学等名校加盟的环太平洋大学联盟成员大学，与海内外著名学府都有着广泛的联系。

泰国（THAILAND）

亚洲理工学院 Asian Institute of Technology

亚洲理工学院（简称 AIT），始创于 1959 年，现已发展成为由全世界许多国家和地区的政府、国际组织、基金会、商务机构和个人资助的亚洲最大的国际性研究生院之一。位于泰国巴吞他尼府，旨在为了促进亚洲高级工程方面的教育而成立的，是泰国一所私立性综合大学。由 4 个学校构成：高级技术学校，内部工程学校，环境资源与开发学校和管理学校。每一个学校都具有授予博士学位、硕士学位及学士学位的资格。

造纸相关：制浆与造纸技术、环境工程管理。

越南（VIETNAM）

越南制浆造纸工业研究院

越南制浆造纸工业研究院成立于 1969 年，主要从事制浆造纸，环境保护方面的研究、咨询工作。2007 年处于政府机构向股份公司转制阶段，现也做技术转让、设备的代理。

（田　超）

国外主要造纸期刊介绍

Main Foreign Periodicals Related to Pulp and Paper

《澳大利亚和新西兰纸浆与造纸工业技术协会志》 *Appita Journal(APPITA J)*

主要刊载纸浆、纸张、印刷和包装方面的研究论文、技术报告等专题文章，报道国内外造纸工业动态和该协会的会议活动等。

创刊时间：1947 年

主办单位：澳大利亚和新西兰纸浆与造纸技术协会

出版周期：季刊

ISSN：1038－6807

出版国：澳大利亚

地址：Appita Inc.，PO Box 816 MACLEOD VIC 3085 Australia

电话：+61－3－9467－9722

传真：+61－3－9467－9778

邮箱：admin@ appita. com

网址：www. appita. com

《亚洲纸业》 *Paper ASIA*

亚洲领先的纸浆和造纸杂志，也涵盖了瓦楞、加工和包装。其读者所覆盖的行业非常广泛，包括一些行业的专业人士和决策者。该杂志在 20 个国家发行。2007 年，该杂志首次刊登中文对照，此举深受行业供应商和最终用户的喜爱。

创刊时间：1985 年

出版单位：SHP Media Sdn. Bhd.

出版周期：双月刊

ISSN：0218－4540

出版国：马来西亚

地址：12，0312th Floor，Block E，Phileo Damansara 1，9，Jalan 16/11，off Jalan Damansara，46350 Petaling Jaya，Selangor，Malaysia

电话：+603－79601148

传真：+603－79601152

邮箱：editorial. paperasia@ shpmedia. com

网址：www. paperasia. com. my

《中东生活用纸》 *ME Tissue*

中东地区生活用纸及无纺布行业的第一本杂志。该杂志致力于为从事生活用纸及无纺布行业的专业人士提供有关节能、安全、优质的生产解决方案、原料、技术、研究和开发等更多信息。其内容涵盖了整个生活用纸的供应链，从原材料到生活用纸生产，与生产、加工、包装相关的技术，以及无纺布行业的新趋势、新技术及研究和发展。为英语和阿拉伯语双语期刊。

创刊时间：2008 年

主办单位：MEAC Group Holding

出版周期：季刊

出版国：黎巴嫩

地址：P. O. Box：45－134 Hazmieh-Lebanon

电话：+961－3－798－204

传真：+961－5－450－930

邮箱：info@ metissue. com

网址：www. metissue. com

《日本造纸技术》 *Japanese Journal of Paper Technology*

内容涵盖制浆造纸、深加工、精加工、涂布、测量和分析技术及能源和环保措施等。

创刊时间： 1958 年

主办单位： Paper Industry Times Company

出版周期： 月刊

ISSN： 0453－1507

出版国： 日本

地址： 日本东京都中央区日本桥人形町 1-9-2

电话： ＋81－3－5651－7161

传真： ＋81－3－5651－7201

邮箱： jj-paper-tech@ st-times. co. jp

网址： www. st-times. co. jp

《制浆造纸技术》
Journal of Pulp and Paper Technology

出版单位： Shizuoka Pulp and Paper

出版周期： 月刊

ISSN： 0287－5586

出版国： 日本

地址： 日本静冈县富士市大渕 2590 番地-1（静冈县工业技术研究所富士工业 技术支援中心内）〒417－0801

电话： ＋81－545－35－5025

传真： ＋81－545－35－5027

邮箱： skamipagk@ cotton. ocn. ne. jp

网址： www. shizuoka-tappi. or. jp

《日本制浆造纸协会志》
Japan TAPPI Journal

内容涉及制浆造纸行业的广泛信息，主要包括：最新研究技术报告；运行经验介绍；最新的研究技术成果；科研机构介绍；海内外制浆造纸动态及相关会议；专利信息和新产品；先进测试技术；商业新闻和显性统计；协会新闻等。

主办单位： 日本制浆造纸技术协会

创刊时间： 1996 年

出版周期： 月刊

ISSN： 0022－815X

出版国： 日本

地址： 日本东京都中央区银座 3-9-11（制浆造纸会馆 11 层）〒104－8139

电话： ＋81－3－3248－4841

传真： ＋81－3－3248－4843

网址： www. japantappi. org

《印度制浆造纸技术协会会志 ZA》
The Official International Journal of the Indian Pulp & IPPTA Paper Technical Association（IPPTA）

主办单位： 印度浆纸技术协会

出版周期： 季刊

ISSN： 0379－5462

出版国： 印度

地址： C. P. P. R. I. Campus，Paper Mill Road Near Himmat Nagar，P. O. Box 47，Saharanpur-247001（India）

电话： ＋91－132－2714081/82

邮箱： ipptainfo@ gmail. com

网址： www. ipptaonline. org

《印度国际纸业》
Inpaper International

印度制浆造纸行业杂志，在欧洲和美国以外的其他大洲广受欢迎，涵盖了制浆造纸所有领域。内容涉及受行业关注及有争议的热点问题，业界知名公司及优秀人物介绍，行业最新技术及产品等。

出版单位： Indian Agro and Recycled Paper Mills Association

出版周期： 季刊

出版国： 印度

地址： 404，Vikrant Tower，4，Rajendra Place，New Delhi-110008，India

电话： ＋91－11 25862301

传真： ＋91－11－25768639

邮箱： iarpma@ inpaper. com/ publicationone@ inpaper. com

网址： www. inpaper. com

《孟加拉制浆造纸》
Bangladesh Pulp And Paper

孟加拉制浆造纸行业综合类刊物，内容主要涵盖：行业资讯；最新研究论文及交流报告等。

出版周期： 双月刊

出版国： 孟加拉

地址： House-08，Level-01，Road-14，Dhanmondi，Dhaka-1209 Bangladesh

电话：+880 1711 997820
邮箱：magazinebpp@ gmail. com
网址：www. pulpandpaperbd. com

《纸业 360°》
Paper 360°

报道世界各地造纸行业最新的资讯。
主办单位：纸浆与造纸工业技术协会、造纸工业管理协会
出版单位：Naylor Association Solutions
出版周期：双月刊
ISSN：1933 - 3684
出版国：美国
地址：15 Technology Parkway South, Suite 115, Peachtree Corners, GA 30092, USA
电话：+1 - 978 - 750 - 8400
传真：+1 - 770 - 209 - 7206
邮箱：jbottiglieri@ tappi. org
网址：www. paper360. tappi. org

《纸浆与造纸工业技术协会志》
TAPPI Journal

自创刊以来一直是造纸行业同行评审论文的首选论坛，提供行业内最新、最相关的研究。2009 年 12 月，从印刷期刊转为电子期刊。2011 年 6 月开始，内容涵盖来自独家刊物《纸张回收进展》(*Progress in Paper Recycling*, *PPR*)的内容，*PPR* 是一本有关纸浆、纸和纸板产品回收的科学、技术和经济性探索的杂志。
主办单位：纸浆与造纸工业技术协会
出版周期：月刊
ISSN：0734 - 1415
出版国：美国
地址：15 Technology Parkway South, Suite 115 Peachtree Corners, GA 30092, USA
电话：+1 - 770 - 446 - 1400
传真：+1 - 770 - 446 - 6947
邮箱：memberconnection@ tappi. org
网址：www. tappi. org

《纸浆与纸》
Pulp & Paper

刊载美国国内外造纸业经济与市场动态，造纸技术和设备的进展与新产品等方面的论文和简讯。
出版单位：C M P Media LLC
出版周期：月刊
ISSN：0033 - 4081
出版国：美国
地址：2018 Powers Ferry Rd, Ste 600, Atlanta, US
电话：+1 - 678 - 598 - 8800
传真：+1 - 678 - 589 - 8888
邮箱：kferguson@ mfi. com
网址：www. cmp. com

《纸张时代》
Paper Age

世界上造纸行业重要的专业期刊之一，涉及的内容包括：制浆、造纸、纸品加工、技术开发、公司介绍及与主要行业领导者独家采访。
出版单位：O'Brien Publications, Inc.
创刊时间：1884 年
出版周期：双月刊
ISSN：0031 - 1081
出版国：加拿大
地址：P. O. Box 25058, London BRC. Ontario, N6C 6A8, Canada
电话：+781 - 923 - 1016
传真：+781 - 923 - 1389
邮箱：jobrien@ paperage. com
网址：www. paperage. com

《纸浆与造纸科学杂志》
Journal of Pulp and Paper Science

刊载制浆和造纸科学和技术方面的研究论文和评论，是加拿大造纸工业的主要学术期刊。
主办单位：加拿大制浆造纸技术协会
出版单位：加拿大制浆造纸技术协会
创刊时间：1983 年
出版周期：季刊
ISSN：0826 - 6220
出版国：加拿大
地址：740 Notre-Dame St. W., suite 1070, Montréal (Québec) H3C 3X6, Canada
电话：+01 - 514 - 392 - 0265
传真：+01 - 514 - 392 - 0369
邮箱：tech@ paptac. ca
网址：www. paptac. ca

《加拿大纸浆与纸》
Pulp & Paper Canada

刊载加拿大造纸、纸浆和木材化学等相关技术和设备应用等领域的技术论文、设备与产品介绍和消息报道。

主办单位：加拿大制浆造纸技术协会

出版单位：Annex Business Media

出版周期：双月刊

ISSN：0316 – 4004

电子版 ISSN：1923 – 3515

出版国：加拿大

地址：80 Valleybrook Drive，Toronto，Ontario M3B 2S9，Canada

电话：+1 – 416 – 442 – 5600 ext 3539

传真：+1 – 416 – 510 – 5140

邮箱：Follow@ pulppapercanada. com

网址：www. pulpandpapercanada. com

《造纸工业》
Paper Industry

北美制浆造纸行业新产品资讯的权威性刊物。报道造纸行业密切相关的技术、工艺、服务及行业新闻、产品和服务评价等最新信息。

出版单位：Paper Industry Publishing Office

出版周期：月刊

出版国：加拿大

地址：PO Box 2419，Montgomery，Alabama 36102

电话：+604 – 910 – 1826

传真：+1 – 450 – 458 – 4571

邮箱：editor@ paperindustrymag. com

网址：www. paperindustrymag. com

《纸张、薄膜及箔片加工》
Paper, Film & Foil Converter(PFFC)

刊载的内容涵盖纸张、薄膜、箔片加工及包装印刷行业的各个部分和加工行业的业务发展趋势和技术创新。

创刊时间：1927 年

出版周期：月刊

ISSN：0031 – 1138

出版国：美国

地址：5624 W. Wilson Ave. Chicago，USA

电话：+1 – 303 – 674 – 0577

传真：+1 – 303 – 674 – 0577

邮箱：tjanes@ PFFC-online. com

网址：www. pffc-online. com

《纸业技术》
Paper Technology

造纸工业技术领域的权威性刊物，报道行业的新闻、产品和服务信息，技术更新，案例研究和评论，及造纸工业技术协会会议报告等。特色栏目有纸机织物备件、造纸化学品、设备维护和自动化等。涉及的领域包括造纸及林产品等行业。

创刊时间：20 世纪 60 年代

主办单位：造纸工业技术协会

出版周期：双月刊

ISSN：0958 – 6024

出版国：英国

地址：5 Frecheville Court，Bury，Lancs BL9 0UF，United Kingdom

电话：+44(0)300 6020 150

传真：0300 3020 160

邮箱：info@ pita. co. uk

网址：www. pita. co. uk

《纸浆、纸张及物流杂志》
Pulp, Paper & Logistics Magazine

发行人：Vince Maynard

ISSN：2045 – 8622(PRINT)

出版国：英国

地址：Tralee，Hillcrest Road Edenbridge，Kent TN8 6JS，UK

电话：+44(0)1732505724

邮箱：pulppaperlogistics@ virginmedia. com

网址：www. pulp-paperworld. com

《国际纸业》
International Paper World (IPW)

德国制浆造纸化学工程师协会 ZELLCHEMING 的官方贸易刊物。报道浆纸生产商、供应商及其国际活动，重点是报道新技术、未来发展趋势、新兴市场以及如何提高可持续性(或环境影响)。涉及的内容涵盖从森林到客户的整个产业链。

主办单位： 制浆造纸化学工程师协会

出版单位： Keppler-Junius GmbH & Co. KG

创刊时间： 1957

ISSN： 1615－1720

出版周期： 每年 10 期

出版国： 德国

地址： Keppler-Junius GmbH & Co. KG, Ruesterstr. 11, Frankfurt a. M., 60325, Germany

电话： ＋49－69－20－73－76－20

传真： ＋49－69－20－73－75－84

邮箱： edit@ ipwonline. de

网址： www. ipwonline. de

《专业造纸》
Professional Papermaking

深受国际造纸行业龙头企业（造纸厂、纸品供应和加工企业）领导者和高层决策者（包括业务管理人员、采购人员、销售经理等）喜爱的贸易刊物。内容涉及纸浆、纸和纸板生产的科学技术报告及公司有关提高生产力、改善质量、降低成本方面创新的信息，全球市场发展趋势，经济和公司的最新报告，涵盖贸易展览会、会议、政策等最新文章。主要栏目有备料、造纸、纸加工、废水处理和涂布。

出版周期： 半年刊

出版单位： Deutscher Fachverlag GmbH

出版国： 德国

地址： Mainzer Landstr. 251, 60326 Frankfurt am Main, Germany

电话： ＋49－69－7595－1291

传真： ＋49－69－7595－1290

邮箱： info@ professional-papermaking. com

网址： www. professional-papermaking. com

《造纸技术》
Wochenblatt Fur Papierfabrikation

刊载纸张、纸板和纸浆工业生产技术方面的技术报告、会议论文和文摘，报道造纸工业技术进展与国内外行业动态。

出版单位： dfv 传媒集团

出版周期： 月刊

ISSN： 0043－7131

出版国： 德国

地址： Deutscher Fachverlag GmbH, Mainzer Landstr 251, Frankfurt Am Main, 60326, Germany

电话： ＋49－69－7595－20151/52/61

传真： ＋49－69－7595－2055

邮箱： wochenblatt@ dfv. de

网址： www. dfv. de/presse

《当代纸业总览》
Aktuelle Papier-Rundschau（APR）

德国领先的纸业期刊，是造纸行业决策者不可或缺的专业杂志。读者群为造纸商、纸品加工商、纸张贸易商、废纸造纸商，以及造纸行业机械制造商及服务商等。

出版周期： 每年 8 期

出版单位： Keppler Media Group

出版国： 德国

地 址： P. Keppler Verlag GmbH & Co. KG Kaiserstraße 39, 63065 Offenbach am Main

电话： ＋49/（0）69/15 04 33－200

传真： ＋49/（0）69/15 04 33 － 333

邮箱： o. schneider@ kepplermediengruppe. de

网址： www. apr. de

《纸张与木材》
Paper and Timeber

论述芬兰制浆、造纸、纤维与木材化学方面工艺技术与设备的研究和开发成果，报道芬兰林业的发展，介绍芬兰在造纸方面与国外的经济和技术合作以及行业动态。文章以英文、芬兰文或瑞典文发表。

主办单位： 芬兰森林工业协会

出版单位： Paperi ja Puu Oy

出版周期： 季刊

ISSN： 0031－1243

出版国： 芬兰

地址： Paperi ja Puu Oy, Spektri Business Park, Metsänneidonkuja 4, 02130 Espoo, Finland

电话： ＋358－10－229－1631

邮箱： irmeli. hannula@ paperjournal. fi

网址： www. paperijapuu. fi

《法国造纸工业技术协会志》
ATIP

主办单位： 法国造纸工业技术协会（ATIP）
出版周期： 季刊
ISSN： 0997－7554
出版国： 法国
地址： 23，rue d'Aumale F-75009 Paris，France
电话： ＋33－145 62 1191
传真： ＋33－145 63 5309
邮箱： atip@ wanadoo. fr
网址： www. atip. asso. fr

《北欧纸浆和造纸研究杂志》
Nordic Pulp & Paper Research Journal（NPPRJ）

一本国际性的科学杂志，刊载木材或生物质成分、制浆造纸及其所涉及的植物纤维原料和废纸原料，以及制浆、生物质精炼副产品的基础研究及能源问题等方面的研究论文。

主办单位： Mid Sweden Uniersity（瑞典中部大学）
出版周期： 季刊
ISSN： 0283－2631
出版国： 瑞典
地址： Mid Sweden University，Holmgatan 10，SE-851 70 Sundsvall，Sweden
电话： ＋46（0）10－142 84 93
邮箱： info@ npprj. se
网址： www. npprj. se

《浆·纸·纸板》
Pulp · Paper · Board

为俄罗斯和独联体国家制浆造纸行业的专家所喜爱的刊物。主要栏目有技术、效率和质量、设备、自动化等。

创刊时间： 1904 年
出版周期： 每年 10 期
出版国： 俄罗斯
地址： 4，bldg. 2，Dmitrovsky per.，Moscow p/o 107031，Russia
电话： ＋7－495－258－39－36/37/38
传真： ＋7－495－258－39－36
邮箱： info@ cbk. ru
网址： www. cbk. ru

《纤维素》
Cellulose

刊载纤维素及其衍生物的化学、生化、物理学和材料科学特性的研究论文，以及纤维素技术开发和应用方面的研究论文、评论文章及技术说明。

创刊时间： 1994 年
出版周期： 季刊
ISSN： 0969－0239
电子版 ISSN： 1572－882X
出版国： 荷兰
地址： Springer，Van Godewijckstraat 30，Dordrecht，3311 GZ，Netherlands
电话： ＋49－6221－345－4303
网址： www. springer. com/10570/

《纤维素化学与工艺》
Cellulose Chemistry and Technology

刊载食品、纺织品、造纸、木材、黏合剂、医药、油田等领域碳水化合物工业应用的研究论文。栏目主要包括结构和性能研究、生物和产业开发、分析方法、化学和微生物改性、与其他材料的相互作用。除刊登原创研究论文外，也刊登短通讯、书评和读者来信等。

创刊时间： 1966 年
出版周期： 双月刊
ISSN： 0576－9787
电子版 ISSN： 2457－9459
出版国： 罗马尼亚
地址： Editura Acad Romane，Calea 13 Septembrie NR 13，SECTOR 5，Bucuresti，050711，Romania
邮箱： vipopa@ ch. tuiasi. ro
网址： www. cellulosechemtechnol. ro

《南非制浆造纸工业技术协会志》
TAPPSA Journal

主要服务于南非地区的纸浆、纸张和森林产品行业。刊登南非地区造纸行业的技术论文，以及报道全球造纸行业的发展概况。

主办单位：南非纸浆和造纸工业技术协会

出版周期：双月刊

出版国：南非

地址：PO Box 1633, Kloof 3640, Southern Africa

电话：+27－31－764－2494

邮箱：mwtappsa@ iafrica. com

网址：www. tappsa. co. za

（郭彩云）

国外制浆造纸相关团体与研究机构名录

Directory of Foreign Pulp and Paper Associations and Research Institutions

日本制浆造纸技术协会(Japan TAPPI)

Kami pulp Kaikan Bldg., 11th Floor 9-11 Ginza 3-chome, Chuo-ku, Tokyo 104 - 8139 Japan
TEL: +81 - 3 - 3248 - 4841
FAX: +81 - 3 - 3248 - 4843
URL: www. japantappi. org

韩国纸业协会(KPMA)

Korea Paper Manufactures' Association
505, Sinsa-dong, Gangnam-gu, Seoul
TEL: +82 - 02 - 549 - 0981
FAX: +82 - 02 - 549 - 0980
E-mail: kpma@ paper. or. kr
URL: www. paper. or. kr

韩国制浆造纸工业技术协会(KTAPPI)

Korea Technical Association of the Pulp & Paper Industry
Suite 701, Chungmu Bidg., 7, Yeouidaebang-ro 69 (yuksipgu)-gil, Yeongdeungpo-gu, Seoul, 07333, Korea
TEL: +82 - 2 - 786 - 8620
FAX: +82 - 2 - 786 - 8621
E-mail: ktappi@ ktappi. or. kr
URL: www. ktappi. or. kr

菲律宾造纸商协会(PPMAI)

Philippine Paper Manufacturers Association Inc.
2F FMF Bus. Center, 126 Pioneer St., Mandaluyong City, Philippines
TEL: +63 - 2 - 703 - 9124; 405 - 4069
FAX: +63 - 2 - 815 - 9460
E-mail: philippinepaper@ gmail. com

菲律宾制浆造纸技术协会

Technical Association of the Pulp and Paper Industry of Philippines (TAPPI-phils) c/o Fiber Processing and Utilization Laboratory, Fiber Industry Development Authority, BAI Compound, Visayas Avenue, Diliman, 1104 Quezon City, Philippines
TEL: +63 - 2 - 929 - 1396
FAX: +63 - 2 - 920 - 0427

越南制浆造纸协会(VPPA)

Vietnam Pulp and Paper Association
No. 59 Vu Trong Phung Street, Thanh Xuan Trung Ward, Thanh Xuan District, Hanoi.
TEL: 024 6654 2872
E-mail: vanphong@ vppa. vn;
URL: www. vppa. vn

泰国制浆造纸行业协会(TPPIA)

The Thai Pulp and Paper Industries Association
Bld. 4 6th floor, 1 Siam Cement Road, Bangsue, Bangkok, 10860, Thailand
TEL: +66 25864504, +66 25864511,
+66 25864513
FAX: +66 25862999
E-mail: kanungnc@ scg. co. th
umasrin@ scg. co. th

马来西亚制浆造纸协会

Malaysia Pulp and Paper Manufacturers Association
Suite 710, 7th Floor, Wisma Lim Foo Yong, 86 Jalan Raja Chulan, 50200 Kuala Lumpur, Malaysia
TEL: +60 - 3 - 2482501; 2484606

FAX：+60－3－775 1519

马来西亚森林研究所(FRIM)
Forest Research Institute Malaysia
Selangor Darul Ehsan，52109 Kepong，Malaysia
TEL：+60－3－62797000
FAX：+60－3－62731314
E-mail：feedback@ frim. gov. my
URL：www. frim. gov. my

印度尼西亚制浆造纸协会
Indonesian Pulp & Paper Association
Jalan，Cimandiri No. 6，Flat 1/2，10330 Jakaruta，Indonesia
TEL：+62－21－31926084
FAX：+62－21－3911351
E-mail：ippasec@ indo. net. id

印度纸业生产商协会(IPMA)
Indian Paper Manufacturers Association
PHD House（4th Floor），4/2 Siri Institutional Area，Opp. Asian Games Village，110 016 New Delhi，India
TEL：+91－11－2651－8379
FAX：+91－11－2651－3415
E-mail：sg@ ipma. co. in；secretariat@ ipma. co. in
URL：www. ipma. co. in

印度制浆造纸技术协会(IPPTA)
Indian Pulp and Paper Technical Association
CPPRI Campus，PO Box 47，247001 Saharanpur，Uttar Pradish，India
TEL：+91－132－2714082
FAX：+91－132－2714081
E-mail：sg@ ipma. co. in
URL：www. ippta. co

印度中央制浆造纸研究所(CPPRI)
Central Pulp & Paper Research Institute
174，Paper Mill Road，Himmat Nagar，Saharanpur－247001，India
TEL：+91－132－2714050；2714061；
2714062；2714059
FAX：+91－132－2714052
E-mail：info@ cppri. org. in；director@ cppri. org. in
URL：www. cppri. org. in

澳大利亚/新西兰制浆造纸技术协会(APPITA)
Technical Association of the Australian and New Zealand Pulp and Paper Industry
澳大利亚：PO Box 816，Macleod Vic 3085，Australia
TEL：+61－3－9467－9722
FAX：+61－3－9467－9778
E-mail：admin@ appita. com. au
新西兰：PO Box 6042，Whakarewarewa Rotorua，New Zealand
TEL：+64－7－350－2252
FAX：+64－7－350－2253
E-mail：appita. nz@ xtra. co. nz
URL：www. appita. com

澳大利亚林产及造纸工业委员会(A3P)
Australian Plantation Products and Paper Industry Council
HQ address：Level 3，Tourism House，40 Blackall Street，Barton，ACT 2600
TEL：+61－2－6273－8111
FAX：+61－2－6273－8011
E-mail：info@ a3p. asn. au
URL：www. a3p. asn. au

欧洲造纸工业联合会(CEPI)
Confederation of European Paper Industries
250 Avenue Louise，box 80，B-1050 Brussels，Belgium
TEL：+32－2－627－4911
FAX：+32－2－646－8137
E-mail：mail@ cepi. org
URL：www. cepi. org

欧洲纸板制造工业联合会(FEFCO)
The European Federation of Corrugated Board Manufacturers
Avenue Louise 250，BE－1050 Brussels，Belgium
TEL：+32－2－646－4070
FAX：+32－2－646－6460
E-mail：info@ fefco. org
URL：www. fefco. org

派诺国际
Pira International
Pira House，Cleeve Road，Leatherhead，Surrey KT22 7RU，United Kingdom
TEL：+44－1372－802000

FAX：+44－1372－802249
E-mail：info@ pira-international. com
URL：www. piranet. com

挪威工业联盟（Norsk Industri）
Federation of Norwegian Industries
Middelthuns gate 27，Majorstuen，Oslo，Norwey
TEL：+47－23－08－8800
E-mail：post@ norskindustri. no
URL：www. norskindustri. no

瑞典森林工业协会（Skogs Industrierna）
Swedish Forest Industries Federation
Box 55525，SE－102 04 Stockholm，Sweden
TEL：+46－8－762－72－60
FAX：+46－8－611－71－22
E-mail：info@ forestindustries. se
URL：www. forestindustries. se

芬兰森林研究所（METLA）
Finnish Forest Research Institute
Jokiniemenkuja 1，Box 18，FI-01301 Vantaa，Finland
TEL：+358－10－2111
FAX：+358－10－211－2103
E-mail：kirjaamo@ metla. fi
URL：www. Metla. fi/index-en. html

芬兰森林工业联合会
Finnish Forest Industries Federation
Snellmaninkatu 13，P. O. B 336，FI-00171 Helsinki，Finland
TEL：+358－9－132－61
FAX：+358－9－132－4445
E-mail：forest@ forestindustries. fi；
firstname. lastname@ forestindustries. fi
URL：www. forestindustries. fi

芬兰造纸工程师协会（PI）
Finnish Paper Engineers Association
Snellmaninkatu 13，PO BOX 118，00171 Helsinki，Finland
TEL：+358－9－132－6688
E-mail：info@ papereng. fi
URL：www. papereng. fi

芬兰制浆造纸研究所（KCL）
The Finish Pulp and Paper Research Institute（Oy Keskuslaboratorio-Centrallaboratorium AB）
Tekniikantie 2，02150 Espoo，Finland
TEL：+358－20－7477－100
FAX：+358－9－464－305
E-mail：kcl@ kcl. fi
URL：www. kcl. fi

捷克制浆造纸工业协会（ACPP）
Association of the Czech Pulp and Paper Industry
Ing. Zdeněk Musil，U Uranie 954/18，17000 Praha 7
TEL：+420－724－095－844
FAX：+420－416－803－935
E-mail：acpp@ acpp. cz
URL：www. acpp. cz

比利时制浆造纸工业协会（COBELPA）
Association of the Belgian Pulp，Paper and Boards Industries
Avenue Louise 306 Bte，b-1050 Brussels，Belgium
TEL：+32－2646－6450
FAX：+32－2646－8297
E-mail：general@ cobelpa. be
URL：www. cobelpa. be

奥地利造纸工业协会（Austropapier）
The Association of the Austrian Paper Industry
Gumpendorferstr. 6，A-1061 Wien Austria
TEL：+43－1－58－886－0
FAX：+43－1－58－886－222
E-mail：austropapier@ austropapier. at
URL：www. austropapier. at

奥地利制浆造纸技术研究所（IPZ）
Institute for Paper，Pulp and Fiber Technology
University of Technology Graz，Inffeldgasse 23，A-8010 Graz，Austria
TEL：+43－316－873－30751
FAX：+43－316－873－30752
E-mail：Claudia. Baeumel@ TUGraz. at
URL：www. ipz. tugraz. at

德国制浆造纸协会（VDP）
German Pulp and Paper Association

Adenauerallee 55, Bonn 53113, Germany
TEL: +49 -228 -267050
FAX: +49 -228 -2670562
E-mail: info@ vdp-online. de
URL: www. vdp-online. de

德国造纸技术研究所(**PTS**)
The Paper Technology Specialists
Papiertechnische Stiftung Pirnaer Strasse 37 01809 Heidenau
Germany
TEL: +49 (03529) 551 -60
FAX: +49 (03529) 551 -899
E-mail: info@ ptspaper. de
URL: www. ptspaper. de

英国木浆协会(**BWPA**)
The British Wood Pulp Association
Penrallt, Copthill Lane, Kingswood, Surrey KT20 6HL, United Kingdom
TEL: +44 -774 -785 -0249
FAX: +44 -1737 -363069
E-mail: bwpasec@ tiscali. co. uk
URL: www. bwpa. org. uk

英国纸业联合会(**CPI**)
The Confederation of Paper Industries
1 Rivenhall Road, Swindon, Wiltshire SN5 7BD United Kingdom
TEL: +44 -1793 -889600
FAX: +44 -1793 -878700
E-mail: info. dept@ paper. org. uk; cpi@ paper. org. uk
URL: www. paper. org. uk

英国造纸工业技术协会(**PITA**)
Paper Industry Technical Association
5 Frecheville Court, Bury Lancashire BL9 0UF, United Kingdom
TEL: +44 -161 -764 -5858
FAX: +44 -161 -764 -5353
E-mail: info@ pita. co. uk
URL: www. pita. org. uk

意大利纸及纸制品行业协会(**ASSOCARTA**)
Association of Italian Paper, Board and Pulp Production

MILAN
OBastioni di Porta Volta, 7-20121 Milano
TEL: +39 02 -290. 03018
FAX: +39 02 -290. 033. 96
ROMA
Viale Pasteur, 8/10 -00144 Roma
TEL: +39 06 -591. 91. 31/40
FAX: +39 06 -591. 0876
E-mail: assocarta@ assocarta. it
URL: www. assocarta. it

意大利制浆造纸技术协会(**ATICELCA**)
Technical Association of the Italian Pulp and Paper Industry
Bastioni di Porta Volta, 7-20121 Milano, Italy
TEL: +39 -02 -62911308
FAX: +39 -02 -29003396
E-mail: assocarta@ assocarta. it
URL: www. aticelca. it

法国造纸工业联盟(**COPACEL**)
Association of French Paper Industries (COPACEL)
23-25, rue d'Aumale-75009, Paris, France PARIS
TEL: +33 -153 -89 -2400
FAX: +33 -153 -89 -2401
E-mail: contacts@ copacel. fr
URL: www. copacel. fr/en

法国造纸技术协会(**ATIP**)
Technical Association of the French Paper Industry
23, rue d'Aumale -75009 Paris, France
TEL: +33 -1 -4562 -1191
FAX: +33 -1 -4563 -5309
E-mail: atip@ wanadoo. fr
URL: www. atip. asso. fr

西班牙制浆造纸协会(**ASPAPEL**)
Spanish Paper Institute
Association of Spanish Pulp and Paper Manufacturers
Avenida de Baviera, 15, 28028 Madrid, Spain
TEL: +34 -91 -576 -3003
FAX: +34 -91 -577 -4710
E-mail: aspapel@ aspapell. es
URL: www. aspapel. es

西班牙造纸研究所(IPE)
Instituto Papelero Espanol
Avenida de Baviera 15, 28028 Madrid, Spai
TEL: +34 -91 -576 -3003
FAX: +34 -91 -577 -4710
E-mail: ipe@ ipe. es
URL: www. aspapel. es

葡萄牙纸和纸板工业协会(ANIPCI)
National Association of Paper and Board Industries
Rua 14, No. 871 P-4500-233 Espinho, Portugal
TEL: +351 -256 -060 -996
FAX: +351 -256 -023 -044
E-mail: geral@ anipc. pt; ambiente@ anipc. pt
URL: www. anipc. pt

俄罗斯制浆造纸企业协会(BUMPROM)
Russia Association of Pulp and Paper Organization and Enterprises
room 23, lane 9, Philippovsky, 119019 Moscow, Russia
TEL: +7 -499 -450 -3755
FAX: +7 -499 -450 -3755
E-mail: office@ bumprom. ru
URL: www. bumprom. ru

美国林业及纸业协会(AF&PA)
American Forest & Paper Association
1111 19th Street, NW Suite 800 Washington, DC 20036, USA
TEL: +1 -202 -463 -2700
FAX: +1 -202 -463 -2785
E-mail: info@ afandpa. org
URL: www. afandpa. org

美国制浆造纸技术协会(TAPPI)
Technical Association of the Pulp and Paper Industry
15 Technology Parkway South, Norcross, GA 30092, USA
TEL: +1 -770 -446 -1400
FAX: +1 -770 -446 -6947
E-mail: dbell@ tappi. org
URL: www. tappi. org

加拿大林产品协会(FPAC)
Forest Products Association of Canada
Suite 410-99 Bank Street, Ottawa, Ontario, Canada, K1P 6B9
TEL: +1 -613 -563 -1441
FAX: +1 -613 -563 -4720
E-mail: ottawa@ fpac. ca
URL: www. fpac. ca

加拿大制浆造纸技术协会(PAPTAC)
Pulp and Paper Technical Association of Canada
740 Notre-Dame West, Suite 1070, Montreal, QC, Canada, H3C 3X6
TEL: +1 -514 -392 -0265
FAX: +1 -514 -392 -0369
E-mail: tech@ paptac. ca
URL: www. paptac. ca

巴西纸浆和纸业协会(BRACELPA)
Brazilian Pulp and Paper Association
RuaOlimpiadas, 66, 9o andar Vila Olimpia, Sao Paulo, CEP 04551-000, Brazil
TEL: +55 -11 -3018 -7800
FAX: +55 -11 -3018 -7813
E-mail: faleconosco@ bracelpa. org. br
URL: www. bracelpa. org. br

巴西制浆造纸技术协会(ABTCP)
Brazilian Pulp and Paper Technical Association
Rua Zequinha de Abreu, 27, Pacaembu, 01250-050-S, Sao Paulo, SP, Brazil
TEL: +55 -11 -3874 -2700
FAX: +55 -11 -3874 -2730
E-mail: abctp@ abctp. org. br
URL: www. abtcp. org. br

巴西制浆造纸研究所(IPT)
Institute for Technological Research, Pulp and Paper
Av. Prof. Almeida Prado, 532 Cid.
Universitaria. 05508 -901 Sao Paulo, SP, Brazil
TEL: +55 -11 -3767 -4126
FAX: +55 -11 -3767 -4000
E-mail: sac@ ipt. br
URL: www. ipt. br

智利纤维素与造纸技术协会(ATCP Chile)
Chile or the Technical Association of Cellulose and Paper
janequeo 884 Depto. 402, Concepcion Ⅷ-Region del Biobio Chile
TEL: +56-41-288-8130
FAX: +56-41-288-8133
E-mail: atcpchile@atcp.cl
URL: www.atcp.cl

阿根廷纸浆、纸张行业协会(AFCP)
Association of Pulp and Paper Manufacturers
Av. Belgrano 2852 (C1209AAN), Buenos Aires, Argenctina
TEL: +54-011-4931-0051
FAX: +54-11-4931-0053
E-mail: afcparg@afcparg.org.ar
URL: www.afcparg.org.ar

南非造纸行业协会(PAMSA)
Paper Manufacturers Association of South Africa
Corner Austin & Morris Sts., Woodmead Sandton, Rivonia, 2128 South Africa
TEL: +27-11-803-5063
FAX: +27-11-803-6708
E-mail: jane.molony@pamsa.co.za
URL: www.pamsa.co.za

南非制浆造纸技术协会(TAPPSA)
Technical Association of the Pulp and Paper Industry of Southern
Africa, 20 Impangele Road, Kloof, 3610 South Africa
TEL: +27-31-7642494
FAX: +27-31-7640676
E-mail: mwtappsa@iafrica.com
URL: www.tappsa.co.za

(郭彩云)

企业名录

ENTERPRISES LIST

13

国内制浆造纸企业名录

Directory of Domestic Pulping and Papermaking Companies

北京市

北京京纸集团有限公司
北京市朝阳区广渠路 39 号 1 号楼
邮编：100022
电话：010－67043030、4000920806
传真：010－67043069
网址：www. bjjzjt. com
邮箱：service@ bjppex. com
产品：利乐包装用纸、办公印刷纸

中国纸业投资有限公司
北京市西城区南礼士路二条二号院 1 号北京建工大厦
邮编：100045
电话：010－81131199
传真：010－81131110
网址：www. chinapaper. com. cn
邮箱：admin@ chinapaper. com. cn
产品：白卡纸、白纸板、文化用纸、薄型包装用纸、特种纸、溶解浆

北京造纸一厂顺义分厂
北京市顺义区空港工业 B 区安庆大街 9 号
邮编：101318
电话：010－80484585
传真：010－80490790
网址：www. sanyipaper. com
邮箱：office@ sanyipaper. com
产品：办公用纸、文化用纸、印刷用纸

利乐包装(北京)有限公司
北京市亦庄经济技术开发区东环南路 15 号
邮编：100176
电话：010－67887117
网址：www. tetrapak. com
产品：液体复合包装材料(利乐包装纸)

维达北方纸业(北京)有限公司
北京市平谷区航宇街 16 号
邮编：101200
电话：010－69934888
网址：www. vinda. com
邮箱：jiangdy@ vinda. com
产品：生活用纸

永丰余家纸(北京)有限公司
北京市平谷区马坊工业区东区 1 号
邮编：101204
电话：010－60999688
传真：010－60999686
网址：www. yfycpg. com
产品：生活用纸

北京市鑫宏鹏纸业有限公司
北京市房山区周口店镇瓦井
邮编：102452
电话：010－69309918
传真：010－61397195
邮箱：bjsxhpzy@ 163. com
产品：精制牛皮纸、纸袋纸、复合纸

北京爱华中兴纸业有限公司
北京市顺义区赵全营北郎中工业区
邮编：101399
电话：010－82929866、82918325、
010－82911527、82910628
传真：010－82927452、82929866
网址：www. yipianyun. com
邮箱：yipianyun@ yipianyun. com
产品：生活用纸

北京倍舒特妇幼用品有限公司
北京市密云区经济开发区远光街 3 号
邮编：101500
电话：010－69061748、84721230(营销中心)
网址：www. bjbest. com. cn
产品：女性卫生用品、婴幼儿纸尿裤、湿巾

日纸国际贸易(上海)有限公司北京分公司
北京市朝阳区霄云路 36 号国航大厦 1311 室
邮编：100027
电话：010－65667148
传真：010－65667145
网址：www. npi-sh. com
邮箱：rizhi@ npi-cn. com
产品：文化用纸、纸板、特种纸

北京金鸿纸业有限公司
北京市房山区琉璃河镇二街村
邮编：102403
电话：010－89381498
邮箱：2456700360@ qq. com
产品：生活用纸

北京金佰利个人卫生用品有限公司
北京市经济技术开发区建安街 2 号
邮编：100176
电话：010－87110333、87110000
网址：www. kimberly-clark. com. cn
邮箱：yujia. chi@ kcc. com
产品：妇女卫生巾、一次性婴儿尿布、卫生纸

北京宝洁技术有限公司
北京市顺义区天竺空港经济开发区 B 区裕安路 35 号
邮编：101312
电话：010－80452288
邮箱：zhao. el@ pg. com
产品：婴儿护理用品、妇女卫生用品、纸巾

北京百佳洁纸业有限公司
北京市朝阳区黑庄户乡郎辛庄村 95 号
邮编：100023
电话：010－85385343、13701069395
网址：www. baijiajie. cn
邮箱：412662468@ qq. com
产品：生活用纸

天 津 市

玖龙纸业(天津)有限公司
天津市宁河县经济开发区五纬路
邮编：301500
电话：022－59326666
传真：022－59329148
网址：www. ndpaper. com
邮箱：info_ tj@ ndpaper. com
产品：高档包装用纸

天津造纸厂有限公司
天津市河西区柳林街大沽南路 1069 号
邮编：300222
电话：022－88823020、88823022、13920220737
网址：www. tjzzc. com
邮箱：tjzz888@ 126. com
产品：瓦楞原纸、热敏纸、复印纸

天津广聚源纸业集团有限公司
天津市津南区咸水沽海河工业园福鑫路 16 号
邮编：300350
电话：022－88510939、88510987
传真：022－88823029
邮箱：759523489@ qq. com
产品：高强瓦楞原纸

天津中钞纸业有限公司
天津市西青经济开发区兴华道 38 号
邮编：300385
电话：022－23960572
网址：www. tjzczy. com. cn
邮箱：zhchpaper@ vip. sina. com
产品：防伪证券纸、防伪水印纸、安全线纸

天津市韩东纸业有限公司
天津市北辰区科技园(南区)景顺路 12 号
邮编：300402
电话：022－26735940、86878877
传真：022－26735940
网址：www. handongzhiye. com
邮箱：handongzhiye@ 163. com
产品：卫生巾

天津津滨造纸有限责任公司
天津市河东区津塘路 178 号
邮编：300300
电话：022－84393208、24933258
传真：022－84397060
网址：www. tjjbpaper. com
邮箱：jinbinzaozhi@ 126. com
产品：复印纸、铜版纸

天津市宝坻区发达造纸有限公司
天津市宝坻区黑狼口工业区
邮编：301822
电话：022－82486582
传真：022－82488988
邮箱：baoyufada@ 163. com
产品：高强瓦楞原纸

天津广大纸业股份有限公司
天津市北辰区红光农场工业园
邮编：300401
电话：022－26954461、26950988
网址：www. gdecg. com
邮箱：gd@ gdecg. com
产品：心电图纸、脑电图纸、胎儿监护记录纸

天津市星河纸业有限公司
天津市宁河区廉庄镇大于村北(造纸厂院内)
邮编：301505
电话：022－69455666、13820038752

邮箱：bizixian@163. com
产品：黄纸板、高强瓦楞原纸

天津弗西比纸业有限公司
天津市津南区八里台工业园南区禄纬道 1 号
邮编：300353
电话：022 - 88569988、88525588
网址：www. wastepaper. net
邮箱：fcb@wastepaper. net
产品：废纸、空白报纸、白卡纸、卫生纸、牛卡纸

永丰余纸业(天津)有限公司
天津北辰区双街镇开发区
邮编：300403
电话：022 - 58169800
网址：www. yfy. com
邮箱：liujianping1@cn. yfy. com
产品：纸箱制造

金佰利(天津)护理用品有限公司
天津空港经济区纬六道 99 号
邮编：300301
电话：18522035980
网址：www. kimberly-clark. com. cn
邮箱：jessica. wang1@kcc. com
产品：个人护理用品

河　北　省

石家庄市

元氏县金鹏纸业有限公司
(原元氏县金润纸制品有限公司)
河北省石家庄市元氏县嘉惠街南段
邮编：051130
电话：0311 - 84623867、84603100
传真：0311 - 84623867
网址：www. jpzy. cn
邮箱：jpzy@jpzy. cn
产品：高强瓦楞原纸、白卡纸

河北华泰纸业有限公司
河北省石家庄市赵县石塔西路工业一街
邮编：051530
电话：0311 - 69105555
网址：www. huatai. com
邮箱：352567244@qq. com
产品：高档彩色新闻纸

河北吉藁化纤有限责任公司
河北省藁城市东宁路 2 号
邮编：052160
电话：0311 - 88042886、88041472
传真：0311 - 88048224、88158418
网址：www. jghx. cn
邮箱：jghx@jghx. cn
产品：棉浆粕、纤维浆粕

石家庄市顺发纸业有限公司
河北省鹿泉市曲寨工业园
邮编：050200
电话：0311 - 82295524
传真：0311 - 82296144
邮箱：quzhaizhiye@163. com
产品：箱纸板

石家庄市藁城区光明纸业有限公司
河北省藁城市市府东路副 1 号
邮编：052160
电话：0311 - 88049850、88042810
传真：0311 - 88046054
邮箱：guangming9@sohu. com
产品：书写纸、有光纸、薄页纸、浆粕制造

石家庄大章纸业有限公司
(原藁城光明纤维板厂)
河北省藁城市南董镇南大章工业园区
邮编：052161
电话：0311 - 88061031
传真：0311 - 88469867
产品：双灰纸板、全灰纸板、高光纸板

石家庄辰泰滤纸有限公司
河北省晋州市马于镇后彭头开发区
邮编：052260
电话：0311 - 84455123
传真：0311 - 84359900
邮箱：376434659@qq. com
产品：空气滤纸、机油滤纸、空调专用滤纸、各种化工滤纸

河北阿木森滤纸有限公司
河北省辛集市位伯镇位伯工业区
邮编：052360
电话：0311 - 83312251、15076177660
传真：0311 - 83312269
网址：www. amsteabag. com

邮箱：ams@ amslz. com
产品：阻燃纸、特种滤纸、定量滤纸、汽车滤纸

石家庄柯林滤纸有限公司
河北省晋州市经济开发区马于西区
邮编：052263
电话：0311 - 84359109、84359012
传真：0311 - 84369566
网址：www. sjzkelin. com
邮箱：kelin@ sjzkelin. com
产品：汽车滤纸

河北晨海纸业有限公司
河北省石家庄市灵寿县北洼乡
邮编：050500
电话：13731183789、4006236039
网址：www. hbchzy. cn
邮箱：179002445@ qq. com
产品：竹纤维本色纸卷纸、抽纸、手帕纸

石家庄正业包装有限公司
河北省石家庄市裕华区恒山街 389 号
邮编：050035
电话：0311 - 89899282
网址：www. zhengye-cn. com
邮箱：562954271@ qq. com
产品：生产水印纸箱等纸制包装产品

唐山市

玖龙纸业(河北)有限公司
(原河北永新纸业有限公司)
河北省唐山市滦南县西马路 88 号
邮编：063500
电话：0315 - 7721888
邮箱：info-yx@ ndpaper. com
产品：牛皮箱纸板、高强瓦楞原纸、涂布白纸板

迁安市恒茂纸业有限公司
河北省迁安市上射雁庄乡北晒甲营村北
邮编：064400
电话：0315 - 7040024、7043599
传真：0315 - 7043599
邮箱：abc19680919@ 163. com
产品：玻璃防霉垫纸、书写纸、胶印书刊纸

唐山融丰特种纸业有限公司
河北省唐山市路南区文化南北街 88 号
邮编：063001
电话：0315 - 2860405
传真：0315 - 2860340
邮箱：tssrftz@ 163. com
产品：防伪纸、水松原纸、铝箔衬纸、滤嘴棒成型纸

唐山国泰纸业有限公司
河北省唐山市丰润区银城道中国动车城内
邮编：064000
电话：0315 - 7760089、7760067
传真：0315 - 7760088、7760051
邮箱：596821341@ qq. com
产品：涂布白纸板、高强瓦楞原纸、白牛皮纸

河北海丰实业集团唐山信诚浆纸有限公司
河北省唐山市曹妃甸区八农场一队东
邮编：063207
电话：0315 - 8881498、13722516000
邮箱：1033180026@ qq. com
产品：牛皮箱纸板、高强瓦楞原纸

国昌天宇集团有限公司
河北省唐山市曹妃甸工业区新兴产业园区
邮编：064100
电话：0315 - 7679814、7679811
传真：0315 - 7679901
产品：包装用纸

河北昌泰纸业有限公司
河北省唐山市玉田县杨家套乡李官屯村北
邮编：064102
电话：0315 - 2402798、7679812
传真：0315 - 7679900
产品：石膏板护面纸、低定量瓦楞原纸

玉田县天正纸业有限公司
河北省唐山市玉田县林仓镇东工业区
邮编：064106
电话：0315 - 6387777
传真：0315 - 6587288
邮箱：astbgs@ 163. com
产品：白纸板、涂布白纸板、箱纸板

玉田县大众恒信纸业有限公司
河北省唐山市玉田县代家屯工业区
邮编：064102
电话：13180408729
产品：箱纸板

玉田县代家屯第二造纸厂
河北省唐山市玉田县代家屯经济开发区
邮编：064105
电话：0315－6566084
产品：箱纸板、瓦楞原纸

唐山市丰南区盛达纸业有限公司
河北省唐山市丰南区大新庄镇
邮编：063304
电话：0315－8585080
邮箱：shengdazhiye@ yeah. net
产品：牛皮挂面箱纸板、茶纸板、高强瓦楞原纸

唐山市华兴纸业有限公司
河北省唐山市曹妃甸区八农场韩庄子北
邮编：063207
电话：0315－8882604
邮箱：125358425@ qq. com
产品：瓦楞原纸、黄纸板

玉田县顺发实业有限公司
河北省唐山市玉田县散水头镇代家屯村北工业园区
电话：0315－6558316
邮箱：sfsyzji@ 163. com
产品：废纸原料生产箱纸板和牛皮挂面纸

唐山市冀滦纸业有限公司
河北省唐山市滦县响堂镇张疃村东
邮编：063701
电话：0315－7468919、0315－7477118
产品：制浆造纸、纸张、纸浆销售

顺洁柔股份纸业有限公司唐山分公司
河北省唐山市玉田县杨家套乡东高桥村西
邮编：064102
电话：0315－6330999
传真：0315－6551333
网址：www. yutian. cc
邮箱：zhongshunjierou@ 126. com
产品：生活用纸

乐亭县张氏纸业有限公司
河北省唐山市乐亭县古河乡郑家桥村
邮编：063602
电话：0315－4973999
邮箱：zszy2000@ sohu. com
产品：纱管纸、黄纸板、灰纸板

玉田县大众宝来纸业有限公司
河北省唐山市玉田县散水头镇代家屯村造纸工业区
邮编：064102
电话：13503128151
网址：www. dazhongbaolai. cn
邮箱：1210317232@ qq. com
产品：高强瓦楞原纸、牛皮挂面纸、箱纸板、涂布纸、白纸板制造销售

唐山森信纸制品有限公司
河北省唐山市玉田县杨家套镇李官屯村西北
邮编：064102
电话：0315－7679860
产品：机制纸及纸板制造、销售

唐山美特好卫生用品有限公司
河北省唐山市迁安市高新技术产业开发区聚鑫街南侧、吉庆路东侧
邮编：064400
电话：0315－5210555、18932520000
产品：卫生用纸

秦皇岛市

秦皇岛金茂源纸业有限公司
河北省秦皇岛市抚宁县留守营镇卷子营村
邮编：066301
电话：0335－4083536、4083535
产品：高档涂布白纸板

秦皇岛前韩纸业有限公司
河北省秦皇岛市抚宁县留守营镇前韩家林村
邮编：066301
电话：0335－6468196
传真：0335－6468196
邮箱：qhzy. 88@ 163. com
产品：涂布白纸板、箱纸板、瓦楞原纸

秦皇岛凡南纸业有限公司
河北省秦皇岛市抚宁区留守营镇凡南村
邮编：066301
电话：0335－6488654、6488866
邮箱：fnzy111@ 126. com
产品：箱纸板

秦皇岛丰满纸业有限公司
河北省秦皇岛市抚宁县留守营镇南街村

邮编：066301
电话：0335－6046075、6046999
传真：0335－6046706、6046289
网址：www. fengmanqhd. com
邮箱：fmqht@ tom. com、fmqhtqhd@ sina. com
产品：挂面白纸板、箱纸板、高强瓦楞原纸、生活用纸

邢台市

丰源（邢台）特种纸业有限公司
河北省邢台市柏乡县王家庄乡京深高速引线北侧
邮编：055450
电话：0319－7701166
邮箱：809869194@ qq. com
产品：亚麻浆板

河北航宇集团环球造纸有限公司
河北省邢台市南和县城东
邮编：054400
电话：13731581888
产品：双胶纸

河北东大特种纸业有限公司
河北省邢台市柏乡县西汪工业区
邮编：055000
电话：0319－7716269、13603398909
传真：0319－7716269
网址：www. hbddtz. com
邮箱：hbddtz@ 126. com
产品：钢纸、钢纸原纸、绝缘纸、电缆纸、干电池基纸、皱纹纸

柏乡县锦宝石新材料开发有限公司
河北省邢台市柏乡县南阳村北
邮编：055450
电话：0319－7666653
邮箱：bxxbxzy@ 163. com
产品：机制纸及纸板制造、新型装饰材料、包装新材料的研发、生产和销售

中纸在线邢台新材料有限公司
河北省邢台市南和县河郭乡东徐旺村东
邮编：054400
电话：0319－4680018
产品：热转移印花纸

河北绿蓝再生资源利用有限公司
河北省沙河市桥东区省级经济开发区新寨村北
邮编：054100
电话：0319－8911355、13286095666
传真：0319－8911355
网址：www. hengyuanzhiye. com
邮箱：atglass@ foxmail. com
产品：纱管纸、茶纸板、牛皮纸、瓦楞原纸、浸渍纸、纱管纸纸管、纱管纸纸护角、纸箱

河北腾盛纸业有限公司
河北省邢台市威县经济开发区南区世纪大街 66 号
邮编：054700
电话：0319－3251006
邮箱：767249651@ qq. com
产品：白卡纸、生活用纸

柏乡县华兴纸业包装有限公司
（原柏乡县兴华纸业包装有限公司）
河北省邢台市柏乡县西汪镇寨里东村
邮编：055450
电话：0319－7732222、18617625088
网址：www. hbhxzy. cn
邮箱：18617625088@ 163. com
产品：高强瓦楞原纸、箱纸板

沙河市锦新纸业有限公司
（原沙河市锦馨纸业有限公司）
河北省邢台市沙河市人民大街南侧（原温泉街南侧）
邮编：054100
电话：0319－8870666、15100913991
网址：www. xtjxzy. com
邮箱：1640483959@ qq. com
产品：箱纸板、高强瓦楞芯（原）纸、纱管纸的加工、销售

邯郸市

汉青国际纸业有限公司
河北省邯郸市经济开发区汉青工业园
邮编：056017
电话：0310－6039696
传真：0310－6039595
网址：www. hanqingpaper. com
邮箱：hqzy@ hanqingpaper. com
产品：复印纸、打印纸、热敏纸、印刷纸

保定市

保定钞票纸业有限公司
河北省保定市盛兴西路 98 号
邮编：071071
电话：0312－3176416
传真：0312－3178167
网址：www. bdcz. cbpm. cn
产品：钞票纸、罗纹水印纸、彩色双胶纸

保定市新市区兴华造纸厂
河北省保定市新市区南奇乡
邮编：071051
电话：0312－3174425
邮箱：1569831978@ qq. com
产品：卫生纸

保定三联纸业有限公司
河北省保定市江城乡大汲店村
邮编：071000
电话：0312－3239070
传真：0312－3250899
网址：www. hbbdsslzy. com
邮箱：323906a3@ 163. com、bdslzy@ 126. com
产品：牛皮箱纸板、瓦楞原纸

保定华融纸厂
河北省保定市新市区南章村东
邮编：071000
电话：0312－3173094、13472288781
传真：0312－3173094
网址：www. bdhrzc. com
邮箱：010203_ happy@ 163. com
产品：乳胶纸、静电原纸板、水彩画纸、素描纸、标签纸、沟槽纸等特种纸

保定市东升卫生用品有限公司
河北省保定市满城县大册营造纸工业园区
邮编：072151
电话：0312－5578886、5578889、5578887
传真：0312－5572790
邮箱：dszy2007@ 163. com
产品：高档生活用纸

保定市港兴纸业有限公司
河北省保定市满城县大册营造纸工业园区
邮编：072150
电话：0312－7021908、7027271
传真：0312－7021728
网址：www. cngangxing. com
邮箱：bdlibang@ 163. com
产品：卫生纸、卫生巾、盘纸、轴纸

保定市新市区天华纸制品厂
河北省保定市新市区江城乡尹庄
邮编：071051
电话：0312－3196148
传真：0312－3196148、3192458
产品：螺旋纸管、复合纸板、纸板

河北义厚成日用品有限公司
河北省保定市满城县建业路 333 号
邮编：072150
电话：0312－5576900
传真：0312－5576655
网址：www. hbyhc. com
邮箱：postmaster@ hbyhc. com
产品：妇婴卫生用品

保定市满城永兴纸业有限公司
河北省保定市满城县造纸工业园区
邮编：072150
电话：0312－7022288
传真：0312－7022288
网址：www. yongxingpaper. com
产品：卫生纸

保定市满城金光纸业有限公司
河北省保定市满城县大册营镇方上村
邮编：072150
电话：0312－7021707
传真：0312－7021899
网址：www. maowangpaper. cn
邮箱：maowangpaper@ 126. com
产品：生活用纸

河北省保定市东方造纸有限公司
河北省保定市徐水县巨力路
邮编：072550
电话：0312－8698215
传真：0312－8698212
网址：www. itpacking. cn
邮箱：ir@ itpacking. cn
产品：高强瓦楞原纸、低定量瓦楞原纸、隔热膜原纸、双胶纸、数码相纸、生活用纸

河北小人国纸业有限公司
河北省保定市建国路 968 号
邮编：071000
电话：0312－2177998
传真：0312－2173636
网址：www. hbxiaorenguo. com
邮箱：xrgzhiye@ 163. com
产品：生活用纸、湿巾

保定市秀利佳纸业有限公司
（原河北省满城县恒达纸业有限公司）
河北省保定市满城县北外环胡町村南
邮编：072150
电话：0312－7068999、13931277288
传真：0312－7068858
产品：箱纸板、灰纸板、双灰纸板、牛皮箱纸板、厚灰纸板、涂布原纸

保定华康纸业有限公司
河北省保定市满城县宏昌大街
邮编：072150
电话：0312－7074774
传真：0312－7065101
邮箱：huakangzhiye@ 126. cn
产品：灰纸板、茶板纸、瓦楞原纸

涿州市东立纸业有限责任公司
河北省涿州市刁窝镇塔照村南
邮编：072750
电话：0312－3752299、3753098
产品：石膏板护面纸板、瓦楞原纸、蛋托

河北雪松纸业有限公司
河北省保定市满城县大册营造纸工业园区
邮编：072150
电话：0312－7021606、7021512
传真：0312－7020869
网址：www. hbxuesong. cn
邮箱：xuesonghb@ 126. com
产品：卫生纸、餐巾

保定市中信纸业有限公司
河北省保定市满城县大册营镇
邮编：072150
电话：0312－7021807、7131238、13933267755
传真：0312－7022988
邮箱：zhongxinzhiye@ 163. com
产品：卫生纸

河北亚光纸业有限公司
河北省保定市满城县造纸工业区
邮编：072150
电话：0312－7021008
传真：0312－7021609、7026609
网址：www. yaguangpaper. com
产品：生活用纸

河北大发纸品有限公司
河北省保定市容城县容城镇东牛村大发大街 1 号
邮编：071700
电话：0312－5692818、5692828
传真：0312－5692838
网址：www. dafapaper. com
邮箱：dafa@ dafapaper. com
产品：机制纸及纸板、加工纸、生活用纸

徐水县前进纸业有限公司
河北省保定市徐水县遂城镇栗元庄
邮编：072557
电话：0312－8903975、7021904
产品：卫生纸

河北顺达纸业有限公司
河北省保定市顺平县汽车站西两公里
邮编：072250
电话：0312－7623626
传真：0312－7628050
邮箱：hbsdzyyxgs@ 163. com
产品：高光防水彩喷相纸、普通高光彩喷相纸、RC 高光防水相纸、育果袋纸

保定雨森卫生用品有限公司
河北省保定市满城区大册营工业园区
邮编：072150
电话：4006629000
传真：0312－7020661
网址：www. yusenpaper. com
邮箱：1065406337@ qq. com
产品：生活用纸

保定市丽泽纸制品有限公司
（原满城县百利达纸品有限公司）
河北省保定市满城区大册营镇方上村
邮编：072150
电话：0312－7026026
网址：www. 51wsz. com
邮箱：chengxin12345678@ 126. com

产品：生活用纸

河北金博士卫生用品有限公司
河北省保定市满城区神星镇市头村
邮编：072150
电话：0312－7021619
邮箱：jbs7021036@163.com
产品：生活用纸系列

保定达亿纸业有限公司
河北省保定市顺平县王家关工业园
邮编：072250
电话：0312－7656888、7656786、17731231583
网址：www.bddyzy.com
邮箱：dayizhiye@163.com
产品：生活用纸

保定市奥达卫生用品有限公司
（原满城县奥达卫生用品有限公司）
河北省保定市满城区大册营镇夜借村
邮编：072150
电话：13931376892
邮箱：894142933@qq.com
产品：生活用纸

保定市诗音卫生用品有限公司
河北省保定市满城区大册营镇方上村
邮编：072151
电话：0312－7020616、6021217、13831223579
传真：0312－7020616
网址：www.bdshiyin.com
邮箱：bdshiyin@163.com
产品：生活用纸

保定市满城纸业有限公司
河北省保定市天威西路 6666 号
邮编：071000
电话：0312－7033333、13930887444
网址：www.bdmczy.com
产品：生活用纸

保定益源造纸有限公司
河北省保定市满城区大册村
邮编：072150
电话：0312－5578868、0312－7021012
邮箱：673169116@qq.com
产品：生活用纸

保定市慕森卫生用品有限公司
河北省保定市满城区大册营镇西村
邮编：072150
电话：18830793692
邮箱：3152174692@qq.com
产品：生活用纸

保定市旭冉卫生用品有限公司
河北省保定市满城区大册营镇岗头村
邮编：072150
电话：13483248444
产品：生活用纸

保定市中顺卫生用品有限公司
河北省保定市满城区大册营镇北宋营村
邮编：072150
电话：15033771172
邮箱：460379672@qq.com
产品：生活用纸

河北聚润卫生用品有限公司
河北保定市满城区谒山村北
邮编：072150
电话：0312－7010308、7018560、4001180198
传真：0312－7010308
网址：www.jurunzhiye.com
邮箱：358533667@qq.com
产品：生活用纸

保定市浅秋卫生用品有限公司
（原满城县燕雅照月纸制品有限公司）
河北省保定市满城区上紫口村
邮编：072150
电话：15931762288
产品：生活用纸（厕用纸）

保定市碧柔卫生用品有限公司
河北省保定市满城区谒山村
邮编：072150
电话：13932208168、0312－7166099
邮箱：13932208168@qq.com
产品：生活用纸

保定市豪通卫生用品有限公司
河北省保定市满城区大册营镇岗头村
邮编：072150
电话：13931370276、13733323586
产品：生活用纸（厕用纸）

保定市立发纸业有限公司
(原满城县立发纸业有限公司)
河北省保定市满城区大册营造纸工业区
邮编:072150
电话:0312-5578848
网址:www.bdlifazhiye.cn
邮箱:610429422@qq.com
产品:卫生纸面巾纸、湿巾、手帕纸及各种商业用纸

保定市立新纸业有限公司
河北省保定市满城区大册营镇大册村
邮编:072150
电话:13582081938
产品:卫生纸制造、销售

保定泰瑞达卫生用品有限公司
河北省保定市满城区市头村
邮编:072150
电话:0312-7065725、13930265733
产品:生活用纸(纸巾纸)

保定市雅姿纸业有限公司
河北省保定市莲池区百楼乡太保营村
邮编:071000
电话:15028224222、13032011979
产品:生活用纸

保定市金叶纸业有限公司
河北省保定市满城区环城东路
邮编:072150
电话:13831263786
产品:生活用纸

保定市诚信纸业有限公司
(原满城县诚信纸业有限公司)
河北省保定市满城区大册营镇方上村
邮编:072150
电话:0312-7026026、7026699
邮箱:chengxin12345678@126.com
产品:生活用纸

保定市金升纸业有限公司
(原满城县金升纸业有限公司)
河北省保定市满城区大册营工业区
邮编:072150
电话:13930263787
产品:厕用卫生纸、手帕纸、抽纸、湿巾、纸尿裤、擦手纸

保定市安信纸业有限公司
河北省保定市满城区大册营工业园区
邮编:072150
电话:0312-7021216、7026716
传真:0312-7027889
网址:www.anxinzhiye.cn
邮箱:38534553@qq.com
产品:生活用纸

保定市信捷纸业有限公司
河北省保定市满城区大册营镇上紫口村南
邮编:072150
电话:15932212999、13091209555
邮箱:1628280803@qq.com
产品:生活用纸

保定市润万纸制品加工有限公司
河北省保定市满城区大册营镇大册村
邮编:072150
电话:15230228992
产品:厕用卫生纸、抽纸、盘纸、手帕纸、厨房用纸、湿巾、卫生巾加工

保定市东奥纸业有限公司
河北省保定市南市区管庄村村西
邮编:071000
电话:0312-2173311、13032078313
网址:www.bddongao.cn
产品:生活用纸

保定市新宇纸业有限公司
(原满城县新宇纸业有限公司)
河北省保定市满城区大册营镇大册村
邮编:072150
电话:0312-7021901
邮箱:1738182187@qq.com
产品:生活用纸

保定市富民纸业有限公司
(原满城县富民纸业有限公司)
河北省保定市满城区谒山村
邮编:072150
电话:0312-7088898
产品:生活用纸
品牌:织梦、舒可乐

保定市金伯利卫生用品有限公司
(原满城县金伯利卫生用品有限公司)
河北省保定市满城区大册营镇夜借村

邮编：072150
电话：13630867757、4006527757
传真：0312－7027728
网址：www. jinbolizhiye. cn
邮箱：zhua139@ aliyun. com
产品：生活用纸

保定市华奥纸业有限公司
（原保定市华奥纸业有限公司）
河北省保定市满城区城东村
邮编：072150
电话：0312－7079139
产品：生活用纸

保定市满城区瑞丰纸业有限公司
（原满城县瑞丰纸业有限公司）
河北省保定市满城区大册村南
邮编：072150
电话：0312－5572818、7021904、15230466666
网址：www. bdrfzy. cn
邮箱：38802119@ qq. com
产品：生活用纸

保定市雄飞造纸厂
（原满城县龙兴造纸厂）
河北省保定市满城区大册营镇岗头村
邮编：072150
电话：0312－7021760、15530222666
产品：生活用纸

保定鼎泰纸业有限公司
（原保定鼎泰纸制品销售有限公司）
河北省保定市顺平县南店村
邮编：072250
电话：0312－7621287、7645881
产品：瓦楞原纸、牛皮箱纸板

保定市蓝猫卫生用品有限公司
（原满城县中宇卫生用品有限公司）
河北省保定市满城区大册营镇方上村
邮编：072150
电话：0312－7021034、13703321267
产品：生活用纸
品牌：蓝猫

保定市心怡纸制品有限公司
（原满城县心怡纸制品有限公司）
河北省保定市满城区大册营镇岗头村
邮编：072150
电话：0312－5579234、15713027820
产品：生活用纸

保定市爱博瑞卫生用品有限公司
河北省保定市满城县大册营造纸工业园区
邮编：072150
电话：0312－5578966
传真：0312－5578966
网址：www. abrzy. cn
邮箱：81316846@ qq. com
产品：生活用纸
品牌：爱博瑞、天山情、飞洁

安国市光洁卫生用纸加工厂
河北省保定市安国康庄工业园区
邮编：071020
电话：18632230553
产品：生活用纸加工
品牌：爱依恋、爱森鸟、慧风、彤兴

保定功夫本色卫生用品有限公司
河北省保定市满城区南韩村镇大贾村村西
邮编：072150
电话：13131269175
邮箱：305801260@ qq. com
产品：厕用卫生纸、手帕纸、抽纸、擦手纸、盘纸、餐巾纸、纸尿裤、尿垫、湿巾、卫生巾、棉柔巾
品牌：糖糖妈咪、优真、功夫本色

保定市四海纸业有限公司
保定市满城区大册营镇方上村
邮编：072150
电话：13780327123
产品：卫生纸制造、销售

保定市和晟卫生用品有限公司
（原满城县和晟卫生用品有限公司）
河北省保定市满城区大册营镇大册营村
邮编：072150
电话：13290689999
邮箱：280289009@ qq. com
产品：纸巾纸、马桶垫纸、纸杯、厨房用纸、厕用卫生纸、湿巾、卫生巾、纸尿裤、化妆棉加工、销售

张家口市

河北凯世德特种纸有限公司
河北省张家口市宣化区滨河东路北侧 29 号

邮编：071021
电话：0313－5960018、5960033
邮箱：zjkgmzy@163. com
产品：特种防伪纸、文化用纸、工业包装用纸、铜版纸、照相原纸

张家口市华鑫纸业有限公司
河北省张家口市桥东区姚家庄村
邮编：075000
电话：0313－4085359、13403334891
产品：卫生纸

张家口市东山造纸厂
河北省张家口市桥东区陵园北街东侧
邮编：075000
电话：0313－2228872、13932359593
产品：瓦楞原纸、箱纸板

沧州市

泊头市龙达纸业有限责任公司
河北省沧州市泊头市开发区
邮编：062150
电话：0317－8185878
邮箱：longdazhiye007@163. com
产品：高强瓦楞原纸

河北吴桥县宏光纸业有限公司
河北省沧州市吴桥县铁城镇沙王村西
邮编：061801
电话：13932722999
邮箱：whl13930775848@163. com
产品：胶版纸

沧州临港资通纸业有限公司
河北省沧州市临港经济技术开发区
邮编：061108
电话：0317－5483108
产品：本色草浆、木浆

任丘市星火造纸有限责任公司
河北省任丘市新中驿乡张施村
邮编：062556
电话：0317－3326999、3326099
产品：胶印书刊纸、瓦楞原纸

青县龙江纸业有限责任公司
河北省沧州市青县流河镇青王公路 10 公里处东侧
邮编：062650
电话：0317－4270688
网址：hblongjiang. cn
产品：高强瓦楞原纸

廊坊市

中轻特种纤维材料有限公司
河北省廊坊市开发区紫杉路 50 号
邮编：065001
电话：0316－2575782
传真：0316－2575782
网址：www. sinoligthpaper. com
邮箱：zqtc8866@163. com
产品：超薄型电容器纸、厚纸板、吸尘器纸袋纸、化纤壁纸、育果袋纸、烟用滤纸等

河北恒源实业集团
河北省廊坊市霸州市经济技术开发区西高村
邮编：065700
电话：0316－7317777、13931667355
网址：www. hbhengyuan. com
邮箱：zhangmeichao521@163. com
产品：高档生活用纸

霸州市华通纸业有限公司
（原霸州市胜芳镇华通木业有限公司）
河北省霸州市 112 国道王庄子路口南 1000 米路西
邮编：065700
电话：0316－7412318
产品：牛皮箱纸板、瓦楞原纸、纸板、纸箱

衡水市

河北环达纸业有限公司
河北省衡水市景县城南 9 公里处第三工业区
邮编：053500
电话：0318－4295615
网址：www. 3231913. 71ab. com
产品：双胶纸、包装用纸、有光纸

衡水市第一造纸厂
河北省衡水市新工路 218 号
邮编：053000
电话：0318－2030687
传真：0318－2030687
产品：凸版纸、生活用纸、瓦楞原纸

安平县金城滤纸有限公司
河北省衡水市安平县徐疃工业区
邮编：053600
电话：0318－7616434、7616419
邮箱：9438933@qq.com
产品：三滤滤纸

河北国威新材料科技有限公司
（原衡水国威滤纸有限公司）
河北省衡水市安平县工业园东区纬二路北侧
邮编：053600
电话：0318－7882007、7882006
传真：0318－7515918
邮箱：zhx275@zmlz.com
产品：木浆滤纸、空气滤纸、燃油滤纸、阻燃滤纸、水滤滤纸

山西省

太原市

太原市晋源区南郊造纸二厂
（原太原市晋源区吉兴造纸厂）
山西省太原市晋源区姚村乡西邵村
邮编：030054
电话：0351－6929329、13209821268
邮箱：1013192313@qq.com
产品：瓦楞原纸、挂面箱纸板、牛皮箱纸板

太原家盛纸业有限公司
山西省太原市晋源区
邮编：030050
电话：0351－6985356、6985619
邮箱：503597178@qq.com
产品：高强瓦楞原纸

太原玉盛源能源发展有限公司
山西省太原市清徐县清源镇小北村旧307国道旁
邮编：030400
电话：0351－5709626、18003404188
传真：0351－5722001
邮箱：1798928628@qq.com
产品：防火阻燃类纸板

太原市旭恒纸制品有限公司
（原太原市盛恒纸制品有限公司）
山西省太原市晋源区晋祠镇王郭村
邮编：030025
电话：0351－5612666、15135119685
邮箱：tyxhzzp@163.com
产品：纸板、纸箱、纸管、纸制品

太原市檀达纸制品包装园有限公司
山西省太原市晋源区晋祠镇王郭村西南村砖窑旧址
邮编：030025
电话：0351－6985619
邮箱：503597178@qq.com
产品：纸制品

大同市

山西云冈纸业有限公司
（原大同市恒洁卫生用品有限公司）
山西省大同市云州区党留庄乡党留庄村村北
邮编：037300
电话：0352－8165666
邮箱：LJ0701@qq.com
产品：高档生活用纸（含原纸、抽纸、手帕纸、卫生纸、厨房用纸、擦手纸、湿巾）

山西大维纸业有限公司
山西省大同市云州区坪邑东街11号
邮编：037000
电话：13835226466
邮箱：2239981444@qq.com
产品：生产、销售瓦楞原纸、挂面纸、箱纸板

阳高县仁宝纸业有限公司
山西省大同市阳高县王官屯镇龙泉工业园区
邮编：038103
电话：13932204999
邮箱：2799526966@qq.com
产品：服装裁剪用纸

大同市冠森纸业有限公司
山西省大同市阳高县王官屯镇龙泉工业园区安泰路东侧30米处
邮编：038103
电话：13730257555
邮箱：2507251602@qq.com
产品：生活用纸

长治市

山西华南纸业股份有限公司
山西省长治市郝家庄

邮编：047105
电话：0355－6017523、6017525
邮箱：cbw879@163. com
产品：瓦楞原纸、箱纸板

晋中市

山西强伟纸业有限公司
山西省晋中市寿阳县朝阳镇半月村工业园区
邮编：045400
电话：0354－3909715
传真：0354－3909710、3909789
网址：www. sxqwzy. cn
邮箱：sxwyjjx@163. com
产品：石膏板护面纸

山西省外贸平遥包装印刷(集团)造纸有限公司
山西省晋中市平遥县襄垣乡郝洞村
邮编：031100
电话：0354－5848425
传真：0354－5848466
邮箱：1006989482@qq. com
产品：高强瓦楞原纸、箱纸板

平遥县康华纸业有限责任公司
山西省晋中市平遥县西郭村
邮编：031100
电话：13903547482
邮箱：380077546@qq. com
产品：瓦楞原纸、箱纸板

山西一帆纸业有限责任公司
山西省晋中市左权县城太子莲池 8 号
邮编：032600
电话：0354－8658698
邮箱：1252692729@qq. com
产品：纸制品制造及销售

运城市

山西合盛工贸有限公司
山西省运城市稷山县汾河桥西
邮编：043200
电话：0359－5858387、13835886816
邮箱：sxhsgm@126. com
产品：单面书写纸、胶版纸

山西运城市瑞马纸业有限公司
山西省运城市夏县朱吕村
邮编：044400
电话：0359－8948188、13903595803
邮箱：ruimazhiye@163. com
产品：机制纸

运城市自强纸业有限公司
山西省运城市大渠乡南李村
邮编：044000
电话：0359－2897118
邮箱：13803476868@139. com
产品：瓦楞原纸、箱纸板

山西华昌纸业有限公司
山西省运城市稷山县康复街西端路南
邮编：043200
电话：0359－5562154
邮箱：13903593763@139. com
产品：拷贝纸、棉纸、高湿强纸等特种纸

稷山县新嘉源纸业有限公司
山西省稷山县翟店印刷包装文化产业园区太郝口北孵化基地
邮编：043200
电话：15135946666
邮箱：13903483382@163. com
产品：瓦楞原纸、箱纸板

山西力达纸业集团有限公司
山西省运城市临猗县北环路
邮编：044100
电话：0359－4068499、13753985752
邮箱：478980865@qq. com
产品：棉柔巾、生活用纸、餐巾纸、卫生纸

芮城县中宝纸业有限公司
山西省运城市芮城县西矿南路 158 号
邮编：044600
电话：0359－3030888
邮箱：zhongbaozhiye@163. com
产品：薄页纸、农用育果袋纸等特种纸

运城市绛县开发区鑫珑纸业有限公司
山西省运城市绛县经济开发区轻工业园区 08 号
邮编：043605
电话：0359－6797288、18735997788
邮箱：xlzy6797288@163. com

产品：瓦楞原纸

山西昌泽纸业有限公司
山西省运城市临猗县高新工业园区 366 号(中惠公司院内)
邮编：044100
电话：15034555886
邮箱：596632056@qq.com
产品：纸制品生产

山西河东纸业科技股份有限公司
山西省运城市临猗县猗氏镇贵戚坊村三组常家巷 3 号
邮编：044000
电话：17696292096
邮箱：17696292096@163.com
产品：纸浆、纸、纸制品生产及销售

山西阳阳纸业有限公司
山西省运城市临猗县楚侯工业园内(西夹线以北 209 国道以西)
邮编：044100
电话：18080971161
邮箱：18080971161@163.com
产品：生活用纸

临汾市

临汾新晋达纸业有限公司
山西省临汾市解放东路 77 号
邮编：041000
电话：0357－3019979
邮箱：1939959540@qq.com
产品：箱纸板、瓦楞原纸、再生新闻纸

襄汾县宏峰林纸有限公司
山西省临汾市襄汾县大邓乡大邓村
邮编：041503
电话：0357－3690259、18536027676
邮箱：1784201013@qq.com
产品：邮封纸、拷贝纸

山西华达纸业有限公司
山西省临汾市襄汾县邓庄镇邓庄村南纸厂路
邮编：041000
电话：0357－3699018
邮箱：zhi21212@qq.com
产品：邮封纸

山西晋芳纸业有限公司
山西省临汾市洪洞县南坂街 1 号
邮编：041600
电话：0357－6210888
邮箱：sxjfzy@163.com
产品：生活用纸

山西华天基纸业有限公司
山西省临汾市襄汾县永固乡北众村 500 米
邮编：041000
电话：15534735518、17636198999
网址：www.sxhuatianji.cn
邮箱：sxhuatianji@163.com
产品：包装用纸、文化用纸、生活用纸

吕梁市

山西则天浆纸有限公司
山西省吕梁市文水县胡兰镇胡兰村
邮编：032100
电话：0358－3449706、13935839288
邮箱：935152899@qq.com
产品：瓦楞原纸

山西恒悦纸业有限公司
山西省吕梁市交城县山西交城经济开发区银通路南 01 号
邮编：030500
电话：0358－3556556
邮箱：591786141@qq.com
产品：瓦楞原纸

内蒙古自治区

呼和浩特市

内蒙古荣信纸业有限公司
内蒙古自治区呼和浩特市土默特左旗毕克齐镇杨家堡村
邮编：010100
电话：0471－8158081、15849161588
产品：高强瓦楞原纸

内蒙古天浩纸业有限公司
内蒙古自治区呼和浩特市金川开发区南区经二路东
邮编：010080
电话：0471－2847001
邮箱：tianhao3601296@163.com
产品：高档箱纸板

内蒙古昭宣纸业有限公司
内蒙古自治区呼和浩特市金川开发区南区经二路东
邮编：010080
电话：0471－2847003
邮箱：516169078@qq.com
产品：纸板、瓦楞原纸

呼伦贝尔市

内蒙古大兴安岭浆纸有限责任公司
内蒙古自治区呼伦贝尔市扎兰屯市富伦街33号
邮编：162650
电话：0470－3396563、3396415、3396509
传真：0470－3302447
邮箱：wulan_19881012@163.com
产品：木浆、纸袋纸、精制牛皮纸、复合原纸

巴彦淖尔市

中冶美利内蒙古浆纸股份有限公司
内蒙古自治区巴彦淖尔市乌拉特前旗西山咀镇110国道东侧
邮编：014400
电话：0478－3214223、3228560
邮箱：jsr19780901@163.com
产品：箱纸板

内蒙古金星浆纸业有限公司
内蒙古自治区巴彦淖尔市乌拉特前旗乌拉特山镇
邮编：014400
电话：0478－3262988、2301803
邮箱：2498688316@qq.com
产品：废纸脱墨纸浆板、漂白商品苇浆板、麦草浆板、木浆板、文化用纸、生活卫生用纸及纸制品

乌兰察布市

乌兰察布市集宁区宏盛纸业有限公司
内蒙古自治区乌兰察布市集宁区文化路17号
邮编：012000
电话：15849456666
产品：瓦楞原纸

辽　宁　省

沈阳市

玖龙纸业(沈阳)有限公司
辽宁省沈阳市新民市东城街工业园区
邮编：110300
电话：024－31782611、31788999
传真：024－31782630
网址：www.ndpaper.com
邮箱：info-sy@ndpaper.com
产品：牛卡纸

沈阳久九纸板有限公司
辽宁省沈阳市铁西新区卫工街北三中路39号
邮编：110000
电话：024－25847459
传真：024－25848459
邮箱：2858869329@qq.com
产品：纸板、瓦楞原纸

沈阳市宝洁纸业有限责任公司
辽宁省沈阳市和平区长白西街68号
邮编：110000
电话：024－23738811、13840245974
传真：024－23736599
网址：www.baojiezhiye.cn
邮箱：846192331@qq.com
产品：生活用纸、成人护理系列

沈阳市长城过滤纸板有限公司
辽宁省沈阳市皇姑区鸭绿江北街45号
邮编：110032
电话：024－86616852
传真：024－86671668
网址：www.cclz.com.cn
邮箱：cclz8462@sina.com
产品：过滤纸板、滤纸

沈阳思特雷斯纸业有限责任公司
辽宁省沈阳市经济技术开发区十三号路六甲二号
邮编：110027
电话：024－89303899
传真：024－89303866
网址：www.stls.cn
邮箱：systlszy@163.com、yjsu1997@126.com
产品：金属板带衬纸、不锈钢垫纸、金属板衬纸、玻璃衬垫用纸、医用包装用纸、防锈包装用纸

沈阳市沙金纸业有限责任公司
辽宁省沈阳市浑南区文源街2E-6号322
邮编：110042
电话：024－24239280
传真：024－24239280

邮箱：344817655@ qq. com
产品：书刊纸、造纸脱水器材

辽宁尚阳纸业有限公司
沈阳君昱商贸有限公司
辽宁省铁岭市清河工业园区(厂址)
辽宁省沈阳市大东区东贸路 20 号
邮编：112000
电话：024 －72132211、15898053096
网址：www. lnsyzy. com
邮箱：446392030@ qq. com
产品：生活用纸原纸、卷纸、手帕纸、面巾纸、抽取式卫生纸

大连市

大连吉丽纸业有限公司
辽宁省大连市经济技术开发区辽宁街 27 号
邮编：116000
电话：0411 －87511908、13304260828
传真：0411 －87511438
邮箱：wd835142@ 163. com
产品：工业擦拭纸、擦拭纸、吸油棉、擦拭布、无尘布、无尘纸

瓦房店大森纸业有限公司
辽宁省大连市瓦房店市轴承产业园
邮编：116300
电话：0411 －85666599
传真：0411 －85646253
网址：www. dasenzy. china. b2b. cn
邮箱：1878458335@ qq. com
产品：纸管、螺旋纸管

大连中诚纸业有限公司
辽宁省大连市金州区大魏家镇王家村
邮编：116110
电话：0411 －87897288、87897228
传真：0411 －87897555
邮箱：dlhghz@ 126. com
产品：箱纸板、瓦楞原纸

大连金洋纸业有限公司
辽宁省大连市金州新区中长街道中长村
邮编：116110
电话：0411 －7814748
邮箱：296685455@ qq. com
产品：高档箱纸板、高强瓦楞原纸

大连德隆纸业有限公司
辽宁省大连市中山区长江路 38 号金地中心 B 座 2005 室(办公地址)
电话：0411 －82735077
传真：0411 －82735078
辽宁省大连市甘井子区毛茔子工业区(工厂地址)
电话：0411 －87113777
传真：0411 －87113738
网址：www. odlpaper. com
邮箱：delongpaper7777@ vip. 163. com
产品：擦手纸和马桶坐垫纸

鞍山市

鞍山顺电超高压绝缘材料有限公司
辽宁省鞍山市千山区鞍刘路 650 号
邮编：114014
电话：0412 －5886611、13904205417
邮箱：wjz_58@ 126. com
产品：绝缘纸板

维达纸业(辽宁)有限公司
辽宁省鞍山市千山区红旗南街 15 号
邮编：114016
电话：0412 －8772565
传真：0412 －8772528
网址：www. vindapaper. com
邮箱：wang. mj@ vinda. com
产品：高中档卫生卷纸、纸巾纸、盒装面巾、软包抽取式面巾、餐巾纸

辽宁雨森卫生用品有限公司
辽宁省鞍山市台安县台安镇台大路南工业园区
邮编：114100
电话：18932656526
邮箱：273535878@ qq. com
产品：生活用纸

辽宁荣耀纸业科技有限公司
辽宁省鞍山市台安县台大路南工业园区
邮编：114100
电话：0412 －7590907
邮箱：907887358@ qq. com
产品：工业用纸的研发，高强瓦楞原纸、复合原纸、纱管原纸、纸板、纸箱

鞍山永安包装工业有限公司
辽宁省鞍山市岫岩满族自治县兴隆办事处平阶村
邮编：114300
电话：0412－7873228、7874093
传真：0412－7872388、7874033
网址：www. lnya. com. cn
邮箱：weijishi093@ 163. com
产品：瓦楞原纸、箱纸板、牛卡纸

抚顺市

琥珀纸业有限责任公司
辽宁省抚顺市望花区古城子路 4 号
邮编：113001
电话：024－52595933、52548035
传真：024－52595858
网址：www. hpzy. com. cn、www. hupozy. com
邮箱：hpzyzhb@ 163. com
产品：生活用纸、箱纸板

本溪市

本溪尚琳纸业有限公司
辽宁省本溪市明山区牛心台牛新路 119－2 栋 1 层
邮编：117000
电话：024－44841067、18641430999
网址：www. shanglinzhiye. com
邮箱：353700667@ qq. com
产品：高档卫生纸

丹东市

辽宁铭笙纸业有限公司
辽宁省东港市前阳经济开发区
邮编：118301
电话：0415－7816688、7816666
传真：0415－7816669、7816611
邮箱：2567575748@ qq. com
产品：高强瓦楞原纸、黄纸板

丹东市新华纸业有限公司
辽宁省东港市前阳镇石桥岗村
邮编：118301
电话：0415－6677377
传真：0415－6677377
邮箱：841325119@ qq. com
产品：瓦楞原纸、覆膜皱纹包装用纸、型材包装用纸

凤城市众合纸业有限公司
辽宁省丹东市凤城市蓝旗镇立新村五组
邮编：118100
电话：0415－8230039、8124899
邮箱：fcstlszy@ 163. com
产品：如厕纸、水果套袋纸、染色纱管面纸、过滤纸等

锦州市

锦州金日纸业有限责任公司
辽宁省锦州市凌海市金城工业园区
邮编：121203
电话：0416－8350111、8351067、8351070、13464662422
传真：0416－8350082
网址：www. jzjrzy. com
邮箱：25067137@ qq. com
产品：胶版印刷纸、书写纸、胶版书刊纸
子公司：锦州四合特种外加剂有限责任公司

锦州宝地纸业有限公司
辽宁省锦州市凌海市金城街
邮编：121203
电话：0416－8350013
传真：0416－8350333
网址：www. jinchengpaper. com
邮箱：jinquandisc@ 163. com
产品：胶印书刊纸、双胶纸、书写纸

营口市

营口造纸厂
辽宁省营口市站前区河湾北街一号
邮编：115001
电话：0417－2135888、2135360
传真：0417－3631195
邮箱：lyzzc@ 163. com
产品：全无氯漂白苇浆板、胶印书刊纸、单面书写纸

营口特种纸业有限公司
辽宁省营口市西市区辽河里 75 号
邮编：115003
电话：0417－2638628、2635047
传真：0417－2635047
网址：www. yktzzy. com
邮箱：yktzzy2638628@ 163. com
产品：氧化锌版纸、再湿胶带纸、浆层纸、复合纸

辽阳市

辽阳赛伦工业纸板有限公司
辽宁省辽阳市太子河区建设路 21 号
邮编：111000
电话：0419 – 3306969
产品：绝缘纸板、进口木浆

辽宁同盛纸业有限公司
辽宁省辽阳市白塔区建设路 21 号
邮编：111000
电话：0419 – 3305319、3305318
传真：0419 – 3305319
网址：www. ts-paper. com
邮箱：cwb2@ ts-paper. com
产品：灰纸板、纱管纸

辽宁博隆纸业有限公司
辽宁省辽阳市太子河区望水台乡道西庄街道
邮编：111000
电话：0419 – 3306115
传真：0419 – 3301581
网址：www. lnblzy. com
邮箱：lnblzy@ lnblzy. com
产品：餐巾纸原纸、生活用纸、工艺品编织用纸、马桶圈纸

辽阳嘉丰纸业有限公司
辽宁省辽阳市刘二堡经济开发区
邮编：111212
电话：0419 – 7166958
传真：0419 – 7167118
网址：www. jiafengzhiye. com
邮箱：jiafengzhiye@ 163. com
产品：瓦楞原纸

盘锦市

辽宁振兴生态造纸有限公司
辽宁省盘锦市盘山县东郭造纸工业园区
邮编：124112
电话：0427 – 6577000
传真：0427 – 6577088
网址：www. zxstjt. com
邮箱：lnstzyxzb@ 126. com
产品：文化用纸、浆板

铁岭市

辽宁省开原荣信纸业有限公司
辽宁省开原市新城街工业园
邮编：112300
电话：024 – 73617698
传真：024 – 73617398
邮箱：13679303152@ qq. com
产品：打印纸、单胶纸、双胶纸、办公用纸、复印纸、纸品原材料

辽宁兴东科技有限公司
(原辽宁兴东纸业有限公司)
辽宁省开原市八宝镇大湾村造纸工业园区
邮编：112322
电话：024 – 73672222、73900181
传真：024 – 73900168
网址：www. lnxdzy. com
产品：牛皮箱纸板、纱管纸

朝阳市

朝阳纸板总厂
辽宁省朝阳市北环路 8 号
邮编：122000
电话：0421 – 2814799
传真：0421 – 2805675
邮箱：2805675@ 163. com
产品：包装纸板、涂布白纸板、瓦楞原纸

朝阳华晟实业有限公司
(原朝阳华晟纸业有限公司)
辽宁省朝阳市朝阳县柳城街道腰而营子村
邮编：122000
电话：0421 – 2578345
邮箱：354831024@ qq. com
产品：印刷纸

吉 林 省

吉林市

吉林晨鸣纸业有限责任公司
吉林省吉林市龙潭区晨鸣路 1 号
邮编：132104
电话：0432 – 68066380

产品：机制纸、纸板、纸制品、纸浆、造纸机械设备加工和销售、机械设备安装

白城市

吉林省华金纸业有限公司
吉林省白城市铁东区纸厂街 8 号
邮编：137000
电话：0436－3274600
邮箱：lixin0246813579@163.com
产品：印刷纸、书写纸、静电复印纸、票据纸

白山市

白山市琦祥纸业有限公司
吉林省白山市八道江区东兴街长白路 49 号
邮编：134300
电话：0439－3389008
传真：0439－3389000
网址：www.qixiangzhiye.com
邮箱：qixiangzhiye@163.com
产品：瓦楞原纸、箱纸板

四平市

吉林日升纸业有限责任公司
（原公主岭市光大纸业有限责任公司）
吉林省四平市公主岭市秦家屯镇
邮编：136114
电话：18643440345
邮箱：494967276@qq.com
产品：中高强瓦楞原纸

延边朝鲜族自治州

延边石岘双鹿实业有限公司
吉林省延边州图们市石岘镇凯旋街 1 号
邮编：133101
电话：0433－3869001、3868139、3868551
传真：0433－3868139
网址：www.jlshixian.com
邮箱：407249385@qq.com
产品：新闻纸、双面胶版纸、卫生纸、复印纸、亚硫酸盐木浆、静电复印纸、箱纸板

黑龙江省

鸡西市

黑龙江北大荒纸业有限责任公司
黑龙江省鸡西市密山市兴凯湖农场造纸厂
邮编：158328
电话：0467－5081055、5081043
传真：0467－5081037
邮箱：xkhzzcsm@163.com
产品：打字纸、书写纸、胶版纸、彩色胶印纸、图画纸

佳木斯市

佳木斯龙江福浆纸有限公司
黑龙江省佳木斯市光复路 306 号
邮编：154005
电话：0454－6066887
传真：0454－6066860
邮箱：wxyjz@163.com
产品：精制白牛皮纸、伸性纸袋纸、本色木浆

佳木斯东方纸业有限公司
黑龙江省佳木斯市建国街 5 号
邮编：154005
电话：0454－8390368
传真：0454－8387461
网址：www.jmsdfzy.cn
邮箱：619006197@qq.com
产品：打印纸、图画纸、白牛皮纸

佳木斯市龙德纸业有限公司
黑龙江省佳木斯市东风区东兴城 A－D3 号楼 102#
邮编：154000
电话：0454－8289316
邮箱：329638615@qq.com
产品：纸制品加工，废旧物资回收，再生资源技术开发，工业包装用纸、特种纸及纸张批发

佳木斯艺洋纸业有限公司
黑龙江省佳木斯市东风区模范路 16 号
邮编：154005
电话：0454－8335657、13836660755
邮箱：1466152396@qq.com
产品：造纸、纸制品加工

黑龙江佳宏纸业集团有限公司
黑龙江省佳木斯市东风区光复路东段
邮编：154005
电话：0454－8377032
邮箱：897720997@ qq. com
产品：牛皮纸、纸袋纸

牡丹江市

牡丹江恒丰纸业集团有限公司
黑龙江省牡丹江市阳明区恒丰路 11 号
邮编：157013
电话：0453－6331111、6886000、6886500
传真：0453－6331063、6886868
网址：www. hengfengpaper. com
邮箱：gsb@ hengfengpaper. com
产品：铜版纸、卷烟纸、铝箔衬纸、滤嘴棒纸、水松原纸、无碳复写原纸

牡丹江市三都特种纸业有限公司
黑龙江省牡丹江市爱民区大庆街 19 号
邮编：157009
电话：0453－6899237、6889718
传真：0453－6899237
邮箱：lzb0605@ 163. com
产品：卫生纸、纸巾纸、擦拭纸

海林市柴河林海纸业有限公司
黑龙江省海林市柴河镇铁东路 2 号
邮编：157131
电话：0453－7528590
传真：0453－7528390
邮箱：lhzyxsb@ 163. com
产品：箱纸板、高强瓦楞原纸

绥芬河市三都纸业有限责任公司
黑龙江省牡丹江市绥芬河市林业局住宅 1－601 室
邮编：157000
电话：0453－3948280
网址：www. sandu. net. cn
邮箱：sandus@ vip. sina. com
产品：进口纸浆、纸张

牡丹江鸿安纸业有限公司
黑龙江省牡丹江市阳明区铁岭镇二村
邮编：157013
电话：0453－6391118、13845359583
邮箱：2508555126@ qq. com
产品：生产纸张

上　海　市

王子制纸管理（上海）有限公司
上海市长宁区延安西路 2201 号上海国际贸易中心 3401 室
邮编：200336
电话：021－62195555
传真：021－32231101
网址：www. ojiholdings. cn
邮箱：Info-china@ oji-gr. com
产品：木浆、铜版纸、双胶纸、瓦楞纸箱、重物包装箱、环保纸袋、复合袋、干法纸、热敏纸、YUPO 合成纸、防锈纸、装饰纸、生活用纸、纸尿裤等

泰盛科技（集团）股份有限公司
上海市长宁区虹桥路 2272 号 C 段 301－D 座
邮编：318014
电话：18601604770、18806832507
网址：www. taison. cn
邮箱：chenjun@ taison. cn
产品：竹浆、复印纸、双胶纸、书画纸、竹浆生活用纸、母婴原纸、卫生巾、纸尿裤

上海中隆纸业有限公司
上海市闵行区申长路 988 弄 3 号楼 8 楼
邮编：201106
电话：021－24088888
产品：高档牛皮箱纸板、高强瓦楞原纸

金奉源纸业（上海）有限公司
上海市奉贤区星火开发区莲塘路 251 号
邮编：201419
电话：021－57505588
传真：021－57501100
网址：www. jfy-paper. com
邮箱：jfy-paper@ app. com. cn
产品：高档食品卡纸

上海富民纸业有限公司
（原上海富民造纸厂）
上海市崇明县港沿镇八一公路
邮编：202158
电话：021－59465421、13381666806
传真：021－59465421
产品：瓦楞原纸、茶板纸

上海同孚特种纸板厂
上海市崇明县港沿中路 588 号
邮编：202158
电话：021－59461824
传真：021－59461268
邮箱：sh-tongfu@ citiz. net
产品：纸浆模塑制品

上海金佰利纸业有限公司
上海市松江区金沙滩 139 号
邮编：201600
电话：021－37813030、57822671
传真：021－37813030
网址：www. kimberly-clark. com. cn
邮箱：helen. zhang@ kcc. com
产品：高档生活用纸

上海新江南纸业有限公司
上海市武宁路 1500 号南楼 408 室
邮编：200061
电话：021－62543871、62442570
传真：021－62543871
邮箱：shxjnzy@ 126. com
产品：防伪邮票纸

上海乐凯纸业有限公司
上海市普陀区常和路 308 号
邮编：200331
电话：021－63639057
传真：021－63639043
网址：www. shanghaizhiye. luckyfilm. com. cn
邮箱：1035160392@ qq. com
产品：高档彩色相纸

上海力德纸业有限公司
上海市沪青平公路 6098 号
邮编：201713
电话：021－59230220、13621867221
产品：透析纸、氧化锌印版纸、心电图纸

长谊新材料(上海)有限公司
(原长谊特种纸(上海)有限公司)
上海市宝山城市工业园区丰翔路 1369 号
邮编：200436
电话：021－36160789、62113737
传真：021－36160787、62113232
网址：www. cypnet. com. cn
邮箱：sjg@ cypnet. com. cn
产品：特种纸

骏源新材料(上海)有限公司
上海市青浦工业园区汇联路 1739 号
邮编：201707
电话：021－58518866
传真：021－58218666
网址：www. sinjunyuan. com
邮箱：webmaster@ sinjunyuan. com
产品：特种纸、耐磨纸、高档文化用纸

上海三五纸厂有限公司
上海市青浦区练塘镇朱枫公路 688 弄 2 号
邮编：201715
电话：021－59251102、59251121、13651912351
邮箱：13545678@ qq. com
产品：热敏纸、电火花纸

上海合和纸业有限公司
上海市青浦区华新镇华蔡路 285 号
邮编：201708
电话：021－59798808
传真：021－59798660
网址：www. hehepaper. com
邮箱：hehezhiye@ 163. com
产品：牛皮纸、加工纸

阿波滤材(上海)有限公司
(原阿波制纸(上海)有限公司)
上海市奉贤区星火开发区莲塘路 355 号
邮编：201419
电话：021－57505800
传真：021－57505805
邮箱：nzheng@ aws. net. cn
产品：过滤纸

上海延中办公用品实业公司
上海市胶州路 941 号长久大厦 501 室
邮编：200060
电话：021－62998411
传真：021－62998423
产品：晒图纸、无碳复写纸

上海虹灵-迪茨根纸业有限公司
上海市闵行区中春路 6889 弄 3 号
邮编：201101
电话：021－64061122
传真：021－54881149

产品：晒图纸

上海晨江纸品有限公司
上海市松江区荣乐东路 66 号
邮编：201600
电话：021－57711008
传真：021－57710800
产品：晒图纸

上海迪佳纸业有限公司
（原上海迪佳纸品印务有限公司）
上海市黄浦区延安东路 1278 弄 5 号底层东间部位
邮编：200001
电话：021－61845198
传真：021－58569023
产品：晒图纸、复印纸、显影药水、电脑打印纸

上海全兴纸业有限公司
上海市长宁区定西路 650 号 821 室
邮编：201612
电话：021－64847065、18019282135
产品：晒图纸、传真纸

上海亚傲纸业有限公司
上海市闵行区梅陇镇金都路 1515 号
邮编：201108
电话：021－64341581
传真：021－64341581
邮箱：304583953@qq.com
产品：晒图纸

上海东冠纸业有限公司
上海东冠健康用品股份有限公司
上海东冠卫生用品有限公司
上海市中山南一路 893 号斯米克广场西楼三楼
邮编：200023
电话：021－53026727
传真：021－53026726、53026782
网址：www.socpcn.com
邮箱：service@socp.com.cn
产品：生活用纸

上海国峰纸业有限公司
上海市南汇区老港化工工业园区同强路
邮编：201302
电话：021－58053886、13501984926
邮箱：417870010@qq.com
产品：邮票原纸、晒图原纸

上海繁锦纸业有限公司
上海市南汇区祝桥东海盐朝北路 8 号 209 室
邮编：201325
电话：021－62488330、13801719249
传真：021－62473126
邮箱：164821376@qq.com
产品：晒图纸

金光纸业（中国）投资有限公司
上海市虹口区东大名路 501 号白玉兰广场 65 层
邮编：200080
电话：021－22838888
传真：021－22839056
网址：www.app.com.cn
产品：漂白硫酸盐桉木浆、印刷纸、包装用纸、生活用纸

上海殷泰纸业有限公司
上海市宝山区练祁路 88 号
邮编：200942
电话：021－56649708、56649618
传真：021－56646488
邮箱：13585661968@139.com
产品：彩色胶印新闻纸

上海汇德利文化用品有限公司
（原上海市复写纸联合公司）
上海市大林路 10 弄 1 号 604 室
邮编：200011
电话：021－63451133、18930471159
传真：021－63010772、63454319
邮箱：czg1210@163.com
产品：复写纸

上海开伦造纸印刷集团有限公司
上海市奉贤区莲塘路 251 号
邮编：200050
电话：021－62104040、62103737
传真：021－62401113
网址：www.kai-lun.net
邮箱：kailun@kai-lun.com
产品：静电复印纸、瓦楞原纸、牛皮箱纸板、折叠涂布白纸板、单面涂布白纸板、茶纸板

上海基隆蜡光纸有限公司
上海松江区佘山镇天马新宅路 600 号
邮编：201603
电话：021－57662899、57663729

传真：021－57663729
邮箱：luyanfen@163. com
产品：各色蜡光纸

山鹰国际控股股份公司
上海市杨浦区安浦路 645 号山鹰国际总部大楼
邮编：200082
电话：021－60360888
传真：021－62376799
网址：www. shanyingintl. com
邮箱：SY@shanyingintl. com
业务：再生纤维、造纸、包装、印刷

日纸国际贸易(上海)有限公司上海分公司
上海市长宁区遵义路 100 号虹桥南丰城 B 幢 1805 室
邮编：200051
电话：021－61453260
传真：021－61453237
网址：npi-sh. com
邮箱：rizhi@npi-cn. com
产品：文化用纸、纸板、特种纸

金佰利(中国)有限公司
上海市黄浦区淡水路 299 号 12 楼
邮编：200025
电话：021－60288100
网址：www. kimberly-clark. com. cn
邮箱：Helen. Zhang@kcc. com
产品：卫生用品

上海宝中宝纸塑制品有限公司
上海市嘉定南翔镇翔江路 888 号
邮编：210802
电话：021－69171222
传真：021－69171223
网址：www. baozhongbao. net
邮箱：77156356@qq. com
产品：防伪商标易碎纸、不干胶贴纸、离型纸

巴西金鱼浆纸公司上海代表处
上海市静安区南京西路 1468 号中欣大厦 3202 室
邮编：200040
电话：021－62895506
传真：021－62892817
网址：www. suzano. com. br
邮箱：Crystalwang@suzanoasia. com
产品：漂白桉木浆

上海中程纸业有限公司
上海市青浦区白鹤镇外青松公路 2965 号
邮编：297201
电话：021－39805525、15921050506
网址：shzcpaper. net
邮箱：shzcpaper@163. com
产品：牛皮纸、服装打版纸等

上海恩博环保纸浆模塑制品有限公司
上海市奉贤区四团镇平安社区平中路 12 号
邮编：201413
电话：021－57541363、13671761083
网址：www. nbzmsh. com
邮箱：enbosh@126. com
产品：纸浆模塑防震包装制品

江　苏　省

南京市

永丰余纸业(南京)有限公司
江苏省南京经济技术开发区恒泰路 1－2 号
邮编：210038
电话：025－69519112
网址：www. yfy. com
邮箱：zhoujq@yfy0. cn. com
产品：纸板生产

南京吉利纸业有限公司
江苏省南京市六合区雄州镇文峰北路 9 号
邮编：211500
电话：025－57506968、13327702168
传真：025－57507928
网址：www. lmpap. com. cn
邮箱：pepaper@126. com
产品：轻涂淋膜纸、铜板淋膜纸、牛皮包装淋膜纸、白淋膜复合纸

南京经纬纸业有限公司
江苏省南京市江宁开发区九竹路 98 号
邮编：211100
电话：025－52106598、52129068
邮箱：334202036@qq. com
产品：纸杯纸、碗面纸、冰淇淋纸

金佰利(南京)护理用品有限公司
金佰利(南京)个人卫生用品有限公司
江苏省南京市江宁经济技术开发区吉印大道 3199 号

邮编：211100
电话：025－81054007
传真：025－52721122
网址：www. kimberly-clark. com. cn
邮箱：Phoebe. Gao@ kcc. com
产品：妇女用卫生巾

南京瑞达纸业有限公司
江苏省南京市丰富路石榴园 330 号
邮编：210000
电话：025－84209796
传真：025－84213096
邮箱：1772065773@ qq. com
产品：联单、热敏纸、气象防锈纸、防锈纸

南京天府纸业有限公司
江苏省南京市秦淮区龙蟠中路 536 号
邮编：210000
电话：025－84587466、84614407
传真：025－84587466
邮箱：3132086276@ qq. com
产品：书写纸、双胶纸

南京佰润纸业有限公司
南京市江宁区高新技术产业园恒润路 3 号
邮编：211132
电话：025－52391198
产品：纸制品生产

无锡市

无锡双龙信息纸业有限公司
江苏省无锡市滨湖区马山长康路 33 号
邮编：214092
电话：0510－85996606、85996848
传真：0510－85995909
网址：www. slpz. com
邮箱：slpz@ sohu. com
产品：电脑打印纸、静电复印纸、票据纸、传真纸

无锡荣成环保科技有限公司
江苏省无锡市惠山区洛社镇中兴西路 43 号
邮编：214187
电话：0510－83316666
传真：0510－83311826
网址：www. longchenpaper. com
产品：牛皮纸板、瓦楞原纸、瓦楞纸板、瓦楞纸箱

无锡市生力纸业有限公司
江苏省无锡市锡山区鹅湖镇(甘露)望虞路 9 号
邮编：214117
电话：0510－88751447、88752355
传真：0510－88751447
产品：高强瓦楞原纸

无锡侨颂特种纸有限公司
江苏省无锡市滨湖区碧波支路 11 号
邮编：214092
电话：0510－8599052
邮箱：542482486@ qq. com
产品：无碳复写纸

无锡锡山恒丰纸业有限公司
江苏省无锡市锡山区东亭镇杨亭村
邮编：214102
电话：0510－88260560
传真：0510－88261049
邮箱：wxhfzy@ 126. com
产品：纸箱、瓦楞原纸

无锡市锡山华盛纸业有限公司
江苏省无锡市东亭镇春湖东路 48 号
邮编：214000
电话：0510－88259207
传真：0510－88251877
邮箱：8279922352@ qq. com
产品：铜版纸、双胶纸、白底白卡纸、白底白纸板、白底灰纸板、高档白卡纸和轻涂纸

无锡市齐力纸业有限公司
江苏省无锡市新吴区江溪街道纺城大道 288 号
邮编：214028
电话：0510－88231801、13861786357
传真：0510－88083459
邮箱：qilizhiye@ 126. com
产品：包装用纸、印刷纸、特种纸

无锡市三元纸业有限公司
江苏省无锡市新区长江路 8 号
邮编：214028
电话：0510－85225699
传真：0510－85225699
邮箱：168163510@ qq. com
产品：双胶纸、铜版纸、轻涂纸、优光铜版纸、无碳压感原纸、牛皮纸

无锡泰极纸业有限公司
江苏省无锡市锡山经济开发区团结大道春雨路
邮编：214101
电话：0510－88262053、88266679
传真：0510－88261990
网址：www. wxtjpaper. com
邮箱：sales@ wxtjpaper. com
产品：化纤纸管、氨纶纸管、工业丝纸管、蜂窝板

无锡市越丰纸业有限公司
江苏省无锡市江海西路金山北私营工业园 95 号
邮编：204100
电话：0510－83070670
网址：www. yfpaper. com
邮箱：yjg1958211@ 163. com
产品：无碳复写纸、无碳复写纸用微胶囊、电脑打印纸

无锡市江海信息纸业有限责任公司
江苏省无锡市新区锡达路 580 号 3 号楼
邮编：214112
电话：0510－85626099、85627393
传真：0510－85627699
邮箱：jhzy163@ 163. com
产品：无碳复写票证纸、记录纸、静电复印纸、传真纸、不干胶贴纸

江阴比图特种纸板有限公司
江苏省江阴市长泾镇经济开发区兴隆路 2 号
邮编：214400
电话：0510－86305989、86301263
传真：0510－86302212
网址：www. chinabesto. com
邮箱：xuyulian@ chinabesto. com
jybesto@ chinabesto. com
patrick_ besto@ hotmail. com
产品：中底纸板、快巴纸板

江阴美源实业有限公司
江苏省江阴市云亭街道松文头路 11 号
邮编：214422
电话：0510－86899188、86877615、86891308
传真：0510－86877610、86891721
网址：www. meiyuan. com
邮箱：sales@ meiyuan. com
产品：涂布纸

江阴永丰余造纸有限公司
江苏省江阴市通江南路 258 号
邮编：214433
电话：0510－86105979、13616168983
传真：0510－86118748
网址：www. yfy. com
邮箱：csl@ cn. yfy. com
产品：涂布白纸板

江阴新浩再循环纸业有限公司
江苏省江阴市南外环路 665 号
邮编：214433
电话：0510－86108159
传真：0510－86111319、86101863
邮箱：1061696647@ qq. com
产品：白纸板、废纸浆、扑克牌纸

无锡市一正纸业有限公司
江苏省宜兴市丁蜀镇陶瓷工业园
邮编：214200
电话：0510－88566366、80383311
传真：0510－88567366
网址：www. wxyizheng. com
邮箱：jinjie6366@ 163. com
产品：卷筒卫生纸、面巾纸、餐巾纸、卫生纸、成人纸尿片、成人纸尿裤

宜兴市苏南纸业有限公司
江苏省宜兴市张渚镇北郊铁基山
邮编：214235
电话：13901532319
邮箱：2388617520@ qq. com
产品：箱纸板、瓦楞原纸

宜兴市华法纸业有限公司
江苏省宜兴市经济开发区
邮编：214200
电话：0510－87125536、13801530153
传真：0510－87121839
网址：www. yxhfzy. com
邮箱：sales@ yxhfzy. com
产品：箱纸板、瓦楞原纸

江苏湟里纸业有限公司
江苏省江阴市璜土镇工业园
邮编：214445
电话：0510－86058686
传真：0510－86652208

邮箱：jscz51@126. com
产品：箱纸板

江阴明路纸业有限公司
江苏省江阴市南外环路 665 号
邮编：214400
电话：0510－68523559
邮箱：438336829@qq. com
产品：纸、纸制品的制造

徐州市

江苏星光纸业有限公司
江苏省徐州市铜山区刘集镇工业园区
邮编：221147
电话：15252088738
邮箱：1841328386@qq. com
产品：瓦楞原纸、耐磨纸、装饰纸

徐州中兴纸业有限公司
（原徐州中建纸业有限公司）
江苏省徐州市贾汪区大吴街道办事处建平村
邮编：221132
电话：0516－87030363、15252046612
邮箱：673678177@qq. com
产品：黄纸板、瓦楞原纸、白纸板

常州市

常州市五环纸业有限公司
江苏省常州市戚墅堰劳动东路 308 号
邮编：213011
电话：0519－88771288、88771258
传真：0519－88771258
网址：www. wuhuan-cn. cn
邮箱：fivering@wuhuan-cn. cn
产品：高强瓦楞原纸、牛皮箱纸板、茶纸板、防潮纸、包装用纸、牛皮纸、条纹牛皮纸

溧阳市阳光纸业有限公司
江苏省溧阳市昆仑街道泓盛路 518 号 7 幢
邮编：213000
电话：0519－87101328、13801491328
产品：生活用纸、包装用纸

江苏金湟纸业有限公司
江苏省常州市金坛经济开发区东村东路 88 号
邮编：213200
电话：0519－82683852
邮箱：jscz51@126. com
产品：牛皮纸、高强瓦楞箱纸板的生产及销售

苏州市

金华盛纸业（苏州工业园区）有限公司
江苏省苏州市工业园区胜浦镇金胜路 2 号
邮编：215126
电话：0512－62832118、62836666、62832600
传真：0512－62815491
网址：www. goldhs. com. cn
邮箱：webmaster_ghs@app. com. cn
产品：无碳复写纸、热敏纸、双胶纸、铜版卡纸

金红叶纸业集团有限公司
江苏省苏州市工业园区胜浦分区金胜路 1 号
邮编：215126
电话：0512－62810228
传真：0512－62818276
网址：www. ghy. com. cn
邮箱：customer_service@chy. com. cn
产品：卷筒卫生纸、盒装面纸、纸杯、纸巾

江苏理文造纸有限公司
江苏省常熟市经济技术开发区沿江工业园理文路
邮编：215536
电话：0512－52698888、52653333
传真：0512－52653688
网址：www. leemanpaper. com
产品：BSKP、BHKP、牛皮箱纸板、瓦楞原纸

芬欧汇川（中国）有限公司
江苏省常熟市沿江经济开发区兴业路 2 号
邮编：215536
电话：0512－52651818
传真：0512－52652300
网址：www. cn. upm. com
邮箱：upm. asia@upm. com
产品：办公用纸、印刷纸

亚龙纸制品（昆山）有限公司
江苏省昆山市新南西路 369 号
邮编：215300
电话：0512－57536988
传真：0512－57538395
网址：www. yalongpaper. com

产品：办公用纸、纸袋、美术用纸、高光相纸

苏州新业造纸有限公司
江苏省吴江市梅堰镇工业开发一区
邮编：215225
电话：0512－63681399、63688102
传真：0512－63680888
邮箱：y6kyml@163. com
产品：过滤纸

永丰余家品(昆山)有限公司
江苏省昆山市城北镇永丰余路999号
邮编：215316
电话：0512－53212041、57792824、57179700
网址：www. yfy. com
邮箱：zhaofei. min@yfycpg. com
产品：生活用纸、高档纸板

耐斯特纸业(昆山)有限公司
江苏省昆山市周市镇优比路358号
邮编：215314
电话：0512－57629081、57629088
传真：0512－57629088
网址：www. nicetekpaper. com. cn
邮箱：sales@nicetekpaper. com. cn
产品：白卡纸、黑卡纸、彩卡纸、珠光纸、荧光纸、背胶纸、彩色包装用纸

利乐包装(昆山)有限公司
江苏省昆山市开发区顺帆南路208号
邮编：215301
电话：0512－57717725
传真：0512－57717729
网址：www. tetrapak. com
邮箱：lynn. liu@tetrapak. com
产品：包装用纸、包装袋

太仓造纸厂
江苏省太仓市沙溪镇浦南新村
邮编：215421
电话：0512－5321142
邮箱：szhongda@public1. sz. js. cn
产品：箱纸板、瓦楞原纸、白纸板

昆山钞票纸业有限公司
江苏省昆山市震川东路1188号
邮编：215301
电话：0512－57703333
传真：0512－57702033
网址：www. kscz. cbpm. cn
产品：钞票纸、艺术纸、防伪纸

江苏荣成环保科技股份有限公司
江苏省昆山市陆家镇金阳东路33号
邮编：215331
电话：0512－57876688－111
传真：0512－57878080
网址：www. longchenggreentech. com
产品：箱纸板、瓦楞原纸

王子制纸妮飘(苏州)有限公司
江苏省苏州市苏州新区金山路98号
邮编：215300
电话：0512－68258526
传真：0512－68259395
网址：www. nepia. com. cn
邮箱：nepiamk@nepia. com. cn
产品：生活用纸

苏州市红光纸业有限公司
江苏省苏州市苏福公路
邮编：215009
电话：0512－68202971
传真：0512－68202971
产品：纸板

玖龙纸业(太仓)有限公司
江苏省太仓市港口开发区玖龙路1号
邮编：215434
电话：0512－53703888
传真：0512－53703399
网址：www. ndpaper. com
邮箱：info_tc@ndpaper. com
产品：纸板

常熟乐楹纸业有限公司
(原常熟第三造纸厂有限公司)
江苏省常熟市梅李镇赵市
邮编：215518
电话：0512－52381128
传真：0512－52381190
邮箱：329491014@qq. com
产品：箱纸板、瓦楞原纸

江苏吉泰利恒实业有限公司
(原江苏富士莱纸业有限责任公司)
江苏省常熟市香江路158号
邮编：215558

电话：0512－52303556
传真：0512－52837984
邮箱：171744414@ qq. com
产品：箱纸板、瓦楞原纸

苏州胜宏纸业有限公司
江苏省太仓市沙溪镇河南街 84 号
邮编：215421
电话：0512－53359010、53211422
传真：0512－53212041
邮箱：szhongda@ publicl. sz. js. cn
产品：箱纸板、瓦楞原纸

国一制纸（张家港）有限公司
江苏省张家港市凤凰镇韩国工业园
邮编：215614
电话：0512－58423721
传真：0512－58421207
网址：www. kookilpaper. com
邮箱：maeter@ kookilpaper. com
产品：胶版纸、静电复印纸、不锈钢衬纸、纸杯原纸、无尘原纸、离型原纸、装饰原纸

张家港市华申纸业有限公司
江苏省张家港市后塍镇袁家桥
邮编：215631
电话：0512－58771241
传真：0512－58785231
产品：箱纸板、瓦楞原纸

昆山福特莱纸业有限公司
江苏省昆山市周庄镇敏锐路 2 号（生产地址）
上海市宝山区月罗路 340 号 3 号楼 2 楼（经营地址）
邮编：200941
电话：021－63570960
传真：021－66081142
网址：ftlpapers. 1688. com
邮箱：futailai522@ 126. com
产品：彩色纸、彩卡纸、皮纹纸、文件夹纸、马尼拉纸、牛皮纸、素描纸、白卡、黑卡、珠光纸、吸水纸、环保纸、金银卡纸等

苏州秧浦色彩科技有限公司
江苏省昆山市千灯镇萧墅路 666 号
邮编：215300
电话：0512－57876071、57876072
传真：0512－57876087
网址：www. yangpuch. cn
邮箱：tonytang51@ 163. com
产品：研发、生产、销售为一体的综合性色浆

江苏福泰涂布科技股份有限公司
江苏省昆山市巴城镇石牌升光路 806 号
邮编：215312
电话：0512－82603111、86165541
传真：0512－82603222
网址：www. formulacoating. com
邮箱：yu-ping@ formulaintl. com
产品：离型纸

南通市

江苏王子制纸有限公司
江苏省南通市经济技术开发区通达路 18 号
邮编：226017
电话：0513－85996555
传真：0513－85996382
网址：www. ojipaper. cn
产品：文化用纸

大王（南通）生活用品有限公司
江苏省南通市崇川区南通经济技术开发区通盛大道 66 号
邮编：226010
电话：0513－51019191、4008979790
传真：0513－51019292
网址：www. dawang-goon. cn
邮箱：wanglinjuan@ dawang-goon. cn
产品：家庭用纸
上海分公司：上海市长宁区长宁路 1193 号长宁来福士广场 3 号楼 6 楼 609 室
电话：021－62495000
传真：021－52908113

淮安市

江苏金莲纸业有限公司
江苏省淮安市金湖县建设东路 89 号
邮编：211600
电话：0517－86882898
传真：0517－86892515、86882875
邮箱：xyr5232040@ 163. com
产品：生活用纸

江苏嘉德纸业有限公司
江苏省淮安市洪泽县工业园区东二道 5 号

邮编：223100
电话：0517－87223666
传真：0517－87801339
邮箱：115356@qq.com
产品：包装用纸

江苏丰凯纸业有限公司
江苏省淮安市涟水县五港镇工业集中区
邮编：223443
电话：13588112227
网址：www.jsfkzy.com
邮箱：592328661@163.com
产品：瓦楞原纸

江苏洪泽湖纸业有限公司
（原淮安洪泽湖纸业有限公司）
江苏省淮安市洪泽区巢湖东路23号
邮编：223100
电话：0517－87803599
邮箱：1113260506@qq.com
产品：纸及纸制品

江苏国圣纸业有限公司
江苏省淮安市洪泽县城经济开发区北一道北侧东九街东侧
邮编：223100
电话：0517－87221325、13915148461
邮箱：836647927@qq.com
产品：纱管纸、化纤管纸、螺旋管纸

涟水永丰纸业有限公司
江苏省淮安市涟水县五港镇平安村
邮编：223400
电话：0517－82630222
邮箱：2544270170@qq.com
产品：再生纸生产、销售；废纸收购

江苏新丰纸业有限公司
江苏省淮安市洪泽区洪泽县经济开发区北一道北侧、328省道西侧
邮编：223100
电话：0517－87203777、87287778
邮箱：1377672@163.com
产品：化纤管纸

淮安恒润纸业有限公司
江苏省淮安市淮安区平桥镇工业集中区
邮编：223229
电话：0517－85721998、18005233911
产品：瓦楞原纸

连云港市

灌云利民再生资源科技发展有限公司
江苏省连云港市灌云县临港产业区新纬八路北侧经六路东侧专家楼21号
邮编：555558
电话：0518－88186999
邮箱：271344104@qq.com
产品：纸浆、包装用纸、高强瓦楞原纸及纸板容器制造

盐城市

江苏兴业纸业有限公司
江苏省盐城市阜宁县东沟镇东南村
邮编：224421
电话：15371127396
邮箱：1419149023@qq.com
产品：高强瓦楞原纸

胜达集团江苏开胜纸业有限公司
（原胜达集团江苏双灯纸业有限公司）
江苏省盐城市射阳县黄沙港镇海港路28号
邮编：224341
电话：0515－82026982
传真：0515－82263999
网址：www.chinasund.com
产品：生活用纸、女性卫生用品

江苏美灯纸业有限公司
江苏省盐城市滨海县城南丁字港船闸西300米
邮编：224500
电话：0515－84100565、4006806917
传真：0515－84103901
网址：www.jsmeideng.com
邮箱：34584476@qq.com
产品：生活用纸

江苏博汇纸业有限公司
江苏省盐城市大丰区港区造纸园区环港东路东侧、四级航道北侧4幢
邮编：224100
电话：0515－83287876、83289953
邮箱：906439923@qq.com
产品：高档包装用纸

江苏京环隆亨纸业有限公司
江苏省盐城市响水县陈家港镇沿海经济开发区
邮编：224631
电话：0515－69803399、82076357
传真：0515－82076356
邮箱：jshihzy@ besg. com. cn
产品：涂布白纸板

江苏金田纸业有限公司
江苏省盐城市响水县陈家港镇工业经济区
邮编：224600
电话：0515－86839999
传真：0515－86839999
邮箱：1042848933@ qq. com
产品：特种纸制品、灰纸板、涂布白纸板、高强瓦楞原纸、牛卡纸、生活用纸

江苏金盈纸业有限公司
（东莞市金田纸业有限公司、东莞市诚盈实业投资有限公司投资）
江苏省盐城市响水县工业经济区
邮编：224000
电话：0769－22226666
网址：www. jinyingzhiye. com
邮箱：group@ group. minyinggroup. com
产品：箱纸板、高强瓦楞原纸

江苏富勤纸业有限公司
江苏省盐城市响水县陈家港镇 S326 省道西侧，港电大道南侧
邮编：224600
电话：0515－82076538
邮箱：394253562@ qq. com
产品：白纸板

盐城宏泰纸品包装有限公司
江苏省盐城市阜宁县阜城镇工业园区 98 号
邮编：224400
电话：0515－87800038
邮箱：478795341@ qq. com
产品：纸箱设计；机械纸及纸板、纸制品包装、加工、销售

江苏富星纸业有限公司
江苏省盐城市响水县陈家港沿海区
邮编：224631
电话：0515－68870335
邮箱：392379702@ qq. com
产品：纸制品、纸浆制造销售

扬州市

永丰余造纸（扬州）有限公司
江苏省扬州市春江路 168 号
邮编：225131
电话：0514－82686458
网址：www. yfy. com
邮箱：yz0475@ cn. yfy. com
产品：高级瓦楞原纸、牛皮纸

高邮市卫星卷烟材料有限公司
江苏省高邮市卫星路 1 号
邮编：225600
电话：0514－84631158
传真：0514－84631158、84061050
网址：www. gywxjycl. com
产品：复合铝箔纸、烫金水松纸、烟用接装纸

江苏华金国际贸易有限公司
江苏省扬州市江都区仙城工业园区张纲配套园
邮编：225200
电话：0514－86880592、86882244
传真：0514－86973615
邮箱：gyy1900@ 163. com
产品：纸制品

扬州裕兴纸品包装有限公司
江苏省扬州市宝应县城西工业集中区盐金公路边
邮编：225805
电话：0514－80892192
邮箱：271344104@ qq. com
产品：机械纸及纸板、纸制品包装加工、制造、销售

镇江市

江苏长丰造纸有限公司
江苏省丹阳市后巷镇
邮编：212312
电话：0511－86326001
传真：0511－86326006
邮箱：870899894@ qq. com
产品：高强瓦楞原纸

金东纸业（江苏）股份有限公司
江苏省镇江市大港兴港东路 8 号

邮编：212132
电话：0511－88998888、8008283768
传真：0511－88997000
网址：www.goldeastpaper.com.cn
产品：铜版纸、双面胶版纸、静电复印纸、画刊纸、低定量涂布纸、杂志纸、喷铝专用纸、铜版卡纸

镇江大东纸业有限公司
江苏省镇江市镇江新区大港东方路8号
邮编：212132
电话：0511－88820202
传真：0511－88820201
网址：www.zjddzy.com
邮箱：dadong@zjddzy.com
产品：税务发票专用纸、文化用纸、工业配套用纸、食品内包装用纸、餐盒用纸、防伪纸

镇江市京口纸业有限责任公司
江苏省镇江市九里街宗泽路3号
邮编：212008
电话：0511－85988902
传真：0511－88805606、88807606
邮箱：zheng-xiuhui@126.com
产品：玻璃卡纸、白卡纸、铜版纸、纸杯纸

金隆浆纸业(江苏)有限公司
江苏省镇江市新区大港兴港东路8号
邮编：212132
电话：0511－88997493
邮箱：hudi@goldeastpaper.com.cn
产品：木浆的生产、加工

江苏利民纸品包装股份有限公司
(原江苏利民纸品包装有限公司)
江苏省镇江市扬中市八桥镇利民村十组
邮编：212219
电话：0511－88543306、88542279
传真：0511－88543306
网址：www.jslimin.com.cn
邮箱：lmzp@jslimin.com.cn
产品：瓦楞纸板

泰州市

泰州华威电工绝缘材料有限公司
(原泰州魏德曼高压绝缘有限公司)
江苏省泰州市海阳路40号
邮编：225300
电话：0523－82848688、86238799
传真：0523－86560610
网址：www.weidmann.com.cn
邮箱：michael.xu@weidmann.com.hk
xuluping@weidmann.com.cn
产品：绝缘纸板、绝缘成型件

宿迁市

江苏新丰之星膜材料有限公司
江苏省宿迁市宿豫区湖滨新区彩塑路98号
邮编：223800
电话：0527－88898788
邮箱：171647438@qq.com
产品：PVC压延膜、装饰膜、纸塑复合材料、离型膜、离型纸、防粘纸、涂塑纸、自粘胶贴、不干胶材料

江苏上善纸业有限公司
江苏省宿迁市沭阳县杭州东路南侧、玉环路西侧及东侧700米
邮编：223600
电话：0527－89996383
邮箱：jsxdl6688@163.com
产品：包装用纸、纸板、纸箱

江苏誉凯实业有限公司
江苏省沭阳循环经济产业园(花木大世界东侧、纬二路南侧、经一路西侧)
邮编：223600
电话：0527－87872258、13083964800
产品：高档涂布白纸板、牛皮包装用纸、高强瓦楞原纸生产和销售

江苏凡泰纸业有限公司
江苏省宿迁市沭阳县慈溪路25号
邮编：223600
电话：0527－80961008
邮箱：2015458081@qq.com
产品：箱纸板、高强瓦楞原纸

宿迁佳鑫纸品包装有限公司
江苏省宿迁市宿城区古城路28号
邮编：223800
电话：0527－84574168
邮箱：2508323515@qq.com
产品：纸箱设计；机械纸及纸板、纸制品包装

浙 江 省

杭州市

杭州富阳华利纸业有限公司
浙江省富阳市春江街道新建村
邮编：311421
电话：13806529238
产品：白卡纸

富阳金泰纸业有限公司
浙江省富阳市春江街道建设村
邮编：311421
电话：0571－63585668、63585778
传真：0571－63582088
邮箱：hztzhiye@126.com
产品：涂布白纸板

杭州富阳经纬纸业有限公司
浙江省富阳市大源镇亭山村
邮编：311413
电话：13806517787
产品：白纸板

杭州富阳三合纸业有限公司
浙江省富阳市鹿山街道三合村
邮编：311407
电话：0571－63519028
传真：0571－63488256
产品：皮纸、桃花纸、绵纸、胶带原纸、口罩纸、工艺纸

杭州华胜纸业有限公司
浙江省富阳市春江工业区江南路 69 号
邮编：311421
电话：0571－63519028
传真：0571－63587098、63581717
产品：双面涂布白纸板、纱管纸、工艺纸板、灰纸板、厚纸板

杭州富春江宣纸有限公司
浙江省富阳市大源镇大同村庄家 1 号
邮编：311414
电话：0571－63543079
传真：0571－63543518
邮箱：1035186257@qq.com
产品：宣纸

杭州万鳌纸业有限公司
（原富阳富春江造纸厂）
浙江省富阳市里山镇江滨路 32 号
邮编：311418
电话：0571－63555889、13706810585
产品：茶叶滤纸

杭州富阳亨通纸业有限公司
浙江省富阳市东州街道红旗村
邮编：311401
电话：0571－63465918、13806515635
传真：0571－63465888
产品：涂布白纸板、白卡纸

杭州富阳华泰纸业有限公司
浙江省杭州市富阳市春江街道华共村
邮编：311421
电话：13706819198
产品：涂布白纸板

杭州富阳华中纸业有限公司
浙江省杭州市富阳区春江街道临江村
邮编：311401
电话：13806519651
产品：涂布白纸板

富阳市汇泰纸业有限公司
浙江省富阳市春江工业园区华共村
邮编：311421
电话：0571－63580973、13968179785
传真：0571－63580972
产品：白纸板

杭州富阳金鑫纸业有限公司
浙江省富阳市春江工业园区华共村
邮编：311401
电话：0571－63585281
传真：0571－63585380
邮箱：hzfyjxzy@163.com
产品：白纸板

杭州富阳康楠纸业有限公司
浙江省富阳市春江街道建华村
邮编：311421
电话：0571－23202268、13454129548
传真：0571－23022279
网址：www.kangnan.net
产品：高档灰底白纸板、白底白纸板

浙江万信纸业有限公司
浙江省富阳市春江造纸工业园区
邮编：311421
电话：0571－63587561、63587857
传真：0571－63587870
邮箱：2399849001@ qq. com
产品：涂布白纸板

浙江富阳华天纸业有限公司
浙江省富阳市春江造纸工业园区
邮编：311421
电话：0571－63586860、63584818、4008055556
传真：0571－56389088
网址：www. huatianpaper. net
邮箱：sales@ huatianpaper. net. com
产品：涂布白纸板

杭州富阳鑫达造纸有限公司
杭州富阳区大源镇亭山村震龙
邮编：311413
电话：13968162857
产品：白纸板

杭州富阳新乐纸业有限公司
浙江省富阳市大源镇新关村
邮编：311414
电话：13906813028
产品：卫生纸

杭州正宏纸业有限公司
浙江省富阳市大源镇工业园区
邮编：311413
电话：0571－63594733
传真：0571－63594722
邮箱：ZHLYC808@ 163. com
产品：白纸板

杭州中富纸业有限公司
（原富阳中富纸业有限公司）
浙江省富阳市场口镇桥头路 5 号
邮编：311411
电话：0571－63572222
产品：半透明纸、防油纸、医用包装用纸、育果袋纸

杭州富阳中南纸业有限公司
浙江省富阳市春江街道民主村
邮编：311421
电话：0571－63159969、63159977
传真：0571－63159911
产品：涂布白纸板、扑克牌纸、白卡纸

杭州板桥纸业有限公司
浙江省富阳市春江街道八一工业区
邮编：311421
电话：0571－63519028
产品：涂布白纸板

杭州富阳大华造纸有限公司
浙江省富阳市灵桥镇江丰村
邮编：311418
电话：0571－63555098
产品：卫生纸

杭州华丰纸业有限公司
浙江省杭州市和睦路 555 号
邮编：310011
电话：0571－88091424
传真：0571－88091536
网址：www. hfpaper. com
邮箱：sales@ hfpaper. com
产品：卷烟纸、滤嘴棒纸、牛皮箱纸板、复印纸、贴花面纸、铝箔衬纸、拷贝纸、电话簿纸

杭州市正大纸业有限公司
浙江省富阳市春联工业区 1 号
邮编：311421
电话：0571－63587998、63151933
产品：涂布白纸板

杭州萧山蔡伦纸业有限公司
浙江省杭州市萧山区河上镇大桥
邮编：311264
电话：0571－82260707
传真：0571－82260227、82260687
产品：纸板、高强瓦楞原纸、纸箱

杭州新华纸业有限公司
浙江省杭州市桐庐县春江东路 1518 号
邮编：310500
电话：0571－88075514、69817688、88803319
传真：0571－88074838
网址：www. xinhuapaper. com
邮箱：webmaster@ xinhuapaper. com
产品：打字蜡纸、滤纸、茶叶袋纸

杭州新兴纸业有限公司
浙江省富阳市大源镇新关村
邮编：311414
电话：0571－63543688
邮箱：147596972@ qq. com
产品：各种中高档薄型包装用纸

临安市青山纸业有限公司
浙江省临安经济开发区南环路 168 号
邮编：311305
电话：0571－63783698
传真：0571－63781525
邮箱：bgs@ laqspaper. com
产品：牛皮纸、白牛皮纸、钢纸原纸、胶带原纸、不干胶衬纸、涂塑纸

浙江远大纸业有限公司
浙江省富阳市春江工业园区
邮编：311421
电话：0571－63586988、63159008
传真：0571－63586969
邮箱：yuandapaper_ china@ 126. com
产品：涂布白纸板

浙江永泰纸业集团股份有限公司
浙江省杭州市富阳区春江街道新建村 3 号
邮编：311421
电话：0571－63583523
邮箱：164105149@ qq. com
产品：涂布白纸板、白卡纸、扑克牌纸、防伪纸

浙江万众纸业有限公司
浙江省富阳市春江街道山建村
邮编：311421
电话：0571－23219107、23230771
邮箱：shunqiuqin@ 126. com
产品：涂布白纸板

杭州特种纸业有限公司
浙江省富阳市鹿山街道上里工业区
邮编：311407
电话：0571－63488222、63488158、63488821
传真：0571－63488497
网址：www. newstarpaper. cn
邮箱：newstar@ newstarpaper. cn
产品：化学分析滤纸、汽车滤纸、钢纸

浙江东方纸业有限公司
浙江省杭州市滨江西兴街道科技馆街 626 号
邮编：310052
电话：0571－86099804、86959592
传真：0571－86944972
网址：www. eastpaper. cn
邮箱：office@ eastpaper. cn
产品：纸浆

浙江金东纸业有限公司
浙江省富阳市灵桥造纸工业园区
邮编：311418
电话：0571－63558799、63525888、63558733
传真：0571－63552789、63558969
网址：www. zjjdpaper. com
邮箱：jindongpaper@ 163. com
产品：单面涂布灰底白纸板

浙江三星纸业股份有限公司
浙江省富阳市春江街道井纸路 1 号
邮编：311421
电话：0571－63153833（销售）、63580986
传真：0571－63581003
网址：www. zjsxpaper. com
邮箱：54514690@ qq. com
产品：涂布白纸板、双面涂布白纸板、扑克牌纸

杭州富阳联华纸业有限公司
浙江省杭州市富阳区春江街道民主村直塘
邮编：311401
电话：0571－63582467、13616815268
产品：白纸板、铜版纸、双胶纸、白卡纸

浙江涌金纸业有限公司
浙江省富阳市春江街道临江区
邮编：311421
电话：0571－63151277、63585408
产品：高档涂布白纸板

杭州众力纸业有限公司
浙江省杭州市西湖区文二路 195 号文欣苑 12 幢 403 室
邮编：310012
电话：0571－88259111
产品：文化用纸、办公用纸

浙江万邦浆纸集团有限公司
浙江省杭州市庆春路 11 号凯旋门商业中心 21 楼
邮编：310003

电话：0571－87218800
传真：0571－87218822
网址：www. welbon. com
产品：纸浆、特种纸

杭州华旺新材料科技股份有限公司
（原杭州华旺纸业集团有限公司）
浙江省临安经济开发区滨河北路 18 号
邮编：311305
电话：0571－63753803、63756073、63756040
传真：0571－61077680
网址：www. hwpaper. cn
产品：新闻纸、装饰纸

杭州富桥纸业有限公司
浙江省富阳市渌渚镇百前村百丈 26 号第 1 幢
邮编：311405
电话：0571－63553982
邮箱：604918488@ qq. com
产品：淋膜原纸、口杯原纸

杭州富阳恒富特种纸业有限公司
浙江省富阳市春江街道春联工业园 3 号
邮编：311421
电话：0571－63587198
传真：0571－63587737
网址：www. hengfuzy. com
邮箱：yaming28@ 126. com
产品：转移印花原纸、复合原纸、装饰原纸、特种包装用纸

浙江高阳纸业有限公司
浙江省富阳市春江街道八一村高阳
邮编：311421
电话：0571－63150503/63150588
传真：0571－63155888
网址：www. zjgyzy. com
邮箱：363155098@ qq. com
产品：A 级单面灰底涂布白纸板、A 级双面涂布白纸板

杭州富阳明盛纸业有限公司
浙江省富阳市春江街道江南路 25 号
邮编：311421
电话：0571－63587983
邮箱：675452419@ qq. com
产品：印花纸、离型纸原纸、平衡纸、壁纸原纸、滤纸原纸

浙江春胜控股集团有限公司
浙江省富阳市春江街道造纸工业园江南路 68 号
邮编：311421
电话：0571－63519028、63589012
产品：白纸板

浙江上游纸业有限公司
浙江省杭州富阳区春江街道新建村春联
邮编：311421
电话：0571－63587389
传真：0571－63583111
网址：www. zjshangyou. com
邮箱：webmaster@ zjshangyou. com
产品：涂布白纸板

杭州科博纸业有限责任公司
浙江省桐庐县经济开发区白云源东路 588 号
邮编：311500
电话：0571－64609886、69991058
传真：0571－64609887、64219333
网址：www. hzkbpaper. com、www. kebopaper. com
邮箱：kebopaper@ aliyun. com
产品：茶叶滤纸、咖啡滤纸、高透气度滤棒成型纸、热封型干燥剂包装用纸、口罩纸

杭州新华集团有限公司
浙江省杭州市莫干山路 868 号
邮编：310011
电话：0571－88173124
传真：0571－88176766
网址：www. hzxh. com. cn
邮箱：xhjt@ hzxh. com. cn
产品：滤纸、特种纸、汽车工业滤纸

杭州弘伦纸业有限公司
浙江省杭州市富阳区春江街道元书路 2 号
邮编：311421
电话：0571－63532266
传真：0571－63532266
邮箱：wbsally1225@ hotmail. com
产品：10～150 克/米^2 长纤维特种纸

浙江鹏辰造纸研究所有限公司
浙江省杭州市萧山区经济技术开发区桥南区块鸿兴路 181 号
邮编：311285
电话：0571－88171757、88170639、88170685、13957115065

传真：0571－88173026
网址：www. zjpengchen. com
邮箱：149159646@ qq. com
产品：碱锰电池隔膜、长纤维纸、低温隔热纸、K 型高透口罩纸、碳纤维纸、镍氢电池隔膜纸、茶叶滤纸

杭州西红柿环保科技有限公司
浙江省杭州市桐庐县桐庐经济开发区白云源东路 358 号
邮编：311500
电话：0571－64363543
邮箱：info@ china-tomato-tech. com
产品：非木植物纤维餐具、包装制品的生产与销售及技术咨询服务

浙江乾鑫帆纸业有限公司
浙江省杭州市建德市三都镇
邮编：311605
电话：0571－64184588
产品：机制纸生产

思拓凡生物科技(杭州)有限公司
(原通用电气生物科技(杭州)有限公司、通用电气杭州沃华滤纸有限公司)
浙江省杭州市桐庐县桐君街道春江东路 1568 号
邮编：311500
电话：0571－69965181
网址：www. gehealthcare. cn
邮箱：212695041@ ge. com
产品：滤纸

杭州富士达特种材料股份有限公司
浙江省杭州钱江新城丹桂路迪凯国际中心 27-D 座(公司总部)
浙江省桐庐县俞赵工业园秀峰路 18 号(研发基地)
浙江省桐庐县桐庐经济开发区凤翔路 178 号(生产基地)
邮编：311112
电话：0571－88180586、88181036
传真：0571－88180586
网址：www. hzfushida. com
邮箱：info@ hzfushida. com
产品：低温绝热纸

杭州丰收纸业有限公司
浙江省杭州市富阳区春江街道新建村西上石路 131 号第 2－1 幢
邮编：311421
电话：0571－63507039
产品：白纸板、涂布白纸板、牛皮箱纸板

宁波市

宁波中华纸业有限公司
浙江省宁波市海曙区段塘丁家街 108 号
邮编：315012
电话：0574－87464811－3006
传真：0574－87493450
网址：www. zhonghua-paper. com
邮箱：infor@ mail. zhonghua-paper. com
产品：白纸板、铜版纸、白卡纸、扑克牌纸

宁波亚洲浆纸业有限公司
浙江省宁波市北仑区小港青峙工业区宏源路 88 号
邮编：315012
电话：0574－86989888、86989123
传真：0574－86989898
网址：www. nbasia. com. cn
产品：单面涂布白底白纸板、白卡纸、双面涂布环保铜版卡纸、蓝芯扑克牌纸

宁波牡牛集团有限公司
浙江省宁波市鄞州区姜山镇周韩村
邮编：315915
电话：0574－88464815
传真：0574－88464477
网址：www. muniupaper. com
邮箱：muniu@ pack. net. cn
产品：高强瓦楞原纸、箱纸板、涂布白纸板

宁波三 A 集团有限公司
浙江省慈溪市周巷镇环城东
邮编：315324
电话：0574－63301978、63330727
传真：0574－63301978、63301888
网址：www. aaa-poker. cn
邮箱：poker@ aaa-poker. cn
产品：扑克牌纸、玻璃卡纸、铜版纸、不干胶纸、高光泽金银纸

宁波市东腾纸业有限公司
浙江省宁海县茶院乡庙岭村
邮编：315602
电话：0574－65125999、1358909699
传真：0574－65126156
产品：高强瓦楞原纸

宁波宁兴纸业有限公司
浙江省宁波市宁海科技园区环保城西
邮编：315000
电话：0574－65359988、13706841083
传真：0574－65395888
产品：高强瓦楞原纸、包装用纸

宁波鸿运纸业有限公司
浙江省宁波市望春工业园区云林中路 168 号
邮编：315177
电话：0574－88156860
传真：0574－88156808
产品：工艺编织纸、高档木纹纸、不锈钢衬纸等

宁波思特雷斯金属防护材料有限公司
浙江省宁波市北仑区霞浦山前童家 173 号
邮编：315807
电话：0574－86718326
邮箱：nbsky1117@163.com
产品：不锈钢垫纸

温州市

瑞安市玉海特种纸业有限公司
浙江省瑞安市汀田镇工业园区
邮编：325200
电话：0577－65103868
传真：0577－65103868
邮箱：lizuolin1962@hotmail.com
产品：印花纸、砂管原纸、绝缘纸

温州新意特种纸业有限公司
浙江省温州市滨海园区三道 4222 号
邮编：325025
电话：0577－55560918
传真：0577－55562085
网址：www.wzxinfeng.com
邮箱：568784434@qq.com
产品：格拉辛离型纸、CCK 离型纸、半透明纸、包装用纸

温州新丰复合材料有限公司
浙江温州市苍南县金乡龙金大道第三工业区
电话：0577－64565550
网址：www.wzxfcl.com
邮箱：XXF0218@163.com
产品：淋膜纸、离型纸系列

嘉兴市

浙江景兴纸业股份有限公司
浙江省平湖市曹桥街道
邮编：314214
电话：0573－85966228、85966256
传真：0573－85966983
网址：www.zjjxjt.com
邮箱：jxtjl5@163.com
产品：牛皮箱纸板、高强瓦楞原纸、纱管原纸

民丰特种纸股份有限公司
浙江省嘉兴市角里街 70 号
邮编：314099
电话：0573－82839051
网址：www.minfenggroup.com
邮箱：wujianming@mfspchina.net
产品：卷烟纸、工业配套用纸、描图纸

嘉兴市步云纸业有限公司
浙江省嘉兴市南湖区大桥镇步云花园路
邮编：314004
电话：0573－83101500、83100823
传真：0573－83101870
产品：纱管纸

嘉兴市丰莱桑达贝纸业有限公司
浙江省嘉兴市角里街吴泾桥塊
邮编：314021
电话：0573－82817088、82819944
邮箱：jxfenglai@jxfenglai.com
产品：高档离型原纸、彩色喷墨纸、格拉辛纸、奶面纸、无碳复写纸、环保型防黏纸、热敏纸

桐乡市冠峰纸业有限公司
浙江省桐乡市乌镇镇浮澜桥村楼下头 37 号 2 幢 1－3
邮编：314501
电话：0573－88731058、13857371311
产品：箱纸板、涂布白纸板

浙江民丰罗伯特纸业有限公司
浙江省嘉兴市角里街 70 号
邮编：314000
电话：0573－82839312、82839607
传真：0573－82819766
产品：卷烟纸、特种纸

浙江本科特民丰水松纸有限公司
浙江省嘉兴市南湖工业园(大桥)
邮编：314006
电话：0573－83286342
产品：水松纸

浙江荣晟环保纸业股份有限公司
浙江省平湖经济开发区真南东路 588 号
邮编：314213
电话：0573－89173322
传真：0573－85986598
网址：www.rszy.com
邮箱：rongshengbao@163.com
产品：牛皮箱纸板、瓦楞原纸

平湖荣成环保科技有限公司
(原浙江荣成纸业有限公司)
浙江省平湖市独山港镇翁金线星华段 1 号
邮编：314204
电话：0573－85810999
产品：高档纸及纸板

浙江丰舟特种纸有限公司
浙江省嘉兴市南湖区凤桥镇工业园区
邮编：314007
电话：0573－83188688
传真：0573－83181738
产品：包装用纸、医药包装用纸

浙江山鹰纸业有限公司
(原浙江吉安纸容器有限公司)
浙江省海盐县大桥经济开发区海港大道 2099 号
邮编：314304
电话：0573－86861625、86861061
传真：0573－86861625
邮箱：2952795798@qq.com
产品：高档牛卡纸、轻量涂布白面牛卡纸、高强瓦楞原纸、砂管纸

浙江海利纸业股份有限公司
浙江省海盐县经济开发区新城村
邮编：314305
电话：0573－86856130
邮箱：hzx@zjhaili.cn
产品：牛皮箱纸板

嘉兴大洋纸业股份有限公司
浙江省海盐县沈荡镇林家浜 1 号
邮编：314311
电话：0573－86722998
邮箱：chenjianming001@126.com
产品：牛皮箱纸板、高强瓦楞原纸

海盐县华联纸业有限责任公司
浙江省海盐县沈荡镇大桥东堍
邮编：314311
电话：0573－86587120
传真：0573－86766492
网址：www.hualianpaper.net
邮箱：hl@hualianpaper.net
产品：箱纸板、牛皮纸

嘉兴市荣晟包装材料有限公司
浙江省平湖经济技术开发区镇南东路 333 号
邮编：314213
电话：0573－89173621
传真：0573－89173611
产品：A 级环保牛皮箱纸板、AA 级环保高强度瓦楞原纸和新型环保纱管原纸

嘉兴市虹亚纱管纸业有限公司
浙江省嘉兴市秀洲区王江泾镇虹阳潘香港东侧
邮编：314025
电话：0573－83588035
产品：纱管纸、印花纸、箱纸板、纸箱、卫生纸、纸管

浙江秀舟纸业有限公司
浙江省嘉兴市南湖区凤桥镇
邮编：314007
电话：0573－83188688
传真：0573－83189868
网址：www.zjxzzy.cn
邮箱：714852145@qq.com
产品：高强瓦楞原纸、A 级高强纱管原纸

嘉兴市博莱特纸业股份有限公司
浙江省嘉兴市海盐县沈荡镇工业园
邮编：314311
电话：0573－86723378、86723778
传真：0573－86725608、0573－86723788
网址：www.zjblt.com
邮箱：417006173@qq.com
产品：牛皮挂面纸、高强瓦楞原纸、纸箱产品

浙江弘安纸业股份有限公司
（原浙江弘安纸业有限公司）
浙江省嘉兴市嘉善县姚庄镇东方路 529 号
邮编：314106
电话：0573－84846856、84846866
传真：0573－84846853
网址：www.honganzy.com
邮箱：465165456@qq.com
产品：卫生用品（纸巾）、箱纸板、纸箱、废纸购销

绍兴市

浙江蓝星控股集团有限公司
（原浙江省上虞蓝星实业有限公司）
浙江省上虞市经济开发区
邮编：312300
电话：0575－82155335、82155305
传真：0575－82152181
网址：www.zjbluestar.com.cn
邮箱：mail@zjbluestar.com.cn
产品：高强瓦楞原纸

嵊州市宇丰纸业有限公司
浙江省嵊州市仙岩镇西鲍村
邮编：312459
电话：0575－83151886、83151889
邮箱：1036230404@qq.com
产品：高强瓦楞原纸、砂管纸

金华市

浙江兰天纸业有限公司
浙江省金华市浦江县浦江工业园区
邮编：322205
电话：0579－84293535、13706894888
传真：0579－84293399
邮箱：463904884@qq.com
产品：灰纸板、白纸板

义乌市鲁雅造纸厂
浙江省义乌市佛堂镇鲁雅村
邮编：322002
电话：0579－89986686、13906891766
传真：0579－85730629
产品：高强瓦楞原纸、箱纸板

浙江天听纸业有限公司
浙江省金华市浦江县人民东路 211 号
邮编：322200
电话：0579－84200209
产品：涂布白纸板、工业纸板、鞋内底纸板、水松原纸、胶印书刊纸、无碳复写纸、字典纸

浙江兰溪市华伦造纸有限公司
浙江省兰溪市城郊西路 21 号
邮编：321100
电话：0579－88230952
传真：0579－88230663
产品：牛皮箱纸板、涂布白纸板、印花纸

浙江华川实业集团有限公司
浙江省金华市义乌市赤岸镇华川南路 72 号
邮编：322003
电话：0579－85775142
传真：0579－85775032
网址：www.huachuangroup.net
邮箱：Sales@huachuangroup.net
产品：牛皮纸、条纹牛皮纸、铝箔衬纸、复合原纸、胶带原纸、拷贝纸、印花纸

浙江兰塘纸业有限公司
浙江省金华市浦江县白马镇兰塘村
邮编：322205
电话：0579－84295557
产品：白纸板、瓦楞原纸、机制纸、纸板制造、销售

衢州市

浙江恒达新材料股份有限公司
浙江省衢州市龙游县湖镇工业园区大明路 8 号
邮编：324401
电话：0570－7061199、7061686、7061111
传真：0570－7061234
网址：www.hengdapaper.com
邮箱：hd@hengdapaper.com、391852323@qq.com
产品：接装原纸、卷烟辅料配套用纸、医用包装原纸、装饰原纸、工业技术配套用纸

浙江天天虹特种纸业有限公司
浙江省衢州市龙游县城北开发区金星大道 33 号
邮编：324400
电话：0570－7258908、7258386
传真：0570－7258908
网址：www.tthpaper.com
邮箱：yjq@tthpaper.com
产品：黑卡纸、彩卡纸、彩色书写纸

浙江开泰纸业有限公司
浙江省衢州市龙游县溪口镇竹产业特色工业园区
邮编：324403
电话：0570－7335881、13905786598
邮箱：Lyxwk@ mail. qzptt. zj. cn
产品：电容器纸、口罩纸、热封型滤纸

浙江金龙再生资源科技股份有限公司
(原龙游县金龙纸业有限公司)
浙江省衢州市龙游县湖镇镇沙田湖工业区
邮编：324401
电话：0570－7036518
传真：0570－7035455
网址：www. jinlongpaper. cn
邮箱：mail@ jinlongpaper. cn
产品：白面牛卡纸、箱纸板、瓦楞原纸、纱管纸、厚灰纸板

仙鹤股份有限公司
浙江省衢州市沈家经济开发区
邮编：324022
电话：0570－2833055、8500999
传真：0570－2931631
网址：www. xianhepaper. com
邮箱：zjxianhe@ xianhepaper. com. cn
产品：烟用配套用纸、裱潢装饰用纸、薄型印刷纸、食品包装用纸、医用包装用纸、标签离型纸等

浙江夏王纸业有限公司
浙江省衢州市天湖南路 20 号
邮编：324022
电话：0570－8768600/621
传真：0570－8468777
网址：www. kingdecor. cn
邮箱：jin. wang@ kingdecor. cn
产品：印刷纸、素色纸

江山华盛纸业制造有限公司
浙江省江山市贺村十里牌
邮编：324109
电话：0570－4550085
传真：0570－4550085
产品：瓦楞原纸、牛皮纸板、纸袋纸、半透明纸

浙江晶鑫特种纸业有限公司
浙江省衢州市衢江区沈家经济开发区天湖西路 3 号
邮编：324022
电话：0570－3665309
传真：0750－3665209
网址：www. smithzj. cn
邮箱：604816515@ qq. com
产品：美纹纸系列、和纸系列、美光纸系列、电工胶带纸系列、吸水纸系列、清洁纸系列

浙江莱勒克纸业有限公司
浙江省衢州市沈家经济开发区春苑中路
邮编：324000
电话：0570－8520666、8520678
传真：0570－8520660
网址：www. zjlillac. com
邮箱：lilac@ zjlillac. com
产品：电解电容器纸

衢州双熊猫纸业有限公司
浙江省衢州黄坛口
邮编：324005
电话：0570－3621120
产品：特种纸、木浆纸、脱墨浆纸

浙江鑫丰特种纸业股份有限公司
浙江省衢州市衢江区经济开发区南山路 68 号
邮编：324022
电话：0570－2933322
传真：0570－2933322
网址：www. xinfengpaper. com
邮箱：510113951@ qq. com
产品：育果袋纸、美纹纸

浙江金昌特种纸股份有限公司
浙江省龙游工业园区金星大道 37 号
邮编：324404
电话：0570－7569058、7566665
传真：0570－7566675
网址：www. cnjcpaper. com
邮箱：402625276@ qq. com
产品：壁纸原纸、白牛皮纸、转印纸等

浙江佳维康特种纸有限公司
浙江省衢州市龙游县工业园区金星大道 88 号
邮编：324400
电话：0570－7289999
传真：0570－7289999
网址：www. zjjwk. com
邮箱：569097797@ qq. com
产品：食品包装用纸、医疗包装原纸、手术衣原纸、转印原纸、耐水标签原纸、喷铝原纸、信息记录原纸

浙江美鑫特种纸有限公司
浙江省衢州市东港五路 12 号
邮编：324400
电话：0570 - 8888177、13205721767、15057960865
邮箱：892645775@ qq. com
产品：热转印纸、特种纸

浙江圣丰纸业有限公司
浙江省衢州市龙游县工业园区北斗大道 37 号
邮编：324404
电话：0570 - 7551002
传真：0570 - 7551555
邮箱：814884992@ qq. com
产品：晒图原纸、壁纸原纸、高档食品包装用纸

浙江海景纸业有限公司
浙江省衢州市龙游县工业园区金星大道 32 号
邮编：324400
电话：0570 - 7858899
传真：0570 - 7858111
网址：www. zjhjzy. com
邮箱：zj@ zjhizy. com
产品：壁纸原纸

龙游塔恩纸业有限公司
浙江省衢州市龙游经济开发区广智路 8 号
邮编：324400
电话：0570 - 7835505
传真：0570 - 7835211
邮箱：xiaoming. zheng@ tanngroup. com
产品：水松纸

衢州市东大特种纸有限公司
浙江省衢州市衢江区天湖西路 1 号
邮编：324022
电话：0570 - 2831966
传真：0570 - 2831966
网址：www. qudongda. com
邮箱：631335772@ 163. com
产品：食品包装用纸、热转移印花原纸

艾科赛仑有限公司
浙江省衢州市衢江市临湖北路 18 号
邮编：324000
电话：0570 - 8885268、13587100650
传真：0570 - 8885298
邮箱：aksl@ zjaksl. com
产品：医用、食品、烟用等特种纸

浙江天耀纸业有限公司
浙江省衢州市龙游县工业园区金星大道 36 号
邮编：324400
电话：0570 - 7258812
传真：0570 - 7258812
产品：花纹纸

华邦特西诺采新材料股份有限公司
(原浙江大盛新材料股份有限公司)
浙江省衢州市龙游县工业园区金星大道 82 号
邮编：324400
电话：0570 - 7551625、7258666
传真：0570 - 7551640
网址：www. zjds-paper. com
邮箱：dshr@ zjds-paper. com
产品：高档装饰原纸

浙江琅素实业有限公司
浙江省衢州市衢江区天湖南路 66 号
邮编：324000
电话：0570 - 3377777、4006655838
传真：0570 - 3377888
网址：www. luxss. com
邮箱：info@ luxss. com
产品：高档壁纸

浙江龙游辰港宣纸有限公司
浙江省衢州市龙游县灵江园区祥云路 17 号
邮编：324400
电话：0570 - 7251826
传真：0570 - 7251827
邮箱：zjysgxz@ 163. com
产品：宣纸

浙江杭星新材料有限公司
(原浙江凯伦特纸业有限公司)
浙江省衢州市龙游县工业园区金星大道 86 号
邮编：324400
电话：0570 - 7029116
传真：0570 - 7029818
网址：www. hang-star. com
邮箱：hstar@ hang-star. com
产品：高档白卡纸、口杯原纸

阿尔诺维根斯(衢州)有限公司
浙江省衢州市东港工业园区四路 9 号
邮编：324022
电话：0570 - 3832616

传真：0570－3832828
网址：www. arjowiggins. com
邮箱：qin. yao@ arjowiggins. com
产品：创意纸、技术用纸

浙江新亚伦纸业有限公司
浙江省衢州市龙游县工业园区同舟路 48 号
邮编：324400
电话：0570－7181606
传真：0570－7181618
网址：www. zjxylzy. com
邮箱：zjxylzy@ sina. com
产品：食品包装原纸、离型原纸、壁纸原纸、烟用接装原纸、医用包装原纸、转移印花原纸

浙江罗贝壁纸有限公司
浙江省衢州市龙游县工业园区北斗大道 81 号
邮编：324400
电话：0570－7381999
传真：0570－7361888
网址：www. lobel. cn
邮箱：lobel@ lobel. cn
产品：壁纸

维达纸业(浙江)有限公司
浙江省衢州市龙游县工业园区凤坤路 9 号
邮编：324400
电话：0570－7788968
传真：0570－7788968
邮箱：baoying@ vinda. com
产品：纸巾纸、面巾纸、餐巾纸、卫生纸

浙江五星纸业有限公司
浙江省衢州市东港四路 1 号
邮编：324000
电话：0570－8566059
传真：0570－3838208
网址：www. fivestarpaper. com
邮箱：Fan. yang@ fivestarpaper. com
产品：包装用纸、口杯原纸、淋膜原纸、晒图原纸、壁纸原纸

衢州五洲特种纸业股份有限公司
浙江省衢州市衢江区经济开发区通波北路 1 号
邮编：324022
电话：0570－8588038
传真：0570－3833208
网址：www. wztzzy. com
邮箱：xia. li@ fivestarpaper. com
产品：高档描图纸、格拉辛纸、装饰原纸、晒图原纸

浙江常林纸业有限公司
浙江省衢州市常山县生态园区
邮编：324200
电话：0570－5667377
邮箱：649497670@ qq. com
产品：特种装饰纸板、多功能彩色纸板、功能性牛皮纸板

浙江华凯纸业有限公司
浙江省衢州市东港开发区东港五路 2 号
邮编：324022
电话：0570－8882826
传真：0570－8882827
网址：www. huakaipaper. com
邮箱：huakai@ huakaipaper. com
产品：热敏版纸原纸、湿强纸、蓄电池涂纸板系列、电解电容器纸、皮纸(机制宣纸)、薄型包装用纸

衢州凯乐特种纸材料股份有限公司
浙江省衢州市衢江经济开发区乌江东路 18 号
邮编：324000
电话：0570－3375236
传真：0570－3375319
邮箱：854163439@ qq. com
产品：热敏蜡纸原纸、火药引线砂纸

浙江舜浦新材料科技有限公司
浙江省衢州市龙游县工业园区金星大道 22 号
邮编：324400
电话：0570－7390001、13757012787
传真：0570－7390018
网址：www. shunpupaper. com
邮箱：Group808@ shunpuzy. com
产品：高湿强薄型彩色纸、纸绳纸

浙江凯丰新材料股份有限公司
浙江省衢州市龙游工业园区金星大道 30 号
邮编：324400
电话：0570－7055881
传真：0570－7055320
网址：www. kaifengpaper. com
邮箱：lanmanhui@ 163. com
产品：烟用接装纸原纸、不锈钢垫纸、高光热敏原纸、美纹原纸

浙江哲丰新材料有限公司
浙江省衢州市常山县辉埠新区瑞丰路 65 号
邮编：324200
电话：0570－8500999
传真：0570－2931631
邮箱：james. wang@ xianhepaper. com
产品：特种纸研发、生产、销售

浙江弘伦纸业有限公司
浙江省衢州市龙游县浙江龙游经济开发区北斗大道 25 号
邮编：324400
电话：0570－7258036、7050701
传真：0570－7258036
网址：www. honglun. com
邮箱：165053743@ qq. com
产品：引线纱纸、热封型茶叶滤纸、吸尘袋内外纸、口罩纸、胶带原纸、工艺纸

浙江海光特种材料有限公司
浙江省衢州市衢江经济开发区南山路 66 号
邮编：324022
电话：0570－2831058
传真：0570－2831058
网址：www. xinfengpaper. com
邮箱：510113951@ qq. com
产品：超高效玻璃纤维空气滤材

浙江恒川新材料有限公司
浙江省衢州市龙游工业园区金星大道 81 号
邮编：324400
电话：0570－7382233
传真：0570－7369222
网址：www. hengdaxincai. com
邮箱：391852323@ qq. com
产品：包装新材料技术研发；机制纸、深加工纸制造、销售

华邦古楼新材料有限公司
浙江省衢州市龙游县工业园区金星大道 38 号 2 幢
邮编：324400
电话：0571－7055822、13362005088
传真：0570－7055828
邮箱：fht@ winbon－schoeller. com
产品：壁纸原纸、热升华纸、食品、医用包装系列、铸涂原纸、高档装饰原纸

浙江华邦特种纸业有限公司
浙江省衢州市龙游县工业园区金星大道 38 号
邮编：324400
电话：0570－7055822
传真：0570－7055818
网址：www. welbon. com
产品：无纺纸系列、壁纸原纸系列，医用包装用纸系列，食品包装用纸系列和胶水原纸系列，彩喷纸系列等

浙江特美新材料股份有限公司
浙江省衢州市龙游县东华街道城南工业区开源路 5 号
邮编：324400
电话：0570－7567513、7567520
传真：0570－7567520
网址：www. techmaypaper. com
邮箱：techmay@ techmaypaper. com
产品：水松纸及其他制品

浙江金励环保纸业有限公司
浙江省衢州市经济开发区金星大道 98 号
邮编：324400
电话：0570－7567683
产品：环保再生高档包装用纸

台州市

浙江开来纸业有限公司
浙江省台州市临海市大洋街道
邮编：317000
电话：0576－85133001、13566895366
传真：0576－85133488
产品：淋膜纸、涂布纸

台州华通纸张有限公司
浙江省临海市古城街道赤城路 4－6 号、4－7 号
邮编：317000
电话：0576－85225091、13566893527
传真：0576－85117311
产品：双胶纸、铜版纸、白卡纸、办公用纸

台州市玫瑰纸业有限公司
浙江省台州市涌泉镇梅岘村
邮编：317021
电话：0576－89119709
传真：0576－89119708
网址：www. rosepaper. com
邮箱：rose5680728@ 163. com、rose@ rose-paper. com

产品：美纹纸、砂管纸、和纸、美光纸、可冲散湿巾纸

台州森林造纸有限公司
（原温岭森林纸业有限公司）
浙江省温岭市滨海镇温岭市滨海镇东片农场赤塔新村
邮编：317500
电话：0576－89979911
网址：www. tzslzz. com
产品：低克重高强度包装用纸

丽水市

凯恩集团有限公司
浙江省丽水市遂昌县妙高街道北街 1 号
邮编：323300
电话：0578－8180209
传真：0578－8180230
产品：电容器纸、吸尘袋纸、不锈钢衬纸

浙江凯恩特种材料股份有限公司
浙江省丽水市遂昌县凯恩路 1008 号
邮编：323300
电话：0578－8123563
传真：0578－8121286
网址：www. zjkan. com
产品：电解电容器纸、电池用纸、高透气度纸、无纺壁纸、茶叶滤纸

浙江惠同新材料股份有限公司
（原浙江惠同纸业有限公司）
浙江省丽水市遂昌县上江工业园区
邮编：323000
电话：0578－8185198、8185266
传真：0578－8185288
邮箱：huitongzyw2126. com
产品：耐磨纸、淋膜原纸、双面胶带原纸、工业隔离纸、礼品纸

丽水兴昌新材料科技股份有限公司
浙江省丽水市遂昌县云峰街道毛田工业园区春晖路 7 号
邮编：323300
电话：0578－8195604、8195887
网址：www. cnxingchang. com
邮箱：1434393302@ qq. com
产品：热封型茶叶滤纸、非热封型茶叶纸、热封型、咖啡滤纸、蓄电池涂纸板、干燥剂包装用纸、口罩纸、灯笼纸、双面胶带原纸、工艺礼品纸

湖州市

浙江立丰新材料科技有限公司
（原湖州立丰纸业有限公司）
浙江省湖州市安吉县孝丰镇
邮编：313301
电话：0572－5620123
传真：0572－5620207
产品：白牛皮纸、包装用纸、装饰原纸、卫生纸

浙江华丰纸业科技有限公司
浙江省湖州市省际承接产业转移示范区安吉分区天子湖大道 1 号
邮编：313300
电话：0572－5807188
邮箱：Huafeng@ hfpaper. com
产品：高档卷烟纸及卷烟配套产品

舟山市

浙江和泓环保纸业有限公司
（原舟山富申纸业有限公司）
浙江省舟山市定海区马岙街道北海社区进港路 66 号
邮编：316015
电话：0580－8256600、8085316
网址：www. hehongpaper. com
邮箱：hhgreenpaper@ 163. com
产品：高强瓦楞原纸、T 纸、纱管纸

安 徽 省

合肥市

合肥嘉东生活用纸有限公司
安徽省合肥市庙岗路 2 号
邮编：230011
电话：0551－64533152、64533685
传真：0551－64526915
邮箱：635690683@ qq. com
产品：卫生纸

安徽集友纸业包装有限公司
安徽省合肥市高新技术经济开发区
邮编：230088
电话：0551－63844008
产品：卷烟材料

合肥兴东纸业有限公司
安徽省合肥市瑶海区大兴东岗居委会
邮编：230011
电话：0551－64525707、13905609405
传真：0551－64525707
邮箱：285081469@ qq. com
产品：机械包装用纸及纸制品

合肥金红叶纸业有限公司
安徽省合肥市古河路 20 号
邮编：231600
电话：0551－67750182、67750175
传真：0551－67750162
邮箱：liucheng@ ghy. com. cn
产品：生活用纸

合肥博达纸业有限责任公司
安徽省合肥市庐阳区濉溪路 26 号
邮编：230000
电话：0551－65537733
传真：0551－65537733
产品：牛皮纸、瓦楞原纸

合肥荣昌纸业有限责任公司
安徽省合肥市濉溪路 8 号
邮编：230000
电话：0551－65547636、18963787708
传真：0551－65539270
产品：牛皮纸、双胶纸

合肥恒生纸业有限责任公司
安徽省合肥市庐阳区濉溪路 32－10 号
邮编：230000
电话：0551－65533800
产品：无碳复写纸、双胶纸、书写纸、牛皮纸、双胶纸、书写纸

安徽康盛纸业有限公司
安徽省合肥市蜀山区步瑞祺 IT 广场南区 1 幢 A6 室
邮编：230001
电话：0551－63667078
邮箱：1987006830@ qq. com
产品：办公用纸

安徽精诚纸业有限公司
安徽省合肥市肥东循环经济工业园宏图大道北侧
邮编：231600
电话：0551－62516886
邮箱：442457785@ qq. com
产品：医用纸、生活用纸

合肥嘉富特纸业有限公司
安徽省合肥市肥东县撮镇工业聚集区
邮编：230011
电话：0551－64533152、13856035431
邮箱：635690683@ qq. com
产品：工业包装用纸、卫生纸

安徽源进包装材料有限公司
安徽省合肥市包河区南淝河路四公里处 1 号楼 3 号仓库
邮编：230001
电话：0551－5411235、15855151472
邮箱：782451447@ qq. com
产品：图书专用包装用纸

芜湖市

安徽天力纸业有限公司
安徽省芜湖市四褐山路 101 号
邮编：241009
电话：0553－5809690、5807255
传真：0553－5805674
邮箱：ahtlzyyxgs@ qq. com
产品：箱纸板、瓦楞原纸

安徽豪森纸业有限公司
安徽省芜湖市新芜经济开发区经三路 289 号
邮编：241100
电话：0553－8127996、17788305709
邮箱：742561014@ qq. com
产品：瓦楞原纸

恒安(芜湖)纸业有限公司
安徽省芜湖三山经济开发区峨溪路 3 号
邮编：241000
电话：0553－3912888
网址：www. hengan. com
邮箱：wuhuhengan@ 163. com
产品：卫生巾、纸尿裤和生活用纸

蚌埠市

安徽开来纸业有限公司
(原安徽中亿纸业有限公司)
安徽省蚌埠市怀远县工业园区

邮编：233400
电话：0552－8501833、8501838
邮箱：Anhuizhogyipaper@163. com
产品：纸杯原纸

安徽霏羽纸业有限公司
（原蚌埠霏羽纸巾商贸有限公司）
安徽省蚌埠市特步大道 258 号 A5-2（东户）
邮编：233020
电话：0552－2830223、13855270611
邮箱：451373716@qq. com
产品：卫生用品的研发、生产、销售
品牌：霏羽

淮南市

安徽景丰纸业有限公司
安徽省淮南市经济技术开发区建设南路 29 号
邮编：232008
电话：0554－3313410
传真：0554－3312892
网址：www. jf-paper. com
邮箱：3747884@qq. com
产品：卷烟纸、成型纸、包装用纸、文化用纸

马鞍山市

安徽山鹰纸业股份有限公司
（原马鞍山造纸厂）
安徽省马鞍山市金家庄区勤俭路 3 号
邮编：243021
电话：0555－2826300、2826390、2826360
传真：0555－2810496
网址：www. shanyingintl. com
邮箱：sale@shanyingintl. com
产品：箱纸板、牛卡纸、高强瓦楞原纸、涂布白纸板

安徽比伦生活用纸有限公司
安徽省马鞍山市当涂经济开发区
邮编：243100
电话：0555－6751888、6751808
邮箱：657406772@qq. com
产品：生活用纸

安庆市

万邦特种材料股份有限公司
（原安徽万邦特种材料有限公司）
安徽省安庆市怀宁县高河镇高埠路 36 号
邮编：246121
电话：0556－4616019、4616040
传真：0556－4617888
网址：www. welbonpaper. cn
邮箱：service@cntmi. com
产品：卷烟用纸系列、电池隔膜纸、食品包装用纸系列

安徽三木特种材料有限公司
（原安徽三木特纸有限公司）
安徽省安庆市怀宁县综合经济开发区月山大道 12 号
邮编：246121
电话：0556－4616888
传真：0556－4616288
网址：www. mikitoku. co. jp
邮箱：502733723@qq. com
产品：电气绝缘纸

安徽华泰林浆纸股份有限公司
安徽省安庆市迎江区老峰镇西湖村皖江大道 1 号
邮编：246003
电话：0556－5423758、5979326
传真：0556－5979279
邮箱：huatailfz@126. com
微信公众号：ahhuatai
产品：针叶木浆、高档文化用纸

安徽美妮纸业有限公司
安徽省安庆市潜山综合经济开发区
邮编：246300
电话：0556－8822758、8920701
邮箱：mx78688@163. com
产品：生活用纸

安徽省三环纸业集团有限公司
安徽省安庆区怀宁工业园
邮编：246121
电话：0556－4669858、4669626
传真：0556－4669629
网址：www. ah3hjt. com
邮箱：670821794@qq. com
产品：卷烟用纸

安徽集友新材料股份有限公司
（原太湖集友纸业有限公司）
安徽省安庆市太湖县经济开发区
邮编：246400
电话：0556－4561111

网址：www. ahjiyou. com. cn
邮箱：jyzg6@ genuinepacking. com
产品：卷烟用纸

安徽省潜山县鸣丰纸业有限公司
安徽省安庆市潜山县舒州东路 68 号
邮编：246300
电话：13955697725
邮箱：ss20041016@ 126. com
产品：银行用纸

安庆市新宜纸业有限公司
安徽省安庆市怀宁县黄龙镇
邮编：246123
电话：0556－5513008、4845208
邮箱：aqxinyi@ 163. com
产品：纸巾

黄山市

安徽华邦古楼新材料有限公司
（原安徽华邦特种材料有限公司）
安徽省黄山市歙县
邮编：245202
电话：0559－6523166、6523028
传真：0559－6523388
网址：www. welbon. com
产品：机制纸、转移印花纸

黄山金仕特种包装材料有限公司
安徽省黄山市歙县富堨镇徐村
邮编：245200
电话：0559－6523228
传真：0559－6523870
邮箱：850012312@ qq. com
产品：机制纸、食品包装用纸

滁州市

安徽兆隆纸业有限公司
安徽省天长市万寿镇忠孝村
邮编：239335
电话：0550－7791111、7791288、13625508588
传真：0550－7792666
网址：www. ahzlzy. net
邮箱：35089590@ qq. com
产品：高强瓦楞原纸

阜阳市

太和县鸿盛纸业有限公司
安徽省阜阳市太和县经济开发区 256 号
邮编：236600
电话：0558－8219999、8219825
邮箱：2310508903@ qq. com
产品：瓦楞原纸、纱管原纸

安徽金亿禾特种纸有限公司
安徽省阜阳市颍上经济开发区港口路
邮编：236000
电话：0558－2225677
传真：0558－2225698
邮箱：278648364@ qq. com
产品：高中档无碳复写纸、热敏纸

宿州市

安徽省灵璧县东风纸业有限公司
（原安徽省灵璧县东风造纸厂）
安徽省宿州市灵璧县东关外 2 公里
邮编：234200
电话：0557－6161102、6161617
传真：0557－6161102
邮箱：1034670234@ qq. com
产品：瓦楞原纸

安徽省萧县林平纸业有限公司
安徽省宿州市萧县圣泉乡北城
邮编：235231
电话：0557－5526888
传真：0557－5526115
网址：www. linpingzhiye. com
邮箱：linpingzhiye@ 126. com
产品：瓦楞原纸

安徽鑫光新材料科技股份有限公司
（原安徽鑫光纸业股份有限公司）
安徽省宿州市萧县圣泉乡薛庄
邮编：235232
电话：0557－5506801、5527980
传真：0557－5527933
邮箱：963300196@ qq. com
产品：瓦楞原纸

安徽雪龙纤维科技股份有限公司
安徽省宿州市经济开发区金江五路 816 号
电话：0557－3928101
传真：0557－3928295
网址：www. xlhx. com
邮箱：jim_ sdcp@ 126. com
产品：印钞纸棉浆、醚酯类纤维素棉浆和工业特种纸棉浆

六安市

安徽德森特种纸有限公司
安徽省六安市经济开发区经六路
邮编：237000
电话：0564－3632746、3633859
邮箱：ahdszy@ 126. com
产品：防锈原纸、胶带原纸

安徽霍山县晨风纸业有限公司
安徽省六安市霍山县落儿岭镇
邮编：237283
电话：0564－3902007、3902680
邮箱：hscfzy@ sina. com
产品：高强瓦楞原纸、箱纸板

六安市自豪纸业有限公司
安徽省六安市裕安区独山镇龙井村
邮编：237000
电话：0564－2910107
邮箱：13956111200@ 163. com
产品：高档卫生纸

池州市

安徽合顺纸业有限公司(迁出)
安徽省池州市青阳县经济开发区
邮编：247100
电话：0566－5115899
传真：0566－5114388
邮箱：ahhszy@ ahhszy. com
产品：生活用纸

安徽嘉合纸业有限公司
安徽省池州市高新技术开发区六峰路 29 号
邮编：247100
电话：0566－5261999
邮箱：13905661538@ 163. com
产品：包装用纸、瓦楞原纸

宣城市

安徽省泾县泾川宣纸厂
安徽省宣城市泾县丁家桥镇后山村
邮编：242540
电话：0563－5700483
传真：0563－5701585
邮箱：1330563322@ qq. com
产品：宣纸

安徽省泾县汪六吉宣纸有限公司
安徽省宣城市泾县泾川镇
邮编：242530
电话：0563－5510041、13605632355
传真：0563－5510078
网址：www. wljxz. com
邮箱：lzm0101@ 163. com
产品：宣纸

安徽省泾县汪同和宣纸有限公司
安徽省宣城市泾县泾川镇官坑
邮编：242530
电话：0563－5500608
传真：0563－5500688
网址：www. wangtonghe. com. cn
邮箱：anhui@ wangtonghe. com. cn
产品：宣纸、书画纸

中国宣纸股份有限公司
安徽省宣城市泾县榔桥镇乌溪村
邮编：242511
电话：0563－5600008、5601218
传真：0563－5601040、5600353
网址：www. hongxingxuanpaper. com. cn
邮箱：zgxzgfyxgs@ 163. com
hxxzxsb@ hongxingxuanpaper. com. cn
产品：宣纸

安徽阳光纸业有限公司
安徽省宣城市广德县开发区前进路
邮编：247100
电话：0563－6010988、15956322626
产品：办公用纸

安徽广德新星纸业有限公司
安徽省宣城市广德经济技术开发区
邮编：242200

电话：0563－6603111、6010669
邮箱：xxzy75297@126. com
产品：白纸板、瓦楞原纸

安徽省宁国市兆丰纸业有限公司
安徽省宁国市汪溪镇工业园
邮编：242300
电话：0563－4441678、4441679
邮箱：1103149441@qq. com
产品：卫生纸、环保用纸

安徽省泾县常春纸业有限公司
安徽省宣城市泾县丁家桥镇工业区
邮编：242540
电话：0563－5700348、18365313888
传真：0563－5700375
网址：www. cc. paper. com
产品：宣纸

安徽省泾县三星纸业有限公司
安徽省宣城市泾县丁家桥镇李元村
邮编：242540
电话：0563－5700538
传真：0563－5703333
网址：www. sx-paper. com
邮箱：sx-paper@163. com
产品：宣纸

安徽木易纸业有限公司
安徽省宣城市广德县桃州镇祠山岗私营工业区
邮编：242200
电话：0563－6823080、13805620380
邮箱：656078632@qq. com
产品：宣纸

安徽华盛纸业有限公司
安徽省宣城市泾县丁家镇工业区观溪路 8 号
邮编：242540
电话：0563－5700398
传真：0563－5700398
邮箱：1229412129@qq. com
产品：卫生纸

宣城万里纸业有限公司
安徽省宣城市宣州区迎宾大道 11 号
邮编：242540
电话：0563－3377177、3377082
传真：0563－3377277
网址：www. xcwlzy. com
邮箱：1510814491@qq. com
产品：瓦楞原纸

安徽省绩溪县向阳纸业有限公司
安徽省宣城市绩溪县临溪镇曹渡桥
邮编：245300
电话：0563－8335227、13857113338
邮箱：442543587@qq. com
产品：瓦楞原纸

安徽泾县明清古纸宣纸厂
安徽省宣城市泾县丁家桥镇李园村黄家组 4 路 88 号
邮编：242540
电话：0563－5700413、18949283195、13856322516
网址：www. mqpaper. com
邮箱：2825194033@qq. com
产品：宣纸

安徽省泾县爱莲堂宣纸厂
安徽省宣城市泾县泾川镇园林村百岭坑
邮编：242500
电话：13865342335
邮箱：2973783966@qq. com
产品：宣纸

安徽泾县千年古宣宣纸有限公司
安徽省宣城市泾县泾川镇绿宝商业街罗里路 24 号
邮编：242500
电话：18605636563、18056332058
邮箱：2264853924@qq. com
产品：宣纸

安徽省泾县明星宣纸厂
安徽省宣城市丁家桥镇工业区
邮编：242500
电话：0563－5700348
邮箱：ahjxcczy@163. com
产品：宣纸

安徽省泾县徽宣宣纸厂
安徽省宣城市泾县丁家桥镇新渡村陈家组 13 号（生产地）
安徽省宣城市安徽省泾县绿宝街罗里路 29－31 号（驻泾县办事处）
邮编：242540

电话：0563－5101456、13966238456
网址：www. hxxzpaper. com
产品：宣纸、书画纸

淮北市

安徽天象龙盟环保纸业有限公司
安徽省淮北市杜集区段园镇工业集中区天汇大道 8 号
邮编：235058
电话：0561－5235888－8000
传真：0561－5236888
邮箱：lm@ ahtxlm. com
产品：环保纸

福 建 省

福州市

东联纸业(福州)有限公司
福建省福州市马尾区马江路 2 号
邮编：350015
电话：0591－83970330、13950201187
传真：0591－83970352
网址：www. tlpfj. com
邮箱：448206332@ qq. com
产品：纸板、纸箱

歌芬卫生用品(福州)有限公司
福建省福清市出口加工区围网外北侧(自贸试验区内)
邮编：350311
电话：0591－62833660
传真：0591－62833660
网址：www. garven. com. cn
产品：卷筒生活用纸、面巾纸、手帕纸等

爹地宝贝股份有限公司
福建省福清市新厝镇蒜岭村蒜岭 308 号
邮编：350311
电话：0591－85368198
网址：www. daddybaby. com
产品：婴幼儿卫生护理用品

福州唯美纸业有限公司
福建省福州市闽侯县甘蔗街道铁岭西路 15 号
邮编：350101
电话：15959157407
产品：生活用纸
品牌：欣蜜儿

厦门市

厦门安发纸业有限公司
福建省厦门市同安区大同镇城东工业区榕溪路 22－26 号
邮编：361100
电话：0592－7035258、7192322
传真：0592－7033859
邮箱：28993675@ qq. com
产品：瓦楞纸板、纸箱

德彦纸业(厦门)有限公司
福建省厦门市海沧新阳工业区霞飞路 66 号
邮编：361022
电话：0592－6512288
传真：0592－6512277
网址：www. kingpaper. com
邮箱：service@ kpp. com. tw
产品：纱管原纸、各类纸管、高档高强耐高速纸管纸板、厚纸板、灰纸板

厦门建发纸业有限公司
福建省厦门市环岛东路 1699 号建发国际大厦 24 楼
邮编：361001
电话：0592－2263406、2263310、2263050
传真：0592－2101695、2987064、2110166、2059063
网址：www. cndpaper. com
邮箱：fjzz@ cndpaper. com
产品：铜版纸、白卡纸、白纸板、双胶纸、纸浆、废纸、造纸化学品

厦门市同安兴浪纸业有限公司
福建省厦门市同安区洪塘镇石浔村 155 号
邮编：361100
电话：0592－7132070
传真：0592－7028258
网址：www. xmsxlzy. com
产品：挂面箱纸板

厦门安妮股份有限公司
福建省厦门市集美区锦园南路 99 号
邮编：361022
电话：0592－3152131、3152188
传真：0592－3152289、3152280
网址：www. anne. com. cn
邮箱：anne@ anne. com. cn

产品：热敏纸、商务办公用纸

永丰余纸业(厦门)有限公司
福建省厦门市湖里区寨上仓储区
邮编：361006
电话：0592－5627266
传真：0592－5627141
产品：瓦楞纸板、瓦楞纸箱

厦门市麒龙纸业有限公司
福建省厦门市同安区新民镇柑岭村同明北二路1号
邮编：361100
电话：0592－7366477、18050065199
邮箱：553670289@qq.com
产品：瓦楞原纸

厦门新阳纸业有限公司
福建省厦门市海沧区新阳街道龙门岭南路88号
邮编：361026
电话：0592－6197618、6197697
传真：0592－6197676
邮箱：532782168@qq.com
产品：中高档生活用纸、高级商务书写纸、静电复印纸、无碳复写纸、热敏打印纸

莆田市

莆田市南方福利涂布纸品总厂
福建省莆田市城厢区铁岭村
邮编：351100
电话：0594－2691946、13050747979
邮箱：438820676@qq.com
产品：灰纸板

福建莆田佳通纸制品有限公司
福建省莆田市涵江区江口镇海星街
邮编：351115
电话：4008256688
网址：www.gtpaper.com
产品：婴儿纸尿裤、婴儿学习裤、卫生巾、湿巾、成人纸尿裤、盒装面巾纸等系列

福建泰盛实业有限公司
福建省莆田市荔城区黄石工业园区梅雪东路2003号
邮编：351100
电话：0594－2376886、2765063
邮箱：xusl@taison.cn
产品：生活用纸

三明市

福建省大田县弘惠纸业有限公司
福建省三明市大田县华兴县仙峰村
邮编：366100
电话：0598－7222688
产品：卫生纸、工业用包装用纸

福建华闽纸业有限公司
福建省三明市大田县城关福田工业区
邮编：366100
电话：0598－7260618、7228026
传真：0598－7222143
网址：www.fjhmzy.com
邮箱：hmzy2000@163.com
产品：工业用纸

福建省青山纸业股份有限公司
福建省三明市沙县青州镇
邮编：365056
电话：0598－5658906
传真：0598－5658789
网址：www.qingshanpaper.com
邮箱：web@qingshanpaper.com
产品：纸袋纸、牛皮卡纸、高强瓦楞原纸

福建省沙县盛春纸业有限公司
福建省三明市沙县涌溪桥南
邮编：365053
电话：0598－5681898、5681888
传真：0598－5681689
邮箱：70085028@qq.com
产品：精制牛皮纸、精制白牛皮纸、胶带原纸、复合原纸、手提袋纸、信封纸、薄页纸

沙县华佳纸业有限公司
福建省三明市沙县高桥镇
邮编：365503
电话：0598－5556099
产品：箱纸板、瓦楞原纸、纸箱

福建腾荣达制浆有限公司
福建省三明市将乐县古镛镇龟山北路225号
邮编：353300
电话：0598－2332400、2324172
邮箱：trdzj@taison.cn
产品：绒毛浆、本色浆、化学机械浆

福建金饶山纸业集团有限公司
福建启明星纸品有限公司
福建省三明市建宁县溪口镇塔下路 20 号
邮编：354500
电话：0598－3982766、3971698
传真：0598－3982722
产品：高档薄型包装用纸、拷贝纸、薄页纸、炊蒸原纸、半透明纸、打字纸、静电复印纸、生活用纸

泰宁县绿山大有纸业有限公司
福建省三明市泰宁县开善乡池塘工业区
邮编：354400
电话：0598－7729633、18060528384
传真：0598－7729633
产品：牛皮纸、文化用纸、特种纸

福建省尤溪永丰茂纸业有限公司
福建省三明市尤溪县西滨镇下墩村
邮编：365104
电话：0598－6272766
邮箱：374116625@ qq. com
产品：文化用纸、生活用纸

福建腾胜源纸业有限公司
福建省三明市建宁县塔下路 20 号
邮编：354500
电话：0598－3955055、18950935213
传真：0598－3955055
产品：拷贝纸、薄页纸

泉州市

恒安(中国)纸业有限公司
福建省晋江市安海镇恒安工业城
邮编：362261
电话：0595－85729667、85708888
传真：0595－85729962
网址：www. hengan. com
邮箱：zhangqf@ hengan. com
产品：生活用纸

泉州贵格纸业有限公司
福建省南安市码头镇佛内工业区
邮编：362312
电话：0595－86461222、86451788
传真：0595－86461188
网址：www. guigepaper. com
邮箱：guige@ vip. 163. com
产品：牛皮卡纸

福建省晋江优兰发纸业有限公司
福建省晋江市西滨镇
邮编：362200
电话：0595－85123879、85123519
传真：0595－85123889
网址：www. youlanfa. com
产品：拷贝纸、薄型纸、复印纸、传真纸、文化用纸、牛皮箱纸板、高强瓦楞原纸

玖龙纸业(泉州)有限公司
福建省泉州市台商投资区
邮编：362123
电话：0595－27399888
传真：0595－27399889
邮箱：info_ qz@ ndpaper. com
产品：高档包装用纸

福建恒利集团有限公司
福建省南安市省新工业区
邮编：362300
电话：0595－86252666、86251768
传真：0595－86252099
网址：www. fjhl. com. cn
邮箱：hengli@ fjhl. com. cn
产品：生活用纸

福建省南安市联发纸业有限公司
福建省南安市诗山镇凤坡村五星工业区
邮编：362311
电话：0595－86483926
产品：挂面箱纸板

福建省南安市盈顺纸品有限公司
福建省南安市水头镇
邮编：362342
电话：0595－86811333、13805962601
传真：0595－86811222
产品：再生纸、灰底涂布白纸板

福建省永春县宏美纸业有限公司
福建省泉州市永春县坑子口镇
邮编：362615
电话：0595－23977038、13860793148
邮箱：624883424@ qq. com
产品：涂布白纸板、印刷纸、包装用纸

泉州联新纸业有限公司
福建省南安市码头镇丰联工业区
邮编：362312
电话：0595－86462889
产品：箱纸板

福建泰兴特纸有限公司
福建省泉州市安溪县龙门镇龙桥工业区兴旺路 3 号
邮编：362400
电话：0595－68790187、68783631、68783628
传真：0595－23269988
网址：www. fjtaixing. com
邮箱：liweicheng@ fjtaixing. com
产品：特种包装用纸

福建恒安家庭生活用品有限公司
福建省晋江市内坑(内坑品牌工业城)景阳西路 1 号
邮编：362200
电话：0595－85708888
网址：www. hengan. com
邮箱：chenxp@ hengan. com
产品：高档生活纸品及自动化高架立体仓储的建设与经营

福建恒安卫生材料有限公司
福建省晋江市安海镇第三工业区
邮编：362205
电话：0595－85708888
网址：www. hengan. com
邮箱：chenxp@ hengan. com
产品：卫生巾材料、纸杯、塑料杯等一次性用品

福建晋江凤竹纸品实业有限公司
福建省泉州市晋江市经济开发区(五里园)中华路 36 号
邮编：362200
电话：0595－85758888、4008876699
网址：www. fjfzzy. com
邮箱：fengzhu5678890@ 163. com
产品：生活用纸

漳州市

福建糖业股份有限公司
(原福建漳州糖厂)
福建省漳州市芗城区古塘路 55 号
邮编：363000
电话：0596－7095026
传真：0596－7095027
产品：蔗渣漂白浆

联盛纸业(龙海)有限公司
福建省龙海市角美镇凤山工业园角江路
邮编：363900
电话：0596－6781681、6636222、6781707
传真：0596－6782678、6781501
网址：www. fjlszy. com
邮箱：hr@ fjlazy. com
产品：高强瓦楞原纸、灰底白纸板、牛皮箱纸板

龙海榜山民政三星造纸厂
福建省龙海市榜山镇北溪头村
邮编：363100
电话：0596－6598219
传真：0596－6597698
邮箱：5430424272@ qq. com
产品：机制纸、瓦楞原纸

山鹰华南纸业有限公司
(原福建省联盛纸业有限责任公司)
福建省漳州市长泰县武安镇官山工业园区武兴路 3 号
邮编：363900
电话：0596－8313788
传真：0596－8313766
邮箱：lmj969@ 163. com
产品：高强瓦楞原纸、牛皮箱纸板

漳州友利达纸业发展有限公司
福建省漳州市南靖县丰田镇工业区
邮编：363612
电话：0596－7672910、7672666
传真：0596－7672988
邮箱：416620516@ qq. com
产品：高强瓦楞原纸

漳州盈晟纸业有限公司
福建省漳州市华安县丰山工业集中区长富片区
邮编：363801
电话：0596－7288668、7286555
传真：0596－7288789
网址：www. zzyszy. com
邮箱：zys0999@ 163. com
产品：牛皮箱纸板、高强瓦楞原纸、灰纸板、纱管纸

敦信纸业有限责任公司
福建省漳州市长泰岩溪工业园区

邮编：363900
电话：0596－8313999、8288316
传真：0596－8313998、8289468
邮箱：1069361007@qq.com
产品：白面牛卡纸、本色牛卡纸、高强瓦楞原纸、扑克牌纸、瓦楞纸箱

福建希源纸业有限公司
福建省漳州市台商投资区吴宅工业园
邮编：363107
电话：0596－6383358
传真：0596－6760989
邮箱：xyhr@youlanfa.com
产品：拷贝纸、薄页纸、半透明纸、转移印花纸、文化用纸(复印纸)、壁纸原纸

福建星城纸业有限公司
福建省漳州市台商投资区角美镇吴宅村林美193号
邮编：363107
电话：0596－6050055、6383395
传真：0596－6383311
邮箱：xingchengzy@163.com
产品：拷贝纸、薄页纸、半透明纸等

龙海大星纸业有限公司
福建省龙海市榜山镇北溪头村
邮编：363100
电话：0596－6599025
邮箱：sansin@126.com
产品：纸制品、纸箱

漳州港兴纸品有限公司
福建省漳州市南靖县龙山项目区
邮编：363602
电话：0596－7577269
邮箱：zzgxzp662@sina.com
产品：挂面牛皮纸

漳州港兴纸业有限公司
福建省漳州市南靖县龙山镇涌进村
邮编：363602
电话：13906962297
邮箱：wmw33986@163.com
产品：挂面牛皮纸

漳州市益达纸业有限公司
福建省漳州市平和县文峰工业区
邮编：363704
电话：0596－5297006、13728309238
产品：再生纸、包装纸箱生产及销售

龙海市三星贸易有限公司
(原龙海市三星纸业有限公司)
福建省龙海市榜山镇北溪头村
邮编：363100
电话：0596－6599025
邮箱：543042427@qq.com
产品：瓦楞原纸、白纸板、挂面纸、卫生纸、文化用纸、纸箱包装加工销售

南平市

福建省南平延润纸业有限责任公司
福建省南平市滨江北路177号
邮编：353000
电话：0599－8808115
传真：0599－8802988
产品：静电复印纸、双胶纸、书刊纸、书写纸、轻涂纸、白牛皮纸、包装用纸、纸袋纸、纱管纸、新闻纸、宗教纸、各种有色纸及各类造纸助剂

福建省南平南纸股份有限公司
福建省南平市滨江北路177号
邮编：353000
电话：0599－8808888
传真：0599－8808689、8808312
网址：www.nanpingpaper.com
邮箱：webmaster@nanpingpaper.com
产品：胶印新闻纸、本色硫酸盐商品木浆、静电复印纸、人纤浆粕

邵武中竹纸业有限责任公司
福建省邵武市下王塘
邮编：354000
电话：0599－6541018
传真：0599－6541090
产品：漂白硫酸盐竹浆、漂白桉木浆、漂白马尾松浆、胶版印刷纸、静电复印纸、涂布原纸、白牛皮纸

福建利树浆纸有限公司
福建省建瓯市瓯宁街道兴宁工业区
邮编：353100
电话：0599－3738906、3738909
传真：0599－3738901
邮箱：438195@qq.com
产品：高强瓦楞原纸、竹浆

福建利树股份有限公司
福建省建瓯市中国笋竹城 D 区
邮编：353100
电话：0599－3699909、4001856699
传真：0599－3699920
网址：www. lishugroup. com
邮箱：fjlsgfyxgs@ 163. com
产品：挂面箱纸板、高强瓦楞原纸

福建惜恩供应链管理有限公司
(原福建惜恩纸业有限公司)
福建省建瓯市汇丰城市花园 47 幢
邮编：353100
电话：0599－3738908、18039772909
传真：0599－3738901
产品：高强瓦楞原纸、挂面箱纸板、卫生纸

福建星光造纸集团有限公司
福建省南平市延平区滨江北路 177 号
邮编：353000
电话：0599－8069830、8069837
邮箱：935904788@ qq. com
产品：纸浆、纸和纸制品制造；造纸行业技术咨询、技术服务

泰盛(福建)竹资源发展有限公司
(原南平市泰盛纸业有限公司)
福建省南平市南平工业园区陈坑-瓦口组团
邮编：353100
电话：13803612382
网址：www. taison. cn
产品：竹材资源研究开发与利用；竹木原料林营造；竹材、木材原料收购；纸制品研发及制纸技术研发；纸制品、纸浆、木制品、纤维素、纤维原料及纤维制造

福建菩尔新材料科技有限公司
福建省南平市浦城县浦潭生物专业园
邮编：353499
电话：13859467309
邮箱：2754134052@ qq. com
产品：普通瓦楞原纸、高强瓦楞原纸

龙岩市

龙岩市祥泰造纸包装有限公司
福建省龙岩市铁山开发区
邮编：364001
电话：0597－2348234
传真：0597－2348432
邮箱：lyxt-1@ 163. com
产品：防锈纸、防水纸、涂塑纸、硅油纸、水果护套纸、全木浆生活用纸

连城县东方经济开发有限公司
福建省龙岩市连城县姑田镇新街 211 号
邮编：366208
电话：0597－8269318
传真：0597－8269318
邮箱：1028342189@ qq. com
产品：特种牛皮纸、精制牛皮纸

龙岩市铭丰集团有限公司
福建省龙岩市新罗区经济开发区
邮编：364000
电话：0597－2792258、18905972886
传真：0597－2796230
网址：www. mingfengzy. com
邮箱：mingfengjt@ mingfengjt. com
产品：生活用纸

福建省长汀县瑞华纸业有限公司
福建省龙岩市长汀县策武乡陈坊村
邮编：366300
电话：15059936626
产品：薄页纸、有光纸、单胶纸、书写纸

福建莲龙科技股份有限公司
(原福建连城莲龙纸业有限公司)
福建省龙岩市连城县姑田镇九顺坪
邮编：366208
电话：0597－3128528、3128522
产品：木质素、纤维素、半纤维素

武平县顺发纸业有限公司
福建省龙岩市武平县岩前镇工业集中区 D-06 地块
邮编：364300
电话：0597－4888985、13906073149
产品：卫生纸

宁德市

福鼎市南阳纸业有限公司
福建省福鼎市管阳镇章边村
邮编：355215
电话：0593－7637988、7637999

传真：0593－7637288
产品：面巾纸、餐巾纸、卷筒纸、手帕纸及各种规格分切盘纸

福鼎万泰纸业有限公司
福建省福鼎市双岳工业区
邮编：355200
电话：0593－7883333、18950500031
邮箱：2508664474@qq.com
产品：瓦楞原纸

福建福生源纸业有限公司
福建省宁德市福鼎市管阳镇章边望里 26－1
邮编：355215
电话：0593－7637988
邮箱：chenwen@nanyangzy.com
业务：机制纸及纸板制造、纸和纸板容器制造

江　西　省

南昌市

江西晨鸣纸业有限责任公司
江西省南昌市昌北经济开发区白水湖工业园
邮编：330013
电话：0791－83951998、83951968
传真：0791－83951889
网址：www.chenmingpaper.com
产品：轻型纸、低定量涂布纸

江西特种纸业有限责任公司
江西省南昌市进贤县民和镇西门路 569 号
邮编：331700
电话：0791－85693388、85678380
邮箱：Tezhi@foxmail.com
产品：拷贝纸、半透明纸、高档剥离原纸

江西省轻工实业有限公司
江西省南昌市北京东路彭桥工业园区
邮编：330029
电话：0791－88235772、88235773
邮箱：86101485@qq.com
产品：无碳复写纸

江西纸业集团有限公司
江西省南昌市东湖区董家窑 112 号
邮编：330006
电话：0791－88636232
邮箱：1064062730@qq.com
产品：纸及纸制品、造纸机械、器材及配件制造

景德镇市

乐平市加金纸业有限责任公司
江西省景德镇市乐平市塔山工业园区内
邮编：333300
电话：0798－6702787
邮箱：shuis@126.com
产品：箱纸板、瓦楞原纸

萍乡市

上栗县萍峰纸业有限公司
江西省萍乡市上栗县金山镇小水村
邮编：337009
电话：0799－3885168
传真：0799－3885688
产品：箱纸板、瓦楞原纸、牛皮卡纸、烟花用纸

莲花县纸业有限公司
江西省萍乡市莲花县新建东街 108 号
邮编：337100
电话：0799－7229926、7221031
邮箱：549401838@qq.com
产品：书写纸、新闻纸

江西柯美纸业有限公司
江西省萍乡市经济开发区西区工业园
邮编：337000
电话：0799－6382258、6387588
传真：0799－6386168
网址：www.jxkemei.com
邮箱：pfzy5168@163.com
产品：高强瓦楞纸原纸

九江市

江西理文造纸有限公司
江西省瑞昌市码头工业区
邮编：332207
电话：0792－8996888
传真：0792－8996886
产品：箱纸板

共青城顺风纸业有限公司
江西省九江市德安县甘露镇

邮编：332020
电话：0792－4349575
邮箱：407499442@ qq. com
产品：包装用纸

江西绮玉纸业有限公司
江西省九江市德安县老山湾
邮编：330400
电话：0792－4551111
传真：0792－4551111
邮箱：120245267@ qq. com
产品：纸巾纸、卫生纸

江西泽晖纸业有限公司
江西省九江市永修县虬津镇泽晖工业园
邮编：330309
电话：0792－3111515、13307926987
产品：文化用纸

江西五星纸业有限公司
江西省九江市湖口县银砂湾工业园区沿江大道 21 号
邮编：332500
电话：0792－3668597、3668593
网址：www. jxwxzy. com
邮箱：fivestarpaper@ fivestarpaper. com
产品：格拉辛纸

九江纯木植护卫生用品有限公司
江西省九江市瑞昌市码头镇码头工业城理文卫生用纸制造有限公司 65#车间
邮编：332207
电话：0792－8996689
邮箱：632473043@ qq. com
产品：生活用纸

泰盛(江西)生活用品有限公司
(原江西泰盛纸业有限公司)
江西省九江市九江经济技术开发区春江路 26 号
邮编：332000
电话：0792－8810611
邮箱：liuwei@ taison. cn
产品：生活用纸

九江唯美生活用品有限公司
江西省九江市瑞昌码头工业城理文工业园 62 号车间
邮编：332207
电话：15378576868
邮箱：chenyafei@ 163. com
产品：纸、纸巾纸、卫生纸、纸制品、卫生用品生产、销售
品牌：欣蜜儿

赣州市

赣州华劲纸业有限公司
(原赣江造纸厂)
江西省赣州市水西乡桑园下 168 号
邮编：341000
电话：0797－8251388
网址：www. hwagain. com
产品：文化用纸、生活用纸

华劲集团赣州纸品有限公司
江西省赣州市章贡区水西基地
邮编：341000
电话：0797－8251711
网址：www. hwagain. com
产品：高档生活用纸

赣州市崇星实业有限公司
江西省赣州市沙石镇沙石村龙石头
邮编：341000
电话：0797－8185588、13707078288
传真：0797－8185599
邮箱：9681399@ qq. com
产品：卫生纸

于都县正亿纸业纸品有限公司
江西省赣州市于都县罗坳工业小区
邮编：342300
电话：18179744519
邮箱：982397600@ qq. com
产品：纸品、再生纸生产、销售

吉安市

江西永新南方纸业有限公司
江西省吉安市永新县高桥楼镇龙江村
邮编：343400
电话：0796－7850858、13576801816
邮箱：857002153@ qq. com
产品：涂布白纸板

江西明盛实业有限公司
江西省吉安市青原区富滩工业园区 A 区
邮编：343000

电话：0796－8938829、15079669167
传真：0796－8630980
邮箱：981024605@qq.com
产品：木浆黑卡纸、木浆红卡纸

峡江县金威纸业有限公司
江西省吉安市峡江县造纸工业园区 4 号
邮编：331400
电话：0796－3683889、13576866683
邮箱：466011570@qq.com
产品：涂布白纸板

江西运宏特种纸业有限公司
江西省吉安市永丰县工业园南区
邮编：331500
电话：0796－2221882、13507962872
传真：0796－2221616
邮箱：1294423877@qq.com
产品：牛皮纸、防近视纸、书写纸、双胶纸、防锈原纸

泰和县华胜实业有限公司
江西省吉安市泰和县沿溪工业园区
邮编：343700
电话：0796－5403018
邮箱：412810713@qq.com
产品：涂布白纸板

吉安映山红特种纸有限公司
江西省吉安市峡江县工业园区
邮编：331400
电话：13507962872
传真：0796－2221616
邮箱：705527433@qq.com
产品：牛皮纸、淋膜原纸、复合牛皮纸、防近视纸、瓦楞纸

宜春市

江西省万载县万盛纸业有限公司
江西省宜春市万载县环城北路 438 号
邮编：336100
电话：0795－8917999、13825559116
邮箱：8971087@qq.com
产品：书写纸、转移印花纸

江西富宏纸业有限公司
江西省宜春市奉新县奉新工业园区
邮编：330702
电话：0795－4605178、13755856856
邮箱：1185540434@qq.com
产品：牛皮纸

宜春市金太阳纸品厂(普通合伙人)
江西省宜春市袁州区新坊乡
邮编：336000
电话：13307957756
邮箱：975654880@qq.com
产品：卫生纸

万载县金柯纸业有限公司
江西省宜春市万载县鹅峰乡东田村
邮编：336100
电话：0795－8971789
网址：www.wzjkzy.com
邮箱：admin@wzjkzy.com
产品：花炮用再生纸

抚州市

江西抚州银丰纸业有限公司
江西省抚州市临川区桐源乡周度贮木场
邮编：344000
电话：0794－8638558
邮箱：541982689@qq.com
产品：涂布白纸板

江西富临纸业有限公司
江西省抚州市临川区桐源乡
邮编：344000
电话：0794－8638386
邮箱：1046868263@qq.com
产品：涂布白纸板

江西华南纸业有限公司
江西省抚州市宜黄县六里铺
邮编：344400
电话：13767616858
邮箱：969844003@qq.com
产品：涂布白纸板

抚州市兴业实业有限公司
江西省抚州市抚州北工业园区
邮编：344400
电话：0794－8457336
邮箱：1242334110@qq.com

产品：瓦楞原纸、卫生纸

江西洁美电子信息材料有限公司
（原江西弘泰电子信息材料有限公司）
江西省抚州市宜黄县六里铺工业园区
邮编：344400
电话：0794－7659028、7607069
邮箱：jxhtpaper@126. com
产品：特种纸、白卡纸、电子载体纸

江西乐门纸业有限公司
江西省抚州市宜黄县六里铺工业园区
邮编：344400
电话：0794－7617077
邮箱：pujiangxh@qq. com
产品：水砂原纸、牛皮纸

江西联兴纸业有限公司
江西省抚州市崇仁县工业园区
邮编：344200
电话：0794－6330937
邮箱：jxlxzhy@163. com
产品：箱纸板、瓦楞原纸

恒安（江西）家庭用品有限公司
江西省抚州市东乡县（省级）经济开发区
邮编：331801
电话：0794－4381172、4381160
传真：0794－4382392
网址：www. hengan. com
邮箱：jiangxixz@hengan. com
产品：生活用纸系列产品

上饶市

江西省顺达纸业有限责任公司
江西省上饶市弋阳县杨桥
邮编：334400
电话：0793－5845417、5845777、5845999
网址：www. jxsdzy. com
邮箱：1073761543@qq. com
产品：涂布白纸板

江西省芦林纸业股份有限公司
（原广丰县芦林纸业有限公司）
江西省上饶市广丰县经济开发区
邮编：334600
电话：0793－2620499、2620987
传真：0793－2620486
网址：www. ll-zy. com
邮箱：554670598@qq. com
产品：箱纸板、牛皮箱纸板、茶板纸、纱管纸

广丰月兔卫生用品有限公司
江西省上饶市广丰县广丰工业园区双金路
邮编：334600
电话：0793－2610001、2625515
传真：0793－2651900
邮箱：272505803@qq. com
产品：生活用纸

江西含珠实业有限公司
江西省上饶市铅山县城西工业园区
邮编：334500
电话：0793－5187877
传真：0793－5187777
网址：www. jxhzsy. com
邮箱：jxhzsy@126. com
产品：连四纸

山　东　省

济南市

济南灏源纸业有限公司
山东省济南市历城区西州南路 30 号
邮编：250100
电话：0531－88918888、88023129
传真：0531－88023139
网址：www. haoyuanpaper. com. cn
邮箱：32273698@qq. com
产品：印刷纸、办公用纸原纸

济南含章印务有限公司
山东省济南市济阳县索庙乡白杨店南济路南侧
邮编：250100
电话：0531－88023100/84381566
邮箱：loupeijie01@126. com
产品：电脑打印纸、静电复印纸、防伪水印纸、晒图原纸

章丘金华世纸业有限公司
山东省济南市章丘区明水济青路南侧
邮编：250200
电话：0531－83253305
传真：0531－83253228

邮箱：sdhuashi@126.com
产品：轻型印刷纸、无碳原纸、离型原纸、食品包装用纸

济南晨光纸业有限公司
山东省济南市济洛路158号
邮编：250031
电话：0531－86605057、13395312197
邮箱：258077324@qq.com
产品：羊皮纸

山东天阳纸业有限公司
山东省济南市济阳济北开发区泰兴东街5号
邮编：251499
电话：0531－58689186
传真：0531－58689187
网址：www.sdtianyangzy.1688.com
邮箱：sdtianyang7799@163.com
产品：艺术类卡纸、包装用纸、涂布纸、画材料用纸、工业加工用纸

济南欣易特种纸业有限公司
山东省济南市槐荫区美里湖街道西沙路490号
邮编：250188
电话：0531－85989177
传真：0531－85951458
网址：www.xinyitezhi.com
邮箱：xinyitezhi@163.com
产品：晨光羊皮纸系列产品、银星字典纸、圣经纸、金至缠绕绝缘纸、装饰纸、艺术彩卡纸、相纸原纸

山东环发科技开发有限公司
中国（山东）自由贸易试验区济南片区汉峪金融商务中心三区1号楼1602室
邮编：250101
电话：0531－88588896
传真：0531－88199756
网址：www.hfkjsd.com
邮箱：sdhf166@126.com
产品：污水、臭气处理工程和清洁生产的设计

青岛市

青岛海王纸业股份有限公司
山东省青岛市海王路342号
邮编：266499
电话：0532－86118663、86118509
传真：0532－86115522、86117100、86118509
网址：www.haiwangpaper.com
邮箱：haiwang@haiwangpaper.com
产品：文化用纸、工农业技术用纸、生活用纸、包装用纸、打字纸、彩色皱纹纸、纱管封面纸、防菌纸袋

青岛天丰造纸有限公司
山东省青岛市四方区四流南路20号
邮编：266042
电话：0532－84851688
传真：0532－84863664
网址：www.qd-fiber.cn、www.qdtianfeng.com
邮箱：tianfeng@qd-fiber.cn
产品：钢纸、绝缘纸

青岛元迪纸业有限责任公司
山东省青岛市市北区台湛路41号丙
邮编：266022
电话：0532－83634777、83634888、83658357
传真：0532－83671009
网址：www.yuandipaper.com
邮箱：yuandizhiye@163.com
产品：生活用纸

青岛茂源纸业有限公司
（原青岛茂源经贸有限公司）
山东省青岛市市南区观音峡路22号306户
邮编：266002
电话：0532－82656161
邮箱：519854835@qq.com
业务：进口牛皮纸、涂布加工纸

青岛宏业林浆纸有限公司
山东省青岛市观音峡路24号2504室
邮编：266002
电话：0532－82685988、13583209911
传真：0532－82670827
产品：漂白针叶木浆

淄博市

山东博汇纸业股份有限公司
山东省淄博市桓台县马桥镇工业路北首
邮编：256405
电话：0533－8539966、8530387
传真：0533－8530372
网址：www.bohui.com
邮箱：05338866@163.com、zqb@bohui.com
产品：涂布白卡纸、双胶纸、轻型纸、箱纸板、石膏

板护面纸板

山东贵和显星纸业有限公司
山东省淄博市桓台县唐山镇工业园
邮编：256408
电话：0533－8081493、8082246
邮箱：webmaster@ sdguihe. com
产品：瓦楞原纸、特种纸

山东仁丰特种材料股份有限公司
山东省淄博市桓台县起凤镇仁丰路1号
邮编：256407
电话：0533－8697688、8688836
传真：0533－8698159
网址：www. zbrenfeng. com
产品：高强瓦楞原纸、滤纸、壁纸原纸

山东金海洋纸业有限公司
山东省淄博市桓台县田庄镇
邮编：256402
电话：0533－8580035
传真：0533－8582888
网址：www. sdcljt. cn
邮箱：sdchenlong@ 126. com
产品：新闻纸、箱纸板

齐峰新材料股份有限公司
山东省淄博市临淄区朱台镇齐峰路22号
邮编：255432
电话：0533－7780161、7780179
传真：0533－7788998
网址：www. qifeng. cn
邮箱：qifengtezhi@ 163. com、qifengtezhi@ qifeng. cn
产品：可印刷装饰原纸、素色装饰原纸、表层耐磨纸、平衡原纸、壁纸原纸

淄博市博山环球皱纹纸厂
山东省淄博市博山颜北路140号
邮编：255202
电话：0533－4237666
传真：0533－4231497
网址：www. hqzwz. net
邮箱：hqzwz@ 163. com
产品：皱纹纸、薄页纸

淄博王村纸业有限公司
山东省淄博市周村区王村
邮编：255311
电话：0533－6680128
传真：0533－6680128
邮箱：jiafeng6680128@ 163. com
产品：纱管原纸、箱纸板、涂布纸板

山东青苑纸业有限责任公司
山东省淄博市高青县城清河路70号
邮编：256399
电话：0533－6967531、6967512
传真：0533－6961492
邮箱：qingyuanzhiye@ 163. com
产品：精制胶版纸、箱纸板

山东奥龙纸业有限公司
山东省淄博市高青县田镇镇东大庄村东300米
邮编：256399
电话：0533－6258156
传真：0533－6258117
邮箱：13583360318@ 139. com
产品：植物羊皮纸、装饰原纸

淄博沣泰纸业有限公司
山东省淄博市博山开发区银龙路
邮编：255213
电话：0533－4666299
传真：0533－4666199
邮箱：13608942588@ 139. com
产品：高档纯质纸、荷兰白卡纸、白牛皮纸、超感纸、涂布原纸、防伪纸

淄博双成纸业有限公司
山东省淄博市周村区王村镇王村村火车站
邮编：255311
电话：0533－8171250、13964324191
传真：0533－6695079
邮箱：shuangcheng@ 163. com
产品：装饰用石膏板接缝纸、护角带纸、手提袋纸

山东标典纸业有限公司
山东省淄博市高青县城齐东路43号
邮编：256399
电话：0533－6961745、15853329361
传真：0533－6967561
产品：胶版纸

山东奥恒新材料有限公司
（原山东奥恒装饰材料有限公司）
山东省淄博市高青县潍高路290号

邮编：256399
电话：18853356077
传真：0533－6258117
网址：www. aohengzscl. com
邮箱：18853356077@139. com
产品：植物羊皮纸、纱管纸

淄博新华纸业有限公司
山东省淄博市周村区萌水镇兴萌路 3 号
邮编：255318
电话：0533－6889436
传真：0533－6889372
网址：www. zbxinhua. com
产品：轻型纸、双胶纸

淄博欧木特种纸业有限公司
山东省临淄区朱台镇
邮编：255432
电话：0533－7785585
邮箱：qifengtezhi@163. com
产品：特种纸

淄博永丰环保科技有限公司
山东省淄博市桓台县唐山镇振兴路 106 号
邮编：256400
电话：0533－8081068、8081493
网址：www. zbyfhb. com
邮箱：zbyf_2018@163. com
产品：瓦楞原纸、箱纸板

枣庄市

远通纸业(山东)有限公司
(原山东华众纸业有限公司)
山东省枣庄市薛城区常庄镇金河枣曹路 3388 号
邮编：277014
电话：0632－4401851、4401809
传真：0632－4401828、4401739
网址：www. upp-yt. com
邮箱：sales@upp-yt. com
产品：牛皮箱纸板、涂布白纸板、金银卡纸

枣庄华润纸业有限公司
山东省枣庄市山亭区新城工业园区
邮编：277299
电话：0632－8818780、8813851、8861956
传真：0632－8818558
网址：www. huarunpaper. com
邮箱：marketing@huarunpaper. com
产品：石膏板护面纸板、无甲醛石膏板护面纸、高档卷筒灰纸板

滕州市华闻纸业有限责任公司
山东省枣庄市滕州市级索工业园区
邮编：277518
电话：0632－2446928、2449888
传真：0632－2446556、2449567
网址：www. hwpaper. com
邮箱：tzhw2014@126. com
产品：双胶纸、书写纸、新闻纸

枣庄市天龙纸业有限公司
(山东秦世集团有限公司分公司)
山东省枣庄市台儿庄区捷路南侧，临徐路西侧
邮编：277400
电话：0632－6608888
传真：0632－6608000
邮箱：1822865771@qq. com
产品：特种装饰原纸

枣庄市海象纸业有限公司
(原枣庄市榴园纸业有限公司)
山东省枣庄市薛城区邹坞镇驻地
邮编：277012
电话：0632－4510503、4510567
传真：0632－4520789
网址：www. haixiangzhiye. com
邮箱：haixiangpaper@126. com
产品：纱管纸

滕州市青林纸业有限公司
山东省枣庄市滕州市级索镇级索工业园华闻路
邮编：277518
电话：0632－2449888、13806320396
传真：0632－2449567
网址：www. tzqlzy. cn、www. yitijizhi. cn
邮箱：tzhw2014@126. com
产品：文化用纸、装饰用纸、食品包装用纸、玻璃衬纸、再生文化用纸、书写纸、有光纸

山东佰润纸业有限公司
山东省枣庄市薛城区枣曹路 3388 号院内办公楼 101－105 室
邮编：277099
电话：0632－4401802
邮箱：gywang@xinshengdagroup. com

产品：纸制品制造、销售，纸浆销售

山东丰源中盛纸业有限公司
（原山东丰源集团新材料研究院有限公司）
山东省枣庄市峄城区榴园镇王庄村中科路 1 号
邮编：277300
电话：0632－3032577
邮箱：13606327801@139. com
产品：涂布白纸板

东营市

华泰集团有限公司
山东省东营市广饶县大王工业园
邮编：257335
电话：0546－6888808、6888818、7798216
传真：0546－6888018、6888158
网址：www. huatai. com
邮箱：htjt@huatai. com、htxsgs@huatai. com
产品：新闻纸、双面胶版纸、书写纸、铜版纸、涂布白纸板、低定量涂布纸、生活用纸

东营翔泰纸业有限公司
（原山东斯道拉恩索华泰纸业有限公司）
山东省东营市广饶县大王镇
邮编：257335
电话：0546－6205097
传真：0546－6205028
邮箱：peng. song@storaenso. com
产品：超级压光纸、改良新闻纸、新闻纸

烟台市

莱阳银通纸业有限公司
山东省莱阳市丹崖路 129 号
邮编：265202
电话：0535－7318208、7327228
传真：0535－7318208
网址：www. yinhaipaper. com
邮箱：lcz@yintongpaper. cn、cxm@yintongpaper. cn
lygzd@yintongpaper. cn
产品：水果套袋纸、防伪纸、静电复印纸、书写纸

烟台隆祥纸业有限公司
山东省烟台市牟平区路兴街 403 号
邮编：264100
电话：0535－4659810、4652031
传真：0535－4652032
网址：www. ytlongxiang. cn
邮箱：jiangliangxu@vip. sina. com
longxiang@ytlongxiang. cn
产品：离型纸、防黏纸、复合纸、轻型纸、纯质纸、再生新闻纸、双胶纸

烟台市大展纸业有限公司
山东省烟台市牟平区沁水韩国工业园大展大街 388 号
邮编：264117
电话：0535－4659078、4659077
传真：0535－4659076
网址：www. yantaidazhan. com
邮箱：zjq@yantaidazhan. com
产品：高强瓦楞原纸、箱纸板及脱模纸、防火板芯纸、建筑模纸板等

龙口玉龙纸业有限公司
山东省龙口市滨海旅游度假区黄河营村北
邮编：265712
电话：0535－8589536、8589501
传真：0535－8589555
网址：www. yulongpaper. com
邮箱：ylxsyhg@163. com、Bgs9533@163. com
产品：胶版书刊纸、书写纸、双胶纸、静电复印纸、轻型纸、纯质纸

莱州市莱星工业纸板有限公司
（原莱州市工业纸板厂）
山东省莱州市掖柴路
邮编：261499
电话：0535－2235248、13964522812
传真：0535－2235248
邮箱：lzlxzb@sohu. com
产品：工业纸板

莱州市鲁通特种纸业有限公司
山东省莱州市海庙东路 238 号
邮编：261411
电话：0535－2480641、13505450322
传真：0535－2480447
邮箱：925705399@qq. com
产品：书写纸、有光纸、箱纸板、果袋纸、工艺品纸

莱州圣林纸制品有限公司
山东省莱州市云峰北路北首东
邮编：261437
电话：0535－2293178、13012586637
传真：0535－2293178

邮箱：1149827727@ qq. com
产品：双灰纸板、复合纸板、工业纸板

烟台民士达特种纸业股份有限公司
山东省烟台市经济技术开发区峨眉山路 1 号内 2 号
邮编：264006
电话：0535 – 6955622
网址：www. metastar. com. cn
邮箱：jucf@ metastar. cn
产品：芳纶纸及其衍生产品

烟台宏博纸业有限公司
山东省烟台市高新区
邮编：264003
电话：13964539696、13964596818
传真：0535 – 4579977
邮箱：yt4212098@ 163. com
产品：出版用纸系列、艺术纸系列、防伪用纸系列、食品包装用纸系列、工业用纸系列、文化办公用纸系列

潍坊市

山东临朐玉龙造纸有限公司
山东省潍坊市临朐县城华特路 5311 号
邮编：262699
电话：0536 – 3158797、3158872
传真：0536 – 3158568
网址：www. wanhao. com
邮箱：ylong@ china. com
产品：各种规格铜版纸、特种纸

山东恒联投资集团有限公司
山东省潍坊市高新区东风东街 3019 号
邮编：261061
电话：0536 – 8671516、8671509
传真：0536 – 8671538
网址：www. henglianpaper. com
邮箱：zcbgs@ henliangroup. com
产品：铜版纸、玻璃纸、生活用纸

汇胜集团股份有限公司
（原中天纸业股份有限公司、潍坊凤凰纸业有限公司）
山东省潍坊市高新区潍胶路 999 号
邮编：261201
电话：0536 – 8669008
传真：0536 – 8669008
网址：www. cnpaper. cn、www. huishenggroup. com
邮箱：huisheng@ cnpaper. cn
产品：纸管原纸、绝缘纸板

潍坊恒联特种纸有限公司
山东省潍坊市寒亭区海龙路 1526 号
邮编：261199
电话：0536 – 7288200
传真：0536 – 7288222
产品：水转移印底纸原纸、环保无尘纸、标签纸、白牛皮纸、胶版印刷纸

潍坊恒联新材料股份有限公司
（原潍坊恒联玻璃纸有限公司）
山东省潍坊市寒亭区固堤街道新沙路 8019 号
邮编：261108
电话：0536 – 5037019
传真：0536 – 5037013
网址：www. hlblz. com、www. bolizhi. cn
邮箱：www@ hlblz. com
产品：再生纤维素膜（玻璃纸）的研发、生产与销售

潍坊恒联浆纸有限公司
山东省潍坊市寒亭区海龙路 601 号
邮编：261199
电话：0536 – 7283106、7283107
传真：0536 – 7251647
邮箱：hljzxsb@ 163. com
产品：木浆、棉浆、竹浆、高档文化用纸

潍坊恒联美林生活用纸有限公司
山东省潍坊市寒亭区海龙路 609 号
邮编：261199
电话：0536 – 7283237、7283210
传真：0536 – 7283228
产品：吸水衬纸、擦手纸、餐巾纸、纸巾纸、面巾纸、卫生卷纸

潍坊华港包装材料有限公司
山东省潍坊市奎文区宝通东街 162 号
邮编：261041
电话：0536 – 8823918、8823899、8823878
传真：0536 – 8823919
网址：www. wfhgbz. com
邮箱：hgbz@ wfhgbz. net
产品：接装纸原纸、铝箔衬纸、嘴棒成型纸、接装纸、铝箔纸、真空镀铝纸、印花纸、装饰纸

青州市东坝镇东坝造纸厂
山东省青州市东坝镇
邮编：262517
电话：0536－3531031
传真：0536－3531031
邮箱：920185649@ qq. com
产品：牛皮纸

青州市东方铜版纸有限公司
山东省青州市东阳河工业区 1188 号
邮编：262517
电话：0536－3531888
邮箱：602187052@ qq. com
产品：铜版纸、玻璃卡纸

青州市板纸厂有限公司
山东省青州市昭德路海天市场北临张河桥南
邮编：262599
电话：0536－3200541
传真：0536－3203802
邮箱：29723385872@ qq. com
产品：牛皮纸、离型原纸、无碳原纸、铝箔衬纸、水松原纸

青州齐鲁纸业有限公司
山东省青州经济开发区
邮编：262515
电话：0536－3290118、13806493038
邮箱：qiluzhiye@ 163. com
产品：铝箔衬纸、印花原纸、木纹原纸、淋膜原纸、覆塑原纸、白牛皮纸、离型原纸、工业用原纸

山东晨鸣纸业集团股份有限公司
山东省寿光市农圣东街 2199 号
邮编：262705
电话：0536－2158000、2156333、8009186818
传真：0536－2156111
网址：www. chenmingpaper. com
产品：双面胶版纸、低定量涂布纸、铜版纸、胶印书刊纸、书写纸、牛皮箱纸板、静电复印纸、新闻纸、无碳复写纸、高档电话簿纸、橙色施胶新闻纸

山东万豪纸业集团股份有限公司
山东省潍坊市临朐县城华特路 5311 号
邮编：262699
电话：0536－3163364
传真：0536－3165340
网址：www. wanhao. com
邮箱：wanhao@ wanhao. com
产品：铜版纸、双胶纸、胶印书刊纸、防油纸、高档包装用纸、卫生纸、打字纸、工艺纸、电信电缆纸、双面胶带原纸、造纸化工产品及纸业包装材料

山东世纪阳光纸业集团有限公司
山东省潍坊市昌乐经济开发区
邮编：262499
电话：0536－6856001、6856009
传真：0536－6856006
网址：www. sunshinepaper. com. cn
邮箱：sjygbgs@ 126. com
zhanghm@ sunshinepaper. com. cn
产品：纸管原纸、牛卡纸、瓦楞原纸

山东恒安纸业有限公司
山东省潍坊市坊子区北海路 7209 号
邮编：261206
电话：0536－7666888
传真：0536－7666888
网址：www. hengan. com
产品：生活用纸

潍坊永新纸业有限公司(恒联全资子公司)
山东省潍坊市昌乐县营邱镇河头工业园
邮编：262416
电话：0536－6911126、6911033
传真：0536－6911126、6911033
邮箱：wfyxzhb@ 163. com
产品：铝箔衬纸、皱纹原纸、双面胶带棉纸、淋膜原纸、马桶坐垫原纸

诸城市新星纸业有限公司
山东省潍坊市诸城市辛兴镇工业园
邮编：262218
电话：0536－6055175
传真：0536－6063867
邮箱：xxzy123@ 163. com
产品：新闻纸

昌乐县科苑纸业有限公司
山东省潍坊市昌乐县经济开发区新昌北路 369 号
邮编：262400
电话：0536－6295208、6295106
传真：0536－6280662
网址：www. sdkypaper. com

邮箱：clkyzy@ 163. com
产品：育果袋纸

山东恒联新材料股份有限公司
山东省潍坊市寒亭区海龙路 328 号
邮编：261199
电话：0536 -7288337
网址：www. hlblz. com
邮箱：wfgaoqiaoqia@ 126. com
产品：再生纤维素膜(玻璃纸)的研发、生产与销售

昌乐新迈纸业有限公司
山东省潍坊市昌乐县经济开发区大沂路北侧
邮编：262499
电话：0536 -6856001、6856113
邮箱：liucc@ sunshinepaper. com. cn
产品：机制纸及高级纸板、造纸原料生产、销售

山东华迈纸业有限公司
山东省潍坊市昌乐县宝昌路 406 号
邮编：262400
电话：0536 -6856001
邮箱：liucc@ sunshinepaper. com. cn
产品：机制纸及纸板、纸浆生产、销售

东宇鸿翔新材料科技有限公司
山东省寿光市富士街 678 号
邮编：262700
电话：0536 -5650516
传真：0536 -5666767
网址：www. honsoar. cn
产品：三聚氰胺浸渍胶膜纸

潍坊杰高长纤维制品科技有限公司
山东潍坊临朐县东城牛山路 99 号
邮编：262600
电话：0536 -3163353、3160877
传真：536 -3161728
网址：www. jsehg. com
邮箱：jiegao@ jsehg. com
产品：特种棉纸、特种无纺材料等长纤维制品

山东银鹰股份有限公司
山东省高密市人民大街(东)1219 号
邮编：261500
电话：0536 -2916666、2323121
传真：0536 -2323187
网址：www. yying. cn
产品：棉浆粕

威海市

荣成荣昌纸制品有限公司
山东省威海市荣成市南山路 80 号
邮编：264300
电话：0631 -7512378
传真：0631 -7512456
邮箱：junci1970@ 126. com
产品：水印纸

荣成海盛纸业有限公司
山东省威海市荣成市虎山镇沙嘴子
邮编：264305
电话：0631 -7438230
传真：0631 -7438230
邮箱：haishengzhi@ yahoo. com. cn
产品：箱纸板、瓦楞原纸

山东凯丽特种纸股份有限公司
山东省威海市荣成市河阳东路 198 号
邮编：264300
电话：0631 -7510288、7571777
传真：0631 -7571946
网址：www. kailipaper. cn
邮箱：kaili@ kailipaper. cn
产品：防伪纸

威海龙港纸业有限公司
山东省威海市羊亭镇凤凰山路 989 号
邮编：264204
电话：0631 -5769888
传真：0631 -5764338
网址：www. lgzhiye. com
邮箱：lgzhiye@ 163. com
产品：箱纸板、瓦楞原纸

威海广合纸业有限公司
山东省威海市经济开发区宁港路 3 -1 号综合楼北平房第一间
邮编：264207
电话：0631 -5388148
邮箱：admin@ whgyhb. com
产品：纸制品加工

济宁市

济宁恒丰纸业有限责任公司
山东省济宁市安居工业园区
邮编：272100
电话：0537－2312038
传真：0537－2559310
邮箱：suhua050102@163.com
产品：半透明纸、铜版纸、格拉辛纸、玻璃卡纸

山东太阳纸业股份有限公司
山东省兖州市友谊路1号
邮编：272100
电话：0537－7925888、7928711、7928710
传真：0537－7928489
网址：www.sunpapergroup.com
邮箱：sun@sunpapergroup.com
taiyangzhiye@163.com
产品：牛皮箱纸板、高档文化用纸、静电复印纸、牛皮卡纸、涂布白纸板、白卡纸、双胶纸、新闻纸、不干胶纸、电脑打印纸、书写纸、轻涂纸、铜版纸、扑克牌面纸、蜡光原纸、无酸档案纸、素描纸

山东太阳生活用纸有限公司
山东省济宁市兖州区经济开发区太阳大道
邮编：272100
电话：0537－7928715、7925888、4008110537
网址：www.suntissue.com
邮箱：tangjie@sunpaper.cn
产品：生活用纸

山东宏河矿业集团邹城恒翔纸业有限公司
山东省邹城市营西路52号
邮编：273500
电话：0537－5300327、6721020
传真：0537－5312183
邮箱：hxzycwk@163.com
产品：新闻纸

山东华金集团有限公司
山东省济宁市泗水县金庄镇818号
邮编：273201
电话：0537－4036894、4036807、4036979
传真：0537－4031210
网址：www.huajinpaper.com
邮箱：huajinlbz@126.com
产品：涂布白卡纸、无碳复写纸、静电复印纸、双面胶版纸、电脑打印纸、票据专用纸、离型原纸、防黏纸、书写纸

济宁昊源纸业有限公司
山东省济宁市任城区长沟镇后刘东村
邮编：272059
电话：0537－2580263
传真：0537－2580766
邮箱：wjj668@163.com
产品：牛皮挂面纸、建筑模纸板、水松原纸、食品包装用纸、防伪纸、卡纸、高档文化用纸、仿牛皮纸、单面光牛皮纸

万国纸业太阳白卡纸有限公司
山东省济宁市兖州区西关大街66号
邮编：272100
电话：0537－7928715
网址：www.ipapersun.com
邮箱：tangjie@sunpaper.cn
产品：液体包装用纸、食品卡纸、烟卡纸、铜卡纸、白卡纸等

山东太阳宏河纸业有限公司
山东邹城工业园区（太平镇）
邮编：273500
电话：0537－7928715
邮箱：tangjie@sunpaper.cn
产品：低定量高档牛皮箱纸板、高档纺筒纸板、高档轻型纸、高档生活用纸、高档纸板、文化用纸及纸制品、天然纤维素、木素、木糖等

山东丰硕纸业有限公司
济宁市泗水县金庄镇金庄村芦城河东327国道北
邮编：237200
电话：0537－4036888
邮箱：85132806@qq.com
产品：白纸板

泰安市

泰山石膏有限公司
山东省泰安市岱岳区大汶口
邮编：271026
电话：0538－8811449、8811293、8811078
网址：www.taihegroup.com
邮箱：tssgbgs@163.com
产品：石膏板护面纸

泰安百川纸业有限责任公司
山东省新泰市小协镇经济开发区
邮编：271221
电话：0538－7866147、7866947
传真：0538－7866447
网址：www.tabczy.com
邮箱：sdtabczy@163.com
产品：轻型纸、字典纸、羊皮纸、石膏板护面纸、纸管纸

山东洁昕纸业股份有限公司
（原东顺集团股份有限公司）
山东省泰安市东平县东顺工业园
邮编：271500
电话：0538－2820378、2880367
传真：0538－2820378
网址：www.dongshunpaper.com
邮箱：843370819@qq.com
产品：生活用纸、一次性卫生用品

山东天和纸业有限公司
山东省泰安市宁阳文化街 1857 号
邮编：271499
电话：0538－5622635、5630399
传真：0538－5630399
网址：www.tianhepaper.net
邮箱：nylnz@163.com
产品：高档素描及水彩纸系列、本色喷墨复印纸、高松忆纸、高松微涂纸、吸管纸、吸水卡纸、医疗包装用纸、口罩自粘纸等

山东泰和泰山纸面石膏板总厂（集团）
山东省泰安市岱岳区大汶口
邮编：271026
电话：0538－8812989
传真：0538－8812958
邮箱：tssgbgs@163.com
产品：石膏板护面纸

山东省东平县华东纸业有限责任公司
山东省泰安市东平县城平湖路南段
邮编：271500
电话：0538－6359666
传真：0538－6350009
邮箱：HDZY6350009@163.com
产品：高档静电复印纸、水印防伪纸、无碳原纸、热敏纸、防水铜版原纸、白卡纸、白牛皮纸、高档票据彩印纸

日照市

亚太森博（山东）浆纸有限公司
山东省日照市北京路 369 号
邮编：276826
电话：0633－3361270、3361111、3361000
传真：0633－3369069
网址：www.asiasymbol.com
产品：白卡纸、纸浆

日照华泰纸业有限公司
山东省日照市莒县城阳街道潍徐路 838 号
邮编：276500
电话：0633－6882076、6881688
传真：0633－6882881、6882519
网址：www.huatai.com、www.rizhao.huatai.com
www.huataipaper.com
邮箱：jishuch@163.com
产品：双胶纸、铜版纸

日照八方纸业有限公司
山东省日照经济技术开发区新竹路 6 号
邮编：276800
电话：0633－7966306
传真：0633－7966297
网址：cn.chinabfzy.com
邮箱：bafangzhiye@163.com
产品：低克重薄型纸、拷贝纸、半透明纸、高档果袋纸、果品包装用纸、字帖临摹纸和高档食品包装用纸

莱芜市

维达纸业（山东）有限公司
山东省济南市莱芜高新区泰山路 38 号
邮编：271199
电话：0634－6028885
网址：www.vida.com
邮箱：fang.bc@vida.com
产品：研发、生产、经营及批发零售生活用纸

山东百伦纸业有限公司
山东省莱芜市涞城区方下镇
邮编：271125
电话：0634－8675996、18806343377
邮箱：baronpaper@163.com
产品：轻量涂布纸、铜版纸、书写纸、双胶纸、高档书写纸、精制双胶纸、静电复印纸、新闻纸

临沂市

临沂市鑫惠纸业公司
山东省临沂市小商品城 11 号楼 283 号
邮编：276005
电话：0539 – 8068186
产品：有光纸、书写纸、双胶纸、绘图纸、朱红纸、蜡光纸

山东鲁南新材料股份有限公司
山东省临沂市郯城县人民路 313 号
邮编：276100
电话：0539 – 6788168
传真：0539 – 6788168
网址：www. lunanpaper. com
产品：电解电容纸、无纺壁纸原纸、装饰用纸

山东永泰纸业有限公司
山东省临沂市莒南县开发区黄海路西段
邮编：276600
电话：0539 – 7319666
传真：0539 – 7318019
邮箱：1058665494@ qq. com
产品：瓦楞原纸

山东光华纸业集团有限公司
山东省临沂市费县上冶镇驻地
邮编：273401
电话：0539 – 5811602
传真：0539 – 5811102
网址：www. sdghzy. net
邮箱：ghbgs777@ 163. com
产品：铜版纸、双面胶版纸、静电复印纸、书写纸、卫生纸

临沂华辰纸业有限公司
山东省临沂经济开发区延安路 109 号（延安路与杭州路交会处）
邮编：276023
电话：0539 – 6013888
传真：0539 – 6013000
网址：www. huachenzhiye. com
邮箱：huachenpaper@ 163. com
产品：无碳复写纸

临沂成和银座纸业有限公司
山东省临沂市兰山区解放路 419 号
邮编：276005
电话：0539 – 8338215、13869944255
传真：0539 – 8331129
网址：www. chengheyinzuo. com
产品：工业用纸、描图纸、晒图纸、复印纸、数码彩色激光纸

山东恒联特种纸有限公司
山东省临沂市费县上冶镇埠口村
邮编：273400
电话：0539 – 5811100
邮箱：ghbgs777@ 163. com
业务：生活用纸深加工、销售

山东美洁纸业有限公司
山东省临沂市兰陵县经济开发区兰陵路西段路北
邮编：277700
电话：0539 – 5976706
邮箱：15963930516@ 126. com
产品：包装材料

德州市

德州华北纸业有限公司
山东省德州市德城区二屯镇政府驻地
邮编：253035
电话：0534 – 2189079、2188791
传真：0534 – 2182388
网址：www. dzhbzy. net
邮箱：dzhbzy@ 163. com
产品：复印纸、轻型纸、水印防伪纸、纤维防伪纸、胶版纸

德州沪平永发造纸有限公司
山东省德州市平原县王打卦工业园
邮编：253102
电话：13969258266
邮箱：dongguangsong2004@ 163. com
产品：高强瓦楞原纸

山东中茂圣源实业有限公司
（原山东中茂圣源纸浆有限公司）
山东省德州市陵城区扶丰街 6 号
邮编：253500
电话：0534 – 2133500、2133535
传真：0534 – 2133508
网址：www. zmsysy. com
邮箱：1006841123@ qq. com

产品：杨木化学机械浆、食品包装用纸、涂布食品白卡纸、口杯纸

山东冠军纸业有限公司
山东省德州市齐河县潘店镇工业园
邮编：251125
电话：0534－5972085、5972888
传真：0534－5972085、5975888
网址：www. guanjunzhiye. com
邮箱：sdgjzy@ 163. com
产品：铜版纸、双面胶版纸、静电复印纸

山东江河纸业有限责任公司
山东省德州市齐河县晨鸣东路 1 号
邮编：251100
电话：0534－5691899、5028501、5678500
传真：0534－5028599
网址：www. sdjhpaper. cn
邮箱：qhcmrzc@ 126. com
产品：纸杯原纸、双胶纸、轻型纸、道林纸

德州泰鼎新材料科技有限公司
山东省德州市平原县王杲铺镇 G105 加油站西南 90 米
邮编：253105
电话：0534－4562766、2162333
传真：0534－4562044、4561258
网址：www. taidingpaper. cn
邮箱：zd4562766@ 163. com
产品：铜版原纸、书写纸、胶印书刊纸、静电复印纸、箱纸板、卫生纸

山东泉林纸业夏津有限公司
山东省德州市夏津县建设街 134 号
邮编：253200
电话：0534－3313858
传真：0534－2191273
网址：www. tralin. com
产品：双胶纸、静电复印纸、中涂纸、轻量涂布纸、文化用纸

临邑县临兴木业有限公司
山东省德州市临邑县恒源开发区富民路南首东侧
邮编：251500
电话：0534－4279958、138534217198
网址：www. lyxlxmy. com
邮箱：lyxlxmy123456@ 163. com
产品：木纤维素

山东德派克纸业有限公司
山东省德州市平原县王凤楼镇
邮编：253109
电话：0534－7881888
网址：www. conitex. com
邮箱：jwang@ cn. papertech. com
产品：工业纸板、纸制品、纸管

德州派普科包装材料有限公司(子公司)
山东省平原县王凤楼镇(045 线路南)
邮编：253109
电话：0534－7881999
邮箱：350966813@ qq. com
产品：纸制品、纸管

汇鑫生物浆纸股份有限公司
山东省德州市平原县王打卦镇商业街 1899 号 1 号厂房
邮编：253102
电话：15315865500
邮箱：dongguangsong2004@ 163. com
产品：生产高强度瓦楞原纸、箱纸板、白纸板及纸制品

聊城市

中冶纸业银河有限公司
山东省临清市西门里街 297 号
邮编：252600
电话：0635－2433886、2433348、2433825
传真：0635－2436952、2433346
网址：www. cctyinhe. com
邮箱：yinhelzh@ 126. com
产品：书写纸、胶版纸、胶印书刊纸、静电复印纸、瓦楞原纸

山东信成纸业有限公司
山东省聊城市茌平县西外环高新技术工业园
邮编：252100
电话：0635－4285466、4283298
传真：0635－4287566
网址：www. sdxcgroup. cn
产品：干法无尘纸、湿纸巾、餐巾纸、柔巾卷纸、擦拭纸、分盘无尘纸

山东泉林纸业有限责任公司
山东省聊城市高唐县光明东路 15 号
邮编：252800
电话：0635－3951080

传真：0635－3953497
网址：www. tralin. cn
产品：铜版纸、复合软包装、双面胶版纸、低定量涂布纸、静电复印纸、胶印书刊纸、防黏原纸、书写纸、证券纸、字典纸、电话簿纸

山东金蔡伦纸业有限公司
山东省聊城市阳谷县华山路 8 号
邮编：252300
电话：0635－6173998
传真：0635－6173956
网址：www. goldencailun. com
邮箱：sdjclzy@ 163. com
产品：轻型印刷纸、微涂纸、纯质纸

山东岚林纸业有限公司
山东省聊城市高新区许营镇朱庄村 10 号
邮编：252023
电话：0635－8800411、18865126703
邮箱：18865126703@ 163. com
产品：纸制品加工、销售

滨州市

山东省博兴县兴华纸业有限公司
山东省滨州市博兴县湖滨镇寨郝工业园
邮编：256511
电话：0543－2809565
传真：0543－2800338
邮箱：13706372809@ 163. com
产品：箱纸板、瓦楞原纸

山东群星纸业有限公司
山东省滨州市邹平县长山镇三里河
邮编：256206
电话：0543－4833888
传真：0543－4369999
产品：高档装饰原纸、静电复印纸

邹平汇泽实业有限公司
（原山东天地缘实业有限公司）
山东省滨州市邹平县长山镇魏桥工业园创业大道 176 号
邮编：256212
电话：0543－4737999、4890528
传真：0543－4732777
邮箱：tiandiyuancaiwu@ 126. com
产品：高强瓦楞原纸、生活用纸

山东省博兴县华辰纸业有限公司
山东省滨州市博兴县湖滨镇寨郝工业园
邮编：256511
电话：0543－2809045
传真：0543－2809488
邮箱：13181035689@ 163. com
产品：文化用纸、无碳复印纸、彩色胶版纸

奥斯龙明士克复合纤维（滨州）有限公司
（原山东普瑞富尔特纸业有限公司）
山东省滨州市黄河五路 209 号
邮编：256606
电话：0543－5168242、13854348016
传真：0543－3402207
网址：www. ahlstrom. com
邮箱：13854348016@ 126. com
产品：汽车滤纸、商标纸、扑克牌纸、不干胶纸、瓦楞原纸

山东宏阳纸业有限公司
山东省滨州市邹平县长山镇魏桥铝深加工产业园
邮编：256200
电话：0543－8131068
邮箱：864318174@ qq. com
产品：双胶纸、静电纸、轻型纸、纯质纸、特种纸

山东蓝沃环保餐具有限公司
山东省滨州市沾化区城北工业园清风二路北、滨海大道西（中源能公司院内 31 号）
邮编：256800
电话：18706601122
邮箱：1668292824@ qq. com
产品：一次性全降解秸秆纤维环保餐具生产和销售、环保餐具包装

菏泽市

菏泽市宏泰纸业有限公司
山东省菏泽市牡丹区黄罡镇侯集工业园
邮编：274006
电话：0530－5660486、4001053068、13805308036
传真：0530－5663262
网址：www. sdhzhtzy. com
邮箱：htzy688@ 126. com
产品：文化用纸

菏泽牡丹纸业有限公司
山东省菏泽市牡丹区黄罡工业园
邮编：274006
电话：0530－5660775、15990956655
传真：0530－5663618
邮箱：zhenhai@ chinaacc. com
产品：生活用纸

河 南 省

郑州市

新密市恒丰纸业有限公司
河南省新密市大隗镇铁匠沟村
邮编：452383
电话：0371－69288961、60883058
传真：0371－69288516
邮箱：hengfengzhiye@ 163. com
产品：瓦楞原纸、箱纸板

郑州华丰工贸纸业有限公司
河南省新密市大隗镇铁匠沟村工业区
邮编：452383
电话：0371－69275169、69272139
传真：0371－69272139
网址：www. zzhfgm. cn
邮箱：gongmao@ 126. com
产品：瓦楞原纸、箱纸板

郑州永光纸业有限公司
河南省郑州市大隗镇观砦村罗湾工业区
邮编：452383
电话：0371－69276199、69271175
传真：0371－69276199
邮箱：317955408@ qq. com
产品：瓦楞原纸、箱纸板

河南省新密市宏远纸业有限公司
河南省郑州市大隗镇观砦村
邮编：452383
电话：0371－69288556、69288501
传真：0371－69288559
邮箱：xmshyzy390@ 163. com
产品：箱纸板

郑州康华纸业有限公司
河南省新密市大隗镇进化村
邮编：452383
电话：0371－69288698、69271138
传真：0371－69288699
邮箱：2225423031@ qq. com
产品：瓦楞原纸

郑州浦发纸业有限公司
河南省新密市大隗镇
邮编：452382
电话：0371－63152338、13938293838
邮箱：415862040@ qq. com
产品：瓦楞原纸、箱纸板

新密市荣昌纸业有限公司
河南省新密市来集镇苏寨村
邮编：452370
电话：13633833228
邮箱：1377249120@ qq. com
产品：瓦楞原纸、箱纸板

新密市汇丰纸业有限公司
河南省苟堂镇小刘寨村巴家岗
邮编：452384
电话：0371－69252809
邮箱：724709808qq. com
产品：特种纸

新密市东盛纸业有限责任公司
河南省新密市矿区新华路办事处杨砦村
邮编：452370
电话：0371－69786302
邮箱：dfz672613@ 163. com
产品：高强瓦楞原纸、涂布白纸板

郑州复兴纸业有限公司
河南省登封市卢店镇唐庄工业区
邮编：452472
电话：0371－62990168、13838263555
传真：0371－62990666
网址：www. fuxingzhiye. com
邮箱：965581138@ qq. com
产品：白纸板、箱纸板

郑州东盛纸业有限公司
河南省中牟县城关镇青年路东段
邮编：451450
电话：0371－62184772
传真：0371－62193066
邮箱：863708869@ qq. com

产品：生活用纸

河南银鸽工贸有限公司
(原舞阳银鸽纸产有限公司)
河南省郑州市舞阳县舞泉镇张家港路中段
邮编：450052
电话：0395－5615512、5615560
产品：纸张、纸浆及其深加工

大河纸业有限公司
河南省郑州市金水区农业路东 41 号
邮编：450008
电话：0371－69515191
传真：0371－69518694
网址：www. dahepaper. com
邮箱：shichangbu@ dahepaper. com
产品：胶版纸、书写纸、微涂纸、静电复印原纸、热敏原纸、铸涂原纸

郑州东淼纸业有限公司
河南省新密市大隗镇黄湾寨村寨西
邮编：452383
电话：0371－69382698
邮箱：1766758919@ qq. com
产品：箱纸板、瓦楞原纸、再生纸、涂布纸、白纸板、卫生纸的生产、销售

洛阳市

偃师市博毅纸业有限公司
河南省偃师市偃登路
邮编：471943
电话：0379－67798566、13937986188
邮箱：1152297491@ qq. com
产品：生活用纸

洛阳市洁达纸业有限公司
河南省偃师市首阳山镇
邮编：471943
电话：0379－67558819
邮箱：ysjieda@ 126. com
产品：生活用纸

偃师市首阳山第二卫生纸厂
河南省偃师市首阳山街道办事处前纸庄村
邮编：471943
电话：0379－67557919、13938869716
邮箱：13938869716@ qq. com
产品：生活用纸

河南华洁卫生用品有限公司
河南省洛阳市偃师市首阳山街道办事处 310 国道北(河南华润电力首阳山有限公司隔壁)
邮编：471943
电话：0379－67558819、13015570005
邮箱：614546039@ qq. com
产品：卫生纸制造、卫生用品(餐巾纸)的生产及销售

平顶山市

舞钢市海明纸业有限责任公司
河南省舞钢市安寨路 1 号
邮编：462512
电话：0375－8388005、8388319
传真：0375－8388868
邮箱：hmzy2018@ 126. com
产品：文化用纸

河南中峰集团纸业有限公司
河南省平顶山市湛河区南环路中段三和电厂院内
邮编：462512
电话：0375－7300020
邮箱：1787369438@ qq. com
产品：箱纸板

舞钢市群望纸板有限公司
河南省舞钢市八台镇人民西路
邮编：462500
电话：13837560968、18837506635
产品：包装纸板

安阳市

滑县光明纸业股份有限公司
河南省安阳市滑县道口镇道康路 59 号
邮编：456400
电话：0372－8133399
邮箱：ssc13937268425@ sina. com
产品：水果套袋纸

林州市实验纸业销售有限公司
河南省林州市茶店贝村
邮编：456574
电话：0372－6741193、18303827322
邮箱：18303827322@ 163. com
产品：再生纸

林州市众乐包装食品有限公司造纸厂
河南省林州市临淇镇东淇河桥西
邮编：456550
电话：13569010056
邮箱：1299059008@qq.com
产品：瓦楞原纸

鹤壁市

河南博民纸业加工有限公司
河南省鹤壁市淇县铁西工业路中段北侧
邮编：456750
电话：0392－7275891
传真：0392－7275888
邮箱：ruizhou2006@163.com
产品：生活用纸

鹤壁瑞洲纸业有限公司
河南省鹤壁市淇县铁西区工业路66号
邮编：456750
电话：0392－7277188
传真：0392－7277000
邮箱：ruizhou2006@163.com
产品：无碳复写纸、生活用纸

鹤壁市恿协纸业有限公司
河南省鹤壁市山城区东环路故县村南
邮编：456750
电话：0392－2438888、2431388
邮箱：44541571@qq.com
产品：无碳复写纸、生活用纸

新乡市

河南新乡鸿泰纸业有限公司
河南省新乡经济开发区鸿泰大道168号
邮编：453700
电话：0373－5580219、5584623
传真：0373－5586269
网址：www.htzygroup.com
邮箱：htzy1@126.com
产品：文化用纸、无碳复写纸、白纸板

河南兴泰纸业有限公司
河南省新乡市经济开发区黄河大道中段
邮编：453731
电话：0373－5635586
传真：0373－5634908
邮箱：630950458@qq.com
产品：文化用纸、白纸板

河南省奥博纸业有限公司
河南省新乡市辉县市赵固乡奥博工业园
邮编：453633
电话：0373－6956951、6955976
传真：0373－6955561
邮箱：hnabo@126.com
产品：无碳复写原纸、生活用纸

新乡新亚纸业集团股份有限公司
河南省新乡市新乡纸制品工业园（107国道686公里处）
邮编：453731
电话：0373－5681188、5680286
传真：0373－5699888
网址：www.xinyapaper.com
邮箱：xinyapaper@163.com
产品：包装用纸、文化用纸、生活用纸

河南天邦集团纸业有限公司
河南省新乡市辉县市产业集聚区城西园区
邮编：453613
电话：0373－6855766
传真：0373－6855333
邮箱：henantianbang@163.com
产品：高档双胶纸、静电复印纸、特种纸

新乡市嘉禾文化用品有限公司
河南省新乡市风泉区新秀路中段
邮编：453012
电话：0373－5420769、13598691435
传真：0373－5420769
网址：www.xxjhzy.cn
邮箱：820511731@qq.com
产品：无碳复写纸、复印纸

新乡市腾飞纸业有限公司
河南省新乡市获嘉县城东楼村路口向南100米路西
邮编：453800
电话：0373－4899966、18537332618
传真：0373－4778299
网址：www.xxtfzy.com
邮箱：tengfeizhjye@126.com
产品：高档无碳复写纸、双胶纸、离型原纸

河南亨利实业集团有限责任公司
河南省新乡市辉县市东二环北段
邮编：453600
电话：0373－6897666
传真：0373－6898999
网址：www. xxhengli. com
邮箱：xxhengli@ 126. com
产品：生产施胶高强瓦楞原纸

新乡市开源纸业有限公司
河南省新乡县七里营镇刘店村
邮编：453700
电话：0373－5682823、13703734619
传真：0373－5682869
网址：www. xxkyzy. com
邮箱：2573570131@ qq. com
产品：各种高、中、低档无碳复写纸

辉县市兆丰纸业有限公司
河南省新乡市辉县市赵固乡小岗村东6号
邮编：453633
电话：13839138098
产品：无碳复写原纸、双胶纸、包装用纸、生活用纸、热敏原纸、热转印原纸、特种纸及纸制品加工、销售

新乡县鸿翔纸业有限公司
河南省新乡市古固寨镇古固寨村东
邮编：453700
电话：0373－5753912、5751153
传真：0373－5750452
网址：www. xxxhxpaper. com
邮箱：hongxiangpaper@ 126. com
产品：阻燃纸和各种型号高强度瓦楞原纸

河南中北纸业有限公司
河南省新乡县七里营镇龙泉村南
邮编：453700
电话：0373－5651978、18568523877
传真：0373－5651978
网址：www. zhongbeipaper. com
邮箱：61929305@ qq. com
产品：玻璃防霉纸、食品包装用纸、无碳原纸

河南省华中纸业有限公司
河南省新乡县翟坡镇工业路西段
邮编：453700
电话：0373－5598718、13837370017
传真：0373－5640088
网址：www. hzxzzy. com
邮箱：huazhongzhiye@ 163. com
产品：纱管纸

焦作市

河南江河纸业股份有限公司
河南省焦作市武陟县文化路555号
邮编：454950
电话：0391－7268383、7268153
传真：0391－7268991
网址：www. jianghe. com
邮箱：jianghe-1@ jianghe. com
产品：无碳复写纸、无碳复写原纸、文化用纸

焦作瑞丰纸业有限公司
河南省焦作市武陟县迎宾大道175号
邮编：454950
电话：0391－7268809、7268650、7268710
传真：0391－7268605、7268176
网址：www. ruifengpaper. com
邮箱：jzrfzy@ 163. com
产品：化学机械浆

河南华丰纸业有限公司
河南省焦作市武陟县西滑封工业区
邮编：454981
电话：0391－7566939、7565880
产品：文化用纸、生活用纸

河南天虹纸业有限责任公司
河南省孟州市黄河大道东段
邮编：454750
电话：0391－8571688、13938159059
传真：0391－8571688
网址：www. tianhongzhiye. com
邮箱：327027079@ qq. com
产品：新闻纸

河南永威安防股份有限公司
河南省沁阳市西向镇虎子村
邮编：454591
电话：0391－2103500
传真：0391－2103520
网址：www. yongwei. net
邮箱：info@ yongwei. net、vip@ yongwei. net
产品：特种纸、装饰板

沁阳市盛兴纸业有限公司
河南省沁阳市灯塔街
邮编：454550
电话：0391－5622550、13503912255
邮箱：35561435@ qq. com
产品：高强瓦楞原纸、特种纸

沁阳市景瑞纸业有限公司
河南省沁阳市香港街 1 号
邮编：454550
电话：0391－5611697、5618258
产品：高档生活用纸

沁阳市宏涛纸业有限公司
河南省沁阳市西向镇洪道村
邮编：454591
电话：0391－5098558、13939122687
邮箱：qyhtzy123@ 163. com
产品：生活用纸

沁阳市联盟纸业有限公司
河南省沁阳市沁圆办事处联盟街
邮编：454550
电话：0391－5690019、13782704935
邮箱：lmzygs2009@ 163. com
产品：瓦楞原纸

河南双马纸品包装有限公司
河南省沁阳市沁北产业集聚区
邮编：454562
电话：0391－5970538、5970515
传真：0391－5970539、5970519
网址：www. henanshuangma. com
邮箱：henanshuangma@ 163. com
产品：箱纸板、瓦楞原纸

武陟县三丰纸业有限公司
河南省沁阳市武陟县西陶镇陶封工业区
邮编：454900
电话：0391－7568618、13598517358
传真：0391－7565880
网址：www. sanfengpaper. cn
邮箱：978925297@ qq. com
产品：无碳原纸、无碳卷筒、电脑打印纸、彩色双胶纸、彩色静电纸、马克笔纸、素描纸、超压纸、果袋纸、热升华转印纸、灰泥浆板等

河南雅都纸业有限公司
河南省焦作市沁阳市西万镇邘邰村西 001 号
邮编：454550
电话：0391－5089098
产品：再生纸、再生纸箱、文化用纸、高档瓦楞原纸、复合纸、特种纸、印花纸、铝箔衬纸

濮阳市

濮阳龙丰纸业有限公司
河南省濮阳市胜利西路西段
邮编：457000
电话：0393－8990895、8912388
传真：0393－8961906
网址：www. lfpaper. com
邮箱：lfzy@ dahepaper. com
产品：漂白杨木化学机械浆、高档文化用纸

河南省民通华瑞纸业有限公司
河南省濮阳市台前县产业集聚区凤台大道中段路北电商产业园
邮编：457600
电话：0393－2733777、2733888
邮箱：bnmintong@ 126. com
产品：轻型纸

濮阳市通宇纸业有限公司
河南省濮阳市范县王楼工贸示范区
邮编：457500
电话：0393－5977888、5972369、13931518986
传真：0393－5977999
邮箱：pytyzy@ 163. com
产品：文化用纸、生活用纸

许昌市

河南飞达技术产业股份有限公司
（原河南飞达纸业有限公司）
河南省许昌市许昌县河街工业园
邮编：461105
电话：0374－5668188、5666666
传真：0374－5668888
网址：www. fdgroup. com. cn
邮箱：fdgroup@ 126. com
产品：白纸板、高强瓦楞原纸

河南毅联再生资源科技有限公司
（原河南宏伟再生资源科技股份有限公司）
河南省许昌市魏都区北环外路中段北侧
邮编：461000

电话：0374－7386698
邮箱：jianminxc@163.com
产品：再生箱纸板及其制品的生产、加工、销售

漯河市

漯河银鸽实业集团有限公司
河南银鸽实业投资股份有限公司
河南省漯河市人民东路与中山路交叉口
邮编：462000
电话：0395－5615519、5615569
传真：0395－5615583、5615569
网址：www.yinge.com.cn
邮箱：yinge@yinge.com.cn
产品：双面胶版纸、静电复印纸、书写纸、电脑打印纸、水果套袋纸、低定量涂布纸、口杯纸、字典纸、铝箔衬纸、防伪票据纸、书写纸

漯河市银凤纸业有限公司
河南省漯河市裴城镇苏侯村
邮编：462043
电话：0395－6955241
邮箱：yinfeng288@tom.com
产品：双胶纸、书写纸、彩色纸、卫生纸

漯河银鸽特种纸有限公司
河南省漯河市中山路银鸽第二生产基地
邮编：462005
电话：0395－2355599
传真：0395－2355117
网址：www.yinge.com.cn
邮箱：cswyaaa@139.com
产品：无碳复写原纸、离型纸原纸、格拉辛离型原纸、嘴棒成型纸

漯河银鸽生活纸产有限公司
漯河市召陵区阳山路
邮编：462300
电话：0395－5615961
网址：www.yingeshenghuozhi.1688.com
邮箱：452200587@qq.com
产品：纸、纸制品、纸浆板、尿布、尿裤、湿巾、第一类医疗器械：一次性医用护理垫的生产、销售

河南中濠纸业有限公司
河南省漯河市市辖区经济开发区衡山路21号创业服务中心二楼
邮编：462000
电话：15936649851
邮箱：948423830@qq.com
产品：废纸废浆

南阳市

河南仙鹤特种浆纸有限公司
河南省南阳市内乡县湍东工业园区
邮编：474350
电话：0377－65317785、60939188
传真：0377－65313171、60939188
网址：www.nxxhzy.com
邮箱：neixiangxh@126.com
产品：特种纸、麦草浆板

新野方正纸业有限公司
河南省南阳市新野县产业集聚区(西区)
邮编：473511
电话：0377－66381097、13837761398
传真：0377－66381098
产品：生活用纸

邓州市一鑫实业有限公司
河南省邓州市穰东镇
邮编：474165
电话：0377－62983589
邮箱：3357718820@qq.com
产品：文化用纸

邓州市老廷实业有限公司
河南省邓州市构林镇邓襄路58号
邮编：474172
电话：0377－62637168
邮箱：13193692288@163.com
产品：文化用纸

南阳市忆远昌纸业有限公司
河南省南阳市卧龙区龙凤路丁奉店
邮编：473000
电话：0377－66199992、13303772288
传真：0377－66199992
网址：www.nyyyc.cn
邮箱：2651951896@qq.com
产品：水转印纸

邓州市华鑫纸业有限公司
河南省邓州市构林镇邓襄路58号

邮编：474172
电话：0377－62828777、62637978、62637258
网址：www.huaxinzhiye.com
邮箱：13937700388@139.com
产品：文化用纸、书画纸、电容器纸专用纤维板、再生烟草薄片专用纤维板等特种纸、木质素

河南康倍宝纸业有限公司
河南省南阳市唐河县产业集聚区工业路中段 260 号
邮编：473400
电话：13037696080
邮箱：353804786@qq.com
产品：生产销售原纸、生活用纸、纸尿裤、工业纸板、纸箱

信阳市

河南明鑫兴业纸业有限公司
河南省信阳市商城县产业集聚区
邮编：465350
电话：0376－7973998、15957107100
邮箱：634146970@qq.com
产品：纸板、纸箱

商丘市

虞城县泰乐纸业有限公司
河南省商丘市虞城县城关镇东环路南段
邮编：476300
电话：0370－3028888、13663702804
产品：纱管纸

周口市

河南省龙源纸业股份有限公司
河南省周口市太康县西二环路工业区
邮编：461400
电话：0394－6915906
传真：0394－6915908
网址：www.hnlyzy.com
邮箱：ly6915905@163.com
产品：瓦楞原纸

河南护理佳纸业有限公司
河南省周口市鹿邑县产业集聚区迎宾大道西侧
邮编：477200
电话：0394－7490998
传真：0394－7491168
网址：www.hulijia.com
产品：生活用纸

驻马店市

驻马店市白云纸业有限公司
河南省驻马店市遂平县工人路 14 号
邮编：463100
电话：0396－4902206、4902211、4902218
传真：0396－4902331
网址：www.baiyunpaper.com
邮箱：byzy@dahepaper.com
产品：书写印刷纸

河南华兴纸业有限公司
(原西平县兴华综合纸业有限公司)
河南省驻马店市西平县环城乡芳庄村
邮编：463900
电话：0396－6200888、13903965028
邮箱：xpxhzy@163.com
产品：生活用纸

河南金桂特纸科技有限公司
河南省驻马店市泌阳县工业集聚区
邮编：463700
电话：0396－8111161、18639609588
邮箱：18639609588@qq.com
产品：经纬复合纸

济源市

济源市腾盛纸业有限公司
河南省济源市轵城工业园区
邮编：454672
电话：0391－6081666
传真：0391－6095666
邮箱：jystszy@163.com
产品：麦草浆

河南顺捷科技环保有限公司
河南省济源市轵城镇西轵城村西
邮编：459005
电话：0391－6088001、6088111、6088077
网址：www.hnsjhbkj.cn
产品：高强瓦楞原纸、再生纸技术研发

湖　北　省

武汉市

大枫纸业集团股份有限公司
湖北省武汉市东西湖区吴家山六顺路大枫工业园
邮编：430040
电话：027－83226272
传真：027－83223133
网址：www.max365.com
邮箱：whmaxleafwlb@163.com
产品：书写纸、双胶纸、静电复印原纸、特种彩色纸

武汉晨鸣汉阳纸业有限公司
湖北省武汉市经济技术开发区神农大道 33 号
邮编：430057
电话：027－84894245
传真：027－84896241
网址：www.whcmhy.com
邮箱：whcm@whcmhy.com
产品：书写纸、胶版印刷纸、新闻纸、铜版原纸、静电复印原纸、铸涂原纸、轻型纸

武汉市中兴纸制品有限公司
湖北省武汉市江岸路特 1 号
邮编：430011
电话：027－82313846
邮箱：whzhongxing@163.com
产品：纸板

湖北烟草民意纸业有限公司
湖北省武汉市汉阳区黄金口工业园金砖路 8 号
邮编：430051
电话：027－84874713、13871117520
传真：027－84874713
网址：www.minyizy.com
邮箱：741780137@qq.com
产品：水松纸

武汉金凤凰纸业有限公司
湖北省武汉市江夏区金口工业园
邮编：430209
电话：027－87987777、87988111、87988222
传真：027－87987779
网址：www.whgpp.com
邮箱：whgpp@163.com、whgpp123@126.com
产品：A 级高强瓦楞原纸

武汉木兰汉北集团有限公司
（原武汉市木兰纸业有限公司）
湖北省武汉市黄陂区滠口经济开发区关山工业园
邮编：430311
电话：027－61864818、61864815
传真：027－61862801
网址：www.whmlpaper.com
邮箱：whmlpaper@163.com
产品：高强瓦楞原纸

湖北易立科技集团股份有限公司
（原湖北易立科技股份有限公司）
湖北省武汉市洪山区卓刀泉路 71 号
邮编：431000
电话：027－87198349
邮箱：278446875@qq.com
产品：特种纸及纸板

武汉市达力纸业有限公司
湖北省武汉市汉南区汉南经济开发区华顶模具工业园一期第 A41 幢 1 号房
邮编：430090
电话：027－59237888、18502786950
邮箱：399212686@qq.com
产品：生活用纸

武汉依柔优品纸业有限公司
湖北省武汉市黄陂区横店街红旗村幸福工业园（厂房 A）1－5 层
邮编：430300
电话：15107073888、15927147932
邮箱：15107073888@qq.com
产品：生活用纸

武汉丽发天盈纸业有限公司
湖北省武汉市黄陂区横店横天路
邮编：432201
电话：4000272292、027－65660741、13035119573、13339992677
网址：www.whlifa.com
邮箱：2529945030@qq.com、631619908@qq.com
产品：生活用纸

武汉市凌翔瑞纸业有限公司
湖北省武汉市黄陂区横店横天路
邮编：432201
电话：027－82705997、13871247767
邮箱：2529945030@qq.com

产品：生活用纸

黄石市

黄石帅伦纸业有限公司
湖北省黄石市黄石大道 105 号
邮编：435001
电话：0714－6412402
邮箱：1073272083@ qq. com
产品：双胶纸、胶印书刊纸、装饰板底衬纸、口杯原纸

宜昌市

湖北宜昌翔陵纸制品有限公司
湖北省宜昌市夷陵区龙泉镇钟家畈创业园
邮编：443112
电话：0717－7788606、4001198826
传真：0717－7788166
网址：www. hbycxlzy. com
邮箱：xlzy@ 163. com、hbycxlzy@ 163. com
产品：单面白纸板、箱纸板、瓦楞原纸、纱管纸、灰纸板

湖北舒云纸业有限公司
湖北省宜昌市猇亭大道 438 号
邮编：443007
电话：0717－6535976
邮箱：zhangjiahua_001@ 163. com
产品：生活用纸

湖北宝塔纸业有限公司
湖北省宜昌市猇亭工业园
邮编：443007
电话：0717－6917272、6917288
传真：0717－6917298
网址：www. baota－paper. com
邮箱：hbycbt@ 126. com
产品：新闻纸、双胶纸、书写纸

湖北金庄科技再生资源有限公司
湖北省当阳市玉阳办事处三里港村六组
邮编：444100
电话：0717－3331208
网址：www. hbjzkj. cn
邮箱：2257756528@ qq. com
产品：高强瓦楞原纸

湖北长江汇丰纸业有限公司
湖北省宜都市红花套镇周家河村
邮编：443302
电话：0717－4646003、15871566901
传真：0717－4649190
网址：www. hbcjhf. com
邮箱：476865497@ qq. com、360303768@ qq. com
产品：白纸板

宜昌宏图纸业有限公司
湖北省宜昌市枝江市安福寺镇玛瑙河大道 2 号
邮编：443200
电话：0717－4338912、4338906
网址：www. hongtupaper. com
邮箱：1462314836@ qq. com
产品：新型复合纸板

湖北城东再生资源科技发展有限公司
湖北省宜昌市夷陵区鸦鹊岭镇白河村
邮编：443113
电话：0717－7743688
邮箱：362474393@ qq. com
产品：瓦楞原纸

湖北宝塔沛博循环科技有限公司
（原湖北宝塔纸业有限公司）
湖北省宜昌市猇亭区长江路 6 号
邮编：443007
电话：0717－6917288
网址：www. baota－paper. com
邮箱：286274347@ qq. com
产品：新闻纸、未涂布书写纸

湖北鑫物再生资源科技发展有限公司
湖北省枝江市马家店双寿桥路
邮编：443200
电话：0717－4262045
邮箱：317094812@ qq. com
产品：瓦楞原纸

湖北金民纤维材料科技有限公司
湖北省宜昌市秭归县茅坪镇九里村
邮编：443600
电话：0717－2862918
邮箱：dalizp@ 163. com
产品：新闻纸、未涂布书写纸

襄樊市

湖北华海纤维科技股份有限公司
湖北省襄樊市南漳县城关镇便河路 1 号附 1 号
邮编：441500
电话：0710－5250358、5231705
传真：0710－5250398、5250386
网址：www.huahaizhiye.com.cn
邮箱：hhzy2011@126.com
产品：文化用纸

襄樊百灵纸业有限公司
湖北省襄樊市樊城区建设路 53 号
邮编：441002
电话：0710－3223408
产品：文化用纸、铜版原纸、低定量食品包装原纸

孝感市

中顺洁柔（湖北）纸业有限公司
湖北省孝感市 107 国道八一大桥旁
邮编：432122
电话：0712－2515566
传真：0712－2515508
网址：www.zhongshungroup.com
产品：生活用纸

金凤凰纸业（孝感）有限公司
湖北省孝感市孝南经济开发区孝武大道 612 号
邮编：432020
电话：0712－2366973、13807130389
产品：高强瓦楞原纸

湖北森源纸业有限公司
湖北省孝感市孝南区东山头农场沦河咀村
邮编：432018
电话：0712－2584268
邮箱：1243316046@qq.com
产品：瓦楞原纸、口杯原纸

金红叶纸业（湖北）有限公司
湖北省孝感市孝南经济开发区孝武路 468 号
邮编：432100
电话：0712－2877492、2115801
网址：www.ghy.com.cn
邮箱：zhoulibo@ghy.com.cn
产品：生活用纸

维达护理用品（中国）有限公司
湖北省孝感市湖北孝南经济开发区 316 国道复线
邮编：432100
电话：0712－2519091
邮箱：li.j@vinda.com
产品：生活用纸

湖北丽邦纸业有限公司
湖北省孝感市孝南经济开发区高新技术园区（同享路与宏德路交会处）
邮编：432100
电话：0712－2557666、15731233333
邮箱：291409662@qq.com
产品：生活用纸

湖北依柔纸业有限公司
湖北省孝感市孝南区毛陈镇启龙路 1 号厂区内
邮编：432100
电话：15107073888
邮箱：15107073888@qq.com
产品：生活用纸

荆州市

湖北省公安县龙腾纸业有限公司
湖北省荆州市公安县藕池镇中山路 229 号
邮编：434305
电话：0716－5716918
传真：0716－5716918
邮箱：1130424175@qq.com
产品：牛皮箱纸板

监利大枫纸业有限公司
湖北省监利县容城镇沿江路 41 号
邮编：433300
电话：0716－3287457、13995687055
传真：0716－3275119
邮箱：1079005608@qq.com
产品：胶印书刊纸、书写纸、双面胶版纸、水松纸

湖北骏马纸业有限公司
湖北省荆州市荆州区拍马工业园
邮编：434034
电话：0716－8417168
传真：0716－8417039
网址：www.paimapapergroup.com
邮箱：95352493@qq.com

产品：涂布白卡纸(烟卡纸)

湖北惠强纸业有限公司
(原湖北秦楚纸业有限公司)
湖北省荆州市公安县青吉工业园孱陵大道673号
邮编：434300
电话：0716－5393557、15399059511
邮箱：3048212389@qq.com
产品：涂布白纸板

山鹰华中纸业有限公司
湖北省荆州市公安县青吉工业园友谊东路以南，观绿路以东，疏港公路以西
邮编：434300
电话：0716－5113886
网址：www.shanyingintl.com
产品：纸板、瓦楞原纸、箱纸板、生活用纸的生产，固体废物治理，废水处理

荆州市骏树纸业有限公司
湖北省荆州市荆州区纪南镇拍马村拍马工业园
邮编：434000
电话：0716－8113980
传真：0716－8456980
邮箱：814903489@qq.com
产品：淋膜原纸、卷管原纸、吸水纸、文件夹纸、订做各种规格特种纸

湖北荣成再生科技有限公司
湖北省荆州市松滋市临港工业园疏港大道中段
邮编：434200
电话：0716－6790888
网址：www.longchenpaper.com
邮箱：q5420@longchenpaper.com
产品：资源回收及再生利用、生产高档纸及纸板

湖北拍马纸业股份有限公司
湖北省荆州市荆州区拍马工业园
邮编：434000
电话：0716－8416256、13972123677
邮箱：zzh-1973@163.com
产品：白纸板、白卡纸等

监利大枫纸业有限公司
湖北省荆州市监利县容城镇沿江路41号
邮编：433300
电话：0716－3320637、13995687055
邮箱：1079005608@qq.com
产品：未涂布印刷书写纸

湖北祥兴纸业科技有限公司
湖北省荆州市监利县白螺镇工农村
邮编：433332
电话：0716－3184567、13627176333
邮箱：guoguihua999@126.com
产品：包装用纸

黄冈市

蕲春县永昌万利造纸厂
湖北省黄冈市蕲春县蕲州镇蕲州打鼓台
邮编：436315
电话：0713－7511569、15335990076
传真：0713－7511852
邮箱：112465321@qq.com
产品：染色压纹原纸、色卡纸、喷墨打印纸、高光相纸

黄冈晨鸣浆纸有限公司
湖北省黄冈市黄州区沿江大道特1号
邮编：438000
电话：0713－8877388　8877320
网址：www.hgchenming.com
邮箱：hgcm8877388@163.com
产品：化学浆

随州市

湖北雅都恒兴纸业有限公司
湖北省广水市广水沿河大道特1号
邮编：432721
电话：0722－6495555、18771419272
传真：0722－6494666
网址：www.whyadu.com
邮箱：28229572@qq.com
产品：A级高强瓦楞原纸

随州市兴丰源纸业有限责任公司
湖北省随州市淅河镇青春村1组
邮编：441326
电话：0722－4510125、4510539
传真：0722－4510539
邮箱：1046628857@qq.com
产品：B、C、D级箱纸板和瓦楞原纸

襄阳市

湖北金赞阳纸业有限公司
湖北省襄阳市老河口市循环工业经济园
邮编：441800
电话：0710－8206686
邮箱：460675782@qq.com
产品：挂面纸、高强瓦楞原纸、高级箱纸板

湖北广发纸业有限公司
湖北省襄阳市宜城经济开发区宋玉三路
邮编：441400
电话：0710－4900237、18727172939
邮箱：517417261@qq.com
产品：瓦楞原纸

恩施土家族苗族自治州

恩施市锦华纸业有限责任公司
湖北省恩施土家族苗族自治州巴公路 30 号
邮编：445000
电话：0718－8200925、8200569
传真：0718－8200924
邮箱：771962687@qq.com
产品：卷烟纸、成型纸、卫生纸

荆门市

湖北应强环保科技有限公司
（原钟祥市应强纸业有限公司）
湖北省钟祥市官庄湖农场丁畈队
邮编：431904
电话：0724－4376052、13797901946
邮箱：624628402@qq.com
产品：瓦楞原纸

咸宁市

赤壁晨力纸业有限公司
湖北省咸宁市赤壁市莼川大道 228 号
邮编：437300
电话：0715－5269608、5269601
邮箱：552175625@qq.com
产品：未涂布印刷书写纸

崇阳金昌纸业有限公司
湖北省咸宁市崇阳县城南一公里处打鼓墩
邮编：437500
电话：0715－3330696、15027367999
网址：www.cyjczy.com.cn
邮箱：363867917@qq.com
产品：箱纸板、高强瓦楞原纸和烟花纸

仙桃市

湖北盛大纸业有限公司
湖北省仙桃市张沟镇友谊路南侧 1 幢
邮编：433000
电话：0728－8236696、8236868
网址：www.sdpaper.com
邮箱：323201737@qq.com
产品：瓦楞原纸

湖　南　省

长沙市

泰格林纸集团股份有限公司
（原湖南泰格林纸集团股份有限公司）
湖南省长沙经济技术开发区东升路 48 号
邮编：410100
电话：0731－84025555
传真：0731－84025555
网址：www.tigerfp.com
产品：胶印书刊纸、轻涂纸、新闻纸

长沙市诗玉纸业有限公司
湖南省长沙市天心区友谊路 55 号星语林名园 6 栋 4－1007 室
邮编：410004
电话：0731－82287277、18932437667
邮箱：582300032@qq.com
产品：印刷拷贝纸

湖南飞翔纸品有限公司
湖南省长沙市芙蓉区亚大路 105 号
邮编：410125
电话：0731－84671127、84671128
邮箱：feixiangzhip@163.com
产品：白卡纸、片烟纸

湖南绿洲浆纸有限公司
湖南省长沙市芙蓉中路新时代广场
邮编：410000
电话：0731－84213811、84214881

传真：0731－84213811
邮箱：281069327@qq.com
产品：牛皮纸、红色半透明纸

浏阳市晨鸣纸业有限公司
湖南省浏阳市大瑶镇天和社区
邮编：410312
电话：0731－83812059
产品：箱纸板、牛皮纸

浏阳市宏鑫福利造纸厂
湖南省浏阳市枨冲镇才常村
邮编：410310
电话：0731－83741588、13786182014
产品：花炮纸

浏阳市中旺纸业有限公司
湖南省浏阳市金刚镇新星村
邮编：410181
电话：0731－83890076、83628666
传真：0731－83628666
产品：鞭炮纸

浏阳市大瑶镇东宇福利造纸厂（普通合伙）
湖南省浏阳市大瑶镇工业园
邮编：410312
电话：0731－83801297
邮箱：195972938@qq.com
产品：鞭炮纸

浏阳市宏源造纸厂（普通合伙）
湖南省浏阳市太平桥镇宏源村
邮编：410317
电话：0731－83744709
产品：竹胶板复合纸

浏阳市文家市星华纸厂（普通合伙）
湖南省浏阳市文家市镇永丰村
邮编：410000
电话：0731－83772098
邮箱：6029951122@qq.com
产品：机制纸

浏阳市连心造纸厂
湖南省浏阳市大瑶镇瑶礼路
邮编：410300
电话：0731－83801978
传真：0731－83801978
产品：高强瓦楞原纸、黄纸板

浏阳市九玖纸业有限公司
湖南省浏阳市大瑶镇工业园
邮编：410000
电话：0731－83805399、13787289886
传真：0731－83805299
产品：高强瓦楞原纸、烟花纸、油粘原纸

湖南省恒辉纸业包装有限公司
湖南省长沙市宁乡县城郊纸业园
邮编：410624
电话：0731－87809218
传真：0731－87809218
产品：瓦楞原纸

湖南恒瀚高新技术有限公司
湖南省长沙市宁乡县经济开发区城郊纸业园
邮编：410600
电话：0731－88981896、15111167980
传真：0731－87859217
邮箱：13874889645@qq.com
产品：涂布纸、热敏纸、无碳复写纸

浏阳市天和纸业有限公司
湖南省浏阳市大瑶镇造纸工业基地
邮编：410312
电话：0731－83800361、83805528
邮箱：356232683@qq.com
产品：高档涂布白纸板

浏阳市铭丰纸业有限公司
湖南省浏阳市大瑶镇花炮原材料产业基地
邮编：410312
电话：0731－83802436
邮箱：516906991@qq.com
产品：瓦楞原纸、纱管纸

湘潭市

湖南雪松纸制品有限公司
湖南省湘潭市建设中路7号
邮编：411104
电话：0731－58527581、13707329900
传真：0731－58527581
产品：生活用纸、一次性抹布、纸杯等

湖南省造纸研究所有限公司
湖南省湘潭市建设中路7号

邮编：411104
电话：0731－57816249
传真：0731－57816249
网址：www. bpxc. cn
邮箱：sales@ bpxc. cn
产品：工业涂布纸、压纹名片纸、特种工业用纸

衡阳市

衡山新金龙纸业有限公司
湖南省衡山县开云镇金龙工业园青山路
邮编：421300
电话：0734－2857888
传真：0734－2856777
产品：高强瓦楞原纸、环保 T 纸、纸管原纸

邵阳市

绥宁县宝庆联纸有限公司
湖南省邵阳市绥宁县长铺路工业路 98 号
邮编：422600
电话：0739－7611455、7611234
传真：0739－7616616、7600276
产品：纸袋纸、绝缘纸板

城步苗族自治县银河纸业有限责任公司
湖南省邵阳市城步茅坪镇湘商产业园区
邮编：422500
电话：0739－7365999
传真：0739－7365999
网址：www. cbyhzy. com
邮箱：835110722@ qq. com
产品：机制纸及纸板、竹木浆

新邵大源纸业有限公司
邵阳市新邵县酿溪镇新阳路 398 号
邮编：422900
电话：0739－3600977、13975992488
邮箱：908822808@ qq. com
产品：书写纸、烟花纸

绥宁县天成造纸有限公司
湖南省邵阳市绥宁县城工业路 101 号
邮编：422600
电话：0739－7612526、13807399546
传真：0739－7612526
网址：www. sntczy. com
产品：红色半透明纸等

湖南广信科技股份有限公司
（原湖南广信电工科技股份有限公司）
湖南省邵阳市新邵县酿溪镇东西路 8 号
邮编：422900
电话：0739－3603366、3600756、3601566
传真：0739－3603966
产品：变压器纸板

新邵德信绝缘纸板有限公司
新邵县酿溪镇大坪经济开发区广信路 1 号
邮编：422900
电话：0739－3181679、3681577
网址：www. hngxtech. com
产品：电绝缘纸板

湖南湘丰特种纸业有限公司
湖南省邵阳市隆回县城东南工业园区
邮编：422206
电话：0739－8187993、8187800
传真：0739－8247998
产品：卷烟纸

隆回县祁都纸业有限公司
湖南省邵阳市隆回县六都寮镇工业小区
邮编：422204
电话：0739－8734227
传真：0739－8733927
邮箱：2488997356@ qq. com
产品：双面拷贝纸、单面拷贝纸

湖南飞页纸业有限公司
湖南省邵阳市洞口县山门镇大正街 1 号
邮编：422317
电话：0739－7240047、13874217972
网址：www. hnfyzygs. com
邮箱：602436468@ qq. com
产品：再生纸

邵东县黄桥造纸厂
湖南省邵阳市邵东县黑田铺乡
邮编：422815
电话：0739－2123555
产品：玻璃卡纸

新宁县先锋纸业有限公司
（原八达纸厂）
湖南省邵阳市新宁县金石镇观双瀑桥头
邮编：422815

电话：0739－4810243
产品：拷贝纸

新邵县金龙纸业有限责任公司
湖南省邵阳市新邵县酿溪镇雷家坳社区2组
邮编：422900
电话：0739－3608085、17775667677
邮箱：270197966@qq.com
产品：半透明纸、书写纸

岳阳市

岳阳林纸股份有限公司
湖南省岳阳市城陵矶
邮编：414002
电话：0730－8590563、8590247
传真：0730－8560335、8561262
网址：www.yypaper.com
产品：低定量涂布纸、胶印新闻纸、轻型印刷纸、颜料整饰胶版纸、牛皮纸

岳阳华丰纸业有限公司
湖南省岳阳县筻口镇双港村
邮编：414113
电话：0730－7370232、13975062228
产品：挂面纸

汨罗市环宇再生资源有限公司
湖南省汨罗市智峰乡
邮编：414409
电话：0730－5880888
传真：0730－5880888
产品：瓦楞原纸、箱纸板

岳阳丰利纸业有限公司
湖南省岳阳县鹿角镇
邮编：414107
电话：0730－7862085
业务：纸张、浆板制造及产品销售

常德市

湖南恒安纸业有限公司
湖南恒安生活用纸有限公司
恒安(湖南)心相印纸业有限公司
湖南省常德市德山开发区桃林路
邮编：415001
电话：0736－7300038
传真：0736－7300339
邮箱：408763909@qq.com
产品：生活用纸、卫生纸

湖南雪丽造纸有限公司
湖南省常德市津市襄窑路301号
邮编：415400
电话：0736－4212801
传真：0736－4212619
产品：静电复印纸、双胶纸

湖南华耀浆纸有限公司
湖南省常德市德山沿河路1号
邮编：415001
电话：0736－7312763
传真：0736－7312819
产品：双胶纸

湖南中冶美隆纸业有限公司
湖南省常德市西洞庭管理区东北湾
邮编：415137
电话：0736－7500318
传真：0736－7501369
邮箱：ltw63315@163.com
产品：热敏纸、无碳复写原纸

常德市天耀纸业有限公司
湖南省常德市汉寿县洋淘湖镇游巡塘居委会(镇政府驻地)
邮编：415901
电话：0736－2031808
传真：0736－2031180
邮箱：youlali－2258@163.com
产品：色卡纸

湖南盛顺纸业有限公司
湖南省常德市桃源县陬市镇观音桥村陬市工业园101室
邮编：415000
电话：15973698896
邮箱：576017839@qq.com
产品：生活用纸

安乡县恒鑫纸业有限责任公司
湖南省常德市安乡县大鲸港镇小湾社区(水管站南侧)
邮编：415600
电话：0736－4403368
邮箱：407276154@qq.com

产品：包装用纸、废品纸收购

益阳市

沅江纸业有限责任公司
湖南省沅江市书院路 358 号
邮编：413100
电话：0737－2850278、2850013
传真：0737－2850258
产品：胶印书刊纸、双胶纸

沅江市金太阳纸业有限公司
湖南省沅江市南嘴镇余百新村
邮编：413104
电话：0737－2296923
传真：0737－2297399
网址：www. jty-paper. com
邮箱：jty2297399@ 163. com
产品：文化用纸

湖南林源纸业有限公司
湖南省沅江市漉湖芦苇场
邮编：413000
电话：0737－2491235、13875333302
传真：0737－2491186
产品：道林纸、静电复印纸、素描纸、双胶纸

湖南跃宇实业有限公司
（原湖南跃宇纸业有限公司）
湖南省益阳市桃江县桃花江镇曾家坪
邮编：413400
电话：0737－8203989、8202258、13786774938
产品：拷贝纸、卫生纸

永州市

永州湘江纸业有限责任公司
湖南省永州市冷水滩区下河线路 105 号
邮编：425000
电话：0746－8470536
传真：0746－8470536
产品：铜版纸、牛皮纸、纸袋纸

怀化市

泰格林纸集团洪江纸业有限公司
湖南省怀化市洪江区萝卜湾 45 号
邮编：418201
电话：0745－7691692
传真：0745－7694376
产品：本色木浆、牛皮纸、纸袋纸

湖南五强溪特种纸业有限公司
湖南省怀化市沅陵县五强溪镇刘公溪
邮编：419635
电话：0745－4734158
传真：0745－4732958
网址：www. wgxzy. com
产品：炸药纸、绝缘纸、特殊牛皮纸

湖南骏泰新材料科技有限责任公司
湖南省怀化市高新技术产业开发区
邮编：418005
电话：0745－2837009
传真：0745－2837009
产品：纸浆

会同县宝庆恒达纸业有限公司
湖南省怀化市会同县林城镇大桥村
邮编：418300
电话：0745－8853798、13874590345
产品：牛皮卡纸、箱纸板

娄底市

湖南正佳特种材料有限公司
湖南省娄底市双峰县梓门桥镇湾头村民主组
邮编：417700
电话：0738－8955673、8955112
传真：0738－8955679
网址：www. hnzjsm. cn
邮箱：hnzjsm@ sina. com
产品：空气滤纸、无纺布纸、PU 纸、装饰纸

广　东　省

广州市

广州市新珠纸业有限公司
广东省广州市海珠区燕子岗南路 83 号之二
邮编：510280
电话：020－34164602
传真：020－34164602
邮箱：pspxinzhu@ 163. com
产品：黑卡纸、全木浆黑卡纸、透芯黑卡纸、单面黑卡纸、电声黑卡纸、红卡纸、蓝卡纸、海军蓝卡纸、

墨绿卡纸等色卡纸、珠光纸、充皮纸、触感纸、亮面纸、原浆压纹包装用纸、礼品包装用纸、利是封纸等特种包装用纸

广州珠江特种纸有限公司
广东省广州市海珠区燕子岗南路 83 号
电话：020－85532324、85525149、85524220
传真：020－85524827
网址：ww. pspzhujiang. com
邮箱：pspxinzhupaper@163. com
产品：白牛皮纸、染色原纸、防伪纸、水纹纸、硅油

广州造纸集团有限公司
广东省广州市南沙区珠江街新广一路 29 号
邮编：511462
电话：020－84945043、34663302
传真：020－84949095、84946051
网址：www. gzpaper. com. cn
邮箱：lizen@gzpaper. cn
产品：新闻纸、灰底涂布白纸板、牛皮纸
下设：广州造纸股份有限公司、广州越威纸业有限公司、广州造纸实业有限公司

广东宝中宝纸塑制品有限公司
广东省广州市白云区钟落潭镇宝中宝工业区
邮编：510550
电话：020－87410008、87410818
传真：020－87410838
网址：www. baozhongbao. net
产品：离型纸、胶带原纸、纸杯纸、纸餐盒纸

永丰余纸业（广州）有限公司
广东省广州市黄埔经济技术开发区夏园路 5 号
邮编：510730
电话：020－82217220
网址：www. yfy. com
产品：瓦楞纸板、纸箱

广州宏港纸业有限公司
广东省广州市南沙区东涌镇南涌工业区
邮编：511460
电话：020－39010025、4009606928
传真：020－39010025
网址：www. honggangpaper. com
邮箱：honggangpaper@foxmail. com
产品：热升华转印纸、印花纸

广西粤桂广业控股股份有限公司
广东省广州市荔湾区流花路 85 号建工大厦 3 楼
邮编：510013
电话：020－33970188、33970200
传真：020－33970189
网址：www. yuegui. cn
邮箱：000833@yueguigufen. com
产品：文化用纸、生活用纸、纸浆

广州万利达纸制品有限公司
广州市增城新塘镇东洲湾开发区
邮编：511340
电话：020－82896608
邮箱：yongy6608@163. com
产品：箱纸板和瓦楞原纸

韶关市

乐昌市裕兴纸业有限公司
广东省乐昌市城关镇河南街 143 号
邮编：512219
电话：0751－5508628
传真：0751－5503607
产品：卫生纸、瓦楞原纸

始兴县国升造纸有限公司
广东省韶关市始兴县太平镇瑶村坳城东
邮编：512500
电话：0751－3330080、18998664000
邮箱：8199627@qq. com
产品：白色水松纸

韶关市联进纸业有限公司
广东省韶关市乳源瑶族自治县桂头镇仙湖工业园
邮编：518000
电话：0751－5395168
产品：生活用纸

联兴食品药品造纸（韶关）有限公司
（原韶关市始兴县联兴造纸实业有限公司）
广东省韶关市始兴县太平镇瑶村凹
邮编：512500
电话：0751－3330223
产品：食品包装用纸

深圳市

深圳协利纸业有限公司
广东省深圳市宝安区应人石居委外贸轻工业区
邮编：518108

电话：0755－27625366
邮箱：finance@ union-chain. cn
产品：瓦楞纸板、纸箱

富士达纸品(深圳)有限公司
广东省深圳市龙岗区横岗街道安良社区油甘园路 43－3 号 A 栋
邮编：518115
电话：0755－89601159
邮箱：2217441890@ qq. com
产品：卫生纸、纸面巾、纸手帕

深圳市万极科技股份有限公司
深圳市罗湖区清水河街道清水河一路 116 号深业进元大厦 1 座 13 层 03、04
邮编：518000
电话：0755－25887664、25783369
网址：www. vakye. com
邮箱：1186961412@ qq. com
产品：水转印纸、皮革离型纸

珠海市

珠海红塔仁恒包装股份有限公司
广东省珠海市前山金鸡路 508 号
邮编：519070
电话：0756－8666888
传真：0756－8615037
网址：www. hrpack. com
邮箱：lai_ quanmei@ htrh-paper. com
产品：包装纸板、饮料包装用纸、口杯纸

汕头市

汕头市金平区飘合纸业有限公司
广东省汕头市鮀浦举丁工业区
邮编：515061
电话：0754－82530777、88279165、82533777
传真：0754－82515777、82543324
网址：www. piaohe. cn
邮箱：536542281@ qq. com
产品：生活用纸

汕头市造纸厂
广东省汕头市杏花村护堤路 19 号
邮编：515021
电话：0754－88220940
产品：包装用纸

汕头市澄海区溪南东社造纸厂
广东省汕头市澄海区溪南镇东社联青路南侧
邮编：515832
电话：0754－85753408、85756188
传真：0754－85758618、85309908
网址：www. stdongshe. com
产品：瓦楞原纸、灰纸板、茶纸板

广东万安纸业有限公司
(原广东省汕头市万安纸业有限公司)
广东省汕头市濠江区三联工业区
邮编：515031
电话：0754－82516877、18823908595
传真：0754－82516877
网址：www. wananpaper. com
邮箱：2396493531@ qq. com
产品：生活用纸

汕头市澄海区源诚造纸厂
广东省汕头市澄海区溪南镇塘陇村内洋尾片大堤脚
邮编：515832
电话：0754－85756526
产品：南金纸

汕头市澄海区乐华纸业有限公司
广东省汕头市澄海区溪南镇埭头西园新美路
邮编：515832
电话：0754－85327389
邮箱：568403288@ qq. com
产品：纸板

广东松炀再生资源股份有限公司
广东省汕头市澄海区莲下镇鸿利工业区办公楼西侧
邮编：515800
电话：0754－85138388、85311688
传真：0754－85116988
网址：www. sypaper. cn
邮箱：gdsyrr@ sypaper. cn
产品：环保再生纸、转印纸、热敏纸、特种纸、文化用纸、白纸板、牛卡纸、瓦楞原纸、包装用纸、生活用纸

汕头市平安顺纸业有限公司
广东省汕头市澄海区莲南工业区莲上镇永新工业小区洋心片(安澄路东)
邮编：515833
电话：0754－85114299
邮箱：3160778174@ qq. com

产品：纸制造，纸制品销售，再生资源回收

佛山市

佛山市南海区嘉凌纸业有限公司
广东省佛山市南海区罗村工业园 9 号
邮编：528226
电话：0757－86411942、86411920
邮箱：qiulin@ samsonpaper. com
产品：白纸板、铜版纸、双胶纸、白卡纸

佛山市高明鸿源纸业有限公司
广东省佛山市高明区高明大道兴源路 8 号
邮编：528511
电话：0757－88986218
传真：0757－88986228
网址：www. hy-paper. com. cn
邮箱：88622228n@ 163. com、hy89930668@ 163. com
产品：文化用纸、白牛皮纸、热敏纸、转印原纸、装饰原纸

佛山市顺德区千禧纸业有限公司
广东省佛山市顺德区陈村镇南新栏路 78 号
邮编：528313
电话：0757－23355799
产品：箱纸板

佛山市南海蓝天鹅造纸有限公司
广东省佛山市南海区西樵海舟管理区
邮编：528212
电话：0757－86828868、13535864423
产品：瓦楞原纸、挂面纸

佛山市顺德区联信纸业有限公司
广东省佛山市顺德区北滘镇都宁工业区水闸边
邮编：528311
电话：0757－26636726、13702625790
邮箱：bzlianxin@ 163. com
产品：瓦楞原纸

佛山市南海区华展造纸厂
广东省佛山市南海区里水镇丰岗
邮编：528244
电话：0757－85663210、15815974576
传真：0757－85663773
邮箱：305783577@ qq. com
产品：灰纸板、复合纸板

佛山市南海新丰复合材料有限公司
广东省佛山市南海区松岗镇松夏工业园
邮编：528200
电话：0757－85225101
网址：www. nhxinfeng. com
邮箱：nhxf88@ 163. com
产品：双面 PE 淋膜纸、双面离型纸、PET 离型膜、压纹离型纸

佛山延江新材料有限公司
广东省佛山市南海区狮山镇华沙路中欧科技合作产业园车间十一
邮编：528225
产品：新材料技术推广服务，产业用纺织制成品制造

江门市

江门市冠荣纸业有限公司
(原广州市花都长兴纸业有限公司)
广东省江门市新会区沙堆镇梅阁村沙仔地(办公楼)
邮编：510890
电话：13926213355
邮箱：changxingzhiyegs@ 126. com
产品：瓦楞原纸

鹤山市造纸厂有限公司
广东省江门市鹤山市沙平镇杰州工业区
邮编：529721
电话：0750－8821033
传真：0750－8821819
产品：箱纸板、卫生纸

江门市新华造纸厂
广东省江门市文昌沙 130 号
邮编：529020
电话：0750－3616668、3616808
传真：0750－3354176
邮箱：jmxhpaper@ 126. com
产品：瓦楞原纸、牛皮箱纸板、涂布白纸板

维达纸业(中国)有限公司广东分公司
广东省江门市新会区东侯工业开发区
邮编：529100
电话：0750－6168333
传真：0750－6120239、6168691
网址：www. vinda. com
邮箱：guangdong@ vinda. com
产品：纸巾纸、盒装面巾纸、餐巾纸、卫生卷纸、卫

生巾、卷装擦手纸、多用纸抹布、分切盘纸

亚太森博(广东)纸业有限公司
广东省江门市新会区双水镇沙路村
邮编：529153
电话：0750－6503150
传真：0750－6503166
网址：www. aprilasia. com、www. paperone. com. cn
邮箱：marketing@ asiasymbol. com
产品：高档文化用纸

江门市明星纸业有限公司
广东省江门市新会区睦洲镇丰达路 1 号
邮编：529143
电话：0750－6222828、6539808、6222422
传真：0750－6222965
网址：www. sspaper. com
邮箱：business@ sspaper. com
产品：牛皮卡纸、挂面纸、瓦楞原纸

江门日佳纸业有限公司
广东省江门市蓬江区招商工业园 1 号
邮编：529090
电话：0750－3726381
邮箱：rijia2004@ 163. com
产品：生活用纸

江门市新会区银湖纸业有限公司
广东省江门市新会区崖门镇崖西坑口村
邮编：529100
电话：0750－6441176
邮箱：984102779@ qq. com
产品：箱纸板

江门市桥裕纸业有限公司
广东省江门市新会区崖门镇洞南村沙荞
邮编：529152
电话：0750－6440088
邮箱：822302969@ qq. com
产品：箱纸板

广东华泰纸业有限公司
广东省江门市新会区双水镇工业开发区
邮编：529153
电话：0750－3411769、3411768
网址：www. huataipaper. com
产品：新闻纸、文化用纸、纸浆

江门市新会区宝达造纸实业有限公司
广东省江门市新会区大泽镇新园工业开发区
邮编：529162
电话：0750－6896236、6896238
传真：0750－6899252
网址：www. baodapaper. com
邮箱：baoda@ baodapaper. com、sale@ baodapaper. com
产品：生活用纸

江门旺佳纸业有限公司
广东省江门市新会区双水镇能源综合利用开发区
邮编：529153
电话：0750－6408002、6408018
传真：0750－6408128
邮箱：530009213@ qq. com
产品：生活用纸

江门星辉造纸有限公司
广东省江门市新会区双水镇银洲湖纸业基地 A 区
邮编：529153
电话：0750－6407888、6967888
传真：0750－6407999、6407878
网址：www. xinghuipaper. com
邮箱：sales@ xinghuipaper. com
产品：涂布白纸板

中烟摩迪(江门)纸业有限公司
广东省江门市蓬江区棠下镇堡棠路 15 号
邮编：529085
电话：0750－3626262
传真：0750－3385228
网址：www. ct－pdm. com. cn
邮箱：zhaojingxian@ ct－pdm. com
产品：烟卡纸

江门市新龙纸业有限公司
广东省江门市新会区三江镇白庙工业区
邮编：529142
电话：0750－6208878
传真：0750－7363318
邮箱：3050130058@ qq. com
产品：生活用纸

广东阿博特数码纸业有限公司
广东省江门市新会区双水镇广东银洲湖纸业基地 B 区－2
邮编：529153
电话：0750－6419777

传真：0750－6418099
网址：www. abtpaper. com
邮箱：linjh@ abtpaper. com
产品：数码相纸

江门仁科绿洲纸业有限公司
广东省江门市新会区双水镇广东银洲湖纸业基地内
邮编：529153
电话：0750－6419138、6419188
传真：0750－6416666
网址：www. sivlake. com
邮箱：xz@ sivlake. com
产品：生活用纸

维达纸业（中国）有限公司江门分公司
广东省江门市新会区双水镇迎宾大道
邮编：529153
电话：0750－6168691
网址：www. vida. com
邮箱：zjli@ vida. com
产品：生活用纸

维达纸业（中国）有限公司新会分公司
广东省江门市新会区三江镇新江村寺北洋沙
邮编：529142
电话：0750－6206333
网址：www. vida. com
邮箱：zjli@ vida. com
产品：生活用纸

江门中顺纸业有限公司
广东省江门市新会区双水镇银洲湖纸业基地能源开发区
邮编：529153
电话：0750－6966818、6966822
网址：www. zhongshungroup. com
邮箱：yuqiuxia@ zhongshungroup. com
产品：生活用纸

江门市雅枫纸业有限公司
广东省江门市新会区大泽镇创利来工业开发区中心路
邮编：529162
电话：0750－6162233
网址：www. ynf-paper. com
邮箱：2742399097@ qq. com
产品：纸制品、卫生巾

澳威纸业（江门）有限公司
江门市新会区三江镇白庙造纸厂 1、2、4、5、6 号
邮编：529142
电话：0750－6208878、18128285056
邮箱：563103942@ qq. com
产品：生活用纸、纸板、纸类制品

湛江市

广东冠豪高新技术股份有限公司
广东省湛江市东海岛东海大道 313 号
邮编：524022
电话：0759－3399898
传真：0759－3382109、2820999
网址：www. guanhao. com
邮箱：guanhao@ guanhao. com
产品：无碳复写纸、热敏记录纸、热敏传真纸、彩色喷墨纸、心电图纸、特殊防伪纸、水印纸、登机卡纸、无碳多联电脑纸

湛江冠豪纸业有限公司
（原湛江冠龙纸业有限公司）
广东省湛江市麻章区太平镇
邮编：524084
电话：0759－2738001、2738168
传真：0759－2738009、2738068
网址：www. glpaper. com
邮箱：guanglong@ glpaper. com
产品：热敏传真原纸、无碳复写纸原纸、CF 纸

湛江市吉城纸业有限公司
广东省湛江市遂溪县遂城镇湛化路
邮编：524300
电话：0759－7784003、7784009
传真：0759－7784509
网址：www. zjjczy2018. cn
邮箱：baixiaoming404@ 163. com
产品：瓦楞原纸、箱纸板、刮面纸

湛江晨鸣浆纸有限公司
广东省湛江市人民大道中 42 号泰华大厦第 6 层
邮编：524022
电话：0759－8216026
邮箱：351792104@ qq. com
产品：高档文化用纸、高档静电纸

广东汇洲纸业有限公司
广东省廉江市横山镇金山工业区 325 国道蒲草塘旁

邮编：524443
电话：13602623455
邮箱：611160240@ qq. com
产品：瓦楞原纸、箱纸板

茂名市

茂名市全年红对联纸厂
广东省茂名市羊角镇东风路 112 号
邮编：525000
电话：13702862718
传真：0668 – 2670591
产品：红对联纸

高州市金墩纸业有限公司
广东省茂名市高州市石鼓镇西基山村
邮编：525252
电话：0668 – 6360345、6360380、6362086
传真：0668 – 6360020
网址：www. jindunzy. com
邮箱：jindunzy@ 126. com
产品：牛皮卡纸、纸袋纸、瓦楞原纸

肇庆市

广东鼎丰纸业有限公司
广东省肇庆市广宁县南街镇首约
邮编：526300
电话：0758 – 8659022
传真：0758 – 8659168
网址：www. gddfpaper. com
邮箱：dingfung@ gddfpaper. com
产品：竹木混合纸浆 MBKP

广东肇庆明珠纸业有限公司
广东省肇庆市德庆县城朝阳西路 238 号
邮编：526600
电话：0758 – 7762615
邮箱：gdzqmz@ 126. com
产品：干电池浆层纸、蜡纸、电池隔离纸

封开县华信纸业有限公司
广东省肇庆市封开县江口镇三元西路 8 号
邮编：526500
电话：0758 – 6712225、6712223
传真：0758 – 6712338
产品：文化用纸、彩色纸、轻型纸、牛皮纸

广东珠江特种纸股份有限公司
广东省肇庆市广宁县横迳工业区
邮编：526343
电话：0758 – 8719099、8716808、8716746
传真：0758 – 8716808
网址：www. gdpspc. com
邮箱：610168562@ qq. com
产品：无碳复写纸、电脑打印纸、防伪票据纸

肇庆华盈复合材料有限公司
广东省肇庆市大旺高新区文德四街 8 号
邮编：526200
电话：0758 – 3609968
邮箱：2901205821@ qq. com
产品：PEK 淋膜纸、离型纸

广宁县阳光特种纸业有限公司
广东省肇庆市广宁县石涧工业区
邮编：526342
电话：0758 – 8712349、8651388
传真：0758 – 8712349
产品：中性牛皮纸、超低定量牛皮纸、再湿性胶带原纸、淋膜胶带原纸等

广宁县顺盈造纸厂
广东省肇庆市广宁县排沙镇新城大道 88 号
邮编：526339
电话：0758 – 8828398、13556544323
产品：新闻纸

惠州市

惠州福和纸业有限公司
广东省惠州市博罗县园洲镇梁屋管理区
邮编：516123
电话：0752 – 6812888
网址：www. fookwoo. com
产品：生活用纸、灰纸板

惠州志豪特种纸业有限公司
广东省惠州市中星工业区仲恺二路 49 号
邮编：516000
电话：0752 – 2602226、2602216
传真：0752 – 2600729
产品：涂布热敏纸、彩喷纸

博罗县凤达纸业有限公司
广东省惠州市博罗县龙溪镇龙桥大道

邮编：516121
电话：0752－6677830
产品：生活用纸

惠州市惠阳区浩德实业有限公司
广东省惠州市惠阳区淡水排坊工业区
邮编：516211
电话：0752－3356328、13433581438、13902440918
传真：0752－3340683
邮箱：327834167@ qq. com
产品：生活用纸

惠州泰美纸业有限公司
广东省惠州市泰美镇金龙大道板桥工业区
邮编：516166
电话：0752－6609882
邮箱：taimeipaper@ 163. com
产品：生活用纸

梅州市

蕉岭县纸业有限责任公司
广东省梅州市蕉岭县文福镇乌土溪
邮编：514160
电话：0753－7884157
产品：箱纸板

蕉岭县万锋纸业有限公司
广东省梅州市蕉岭县蕉城镇金城工业园区
邮编：514100
电话：0753－7891588、18125533833
邮箱：616650367@ qq. com
产品：纸板

清远市

森叶（清新）纸业有限公司
广东省清远市清新区太和镇工业大道南 28 号
邮编：511850
电话：0763－5383348、5383618
传真：0763－5383358、5383668
网址：www. hopfunggroup. com
邮箱：gfqx@ hopfunggroup. com
产品：高强瓦楞原纸

建滔（佛冈）绝缘材料有限公司
广东省清远市佛冈县石角镇建滔路 1 号
邮编：511600
电话：0763－4275189
邮箱：FGZCFinance@ kingboard. com
产品：绝缘纸

金鑫（清远）纸业有限公司
广东省清远市高新技术开发区建设 3 路 11 号
邮编：511517
电话：0763－3483520
传真：0763－3483510
网址：www. appjpi. com
邮箱：Jpi_ sale@ app. com. cn
产品：文化用纸

金钰（清远）卫生纸有限公司
广东省清远高新技术产业开发区创兴大道 17 号
邮编：511517
电话：0763－3485022、3485242
邮箱：hejiewen@ app. com. cn
产品：生活用纸

连州市联发造纸有限公司
广东省清远市连州市河南路 1 号
邮编：513400
电话：0763－6611118、6611108
传真：0763－6611238、6611138
邮箱：30896499590@ qq. com
产品：瓦楞原纸、包装用纸

东莞市

东莞金洲纸业有限公司
广东省东莞市中堂镇潢涌工业园区
邮编：523221
电话：0769－88181288
传真：0769－88181277
网址：www. jinzhoupaper. com
邮箱：jzzy@ dgjzzy. com
产品：高强瓦楞原纸、牛皮箱纸板

东莞理文造纸厂有限公司
广东省东莞市中堂镇潢涌管理区
邮编：523221
电话：0769－88888168
传真：0769－88888188
网址：www. leemanpaper. com
产品：牛皮箱纸板、瓦楞原纸、牛皮卡纸

广东理文造纸有限公司
广东省东莞市洪梅镇河西工业区
邮编：523160
电话：0769－88432168
传真：0769－88432188
网址：www. leemanpaper. com
产品：牛皮箱纸板、瓦楞原纸

东莞长安昌众造纸有限公司
广东省东莞市长安镇莲花路 8 号
邮编：523848
电话：0769－85534024、18664869818
传真：0769－85531805
产品：铜版纸、牛皮纸

东莞市大步纸业有限公司
广东省东莞市麻涌镇大步工业区
邮编：523143
电话：0769－88281118、13712639940
传真：0769－88286222
产品：瓦楞原纸、牛皮卡纸

东莞市道滘东发纸品有限公司
广东省东莞市道滘镇粤晖路 20 号
邮编：523061
电话：0769－88839018
邮箱：917076700@ qq. com
产品：包装用纸

东莞市天盛特种纸制品有限公司
广东省东莞市虎门镇望牛墩镇朱平沙工业区
邮编：523932
电话：0769－38833111、13712004546
传真：0769－85169959
邮箱：476593314@ qq. com
产品：防伪无碳发票纸

东莞建晖纸业有限公司
广东省东莞市中堂镇潢涌村
邮编：523221
电话：0769－88888363
传真：0769－88183833
产品：涂布白纸板

东莞市龙腾实业有限公司
广东省东莞市麻涌镇麻四村
邮编：523147
电话：0769－88826898
邮箱：xuze@ longteng-paper. com
产品：灰底白纸板、牛皮卡纸、瓦楞原纸

玖龙纸业（东莞）有限公司
广东省东莞市麻涌镇新沙港工业区
邮编：523147
电话：0769－88234888
传真：0769－88824198
网址：www. ndpaper. com
邮箱：into_ dg@ ndpaper. com
info_ group@ ndpaper. com
产品：牛皮卡纸、包装用纸

东莞市双洲纸业有限公司
广东省东莞市中堂镇吴家涌第二工业区
邮编：523227
电话：0769－88182628、88888678
传真：0769－88811472
网址：www. dgshuangzhou. com
产品：瓦楞原纸、挂面纸

东莞市潢涌银洲纸业有限公司
广东省东莞市中堂镇潢涌第三工业区
邮编：523221
电话：0769－88899113、88813393
传真：0769－88180293
网址：www. dgyzzy. com
邮箱：sales@ dgyzzy. com、xzd@ dgyzzy. com
产品：瓦楞原纸、箱纸板

东莞市建桦纸业股份有限公司
广东省东莞市中堂镇潢涌村
邮编：523221
电话：0769－88887988、88122698
传真：0769－88898303
产品：牛皮箱纸板、瓦楞原纸

东莞市华兴纸业实业有限公司
广东省东莞市万江区滘联工业区
邮编：523046
电话：0769－22271932
邮箱：1084815505@ qq. com
产品：卫生纸、挂面纸、妇幼用品、蜂窝纸板

东莞市宝力造纸厂
广东省东莞市洪梅镇梅沙工业大道
邮编：523160
电话：0769－88843378

产品：双灰纸板

东莞市石龙联兴实业有限公司
广东省东莞市石龙镇西湖区江南中路 98 号
邮编：523325
电话：0769－86110186、88496066、88496089
传真：0769－86114793、86110138
网址：www. lianxing－paper. com
邮箱：sales@ landsing－paperpackaging. com
产品：纸袋纸、牛皮卡纸

东莞市祥兴纸业有限公司
广东省东莞市中堂镇袁家涌北潢公路
邮编：523223
电话：0769－88815238
传真：0769－88816788
产品：瓦楞原纸、箱纸板、挂面纸

东莞市道滘兴隆造纸厂有限公司
广东省东莞市道滘镇北丫工业区
邮编：523170
电话：0769－88835233、88381933
邮箱：512065274@ qq. com
产品：瓦楞原纸

东莞市银丰纸业有限公司
广东省东莞市东城温塘砖窑工业区三横路 19 号
邮编：523121
电话：0769－23181939、22297441
传真：0769－22486787
邮箱：75466187@ qq. com
产品：白纸板、双胶纸、铜版纸

东莞市中联造纸厂
广东省东莞市中堂镇
邮编：523220
电话：0769－88811027、88116573
传真：0769－88811705
网址：www. dgzlzy. com
邮箱：826926010@ qq. com
产品：瓦楞原纸

东莞市金田纸业有限公司
广东省东莞市万江区大汾工业区
邮编：523047
电话：0769－22280688
传真：0769－22772255
网址：www. jintianpaper. com
邮箱：sales@ jintianpaper. com
产品：灰纸板

东莞市新富发纸业有限公司
广东省东莞市万江区流涌尾工业区
邮编：523051
电话：0769－22711928、22773978
产品：灰纸板

东莞市伟虹纸业有限公司
广东省东莞市望牛墩杜屋村工业区
邮编：523200
电话：0769－88558198
产品：生活用纸

东莞市白天鹅纸业有限公司
广东省东莞市万江区谷涌工业区
邮编：523047
电话：0769－22172118
邮箱：dgbte@ 163. com
产品：生活用纸

东莞市上隆纸业有限公司
广东省东莞市中堂镇潢涌管理区
邮编：523221
电话：0769－88112119、88180073
传真：0769－88186968
网址：www. shanglongpaper. com
邮箱：shanglongpaper@ 126. com
　　　zeng_ chunming@ 126. com
产品：瓦楞原纸、箱纸板

东莞市常兴纸业有限公司
广东省东莞市石牌镇横山管理区钟屋工业区
邮编：523330
电话：0769－86559888、86559008
传真：0769－86559933
网址：www. changxinggd. com
　　　www. changxingpaper. com. cn
邮箱：helena0628@ yahoo. com. cn
　　　helena0628@ changxinggd. com
产品：纸尿裤

东莞顺裕纸业有限公司
广东省东莞市望牛墩镇朱平沙港口工业园
邮编：523213
电话：0769－88557988
产品：箱纸板

东莞市恩兴纸业有限公司
广东省东莞市万江油九工业区
邮编：523039
电话：0769－22288438、13809261680
传真：0769－22288043
邮箱：13809261680@163.com
产品：生活用纸

东莞市泰昌纸业有限公司
广东省东莞市望牛墩镇下漕区
邮编：523219
电话：0769－88852607、88562607
产品：牛卡纸

东莞市达林纸业有限公司
广东省东莞市中堂镇槎滘村新沙
邮编：523231
电话：0769－88887388、88881788
传真：0769－88121882
网址：www.dalinpaper.com
邮箱：dalinpaper@gmail.com
产品：生活用纸

东莞市致远纸业有限公司
广东省东莞市万江区简沙洲虾公坝工业区连新路
邮编：523000
电话：0769－26381080
传真：0769－23291008
网址：www.zhiyuanpaper.com
邮箱：zhiyuan_88@126.com
产品：纸板

东莞市天山纸业有限公司
广东省东莞市大朗镇犀牛陂村大屲墟正街 133 号 B 栋
邮编：523790
电话：0769－83120598、4006188228
传真：0769－83120599
网址：www.tshbzy.com
邮箱：alin@tianshanpaper.net
产品：双灰纸、黑卡纸、彩色拷贝纸、包装礼盒纸

永丰余纸业(东莞)有限公司
广东省东莞市凤岗镇宏盈工业区
邮编：523740
电话：0769－82074865
网址：www.yfy.com
邮箱：li.jiao@cn.yfy.com
产品：产销瓦楞纸板及瓦楞纸箱

广州其嘉纸业有限公司
广东省东莞市望牛墩镇下漕区(工厂地址)
广东省广州市天河区中山大道 393 号天长商贸园 A 幢 201(办公地址)
邮编：510631
电话：020－82315833
传真：020－82312535
网址：www.kikagroup.com
邮箱：kika-qijia@kikagroup.com
产品：箱纸板、牛卡纸、瓦楞原纸、白面牛卡纸、灰底涂布白纸板、纱管纸

东莞市金雅达特种纸有限公司
广东省东莞市长安镇长盛长源街 27 号
邮编：523845
电话：0769－86976500、85397679
传真：0769－85389647
网址：www.jinyada.com.cn
邮箱：2853003080@qq.com
广东省东莞市大岭山镇大王岭村民心路 2 号(工厂地址)
电话：0769－86976533、82288375
传真：0769－82288376、89390480
产品：食品级牛油纸、包装用纸

东莞市建航纸业有限公司
东莞市中堂镇袁家涌北堤工业区
邮编：523000
电话：0769－88129488
网址：www.dg－jhzy.com
邮箱：37584238qq.com
产品：纸及纸制品、再生资源回收

广东茵茵股份有限公司
广东省东莞市茶山镇茶山工业园伟建工业区
邮编：523380
电话：0769－81833801
传真：0769－81833806
网址：www.yinyin.com.cn
邮箱：service@yinyin.com.cn
产品：纸制品、日用品、尿裤、尿片、隔尿垫、卫生巾

东莞市银桦纸品有限公司
广东东莞市中堂镇三涌北潢工业区
邮编：523000
电话：0769－89008899
传真：0769－88890188

网址：www. yinhuapaper. com
产品：瓦楞纸板

东莞市汇隆特种纸业有限公司
（原东莞市中堂特种纸制造厂）
广东省东莞市中堂镇三涌工业区
邮编：523220
电话：0769 – 88817422
传真：0769 – 88817980
网址：www. dg – hlzy. com
邮箱：184698077@ qq. com
产品：白纸板、书写用纸、技术配套用纸

东莞市旭丰纸业有限公司
广东省东莞市中堂镇三涌胡屋洲尾
电话：0769 – 89005319
传真：0769 – 88189518
网址：www. dgxfzy. com
邮箱：270896431@ qq. com
产品：高强瓦楞原纸

东莞市扬森纸业有限公司
广东省东莞市大朗镇美景西路 167 号
邮编：523796
电话：0769 – 82826651、15916834168
传真：0769 – 82826652
网址：www. yspaper. com
邮箱：admin@ yspaper. com
产品：包装用纸、工业用纸

东莞市华恩纸业有限公司
广东省东莞市塘厦镇清湖头竹公岭西 13 号
邮编：523726
电话：0769 – 82130239、82772297
传真：0769 – 87935977
网址：www. huaenzy. com
邮箱：2919013966@ qq. com
产品：分切加工牛皮卡纸等

东莞市飞易达纸业有限公司
广东省东莞市望牛墩镇芙蓉沙工业区
邮编：523200
电话：0769 – 81310368
传真：0769 – 81310080
网址：www. feiyd. com. cn
产品：纸箱、纸板、纸盒、纸制品

广东丰华纸业股份有限公司
广东省东莞市常平镇土塘工业区一横路 4 号
邮编：523560
电话：0769 – 83330001、83335332
传真：0769 – 83330001
网址：www. ecofowa. com
邮箱：info@ fowapaper. com
产品：纸吸管、纸杯、纸餐盒、纸袋

东莞市建盈纸品有限公司
广东省东莞市中堂镇南潢路三涌路段
邮编：523222
电话：0769 – 81163988
邮箱：13794908600@ 139. com
产品：纸箱、纸板

东莞金太阳研磨股份有限公司
广东省东莞市大岭山镇大环路 1 号
邮编：523820
电话：0769 – 38808338
网址：www. chinagoldensun. cn
邮箱：cwb1@ chinagoldensun. cn
产品：砂纸

东莞市骏业纸业有限公司
广东省东莞市道滘镇李洲角三路 3 号 3 号楼
邮编：523170
电话：0769 – 88380833
邮箱：284508865@ qq. com
产品：瓦楞原纸

中山市

永丰余纸业（中山）有限公司
广东省中山市火炬开发区逸仙路 189 号
邮编：528436
电话：0760 – 85335366、88285345
传真：0760 – 85335575
邮箱：544302021@ qq. com
产品：瓦楞纸板、纸箱

中顺洁柔纸业股份有限公司
广东省中山市西区彩虹大道 136 号
邮编：528411
电话：0760 – 88553333
传真：0760 – 88553006、23886886
网址：www. zhongshungroup. com、www. zsjr. com
产品：生活用纸

中山联合鸿兴造纸有限公司
广东省中山市 105 国道中山三桥西侧
邮编：528471
电话：0760－87796524、87318905
传真：0760－87796222
邮箱：173864917@ qq. com
产品：瓦楞原纸、箱纸板

中山永发纸业有限公司
广东省中山市黄圃镇中山糖厂内
邮编：528429
电话：0760－23973183
邮箱：dgt@ zhengye－cn. com
产品：瓦楞原纸

正业包装(中山)有限公司
广东省中山市东升镇东成路 126 号
邮编：528414
电话：0760－22221355
邮箱：zszhengye@ 163. com
产品：瓦楞原纸、纸类包装制品

中山市中侨纸业有限公司
广东省中山市火炬开发区加工区第二幢厂房 1 层
邮编：528437
电话：0760－88286098
传真：0760－88286089
网址：www. zhongqiao. net
邮箱：linhaizs@ 163. com
产品：复合金银卡纸、紫外光防伪卡纸、珠光卡纸、玻璃卡纸

揭阳市

广东洁新卫生材料有限公司
(原广东揭阳洁新纸业股份有限公司)
广东省揭阳市揭东县新亨开发区
邮编：515500
电话：0663－3434888
传真：0663－3434999
邮箱：jiexin999@ 163. com
产品：生活用纸

广东信达纸业有限公司
广东省揭阳市榕城区渔湖阳美村
邮编：528445
电话：0663－8771738、8782928、4001181738
传真：0663－8772738、8782283
网址：www. xinda-paper. com
邮箱：xinda@ xinda-paper. com
产品：生活用纸

云浮市

中顺洁柔(云浮)纸业有限公司
广东省云浮市罗定市双东街道
邮编：527200
电话：0766－3903888
传真：0766－3902966
产品：生活用纸

新兴县兴民造纸厂有限公司
广东省云浮市新兴县车岗工业区
邮编：527425
电话：0766－2386198
传真：0766－2388888
邮箱：2878718642@ qq. com
产品：珠光纸、卡纸等特种纸

新兴县天堂纸业有限公司
广东省云浮市新兴县天堂镇大湾电站侧
邮编：527434
电话：0766－2221737
邮箱：1039943880@ qq. com
产品：灰纸板、牛皮卡纸

广东通力定造股份有限公司
广东省云浮市新兴县天堂镇新营村
邮编：527434
电话：0766－2262388
传真：0766－2262738
网址：www. gdtlzz. com
邮箱：tldzdm@ 163. com
产品：彩色特种原纸、天鹅绒纸、蚕丝绒纸及高档商务印刷用纸

潮州市

潮州市合丰特造纸有限公司
(原潮州市和瑞造纸有限公司)
广东省潮州市潮安区凤塘镇后陇山洪巷埔
邮编：521000
电话：0768－6857915、13500101033
邮箱：13828318345@ 126. com
产品：纸及其制品(不含食用，印刷)

广西壮族自治区

南宁市

华劲集团股份有限公司
广西壮族自治区南宁市民族大道 131 号航洋国际城 1 号楼 22 层
邮编：530028
电话：0771－5568819
传真：0771－5535766
网址：www. hwagain. com
邮箱：hwagain@ hwagain. com
产品：制浆、造纸、制糖、竹木产业

广西南宁凤凰纸业有限公司
广西壮族自治区南宁市星光大道 158 号
邮编：530031
电话：0771－4590234、4516683
传真：0771－4516683
邮箱：gxnppc@ 163. com
产品：生活用纸、漂白木浆

南宁糖业股份有限公司
广西壮族自治区南宁市古城路 10 号
邮编：530022
电话：0771－4911323、4910567
传真：0771－4912771
网址：www. nnsugar. com
邮箱：nnty-gsb@ nnsugar. com
产品：复印纸、书写纸、食品包装用原纸、生活用纸、无尘纸

广西洁宝纸业有限公司
广西壮族自治区南宁市金湖路 67 号梦之岛广场 15 楼
邮编：530022
电话：0771－5739686、4008896863
传真：0771－5739688
网址：www. jeanper. com
邮箱：jeanperhr@ 163. com
产品：生活用纸

横县东糖糖业有限公司
广西壮族自治区南宁市横县横州镇谢圩
邮编：530304
电话：0771－7382513
传真：0771－7382513
邮箱：112732288@ qq. com
产品：漂白蔗渣浆

广西南宁恒业纸业有限责任公司
广西壮族自治区南宁市江南区沙五一中路 42 号二桥南安居小区 A16 栋 2 单元 603 号
邮编：530031
电话：0771－4982239、13317809850
邮箱：592906089@ qq. com
产品：生活用纸

广西横县六景北墨造纸厂
广西壮族自治区南宁市六景工业园区
邮编：530313
电话：0771－7265998、7372132
传真：0771－7265998、7372132
产品：五色有光纸、高级卫生纸

广西横县江南纸业有限公司
广西壮族自治区南宁市六景工业园景港路 10 号
邮编：530313
电话：0771－7371808、7371608、13377120631
传真：0771－7371908
网址：www. gxjnzy. com
邮箱：gxjnzy@ 163. com
产品：A 级原生浆擦手原纸、B 级仿木浆擦手原纸

南宁市鑫利纸业有限公司
广西壮族自治区南宁市宾阳县新桥镇邕宾公路三坝头路段(东海岭西侧)
邮编：530401
电话：0771－8481008、13507816208
传真：0771－8481008
邮箱：609576484@ qq. com
产品：生活用纸

广西天力丰生态材料有限公司
广西壮族自治区南宁市横县六景工业园
邮编：530000
电话：15277014697
网址：www. likuso. com
邮箱：812582383@ qq. com
产品：生活用纸

南宁市金美印刷包装有限公司
广西壮族自治区南宁华侨投资区武华大道 368 号
邮编：530105
电话：0771－6305752、6305799、18977970264
网址：www. jmpackaging. cn

邮箱：nnjm-sam@jmpackage.cn
产品：瓦楞纸板

广西宾阳县江南纸业有限公司
广西壮族自治区南宁市宾阳县新桥镇三友村
邮编：530401
电话：0771－8481038
邮箱：ieuf@163.com
产品：擦拭纸

广西洋浦南华糖业集团股份有限公司
广西壮族自治区南宁市青秀区民族大道118－3号
邮编：530022
电话：0771－5879558
网址：www.gxypnh.com
邮箱：nh_gxoffice@163.com
产品：漂白蔗渣浆板、文化用纸、生活用纸等

南宁市佳达纸业有限责任公司
广西壮族自治区宾阳县芦圩镇新宾仁爱街公园路
邮编：530400
电话：0771－8281688、8285688、8225188
传真：0771－8285567
网址：www.jiadapaper.com
邮箱：260918874@qq.com
产品：生活用纸

南宁香兰纸业有限责任公司
广西壮族自治区南宁市六景工业园区纬七路
邮编：530313
电话：0771－7266908、7266685
传真：0771－7266908
网址：www.gxsfzy.com
邮箱：nnxlzy7266908@163.com
产品：生活用纸

南宁市上峰纸业有限公司
广西壮族自治区南宁市六景工业园区纬六路旁
邮编：530313
电话：0771－7082299
传真：0771－7082057
网址：www.gxsfzy.com
产品：生活用纸

崇左华劲纸业有限公司
广西崇左市工业园区渠珠屯
邮编：532605
电话：0771－7883501
邮箱：1984135319@qq.com
产品：以竹子为原料，生产高级生活用纸和特种纸；销售造纸机械设备

龙州南华纸业有限公司
广西壮族自治区龙州县龙州镇独山路21－11号
邮编：532400
电话：0771－8824081
邮箱：nh_lzzy@163.com
产品：机制纸、纸浆生产

龙州万山纸业有限公司
广西壮族自治区龙州县上龙乡岜那村大岭屯（龙州县工业区内）
邮编：532400
电话：0771－8835488
邮箱：wszy201803@163.com
产品：纱管纸

南宁市圣大纸业有限公司
广西壮族自治区南宁市六景工业园区纬七路旁
邮编：530313
电话：0771－7388668
邮箱：1224625204@qq.com
产品：生活用纸

南宁侨虹新材料股份有限公司
广西壮族自治区南宁市南宁华侨投资区侨凤路1号
邮编：530105
电话：0771－6305580（办公室） 6305648（营销部）
传真：0771－6304682（办公室） 6305649（营销部）
网址：www.qiaohong-airlaid.com
邮箱：qhm@qiaohong-airlaid.com
产品：无尘纸、孖纺

广西永凯大桥纸业有限责任公司
广西壮族自治区南宁市宾阳县大桥镇南梧街167号
邮编：530408
电话：0771－3488917
邮箱：ykjt1034@163.com
产品：纸、纸制品、造纸原辅材料生产及销售

广西永凯糖纸有限责任公司
广西壮族自治区南宁市横县六景工业园区景泰路16号
邮编：530313
电话：0771－5910588－82033
邮箱：ykjt1033@163.com
产品：高档文化用纸、包装用纸、漂白蔗渣浆、竹木

浆生产、销售；纸、纸制品、纸浆销售；造纸原辅材料的销售

柳州市

柳州中迪纸业有限公司
广西壮族自治区柳州市鱼峰区雒容工业园西区富容路 13 号
邮编：545616
电话：0772－6510368、6668628、13807724821
传真：0772－6510013
邮箱：2367411942@qq.com
产品：卫生纸(以蔗渣浆、竹浆为原料)

柳州市丰源纸业有限责任公司
广西壮族自治区柳州市柳东新区雒容镇象岩南路 31 号
邮编：545616
电话：0772－6511372
传真：0772－6510311
产品：卫生纸

广西凤糖鹿寨纸业有限公司
广西壮族自治区柳州市鹿寨县鹿寨镇中心工业园区
邮编：545600
电话：0772－6828968
邮箱：gxftlzzy2008@163.com
产品：机制浆、机制浆板、机制纸生产销售

桂林市

广西林业荔浦纸业有限公司
广西壮族自治区荔浦县荔城镇玉雷湾
邮编：546600
电话：0773－7233377、7233098、7233398、13878386308
传真：0773－7233397
邮箱：lpzyb3098@163.com
产品：工业包装用纸、牛卡纸、黑卡纸、牛皮纸

桂林奇峰有限公司
广西壮族自治区桂林市苏桥经济开发区苏桥(工业)园南北大道 12 号
邮编：541805
电话：0773－6935327、6935318
传真：0773－6935326
网址：www.guilinpaper.com
邮箱：694968243@qq.com
产品：高档特种薄型纸

防城港市

防城港宏源浆纸有限公司
广西壮族自治区防城港市防城区茅岭工业园
邮编：538023
电话：0770－3092918、3092809、18277024325
传真：0770－3092918
邮箱：gxhy2008@163.com
产品：漂白浆、文化用纸

广西宏源纸业有限公司
广西壮族自治区防城港市防城区茅岭乡茅岭村(茅岭江与冲仑江交汇处南面)
邮编：538023
电话：0770－3093128
邮箱：2715027644@qq.com
产品：生活用纸

钦州市

广西金桂浆纸业有限公司
广西壮族自治区钦州市钦州港金光工业园
邮编：535008
电话：0777－3698042、3221583、3698888
传真：0777－3696666、3221639
网址：www.appjg.com.cn
产品：半化学机械浆、食品包装用纸及纸板

贵港市

广西贵港市安丽纸业有限公司
广西壮族自治区贵港市南梧公路覃塘收费站往东 1.5 千米
邮编：537100
电话：0775－4299335、15878537288
邮箱：1037494989@qq.com
产品：文化用纸、生活用纸、卷筒纸(普通级)、包装材料加工销售；纸巾生产

广西华怡纸业有限公司
广西壮族自治区贵港市江南工业园区
邮编：537100
电话：0775－4592090
传真：0775－4592299
邮箱：liangzeying@gxhuayi.com
产品：生活用纸、卫生纸、分盘纸、纸浆

广西粤桂广业控股股份有限公司
(原广西贵糖(集团)股份有限公司)
广东省广州市荔湾区流花路 85 号建工大厦 3 楼
邮编：510300
电话：020－33970188、33970200、0775－54201441
传真：020－33970189
网址：www. yuegui. cn
邮箱：000833@ yueguigufen. com
产品：文化用纸、生活用纸

广西瑞彩纸业有限公司
广西壮族自治区贵港市覃塘区覃塘镇甘化工业集群区
邮编：537121
电话：0775－4726027
邮箱：393033727@ qq. com
产品：生活原纸、造纸原辅材料

广西安丽纸业有限公司
广西壮族自治区贵港市覃塘区甘化工业园
邮编：537100
电话：0775－4364388
邮箱：weixin8333@ 163. com
产品：卫生纸原纸

广西广业贵糖糖业集团有限公司
广西壮族自治区贵港市幸福路 100 号
邮编：537102
电话：0775－4201833
传真：0775－4260833
网址：www. guitang. com
邮箱：gxgtgf@ 163. com
产品：纸、纸浆、食用酒精、轻质碳酸钙、食品包装用纸

百色市

广西劲达兴纸业有限公司
广西壮族自治区田林县新昌片 2 号
邮编：533300
电话：0776－7201170
邮箱：weiky@ jdxpaper. com
产品：文化用纸、淋膜原纸、牛皮纸、离型纸、食品包装用纸

广西金荣纸业有限公司
广西壮族自治区田东县思林镇工业集中区
邮编：531504
电话：0776－5151808
传真：0776－5151808
邮箱：tdj5151808@ 163. com
产品：高强瓦楞原纸、卫生纸、竹浆、蔗渣浆、卫生卷纸、抽纸、餐巾纸、面巾纸、手帕纸、纸筒芯等

田阳南华纸业有限公司
广西壮族自治区田阳县田州镇民乐街 106 号
邮编：533600
电话：0776－3236366
邮箱：tyzyb2007@ 163. com
产品：化学浆、文化用纸

贺州市

广西贺州市红星纸业有限公司
广西壮族自治区贺州市平桂管理区西湾工业园
邮编：542800
电话：0774－8832889
传真：0774－8833018
网址：www. gxhzhxzy. com
邮箱：2961816400@ qq. com
产品：拷贝纸、打字纸、票证纸、环保纸、卷烟纸、食品包装用纸、半透明纸、字典纸、各种规格卷筒、平纸板

来宾市

广西来宾东糖纸业有限公司
广西壮族自治区来宾市河西工业园区
邮编：546100
电话：0772－4066666
传真：0772－4066622
网址：www. donta. com. cn
邮箱：gxlbdtzy@ 163. com
产品：漂白蔗渣浆、竹木浆、胶版纸、静电复印纸、淋膜纸、卫生纸

广西象州莲桂纸业有限公司
广西壮族自治区来宾市象州县石龙镇石土兰村
邮编：545800
电话：0772－4394988、15323523066
传真：0772－4394989
网址：www. lgpi. com. cn
邮箱：381464340@ qq. com
产品：生活用纸

广西禧嘉达纸业有限公司
广西壮族自治区来宾市河南工业园区莆田路与新科路

交叉口西北角
邮编：546100
电话：0772－6657958
邮箱：593466739@qq.com
产品：纸制品、湿纸巾、无纺布、熔喷布的生产、加工、销售

广西植护云商实业有限公司
广西壮族自治区来宾市河南工业园区工业大道与来武路交叉处东北角
邮编：546100
电话：13489086008
邮箱：13489086008@163.com
产品：生活用纸

来宾市桂诚纸业有限公司
广西壮族自治区来宾市河南工业园西组团 D-8-4
邮编：546100
电话：13481286704、13597100211
邮箱：125573478@qq.com
产品：卫生纸、生活用纸的生产加工及销售

广西湘桂华糖制糖集团来宾纸业有限责任公司
（原广西永鑫华糖集团来宾纸业有限公司）
广西壮族自治区来宾市工业区河南工业园
邮编：546100
电话：0772－5321806
邮箱：lbzybgs2014@163.com
产品：纸、纸浆、机制纸生产

广西来宾曙辉纸业有限公司
广西壮族自治区来宾市工业园区内（广西来宾东糖纸业有限公司东面厂区内）
邮编：546100
电话：0772－4261868
邮箱：laibin_sh@163.com
产品：纸制品生产

来宾华胜纸业有限公司
广西壮族自治区来宾市河西工业园
邮编：546100
电话：0772－4233933、15678217608
邮箱：420682512@qq.com
产品：纸制品、机制纸、造纸原料等

广西来宾桂宾纸业有限公司
广西壮族自治区来宾市兴宾区河南工业园西区凤翔路与规划路交叉口东北角 B 厂房 2 车间
邮编：546100
电话：13481286704
邮箱：125573478@qq.com
产品：生活用纸

象州永凯浆纸有限责任公司
（原象州粤能浆纸有限责任公司）
广西壮族自治区来宾市象州县石龙镇花山村民委称砣湾村
邮编：545800
电话：0772－4393272
邮箱：XZYKJZ@163.com
产品：有光纸、书写纸、胶版纸、各种色纸、文化用纸、卫生纸、生活用纸、纸制品、纸浆、蔗渣、造纸原材料的销售

广西来宾市可宝纸业有限责任公司
广西壮族自治区来宾市兴宾区凤翔路与长岭路交叉口东南侧工业园地
邮编：546100
电话：18778173516
邮箱：3089609179@qq.com
产品：包装用纸

北海市

广西太阳纸业有限公司
广西壮族自治区北海市铁山港区兴港镇铁山港口岸联检大楼三楼 25 号
邮编：536017
电话：18653708357
产品：林木种植；木浆、木片及纸、纸板的研发、生产、销售

广西桂海金浦纸业有限公司
广西壮族自治区北海市合浦县工业园区创业大道西侧排洪渠北侧（原平头岭经一路西侧）
邮编：536100
电话：0779－7103362
邮箱：ghjpzy@163.com
产品：单光纸、吸水纸

海 南 省

海口市

海南金海浆纸业有限公司
海南省海口市洋浦经济开发区 D12 区

邮编：578101
电话：0898 －28822288、28817116
传真：0898 －28821260
网址：www. appjh. com. cn
产品：漂白硫酸盐桉木浆、文化用纸

海南金红叶纸业有限公司
海南省海口市洋浦经济开发区 D12 区
邮编：578101
电话：0898 －28837527、28837389
传真：0898 －28828705
网址：www. apphghy. com. cn
邮箱：hghypld@ appjh. com
产品：生活用纸

重　庆　市

玖龙纸业(重庆)有限公司
重庆市江津区珞璜工业园 A 区
邮编：402279
电话：023 －65558888
传真：023 －65558999
网址：www. ndpaper. com
邮箱：info_ cq@ ndpaper. com
产品：包装用纸

重庆市飞龙纸业有限公司
重庆市铜梁县蒲莒镇穆莲街 7 号
邮编：402566
电话：023 －45488342、13509426023
邮箱：1960427638@ qq. com
产品：皱纹卫生纸

重庆市超科纸业有限公司
重庆市万州区双河口工业园
邮编：404155
电话：023 －58830138
邮箱：ckzy333@ sina. com
产品：无碳复写纸、彩喷纸、复印纸

重庆市恒丰纸业有限公司
重庆市梁平县屏锦镇明月路 540 号
邮编：405212
电话：023 －53512217、13452952221
邮箱：54652040@ qq. com
产品：文化用纸、瓦楞原纸、黄纸板、箱纸板、竹浆牛皮纸、黄表纸

重庆龙璋纸业有限公司
重庆市铜梁县虎峰镇工农街 54 号
邮编：402568
电话：023 －45589806
产品：竹浆、文化用纸

重庆市潼南简氏纸业包装有限责任公司
重庆市潼南县双江镇金龙寺
邮编：402675
电话：023 －44860588、44863306
传真：023 －44860018
网址：www. jians. com
邮箱：1532466921@ qq. com、362293953@ qq. com
产品：箱纸板、彩印纸、纸箱、高强瓦楞原纸

梁平县邵新纸业有限公司
重庆市梁平县袁驿镇邵新村
邮编：405218
电话：023 －53635377、13594410066
邮箱：3531399223@ qq. com
产品：瓦楞原纸

重庆盛贸纸业有限公司
重庆市铜梁区安居镇四面村六社
邮编：402564
电话：023 －45859158、13193033009
传真：023 －45859198
邮箱：549849470@ qq. com
产品：皱纹卫生纸

重庆市富发纸业有限责任公司
重庆市潼南区双江镇金龙村二社(涪江河边)
邮编：402675
电话：023 －44860388
邮箱：105093202@ qq. com
产品：瓦楞原纸、单面白纸板、箱纸板

重庆理文造纸有限公司
重庆市永川区朱沱镇港桥工业园区
邮编：402191
电话：023 －49603333
传真：023 －49603188
产品：箱纸板

重庆达江纸业有限公司
重庆市永川区南大街办事处谭家坝廖家店村民小组
邮编：402160
电话：023 －49827888

传真：023－49806788
邮箱：1604488680@qq.com
产品：生活用纸

重庆市开县富余再生纸厂
重庆市开县渠口镇渠口村3组
邮编：405499
电话：023－52172118、13609451269
邮箱：13609451269@163.com
产品：有光纸、包装用纸

重庆市兴康纸业有限公司
重庆市巴南区金竹工业园8号
邮编：401320
电话：023－66219878、13594667496
传真：023－66230451
产品：瓦楞原纸、纸箱

重庆市伟杰纸业有限责任公司
重庆市潼南县双江镇金龙社区二组
邮编：402675
电话：023－44860786、13167856171
产品：瓦楞原纸、箱纸板

重庆铜梁区金禾纸制品有限责任公司
重庆市铜梁区安溪镇中心村三社
邮编：402572
电话：023－45393881、17783341537
邮箱：a741664947@163.com
产品：瓦楞原纸、箱纸板

重庆龙璟纸业有限公司
重庆市丰都县兴义镇水平坪大道322号
邮编：408200
电话：023－023－70756588、70738639
邮箱：cqlongjing@126.com
产品：生活用纸、复印纸

重庆理文卫生用纸制造有限公司
重庆市永川区朱沱镇四望山村
邮编：402191
电话：023－49603333、4008312528
传真：023－49603188
网址：www.leemantissue.com、www.leemanpaper.com
邮箱：info@leemanpaper.com
产品：高档生活用纸

重庆邦宝纸业有限公司
重庆市巴南区东城大道254号附402号
邮编：400000
电话：023－68308300、61199339、61199338
网址：www.hlpaper.com
邮箱：28587360@qq.com、25098918@qq.com
产品：卷纸、抽纸、手帕纸、方巾纸、湿巾纸、纸杯等一次性消毒卫生用品

重庆维邦纸业有限公司
重庆市永川区朱沱镇(重庆永川工业园区港桥工业园)
邮编：402160
电话：023－49604658
网址：www.vipoon.net
邮箱：315469728@qq.com
产品：生活用纸加工生产

重庆再升科技股份有限公司
重庆市渝北区回兴街道婵衣路1号
邮编：401120
电话：023－67183329
传真：023－67176291
网址：www.cqzskj.com
邮箱：mail@cqzskj.com
产品：玻璃纤维棉、玻璃纤维滤纸、PTFE滤材、熔喷有机纤维滤材、无机真空绝热板芯材、新能源电池隔膜

重庆功夫本色卫生用品有限公司
重庆市永川区朱沱镇(重庆永川工业园区港桥工业园)
邮编：402191
电话：023－49603859
邮箱：993630006@qq.com
产品：生活用纸
品牌：柚家

重庆彼特福纸业有限公司
重庆市永川工业园区港桥工业园内
邮编：402160
电话：023－49891331、18983035645
邮箱：593644887@qq.com
产品：生活用纸
品牌：柚家

四 川 省

成都市

四川石化雅诗纸业有限公司
四川省成都市新津工业园区A区希望路912号

邮编：611400
电话：028 - 61786868、88786868、82402405
传真：028 - 61786868
网址：www. yspaper. com. cn
邮箱：shyspaper@ 126. cm
产品：100% 本色竹纤维生活用纸、100% 本色竹纤维柔润纸巾、100% 本色竹柔巾、100% 本色竹纤维内衣

成都市郫县中信纸制品厂（投资人郫县唐昌镇造纸厂）
四川省成都市郫县唐昌镇外北街
邮编：611733
电话：13881856243
邮箱：13881856243@ qq. com
产品：生活用纸

中冶峡山纸业有限公司
四川省成都市邛崃市羊安工业区
邮编：611535
电话：028 - 88757040、88758435
邮箱：zymlzc@ 163. com
产品：漂白竹浆板

中顺洁柔（四川）纸业有限公司
四川省彭州市牡丹大道中段 80 号
邮编：611930
电话：028 - 83806688、13608235938
网址：www. zsjr. com
产品：生活用纸

成都印钞有限公司
四川省成都市温江区新建路 60 号
邮编：611130
电话：028 - 82723590 - 2078、82755999
传真：028 - 82755168
网址：www. cdyc. cbpm. cn
产品：钞票纸、防伪水印纸、证券纸

四川锦丰纸业股份有限公司
四川省成都市温江区成都海峡两岸科技产业开发园
邮编：611137
电话：028 - 82633101、61708473、61711558
传真：028 - 82633101
网址：www. scjfpaper. com
产品：卷烟纸、卷烟工业配套纸、生活用纸、低定量食品包装用纸

上海宏图尚威环保科技股份有限公司成都分公司
（原上海宏图纸业有限公司）
四川省成都市双流县蛟龙工业港滨江大道三段
邮编：610200
电话：028 - 85737114、13438094474
网址：www. hongtupaper. com
邮箱：15984771@ qq. com
产品：复合双灰纸板、灰底白纸板

四川新津晨龙纸业有限公司
四川省成都市新津工业园区
邮编：611430
电话：028 - 82591878、69289388
传真：028 - 82591878
网址：www. scclzy，net
邮箱：scxjclzy@ 163. com
产品：箱纸板、瓦楞原纸

四川迅源纸业有限公司
四川省大邑县晋原镇工业集中发展区兴业大道南段兴业七路
邮编：611330
电话：028 - 68901753、68901754
网址：www. f-sourcepaper. com
邮箱：295580146@ qq. com
产品：瓦楞原纸、纸箱

成都顺邦纸业有限公司
（原成都纤姿纸业有限公司）
四川省成都市郫县团结镇团三路 666 号
邮编：611745
电话：028 - 87896011
传真：028 - 87896041
网址：www. cdxianzi. com
产品：生活用纸

四川福华竹浆纸业有限公司
四川省成都市温江区海峡两岸科技开发园柳台大道西段 515 号
邮编：611137
电话：028 - 61711558
传真：028 - 61711558
邮箱：471181563@ qq. com
产品：机制纸

四川永丰纸业集团
四川省成都市锦江区毕昇路 468 号创世纪大厦 1 幢 33 楼
邮编：610000
电话：028 - 62560640、64651518、4001515062
网址：www. yfzy. com

邮箱：yfzy1970@163. com
产品：竹浆、竹浆文化用纸、生活用纸等

宜宾纸业股份有限公司邛崃分公司
四川省成都市邛崃西环路 50 号
邮编：611530
电话：028 – 88791085
产品：造纸原料

四川蜀邦实业有限责任公司
四川省彭州工业开发区牡丹大道南段 162 号
邮编：611930
电话：028 – 88504580、88504556、84560066
传真：028 – 86231001 84560055
网址：www. scsbsy. com
邮箱：838903856@qq. com
产品：瓦楞原纸、生活用纸

四川省津诚纸业有限公司
四川省成都市新津县邓双镇（工业园区 B 区）兴化一路 8 号
邮编：611430
电话：028 – 82590996、82590082、82591958
网址：www. jinchengzhiye. com
邮箱：jczy@jinchengxhiye. com
产品：生活用纸、文化用纸、工业用纸、包装用纸

四川蓝漂日用品有限公司
四川省成都市成华区双荆路 2 号
邮编：610000
电话：028 – 83326566
传真：028 – 83326560
网址：www. lp-jt. com
邮箱：suxiulanpiao@163. com
产品：生活用纸
旗下：四川纯竹工坊新材料有限公司
电话：028 – 83154873
网址：www. chunzhugf. com
邮箱：suxiulanpiao@163. com

彭州市大良纸厂
四川省彭州市丽春镇白果村
邮编：611930
电话：028 – 83779258、13709073512
网址：www. vipoon. net
产品：卫生用品（纸巾纸）生产

四川欣适运纸品有限责任公司
四川省成都市郫县成都现代工业港
邮编：611730
电话：028 – 87978656
邮箱：305490911@qq. com
产品：生活用纸

成都市苏氏兄弟纸业有限公司
四川省成都市大邑县晋原镇工业区兴业七路 29 号
邮编：611330
电话：028 – 88266676、13518172167
网址：www. cdssxd. com
邮箱：762965859@qq. com
产品：生活用纸

四川兴睿龙实业有限公司
四川省成都市新都区新繁镇和平路 68 号
邮编：610501
电话：028 – 83087776、87043976
传真：028 – 83084998
网址：www. scrl. cn
邮箱：873462433@qq. com
产品：加工、生产纸制品、一次性民用口罩、卫生用品

崇州市倪氏纸业有限公司
四川省崇州市元通镇工业集中发展区
邮编：611230
电话：028 – 82265895、13982112777
邮箱：5341488782@qq. com
产品：生活用纸加工

成都市阿尔纸业有限责任公司
四川省彭州市丽春镇君平街西段 13 号
邮编：611930
电话：028 – 83779118、83515426
传真：028 – 83779358
网址：www. aerzy. cn
产品：高级卫生卷筒纸、餐巾纸、宾馆专用纸等

四川环龙新材料有限公司
四川省成都市青羊工业园区总部 A2 斑布大厦
邮编：610073
电话：028 – 81725555、4000280969
网址：www. babo. cn
邮箱：37274399@qq. com
产品：生活用纸

成都森隆纸业有限公司
四川省成都崇州经济开发区宏业大道南段 208 号

邮编：611230
电话：028－82391228
邮箱：973237210@qq.com
产品：瓦楞原纸、茶纸板、箱纸板、瓦楞纸板、纸箱、纸制筒管、卷轴、纡子及类似品等

彭州市阳阳纸业有限公司
四川省成都市彭州市隆丰街道西河村10组
邮编：611939
电话：028－84561798
邮箱：scyypaper@qq.com
产品：生活用纸

彭州市玖峰纸业有限公司
四川省彭州工业开发区五贤南路76号1－2层
邮编：611930
电话：028－88506688、13688367845
产品：生活用纸

成都成良纸业有限责任公司
四川省成都市郫都区团结镇长河村六组
邮编：611730
电话：028－87896555
传真：028－87896360
网址：www.clzy.net
邮箱：743878371@qq.com
产品：中高档生活用纸

成都市砂之船纸业有限公司
四川省成都市天府新区华阳街道绿野村二社
邮编：610213
电话：0838－8711588、13808230882
网址：www.scszc.com.cn
邮箱：626214690@qq.com
产品：生活用纸
品牌："翠竹""川西翠竹""纯雅""春之歌"

四川省崇州市大方纸业有限责任公司
四川省成都市崇州市崇阳镇同心村6组
邮编：611230
电话：028－82390309、18982201546
产品：机制纸制造

自贡市

富顺县安溪纸业有限公司
四川省自贡市富顺县安溪镇安福八组
邮编：643219
电话：0813－7480335
邮箱：532677558@qq.com
产品：纸板

泸州市

四川银鸽竹浆纸业有限公司
四川省泸州市纳溪区渠坝乡
邮编：646300
电话：0830－4390666、4390160
传真：0830－4390777
产品：牛皮纸、胶版纸、打字纸、书写纸、信封专用纸

四川金田纸业有限公司
四川省泸州市合江临港工业园区张湾片区
邮编：646200
电话：0830－5286888
传真：0830－3326339
网址：www.jintianpaper.com
邮箱：1042848933@qq.com
产品：特种纸制品、涂布白纸板、灰纸板、高强瓦楞原纸、牛卡纸、生活用纸

德阳市

四川纵横纸业制造有限公司
四川省德阳市八角井镇川东路58号
邮编：618003
电话：0838－2600016、2600913
传真：0838－2600911
邮箱：769311794@qq.com
产品：黄纸板、茶板纸

四川华侨凤凰纸业有限公司
四川省广汉市向阳镇顺江南路8号
邮编：618308
电话：0838－6098090
传真：0838－6098001
邮箱：12488190@qq.com
产品：涂布白纸板、金银卡纸、工业纸板

四川友邦纸业有限公司
四川省广汉市经济开发区(南区)友邦工业园
邮编：618300
电话：0838－5401933、5402799、5401922
传真：0838－5400158
网址：www.euponpaper.com

邮箱：sale@ euponpaper. com
产品：卫生用品、生活用纸、母婴用品

维达纸业(四川)有限公司
四川省德阳市龙泉山南路三段 19 号
邮编：618000
电话：0838 －2906199
网址：www. vinda. com
邮箱：623577197@ qq. com
产品：生活用纸

四川圆周实业有限公司
四川省什邡市师古镇金羊路
邮编：618408
电话：0838 －6062280
邮箱：931183156@ qq. com
产品：生活用纸

四川维邦优品科技有限公司
四川省什邡经济开发区(北区)
邮编：618400
电话：0838 －8307878
网址：www. vipoon. net
邮箱：530743965@ qq. com
产品：生活用纸、纸制品的加工

四川省什邡市望风青苹果纸业有限公司
四川省德阳市什邡市经济开发区北区
邮编：618000
电话：4009969963
传真：4001231234
网址：www. qingpingguo. net
邮箱：2509709093@ qq. com
产品：纯鲜竹浆生活用纸

四川翠竹卫生用品有限公司
四川省德阳市什邡经济开发区(北区)
邮编：618400
电话：0838 －8711588、13909020429
产品：生活用纸加工、销售

绵阳市

三台三角生活用纸制造有限公司
四川省绵阳市三台县青东坝工业集中区
邮编：621100
电话：0816 －5229928、15280960933
传真：0816 －5221277
产品：生活用纸

四川省绵阳超兰卫生用品有限公司
四川省梓潼县经济技术产业园区
邮编：622150
电话：0816 －8323022
邮箱：chaolanzhiye@ 163. com
产品：生活用纸

四川亿达纸业有限公司
四川省绵阳市经开区松垭镇 1 号路
邮编：621000
电话：0816 －2372777
网址：yuandianjiaju. tmall. com
邮箱：195563281@ qq. com
产品：生活用纸

乐山市

乐山佳印纸业有限责任公司
四川省乐山市长青路 1458 号
邮编：614000
电话：0833 －2497332、13350502558
传真：0833 －2497329
邮箱：371211826@ qq. com
产品：无碳纸、票据印刷纸、打印纸

四川省万安纸业有限责任公司
四川省乐山市夹江县新民工业区
邮编：614102
电话：0833 －5771666、5770878
传真：0833 －5772366
网址：www. wananpaper. com
邮箱：690447887@ qq. com
产品：中高档生活用纸

玖龙纸业(乐山)有限公司
四川省乐山市犍为县清溪镇工业园区
邮编：614005
电话：0833 －2299999
传真：0833 －2299666
网址：www. ndpaper. com
邮箱：info －ls@ ndpaper. com
产品：电容器纸、绝缘纸板、瓦楞原纸

四川凤生纸业科技股份有限公司
(原四川省犍为凤生纸业有限责任公司)
四川省乐山市犍为县城北凤凰山

邮编：614400
电话：0833－4251386、4251716
传真：0833－4254579
网址：www. fengshenggroup. com
邮箱：fszy666@ hotmail. com
产品：白色及彩色打字纸

四川永丰纸业股份有限公司
四川省乐山市沐川县永福镇
邮编：614500
电话：0833－4651066
传真：0833－4651066
网址：www. yfzy. com
邮箱：yfzy1970@ 163. com
产品：高档竹浆板、文化用纸、生活用纸及特种纸

四川省金福纸品有限责任公司
四川省乐山市沙湾区福禄镇沙湾儿村 8 组
邮编：614000
电话：0833－3560888、13990690970
传真：0833－3560888
网址：www. scsjfzp. com
邮箱：421344812@ qq. com
产品：静电复印纸、有光纸、打字纸、双胶纸、书写纸

四川省乐山市三江特种纤维材料有限公司
四川省乐山市市中区棉竹乡高坝村一社
邮编：614000
电话：0833－2601288
邮箱：759623410@ qq. com
产品：导电发热纸、纸质超滤材料、无纺壁纸原纸、耐磨纸、电容器纸、电缆纸

夹江县天翔纸业有限公司
四川省乐山市夹江县马村乡碧山村 8 社
邮编：614111
电话：0833－6194227、13508146719
网址：www. jjtxzy. com
产品：手工书画纸、纸浆、纸板、图画纸、毛边纸、装裱纸

夹江汇丰纸业有限公司
四川省乐山市夹江县界牌镇周坝村(永兴经济开发区)
邮编：614100
电话：0833－5829111、5829617、5666667
传真：0833－5829698
网址：www. jjhfpaper. com
邮箱：sales@ jjhfpaper. com、jjhfpaper@ yeah. net
产品：生活用品

沐川禾丰纸业有限责任公司
四川省乐山市沐川县沐溪镇沐源路 1981 号
邮编：614500
电话：0833－4612292
邮箱：812593411@ qq. com
产品：书画纸、印花纸、装饰纸加工和销售

宜宾市

宜宾纸业股份有限公司
四川省宜宾市南溪区裴石轻工业园区
邮编：644100
电话：0831－3309663
传真：0831－3309600
网址：www. yb-zy. com
产品：食品包装原纸、生活用纸原纸、生活用纸成品

四川天竹竹资源开发有限公司
四川省江安县阳春工业园区
邮编：644200
电话：0831－5551992
邮箱：1220823560@ qq. com
产品：竹化纤浆粕、化学纤维、纺织品、竹造纸浆、机制纸

四川明路纸业有限公司
四川省宜宾市南溪区罗龙工业集中区临江路 1 号
邮编：644100
电话：0831－3302128、3302102
邮箱：309096490@ qq. com
产品：纸和纸板容器制造；机制纸及纸板制造

雅安市

四川金安浆业有限公司
四川省雅安市雨城区姚桥镇爱国路 2 号
邮编：625000
电话：0835－2850858、2850801
传真：0835－2850801、2850092
网址：www. appjap. com. cn
产品：漂白硫酸盐竹浆、胶版印刷纸

四川鑫业纸业有限公司
四川省雅安市芦山县芦阳镇富源路
邮编：625600

电话：0835－6521517
产品：生活用纸

四川省芦山县兴业造纸厂
四川省雅安市芦山县城门外盐井坡
邮编：625605
电话：0835－6521517、13880031175
邮箱：2820869889@qq.com
产品：生活用纸

眉山市

四川绿果林农业特种纸业有限公司
四川省眉山市东坡区尚义镇熊公村六组
邮编：620000
电话：13890350222
邮箱：852813290@qq.com
产品：农业用特种纸

四川省眉山丰华纸业有限公司
（原四川省眉山县丰华纸业有限公司）
四川省眉山市东坡区松江镇眉青村
邮编：620030
电话：028－38011678
传真：028－38011678
网址：www.scfhzy.cn
邮箱：236579173@qq.com
产品：牛皮纸、打字纸、无碳复写纸

巴中市

平昌县丰弘纸业有限公司
（原平昌县再生纸业有限责任公司）
四川省巴中市平昌县江口镇小桥街东段 60 号
邮编：635400
电话：0827－6297055、13158437696
邮箱：13158437696@163.com
产品：文化用纸、纸板

贵 州 省

贵阳市

贵阳金康纸业有限公司
贵州省贵阳市修文县扎佐镇林场
邮编：550200
电话：0851－88405005、88405028、18985197628
传真：0851－88405228
网址：www.sczdtz.com
邮箱：wjkcq@126.com
产品：中高档瓦楞纸板

遵义市

贵州赤天化纸业股份有限公司
贵州省赤水市金华化工路 90 号
邮编：564707
电话：0852－2879721、2879800、2879570
传真：0852－2879729、2876048
产品：全竹浆 TCF 浆板、全竹浆轻 ECF 浆板、本色浆

黔南布依族苗族自治州

贵州省都匀顺发纸业有限责任公司
贵州省黔南布依族自治区都匀市黔南环东北路 8 号
邮编：558013
电话：0854－8224598
产品：纸及纸制品

贵州盛世荣创再生科技有限公司
贵州省黔南布依族苗族自治州瓮安经济开发区广州花都产业园
邮编：550400
电话：0854－7067666
邮箱：7833122463@qq.com
产品：瓦楞纸、牛卡纸

贵州鹏昇（集团）纸业有限责任公司
（原贵州鹏昇纸业有限公司）
贵州省黔西南布依族苗族自治州安龙县新桥镇包装工业园区
邮编：552401
电话：0859－5225395
网址：www.gzpszy.com
邮箱：gzpsjt@163.com
产品：高强瓦楞原纸、箱纸板、纱管纸

云 南 省

昆明市

云南宜良红星兄弟纸业有限公司
云南省昆明市宜良县汇东桥南侧小渡口段
邮编：652100
电话：0871－67541679
传真：0871－67541689

产品：箱纸板、瓦楞原纸

昆明爱华卫生制品有限责任公司
云南省昆明市高新技术开发区二环西路 449 号
邮编：650118
电话：0871－68310051、15911683556
传真：0871－68320196
网址：www. ynzhipin. cn
邮箱：2595351191@ qq. com
产品：生活用纸、卷纸、餐巾纸、面巾纸、盒抽纸、纸杯纸

云南中烟再造烟叶有限责任公司
云南省昆明市西山区海口工业园区管委会二楼（108 号）
电话：0871－63850156
邮箱：shu8228@ 163. com
业务：再造烟叶（造纸法）与添加剂的生产

云南东晟纸业有限责任公司
云南省昆明市宜良县工业园区
邮编：652100
电话：13525338320
产品：包装用纸、纸板、纸箱生产销售

昆明红星荣和纸业有限公司
云南省昆明市宜良县工业园区内
邮编：652100
电话：0871－67541679
产品：机制纸、纸板、纸箱、手工纸、加工纸、纸制品生产销售

曲靖市

云南陆良银河纸业有限公司
云南省曲靖市陆良县西桥工业区
邮编：655600
电话：0874－6869046
传真：0874－6869091
产品：胶印书刊纸、铝箔衬纸、水松原纸、成型纸

玉溪市

玉溪市高仓造纸厂有限公司
云南省玉溪市红塔区高仓村马头山
邮编：653100
电话：0877－2076532
邮箱：615785202@ qq. com
产品：白纸板、灰底白纸板

云南玉溪水松纸厂
云南省玉溪市大营街工业区
邮编：653103
电话：0877－2771902、2771667
传真：0877－2771528
产品：凹印水松纸

云南江川翠峰纸业有限公司
云南省玉溪市江川县江城镇翠峰
邮编：652601
电话：0877－8095198、13988466822
传真：0877－8095198
邮箱：jccfzy@ 126. com
产品：生活用纸

云南新平南恩糖纸有限责任公司
云南省玉溪市新平彝族傣族自治县夏洒镇
邮编：653405
电话：0877－7391061、13888800229
传真：0877－7391061
网址：www. xpne. net
邮箱：ynxpnetz@ 163. com
产品：卫生纸

云南金汉光纸业有限公司
（原云南通海汉光纸业有限公司）
云南省玉溪市通海县高大乡高大村
邮编：652706
电话：0877－3031789、3031330
邮箱：1901992107@ qq. com
产品：卫生纸

云南恒昌造纸有限责任公司
（原云南江川恒昌造纸有限公司）
云南省玉溪市江川区大街街道旧州老荒坝
邮编：652600
电话：0877－8016181、8011919
传真：0877－8016181
产品：箱纸板、瓦楞原纸

玉溪华宁昊兴纸业有限公司
云南省玉溪市华宁县宁州镇环城东路白塔山脚
邮编：653899
电话：0877－5019866
产品：铝箔衬纸、水松原纸、滤嘴棒成型纸、文化用纸

保山市

云南昌宁建星纸业有限公司
云南省保山市昌宁县漭水镇共裕村
邮编：678111
电话：15368753877
邮箱：1491212688@ qq. com
产品：书写纸、双胶纸

保山鑫盛泰纸业有限公司
云南省保山市隆阳区瓦窑镇老营村
邮编：678000
电话：0875 –2860333
产品：箱纸板、T 纸盒高强瓦楞纸

普洱市

云南云景林纸股份有限公司
云南省普洱市景谷林纸路 300 号
邮编：666400
电话：0879 –5410198、5410634、5410228
传真：0879 –5410193、5410223
网址：www. yjlzh. com
产品：针叶木浆、桉木浆、混合阔叶木浆、生活用纸

临沧市

云南双江和泰竹产业发展有限公司
(原云南双江南华化学纤维浆粕有限公司)
云南省临沧市双江拉祜族佤族布朗族傣族自治县勐省镇
邮编：677300
电话：0883 –7641916、7641888、7641578
传真：0883 –7641569
产品：溶解竹浆板

临沧南华纸业有限公司
云南省临沧市工业园区(临翔区南塘街 7 号)
邮编：677500
电话：0883 –6120555、6120567
传真：0883 –6120559
邮箱：lcnhzy@ 163. com
产品：漂白蔗渣浆、双胶纸、书写纸

红河哈尼族彝族自治州

开远市泸江纸业有限责任公司
云南省开远市建设东路 31 号
邮编：661600
电话：0873 –7223561、13808774705
产品：卫生纸、瓦楞原纸、箱纸板

云南开远市明威有限公司
云南省开远市中寨
邮编：661600
电话：0873 –7171169、13577329546
产品：双胶纸、书写纸、打字纸

云南红塔蓝鹰纸业有限公司
云南省红河哈尼族彝族自治州建水县
邮编：654300
电话：0873 –7652341
传真：0873 –7652061
网址：www. ynhtbe. com
邮箱：blue_ eagle@ ynhtbe. com
产品：卷烟纸、水松纸、滤嘴成型纸

建水春秋纸业有限公司
云南省红河哈尼族彝族自治州建水县羊街工业园区
邮编：654399
电话：0873 –78877288、13769327865
邮箱：2633168404@ qq. com
产品：包装纸板

楚雄彝族自治州

禄丰县永兴纸业有限公司
云南省楚雄彝族自治州禄丰县金山镇官洼村委会乌龟山
邮编：651299
电话：0878 –4835888、15887520014
传真：0878 –4136759
网址：www. ynyxzy. com
邮箱：lufengyongxing@ 163. com
产品：白纸板、瓦楞原纸、纸箱、纸制品

云南云泓纸业有限公司
云南省楚雄彝族自治州武定县狮山镇禄金村委会禄金工业园区
邮编：651600
电话：0878 –8871099
邮箱：763896208@ qq. com
产品：文化用机制纸及纸板制造；造纸及纸制品生产

陕西省

西安市

西安兄弟纸业有限公司
陕西省西安市长安区镐京工业园区
邮编：710100
电话：029－85800003、13484816606
传真：029－85800003
产品：A 级、C 级高强瓦楞原纸

西安市蔡伦造纸厂
陕西省西安市三桥镇北沙口村
邮编：710086
电话：029－84511080、15398080596
传真：029－84519897
邮箱：2944287917@ qq. com
产品：高强瓦楞原纸、箱纸板、白纸板、茶板纸、牛皮纸、牛皮挂面纸

陕西中港铜版纸有限公司
陕西省西安市灞桥镇东街 15 号
邮编：710024
电话：029－83613588、18966552650
传真：029－83613588
邮箱：jilljy@ 163. com
产品：铜版纸

西安市惠强纸业有限责任公司
陕西省西安市长安区镐京工业园区
邮编：710100
电话：029－85903888、13389283333
传真：029－85903666
邮箱：13389283333@ 163. com
产品：白纸板

西安秦悦实业有限责任公司
陕西省西安市西户路中段
邮编：710116
电话：029－85800308
传真：029－85800110
产品：生活用纸

宝鸡市

陕西兴翔纸业有限责任公司
陕西省宝鸡市凤翔县城东
邮编：721400
电话：0917－7251114
传真：0917－7251173
邮箱：xingxiang9810@ 163. com
产品：高强瓦楞原纸、箱纸板

陕西圣龙纸业有限责任公司
陕西省宝鸡市岐山县蔡家坡经济技术开发区西宝路龚刘工业园区
邮编：722405
电话：0917－8580189、8580821
传真：0917－8580884
网址：www. shenglong. cc
产品：牛皮箱纸板、瓦楞原纸、牛皮纸、淋膜纸、水果套袋纸、彩色封面纸、纱管纸、高强瓦楞原纸

陕西法门寺纸业有限责任公司
（原陕西扶风造纸厂）
陕西省宝鸡市扶风县城东坡路 3 号
邮编：722207
电话：0917－5213888、4008805616
传真：0917－5211131
网址：www. sxfmszy. com
邮箱：sxfmszy@ 163. com
产品：印刷纸、书写纸、有光纸、卫生纸

岐山县圣龙箱板纸有限责任公司
陕西省宝鸡市岐山县蔡家坡龚刘村
邮编：722405
电话：0917－8580095
传真：0917－8580828
产品：箱纸板

眉县恒发纸业有限责任公司
陕西省宝鸡市眉县火车站道南 6 号
邮编：722301
电话：0917－5666338、18791747800
邮箱：405222973@ qq. com
产品：有光纸、卫生纸

岐山县全兴纸业包装有限公司
陕西省宝鸡市岐山县蔡家坡另胡村
邮编：722405
电话：0917－8582968
产品：有光纸、卫生纸

宝鸡科达特种纸业有限责任公司
陕西省宝鸡市岐山县蔡家坡经济技术开发区西三路

005 号
邮编：722405
电话：0917 - 8565320
传真：0917 - 8565320
网址：www. baojikeda. com
邮箱：keda0816@ 126. com、keda0917@ 163. com
产品：引线纸、扎钞纸、热压垫纸板、覆铜纸板、胶带原纸、高透纸

宝鸡市建忠五一纸业有限公司
陕西省宝鸡市陈仓区潘溪镇杨家店
邮编：721306
电话：0917 - 6751077
传真：0917 - 6751099
邮箱：363794911@ qq. com
产品：各色半透明纸、拷贝纸、防油纸、捆纱纸、水果套袋纸

陕西科达智特新材料有限公司
（宝鸡科达特种纸业有限责任公司子公司）
陕西省宝鸡市岐山县蔡家坡镇开发区创业路北侧
邮编：722405
电话：18049380512、13488479409
产品：高效低阻熔喷材料，湿法非织造布，复合过滤材料，复合活性炭过滤材料，水过滤等材料

陕西晟腾纸业有限公司
陕西省宝鸡市眉县常兴镇常兴工业园常兴大道
邮编：722302
电话：0917 - 5632939、029 - 86398234
网址：www. sxstzy. cn
邮箱：248577011@ qq. com
产品：生活用纸

咸阳市

咸阳华西纸业有限公司
陕西省咸阳市秦都区沣东镇南关
邮编：712044
电话：029 - 33815659
邮箱：273239337@ qq. com
产品：A 级高强瓦楞原纸、C 级茶板纸

咸阳尚林纸业有限公司
陕西省西咸新区秦汉新城双照街道办大王什字向北 100 米
邮编：712042
电话：029 - 33811678
产品：纸管、纸护角、B/C 级纱管纸

陕西发电集团东方智慧能源有限公司
陕西省咸阳市武功县大庄镇陕西东方环保产业园区
邮编：712200
电话：029 - 32979060
邮箱：2381213384@ qq. com
产品：瓦楞纸浆、箱纸板

渭南市

陕西大荔安盛纸业有限责任公司
陕西省渭南市大荔县许庄镇
邮编：715105
电话：0913 - 3649292
传真：0913 - 3649525
产品：高强瓦楞原纸

蒲城县永丰利亚造纸有限责任公司
陕西省渭南市蒲城县永丰镇大浴河北段
邮编：715502
电话：0913 - 7715138、7715139
传真：0913 - 7715138
邮箱：2043291685@ qq. com
产品：高强瓦楞原纸

合阳康洁纸业有限责任公司
陕西省渭南市合阳县王村镇管家河村
邮编：715307
电话：0913 - 6712190、13572398238
传真：0913 - 6712190
产品：卫生纸

安康市

安康恒丰纸业包装有限公司
陕西省安康市汉滨区恒口镇工业区
邮编：725021
电话：0915 - 3619898
传真：0915 - 3619898
邮箱：akxp@ 163. com
产品：纱管纸、瓦楞原纸、花炮纸

甘 肃 省

兰州市

兰州红安纸业有限公司
甘肃省兰州市红古区平安镇（兰州经济技术开发区红

古园区）
邮编：730083
电话：0931－6296699
邮箱：616963615@ qq. com
产品：箱纸板

平凉市

平凉市宝马纸业有限责任公司
甘肃省平凉市四十里铺镇
邮编：744024
电话：0933－6466683、8410864
传真：0933－6466683
邮箱：969269536@ qq. com
产品：卫生纸

平凉市峡门造纸厂
甘肃省平凉市峡门乡白坡村
邮编：744022
电话：0933－8570035
传真：0933－8570035
邮箱：1055256556@ qq. com
产品：卫生纸

静宁县恒达有限责任公司
甘肃省平凉市静宁工业园区恒达路
邮编：743400
电话：0933－2587698
传真：0933－2587698
网址：www. gshdjt. com. cn
邮箱：gshdjt@ sohu. com
产品：箱纸板、包装纸箱及果品包装材料

天水市

甘肃汉辅东方纸业有限公司
（原天水东方纸业有限公司）
甘肃省天水市麦积区渭南镇南河川缑家庄 168 号
邮编：741027
电话：0938－8386311
邮箱：626300578@ qq. com
产品：箱纸板、高强瓦楞原纸

定西市

临洮县红旗包装材料有限公司
甘肃省定西市临洮县红旗乡牟家村
邮编：730500
电话：0930－7175881
邮箱：646631813@ qq. com
产品：纸及纸制品的生产、加工、销售

宁夏回族自治区

银川市

宁夏金丰源实业有限责任公司
宁夏回族自治区银川市永宁县红星桥北侧
邮编：750100
电话：0951－8018555、13709585999
传真：0951－8011578
产品：面巾纸、卫生纸

宁夏紫荆花纸业有限公司
宁夏回族自治区银川市永宁县红星桥南
邮编：750100
电话：0951－8011586、8011888、8017666
传真：0951－8014871、8013808
邮箱：zjhlxj222@ 163. com
产品：面巾纸、餐巾纸、卫生纸

宁夏美洁纸业股份有限公司
宁夏回族自治区银川市贺兰县银河东路 90 号
邮编：750200
电话：0951－8061280
传真：0951－8061553
产品：中高档面巾纸、餐巾纸、卫生纸

吴忠市

宁夏昊盛纸业有限公司
宁夏回族自治区吴忠市侯家湾
邮编：751102
电话：0953－2662116、2661726
传真：0953－2661726
邮箱：hszybgs@ 126. com
产品：书写纸、印刷纸、生活用纸

中卫市

中冶美利云产业投资股份有限公司
宁夏回族自治区中卫市柔远地区
邮编：755000
电话：0955－7679218、7679430
传真：0955－7679216
网址：www. china-meili. com
产品：书写纸、印刷文化用纸、工业包装用纸

新疆维吾尔自治区

乌鲁木齐市

新疆国之明包装股份有限公司
（原新疆沙驼股份有限公司）
新疆维吾尔自治区乌鲁木齐市米东区稻香北路 204 号
邮编：831400
电话：0991 －3379088
邮箱：554964337@ qq. com
产品：箱纸板、瓦楞原纸、瓦楞纸箱、彩印纸箱（盒）

昌吉回族自治州

昌吉市江北再生纸业有限公司
新疆维吾尔自治区昌吉回族自治州昌吉高新技术产业开发区经二路 8 号
邮编：831100
电话：0994 －2260566、2260567、13399088087
传真：0994 －2260588
产品：箱纸板、瓦楞原纸

巴音郭楞蒙古自治州

新疆中泰兴苇生物科技有限公司
新疆维吾尔自治区巴音郭楞蒙古自治州巴州库尔勒经济技术开发区开发大道 1866 号管委会孵化中心 312 室
邮编：841000
电话：0996 －8773966
邮箱：ztxwswkjyxgs@ 163. com
产品：本色苇浆板

新疆弘瑞达纤维有限公司
新疆维吾尔自治区巴音郭楞蒙古自治州巴州库尔勒经济技术开发区人才大厦 A 座 9 楼
邮编：841000
电话：0996 －2200606
网址：www. xjhrdxw. com
邮箱：hrdxw9889@ 163. com
产品：农作物秸秆循环利用

新疆弘瑞凯达纤维材料有限公司
新疆维吾尔自治区巴音郭楞蒙古自治州巴州库尔勒市上库综合产业园区上库大道东段 31 号
邮编：841000
电话：0996 －2200606
网址：www. xjhrdxw. com
邮箱：hrdxw9889@ 163. com
产品：农作物秸秆循环利用

国内造纸机械及其他相关产业企业名录

Directory of Domestic Papermaking Machinery Companies and Other Related Companies

北 京 市

北京国际浆纸交易中心有限公司
北京市朝阳区广渠路 39 号院 1 号楼
邮编：100022
电话：010－67043080、4000920806
传真：010－67043080
网址：www. bjppex. com
邮箱：service@ bjppex. com
业务：国内、国际浆纸交易综合服务平台

ABB(中国)有限公司
ABB 制浆造纸部
北京市朝阳区酒仙桥路 10 号恒通广厦 B7-3
邮编：100015
电话：010－84566688
传真：010－64231613
网址：www. abb. com. cn
产品：电力、自动化技术

维美德造纸机械技术(中国)有限公司北京分公司
北京市朝阳区东三环北路 19 号中青大厦 601
邮编：100022
电话：010－65662568
传真：010－65662567
网址：www. valmet. com
产品：造纸机械

安德里茨(中国)有限公司北京分公司
(原奥地利安德里茨股份有限公司北京代表处)
北京市朝阳区光华路 7 号汉威大厦西区 18 层
邮编：100004
电话：010－85921616
传真：010－85921515
网址：www. andritz. com
邮箱：wenchao. gao@ andritz. com
产品：制浆造纸设备

霍尼韦尔(中国)有限公司北京办事处
北京市朝阳区酒仙桥路 14 号甲 1 号楼 1 楼
邮编：100015
电话：010－56696000
传真：010－64103414、64103420
网址：www. honeywellps. com. cn
邮箱：jiangqi. han@ honeywell. com
产品：自动化控制系统、传感器与控制元件

芬兰温德造纸湿部技术公司北京代表处
北京市朝阳区建国路 118 号楼 7 层 708 室
邮编：100022
电话：010－59233822、59233823
传真：010－65662723
网址：www. wetend. com
邮箱：min. zhang@ wetend. com
产品："创捷"化学品混合添加技术及装备

舍弗勒贸易(上海)有限公司北京分公司
北京市东城区东直门南大街 1 号北京来福士中心办公楼 20 层 01 室
邮编：100020
电话：010－65150288、0512－53958496
传真：010－65123433
网址：www. schaeffler. com
邮箱：huangnna@ schaeffler. com
产品：工业轴承

瑞士 BMB 公司
北京市建国门内大街 18 号恒基中心 2 座 10 层
邮编：100005
电话：010－85198688
传真：010－85198699
网址：www. bmbag. ch
www. kroenert. de
邮箱：info@ bmbag. ch
产品：造纸机械

斯普瑞喷雾系统(上海)有限公司北京分公司
北京市朝阳区高井文化园 8 号东亿国际传媒产业园 C2 座 1 层
邮编：100025
电话：010－68562800、65104855
传真：010－68561036
网址：www. spray. com
邮箱：beijing@ spray. com. cn
产品：喷嘴

北京恒捷科技有限公司
北京市房山区周口店镇瓦井村西
邮编：102453
电话：010－88504592
传真：010－88504092
网址：www. hengjietech. com
邮箱：bjhj@ hengjietech. com
产品：轻重质除渣器及除渣器备品配件、废纸制浆生产线的工艺设计及设备配套、废水处理气浮设备、纤

维回收弧形筛、流浆箱孔板的设计和制造、技术咨询以及安装调试等工程项目

北京春辉新吉造纸机械厂
北京市石景山区吴家村路京城新能源(原华电大楼)108 室
邮编：100040
电话：010 - 83863951
邮箱：bjld88@ 163. com
产品：高浓盘磨机、热磨机、磨片

北京伟伯康科技发展有限公司
北京市大兴区北京经济开发区经海四路 11 号院 3 号楼 5 层
邮编：100176
电话：010 - 87220127
传真：010 - 62641332
网址：www. webcon-tech. com
邮箱：sales@ webcon-tech. com
产品：DFE 张力控制器

北京协力旁普包装制品有限公司
北京市大兴区旧宫镇工业园区北西甲 1 号
邮编：100076
电话：010 - 87962699
传真：010 - 87962476
邮箱：dxh8796@ 126. com
产品：纸浆模塑工业包装、餐具

北京高中压阀门有限责任公司
北京市平谷区马昌营镇马昌营村古槐路 80 号
邮编：101214
电话：010 - 69983388、18910579770
传真：010 - 61985892
网址：www. bvc. cc
邮箱：18901352922@ 163. cc
产品：阀门

中国联合装备集团公司
北京市西城区西黄城根南街 33 号
邮编：100032
电话：010 - 66075588
传真：010 - 66052828
网址：www. cnue. com. cn
邮箱：cnue@ cnue. com. cn
产品：纸机、APMP 设备、纸机配件

中国轻工机械协会
北京市西城区阜成门外大街乙 22 号
邮编：100833
电话：010 - 66039347、66073257、66052272
传真：010 - 66031224、66052242
网址：www. clima. org. cn
邮箱：clima@ clima. org. cn
业务：行业标准制定、产品认证及科学成果鉴定

中国制浆造纸研究院有限公司
北京市朝阳区望京启阳路 4 号院中轻大厦
邮编：100102
电话：010 - 64778000
传真：010 - 64778001
网址：www. cnppri. com
邮箱：bgs@ cnppri. com、kb@ cnppri. com
业务：造纸工业标准化、质量监督检验、信息服务等行业技术管理工作

国家林业和草原局林产工业规划设计院
中国林业工程咨询公司
北京市东城区朝内大街 130 号
邮编：100010
电话：010 - 85128008
传真：010 - 85128008
网址：www. cfecc. com
业务：工程咨询、工程设计、工程监理、工程总承包

中国轻工建设工程有限公司
北京市丰台区洋桥北里甲 6 号
邮编：100077
电话：010 - 67247882、67247879
传真：010 - 67247882
网址：www. clcc. com. cn
邮箱：clcchyb@ 163. com
业务：工程咨询、监理、总承包

中国中轻国际工程有限公司
北京市朝阳区白家庄东里 42 号
邮编：100026
电话：010 - 65826121、65826125、65826118、65826358
传真：010 - 65823590
网址：www. bcel-cn. com
邮箱：cliec@ cliec. cn
业务：造纸工程咨询、设计、监理、项目管理、工程总承包

中冶京诚工程技术有限公司
北京市经济技术开发区建安街 7 号
邮编：100176
电话：010－67835133
传真：010－67835130
网址：www. ceri. com. cn
业务：造纸工程咨询、设计、监理、项目管理、工程总承包

中招国际招标有限公司
北京市海淀区学院南路 62 号中关村资本大厦
邮编：100081
电话：010－62108062
传真：010－61954100
网址：www. cntcitc. com. cn
业务：代理招标、政府采购

中国国际工程咨询有限公司
北京市海淀区车公庄西路 32 号中咨大厦
邮编：100048
电话：010－68733109
网址：www. ciecc. com. cn
邮箱：wangzhan@ ciecc. com. cn
业务：工程咨询

中国技术进出口总公司
北京市丰台区西三环中路 90 号通用技术大厦 16－22 层
邮编：100055
电话：010－63349206、63349195
传真：010－63373713
网址：www. cntic. com. cn
邮箱：cntic@ cntic. genertec. com. cn
业务：引进大型制浆和纸机成套设备、造纸设备制造技术

中国包装进出口有限责任公司
（原中国包装进出口总公司）
北京市朝阳区东三环北路 3 号幸福大厦 B 座
邮编：100027
电话：010－64616359、64616369
传真：010－64616437
网址：www. chinapack. net
邮箱：biz@ chinapack. net、cpmail@ chinapack. net
业务：包装材料、机械进出口贸易

中国纸张纸浆进出口有限公司
北京市朝阳区劲松九区 910 号
邮编：100021
电话：010－87763308、87763331
传真：010－67747294
网址：www. chinalight. com. cn
邮箱：info@ cnppc. com
业务：纸浆、纸张、木材进出口贸易

颇尔（中国）有限公司
（原颇尔过滤器（北京）有限公司）
北京市经济开发区宏达南路 12 号
邮编：100176
电话：010－87225588
传真：010－67802329、67802328
网址：www. pall. com
邮箱：china_ls@ ap. pall. com
产品：过滤器

中国国旅贸易有限公司
北京市朝阳区永安东里通用国际中心 A 座 19 层
邮编：100022
电话：010－58793322
传真：010－58793093
网址：www. cittc. com. cn
邮箱：cittc@ mx. cei. gov. cn
产品：SC、LWC、铜版纸、双胶纸、白卡纸、牛皮卡纸

美国纸源有限公司北京办事处
北京市海淀区花园东路 30 号 5204 室
邮编：100083
电话：010－62360817
传真：010－62365579
经营：不干胶纸、硅油纸、涂塑原纸、铜版纸

北京浩宇星光纸业有限公司
北京市永定门外沙子口西革新里 120 号
邮编：100077
电话：010－87258232
传真：010－67248325
经营：办公、文化、制图系列用纸

北京文满原纸业有限责任公司
北京市怀柔区迎宾南路 11 号五幢二层 2213 室
邮编：100410
电话：010－67229598、67224105、13311106684
邮箱：436077184@ qq. com
经营：厂家代理

北京汇森纸制品有限公司
北京市朝阳区黑庄户乡大鲁店一村南临 38 号
邮编：100121
电话：010 – 87694995
传真：010 – 87697826
邮箱：wanglei@ hsxpaper. com
经营：日本纪州纸、黑卡纸、彩狐色花纹纸、彩狐珠花纸、牛皮纸

北京市华伦纸业有限公司
北京市朝阳区双柳北街 1 号院 4 号楼 3 层 303
邮编：100023
电话：010 – 67073493
传真：010 – 67379442
经营：胶版纸、书写纸、轻型纸及纸浆

北京兴普森商贸有限公司
北京市门头沟区大峪小河滩 1 号
邮编：102300
电话：010 – 63363371、13901224404
传真：010 – 63367723
邮箱：394116352@ qq. com
经营：牛皮纸、白牛皮纸、黄牛皮纸

北京云中赢纸业有限公司
北京市通州区工业开发区云杉南路 17 号 3 幢 1027 号
邮编：101100
电话：010 – 69281750、13301388991
传真：010 – 69281750
邮箱：23743819@ qq. com
经营：铜版纸、灰纸板、书写纸

北京坤隆纸业有限公司
北京市房山区韩村河镇西南章村
邮编：102406
电话：010 – 61320196
传真：010 – 61320058
邮箱：klzy0196@ 163. com
经营：纸制品

北京巨鑫华瑞工贸有限公司
北京市通州区马驹桥镇景盛南二街 15 号(北区四号厂房)
邮编：101102
电话：010 – 56370772/3/4/5
传真：010 – 56370779
产品：造纸用全不锈钢饰面辊(防伪水印辊)及网部脱水元件

北京高科物流仓储设备技术研究所有限公司
北京市海淀区长春桥路 5 号 10 – 906#
邮编：10009
电话：010 – 82561876
传真：010 – 82563983
网址：www. gaoke. com
产品：自动化立体仓库物流仓储设备系统

北京绿恒科技有限公司
绿恒(北京)环保工程有限公司
北京市大兴区荣华中路 10 号亦城国际 B 座 15 层
邮编：100176
电话：010 – 57780008
传真：010 – 57780555
网址：www. bjlvheng. com
邮箱：bjlvheng@ bjlvheng. com
产品：水污染治理技术

北京和利时智能技术有限公司
北京经济技术开发区地盛中路 2 号院
邮编：100176
电话：010 – 58981588
传真：010 – 58981558
网址：www. hollysys. com
邮箱：shangchunxia@ hollysys. com
产品：工业自动化系统

中科骏驰精密仪器(北京)有限公司
北京市顺义区彩祥东路哈镘工业园(北京总部)
邮编：101399
电话：010 – 60418677　13910788797
网址：www. bjzkbr. com
邮箱：brxk2015@ hotmail. com
经营：实验室仪器设备研制开发、技术规划、系统制造、市场销售、工程安装

上海思百吉仪器系统有限公司北京分公司
北京市石景山区鲁谷路 74 号中国瑞达大厦 F908 房间
邮编：100040
电话：010 – 53236888
传真：010 – 53236999
网址：www. spectris. com. cn
经营：各类精密在线测量仪器、精密过程控制及测量仪器仪表及传感器和配件

司迈实科技(北京)有限公司
北京市顺义区南法信镇金关北二街 3 号院 3 号楼 6 层 629

邮编：101316
电话：010 - 64678405
邮箱：1229255321@ qq. com
经营：电子产品、机械设备、电气设备

北京恒诚誉科技有限公司
北京通州区武兴路
邮编：101107
电话：010 - 52337141
网址：bjhcykj. onwsw. cn
产品：制浆造纸试验、检测设备的开发及销售

北京延中兴业科技有限公司
北京市丰台区西三环南路首科大厦 9 层 914 室
邮编：100073
电话：010 - 62121306
网址：www. bjyzxy. com
邮箱：2638248667@ qq. com
经营：数码蓝图纸、工程纸、绘图纸、描图纸、硫酸纸、晒图纸、铜版纸、皮纹纸、复印纸

北京赛富威环境工程技术有限公司
北京市丰台区南四环西路 188 号总部基地十五区 17 栋四层
邮编：100070
电话：010 - 53025590
传真：010 - 53069604
网址：www. selfway. com. cn
邮箱：info@ selfway. com. cn
经营：污水处理

北京优派特科技发展有限公司
北京市海淀区西四环北路 160 号 2 层一区 210
邮编：100142
电话：010 - 88505660
传真：010 - 88504465
邮箱：guiguo. xu@ uptgroup. cn
经营：热喷涂服务、辊子大修服务

北京格贝而分切技术有限责任公司
北京市建国门内大街 7 号光华长安大厦 A 座 311 室
邮编：100005
电话：010 - 65188535
传真：010 - 65188535
网址：www. goebel-ims. com
邮箱：caobing@ goebel-beijing. cn
产品：T2 系列、RA2 机型、OPTISLIT 机型分切复卷机

中以艾瑞(北京)流体控制设备有限公司
北京市朝阳区常通路 4 号院 1 号楼 12 层 2 单元 1501
邮编：100024
电话：010 - 85913199
网址：www. arivalves. cn
邮箱：julie@ arivalves. cn
产品：流体控制设备

康吉诺(北京)科技有限公司
北京市海淀区阜成路 115 号丰裕写字楼 C 座三层 306
邮编：100048
电话：010 - 82614047　15689188791
传真：010 - 82614057
网址：www. reliability. cc
邮箱：liumingjin@ reliability. cc、service@ reliability. cc
产品：ME140 系列综合分析仪、ME150 系列设备数据采集仪、ME170-1 通用设备的在线监测与诊断分析系统

芬兰 ACA 系统有限公司北京代表处
北京市朝阳区建东苑 18 号楼 401 内 4015A 室
邮编：100024
电话：13910566284
网址：www. aca-bj. com
邮箱：jeff@ aca. fi
经营：造纸涂料分析仪器和纸张透气度分析仪器

北京亦海科泵业科技有限公司(北方基地)
北京市亦庄经济技术开发区
邮编：100176
电话：010 - 57407706、13811118066
传真：010 - 57407706
网址：www. bjbkf. com
邮箱：tra263@ 263. net
产品：专业从事滞止增压节能泵、旋转喷射泵(又称皮托管泵)等特种泵研究、开发、设计、生产、制造

埃弗斯科技(北京)有限责任公司
北京市丰台区丰管路 22 号院 12 幢 213 - 1 室
邮编：100071
电话：13581704463
网址：www. kroenert. de
邮箱：44828616@ qq. com
经营：柔性基材复合和涂布的生产线

深圳市联欧贸易发展有限公司北京分部
北京市东城区朝内大街 188 号鸿安国际商务大厦 B402
邮编：100010

电话：010－65171131
传真：010－65171141
网址：www. euro-me. com
邮箱：euromeBJ@ euro-me. com
经营：驱动传动、流体控制、液压气动、工厂自动化等

伊顿工业过滤(上海)有限公司北京办事处
北京市朝阳区建国门外大街 8 号国际财源中心 IFC 大厦 9 层
邮编：100022
电话：010－59259428
传真：010－59259213
网址：www. eaton. com. cn
邮箱：filtration@ eaton. com
产品：造纸过滤设备

思智浆纸贸易(北京)有限公司
北京市朝阳区朝外大街 19 号华普国际大厦 815 房
邮编：100020
电话：010－85321720
邮箱：alphonsevvv@ 163. com
经营：纸张和纸浆的批发

丹佛斯(天津)有限公司北京朝阳分公司
北京市工体北路甲 2 号盈科中心 A 栋 20 层
邮编：100027
电话：010－85352588
网址：www. danfoss. com/zh－cn
邮箱：hujingjing@ danfoss. com
产品：变频器

莱克勒(天津)国际贸易有限公司
北京市朝阳区东三环北路 8 号亮马河大厦 2 座 418 室
邮编 100004
电话：010－84537968
传真：010－84537458
网址：www. lechler. com. cn
邮箱：alice@ lechler. com. cn
产品：制浆造纸设备喷淋系统；喷嘴产品

加拿大 UMT 公司中国代表处
北京市朝阳区东三环北路 3 号 B 座 1105
邮编：100004
电话：010－83682408
网址：www. umtresearch. com
邮箱：support@ umtresearch. com
产品：生活用纸皱纹质量分析仪、纤维形态分析仪

杰为造纸技术服务(北京)有限公司
北京市朝阳区广顺北大街五号院内 32 号内 B 座四层 B4029
邮编：100102
电话：18911585848、1811179040
网址：www. pp-cleantech. com
邮箱：1079039894@ qq. com
经营：技术推广服务；销售化工产品、机械设备等

北京格兰特膜分离设备有限公司
北京市顺义区空港工业区 A 区天柱西路 12 号院 2 号楼
邮编：101312
电话：010－84591818
传真：010－61468759
网址：www. grantwater. com
邮箱：sales@ grantwater. com
产品：膜法水处理和污水深度处理设备

北京万丰力技术有限公司
北京丰台区方庄一号院 717 室
邮编：100079
电话：010－67630569
传真：010－67635869
网址：www. wanfpower. com
邮箱：info@ wanfpower. com
产品：制浆造纸工业的流送设备、研发、加工制造和检测检验设备

北京科尔康安全设备制造有限公司
北京市大兴区经济技术开发区经海四路 156 号院 7 号楼 3 层
邮编：102600
电话：010－67870335
传真：010－67874879
网址：www. crowcon. com. cn
邮箱：Kate. li@ crowcon. com. cn
产品：工业用安全环保检测报警仪器

北京远东仪表有限公司
北京市东城区和平里北街 6 号
邮编：1000013
电话：010－64513777
网址：www. bjfeic. com
邮箱：xingjianmei@ bjfeic. com
产品：压力、温度、流量、物位等测量仪表

介可视(北京)机电技术有限公司
北京市通州区梨园龙湖蔚澜香醍
邮编：101100
电话：010－80818916/133/1111/8171
传真：010－80818991
网址：www. jiekes. com
邮箱：china@ jiekes. com
产品：固体物料湿度测量系统，固体流量计测量系统，料仓料位监测，粉尘浓度检测系统

中轻纸品检验认证有限公司
北京市朝阳区启阳路4号院2号楼3层306
邮编：100102
电话：010－64778057
邮箱：xiehaowei@ cnppri. com
业务：检测服务；技术检测、计算机系统服务；技术咨询、技术转让、技术推广、技术服务、技术开发

北京菲波安乐仪表有限公司
北京市昌平区马池口镇昌流路738号16号楼208室
邮编：102200
电话：010－64881196
网址：www. fipor. com. cn
邮箱：yabingshen@ 163. com
产品：流量测量仪表

北京市科学技术研究院资源环境研究所
(原轻工业环境保护研究所)
北京市海淀区西三环北路27号北科大厦6层
邮编：100089
电话：010－68429771、68472740
传真：010－68456027
北京市海淀区中关村翠湖科技园云中心1号院17号楼
邮编：100095
电话：010－62404602、68430273
传真：010－62455722
北京市朝阳区北苑路28号院北科创业大厦6层
邮编：100101
电话：010－68450322、84450973
邮箱：office@ irebjast. ac. cn
网址：www. irebjast. ac. cn
业务：污/废水资源化处理、土壤及生态修复、固废综合治理、VOCs及恶臭污染治理、碳减排等关键技术开发及相关政策、标准研究工作，在高浓度有机废水厌氧发酵处理、工业废水深度处理及工业节水、重金属废水资源化处理、有机固废资源化利用等

天 津 市

斯普瑞喷雾系统(上海)有限公司天津办事处
天津市和平区南京路189号津汇广场1座3203室
邮编：300051
电话：022－27126918
传真：022－27126928
网址：www. spray. com
邮箱：tianjin@ spray. com. cn
产品：喷嘴

丹佛斯(天津)有限公司
天津市武清开发区5号路
邮编：301700
电话：022－82126400、82197102
传真：022－82126407
网址：www. danfoss. com/china
产品：变频器

天津市轻工业机械厂
天津市西青区西青道杨柳青
邮编：300380
电话：022－27392930
传真：022－27390401
邮箱：13072263696@ 163. com
产品：制浆设备、碱回收设备

天津市华星工业用呢新技术开发有限公司
天津市南开区玉泉路岳湖道18号
邮编：300193
电话：022－27372507、27379962
传真：022－27372507、27495045
产品：造纸用呢、工业用呢

天津派佳科技有限公司
(原天津派普伟业造纸科技有限公司)
天津市南开区航海道金航大厦2-4-802(科技园)
邮编：300192
电话：022－87898375、13002238499
邮箱：tjpaper@ gmail. com
产品：特种纸技术、造纸设备及材料

天津市中天宏大纸业有限公司
天津市北辰区小淀镇刘安庄工业园区佳丰道22号
邮编：300402
电话：022－26991089、15302051563
邮箱：stlh163@ sina. com

产品：标签、热熔胶涂布机、不干胶材料分切机

天津市轻工业设计院
天津市南开区长江道 179 号
邮编：300193
电话：022－27380422
传真：022－27380423
网址：www. tlidi. com
邮箱：jy@ tlidi. com
业务：工程总承包、工程咨询、工程设计、工程管理、工程监理

国家轻工业纸张质量监督检测天津站
天津市津南区辛庄工业园区发港路
邮编：300350
电话：022－88823003
业务：一般纸张类、纸浆检测

天津市禹晖科技有限公司
天津市华苑产业区鑫茂科技园 D2 座五层 C 单元 03 室
邮编：300081
电话：022－27373367
传真：022－27373367
邮箱：yuhuikeji@ sina. com
产品：气浮器

威宁(天津)国际贸易有限公司
天津市天津港保税区经贸区 3－5 号地 2 层 228 号
邮编：300400
电话：022－26992657、13516294058
传真：022－26997093
邮箱：gracezhang_99@ sina. com
产品：硅油纸、不干胶、美纹纸、过滤纸、彩喷纸、照相纸、热敏纸、白卡纸、无尘纸

天津中包进出口有限责任公司
天津市河西区宾水道 9 号
邮编：300061
电话：022－28372580、28130663
传真：022－28371678
网址：www. ticpack. com
经营：白纸板、进口白纸板、进口牛皮卡纸、进口胶版纸

天津力天世纪国际贸易有限公司
天津市河西区大沽南路 501 号恒华大厦 1－1505
邮编：300202
电话：022－58196268、8071809、15902240996
传真：022－58196298
经营：箱纸板、PP 膜卡纸、无碳复写原纸、涂层胶版纸、OCR 纸、布纹铜、玻璃铜版卡纸、白卡纸、防湿纸

天津市俄林浆纸商贸有限公司
天津市北辰区万科新城
邮编：300402
电话：022－26300100、13902171165、66530937
传真：022－26300100
经营：废纸、卫生纸切边、桉木浆、漂白针叶木浆、竹浆、本色浆、硬杂木

天津德宝民丰纸业有限公司
天津市津南区津南开发区中宏道 10 号
邮编：300350
电话：022－28246627
传真：022－28222923
邮箱：tjdebaominfeng@ sina. com
经营：进口牛卡纸、木浆等优质包装及造纸原料

亿昇(天津)科技有限公司
天津市经济技术开发区睦宁路 160 号(一期厂房)
邮编：300450
电话：022－65185228
传真：022－65185230
网址：www. esurging. com
邮箱：sc@ esurging. com
产品：磁悬浮轴承

天津奥特泵业有限责任公司
天津市西青区新技术产业园区海泰信息广场 B 座 811－812
邮编：300392
电话：022－83972201、28566379
传真：022－83972202、28568169
网址：www. tjaote. cn、www. aotegroup. cn
邮箱：tjaote@ 163. com
天津市津南区双桥河工业园欣旺路 2 号(厂区地址)
产品：潜水泵、潜水电机、潜油电泵机组及特种潜没电泵

天津市鼎铭造纸机械有限公司
天津市海河工业区聚兴道 9 号 8205
邮编：300350
电话：022－88510928、88510958

邮箱：374425948@ qq. com
产品：造纸机械

天合新源(天津)能源科技有限公司
天津市津南区双港镇总部经济产业园 302、306 室
邮编：300350
电话：18622170963
网址：654143893@ qq. com
经营：农作物秸秆处理及加工利用服务、纸制品制造

河 北 省

石家庄市

石家庄永潮机械科技有限公司
河北省石家庄高新区天山大街 266 号
邮编：050035
电话：0311 －68078527
传真：0311 －85830526
网址：www. coating-rods. com
邮箱：yongchaomt@ aliyun. com
产品：涂布刮棒、计量棒等

石家庄纺织机械有限责任公司
河北省石家庄市新华区太保路 9 号
邮编：050061
电话：0311 －83817245、83817104、13703113912
网址：www. sjzfzjx. com
邮箱：sales@ sjzfzjx. com
产品：造纸成型网织机、干网类织机、特种网织机、造纸毛毯底网织机

唐山市

唐山天兴科技有限公司
河北省唐山市开平区现代装备制造工业区南路
邮编：063000
电话：0315 －6322550、6322551、8086688
传真：0315 －6322552
网址：www. txtech. cn
邮箱：csy@ txtech. cn、tstxhb@ sina. com
产品：CQF 气浮系统

邯郸市

临漳县建安造纸设备配件厂
河北省邯郸市临漳县工贸新区
邮编：056600
电话：0310 －7999289、7998508
邮箱：y7868025@ 126. com
产品：各种机械配件、铸造、制造、加工

临漳县光辉造纸设备配件有限公司
河北省邯郸市临漳县临漳镇东关村南
邮编：056600
电话：0310 －7997999、18503103331
产品：造纸设备配件制造

邯郸市达南科机械科技有限公司
河北省邯郸市经济开发区
邮编：056107
电话：0310 －6097251、18231031034
网址：www. hddnk. com
邮箱：dnkroller@ 126. com
产品：表面包胶弧形辊、金属面弧形辊、中高可调弧形辊

保定市

高阳县津联工业用呢有限公司
河北省保定市高阳县城东 2 公里路北
邮编：071500
电话：0312 －6602373
传真：0312 －6603733
邮箱：hjz2345@ sina. com
产品：工业用呢

保定市晨光造纸机械有限公司
河北省保定市北二环路 699 号
邮编：071051
电话：0312 －3173685、3530191、3173703
传真：0312 －3172452
邮箱：chenguangjixie@ 126. com
产品：造纸设备、废水处理工程

保定市华光机械有限公司
河北省保定市周庄村东
邮编：071051
电话：13730258371、15033241111
邮箱：bdhffdc@ 163. com
产品：生活用纸加工设备

保定市晨光环保设备厂
河北省保定市隆兴西路 3132 号
邮编：071051
电话：0312 －5555518

传真：0312－5955517
邮箱：duying101@126.com
产品：TWC 系列同向流净水器及纤维回收、脱泥设备

保定市中通泵业有限公司
河北省保定市南二环 2162－8 号
邮编：071000
电话：0312－2138886、8920037
传真：0312－2138887
网址：www.zhongtongpump.com
邮箱：pump@zhongtongpump.com
产品：泵

保定市新市区宏宇制辊厂
河北省保定市七一西路徐庄村
邮编：071025
电话：13831235080
网址：www.hongyuzhigun.com
邮箱：hongyuzhigun@126.com、370960190@qq.com
产品：钢花辊、羊毛辊、钢对钢棍、网纹辊、木浆板辊、镜面辊、胶辊、皮革辊、铝箔辊、齿轮大型工件镀铬等各种机械配件

河北程跃泵业有限公司
河北省安国市路景水泵工业区景旺路 8 号
邮编：071200
电话：0312－3426976、3421088
传真：0312－3428285
网址：www.hbcyby.cn、www.chengyuepump.com
邮箱：632469545@qq.com
产品：泵

沧州市

沧州市通用造纸机械有限责任公司
河北省沧州市经济技术开发区东海路 33 号
邮编：061000
电话：0317－3098909、13903175832
传真：0317－3098909
产品：磨浆机

东光县东兴纸箱机械厂
河北省沧州市东光县城南古树于工业区
邮编：061001
电话：0317－7752228
传真：0317－7752228
产品：各种纸箱、包装机械

官厅特种工业用呢厂
河北省沧州市沧县官厅乡
邮编：061029
电话：0317－4058201、13930740088
产品：造纸毛毯

河北爱美德网带有限公司
（原东光县造纸网厂）
河北省沧州市东光县找王镇后屯
邮编：061600
电话：0317－7780800、7780610、7725002
传真：0317－7780610
网址：www.amitywd.com
邮箱：amity@vip.163.com
产品：造纸网

青县晟能机械制造有限公司
（原青县拓实新兴冲筛有限公司）
河北省沧州市青县城东觉道庄老子湖工业区
邮编：062650
电话：0317－4087374、13703272860
传真：0317－4087027
网址：www.tsxxcs.cn
邮箱：root@tsxxcs.cn
产品：筛板

河北鑫田纸箱机械制造有限责任公司
河北省沧州市东光城南 104 国道 291.5 公里处
邮编：061600
电话：0317－7751508、7592665
传真：0317－7592660
网址：www.hb-xt.com
产品：纸箱机械设计制造

兴隆纸箱包装机械有限公司
河北省沧州市东光县开发区
邮编：061600
电话：0317－7751029、15233272281
传真：0317－7751929
网址：www.xljxgs.com
邮箱：dgxlzxjx@163.com
产品：各类纸箱设备

廊坊市

东纶科技实业有限公司
河北省廊坊经济技术开发区汇源道 8 号
邮编：065001

电话：0316－6086145、6071866、6087699、6071870
传真：0316－6088171
网址：www. eastex-china. com
邮箱：eastex@ eastex-china. com
产品：涤纶、黏胶、锦纶、丙纶等原料的水刺非织造布

固安安腾精密筛分设备制造有限公司
河北省廊坊市固安南开发区
邮编：065500
电话：0316－5958637
传真：010－58411881
网址：www. adsf. com. cn
邮箱：wudongli@ tfscreen. com
产品：筛鼓、筛板

廊坊亚松矿业机械有限公司
河北省廊坊市香河县香河渠口镇通唐公路北工业区
邮编：065401
电话：0316－8617589、13833695621、13784790731
传真：0316－8617599
网址：www. yatho. cn
邮箱：lfyasong@ 126. com
产品：球磨机、涡轮分级机（碱回收白泥制备轻质碳酸钙）

衡水市

河北鹤煌网业股份有限公司
河北省衡水市安平县高新技术产业开发东区经五路21号
邮编：053600
电话：0318－7524840、13803182568
传真：0318－7520806
网址：www. hbhehuang. com
邮箱：hbhhwy@ 163. com
产品：造纸网

河北华强网业有限公司
河北省衡水市枣强县肖张镇
邮编：053100
电话：0318－8489236、8481888
传真：0318－8489288
网址：www. hbhuaqiang. com
邮箱：13903283535@ 163. com
产品：造纸网

河北亚华胶辊集团有限公司
河北省冀州市兴华南大街1666号
邮编：053200
电话：0318－6829928、8629918
传真：0318－6829956
网址：www. yahuajiaogun. com
邮箱：yahua999999@ sina. com
产品：造纸、冶金用胶辊

深州市王家井东斌胶件加工厂
河北省深州市王家井镇王庄
邮编：053873
电话：0318－3465347
产品：造纸橡胶、尼龙制品

河北亚圣实业股份有限公司
河北省衡水市枣强县富强路
邮编：053100
电话：0318－8233059
传真：0318－8233059
网址：www. hbyasheng. cn、www. hbyasheng. com
邮箱：sale@ hbyasheng. com
产品：刮刀

河北衡水长虹包装装潢有限公司
河北省衡水市南环东路远翔胡同68号
邮编：053000
电话：0318－2123321
传真：0318－2123321
经营：各种规格彩色印刷包装纸箱、纸盒、商标

河北宏泽锅炉制造有限责任公司
河北省衡水市饶阳工业园区
邮编：053900
电话：0318－7251898、7257858、7251888
传真：0318－7251818、7251808
网址：www. hbhongze. com
邮箱：hongze@ hbhongze. com
产品：压力容器的设计、制造、安装和技术咨询服务

河北枣强鼎好玻璃钢有限公司
河北省衡水市枣强县平原东街79号
邮编：053100
电话：0318－8233379
传真：0318－8229791
网址：www. hbzqdh. com
邮箱：hbzqdh@ 163. com

产品：制造各类清洁刮刀、夹具改造等一系列配套装置

河北宇之星科技开发有限公司
河北省衡水市枣强县城胜利南路 1001 号
邮编：053100
电话：0318－8223685
传真：0318－8235697
网址：www. hbyuzhixing. com
邮箱：hbyuzhixing@ 163. com
产品：刮刀系列、脱水元件系列

博索尼(河北)货叉制造有限公司
河北省衡水市景县龙华镇工业区
邮编：053511
电话：0318－5385388
网址：www. bolzoni-auramo. com. cn
邮箱：sales@ bolzoni-auramo. com. cn
产品：叉车

河北博星胶辊有限公司
河北省衡水市滨湖新区彭杜乡南赵常村
邮编：053000
电话：13803189996
产品：胶辊

承德市

承德市荣威电子有限公司
河北省承德市双滦区承德昌升现代商贸城 C 区 12 栋 12 号、13 号
邮编：067000
电话：13832440486、13293237776
邮箱：2570805503@ qq. com
产品：生产轴封水流量开关、金属管浮子(转子)流量计、电磁流量计、靶式流量开关、液位(压力)变送器、磁翻板液位流量计、浮筒液位(界位)计等

承德菲时博特自动化设备有限公司
河北省承德市上板城电子工业园区
邮编：067411
电话：0314－5935292/3/4
传真：0314－5935291
网址：www. fischer-porter. cn
邮箱：fischerporter@ 126. com
产品：多孔平衡流量计、楔形流量计、阿牛巴流量计、矩针管流量计、插入式电磁流量计、旋进旋涡流量计、电磁流量计、涡街流量计、金属转子流量计、流量开关、节流装置等测控产品

山　西　省

太原市

太原福莱瑞达物流设备科技有限公司
山西省太原市综改示范区太原学府园区长治路 226 号高新动力港 306 号
邮编：030032
电话：0351－7593615
传真：0351－7593510
网址：www. fortucky. cn
邮箱：tyflrd@ 126. com
产品：智能仓储设备及系统

晋中市

山西轻工机械厂
山西省晋中市榆次区经纬路 136 号
邮编：030600
电话：0354－2425934、13303544343
产品：造纸机械设备

内蒙古自治区

呼和浩特市

内蒙古轻纺工业设计研究院有限责任公司
内蒙古自治区呼和浩特市新城区艺术厅南街 82 号怡海明苑 B 座 3 楼
邮编：010010
电话：0471－6923184、6924816
邮箱：328021915@ qq. com
业务：工程咨询、工程设计

内蒙古运筹工贸有限责任公司
内蒙古自治区呼和浩特市赛罕区呼伦贝尔南路东达城市广场 11 楼
邮编：010010
电话：0471－4972179
传真：0471－4928061
网址：www. ych-itc. com
邮箱：wuyue5510@ 163. com
业务：俄罗斯色楞格可制浆造纸厂产品色楞格牛卡纸

呼伦贝尔市

满洲里市三都纸业有限公司
内蒙古自治区满洲里市市北区国旅秋林综合楼 6 单元 402 室
邮编：021400
电话：0470－6233883
产品：进出口贸易

巴彦淖尔市

天合新源(巴彦淖尔市)生物科技发展有限公司
内蒙古自治区巴彦淖尔市乌拉特前旗工业园区管委会大楼 321
邮编：014409
电话：13752276263
网址：654143893@ qq. com
经营：新能源技术、节能环保技术、设备

辽 宁 省

沈阳市

辽宁飞鸿达蒸汽节能设备有限公司
辽宁省沈阳市抚顺经济开发区沈东二路 60 号
邮编：113122
电话：024－54319988、54319989
传真：024－54319990
网址：www. lnfhd. com
邮箱：syfhd@ 163. com
产品：纸机烘干热泵、蒸球乏汽回收成套装置、热泵式凝结水回收装置

沈阳春光造纸机械有限公司
(原沈阳市造纸机械厂)
辽宁省沈阳市于洪区洪汇路 177 号
邮编：110141
电话：024－89362156、89361260
邮箱：1253845408@ qq. com
产品：浆泵、卫生纸机、压力泵、真空泵、除渣器

沈阳斯沃电器有限公司
辽宁省沈阳市大东区蒲裕路 22 号
邮编：110122
电话：024－86413322
传真：024－28288803
网址：www. siwo. com. cn
业务：研发、设计、生产和销售低压电器

上海思百吉仪器系统有限公司沈阳分公司
辽宁省沈阳市沈河区北站路 61 号财富中心 A 座 1718 室
邮编：110013
电话：024－31051770
网址：www. spectris. com. cn
业务：各类精密在线测量仪器、精密过程控制及测量仪器仪表及传感器和配件

斯普瑞喷雾系统有限公司沈阳办事处
辽宁省沈阳市沈河区友好街 10 号新地中心 1 号楼 3504 室
邮编：100123
电话：024－23286590
传真：024－23286249
网址：www. spray. com. cn
产品：喷嘴

大连市

大连迈仕通机械有限公司
辽宁省大连市金州工业配套园区银泉街 3 号
邮编：116100
电话：0411－87663998
传真：0411－87663938
网址：www. microstone. com
邮箱：2003@ microstone. com
产品：超微粉新型竖式立磨机、超微湿式研磨机、高效气流式分级系统、全自动精密过滤器、除铁过滤器、活性处理设备

大连明珠机械有限公司
辽宁省庄河市大营镇
邮编：116406
电话：0411－89400778、89400277
传真：0411－89400213
网址：www. dl-mz. cn
邮箱：zly3567@ 163. com
产品：造纸机械整饰设备、橡胶机械轧辊等

杜博林(大连)精密旋接器有限公司
辽宁省大连市开发区双 D 港双 D6 街 2 号
邮编：116620
电话：021－52980791
传真：0411－87549679
网址：www. deublin. com

邮箱：info@ deublin. cn
产品：旋接器

大连宏亚泵业有限公司
大连市甘井子区夏家河 65711 部队工业园区 9 号
邮编：116035
电话：0411 －86741808
网址：www. dlhongya. com
邮箱：863281824@ qq. com
产品：研发、设计、生产及销售纸浆泵，淀粉泵，标准化工泵

大连光扬轴承制造有限公司
辽宁省瓦房店市瓦窝镇工业园区
邮编：116399
电话：0411 －85518888
传真：0411 －85518778
网址：www. zwa. cc
邮箱：gx@ zwa. cc、yxn@ zwa. cc
产品：轴承制造

丹东市

丹东博威磨片有限公司
辽宁省丹东市振安区武营路 99 号
邮编：118001
电话：0415 －4189189、4189389
传真：0415 －4188488
网址：www. ddbwix. com
邮箱：ddbwjx@ 163. com
产品：造纸磨片、淀粉磨片、密度板磨片

丹东东方轻工机械有限公司
辽宁省丹东市同兴镇龙兴街 69 号
邮编：118011
电话：0415 －6135777、6135888
传真：0415 －6135999
网址：www. ddf. com. cn
邮箱：dfqj999@ 126. com
产品：制浆造纸设备及零件

丹东市江城轻工机械有限公司
辽宁省丹东市振兴区安民镇
邮编：118004
电话：0415 －7605017
传真：0415 －7605017
邮箱：zhao20110101@ 126. com
产品：制浆造纸机械设备及零件

丹东鸭绿江磨片有限公司
辽宁省丹东市振兴区浪头镇胜天村
邮编：118009
电话：0415 －6155355、6155888
传真：0415 －6156158
网址：www. jinquan-disc. com
邮箱：jinquandisc@ 163. com
产品：高浓磨磨片

丹东兴和机械有限公司
辽宁省丹东市振兴区浪头镇天津街 201 号
邮编：118009
电话：0415 －6155458
传真：0415 －6155207、6279276
邮箱：dd-xh@ 126. com
产品：长网、叠网、圆网造纸机、涂布机、压光机、复卷机、切纸机、包装机

丹东山河技术有限公司
辽宁省丹东市汤池工业园区 35 号
邮编：118303
电话：0415 －6256966、6256906
传真：0415 －6256956
网址：www. sunhightech. com
邮箱：mail@ sunhightech. com、sunhightech@ 163. com
产品：造纸过程传感器与控制系统

丹东烘缸制造厂（普通合伙）
辽宁省丹东市东港市前阳镇振阳大街 1 号
邮编：118301
电话：0415 －7162062
传真：0415 －7162062
网址：www. dd-honggang. cn
邮箱：dd-honggang@ 163. com
产品：烘缸、压榨辊

丹东新兴造纸机械有限公司
辽宁省丹东市东港市新城区刘家泡村
邮编：118300
电话：0415 －7107177、7111197、7195777
传真：0415 －7195567、7195777
网址：www. xinxingmachine. com
邮箱：www. xinxingmachine@ 163. com
产品：各种规格铸铁烘缸、钢制杨克烘缸、压榨辊

丹东市盛兴造纸机械有限公司
（原丹东市东港造纸机械厂）
辽宁省丹东市东港市前阳村八组

邮编：118301
电话：0415－7817666、15041556666
传真：0415－7817177
网址：www.shengxing-dryer.com
邮箱：shengxing0415@126.com
产品：造纸机械用烘缸、压辊等

辽宁仁达设备科技有限公司
辽宁省丹东市东港市新兴区小寺路6－9号
邮编：118300
电话：0415－3360168、3361168
传真：0415－3361158
网址：www.rdfoods.com.cn
邮箱：wanghong902@163.com
产品：造纸机械

辽阳市

辽阳造纸机械股份有限公司
辽宁省辽阳市铁西路76号
邮编：111004
电话：0419－3132329
传真：0419－3132877
邮箱：lyzj3136219@163.com
产品：纸机

辽阳天义造纸设备有限公司
辽宁省辽阳市太子河区望水台乡庞夹河村10号
邮编：111000
电话：0419－3229841、3991577
传真：0419－3229841
邮箱：tyzx123@163.com
产品：打包捆扎机、油压机、切板机、叠包机

鞍山市

鞍山钢峰风机有限责任公司
辽宁省鞍山市千山区达旗街9号
邮编：114041
电话：0412－8481066、8481027
邮箱：afjt1066@163.com
产品：风机、除尘器、除渣机、采暖通风设备制造

吉 林 省

长春市

吉林省轻工业设计研究院
吉林省长春市飞跃路2688号
邮编：130021
电话：0431－85657719、85652015、85653595
传真：0431－85657579
网址：www.jlsqgy.com
邮箱：qgy@public.cc.jl.cn
业务：工程咨询、工程设计、工程监理

长春纸张试验机有限责任公司
吉林省长春市安达街1435号
邮编：130061
电话：0431－88528095、18744113456
传真：0431－88527195
网址：www.cczzsyi.net
邮箱：xsk@cczzsyj.net
产品：纸张物理检测仪器

长春市月明小型试验机有限责任公司
（原长春小型试验机厂）
吉林省长春市经济技术开发区会展大街（乐群街）906号
邮编：130033
电话：0431－84627751、84627353
传真：0431－84627752
网址：www.ccxxsyj.com
产品：纸张检测仪器

长春市龙诚纸业有限公司
吉林省长春市南关区中环12区50－1栋
邮编：130022
电话：0431－88713126、88741430
传真：0431－89302030
网址：www.longchengpaper.com
邮箱：tiecheng.qi@longchengpaper.com
产品：隔油纸、黄牛皮纸、口杯淋膜纸、圣经纸

吉林市

吉林省吉林轻工业设计院有限公司
吉林省吉林市丰满区南山路11号
邮编：132002
电话：0432－6946813、6946842
传真：0432－2775622
网址：www.eli.cn
业务：工程设计、监理、咨询

吉林市诚信实业有限责任公司
吉林省吉林市永吉经济开发区重庆街017号
邮编：132200

电话：0432－64205083
传真：0432－64205066
网址：www. jlcxmp. com
邮箱：jlcx@ jlcxmp. com
产品：特钢磨片

四平市

四平市桦鑫包装有限公司
吉林省四平市铁东经济开发区南宁路 8055 号
邮编：136001
电话：0434－6966512、6966503
邮箱：sipinghuaxin2009@ 163. com
产品：纸制品

白城市

白城福佳科技有限公司
吉林省白城市西青龙路 20 号
邮编：137099
电话：0436－3298950
传真：0436－3236183
网址：www. bcfjmm. com
邮箱：13624997001@ 163. com
产品：钢制杨克烘缸、TAD 烘缸、真空辊、新月型卫生纸机、塑纹卫生纸机、特种纸纸机

吉林省福佳大正科技有限公司
吉林省白城市经济开发区创业大街 702 号
邮编：137000
电话：0436－3298955
邮箱：3298955@ qq. com
产品：钢制扬克烘缸、真空压榨辊、新月型卫生纸机、塑纹卫生纸机、TAD 纸机和新材料生产线等

黑龙江省

哈尔滨市

哈尔滨宇达电子技术有限公司
黑龙江省哈尔滨市动力区和兴路 65 号
邮编：150040
电话：0451－82131929
传真：0451－82120636
网址：www. yudadz. com
邮箱：544893590@ qq. com
产品：纸张水分仪、稻麦草水分仪、纸浆浓度测定仪

黑龙江省轻工设计院
黑龙江省哈尔滨市动力区和平路 121 号
邮编：150040
电话：0451－82620961、13936436703
传真：0451－82655374
网址：www. hcel. cn
邮箱：post@ hcel. cn
业务：工程设计、工程咨询与规划、工程勘察与监理

牡丹江市

黑龙江省造纸研究所有限公司
黑龙江省牡丹江市阳明区光华街 5 号
邮编：157013
电话：0453－6332195、13903638225
传真：0453－6330913
业务：工农业特种纸研制开发、制浆造纸技术的研究与开发

上　海　市

切利(上海)机械设备有限公司
上海市金山工业区夏宁路 818 弄 17 号
邮编：201506
电话：021－67225070
传真：021－67225073
网址：www. acelli. it
邮箱：calvin. liu@ acelli. cn
产品：卫生纸机、卫生纸生产线备浆系统、复卷机(适用于各种纸类及纸板生产线)

西尔伍德机械贸易(上海)有限公司
上海市松江区九亭镇中心路 99 弄 98 号 11 幢一层 B 座
邮编：201615
电话：021－54961756
传真：021－54960279
网址：www. cellwood. se
邮箱：frank. jiang@ cellwood. se
产品：KRIMA 热分散系统、Gurbbens 固本碎浆机系统、Gurbbens 固本浆渣分离器、Gurbbens 固本高浓除渣器、Gurbbens 固本纤维疏解机、Gurbbens 固本热分散出口配套中浓泵、Agas 微滤机系统

贝卡尔特管理(上海)有限公司
中国(上海)自由贸易试验区龙东大道 3000 号 1 号楼 508 室
邮编：200062
电话：021－22197000

传真：021－62193158、62952234
网址：www. bekaert. com. cn
邮箱：shen. yijia@ bekaert. com
产品：打包钢丝、非接触式干燥系统、装订钢丝

上海大晃泵业有限公司
上海市奉贤区南桥镇桥行工业区 128 号
邮编：201400
电话：021－57196294－16
传真：021－57196294－18
网址：www. shzz. org. cn
产品：多头螺旋离心泵、双螺杆泵系列

霍尼韦尔(中国)有限公司
中国(上海)自由贸易试验区环科路 555 弄 1 号楼 10 层
邮编：201203
电话：021－28942000、4008402233
网址：www. honeywell. com. cn
邮箱：jennifer. zhang@ honeywell. com
产品：自动化控制系统传感器与控制元件

布鲁奇维尔(上海)通风技术有限责任公司
上海市闵行区浦江镇三达路 25 号 2 号楼 509 室
邮编：201112
电话：021－37561023
网址：www. brunnschweiler. com
产品：气罩、风箱、冷凝水系统、热回收系统

上海光华・爱而美特仪器有限公司
上海市闵行经济技术开发区东川路 3160 号
邮编：200245
电话：021－64300150
传真：021－64300812
产品：电磁流量计等

上海华阳检测仪器有限公司
上海市长宁区昭化路 515 号
邮编：200050
电话：021－62513784、4008207512
传真：021－62400193
网址：www. sh-huayang. com
邮箱：khfw@ sh-huayang. com
产品：造纸检测、测量仪器

帕克环保技术(上海)有限公司
上海市浦东新区秀浦路 3999 弄 35 号
邮编：201315
电话：021－38256088
传真：021－38256066
网址：www. paques. com. cn
邮箱：info@ paques. com. cn
业务：废水处理、厌氧处理技术

上海承天制浆造纸机械工程成套设备有限公司
上海市中山北路 1060 号 1501 室
邮编：200070
电话：021－56558038、56550377
传真：021－56558038
产品：工业滤纸成套设备、涂布机、浸渍机、二辊单压、四辊双压区、软压光机

上海泛邦自控技术研究所
上海市徐汇区中山南二路 717 号
邮编：200032
电话：021－64173777、64169325
传真：021－54520510
网址：www. sh-fbauto. com
邮箱：fbauto@ sina. com、fbzkjs@ shcei. com. cn
产品：高精度节能型恒温自控系统

上海弘纶工业用呢有限公司
上海市金山区枫泾镇纺织工业园区建安路 78 号
邮编：201502
电话：021－67360980、67361100
传真：021－57365916
产品：造纸毛毯、工业用呢

上海开港造纸机械制造有限公司
上海市幸福路 117 号
邮编：200052
电话：021－62803874
传真：021－62803871
邮箱：sh-kaigang@ 126. com
产品：喷嘴及其移动装置、常用制浆设备及配件

上海威尔泰工业自动化股份有限公司
上海市闵行区虹中路 263 号
邮编：201103
电话：021－64656465、8008206075、4008206075
传真：021－64659671
网址：www. welltech. com. cn
邮箱：sales@ welltech. com. cn
产品：自动化控制系统

上海赛德造纸机械电控技术有限公司
(原上海造纸机械电控技术研究所)
上海市宝山路 888 弄 2 号 306 室
邮编：200081

电话：021－65871936
传真：021－56716875
网址：www. sh-sied. com
产品：SIED 全数字交直流调速系统产品、抄纸车间集散控制系统

上海紫华企业有限公司
上海市闵行区北松路 999 号
邮编：201111
电话：021－51598533
传真：021－64090612
网址：www. zhpefilm. com
产品：PE 流延压纹膜、透气性流延膜和耐刺穿底膜

上海宏亚机泵制造有限公司
上海市交通西路 108 号 2 号
邮编：200065
电话：021－56533064、56089388
传真：021－56080539
网址：www. hongyapumps. com
邮箱：sales@ hongyapumps. com
产品：CZ 系列化工离心泵、G 型螺杆泵、WB 型旋涡泵、FCB 型不锈钢齿轮泵、TWZB 型无堵塞浆泵等

上海永锚泵业制造有限公司
上海市青浦区西岑镇莲湖路 53 号 110 室
邮编：201906
电话：021－63802299、63174466、63540676
传真：021－63537433
网址：www. ympumps. com
邮箱：sales@ ympumps. com
产品：G 型系列单螺杆泵，QBY 型气动隔膜泵，ISG 系列单级单吸立式管道离心泵，CQ 型磁力驱动泵，JMZ、FMZ 自吸泵等

上海爱凯思机械刀片有限公司
上海市宝山区梅林路 358 号 13 幢 B0123 室
邮编：201707
电话：021－59869050
传真：021－59868220
网址：www. cn. iks-sh. com
邮箱：sales@ iks-sh. com
产品：打浆机刀具

上海宝刀机械刀片有限公司
上海市青浦区盈秀路 251 号
邮编：201799
电话：021－59203592
产品：机械刀片

上海大禹自控阀门有限公司
上海市浦东新区祝桥镇工业城内
邮编：201204
电话：021－68220075
传真：021－68220798
网址：www. dayupv. com、www. shdyvalve. com
邮箱：sales@ dayupv. com
产品：调节阀门

上海高新造纸技术有限公司
上海市沪太路 1128 号 A1－777 室
邮编：200940
电话：021－66507871
网址：www. nhpaper. cn
邮箱：nhpaper@ sina. com
产品：上网成形器、特种纸机、流浆箱

上海汇隆工业网毯有限公司
（原上海工业用呢厂诸翟分厂）
上海市闵行区联友路 369 号 1388 座
邮编：201107
电话：021－62211136、62211137
传真：021－62211449
网址：www. sh-willon. com
邮箱：shwillon@ sina. com
产品：工业用呢

上海化工机械厂有限公司
上海市奉贤区上海工业综合开发区肖南路 368 号
邮编：201401
电话：021－33655563、18001937220
传真：021－33655532
网址：www. scmp. net. cn
邮箱：sale@ scmp. net. cn
产品：过滤机、洗浆机、离心机

上海荟安筛网实业有限公司
上海市浦东新区龙东大道 5901 号 1 幢 B102
邮编：201201
电话：021－65278886、13801789202
传真：021－65278887
网址：www. huian. com. cn
邮箱：5616247@ qq. com
产品：丝网

上海吉井环保设备有限公司
上海市青浦区沪青平公路 3841 弄 5 号 67 宗地 29 幢三层 K 区 303 室
邮编：200336
电话：021－62083399、13901827238
传真：021－62706689
网址：www. yosii. com. cn
邮箱：yosii@ sh163. net、yosii@ nikkiso. com. cn
产品：系列计量泵、输送泵、环保设备

上海金熊造纸网毯有限公司
上海市金山区枫泾镇兴塔建安路 78 号 2 栋
邮编：201502
电话：021－67361666
传真：021－67361071
网址：www. vanov. cn
产品：造纸毛毯、工业用呢

上海轻良实业有限公司
上海市青浦白鹤工业区鹤祥路 68 号
邮编：201709
电话：021－59741536
传真：021－59741437
网址：www. shqlsy. com
邮箱：shqlsy@ shqlsy. com
产品：造纸设备

上海瑞华(集团)有限公司
上海市长宁区广顺路 8 号 2 幢 5 层
邮编：201802
电话：021－69029108
传真：021－39501036
网址：www. ruihuagroup. com. cn
邮箱：ruihua@ ruihuagroup. com. cn
产品：传动及控制系统、造纸机械

上海星空自动化仪表有限公司
上海市青浦工业园区新水路 575 号
邮编：201701
电话：021－58959397
传真：021－58959397
网址：www. sh-xk. com. cn
邮箱：xingkongybe@ 163. com
产品：流量计等仪表

上海新光明泵业制造有限公司
(原光明水泵厂)
上海市武定路 576 号
邮编：200040
电话：021－62156413、62586878、62583382
传真：021－62156276
网址：www. gmpumps. com
邮箱：info@ xinguangminggroup. com
产品：隔膜泵、高温油泵、清水离心泵、化工泵、污水泵

上海新华控制技术(集团)有限公司
上海市闵行区紫月路 968 号
邮编：200241
电话：021－34292618
传真：021－64847787
网址：www. xinhuagroup. com
邮箱：xhg@ xinhuagroup. com
产品：自动控制

上海金山中达工业用呢有限公司
上海市金山区吕巷镇新浜村 12 组 5000 号
邮编：201517
电话：021－57371309、13901692179
传真：021－57371242
邮箱：378135477@ qq. com
产品：工业用呢

中国海诚工程科技股份有限公司
中国轻工业上海工程咨询有限公司
上海市宝庆路 21 号
邮编：200031
电话：021－64717908
传真：021－64718347
网址：www. haisum. com
邮箱：info@ haisum. com
业务：工程设计、工程咨询、工程监理

埃梯梯(中国)投资有限公司上海分公司
上海市遵义路 100 号虹桥城市中心 A 座 18 楼
邮编：200051
电话：021－22312249、13912374322
网址：www. gouldspumps. com、www. pumpsmart. net
产品：泵

中国船舶重工集团公司第 704 研究所
上海市衡山路 10 号
邮编：200031
电话：021－64330208
传真：021－64330521
网址：www. smeri. com. cn

邮箱：jy704@21cn.com
产品：纸卷输送系统

柯尔柏机械设备(上海)有限公司
上海市外高桥保税区华京路 418 号 41 号楼 C 部位
邮编：200131
电话：021－50462933、50462822
传真：021－50462303
网址：www.kpl.net、www.koerberprocess.com
邮箱：mirjam.rolfe@koerber.de
产品：复卷机、分切机

斯普瑞喷雾系统(上海)有限公司
上海市松江工业区书林路 21 号
邮编：201611
电话：021－57684882、67600882
传真：021－67600548
网址：www.spray.com.cn、www.autojet.com
邮箱：shanghai@spray.com.cn
产品：喷嘴

上海乾丰轻工机械厂
上海市嘉定区江桥工业园区丰华公路 1580 号
邮编：201803
电话：021－59143443
传真：021－69111165
邮箱：chunginglu@126.com
产品：磨刀机、复卷机、除渣器

埃尔依(上海)工业设备有限公司
上海市虹口区四川北路 1666 号 2003－A 室
邮编：200080
电话：021－39115191
传真：021－39115192
网址：www.l-e.de
产品：纸机密闭气罩、袋通风与热回收系统、车间通风系统、涂布机干燥系统、蒸汽冷凝水系统

丹佛斯(上海)自动控制有限公司
上海市宜山路 900 号科技大楼 C 座 20 层
邮编：200233
电话：021－61513000、4000619988
传真：021－61513100
网址：www.danfoss.com/china
邮箱：shanghai@danfoss.com
产品：变频器

上海东方泵业(集团)有限公司
上海市宝山区富联路 1588 号
邮编：201906
电话：021－33718888
传真：021－51678778
网址：www.eastpump.com
邮箱：eastpump@163.net
产品：泵

艾默生过程控制有限公司
中国(上海)自由贸易试验区新金桥路 1277 号
上海办事处：021－28929000
北京办事处：010－85726666
广州办事处：020－28838900
西安办事处：029－88650888
乌鲁木齐办事处：0991－5802277
网址：www.emersonprocess.com
邮箱：csc.china@emerson.com
产品：压力变送器

西派克(上海)泵业有限公司
上海市浦东新区宣中路 399 号
邮编：201300
电话：021－38108888
传真：021－38108889
网址：www.seepex.com
邮箱：info.cn@seepex.com
产品：泵

瑞士 BMB-Kroenert 集团公司
中国总代理香港捷成洋行有限公司
上海市延安东路 588 号东海商业中心 11 楼 C 座
邮编：200001
电话：021－63527002
传真：021－63527330
网址：www.bmbag.ch
产品：涂布加工设备

博索尼奥拉茂(上海)叉车属具有限公司
上海市闵行区陪昆路 206 号 B 区 11 号
邮编：201111
电话：021－64093050、64619932
传真：021－64093060
网址：www.bolzoni-auramo.com
产品：纸浆包夹、废纸包夹、纸箱夹

上海奥鼎机械设备成套有限公司
上海市浦东新区东方路 3539 号 7 号楼 2 层 270 室

邮编：201812
电话：021－62815511、13901749871
传真：021－52581476
网址：www. aoding. com
邮箱：info@ aoding. com
产品：造纸机械

深圳市联欧贸易发展有限公司上海分部
上海市浦东桃林路 18 号环球广场 B 座 702 室
邮编：200135
电话：021－68556062
传真：021－58214208
网址：www. euro-me. com
邮箱：euromesh@ euro-me. com
产品：纸机

铁姆肯(中国)投资有限公司总部
上海市虹桥路 1 号港汇中心 1 座 27 层
邮编：200030
电话：021－61138000、4008846536
传真：021－61138001
网址：www. timken. com
产品：轴承

伊顿工业过滤(上海)有限公司
上海市长宁区临虹路 280 弄 7 号楼
邮编：200335
电话：021－52000422
传真：021－22307240
网址：www. eaton. com. cn
邮箱：filtration@ eaton. com. cn
产品：造纸过滤设备

上海盛托瑞国际贸易有限公司
上海市定西路 988 号 507 室
邮编：200050
电话：021－62112130、62116810
传真：021－62120563
经营：牛卡纸、白牛皮纸、PE 口杯纸、彩色卡纸、轻涂纸、废纸

瑞典赛尔玛有限公司上海代表处
上海市黄浦区淮海中路 688 号华狮广场 4 层 C 区淮-18
邮编：200020
电话：021－64730266
传真：021－64730030
经营：漂白针叶木浆、桉木浆、漂白阔叶木浆、本色浆、化学机械浆、牛皮纸、牛皮卡纸、瓦楞原纸、涂布白卡纸、废纸

上海华宝物资实业有限公司
上海市真诚路 426 号
邮编：200331
电话：021－66270073、66270053
传真：021－66270090
经营：废纸、纸筒芯

上海云开纸业有限公司
上海市黄浦区绍兴路 17 弄 3－4 号底室 I6
邮编：201409
电话：021－59128010、59128011
传真：021－59128011
邮箱：yunkaizhiye@ 163. com
经营：牛皮纸、纸袋纸、白卡纸

上海万戈工贸发展有限公司
上海市宝山路月春路 629 号
邮编：201906
电话：021－51099553
传真：021－51879227
网址：www. wangesh. com
邮箱：1084328154@ qq. com
经营：卡纸

上海中立贸易发展有限公司
上海市杨浦区大连路 950 号海上海新城 8 号楼 407 室
邮编：200092
电话：021－55969137
传真：021－65625655
邮箱：yang@ zhanglitrade. com
经营：废纸

上海宾高纸业有限公司
上海市青浦区支家路 21 弄 3 号楼 105 室
邮编：201700
电话：021－59732802、59851775、13801662351
传真：021－59731297
网址：www. shbgzy. com
邮箱：jackjun0614@ 126. com
经营：牛卡纸、牛皮纸

香港经纶全讯(香港)有限公司上海代表处
上海市静安区万航渡路 888 号 21 层 M 室
邮编：200042
电话：021－22879887
经营：单面铜版纸

上海峰联浆纸有限公司
中国(上海)自由贸易试验区浦东南路 855 号世界广场 30H
邮编：200120
电话：021 - 58209888、58207888
传真：021 - 58888056
邮箱：283354109@ qq. com
经营：漂白针叶木浆

上海年瑞进出口有限公司
上海市浦东崂山路 528 号江苏大厦(紫金山大酒店)14 楼 A5 室
邮编：200122
电话：021 - 58358662、68868850
传真：021 - 58358676、68868577
网址：www. yearich. com
邮箱：poster@ yearich. com
业务：牛皮纸

上海伟忠纸业有限公司
上海市金山区朱泾镇罗星南路 303 弄 84 号 101
邮编：201599
电话：021 - 57318921
业务：废纸

上海吉圣包装纸业有限公司
上海市南翔镇蕰北公路 1755 弄 22 号 3 层 A3228 室
邮编：201702
电话：021 - 52983071、13391329070
邮箱：jpc528@ 163. com
业务：牛卡纸、牛皮纸

上海华臻绫术文化传播有限公司
上海市沪太路 1128 号 A1 - 604 室
邮编：200072
电话：021 - 36030216、36030217、56034661
传真：021 - 56034661
邮箱：zhulixian2312@ sina. com
业务：双面灰纸板、白牛皮纸、未涂布白铜版卡纸

上海千悦贸易有限公司
上海市闵行区虹中路 115 号
邮编：200336
电话：021 - 62190989、62191189、62192806
传真：021 - 62192806
邮箱：32901135@ qq. com
业务：白卡纸

上海田源纸业有限公司
上海市徐汇区斜土路 2451 号 1 幢 405 室
邮编：200030
电话：021 - 64077805、64073270、64077842
业务：铜版纸

大仓纸业商事(上海)有限公司
中国(上海)自由贸易试验区台中南路 2 号新贸楼 333 室
邮编：200336
电话：021 - 62700643、62700645、62700644
传真：021 - 62700645
网址：www. okurash. com
邮箱：homepage@ okurash. com
业务：白纸板

日惠得造纸器材(上海)贸易有限公司
上海市长宁区兴义路 8 号 1511 室
邮编：200336
电话：021 - 62350159
传真：021 - 62195442
网址：www. felt. co. jp
邮箱：lqding@ felt. co. jp
产品：制浆造纸用毛毯、网以及其他工业用塑料织物

上海晶杨商贸有限公司
上海市建国西路 91 弄 5 号楼 902 室
邮编：200020
电话：021 - 63049414、51532091、51532092、51532093
传真：021 - 63049974
网址：www. sha-jingyang. com
邮箱：jysm@ sha-jingyang. com
业务：液体染料、有机颜料分散液、进口 Manildra 造纸专用系列淀粉、进口荧光增白剂、测色仪器、在线颜色测色系统

上海景兴实业投资有限公司
上海市崇明区堡镇大通路 527 号 4 幢 3 楼 305 - 1 室
邮编：202157
电话：021 - 68591312
传真：021 - 62887671
网址：www. zjjxjt. com
邮箱：shanghaijingxing@ 163. com
业务：废纸、木浆、纸板、瓦楞原纸、胶版纸

上海思百吉仪器系统有限公司
上海市闵行区元山路号优络盟城市工业园 9 号楼

邮编：201108
电话：021 －64426488
传真：021 －64426498
网址：www. spectris. com. cn
业务：各类精密在线测量仪器、精密过程控制及测量仪器仪表及传感器和配件

上海康普艾压缩机有限公司
上海市青浦区外青松公路 5045 号 507 － W 室
邮编：201707
电话：021 －31276300
网址：www. gardnerdenver. com. cn
邮箱：daisy. liu@ gardnerdenver. com. cn
业务：空气压缩机、压缩空气净化设备、风机、泵、制浆造纸设备

拜玛机械制造(上海)有限公司
上海市松江区昆港公路 1088 号 3 － A 座
邮编：201614
电话：021 －57850940、13524337454
传真：021 －57850949
网址：www. bellmer. com. cn
邮箱：sun@ bellmer. com. cn
产品：机械设备及其零配件、五金产品、工具及其零配件的生产、加工、组装、仓储及销售自产产品，并提供相关产品的售后服务

上海霸弗自动化科技有限公司
(台湾西捷克科技股份有限公司)
上海市青浦区华徐公路 888 号 1 号楼 C303 室
邮编：201700
电话：021 －39887729、13601661759
传真：021 －39887739
网址：www. c-jac. com
邮箱：19863932@ qq. com
产品：油压缓动器、精密稳速器、空气诱导止回阀、气动元件

莱克勒(天津)国际贸易有限公司上海分公司
中国(上海)自由贸易试验区德堡路 38 号 1 幢 6 层 601 －49室
邮编：200120
电话：021 －64011868
邮箱：tengxf@ lechler. com. cn
产品：国际贸易，机械设备的批发

鲍利葛国际贸易(上海)有限公司
中国(上海)自由贸易试验区英伦路 38 号衡山国际商务楼 7 层 716 室
电话：021 －33568200、62183260
邮箱：zhujin@ ciicsh. com
业务：木浆及其他纤维素浆

上海晓国刀片有限公司
上海宝山区罗店镇罗太路 237 号
邮编：201908
电话：021 －56815618
传真：021 －66247578
网址：www. shxgdp. cn
邮箱：307557152@ qq. com
产品：气压分条刀、分纸刀、气压剪切刀、分条刀、分切刀

韵绮国际贸易(上海)有限公司
中国(上海)自由贸易试验区富特北路 399 号 2 幢 3 层 365
邮编：200331
电话：021 －52752004、18661762833
邮箱：wjm741211@ 163. com
业务：提供制浆造纸专用设备配件

上海胜禹环境工程有限公司
上海宝山区顾北东路 365 号 A 区 126
电话：18621766385
邮箱：shanghaishengyu@ vip. 163. com
产品：原水预处理、水的软化处理及纯水制备、废水处理及回用、工业循环水处理等

维美德(中国)有限公司
上海市嘉定区徐行镇宝凤路 688 号
邮编：201809
电话：021 －39975000
传真：021 －39975100
网址：www. valmet. com
邮箱：paper. china@ valmet. com
产品：造纸机械

维美德造纸机械(上海)有限公司
中国(上海)自由贸易试验区富特东一路 168 号 B 座
邮编：200131
电话：021 －39975000
传真：021 －58682343
网址：www. valmet. com
产品：造纸机械

维美德自动化(上海)有限公司
中国(上海)自由贸易试验区富特东一路 168 号 A1 部位
邮编：200131
电话：021－39975000
传真：021－39975039
网址：www. valmet. com
产品：造纸机械

上海费奥多节能环保科技有限公司
上海市嘉定区嘉戬公路 328 号 7 幢 7 层 J2775 室
邮编：200232
电话：021－63456555
传真：021－34160387
网址：www. fadim. com. cn
邮箱：lqy@ fadim. com. cn
产品：造纸热泵蒸汽冷凝水系统的设计和相关技术服务

上海金旋旋转接头制造有限公司
上海市嘉定区曹安公路 4188 号
邮编：201804
电话：021－39596828、39597818
传真：021－39597838
网址：www. shjinxuan. com
邮箱：jinxuan@ shjinxuan. com
产品：专业从事旋转接头及配套产品的设计，研发，制造

上海旗仁实业有限公司
上海市浦东新区航鹤路 1699 弄 8 支弄 74 号
邮编：201316
电话：13621799114
邮箱：13621799114@ 126. com
产品：压部无绳引纸、单挂无绳引纸、双挂烘缸无绳引纸、断纸系统、真空引纸系统

康拓国际贸易(上海)有限公司
上海市徐汇区凯旋路 3500 号华苑大厦 1 号楼 5E
邮编：200030
电话：021－51098200
传真：021－64282542
网址：www. kandas. com. tw
邮箱：sl@ hzsljg. com
业务：从事制浆造纸工业各类产品销售及技术咨询

益加义传感技术(上海)有限公司
上海市翔殷路 1088 号凯迪金融大厦 18 层
邮编：200433
电话：021－61176129
传真：021－60400109
网址：www. epluse. com
邮箱：info@ epluse. com
产品：温度、湿度、CO_2、油中水分，露点温度、风速、风量和压力等传感器

上海惠达造纸科技有限公司
上海市浦东南路 1036 号隆宇大厦 1604 号
邮编：200120
电话：13776319228
网址：www. indolegend. com
邮箱：Kelvin. liao@ indolegend. com
产品：造纸机械自动化设备技术开发、生产制造

斯普钠工业有限公司
上海市徐汇区漕溪北路 331 号
邮编：200030
电话：021－24261815　13917637586
网址：www. spooner. co. uk
邮箱：rliu@ spooner. co. uk
产品：气浮式烘箱、气冲式烘箱、气浮转向器等

上海金萃激光技术有限公司
上海市青浦区汇金路 958 号
邮编：201707
电话：021－59207200
网址：www. giantreelaser. com
邮箱：info@ giantreelaser. com
产品：提供耐磨、耐腐蚀、耐高温的金属涂层加工服务

上海海斯特叉车制造有限公司
上海市浦东新区榕桥路 588 号
邮编：201206
电话：021－61605188
传真：021－58349666
网址：www. hyster. com. cn
邮箱：coco. song@ hyster-yale. com
产品：叉车

法索拉斯干燥技术(上海)有限公司
(原法国红太阳)
上海市普陀区大渡河路 168 弄 31 号 906A 室
邮编：200062
电话：13816751979
传真：021－22197100

网址：www. ircon-solaronics. com
邮箱：huang. hai@ bekaert. com
产品：燃气/电红外干燥和热风干燥

爱色丽(上海)色彩科技有限公司
上海市长宁区福泉北路 518 号 1 座 603 室、2 座 203 室
邮编：200335
电话：021 - 32796666、32796652
传真：021 - 32796649
网址：www. xrite. com. cn、www. erx50. com
邮箱：sqiu@ xrite. com
产品：自动闭环颜色控制系统

明答克商贸(上海)有限公司
上海市长宁区仙霞路 319 号远东国际 A 栋 1111 室
邮编：200050
电话：021 - 62709701
传真：021 - 62709704
网址：www. maintech-china. com
www. maintech-papertech. com
邮箱：liu-lijun@ maintech-china. com
产品：研发纸机脏污防止技术

未泽流体技术(上海)有限公司
上海市奉贤区青港经济园区奉永路 399 号
邮编：201414
电话：021 - 58089028
传真：021 - 58089028
网址：www. vozefluid. com
邮箱：vozefluid@ 163. com
产品：不锈钢材质的液压卡套接头，气路卡套接头，精密无缝钢管，焊接接头，过渡接头，胶管接头，管夹，法兰，快速接头以及球阀

上海斐卓喷雾系统有限公司
上海市闵行区中春路 7001 号 E 栋 702(明谷科技园)
邮编：201600
电话：021 - 57675090
传真：021 - 57675115
网址：www. feizhouspray. com
邮箱：feizhuo@ feizhuo. net
产品：工业喷嘴、脱硝喷枪、喷雾系统

上海浓金自动化设备有限公司
上海市普陀区交暨路 185 号 8 号楼 203 室
邮编：200333
电话：021 - 66289887　13801804663
传真：021 - 66289887
网址：www. nongjin - auto. com
邮箱：changzheng. zhao@ nongjin-auto. com
业务：工业过程自动化控制

上海信舒机电设备有限公司
上海市嘉定区外网镇恒永路 328 弄 58 号楼
邮编：201806
电话：021 - 51088285
传真：021 - 51872520
网址：www. xsindustry. cn
邮箱：info@ xsindustry. cn
产品：机电，流体动力，隔振产品的研发，组装，销售，分销和技术支持

欧瑞康美科表面技术(上海)有限公司
上海市嘉定区百安路 539 号第 1、2 幢
邮编：201814
电话：021 - 67087000、18516723877
传真：021 - 67087001
网址：www. oerlikon. com
邮箱：shanghai. omcn@ oerlikon. com
产品：为纸浆和造纸行业提供广泛的表面解决方案，包括：纸浆蒸煮器的防腐蚀涂层，压延机及压光辊的防磨损涂层，控制喷涂后的表面效果

问泉环保技术(上海)有限公司
上海市徐汇区龙吴路 1500 号，上海交大科技园 A 座 615 室
邮编：200231
电话：021 - 54188991
传真：021 - 54188991
网址：www. wenquansh. com
邮箱：info@ wenquansh. com
产品：高浓度污水厌氧处理装置、大通道射流曝气装置

上海威驰过滤系统有限公司
上海市金山区漕泾工业园月工路 285 号
邮编：201507
电话：021 - 58999972、58999895
传真：021 - 58999717
网址：www. vithyfilter. com
邮箱：sales@ vithyfilter. com
产品：制造过滤设备与精密过滤元件

KTR 传动技术(中国)服务公司
上海市宝山区庆安路 79 号
邮编：200071

电话：021 –51693578
传真：021 –57491016
网址：www. ktr-ktr. com
邮箱：shyaokai@ 163. com
产品：专业研制和生产各类机械联轴器

康吉诺(北京)科技有限公司上海分公司
上海市闵行区东川 555 号戊楼 5210 室
邮编：200040
电话：021 –33634373
网址：www. reliability. cc
邮箱：liumingjin@ reliability. cc、service@ reliability. cc
产品：ME140 系列综合分析仪、ME150 系列设备数据采集仪、ME170-1 通用设备的在线监测与诊断分析系统

上海雷诺尔科技股份有限公司
上海市嘉定区城北路 3988 号
邮编：201807
电话：021 –59160000
传真：021 –59160987
网址：www. renle. com
邮箱：renle@ renle. com
产品：高低压电机软起动器、高低压变频调速器、高低压无功补偿及谐波治理装置、EPS 应急电源、智能化电气、新能源电气和高低压输变电成套设备等

上海林纸科学仪器有限公司
上海市真北路 915 号绿洲中环 1005 室
邮编：200333
电话：021 –52667916、52662268、13916341066
传真：021 –62575260
网址：www. forest-paper. com
邮箱：info@ forest-paper. com
经营：欧美及日本生产的实验检测和分析仪器

上海森明工业设备有限公司(总部)
上海市闵行区光华路 18 号晶森商务楼 B 座 310
邮编：201108
电话：021 –33508226
传真：021 –51079363
网址：www. surmach. com
邮箱：sales@ surmach. com
产品：纠偏控制系统、卷材除尘系统、黏度控制系统、张力系统、气动制动器、弧形辊等

昂礼曼机械设备(上海)有限公司
上海市徐汇区天钥桥路 329 号 802. 06 –2 室
邮编：200030
电话：021 –24193244、68412807
邮箱：villainL@ allimand. com
产品：造纸机械设备

安德里茨(中国)有限公司上海分公司
上海市杨浦区大连路 588 号宝地广场 B 座 15 层
邮编：200082
电话：021 –31089388
网址：www. andritz. com
邮箱：marketing. china@ andritz. com
产品：制浆造纸、金属成形工艺

上海项凡自动化有限公司
上海市松江区新桥镇九新公路 2888 号 4 幢 1 层 C 区 115 室
邮编：201612
电话：021 –60514339、13671542541
传真：021 –60514339
网址：www. shianfine. com
邮箱：sales@ shianfine. com
产品：在线分析测试，工艺过程自动化控制设备

英特奈国际纸业贸易(上海)有限公司
上海市嘉定区南翔镇沪宜公路 1188 号 20 幢 125 室
邮编：200235
电话：021 –61139637、61133200
邮箱：emily. duan@ ipaper. com
业务：纸业贸易

上海佳竞机械有限公司
上海市闸北区江场西路 299 弄 6 号楼 9 层
邮编：200436
电话：021 –68563495、13918564011
传真：021 –58338367
网址：www. shjiajing. com
邮箱：jiajing805@ shjiajing. com
产品：包装机械、环保机械、包装材料

瑞光(上海)电气设备有限公司
上海市嘉定工业区兴邦路 328 号
邮编：201815
电话：021 –69169492
传真：021 –69169495
网址：www. zuiko-sh. com
邮箱：admi5@ zuiko-sh. com
产品：研发、制造、组装卫生用品生产设备、包装设备、无纺布产品生产设备、电气控制装置等机械设备和零部件

上海宏昱造纸技术有限公司
上海市曹安公路 4188 号
电话：021－39596828
传真：021－39597838
网址：www. paper-clean. com
邮箱：E-clean@ shjinxuan. com
产品：造纸机网毯清洗设备研发制造

本真能源科技(上海)有限公司
上海琛丹环保科技有限公司
本真智能制造(嘉兴)有限公司
上海市浦东新区东方路 1988 号华南大厦 507 室
邮编：201600
电话：021－50388211、13636385277
传真：021－50388211
网址：www. k-htc. cn
邮箱：lijun@ k-htc. cn
产品：废气处理、污泥烘干、热回收节能

上海高质泵有限公司
上海市浦东新区富特西一路 135 号
邮编：200000
电话：021－58660008
邮箱：clara. li@ itt. com
产品：高质泵及泵的零配件

上海华宝纤维制品有限公司
上海市嘉定区曹安路 3962 号(17 号桥)
邮编：201804
电话：021－39596593、13501628228
传真：021－39597625
网址：www. huabaopack. com
产品：多层牛皮纸袋、纸塑复合袋等

思智浆纸贸易(上海)有限公司
上海市徐汇区长乐路 989 号 36 楼 05－06A 单元
邮编：200031
电话：021－61280118
邮箱：janehong@ cng-chn. com
业务：纸张、纸浆、纸巾批发

海默生测量设备(昆山)有限公司
上海市嘉定区安驰路 488 号
邮编：201805
电话：13661956095
网址：www. bpress. cn
产品：在线黏度计、在线密度计、在线酸酯分析仪、原油水分分析仪等

上海拓世工业装备技术有限公司
上海市浦东新区川宏路 699 号 A2 栋底层
邮编：201201
电话：021－68407352
传真：021－68407351
网址：www. topstarsh. cn
邮箱：topstar-sh@ 163. com
产品：纸机传动控制系统、智能 MCS、高速复卷机控制系统、制浆造纸 DCS、制浆造纸 MCC 工程、污水处理控制系统、水利自动化工程

永联生物科技(上海)有限公司
上海市浦东新区康新公路 3399 弄 25 号楼 554 室
邮编：201321
电话：021－50816608、4001581867
网址：www. union-biotech. com
邮箱：info@ union-biotech. com
产品：纳米纤维磨浆机

上海长濑贸易有限公司
中国(上海)自由贸易试验区基隆路 6 号外高桥大厦 711 室
邮编：200040
电话：021－33607171
传真：021－33607227
网址：www. nagase. cn
邮箱：ying. xue@ nagase. cn
产品：涂料、热敏纸原料、特殊化学品

上海久星导热油股份有限公司
(原上海久星化工有限公司)
上海市茂兴路 86 号 22D(公司总部)
上海市浦东新区老港工业园良乐路 229 号 4 号楼(工厂地址)
邮编：200127
电话：021－58708588(总机) 13331833379
网址：www. 9xchem. com
邮箱：22349659@ qq. com
产品：导热油、导热油清洗剂等

日本制纸株式会社上海代表处
上海市长宁区遵义路 100 号南丰城 B 座 1807 室
邮编：200051
电话：021－61453235
业务：从事与隶属外国(地区)企业有关的非营利性业务活动

日纸国际贸易(上海)有限公司
中国(上海)自由贸易试验区台中南路 2 号新贸楼三层 344 室
邮编：200051
电话：021－61453260
传真：021－61453237
网址：www. npi-sh. com
邮箱：rizhi@ npi-cn. com(纸张、化学品)
业务：机械设备及零部件、纸张及纸制品、造纸原料、化学工业品

上海柯斯米自控工程有限公司
上海市闵行区沪闵公路 3088 号 E 栋 208 室
邮编：201108
电话：021－54351660、54351661、54351662
传真：021－54352208
网址：www. cosmicroc. com. cn
产品：阀门自控产品的设计、研发、制造和销售

西纯环保科技(上海)有限公司
上海市浦东新区沈梅路 99 弄 1－9 号 1 幢 4 楼
邮编：201318
电话：021－51863164
传真：021－51862964
网址：www. westpure. com
邮箱：info@ westpure. com
业务：水/气污染治理行业的工艺研发、设备制造与集成、技术咨询、工程管理和服务

上海一鸿纸业有限公司
上海市浦东新区周浦镇
邮编：200120
电话：021－58142888、65993663
传真：021－65993993
邮箱：2095629205@ qq. com
业务：原纸贸易及后加工生产纸张、食品用纸、制袋系列、薄型特纸系列、纸板系列

台杏贸易(上海)有限公司
上海市徐汇区小木桥路 600 号 4 楼
邮编：200032
电话：021－52896129
传真：021－52896351
网址：www. g-morning. com. cn
邮箱：info@ goodmorning. com. tw
产品：日本增幸超微粉碎机、日本则武静态混合器、日本兵神螺杆泵、日本兵神点胶机、日本奈良干燥机、日本特开立计量泵

上海翔祖暖通设备有限公司
上海市浦东新区航头镇大麦湾工业区航帆路 55 号 6 幢 1 楼东部
邮编：201402
电话：021－68188881、18801668770
网址：www. shxzfg. com
邮箱：670310784@ qq. com
产品：暖通设备

上海一核阀门股份有限公司
上海市嘉定区宝钱公路 5888 弄 8 号
邮编：201823
电话：021－69932888、66696668
传真：021－69931999
网址：www. ehovalve. com
邮箱：ehovalve@ 163. com
产品：黑液自控阀、隔膜阀、调节阀、球阀、截止阀、闸阀、蝶阀、止回阀

上海全应科技有限公司
上海市闵行区申滨南路 1226 号虹桥新地中心 A 栋 203 室
邮编：201100
电话：4008269517
网址：www. allsenseww. com
邮箱：allsense@ allsenseww. com
产品：全应热电云解决方案

上海阿自倍尔控制仪表有限公司
上海市徐汇区宜山路 700 号普天信息产业园 B2 幢 803 室
邮编：200233
电话：021－68732581/2/3
传真：021－68735966
网址：sacn. cn. azbil. com
邮箱：zhangqiang@ sacn. com. cn
产品：调节阀、智能定位器、智能变送器、电磁流量计等过程仪表、DCS、智能化软件及智能化解决方案

上海浓金自动化设备有限公司
普陀区新村路 666 号 8 号楼 203 室
邮编：201802
电话：021－66289887、13801804663
传真：021－66289887
网址：www. nongjin-auto. com
邮箱：changzheng. zhao@ nongjin-auto. com
业务：销售工业自动化设备、仪器仪表、机电设备等

上海洛丁森工业自动化设备有限公司
上海市闵行区元江路 3399 号中臻科创园
邮编：201109
电话：021－52212505 18916163635
传真：021－52212506
网址：www. rocksensor. com. cn
邮箱：devinwei@ rocksensor. com
产品：压力变送器、科氏质量流量计、电磁流量计

横河电机(中国)有限公司
上海市长宁区遵义路 100 号虹桥南丰城 B 座 1801 室
邮编：200051
电话：021－80315000、62396262
传真：021－54051011
网址：www. yokogawa. com/cn
经营：销售电机

横河自控设备(上海)有限公司
上海市外高桥保税区富特西一路 135 号 B 楼第四层 401、402 室
邮编：200131
电话：021－62396262
传真：021－54051011

横河测量技术(上海)有限公司
上海市长宁区天山西路 799 号 603 室
邮编：200335
电话：021－22507676
传真：021－68804987/3005

上海横河电机有限公司
上海市嘉定区安亭镇昌吉路 28 号
邮编：201805
电话：021－59573587
传真：021－59572587
网址：www. ysi. com. cn

费籁电气(上海)有限公司
上海市松江区小昆山镇港德路 518 号 1 幢 3 层 303 室
邮编：201616
电话：021－67737238、13816858128
传真：021－67737238
网址：www. frelai. com
邮箱：frelaish@163. com
产品：有源电力滤波器 APF、静止无功发生器 SVG、无源串联滤波器、高压无功补偿及控制系统、动态电压恢复器

布劳宁(上海)液压气动有限公司
上海市金山区廊下镇景乐路 228 号 7 幢 R278 室
邮编：201516
电话：021－57395390、57391112
网址：www. brennanchina. com
邮箱：113686267@ qq. com
产品：液压气动元件

上海德雁无纺布有限公司
(原上海汉川纸业有限公司)
上海市嘉定区嘉罗公路 1661 弄 12 号 101 室 J2107
邮编：201103
电话：021－55512333
邮箱：ziruish@163. com
经营：无纺布及制品、纸浆、纸张、机械设备及配件

上海洁固清洗设备有限公司
上海松江工业区江田东路 259 号
邮编：201699
电话：021－37628533
传真：021－37628655
网址：www. jiegush. com
邮箱：jiegu3@ jiegush. com
产品：超高压水射流设备

上海雍基超镜面机械制造有限公司
上海市闵行区纪鹤路 157－209 号(单号)1 幢 1 层 102 室
邮编：201107
电话：021－62219629
传真：021－62217374
邮箱：1264875670@ qq. com
产品：超镜面棍、花纹棍、皮纹棍、橡胶棍

江 苏 省

南京市

中国林业科学研究院林产化学工业研究所
(国家林业化学工程技术研究中心)
江苏省南京市锁金五村 16 号
邮编：210042
电话：025－85482401、85482666
传真：025－85413445
网址：icifp. caf. ac. cn
邮箱：admin@ icifp. cn
业务：木质和非木质林产品化学加工与利用

江苏凤凰文化贸易集团有限公司
（原江苏省出版印刷物资公司）
江苏省南京市中央路 276－1 易发五洲大厦 2 楼 208 室
邮编：210037
电话：025－83112687、83113505
网址：www. ppmfhwm. com
邮箱：wm@ ppm. cn
经营：卷筒纸、铜版纸、双胶纸、木浆

松林国际刮刀锯制造有限公司
江苏省南京市中山北路 281 号虹桥新城市广场 01 幢 1815 室
邮编：210003
电话：025－58811772、83171371
传真：025－58812039
网址：www. paperblade-ssl. com
邮箱：ssl@ paperblade-ssl. com
产品：刮刀、圆刀、切刀、开槽刀、专用磨床

南京神克隆环保科技有限公司
南京神克隆科技有限公司
江苏省南京市江宁区淳化街道工业集中区
邮编：211122
电话：025－52196484
传真：025－52196654
网址：www. shenkelong. com
www. shenkelonghuanbao. com
邮箱：fenhuang2005@ 163. com
产品：废水处理

南京君昇包装有限公司
（原南京纸箱总厂纸板圆桶分厂）
江苏省南京市江宁区江宁街道上湖工业园
邮编：210000
电话：025－52803452
传真：025－52803452
网址：www. nxzt. com
邮箱：lhj@ nxzt. com
产品：环保纸板圆桶及各类纸罐

江苏苏宁新技术应用研究所
江苏省南京市虎踞南路 46 号 403 室
邮编：210013
电话：025－83739114
产品：新型臭氧发生器、废水处理设备

南京奈研新材料有限公司
江苏省南京市雨花台区六朝路 11 号证大喜玛拉雅 G 座 601 室
邮编：211100
电话：025－87738918
传真：025－87738928
网址：www. naiom. com
邮箱：sq. chen@ naiom. com
产品：高精度研磨、抛光技术

南京神童特种玻璃技术有限公司
江苏省南京市六合经济开发区新浦六路神童玻璃工业园
邮编：210000
电话：025－57051866、13913881132
传真：025－57051670
网址：www. shentong168. com
邮箱：13913881132@ 163. com
产品：专业化生产高温高压玻璃、高压液位计铝硅玻璃、耐碱超高压玻璃、防爆炸玻璃、防弹防砸玻璃、耐高温高压防爆玻璃、红外及紫外线光学玻璃、压力容器视镜等

中电变压器股份有限公司
江苏省句容市经济开发区崇明西路容宁创业园 10 幢
邮编：212400
电话：025－52095822
网址：www. zdbyq. cn
邮箱：wangsy@ ceeg. cn
产品：防爆型变压器、防爆型开关柜、输配电设备、输配电控制设备及配件的研发、制造

西尼尔（南京）过程控制有限公司
江苏省南京市江宁区兴谷路 6 号
邮编：211164
电话：025－86167188
传真：025－86167199
产品：SE11H 混频励磁电磁流量计、SV 涡街流量计、SR 金属管浮子流量计

无锡市

无锡锐帆技术有限公司
江苏无锡市新吴区硕放工业园新农路 6 号
邮编：214028
电话：0510－85256299、18661014966
邮箱：di. wu@ refine-tech. cn
网址：www. refine-tech. cn
产品：提供制浆造纸设备维修和改进服务、各类辊子维护及升级改造

无锡沪东麦斯特环境科技股份有限公司
(原无锡沪东麦斯特环境工程有限公司)
江苏省无锡市国家高新技术开发区硕放工业园
邮编：214142
电话：0510－85300555、85300777
传真：0510－85300878
网址：www. chinahudong. com
邮箱：krofta@ mstwater. com
产品：气浮设备、废水处理设备

敷岛工业织物(无锡)有限公司
江苏省无锡市国家高新技术产业开发区 B-18-G 号
邮编：214012
电话：0510－85258665
传真：0510－85258607
网址：www. shikibo. co. jp
邮箱：yysun@ shikishima-wuxi. com
产品：造纸用干网

宜兴华都琥珀环保机械制造有限公司
江苏省宜兴市高塍镇滆湖路 8 号
邮编：214214
电话：0510－87894476、87894478
传真：0510－87894478
网址：www. hdhb. com. cn
邮箱：mail@ hdhb. com. cn
产品：废水处理设备

江阴市国光轧光机纤维辊有限公司
江苏省江阴市利港镇西利路 86 号
邮编：214444
电话：0510－86631242
传真：0510－86631051
网址：www. cngrand. cn
邮箱：cngrand@ yahoo. cn
产品：压光机、辊筒

江阴市利伟轧辊印染机械有限公司
(原江阴市利港针织印染机械厂)
江苏省江阴市利港镇新街村 38 号
邮编：214444
电话：0510－86631469、86631479
传真：0510－86092290
网址：www. jylw. cn
邮箱：info@ jylw. cn
产品：压花辊、轧光辊、纤维辊、橡胶辊、羊毛辊

江阴市双叶化工机械有限公司
江苏省江阴市北外北国镇北新街 48 号
邮编：214413
电话：0510－86351528、86351508、86354777
传真：0510－86951386、86351029、86351030
网址：www. shuangye. cn
邮箱：shuangye@ shaungye. cn
产品：高岭土研磨设备

无锡德华彩印包装有限公司
江苏省无锡市锡山区鹅湖镇锡甘路 32 号
邮编：214116
电话：0510－88748181
传真：0510－88741377
网址：www. wuxiteckwah. com
邮箱：wuxi_ info@ teckwah. com. cn
产品：彩印包装产品

无锡市鸿顺机械制造有限公司
江苏省无锡市锡山区鸿声镇鸿后路 8 号
邮编：214115
电话：0510－88580441
传真：0510－88585062
网址：www. wxhsjx. cn
邮箱：sales@ wxhsjx. cn
产品：真空辊、漂白设备、废纸处理设备

江苏腾旋科技股份有限公司
(原无锡腾旋技术有限公司)
江苏省无锡市新区梅村工业集中区新都路 6 号
邮编：214112
电话：0510－68787000、88159440、4008099616
传真：0510－88159405
网址：www. tengxuan. net
邮箱：chenghj@ tengxuan. net
产品：旋转接头

凯登约翰逊(无锡)技术有限公司
江苏省无锡市新吴区汉江路 11 号
邮编：214028
电话：0510－85212218
传真：0510－85212038
网址：www. kadant. com
邮箱：gao. yuqin@ kadant. com
产品：蒸汽冷凝水系统、烘干部检测、烘干部系统优化软件、虹吸器、旋转接头、扰流棒、热泵、过热蒸汽降温器、汽水分离器工作站、金属软管、视镜、安装服务

无锡市林州干燥设备有限公司
（原无锡林州干燥机厂）
江苏省无锡市前洲镇塘村
邮编：214181
电话：0510－83391436、83391336
传真：0510－83391442
网址：www. linzhou. com、www. linzhou. net
邮箱：87129504@ qq. com
产品：干燥设备

无锡市德意机电设备制造有限公司
（原江苏省宜兴市第三纺织机械厂）
江苏省宜兴市屺亭镇骏马路 90 号
邮编：214213
电话：0510－87861769、87861868、87868222
传真：0510－87861769、87867909
网址：www. deyijidian. com
邮箱：deyi@ deyijidian. com
产品：无级变速系列、调速电机系列、防爆电机系列

铁姆肯（中国）投资有限公司无锡分公司
江苏省无锡市锡锦路 8 号
邮编：214028
电话：0510－85523888
传真：0510－85523885
网址：www. timken. com
邮箱：jingjing. wu@ . timken. com
产品：轴承

无锡中联造纸机械有限公司
江苏省无锡市新吴区鸿山街道鸿声振兴南路 49 号
邮编：214115
电话：0510－88580431
传真：0510－88580719
邮箱：2454006810@ qq. com
产品：真空辊、压榨辊、吸移辊

无锡市天元轧辊有限公司
（原锡山天元轧辊厂）
江苏省无锡市湖滨区雪浪街道锡南路 13 号
邮编：214000
电话：0510－85952034、13606185981
产品：造纸胶辊

无锡东亭气动自动化设备厂
江苏省无锡市东亭二泉东路 228 号
邮编：214101
电话：0510－88700891、13606180952
传真：0510－88700891
网址：www. wxyyzdh. com
邮箱：info@ wxyyzdh. com
产品：电磁阀

无锡市阿丹纸业有限公司
江苏省无锡市田基浜 24 号之一
邮编：214000
电话：0510－82447047、13961831870
传真：0510－82447047
邮箱：346080796@ qq. com
产品：各类书写纸、有光纸、双胶纸

博路威机械江苏有限公司
江苏省江阴市璜土工业园小湖路 19 号
邮编：214445
电话：0510－86055338
传真：0510－86055338
网址：www. broadenwin. com
邮箱：info@ broadenwin. com
产品：无级调压均匀轧光机、双压型无级调压均匀轧光机、分区可控中高轧光机、均匀热轧机、烧毛轧光机、摩擦轧光机、超级压光机、可控中高软压光机、可控中高硬压光机、高效节能轧液辊、涂油辊、挤油辊、热油烫光辊、均匀轧车

无锡欲力机械有限公司
江苏省无锡市惠山区洛社开发区新顺路 88 号
邮编：214187
电话：0510－83831711
传真：0510－83832443
网址：www. yueli. com. tw
邮箱：sales@ mail. yueli. com. tw
产品：研发、设计制造抄纸及纸器生产相关设备

无锡市斯凯浮机械制造有限公司
无锡市惠山区洛社杨市环镇北路 10 号
邮编：214187
电话：0510－83319906、13951506315
传真：0510－83317570
网址：www. jssk88. com
邮箱：Sikaifu88@ 163. com
产品：科研设计、制造高端控制阀

无锡维科通风机械有限公司
无锡市滨湖区华庄街道苏锡西路 101 号
邮编：214131
电话：0510－85603178

传真：0510－85603178
网址：www. westtech. com. cn
邮箱：westtechwx@ 163. com
产品：从事造纸机密闭汽罩及热回收系统等纸机通风设备

无锡动视科技有限公司
江苏省无锡市金山北工业 园金山四支路 11 号 2 号楼
邮编：214000
电话：0510－85840726
传真：0510－85840727
网址：www. dynavisiontek. com
邮箱：15190292434@ 163. com
产品：纸张表面瑕疵检测系统

博索尼奥拉茂(无锡)叉车属具有限公司
江苏省无锡市锡山经济技术开发区安泰二路 2566 号
邮编：214106
电话：0510－88789395、4006905305
传真：0510－88535635
网址：www. bolzoni-auramo. com. cn
邮箱：sales@ bolzoni-auramo. com. cn
产品：叉车属具、货叉以及升降平台

无锡市洪成造纸机械有限公司
江苏省无锡市新吴区振发三路 3 号
邮编：214142
电话：0510－85261971、13665105588
网址：www. wuxihc. com
邮箱：yhl@ wuxihc. com
产品：真空压榨辊、真空网笼、真空托辊、真空伏辊

无锡合申机械科技有限公司
无锡市锡山区羊尖镇机械装备产业园蠡河港路
邮编：214104
电话：0510－88780879、18921503058、13916296976
网址：www. chongqingkld. com
邮箱：wx_ heshen@ 163. com
产品：旋转接头、金属软管、造纸干网在线清洗器、造纸毛布在线清洗器、原纸架多点刹车器、原纸自胀夹头的研发、生产

无锡市万峰单丝有限公司
江苏省无锡市惠山区洛社镇新开河 312 国道旁
邮编：214174
电话：0510－88334444、13736851177
传真：0510－86554444
网址：www. wf-ds. cn
产品：聚酯单丝

恒天中纤纺化无锡有限公司
江苏省无锡市锡山区锡北镇八士新石东路 7 号
邮编：214192
电话：0510－68869798、68868838、68869718
网址：www. sinofiber. com. cn
邮箱：43426861@ qq. com
产品：聚酰胺短纤维

江苏谷瑞生物质科技有限公司
江苏省江阴市璜土镇栗山村山下头 12 号
邮编：214445
电话：15861632904
邮箱：649004184@ qq. com
业务：生物质利用技术的研究、开发；植物纤维模压专用设备的研究、开发

江苏章鼓力魄锐动力科技有限公司
江苏省无锡市惠山经济开发区智慧路 1 号清华创新大厦 A1008 室
邮编：214174
电话：0510－88688266、88688267
网址：www. liporihk. com
邮箱：lipori@ liporihk. com
产品：变频高速离心真空泵、高速单级离心压缩机/曝气机、高速多级离心压缩机/真空泵、标准齿式离心空气压缩机、多轴齿式离心压缩机、高速直驱离心压缩机/曝气机/真空泵、磁悬浮高速电机等

无锡福贝斯新材料科技有限公司
江苏省无锡市新吴区展鸿路 38 号
邮编：214028
电话：13862380706
网址：www. wxfbs. com
邮箱：master@ paperdoctor. cn
产品：造纸机网压部陶瓷脱水元件

无锡鸿良美造纸机械有限公司
江苏省无锡市新吴区鸿山街道马桥工业园 9 号
邮编：214143
电话：0510－88586218、13606170997
网址：www. wxhlm. com
邮箱：wxhlm@ wxhlm. com
13665126136@ 163. com

产品：造纸机械真空辊的设计、制造、加工

徐州市

徐州三环工业用呢科技有限责任公司
江苏省徐州市泉山区时代大道 7 号
邮编：221141
电话：0516－66692385　66692306
传真：0516－85794143
网址：www. xz3h. com
邮箱：gm@ xz3h. com
产品：造纸毛毯、螺旋干网、成型网

江苏四方锅炉有限公司
江苏省徐州市铜山华润工业园
电话：0516－85532708、85871846
网址：www. jssfgl. com
邮箱：sfjt@ jssfgl. com
产品：A 级锅炉、A1 级压力容器

常州市

艾博(常州)机械科技有限公司
(PMP 集团中国分公司)
江苏省常州市武进高新区龙翔路 7 号
邮编：213164
电话：0519－86225355、86225356
传真：0519－86225320
网址：www. pmpgroup. com
产品：造纸设备

安德里茨胶辊(常州)有限公司
(原佩姆派(常州)造纸设备有限公司)
江苏省常州市新北区天山路 49 号
邮编：213022
电话：0519－88222808
传真：0519－88222812
产品：造纸设备

常州市伯山机械有限公司
江苏省常州市新北区薛家工业园
邮编：213125
电话：0519－85951315
传真：0519－85951315
网址：www. czboshan. com
邮箱：boshanjixie@ 163. com
产品：辊筒、压光机、施胶机

常州市优力干燥设备有限公司
江苏省常州市青龙路 61 号
邮编：213017
电话：0519－85332655、13775029149
传真：0519－85351388
网址：www. you-ly. com
邮箱：youxiaod@ gmail. com
产品：纸机干燥设备

常州市科艺钢印花辊厂
江苏省常州市马杭大路工业园
邮编：213162
电话：0519－86700665、13306128233
传真：0519－86700757
网址：www. kyhg. com
邮箱：kyhg@ kyhg. com
产品：压花辊

江苏五龙机械有限公司
江苏省常州市湟里镇镇北开发区
邮编：213151
电话：0519－83341024、83346278
传真：0519－83341556
网址：www. china-wulong. com
邮箱：wulong@ china-wulong. com
产品：污泥脱水机、压滤机

江苏保龙机电制造有限公司
江苏省溧阳市经济开发区昆仑北路 75 号
邮编：213300
电话：0519－87301885、87302016、87303618、87305803
传真：0519－87301886
网址：www. jsbaolong. com
邮箱：baolongco@ 163. com
产品：剥皮设备、削片机、摇筛、输送设备、料仓

普瑞米尔(常州)机械制造有限公司
江苏省常州市新北区罗溪镇汤庄宝塔山路 106 号
邮编：213133
电话：0519－85787688、13869459768
传真：0519－85782188
邮箱：info@ premiermachinery. cn
产品：分区可控中高压光机

常州凯捷特水射流科技有限公司
江苏省常州新北区河海西路 271 号
邮编：213133
电话：0519－85806380

网址：www. kjt-tech. com
邮箱：sales@ kjt-tech. com
产品：水射流设备研发

常州市金坛长城轻工机械厂
江苏省常州市金坛区薛埠镇茅东大街
邮编：213245
电话：0519 – 82661148
邮箱：JTCCQG@ 163. COM
产品：金属切削机床及配件制造

江苏健达干燥工程有限公司
江苏省常州市东青镇
邮编：213114
电话：0519 – 88962888
传真：0519 – 88963888
网址：www. jian-da. com
邮箱：jianda@ jian-da. com
产品：造纸污泥干燥系统

溧阳市江南烘缸制造有限公司
江苏省溧阳市戴埠镇南工业区竹海大道 88 号
邮编：213331
电话：0519 – 87913588、87906282、87902888
传真：0519 – 87913588、87906282
网址：www. jndryercn. com、www. weimeijx. com
邮箱：hgxpj@ weimeijx. com
产品：杨克烘缸

溧阳市兴达机械有限公司
溧阳市戴埠镇镇善东路 119 号
邮编：213331
电话：0519 – 68698818、68698829
传真：0519 – 68698825
网址：www. lyxdjx. cn
邮箱：lyxingda@ 163. com
产品：各种钢制辊筒

常州新聚信机械科技有限公司
江苏省常州市武进经济开发区西太湖大道 19 号
邮编：213000
电话：0519 – 83366209、13666872886
网址：www. sino-extrusion. com
邮箱：woo@ sino-extrusion. com
产品：塑料挤出圆丝、平膜扁丝机组等及其配套附件

江苏默顿电气有限公司
江苏省常州市武进区湖塘镇湖塘科技产业园工业坊标准厂房
邮编：213000
电话：0519 – 88772678、13382811343
传真：0519 – 88772098
网址：www. chmodun. com
邮箱：jsmodun@ 163. com
产品：电能质量模块、电能质量装置、智能电容模块、智能控制器、投切开关系列电容电抗组件

苏州市

横河电机（苏州）有限公司
江苏省苏州市工业园区星龙街 365 号
邮编：215126
电话：0512 – 62833666
传真：0512 – 62833100

江苏华机集团
江苏省张家港市江苏经济开发区振兴路 5 号
邮编：215600
电话：0512 – 58189158、58951518
传真：0512 – 58989366、58951518
网址：www. jshuaji. com
邮箱：hjjt@ public1. sz. js. cn
产品：湿法备料及连续蒸煮系统、黑液蒸发器、二氧化氯制备系统、碱回收苛化系统

江苏华机环保设备股份有限公司
江苏省张家港市民营科技园振兴路 5 号
邮编：215600
电话：0512 – 58189158
传真：0512 – 58989366
网址：www. jshuaji. com
产品：黑液蒸发器、冷凝器、换热器

铨展环能设备（昆山）有限公司
江苏省昆山市东部工业区珠竹路 18 号
邮编：215331
电话：0512 – 57874691、57874692、57874693
传真：0512 – 57874791
网址：www. cjks. com. cn
邮箱：support@ cjks. com. cn
产品：气罩、隔音罩、热回收和通风系统

苏州工业区亚太纸品加工有限公司
江苏省苏州市跨塘镇镇北路 212 号
邮编：215122

电话：0512－62743888
传真：0512－62742005
邮箱：wangmin@ascend-china.com.cn
产品：双胶纸、白卡纸（全木浆各种规格）、办公用纸

苏州静冈刀具有限公司
江苏省太仓市郑和东路 55 号
邮编：215400
电话：0512－53569377、53570761
传真：0512－53569376
网址：www.shizuoka.com.cn
产品：刮刀

苏州苏福马机械有限公司
江苏省苏州市新区何山路 378 号
邮编：215129
电话：0512－66627621、66627806、66627810
传真：0512－66627620、66627818
网址：www.sufoma.com
产品：削片机、剥皮生产线

苏州杰而固造纸技术有限公司
江苏省苏州工业园区嘉瑞巷 8 号乐嘉大厦 401 室
邮编：215021
电话：0512－67066181
邮箱：zhouxiang1973@foxmail.com
业务：从事造纸与化工设备、备件和原料、仪器仪表、工量刃具、机电设备的研发

太仓嫦娥工业用呢有限公司
江苏省太仓市沙溪镇新北西路 132 号
邮编：215421
电话：0512－53229690
邮箱：change@vip.163.com
产品：造纸毛毯

太仓沪太嫦娥造纸设备有限公司
江苏省太仓市沙溪镇新北西路 130 号
邮编：215421
电话：0512－53221907、53229628、53212629
传真：0512－53212993
网址：www.tchtce.cn
产品：纸机、复卷机、卷纸机、压光机、烘缸

太仓市兴良造纸制浆成套设备有限公司
江苏省太仓市沙溪镇民营科技园区 2 号
邮编：226000
电话：0512－53221744
传真：0512－53221758
网址：www.xlpaper.com.cn
邮箱：sxywd_1@163.com
产品：圆网浓缩机、复式纤维分离机、高浓压力筛、内流压力筛、不锈钢片式圆网笼、喷浆成形器

张家港市巨桥造纸毛毯有限公司
江苏省张家港市鹿苑镇
邮编：215616
电话：0512－58477789、58474683
产品：造纸毛毯

太仓市宇航造纸机械厂
江苏省太仓市璜泾镇王秀管理区
邮编：215426
电话：0512－53857323
产品：水印辊、真空辊、浓缩机

吴江凯富纺织工业有限公司
江苏省吴江市平望镇
邮编：215221
电话：0512－63661058、63663224
传真：0512－63661801
产品：造纸毛毯、石棉板、管板毯及工业用过滤材料

江苏鸿新密封科技有限公司
（原张家港市鸿新机械密封件有限公司）
江苏省张家港市德积镇
邮编：215635
电话：0512－58751485
传真：0512－58726022
网址：www.zjghxmf.com
邮箱：sales@zjghxmf.com
产品：机械密封件

张家港市华杭造纸机械设备有限公司
江苏省张家港市民营科技园振兴路 5 号
邮编：215600
电话：0512－58189666
产品：湿法备料、连续蒸煮制浆生产线、真空洗浆机、碱性过氧化氢机械浆生产线（APMP）

昆山福乐国际贸易有限公司
江苏省昆山市长江南路 1128 号日月星城国际商务广场三楼 307 室

邮编：215300
电话：0512－86165538
传真：0512－86165539
网址：www. formulaintl. com
业务：热敏纸、镜面铜版纸、黄牛皮纸

江苏华东造纸机械有限公司
江苏省昆山市玉山镇古城中路 368 号
邮编：215300
电话：0512－57800000
传真：0512－57800001
网址：www. kszlzz. com
邮箱：kszllgq@ 163. com、kszljjg@ 126. com
产品：成套造纸装备

福伊特造纸(中国)有限公司
江苏省昆山市高新技术产业园区晨丰路 199 号
邮编：215300
电话：0512－57993600
传真：0512－57993611
网址：www. voith. com
邮箱：hanson. zhao@ voith. com
产品：提供整线造纸设备

汉思福德(苏州)测控技术有限公司
江苏省昆山市祖冲之路 1666 号清华科技园科技大厦 203
邮编：215300
电话：0512－57685771
传真：0512－57385771
网址：www. paperspares. com
邮箱：marketing_ cn@ paperspares. com
产品：提供各类进口设备备品备件、工艺消耗品、纸机性能优化产品、维修、升级改造等

迪蔼姆国际贸易(上海)有限公司
江苏省昆山市经济技术开发区大通路 1189 号
邮编：215333
电话：0512－57001571
传真：0512－57001570
网址：www. tmsystems. cn
邮箱：info@ tmsystems. cn
产品：造纸通风及污染控制系统，提供各类造纸相关通风设备

昆山陆联力华胶辊有限公司
江苏省昆山市花桥镇逢星路 519 号
邮编：215332
电话：0512－57070369
传真：0512－57697638
网址：www. rollianzlihua. cn
邮箱：services@ rollianzlihua. cn(技术服务)
sales@ rollianzlihua. cn(销售专线)
产品：胶辊研发及销售

昆山映树达包装机械有限公司
江苏省昆山市开发区陆泾路 108 号
邮编：215300
电话：13338056845
传真：0512－55380196
网址：www. yingshuda. com
邮箱：sales@ yingshuda. com
产品：制造原纸切割机、纸芯粉碎机

昆山亚欧梭耶机械设备有限公司
江苏省昆山市伟业路 8 号 B1504
邮编：215301
电话：0512－86186263、13625296310
传真：0512－36823823
网址：www. ks-yosy. com
邮箱：info@ ks-yosy. com
产品：浆料制备品：流浆箱扩散盘块，飘片，管束，除渣器；德国进口脱水元件：HDPE 脱水元件；陶瓷高分子脱水元件；真空辊：石墨橡胶密封条、石墨高分子密封条、高分子密封条，真空辊气胎；旋转接头石墨密封环，刮刀片，涂布刮刀；施胶涂布系统：计量棒，计量棒座，涂布端封；喷嘴，干网清洗喷嘴，水针喷嘴；校正器，张紧器，纠偏装置；弧型辊特氟隆套；骨架油封；空气弹簧，施胶加载气胎 P-1，G-1，G-2，刮刀气囊

昆山福步工业设备有限公司
江苏省昆山市玉山镇宝益路 93 号
邮编：215300
电话：0512－57997668
传真：0512－57997660
网址：www. fbuseals. com. cn
邮箱：sales@ fbuseals. com
产品：专业设计制造高标准、高精密机械密封以及密封辅助系统

昆山优源胜机械有限公司
江苏省昆山市玉山镇虹桥路 1188 号帝宝工业园 B 栋
邮编：215300

电话：0512－50172148
传真：0512－50175917
网址：www. yys-machineey. com
邮箱：sales@ yys-machinery. com
产品：专业生产瓦楞原纸分切机、原纸剖切机等

科麦德智能科技有限公司
江苏省昆山市巴城镇石牌立基路 398 号 2 号房
邮编：215335
电话：0512－50166671、13773147661
传真：0512－55186047
网址：www. khemed. com
邮箱：khemed@ khemed. com
产品：各种剪切刀具，各式气动分切刀具

上海森明工业设备有限公司（苏州办事处）
江苏省苏州工业园区春辉路 5 号跨春工业坊 2B 森明工业
邮编：215122
电话：0512－66100609
传真：021－51079363
网址：www. surmach. com
邮箱：sales@ surmach. com
产品：纠偏控制系统，卷材除尘系统，黏度控制系统，张力系统，气动制动器，弧形辊等

苏州市三都纸业有限公司
江苏省苏州市工业园区四区唯胜公路东、强胜路南
邮编：215024
电话：13915583654
邮箱：jundecw@ 163. com
产品：高档纸制品后端加工

苏州工业园区太得隆机械有限公司
江苏省苏州工业园区胜浦镇界浦路 53 号
邮编：215126
电话：0512－69367716
传真：0512－69367656
网址：www. sztdl. com
邮箱：sztdL@ sztdL. com
产品：3520/600 优良文化纸机、2730/600 长网多缸无碳复写原纸机、3950/500 长网多缸新闻纸机、4500/500 长网多缸纸板机、4400/420 超成型多缸纸板机、2740/300 五叠网涂布白板造纸机、3200/400 四叠网多缸纸杯原纸造纸机、3300/500 长网多缸精制牛皮伸性袋纸机、1350/500 长网多缸装饰原纸、2640/500 长网多缸装饰原纸纸机

苏州谱若塔控工程咨询有限公司
江苏省苏州市工业园区金鸡湖大道苏州纳米城西北区 20 幢 502 室
邮编：215522
电话：15604726793
邮箱：18936066971@ 163. com
业务：工程咨询、电气机械设计

苏州嘉诺环境工程有限公司
江苏省苏州市吴江经济技术开发区龙桥路 558 号
邮编：215200
电话：0512－86668090
传真：0512－86668089
网址：www. jonogroup. cn
邮箱：yym@ jonogroup. cn
产品：固废处理

万特赛传动系统（中国）有限公司
（原吉凯恩传动技术（太仓）有限公司）
江苏省太仓市经济开发区广州东路 188 号
邮编：215400
电话：0512－53581343
邮箱：linda. sheng@ watescheid. com
产品：制动器、离合器、联轴器、传动轴、限位开关及零部件

圣坦撒罗齿轮箱（苏州）有限公司
江苏省苏州市工业园区金陵东路 88 号金陵工业园 7 号厂房
邮编：215121
电话：0512－69362198
传真：0512－69362136
网址：www. santasalo. com
邮箱：suzhou@ dbsantasalo. com
产品：工业减速机

苏州嘉研橡胶工业科技有限公司
江苏省苏州市吴中区胥口茅蓬路 518 号
子公司：张家港嘉研制辊科技有限公司
邮编：215164
电话：0512－66930360、66930361
传真：0512－66935997
邮箱：jiayan1888@ 163. com
产品：提供解决产线上卷绕设备除皱方案，研发、生产、销售胶辊、机械零配件、铁芯

昆山悦智律自动化机械设备有限公司
江苏省昆山市陆家镇金阳东路 20 号

邮编：215331
电话：0512 - 83639579
邮箱：info@ onemech. net
产品：纸张分切机、纸张复卷机、薄膜分条机、胶带切卷机、磨刀机

江苏众志新禹环境科技有限公司
(原苏州新众禹环境科技有限公司)
江苏省苏州市高新区鹿山路 369 号国家环保产业园 29 幢 103 室
电话：0512 - 52765877、18518633377、13811285083
传真：0512 - 52765877
网址：www. zyzdmtech. cn、www. nzyhj. com
邮箱：sales@ zyzdmtech. com、service@ zyzdmtech. com
产品：从事水处理设备研发、生产

昆山东美自动化设备科技有限公司
江苏省昆山市周市镇陆杨金茂路 1333 号 2 号房
邮编：215314
电话：0512 - 50155128
网址：www. ksdmt. com
邮箱：dmt@ ksdmt. com
产品：自动化清洁设备

江苏苏州市亚华胶辊有限公司
江苏省常熟市辛庄工业园区长盛路中段
邮编：215562
电话：0512 - 52471198、52477868
网址：www. yahuajiaogun. cn
产品：胶辊

清来永机械(昆山)有限公司
江苏省昆山市张浦镇新吴街 888 号海尚商务广场 1 号楼 224 室
邮编：215300
电话：0512 - 50170168
传真：0512 - 50175828
邮箱：clm@ chinglai. com
产品：新型造纸机械(含纸浆)设备、机床设备、机电设备

太仓市新达造纸机械厂
江苏省太仓市新塘杨桥村
邮编：215436
电话：0512 - 53620447
邮箱：lydcz@ 126. com
产品：制造、加工造纸机械配件

太仓市申新造纸机械厂
江苏省太仓市浏河镇新塘新谊西路 30 号
邮编：215436
电话：0512 - 53627014、13962622628
产品：制造、加工造纸机械配件

太仓市永泰造纸机械有限公司
江苏省太仓市沙溪镇周泾路 2 号
邮编：215421
电话：0512 - 53225688、13862277090
产品：造纸专用设备及配件

太仓市远东造纸机械有限公司
江苏省太仓市浏河镇
邮编：215400
电话：0512 - 53620912
邮箱：87093480@ qq. com
产品：造纸机械

太仓市金龙造纸机械有限公司
江苏省太仓市沙溪镇中荷村
邮编：215421
电话：0512 - 53215717、13806245135
产品：造纸机械设备、无纺布

太仓嫦娥宇洋过滤材料有限公司
江苏省太仓市沙溪镇新北西路 132 号
邮编：215421
电话：0512 - 53214871、18662312346
传真：0512 - 53214871
网址：www. tcceyy. com
邮箱：yangzi_ liu@ 126. com
产品：工业用呢、网类制品、纺织专用设备、造纸机械设备及配件

恩斯克投资有限公司
江苏省昆山市花桥镇恩斯克路 8 号
邮编：215332
电话：0512 - 57963000
网址：www. cn. nsk. com
邮箱：wang-hong@ nsk. com
产品：造纸设备专用轴承

常熟万龙机械有限公司
江苏省常熟市支塘镇常生路 1 号 31 幢、32 幢
邮编：215531
电话：0512 - 52977351、18962610604
传真：0512 - 52977365

网址：www. wanlongchina. cn
邮箱：webmaster@ wanlong-china. com
产品：非织造布机械设备及配件

常熟市博蕴造纸装备科技有限公司
（原常熟市博蕴机电设备销售有限公司）
江苏省常熟市梅李镇将军路 58 号 – 18
邮编：215510
电话：0512 – 52666208
传真：0512 – 52665543
网址：www. csboyun. com
邮箱：info@ csboyun. com
产品：全自动龙门切纸机、液压舱门、全自动剪铁丝机等

苏州维多亚自动化电气设备有限公司
江苏省苏州市相城经济开发区华阳路 168 – 1 号
邮编：215143
电话：0512 – 67079947、13952408198
传真：0512 – 67079949
网址：www. weiduoya. cn
邮箱：jsszwdy@ 163. com
经营：自动化电气设备、机电设备、仪器仪表、电动工具、制冷设备等

苏州弗洛伊德液压科技有限公司
江苏省苏州市相城区北桥街道灵埂路 88 号 1 幢
邮编：215000
电话：0512 – 68016007、13771807662
邮箱：911794605@ qq. com
产品：液压系统、润滑系统、液压软管和管接头的生产、设计

昆山力泰纤维有限公司
江苏省昆山市经济技术开发区盛希路 188 号
邮编：215300
电话：0512 – 57719988、13862640819、13809065371
传真：0512 – 57715986
网址：www. ksrithai. com
邮箱：jesintong@ suntex88. com
产品：聚酯单丝，尼龙单丝，聚丙烯单丝，聚乙烯单丝等多种合成纤维材质

张家港市大伟化纤有限公司
江苏省张家港市金港镇后塍镇山路（后塍邮电局向西 500 米）
邮编：215632
电话：0512 – 58789153、13706221585
邮箱：632408211@ qq. com
产品：涤纶、锦纶短纤维制造、销售

采稀智能装备（苏州）有限公司
江苏省太仓市沙溪镇岳王台资工业园区新港路 237 号
邮编：215400
电话：0512 – 80608777
传真：0512 – 80608776
邮箱：wxiaobin@ cai-xi. com
产品：各类造纸刮刀装置及备品备件、在线高压清洗等设备、校正张紧设备；研发和生产智能自动化装备

苏州市金科自动化设备有限公司
江苏省苏州市相城区望亭镇新华工业园万方路 8 号
邮编：215155
电话：0512 – 66728928、66728938、13814887576
传真：0512 – 66619798
网址：www. jinkeauto. com
邮箱：xyk-01@ 163. com
产品：陶瓷纤维制品设备、硅酸铝纤维设备、自动化设备研发制造、环保纸浆模塑工业包装、纸浆蛋托成套生产线开发制造

苏州迈瑞凯机械设备有限公司
江苏省苏州市吴中区光福镇苏州工艺文化城三区 9 幢 416 室
邮编：215156
电话：13862380706、15295355789
传真：0512 – 88186266
网址：www. mrk-doctoring. cn
邮箱：master@ paperdoctor. cn
产品：造纸机整体刮刀系统和网部陶瓷脱水元件

雷茨悬浮科技（江苏）有限公司
（原苏州鑫锐天机电科技有限公司）
江苏省昆山市周市镇陆杨富杨路 8 号
邮编：215313
电话：15850327566
网址：www. szraetts. com
邮箱：644911979@ qq. com
产品：高速离心风机和风刀干燥系统

苏州安特威阀门有限公司
江苏省苏州市吴江汾湖经济开发区越秀路 988 号
邮编：225000
电话：0512 – 82880588
传真：0512 – 82079059
网址：www. antiwearvalve. com/cn

邮箱：info@ antiwearvalve. com
产品：球阀、蝶阀、闸阀、截止阀、止回阀、旋塞阀、柱塞阀、调节阀、盘阀、迷宫阀等

苏州万龙电气集团股份有限公司
中国(江苏)自由贸易试验区苏州片区苏州工业园区新发路 29 号
邮编：215218
电话：0512－62605116、62605108
传真：0512－62605100
网址：www. wanlongjituan. com
邮箱：gk. wanlongjituan. com
产品：低压电动机保护控制器：ST570 系列、ST570L 系列、ST570B 系列、ST570S 系列；低压微机线路保护装置：ST420L 系列、ST420H 系列、ST400S 系列；控制与保护开关电器(CPS)：YSK2L 系列、YSK2M 系列、YSK2S 系列

苏州汇川技术有限公司
江苏省苏州市吴中区越溪友翔路 16 号
邮编：215104
电话：0512－66376666
传真：0512－62856720
网址：www. inovance. com
产品：变频器、工业互联网

苏州欧若机械设备有限公司
江苏省苏州工业园区金胜路 18 号
邮编：215126
电话：0512－65934300
网址：www. auroen. com
邮箱：info@ auroen. com
产品：造纸工业的碳纤维辊、碳纤维结构件及自动化设备

昆山开拓者喷雾系统科技有限公司
江苏省昆山市花桥镇逢星路 608 号
邮编：215331
电话：0512－36822651、13913283863
传真：0512－50199921
网址：www. ktz. cc
邮箱：ktzpenwu@ 126. com
产品：喷雾系统设备、工业喷嘴

南通市

海安县金剑轻工机械刀片有限公司
(原海安县轻工机械刀片厂)
江苏省南通市海安县鑫来路 80 号
邮编：226600
电话：0513－88921192、88911573
传真：0513－88833485、88921192
邮箱：794104263@ qq. com
产品：打浆刀片

海门市造纸毛毯厂
江苏省海门市三条桥
邮编：226132
电话：0513－82181369
产品：造纸毛毯

江苏金呢工程织物股份有限公司
江苏海门市悦来三条桥工业区三条桥路 153 号
邮编：226132
电话：0513－8218130、82181600、82998200
传真：0513－82181100
网址：www. jsjinni. cn
邮箱：group@ jsjinni. cn
产品：成形网、干网、造纸毛毯

海门市工业用呢厂
江苏省海门市麒麟镇通海路 129 号
邮编：226125
电话：0513－82615001
传真：0513－82615001
网址：www. hmgyyn. cn
邮箱：info@ hmgyyn. cn
产品：造纸毛毯

南通中包投资有限公司
南通中包国际贸易有限公司
江苏省南通市苏通科技产业园区江成路 1088 号研发园 3 幢 25 楼
邮编：226002
电话：0513－85535601
传真：0513－85535490
网址：www. nantongpack. com
邮箱：sales16@ nantongpack. com
业务：加工裁切、复卷和分条

南通华严磨片有限公司
南通华严铸造有限公司
江苏省南通市如东县岔河镇兴河工业园
邮编：226403
电话：0513－84830097、13222131116
传真：0513－84377485
网址：www. nthuayan. cn

邮箱：13222131116@163. com
产品：各类磨片研究开发

南通三友环保科技有限公司
江苏省南通市人民中路 196 号
邮编：226001
电话：0513－85922725、85924148、18205013366
传真：0513－85920873
网址：www. ntsyhb. cn
邮箱：ntsyhb@163. com
产品：生产空气净化材料和水处理材料等系列产品

南通佳宝机械有限公司
江苏省如皋市城南街道新源东一路 1 号(工厂基地)
邮编：226557
电话：0513－87733555、13817393713
上海静安区江场西路 299 号 6 号楼 9 层(市场部)
邮编：200436
电话：021－61400509
传真：021－58338367
网址：www. csj-baler. com
邮箱：jiabao825@csj-baler. com
产品：半自动、全自动压缩打包机、废料排废系统

布鲁奇维尔通风设备启东有限公司
江苏省南通市启东高新技术产业开发区海虹路
邮编：226236
电话：0513－83266330
021－37561023
邮箱：wendy@brunnschweiler. com
产品：气罩、风箱、冷凝水系统、热回收系统

江苏旭田环保机械有限公司
江苏省南通市通州区西亭工业园区青年东路 158 号
邮编：226301
电话：0513－86831966
传真：0513－86831900
网址：www. xtbaler. com
邮箱：cathy. ren@xtbaler. com
产品：液压打包机、清废除尘系统

连云港市

江苏省连云港市机电设备总厂
江苏省连云港市新浦区康泰南中 55 号
邮编：222004
电话：0518－85413716
产品：生活用纸加工设备

连云港根深纸制品有限公司
江苏省连云港市连云开发区云山企业园晕宿路 258 号
邮编：222043
电话：0518－82341648、82340456
传真：0518－82346812、82802223
网址：www. genshen. net. cn
产品：淋膜口杯纸、瓦楞纸板、纸箱

连云港市精达计量泵有限公司
江苏省连云港市灌南县六塘街东首
邮编：222506
电话：0518－83463999、83462888
传真：0518－83461697
网址：www. gn900. com、www. lygjlb. cn
邮箱：lygjdjlb@163. com
产品：单、双缸计量泵

淮安市

江苏淮安第一出版印刷物资有限公司
江苏省淮安市(原淮阴市)爱民路 38 号
邮编：223001
电话：0517－83676058、83939915
传真：0517－83650488、83939915
网址：www. jspmc. com
邮箱：jspmc@163. com
经营：胶版纸、铜版纸、铜版卡纸

盐城市

盐城市宏宇造纸机械有限公司
江苏省盐城市盐都区楼王镇人民路 188 号
邮编：224031
电话：0515－88658777、18105100099
传真：0515－88659588
网址：www. hongyugs. cn
邮箱：hongyugs@126. com
产品：脱水元件、流浆箱

盐城市佳诚机械有限公司
江苏省盐城市秦南工业园区泽夫南路 1 号
邮编：224000
电话：0515－88605333、15251071248
传真：0515－89806278、89806378
网址：www. jxmachine. com
邮箱：jcsw000001@163. com、jcsw000002@163. com
产品：流浆箱、卫生纸机、成形板、刮水板、吸水箱

江苏正伟机械有限公司
江苏省盐城市建湖县建阳石油装备产业园润阳路 88 号
邮编：224751
电话：0515－86568818、13601420366
传真：0515－86568633
网址：www. zwzzjx. com
邮箱：zwjx0077@ 163. com
产品：真空压榨辊、真空伏辊、真空吸移辊、真空托辊、真空网笼、复合辊、压榨辊、卷纸辊、导辊等

扬州市

尚宝罗江苏节能科技股份有限公司
（原扬州市尚宝罗泵业有限公司）
江苏省扬州市宝应城西（二桥）工业集中区尚宝罗路 1 号
邮编：225800
电话：0514－88209222、13901440177
传真：0514－88224929
网址：www. sblpump. com
邮箱：sblpump@ 163. com
产品：泵

江苏新风网业有限公司
（原江都新风造纸网业有限公司）
江苏省江都市真武镇真武路 59 号
邮编：225265
电话：0514－86271080、86278901
传真：0514－86271080
网址：www. lkxf. com
邮箱：57511235@ qq. com
产品：造纸铜网

扬州双扬机械有限责任公司
江苏省扬州市维扬经济开发区司徒庙路 498 号
邮编：225003
电话：0514－87246044
传真：0514－87243768
网址：www. yzsyjx. com. cn
邮箱：sym@ yzsy. com. cn、xsb@ yzsy. com. cn
产品：切纸机、减速机

江苏迎浪科技集团有限公司
江苏省扬州市宝应县北郊工业区
邮编：225806
电话：0514－88366888、88366999
传真：0514－88366111、88366777
网址：www. ylcasting. com
邮箱：1102710368@ qq. com
产品：造纸用泵

扬州四启环保设备有限公司
江苏省仪征市新城镇新华路 6 号
邮编：211401
电话：0514－83646368
网址：www. sqepe. com
邮箱：sales@ sqepe. com
产品：液压活塞式增压泵的研发、设计、生产、销售和服务

江苏凯恩斯泵阀有限公司
江苏省扬州市宝应县泾河镇曹坝工业集中区
邮编：225806
电话：0514－88240518
传真：0514－88242118
网址：www. kespump. com
邮箱：yzkes@ kespump. com
产品：各类高效节能型纸浆泵和清水泵、多级泵、污水泵以及阀门

扬州金伦化学纤维有限公司
江苏省扬州市邗江区扬州维扬经济开发区朱塘路东首
邮编：225008
电话：0514－87637401、15895772345、17761988530
邮箱：94184769@ qq. com
产品：涤纶短纤、锦纶、丙纶短纤加工、销售

奥斯龙泵业江苏有限公司
江苏省扬州市宝应县城北工业园宝源路 86 号
邮编：225806
电话：0514－88241907、13813108960
传真：0514－88276922
网址：www. allslorm. com
邮箱：allslorm@ 163. com
产品：泵

扬州欧润过滤系统设备有限公司
江苏省扬州市江都区城北工业园
邮编：225200
电话：0514－86528424、15161408890
传真：0514－86528424
网址：www. ltglq. com
邮箱：1310936183@ qq. com
产品：过滤系统、过滤设备及配件、自动控制设备

镇江市

金顺重机(江苏)有限公司
江苏省镇江市大港兴港东路 18 号
邮编：212132
电话：0511－88998082、88998026
传真：0511－88998988
邮箱：goldsun@goldsunmachinery.com
产品：高速卫生纸机、复卷机、烘缸、纸机改造工程

镇江恒星科技有限公司
江苏省镇江市中山西路 89 号凯旋广场 5 号楼
邮编：212000
电话：0511－85033178
传真：0511－85033178
网址：www.hx-kj.com
邮箱：china@hx-kj.com
产品：烘缸堵漏

镇江澳志金茂机械有限公司
江苏省镇江市丹徒区阳谷镇镇南工业集中区宝路 1 号
邮编：212143
电话：0511－85935601、13905280958
传真：0511－85935602
网址：www.zjjinmao.com
邮箱：zjjinmao@263.net
产品：备料、制浆、输运设备

江苏大唐机械有限公司
(原江苏大唐机械制造有限公司)
江苏省镇江市润州民营开发区镇句路东 88 号
邮编：212021
电话：0511－85621574、85992667
传真：0511－85621574
网址：www.jzdt.net
邮箱：info@dwoods.cn
产品：备料设备

镇江中福马机械有限公司
江苏省镇江市丹徒新区兴园路 1 号
邮编：212127
电话：0511－88798188、88798618、88781320
传真：0511－88798066、88781062
网址：www.zjzfm.com
邮箱：zjzfm@jsmail.com.cn、zjzfmyxb@126.com
产品：造纸备料设备

镇江金龙包装材料有限公司
江苏省镇江新区机电工业园
邮编：212132
电话：0511－83378588、83172088
邮箱：gelon_group@163.com
产品：包装用纸

句容市兴文包装有限公司
江苏省句容市经济开发区航北路 108 号
邮编：212400
电话：0511－87266201、87271390
传真：0511－87262705
网址：www.xingwen.com
产品：瓦楞纸板、纸箱、彩印包装

扬中市灵新风机氟塑有限公司
江苏省扬中市江州广场北(扬高汽渡旁)
邮编：212200
电话：0511－8362458、13905286627
传真：0511－8362478、8358932
网址：www.lingxin.cn
邮箱：info@lingxin.cn
产品：除尘系统(水除尘、布袋除尘)

镇江市久欣塑料制品有限责任公司
江苏省镇江市丹徒区光明路 98 号
邮编：212001
电话：0511－85237297、13906107868、13805281593
邮箱：2822195903@qq.com
产品：锦纶综丝

泰州市

泰州市永达绳业器材厂
江苏省泰州市高港科技创业园高港区许田路许南
邮编：225324
电话：0523－86110982、13801432315
传真：0523－86116788
网址：www.yongkui.com
邮箱：admin@yongkui.com
产品：引纸绳、柔性吊带、吊钩系列、起重链条系列

江苏理工大学轻工泵研究所靖江耐腐蚀泵厂
江苏省靖江市新港套闸西首
邮编：214518
电话：0523－84211906
邮箱：crr@hetun.com
产品：浆泵、泵阀

靖江市飞驰环保实业有限公司
江苏省靖江市四墩子北大街
邮编：214536
电话：0523－84331256、13901425562
传真：0523－84331256
网址：www.jjfchb.com
邮箱：jjalsune@163.com
产品：废水处理设备

江苏苏东化工机械有限公司
江苏省泰兴市古溪镇溪镇工业园区苏东路1号
邮编：225417
电话：0523－87791016
传真：0523－87795139
网址：www.sdyli.cn、www.jssdhg.cn
邮箱：jssdec@163.com
产品：造纸环保设备

泰兴市金鑫筛板制造有限公司
江苏省泰兴市江平北路杨庄桥北收费站南200米
邮编：225400
电话：0523－87685583
传真：0523－87739428
网址：www.txjxsb.com
产品：造纸机械配件

江苏蓝电环保股份有限公司
（原江苏省泰兴市电除尘设备厂）
江苏省泰兴市城区工业园振兴路6号
邮编：225400
电话：0523－87683876、87683865
传真：0523－8686865
网址：www.landiancn.com
邮箱：lddccq@landiancn.com
产品：造纸碱回收除尘器

泰兴市仕宁机械有限公司
江苏省泰兴市城区工业园碾坊路19号
邮编：225401
电话：0523－87996032、13815972614
传真：0523－87996031
网址：www.jsshining.cn
邮箱：shining@jsshining.cn
产品：压力筛鼓、平筛、多孔板、鳞形板、装饰消声板

江苏鑫龙吊装器材有限公司
江苏省泰州市高港区田河振兴北路53号
邮编：225322
电话：0523－86938626
传真：0523－86933199
网址：www.js-xinlong.com
邮箱：info@js-xinlong.com
产品：吊装备品、引纸绳等

兴化市造纸网厂
江苏省兴化市阳山西路西首（昭阳工业园区）
邮编：225700
电话：0523－83266368、88328158
传真：0523－83263581
产品：聚乙烯（尼龙）网、各种工业网带、塑料传送链板

泰兴市瑞和纸业有限公司
江苏省泰兴市江平北路178号
邮编：225400
电话：0523－87688777
传真：0523－87688888
网址：www.ruihepaper.com
产品：各种纸张

江苏三辉环保科技有限公司
江苏省泰州市姜堰区高新科技产业园32号（公司地址）
江苏省泰州市姜堰区南环西路999号A座（商务地址）
邮编：225500
电话：0523－88280008
传真：0523－88282008
网址：www.sanshine-china.com
邮箱：sales@sanshine-china.com
产品：专业从事固液分离设备的研发、制造及销售

江苏金利马重工机械制造有限公司
江苏省靖江市东兴镇环镇南路8号
邮编：214533
电话：0523－84686988
网址：www.jjjlm.com
邮箱：1137962959@qq.com
产品：造纸专用设备

浙 江 省

杭州市

杭州北辰轻工机械有限公司
浙江省杭州市桐庐县风川开发区风翔路88号
邮编：311500

电话：0571－58509003
传真：0571－64219785、64295588
网址：ww. fcjpm. com
邮箱：2015463070@ qq. com
产品：纸板机、膜转移施胶机、高速涂布机、顶网成型器、空气转向器等造纸成套及零配件设计和生产

杭州顺隆胶辊有限公司
浙江省杭州市余杭区余杭街道禹航路 66－5 号
邮编：311121
电话：0571－88660399、89052708、89052981
传真：0571－88672288
网址：www. hzsljg. com
邮箱：sl@ hzsljg. com
产品：造纸胶辊

杭州碱泵有限公司
浙江省杭州市西湖区三墩西湖科技园西园五路 12 号
邮编：310030
电话：0571－89905760、89905601
传真：0571－89905602
网址：www. alkalipump. com
邮箱：sales@ alkalipump. com
产品：泵

杭州富阳武林机械有限公司
浙江省富阳市劳动路 10 号
邮编：311400
电话：0571－63369991
产品：压光机、涂布机

杭州大路实业有限公司
浙江省杭州市萧山区红山农场创业路 635 号
邮编：311234
电话：0571－82609073、83699325
传真：0571－83699331
网址：www. chinalulutong. com
邮箱：lulutong168@ hotmail. com
产品：工业泵、盘磨机、浆泵

杭州美辰纸业技术有限公司
浙江省杭州市建国北路 586 号 1601 室
邮编：310004
电话：0571－85096526
传真：0571－85096527
网址：www. papermech. com
邮箱：headbox@ 126. com
产品：流浆箱、成型器、摇振机、蒸汽加湿器

杭州高新自动化仪器仪表公司
浙江省杭州市西湖区教工路 2 号
邮编：310023
电话：0571－88802636、15372095374
产品：物理检测仪器

浙江华章科技有限公司
浙江省杭州市祥园路 99 号运河广告产业大厦 2 号楼 11 楼
邮编：310019
电话：0571－88994499
传真：0571－88994466
网址：www. hzeg. com
邮箱：mail@ hzeg. com
产品：综合自动化系统（传动、DCS、MCC、MCS、信息化系统及数字化工厂），环保产品（污水处理、压滤机、废气除臭、RDF），纸机改造及项目总包，设备维保及供应链管理服务

浙江中控技术股份有限公司
浙江省杭州市滨江区六合路 309 号中控科技园
邮编：310053
电话：0571－88851888
传真：0571－86667506
网址：www. supcontech. com
邮箱：supcon@ supcon. com
产品：自动化

杭州华加造纸机械有限公司
浙江省杭州市文晖路大塘新村 20 号
邮编：310005
电话：0571－88801313、88801222
传真：0571－88801222
网址：www. hzhuajia. com
邮箱：yeke@ mail. hz. zj. cn
产品：流浆箱、斜网成形器

中建材轻工业自动化研究所有限公司
（原杭州轻通博科自动化技术有限公司、中国轻工业自动化研究所）
浙江省杭州市舟山东路 66 号
邮编：310015
电话：0571－88293902、88026010、88023152、13858178172（蒋经理）
传真：0571－88290716
网址：www. qgyzdh. com、www. qtboke. com
产品：造纸检测仪器、传感器、智能仪器仪表、生产过程自动控制装置和系统机电一体化产品

杭州萧山美特轻工机械有限公司
浙江省杭州市萧山区坎山大道 265 号(萧山国际机场旁)
邮编: 311243
电话: 0571 -82519727、83510265
传真: 0571 -82519726
网址: www. mtqj. cn
邮箱: mtqj@ 163. com
产品: 滤液泵、高浓除渣器

杭州西湖阀门厂
浙江省杭州市临安区高虹镇曙光路 3 号
邮编: 311307
电话: 0571 -85225864、15888800223
传真: 0571 -85220115
网址: www. hzxhfmc. com
邮箱: hzxhfmc@ 163. com
产品: 蒸汽阀门、疏水阀、止回阀

杭州新余宏机械有限公司
浙江省杭州市瓶窑镇凤都工业区岭山路 1 号
邮编: 311115
电话: 0571 -88541156、88542958
传真: 0571 -88543365
网址: www. yhjg. com
产品: 生活用纸机设备

浙江省桐庐造纸机械设备有限公司
浙江省杭州市桐庐县横村镇
邮编: 311512
电话: 0571 -64671024、13606602210
产品: 造纸设备

杭州振兴工业泵制造有限公司
浙江省杭州市萧山区新街科创园
邮编: 311217
电话: 0571 -82699701、82609230
传真: 0571 -82699329、82609808
网址: www. zhenxingpump. com
邮箱: 2050134232@ qq. com
产品: 泵

浙江双元科技开发有限公司
浙江省杭州市莫干山路 1418 号
邮编: 310015
电话: 0571 -88867823
传真: 0571 -88910049
网址: www. zjusy. com
邮箱: info_ zjusy@ 163. com
产品: 自动控制系统

轻工业杭州机电设计研究院有限公司
浙江省杭州市余杭区高教路 970 号 4 号楼
邮编: 310007
电话: 0571 -85158560
传真: 0571 -85282565
网址: www. hmei. com. cn
邮箱: 53956717@ qq. com
业务: 从事制浆造纸、日用化工、食品包装等轻工相关行业科研开发、工程设计、新技术新设备研制、设备成套、技术服务和工程总承包等业务

杭州董氏工贸有限公司
浙江省杭州市拱墅区康桥街道康政路 26 号 1 号楼 2 楼
邮编: 310015
电话: 0571 -85380786、85383445
传真: 0571 -85386423
邮箱: 522174828@ qq. com
经营: 灰底白纸板、白卡纸、瓦楞原纸、箱纸板、铜版纸、双灰纸、包装牛皮纸、双胶纸、书写纸、拷贝纸

浙江省普瑞科技有限公司
浙江省杭州市萧山经济技术开发区鸿兴路 181 号
邮编: 311125
电话: 0571 -88170685
传真: 0571 -88173641
经营: 隔膜纸、过滤纸

杭州力魄锐航空科技有限公司
浙江省杭州市余杭区良渚街道古墩路 1359 -3 号 1 幢 1507 室(公司地址)
邮编: 311100
浙江省金华市浦江县一点红大道 966 号浦江科创园 A 幢 2 楼 018 室(研发基地)
电话: 0571 -86699203、13811997780
传真: 0571 -86699203
网址: www. liporihk. com
邮箱: lipori@ lipori. com
产品: 变频高速离心真空泵、直驱式高速离心真空泵

杭州品享科技有限公司
浙江省杭州市下城区东新路 948 号 2 幢 6 楼
邮编: 310022
电话: 0571 -88351253
传真: 0571 -88351263

网址：www. pnshar. com
邮箱：pnshar@ pnshar. com
产品：纸制品物理性能检测仪器的研发、生产、销售

杭州和利时自动化有限公司
浙江省杭州市下沙经济开发区 12 号大街 M10-15-7 地块
邮编：310018
电话：0571 – 81633600
传真：0571 – 81633700
网址：www. hollsys. com
邮箱：yanglina@ hollsys. com
产品：制造控制系统与平台，过程自动化系统

杭州创新轻工机械有限公司
浙江省富阳市场口镇工业园区
邮编：311400
电话：0571 – 63519688
传真：0571 – 63519799
网址：www. cxmachines. com
邮箱：cxjx0309@ 163. com
产品：造纸机整机、涂布机、化学品制备系统、环保设备等

杭州萧山美特轻工机械有限公司
浙江省杭州市瓜沥镇坎山大道 265 号
邮编：311243
电话：0571 – 82519727、83510265
传真：0571 – 82519726
网址：www. mtqj. cn
邮箱：mtqj@ 163. com
产品：KZ 型宽流道纸浆泵，FJ 型低脉冲冲浆泵，KH 型化工流程泵，MZJ 型系列浆池浆塔搅拌器，DDM 型液压双盘磨，HFF 型高频疏解机，GLS 型气液分离器及 FPB 型滤液泵，各种非标槽罐等

杭州奥荣科技有限公司
浙江省杭州市余杭区余杭街道金星工业园华一路 1 – 1 号 3 幢 3 层
邮编：311121
电话：0571 – 81110868、81110083
传真：0571 – 81110878
网址：www. hzaorong. com
邮箱：Info@ hzaorong. com
产品：水刺用聚酯网帘、打孔用网帘、造纸业用高速网帘等

浙江远盟自动化技术有限公司
浙江省杭州市拱墅区花园岗区 113 号金通大厦 A 座 1103 室
邮编：310015
电话：0571 – 85020080
传真：0571 – 87812870
网址：www. ym-autocontrol. com
邮箱：xufei@ ym-autocontrol. com
产品：专业的设备状态监测系统，提供无线智能振动预测、在线振动故障分析系统、大数据云振动诊断，让制造生产更智能化。

杭州彩谱科技有限公司
浙江省杭州市江干区文渊北路 166 号华银大厦 7 楼
邮编：310018
电话：4000727281、13732210605
传真：0571 – 85888727
网址：www. hzcaipu. com
邮箱：baobei@ colorspec. cn
业务：从事颜色检测设备的研发、生产和销售，产品包括便携式色差仪、手持式分光测色仪、台式分光测色仪、粉末分光测色仪、透射分光测色仪、光泽度仪、雾度计、油漆油墨配色软件

杭州四鑫工业泵制造有限公司
浙江省杭州市萧山区河庄街道同一村
邮编：311222
电话：0571 – 82516282、13906715120
传真：0571 – 82516285
网址：www. sixinpump. com
邮箱：13906715120@ 163. com、hzxscx@ 163. com
产品：专业生产高速离心风机、纸浆泵、真空泵、离心泵、化工泵、搅拌器等工业泵及其零配件

杭州纸邦自动化技术有限公司
（原杭州纸邦仪器有限公司）
浙江省杭州市滨江区信庭路 99 号
邮编：310051
电话：0571 – 81603239、89935128、88050351、88050356
传真：0571 – 81603202
网址：www. hzzhibang. com
邮箱：master@ hzzhibang. com、1697105593@ qq. com
产品：行业检测仪器

浙江正泰中自控制工程有限公司
浙江省杭州市经济技术开发区 6 号路 260 号中自科技园

邮编：311215
电话：0571－28993200、4006320073
传真：0571－28993277
网址：www. chitic. com
邮箱：chitic@ chitic. com
产品：自动化

杭州富伦生态科技有限公司
浙江省杭州市富阳区灵桥镇光明村
邮编：311418
电话：0571－63551944
邮箱：fulun@ fulunpaper. com
产品：资源再生利用技术研发、再生资源加工、再生资源回收

杭州绿世源机械设备有限公司
浙江省杭州市桐庐县凤川街道陈山路 111 号
邮编：311508
电话：13777539528
业务：造纸机械设备、造纸技术服务

杭州潮龙泵业机械有限公司
浙江省杭州市萧山区临浦镇百匠街 16 号
邮编：311251
电话：0571－82680222、82681118
传真：0571－82688007
网址：www. chaolongpump. com
邮箱：chaolong@ chaolongpump. com
产品：高、中、低浓各类纸浆泵、耐磨蚀泵、化工泵、清水泵

杭州多博色彩科技有限公司
浙江省杭州市红垦路萧山科技城 306－28 室（萧山区钱江农场）
邮编：311223
电话：0571－56875758、56875709
传真：0571－56389007
网址：www. dobocolor. com
邮箱：alex@ dobocolor. com
产品：非接触式在线颜色测量系统

浙江欧亚轻工装备制造有限公司
桐乡经济开发区光明路 1507 号
邮编：314500
电话：0571－85180930
传真：0571－85183257
网址：www. eamc. cn
邮箱：fibermold@ eamc. cn
产品：纸浆模塑环保包装全自动生产线、各种植物纤维模塑（纸浆模塑）制品的开发和生产

杭州蓝海永辰科技有限公司
（原杭州永辰实业有限公司）
浙江省杭州市富阳区春江街道富春湾大道 2723 号 17 幢 74 号
邮编：311400
电话：0571－63590033、63509972
传真：0571－63151528
邮箱：hangzhouyongchen@ 163. com
业务：为造纸企业提供一站式、综合性服务

杭州大华工控技术有限公司
浙江省杭州市西湖区文三路 90 号杭州东部软件园科技广场四层 401 室
浙江省德清经济开发区环城北路 698 号（近双山路）（工厂地址）
邮编：313202
电话：0571－56331281、88813009
传真：0571－88813012
网址：www. dahua-slitter. com
邮箱：dahuals@ dahua-slitter. com
业务：智能分切、卷绕技术

宁波市

宁波伟隆传动机械有限公司
浙江省宁波市东钱湖梅湖创新工业区四香路 1 号
邮编：315121
电话：0574－88372266（总机）、88370604、88373131
传真：0574－88372264
网址：www. weilongme. com. cn
邮箱：weilong@ weilongme. com. cn
产品：传动机械

宁波新宁菱机械制造有限公司
浙江省宁波市海曙区集士港镇科盛路 128 号
邮编：315171
电话：0574－88213463、88215639
传真：0574－88213753
网址：www. nbningling. com
产品：分切机、涂布机

宁波市奇兴无纺布有限公司
浙江省慈溪市掌起工业开发区
邮编：315313
电话：0574－63751607、63742606、63751608

传真：0574－63740408
产品：无纺布、无尘纸及其生产线、一次性卫生制品、湿面巾、生活及工业用各种擦拭布

浙江高度环保科技有限公司
浙江省宁波市奉化区尚田街道下田塔村
邮编：315500
电话：0574－88662991
传真：0574－88662196
网址：www. greendogroup. com
邮箱：444572877@ qq. com
产品：纸板定制

宁波邦威泵业有限公司
浙江省余姚市河姆渡镇罗江工业区
邮编：315400
电话：0574－62962899、87586671、13957427958
传真：0574－62962898
网址：www. bvwww. com
邮箱：bonvepumps@ aliyun. com
产品：造纸涂料专用泵、造纸施胶剂专用泵、造纸化学品专用泵

宁波得利时泵业有限公司
浙江省宁波市鄞州经济开发区岐山路 118 号
邮编：315145
电话：0574－87771111－8318
传真：0574－87761066
网址：www. durrex-pump. com
邮箱：nboffice@ durrex-pump. com
产品：泵

宁波博美纸业有限公司
浙江省宁波市海曙区集士港镇董家桥村
邮编：315171
电话：0574－88192619
经营：纸张、纸浆、纸制品

宁波市联成机械有限责任公司
浙江省宁波市镇海区骆驼街道机电园区汇锦路 28 号
邮编：315202
电话：0574－86593020
邮箱：ZGF@ LC-MACHINE. COM
产品：造纸机械及配件

宁波柔创纳米科技有限公司
浙江省宁波杭州湾新区滨海四路 262 号 207 室
邮编：315336
电话：0574－58589773
邮箱：yanfang. zhou@ enerol. com. cn
产品：纳米纤维隔膜及其他材料和生产设备的技术开发、技术转让、技术咨询、技术服务及产品的销售

赤士盾(宁波)密封技术有限公司
浙江省北仑区小港街道新模村墩头王 51 号
邮编：315000
电话：0574－86179166
邮箱：jiangww@ chesterton. com
产品：设计、装配以及检测机械密封装置；工业盘根垫片的生产和加工

温州市

瑞安市金斯顿喷淋机械有限公司
浙江省瑞安市塘下镇上金工业区
邮编：325204
电话：0577－65500050、65354710
传真：0577－65380926
网址：www. jinsidun. cn
邮箱：jinsidun123@ tom. com
产品：喷头、喷嘴、校网器

浙江瑞萌控制阀有限公司
(原瑞安调节阀厂)
浙江省瑞安市国际汽摩配产业基地
邮编：325204
电话：0577－65500100、65102626
传真：0577－65505510
网址：www. rmvalve. com
邮箱：rtf@ cn-rtf. com
产品：调节阀

瑞安市金邦喷淋技术有限公司
浙江省瑞安市塘下镇里北垟村旺垟东路 84 号
邮编：325204
电话：0577－65380305、65359286
传真：0577－65380306
网址：www. jinwenpin. com、www. gfss. cn
邮箱：gfssnozzle@ 163. com、jw@ jinwenping. com
产品：喷嘴、除渣器头

瑞安市远洋机电有限公司
浙江省瑞安市塘下镇上金工业区 5 号地
邮编：325204
电话：0577－65390539
传真：0577－65397900

产品：轴承退卸套、紧定套、切草机、飞刀、底刀、喷嘴、匀浆机、卷纸辊、磨浆机主轴、浆泵衬套、浆泵叶轮、烘缸刮刀、疏水阀

瑞安市东腾机械有限公司
（原瑞安市华谊海绵布复合厂）
浙江省温州市瑞安市上望街道闻涛路 88 号置信工业园 12 幢
邮编：325200
电话：0577－65888481、65888482、13325771588
传真：0577－65888480
网址：www. dongtengcn. com
邮箱：master@ cndongteng. com
产品：A4 纸分切包装线、大令纸包装机、薄纸分切机等

温州金虎包装材料有限公司
浙江省温州市平阳县敖江机电工业园区 104 国道 130 号
邮编：325401
电话：0577－63018373、63696666、63696601
传真：0577－63696606
产品：纸塑复合包装及塑料复合包装

温州市曙光起动设备有限公司
浙江省温州市乐清经济开发区纬十五路 218 号
邮编：325604
电话：0577－62726973、61720973
传真：0577－62721973
网址：www. china-shuguang. com
邮箱：info@ china-shuguang. com
产品：起动器

温州市利普自控设备有限公司
浙江省温州市鹿城区炬光园中路 125 号
邮编：325007
电话：0577－88608601、88608605、13906651052
传真：0577－88608602
网址：www. 利普自控 . com
邮箱：wzlipu@ 163. com
产品：制造电动、气动控制阀

温州仪器仪表有限公司
浙江省温州市经济技术开发区玉苍东路 30 号
邮编：325011
电话：0577－86533644、86557399
传真：0577－86554149
产品：光学分析仪器、白度计

温州市华威机械有限公司
浙江省温州市龙湾区沙城镇南片工业区永工南路 6 号
邮编：325025
电话：0577－86810726、86817863
传真：0577－86821728
网址：www. hwd-cn. com
邮箱：zhangchao6698@ vip. sina. com
产品：压力筛、分散槽、弧形筛、过滤器

温州银翼造纸筛选设备有限公司
浙江省温州市高新技术园区炬光园（牛山北路）
邮编：302529
电话：0577－88608866
传真：0577－88608862、88608861
产品：压力筛、除节机、过滤机、分级筛

浙江力诺流体控制科技股份有限公司
（原浙江力诺阀门有限公司）
浙江省瑞安市高新技术（阁巷）园区围一路
邮编：325211
电话：0577－65099770、65099778
传真：0577－65386988
网址：www. linuovalve. com
邮箱：linuo@ linuovalve. com
产品：造纸控制阀

浙江飞润贸易有限公司
（原浙江亚达不锈钢制造有限公司）
浙江省温州市龙湾区沙城工业园区
邮编：325025
电话：0577－86812378、86817313
传真：0577－86810869
网址：www. cnyada. net
产品：不锈钢输送管道及管件阀门

温州巨顺机械有限公司
浙江省温州市郭溪街道长城路 20 号
邮编：325017
电话：0577－86106117、13600666117
传真：0577－86110931
网址：www. cnjushun. cn
邮箱：master@ cnjushun. cn
产品：G 型单螺杆泵、浓浆泵、刀型闸阀、浆液阀、浆料阀、气动插板阀、疏水阀、造纸机专用螺丝、喷淋管、喷嘴

丰华科技发展有限公司
浙江省温州市龙港市新城巴曹工业启动区时代大道

892 号
邮编：325802
电话：0577 - 64562111、64561700
传真：0577 - 64575088
网址：www. cn-fenghua. com
邮箱：fh@ cn-fenghua. com
产品：不干胶系列产品

浙江豪盛印刷机械有限公司
浙江省瑞安市潘岱街道芦浦工业区
邮编：325000
电话：0577 - 65873666（销售）
传真：0577 - 65802228
网址：www. china-ruifeng. com
邮箱：ruifeng@ china-ruifeng. com
产品：卷筒纸切纸机、电脑横切机

浙江海盾特种阀门有限公司
浙江省温州市永嘉县瓯北镇东瓯工业区安丰工业园
邮编：325102
电话：0577 - 66993300
传真：0577 - 66993318
网址：www. hitonsv. cn
邮箱：2756416077@ qq. com、sale@ hitonsv. cn
产品：研发、生产、销售、服务于一体的专业流体控制阀（球阀系列、刀闸阀系列、蝶阀系列、气动执行器）

浙江锐步流体控制设备有限公司
浙江省温州市经济技术开发区滨海二十一路 366 号
邮编：3252025
电话：0577 - 85820777、13511487553
传真：0577 - 85821528
网址：www. ruibuvalve. com
邮箱：zjruibu@ 163. com
产品：研发、制造工业过程控制阀门

浙江冠力阀门有限公司
浙江省温州市永嘉县瓯北镇东瓯工业园林浦路
邮编：325105
电话：0577 - 21815077、21815088
传真：0577 - 67377166
网址：www. guanlivalve. com. cn
邮箱：jyt@ guanlivalve. com
产品：刀型闸阀、刀闸阀、V 型球阀、矿浆阀、浆液阀、美标阀、闸阀、闸门、截止阀、止回阀、蝶阀、球阀等

瑞安市登峰喷淋技术有限公司
浙江省瑞安市上望街道东安村
邮编：325200
电话：0577 - 65166077、18958801181
传真：0577 - 65166099
网址：www. chinadengfeng. com
邮箱：ruiandengfeng@ aliyun. com
产品：螺旋喷嘴、工业喷嘴、冶金喷嘴、喷淋杆、喷淋装置、过滤器、移动头及喷淋技术咨询

浙江同普自控设备有限公司
浙江省温州市瓯海经济开发区青松路 2 号
邮编：325014
电话：0577 - 86083083
传真：0577 - 86082082
邮箱：tongpu@ zjtongpu. com
产品：阀门

温州威尔斯钢业有限公司
浙江省温州市龙湾区永中街道永定路 1188 号万达商业广场 7 幢 12 层 1201 室
邮编：325000
电话：0577 - 86573231
邮箱：425558604@ qq. com
经营：阀门

中诚阀门集团有限公司
浙江省丽水市莲都区南明山街道大沅街 102 号
邮编：323000
电话：0577 - 67331552、67331559
传真：0577 - 67986806
网址：www. zc-valve. cn
邮箱：sales@ zc-valve. cn
产品：系列阀门

嘉兴市

浙江德威不锈钢管业股份有限公司
浙江省嘉兴市南湖区新丰镇嘉港路 889 号
邮编：314005
电话：0573 - 82222229、4008875966
传真：0573 - 83839524
网址：www. dwbxg. com
邮箱：info@ deweigroup. cn
产品：不锈钢大、中、小口径焊管及不锈钢管件

海宁市浙宁印刷包装机械有限公司
（原海宁市伊桥轻工机械厂）
浙江省海宁市联合路 292 号

邮编：314400
电话：0573－87224695
传真：0573－87222033
产品：电脑凹版印刷机、盘纸分切机、纸膜横切机、金卡纸印刷机

平湖市青云建材机械股份有限公司
（原平湖市建材机械厂）
浙江省平湖市通界桥
邮编：314215
电话：0573－85944078、13706739400
传真：0573－85944032
网址：www.phqyjc.com
邮箱：phgy1997@163.com
产品：输送机、捆包机

嘉兴市欧博特造纸设备科技有限公司
浙江省平湖市六店大桥东堍北侧
邮编：314200
电话：0573－85945036
传真：0573－86863815
网址：www.jxoubote.com
邮箱：obe2016@163.com
产品：污泥浓缩螺旋、轻渣螺旋压榨脱水机、造纸烘干部屋顶排风装置

浙江嘉科智造科技有限公司
浙江省嘉善县魏塘镇工业区银秀路 22 号
邮编：314100
电话：0573－84062810、84062820
传真：0573－84062800
网址：www.hqmf.com
邮箱：tlw@hqmf.com
产品：污水泵、离心泵等机械密封、大轴径釜用机械密封、高压釜用密封、金属波纹管机械密封等中大型机械密封，以及各种橡胶波纹管等轻型机械密封

嘉兴埃富得机械有限公司
浙江省嘉兴市云海路 500 号
邮编：314000
电话：0573－83913268
传真：0573－83913298
网址：www.aft-global.com
邮箱：Jerry.yu@aft-global.com
产品：制浆造纸领域的筛选设计、制造

川之江造纸机械（嘉兴）有限公司
浙江省嘉兴市秀洲区嘉北街道南陶浜路 99 号
邮编：314033
电话：0573－82217800
邮箱：shaozhuoyuan@kawanoe-jx.com
产品：新型造纸机械（含纸浆）成套设备及其配件的制造

浙江贝纶丝线有限公司
浙江省海宁市海宁经济开发区漕兴路 22 号
邮编：314400
电话：0573－87630800、18324358450、15988370873
网址：www.perlon.com
产品：工业单丝、纱线、线轴、塑料制品、化纤的技术开发

浙江竟成特种单丝有限公司
（原海宁竟成特种单丝有限公司）
浙江省海宁市尖山新区祥鸿路 1 号
邮编：314400
电话：0573－87859356、15990322771、17757319188
传真：0573－87859359
网址：www.zjsdk.diytrade.com
邮箱：JC9359@163.com
产品：涤纶（PET）、聚丙烯（PP）、尼龙（PA）、各种聚合物熔融纺丝

嘉善县环球机械密封件厂
浙江省嘉兴市嘉善县罗星街道银秀路 22 号
邮编：314100
电话：0573－84062810、84065820
传真：0573－84062800
网址：www.jkfluid.com、www.hqmf.com
邮箱：tlw@hqmf.com
产品：机械密封

平湖越浩纸业有限公司
浙江省嘉兴市平湖市经济技术开发区兴工路 3118 号 2 号厂房 A 区
邮编：314200
电话：0573－85126389
传真：0573－85126398
邮箱：2268372623@qq.com
产品：进口牛卡纸、牛皮纸等

湖州市

安吉美伦纸业设备有限公司
浙江省湖州市安吉县递铺镇阳光工业园区
邮编：313300

电话：0572－5302977、5302966
传真：0572－5302977
网址：www. china-meilun. com
邮箱：qmf@ china-meilun. com
产品：饰面辊

浙江峥嵘瑞达辊业有限公司
浙江省湖州市德清县武康经济开发区长虹西街 118 号
邮编：313200
电话：0572－8028555
传真：0572－8837700
网址：jzzrrdgy. 51pla. com
邮箱：18368491840@ 163. com
产品：胶辊

振欣透平机械有限公司
浙江省湖州市安吉县天子湖镇现代工业园区
邮编：313310
电话：0572－5667199、5667066
传真：0572－5667066
网址：www. zhenxingpump. com
邮箱：forpump@ 163. com
产品：气体压缩机械制造

浙江省德清县胶辊实业有限公司
浙江省湖州市德清武康县镇三桥
邮编：313205
电话：0572－8027911、8027898
传真：0572－8027918
产品：胶辊

浙江升祥辊业制造有限公司
浙江德清县经济开发区中兴北路 1052 号
邮箱：313200
电话：0572－8089599
传真：0572－8089598
网址：www. sxroller. com
邮箱：info@ sxroller. com
产品：造纸机包覆层　辊子机械服务

诸暨市

浙江省诸暨市中太造纸机械有限公司
浙江省诸暨市牌头镇工业区
邮编：311825
电话：0575－87052818、13867515688
传真：0575－87057716
网址：www. zjzhongtai. cn
邮箱：lingfeng_ z@ 163. com
产品：流浆箱、透平机

诸暨市造纸机械厂（普通合伙）
浙江省诸暨市牌头五一路
邮编：311825
电话：0575－87051260、13606569826
网址：www. zjzzj. cn
邮箱：zjzzj@ zjzzj. cn
产品：切纸机

绍兴市

绍兴市恒申纸业有限公司
浙江省绍兴市袍江工业区郡贤路南区 A 块群贤路
邮编：312071
电话：0575－88037678、88035588
经营：工业用纸管、化纤

浙江古纤道新材料股份有限公司
浙江省绍兴市袍江工业区越东路 2 号
邮编：312070
电话：0575－88136815、88138187
传真：0575－88138071
网址：www. guxiandao. com
邮箱：info@ guxiandao. com
产品：涤纶工业纤维

浙江鹏翔暖通设备有限公司
浙江省绍兴市上虞区丰惠镇创业路 1 号
邮编：312361
电话：0575－82590988、13606573578
传真：0575－82590099
网址：www. zjpxnt. com
邮箱：px@ sypxnt. com
产品：专业通风设备制造，集方案提供、研发、设计、生产和销售为一体

嵊州市恒丰纸业有限公司
浙江省绍兴市嵊州市仙岩镇
邮编：312459
电话：0575－83795396
业务：造纸、包装用纸及纸板销售、废纸收购

金华市

浙江武义华东实业有限公司
（原武义华东印刷机械有限公司）
浙江省金华市武义县文教旅游工业园区

邮编：321200
电话：0579－87625769、13905895196
传真：0579－87622188
网址：www. wyhdpm. com
邮箱：303373352@ qq. com
产品：扑克机械、包装机械

浙江元龙复合材料有限公司
浙江省金华市婺城区白龙桥镇临江工业区块(湖家)19幢一楼(浙江巨龙管业股份有限公司厂房内)
邮编：321025
电话：0579－82288051、82288067
传真：0579－82288011
网址：www. yuanlongfrp. com(正在建设中)
邮箱：carol. sun@ yuanlongfrp. com
产品：造纸机械脱水元件玻璃钢型材及碳纤维刮刀

衢州市

中国制浆造纸研究院衢州分院
浙江省衢州市柯城区九华北大道 78 号
邮编：324000
电话：13811032279、18305706495
传真：0570－2951000
邮箱：bestflow@ 163. com、paperli@ 126. com
业务：政策咨询、工程设计、标准化研究、分析检测

浙江巴斯特网丝有限公司
浙江省衢州市柯城区江湾路 12 号
邮编：324000
电话：0570－3660068、13705702916
邮箱：13705702916@ 163. com
产品：涤纶丝、涤纶网

台州市

临海市新王开机筛有限公司
浙江省临海经济开发区东方大道 138 号
邮编：317000
电话：0576－85121181、85121418
传真：0576－85121428
网址：www. wangkai. com
邮箱：hengwei@ wangkai. com
产品：筛板、筛鼓

温岭市南方粉体设备制造厂
浙江省温岭市肖家桥工业区
邮编：317502
电话：0576－86580583、86581283
传真：0576－86580283
网址：www. nf-sb. com
邮箱：nf-sb@ nf-sb. com
产品：振动筛分机、高效混合机、加热搅拌机、制粒机、输送机、乳化机、溶解机

台州兴达隆润滑设备有限公司
(原玉环南方润滑设备厂)
浙江省玉环环东工业区
邮编：317600
电话：0576－87279796、87242722
传真：0576－87241510
网址：www. xingdalong. cn
邮箱：286147107@ qq. com
产品：给油分配器、报警流量分配器、张紧器、校正器、信号传感器、喷淋管、过滤器等

鑫磊压缩机股份有限公司
浙江省台州市温岭市城西工业园区
邮编：317500
电话：0576－89966666
传真：0576－89969999
网址：www. xinlei. com
邮箱：xinlei@ xinlei. com
产品：从事空气压缩机、鼓风机的研发、制造、销售、服务

台州宇星制针有限公司
浙江省台州市椒江区海虹大道 818 号
邮编：318013
电话：0576－88817299、88860770
网址：www. cnyuxing. cn
邮箱：yuxing@ cnyuxing. cn
产品：过滤材料用针、造纸毛毯用针、螺旋干网转移印花毯用针

美新源环保产业有限公司
浙江省台州市椒江区三甲街道海丰路 2558 号
邮编：318000
电话：0576－82435968
传真：0576－82435978
网址：www. lipai. cn、www. m-recycling. com
邮箱：lipai@ lipai. cn
产品：处理废旧资源的设备

丽水市

浙江正诺机械有限公司
浙江省丽水市莲都区水阁工业园区仙霞路 102 号
邮编：323000
电话：0578－2766666、13356119666
传真：0578－2766699
网址：www. zjznjx. cn
邮箱：861214955@ qq. com
产品：双螺旋刀伺服驱动电脑分切机、滚刀式伺服驱动电脑切纸机

安　徽　省

合肥市

中轻建设(安徽)设计工程有限公司
(原安徽省轻工设计院有限公司)
安徽省合肥市马鞍山南路富成大厦 10 层
邮编：230001
电话：0551－62677951、62673909、62628422
传真：0551－62673755
网址：www. ahlidi. com
邮箱：ahlidi@ 163. com
业务：工程设计、咨询、监理、环境工程、总承包

安徽川鼎水处理设备有限公司
安徽省合肥市庐阳区清河路 6－2 号
邮编：230000
电话：0551－63809580
网址：www. chuandingep. com
邮箱：70025964@ qq. com
产品：污水环保处理(水性油墨污水处理、废显影液和 CTP 版冲版水处理、印刷润版液过滤循环处理)

芜湖市

安徽华辰造纸网股份有限公司
安徽省芜湖市开发区港湾路 33 号
邮编：241006
电话：0553－5848295、13365536089
传真：0553－5848747
网址：www. ahhczzw. com
邮箱：360757545@ qq. com
产品：聚酯网、铜网

安庆市

安庆市朝阳胶辊密封件有限责任公司
安徽省安庆市十里乡吴嘴村 206 国道旁
邮编：246005
电话：0556－5369004、13866620177
邮箱：249241793@ qq. com
产品：造纸胶辊、油封件

滁州市

安徽省天马泵阀集团有限公司
安徽省天长市新河北路 53 号
邮编：239300
电话：0550－7321888、7031888、4008899558
传真：0550－7321688
网址：www. ahtmbv. com
邮箱：sales@ ahtmbv. com
产品：泵及泵阀

安徽天康(集团)股份有限公司
安徽省天长市仁和南路 20 号
邮编：239300
电话：0550－7555880
传真：0550－7555866
邮箱：tkdzsw@ 163. com
网址：www. tian-kang. com. cn
产品：温度仪表

阜阳市

安徽太平洋特种网业有限公司
安徽省阜阳市太和县城关镇工业园内
邮编：236000
电话：0558－8639313
传真：0558－8655653
网址：www. 0558tpy. com
邮箱：thliulin@ 126. com、lqg100805@ 163. com
产品：造纸成型网、干网、方孔网、工业滤布

安徽宇航网业有限公司
安徽省阜阳市太和县郭庙乡富民路 8 号
邮编：236699
电话：13718560575
邮箱：13718560575@ 163. com
产品：滤布、滤网、金属筛网、造纸网

池州市

池州新辰包装科技有限公司
安徽省池州市青阳县新河工业园区
邮编：244000
电话：0566－5755676
网址：www. sincheen. com
邮箱：1394403307@ qq. com
产品：包装机械材料

马鞍山市

马鞍山市精螺机械科技有限公司
安徽省马鞍山市博望区博望镇科技创业园
邮编：243131
电话：0555－6764532
传真：0555－6769398
网址：www. masjlkj. com
邮箱：479077119@ qq. com
产品：螺纹元件、开口螺旋刀、筒体、衬套、芯轴等

马鞍山市智新纳米材料有限公司
安徽省马鞍山博望区新材料产业园区
邮编：243141
电话：13705558190
传真：0555－6145887
网址：www. maszxnm. com
邮箱：maszxnm@ maszxnm. com
产品：热喷涂、陶瓷涂布刮刀、陶瓷起皱刮刀、普通刮刀、造纸业各型刀片、机械设备零部件的表面处理、陶瓷新材料、复合陶瓷材料

福　建　省

福州市

福建省浆纸质量监督检验站
福建省福州市台江区上海东市场 2 层
邮编：350005
电话：0591－83334751
传真：0591－83362442
业务：浆、纸和纸板及纸制品的检测

福建省建筑轻纺设计院
福建省福州市东大路华源大厦
邮编：350001
电话：0591－87550637
传真：0591－87520875
网址：www. fjaltdi. com
邮箱：admin@ fjaltdi. com、fjaltdi@ 163. com
业务：造纸工程设计、咨询

福建省造纸工业公司
福建省福州市省府路 1 号金皇大厦 13 层
邮编：350001
电话：0591－87521242
产品：造纸原料、造纸设备、仪器仪表

福建省轻工机械设备有限公司
福建省福州市闽侯县铁岭北路 3 号
邮编：350101
电话：0591－22079888、22079666
传真：0591－22079777
网址：www. fjqj. com
邮箱：fjqj@ fjqj. com、fjqj_ yxb@ vip. 163. com
业务：提供年产 30 万吨废纸 OCC 浆、年产 15 万吨废纸脱墨浆和化学机械浆全套设备，高浓水力碎浆机、脱墨浮选机、双网挤浆机、盘式热风散等设备，项目咨询、工艺设计、设备制造、安装、试车、人员培训等全套交钥匙工程服务

福建省轻纺（控股）有限责任公司
福建省福州市省府路 1 号金皇大厦 18 楼
邮编：350001
电话：0591－87510902
传真：0591－87510902
网址：www. fjqfkg. com
业务：设计、安装、科研、环保治理等

厦门市

卡斯卡特（厦门）叉车属具有限公司
福建省厦门市海沧区阳光路 668 号
邮编：361026
电话：0592－6512500、6512570、6885363
传真：0592－6512571
网址：www. cascorp. com. cn
邮箱：cascade@ cascorp. com. cn
产品：侧移器、纸卷夹、纸箱夹、旋转器

厦门乘工阀门制造有限公司
福建省自由贸易试验区厦门片区翔云一路 102 号
邮编：361000
电话：13806030138
邮箱：13806030138@ 139. com

产品：造纸专用系列阀门

厦门永顺纸业开发有限公司
福建省厦门市湖里区禾山圆山工业区 2 号厂房
邮编：361009
电话：0592－5521851、5521852、5521853
传真：0592－5520291
业务：纸制品印制

厦门新友联贸易有限公司
福建省厦门市思明区后埭溪路 22 号中国供销大厦 4 楼 07 单元
邮编：361000
电话：0592－5166709、5166716
传真：0592－5166707
业务：文化用纸

厦门鸿益顺环保科技有限公司
福建省厦门市海沧区南海路 689 号
邮编：361000
电话：0592－6533699
传真：0592－6583966
网址：www. hyshchina. com
邮箱：2404344267@ qq. com
产品：造纸行业专用水煤浆

厦门百霖净水科技有限公司
福建省厦门市同安工业集中区思明园 305 号
邮编：361100
电话：0592－7117808
网址：www. filtertech-water. com
邮箱：filter@ filtertech-water. com
产品：水处理设备研发和产品制造

厦门鼎立纸业有限公司
福建省厦门市海沧区锦里村西片 139 号
邮编：361026
电话：0592－5055711
传真：0592－5099331
邮箱：116511664@ qq. com
业务：分切及销售各种纸张

厦门市金鸿峰特种纸业有限公司
福建省厦门市湖里区后坑前社 31 号
邮编：361016
电话：0592－5509999
传真：0592－5509998
邮箱：10000paper@ 163. com
业务：纸及纸制品制造、加工

厦门延江新材料股份有限公司
福建省厦门市翔安区内厝镇上塘社区 363 号致富楼 299 室
邮编：361100
电话：0592－5229833
网址：www. yanjan. com
邮箱：wyn@ yanjan. com
产品：即弃卫生用品表层材料

厦门盛洁无纺布制品有限公司
福建省厦门市同安工业集中区思明园 155－156 号
邮编：361100
电话：0592－7268015
邮箱：wyn@ yanjan. com
产品：无纺布制品

厦门和洁无纺布制品有限公司
福建省厦门市同安工业集中区思明园 159－160 号
邮编：361100
电话：0592－7239609
邮箱：LTY@ XMHEJIE. COM
产品：无纺布制品

莆田市

福建东南艺术纸品股份有限公司
（原莆田市东南纸业工贸有限公司）
福建省莆田市华林经济开发区
邮编：351100
电话：0594－2060139
传真：0594－2060196
网址：www. ptdnzy. com
邮箱：gmanager@ ptdnzy. com
产品：彩色薄页纸、彩色纸巾纸、彩色皱纹纸、彩色印刷工艺花纸、彩色碎纸条、金银印刷工艺纸

国家浆纸产品质量监督检验中心
福建省莆田市东圳东路三亭街
邮编：351100
电话：0594－2692330
邮箱：gz2692330@ 126. com
业务：食品包装用纸及容器、纸板，生活用纸，印刷用纸和纸板，文化、办公用纸和纸板及其他制浆造纸类产品的检测

三明市

福建省三明市三洋造纸机械设备有限公司
福建省三明市梅列区小蕉工业园兴业五路 15 号 1－4 幢
邮编：365000
电话：0598－5171770、5179958、5171299
邮箱：sy-q@ fujiansanyang. com
产品：制浆设备

泉州市

中轻(晋江)卫生用品研究有限公司
福建省泉州市晋江市青阳街道洪山文创园奇峰电子商务园 C 栋
邮编：362200
电话：15959520077、13520708854
邮箱：zqwp2018@ 126. com
业务：检验检测服务

美佳爽(中国)有限公司
福建省泉州市石狮市鸿山镇高新区五金印刷基地鑫强路 1 号
邮编：362700
电话：0595－83002822
网址：www. cnmegasoft. com
邮箱：info@ cnmegasoft. com
产品：母婴、女性、成人卫生用品、口罩卫生用品原材料生产销售

雀氏(福建)实业发展有限公司
福建省泉州市惠安县惠东工业园区通港路 6 号
邮编：362133
电话：0595－87203333
网址：www. chiaus. cn
邮箱：542595913@ qq. com
产品：纸尿裤、纸尿片、湿巾、干纸巾生产线

泉州天娇妇幼卫生用品有限公司
福建省泉州市洛江区双阳华侨工业区(万虹公路旁)
邮编：362000
电话：0595－22779509、13600753299
网址：www. itianjiao. com
产品：研发、生产和销售妇幼卫生用品

泉州中新纸品机械制造有限公司
福建省泉州市鲤城区金龙街道古店社区浮桥街 671 号
邮编：362018
电话：0595－28852167、15985812385
产品：纸品加工机械、卫生用品机械、包装机械

泉州大昌纸品机械制造有限公司
泉州市鲤城区江南高新电子园区二期紫山路 28 号
邮编：362005
电话：0595－22465662
传真：0595－22465663
网址：www. qzdachang. cn
邮箱：dachang@ qzdachang. cn
产品：全自动湿纸巾系列机械

泉州恒新纸品机械制造有限公司
福建省泉州市惠安县黄塘镇虎窟村绿谷台商高科技产业基地台中路 28 号
邮编：362101
电话：0595－22483608、13805990396
产品：纸品加工机械、口罩机械设备

福建省石狮市锦兴机械制造有限责任公司
福建省石狮市厝仔工业区
邮编：362700
电话：0595－88918188、13655979979
产品：瓦楞纸板生产设备

漳州市

华发纸业(福建)股份有限公司
(原华发(福建)实业有限公司)
福建省龙海市东园镇厚境华发纸地
邮编：363102
电话：0596－6708260、13860866511
传真：0596－6709811
邮箱：403515459@ qq. com
产品：原纸

南平市

福建南平星光机械制造安装有限公司
福建省南平市滨江北路 177 号
邮编：353000
电话：0599－8810277
传真：0599－8810277
业务：制浆、造纸设备制造、安装维修

福建顺昌蓝海轻工机械设备有限公司
福建省南平市顺昌县新屯工业园

邮编：353200
电话：0599－7832036、13656966006
传真：0599－7824116
邮箱：1725207208@qq.com
产品：碎浆机、筛、除渣器、废水处理设备

福建南平福一轻工机械有限公司
福建省南平市江南新区工业园祥瑞路 17 号
邮编：353000
电话：0599－8635577、8635262、8614448
传真：0599－8635416
业务：造纸制浆设备、年产 20 万吨废纸 OCC 浆处理系统成套设备和年产 10 万吨废纸脱墨浆处理系统成套设备

龙岩市

长汀县宝顺纸品厂
福建省龙岩市长汀县汀州镇中心坝变电站路 2 号
邮编：366300
电话：0597－6831545
传真：0597－6831545
产品：瓦楞纸箱

宁德市

福安市城阳磨片厂
福建省福安市大溪边
邮编：355000
电话：0593－6381286、13905933634
产品：盘磨机磨片

福安市轻工机械一厂
福建省福安市城北荷塘坪 89 号
邮编：355000
电话：0593－6588531、13459308103
传真：0593－6382472
邮箱：352640988@qq.com
产品：打浆机、纸机配件

江　西　省

南昌市

江西洪都精工机械有限公司
江西省南昌市青云谱区中航工业洪都昌南工业园南园（新建 751#厂房）
邮编：330001
电话：0791－88298706
传真：0791－88200626
邮箱：jlb@jxhdjg.com
产品：压力筛、水力碎浆机

江西省轻工业研究所
江西省南昌市北京东路 138 号
邮编：330029
电话：0791－8333891
传真：0791－8329214
业务：相关油墨制品研发、造纸相关研究

江西省纸张质量监督检验站
江西省南昌市北京东路 138 号
邮编：330029
电话：0791－8333891
传真：0791－8329214
业务：纸张质量检验

南昌轻工机械厂
江西省南昌市迎宾大道 305 号
邮编：330030
电话：0791－5212116
产品：纸机打浆机、碱回收设备

江西省轻工业设计院
江西省南昌市青云谱区抚河南路 677 号
邮编：330002
电话：0791－87182810、87182830
邮箱：jxqgysjy@qq.com
业务：轻工技术服务、工程咨询

南昌方丰纸业有限公司
江西省南昌市进贤县经开区温圳工业园区 1 号标准厂房
邮编：3231721
电话：0791－85818505、13870821248、15970472712
邮箱：15970472712@163.com
产品：各种纸管、包装材料

宜春市

江西德源胶辊有限公司
江西省宜春市上高县五里岭工业园
邮编：336400
电话：0795－2577599
传真：0795－2577699
网址：www.cn-deyuan.com
邮箱：cn-deyuan2008@163.com

产品：工业胶辊

江西特种电机股份有限公司
江西省宜春市城南工业园环城南路 581 号
邮编：336000
电话：0795－3272270、3288595
传真：0795－3274523
网址：www. jiangte. com. cn
邮箱：jtsales@ 263. net
产品：变频调速电机

江西高安市金辉毯业科技有限公司
江西省宜春市高安市工业园（蓝坊镇）
邮编：330800
电话：0795－5716666、15707951369
邮箱：373532@ qq. com
产品：工业用丝、网毯、无纺布生产

山 东 省

济南市

山东绿泉环保科技股份有限公司
山东省济南市高新区舜华路 2000 号舜泰广场 6#1602
邮编：250101
电话：0531－83530711、83531398
传真：0531－83530922
网址：www. Lvquan. cn
邮箱：sdlqhb@ 126. com
产品：废水处理工艺流程及配套设施

山东金拓亨机械制造有限公司
山东省济南市经济开发区南园国道路 6001 号
邮编：250301
电话：0531－87229688、13905411910
传真：0531－87229188
网址：www. jintuoheng. com
邮箱：jintuoheng@ 163. com
产品：造纸机械、制浆设备、筛选设备

济南华章实业有限公司
济南汇科机械制造有限公司
山东省济南市天桥区东宇大广街以西
邮编：250032
电话：0531－85719751、85704026
传真：0531－85704203
网址：www. jinanhuazhang. com、www. jinanhuike. com
邮箱：jnhuazhang@ 163. com
产品：纸机部件

济南机械装备实业公司
山东省济南市经十路 388 号
邮编：250022
电话：0531－87966524
传真：0531－87957271
产品：纸机、涂布机、拉幅机

济南兰光机电技术有限公司
山东省济南市无影山路 144 号
邮编：250031
电话：0531－58702626
传真：0531－85062108
网址：www. labthink. cn
邮箱：marketing@ labthink. cn
产品：胶黏剂检测试验仪器、包装印刷检测仪器

济南市长清区育才机械厂
山东省济南市长清区城南孙庄村
邮编：250300
电话：0531－87263421、13964085328
产品：打浆备件

济南鑫泰液压机械有限公司
山东省济南市济北工业园
邮编：251400
电话：0531－81171588、81171599
传真：0531－81171599
网址：www. xtsjj. com、www. xintaijixie. com
产品：液压平台

济南成东机械制造有限公司
山东省济南市章丘区曹范街道潘王路与旅游路交叉口北
邮编：250101
电话：0531－88882576、80993478
传真：0531－88882576
网址：www. dongchengchina. com
邮箱：896803394@ qq. com
产品：螺旋卷管机、封灌机、制袋机、铸涂机、挤出复合机、贴标机

济南兴宏远造纸机械有限公司
山东省章丘市官庄开发区
邮编：250217
电话：0531－83320728、18678826957
邮箱：3416244189@ qq. com
产品：复卷机、切纸机、卷纸机等造纸完成系列设备

山东造纸机械厂有限公司
山东省济南市高新技术产业开发区机场路 7617 号
邮编：250100
电话：0531－88265149、88263157
传真：0531－88263129
网址：www. sdzzjxc. com
邮箱：szj@ sd-zzjx. com
产品：压榨辊、分切机、切纸机、复卷机、卷纸机、压光机、接纸台

山东省造纸工业研究设计院
山东省济南市工业南路 101 号
邮编：250100
电话：0531－88952358、88590459
传真：0531－88934142
网址：www. sprd. cc
邮箱：sprd@ 163. com
产品：离心甩浆机

山东章丘市大星造纸机械有限公司
山东省章丘市埠村镇商业街南首
邮编：250215
电话：0531－83711050、13356683703
传真：0531－83713868
网址：www. sd-daxing. com
邮箱：3711050@ sd-daxing. com、sdzqdaxing@ 163. com
产品：铸造压榨压光系列辊、卷纸缸

山东省章丘市造纸机械厂
山东省章丘市枣园大站村
邮编：250214
电话：0531－83651411、83657068
传真：0531－83651869
邮箱：zzjx@ zq-zzjx. com
产品：压光机，卷纸机，复卷机，单、双刀切纸机，接纸台，退纸架，理纸机，施胶机，打包机，分切机

济南吉祥造纸机械有限公司
山东省济南市长清区城南孙庄
邮编：250300
电话：0531－87263639
传真：0531－87263639
产品：造纸机械

济南恒振兴造纸机械有限责任公司
山东省济南市长清区城南
邮编：250300
电话：0531－87263412、13964085676
传真：0531－87263418
邮箱：hengzhenxing@ 126. com
产品：筛选设备、浓缩机、双盘磨浆机

济南瑞科造纸机械有限公司
山东省济南市历下区龙奥北路 8 号玉兰广场 2 号楼 702
邮编：250011
电话：0531－86510507
传真：0531－86510507
邮箱：xinfuyang@ 126. com
产品：纸机核心零部件

济南苏优阀门有限公司
山东省济南市市中区泉景天沅鸿园 2 号楼 21 层
邮编：250024
电话：0531－87956757
传真：0531－87977161
网址：www. sdsuyou. com
产品：各类阀门

山东瑞中智能科技股份有限公司
山东省济南市天桥区明湖西路 777 号明湖广场 3 号楼 809 室
邮编：250000
电话：0531－85927936
传真：0531－85928936
网址：www. richzone. com. cn
邮箱：richzone@ vip. 163. cn
产品：检测水分；环保设备及配件销售安装

山东奥凯机电设备有限公司
山东省济南市天桥区桑梓店街道梓东大道 8 号中南高科济南智能智造小镇二期 33 号楼 1 单元 102
邮编：250032
电话：0531－85891163
传真：0531－85762436
网址：www. aokai369. goepe. com
邮箱：aokaipaper@ 163. com
产品：干网在线清洗系统、高压旋转喷淋洗涤系统、全自动反冲洗过滤器、纸边回收系统、数控驱动器、自动引纸割刀、自动引纸水针、自动校正器、传感阀、纸幅稳定器

济南济传机械科技有限公司
山东省济南市天桥区药山街道新徐工业园 268 号
邮编：250032
电话：0531－85971957

传真：0531－85971957
网址：www. jnjcjxgm. com
邮箱：735952340@ qq. com、chenguiabc@ 126. com
产品：十字轴式万向轴、联轴器、传动轴

山东亿鲁新能源科技发展(集团)有限公司
山东省济南市历下区工业南路 100 号三庆枫润大厦 A 座 1210 室
邮编：250000
电话：15668499369
邮箱：wsdone@ 126. com
业务：余热余压余气利用技术研发

山东成泰造纸技术有限公司
山东省济南市高新区正丰路 554 号 5 号科研楼507－A1
邮编：250001
电话：13793105257
邮箱：53581550@ qq. com
业务：造纸工业技术服务；造纸行业新产品的技术开发、技术推广、技术转让

山东思源水业工程有限公司
山东省济南市高新区港西路 2177 号港盛大厦 19 层南塔
邮编：250101
电话：0531－67981888、18678303169
传真：0531－88909641
网址：www. swanwater. cn
邮箱：3169@ swanwater. cn
产品：水处理设备、节能设备、电气控制设备、工业自动控制系统设备等

山东省章丘鼓风机股份有限公司
山东省济南市章丘区明水经济开发区世纪大道东首
邮编：250200
电话：0531－83250002、83250025
网址：www. blower. cn
邮箱：info@ blower. cn
产品：罗茨鼓风机、离心风机、工业泵、真空泵、风机附件、环保系统与设备等

山东章鼓节能环保技术有限公司
山东省章丘市世纪大道东首鼓风机股份有限公司内
邮编：250200
电话：0531－83255318
邮箱：ZXYXJXL@ 126. com
产品：MVR 蒸发浓缩系统工程、节能系统工程、环保系统工程及设备

山东康鲁设备安装有限公司
山东省济南市经十西路沃德大道 688 号
邮编：250306
电话：0531－87453576、18053110706
邮箱：1051493543@ qq. com
业务：环保工程(水污染防治)

山东大星辊轴制造有限公司
山东省济南市章丘区官庄街道华民路 517 号
邮编：250215
电话：0531－83711050、13356683703
传真：0531－83713868
网址：www. sd-daxing. com
邮箱：info@ sd-daxing. com
产品：机械辊轴及配件、造纸机械

济南美信造纸技术有限公司
山东省济南市槐荫区美里北路 8 号
邮编：250032
电话：0531－58626531、15169190173
网址：www. meixinclean. com
邮箱：mysensechina@ 163. com
产品：造纸网毯清洗设备

济南弘安纸业有限公司
山东省济南市历下区经十路 9777 号鲁商国奥城 3 号楼 2203 室
邮编：250098
电话：0531－83530815
邮箱：308526787@ qq. com
业务：进口纸浆、纸张

青岛市

麦斯凯包装系统(青岛)有限公司
山东省青岛市南京路 2 号绮丽大厦 1803 室
邮编：266000
电话：0532－85797620
传真：0532－85797619
网址：www. msk-covertech. cn
邮箱：info@ msk-covertech. cn
产品：燃气热缩包装机

青岛恩东防锈技术有限公司
(原青岛恩东物产有限公司)
山东省青岛市胶州经济技术开发区永定河路 2 号
邮编：266200
电话：0532－84908347、84908348

传真：0532－84908349
网址：www. efvci. com
邮箱：info@ eundong. com
产品：气化性防锈膜、防锈纸、防锈粉末、防锈液

青岛乾坤机械有限公司
山东省青岛市市北区威海路 362 路 228 室
邮编：266001
电话：0532－85820485、13105324229
邮箱：2859976@ qq. com
产品：化学品计量泵

青岛欧美进出口有限公司
山东省青岛市市南区东海西路 35 号 4 栋 12 层
邮编：266071
电话：0532－85757515
传真：0532－85710992
网址：www. qea. cn
邮箱：qea@ qea. cn
业务：桉木浆、蔗浆、漂白阔叶木浆、漂白针叶木浆、本色木浆、脱墨浆

青岛特利尔环保集团股份有限公司
山东省青岛市市南区银川西路 67 号 E 座四层
邮编：266071
电话：0532－68850393、68850030
传真：0532－82880686
网址：www. qdclear. com
邮箱：clear@ qdclear. com
产品：煤基清洁燃料制备、煤炭清洁高效燃烧技术、环保锅炉装备工程技术、锅炉尾气治理

青岛雷勒过滤科技有限公司
山东省青岛市黄岛区飞宇路 358 号
邮编：266405
电话：0532－87117999
传真：0532－87151555
网址：www. lehler. com
邮箱：13335049999@ 163. com、info@ lehler. com
产品：研发、生产不锈钢过滤网、楔形滤芯、涂料压力筛、滤袋等

康吉诺（青岛）科技有限公司
康吉诺（青岛）工业设备研究院
山东省青岛市崂山区科苑纬一路 1 号创新园
邮编：266101
电话：0532－66750637
网址：www. reliability. cc
邮箱：liumingjin@ reliability. cc、service@ reliability. cc
产品：ME140 系列综合分析仪、ME150 系列设备数据采集仪、ME170-1 通用设备的在线监测与诊断分析系统

青岛欣欣向荣智能设备有限公司
山东省青岛市城阳区凤锦路 98 号
邮编：266100
电话：0532－83753516、83753209、4006796797
传真：0532－83753516
网址：www. sacpack. com
邮箱：liuzhenxing@ xrzk. cn
产品：工业运输包装智能化

青岛博信金属物资有限公司
山东省青岛市市北区埕口路 4 号 201 室
邮编：266000
电话：0532－58760459、81687118、13792888604
传真：0532－58760459
邮箱：qixiuling6211@ 126. com
产品：各类浆料固液分离及过滤设备

青岛中泽环保科技有限公司
山东省青岛市李沧区九水东路 588 号 B8 恒星智岭双创基地 705－3
邮编：266000
电话：13905392938、4000882939
邮箱：ghmaxingong@ 163. com
业务：水污染治理、固体废物治理

淄博市

淄博浩瀚陶瓷科技有限公司
山东省淄博市淄川区昆仑镇磁村工业园
邮编：255192
电话：0533－5553606、13626448388
传真：0533－5553606
网址：www. zbhhtc. com、www. zbhhkj. com
产品：除渣器整组及其配件、耐磨陶瓷管道

山东恒星股份有限公司
山东省淄博市周村区恒星路 98 号
邮编：255300
电话：0533－6556087
传真：0533－6556520
网址：www. ihengxing. com
邮箱：sdhxfcw@ 163. com、yingye@ ihengxing. com
产品：各种型号系列造纸机、纸板机、超级压光机等

山东晨钟机械股份有限公司
山东省淄博市桓台县周荆路 2608 号
邮编：256402
电话：0533－8580059、8580365
传真：0533－8580366
网址：www. chenzhong. com. cn
邮箱：chenzhong@ chenzhong. com. cn
产品：DD 系列双盘磨浆机、锥形磨浆机、水力碎浆机、压力筛、高浓磨浆机、盘式热分散系统、污泥挤压脱水系统

山东海天造纸机械有限公司
山东省淄博市王村兴华路 320 号
邮编：255311
电话：0533－6682999、6682000
传真：0533－6680898
网址：www. haitianjx. com
邮箱：haitianjx@ 126. com
产品：1760～4400 毫米系列长网多缸文化用纸机，2400～4400 毫米系列圆网压力成形器，超短网成形器纸板机，2400～4400 毫米系列长网多缸瓦楞原纸机，2400～4400 毫米系列三叠网、四叠网纸板机

山东硅元新型材料股份有限公司
（原山东硅元新型材料有限责任公司）
山东省淄博市高新区柳泉路 286 号
邮编：255086
电话：0533－3582419、3583205
传真：0533－3582244
网址：www. sicermobile. com
邮箱：icsd@ sicer. com
产品：陶瓷系列脱水器件、除砂器、除杂器

山东富安集团真空科技有限公司
山东省淄博市博山区富安工业园
邮编：255200
电话：0533－4208888、4208666
传真：0533－4208999
网址：www. shandongfuan. com
邮箱：shandongfuan@ sina. com
产品：真空泵

佶缔纳士机械有限公司
（原纳西姆工业（中国）有限公司）
山东省淄博市博山经济开发区纬五路 18 号
邮编：255213
电话：0533－4650168、4009001066
传真：0533－4651466、4650166
网址：www. gdnash. com. cn
邮箱：mk. gdnc@ gardnerdenver. com
产品：系列真空泵、压缩机

淄博国信轻工机械股份有限公司
山东省淄博市桓台新城镇张田路 8799 号
邮编：256403
电话：0533－8880446、8886989、13706430959
传真：0533－8880440
网址：www. gxqj. net、www. guoxinmet. com
邮箱：gxxs@ gxjdkj. com. cn
产品：转鼓式碎浆机等废纸制浆设备

淄博锦秀电器自动化有限公司
山东省淄博市周村区正阳路北首
邮编：255339
电话：0533－6531786、6536726、6536797
传真：0533－6531786
网址：www. zbjxdq. com
邮箱：zbjxdq@ 163. com
产品：制浆 DCS 系统、变频传动系统、定量水分析系统

淄博泰鼎造纸机械有限公司
淄博泰鼎机械科技有限公司
山东省淄博市周村区恒星路 98 号
邮编：255300
电话：0533－6556085、6556139
传真：0533－6557368
网址：www. zbtd. com. cn
邮箱：sdzbtd@ sina. com
产品：超级压光机系列

淄博市周村庆宁过滤设备厂
山东省淄博市周村区米河路北首
邮编：255300
电话：13508941831
邮箱：1355885759@ qq. com
产品：过滤设备

淄博全通机械有限公司
山东省淄博市王村南 309 国道西
邮编：255311
电话：0533－6680247、6681128
传真：0533－6680249
邮箱：quantongjixie@ 163. com
产品：双螺旋高效挤浆机、纸板机、复合纸机、软辊压光机

淄博市临淄春光机电有限公司
山东省淄博市临淄区凤凰镇温江路 11 号
邮编：255420
电话：0533 －7666048
传真：0533 －7669098
网址：www. cgjd. com
邮箱：cgjd@ cgjd. com
产品：造纸网毯洗涤器及其驱动装置，中、低浓双盘磨浆机，长网双辊挤浆机，长网洗浆机

淄博水环真空泵厂有限公司
山东省淄博市博山区西过境路 299 号
邮编：255200
电话：0533 －4178155、4175945
传真：0533 －4179957
网址：www. shzkb. com
邮箱：shzkb@ shzkb. com
产品：2BEC、2BEA、2BVA、SZ、SZB、SK、2SK、2SK-P 等系列水环式真空泵，压缩机及真空机组，HZN 柠檬酸强制循环泵

淄博八方圆包装制品有限公司
山东省淄博市临淄区金岭镇金岭南路 1905 号
邮编：255410
电话：0533 －7480058、13409077555
传真：0533 －7480128
邮箱：292713471@ qq. com
产品：纸杯、纸碗、纸餐盒

淄博百纳新材料科技有限公司
山东省淄博市张店区新材料交易中心 A402 室
邮编：255000
电话：0533 －2801410
传真：0533 －2801460
网址：www. bannor. net
邮箱：bannor@ foxmail. com
产品：高性能涂布机、透气性测试仪、聚乳酸纤维、聚酯成型网

淄博君道纸业有限公司
山东省淄博市张店区南定镇大旦村昌盛路 8 号
邮编：255051
电话：17860955119
网址：www. zbjdbz. com
产品：瓦楞纸箱、彩印纸盒等

淄博九鹿纸业有限公司
山东省淄博市淄川区般阳路街道办事处张博路立交桥西路北
邮编：255100
电话：13573367829
邮箱：jiuluzhiye@ 163. com
产品：纸制品、木材加工、销售；机制纸、纸板、特种纸；废旧物资收购、销售

山东华成中德传动设备有限公司
山东省淄博市博山区经济开发区
邮编：255200
电话：0533 －4661008
传真：0533 －4661009
网址：www. hczd. cn
邮箱：hczd@ hczd. cn
产品：以模块化精密减速器、大功率重载齿轮箱、减速电机、风力发电齿轮箱及高端齿轮箱替代、再制造为主

维美德造纸机械技术(中国)有限公司淄博分公司
山东省淄博市淄博高新区民祥路 43 号
邮编：255035
电话：0533 －3982331
传真：0533 －3588332
网址：www. valmet. com
产品：造纸机械

淄博天阳造纸机械有限公司
山东省淄博市周村区王村镇天阳路 8 号
邮编：255300
电话：0533 －6683978、6680199
传真：0533 －6683978
网址：www. tianyangzhiji. net
邮箱：tianyangzhiji@ 163. com
产品：特种纸设备研发、制造、销售

山东金润德新材料科技股份有限公司
山东省淄博市周村区周隆路 7077 号
邮编：255300
电话：0533 －6069010、18615108063
传真：0533 －6069006
网址：www. jinrunde. cn
邮箱：sdjrdxcl@ 126. com
产品：不锈钢工业焊管、钛合金、高镍合金管

淄博昌平机械有限公司
山东省淄博市周村区王村镇大尚工业园
邮编：255311
电话：13953321325
传真：0533 －6683763

邮箱：zbcp6699889@163. com
产品：生产研发棒条式筛鼓、水碎叶轮、旋翼、给油分配器、毛布纠偏器、校正器、张紧器、刮刀等造纸配件

淄博威泰轻工机械有限公司
山东省淄博市桓台县唐山镇邢家村
邮编：256401
电话：13706438700、13869395868
邮箱：13869395868@163. com
产品：制造、销售环保设备、造纸机械配件

淄博朗达复合材料有限公司
山东省淄博市高新区青龙山路2164号
邮编：255086
电话：0533-6289992
传真：0533-6280092
网址：www. langdicfrp. com
邮箱：1823275012@qq. com
产品：碳纤维轴辊部件研发制造

枣庄市

山东明源智能装备科技有限公司
山东省枣庄市台儿庄经济开发区阿里山路
邮编：277400
电话：0632-6715666、13869459768、4008017778
传真：0632-6715888
网址：www. mingyuan. com
邮箱：mingyuan_jx@163. com
产品：造纸机械(软辊压光机，可控中高压光机、无冲击高频摇网器、膜转移施胶机等)、造纸机械数控系统、工业自动控制系统、物联网技术服务

山东鲁台集团枣庄市凯利得数控设备有限公司
山东省枣庄市台儿庄区经济开发区
邮编：277400
电话：0632-6662998、13563212738
传真：0632-6662998
邮箱：6662999@163. com
产品：数控软压光机、数控传动

山东鲁台造纸机械集团有限公司
山东省枣庄市台儿庄工业园鲁台路1号
邮编：277400
电话：0632-6681888、6681999、13561113888
传真：0632-6611569
网址：www. lutaijt. com
邮箱：lutaigroup@163. com
产品：SD压滤机、造纸机、碎浆机、烘缸

枣庄市亿利达造纸机械有限公司
山东省枣庄台儿庄区长捷西路
邮编：277400
电话：0632-6618989、13562227029
传真：0632-6612639
邮箱：13562227029@163. com
产品：软压光机、污泥脱水机、湿抄机、造纸机

枣庄市得盛机械设备有限公司
山东省枣庄市驻地西昌路
邮编：277100
电话：0632-3318777、13361438256
传真：0632-3555558
邮箱：127. zz@163. com
产品：流浆箱、污泥脱水机、烘缸、压光机、压榨洗涤过滤机

枣庄市汉森造纸数控设备有限公司
山东省枣庄市台儿庄区台北路西首
邮编：277400
电话：0632-6637338、13906326595
传真：0632-6602988
网址：www. hastenzz. com
邮箱：hastenzz@126. com、hs@hastenzz. com
产品：压光机

山东中力高压阀门股份有限公司
(原山东中力机械制造股份有限公司)
山东省枣庄市薛城区茂源路655号
邮编：277800
电话：0632-7652078、7652079
传真：0632-7652019
网址：www. zonygroup. com
邮箱：duqiang@zonygroup. com
产品：阀门

滕州市

滕州市德源高新辊业有限公司
山东省滕州市经济开发区恒源路299号
邮编：277500
电话：0632-5155518
传真：0632-5155519
网址：ww. cn-deyuan. com
邮箱：cn-deyuan2008@163. com

产品：工业胶辊

山东德源美斯特胶辊有限公司
（原滕州市凯恩帝机械制造有限公司）
山东省滕州市经济开发区恒源路 299 号
邮编：277500
电话：0632－5155517、51555518
传真：0632－5155519
网址：www. cn-deyuan. com
邮箱：knd0676@163. com、cn-deyuan2008@163. com
产品：造纸胶辊研发、制造、维护

滕州市润升辊业有限公司
山东省滕州市洪绪镇龙园大道南 200 米
邮编：277522
电话：0632－5912071、5918799、1876320588
传真：0632－5915884
邮箱：bohai6688@163. com
产品：软压光辊、聚氨酯盲孔沟纹辊、斜列式和膜转移施胶辊、真空压榨辊、高速导辊

滕州市臻宇造纸环保设备有限公司
山东省滕州市春藤路 289 号
邮编：277500
电话：0632－5573861
传真：0632－5573861
邮箱：lvcx@163. com
产品：黑液提取设备、浆液分离机

滕州市科创轻工机械有限公司
山东省滕州市机械工业园区鲁班大道大地路
邮编：277500
电话：0632－5687391、5687390
传真：0632－5687390
网址：www. sdkechuang. com
邮箱：tzkechuang@163. com
产品：制浆造纸废水处理、废纸脱墨设备

滕州力华米泰克斯胶辊有限公司
山东省滕州市经济开发区恒源北路 366 号
邮编：277500
电话：0632－5699298、5699450
传真：0632－5699275
网址：www. sdlihua. com
邮箱：salihua@vip. 163. com、lihua@sdlihua. com
产品：工业胶辊、其他金属零件覆胶

滕州市晨光波纹管有限公司
晨光金属软管旋转接头制造厂
山东省滕州市荆河街道鲁班大道 18 号质监局南 100 米
邮编：277500
电话：0632－5552837
传真：0632－5552171
网址：www. cgbwg. com
邮箱：chengguanggongsi@126. com
产品：旋转接头、波纹补偿器

滕州市东方波纹管有限公司
山东省滕州市平行北路 41 号
邮编：277500
电话：0632－5512430
传真：0632－5513248
网址：www. tzdfbwg. com
邮箱：dfjs2008@163. com
产品：金属软管、旋转接头

滕州市锻压机床二厂
山东省滕州市龙山西路 1 号（北立交桥东）
邮编：277500
电话：0632－5512006、5596009
传真：0632－5599753
邮箱：tz2d@sina. com
产品：挤浆机、洗浆机、污泥脱水

滕州市华方旋转接头有限责任公司
山东省滕州市鲁班大道大地路 2 号
邮编：277500
电话：0632－5525608、5594683
传真：0632－5528571
网址：www. 5525608. com
邮箱：5525608@163. com
产品：旋转接头及不锈钢金属软管

滕州市金旋波纹管有限责任公司
山东省滕州市平行南路 88 号
邮编：277500
电话：0632－5553666、5553999
传真：0632－5586527
网址：www. xzjt. com
邮箱：tzjinxuan@163. com
产品：金属软管、旋转接头

滕州飞旋旋转接头制造有限公司
（原滕州约翰逊旋转接头制造有限公司）
山东省滕州市经济开发区广源东路 299 号

邮编：277500
电话：0632－5513203、5512111
传真：0632－5516244
网址：www. fxxzjt. com
邮箱：qiu. feng@ kadant. com
产品：各种规格、型号的旋转接头及配套金属软管、疏水阀

山东奥旋旋转接头制造有限公司
山东省滕州市善南街道海特西路
邮编：277599
电话：0632－5568999
传真：0632－5825899
网址：www. axgs. com
邮箱：ml_1221@ 163. com
产品：旋转接头，金属软管及管道补偿器

滕州市昆仑旋转接头制造有限公司
山东省滕州市善南办事处南刘庄村
邮编：277500
电话：0632－5666567、5666333
传真：0632－5655555
邮箱：13062042029@ 163. com
产品：旋转接头、金属软管

烟台市

烟台市造纸机械总厂
山东省烟台市莱山区解甲庄镇驻地
邮编：264003
电话：0535－6752322、15065721559
邮箱：admin@ jiangbei. net
产品：磨浆、浓缩、除渣、真空系列浆泵

莱州市永丰造纸机械有限公司
山东省莱州市平里店镇驻地
邮编：261414
电话：0535－2615565、2615564、2615566
传真：0535－2615567
邮箱：yf@ 163. com
产品：制浆造纸设备、单/复式纤维分离机、外流式高浓压力筛、双锥体高浓除渣器、方浆池推进器、浆池搅拌器、卧/立式水力碎浆机、自洗式振动平筛、槽式打浆机、出口五金工具、硬度计、工业纸板、纸塑制品

蓬莱市自控设备成套厂
山东省烟台市蓬莱市南王街道淮海路 8 号
邮编：265600
电话：0535－5641224、5631224
传真：0535－5601224
邮箱：plwzq@ 163. com
产品：汽水分离、冷凝水排出

烟台大为环保科技有限公司
山东省烟台市高新技术产业园区
邮编：264630
电话：0535－3943058、13685358722
传真：0535－3943056
网址：www. daweihuanbao. com
邮箱：ytdw77@ 163. com
产品：固体废弃物处理、废纸制浆、废纸脱墨设备

潍坊市

山东科力华电磁设备有限公司
（原山东省临朐县科力电磁设备厂）
山东省潍坊市临朐县城南工业园
邮编：262600
电话：0536－3181088、3399235、3399239、13953602126
传真：0536－3181099
网址：www. sdklh. cn、www. sdklh. com
邮箱：kelidianci@ hotmail. com
产品：电磁除铁器、磁滚筒、永磁铁、金属探测仪

潍坊同步造纸技术有限公司
（原潍坊信诺机械有限公司）
山东省安丘市经济开发区
邮编：262100
电话：0536－4733666、4224610、13953661000
传真：0536－4733667
邮箱：1019185930@ qq. com
产品：纸幅横向水分调节系统、纸幅横向定量调节系统、刮刀、空气转向器、纸幅稳定器、洗涤器、分条机，水力式流浆箱等

潍坊天宏机械制造有限公司
山东省安丘市石堆镇东城工业园
邮编：262100
电话：0536－4256398、13606466230
传真：0536－4256397
网址：www. wfth. cn
邮箱：th6230@ sohu. com
产品：除渣器

山东华特磁电科技股份有限公司
山东省潍坊市临朐县华特路 6999 号
邮编：262600
电话：0536－3214543、3158877、3112577
传真：0536－3110552
网址：www. sdhuate. com
邮箱：htcd@ chinahuate. com
产品：除铁器、给料

潍坊凯信机械有限公司
山东省潍坊市高新技术开发区银通街 6677 号
邮编：261061
电话：0536－2966966、2966902、2966908
传真：0536－2966999
网址：www. hicredit. net. cn
邮箱：wfkxzp@ 163. com
产品：造纸机械成套设备及相关自控系统、气垫式干燥浆板机

潍坊市石辊厂
山东省安丘市红沙沟街
邮编：262124
电话：0536－4671466　13793613148
传真：0536－4671957
网址：www. wfsgc. com
邮箱：wfsgc98@ 163. com
产品：纸机用辊

潍坊扬帆机械有限公司
山东省潍坊市淮昌路以北官路村
邮编：261011
电话：0536－8552655、8552366、8553689
传真：0536－8550840
邮箱：yfjxyxgs@ 126. com
产品：备料、制浆设备，废水处理设备

潍坊科创浆纸工程有限公司
山东省安丘市经济开发区青云大街 701 号
邮编：262123
电话：0536－5127188
传真：0536－2269700
网址：www. wfkc. cn
邮箱：cppe21th@ 126. com
产品：除渣器、螺旋挤浆机、搅拌器

青州市益丰造纸机械有限公司
山东省青州市弥河镇闫刘村
邮编：262500
电话：0536－3810143
传真：0536－3811611
邮箱：2390005040@ qq. com
产品：备料、制浆设备

山东青州市鸿立造纸机械有限公司
山东省青州市云门山街道办事处房家社区
邮编：262500
电话：0536－3201582
传真：0536－3205539
邮箱：myrtle@ 126. com
产品：制浆、备料设备

诸城市明大机械有限公司
山东省诸城市皇华工业园
邮编：262233
电话：0536－6342866、13906460330、15169409878
传真：0536－6342866
网址：www. mingdasd. com
邮箱：mdjixie330@ 163. com
产品：水处理设备

山东汉通奥特机械有限公司
山东省诸城市龙都街道西十里村
邮编：262200
电话：0536－6218640、6113828
传真：0536－6589968
网址：www. chinahantong. cn
邮箱：aote7910@ 163. com
产品：制浆设备、卫生纸机、废水处理设备

诸城市中天机械有限公司
山东省诸城市西土墙工业园
邮编：262200
电话：0536－6358676、6358673
传真：0536－6358679、6358675
网址：www. zhongtianjixie. com
邮箱：443411956@ qq. com
产品：环保设备、造纸设备、承接环保工程

诸城市金隆机械制造有限责任公司
山东省诸城市德利斯大道中段
邮编：262216
电话：0536－6081808、4006086787
传真：0536－6081808
网址：www. cnjinlongjixie. com、www. cnjlhb. com
邮箱：jinlonghuanbao@ 163. com
产品：打浆设备、磨浆设备、筛选净化设备、浮选脱墨设备、浓缩洗浆设备、废水处理设备、高速卫生纸

机、机械制浆设备、热分散系统、浆泵、推进器

山东诸城市东泰造纸机械有限公司
山东省诸城市西外环中段化肥厂西 300 米
邮编：262200
电话：0536－6017669、6018669、13505369679
网址：www. dongtaijixie. com
邮箱：dongtai6018669@ 126. com
产品：筛、除渣器、污泥压滤机、气浮废水处理、纸机、湿抄机、脱墨设备、洗涤磨浆设备、磨浆机、爆破制浆技术及设备

山东省诸城市新日东机械厂
山东省诸城市皇华工业园
邮编：262233
电话：0536－6067736、6067737
传真：0536－6060796
网址：www. xrdjx. com
邮箱：xinridong@ 126. com
产品：脱墨机、碎浆机、磨浆机、洗浆机、搓磨分丝机、纤维分离机、卫生纸机、压力筛

诸城市中泰机械有限公司
山东省诸城市高新园芦河大道 3399 号
邮编：262202
电话：0536－6857526、6184887
传真：0536－6356235
网址：www. zhongtaijixie. com、www. zhongtaijixie. net
邮箱：771098085@ qq. com
产品：加工造纸机械

潍坊日东环保装备有限公司
（原山东省诸城市金日东造纸机械有限公司）
山东省诸城市开发区压山路 18 号
邮编：262200
电话：0536－6213740、6213221、158661833988
传真：0536－6213221
网址：www. ridong. com
邮箱：33187831@ qq. com
产品：卫生纸机、螺旋网带洗浆机、环保设备

诸城市天工造纸机械有限公司
山东省诸城市开发区顺都路 263 号
邮编：262233
电话：0536－6805066、6805088
传真：0536－6805000
网址：www. tgjixie. com
邮箱：tgjx@ vip. 163. com
产品：废纸处理设备、制浆设备、环保设备

诸城市增益环保设备有限公司
山东省诸城市密州路东首外贸街 9 号
邮编：262200
电话：0536－6066260、6065123
传真：0536－6065719
网址：www. sdzengyi. com
邮箱：zengyishebei@ 163. com
产品：碎浆机、筛浆机、脱墨机、浓缩机、废水处理设备和纸机

山东惠祥专利造纸机械有限公司
（原山东省诸城市专利造纸机械厂）
山东省诸城市辛兴镇兴中路 38 号
邮编：277400
电话：0536－6011600、13562615220
传真：0536－6011800
网址：huixiangzhuanli. icoc. in
邮箱：zlzzjx@ 163. com
产品：工业废水处理设备、包装袋纸、造纸助剂

诸城市宏升机械有限公司
山东省诸城市东城工业项目区（昌城行寺路南）
邮编：262216
电话：0536－6406869、6402998
传真：0536－6407989
网址：www. hongshengjixie. com
邮箱：hsjx@ hongshengjixie. com
产品：制浆造纸设备

山东旭日东机械有限责任公司
山东省诸城市密州街道铁园路 68 号
邮编：262200
电话：0536－6081238、2163005
传真：0536－6087785
网址：www. xuridong. com
邮箱：mail@ xuridong. com
产品：制浆、抄纸、纸加工、废水处理设备

诸城市大正机械有限公司
山东省潍坊市诸城市密州街道工业大道与兴华路东首交叉路口东 200 米
邮编：262200
电话：0536－6329913、15095299364
传真：0536－6056488
邮箱：1070687916@ qq. com
产品：链式压滤机、卫生纸机

山东明硕新能源科技有限公司
山东省潍坊市临朐县冶源镇西环路 8 号
邮编：262605
电话：0536－3498999
传真：0536－3498818
网址：www.sdmingshuo.com
邮箱：sdmssjm@sdmingshuo.com
产品：脱硫设备

潍坊恒诚祥精密机械科技有限公司
山东省潍坊市潍城区西夏庄工业园
邮编：261021
电话：0536－5171586、13608959227
传真：0536－7906537
网址：www.hengchengxiang.com
邮箱：hcx@hengchengxiang.com
产品：纸张加工机械研发和制造

山东天瑞重工有限公司
山东省潍坊市高新区银通街 6699 号
邮编：261061
电话：0536－7519269
传真：0536－8803865
网址：www.tianrui99.com
邮箱：tr9909@126.com
产品：磁悬浮离心鼓风机

诸城市利丰机械有限公司
山东省诸城市兴华东路 7218 号
邮编：262299
电话：0536－6061832、4001183918
传真：0536－6060832
网址：www.lifengzaozhi.com、www.lfzzjx.com
www.lifenghuanbao.com
www.shandonglifeng.com
www.qingjiezhijiang.com
邮箱：lfsyjx@163.com
产品：废纸脱墨制浆设备

青州市凯拓机械有限公司
山东省青州市东坝街道办事处
邮编：262517
电话：0536－3531298
传真：0536－3533888
网址：www.kaituojixie.net
邮箱：kt1298@163.com
产品：造纸机械设备

诸城市博瑞德造纸机械厂
山东省诸城市西土墙工业园
邮编：262200
电话：0536－6560123
传真：0536－6091850
网址：www.zcboruide.com
邮箱：boruide@163.com
产品：造纸机械、环保机械

诸城市宏宇轻机机械有限公司
山东省诸城市皇华工业园
邮编：262233
电话：0536－6581600
传真：0536－6189592
网址：www.zchongyu.com
邮箱：zchyqj@163.com
产品：浮选脱墨设备、碎浆磨浆设备、洗浆浓缩设备、筛选设备、制浆成套设备、净化设备、纸塑分离成套设备、浆池搅拌器、高浓漂白系统

山东绿缘机械科技有限公司
（原诸城市凯华化工有限公司、山东绿水蓝天环境工程有限公司）
山东省潍坊市诸城市皇华镇龙华街 9841 号
邮编：262200
电话：0536－6189592、15905365289
传真：0536－6343333
网址：www.sdlvyuan.net
邮箱：13964778860@139.com
产品：造纸机械、环保机械

青州三得不锈钢机械有限公司
山东省青州市中瑞钢铁物流中心
邮编：262500
电话：0536－3847717、13793617017
传真：0536－3747217、3848808
网址：www.cnlwsb.com
邮箱：wfsande@163.com
产品：多圆盘过滤机无网袋冲孔板冷弯成型技术、边框冷弯成型技术

寿光市

潍坊康吉诺电子科技有限公司
山东省寿光市五星大厦东座 9 楼
邮编：262700
电话：0536－5235511
传真：0536－5235511

网址：www. reliability. cc
邮箱：liumingjin@ reliability. cc、service@ reliability. cc
产品：ME140 系列综合分析仪、ME150 系列设备数据采集仪、ME170-1 通用设备的在线监测与诊断分析系统

潍坊贝德机械有限公司
山东省寿光市化龙镇丰城商业街西首 666 号
邮编：262719
电话：0536－5509910、15864569852
网址：www. bestd. cn
邮箱：sunruihua@ 126. com
产品：软压光包胶、超压包胶

山东荣光不锈钢制品有限公司
山东省寿光市开发区科技工业园东环路与北环路交叉路口北 500 米路西
邮编：262711
电话：0536－5196955、5589877
传真：0536－5109897
邮箱：sdrongguang@ vip. 163. com
产品：造纸容器

实耐格(潍坊)包装有限公司
山东省寿光市晨鸣工业园
邮编：262702
电话：0536－5211111、5211755
传真：0536－5211611
邮箱：weixiang. han@ sonoco. com
产品：纸芯、纸管

山东圣普特节能环保科技股份有限公司
山东省寿光市东环路 3369 号
邮编：262705
电话：0536－5102052
网址：www. shengpute. com
邮箱：907435346@ qq. com
产品：浓缩、污水处理、高盐废水处理等技术咨询、设计

安丘市

汶瑞机械(山东)有限公司
山东省安丘市青龙湖西路 21 号
邮编：262100
电话：0536－4372632、4933616
传真：0536－4362807
网址：www. wenrui. com. cn
邮箱：info_ wr@ wenrui. com. cn
产品：黑液提取碱回收设备、双螺杆制浆机

安丘市石辊厂
山东省安丘市凌河镇红沙沟村东
邮编：262124
电话：0536－4671098、13606462366
传真：0536－4671065
邮箱：285106002@ qq. com
产品：石辊、盘磨、打浆机刀片

山东科扬环保股份有限公司
(原安丘科扬机械有限公司)(已注销)
山东科扬机械有限公司
山东省潍坊市安丘市石堆镇东城工业园
邮编：262100
电话：0536－4261398、4709888
传真：0536－4252598、4709889
网址：www. sdkyjx. cn
邮箱：keyang108@ 163. com
产品：气浮、净水器、洗浆机、换热器、搅拌器

山东天利机械制造有限公司
(原安丘市天利机械制造有限公司)
山东省安丘市南工业园石泉路口
邮编：262100
电话：0536－4252808、4252805
传真：0536－4252809
网址：www. sdtljx. com
邮箱：tljx808@ 163. com
产品：除渣器、压力筛、苛化器、挤浆机

安丘天瑞机械制造有限公司
山东省安丘经济开发区闰成街西首
邮编：262100
电话：0536－4250801、13964701658
传真：0536－4255979
网址：www. aqtianrui. com
邮箱：tianruijixie@ 163. com
产品：制浆设备

安丘市峰胜永安机械有限责任公司
山东省安丘市东外环路南首
邮编：262100
电话：0536－4381608
传真：0536－4381608
产品：洗浆机、碎浆机、脱墨、除渣器

安丘市信金机械制造有限公司
山东省安丘市兴安街道南环路 1 号
邮编：262100
电话：0536 –4262678、4295119
传真：0536 –4265977
邮箱：gxn@ shine – sinjin. com
产品：除渣器系列、造纸机械

安丘市瑞一机械有限公司
山东省安丘市新安街道青龙湖西路 110 号
邮编：262100
电话：0536 –4375097
传真：0536 –4375099
邮箱：mikelang1977@ 163. com
产品：鼓式真空洗浆机、双辊挤浆机、单螺旋挤浆机、中浓漂白设备、碱回收苛化成套设备、化机浆成套设备、白水回收、浆料浓缩多盘过滤机、压力筛、压力除节机、黑液压力过滤机

济宁市

济宁安联轻工机械有限公司
山东省济宁市经济开发区嘉诚路东（景昊机械公司北侧）
邮编：272400
电话：0537 –3218138、3218139
传真：0537 –3218137
网址：www. alqj. com
邮箱：alqjx@ 163. com
产品：碎浆机、纤维分离机、粗选机、压力筛、黑液过滤机、纸机流送系统、除渣器、除气器、苛化器

山东高新机械设备有限公司
山东省邹城市经济开发区兴业路 618 号
邮编：273500
电话：0537 –5342256、5353899、13605374858
传真：0537 –5344036
邮箱：13605374858@ 163. com
产品：压力筛、除杂器等

山东华利环保工程有限公司
山东省济宁市任城区海能国际 B 座 910 室
邮编：272400
电话：0537 –3160670、15963790825
传真：0537 –3160670
网址：www. hualihuanbao. com
邮箱：15963790825@ 126. com
产品：环保设备施工；节能设备研发

济宁华隆机械制造有限公司
山东省济宁市经济开发区 338 线南、嘉诚路东
邮编：272400
电话：0537 –6988589、6988588、6988583
传真：0537 –6988588
网址：www. jnhualong. com
邮箱：HLJXWFP@ 163. com
产品：专业生产制浆造纸设备

凯登制浆设备（中国）有限公司
山东省济宁市高新技术开发区机电一路 99 号
邮编：272000
电话：0537 –6535836
邮箱：feng. hui@ kadant. com
产品：制浆造纸机器、轻工机械设备、通用设备和专用设备的零部件

泰安市

泰安市松源网业有限公司
山东省泰安市省庄工业园年华南街 97 号
邮编：271000
电话：0538 –6515551、6515526、8335105
传真：0538 –8332939
网址：www. tasywy. com
邮箱：sywy1998@ 163. com
产品：造纸用聚酯成形网、双层网、双层半网、聚酯干网、螺旋网、洗浆网、压滤网、造纸铜网

威海市

威海市金贝壳新材料有限公司
山东省威海市临港经济技术开发区江苏东路碳纤维产业园 4 号产业孵化区
邮编：264200
电话：0631 –5588535、13336310707
传真：0631 –5800558
网址：www. whjbeik. cn
邮箱：shengfg3323@ 163. com
产品：碳纤维清洁刮刀片；863TT 刮刀片；玻璃纤维刮刀片；合金陶瓷等刀片、夹具

山东丰信科技发展有限公司
山东省临清市高科工业园（新华办事处）
邮编：252600
电话：0635 –2531988
传真：0635 –2532688
网址：www. cnfengxin. cn

邮箱：fengxin@ cnfengxin. com
产品：专门从事造纸通风技术及设备开发、研制、生产

临沂市

山东华源锅炉有限公司
山东省临沂市枣沟头镇永安路 55 号
邮编：276004
电话：0539－8162423、7673500、8162151
传真：0539－8164060、7673511
网址：www. hyboiler. cn
邮箱：0539glc@ 163. com
产品：固体废弃物焚烧锅炉

山东沂春机械股份有限公司
山东省临沂市费县胜利街
邮编：273400
电话：0539－5221036、13305393717
邮箱：ypf5015881@ sina. com
产品：纸机、分切机、真空泵

聊城市

聊城诚信造纸技术服务有限公司
山东省聊城市何官屯新村
邮编：252000
电话：0635－8315880、8973915
传真：0635－8315880
产品：专利技术及设备

山东信和造纸工程股份有限公司
山东省聊城市开发区黄河路 26 号
邮编：252000
电话：0635－2933333
传真：0635－2938777
网址：www. sdxinhe. cn
邮箱：Lcxinhe@ 163. com、info@ sdxinhe. com
产品：长网、圆网纸机

山东华林机械有限公司
山东省聊城市凤凰工业园纬一路 8 号
邮编：252000
电话：0635－2126008、2126001
传真：0635－2126006、2126001
网址：www. cnchanghua. com
邮箱：hmcqin@ 163. com
产品：中高速卫生纸机

山东欧佩德昌华华林造纸机械有限公司
山东省聊城市凤凰工业园南外环路 178 号
邮编：252000
电话：0635－2128866、2126218　2126017
传真：0635－2126016、2128877
网址：www. cnchanghua. com
邮箱：sale@ cnchanghua. com、zzf－ok@ 163. com
产品：1760～5280 系列文化用纸机、2850～6000 系列长网瓦楞原纸机、2640～4800 系列叠网纸板机、烘缸、气垫式流浆箱、BM 成形器、宽压区压榨

高唐绿荫环保科技有限公司
山东省聊城市高唐县光明东路 15 号
邮编：252800
电话：0635－3963993、4006661468
传真：0635－3963993
网址：www. lvyinjixie. cn
邮箱：lvyinmachine@ aliyun. com
产品：制浆造纸生产线的碎草机、真空洗浆机、双辊挤浆机、卫生纸机和各类压力容器等

聊城经纬工业网毯有限公司
（原聊城华裕工业用呢有限公司）
山东省聊城市高新区淮河路 7 号
邮编：252000
电话：0635－6972988、1350892895
传真：0635－6972988
网址：www. jwwt. cn
邮箱：lchymt@ 126. com
产品：BOM 复合叠层底网造纸毛毯、靴压毛毯

山东中晟造纸机械有限公司
山东省聊城市经济技术开发区金山路 9 号
邮编：252000
电话：0635－8705710
邮箱：sdlcqgy@ 163. com
产品：制浆和造纸专用设备

滨州市

山东省阳信县黄河玻璃钢制品厂
山东省滨州市阳信县城南
邮编：251800
电话：0543－8231322、13145437999
产品：除渣器

山东博兴铁龙泵业有限责任公司
山东省滨州市博兴县兴福镇

邮编：256510
电话：0543－2422457、2888863
邮箱：scy298@163.com
产品：LJ、WLJ 系列纸浆泵、Y 型醪料泵

滨州东瑞机械有限公司
山东省滨州市博兴县曹王镇纬中路 113 号
邮编：256509
电话：0543－2413186、2411079
传真：0543－2413186
网址：www.dr-pumps.com
邮箱：bzdrjx@163.com
产品：中高端纸浆泵系列

山东长星集团有限公司
山东省滨州市邹平县长山镇三里河
邮编：256206
电话：0543－4851225、4833888
传真：0543－4819128、4369999
邮箱：zpxwqlsjgcyy@163.com
产品：真空辊

山东省邹平兴忠光泽缸有限公司
（原山东省邹平兴忠光泽缸表面处理厂）
山东省滨州市邹平县临池镇南山村南
邮编：256200
电话：0543－4537555、13605336222
传真：0543－4537777
网址：www.sdxzdd.com
邮箱：guanzegang888@163.com
产品：各种规格镀铬辊、印花辊等及烘缸修复翻新

山东杰锋机械制造有限公司
山东省滨州市邹平县长山开发区开元大道 275 号
邮编：256206
电话：0543－4851388
传真：0543－4851918
网址：www.jiefeng100.com
邮箱：13793881026@jiefeng00.com
产品：中高端压力筛、浓缩机

邹平忠明造纸设备机械厂
（原邹平县电镀厂）
山东省滨州市邹平县临池镇东黄村
邮编：256200
电话：0543－4531538、13506442159
传真：0543－4531538
邮箱：442159@qq.com
产品：电镀烘缸、电镀辊

山东北方造纸机械有限公司
山东欧特环保科技有限公司
山东省滨州市邹平县临池镇古城村
邮编：256220
电话：0543－4534999、13708946611
传真：0543－6809678
邮箱：bfjxliucong@163.com
产品：环保机械、起重机、烘缸表面处理

邹平鲁伟机械有限公司
山东省滨州市邹平县长山镇开发区
邮编：256206
电话：0543－4859777、13465050999
传真：0543－4819666
网址：www.lwjixie.com
邮箱：627464456@qq.com
产品：切草机、切竹机、劈木机、剥皮机、削片机

邹平县顺鑫造纸机械有限责任公司
山东捷登机械制造有限公司
山东省滨州市邹平县好生镇工业园
邮编：256219
电话：0543－4502588、13805431944
传真：0543－4504999
网址：www.sdshunxin.com
邮箱：sdzp1944@163.com
产品：制浆成套设备及配件

邹平顺通造纸机械有限公司
（原邹平力拓机械设备有限公司）
山东省邹平市好生街道办事处潴龙三路中段
邮编：256200
电话：0543－4505888
传真：0543－4501399
邮箱：shuntong@sdshuntong.com
产品：压力筛、转鼓式高浓水力碎浆机、热分散、盘式浓缩机、D 型水力碎浆机及配套波纹孔式、波纹板式及新型锲型棒式筛鼓、筛板

德州市

德州市巨星暖通造纸设备有限公司
山东省德州市南经济开发区
邮编：253000
电话：0534－6597333
传真：0534－6596668

网址：www. sdjuxing. com
邮箱：sdjuxing08@163. com
产品：从事造纸机通风干燥设备的研发与生产

景津环保股份有限公司
山东省德州市经济开发区晶华路北首
邮编：253034
电话：0534－2753066、2753099
传真：0534－2753695
网址：www. jjylj. com
邮箱：jjjtjr@163. com
产品：分离机械设备、干燥设备及配件生产、加工、销售，与分离机械、干燥设备相关的技术咨询服务

德州祥裕纸业有限公司
山东省德州市临邑县邢侗街道办事处东部高新区
邮编：251510
电话：0534－4590808
邮箱：dzxiangyuzhiye@163. com
业务：瓦楞纸板、瓦楞纸箱、纸制品包装类加工、销售

德州汇信纸业有限公司
山东省德州市平原县经济开发区三义街中段
邮编：253100
电话：18865807654
邮箱：1034421169@qq. com
产品：纸、纸制品、工业淀粉

兖州市

山东长江机械设备有限公司
山东省兖州市经济开发区泰安东路
邮编：272100
电话：0537－3858777、3415567
传真：0537－3488577
网址：www. szchm. com
邮件：sales@szchm. com
产品：分切机

河 南 省

郑州市

河南轻工业设计院有限公司
河南省郑州市纬四路12号
邮编：450003
电话：0371－65944137、65944125
传真：0371－65944137
网址：www. yqsj78. com
邮箱：hnqgsjy@163. com
业务：造纸工业项目设计、咨询

河南博奥泵业有限公司
河南省郑州市上街区阀门产业园锦江南路
邮编：450041
电话：0371－63279998
传真：0371－63279995
网址：www. suaop. com
邮箱：suaop@126. com
产品：纸浆泵、废水泵、浆渣泵

郑州磊展科技造纸机械有限公司
河南省新密市弘达造纸设备有限公司
河南省郑州市新密大隗镇河屯工业区
邮编：452383
电话：0371－69288115、69272219
传真：0371－69271850
网址：www. hahongda. com
邮箱：hahongda@163. com
产品：制浆设备

郑州运达造纸设备有限公司
河南省郑州国际机场薛店工业园世纪大道168号
邮编：451162
电话：0371－62586196
传真：0371－62581811
网址：www. zzyuda. com
产品：制浆设备

郑州非尔特网毯有限公司
河南省新密市袁庄村工业园
邮编：452370
电话：0371－69821471、69875777
传真：0371－69875000
网址：www. hnyn. com
邮箱：3321838@qq. com
产品：造纸毛毯

河南润扬环境科技有限公司
河南省郑州市金水区东明路41号3号楼401号
邮编：450000
电话：0371－86662338　86662368
传真：0371－86662338
邮箱：2966246409@qq. com
产品：环保设备及工程安装

河南亚神环保科技有限公司
河南省郑州市管城区航海东路 39 号
邮编：450009
电话：0371－66832103、66832102
传真：0371－66832103
邮箱：ys65951721@126.com
产品：环保设备及工程安装

郑州驰诺机械有限公司
河南省郑州市中原区六厂东街 7 号楼 1 号
邮编：450007
电话：0371－60990584、13838199774
网址：www.zzchinuo.com
邮箱：1145502607@qq.com
产品：高精度不锈钢筛板

河南曙光泵业科技有限公司
河南省巩义市米河镇两刘公路
邮编：451263
电话：0371－64339546
邮箱：hngylxl@sohu.com
产品：泵、阀门、机械设备及配件

河南省兆祥纸业有限公司
河南省郑州市经济技术开发区航海东路 1394 号 3 幢 14 层 1412 号
邮编：450016
电话：0371－63672370、13676923398
传真：0371－63729779
网址：www.woodpulp.cn
邮箱：2048241538@qq.com
业务：批发纸浆、纸张、纸制品、印刷器材等

开封市

开封市第四机床厂
河南省开封市城隍庙后街 3 号
邮编：475001
电话：0378－5696872、5696409
传真：0378－5696500
网址：www.kfdsjcc.com
产品："两相流"纸浆泵、除渣器、盘磨机、螺旋推进器、水力碎浆机、纤维回收机

平顶山

舞钢市环能科技有限公司
河南省舞钢市八台镇人民西路
邮编：462500
电话：0375－7280301
邮箱：wgshnkjyxgs@163.com
产品：造纸废料、废纸、木浆残余碱液回收及综合利用

安阳市

中国联合装备集团安阳机械有限公司
河南省安阳市长江大道 158 号
邮编：455099
电话：0372－2160928、2160926、2160918
传真：0372－2160900
网址：www.ayqj.com
邮箱：ayjxc_qgb@126.com
产品：多圆盘过滤机、蒸煮锅、喷放锅、真空洗浆机

安阳鑫炬环保设备制造有限公司
河南省安阳市汤阴县产业集聚区汤伏路与众品大道交叉口东南
邮编：456150
电话：0372－5527868
传真：0372－3625997
网址：www.xjhbgs.com
邮箱：13783689479@163.com
产品：锅炉配套设备

河南华森超声波科技有限公司
（原安阳华森纸业有限责任公司）
河南省安阳市滑县文明路南段
邮编：456400
电话：0372－8113988、18236961773
邮箱：huaxianyubei2009@163.com
产品：制浆设备、造纸设备、环保设备

鹤壁市

河南省淇县双盘磨造纸设备厂
河南省鹤壁市淇县铁西工业区袁庄路口
邮编：456750
电话：0392－7271329、7270989
传真：0392－7222118
网址：www.qxspm.com
邮箱：402994713@qq.com
产品：纸浆高浓磨

中维（河南）特种纤维有限公司
河南省鹤壁市鹤淇产业集聚区纬六路一号（生产基地）

邮编：456750
电话：0392－7776677
邮箱：sdl@ sinowinfiber. com
产品：特种纤维及高功能化工产品制造
上海市虹口区四川北路2261 号嘉兰大厦22 层B 座（销售公司）
电话：021－56665966、15021827712

新乡市

新乡市蓝海环境科技有限公司
（原新乡市蓝海环保机械有限公司）
河南省新乡市古固寨产业聚集区玉源路8 号
邮编：453700
电话：0373－5756788、2661999、18537335858
传真：0373－5795916
网址：www. lhhjgc. com
邮箱：lanhaiep@ 163. com
业务：环保工程的设计、施工、销售、服务

辉县市机械制造有限公司
河南省辉县市卫柿路中段路北
邮编：453600
电话：0373－6883299、13707651058
邮箱：13707651058@ 163. com
产品：造纸机械

新乡市工业泵厂有限公司
河南省新乡市牧野区吕村工业区
邮编：453000
电话：0373－3692900、3692901
传真：0373－3692906
网址：www. xxgyb. com
邮箱：cnxxgyb@ 163. com
产品：纸浆泵

新乡工神锅炉有限公司
河南省新乡市北环386 号
邮编：453002
电话：0373－2693893、2694016
传真：0373－2694276
网址：www. gongshen. cn
邮箱：gongshen@ gongshen. cn
产品：工业锅炉

新乡市高服机械股份有限公司
河南省新乡市朗公庙107 国道立交桥北
邮编：453000
电话：4000373685、0373－5701115
网址：www. zhendongshai. com. cn
产品：振动筛

河南人从众机械制造有限公司
河南省新乡市牧野区寺庄顶工业园36－3 号
邮编：453002
电话：0373－6395603、18638319063
网址：www. zyzgqz. com
邮箱：853243505@ qq. com
产品：振动筛、超声波振动筛，以及各类提升机、输送机、给料机、振动电机、振动平台等

新乡市伟良筛分机械有限公司
河南省新乡市朗公庙镇原庄村东头
邮编：453700
电话：0373－5717668
网址：www. wlzds. com
邮箱：472165517@ qq. com
产品：振动设备生产、销售及维修服务

新乡市圣达轻工机械有限公司
河南省新乡市牧野区北环路栗屯加油站后面
邮编：453000
电话：0373－2634639
传真：0373－2515905
网址：www. sdqj. com
产品：固液分离设备、螺旋式压榨机及相关配套产品

焦作市

焦作市崇义轻工机械有限公司
河南省沁阳市崇义镇崇义村崇义工业区
邮编：454582
电话：0391－5611928、13939103559
传真：0391－5611928
邮箱：ctzjcwb@ 163. com
产品：纸机、涂布机

河南省德沁高新辊业有限公司
河南省沁阳市葛村工业区
邮编：454586
电话：0391－5937908
传真：0391－5937908
邮箱：huogujin@ 163. com
产品：胶辊包胶

沁阳市第一造纸机械有限公司
河南省沁阳市葛村工业区
邮编：454584
电话：0391－5936384、5936945
传真：0391－5936384
网址：www. qyyj. en. alibaba. com
邮箱：qinyqangyiji@126. com
产品：纸机

河南大指造纸装备集成工程有限公司
河南省焦作市武陟县迎宾大道388号
邮编：454950
电话：0391－7268787、7268933
传真：0391－7268787
网址：www. dazhipaper. com
邮箱：dazhi@dazhipaper. . com
产品：化学机械浆生产线、高速纸机、特种纸涂布机

沁阳市兴华造纸机械有限公司
河南沁阳市柏香工业园
邮编：454550
电话：13939137109
传真：0391－5937222
网址：www. xinghua-papermachine. com
邮箱：272558212@qq. com
产品：各种高强瓦楞/牛皮箱纸板机（用于生产各类纸质包装）、文化纸机（用于生产打印纸、无碳复写纸等）、卫生纸机（用于生产高档生活用纸、餐巾纸、面巾纸等），同时我们还可以根据客户需求定制部分或完整的生产线设备

沁阳市沁科造纸机械有限公司
河南省沁阳市屹峰大道南王庄村口
邮编：454550
电话：13629856655
传真：0391－5681988
网址：www. qkzzjx. com
邮箱：qkzzjx@foxmailk. com
产品：造纸机械整套装备及相关备品备件的生产加工业务，可为国内市场提供车速在1000米/分以下的、生产各类纸张的圆网、长网和叠网造纸机；幅面12米以下的造纸机用铸铁烘缸；相关备品备件包括各类辊、刮刀、张紧器、校正器等

沁阳市平安轻工机械有限公司
河南省沁阳市王曲乡里村
邮编：454550
电话：0391－5660485
传真：0391－5660485
网址：www. qyzzjx. com
邮箱：Iamqhui@163. com
产品：各种高强瓦楞/牛皮箱纸板机（用于生产各类纸质包装）、文化纸机（用于生产打印纸、无碳复写纸等）、卫生纸机（用于生产高档生活用纸、餐巾纸、面巾纸等）、各种精密网笼、槽式打浆机等造纸制浆设备

沁阳市永辉机械厂
河南省沁阳市里村工业区
邮编：454580
电话：0391－5660533、13839177697
网址：www. zgxjzzsb. com
邮箱：13839177697@163. com
产品：新旧造纸设备

沁阳市长虹机械有限公司
河南省沁阳市柏香镇东乡四街
邮编：454550
电话：13939153518
网址：www. hnchjx. com
邮箱：qychjx@163. com
产品：各种类型造纸机

沁阳市金陵机械有限公司
河南省沁阳市紫陵镇工业区
邮编：454592
电话：0391－5033048、13703912909
网址：www. jinlingjx. com
邮箱：jinlingjx@126. com
产品：造纸机械及配件

沁阳市鑫海轻工机械有限公司
河南省沁阳市崇义工业区兰户铺村南
邮编：454550
电话：0391－5056666、13603443223
传真：0391－5055288
网址：www. qyxhzzjx. com
邮箱：xinhaizhiji@126. com
产品：制浆和造纸专用设备制造

许昌市

许昌市建安区嘉恒工业装备有限公司
（原许昌中亚工业智能装备股份有限公司）
子公司：河南中亚智能科技股份有限公司
河南省许昌市尚集产业集聚区昌盛路与许开路交叉口

向南 200 米
邮编：461111
电话：0374－5707966、5707969、5707995
传真：0374－5707998、5707988
网址：www. zypme. com
邮箱：xczygyzn@ 163. com
产品：造纸装备

许昌曼迪纸业股份有限公司
河南省许昌市建安区小召乡新元大道北侧
邮编：461000
电话：0374－7599610、7331312
邮箱：952002782@ qq. com
经营：原纸复卷、分切

河南权宏过滤设备有限公司
河南省禹州市东产业集聚区和谐大道 23 号
邮编：461670
电话：0374－8080186
传真：0374－8080586
网址：www. hnqhgl. com
邮箱：493548912@ qq. com
产品：过滤设备生产、销售

漯河市

漯河市宇龙工业用呢有限公司
河南省漯河市临颍县颍腾路东段南侧
邮编：462600
电话：0395－8662688
传真：0395－8662688
网址：www. hnylwt. com
邮箱：799229162@ qq. com
产品：工业用呢

周口市

河南锦弘网业有限公司
河南省周口市沈丘县北郊开发区
邮编：466300
电话：0394－5206586
传真：0394－5206586
邮箱：2584616831@ qq. com
产品：聚酯干网、螺旋网

河南华丰网业科技股份有限公司
（原河南省华丰网业有限公司）
河南省周口市沈丘县工业园区
邮编：466300
电话：0394－5108788
传真：0394－5108588
网址：www. huafeng999. com
邮箱：henanhuafeng999@ 163. com
产品：聚酯干网、螺旋网

河南晶鑫科技股份有限公司
（原河南晶鑫网业科技有限公司）
河南省周口市沈丘县产业集聚区
邮编：466300
电话：0394－5228866
传真：0394－5106388
网址：www. jxwykj. com. cn
邮箱：jxwykj5228866@ 126. com
产品：环保用网、三层网

驻马店市

驻马店市安装工程有限公司
河南省驻马店市雪松路 16 号
邮编：463000
电话：0396－3813750
传真：0396－3816510
网址：www. zmdaz. com
邮箱：zmdsazgs@ 163. com
产品：碱回收设备安装

驻马店市红星网业有限公司
河南省驻马店市文化路西段刘阁工业园
邮编：463000
电话：0396－2873188、2873288
传真：0396－2873588
邮箱：hnzmdhxwy@ 163. com
产品：造纸毛毯

湖 北 省

武汉市

武汉船用机械有限责任公司
湖北省武汉市武昌青山区武东街 9 号
邮编：430084
电话：027－68867118、68867028、68867088
传真：027－68867461、68867462
网址：www. wmmp. com. cn
邮箱：whcj@ wmmp. com. cn
产品：浆料推进器

武汉同力智能系统股份有限公司
（原武汉同力机电有限公司）
湖北省武汉市洪山区武昌珞狮路 122 号武汉理工大学东院内
湖北省武汉市东西湖九支沟武汉中小企业城内（厂址）
邮编：430070
电话：027－82666969、87217887、87877876、87874226
传真：027－87663469
网址：www. whtem. com
邮箱：tlem@ whtem. com
产品：传动控制

武汉研发张力自动控制有限公司
湖北省武汉市江岸区黄浦大街 25 号
邮编：430010
电话：027－82410195
传真：027－82430572
网址：www. yfzl. com
邮箱：yfzl@ yfzl. com
产品：张力控制装置

武汉中轻机械有限公司
（原武汉轻工业机械厂）
湖北省武汉市经济技术开发区枫树二路 21 号
邮编：430056
电话：027－84655615、84951276
传真：027－83831892
网址：www. cwlm. com. cn
邮箱：357959512@ qq. com
产品：聚氨酯成套设备、复合薄膜包装设备

武汉市红桥橡胶厂
湖北省武汉市黄陂区武湖工业园发展北路新华大道特 8 号
邮编：430015
电话：027－82630814
传真：027－61818278
网址：www. whhqxjc. com
邮箱：hqxj@ whhqxjc. com
产品：胶辊、密封件、减震制品、耐腐蚀橡胶衬里

武汉武锅能源工程有限公司
湖北省武汉市江夏区大桥新区何家湖街与工业二路交界处
邮编：430223
电话：027－87655092、87657401
传真：027－87655494
网址：www. whtzgl. com
邮箱：273912184@ qq. com
产品：碱回收炉及其系列配套辅助设备

武汉宇通仪表有限公司
湖北省武汉市江岸区江大路 4－3 号
邮编：430019
电话：027－82432896
邮箱：whytyb@ 163. com
产品：纸浆浓度变送器

中国轻工业武汉设计工程有限责任公司
湖北省武汉市武昌区首义路 176 号
邮编：430060
电话：027－88071680
传真：027－88041709
网址：www. qgsj. com
邮箱：qgsj@ qgsj. com
业务：工程设计、工程咨询、工程监理

武汉中轻工程设计有限公司
湖北省武汉市新华路 231 号阳光新天地大厦 20 层
邮编：430022
电话：027－59811291、59811292
传真：027－59811290
网址：www. chinalid. net
邮箱：zqdesi@ chinalid. net、zhaopin@ chinalid. net
业务：工程设计、工程咨询

湖北省轻工业科学研究设计院有限公司
湖北省武汉市汉阳区杨泗港路 1 号
邮编：430052
电话：027－84523440、84520283
传真：027－84523440
网址：www. hbqgy. com
邮箱：hbqgy@ 163. com
业务：科研、工程设计、工程监理

武汉金申伦科技发展有限公司
湖北省武汉市经济技术开发区沌口街纸厂福东七楼 615-5-10
邮编：430056
电话：027－84476245、13667299525
传真：027－84476289
邮箱：404864121@ qq. com
产品：造纸相关产品

上海思百吉仪器系统有限公司武汉分公司
湖北省武汉市武昌区洛瑜路 889 号光谷国际广场 B 座 2203 室
邮编：430074
电话：027 – 87387548
传真：027 – 87387608
网址：www. spectris. com. cn
经营：各类精密在线测量仪器、精密过程控制及测量仪器仪表及传感器和配件

深圳市联欧贸易发展有限公司武汉办事处
湖北省武汉市汉阳区汉阳大道 140 号闽东・国际城3B-1505 室
邮编：430022
电话：027 – 85428586
传真：027 – 84801921
网址：www. euro-me. com
邮箱：euromeWH@ euro-me. com
产品：驱动传动、流体控制、液压气动、工厂自动化等

武汉拓优智能股份有限公司
(原武汉拓优测控科技有限公司)
湖北省武汉市东湖开发区珞瑜路吴家湾湖北信息产业科技大厦 4 层(注册地址)
湖北省武汉市东湖开发区光谷大道 308 号光谷动力绿色环保产业园 9 栋 501 室(办公地址)
邮编：430070
电话：027 – 87383559、15979953115、4008785856
传真：027 – 87383559
网址：www. toptrol. com
邮箱：torleo@ 163. com
产品：喷嘴挡板定位器

武汉波光源科技有限公司
湖北省武汉市东湖新技术开发区华工科技园 2 幢
邮编：430074
电话：027 – 88188872
传真：027 – 88188871
网址：www. bgykj. com
邮箱：13807150700@ 163. com
产品：非接触性测量仪器仪表

武汉正业联合包装有限公司
湖北省武汉市经济技术开发区沌阳街民营科技工业园 8 区 1、2 号厂房
邮编：430056
电话：027 – 74478406
邮箱：499826139@ qq. com
产品：纸类包装制品生产及销售

随州市

湖北双剑鼓风机股份有限公司
湖北省随州市广水市经济技术开发区
邮编：432721
电话：0722 – 6430098、6430068、13886856858
传真：0722 – 6430444
网址：www. hbfj. cn
邮箱：hbss@ sohu. com
产品：鼓风机、通风机

荆门市

荆门市万泰机械有限公司
湖北省荆门市掇刀区深圳大道 34 号
邮编：448000
电话：0724 – 2447008
传真：0724 – 2447007
网址：www. jmwt. cn
邮箱：198346774@ qq. com
产品：固体废弃物处理装备

湖北克拉弗特实业有限公司
湖北省荆门市京山县经济开发区工业园区
邮编：431800
电话：0724 – 7535118
网址：www. kraftpack. com
邮箱：714261358@ qq. com
经营：纸制品、加工纸

孝感市

应城市恒达工业用呢有限公司
湖北省应城市民营经济园
邮编：432400
电话：0712 – 3251880
传真：0712 – 3251885
邮箱：616794750@ qq. com
产品：造纸毛毯

荆州市

荆州市江海泵业机械有限公司
湖北省荆州市开发区江津东路与红光路交会处

邮编：434000
电话：0716－8311559、8337320
传真：0716－8311008、8337318
网址：www.gaokecn.com
邮箱：info@gaokecn.com、9031593@qq.com
产品：造纸用泵

沙市轻工机械有限公司
湖北省荆州市汇湖路 21 号
邮编：434000
电话：0716－8524393、8524381、4314148
传真：0716－8103654、8524375、4314109
网址：www.slmc.com.cn
邮箱：slmc@vip.163.com
产品：涂布机，制浆、造纸设备

黄冈市

武穴市精华机械制造有限公司
湖北省武穴市刘家巷 168 号
邮编：435400
电话：0713－6222250
邮箱：283223617@qq.com
产品：离心机

仙桃市

仙桃市华伟造纸机械有限公司
湖北省仙桃市龙华山办事处仙源大道
邮编：433000
电话：0728－3206053
传真：0728－3206053
邮箱：13512345678@qq.com
产品：纸机配件、橡胶胶辊

广水市

湖北三峰透平装备股份有限公司
（原湖北省风机厂有限公司）
湖北省广水市十里河工业区 001 号
邮编：432700
电话：0722－6265666、13872855618
传真：0722－6249222
网址：www.hbfan.com
邮箱：hbfan777@163.com
产品：纸机真空系统透平风机、废水处理风机

湖　南　省

长沙市

湖南三匠人科技有限公司
湖南省长沙市雨花区万家丽中路 36 号喜盈门国际大厦 2213 室（办公地址）
邮编：410009
电话：0731－85783480、13974881396、13607318509
传真：0731－85783481
网址：www.hnsjrtech.com
邮箱：info@hnsjrtech.com
湖南省长沙市湘江新区鑫迪科技园（生产基地）
产品：双网热风干燥浆板机，TAD 穿透式热风干燥系统、特种涂布机及涂布热风干燥系统、多缸纸机密闭气罩以及通风系统、扬克气罩以及通风系统、气罩排风尾气除雾装置

长沙长泰智能装备有限公司
湖南省长沙市湖南环保科技产业园新兴路 118 号
邮编：410117
电话：0731－85651518、88238288
传真：0731－85570597、88238287
网址：www.chaint.net
邮箱：info@chaint.net
产品：造纸输送包装设备

湖南正大轻科机械有限公司
湖南省长沙市雨花区洞井镇桃阳村环保科技产业园
邮编：410116
电话：0731－82883828
传真：0731－82883812
网址：www.zdqk.com
邮箱：cszdjrqc@vip.sina.com
产品：纸机烘干部通风、干燥系统

中国轻工业长沙工程有限公司
湖南省长沙市雨花区环保科技园新兴路 268 号
邮编：410114
电话：0731－85770333
传真：0731－85584415
网址：www.cecchina.com
业务：制浆造纸工程咨询、设计

湖南省轻纺设计院有限公司
湖南省长沙市向东南路 168 号
邮编：410005
电话：0731－85152081

传真：0731－85153047
网址：www. xqfs. cn
业务：制浆造纸工程咨询、设计

湖南永佳裕工程建设有限公司
湖南省长沙市岳麓区梅溪湖金茂悦创新中心 405
邮编：410006
电话：0731－82681566
传真：0731－82681766
网址：www. yongjiayu. com
邮箱：yjyaz@ gongjiayu. com
产品：设备安装、工程咨询

湖南正达纤科机械制造有限公司
湖南省长沙市高新区谷苑路 166 号
邮编：410205
电话：0731－85220287
传真：0731－89875626
网址：www. gendafs. com
邮箱：xs@ gendafs. com
产品：短纤维原料高浓磨浆机、无空磨专利磨片、带式浓缩机、散料输送螺旋等成套设备

湖南维杰环保科技有限公司
湖南省长沙市雨花区树木岭路 015 号第 007 栋
邮编：410007
电话：0731－85065089、13974963356
网址：www. hnwjkj. com
邮箱：cswjhb@ 163. com
产品：造纸通风设备、密闭气罩袋区通风及余热回收设备、高速热风扬克气罩、各式换热器、空气加热器、涂布热风干燥系统、除尘设备等各类节能环保产品

湖南泛航智能装备有限公司
湖南省长沙市岳麓区谷苑路 389 号
邮编：410217
电话：0731－85228189
网址：www. finehigh. cn
邮箱：finehigh@ 163. com
产品：离心机、分离机、轴承、齿轮和传动部件、风机、风扇、通用零部件、泵、阀门、压缩机及类似机械、内燃机及配件、制浆和造纸专用设备的制造

株洲市

株洲新时代输送机械有限公司
湖南省株洲市天元区新马西路 199 号
邮编：412007
电话：0731－222038300、22038308
传真：0731－22038309
网址：www. nte. com. cn
邮箱：shusong@ nte. com. cn
产品：链式拉木输送机、剥皮鼓、辊式输送机、皮带输送机、沙石输送机、脱水输送机、木片螺旋输送机

岳阳市

中轻国泰机械有限公司
湖南省岳阳市康王经济开发区
邮编：414000
电话：0730－8751198、8751169
传真：0730－8751192
网址：www. gtjx. cn
邮箱：yygtj@ guotaijx. com
产品：纸机

岳阳林联化工化纤有限公司
湖南省岳阳市云溪区云溪街道岳化大道 421 号
邮编：414014
电话：0730－8491944、13975000365、13077107197
传真：0730－8491881
网址：www. yyllgs. com
邮箱：yhhxzzs@ 163. com
产品：1. 0D～100D 各种型号的锦纶 6 短纤维和丝束

湘潭市

湖南维杰新环保设备有限公司
湖南省湘潭市高新区双马街道双马五号路 8 号东方金谷产业城一期 C09 栋
邮编：411101
电话：0731－58528998、13548551863
网址：www. hnwjkj. com
邮箱：cswjhb@ 163. com
业务：节能、环保科技研发，环保设备及金属加工机械

湖南中勤热科技术有限公司
湖南省湘潭市九华经济开发区湘望路 9 号
邮编：411100
电话：0731－52665156
网址：www. hnzqrk. com
邮箱：zqznkj@ 163. com
产品：造纸通风技术、干燥技术、热能开发技术及设备研发、制造

广　东　省

广州市

广东省造纸研究所有限公司
（原广东省造纸研究所）
广东省广州市海珠区新港西路 154 号
邮编：510300
电话：020－34300599、34300901
传真：020－34301273、34300613
邮箱：zaozhisuo@ qq. com
产品：离型纸、黏胶带纸、防霉纸、扬声器用黑纸、黑白钢纸、涂布纱面纸、涂布彩纸、湿水胶带纸、无碳复写原纸、水稻育秧纸、唛架纸、电脑绣花纸、食用油滤纸、清新香片、PPE 湿强剂、干强剂、剥离剂、分散松香乳液、脱墨剂

斯普瑞喷雾系统（上海）有限公司广州分公司
广东省广州市科学城彩频路 11 号 D 座 302 室
邮编：510045
电话：020－83546866
传真：020－83546829
产品：喷嘴

广州华工环源绿色包装技术有限公司
广东省广州市高新技术产业开发区科学城科汇四街 1 号 1101－2 房
邮编：510640
电话：020－62327808
传真：020－62327809
网址：www. pulpmoldingchina. cn
邮箱：hghy@ hghuanyuan. com
产品：纸浆模塑设备

广州广一泵业有限公司
（原广州市第一水泵厂）
广东省广州市科韵南路 133 号
邮编：510320
电话：020－66834613、66834616、66834618
传真：020－66834619
网址：www. gygcn. com、www. gypump. com
邮箱：sales@ gygcn. com
产品：泵

华南理工大学造纸与污染控制国家工程研究中心
广东省广州市天河区五山路华南理工大学造纸与环境工程楼
邮编：510640
电话：020－87112614、87112982
传真：020－87113840
网址：www. pperc. com
产品：成形器、技术服务

广州市番禺市沙西造纸机械有限公司
广东省广州市番禺区沙湾镇拱桥路 1 号
邮编：511483
电话：020－84732328
产品：碎浆机、分离机、打孔机

中国轻工业广州工程有限公司
广东省广州市创启路 63 号清华科技园 9 号楼（办公地址）
广东省广州市盘福路医国后街 1 号（注册地址）
邮编：511447
电话：020－81326513
传真：020－81325759
网址：www. gdecn. com
邮箱：gzgs@ gdecn. com
业务：工程设计、工程咨询、工程管理

广东省轻纺建筑设计院有限公司
广东省广州市越秀区东风东路 744 号
邮编：510080
电话：020－87621909
传真：020－87621911
网址：gladi. website6534. yizhanwei. com
邮箱：641840468@ qq. com
业务：工程设计、工程咨询、工程管理

广州约顿电子科技有限公司
广东省广州市天河区车陂大岗路 18 号 1020 房
邮编：510000
电话：020－28065028、82003423
传真：020－28065018
产品：恒温恒湿空调机

瑞辰星生物技术（广州）有限公司
（原广州瑞辰盛达生物技术有限公司）
广东省广州市黄埔区开源大道 11 号 B5 栋第一层至第二层
邮编：510530
电话：020－32203968
传真：020－32203392
网址：www. risingstar－biotech. com
邮箱：rcsd118@ 163. com
产品：聚能酶 TM 纤维改性技术

奥伯尼国际(中国)有限责任公司
广东省广州市番禺区化龙镇工业路
邮编：511434
电话：020－39225091
网址：www. albanydoors. com
邮箱：Wenying. Xu@ albint. com
产品：化纤织造

合众创亚(广州)包装有限公司
[原国际纸业(广州)包装有限公司]
广东省广州市新滘仑头村工业区2号
邮编：510320
电话：020－34088208
邮箱：Fortune. Yan@ ucpsolution. com
产品：瓦楞纸箱、纸板

广州市同昌纸品有限公司
广东省广州市花都区莲塘村
邮编：510800
电话：020－36822020、36822198
产品：瓦楞纸板、纸箱

广州市浚龙贸易有限公司
广东省广州市番禺区沙头街禺山西路329号1座202号
邮编：510000
电话：020－34733083、18926214427
传真：020－34736613
邮箱：pywscw@ 163. com
经营：衬纸、环保纸、丝毛棉、稻香纸、纯质纸、莱妮纹、云彩纸、虎皮纹、自在纹、古石纹、色书纸、彩色描图纸、牛油纸

广州市百孚纸业有限公司
广东省广州市增城区新塘镇甘湖工业区
邮编：511340
电话：020－66265114
邮箱：897550995@ qq. com
经营：特种纸

上海思百吉仪器系统有限公司广州分公司
广东省广州市天河路240号丰兴广场C座22楼
邮编：510620
电话：020－28873800
传真：020－28873848
网址：www. spectris. com. cn
产品：各类精密在线测量仪器、精密过程控制及测量仪器仪表及传感器和配件

广州热尔热工设备有限公司
(原广州力和换热设备有限公司)
广东省广州市白云区嘉禾竹仔园
邮编：510440
电话：020－86099023、86097959、86098701
传真：020－86099578
网址：www. gzreer. com
邮箱：reer@ gzreer. com
产品：节水环保系统(换热器)

广州康亦联纸业有限公司
广东省广州市天河区大灵山路18号裕景工业园5栋201
邮编：510663
电话：020－37362891
传真：020－38617931
邮箱：237281666@ qq. com
产品：进口牛皮纸系列、印刷用纸、高档透明纸张

广州市金祥盛纸业有限公司
广东省广州市天河区中山大道中路38号加悦大厦602A室
邮编：510660
电话：020－82306608
传真：020－82309093
产品：双胶纸、复合牛皮纸、轻型纸、白牛皮纸、书写纸、无碳原纸、热敏原纸、淋膜纸

维美德造纸机械技术(广州)有限公司广州服务中心
广东省广州市经济技术开发区永和经济区木古路1号
邮编：511356
电话：020－32225061
传真：020－32225062
网址：www. vaimet. com
产品：造纸机械

广州博依特智能信息科技有限公司
广东省广州市黄埔区保利中科广场B座401－406
邮编：510000
电话：020－82006717
网址：www. poi-t. com
邮箱：jijun. liu@ poi-t. com
产品：长期从事流程工业的过程建模、模拟与优化的深入研究和应用实践。提升用户生产效率，集成生产到管理，为企业及客户提供安全、精准和全方位的服务

广州振通机械有限公司
广东省广州市海珠区后滘西大街 18 号 3 楼(办公地址)
广东省广州市番禺区沙湾镇紫坭村紫善路横十六巷 3 号(工厂地址)
邮编：510288
电话：020－84212309、84040181
传真：020－84042929
网址：www. gzztcd. com
邮箱：gzzt163@ 163. com
产品：机械传动件的研发和设计，主导产品有“振通传动”牌联轴器、安全扭力限制器、胀紧套、锁紧盘、“万联”牌十字万向节和十字万向传动轴等

深圳市联欧贸易发展有限公司广州办事处
广东省广州市天河北路 616 号金海花园金灏阁 607 室
邮编：510630
电话：020－38735296
传真：020－38735297
网址：www. euro-me. com
邮箱：euromeGZ@ euro-me. com
业务：驱动传动、流体控制、液压气动、工厂自动化等

伊顿工业过滤(上海)有限公司广州办事处
广东省广州市环市东路 362－366 好世界广场 2507 室
邮编：510060
电话：020－83878936
传真：020－83848178
网址：www. eaton. com. cn
邮箱：filtration@ eaton. com
产品：造纸过滤设备

广东博努特机械设备有限公司
(原广州宏顺达轴承有限公司)
广东省广州市海珠区新滘中路 88 号
邮编：510000
电话：020－87567926
传真：020－87560171
网址：www. gd-bnt. com
邮箱：sales@ gd-bnt. com
业务：机械技术咨询、通用机械设备销售、电气机械设备销售

广州市金龙峰环保设备工程股份有限公司
(原广州市金龙峰环保设备工程有限公司)
广东省广州市高新技术产业开发区科学大道 181 号第 11 层
佛山顺德(生产基地)
邮编：510220
电话：020－84487629
网址：www. gzjinlongfeng. com
邮箱：jlfep@ 126. com
业务：污废水处理等

韶关市

韶能集团广东绿洲生态科技有限公司
(原广东绿洲纸模包装制品有限公司)
广东省南雄市全安镇营堡前
邮编：512426
电话：0751－3703663、3703885
网址：www. gdlz. com
邮箱：sales@ gdlz. com
产品：一次性纸盘、一次性纸饭盒、一次性纸托盘、一次性纸碗等

深圳市

深圳光荣机械贸易有限公司
广东省深圳市福田区上梅林华茂苑 5 栋 203
广东省深圳市龙华区清湖街道雪岗北路 376 号辉盛达工业区(工厂地址)
邮编：518049
电话：0755－83318564、83310794
传真：0755－83310783
网址：www. koeiind. com. cn
邮箱：sz_ koei@ 126. com. cn
产品：电动执行器

深圳市长江机械设备股份有限公司
广东省深圳市宝安区沙井街道蚝四林坡坑工业区 A7 厂房
邮编：518104
电话：0755－29887628
传真：0755－29887628
网址：www. szchm. com
邮箱：sales@ szchm. com
产品：卷筒纸分切机、卷筒切纸机、复印纸分切机

广东新环环保产业集团有限公司
(原深圳市新环机械工程设备有限公司)
广东省深圳市福田区彩田南路中深花园 B 栋 2103 室
邮编：518033
电话：0755－82997309、82997256

传真：0755－82995262、82996258
网址：www. sznecn. com
邮箱：szxh@ sznecn. com
产品：机械和电气控制设施的研发、环保工程

深圳市联欧贸易发展有限公司
广东省深圳市深南大道 6029 号车公庙世纪豪庭 11 层 C 座
邮编：518040
电话：0755－83842750、83842764、83842049
传真：0755－83842050、83842051、83842121
网址：www. euro-me. com
邮箱：Bmd@ euro-me. com
业务：驱动传动、流体控制、液压气动、工厂自动化等

鸿源实业(深圳)有限公司
广东省深圳市布吉镇上水径恒通工业城 6 栋 2 楼
邮编：518112
电话：0755－28522898、13603029858
邮箱：weijc2@ 163. com
产品：卫生纸、盒装面纸、手帕纸、妇女卫生巾

安兴纸业(深圳)有限公司
广东省深圳市布吉镇甘坑村同富裕工业园
邮编：518112
电话：0755－28557320、84175706、18145802180
产品：复印纸、传真纸

深圳市永利隆纸品有限公司
广东省深圳市龙岗区南湾街道上李朗方鑫路 10 号莱茵工业区第一排五栋一层中间
邮编：518112
电话：0755－89702138、89702581
传真：0755－89702117
邮箱：399610532@ 126. com
产品：瓦楞原纸、纸箱、彩盒

深圳市悦声纸业有限公司
广东省深圳市龙华镇龙城工业区 12 幢 1 楼
邮编：518109
电话：0755－84829421、81700523
传真：0755－84829421
网址：www. chinahys. com
产品：花纹纸

元丰纸业(深圳)有限公司
广东省深圳市宝安区松岗镇沙埔围第二工业区
邮编：518105
电话：0755－27052676、27052675
传真：0755－27052259
邮箱：zxq@ yuanfengpaper. com
产品：瓦楞原纸、牛皮纸

深圳市汇川技术股份有限公司
广东省深圳市宝安区宝城 70 区留仙二路鸿威工业园 E 栋
邮编：518101
电话：0755－29799595
传真：0755－29619897
网址：www. inovance. com
产品：变频器、工业互联网

上海思百吉仪器系统有限公司深圳分公司
广东省深圳南山区登良路 23 号汉京大厦 5D
邮编：518052
电话：0755－86332368
传真：0755－86331637
网址：www. spectris. com. cn
产品：各类精密在线测量仪器、精密过程控制及测量仪器仪表及传感器和配件

深圳市灏颖纸业有限公司
广东省深圳市光明新区公明街道西田
邮编：518106
电话：0755－84861890
传真：0755－84861895
网址：www. hynpz. com
邮箱：282312708@ qq. com
产品：牛皮纸、牛卡纸、白牛皮纸、包装牛皮纸

德国默斯技术有限公司中国办事处
深圳默斯测控技术有限公司
广东省深圳市宝安区西乡大道正泰来商务大厦 1003 室
邮编：518000
电话：0755－23316335、13828735316
传真：0755－33670525
网址：www. mosye. com
邮箱：info@ mosye. com
产品：在线水分仪销售和技术服务

深圳蓝博检测仪器有限公司
广东省深圳市宝安区沙井后亭同方文化创意产业园 2 栋
邮编：518104
电话：0755－21620199

传真：0755－21620129
网址：www. labtmi. com
邮箱：sales@ labtmi. com
产品：质量控制和工艺改进涉及检测仪器、试验分析软件和实验室解决方案

深圳市普力源自动化设备有限公司
广东省深圳市龙华新区民治街道牛栏前大厦 12 楼 C1228
邮编：518131
电话：0755－27218392、15622811005
传真：0755－27218392
网址：www. pooliy. com
邮箱：pausource@ 163. com
产品：纠偏系统、除尘系统、除静电系统

深圳市中电电力技术股份有限公司
广东省深圳市福田区车公庙泰然工贸园 201 栋 8 楼西
邮编：518040
电话：0755－83423089、4009916218
网址：www. cet-electric. com
邮箱：liuqing_ sz@ cet-electric. com
产品：CET 供配电系统异常现象捕捉及诊断解决方案、工业企业能源管理系统、MotorCC 智能化马达控制中心

珠海市

珠海凌丰机械有限公司
广东省珠海市前山梅溪双龙山工业区 B18 之 4 栋厂房
邮编：519070
电话：0756－8508438
传真：0756－8532585
产品：复卷机、分切机

广东天章信息纸品有限公司
广东省珠海市香洲区吉大海滨南路 52 号中信南航国际广场 33 楼
邮编：519000
电话：0756－2629000、2629026
传真：0756－8157555、2629012
网址：www. tzpaper. com
邮箱：fangminyang@ tzpaper. com
产品：复印纸、打印纸、传真纸、收银纸

珠海市宏进纸业发展有限公司
广东省珠海市斗门区乾务镇西富山工业区
邮编：519100
电话：0756－5655777、5655778
传真：0756－5652576
产品：瓦楞原纸

珠海正业包装有限公司
广东省珠海市斗门区乾务镇富山九路 1 号
邮编：519100
电话：0756－5575565
邮箱：350024794@ qq. com
产品：生产和销售自产的纸类包装制品

汕头市

汕头市金平区国平纸类包装厂有限公司
广东省汕头市光华北二路 15 号
邮编：515000
电话：0754－88222129
传真：0754－88113762
邮箱：110510286@ qq. com
产品：彩箱、彩盒、纸筒、胶纸

汕头市化建纸业公司
广东省汕头市濠江区磊广大道珠浦南区物资大市场右畔 D、E 幢
邮编：515071
电话：0754－87380165
传真：0754－87360788
经营：黄纸板、灰纸板、复合纸板、白纸板、双胶印刷纸、热压纸板、书写纸

汕头市中联胜贸易有限公司
广东省汕头市龙湖区丹阳庄西三区 17 幢丽涛大厦 B 座 1902 室
邮编：515041
电话：0754－88736835、88873996
传真：0754－88736535
邮箱：1109292780@ qq. com
产品：糖纸、轻涂纸、防水单铜纸、牛皮纸、标签纸、玻璃卡纸

汕头市联鑫纸业有限公司
广东省汕头市龙湖区万吉工业区兴安路东侧海河路北侧一栋 201 房
邮编：515000
电话：0754－88463658、13809291885
传真：0754－88463648
网址：jiahengzh. 1688. com
邮箱：hy89930668@ 163. com
产品：进口牛卡纸、国产牛卡纸、黄白牛皮纸、食品级牛卡纸、包装用纸、食品级进口牛皮纸

佛山市

广东包庄科技有限公司
(原南海新兴利合成纤维有限公司)
(原佛山市南海新兴利合成纤维有限公司)
广东省佛山市南海区丹灶镇横江环保工业园
邮编：528216
电话：0757 - 85407817、85407816
传真：0757 - 85443278
网址：www. fbi007. cn
邮箱：fbi0073@ vip. 163. com
产品：塑钢带、打包机

安德里茨(中国)有限公司
广东省佛山市禅城区古新路 70 号安德里茨中国总部大楼 13 - 16 层
邮编：528000
电话：0757 - 82969257、82969222
传真：0757 - 82969209
网址：www. andritz. cn
邮箱：marketing. china@ andritz. com
产品：制浆造纸设备

佛山市南海区德昌誉机械制造有限公司
广东省佛山市南海区罗村大桥南侧镇岐岗工业区内
邮编：528227
电话：0757 - 86435166
传真：0757 - 86435199
网址：www. dechangyu. com、www. dechangyu. cn
邮箱：master@ dechangyu. com
产品：卫生纸加工设备

佛山市顺德区光阳机械有限公司
广东省佛山市顺德区北滘镇碧江集约工业区
邮编：528311
电话：0757 - 26633488、18924822113
产品：纸箱、纸品包装机械

佛山市精拓机械设备有限公司
广东省佛山市顺德陈村镇赤花工业区 4 路南 2 号
邮编：528313
电话：0757 - 23301128
传真：0757 - 23301128
网址：www. jingtuo. net
邮箱：jt2007best@ 163. com
产品：卷筒纸包装机

佛山市宝索机械制造有限公司
广东省佛山市南海区平洲夏南一工业区
邮编：528252
电话：0757 - 82777529、86799938
传真：0757 - 86785529
网址：www. baosuo. com. cn
邮箱：master@ baosuo. com
产品：生活用纸设备

佛山市南海区宝拓造纸设备有限公司
广东宝拓科技股份有限公司
广东省佛山市南海区平洲夏南一工业区
邮编：528251
电话：0757 - 81273377、81273388
网址：www. baotuo. com. cn
邮箱：master@ baotuo. com
产品：生活用纸设备

佛山科琎精密机械有限公司
广东省佛山市南海区狮山镇罗村务庄荣星工业区荣二路二街 5 号
邮编：528000
电话：0757 - 81809695、81809696、81036335
传真：0575 - 81809697
网址：www. fskejin. com
邮箱：yunshan027@ 163. com
产品：耐磨制品热喷涂，金属件修复及耐磨产品制作

安德里茨(中国)有限公司三水分公司
广东省佛山市三水区乐平工业区乐信路 83 号 B 区
邮编：528137
电话：0757 - 66633101
网址：www. andritz. com
邮箱：marketing. china@ andritz. com
产品：泵、烘缸

广东顺德亚华胶辊有限公司
广东佛山市顺德区北滘镇黄涌工业区
邮编：528312
电话：0757 - 26321588、2632286
传真：0757 - 26322865
网址：www. yahuajiaogun. cn
产品：胶辊

佛山市高明区洁泉纸业有限公司
广东省佛山市高明区荷城街道(三洲)碧桂路 143 号
邮编：528500
电话：0757 - 88622228、13928688757

产品：加工、销售纸制品

佛山市必硕机电科技有限公司
广东省佛山市三水区云东海街道永业路 5 号
邮编：528100
电话：0757－86688589、86635826
传真：0757－86635848
网址：www. mybesuretech. com
邮箱：bst@ mybesuretech. com
产品：纸浆模塑设备、纸浆模塑模具、纸浆模塑制品的研发、生产、销售

佛山市必硕纸制品有限公司
佛山市三水区云东海街道永业路 5 号
邮编：528100
电话：0757－8668589
产品：纸箱、纸板、纸浆模制品、蛋托、蛋盒、瓶托、水果托、纸餐具、各种工业品内衬防震包装、育苗杯、牛奶托纸制品、医用一次性托盘和用具

江门市

江门鸿荣新材料科技有限公司
广东省江门市蓬江区杜阮镇井根骑龙山工业区杜阮南路 33 号
邮编：529000
电话：0750－2632699、2632683
传真：0750－3598787
网址：www. gd-hr. cn
产品：三层成型网、二层半成型网、单层成型网、扁丝干网、圆丝干网

江门市新会远东网业有限公司
广东省江门市新会区会城潮兴路 62 号
邮编：529100
电话：0750－6100456
传真：0750－6126202
邮箱：crisitnye@ 163. com
产品：聚酯成形网、干网

江门市新会中新造纸网厂有限公司
广东省江门市新会区会城镇城东工业开发区
邮编：529100
电话：0750－6100456、6101108
传真：0750－6126202
网址：www. xhzhongxin. com
邮箱：admin@ xhzhongxin. com
产品：聚酯成型网、干网

开平市水口镇宏兴造纸机械配件厂
广东省开平市水口镇台山路段
邮编：529321
电话：0750－2732222、2718889、2732838
传真：0750－2726619
网址：www. hxjidun. cn
邮箱：110250766@ qq. com
产品：磨浆机、磨片、碎浆机、筛浆机、脱墨机、洗浆机、纤维分离机、浆池推进器、除砂机

江门欧佩德晶华轻工机械有限公司
广东省江门市江海区科苑路 16 号
邮编：529000
电话：0750－3234318、13828080220、18138008667
传真：0750－3234318
网址：www. jm-jinghua. com
邮箱：3979999@ jmjhqj. com
产品：各类型号的造纸设备和备品备件

广东瑞全传动技术有限公司
广东省江门市新会区会城奇榜地苑工业区 33 号
邮编：529100
电话：0750－2642800
传真：0750－2642900
网址：www. gdrqcd. com
邮箱：gdrqcd@ 126. com
产品：造纸机械的液压、气动、链带传动、动力传动等整机和配件，切纸机全套设备生产及维修，浆泵叶轮生产及维修

江门市新会区新华胶丝厂有限公司
（原江门市新会区新华胶丝厂）
广东省江门市新会区会成镇北安北路 25 号
邮编：529100
电话：0750－6100568、6108428、13828085369
传真：0750－6100568、6138944
网址：www. xhxinhua. com
邮箱：847190690@ qq. com
产品：聚酯单丝和尼龙单丝

欧佩德伺服电机节能系统有限公司
广东省江门市宏兴路 88 号凤山工业区 1 号
邮编：529000
电话：0750－3220238、3486992
网址：www. opdmotor. com

邮箱：sales@ opdmotor. com
产品：电机

湛江市

广东伟兴机械制造有限公司
广东省湛江市坡头区麻坡路
邮编：524057
电话：0759－3957568
邮箱：weixing88@ 21cn. com
产品：造纸设备

东莞市

东莞市佳鸣机械制造有限公司
广东省东莞市沙田镇民田工业区
邮编：523991
电话：0769－88862099、88866210、88864360、88688201
传真：0769－88862066
网址：www. jumping. com
邮箱：jumping@ jumping. com. cn
产品：卫生纸机及后加工设备

东莞市业兴网毯有限公司
广东省东莞市高埗镇护安围管理区
邮编：523279
电话：0769－88731749、88734262、13922962663
传真：0769－88737340
网址：www. dgyexing. com
邮箱：yxwf1991@ 163. com
产品：造纸毛毯、特种工业用呢、电热衬毯、螺旋网、聚酯网

东莞市中堂金峰造纸机械配件经营部
广东省东莞市中堂镇中兴路 1－2 号
邮编：523220
电话：0769－88895138
产品：制浆造纸专用通用设备、水力碎浆机、纤维热碎解机、双圆盘磨浆机、纤维分离机、压力筛、除渣器等

国家纸制品质量监督检验中心
广东省东莞市松山湖科技产业园区工业南路 2 号
邮编：523808
电话：0769－23077232
传真：0769－23077238
网址：www. dqtpaper. com
邮箱：ltz@ gddqt. com
业务：专业从事纸制品质量检测

东莞市宝松纸业有限公司
广东省东莞市大岭山镇太公岭金牛街 9 号 101 室
邮编：523820
电话：0769－81559828、81559838、81559848
传真：0769－85301380
网址：www. baosongpaper. com
邮箱：13600283413@ 163. com
产品：全系列白牛皮纸

东莞伽立实业投资有限公司
广东省东莞市厚街镇陈屋东路 6 号
邮编：523325
电话：0769－85038511
传真：0769－85901468
网址：www. cnnpz. com
邮箱：2880177548@ qq. com
产品：牛皮纸、牛卡纸、白牛皮纸、涂布牛卡纸、压合牛卡纸、白面牛卡纸、包装牛皮纸、黑卡纸

安美科技股份有限公司
广东省东莞市松山湖科技园工业西路 6 号
邮编：523000
电话：4008877123、13553807153
传真：0769－83213234
网址：www. amer. cn
邮箱：service@ amer. cn
产品：工业润滑油、金属加工油、清洗剂、润滑脂等

东莞市商达软件开发有限公司
广东省东莞市樟木头镇中心区蓓蕾街 16 号
邮编：523620
电话：0769－88800840
传真：0769－82106987
网址：www. 688soft. com
邮箱：shangdasoft@ 163. com
产品：造纸厂 ERP 管理系统

东莞市勤达仪器有限公司
广东省东莞市洪梅镇尧均村涌鑫工业园
邮编：523160
电话：0769－88438685
传真：0769－88433120
网址：www. china-qindayq. com
邮箱：89505708@ gq. com
产品：专业从事研发、生产造纸，印刷，包装，薄膜，

油墨，环境类等检测仪器

东莞市华星胶辊有限公司
(原东莞市高埗镇华星胶辊厂)
广东省东莞市高埗镇三塘西路1号
邮编：523270
电话：0769-88875798、88878878、88780118
传真：0769-88872431
网址：www.huaxing-roller.com
邮箱：hxdg8888@126.com
产品：造纸胶辊包胶、维修

东莞桦桠刀具有限公司
广东省东莞市望牛墩镇扶涌村如意路01号
邮编：523201
电话：0769-88566023
传真：0769-88566013
网址：www.huayaknife.com
邮箱：gzhuya@163.com、Zhu_yan_fang@163.com
产品：研发生产销售造纸、纸箱、纸板、包装等行业精密刀具

东莞市莞桦纸品有限公司
广东省东莞市中堂镇潢涌村
邮编：523221
电话：0769-81200388
邮箱：guanhua168@163.com
产品：纸箱

广东友华新材料科技有限公司
广东省东莞市中堂镇蕉利村前进围
电话：0769-88882212、18576968808
网址：www.yhxcl.com.cn
邮箱：qiuzhongkun@yhxcl.com.cn
产品：标签材料

东莞市东杰纸箱机械设备有限公司
广东省东莞市桥头镇粮仓新围路2号102室
邮编：523539
电话：0769-86936631、15920684565
网址：www.djzxsb.com
邮箱：913746072@qq.com
产品：纸箱机械设备

东莞市骏兴机械科技有限公司
广东省东莞市桥头镇桥新西一路桥泰街2号
邮编：523000
电话：0769-87000881
传真：0769-81278288
邮件：sales@szchm.com
产品：卷筒纸分切机、卷筒切纸机、复印纸分切机

东莞市友邦网毯有限公司
广东省东莞市中堂镇下芦开发区
邮编：523239
电话：0769-88896618、13620066255、13650222297
邮箱：2074784834@qq.com
产品：造纸网毯及聚酯网

东莞市顶盛环保科技有限公司
广东省东莞市望牛墩镇北环路杜屋工业区
邮编：523000
电话：0769-81168808
网址：www.dosheng.cn
邮箱：755898643@qq.com
产品：环保、净水材料、环保节能设备、其他化工产品等

东莞市新望包装机械有限公司
广东省东莞市企石镇东平大兴路151号2号楼
邮编：523519
电话：0769-86780883
传真：0769-86736139
网址：www.xinwang-dg.com
邮箱：1037787840@qq.com
产品：涂布机、复卷机系列

东莞市英特耐森精密仪器有限公司
广东省东莞市洪梅镇洪金路20号1号楼101室
工厂地址：广东省东莞市道滘镇九曲村实验路14号
邮编：523106
电话：0769-33213768、15999701901
传真：0769-81331236
网址：www.imttest.com
邮箱：imttest@163.com
产品：造纸检测设备

中山市

中山斯瑞德环保科技有限公司
广东省中山市火炬开发区敬业路6号
邮编：528400
电话：0760-89935422
传真：0760-87601102
网址：www.lajiposuiji.com
邮箱：srd@siruide.com

产品：固废破碎机、固废处置系统设备，包括：单轴、双轴、四轴破碎机，粗破碎机、移动式破碎机

广西壮族自治区

南宁市

广西轻工业科学技术研究院有限公司
广西壮族自治区南宁市国家经济技术开发区迎凯路8号
邮编：530031
电话：0771－4518909
传真：0771－4518912
网址：www. gxliri. com
邮箱：gx-qgy@ qq. com
业务：科研、设计

广西壮族自治区国营林场开发公司
广西壮族自治区南宁市东葛路107号
邮编：530022
电话：0771－5633460、5633461
传真：0771－5633460
邮箱：85428608@ qq. com
产品：原木、板材

中国轻工业南宁设计工程有限公司
广西壮族自治区南宁市星光大道42号
邮编：530031
电话：0771－4800448、4800493
传真：0771－4830802、4800493
网址：www. zqnn. cn、www. ndcchina. com
邮箱：cnec@ vip. 163. com
业务：制浆造纸工程咨询、设计、监理和总承包

南宁市庆维造纸设备有限公司
广西壮族自治区南宁市良庆区银海大道西四里六巷20号
邮编：530200
电话：0771－4535350、13978727590
产品：高浓磨浆机，高、低浓或D型水力碎浆机，立、卧推进器，中、低浓抽浆泵，除砂器，压滤机，压力筛，文化用纸机，卫生纸机，塑料网槽，压力成形器以及二手造纸机设备

广西横县华宇工贸有限公司
广西壮族自治区南宁市六景工业园区
邮编：530313
电话：0771－7265998
传真：0771－7265998
邮箱：2725232157@ qq. com
产品：五色有光纸、高级卫生纸

南宁市乖仔工贸有限责任公司
广西壮族自治区南宁市福建路15－1号
邮编：530031
电话：0771－4885918、4885968、4885998
传真：0771－4885968
网址：www. nngzgm. com
邮箱：1195173656@ qq. com
产品：生活用纸、纸巾、纸盒

广西博世科环保科技股份有限公司
广西壮族自治区南宁市高新区科兴路12号
邮编：530007
电话：0771－3299118
传真：0771－4960252
网址：www. bossco. cc
邮箱：bsk@ bossco. cc
产品：环保设备制造

广西理丰纸业有限公司
广西壮族自治区南宁市青秀区东葛路118号南宁青秀万达广场2栋3118号
邮编：530000
电话：0771－5572855
网址：www. lifengpapergx. com
邮箱：88058802@ qq. com
业务：销售纸业、环保业、化工业；投资开发、研究

广西华杭制浆造纸设备工程有限公司
广西壮族自治区南宁六景工业园区纬四路
邮编：530313
电话：0771－7265626
邮箱：gxhh1210@ 163. com
产品：造纸制浆设备、连续蒸煮设备、湿法配料系统、蒸发器及非标件的生产销售，制浆造纸设备安装工程及工程技术设计，碱回收设备安装工程及工程技术设计等

广西桂海林浆纸有限公司
广西壮族自治区南宁市青秀区东葛路107号林海大厦6层
邮编：530022
电话：0771－5755736

邮箱：gfjtbhb@ 163. com
产品：造纸及纸制品业的技术开发、技术服务及技术转让

海 南 省

海口市

海南芒果色彩科技有限公司
海南省海口市美兰区桂林洋大道罗牛山电商大厦
邮编：570208
电话：0898 – 31388032
传真：0898 – 31388032
网址：www. mangocolortech. com
邮箱：sales@ mangocolortech. com
产品：在线色彩测量、色彩控制

重 庆 市

重庆造纸工业研究设计院有限责任公司
重庆市南岸区茶园新区蔷薇路 26 号
邮编：401336
电话：023 – 63862408
传真：023 – 63609345
网址：www. cqzzgy. com
邮箱：cqzz666@ 163. com
业务：科技服务、咨询服务、生产玻璃纤维纸系列产品和特种工业用纸

重庆川仪自动化股份有限公司流量仪表分公司
重庆市北部新区黄山大道中段 61 号
邮编：401121
电话：023 – 67032666、67032667
传真：023 – 67032676
网址：www. sicflow. com. cn
邮箱：cyinfo@ sicc. com. cn
产品：浆液型电磁流量计

重庆四联测控技术有限公司
重庆市北部新区黄山大道中段 61 号 3 号厂房
邮编：401121
电话：023 – 67032568、67032607
传真：023 – 67032599
网址：www. cqcsmc. com
邮箱：sales@ cqcsmc. com
产品：智能压力变送器及零部件、物位仪表、前级信号处理仪表、数字仪表和直流电源等

四 川 省

成都市

四川环龙技术织物有限公司
四川省成都市温江区成都海峡两岸科技产业开发园新华西路 519 号
邮编：611131
电话：028 – 82782930、82782625
传真：028 – 82782615
网址：www. vanov. cn
邮箱：trade@ vanov. cn
产品：压榨毛毯

成都拓世达科技有限公司
四川省成都市双流县西南航空港经济开发区空港三路 739 号
邮编：610000
电话：028 – 85873022、13980938373
邮箱：cdtopstar@ 163. com
产品：变频器、纸机传动设备

希望森兰科技股份有限公司
四川省成都市双流区西航港空港二路二段 1599 号
邮编：610207
电话：028 – 85964751、85960127、85963211
传真：028 – 85962488
网址：www. chinavvvf. com
邮箱：markd@ chinavvvf. com
产品：变频器

昊华化工科技集团股份有限公司
(原四川天一科技股份有限公司)
四川省成都市高新区高朋大道 5 号成都高新区技术创新服务中心
邮编：610200
电话：028 – 85961516、85884329
传真：028 – 85884329
邮箱：zjb@ tianke. com
产品：制氮机、制氧机、浓缩乙烯、提纯氢气、提纯一氧化碳、提纯二氧化碳

四川省纸联浆纸有限公司
四川省成都市福兴街 30 号
邮编：610016
电话：028 – 86753238
经营：造纸纤维原料及专、辅材料

都江堰华西轻工机械有限责任公司
四川省成都市都江堰市奎光塔街道张家湾社区二组灌温路 1811 号
邮编：611830
电话：028 – 87284625
传真：028 – 87283997
网址：www. schxqgjx. com
邮箱：hx87284625@ 163. com
产品：真空泵、浆泵

中国轻工业成都设计工程有限公司
四川省成都市少城路 9 号
邮编：610015
电话：028 – 86630940、028 – 86634360
传真：028 – 86643706、028 – 8664360
网址：www. qrsj. com
业务：工程设计、工程咨询、工程总承包、环境影响评价

重庆银桥工程设计(集团)有限公司四川分公司
(原重庆银桥建筑设计有限公司四川分公司)
四川省成都市金牛区一环路北一段 88 号新熙门财富中心 11 楼
邮编：610031
电话：028 – 87769978、13981761368
传真：028 – 87539315
邮箱：576189573@ qq. com
业务：轻工业工程设计、技术咨询；制浆、造纸设备改造；纸制品技术开发

上海思百吉仪器系统有限公司四川分公司
四川省成都市锦江区下东大街 216 号喜年广场 A 座 3601 室
邮编：610051
电话：028 – 65009088
传真：028 – 65009099
网址：www. spectris. com. cn
产品：各类精密在线测量仪器、精密过程控制及测量仪器仪表及传感器和配件

四川中轻纸业有限公司
四川省成都市锦江区红星路三段 16 号正熙国际 1905 室
邮编：610011
电话：028 – 86201906
传真：028 – 86201916
网址：www. sczqzy. com. cn
邮箱：sczq1905@ 163. com
业务：新技术推广、技改、环保、化学药品、助剂

四川中轻节能环保工程有限公司
四川省成都市青羊区少城路 25 号 1 栋 23 层 1 号
邮编：610031
电话：028 – 86201776
网址：www. zqjnhb. com. cn
邮箱：724870708@ qq. com
业务：环保工程、工程设计；水污染治理

斯普瑞喷雾系统有限公司成都办事处
四川省成都市高新区天府大道 28 号茂业中心 A2002
邮编：610041
电话：028 – 85403976
传真：028 – 85403938
网址：www. spray. com. cn
产品：喷嘴

深圳市联欧贸易发展有限公司成都办事处
四川省成都市武侯区成科路 12 号 1 单元 201 室
邮编：610041
电话：028 – 85218011
传真：028 – 85210982
网址：www. euro-me. com
邮箱：euromeCD@ euro-me. com
产品：驱动传动、流体控制、液压气动、工厂自动化等

四川邦尼德织物有限公司
四川省眉山市东坡区鑫和工业园 B4
邮编：620010
电话：028 – 38051778、13708181531
传真：028 – 38051776
网址：www. bomnet. org
邮箱：bomnetfelt@ 163. com
产品：毛毯、工业用呢

自贡市

华西能源工业股份有限公司
四川省自贡市高新工业园荣川路 66 号
邮编：643001
电话：0813 – 4732367
传真：0813 – 4732222
网址：www. cwpc. com. cn
邮箱：cwpc@ cwpc. com. cn

产品：循环流化床锅炉、自然循环燃煤粉锅炉、污泥焚烧锅炉、生物质燃料锡炉、碱回收锅炉、高炉煤气锅炉、垃圾焚烧锅炉、油泥砂锅炉、余热锅炉

四川亦海科机械设备制造有限公司(南方基地)
四川省自贡市高新区汇川路南湖国际 6－1－251
邮编：643000
电话：0813－8120893、13990062483
传真：0813－8120893
网址：www. ehik. com. cn
邮箱：dbzgwh@ 163. com
产品：专业从事滞止增压节能泵、旋转喷射泵

绵阳市

绵阳同成智能装备股份有限公司
四川省绵阳市高新区河平路 68 号
邮编：621000
电话：0816－2536111、2544738
传真：0816－2543408
网址：www. tchigh-tec. com
产品：自动化产品研制、集成应用、工程项目服务、高端造纸装备研制开发

四川高达科技有限公司
四川省绵阳市高新区虹盛路 6 号
邮编：621000
电话：0816－2829259
传真：0816－2250099
网址：www. scgdkj. com
邮箱：gd@ scgdkj. com
产品：自动化技术

内江市

四川省资中县隆升机械有限公司
(原资中轻工机械厂)
四川省内江市资中县城区永兴路 28 号
邮编：641200
电话：0832－5510532、5529418
传真：0832－5529419
网址：www. zzlsjx. com
邮箱：zzlsjx@ 126. com
产品：制浆设备、黑液及中段废水处理设备，城市生活污水处理设备，中小型制糖设备的设计、制造和研发

乐山市

四川省井研轻工机械厂
四川省乐山市井研县研城镇和平街 117 号
邮编：613100
电话：0833－3711707、3710357
传真：0833－3711459
邮箱：Rongde. mao@ 163. com
产品：新闻纸机、文化用纸机、特种纸机、浆板机、箱纸板机、瓦楞原纸机、涂布白纸板机、涂布白卡纸机、纸机后续整饰完成设备

四川成发造纸机械有限公司
(原乐山市成发造纸机械有限公司)
四川省乐山市鹤翔路 1005 号汇丰国际 16 楼
邮编：614000
电话：0833－3206001、13981308207
传真：0833－2490062
网址：www. sccfzz. com
邮箱：zhangqi@ sccfzz. com
产品：箱纸板机、瓦楞纸机、灰纸板机、涂布白板(白卡)纸机、文化纸机、各类特种纸机

宜宾市

四川长江造纸仪器有限责任公司
四川省宜宾市翠屏区中元路 21 号
邮编：644004
电话：0831－3601740、3601481
传真：0831－3601481、3601496
网址：www. cjyq. net
邮箱：fuwu@ cjyq. net、zhangrong@ cjyq. net
产品：造纸检测仪器

宜宾市纺织器材厂
四川省宜宾市南岸东区叙府路西段 10 号
邮编：644002
电话：13309097527
产品：聚四氟乙烯密封件、机械密封圈、管套、轴套、复卷机轴承、烘缸旋转进汽接头、蒸球进汽和喷放接头

中国联合装备集团宜宾机械有限公司
四川省宜宾市宜宾县城北新区
邮编：644600
电话：0831－6233663、6233518、6233528
传真：0831－6233669

邮箱：cnpmc@263. net
产品：文化用纸机、包装纸机、卫生纸机、箱纸板机、浆板机和特种纸机

宜宾长泰轻工设计工程有限公司
四川省宜宾市翠屏区安阜红丰东路北侧4号沁禾商业广场17层209号
邮编：644000
电话：13309090819
业务：轻工业工程设计、技术咨询；制浆、造纸设备改造；纸制品技术开发

贵 州 省

遵义市

凤冈县天河纸业股份合作公司
贵州省遵义市凤冈县龙泉镇
邮编：564200
电话：0858－5222597
产品：造纸机械及行业设备、纸加工机械

云 南 省

昆明市

昆明克林轻工机械有限责任公司
云南省昆明市国家高新技术开发区科技路211号
邮编：650102
电话：0871－8307251
传真：0871－8307295
网址：www. klim. com. cn
邮箱：klimxzb@163. com
产品：造纸设备、碱回收机、压力容器

云南省轻纺工业设计院
云南省昆明市东风东路169号
邮编：650041
电话：0871－63315932
传真：0871－63315482
邮箱：qf@ynqfy. com
业务：工程设计、咨询、承包

云南省玉溪市兴伦纸业有限公司
云南省玉溪市红塔区红塔工业园区观音山4号
邮编：653100
电话：0877－2050233、2050592
邮箱：2384804252@qq. com
产品：纸制品加工、销售，浆料回收，废纸收购、分选、加工

陕 西 省

西安市

中国轻工业西安设计工程有限责任公司
陕西省西安市碑林区东大街8号商联大厦
邮编：710001
电话：029－82487813、82477822
传真：029－82487815
网址：www. haisum-xa. com
邮箱：webmaster@haisum-xa. com
业务：工程设计、咨询

维美德造纸机械技术（西安）有限公司
陕西省西安市阿房四路
邮编：710086
电话：029－84363155
传真：029－84363433
网址：www. valmet. com
产品：造纸机械

轻工业西安机械设计研究院有限公司（原轻工业西安机械设计研究院）
陕西省西安市阿房四路6号
邮编：710086
电话：029－84363407、84369596
传真：029－84369035
网址：www. xaqys. com
邮箱：xaqys@126. com
产品：全自动纸箱封箱机、圆孔打孔机

凯德（西安）造纸机械织物有限公司
陕西省西安市长安区马王街办沣京中路9号
邮编：710115
电话：029－85850947
传真：029－85851282
邮箱：794188730@qq. com
产品：聚酯网

斯普瑞喷雾系统有限公司西安办事处
陕西省西安市二环南路西段88号老三届世纪星大厦9D
邮编：710065
电话：029－88360145
传真：029－88360442

网址：www. spray. com. cn
邮箱：xian@ spray. com. cn
产品：喷嘴

安德里茨胶辊(西安)有限公司
(原贝诺西贝胶辊有限公司)
陕西省西安市西咸新区沣东新城阿房四路二号
邮编：710086
电话：029 – 84623445、84628294
传真：029 – 84514448
产品：造纸胶辊

西安维亚造纸机械有限公司
陕西省西安市沣东新城天章大道北段 1 号
邮编：710086
电话：029 – 84517451
传真：029 – 84517451 – 803
网址：www. xawyjx. com
邮箱：602093463@ qq. com
产品：70 ~ 1200 米/分不同车速的水力式、气垫式、开启式流浆箱

西安隆华环保技术有限公司
(原陕西科技大学造纸环保研究所)
陕西省西安市未央区凤城 12 路与明光路十字凯瑞 B 座 704 – 705
邮编：710021
电话：029 – 89600026
传真：029 – 89600026
网址：www. susthbs. com
邮箱：susthbs@ 126. com
业务：造纸工业废水生物处理技术及设备、废水深度处理及回用技术和设备

西安力源光电科技有限责任公司
陕西省西安市高新区科技二路 77 号西安光电园 A209
邮编：710075
电话：029 – 88452568
传真：029 – 88452578
网址：www. xalygd. cn
邮箱：xalygd95@ 126. com
产品：DCS、QCS 控制系统

陕西欧润造纸机械有限公司
陕西省西安市雁塔区鱼化工业园三排 1 号
邮编：710077
电话：029 – 84686114、84217343
传真：029 – 84686114
网址：www. all-run. com
邮箱：dan. li@ all-run. com
产品：脱水元件、张紧器、校正器

上海思百吉仪器系统有限公司西安分公司
陕西省西安市长安北路 89 号中信大厦 7 楼 B 座
邮编：710061
电话：029 – 87983351
传真：029 – 87983353
网址：www. spectris. com. cn
产品：各类精密在线测量仪器、精密过程控制及测量仪器仪表及传感器和配件

西安兴晟造纸不锈钢网有限公司
陕西省西安市沣渭新区丰产路 80 号
邮编：710086
电话：029 – 84526600
传真：029 – 84524666
网址：www. xs-zz. com
邮箱：xingshengzaozhi@ 163. com
产品：5 目扁丝到 100 目条纹钢网

西安迈拓机械制造有限公司
陕西省西安市沣京工业园振兴北路以东沣二东路以北
邮编：710300
电话：029 – 84847855、13992810904
传真：029 – 84847856
网址：www. maitocn. com
邮箱：lixiaohu@ maitocn. com
产品：生产成套设备、高速宽幅造纸机械辊

西安航空发动机成套设备有限公司
陕西省西安市未央区徐家湾西航公司 18 号办公楼一层
邮编：710021
电话：029 – 86625581、18291471531
传真：029 – 86625581
网址：www. xihangchengtao. com
产品：造纸网毯设备

博世力士乐(西安)电子传动与控制有限公司
陕西省西安市经济技术开发区尚稷路 3999 号
邮编：710021
电话：029 – 86555421
传真：029 – 86555100
邮箱：yi. kang2@ boschrexroth. com. cn
产品：变频器、PLC、伺服、运动控制器等

西安英诺威电气有限公司
陕西省西安市高新区唐延南路十一号3幢1单元11727室
邮编：710075
电话：029－89385800
传真：029－89587330
网址：www. innovit. cn
邮箱：sales@ innovit. cn
产品：短路电流限制和智能电网在线监测

咸阳市

咸阳通达轻工设备有限公司
（原陕西科技大学机械厂）
陕西省咸阳市人民西路49号
邮编：712081
电话：029－33617016、4006989690
传真：029－33617775
网址：www. tdqg. cn
邮箱：xy3361@ 163. com
产品：实验蒸煮器、蒸煮小群罐、漂洗机、筛浆机、实验室打浆机、PFI磨浆机、打浆度测定仪、纸页成形器、纸页压榨机、实验纸机、水力碎浆机、浮选脱墨机、纤维筛分仪、纤维标准疏解机、离心脱水机、回转干燥机

陕西西微测控工程有限公司
陕西省咸阳市秦都区沈兴北路众亿温泉大厦1208号（办公）
邮编：712000
电话：029－33577113
传真：029－33577920
网址：www. xiweicekong. com
邮箱：qywjs@ 163. com
产品：高速卫生纸控制系统、DCS控制系统、纸机QCS控制系统

兴平市中通试验装备有限公司
陕西省咸阳市兴平市南关路综合市场北排8号
邮编：713100
电话：0910－38822022、18220070547、18691049730
传真：029－38832639
产品：造纸实验打浆机、全自动抄取器、纸页成型器、蒸煮锅、PFI磨浆机、手动抄取器、漂洗机、筛浆机、浮选脱墨机、浆料脱水机、鲍尔筛分仪。

陕西科达电气有限公司
陕西省咸阳市秦都区马泉街道办事处渭店村马泉供电所南侧
邮编：712000
电话：029－33619049、38100691
传真：029－38100693
产品：造纸机的变频传动、复卷机的传动控制、DCS和QCS

汉中市

汉中聚贤日化产品商贸有限公司
陕西省汉中市西环路民航路
邮编：723000
电话：0916－2237171
传真：0916－2237171
邮箱：juxianrihua@ 163. com
产品：纸张、纸制品

甘 肃 省

兰州市

甘肃省轻工研究院有限责任公司
（原甘肃省轻工业科学研究所）
甘肃省兰州市金昌南路101号
邮编：730000
电话：0931－8126511、8126515
传真：0931－8124557
网址：www. gsqgyjy. com
业务：工程设计、工程咨询

耐驰（兰州）泵业有限公司
甘肃省兰州市高新技术产业开发区刘家滩506号
邮编：730010
电话：0931－4260000、4260123
传真：0931－4260089
网址：www. netzschpump. cn
邮箱：info. nlp@ netzsch. com
产品：单螺杆泵

宁夏回族自治区

吴忠市

吴忠仪表有限责任公司
宁夏回族自治区吴忠市利通区中国自动化（吴中）产业园
邮编：751100
电话：0953－2239016、2239080
传真：0953－2236014

网址：www. wzyb. com. cn
产品：工业自动化仪表、调节阀、球阀、蝶阀、特种阀及其附件、配件的设计、制造、销售

新疆维吾尔自治区

伊犁哈萨克自治州

新疆阿勒泰工业用呢有限责任公司
新疆维吾尔自治区伊犁哈萨克自治州阿勒泰地区阿勒泰市红墩路 4 号
邮编：836500
电话：0906 – 2312010、2312355
网址：www. meitai-felts. com
邮箱：xjgyyn@ 126. com
产品：单、双、多层底网造纸毛毯

国内造纸化学品企业名录

Directory of Domestic Papermaking Chemicals Enterprises

北　京　市

瓦克化学(中国)有限公司北京分公司
北京市朝阳区太阳宫中路 12 号太阳宫大厦 1108 室
邮编：100028
电话：010 - 84439700
传真：010 - 67877107
网址：www. wacker. com
邮箱：Jenny. xiao@ wacke. com
产品：VAE 乳液、聚合物树脂、多晶硅、聚乙烯醇溶液、硅烷及硅酸盐、有机硅树脂等

陶氏化学(中国)投资有限公司北京分公司
北京东城区东长安街 1 号东方广场东方经贸城西三办公室 11 层 1101 室
邮编：100738
电话：010 - 85279203
传真：010 - 85279299
网址：www. dow. com
邮箱：HXCHEN@ dow. com
产品：丁苯胶乳、造纸用杀菌剂

恩赛华垦(北京)科技有限公司
北京市大兴区庞各庄镇东中堡村村委会西北方向 500 米
邮编：102601
电话：13301208768
邮箱：1259891234@ qq. com
产品：化工产品

中粮集团有限公司
北京市朝阳区朝阳门南大街 8 号中粮福临门大厦
邮编：100020
电话：010 - 85006688
传真：010 - 85612800
网址：www. cofco. com
邮箱：cofco-news@ cofco. com
产品：玉米淀粉、L 乳酸

杜邦中国集团有限公司北京分公司
北京市朝阳区建国路 91 号金地中心 A 座 18 层
邮编：100022
电话：010 - 85571000
传真：010 - 85571888、85571999
网址：www. dupont. com
邮箱：amy. zeng@ dupont. com
产品：纸浆、纸张防油剂、化工制剂

北京兴美亚化工有限公司
北京市朝阳区北苑路 170 号凯旋城 3 号楼 C 座 2002
邮编：100101
电话：010 - 59273092
传真：010 - 59273091
网址：www. xmyhg. com
邮箱：wlh@ xmyhg. com
经营：罗地亚、陶氏化学等公司助剂

巴斯夫(中国)有限公司北京分公司
北京市朝阳区东三环北路霞光里 18 号 1 号楼 A 座 25 层 BCDE 单元
邮编：100027
电话：010 - 56831500
传真：010 - 56831751
网址：www. greater-china. basf. com
邮箱：grace. zhang@ basf. com
产品：化学品、功能性聚合物、特性化学品、聚氨酯

信汇科技有限公司
北京信汇生物能源科技有限公司
北京市海淀区西小口路 66 号东升科技园北领地 C1 三层
邮编：100192
电话：010 - 82156616
传真：010 - 82156606
网址：www. cenway. com
邮箱：dyestuff@ cenway. com
产品：液体荧光增白剂、直接染料、酸性染料

诺维信(中国)投资有限公司
北京市海淀区上地信息路 14 号
邮编：100085
电话：010 - 62987888
传真：010 - 62981281
网址：www. novozymes. com
邮箱：jia@ novozymes. com
产品：造纸工业酶制剂等

北京施澳德瑞科技有限公司
北京市大兴区旧桥路 25 号院 2 号楼 9 层 903
邮编：100076
电话：010 - 87877215、63031356
传真：010 - 63031356
邮箱：shifangwu@ 126. com
业务：销售化工产品

北京达瑞森化工有限责任公司
北京市通州区永乐店工业开发区东路 1 号
邮编：101105
电话：010－51674293、51674259
邮箱：fbt6637_cn@ sina. com
产品：聚丙烯酰胺粉末状(液状)絮凝剂、造纸分散剂、纸张增强剂、助留助滤剂

北京瑞普特商贸有限公司
北京市朝阳区西大望路 27 号
北京市平谷区平谷镇西寺渠村
邮编：100021
电话：010－87704710、13439605558
传真：010－67768643
邮箱：943795495@ qq. com
经营：白乳胶、聚乙烯醇

北京恒聚化工集团有限责任公司
北京市通州区漷县工业开发区
邮编：101109
电话：010－80589588
传真：010－80587077
网址：www. hengju. com. cn、www. hengju. cn
邮箱：hengju@ hengju. com. cn
产品：助留助滤剂、增强剂、聚合氯化铝、絮凝剂、聚丙烯酰胺

北京天使专用化学技术有限公司
北京市通州工业开发区广源东街 4 号
邮编：101114
电话：010－61502710
传真：010－61503113
邮箱：ning_yu@ solenis. com
产品：助留助滤剂、纸张干强剂、还原性漂白剂、消泡剂、除气剂、多功能水质稳定剂、絮凝剂

北京昌化精细化工厂
北京市昌平区阳坊镇中心南街 37 号
邮编：102205
电话：010－66758087
邮箱：bjchwhd@ 126. com
产品：卡波树脂增稠剂、防腐杀菌剂、消泡抑泡剂

北京天擎化工有限公司
北京市平谷区中关村科技园区平谷园兴谷 A 区兴谷西路 3－5 号
邮编：101200
电话：13718775727
邮箱：22948751@ qq. com
产品：纸浆防腐剂、造纸污泥及沉淀物控制剂、纸机系统清洗助剂、造纸网毯保洁剂、浆块及树脂障碍控制剂

北京众城建材集团有限公司
(原北京市化工建材厂)
北京市密云区国际游乐场南
邮编：101500
电话：010－89031991、89031998
传真：010－89031992
网址：www. bjhj. cn
邮箱：sale@ bjhj. cn
产品：超细碳酸钙

北京东方亚科力化工科技有限公司
(北京化学工业集团有限责任公司旗下)
北京市通州区张家湾镇通州工业开发区光华路 16 号 B 栋 3 层 010 号
邮编：101104
电话：010－61567412
传真：010－61567410
邮箱：yklcwb@ 163. com
业务：化工产品的技术开发、技术转让、技术咨询

双日(中国)有限公司
北京市朝阳区曙光西里甲 5 号凤凰置地广场 H 座写字楼 8 层
邮编：100028
电话：010－57322500
传真：010－56383093
网址：www. sojitz. cn
产品：化工，合成树脂

北京柯斯元科技有限公司
北京市通州区中关村科技园区通州园金桥科技产业基地景盛南四街 15 号 28 号楼
邮编：101100
电话：010－59770506、17718501080
网址：www. kesiyuan. com
邮箱：sales@ kesi-security. com
产品：变色纤维、放大识别防伪标签、特种纸防伪标签、纹理防伪标签、防伪纤维产品

北京汇能橡塑化工有限公司
北京市房山区启航国际天星街 1 号院 14 号楼西区 1613 室(公司地址)
邮编：102400

电话：010－89369577
北京市房山区城关镇洪寺村北（生产基地）
邮编：102488
传真：010－60305918
网址：www.bjhnxs.com.cn
产品：合成树脂

北京兴普精细化工技术开发有限公司
北京市昌平区城区镇白浮泉路1号
邮编：102200
电话：010－82369759、62311765
邮箱：panzhuo.ripp@sinopec.com
产品：化学助剂

北京屹柏生物科技有限公司
北京市房山区长阳万兴路86号－A2011
邮编：102401
电话：010－60404860、52878733
邮箱：atmchem8@163.com
产品：热敏化学品-双酚S及其衍生物、非酚类显色剂

天　津　市

天津市合成材料工业研究所有限公司
天津市河西区洞庭路29号
邮编：300220
电话：022－28341651
传真：022－28340113
网址：www.tsmri.cn
邮箱：tonerchem@tsmri-bh.com
产品：阳离子表面施胶剂、阳离子中性施胶剂、湿强剂等

天津市中兴天泰科技发展有限公司
天津市滨海新区大港海洋石化科技园区
邮编：300270
电话：022－63234988、18087728878
传真：022－63234988
邮箱：ly@163.com
产品：多硫化钠蒸煮助剂、防腐杀菌剂

天津迪赛福商贸有限公司
（原天津迪赛福技术有限公司）
天津市滨海新区大港经济开发区仁祥街186号
邮编：300270
电话：022－63100717、18920459488
邮箱：18920459488@163.com
产品：工业杀菌剂、脱硫剂生产及技术开发

天津赛菲化学科技发展有限公司
天津赫普菲乐新材料有限公司
天津市武清区曹子里镇正华道2号增1号207室
邮编：301727
电话：022－82910355
传真：022－23062515
网址：www.surfychem.com
邮箱：shane@surfychem.com
产品：水性分散剂、消泡剂

诺维信（中国）生物技术有限公司
天津市经济技术开发区南海路150号
邮编：300457
电话：022－25322062
传真：022－25322064
网址：www.novozymes.com
邮箱：mxu@novozymes.com
产品：造纸工业酶制剂

天津市尤奈特科技发展有限公司
天津市南开区华苑产业区物化道2号A座3065室
邮编：300384
电话：022－23728608、15522206969
传真：022－23728608
邮箱：1789494951@qq.com
产品：防水剂、纸箱防潮剂、阻燃剂、特种纸防油剂、杀菌灭藻剂

天津市昌维生物科技有限公司
天津市津南经济开发区（西区）香港街3号A座405－147
邮编：300500
电话：022－84459017
传真：022－84459017
邮箱：cw@changzyme.com
产品：生物酶加工

天津亚东集团
天津市亚东化工有限公司
天津市滨海新区（大港）中塘镇东河筒村
邮编：300221
电话：022－63132064
传真：022－63131296
网址：www.yadongchem.com
邮箱：yadongchem@tjyadong.cn
产品：直接染料、纸用染料、活性染料

天津市雄冠科技发展有限公司
天津市滨海新区海滨街道南春园小区原钻井二公司小学院内
邮编：300405
电话：022－86852685、86852666
传真：022－86852381
网址：www. xgkj. com
邮箱：zuoyarong@ xgkj. com. cn
产品：废纸脱墨剂、造纸毛毯清洁剂、消泡剂 GPS 系列、抑泡剂 PS 系列

中海油天津化工研究设计院
天津市红桥区丁字沽三号路 85 号
邮编：300131
电话：022－26689009、26689058
传真：022－26689070、26689067
网址：www. trici. cn
邮箱：trici_cnooc@ 163. com
产品：分散剂、絮凝剂、清洗剂、杀菌剂

天津天女化工集团股份有限公司
天津市河东区八经路 68 号
邮编：300012
电话：022－84783830、84781332
传真：022－84783658
网址：www. angeichem. com
邮箱：postmaster@ angeichem. com
产品：颜料、表面活性剂

天津达一琦精细化工有限公司办事处
天津市南开区水上公园路 46 号
邮编：300480
电话：022－67162002
传真：022－67162001
产品：造纸助剂、脱墨剂、表面活性剂

中化塑料有限公司天津分公司
天津市河西区南京路 58 号
邮编：300042
电话：022－58536349
邮箱：huixiaoyi@ sinochem. com
产品：染料、颜料、助剂(荧光增白剂、阻燃剂、硅油)

天津市祥瑞染料有限公司
天津市河西区洞庭路美年广场 4 座 11 层 05(办公)
天津市西青经济技术开发区大寺工业园区鸿泽路 21 号(工厂)
邮编：300385
电话：022－23973592、87920609(总机)
传真：022－23882789
网址：www. xiangruidye. com
邮箱：liudehai@ xiangruidye. com
产品：直接染料、酸性染料、碱性染料

双日(中国)有限公司天津分公司
天津市和平区南京路 75 号 天津国际大厦 1910 室
邮编：300050
电话：022－23312202
传真：022－23314693
网址：www. sojitz. cn
产品：化工、合成树脂

天津市轻工业化学研究所有限公司
天津市津南区双港柳林东津沽路北
邮编：300222
电话：022－28342791、18920783970
邮箱：bingxuemimi@ 126. com
产品：精细化工产品制造

河 北 省

石家庄市

石家庄通力化学品有限公司
河北省石家庄市鹿泉区北降壁
邮编：050225
电话：0311－83823893
传真：0311－83823893
邮箱：309183213@ qq. com
产品：湿强剂，助留增强剂，AKD 中、碱性施胶剂，消泡剂等

石家庄市乔多造纸化工助剂有限公司
河北省石家庄市新华区中华北大街 298 号颐宏大厦 02 单元 0816
邮编：050061
电话：0311－87721245、13833175940
传真：0311－87709314
邮箱：1467713860@ qq. com
产品：湿强剂、漂白助剂、助留剂、消泡剂、分散剂、荧光增白剂 VBL 等

石家庄德旺科技有限公司
河北省石家庄市元氏县天山国际制造产业园伟业路 1 号

邮编：051130
电话：0311－84531706、13731103560
传真：0311－83993905
网址：www. wangzhitech. com
邮箱：707238527@ qq. com
产品：表面施胶剂、中性胶、高效助留剂

河北星宇化工有限公司
河北省石家庄市鹿泉区获鹿镇石柏南大街 9 号
邮编：050200
电话：0311－69122813、69122831、69122926、13284485526
传真：0311－69122838、69122813
网址：www. xingyuchem. com
邮箱：jacky@ xingyuchem. com
产品：荧光增白剂及其中间体系列、碱性染料及其中间体系列、二氧化硫脲

石家庄市三兴钙业有限公司
河北省石家庄市井陉县北固底工业区
邮编：050300
电话：0311－82359777、18631145438、13473787469
传真：0311－82359555
网址：www. sjzssxgy. com
邮箱：sjzssxgy@ 163. com
产品：轻质碳酸钙、轻质活性碳酸钙、沉淀碳酸钙

石家庄冀亨助剂有限公司
河北省石家庄市赵县新寨店工业区
邮编：051530
电话：0311－85941169、13932106423
传真：0311－85941136、67660963
网址：ww. hbjh. com. cni
邮箱：sjyhgyshe@ 163. com
产品：湿强剂、AKD 等造纸助剂

晋州市富强精细化工有限公司
河北省晋州市后彭头工业开发区
邮编：052260
电话：0311－84358066
传真：0311－84359666
网址：www. cellulose-cn. com
邮箱：fuqiang@ cellulose-cn. com
产品：非离子型纤维素醚、阳离子醚化淀粉、表面施胶淀粉、磷酸酯淀粉、增强助留剂

晋州市大成变性淀粉有限公司
河北省晋州市后彭头工业开发区
邮编：052260
电话：0311－84359111
传真：0311－84359555
网址：www. dachengcn. cn
邮箱：dacheng@ dachengcn. cn、dc@ dachengcn. cn
产品：氧化淀粉、阳离子淀粉、表面施胶剂、助留剂、蜡乳液等

晋州市三木助剂纸品厂
河北省晋州市总十庄镇东台工业开发区
邮编：052260
电话：0311－84301148
传真：0311－84301138
邮箱：10753985262@ qq. com
产品：AKD 蜡粉、AKD 中性施胶剂、PAW 湿强剂、助留剂、烘缸剥离剂等

晋州市荣达建筑科技有限公司
（原晋州万达纸业材料有限公司）
河北省石家庄市晋州市总十庄镇总十庄村村北
邮编：052261
电话：0311－84301296
传真：0311－84301296
产品：中性施胶剂、PAE 湿强剂、AKD 乳液、阳离子松香胶、阳离子松香胶乳化剂

河北兴泰纤维素有限公司
河北省石家庄市晋州市小樵开发区
邮编：052260
电话：0311－85128833、18931111383
传真：0311－85125050、84404728
网址：www. heber. cn、www. xingtalxws. com
邮箱：youlangte@ yahoo. com. cn
hbxtxws666@ 126. com
产品：羧甲基纤维素、羟丙基甲基纤维素等

石家庄市中汇化工有限公司
河北省晋州市武邱工业区
邮编：050011
电话：0311－85520176、85520177、85520178
传真：0311－85520175
网址：www. zhonghuidyes. com、www. risingdyes. com
邮箱：yanhui@ zhonghuidyes. com
产品：直接染料、碱性染料、酸性染料

唐山市

唐山奥东化工有限公司
河北省唐山市唐海县孙家林北

邮编：063200
电话：0315－8713056、8711511
传真：0315－8711512
邮箱：adk100@tom.com
产品：荧光增白剂，阴离子松香系列中性施胶剂，阳离子松香系列施胶剂，AKD 中、碱性施胶剂

唐山天盈化工有限公司
河北省唐山市古冶区京华道北
邮编：063100
电话：0315－3533257、3530191
产品：超细碳酸钙

玉田县天源造纸助剂材料制造有限公司
河北省唐山市玉田县青庄坞村
邮编：064105
电话：0315－6563226、13933306898
产品：聚合氯化铝液体、聚丙烯酰胺液体

秦皇岛市

秦皇岛市金佳絮凝剂有限公司
河北省秦皇岛市高新经济技术开发区昆仑山北路 1 号
邮编：066004
电话：0335－8017709、8017706
传真：0335－8500609
网址：www.jinjiaxnj.com
邮箱：jinjiaxnj@163.com
产品：羟丙基瓜尔胶、聚丙烯酰胺助留剂、助滤剂

邯郸市

河北信佳生物淀粉科技有限公司
河北省邯郸市成安县邯大路南城西工业小区
邮编：056700
电话：0310－5231201、5231206
传真：0310－5231200
邮箱：530603760@qq.com
产品：复合改性淀粉辅料（造纸表面施胶机）、阳离子改性淀粉辅料（造纸浆内添加及涂布）

河北汇泉化工科技有限公司
邯郸汇泉造纸助剂加工有限公司
河北省邯郸市滏东北大街远大国门 A 座 1702 室
邮编：056001
电话：0310－3185820、13832072779
传真：0310－3187827
网址：www.hbhqhgkj.com
邮箱：hdhuiquan@126.com
产品：造纸助剂

邢台市

沙河市矿产品加工厂
河北省沙河市桥东大街路南
邮编：054100
电话：0319－8802504
产品：涂布瓷土、超细碳酸钙

沙河市白错利恒造纸瓷土厂
河北省邢台市沙河市八里庄村西
邮编：654100
电话：13623290251
产品：造纸瓷土加工、销售

沙河市远辉造纸瓷土厂
河北省邢台市沙河市白错村北
邮编：054102
电话：0319－8891056、13198861361
产品：造纸瓷土加工、销售

沙河市富源造纸瓷土厂
河北省邢台市沙河市新城镇新城村东
邮编：054102
电话：0319－8886925
产品：造纸瓷土、涂布纸

沙河市顺达造纸瓷土厂
河北省邢台市沙河市白错村东北（沙河市第二运输公司院内）
邮编：054102
电话：0319－8889256
传真：0319－8889256
邮箱：13653337518@139.com
产品：瓷土加工

邢台文源染料有限公司
河北省邢台市南和县三召乡工业区
邮编：054400
电话：13931956850、13503196786
网址：www.wenyuanranliao.cn
产品：各种造纸染料

沙河市造纸瓷土有限责任公司
河北省邢台市沙河市京广路 72 号
邮编：054100

电话：0319－8822192
产品：造纸瓷土产品、涂料

保定市

保定市徐水区双圆纤维素厂
河北省保定市徐水县漕河镇河西村
邮编：072556
电话：0312－85202406
产品：羧甲基纤维素、羧甲基淀粉、变性淀粉、氧化淀粉、阳离子淀粉等

保定市阳光精细化工有限公司
河北省保定市徐水县 107 国道徐水收费站北侧
邮编：072556
电话：0312－8502325、8505605
传真：0312－8505606
邮箱：lvan0514@126.com
产品：造纸防腐杀菌剂

沧州市

沧州康宏化工有限公司
河北省沧州市献县河街支路 8 号(老化肥厂院内)
邮编：062250
电话：0317－4601777
传真：0317－4601666
网址：www.kanghongchem.com
邮箱：khhg2016@126.com
产品：羟基丁苯胶乳、丁二烯、苯乙烯、丙烯酸

河北昊泽化工有限公司
河北省沧州临港经济技术开发区西区化工大道以南、经四路以东
邮编：061108
电话：0317－5838277、5601366
传真：0317－5838277、5601369
网址：www.haozechem.cn
邮箱：hebeihaozehuagong@163.com
产品：羧基丁苯胶乳、纯丙胶乳、醋丙胶乳、苯丙胶乳、水性粘合剂、丁腈胶乳、液体橡胶、固体热熔胶(特种橡胶)

河北威尔化工有限公司
河北省河间市束城工业园区
邮编：062450
电话：0317－3219668、3219588、15622233566
传真：0317－3219778
产品：改性造纸施胶剂、湿强剂、干强剂

任丘市万方化工有限公司
河北省任丘市辛安庄工业区
邮编：062555
电话：0317－2225851、13333363038
传真：0317－2212299、2913788
产品：聚丙烯酰胺、分散剂、复合型高效废水处理剂、絮凝剂、聚丙烯酸钠

廊坊市

廊坊市盛源化工有限责任公司
河北省廊坊市开发区鸿润道 20 号
邮编：065001
电话：0316－6070320、6070319、6086611
传真：0316－6060808
网址：www.lfsychem.com
邮箱：service@lfsychem.com
产品：干、湿增强剂，聚丙烯酰胺，助留剂，助滤剂，分散剂，废水处理剂、染料

文安县亿源化工有限公司
河北省廊坊市文安县孙氏镇四村
邮编：065812
电话：0316－5011968、5012199
传真：0316－5012368
产品：造纸专用分散剂、造纸助剂、废水处理剂，并代理日本三井株式会社产品

廊坊亚太龙兴化工有限公司
河北省廊坊市大城县东汪工业园
邮编：065903
电话：0316－5708338、5706548
传真：0316－5709699、5706338
网址：www.ytlx－chem.com
邮箱：15128678801@163.com
13833673703@163.com
ytlxchem@163.com
产品：氯化钙、高纯度硫酸亚铁

山　西　省

太原市

山西长庆化工有限公司
山西省太原市晋源区西峪西街琳龙苑小区西侧 100

米处
邮编：030001
电话：0351－4050417、13834241203
传真：0351－4168444
邮箱：253817331@ qq. com
产品：钛白粉

晋城市

晋城市思科煅烧高岭土有限公司
山西省晋城市泽州县川底乡下麓工业园
邮编：048019
电话：0356－3824342
传真：0356－3824706
网址：www. sxsike. ypb. cn
邮箱：836229660@ qq. com
产品：轻、重质碳酸钙，煅烧高岭土

晋中市

山西琚丰新材料科技有限公司
(原山西琚丰高岭土有限公司)
山西省晋中市山西示范区晋中开发区汇通产业园区兴业街 320 号
邮编：030600
电话：0354－2666606、2666608
传真：0354－2666607
网址：www. sxjufengkj. com
邮箱：2461770665@ qq. com
产品：煅烧高岭土

忻州市

山西金洋煅烧高岭土有限公司
山西省忻州市忻府区京原路兰村乡北场村
邮编：034001
电话：0350－2641111、2136542
传真：0350－2136958、2136245
网址：www. jinyanggaolintu. com
邮箱：385112061@ qq. com
产品：涂布级煅烧高岭土

内蒙古自治区

鄂尔多斯市

内蒙古蒙西高岭粉体股份有限公司
内蒙古自治区鄂尔多斯市鄂托克旗碱柜镇 110 国道东千钢路北
邮编：016062
电话：0473－2552358、0477－8966679、15774775121
邮箱：654858429@ qq. com
产品：高岭土

内蒙古鹏博高岭土有限责任公司
内蒙古自治区鄂尔多斯市准格尔旗薛家湾镇工业开发区
邮编：010300
电话：15149516555
邮箱：1243851198@ qq. com
产品：高白度煅烧高岭土

内蒙古乌海亚东精细化工有限公司
内蒙古自治区乌海市海南区经济开发区(西来峰项目区)
邮编：016030
电话：0473－3138777
传真：0473－3138555
网址：www. yadongchem. com
邮箱：1052240391@ qq. com
产品：染料

阿拉善市

内蒙古新亚化工有限公司
内蒙古自治区盟腾格里经济技术开发区经五路以东(纬十一路以北)
邮编：750314
电话：0483－8692255
传真：0483－8692200
网址：www. yadongchem. com
邮箱：13629557818@ 163. com
产品：染料

辽 宁 省

沈阳市

诺维信(沈阳)生物技术有限公司
辽宁省沈阳市经济技术开发区沧海路 39－1 号
邮编：110141
电话：024－25813137
传真：024－25813147
网址：www. novozymes. com
邮箱：nxma@ novozymes. com
产品：造纸工业酶制剂

大连市

大连星原精细化工有限公司
辽宁省大连市西岗区新开路 99 号珠江国际大厦 1205 室
邮编：116011
电话：0411－83702309、83702329
传真：0411－83702319
网址：www. dlxingyuan. com
邮箱：info@ dlxingyuan. com
产品：异噻唑啉酮、有机溴等系列杀菌防腐剂

大连汇邦化学有限公司
辽宁省大连市甘井子区玉境路 74 号 1－6
邮编：116038
电话：13840816566
邮箱：975026126@ qq. com
产品：防腐剂、杀菌灭藻剂、水处理剂、防霉剂、杀菌剂、异噻唑啉酮

双日(大连)有限公司
辽宁省大连市西岗区中山路 147 号森茂大厦 7 层
邮编：116011
电话：0411－83601177
传真：0411－83607708
网址：www. sojitz. cn
产品：化工、合成树脂

鞍山市

合山化工(辽宁)有限公司
辽宁省海城市经济技术开发区黄河大街 5 号
邮编：114200
电话：0412－3600699
传真：0412－3600325
网址：www. microstone. cn
邮箱：microstone@ 126. com
产品：超细碳酸钙粉、超微细造纸滑石粉

海城市合成微细钼石粉厂
辽宁省海城市牌楼镇北铁村滑石工业区
邮编：114207
电话：13841222785
邮箱：547897179@ qq. com
产品：滑石粉、轻烧镁粉、氧化镁粉、硅石粉、重质碳酸钙粉

辽宁东宇化矿集团有限公司
辽宁东宇新材料有限公司
辽宁省海城市英落镇草庙工业园
邮编：114213
电话：0412－3199680、3199683、4000412126
网址：www. cnlndy. com
邮箱：xnxr@ 163. com
产品：滑石粉

海城市天瑞滑镁制品有限公司
辽宁省鞍山市海城市兴海管理区铁西街兴工委 65 栋 1 号
邮编：114200
电话：13238177599、13998010576
网址：www. mhsytalc. com
邮箱：648290063@ qq. com
产品：造纸级滑石粉、涂料级滑石粉

海城市他山滑石粉厂
辽宁省海城市感王镇他山村
邮编：114221
电话：0412－3798028、13104224338
网址：www. tshsf. con
邮箱：tshsf@ tshsf. com
产品：滑石粉

辽宁艾海滑石有限公司
辽宁省海城市马凤镇范家堡
邮编：114200
电话：0412－3268999、3268928
网址：www. aihaitalc. com
邮箱：zhoujm@ aihaitalc. com
产品：滑石粉

海城市品扬滑石矿业有限公司
辽宁省海城市英落镇赵卜村
邮编：114213
电话：0412－3271422
网址：www. pinyangtalc. com
邮箱：13065490999@ 163. com
产品：滑石粉

辽宁海城越芳矿产粉体制造有限公司
辽宁省海城市英落镇草甸村
邮编：114213
电话：0412－3729882
传真：0412－3729882
网址：www. yfmining. com

邮箱：1789016669@ qq. com
产品：滑石粉

抚顺市

佳化化学股份有限公司
辽宁省抚顺市顺城区方晓工业园
邮编：113123
上海市浦东新区锦康路 258 号陆家嘴世纪金融广场 1201&1204 室（客户服务中心）
电话：4001263636
网址：www. jiahua-china. com
邮箱：sales@ jiahua-china. com
产品：表面施胶

锦州市

辽宁沈宏集团股份有限公司
锦州宏塔高岭土开发有限公司
辽宁省凌海市班吉塔镇（锦朝高速公路路口）
邮编：121225
电话：0416 – 8840495、8845688
传真：0416 – 8840495
邮箱：369179517@ qq. com
产品：超细煅烧高岭土、耐火级煅烧高岭土

辽阳市

辽宁佳龙化工集团有限公司
（原辽阳佳龙化工有限公司）
辽宁省辽阳市南常路 58 号
邮编：111003
电话：0419 – 2385858、15241985858
传真：0419 – 2385858
网址：www. jialonggroup. cn
邮箱：3389829100@ qq. com
产品：抗水剂（改性三聚氰胺甲醛树脂）、无醛抗水剂、分散剂

辽宁科隆精细化工股份有限公司
辽宁省辽阳市宏伟区万和七路 36 号（公司总部）
辽宁省辽阳市宏伟区东环路 8 号
邮编：111003
电话：0419 – 5589880、40015556878
传真：0419 – 5589837
网址：www. kelongchem. com
产品：反应型乳化剂、表面活性剂

辽阳奥克化学股份有限公司
辽宁省辽阳市宏伟区万和七路 38 号
邮编：111003
电话：0419 – 5160978、5161428
传真：0419 – 5314298
网址：www. oxiranchem. com
产品：OX 消泡剂系列、脱墨剂

辽宁华兴集团化工股份公司
辽宁省灯塔市西马镇新生开发区
邮编：111302
电话：0419 – 2702699、8321888
传真：0419 – 8320808
邮箱：278032647@ qq. com
产品：废纸脱墨剂、脂肪醇、脂肪醇聚氧乙烯醚、壬基酚聚氧乙烯醚、聚乙二醇

盘锦市

盘锦兴建助剂有限公司
辽宁省盘锦市台区工业开发区
邮编：124010
电话：13942736677
邮箱：330622894@ qq. com
产品：聚丙烯酰胺助留剂、助滤剂、干/湿增强剂、净水剂

辽宁赛菲化学有限公司
辽宁省盘锦市辽东湾新区精细与石油化工园区峨嵋街与闾山路交口
邮编：124000
电话：022 – 82910322、18622186875
网址：www. surfychem. com
邮箱：hanwei@ surfychem. com
产品：水性分散剂、消泡剂

铁岭市

铁岭纸缘科技有限公司
辽宁省铁岭市清河区向阳街货郎屯村
邮编：112003
电话：13604103588
邮箱：165204910@ qq. com
产品：增强助留剂（阳离子淀粉）、烘缸剥离剂、PAE 造纸湿强剂、中性施胶剂、废纸脱墨剂、瓦楞原纸增强剂

吉林省

长春市

吉林省正豪改性淀粉科技开发有限公司
吉林省长春市高新技术产业开发区创新路 761 号
邮编：130012
电话：0431－81076900、13844832181
传真：0431－86773875
网址：www. jilinzh. com
邮箱：ccyuhuai2005@ sina. com
产品：酯化淀粉、氧化淀粉、酸变性淀粉

吉林中粮生化能源销售有限公司
吉林省长春市解放大路 2677 号光大大厦 20 层
邮编：130033
电话：0431－81891278
传真：0431－81891278
网址：www. cofco. com
邮箱：xunan@ cofco. com
产品：玉米淀粉

吉林中粮生化有限公司
吉林省长春市经济技术开发区仙台大街 1717 号
邮编：130033
电话：0431－85883055
网址：www. cofco. com
邮箱：zhangyuchi@ cofco. com
产品：玉米及其深加工方面的工程化研究、技术开发、信息咨询及产品检测

长春大成实业集团有限公司
吉林省长春市西环城公路 886 号
邮编：130062
电话：0431－81133111、87879944
传真：0431－87870773
网址：www. ccdacheng. com
邮箱：2323845648@ qq. com
产品：表面施胶剂、喷淋淀粉、涂布淀粉、浆内添加淀粉

长春市大地精细化工有限责任公司
吉林省长春市二道区三道镇卫星工业小区
邮编：130123
电话：17804312934
邮箱：1132603226@ qq. com
产品：化学助剂、精细化工产品

吉林市

吉林市莲花化工厂
吉林省吉林市昌邑区珲春北街 6 号 2 号厂房
邮编：132001
电话：0432－62430720
邮箱：1042129428@ qq. com
产品：蒸煮助剂

松原市

嘉吉生化有限公司
（原华润赛力事达玉米工业有限公司）
吉林省松原市经济技术开发区江南工业园区
邮编：138000
电话：0438－2779061、2779096
传真：0438－2779027、2779063
邮箱：ping_ yu@ cargill. com
产品：氧化淀粉、表面施胶剂、阳离子玉米变性淀粉

黑龙江省

牡丹江市

牡丹江市华新化工助剂有限责任公司
黑龙江省牡丹江市阳明区裕民路 159－1 号
邮编：157031
电话：0453－6380608
传真：0453－6380608
网址：www. huaxinchem. com. cn
邮箱：mdjyls@ 126. com
产品：造纸助剂

绥化市

兰西县国文造纸助剂加工厂
黑龙江省绥化市兰西县粮食路 118 号
邮编：151500
电话：0455－5620787
传真：0455－5620787
网址：www. guowenchem. com
产品：爆破制浆促进剂、蒸煮助剂、纸品挺硬剂、纸品拉力增强剂、消泡剂、脱墨剂

上 海 市

陶氏有机硅(上海)有限公司
[原道康宁(上海)有限公司]
上海市松江区荣乐东路 448 号
邮编：201613
电话：021－37741000、23065500、4000418388
传真：021－63507200、63512600
网址：www. dow. com
邮箱：fenglan. xu@ dow. com
产品：有机硅

上海吉康生化技术有限公司
中国(上海)自由贸易试验区临港新片区环湖西二路 888 号 A 楼 408 室
上海市黄家路 18 号 15 楼(中华路口)
邮编：200010
电话：021－63761515
传真：021－63767366
网址：www. shluckychem. com
邮箱：luo@ shluckychem. com
产品：热敏、压敏色素(结晶紫内酯)，感光及电子化学品，染料，助剂

上海诺成药业股份有限公司
(原上海大宇生化有限公司)
上海市古浪路 1631 号(工厂地址)
上海市淮海中路 887 号永新大厦 6007 室
邮编：200020
电话：021－64310031、64317611、64376567、64749208
传真：021－64379012
网址：www. nuopharm. com
邮箱：sales@ caco3. cn
产品：工业用碳酸钙系列产品

杜邦中国集团有限公司上海分公司特殊化学品部
上海市浦东新区张江高科技园科苑路 399 号 11 号楼
邮编：201203
电话：021－38622888、63866366－2007
传真：021－38622889
网址：www. dupont. com
邮箱：Techy-n. l. Du@ chn. dupont. com
产品：防油剂、大豆蛋白聚合物

索理思(上海)化工有限公司
中国(上海)自由贸易试验区马吉路 28 号东华金融大厦 20 层 2003F 室
邮编：201108
电话：021－54422323、54425533、54422085、80235650
传真：021－54424580
邮箱：JiZhang@ solenis. com
产品：水处理化学品与技术、造纸助剂

陶氏化学(中国)投资有限公司
上海市浦东张江高科技园区张衡路 936 号
邮编：201203
电话：021－23019436、38511000
传真：021－53535508、58951818
网址：www. dow. com
产品：丁苯胶乳、造纸用杀菌剂

池上交易株式会社
[浪速包装(上海)有限公司]
上海市黄浦区宁海东路 200 号申鑫大厦 1809 室
邮编：200021
电话：021－63743992、63743993
传真：021－63747978
网址：www. ikegamikoeki. com
邮箱：ikegamib@ public. bta. net. cn
产品：分散剂、脱墨剂、消泡剂、柔软剂、絮凝剂

名远化工贸易(上海)有限公司
上海市徐汇区肇嘉浜路 388 号华泰大厦 6B
邮编：200023
电话：021－63048833
传真：021－63048822
邮箱：cgshaccount01@ chemcentralgroup. com. cn
产品：湿部、施胶及涂布用淀粉、CMC、瓷土

圣诺普科(上海)贸易有限公司
中国(上海)自由贸易试验区富特北路 211 号 302 部位 368 室
邮编：200031
电话：021－64662391－106
传真：021－64662393
网址：www. sannopco-sh. com
邮箱：shen-y@ sannopco-sh. com
产品：消泡剂、抑泡剂、分散剂、润滑剂、分离剂

美鑫投资(中国)有限公司
上海市长宁区江苏路 369 号兆丰世贸大厦 7 楼 F 座
邮编：200050
电话：021－62093279

网址：www. mineralstech. com
邮箱：kenny. lin@ mineralstech. com
产品：轻质碳酸钙

星悦精细化工商贸(上海)有限公司
上海市静安区恒丰路638号1201室
邮编：200040
电话：021－52283211
传真：021－62187200
网址：www. seikopmc. co. jp
邮箱：yin-xianzhong@ seikopmc. co. jp
产品：抗水剂、表面施胶剂、干强剂

上海欣盛颜料化工有限公司
上海市松江区天马山镇经济开发区
邮编：201603
电话：13601734366
邮箱：370693179@ qq. com
产品：造纸调色剂、乳胶着色剂

上海恒谊化工有限公司
上海市青浦区工业园区郏一工业区7号3幢1层H区121室
上海市嘉定区江桥镇华江路668弄11号6幢
邮编：201803
电话：021－59117391－8101
邮箱：13916567166@ 139. com
产品：湿强剂、干强剂、助留助滤剂、纸浆专用分散剂、苯丙乳液、烘缸剥离剂

上海埃格环保科技有限公司
上海市静安区共和新路912号701A－17室
邮编：200431
电话：021－61390611、18621550669
网址：www. accele-tech. com
邮箱：zhuyq@ accele-tech. com
产品：废水生化处理

上海湘宏化工有限公司
(原上海青草地环保科技有限公司)
上海市虹口区海伦路178号3楼
邮编：200086
电话：15961186328
邮箱：498701421@ qq. com
产品：聚合硫酸镁、聚双酸铝铁、聚丙烯酰胺、复合混凝剂、高效脱色剂、钛白粉、造纸助留助滤剂

凯米拉化学品(上海)有限公司
中国(上海)自由贸易试验区富特北路358号402室
邮编：200233
电话：021－60375999
网址：www. kemira. com
邮箱：Communications_ APAC@ kemira. com
产品：助留剂、杀菌剂、毛毯清洗剂、固着剂、分散剂、AKD、ASA、松香施胶剂、水处理用化学剂

凯米拉(上海)管理有限公司
上海市徐汇区古美路1528号6幢9层
邮编：200233
电话：021－60375999
网址：www. kemira. com
邮箱：Communications_ APAC@ kemira. com
产品：施胶剂、助留剂、消泡剂、粘合剂

三井化学(中国)管理有限公司
[原三井化学(上海)有限公司]
上海市静安区恒通路268号凯德星贸大厦2102室
邮编：200070
电话：021－58886336
传真：021－58886337
网址：www. mitsuichemicals. cn
邮箱：shenqi@ mcs. mitsui-chem. com
产品：助留剂、分散剂、高分子絮凝剂聚丙烯酰胺

上海谊久化工有限公司
上海市浦东新区行南路1288号2号门
邮编：200137
电话：021－50122360、18918588703
网址：www. 19chem. com
邮箱：info@ l9chem. com
产品：造纸专用阴离子、阳离子、非离子乳化蜡，造纸用特效防水剂，表面施胶乳化蜡，纸内施胶乳化蜡

上海新诺化工有限公司
上海舜雅化工有限公司
上海市奉贤区楚华北路858号
邮编：200417
电话：021－68660222
传真：021－58612099
网址：www. sinowax. com
邮箱：root@ sinowax. com
产品：乳化蜡、施胶剂、防水剂、上光剂、分散剂

上海高桥-巴斯夫分散体有限公司
上海市浦东新区浦东北路1929弄99号

邮编：200137
电话：021 －20680846
邮箱：hur@ sgbd. com
产品：涂布用胶乳(羧基丁苯胶乳)、塑性颜料

巴斯夫(中国)有限公司
上海市浦东新区江心沙路 300 号
邮编：200137
电话：021 －20391000
传真：021 －20394306
网址：www. basf. com
邮箱：lydia. a. wang@ basf. com
产品：化学品、功能性聚合物、特性化学品、聚氨酯

日华化学(中国)有限公司上海分公司
(原浙江日华化学有限公司上海分公司)
上海市松江区民益路 201 号 12 幢 301 室
邮编：201612
电话：021 －54277300
传真：021 －54277377
网址：www. nicca. cn
邮箱：f-wang@ niccachemical. com
产品：表面活性剂、螯合分散剂、低聚物分散剂、渗透剂、消泡剂、柔软剂、固色剂、平滑剂、防水剂

科莱恩化工(中国)有限公司
上海市长宁区临虹路 168 弄 2 号 4 层
邮编：200335
电话：021 －22483000
网址：www. navigance. cn、www. clariant. com
邮箱：GTChinaAdmin@ clariant. com
产品：染料、增白剂、防油剂

巴斯夫特性产品有限公司
上海市漕河泾开发区田州路 99 号 13 号楼 202 室
邮编：200137
电话：021 －38106331、20391072
邮箱：jessie. wei@ basf. com
产品：染料、助留助滤剂、涂布胶乳、施胶剂

上海东升新材料有限公司
上海市田林路 388 号 1 幢楼 7 层
邮编：200233
电话：021 －64838680
传真：021 －64518499
网址：www. dssun. com
邮箱：dssun@ dssun. com
产品：PCC、GCC、苯丙胶乳、瓜尔胶、干强剂、阴离子捕捉剂、AKD 中性施胶剂、分散剂、絮凝剂、脱墨剂、润滑剂

上海恩脉化学有限公司
上海恩脉实业有限公司
上海市宝山工业园上大路 218 号(生产地址)
上海市宝山区市台路 408 号 823 室(销售地址)
邮编：200436
电话：021 －66516340、60962322、60962092
传真：021 －56670591
网址：www. enmai888. com
邮箱：dfyu8728@ 126. com
产品：荧光增白剂、干强剂、湿强剂、中性施胶剂、表面施胶剂

上海浩天变性淀粉有限公司
上海市宝山区共康路 651 号
邮编：200443
电话：021 －56416150
传真：021 －56433814
邮箱：1807829713@ qq. com
产品：涂布淀粉系列、湿部淀粉、特种表面施胶淀粉

卡马斯化工(上海)有限公司
上海市松江区沪亭北路 78 号(翠立商务中心)313 室
邮编：201615
电话：021 －37622595
邮箱：vickywu@ calmaxchemical. com
产品：毛毯、成形网、干网保洁剂、杀菌剂、消泡剂、抑泡剂、胶黏物处理剂

上海源泉石油化工有限公司
上海市浦东新区向城路 29 号 A27D
邮编：200122
电话：13916394777
邮箱：yqpcc@ 163. com
产品：淀粉、湿强剂、干强剂、表面施胶剂、湿强离解剂、高强表面增强剂

上海吉臣化工有限公司
上海市浦东新区金港路 333 号 1738 室
邮编：201206
电话：021 －58341051、18917194316、18917198346
传真：021 －58341052
网址：www. jichenchem. com
邮箱：jichen@ jichenchem. com
产品：烘缸剥离剂、干/湿强剂、脱墨剂、湿强解离剂、助留助滤剂、柔软剂、抗水剂、杀菌剂、水处理

絮凝剂

上海联胜化工有限公司
上海市浦东曹路华东路 1259 弄 51 号
邮编：201209
电话：021－68680248、68681055
传真：021－68681497
网址：www. peo. com. cn、www. liansheng-chemical. com
邮箱：liansheng@ lainsheng-chemical. com
产品：PEO 分散剂、PEA 湿强剂、剥离剂、消泡剂、助留助滤剂、抗水剂、杀菌剂、水处理絮凝剂

上海天坛助剂有限公司
上海市星火开发区浦星公路 9500 号
邮编：201419
电话：021－57502198
传真：021－57502679
网址：www. chinasam. com
邮箱：atc@ chinasam. com
产品：BLA 液体增白剂、脱墨剂、柔软剂、涂料分散剂、消泡剂、渗透剂

巴克曼实验室化工（上海）有限公司
上海市青浦工业区崧泽大道 8500 号
邮编：201707
电话：021－69210188
传真：021－69210500
网址：www. buckman. com
邮箱：hjxu@ buckman. com
产品：胶黏物控制酶、沉积物控制剂、蒸煮助剂、洗涤助剂、系统清洗与网毯保洁剂、湿部及涂料消泡剂、除垢剂、抑垢剂、助留助滤剂、干/湿强剂

久联化学工业（上海）有限公司
中国（上海）自由贸易试验区芬菊路 152 号
邮编：200131
电话：021－50481691
传真：021－50480635
网址：www. croslene. com
邮箱：chencaihua@ croslene. com
产品：造纸涂料、地毯背胶、食品包装用胶黏剂

上海湛和实业有限公司（总部）
上海市徐汇区南丹东路 188 号久隆大厦 21 层
邮编：200030
电话：021－64873737
传真：021－64873700
网址：www. zhanhegroup. com
邮箱：ly_ zhang@ zhanhegroup. com
业务：从事精细化学品国际贸易和研发

先拓新型材料（上海）有限公司（R&D）
上海市松江区民益路 201 号 19 幢 602 室
邮编：201612
电话：021－67898757、67898773
传真：021－67898837
产品：纤维制品、纺织品、无纺布制品、纸张

上海先拓精细化工有限公司（生产基地）
上海市金山区金山卫镇金环路 650 号
邮编：201512
电话：021－37285700、37283738、37285660
传真：021－37285590
产品：机械设备、化工原料及产品

上海恒皓创新酰胺有限公司
上海市杨浦区定海港路 434 号
邮编：200090
电话：021－65660734
传真：021－65660735
邮箱：39506797@ qq. com
产品：聚丙烯酰胺系列产品

上海宏达着色剂厂
上海市共和新路 3737 号 B 栋 706－708 室
邮编：200435
电话：021－36360002
传真：021－66530468
邮箱：1399246954@ qq. com
产品：造纸用调色、增白剂

上海化工研究院有限公司
上海市普陀区云岭东路 345 号
邮编：200062
电话：021－52815377
传真：021－52808504
网址：www. srici. com
邮箱：sricibgs@ 126. com
产品：杀菌剂

上海碳酸钙厂有限公司
上海市嘉定区安亭镇翔方公路 2900 号
邮编：200025
电话：021－64158822、53530310
传真：021－64673933
网址：www. shcaco3. com

邮箱：sales8@ shcaco3. com
产品：造纸用碳酸钙

创恩国际贸易(上海)有限公司
上海市白兰路 137 号 B 座 2604 室
邮编：200063
电话：021 –62863397
传真：021 –62863389
网址：www. tronchemical. com. cn
邮箱：inquiry@ tronchemical. com
产品：瓷土、瓜尔胶、CMC、保水增稠剂、抗水剂、印刷适应改良剂、消泡剂

三菱商事(中国)有限公司
上海市浦东新区迎春路 96 号三菱商事办公楼
邮编：200127
电话：021 –68543030
传真：021 –68541911
网址：www. mitsubishicorp. com. cn
邮箱：dong. wu@ mitsubishicorp. com
产品：化学品

瓦克化学(中国)有限公司
上海市漕河泾开发区虹梅路 1535 号 3 号楼
邮编：200233
电话：021 –61302000、8006279800
传真：021 –61302500
网址：www. wacker. com
邮箱：cindy_ xie@ wacker. com
产品：造纸助剂

上海瑞治贸易有限公司
上海市长宁区遵义南路 8 号锦明大厦 5D
邮编：201206
电话：021 –62592075　62592076
传真：021 –62592162
网址：www. mariocottach. com
邮箱：smsh@ switchmeans. com
产品：各类软性材料的复卷采裁切设备及配件；Mario Cotta 高速度裁切设备及其配件；Svecom 搬运系统，支撑机构，气胀轴，夹头；MB 大圆刀

上海格纳斯化工有限公司
上海市长宁区水城路 45 弄 21 支弄 31 号 501 室
邮编：200336
电话：021 –54132280
传真：021 –54132280
邮箱：byjcn@ 163. com
产品：杀菌剂、防腐剂、防霉剂、水处理剂

上海怡括贸易有限公司
上海市金山区廊下镇漕廊公路 6825 弄 504 号 319 室
邮编：201702
电话：021 –56180872
产品：化工原料及产品

可乐丽国际贸易(上海)有限公司
上海市徐汇区虹桥路 3 号港汇中心二座 2307 单元
邮编：200030
电话：021 –61198111/2305
传真：021 –6198585
网址：www. kuraray-sh. com. cn
邮箱：liming_ zhu@ kuraray. co. jp
产品：聚乙烯醇、聚乙烯醇缩丁醛

惠彩化学材料(上海)有限公司
上海市漕河泾开发区钦州北路 1066 号 70 幢 8333 室
邮编：200233
电话：021 –54037399、54039929
网址：www. hccchem. com
邮箱：yuqing@ hccchem. com
产品：助留助滤剂、消泡剂、絮凝剂、控制与定着剂、表面施胶剂、染料与颜料、羧基丁苯胶乳、丙苯胶乳

爱森(中国)絮凝剂有限公司
上海市北京西路 1465 号国立大厦 1401
邮编：200040
电话：021 –52120049
传真：021 –52120057
网址：www. snfchina. com
邮箱：shanghai. info@ snfchina. com
产品：絮凝剂

埃肯有机硅(上海)有限公司
[原蓝星有机硅(上海)有限公司]
上海市莘庄工业区金都路 3966 号
邮编：201108
电话：021 –54426600
传真：021 –54423733
网址：www. elkem-silicones. cn
邮箱：maria. shen@ elkem. com
产品：有机硅

栗田工业(大连)有限公司上海分公司
上海市长宁区长宁路 1133 号 3308、3309 室
邮编：200051

电话：021－58873948
传真：021－58876867
网址：www. kurita. cn
邮箱：kdcl@ kurita-chemical. com
产品：造纸助剂、造纸废水处理

宁柏迪特种化学(上海)有限公司
上海市化学工业区北银河路 100 号
邮编：201507
电话：021－67121696
邮箱：jany. gao@ lamberti-cn. com
产品：开发和生产染料、颜料、聚合物、聚合物添加剂、有机及无机粉末、表面活性剂、水处理剂

拓纳贸易(上海)有限公司
上海市吴中路 1099 号吴中商务大楼 701－704 室
邮编：201103
电话：021－61271988
传真：021－61202900
网址：www. tanatexchemicals. com
邮箱：zoey. zou@ tanatexchemicals. com
产品：化工产品的批发

路博润管理(上海)有限公司
上海自由贸易试验区马吉路 28 号 15 层 1506A 室
邮编：201204
电话：021－38660366
传真：021－58876987
网址：www. lubrizol. com
邮箱：lily. wang@ lubrizol. com
产品：树脂、助剂、丙烯酸树脂、黏合剂

路博润特种化工制造(上海)有限公司
上海市松江区书慧路 300 号
邮编：201611
电话：021－37744888
网址：www. lubrizol. com
邮箱：martin. shi@ lubrizol. com
产品：树脂及基料、丙烯酸树脂、聚氨酯树脂、助剂及溶剂、防结皮剂、表面活性剂及分散剂、流变改进剂、流平剂、增滑助剂及滑润剂

盛禧奥聚合物(张家港)有限公司上海分公司
中国(上海)自由贸易试验区华佗路 68 号 10 幢
邮编：201203
电话：021－38520568、38520512
传真：021－38520601、33847657
网址：www. cn. trinseo. com
邮箱：angela. zhang@ trinseo. com
产品：丁苯胶乳

上海埃玛森化学品有限公司
上海市松江区乐都路 251 号 15C 座 1501 室
邮编：201600
电话：021－62090029
邮箱：guwenbiao@ amazon-papyrus. com
产品：树脂、沉积物控制剂、黄色染料及包裹型树脂分散剂、毛布清洗剂

上海孚惠德工业油净化科技有限公司
中国(上海)自由贸易试验区美盛路 171 号 3 幢 4 层 4209 室
邮编：201612
电话：021－57655791
邮箱：zhangdl_ fhd@ 163. com
产品：工业油净化技术、水处理技术专业领域内的技术开发，水处理设备、环保设备

赢创特种化学(上海)有限公司
上海市闵行区春东路 68 号
邮编：201108
电话：021－61191032
传真：021－61191473
网址：www. evonik. com
邮箱：violin. huang@ evonik. com
产品：有机硅表面活性剂等化学品

双日(上海)有限公司
上海市静安区天目西路 128 号嘉里企业中心第一座 7 楼
邮编：200070
电话：021－52034111
传真：021－52034169
网址：www. sojitz. cn
产品：化工、合成树脂

可乐丽贸易(上海)有限公司
上海市徐汇区虹桥路 3 号港汇中心二座 2106 单元
邮编：200020
电话：021－64079182
传真：021－64078051
邮箱：fei. yuan@ kuraray. com
产品：乙烯-乙烯醇共聚物

上海申伦科技发展有限公司
上海智匠工业自动设备有限公司
上海市虹口区汶水东路 181 弄 2 号楼 1608 室

邮编：200437
电话：021－65360566、69891670
传真：021－65605707、69891169
邮箱：paplion2000@163. com
产品：表面施胶剂、高电荷密度的水性树脂、除气消泡剂、造纸增强树脂、合成涂布增稠剂与涂料辅助黏合剂、颜料涂布用涂料消泡、抑泡剂、颜料涂布用PH稳定剂

上海世展化工科技有限公司
上海市钦州北路1199号88幢8楼
邮编：200233
电话：021－54277770
传真：021－54277771
产品：造纸助剂

诺维信(中国)投资有限公司上海分公司
上海市娄山关路55号新虹桥大厦1201室
邮编：200336
电话：021－62701770
传真：021－62701773
网址：www. novozymes. com
邮箱：TIZ@Novozymes. com
经营：销售和技术支持

威百莱纤维(上海)有限公司
上海市青浦区新生路238号4栋
邮编：201712
电话：021－59228389
传真：021－51062535
网址：www. barnet. com
邮箱：saies@barnet-pacific. com
产品：化学超短纤维、特种纤维

上海真略环保科技有限公司
上海真略供应链管理有限公司
上海市静安区平型关路138号108创意广场银座1817号
邮编：200070
电话：021－66056250
传真：021－66056632
网址：www. shzhenlve. com
邮箱：1203710001@qq. com
产品：柔软剂、消泡剂、甘油、食品级染料、絮凝剂、贴缸剂、剥离剂、改良剂、杀菌剂、清洗剂、干强剂、湿强剂、分散剂、抑垢剂、树脂控制剂

兰精纤维(上海)有限公司
上海市北京西路968号嘉地中心15楼05－08单元
邮编：200041
电话：021－33152468
传真：021－63410007
网址：www. lenzing. com
邮箱：shanghai@lenzing. com
产品：植物纤维素纤维

上海染料研究所有限公司
上海染料研究所有限公司南通分公司(江苏省南通市南通经济开发区通达路28号)(生产地址)
上海市普陀区中山北路1238号(办公地址)
邮编：200065
电话：021－56086210(总机)
传真：021－56084790
网址：www. shi-tou. com
邮箱：shitou@shi-tou. com
产品：食品级染料

丸红(中国)有限公司
上海市自由贸易试验区基隆路1号汤臣国际贸易大楼717室
邮编：200040
电话：021－68411932
传真：021－68412378
网址：www. marubeni. com
邮箱：shalgal@marubeni. com
产品：化学品、纸张纸浆

太平洋化学品有限公司(PPT)
上海聚源造纸技术有限公司
上海市浦东新区东方路8号
邮编：200000
电话：021－58778995、58778992
传真：021－58778996
网址：www. chinappt. net
邮箱：shanghaijuyuan@yahoo. com. cn
产品：制浆造纸化学品研发及生产

上海志泓化工材料有限公司
上海市宝山区月罗路559号W－2148室
邮编：200942
电话：021－69115253、15221486086
网址：www. zhihong-china. com
邮箱：zhihong-eav@126. com
产品：涤纶短纤，主要用于湿法抄纸领域，用于制作膜基材，空气滤纸、油滤纸等

信汇聚合物(上海)有限公司
中国(上海)自由贸易试验区世纪大道 1196 号 10 层 1033
邮编：200120
电话：021 -50683551
邮箱：shenmei. jin@ cenwaymaterials. com
产品：从事化工专业科技领域内的技术咨询、技术服务

上海朗亿功能材料有限公司
上海市松江区永航路 188 弄 1 号 1 层 101 室
邮编：201699
电话：021 -67799023、67799029、4008120668
网址：www. langyitech. com
邮箱：service@ langyitech. com
产品：抗水解剂、PET 用抗水解剂、PBT 用抗水解剂、可降解塑料用抗水解剂

国投生物科技投资有限公司
上海市虹口区东大名路 638 号
邮编：200080
电话：18611604319
邮箱：yuyue@ sdic. com. cn
产品：工业酶制剂研发

上海撒拉弗化工有限公司(销售)
上海市金山区漕泾镇致富路 11 号 3 幢 217 室
邮编：201999
电话：021 -33852426、13651705408
产品：消泡剂

江　苏　省

南京市

南京艾普拉斯化工有限公司
江苏省南京市广州路 188 号苏宁环球大厦 2109 室
邮编：210024
电话：025 -66051077、83203063
传真：025 -83203093
网址：www. all-plus. net
邮箱：lindaxing@ all-plus. net
产品：危险化学品

江苏精科嘉益工业技术有限公司
江苏省南京市溧水区中兴东路 1 号创业园 07 幢
邮编：211200
电话：025 -56213201
传真：025 -56213608
网址：www. jts. cn
邮箱：zhuangbo@ all-plus. net
产品：杀菌防腐剂、施胶剂、微生物和黏泥控制剂、助留助滤剂、脱气剂、消泡剂、胶黏物树脂控制剂、干/湿强剂

江苏四新科技应用研究所股份有限公司
江苏省南京市鼓楼区幕府东路 199 号 A22 栋
邮编：210028
电话：025 -85080908、4008387799
传真：025 -85080900、85080904
网址：www. sixinchem. com
邮箱：sixin@ sixinchem. com
产品：制浆及黑液工序、湿部及白水循环脱水、涂布、废水处理用消泡剂

南京四诺精细化学品有限公司
江苏省南京市江东北路 91 号典雅居大厦 1506 室
江苏省南京市雨花工业区(厂址)
邮编：210036
电话：025 -86472370
传真：025 -86473843
邮箱：snowchem@ 163. com
产品：分散剂、助留助滤剂、干强剂、施胶剂、脱墨剂、废水处理剂、污泥脱水剂

南京东正化轻有限公司
江苏省南京市鼓楼区建宁路 61 号中央金地广场 1 幢 1605 室
邮编：210037
电话：025 -85634308
传真：025 -85619676
邮箱：fu@ njdz. com. cn
产品：分散剂、水处理剂、纸浆黑液专用消泡剂、助留剂、高吸水树脂

沙索(中国)化学有限公司
江苏省南京市化学工业园方水路 68 号
邮编：210047
电话：025 -58391111 -2806
传真：025 -58392285、58392222
邮箱：zhengwen. xiong@ cn. sasol. com
产品：表面活性剂、消泡剂

南京宏桥精细化工科技开发有限公司
江苏省南京市高新技术产业开发区经一北路 17 幢
邮编：210061
电话：025 -58840197、57673881

传真：025－57673881、57672881
邮箱：tomchemical@163.com
产品：造纸白水浮选剂、无泡沫生物黏泥剥离剂、有机溴氯杀菌灭藻剂

南京嘉昊化工有限公司
江苏省南京市浦口区万汇城(北区)1幢1单元805室
邮编：210000
电话：025－52268146、18921979609
邮箱：614078221@qq.com
产品：化工产品批发

瓦克化学(南京)有限公司
[原瓦克聚合物系列(南京)有限公司]
江苏省南京市化学工业园区小营河南路169号
邮编：210047
电话：025－66626400、57795918
网址：www.wacker.com
邮箱：info.china@wacker.com
产品：胶黏剂、高性能涂料、助剂(可再分散乳胶粉类)、聚醋酸乙烯酯(食品级)、聚醋酸乙烯酯(工业级)及其相关产品的制造和加工

南京延江无纺布制品有限公司
江苏省南京市江宁区滨江经济开发区翔凤路2号
邮编：211178
电话：025－84956601
邮箱：njhr@yanjan.com
产品：非织造布

无锡市

无锡神洲化工新材料有限公司
(原无锡市滨湖南泉造纸助剂有限公司)
江苏省无锡市滨湖区雪浪街道南泉村
邮编：214128
电话：0510－85958678
邮箱：545039605@qq.com
产品：阴离子/阳离子松香胶、增强剂、分散剂

无锡市盈卓化工材料经营部
(原无锡市兴顺助剂化工厂)
江苏省无锡市锡山区东港镇河南庄村
邮编：214199
电话：13951509592
邮箱：723972447@qq.com
产品：阳离子乳液松香中性施胶剂、环压增强剂、助留氯剂及聚合氧化铝

宜兴市绿波水处理化学品有限公司
江苏省宜兴市新街街道新城路1号1015室
邮编：214200
电话：0510－87975887、13961551989
邮箱：343922443@qq.com
产品：阳离子高效有机混凝剂、聚合氯化铝、聚合硫酸铁、高效脱色絮凝剂、杀菌灭藻剂、高效消泡剂

宜兴市天使合成化学有限公司
江苏省宜兴市芳庄镇
邮编：214226
电话：0510－87674303、87678600
传真：0510－87671303、87673440
网址：www.jsjhc.com
邮箱：lzj@jsjhc.com
产品：光稳定剂、抗氧剂、聚合氯化铝、净水剂、水处理化学品

宜兴市绿科环保科技有限公司
江苏省宜兴市周铁镇下邾街
邮编：214262
电话：0510－87572928、87578602
传真：0510－87572929
邮箱：1831542325@qq.com
产品：废水处理脱色剂、絮凝剂、消泡剂、分散剂

江苏琪朗生物科技有限公司
(原宜兴市汇通化工有限公司)
江苏省宜兴市芳桥镇工业开发区虎皇大道
邮编：214200
电话：0510－87541510
传真：0510－87542088
网址：www.jsqlhb.cn
邮箱：327000697@qq.com
产品：工业水处理药剂

江阴市恒达新材料科技有限公司
江苏省江阴市华士镇红星路188号
邮编：214400
电话：0510－86201304
传真：0510－86215337
网址：www.hansstar.com
邮箱：info@evereaching.com
产品：造纸专用CMC

宜兴市路创新材料科技有限公司
(原宜兴市通达化学有限公司)
江苏立成化学有限公司
江苏省宜兴市分水镇

邮编：214262
电话：0510－87551228、87551127
传真：0510－87552143
网址：www. yycmc. com
邮箱：tongda@ yycmc. com
产品：CMC、高效絮凝剂

无锡市德美化工技术有限公司
江苏省无锡市国家高新技术产业开发区湘江路 10 号
邮编：214028
电话：0510－85220855、85220666
网址：www. dymatic. com
邮箱：jifang@ dymatic. com
产品：造纸助剂

江苏傲伦达科技实业股份有限公司
江苏省宜兴市周铁镇分水
邮编：214262
电话：0510－87557060、87551757
传真：0510－87557060
网址：www. aolunda. com
邮箱：zxf@ aolunda. com
产品：双酚 S 及其衍生物、热敏纸涂层用新材料中间体

徐州市

北方世纪(江苏)纤维素材料有限公司
江苏省徐州市睢宁县宁江工业园兴业路一号厂房
邮编：221200
电话：0516－69095503、15262135789
邮箱：1617178566@ qq. com
业务：纤维素材料技术研发、生产、销售

常州市

科威天使环保科技集团股份有限公司
(原常州科威天使环保科技股份有限公司)
江苏省常州市天宁区郑陆镇武澄工业园舜山路 8 号
邮编：213114
电话：0519－88107275、85776760(销售)、81299588(总机)
传真：0519－85575580
网址：www. kwtsep. com
邮箱：office@ kwtsep. com
产品：高分子絮凝剂(聚丙烯酰胺阴、非、阳离子系列)、生物药剂系列高效水处理产品、表面施胶剂、杀菌剂

常州市欧凡路实业有限公司
江苏省常州市武青北路 1 号－4
邮编：213000
电话：0519－85316777
邮箱：497977470@ qq. com
产品：高分子絮凝剂(聚丙烯酰胺阴、非、阳离子系列)、生物药剂系列高效水处理产品、表面施胶剂、杀菌剂

江苏汉诺斯化学品有限公司
江苏省常州市金坛区金城镇后阳化工园 2 号
邮编：213215
电话：0519－82619388、82619888、13685231531
传真：0519－82619000
网址：www. hanschina. cn
邮箱：admin@ hans-china. com
产品：纤维素纤维改性剂、涂料染色阳离子改性剂、功能性整理剂

常州市梅港淀粉有限公司
江苏省常州市戚墅堰丁堰镇梅港庄基村 111 号
邮编：213011
电话：0519－88773640
邮箱：81678454@ qq. com
产品：变性淀粉产品(表面施胶淀粉、喷淋淀粉、磷酸酯淀粉、阳离子淀粉、PVA 替代品)

江苏精科霞峰环保科技有限公司
(原常州精科霞峰精细化工有限公司)
江苏省常州市新北区长江中路 29 号
邮编：213022
电话：0519－86189330、85130788、85132088(总机)
传真：0519－85133788
网址：www. jincoxf. com
邮箱：hjfang@ jincoxf. com
产品：清洗剂、除垢剂、分散剂、缓蚀剂、杀菌剂等系列产品

常州碳酸钙有限公司
池州市升化碳酸钙有限公司(分公司)
江苏省常州市洛阳镇
邮编：213104
电话：0519－88791230、4008281882
传真：0519－88522128
网址：www. cn-wunan. com
邮箱：wunan8@ hi2000. com
产品：纳米碳酸钙、微细活性碳酸钙、轻质活性碳酸钙、轻质(沉淀)碳酸钙、重质及重质活性碳酸钙

江海环保有限公司
江苏省常州市武进区焦溪镇武澄工业区
邮编：213116
电话：0519 – 88902294、88902792
传真：0519 – 88909316
网址：www. jhhg. com
邮箱：jhhg@ . jhhg. com
产品：水处理剂、杀菌灭藻剂

江苏永葆环保科技有限公司
(原常州市武进友邦净水材料有限公司)
江苏省常州市武进区横山桥镇朝阳路西侧
邮编：213163
电话：0519 – 86396688、13906118999
传真：0519 – 86390093
网址：www. jsyongbao. com
邮箱：yangxb@ jsyongbao. com
产品：聚合氯化铝、聚合氯化铝铁、聚丙烯酰胺

常州市武进运波化工有限公司
江苏省常州市前黄镇运村
邮编：213175
电话：0519 – 86131034
传真：0519 – 86134317
邮箱：info@ yunbochem. cn
产品：无甲醛抗水剂、改性三聚氰胺甲醛树脂抗水剂、润滑剂、表面施胶剂、分散剂、纸品乳液、PAE湿强剂

苏州市

苏州市恒康造纸助剂技术有限公司
苏州恒康新材料有限公司
江苏省苏州市高新区浒墅关工业园道安路 9 号
邮编：215000
电话：0512 – 67209673、66623310
传真：0512 – 67202673
网址：www. szhkzj. cn
邮箱：rainbow_2525@ 163. com
产品：丝光柔顺剂、剥离增光剂、造纸湿强剂、卫生纸多元增强剂、防腐杀菌剂、纸浆分散剂、树脂控制剂

苏州汇鸿复合材料有限公司
江苏省苏州市石路 29 号 8 单元 556 室
邮编：215008
电话：0512 – 62037751、18904049800
网址：www. cmccms. com
邮箱：1064896561@ qq. com
产品：羧甲基纤维素钠、对羟基苯甲醛、苯亚磺酸钠

纳尔科工业服务(苏州)有限公司
[原纳尔科化学(苏州)有限公司]
江苏省苏州市苏州新区塔园路 88 号
邮编：215125
电话：0512 – 88169869
传真：025 – 57912289
网址：www. nalco. com
邮箱：sophia. liu@ ecolab. com
产品：蒸煮剂、增强剂、助留助滤剂、消泡剂及助洗剂、树脂控制剂、微生物/沉积物控制剂、涂布添加剂、废水处理剂

天禾软件科技(苏州)有限公司
[原天禾化学品(苏州)有限公司]
江苏省苏州市高新区浒青路 122 号
邮编：215115
电话：0512 – 68098830、66160660
传真：0512 – 68240792
网址：www. tianmapharma. com
邮箱：stock@ gcstgroup. com
产品：AKD 中性施胶剂、阳离子松香胶、表面施胶剂、助留助滤剂、阳离子醚化剂、湿强剂、脱气剂、杀菌防腐剂

苏州佑震化工有限公司
江苏省苏州市吴中区木渎镇西跨塘
邮编：215101
电话：0512 – 66518325
邮箱：lili138148@ sina. cn
产品：表面施胶剂、抄纸用脱水剂、干强剂、助留剂、树脂分散剂等浆内添加和表面处理用药品，以及润滑剂、保水剂、分散剂等

诺力昂新材料(苏州)有限公司
[原依卡化学品(苏州)有限公司]
江苏省苏州市工业园区苏虹中路 302 号
邮编：215122
电话：0512 – 62582276
传真：0512 – 62586772
网址：www. akzonobel. com
邮箱：Irene. Jiang@ akzonobel. com
产品：制浆化学品、施胶剂

苏州高峰淀粉科技有限公司
(原苏州高峰精细化工有限公司)
江苏省苏州市吴中经济开发区双桥工业园

邮编：215128
电话：0512－65654153
传真：0512－65629401
网址：www. gaofeng88. com
邮箱：business@ gaofeng. com
产品：阳离子表面施胶淀粉、变性淀粉

苏州市峰达精细化工有限公司
江苏省苏州市相城区黄桥街道生田村金峰厂区 1 号路 9 号
邮编：215132
电话：0512－65461729
传真：0512－65461729
邮箱：841033295@ qq. com
产品：杀菌防腐剂、抄纸分散剂、湿增强剂、沉积物控制剂、消泡剂、烘缸剥离剂、助留助滤剂、网毯保洁剂

苏州联胜化工有限公司
江苏省苏州市相城区渭塘镇渭西沿渭路 99 号
邮编：215134
电话：0512－65907588
传真：0512－65901660
网址：www. lshx. cn
邮箱：service@ lshx. cn
产品：羟乙基乙二胺、乙二胺四乙酸四钠

密友集团有限公司
（原昆山密友实业有限公司）
江苏密友粉体新装备制造有限公司
昆山密友机械密封有限公司
昆山中聚纳米润滑新技术有限公司
江苏省昆山市玉山镇玉城中路 1 号
邮编：215316
电话：0512－55782893、55176688、4008859398
传真：0512－57791241
网址：www. miyou. com. cn
邮箱：miyou@ miyou. com. cn
产品：重质微细碳酸钙、重质微细碳酸钙（研磨）浆、超细滑石粉

常熟市支塘粮油食品厂
江苏省常熟市支塘镇林园路 6 号
邮编：215531
电话：0512－52551634
邮箱：610769836@ qq. com
产品：阳离子淀粉

欧米亚钙业（常熟）有限公司
江苏省苏州市常熟市碧溪镇沿江工业园通港路长春路 18 号
邮编：215537
电话：13812829828
邮箱：tony. cao@ omya. com
产品：碳酸钙精制加工

安拓思纳米技术（苏州）有限公司
江苏省苏州市工业园区星湖街 218 号生物纳米园 A4 楼 106 室
邮编：215000
电话：0512－62767886
传真：0512－62761582
网址：www. atshph. com
邮箱：webmaster@ atshph. com
产品：纳米制剂技术，生物工程技术，纳米化工技术

苏州宝时凯门精细化工有限公司
江苏省苏州市高新区塘西路 23 号
邮编：215151
电话：0512－66161999
传真：0512－65320906
网址：www. prox-chem. com
邮箱：jay. gao@ prox-chem. com
产品：造纸分散剂

苏州昕能胶体技术有限公司
江苏省苏州市昆山开发区同丰东路 988 号
邮编：215300
电话：0512－36911415
传真：0512－36910409
网址：www. synerguar. com
邮箱：Michael@ synerguar. com
产品：瓜尔胶、决明胶、魔芋胶、卡拉胶、香豆胶等多个品种的天然胶体

苏州宏达制酶有限公司
江苏省苏州市太仓市沙溪镇
邮编：215421
电话：0512－53211506
传真：0512－53216794
网址：www. novozymes. com
邮箱：hlqi@ novozymes. com
产品：造纸工业酶制剂

苏州凯莱德化学品有限公司
江苏省苏州市工业园区环府路 99 号 5 楼 510 室

邮编：215024
电话：0512 – 62727862
传真：0512 – 62727852
网址：www. chemlandchem. com
邮箱：tim. zhang@ chemlandchem. com
产品：杀菌剂、消泡剂、网毯清洗保洁剂、脱墨剂、胶黏物控制剂、水处理絮凝混凝剂等

苏州派凯姆新能源科技股份有限公司
(原苏州派凯姆新能源科技有限公司)
江苏省苏州市吴中区木渎镇金枫路 216 号东创科技园 1 幢 B3 号楼 503 室
邮编：215000
电话：0512 – 87650612、87650608
传真：0512 – 87650610
网址：www. szpchem. com
邮箱：info@ szpchem. com
产品：增强剂、施胶剂、助留剂、特种添加剂等造纸化学品

苏州安美润滑科技有限公司
江苏省昆山市千灯镇汶浦东路 158 号
邮编：215300
电话：0512 – 82602978
邮箱：service@ amer. cn
产品：工业用润滑油、水性金属加工用油、环保清洗剂

旭川化学(苏州)有限公司
江苏省太仓市港口开发区华苏中路 16 号
邮编：215400
电话：0512 – 53639260
网址：www. chinaxuchuan. com
邮箱：qj@ chinaxuchuan. com
产品：聚氨酯的研发、生产

张家港市

星光精细化工(张家港)有限公司
江苏省张家港市扬子江国际化学工业园南海路 58 号
邮编：215634
电话：0512 – 58937250、58937260
传真：0512 – 58937601
邮箱：yin-xianzhong@ seikopmc. co. jp
产品：印刷适性改良剂、干强剂、表面施胶剂、湿强剂、起皱剂、抗水剂

张家港市一星日化厂
江苏省张家港市凤凰镇
邮编：215613
电话：0512 – 58496121
产品：CMC

瓦克化学(张家港)有限公司
江苏张家港市扬子江国际化学工业园长江路 78 号
邮编：215633
电话：0512 – 81642012
网址：www. wacker. com
邮箱：qiuxiang. liu@ wacker. com
产品：有机硅胶黏剂(有机硅环体，聚硅氧烷，含氢硅油，高/中/低黏度硅油，功能性硅油，高温硫化硅橡胶，室温硫化有机硅密封胶)

南通市

海安县正达化工有限公司
海安华思表面活性剂有限公司
江苏省南通市海安县海化路 28 号
邮编：226600
电话：0513 – 88832111、88862662
传真：0513 – 88866940、80326908
网址：www. zhendachem. com
邮箱：978753294@ qq. com、13901478300@ 139. com
产品：乳化剂、洗净剂、消泡剂

江苏昌九农科化工有限公司
江苏省南通市如东洋口港经济开发区
邮编：226413
电话：0513 – 84950988
邮箱：1341716223@ qq. com
产品：微生物法丙烯酰胺生产

三大雅精细化学品(南通)有限公司
江苏省南通市经济技术开发区新开南路 5 号
邮编：226009
电话：0513 – 85981251
邮箱：jl. qian@ san-dia. cn
产品：高吸水性树脂

镇江市

镇江市天亿化工研究设计院有限公司
江苏省镇江市千秋桥街 16 号
邮编：212001
电话：0511 – 85033207、13775546539

传真：0511 –85030898
网址：www. tianyichemcorp. com
邮箱：zjzhuhb@ vip. sohu. com
产品：干强剂、湿强剂、中性施胶剂 AKD 乳液、AKD 乳化剂

镇江科力生物技术有限公司
江苏省镇江市丁卯桥路 118 号
邮编：212009
电话：15006102770
邮箱：xiqing1019@ hotmail. com
产品：杀菌剂、防霉剂

扬州市

中国石化仪征化纤有限责任公司
江苏省扬州市仪征市长江西路 1 号
邮编：211900
电话：0514 –83234265、83232235
网址：ycfc. sinopec. com
邮箱：danzn. yzhx@ sinopec. com
产品：聚酯切片、聚酯瓶片、涤纶短纤维、涤纶中空、力纶 HPPE、芳纶 1414 产品、PBT 树脂产品、BDO 系列产品

泰州市

江苏聚成精细化工有限公司
江苏省泰兴市古溪工业园区
邮编：225417
电话：15152484468
邮箱：15152484468@ 139. com
产品：聚丙烯酰胺，阳、阴、非离子高分子絮凝剂，水处理剂，甲基丙烯酸二甲氨乙酯（DM），甲基丙烯酰氧乙基三甲基氯化铵（DMC）

泰兴中纺兴泰新材料有限公司
（原泰兴市中纺助剂厂）
江苏省泰兴市济川街道三联村高埂组
邮编：225441
电话：0523 –87626328、87906508
传真：0523 –87623833
网址：www. txchem. cn
邮箱：1372665621@ qq. com
产品：水性聚氨酯固化剂、水性分散剂

恒达科技泰兴有限公司
江苏省泰兴市经济开发区滨江北路 5 号
邮编：225400
电话：18861629265
邮箱：zhoujie@ hansstar. com
产品：木浆、棉浆、PP 编织袋、聚阴离子纤维素（PAC）、羧甲基淀粉钠（CMS）、保水剂、增强剂、涂层新材料、改性纤维素、羟基乙酸、药用辅料、工业盐生产销售

恒达亲水胶体泰州有限公司
江苏省泰州市高港区永安洲镇裕兴路 8 号
邮编：225300
电话：0523 –86987999、86897759
传真：0523 –86987999、86897751
网址：www. hansstar. com
邮箱：info@ hansstar. com
产品：造纸专用 CMC

盐城市

江苏康乐佳材料有限公司
（原江苏康乐新材料科技有限公司）
江苏省盐城市滨海县经济开发区沿海工业园中山三路东侧 –2
邮编：224500
电话：0515 –89112079、88334667、88203550、13905106432
传真：0515 –88243418
网址：www. whpharm. com
邮箱：winterjin@ chinaimidazole. com
产品：叔丁基二甲基氯硅烷、5-溴吲哚、1-乙烯基咪唑、咪唑醛、咪唑、2-甲基咪唑、1、2-二甲基咪唑、N-甲基咪唑、4-硝基咪唑、HD-100 交联剂、盐酸、硫酸、甲醇

浙　江　省

杭州市

杭州杭化哈利玛化工有限公司
浙江省杭州市萧山经济技术开发区鸿达路 87 号
邮编：311231
电话：0571 –82696228、82697060、82695370
传真：0571 –82695381、82697129
网址：www. hh-harima. com
邮箱：info@ . hh-harima. com
产品：干增强剂、湿增强剂、浆内施胶剂、表面施胶剂、涂布造纸助剂、特种纸化学品

浙江金科日化原料有限公司
浙江金科化工有限公司
浙江省绍兴市上虞区杭州湾经济技术开发区纬九路五号
邮编：312369
电话：0571－85812300、82735515
传真：0571－82731666
网址：www. jinke-chem. com
邮箱：zwz@ jinkegroup. com
产品：低温漂白活性剂、过碳酸钠、过硼酸钠、过氧化钙、过氧化乙酸消毒剂

杭州德高化工开发有限公司
浙江省杭州市余杭区闲林街道工业区嘉企路 4 号
邮编：311122
电话：0571－87831038、87832038
传真：0571－87989060、87827833
网址：www. dekao. com
邮箱：dekao@ 163. com
产品：杀菌防腐剂、脱墨剂、消泡剂、增白剂、螯合剂

杭州银湖化工有限公司
浙江省杭州市天目山路 224 号中融城市花园 2 幢 1 单元 1201 室
邮编：310012
电话：0571－85028645、85028646、85028945、15372010799
传真：0571－85028640
网址：www. yinhuchem. com
邮箱：yinhuchem@ yinhuchem. com
产品：纸用导电剂、助留剂、纸浆分散剂、湿强剂、抗水剂、杀菌灭藻剂、消泡剂、絮凝剂

杭州纸友科技有限公司
浙江省杭州市下沙经济技术开发区白杨街道 3 号大街 50 号
邮编：310018
电话：0571－86911227、86912268、86840952
传真：0571－86913870
网址：www. hzzykj. cn
邮箱：zykjgs@ mail. hz. zj. cn、zykj@ hzzykj. cn
产品：湿部添加淀粉、层间或表面喷雾淀粉、聚合物表面施胶剂、彩喷纸专用淀粉

杭州绿兴环保材料有限公司
杭州绿色助剂研究所
浙江省杭州市石桥路永华街 127 号
邮编：310022
电话：0571－85818982
传真：0571－85818953
网址：www. hzlvxinghuanbao. cn
邮箱：green@ greenadditive. com
产品：烘缸剥离剂、柔软剂、消泡剂、固色剂、促白剂

杭州格林费尔科技有限公司
（原杭州格林费尔生化技术有限公司）
浙江省杭州市滨江区长河街道立业路 339 号 1－3 幢
邮编：310052
电话：0571－86697238、86696238－1660
传真：0571－86697618、86697628
邮箱：greenphile@ aliyun. com
产品：生物酶树脂控制剂、生物酶脱墨剂、生物酶助漂剂、生物酶腐浆控制剂

杭州绿典科技有限公司
（原杭州绿典化工有限公司）
浙江省杭州市萧山区新街镇双圩村
邮编：311217
电话：0571－82853800、82853881、4000－016－982
传真：0571－82853883
网址：www. ldchemical. com
邮箱：ld@ ldchemical. com
产品：荧光增白剂、脱墨剂、固色剂、柔软剂

杭州凯丽化工有限公司
浙江省杭州市萧山区河庄镇一工段
邮编：311241
电话：0571－82962668、82961777、86961555
传真：0571－82962777、82965706
网址：www. kalichemical. com
邮箱：sales@ kailichemical. com
产品：彩色纸专用色浆、造纸调色剂、装饰纸用色浆

浙江传化华洋化工有限公司
浙江省杭州市萧山经济技术开发区鸿达路 125 号
邮编：311231
电话：0571－82696688、82695822、82695838
传真：0571－82696488、83783250
网址：www. transfarwhyyon. com
邮箱：whyyon@ etransfar. com
产品：荧光增白剂、染料、脱墨剂、网毯清洗保洁剂、助留助滤剂

日华化学(中国)有限公司
浙江省杭州市萧山经济技术开发区桥南区鸿达路289号
邮编：311231
电话：0571－82697550、82869990
传真：0571－82697551
网址：www. nicca. cn
邮箱：ncn@ niccachemical. com
产品：纸用固色剂、分散剂、柔软剂、膨松剂、脱墨剂、消泡剂

杭州致远印染助剂有限公司
浙江省杭州市萧山区瓜沥镇临港工业配套园区
邮编：311234
电话：13906719012
产品：荧光增白剂

临安荣盛科技有限公司
(原临安市荣盛化工有限公司)
浙江省临安市於潜镇衡横山工业区
邮编：311311
电话：0571－63885968
传真：0571－63888819
邮箱：rs968@ 163. com
产品：表面施胶剂、涂布抗水剂、干/湿强剂、中性施胶剂

杭州富阳宏帆化工有限公司
浙江省杭州市富阳区富春街道春华村
邮编：311400
电话：13606513988
产品：超细轻质碳酸钙、分散剂、抗水剂、润滑增光剂、硬脂酸盐

杭州先进科技化工有限公司
浙江省杭州市富阳区富春街道春华村
邮编：311401
电话：0571－23299008
产品：纳米级轻质碳酸钙

杭州富阳万通化工有限公司
浙江省杭州市富阳区春江街道山建村
邮编：311413
电话：0571－23258821
邮箱：tbh0788@ 163. com
产品：松香施胶剂、表面施胶剂、消泡剂

杭州蓝诚新材料有限公司
(原浙江三力星化学品有限公司)
浙江省杭州市富阳区春江街道工业功能区
邮编：311421
电话：0571－63585115
邮箱：857080826@ qq. com
产品：浆内施胶剂、助留剂、表面施胶剂、杀菌剂、清洗剂

桐庐贝斯特化工有限公司
浙江省杭州市桐庐县横村镇方埠工业园区
邮编：311502
电话：0571－56986630
产品：浆内消泡剂、纸张隔离剂

谢菲尔考克碳酸钙(杭州)有限公司
浙江省杭州市和睦路555号
邮编：310011
电话：0571－88186161
产品：碳酸钙

国家造纸化学品工程技术研究中心
杭州市化工研究院有限公司
浙江杭化新材料科技有限公司
浙江省杭州市临安区青山湖街道钱坞路168号
邮编：311305
电话：0571－88315584　88313137
传真：0571－88310157
网址：www. hhs. cn、www. netrcpc. cn
邮箱：hhskyb@ mail. hz. zj. cn　hhs@ hhs. cn
产品：特种造纸化学品、淀粉衍生物等

杭州颜料化工有限公司
浙江省杭州市萧山区义莲镇外六工段
邮编：311226
电话：0571－82989789
邮箱：sli@ chinapigment-dye. com
产品：颜料、染料、中间体

杭州思坦颜料化工有限公司
浙江省杭州市萧山区南阳经济开发区
邮编：311200
电话：0571－85465220
传真：0571－86574586
网址：www. steniccolor. com
邮箱：sales@ steniccolor. com
产品：颜料

浙江省化工进出口有限公司
浙江省杭州市庆春路 37 号
邮编：310009
电话：0571－28968508、87046080
网址：www. zhechem. com
经营：精细化工

杭实科技发展(杭州)有限公司
浙江省生物基全降解及纳米材料创新中心
浙江省杭州市拱墅区石灰坝 7 号 13 幢 3 楼 300 室
邮编：310014
电话：0571－88314811
传真：0571－88314811
网址：www. hangshitech. com
邮箱：hskj8831@ 163. com
产品：造纸化学品(除危险化学品及易制毒化学品)、生物质材料、生态环保材料、纳米材料、高分子材料的技术开发、技术咨询、技术服务、成果转让

浙江泽众环保科技有限公司
浙江省杭州市滨江区滨盛路 1786 号汉氏大厦 1401－1402 室
邮编：310051
电话：0571－85161617
网址：www. mfedi. cn
业务：环保领域、水处理领域的技术开发、技术服务、技术转让、技术咨询

杭州撒拉弗科技有限公司
浙江省杭州市临安区天目山镇藻溪村
邮编：311312
电话：0571－63893708、13564509193
传真：0571－63893708
网址：www. slfchem. com
邮箱：576732250@ qq. com
产品：消泡剂

宁波市

宁波天源科技有限公司
(原宁波天源化学有限公司)
浙江省宁波市鄞州区经济开发区启航南路 818 号
邮编：315192
电话：0574－88216239、83036873
传真：0574－88216417
网址：www. tianyuan818. com
邮箱：sale@ tianyuan818. com
产品：造纸润滑剂、耐水化剂、PAE 湿强剂、纸用上光涂料(水性油光)、流变改质剂

嘉兴市

嘉兴市瑞升化工贸易有限公司
浙江省嘉兴市秀洲新区龙盛·右岸美墅枫叶苑 125 号
邮编：314001
电话：0573－83297923
邮箱：lhj93004@ 126. com
产品：分散剂聚丙烯酰胺产品、助留剂、瓜尔胶、烟草薄片助留剂

明仁精细化工(嘉兴)有限公司
浙江省嘉兴市经济技术开发区岗山路 350 号
邮编：314001
电话：0573－83912660
传真：0573－83912656
网址：www. mypolymer-tech. com
邮箱：hlc022@ 163. com
产品：含氟防水防油剂、防水透湿聚氨酯树脂 PU

浙江信汇新材料股份有限公司
浙江省嘉兴港区乍浦经济开发区三期围堤内
邮编：314201
电话：0573－85580600、4008190321
网址：www. cenwaymaterials. com
邮箱：xiamin. zeng@ cenwaymaterials. com
产品：生产化学品

嘉兴奥兹化工有限公司
浙江省嘉兴市秀洲区新塍镇旗星村季家浜 29 号
邮编：314000
电话：0573－82823280
产品：化工产品及原料

湖州市

浙江杭化科技股份有限公司
(原浙江杭华科技有限公司)
浙江省湖州市德清县武康镇长虹街 333 号科技创业园内
邮编：313200
杭州办事处地址：浙江省杭州市拱墅区石灰坝 7 号
邮编：310014
电话：0572－8285135(公司部)
0571－88315573(杭州办事处)
传真：0572－8085077(公司部)

0571－88315573（杭州办事处）
网址：www. zjhktech. com
邮箱：hk1818cn@ aliyun. com
产品：乙烯分离和粗苯在加氢精制过程中用阻聚剂、HK 系列乙烯分离过程用除垢剂、HK 破乳剂

浙江金加浩绿色纳米材料股份有限公司
浙江省湖州市龙游经济开发区金星大道 37－1 号
邮编：324400
电话：0570－7569680
邮箱：mengyu@ cnjinjiahao. com
产品：纳米纤维、特种纸、纸制品研发及销售

浙江津膜环境科技有限公司
浙江省绍兴市柯桥区柯桥经济开发区科创大厦 B 座七楼
邮编：312000
电话：0575－89967321、89967320
网址：www. dr-water. com. cn
邮箱：yfshen@ motimo. com. cn
产品：提供工业污水处理有关技术开发、技术服务、技术咨询、技术指导、污水处理设备调试服务

绍兴市

浙江捷发科技股份有限公司
浙江省绍兴市滨海新城畅和路 15 号
邮编：312366
电话：0575－88087616、13305757751、15957573148
传真：0575－88087636
网址：www. zjjiefa. com
邮箱：zjjiefa@ 163. com
产品：木质素磺酸钠、碱木质素、分散剂

浙江弘利新材料有限公司
（原浙江弘利防渗胶有限公司）
浙江省绍兴市柯桥区滨海工业区
邮编：312073
电话：0575－85523027、13805756278
传真：0575－85523022
网址：www. zjhlxcl. com
邮箱：zjhl001@ hongli-nm. com
产品：中性造纸施胶剂、表面施胶剂、中性施胶 AKD 乳液、助留助滤剂、阴/阳离子高分散松香胶

绍兴市南方化工有限公司
浙江省绍兴市嵊州市剡湖街道东塘村
邮编：312400
电话：0575－83102159
产品：系列防腐杀菌剂

金华市

兰溪泛仕达新材料科技有限公司
（原兰溪市泛士达造纸化学品厂）
浙江省金华市兰溪市兰江街道织女路 1066 号
邮编：321100
电话：0579－88823238、15867955566
传真：0579－88823238
网址：www. zjfanshida. com
产品：脱墨剂、蜡乳液、润滑增光剂、消泡剂、中性表面施胶剂、网毯清洗剂、絮凝剂

浙江益纸淀粉科技股份有限公司
（原浙江益纸淀粉有限公司）
浙江省金华市金磐开发区（新区）尖山路 1 号
邮编：321016
电话：0579－84662081、89171868、15958407336
传真：0579－84669939
网址：www. zjyzgf. com
邮箱：410894075@ qq. com、zjyzdf@ 163. com
产品：增强剂、新闻纸专用增强剂、中性施胶剂、季铵型阳离子淀粉、阳离子助留助滤剂、喷雾淀粉

衢州市

龙游富田造纸精化有限公司
浙江省衢州市龙游县城南开发区德贤路 29 号
邮编：324400
电话：0570－7389555、13905705801
传真：0570－7389555
网址：www. futianchemical. com
邮箱：futian@ futianchemical. com
产品：AKD 中性施胶剂、阳离子分散松香胶、表面施胶剂、明矾、造纸复合型保留助剂、胶乳、抗水剂、杀菌剂、脱气剂、湿强剂

奥仕集团有限公司
（原浙江奥仕化学有限公司）
浙江省江山市经济开发区江东区兴工七路 2 号
邮编：324123
电话：0570－4351770、17857650956
传真：0570－4351772、4351775
网址：www. chinaositer. com
邮箱：catherine-zhu@ foxmail. com

产品：荧光增白剂

丽水市

浙江和新化工有限公司
（原浙江池禾化工有限公司）
浙江省丽水市遂昌县东城工业园区大桥区块
邮编：323300
电话：0578－8170374、8171055
传真：0578－8170685
网址：www.chihechem.com
邮箱：zjb@zjchihe.com
产品：纸板增强剂、湿强剂、柔软剂、阳离子松香胶、表面施胶剂、分散剂、润滑剂、耐水剂、烘缸剥离剂

安徽省

合肥市

合肥健坤化工有限公司
安徽省合肥市蜀山区长江西路499号丰乐世纪公寓2幢802室
邮编：230022
电话：0551－64932213、13855184642
邮箱：20666468@qq.com
产品：硅藻土、高岭土、碳酸钙、造纸废水处理净化剂、纳米碳酸钙

芜湖市

芜湖华仁科技有限公司
安徽省芜湖市高新技术开发区珩琅山路24号
邮编：241000
电话：0553－5842013
传真：0553－5843138
网址：www.huarensh.com
邮箱：sale@huarensh.com
产品：施胶剂、消泡剂、助留剂、助滤剂、液体荧光增白剂

马鞍山市

马鞍山市华吉实业有限公司
安徽省马鞍山市当涂县城关东门经济开发区
邮编：243100
电话：0555－6727155
邮箱：985407366@qq.com
产品：松香胶、阳离子分散松香胶、湿强剂、干强剂、AKD中性施胶剂、中/碱性施胶剂、表面施胶剂

淮北市

安徽巨成精细化工有限公司
安徽省淮北市濉溪开发区玉兰大道99号
邮编：235102
电话：0561－6063636、6063673、6063588
传真：0561－6065121
网址：www.cjcchem.com
邮箱：sales@cjcchem.com
产品：分散剂、水处理絮凝剂、聚丙烯酰胺

滁州市

明光市曼迪矿业科技有限公司
安徽省明光市池河大道98号
邮编：239400
电话：0550－8153100、8582888
传真：0550－8156979、8582999
网址：www.medyfk.com
邮箱：mgmd@medyfk.com
产品：膨润土系列、硅藻土系列、碳酸钙系列

宿州市

安徽金兄弟环保科技股份有限公司
（原安徽砀山金兄弟实业科技有限公司）
安徽省宿州市砀山县赵屯镇张新庄
邮编：235300
电话：0557－8181111、15955725222
传真：0557－8186688
网址：www.additchem.com
邮箱：15955725222@163.com
产品：多元助留增强剂、分散剂、中性施胶剂、脱墨剂、增柔膨化剂、聚丙烯酰胺、荧光增白剂、丁苯乳液、苯丙乳液

池州市

安徽绿微康生物科技有限公司
安徽省池州市经济技术开发区双龙路1号
邮编：247000
电话：0566－3396558
邮箱：baoln@leveking.com

产品：生物酶脱墨剂

铜陵市

铜陵瑞莱科技有限公司
安徽省铜陵市铜官大道南段 868 号
邮编：244000
电话：0562－3867641
传真：0562－3867641
网址：www. tlrely. cn
邮箱：jprince@ 126. com
产品：氧化铁系列颜料研发生产

福 建 省

福州市

威尔（福建）生物有限公司
福建省福州市连江县东湖镇国优北路 119 号
邮编：350502
电话：0591－26203188、13763860246
传真：0591－26207018、26207366
网址：www. welltouch. com. cn
邮箱：welltouch@ 163. com
产品：消泡剂、脱墨剂、稳定剂

福建大学环境与资源学院
福建省福州市闽侯上街大学城内
邮编：350108
电话：0591－22866078
传真：0591－22866070
网址：www. er. fzu. edu. cn
产品：水处理化学品（絮凝剂、吸附剂、除油剂、还原剂、阻垢剂、缓蚀剂）、印染助剂、水煤浆添加剂、染料分散剂、油田降黏剂、胶黏剂等

三明市

福建省纯杰绿色科技有限公司
（原福建省嘉丰生物化工有限公司）
福建省永安市尼葛开发区尼葛路 2233 号
邮编：366000
电话：0598－5132233
邮箱：707984131@ qq. com
产品：生物脱墨酶 JFM-958、脱墨剂 F-80、脱墨剂 F-80A

泉州市

福建省南安市应用化学研究所有限公司
福建省南安市帽山工业区
邮编：362300
电话：0595－86353508、13905066005
产品：中性松香胶、强化松香胶、分散松香胶、助留剂、表面施胶剂

福建省晋江市银响精细化工科技开发有限公司
福建省晋江市永和镇英墩沪坑工业区 7 号
邮编：362235
电话：0595－88081961
传真：0595－88022901
网址：www. yinxiang-cn. com
邮箱：webmaster@ yinxiang-cn. com
产品：湿强剂、剥离剂、分散剂、消泡剂、柔顺剂、FAS 纸浆漂白剂、造纸固色剂、打浆酶、生物施胶酶、防腐杀菌剂、漂水、水玻璃、水处理剂等造纸化学品

南平市

福建亮晶晶新材料有限公司
福建省邵武市金塘工业园区行岭平台燕岭路 8 号
邮编：354003
电话：13312229891
传真：0599－6667288
网址：www. ljjxc. cn
产品：丁苯胶乳、丙烯酸乳液、胶黏剂、粉末丁腈、固体丙烯酸树脂、表面活性剂及其他化工产品

龙岩市

龙岩高岭土股份有限公司
福建省龙岩市龙岩大道 260 号
邮编：364000
电话：0597－2302568、2303371（精矿）、2300624（原矿）
传真：0597－2300624
网址：www. longgaogf. com
产品：高岭土原矿、水洗高岭土

龙岩市三虹科技有限公司
福建省龙岩市新罗区适中工业区
邮编：364011
电话：13806998898
产品：硅灰石造纸专用复合材料系列、造纸用超细重

钙系列、纳米碳酸钙系列、超细研磨碳酸钙

福建省漳平市振幅化工有限公司
福建省龙岩市漳平市永福工贸小区
邮编：364401
电话：18950869565
邮箱：923771346@ qq. com
产品：脱墨剂、涂布润滑剂、高效废水处理剂、无水硅酸铝、超细硅酸铝

江 西 省

南昌市

江西省兴沪助剂有限公司
江西省南昌市安义县龙津镇东门路 18 号
邮编：330500
电话：13807038330
邮箱：287116682@ qq. com
产品：湿强剂、脱墨剂、增白剂、分散剂、生活用纸调色剂、乳化剂

南昌市龙然实业有限公司
江西省南昌市长堎外商投资工业区物华路 229 号
邮编：330100
电话：0791 –83976878
传真：0791 –83671123
邮箱：admin@ longranshiye. com
产品：松香胶、AKD 乳液、中/碱性施胶剂、干强剂

江西东永实业有限公司
江西省南昌市莲塘龚南路 3 号
邮编：330200
电话：0791 –85712083、13607068596
邮箱：13607068596@ qq. com
产品：变性淀粉

萍乡市

萍乡市碳酸钙实业有限公司
江西省萍乡市湘东镇狮形山工业区道田村
邮编：337019
电话：0799 –3375368
邮箱：3730808682@ qq. com
产品：轻质碳酸钙、活性碳酸钙、纳米碳酸钙

江西省叁鑫新材料有限公司
江西省萍乡市萍乡经济技术开发区光丰村 11 组（公园中路永陂桥南巷 89 号）
邮编：337000
电话：0799 –6779577、4008699177
网址：www. sxceramics. cn
邮箱：sale@ sxceramics. cn
产品：研发与生产氧化锆、氧化铝、硅酸锆等产品

抚州市

江西博大化工有限公司
江西省抚州市东乡县（省级）经济开发区
邮编：331800
电话：0794 –4380168、4380619
传真：0794 –4380166
网址：www. jxbdhg. com
邮箱：bodahg2007@ 163. com
产品：变性淀粉，纸箱黏合剂，增强、助留助滤剂，新闻纸专用增强剂，表面施胶剂

江西顺昌隆实业有限公司
江西省抚州市东乡县大富岗工业开发区
邮编：331800
电话：0794 –4382066
邮箱：zhihai@ 126. com
产品：变性淀粉

江西宏大化工有限公司
江西省抚州市东乡区经济开发区东升工业园渊山岗片区南京路 9 号
邮编：331801
电话：0794 –4330506
传真：0794 –4330508
邮箱：hongdachem@ 163. com
产品：阳离子淀粉、表面施胶淀粉、喷雾淀粉、涂布淀粉、浆内添加淀粉、纸箱黏合剂

江西添光化工有限责任公司
江西省抚州市临川区抚北镇安塘路 4 号
邮编：344001
电话：0794 –8352192
邮箱：396984736@ qq. com
产品：钛白粉、硫酸、精制硫酸铝、硫酸亚铁、普钙

江西红星变性淀粉有限公司
江西省抚州市东乡县红星省级经济开发区
邮编：331801
电话：0794 –4383169、4383013、4383014
邮箱：jxhxdscl@ 126. com

产品：变性淀粉

山 东 省

济南市

济南塑邦精细化工有限公司
山东省济南市历城区华龙路 399 号 10 号楼 1－1001 室
邮编：250100
电话：0531－81901282、69958468、18615577916
传真：0531－81901283
网址：www. sbchem. com
邮箱：18854199495@163. com
产品：荧光增白剂、有机颜料、染料中间体及有机胺催化剂

山东达盛科技有限公司
山东省章丘市圣井镇高科技园
邮编：250101
电话：0531－88025118
产品：消泡剂、润滑剂、分散剂、脱墨剂、施胶剂

济南圣泉集团股份有限公司
山东省济南市章丘区刁镇工业经济开发区
邮编：250200
电话：0531－83511076
网址：www. shengquan. com
邮箱：yinpengfei@shengquan. com
产品：各类植物秸秆的研究开发与综合利用

济南赛沃贸易有限公司
山东省济南市市中区舜耕路 217 号九城尚都 A 座 1015 室
邮编：250002
电话：0531－86920759
传真：0531－86920839
网址：www. jinansilver. cn
产品：造纸化学品

青岛市

青岛市海大化工有限公司
山东省青岛市新泰安路 27 号如意大厦 2105 室
邮编：266001
电话：0532－82867216、13405321077
传真：0532－82867217
邮箱：qingdaoyy@126. com
产品：造纸专用特种色素炭黑系列、阻燃剂、钛白粉、荧光增白剂、煅烧高岭土、防水剂

青岛三中化成精密有限公司
山东省青岛市城阳区流亭街道双元路与恒鸣路东 200 米
邮编：266108
电话：0532－87733585
传真：0532－87733631
邮箱：176654541@qq. com
产品：脱墨剂、毛毯清洗剂、消泡剂、污染防治剂、凝固剂

青岛市创合佳机电工程有限公司
（原青岛圣博生物科技有限公司）
山东省青岛市胶州市中云工业园
邮编：260000
电话：18669780660
邮箱：qdchj_wq@163. com
产品：聚合物分散剂、减水剂、灭菌剂、杀菌防腐剂、阻垢剂

青岛如相科技有限公司
（原青岛如相化工有限公司）
山东省青岛平度市同康路 6 号
邮编：266700
电话：0532－82696059、13863963803
传真：0532－89639158
网址：www. ruxiangchemical. com
邮箱：ruxiangchemical@163. com
产品：防腐杀菌剂、工业灭藻剂、网毯清洗剂、水处理剂、消泡剂、荧光增白剂

双日（中国）有限公司青岛分公司
山东省青岛市市南区香港中路 10 号颐和国际 A 座 23A06
邮编：266071
电话：0532－85715101
传真：0532－66777229
网址：www. sojitz. cn
产品：化工、合成树脂

中国科学院青岛生物能源与过程研究所
山东省青岛市崂山区松岭路 189 号
邮编：266102
电话：0532－80662776、80662797
传真：0532－80662778
网址：www. qibebt. cas. cn
邮箱：info@qibebt. ac. cn

业务：生物工程、材料工程、化学工程

青岛亨瑞浩化工有限公司
青岛冠亿通国际贸易有限公司
山东省青岛市平度市经济开发区上海路 282 号
邮编：266700
电话：0532 – 68085099　13668870688
传真：0532 – 68085299
网址：www. qdhengruihao. com
邮箱：qdhengruihao@ 163. com
产品：施胶剂、增强剂、杀菌剂、消泡剂、助留剂、防潮剂、除臭剂、絮凝剂、剥离剂等

淄博市

淄博万科化工有限公司
山东省淄博市桓台县果里工业园聚荣东路 35 号
邮编：255047
电话：0533 – 8401300、3189100、13805331381
传真：0533 – 8401301、3189100
网址：www. wankechem. com
邮箱：ieeternal@ vip. sina. com
产品：抗氧化剂、PAE 湿强剂、湿强废纸再生剂、助留助滤剂

淄博振河塑胶化工有限公司
山东省淄博市张店区昌国路东段（沣水供电站南邻）
邮编：255071
电话：0533 – 2092016、2091859
传真：0533 – 2091839
邮箱：zbzhaozhenhe@ 163. com
产品：聚合氯化铝、聚丙烯酰胺、聚合硫酸铁系列净水剂、助留剂、表面施胶剂、消泡剂等造纸助剂

淄博东方聚合物有限公司
山东省淄博市张店区昌国路良乡工业园 6 – 25 号
邮编：255071
电话：0533 – 2090527、13853371189
传真：0533 – 2090799
网址：www. eastpolymer. com
邮箱：info@ eastpolymer. com
产品：聚丙烯酰胺、高吸水性树脂、N-羟甲基产品丙烯酰胺

淄博张店东方化学股份有限公司
山东省淄博市张店区沣水镇寨子村东南
邮编：255071
电话：0533 – 2081515、2092156、2082185
传真：0533 – 2081047
网址：www. orientchem. com
邮箱：zhaijun@ orientchem. com
产品：助留剂、废水处理剂

淄博爱普浆纸科技有限公司
山东省淄博市高新区柳泉路 111 号创业火炬广场 5 号楼 613 室
邮编：255086
电话：13780871005
邮箱：786997665@ qq. com
产品：脱墨剂、中性施胶剂、阴离子分散松香剂、表面处理剂、助留助滤剂、制浆造纸设备

山东金龙水处理科技有限公司
（原山东省桓台县金龙化工有限公司）
山东省淄博市桓台县新城镇昝家村
邮编：256403
电话：0533 – 8886555、3151273
传真：0533 – 8886555
邮箱：huantaijinlong@ 163. com
产品：水处理药剂、水质稳定剂系列、高效杀菌剂、灭藻剂

淄博津利精细化工厂
山东省淄博市周村区南郊镇永和村东路北
邮编：255302
电话：0533 – 6067116
邮箱：zbjlzj2008@ 163. com
产品：造纸助剂

山东聚鑫化工有限公司
山东省淄博市桓台县唐山镇徐店村
邮编：256401
电话：0533 – 8519329
邮箱：juxin@ juxinchem. cn
产品：聚丙烯酰胺干粉、胶体

淄博金科力特种纤维有限公司
山东省淄博市淄川经济开发区马莲山路 10 号
邮编：255130
电话：0533 – 5310399
传真：0533 – 5313399
网址：www. cnjinkeli. com
邮箱：jkl@ jinkela. com
产品：聚酯类（PET、PBT、PPT）、聚烯烃类（PE、

FP、PVA、PAN）、粘胶类、皮芯类、彩色纤维等

枣庄市

枣庄林美发展有限公司
山东省枣庄市峄城经济开发区福兴中路 7 号
邮编：277300
电话：0632－7789888、7732999
传真：0632－7721388
网址：www. linmeichem. com
邮箱：271044506@ qq. com
产品：变性淀粉系列、涂布黏合剂、湿部添加剂、表面施胶剂、羧甲基纤维素钠、固体胶乳胶黏剂

山东神州翔宇科技集团股份有限公司
山东省枣庄市台儿庄区马兰屯镇淀粉工业园
邮编：277412
电话：0632－6712518
传真：0632－6711999
网址：www. szxykjjt. com
邮箱：lichaozy@ 126. com
产品：醋酸酯淀粉、磷酸酯淀粉、氧化淀粉、阳离子淀粉、阳离子表面施胶剂

东营市

东营得胜实业有限责任公司
（原东营市德胜化工有限公司）
山东省东营市东营开发区大渡河路 251 号
邮编：257091
电话：0546－8327709、13562291998
传真：0546－8327709
网址：www. dshindustry. com
邮箱：weifang0616@ 163. com
产品：表面施胶剂、塑性颜料、湿强剂、废纸再生剂、分散剂、剥离剂、抗水剂、消泡剂

东营华泰精细化工有限责任公司
山东省东营市东营开发区东二路 2 号
邮编：257091
电话：0546－7086399、7752122
传真：0546－7086967
网址：www. huatai. com
邮箱：sp0546@ sohu. com
产品：增白剂、废纸脱墨剂、螯合剂、中性表面施胶剂、杀菌灭藻剂、废水处理剂

山东瑞特精细化工有限公司
山东省东营市广饶县经济开发区
邮编：257300
电话：0546－6925269
邮箱：419197736@ qq. com
产品：废水处理剂、助留助滤剂、湿强剂、纸张增强剂、施胶剂、聚丙烯酰胺乳液

东营市三龙精细化工有限责任公司
山东省东营市广饶县李鹊镇政府驻地
邮编：257333
电话：0546－6286210、6287111
传真：0546－6286268
邮箱：992797389@ qq. com
产品：表面施胶剂、脱气剂、树脂控制剂、杀菌剂、助留助滤剂、AKD 施胶剂、淀粉硬化及纸粉防止剂、保水剂、阳离子松香胶

烟台市

万华化学集团股份有限公司
山东省烟台市经济技术开发区天山路 17 号
邮编：264006
电话：0535－3388000、8202349
网址：www. whchem. com
邮箱：support@ whchem. com
产品：异氰酸酯系列产品、芳香多胺系列产品、热塑性聚氨酯弹性体系列产品

烟台达斯特克化工有限公司
山东省烟台市芝罘区化工路 59 号
邮编：264002
电话：0535－6530669
传真：0535－6530939
网址：www. dasteck. com
邮箱：ytd@ dasteck. com
产品：造纸漂白剂

潍坊市

潍坊信业化学有限公司
山东省潍坊市经济开发区永康街以北、友爱路以西
邮编：261000
电话：13805368373
邮箱：2180194157@ qq. com
产品：无甲醛抗水剂、聚酰胺聚脲（PAPU）抗水剂、涂布用抗水剂、湿强剂、消泡剂、防腐杀菌剂、螯合剂、有机分散剂

潍坊润丰造纸助剂有限公司
山东省潍坊市玄武东街 123 号
邮编：261031
电话：0536－8661277
传真：0536－8662837
邮箱：a8661277@163. om
产品：醚化剂、PPE、助留助滤剂、脱墨剂、制浆消泡剂、网毯清洗剂、挺度剂、涂布润滑剂、抗水剂

潍坊瑞光化工有限公司
山东省潍坊市寒亭区东环路南首
邮编：261100
电话：0536－7262976、7252436、4000079692
传真：0536－7270136
网址：www. ruiguangchem. com
邮箱：ruiguang@ruiguangchem. com
产品：颜料分散剂、有机硅消泡剂、柔软剂、脱墨剂、涂料色浆、表面活性剂、增强剂

潍坊华普化学股份有限公司
山东省安丘市新材料产业园
邮编：262122
电话：0536－4331198
传真：0536－4331198
网址：www. huapuchem. com
邮箱：mail@huapuchem. com
产品：显（助）白剂、抄纸消泡剂、玻璃纸用保湿剂、AKD 中碱性施胶剂、松香施胶剂、防腐杀菌剂

昌乐润利工贸有限公司
（原潍坊浩鑫造纸助剂有限公司）
山东省潍坊市昌乐县孤山街 159 号 4 号楼 415 室
邮编：262400
电话：0536－6260228
传真：0536－6260228
邮箱：1602381390@qq. com
产品：纸板挺度剂、高效生物酶脱墨剂、纸张表面强度剂、阳离子淀粉、喷淋淀粉、阳离子助留增强剂

青州市晨鸣变性淀粉有限公司
山东省青州市自来水场南临
邮编：262500
电话：13964688878
邮箱：1239597246@qq. com
产品：表面施胶剂、喷淋淀粉、涂布淀粉、石膏板增强剂

潍坊兆冠药业有限公司
山东省潍坊市临朐县经济技术开发区秦池路 38 号
邮编：262600
电话：0536－3212680、3121055
传真：0536－3120817
网址：www. zhaoguan. com
邮箱：mail@zhaoguan. com
产品：二氧化氯、消毒剂、杀菌剂、保鲜剂、漂白剂、防腐剂、除臭剂、脱色剂

山东万豪集团临朐纸业化工有限公司
山东省临朐县治源镇冶石路 2 号
邮编：262605
电话：0536－3631262
传真：0536－3631262
网址：www. wanhao. com
邮箱：wanhaochem@163. com
产品：分散剂、胶乳、润滑剂

寿光蔡伦申兴精细化工有限公司
山东省寿光市晨鸣工业区
邮编：262700
电话：0536－2156339、2156421
传真：0536－2156416
产品：中性施胶剂、重质碳酸钙、AKD 乳液、松香胶、增白剂、消泡剂

寿光金远东变性淀粉有限公司
山东省寿光市古城街道安顺街以北、兴源路以西
邮编：262700
电话：0536－5185032
邮箱：jymqhb@163. com
产品：表面施胶淀粉、湿部添加剂、多元变性淀粉、漂白淀粉、阳离子淀粉

潍坊天方圣鸿化学有限公司
山东省市潍坊滨海开发区科技项目区内，柳贤街以北、华商路以西
邮编：262737
电话：0536－5305998
传真：0536－5305997
网址：www. tfshchem. com
邮箱：wftfsh@163. com
产品：湿强剂、表面施胶剂、抗水剂、消泡剂、润滑剂、无甲醛抗水剂、柔软剂、湿强解离剂、中性施胶剂

青州市北联淀粉有限公司
山东省青州市海军路 568 号
邮编：262500
电话：0536 – 3265090
邮箱：bldf@ 163. com
产品：造纸用淀粉

山东省铭初新材料科技有限公司
（原潍坊中瑞造纸纺织助剂有限公司）
山东省潍坊市经济技术开发区友谊工业园
邮编：261100
电话：0536 – 8650278、8660276、4008878276
传真：0536 – 8650278
网址：www. wfzrzj. com
邮箱：zhongrui@ wfzrzj. com
产品：各种型号淀粉精、造纸化学品、湿强剂、表面施胶剂、阳离子絮凝剂等

山东恒联化学有限公司
山东省潍坊市滨海经济开发区香江西二街 26 号恒联化学工业园
邮编：261100
电话：0536 – 7575606
网址：www. sdhenglianchem. com
邮箱：hlhxwangwei@ 163. com
产品：生产清洁燃料油、甲醇汽油、添加剂

潍坊恒联特种纤维素科技有限公司
山东省潍坊市寒亭区海龙路 1526 号
邮编：261100
电话：0536 – 7283299
传真：0536 – 7283159
邮箱：zhbgs@ hengliangroup – tx. com
产品：特种、高端纤维素

济宁市

济宁华天化工有限公司
（原济宁新华天机械有限公司）
山东省济宁市火炬路北首（李营镇工业园区）
邮编：272000
电话：0537 – 2481588、17554201958
传真：0537 – 2481598
邮箱：2285451486@ qq. com
产品：造纸助剂

济宁新格瑞水处理有限公司
山东省济宁市嘉祥工业园
邮编：272415
电话：0537 – 6985888、6988006
传真：0537 – 6988088
网址：www. protecmbc. com
邮箱：xingerui@ 126. com
产品：施胶剂、系统清洗剂、系统除垢剂、阻垢缓蚀剂、生物酶脱墨剂、聚丙烯酰胺、废水絮凝剂、杀菌消毒剂、消泡剂

山东阳光颜料有限公司
（原济宁市阳光颜料助剂有限责任公司）
山东省济宁市车站南路
邮编：272000
电话：0537 – 2317897、2311908、15064701629
传真：0537 – 2311908
网址：www. sino – pigment. com
邮箱：zqh2009@ 163. com
产品：有机颜料、无机颜料、荧光颜料、高档彩色专用色浆

济宁华强科技有限公司
（原济宁市华强化工有限公司）
山东省济宁市任城区开发区济邹路南接庄镇政府西 1 公里
邮编：272015
电话：0537 – 2631588、2631088
传真：0537 – 2631088
邮箱：hqkj166@ 163. com
产品：高效造纸助留剂、多功能造纸增强剂、絮凝剂

济宁市信慧化工科技有限公司
山东省济宁市任城经济开发区山博路
邮编：272100
电话：0537 – 2600560、6588288、6588295
传真：0537 – 2333786
网址：www. cenwise. cn
邮箱：sales@ cenwise. cn
产品：增白剂、松香胶、液体染料、PAM 干强剂

山东天成化工有限公司
山东省兖州市北站西路 66 号
邮编：272117
电话：0537 – 7927888、7928777、1356273039
传真：0537 – 3414528
网址：www. yztchg. com
邮箱：info@ yztchg. com
产品：AKD、干/湿增强剂、复合型中性胶

东升新材料(山东)有限公司
(原兖州东升精细化工有限公司)
山东省兖州市兴隆庄镇驻地
邮编:272101
电话:0537-3873264、3873331、3873483
传真:0537-3873918
网址:www.dssun.com
产品:表面施胶剂、PP塑性颜料、阳离子胶乳、分散剂、AKD施胶剂、脱墨剂、净水剂、废水絮凝剂、超细重质碳酸钙、超细轻质碳酸钙、高白度高岭土、润滑剂

济宁红日轻化助剂有限公司
(原济宁市中区轻化助剂厂)
山东省济宁市105国道与327国道交汇处
邮编:272141
电话:0537-2270516
产品:造纸制浆催化剂、高效消泡剂系列、柔软剂

济宁明升新材料有限公司
山东省济宁市兖州区兴隆庄镇工业园
邮编:272000
电话:0537-3873008-816、3873310
网址:www.dssun.com
邮箱:bianguangli@dssun.com
产品:丙苯胶乳、丁苯胶乳产品及胶乳类产品(水性乳液、溶液、粉体、瓜尔胶、生物胶乳、分散剂、润滑剂、施胶剂、表面施胶剂、湿强剂、抗水剂、阳离子淀粉溶液)的研发、生产与销售

山东泰华高科新材料有限公司
山东省济宁市兖州区中御桥南路
邮编:272100
电话:0537-3422111
传真:0537-3401002
网址:www.sdtava.com
邮箱:sdtava@163.com
产品:制浆造纸化学品

山东远联化工股份有限公司
山东省济宁市生物产业园新民路1号
邮编:272409
电话:0537-3379962、3379964
传真:0537-3379963
网址:www.yuanlianhuagong.com
邮箱:yuanlianhuagong@126.com
产品:染料助剂、水处理剂

泰安市奇能化工科技有限公司
山东省泰安市岱岳区旭日大厦611
邮编:271000
电话:18660861991
邮箱:18606861991@qq.com
产品:防水乳液、纸制品化工原料

希杰尤特尔(山东)生物科技有限公司
(原山东尤特尔生物科技有限公司)
山东省邹城市宏泰路1667号
邮编:273500
电话:0537-3235167、13953761572、4008215366
传真:0537-3235156
网址:www.youtellbio.com
邮箱:linyu_wang@youtellbio.com
产品:造纸酶

泰安市

泰安市海岳助剂销售中心
(原泰安市东岳助剂厂)
山东省泰安市泰汶路199号
邮编:271000
电话:13805486696
邮箱:583121660@qq.com
产品:抄纸分散剂、增白剂系列、废纸脱墨剂、助留助滤剂、蒸煮助剂、聚丙烯酰胺、树脂障碍消除剂、消泡剂、废水处理剂

新泰市兰泰化工有限公司
山东省新泰市翟镇西1公里
邮编:271204
电话:0538-7787111
传真:0538-7787111
邮箱:13562487123@139.com
产品:硫酸铝、AKD乳液、中碱性造纸施胶剂、分散松香胶

山东一滕新材料股份有限公司
(原山东一滕化工有限责任公司)
山东省肥城市石横镇八号路西
邮编:271600
电话:0538-3368999、3368666
传真:0538-3366289
网址:www.yitengchem.cn
邮箱:yitengkfb@163.com
产品:聚阴离子纤维(PAC)、羧甲基纤维素(CMC)、羟丙基甲基纤维素(HPMC)

山东鲁岳化工集团有限公司
山东省肥城市化工产业园区
邮编：271603
电话：0538－3680358、3682528
传真：0538－3680358、3682528
网址：www. luyue. com
邮箱：xinfeng@ luyue. com
产品：二烯丙二甲氯化铵、助留助滤剂、干湿增强剂、阴离子导电剂、阳离子熟化促进剂

泰安市金山口环保化工厂
山东省泰安市岱岳区山口镇
邮编：271038
电话：15318128076
邮箱：8616056@ 163. com
产品：净水剂

日照市

日照锦湖金马化学有限公司
山东省日照市东港区涛雒镇工业园
邮编：276805
电话：0633－8677888、8677819
邮箱：liuyanli@ kumhojinma. com
产品：丁苯乳胶的研发、生产、销售

威海市

威海凯瑞造纸技术有限公司
山东省威海市少年路附 15 号
邮编：264200
电话：15163106688
邮箱：yuanjieli638@ 163. com
产品：表面施胶剂、表面处理剂、浆料预处理剂、树脂控制剂、生物助留剂

临沂市

临沂三水科技有限公司
山东省临沂市临沭县经济开发区朝阳街道路北
邮编：276700
电话：0539－6341066
传真：0539－6341099
产品：表面施胶剂、脱气剂、固着剂、胶粘物控制剂、淀粉增强剂、网毯清洗剂等造纸用化学品

临沂北方爱森化工有限公司
山东省临沂市兰山区临西十一路与双岭路交会东南原材料电子商务城 247 号
邮编：276000
电话：13954957959
邮箱：1262709409@ qq. com
产品：聚丙烯酰胺阳离子、阴离子、非离子系列，造纸分散剂，造纸助留助滤剂

临沂成丰化工有限公司
山东省临沂市兰山区临西十一路鲁南化工市场 A 区 143 号
邮编：276000
电话：13869966239
邮箱：503877727@ qq. com
产品：荧光增白剂、蒸煮助剂、消泡剂、防腐杀菌剂、ABC 调色剂、高效分散剂、脱墨剂、湿强剂

临沂欧贝化学有限公司
山东省临沂市临沭县白旄镇周官庄村
邮编：276715
电话：0539－6341066、6341099
邮箱：oubei66@ sina. com
产品：表面施胶剂、脱墨剂、过氧化氢稳定剂、干强剂、纸力增强剂、助留剂、杀菌剂、涂布纸用料、消泡剂、脱气剂

临沂市科翰硅制品有限公司
山东省临沭市经济开发区兴大西街南侧
邮编：276700
电话：0539－6368127
网址：www. lykehan. com
邮箱：784556509@ qq. com
产品：硅溶胶研发、生产

德州市

陵县双星染料化工厂
山东省德州市陵县陵城镇东街
邮编：253500
电话：13953467109
邮箱：1724825911@ qq. com
产品：染料、染料中间体

聊城市

山东阳光化工科技有限公司
山东省聊城市阳谷县城西工业园区化工路
邮编：252300
电话：0635－2156566、13706356175

传真：0635 - 6324198
网址：www. sinosunshine. com
邮箱：13706356175@ 139. com
产品：聚丙烯酰胺、造纸助剂、硫酸铵、羧甲基纤维素、聚丙烯酸钾、二氯异氰尿酸钠

滨州市

山东沾化奥仕化学有限公司

山东省滨州市沾化县城北工业园泽河一路 18 号
邮编：256800
电话：0543 - 2273192、2273177
传真：0543 - 2273199
网址：www. sdzhoshx. com
邮箱：47540582@ qq. com
产品：氨基树脂系列产品

博兴县天元化工有限公司

山东省滨州市博兴县博兴镇董初村
邮编：256500
电话：0543 - 2303345
传真：0543 - 2303345
邮箱：BXKL2008@ 163. com
产品：造纸用中性施胶剂 AKD 蜡粉、AKD 乳液、AKD 专用乳化剂及系列产品

山东滨州嘉源环保有限责任公司

山东省滨州市滨城区黄山五路 858 号 4 号楼 101
邮编：256619
电话：0543 - 2118158、2118000
传真：0543 - 3312324
邮箱：yuxiaolin3309@ 163. com
产品：二甲基二烯丙基氯化铵、有机高分子絮凝剂、阳离子絮凝剂系列、脱色剂、复合絮凝剂、反相破乳剂

山东盛太锆业资源有限公司

山东省滨州市博兴县陈户镇闫陈村乔博路 220 号
邮编：256505
电话：0543 - 2870309、18678323159
传真：0543 - 2518808
网址：www. cnsdja. com
邮箱：sdjahg@ 163. com
产品：锆产品新材料研发、生产、销售

菏泽市

山东菏泽阿可迪化工科技有限公司

山东省菏泽市牡丹区万福办事处工业园泰山路西段
邮编：274000
电话：0530 - 5644488
传真：0530 - 5644488
邮箱：15253038898@ qq. com
产品：AKD 蜡粉、表面施胶剂、高效干增强剂、湿强剂、乳液松香施胶剂

山东润鑫精细化工有限公司

山东省菏泽市定陶县东外环路南段路东
邮编：274100
电话：0530 - 2263168、2264981
传真：0530 - 2264466
网址：www. runxinchemical. com
邮箱：kelvinsong1982@ runxinchem. com、salesdirector@ runxinchem. com
产品：2-溴丁酸甲酯、DT 杀菌灭藻剂、N-4-异噻唑-3-酮

河 南 省

郑州市

郑州市中瑞洁水化工原料有限公司

河南省郑州市中原区陇海路南、桐柏路东、文化宫路西金中环 5 幢 20 层 2008 号
邮编：450000
电话：19903714029
邮箱：18530091333@ 163. com
产品：水处理药剂、聚丙烯酰胺

河南南浦化工有限公司

河南省郑州市金水区玉凤路 361 号南浦国际金融中心 4 层 401 号
邮编：450002
电话：0371 - 65655608、86560100、86560977
传真：0371 - 65655609
网址：www. nanpuhuagong. com
邮箱：web@ jiezhifen. com
产品：阴、阳、非和两性离子聚丙烯酰胺，无机高分子絮凝剂，XM 系列浮选剂，PFS 聚合硫酸铁(液体)，PFS 聚合硫酸铁(固体)，PAC 聚合氯化铝

郑州易和精细化学品有限公司
(原河南省道纯化工技术有限公司)

河南省郑州市新郑市人民路与神州路交叉口向北 1500 米路东
邮编：450002
电话：0371 - 63563761、63563764、4006808890

传真：0371－63563936
网址：www. dchg. com. cn
邮箱：dchgyx@ 163. com
产品：施胶剂、氧漂稳定剂、蒸煮助剂、脱墨剂、消泡剂、氧漂激活剂、分散剂、湿强剂、杀菌剂、显白剂、乳化剂

郑州金源微粉材料有限公司
河南有色金源实业有限公司（子公司）
河南省开封市尉氏县新尉工业园区
邮编：475500
电话：0371－23219988、23219967
传真：0371－23219986
网址：www. jywf. net
产品：长石粉、硅微粉、铝矾土、氢氧化铝、复合填料和高岭土

郑州市恒茂昌贸易有限公司
河南省郑州市南阳路 170 号清华园商贸楼 16 楼 167 室
河南省郑州市惠济区新城街道固城村南（厂址）
邮编：450053
电话：13608680253
网址：www. hengmaochang. com
邮箱：zzhmc@ sina. cn
产品：分散剂、助留剂、生物酶脱墨剂、湿强剂、干强剂、表面施胶剂、染料、聚丙烯酰胺

巩义市奥林滤材有限公司
河南省巩义市嵩山路
邮编：451200
电话：0371－85602626、13733196885、15981995698
传真：0371－85602626
网址：www. aolinlc. com
邮箱：aolinlc@ 163. com
产品：阻垢分散剂、杀菌灭藻剂、净水药剂系列、活性炭系列

巩义市益民淀粉有限公司
河南省巩义市 808 路
邮编：451250
电话：0371－64371718
邮箱：512892893@ qq. com
产品：变性淀粉、磷酸酯淀粉、酸化淀粉、玉米氧化淀粉、阳离子淀粉、醋酸酯淀粉

巩义市清滢精细化工厂
河南省巩义市康店镇黑石关 665 仓库（康店镇工业园区）
邮编：451200
电话：13137735819
邮箱：hngyqy@ 126. com
产品：防腐杀菌剂、润滑增光施胶剂、消泡剂、絮凝剂聚合氯化铝

巩义市宇清净水材料有限公司
河南省巩义市河洛镇古桥镇
邮编：451251
电话：0371－64156198、64150000、13607650597
传真：0371－64156198
网址：www. yqjs. com
邮箱：yqjs1995@ 163. com
产品：聚合氯化铝、聚合氯化铝铁、复合铝铁、硫酸铝、铝酸钙粉、结晶氯化铝

巩义市恒豪净化材料有限公司
河南省巩义市芝田镇羽林庄工业区
邮编：451252
电话：0371－64138889、64138777
邮箱：henghao@ hnhenghao. com
产品：聚合氯化铝、碱式氯化铝、聚丙烯酰胺、活性炭、铝酸钙粉

巩义市豫泉净化材料有限公司
河南省巩义市芝田镇八陵村
邮编：451200
电话：0371－64136999、13607650597
传真：0371－64139555
网址：www. henanyuquan. com
邮箱：1029988360@ qq. com
产品：聚合氯化铝、聚氯化铝铁、聚合硫酸铁、碱式氯化铝、活性炭、聚丙烯酰胺、纯碱，消泡剂

郑州华旗助剂有限公司
河南省新密市大隗工业区黄湾寨
邮编：452383
电话：13849076206
邮箱：1766758919@ qq. com
产品：松香系列施胶剂、中性施胶剂、湿强剂、助留剂、剥离剂、乳化剂

巩义市华麟化工有限公司
河南省巩义市西村镇
邮编：451281
电话：0371－64032111、64031888
传真：0371－64031999
邮箱：331531888@ qq. com
产品：水处理剂

洛阳市

洛阳市太学染化有限公司
河南省洛阳市伊滨区东大郊工业园区(工厂地址)
邮编：471942
电话：0379－67436138
传真：0379－67436438
河南省洛阳市洛龙区开元大道 258 号(国际市场部)
邮编：471000
电话：0379－69967377
传真：0379－69828598
网址：www. chinataixue. com
邮箱：sales@ chinataixue. com
产品：造纸专业染料

河南科高辐射化工科技有限公司
河南省洛阳市洛龙区洛龙科技园路 1 号
邮编：471023
电话：0379－65936155、65936309
传真：0379－65936133
网址：www. kegaor. com
邮箱：hnkgfshg@ 163. com
产品：化工技术、新材料研发

洛阳益民新能源科技有限公司
(原洛阳益民染料有限公司)
中国(河南)自由贸易试验区洛阳片区高新开发区新华东路 6 号
邮编：471000
电话：0379－64121058、18603790887
邮箱：e-min2008@ 163. com
产品：液体黄 616-1(阴离子型)、液体黄 616-2(阳离子型)、液体红 4B-1(阴离子型)等

安阳市

河南省安阳荧迪化工有限责任公司
河南省安阳市龙安区烟厂路
邮编：455004
电话：0372－3928294
邮箱：AYYD@ 163. COM
产品：荧光增白剂、染料中间体 DSD 酸

新乡市

卫辉市通达变性淀粉有限公司
河南省卫辉市唐庄工业开发区 107 国道旁(代庄村)
邮编：453100
电话：0373－4221908
传真：0373－4221908
邮箱：tongdadianfen@ 163. com
产品：氧化淀粉、AKD 乳化剂离子型专用淀粉、涂布淀粉、多元变性淀粉、磷酸酯淀粉、接枝淀粉、氧化醋酸淀粉、阳离子淀粉

新乡永平助剂厂
河南省新乡市大召营镇文营村
邮编：453700
电话：0373－5470178
传真：0373－5469308
网址：www. xxypzj. com
邮箱：ypwyy@ 126. com
产品：液体荧光增白剂、显白剂、脱墨剂

新乡市瑞丰化工有限责任公司
河南省新乡市新乡县大召营镇(新获路北)工业园
邮编：453700
电话：0373－5466556、5466665
传真：0373－5466665
网址：www. sinoruifeng. com
邮箱：sale@ sinoruifeng. com
产品：无碳复写纸树脂显色剂、活性白土显色剂、阳离子醚化剂、高碱性硫化烷基酚钙

新乡市聚创化工有限公司
河南省新乡市卫滨区平原乡梁任旺村
邮编：453000
电话：0373－5799989、15936596710
网址：www. 55pam. com
邮箱：2664411@ qq. com
产品：聚丙烯酰胺、高效聚合引发剂、聚二甲基二烯丙基氯化铵

焦作市

龙蟒佰利联集团股份有限公司
(原河南佰利联化学股份有限公司)
河南省焦作市中站区冯封办事处
邮编：454191
电话：0391－3126553、3126699、3126626
传真：0391－3126818
网址：www. lomonbillions. com
邮箱：yangminwei@ lomonbillions. com
产品：钛白粉、硫酸铝、二氧化锆、碳酸锆

沁阳市新兴化工有限公司
河南省沁阳市崇义镇小金陵村北
邮编：454550
电话：0391－5055071、13703912520
传真：0391－5055042
网址：www.qysxxhg.com
邮箱：qyxxhg@163.com
产品：涂布淀粉、造纸淀粉、卫生纸增韧剂、助留助滤剂

武陟县智辉科技有限公司
（原河南省武陟县智辉化工有限责任公司）
河南省焦作市武陟县城东占泗路北贾桥西
邮编：454950
电话：0391－7268190、13938136632
传真：0391－7268193
网址：www.zhihuichem.com
邮箱：zhgjb@zhihuichem.com
产品：无碳复写纸专用树脂显色剂、活性白土显色剂、微胶囊、无碳压敏染料溶剂油、微胶囊专用分散乳化剂、石蜡乳液

温县宏泰水处理材料厂
河南省焦作市温县岳村工业区 66 号
邮编：454800
电话：0371－66551601、15093403073
传真：0371－66551602
网址：www.wxhtgs.com
邮箱：wxhtscl@163.com
产品：聚合氯化铝、碱式氯化铝、活性炭系列、填充系列

濮阳市

濮阳市中润聚合物有限公司
河南省濮阳市东高新技术开发区前县徐岭村南
邮编：457600
电话：13839267866
邮箱：115139550@qq.com
产品：污泥脱水剂、分散剂、助留剂、聚丙烯酰胺、羧甲基纤维素

许昌市

许昌凯特精细化工厂
河南省许昌市建安区张潘化工工业园
邮编：461000
电话：0374－8306077
传真：0374－8306091
网址：www.xckate.com
邮箱：xckate@outlook.com
产品：消泡剂

漯河市

漯河市天马化工有限公司
河南省漯河市人民东路 73 号
邮编：462000
电话：0395－2637388
邮箱：252135285@qq.com
产品：AKD 中性施胶剂、阳离子分散松香胶、硅溶胶、分散剂、乳化剂

济源市

河南清水源科技股份有限公司
河南省济源市高新区康桥路与王屋路交叉口清水源研发大楼（集团总部）
邮编：454650
电话：0391－6089345、6082121、6088788
网址：www.qywt.com.cn
邮箱：bgs@qywt.com.cn
产品：水处理剂产品（单体）和复配剂、提供配方筛选和水处理技术服务

湖　北　省

武汉市

湖北省化学工业研究设计院
湖北省武汉市洪山区关山大道 330 号
邮编：430074
电话：027－87439315
传真：027－87439315
网址：www.hbhyychem.cn
业务：科研开发、工程咨询、信息服务、产品检测、节能评估

武汉德美精细化工有限公司
湖北省武汉市江夏区江夏大道江郡华府 3 栋 2 单元 101 室
邮编：430200
电话：027－81825186
网址：www.dymatic.com

邮箱：yanggs@ dymatic. com
产品：造纸助剂

武汉华东化工有限公司
湖北省武汉市汉口竹叶山东恒星集团 A 栋 8 楼 5 号
邮编：430012
电话：027 －85267625、13986037010
传真：027 －85267625
网址：www. ecch. com. cn
邮箱：lignincn@ ecch. com. cn
产品：木质素磺酸钙、碱木质素、木质素磺酸盐、羧甲基淀粉钠

武汉新大地环保材料股份有限公司
湖北省武汉市硚口区南泥湾 8 号长丰科技产业园(西区)8 号
邮编：430034
电话：027 －83305573、83305579、83305591
传真：027 －83305570
网址：www. newlandchem. com
邮箱：13396066976@ 163. com
产品：防腐杀菌剂

武汉市羽佳化工有限公司
湖北省武汉市东湖高新开发区大学园路 11 号
邮编：430074
电话：027 －52101188
传真：027 －52101188
网址：www. yj1188. com
邮箱：yj11882000@ yahoo. com. cn
产品：干强剂、水处理剂、消泡剂

武汉市雨田高分子材料有限公司
湖北省武汉市蔡甸区永安街万岭特 1 号
邮编：430105
电话：027 －69305728、59843713
传真：027 －69304916
邮箱：2685014692@ qq. com
产品：CMC、脱墨剂、润滑剂、抗水剂、分散剂

武汉市新洲区耀华化工有限公司
湖北省武汉市新洲区阳逻街新阳大道
邮编：430415
电话：027 －86963113
传真：027 －86963113
邮箱：670725974@ qq. com
产品：新型造纸制浆蒸煮剂、脱墨剂、固体/液体消泡剂、剥离剂、助留剂

武汉葛化集团有限公司
湖北省武汉市洪山区葛化街化工路 31 号
邮编：430078
电话：027 －87602513
传真：027 －87600357
网址：www. whghjt. com
邮箱：173428654@ qq. com
产品：烧碱、液氯

宜昌市

湖北宜化集团有限责任公司
湖北省宜昌市沿江大道 52 号
邮编：443000
电话：0717 －8868298、8868222
传真：0717 －8868298
网址：www. hbyihua. cn
邮箱：yhflxt@ 163. com
产品：烧碱

襄樊市

襄樊惠邦化工有限公司
湖北省襄樊市江汉路 25 号
邮编：441002
电话：0710 －3955939、13307279512
传真：0710 －3112389
产品：分散剂、胶黏剂

湖北新四海化工股份有限公司
湖北省枣阳市南城王家湾社区居委会五组 3 幢
邮编：441200
电话：0710 －6241188
邮箱：42966532@ qq. com
产品：消泡剂、抗水剂、润滑剂

荆门市

钟祥市金汉江纤维素有限公司
湖北省荆门市钟祥市南湖新区富水路
邮编：431938
电话：0724 －4238472、4236034
传真：0724 －4223212
网址：www. chinajhj. com
邮箱：jhj@ chinajhj. com

产品：精制棉、CMC

荆州市

荆州科瑞伟业化工有限公司
湖北省荆州市沙市区经济开发区
邮编：434000
电话：13593809310
邮箱：13593809310@ qq. com
产品：涂布专用 CMC、润滑剂、纳米级微粒高效造纸助留助滤剂

荆州市旭升化工助剂有限公司
湖北省荆州市荆州区拍马工业园
邮编：434020
电话：0716 –8416699、18986708588、13607219187
传真：0716 –8416699
网址：www. jzsxshg. com
邮箱：xshg2002@ 163. com
产品：阳离子淀粉、助留助滤剂、交联表面施胶剂、高效废纸脱墨剂、阴离子分散松香胶、中碱性施胶剂、蒸煮助剂、湿强剂

咸宁市

湖北中之天科技股份有限公司
(原嘉鱼县中天化工有限责任公司)
湖北省咸宁市嘉鱼县鱼岳镇徐家庄 167 号
邮编：437200
电话：0715 –6329868
传真：0715 –6329868
邮箱：13807247197@ vip. 163. com
产品：蒸煮助剂、高效漂白剂、荧光增白剂、脱墨剂、湿强剂、显白剂

仙桃市

仙桃市闻捷福工贸有限责任公司
湖北省仙桃市经济开发区青鱼湖路 16 号
邮编：433000
电话：0728 –3273000、13512345678
产品：脱墨剂、蒸煮助剂

湖北嘉韵化工科技有限公司
(原仙桃贝斯特化学品有限公司)
湖北省仙桃市刘口工业园叶河二路 1 号
邮编：433000
电话：0728 –3255688、3601188、3601199
传真：0728 –3255601
网址：www. jiayunchem. com
邮箱：jiayunchem01@ 163. com
产品：环氧聚酯湿强剂、蒸煮催化剂、固着剂、AKD 中性施胶剂、表面施胶剂、助留助滤剂、防腐杀菌剂、干增强剂、抗水剂、柔软剂、剥离剂

湖北新恒兴材料科技有限公司
湖北省仙桃市郭河工业园区
邮编：433013
电话：0728 –87654321
邮箱：13507226918@ qq. com
产品：阳离子中碱性施胶剂、阳离子中性表面施胶剂、新型涂料胶乳、湿强剂、干强剂

天门市

湖北冠禾工业科技有限公司
湖北省天门市岳口工业园 3 号路以东
邮编：431700
电话：0728 –5885508
传真：0728 –5885508
网址：www. hbghgy. cn
邮箱：2483827710@ qq. com
产品：化工原料及产品(危险化学品除外)、水处理化学品、造纸化学品(危险化学品除外)的研发、生产、销售

湖 南 省

长沙市

内蒙古超牌建材科技有限公司
湖南省长沙市芙蓉中路二段 198 号新世纪大厦 9003 室
邮编：410015
电话：0731 –85179028、85179029、85819266
传真：0731 –85179099
网址：www. hnsuper. com. cn、www. nmsuper. com
邮箱：cpdcx@ superkaolin. com
产品：超细研磨碳酸钙、超细煅烧高岭土

长沙市力波化工有限公司
湖南省长沙市芙蓉区火星街道远大一路 418 号建安新商汇 2601 室
邮编：410001
电话：0731 –84786498、84735309
传真：0731 –82862601
网址：www. lbsun. com

邮箱：sales@ lbsun. com
产品：分散剂、脱墨剂、光亮剂、施胶剂等造纸化学品及各种羧甲基纤维素、甲基纤维素、羟丙基甲基纤维素、聚合氯化铝、聚丙烯酰胺、染料

湖南美莱精化有限公司
湖南省长沙市高新开发区桐梓坡西路 229 号麓谷国际工业园 C 栋 12 楼
邮编：410013
电话：13908495512
邮箱：237839757@ qq. com
产品：造纸助剂

株洲市

湖南省醴陵市华中化工有限公司
湖南省醴陵市王仙科技工业园
邮编：412200
电话：0733 –23518818、13974115257
传真：0733 –23518818
产品：分散松香胶、干强剂、脱墨剂、毛毯洗净剂、松香、乳化剂

湘潭市

湖南森泰生物科技有限公司
湖南省湘潭市天易示范区吴家港工业区
邮编：411228
电话：0731 –57788978
传真：0731 –57788978
网址：www. xtsentai. com
邮箱：1126343262@ qq. com
产品：羧甲基纤维素钠（CMC）、羧甲基淀粉钠（CMS）、甲基纤维素（MC）、羟丙基甲基纤维素（HPMC）、涂布黏合剂

湘潭市麓安造纸材料研究所有限公司
湖南省湘潭市先锋工业园
邮编：411100
电话：13170327039
邮箱：15200353375@ 163. com
产品：造纸化学品

衡阳市

湖南超牌化工有限公司
湖南省耒阳市水东江街道办事处鹿岐居委会振兴路明理坳 89 号
邮编：421800
电话：0734 –4370523、13975440918
传真：0734 –4370470
邮箱：hncphg@ 163. com
产品：超细 GCC、高岭土

岳阳市

湖南海正生物科技有限公司
湖南省岳阳市经济技术开发区木里港大道现代工业产业园 7 栋 1 楼
邮编：414000
电话：0730 –8118899、15990098899
传真：0730 –8831188
网址：www. hnhisun. com
邮箱：hzgs8899@ 163. com
产品：打浆酶、滤水酶、胶粘物控制酶、施胶酶、脱墨酶、助漂酶、木片预处理酶、除臭酶、溶解浆用酶、树脂控制酶、木粉软化酶

广 东 省

广州市

广州纬森普化工科技有限公司
广东省广州市番禺区桥南街福德路 341 号 2306
邮编：510000
电话：020 –87362138
传真：020 –87371198
邮箱：1154483587@ qq. com
产品：湿强剂

广东迪美生物技术有限公司
广东省广州市先烈中路 100 号 62 栋 205（广东省微生物研究所）
邮编：510075
电话：020 –87688093、87688061
传真：020 –87688093
网址：www. gd-demay. com
邮箱：sales@ gd-demay. com
产品：防腐剂、防霉剂、抗藻剂、消毒剂

广州宇洁化工有限公司
广东省广州市海珠区宝岗大道 268 号中新大厦 12 楼12 –13B 室
邮编：510240
电话：020 –34371818、34371600、13922255156
传真：020 –34141884

网址：www. yujiechem. cn
邮箱：gzyujie2010@ 163. com
产品：聚丙烯酰胺、丙烯酰胺、聚合氯化铝、脱色剂

广州精细化学工业公司
广东省广州市海珠区宝岗路郊坛顶 17 号之五
邮编：510240
电话：020 – 34370939
邮箱：867138744@ qq. com
产品：聚丙烯酰胺、分散剂、湿强剂、助留助滤剂、水处理絮凝剂、脱水剂、表面活性剂

广州市黄埔天泰化轻有限公司
广东省广州市越秀区寺右新马路 111 – 115 号新城广场 2209 室
邮编：510600
电话：020 – 87391185、87391810
传真：020 – 87382704
网址：www. tt020. com
邮箱：hr87391810@ 163. com
产品：纸浆专用防霉防腐杀菌剂、荧光增白剂、钛白粉、超细滑石粉

广州兰泉环保科技有限公司
广东省广州高新技术产业开发区开创大道 2707 号自编 B1 栋 1612 房
邮编：510700
电话：020 – 82318552、15989182360
网址：www. lanquanhuanbao. com
邮箱：846339279@ qq. com、409835805@ qq. com
产品：废水处理药剂、循环冷却水处理药剂、RO 膜反渗透水处理剂

广州市华夏助剂化工有限公司
广东省广州市天河区体育东路 122 号羊城国贸东塔 1806
邮编：510620
电话：020 – 38661006、38661009、38661209
传真：020 – 38661036
网址：www. huaxiaadd. com
邮箱：350387875@ qq. com
产品：国外系列涂料助剂、华夏品牌助剂

广州市君伦化工科技有限公司
广东省广州市天河区沙太路 268 号 802、80A 房(仅限办公用途)
邮编：510635
电话：020 – 38470568、22832058
传真：020 – 38470569
网址：www. junlunchem. com
邮箱：gz-kingdom@ 163. com
产品：杀菌防腐剂、流程清洗剂、系统保洁剂、杀菌抑菌剥离剂

广州智尚化工技术开发有限公司
广东省广州市天河区天河北路 559 号 2301 自编 A21 房
邮编：510640
电话：020 – 84546214
邮箱：123@ 163. com
产品：水处理用水溶性消泡剂、异噻唑啉酮类、季铵盐类杀菌防腐剂、缓蚀阻垢剂、造纸用杀菌防腐剂、絮凝剂、新型含氟聚有机硅氧烷类油溶性流平剂

广州慧谷化学有限公司
广东省广州市萝岗区永和经济区新业路 62 号
邮编：511356
电话：020 – 32222928
传真：020 – 32222928 – 6026
产品：水性功能性涂料、高分子合成助剂、无机粉体材料

广州慧谷工程材料有限公司
广东省广州市增城中新镇大田村风门坳(土名)
邮编：511365
电话：020 – 32968222
传真：020 – 32968222 – 2035
网址：www. humanchem. com
邮箱：hg@ huamanchem. com
产品：水性涂料、特种金属卷材涂料、高分子树脂和无机材料、彩色喷墨打印纸涂料、胶浆涂料

广州市瑞洋表面活性剂有限公司
广东省广州市番禺区大龙街新桥村西沙岗新环中路七号之一
邮编：511450
电话：020 – 84551143
产品：乳化剂、消泡剂、杀菌防腐剂

广州市灏洋水处理材料有限公司
广东省广州市番禺区大龙街新桥村泰安路西横六街 3 号
邮编：511450
电话：020 – 84559143、84553577
传真：020 – 84553788
网址：www. how188. com
邮箱：sales@ how188. com

产品：净水剂、水质稳定剂、絮凝剂和清洁剂

中科院广州化学有限公司
中国科学院广州化学研究所
广东省广州市天河区兴科路 368 号广州化学研究所
邮编：510650
电话：020 - 85231815、85231230
传真：020 - 85231119
网址：www. gic. ac. cn
邮箱：bgs@ gic. ac. cn
产品：胶黏剂

广州日华化学有限公司
广东省广州市广州经济技术开发区明珠路 15 号
邮编：510730
电话：020 - 82211314
网址：www. nicca. cn
邮箱：gnc@ niccachemical. com
产品：纸用固色剂、分散剂、柔软剂、膨松剂、脱墨剂、消泡剂

荒川化学合成(上海)有限公司广州分公司
广东省广州市天河区体育西路 191 号 B 塔 4716，4717
邮编：510610
电话：020 - 38083169
传真：020 - 38083169
网址：www. arakawachem. com. cn
邮箱：guo@ arakawachem. com. cn
产品：化工产品批发

双日(广州)有限公司
广东省广州市天河区体育东路 138 号金利来数码网络大厦 1807A 室
邮编：510620
电话：020 - 38781206
传真：020 - 38780466
网址：www. sojitz. cn
产品：化工、合成树脂

诺维信(中国)投资有限公司广州分公司
广东省广州市越秀区环市东路 403 号 2203 房间
邮编：510095
电话：020 - 87320177
传真：020 - 83752113
网址：www. novozymes. com
邮箱：ds4401040011518@ unit. gzemail. cn
经营：工业酶制剂、工业微生物制剂销售和技术支持

旭川新材料(广东)股份有限公司
(原广州旭川合成材料有限公司)
广东省广州市南沙区大岗镇北龙路 83 号(自编 6 号)
邮编：511458
电话：020 - 39116768
网址：www. hetrun. org
邮箱：zhgl@ hetrun. com
产品：“SPLAT”造纸、特殊标签材料、空气过滤、生活用纸

深圳市

深圳市三力星聚合同创科技发展有限公司
广东省深圳市福田区梅林街道北环路梅林多丽工业区 1 栋 409
邮编：518000
电话：0755 - 83733558
传真：0755 - 83733596
邮箱：Lindazheng@ szpolyco. com
产品：助留助滤剂、增强剂、表面施胶剂、染料、颜料、中性施胶剂、清洗剂、消泡/抑泡剂、脱墨剂、防腐杀菌剂、分散松香胶、纸张成形剂

深圳市华苏科技发展有限公司
广东省深圳市南山区南山大道南海大厦 B 栋 6G
邮编：518054
电话：0755 - 86250096
传真：0755 - 86250096
网址：www. tengtuo. com
邮箱：314729111@ qq. com
产品：杀菌防腐剂、荧光增白剂、水处理药剂、甲基纤维素、羟乙基纤维素、聚乙烯醇、分散剂

深圳绿微康生物科技有限公司
广东省深圳市南山区龙珠大道龙珠三路光前工业区 21 栋 7 楼
邮编：518055
电话：0755 - 26031010
传真：0755 - 26031910
网址：www. leveking. com
产品：生物脱墨剂、胶黏物处理剂、废水处理剂

深圳市索雷亿科技有限公司
广东省深圳市宝安区宝民一路碧涛苑 1 栋 B 座 103 室
邮编：518133
电话：13714344454
邮箱：solate@ 21cn. com
产品：过氧化物引发剂系列、抗氧化剂、紫外线吸收

剂、光引发剂系列、防腐剂、抗静电剂

深圳清源净水器材有限公司
广东省深圳市南山区南海大道水务集团南山大楼 8 楼
邮编：518052
电话：0755－26978809、26978819、26978633
传真：0755－26978825
邮箱：qingyuan@ qingyuansz. com
产品：聚合氯化铝废水处理剂、造纸施胶剂、杀菌灭藻剂、重金属捕集剂

珠海市

珠海市骏兆丰进出口有限公司
广东省珠海市红山路 288 号珠海国际科技大厦 B508 室
邮编：519000
电话：0756－3331388
传真：0756－3362737
网址：www. bikin. cn
邮箱：info@ bikin. cn
产品：造纸化工涂料

广东溢多利生物科技股份有限公司
广东省珠海市南屏科技工业园屏北一路 8 号
邮编：519060
电话：0756－8676888
传真：0756－8673999
邮箱：vtr@ vip. 163. com
产品：生物酶

佛山市

佛山市华昊华丰淀粉有限公司
广东省佛山市禅城区富盈路 11 号首层 37 号
邮编：528000
电话：0757－82817979
邮箱：fxpxf@ 163. com
产品：湿部添加剂、涂布黏合剂、表面施胶剂、阳离子淀粉、纸制品再湿胶黏剂

佛山市南海大田化学有限公司
广东省佛山市南海区狮山科技工业园 B 区科园路 1 号
邮编：528000
电话：0757－82726800、4008083187
传真：0757－86698585
网址：www. dtdefoamer. com
邮箱：datian@ dtdefoamer. com
产品：纸浆、涂布、废水处理用消泡剂

佛山市特森化工有限公司
广东省佛山市同华西 2 路南华 1 街 13 号首层 1 号铺之一
邮编：528000
电话：13809816227
产品：净水剂、聚丙烯酰胺、高效脱色剂、聚合硫酸铁、硫酸铝

佛山市南海区骏能造纸材料厂
广东省佛山市南海区狮山镇罗村芦塘工业区
邮编：511400
电话：0757－86410016
传真：0757－88395329
网址：junneng668. com
邮箱：183647235@ qq. com
产品：纸张增强、施胶、防水、助留助滤、消泡剂、防腐杀菌剂等
福建厂：0595－23883388
江门厂：0750－3655066
河北厂：0311－87372100
临安厂：0751－63865760
重庆厂：023－46289139

广东奇力士环保能源股份有限公司
(原广东奇力士石油化工有限公司)
广东省佛山市顺德区大良大门堤围路 8 号
邮编：528333
电话：0757－22329333
传真：0757－22329308
邮箱：dijiajiyou@ 163. com
产品：聚硅氯化铝、聚硅氯化铝铁、硫酸铝、聚丙烯酰胺、无铁硫酸铝、复合聚硅氯化铝、复合聚硅氯化铝铁

佛山市高明区友本化工有限公司
广东省佛山市高明区明城镇城十路 99 号
邮编：528518
电话：0757－88930638
传真：0757－88836686
邮箱：415747442@ qq. com
产品：中性施胶剂、干/湿增强剂、离缸剂、助虑增强剂

广东银洋环保新材料有限公司
广东省佛山市三水区乐平镇范湖经济开发区
邮编：528138
电话：0757－87366666
传真：0757－87360388

网址：www. yinyangresin. com
产品：水性乳液和粉末涂料用聚酯

广东顺德蓝亚化工有限公司
广东佛山市顺德区大良成业路 4 号金粤宏泰大厦 2 栋 202
邮编：528300
电话：0757－22332111、22332118
网址：www. blueasia. cn
邮箱：lanyatrade@ 126. com
产品：涂布增强剂、高岭土、抗氧剂、光敏感剂、硬脂酸剂、硬脂酸剂润滑剂(乳液)等

广东德美精细化工集团股份有限公司
(原广东德美精细化工股份有限公司)
广东省佛山市顺德高新区科技产业园朝桂南路
邮编：528305
电话：0757－28399088
网址：www. dymatic. com
邮箱：liuzf@ dymatic. com
产品：造纸助剂

江门市

江门市新会区天盛生物科技有限公司
(原江门市新会区辉昊化工有限公司)
广东省江门市新会区大泽镇李苑路口
邮编：529100
电话：0750－6116733
传真：0750－6116733
邮箱：232695820@ qq. com
产品：干强剂、分散剂、脱墨剂、助留助滤剂

江门市大中科技企业发展有限公司
广东省江门市礼乐文昌花园 99 座首层
邮编：529060
电话：0750－36157630
邮箱：741941778@ qq. com
产品：造纸化学品

江门市南化实业有限公司
广东省江门市新会区睦洲镇新沙工业区
邮编：529100
电话：0750－6228298
传真：0750－6709678
网址：www. jmzghg. com
邮箱：jmzghg@ 163. com
产品：湿强解离剂、湿强固着剂、抗静电剂、剥离剂、电荷调节剂等

茂名市

茂名市银华高岭土实业有限公司
广东省茂名市茂南区新坡镇黄塘管理区白银窝村
邮编：525011
电话：0668－2717589、2717189
传真：0668－2717889
网址：www. mmyhkaolin. cn
邮箱：522912856@ qq. com
产品：高岭土

肇庆市

高要宝时化工有限公司
广东省肇庆市高要市南岸镇上元路 37 号
邮编：526100
电话：18807580333
邮箱：2625301498@ qq. com
产品：EDTA、DTPA、表面施胶剂、湿强剂、网毯清洗剂、双氧水稳定剂、胶黏物控制剂、涂布分散剂、涂料润滑剂、涂料耐水剂

惠州市

惠州联宏化工有限公司
广东省惠州市大亚湾石油化学工业区 H2 地块西南角
邮编：516081
电话：0752－5599101、5599888
传真：0752－5599180
网址：www. lianhonghuagong. com
邮箱：xiehj@ bestgrandchem. com
产品：表面施胶剂

清远市

大和(清远)石矿化工有限公司
广东省清远市禾云镇 107 国道旁
邮编：511875
电话：0763－5672399
产品：滑石粉、碳酸钙

清远慧谷新材料技术有限公司
广东省清远市英德市东华镇清远华侨工业园创业大道 1 号
邮编：511058
电话：0763－2689089

传真：0763－2689089
网址：www. humanchem. com
邮箱：pangshiping@ humanchem. com
产品：水性涂料、特种金属卷材涂料、高分子树脂和无机材料、彩色喷墨打印纸涂料、胶浆涂料

东莞市

广东诚铭化工科技有限公司
广东省东莞市松山湖高新技术产业开发区科技 10 路 5 号国际金融 IT 研发中心 19 栋 B 座
邮编：523808
电话：0769－38851966
传真：0769－38851968
网址：www. chengming. com
产品：造纸制浆、造纸过程助剂、功能助剂、丁苯胶乳等涂料加工助剂、纸用染料和水处理等化学品

东莞博高化工有限公司
广东省东莞市南城街道莞太路南城段 275 号阳光天地商务中心 6 栋 602 室
邮编：523000
电话：0769－26387872、13827209837
传真：0769－26387870
网址：www. bogaohg. com
产品：分散剂、润湿剂、防腐剂、防霉剂

东莞市粤星纸业助染有限公司
广东省东莞市万江石美管理区商住楼地下 8－9 号
邮编：523040
电话：0769－22272839、22279289
传真：0769－22272839
网址：www. yuexingdg. com
邮箱：yuexing@ yuexingdg. com
产品：造纸染料、分散剂、增白剂、施胶剂、湿强剂、剥离剂、柔软剂、脱墨剂、絮凝剂

广东中成化工有限公司
广东省东莞市麻涌镇第二工业区
邮编：523130
电话：0769－66200048
邮箱：403233491@ qq. com
产品：双氧水、保险粉、过氧碳酸钠、焦亚硫酸钠、亚硫酸盐

广东汇美淀粉科技有限公司
广东省东莞市麻涌镇大步工业区
邮编：523143
电话：0769－88286638、88287996
传真：0769－88287332
网址：www. huimei-starch. com、www. hmdf. cn
邮箱：hmdfkj@ 126. com
产品：两性淀粉、涂布胶黏淀粉、表面喷雾淀粉、湿部添加阳离子淀粉、层间喷雾淀粉、表面施胶淀粉

东莞市中堂华兴造纸材料厂
广东省东莞市中堂镇江南远兴工业区
邮编：523230
电话：0769－88186095
传真：0769－88186095
邮箱：zthxzz@ 163. com
产品：分散松香胶、中性施胶剂、增白剂

东莞东美食品有限公司
广东省东莞市高埗镇护安围工业区
邮编：523279
电话：0769－88731228、88878488
传真：0769－88874888
网址：www. dm-starch. com
邮箱：dmstarch@ 126. com
产品：表面施胶淀粉、涂布淀粉、草木浆增强淀粉、两性淀粉、层间喷雾淀粉、阳离子淀粉、生活用纸增强淀粉、表面喷雾淀粉

东莞市嘉宏有机硅科技有限公司
广东省东莞市松山湖工业北一路 7 号
邮编：523000
电话：13929266192
邮箱：1628722442@ qq. com
产品：有机硅、高分子材料、高性能助剂

东莞市古粤水性助剂有限公司
广东省东莞市中堂镇江南工业西区二环路 8 号
邮编：523230
电话：0769－81295677
传真：0769－81295676
网址：www. guyuezj. com
邮箱：sales@ guyuezj. com
产品：制浆造纸助剂

东莞市顶盛环保科技有限公司
广东省东莞市望牛镇北环路杜屋工业区
邮编：523000
电话：0769－28680629、81168908、88238962、88232310、81168808
传真：0769－88238963

网址：www. dosheng. cn
邮箱：755898643@ qq. com
产品：废水通用絮凝剂系列、废水功能处理剂系列、废水脱色絮凝剂系列、消泡剂系列

东莞市五全新材料有限公司
广东省东莞市常平镇桥沥村北门路 12 号 2 栋
邮编：523560
电话：0769 –83551869
传真：0769 –83551879
网址：www. vsunny. net
邮箱：luke@ dgvsunny. com
产品：纳米钙、普通轻钙、活性轻钙、活性重钙、水磨粉、立磨粉、球磨粉、环辊磨粉的全系列碳酸钙粉

中山市

中山市杰西卡化工有限公司
广东省中山市南头镇南和西路 122 号(二处临街楼首层)10、11 号
邮编：528427
电话：0760 –23121036、23121039
经营：化工产品

广西壮族自治区

南宁市

广西林业集团桂谷实业有限公司
广西壮族自治区南宁市双拥路 30 号南湖名都广场 A 栋 28 层 2804 –2805
邮编：530022
电话：0771 –2874376
传真：0771 –2874376
网址：www. gxguigu. cn
产品：销售甲醇、甲醛等

南宁巨港水处理科技有限公司
广西壮族自治区南宁市白沙大道 30 号
邮编：530003
电话：0771 –4918536
传真：0771 –4918536
邮箱：260748326@ qq. com
产品：杀菌剂、保洁剂、清洗剂、表面施胶剂、阳离子分散松香胶、中性施胶剂、助留助滤剂、消泡剂、湿/干强剂、黏缸剂/剥离剂、柔软剂、树脂控制剂

南宁春城助剂有限责任公司
广西壮族自治区南宁市五一西路 61 号
邮编：530045
电话：0771 –4864243、13768411113
传真：0771 –4861026
邮箱：13768411113@ 163. com
产品：消泡剂、乳化剂、表面活性剂、松香高分散施胶剂

广西南宁市武鸣县安宁淀粉有限公司
广西壮族自治区南宁市武鸣县罗波镇商业城
邮编：530112
电话：0771 –6082170
传真：0771 –6082170
邮箱：wmandf@ 163. com
产品：木薯淀粉、层间喷淋淀粉、涂布胶黏剂、表面施胶剂、复合木薯变性淀粉、阳离子淀粉

广西农垦明阳生化集团股份有限公司
(原广西明阳生化科技股份有限公司)
广西壮族自治区南宁市江南区明阳工业开发区
邮编：530226
电话：0771 –4818083
邮箱：42167292@ 163. com
产品：涂布黏合剂、阴离子/阳离子表面施胶淀粉、新型湿部添加用两性淀粉、湿部添加增强/助留剂、新闻纸专用增强剂、层间或表面喷雾淀粉、卷烟专用聚合物

梧州市

广西梧州荒川化学工业有限公司
广西壮族自治区梧州市外向型工业园区五路一号
邮编：543002
电话：0774 –3830388
传真：0774 –3830386
网址：www. gxwzarakawa. com. cn
邮箱：gxwzarakawa@ gxwzarakawa. com. cn
产品：分散松香、树胶酯

北海市

北海宏泉淀粉科技有限公司
广西壮族自治区北海市平头岭工业开发区
邮编：536005
电话：0779 –2081122
传真：0779 –2081123
邮箱：bhhq1995@ 163. com
产品：表面施胶剂、涂布胶黏剂、层间喷涂剂、增强剂、淀粉

玉林市

广西壮族自治区玉林松脂厂
广西壮族自治区玉林市石岭子工业区
邮编：537000
电话：0775－3870038
邮箱：552166388@qq.com
产品：松香胶、马来松香

海 南 省

海口市

海南洋浦椰岛淀粉工业有限公司
海南省海口市洋浦经济开发区工业十区
邮编：578101
电话：0898－26532900
网址：www.yedao.com
邮箱：66532908@163.com
产品：阳离子/阴离子表面施胶剂、增强剂、阳离子助留助滤剂、阳离子淀粉、层间喷淋淀粉、涂布淀粉、木薯变性淀粉

重 庆 市

重庆力宏精细化工有限公司
重庆市南岸区江峡路6号
邮编：401336
电话：023－62950127
传真：023－62500141
网址：www.lihong.net
邮箱：office@lihong.net
产品：羧甲基纤维素钠(CMC)

中国石化集团重庆川维化工有限公司
重庆市长寿区维江路36号
邮编：401254
电话：023－68974625、68974061
传真：023－68974094
邮箱：cqsvw.swnl@sinopec.com
产品：聚乙烯醇树脂(PVA)

重庆新华化工有限公司
重庆市潼南区桂林街道办事处产业三支路560号
邮编：402660
电话：023－87288005
传真：023－87288006
网址：www.xinhuachemical.com
邮箱：xhhgxzb@163.com
产品：高档锐钛型钛白粉

双日(中国)有限公司重庆分公司
重庆市渝中区民生路235号重庆JW万豪酒店803室
邮编：400010
电话：023－63996778
传真：023－63996779
网址：www.sojitz.cn
产品：化工、合成树脂

四 川 省

成都市

成都嘉丰精化有限公司
四川省成都市福兴街30号四川轻工大厦11楼
邮编：610016
电话：028－86622199
传真：028－86616160
网址：www.jiafengchina.net
邮箱：jiaxiaolui@jiafengchina.net
产品：阳离子助留剂、着色剂、液体增白剂、阳离子分散松香胶、助留助滤剂、改性皂土、脱气剂、絮凝剂、纸张刚挺剂、表面施胶剂

四川蓉丰化工有限责任公司
四川省成都市双林路22号仁禾商务楼
邮编：610041
电话：028－84397018
传真：028－84397058
邮箱：510000000105856@163.com
产品：分散剂、填料、钛白粉

都江堰钙品股份有限公司
四川省都江堰市青城工业区(灌温路239号)
邮编：611830
电话：028－87283139
传真：028－87283339
产品：造纸专用碳酸钙

中国科学院成都有机化学有限公司
(原中国科学院成都有机化学研究所)
四川省成都市一环路南二段16号
邮编：611300
电话：028－85222143
传真：028－85223978
网址：www.cocc.cn

邮箱：bgs@ cicc. ac. cn
产品：纳米材料

自贡市

四川中光化工科技有限责任公司
(原自贡市中光精细化工有限公司)
四川省自贡市大安区牛佛镇群光村(芝麻山)
邮编：643208
电话：18978870936
产品：中性施胶剂

德阳市

广汉微纳钙业有限公司
四川省广汉市向阳镇顺江南路
邮编：618300
电话：0838 -6098030
邮箱：12488190@ qq. com
产品：碳酸钙加工

陕 西 省

西安市

陕西华润实业有限公司
陕西省西安市莲湖区西北二路 1 号 512 室
邮编：710003
电话：029 -87333574、15399029830
传真：029 -87335479
网址：www. sxhuarun. cn
邮箱：service@ sxhuarun. cn
产品：杀菌剂、分散剂、消泡剂、荧光增白剂、助留剂、高效废纸脱墨剂、光亮柔软剂、水处理剂
华南(广州)：15361772800
华南(汕头)：13025202760
华北区域：15389433867
西南区域：18284593345
西北区域：15353698533

西安道尔达化工有限公司
陕西省西安市莲湖区大兴西路 9 号办公楼 401、402 室
邮编：710077
电话：029 -88620362、88620853、13772007219
传真：029 -88620853
网址：www. kldhg. cn
邮箱：565395622@ qq. com
产品：膨化剂、杀菌剂

西安吉利电子化工有限公司
陕西省西安市高新区丈八街办科技路创业广场 B 座 709 室
邮编：710075
电话：029 -88212585、81887015
传真：029 -88231475
网址：www. xajili. com
邮箱：yangjing_ cg@ 126. com
产品：杀菌防腐剂、沉积物分散剂、系统清洗剂、柔顺剂、蒸煮助剂、脱墨剂、高档卷烟纸包灰剂

陕西省石油化工研究设计院
陕西省西安市西延路 61 号
邮编：710054
电话：029 -85542590、85542624、85542602
传真：029 -85542625、85542591
网址：www. shaanxipci. com
邮箱：pciyingxiao@ 126. com
产品：杀菌防腐剂、增白剂、水处理剂

西安市美佳化工有限公司
陕西省西安市长安区王莽街道韦一村
邮编：710103
电话：029 -85889228、85889310
传真：029 -85889228
网址：www. xamjhg. com
邮箱：xamjhggs@ 163. com
产品：助留助滤剂、表面施胶剂、分散剂、显白剂

西安三业新材料股份有限公司
(原西安三业精细化工有限责任公司)
陕西省西安市高新区丈八一路绿地 SOHO 同盟 A 座 1804 -1805
工厂地址：陕西省咸阳市三原县重工业园冶金大道 5 号
邮编：710065
电话：029 -68668401、68668402、68668403
传真：029 -68668403
网址：www. xasuny. com
邮箱：sanye@ xasuny. com. cn
产品：消泡剂、杀菌剂、水处理药剂等化工助剂产品

咸阳市

咸阳陶瓷研究设计院有限公司
陕西省咸阳市渭阳西路 35 号
邮编：712000
电话：029 -38136155、33576575
传真：029 -33572148

网址：www. xytcy. com
邮箱：xyyyblxh@ 163. com
产品：填料、涂料

甘　肃　省

兰州市

兰州新宇化工有限责任公司
甘肃省兰州市西固区合水路 43 －352 号
邮编：730060
电话：0931 －7365092
邮箱：9473019192@ qq. com
产品：水处理剂

兰州新区化工商贸有限公司
甘肃省兰州市兰州新区瑞玲雅苑 44 号楼 6 楼
邮编：730300
电话：0931 －8251815
邮箱：374889050@ qq. com
产品：化学原料和化学制品

兰州助剂厂有限责任公司
甘肃省兰州市安宁区沙井驿南坡坪 358 号
邮编：730079
电话：0931 －7713656、7766493、7713137
传真：0931 －7766467、7713658
网址：www. lanquan. com
邮箱：info@ lanquan. com
产品：过氧化物系列，酰氯化系列，萘磺酸阴离子表面活性剂系列，阻聚剂系列，过氧化氢系列

嘉峪关市

中核华原钛白股份有限公司
甘肃省白银市白银区南环路 504 号
邮编：730999
电话：0937 －6211779、6211775
网址：www. sinotio2. com. cn
邮箱：TIOXHUA@ pubic. cn
产品：钛白粉

青　海　省

西宁市

青海威思顿薯业集团有限责任公司
(原青海威思顿生物工程有限公司)
青海省西宁市生物科技产业园经二路 62 号三江国际大厦 4 楼
邮编：810016
电话：0971 －5317182、8318736、13997029979
传真：0971 －5317162、5317821
网址：www. qhwsd. com
邮箱：weisidun5584@ sina. com
产品：马铃薯淀粉

宁夏回族自治区

银川市

银川吉龙纸业助剂有限责任公司
宁夏回族自治区银川市高新区科技创新园 83 号楼
邮编：750006
电话：13909599786
邮箱：1052322235@ qq. com
产品：分散松香胶

中卫市

中卫嘉邦精化有限公司
宁夏回族自治区中卫市沙坡头区香山西街通达商贸三号楼
邮编：755000
电话：0955 －7018809
邮箱：764789250@ qq. com
产品：造纸工业用整理剂、助剂

新疆维吾尔自治区

乌鲁木齐市

乌鲁木齐智达化工有限公司
新疆维吾尔自治区乌鲁木齐市沙依巴克区环卫南路 585 号
邮编：830000
电话：181293515751
邮箱：596150628@ qq. com
产品：AKD 中性胶、分散松香胶

伊犁哈萨克自治州

尼勒克县雪龙精淀粉有限责任公司
新疆维吾尔自治区伊犁哈萨克自治州尼勒克县喀什河南岸
邮编：835700
电话：15809997820

邮箱：1099385792@ qq. com
产品：淀粉

昭苏县雪龙精淀粉有限责任公司

新疆维吾尔自治区伊犁哈萨克自治州昭苏县七十六团
邮编：835609
电话：0999－6296126
邮箱：1360025027@ qq. com
产品：马铃薯淀粉

大力发展循环经济 推进生态文明建设

绿色循环经济项目

- 发展林浆纸一体化
- 回收废纸造纸
- 废渣燃烧发电
- 废灰生产建材
- 沼气提纯生产天然气
- 烟气余热回收发电
- 中水循环利用

华泰集团坚持"产量是钱，环保是命，不能要钱不要命"的理念，投资30多亿元增上国际先进设备，对废纸、废渣、废水、废气进行循环利用，形成"资源—产品—再生资源"的闭环式循环生态链。

依托七大科研平台 构筑企业核心竞争力

七大科研平台

- 博士后科研工作站
- 国家级企业技术中心
- 国家级CNAS认可实验室
- 山东省"泰山学者岗"
- 山东省废纸综合利用工程技术研究中心
- 山东省废弃物综合利用重点实验室
- 山东省院士工作站

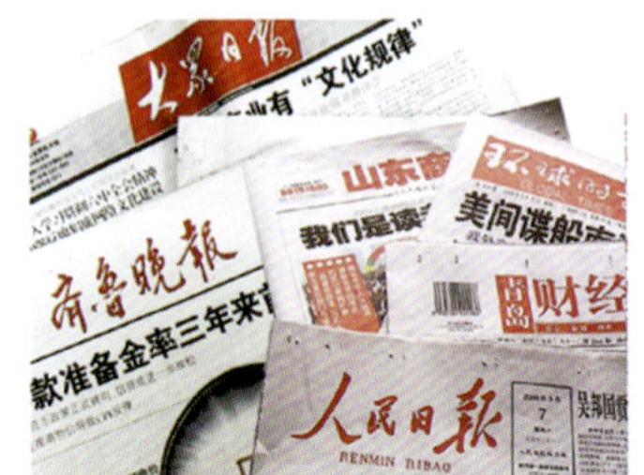

华泰纸成为中央机关报社、出版社、杂志社用纸

泰鼎机械科技

国产压光机和靴式压榨的研制基地

专利号						
专	201620112958.4	201620112902.9	201620112928.3	201620112907.1	201610078491.0	201610078568.4
利	201620112908.6	201620112901.4	201620112909.0	201620112906.7	201610078494.4	201610078511.4
号	201620112903.3	201620112890.X	201620112905.2	201620112904.8	201610078515.2	201610078495.9

国际先进的产品设计　　国际先进的元件配置

国际先进的制造质量　　国际先进的技术性能

6100/1200双压区软压光机

5700/950靴式压榨

十三辊格拉辛纸超级压光机

5600/1000单压区硬压光机

公司简介
Company Profile

永丰余企业的前身，是1923年成立于中国台湾台南之“永丰商店”。到1950年春，何传先生昆仲为发展文化事业，创建了“永丰余造纸公司”，建厂于中国台湾高雄县大树乡久堂村。

永丰余造纸（扬州）有限公司于2004年成立，主营瓦楞芯纸及各种中高档牛皮挂面纸。成立至今，公司一直以清洁生产，循环再利用为核心，注重节能环保工作，生产过程严格按照国际质量环境安全管理体系的要求执行，陆续取得ISO 9001、ISO 14001、ISO 45001、FSC-COC产销监管链国际认证、ISO 50001能源管理体系认证、江苏省绿色工厂称号等。

员工是公司最重要的资产，扬州厂除了有新颖而先进的硬设备外，并努力建设安全、健康、舒适的工作环境，不断地力求改善并加强员工安全教育训练，以期达到工作零灾害及绿色工厂的目标。

新研发NPulp纸浆：代表产品

NPulp纸浆模塑手机支架

NPulp纸塑-咖啡机

NPulp纸浆牛皮纸&面纸

地址：江苏省扬州市经济技术开发区春江路168号
电话：0514-82686458

联盛纸业（龙海）有限公司

联盛纸业（龙海）有限公司于2010年在福建省漳州台商投资区建厂，是一家以再生资源废纸为主要原料的集环保型造纸与热电联产于一体的福建省龙头企业。历经磨砺，如今已发展成为集产品研发、废纸回收、废纸制浆、造纸、销售、物流于一体的现代化造纸企业。

联盛纸业厂区一角

公司位于毗邻厦门的漳州台商投资区，旗下有联盛纸业（龙海）有限公司、漳州市益盛能源环保有限公司、福建省联盛物流有限公司、厦门玖立纸业进出口有限公司等多家子公司。拥有员工2600余人，占地面积1500多亩，包装用纸年产能280万吨。

多年来，联盛纸业践行企业发展和社会责任并重的经营理念，坚定不移走低碳、节能、环保的循环经济发展道路，以可循环使用的废纸为生产原料，采用国内外先进的生产工艺和设备和一流的环保设施生产绿色环保产品。主导产品包括涂布白纸板、涂布牛卡纸、高强瓦楞原纸、高档牛卡纸、纱管原纸、灰纸板、白面牛卡纸7个品种多个级别的包装用纸。

公司已全面实现数字化管理，并先后通过ISO 9001质量管理、ISO 14001环境管理、OHSAS 18001职业健康管理、FSC-COC 产销监管链、能源管理等标准体系认证和高新技术企业认定，为公司可持续性发展夯实了稳固的基础。

面对全球经济一体化的机遇与挑战，联盛纸业坚持“以诚为本、优质服务”的经营方针，以创新为动力，通过产品多元化及高端产品研发，走出一条具有自身特色的可持续发展道路，确立在行业中的独特优势，致力跻身国内造纸前列，为我国经济、社会发展做出更大的贡献。

联盛纸业“年产70万吨”涂布白纸板生产线

联盛纸业产品

联盛纸业产品

玖龍紙業(控股)有限公司

NINE DRAGONS PAPER (HOLDINGS) LIMITED

玖龙纸业成立于1995年，总部位于广东省东莞市，2006年于香港联交所主板上市，目前为全球产能排名第二的造纸集团和中国造纸的龙头企业（主要产品为各类环保包装纸及其上下游产业链）。2021年集团总产能1800余万吨，总资产约960亿元，年产值近800亿元，员工（国内）2万余人，名列2022年“中国民营企业500强”第95位。

玖龙纸业已在中国的东莞、太仓、重庆、天津、泉州、沈阳、唐山、乐山建立造纸基地，还积极把握“双循环”战略机遇，在湖北荆州、广西北海投资建设新基地。积极响应“一带一路”倡议，不断推进国际化发展，完善产业链，2008年完成对越南正阳造纸厂的收购和控股，进入东盟市场，2017年完成越南基地二期工程的扩建，成为越南造纸的龙头企业。2019年收购了一家位于马来西亚文冬的浆纸厂并进行扩建，在马来西亚雪兰莪投资建设一个新的智能化造纸基地。为了进一步拓展国际化的资源配置，形成资源优势的互补，2018年收购了四家位于美国的浆纸厂（缅因州的Rumford、Old Town；威斯康星州的Biron；西弗吉尼亚州的Fairmont）。此外，集团兄弟企业在上游建立了再生资源回收贸易公司，为集团提供稳定的废纸等原料供应；集团还在下游建立了多个纸包装公司，为用户提供环保纸包装的“智能化、一站式”服务。

玖龙纸业引进国际领先的技术和大型现代化、智能化设备，并不断创新研发，代表着中国包装用纸的先进水平。玖龙纸业高度重视系统化、大数据管理，应用先进的SAP系统管理平台，促进信息化与工业化“两化”深度融合，被评为“高新技术企业”和国家“信息化和工业化融合管理体系贯标试点企业”。

玖龙纸业积极践行“绿水青山就是金山银山”的生态文明思想，一贯秉承“没有环保，就没有造纸”的企业理念，视环保为企业生命，致力于环境保护和节能减排，倡导可持续发展的循环经济。不仅使用可以回收循环利用的废纸作原料，还与时俱进，不断加大环保投入，使玖龙纸业各项环保和能耗指标都做到优于国家标准，是资源节约型和环境友好型企业的典范。玖龙率先在行业建设环保焚烧炉，将造纸产生的固废全部转化为清洁能源，不对外排放，还帮助地方政府处理一部分工业固废，为创建“无废城市”做出贡献。除获ISO14001环境管理认证和清洁生产认证外，生产基地多年被当地环保部门评为“环保诚信企业”称号，并被评为“绿色工厂”“中国造纸工业环境友好企业”，荣获“全国造纸行业节能减排达标竞赛优胜企业”称号，被授予“全国五一劳动奖章”。

玖龙纸业实行以人为本，民主、智慧与科学相结合的管理模式，不断提升员工的福利待遇，做到在行业内领先，形成了“尊重关爱员工、细化创新管理、传承百年品牌、弘扬拼搏精神”的具有玖龙特色的企业文化。玖龙纸业积极开展形式丰富的员工培训，从安全教育、专业技能、管理水平、企业文化等各个方面不断提升员工素质；还定期开展各种文化、体育活动，在丰富员工精神文化生活的同时，弘扬“爱国、爱家、爱企业”的积极向上和团结奋斗的正能量。

玖龙纸业自1998年7月第一条生产线顺利建成投产至今，在增加税收、带动上下游产业链升级、促进地方经济发展、创造就业机会、共建和谐社会等方面，为国家和地方的经济建设做出了突出的贡献。玖龙纸业一向积极履行社会责任，近年来在各种公益活动中投入4亿余元。玖龙积极支持国家抗击新冠疫情，捐赠现金3100万元，并在海外多方筹集约240万元紧缺医疗物资运回国内，由员工组成的驰援湖北运输队将物资运送至武汉。在河南发生洪涝灾害后，第一时间捐款2000万元驰援灾区开展应急救援及灾后重建。玖龙长期坚持精准扶贫，持续参加“广东扶贫济困日”活动，累计捐款超过2.9亿元，重点支持了贫困地区的“教育、产业扶贫、救助贫困弱势群体、完善农村基础设施、改善村民生活环境”等方面，惠及粤西、粤北等多个欠发达地区。玖龙长期坚持开办“玖龙班”，通过职业教育扶贫，资助偏远山区贫困学生学习深造并提供就业机会，给这些贫困家庭的孩子提供一个好的平台，鼓励他们通过自己的努力改变自己和家庭的命运，为国家和行业培养具有可持续发展的意识和技能、对社会心存感恩和博爱之心的新时代产业工人。玖龙建立了多个爱心基地，关爱贫困山区留守儿童；捐款700多万元，支持中华慈善总会“一张纸献爱心”活动，在积极倡导废纸回收的同时救助先心病患儿；积极开展少数民族贫困地区的扶贫工作，为甘孜雅江呷拉中学捐款500万元，改善办学条件，支持侨爱工程“点亮藏区生活计划”，捐款100万元；多次为受灾地区捐建“侨心居”；第一时间向汶川、玉树和雅安地震灾区捐赠了1500万元、1000万元和1200万元，支持灾区人民抗震救灾，重建家园。积极支持国家办好北京冬奥会，捐款2000万元援建“华侨冬奥冰雪博物馆”。在中国香港，通过新家园协会、团结香港基金、香港侨界社团联会等捐款超过8200万港元，为社会奉献爱心。被授予“全国脱贫攻坚奖”、全国“万企帮万村”先进民营企业、“广东扶贫济困红棉杯金杯及突出贡献企业”等多项荣誉，并光荣入选“2020中国民营企业社会责任优秀案例”，2021年被授予第十一届“中华慈善奖”——“在脱贫攻坚等慈善领域做出突出贡献”和“在抗击新冠肺炎疫情慈善领域做出突出贡献”双项荣誉。

制造业是GDP的基石。未来，玖龙纸业将以实现“六化”、打造企业工业4.0为目标，继续朝着环保型、节能型、智能化管理的企业目标迈进，巩固行业龙头地位，奠定企业百年基业。

中国海诚工程科技股份有限公司
CHINA HAISUM ENGINEERING CO.,LTD.

地址：上海市宝庆路21号
电话：86-21-64370093
E-mail：info@haisum.com
网址：www.haisum.com

邮编：200031
传真：86-21-64334045
Zip Code: 200031
Fax: 86-21-64334050

ADD: NO.21 Baoqing Road,Shanghai,China
Tel: 86-21-64370093
E-mail: info@haisum.com
Web: www.haisum.com

计项目

PM(常熟)有限公司(1号机、2号机，3号机)

东纸业(江苏)有限公司(1号机，2号机，3号机)

波亚洲纸业有限公司年产75万吨涂布白纸板工程

制浆造纸是中国海诚最主要的工程服务领域之一，历史悠久。1953年成立的轻工业部基本建设局设计院（后经多次改制更名为中国海诚）是新中国成立时建立的专业设计院之一，六十多年来在国内外已完成六百多项制浆造纸工程的咨询、设计、监理、工程管理和EPC总承包项目，多年的耕耘积累了大量宝贵经验，2015年发布实施的中华人民共和国国家标准《制浆造纸厂设计规范》(GB 51092—2015）是由我公司主持编制出版。我公司在为国内外客户提供优质服务的同时，也为造纸技术更新换代、造纸企业的健康蓬勃发展做出了应有的贡献。

中国海诚拥有一支专业服务团队，涵盖制浆造纸工艺、机械管道、动力、总图、建筑、结构、电气、仪表、暖通、给排水、设备监造管理、现场施工管理、开机培训等专业，现拥有造纸行业设计大师2名，教授级高工24名，高级工程师70名，技术力量雄厚，竭诚为国内外新老客户提供项目前期咨询、设计、监理、工程管理、EPC总承包等项目全过程优质专业服务。

亚太森博浆纸有限公司
100万吨包装纸板工程项目

理文集团项目

斯道拉恩索(北海)浆纸一体化项目

海南金海纸业有限公司

近年来，以设计为先导的工程EPC
钥匙总承包服务成为中国海诚股份
要业务，公司先后承担了广东森叶
业有限公司自备电站、芬欧汇川纸
（常熟）有限公司二期工程纸加工
司、越南安化年产13万吨漂白化
木浆项目、孟加拉KPM漂白车间项
、重庆理文造纸有限公司湿浆改
、江苏王子制纸有限公司年产71.4
吨漂白化学阔叶木浆生产线及其配
工程、泰国SKIC16PM项目、越南理
年产40万吨包装纸生产线项目、泰国
G公司越南二号机项目、广东森叶
业有限公司一号纸机二号纸机提产
造项目、SCG公司菲律宾项目提产
造、正隆平阳造纸废水处理工程、
南KOA箱板纸项目等。

总承包项目

泰国SCG公司越南项目

泰国SKIC16PM项目

越南KOA箱板纸项目

越南理文年产40万吨包装纸生产线项目

江苏王子制纸有限公司KP项目

越南安化年产13万吨
漂白化学木浆项目

正隆平阳造纸废水处理工程

中国轻工业成都设计工程有限公

Chengdu Engineering Co.,Ltd of China Light Indus

设计项目

APP 苏州年产 12 万吨生活用纸项目

东莞顺裕纸业有限公司（制浆、造纸、热电站）

四川天竹竹资源有限公司 12 万吨/年竹纤维项目

中顺洁柔纸业股份有限公司高档生活用纸项目

四川省犍为凤生纸业有限责任公司 12 万吨/年生活用纸及配套项目

国富包装材料有限公司年产 150 万吨包装纸一期项目

云南中烟再造烟叶有限责任公司易地技术改造项目

泰盛集团生活纸项目

中轻成都公司始建于1958年，2002年改制为国有控股公司，现为集团下属中国轻工集团控股的中国海诚工程科技股份有限公司（深市002116）全资子公司，是提供工程咨询、设计、监理、工程总承包的科务型企业。

公司持有轻纺、农林、建筑、商物粮、电力、环境工程、化工、石医药、市政等行业的工程设计资质证书、工程造价咨询企业甲级资质证工程监理综合资质证书、压力管道设计许可证，并通过了质量、环境、健康安全“三标”管理体系认证。

从建院起，制浆造纸一直是公司的传统优势行业，多年来在工程技询及设计、项目管理、工程总承包领域取得了丰富的实践经验。完成项及的原料有木材、竹子、废纸、芦苇、棉短绒等，产品有竹木浆（纤维生活用纸、包装纸、文化用纸、浆粕、特种纸等。完成的工程项目由于的工艺成熟可靠、设备选型先进合理、总体布局合理而受到用户的好评顺洁柔、泰盛集团、APP、玖龙纸业、山鹰国际、理文纸业、宜宾纸业泰纸业、顺裕纸业、银鸽纸业、云南中烟、凤生纸业、景兴纸业、伍星等业主经过多方比较，先后选择成都公司作为其工程项目设计（总承包作伙伴并建立了良好的长期合作关系。作为专业的制浆造纸工程咨询及单位，在完成大量的技术咨询及工程设计工作的同时，及时掌握国内外发展动态和行业发展方向、国家及行业各部门关于制浆造纸方面的政规，如清洁生产、节水节能、降耗、减污等法规，在设计中采用成熟可先进合理的工艺技术的同时，注重节约投资、降低生产运行成本、减污等。精心的设计、优质的服务使我们赢得了业主的普遍赞誉。

近年来，公司制浆造纸事业部更是大力发展工程总承包业务，已先接并顺利完成交付了宜宾纸业股份有限公司整体搬迁技改项目一期工程制浆线EPC、宜宾纸业股份有限公司10万吨/年生活用纸项目及后EPC、四川蜀邦实业有限责任公司生活用纸项目EPC、四川省西龙纸业公司造纸废水处理项目EPC、四川省金福纸品EPC等多项总承包工程。

总承包项目

宜宾纸业股份有限公司
整体搬迁技改项目一期工程化学制浆线设备采购、安装及调试工程

宜宾纸业股份有限公司
10 万吨年生活用纸项目设备采购、安装与调试总承包工程

宜宾纸业股份有限公司10 万吨/年生活用纸项目后加工辅助设备采购、安装与调试总承包工程项目

四川蜀邦实业有限责任公司
生活用纸项目

四川省西龙纸业有限公司
造纸废水处理项目

四川省金福纸品
生活用纸项目

地址：成都市少城路 9 号
邮编：610015
电话：86-28-86630940
传真：86-28-86643706
E-Mail：qrsj@qrsj.com
网址：www.qrsj.com

ADD: No.9 Shaocheng Street,Chengdu,P.R.China
P.C: 610015
Tel: 86-28-86630940
Fax: 86-28-86643706
E-Mail：qrsj@qrsj.com
Http: www.qrsj.com

聚焦ESG，构建可持续未来

APP（中国）始终重视企业可持续发展管理，从战略层面到执行层面全面契合可持续发展理念，通过保障利益相关方的有效参与，不断优化自身运营与管理，致力于实现企业与利益相关方在经济、社会及环境方面的共同发展。

2020 年，基于习近平主席在联合国大会上做出的庄严承诺，APP（中国）紧跟国家“双碳”战略，郑重承诺将在 2030 年前实现碳达峰，2060 年前实现碳中和。对此，集团将在科学营林、生产销售与全产品链条等领域持续发力，通过产业转型和生产数字化、智能化，不断提升资源使用效率与运营效率，多措并举，有效减少碳排放的同时，建立应对“双碳”挑战与机遇

金光相伴
「纸」为明天

的整体平台与机制。

2022 年，是 APP 扎根中国的 30 周年，APP（中国）将积极把握国家战略目标下的巨大机遇，将 ESG 发展理念融入企业文化与可持续发展战略规划之中，并积极构建 ESG 组织管理体系，因地制宜地推出了 APP（中国）的 ESG 战略三年实施路径图，力图通过持续致力于绿色转型与数智转型，携手行业上下游共创高质量发展的可持续未来。

www.app.com.cn

APP

30 APP中国 1992-2022

金光相伴「纸」为明天

截至 2020 年 APP 在中国的自营林
已累计吸收二氧化碳约 **4239.51** 万吨

APP（中国）林务事业部

APP（中国）林务事业部下辖 17 家林业公司及 2 家大型苗圃，从 1995 年起陆续在中国的广东、海南、广西、云南、河南、江西等省区种植人工林，面积逾 27 万公顷。

2001 年，APP（中国）林务事业部建立环境管理体系，成为国内首批通过 ISO 14001 国际环境管理体系认证的林业企业。同年，海南、广东、广西的 5 家林业公司通过中国 CFCC-FM 认证，成为国内首批通过此认证的林业企业。截至目前，集团通过 CFCC-FM / PEFC-FM 认证林地面积近 27 万公顷，占 APP（中国）自营林总面积的 90.12%。

基于国家设定的“双碳”目标，林务团队制定了适用于 APP（中国）的碳中和战略，在数字化技术驱动下，不断提升营林技术和科研力量，不断提高单位亩产、单位储碳能力，提升林木蓄积量和碳储量，充分利用现有资源，促进集团可持续发展。与此同时，APP（中国）于 2019 年就已经率先启动了碳盘查项目，截至 2020 年，APP 在中国的自营林已累计吸收二氧化碳约 4239.51 万吨，并于 2021 年 5 月在海南省海口市发布了中国首批碳中和概念纸巾产品。

www.app.com.cn

APP | 30 APP中国 1992-2022

金光相伴「纸」为明天

纸浆事业部

APP（中国）纸浆事业部主要包括海南金海浆纸业有限公司以及广西金桂浆纸业有限公司。

作为中国最大的纸浆厂之一，海南金海主要使用化学工艺制浆，年产 100 万吨化学漂白硫酸盐桉木浆。广西金桂是目前国内最大的桉木化机浆生产企业之一，主要使用机械化学技术制浆，其生产的“金钱豹”桉木化机浆具备松厚度高、不透明度高的特性，可用于多种纸和纸板的抄造。

2021 年 7 月，宁波亚洲浆纸业有限公司新建的年产 30 万吨的化机浆生产线正式投产并成功出浆，在替代原有废纸脱墨线的同时，进一步提高了资源利用效率与环保水平。

APP（中国）纸浆事业部始终坚持“绿色制浆，保护环境”的理念，在采购设备时已充分考量环境保护要求，均以国内外先进环保标准和最新科技成果严格要求供应商，设计和制造在环境保护方面系统、完善的设备和工艺体系，同时已经建成整套清洁生产体系，确保在生产过程中提高资源利用率，降低污染物产生，充分体现循环经济的价值。

www.app.com.cn

金光相伴「纸」为明天

APP(中国)大纸事业部

APP（中国）旗下大纸事业部，包括工业用纸、文化用纸（含特种纸）、办公用纸等产品系列。

事业部为客户提供各类高档工业用纸产品，以满足不同的生产和再加工需求。主要有三大企业从事工业用纸生产：山东博汇纸业股份有限公司、宁波亚洲浆纸业有限公司及广西金桂浆纸业有限公司。主要产品包括各类高档涂布白卡、铜版卡、食品卡、烟卡、白纸板，可用于食品、药品、化妆品、香烟、酒类等产品的包装；主要品牌包括知名的“金鸥”“彩蝶”“金蝶兰”“金丽”“云帆”和“四季桂”等。

事业部文化用纸产品线广泛，产品远销全球各地。主要的生产工厂有：金东纸业（江苏）股份有限公司和海南金海浆纸业有

APP

APP中国 1992-2022

限公司，提供铜版纸 / 卡、双胶纸、数码专用纸、手袋专用纸、办公用纸和无碳复写纸等多种产品。

事业部办公用纸具备 60 万吨静电复印原纸生产能力，拥有三个裁切工厂以就近满足仓储加工物流服务，以及一家销售管理公司，一直服务于政府、院校、军队、企业等广大客户群体，产品覆盖复印纸、本册、电脑打印纸、压感纸、工程纸、彩色复印纸等不同系列。

www.app.com.cn

花感纸·生活式

清风花萃系列 浪漫上新

APP（中国）生活用纸事业部

无论是个人居家还是外出，面巾纸、卫生纸、湿巾等生活用纸已然成为所有人生活中不可分割的一部分。自 APP（中国）旗下生活用纸事业部成立以来，生产的各类生活用纸产品已经走入了千家万户。产品全部使用 100% 原生木浆，原纸经超高温处理，绝不含荧光剂，带给广大消费者安全、舒适、柔韧的生活用纸体验，满足了全方位高品质的生活需求。

生活用纸事业部——金红叶纸业集团旗下有 5 大品牌："清风""铂丽雅""唯洁雅""真真""怡丽"。其中"清风"品牌连续三年被评为 C-BPI 中国品牌榜纸巾 / 卷纸类品牌，荣获 2020 年中国行业影响力品牌榜生活用纸行业领导品牌奖，2021 年中国行业影响力品牌榜生活用纸行业创新品牌奖，2021 年（秋）快消品畅销金品，并连续三年获全国生活用纸行业质量领先品牌。

"铂丽雅"品牌将"每寸肌肤都值得温柔以待"的生活理念带给更多高端女性。

"唯洁雅"品牌致力于满足高端消费者对纸巾顶级品质的需求。

"真真"品牌以高质量标准满足性价比的极致追求者。

"怡丽"品牌致力于纯净无添加的个人护理产品体验。

www.app.com.cn

UPM特种纸
纸业产品
UPMBIOFORE
BEYOND FOSSILS
森领未来 创想无限
标签纸与离型纸
用于食品和饮料包装，
可变信息标签，
物流和工业用途
Recyclable
包装纸
用于食品包装，
消费品包装和
工业用途
文化用纸
包括办公用纸
和印刷用纸
Recyclable
UPM JETSET
A4 70 500
UPM JETSET

UPM 集团介绍

来自芬兰、拥有百年历史的 UPM 集团是世界知名的森林工业企业，以创新驱动一个超越化石能源的未来。我们的产品采用可再生、可回收的材料制成，为日益增长的全球消费提供可持续的安全解决方案。UPM— 森领未来，创想无限。

自 1998 年投资中国以来，芬欧汇川在华业务发展迅速，累计投资超过 20 亿美元。立足于江苏常熟纸厂的芬欧汇川特种纸业务部，面向中国和亚太地区提供高品质的文化用纸、特种纸和标签材料，作为可持续纸张产品的杰出企业，得到了用户的广泛青睐和认可。